XINGFA XIUZHENGAN YU
PEITAO GUIDING ZUIMING JINGJIE

刑法修正案与配套规定
罪名精解

周其华 著

中国检察出版社

图书在版编目（CIP）数据

刑法修正案与配套规定罪名精解/周其华著.—北京：中国检察出版社，2017.6
ISBN 978-7-5102-1908-5

Ⅰ.①刑… Ⅱ.①周… Ⅲ.①刑法-法律解释-中国 ②刑法-罪名-法律解释-中国 Ⅳ.①D924.05

中国版本图书馆 CIP 数据核字（2017）第 116221 号

刑法修正案与配套规定罪名精解
周其华 著

出版发行：	中国检察出版社
社　　址：	北京市石景山区香山南路 111 号（100144）
网　　址：	中国检察出版社（www.zgjccbs.com）
编辑电话：	（010）68658769
发行电话：	（010）88954291　88953175　68686531
	（010）68650015　68650016
经　　销：	新华书店
印　　刷：	北京朝阳印刷厂有限责任公司
开　　本：	710 mm×960 mm　16 开
印　　张：	53.25 印张　插页 4
字　　数：	984 千字
版　　次：	2017 年 6 月第一版　2017 年 6 月第一次印刷
书　　号：	ISBN 978-7-5102-1908-5
定　　价：	178.00 元

检察版图书，版权所有，侵权必究
如遇图书印装质量问题本社负责调换

周其华教授近照

作者简介

◎周其华，1941年10月26日生，山东省文登人。1967年毕业于北京政法学院法律系。历任吉林省政法管理干部学院刑事法教研室主任、政法部主任、教授，吉林省行政学院政法部主任、法学教授，国家检察官学院法学教授、业务教研室主任；兼任最高人民检察院《反贪污与贿赂法研究起草小组》副组长，北京市高级职称学科评审小组成员，中国法学会刑法研究会干事，吉林省刑法学会副总干事，吉林省律师协会常务理事，吉林省监察学会常务理事，北京市法学会干事，中国军事法学会干事，北京市法学会理事，《法学杂志》编委，北京市石景山区人民检察院咨询委员会委员等职。

◎1988年被评为吉林省司法系统先进工作者，1992年被评为中国法学会系统先进个人，1995年被授予国务院突出贡献特殊津贴，1999年获中国法学会优秀论文奖，2001年获最高人民检察院《金鼎奖》二等奖，2001年被评为最高人民检察院系统优秀教师，2002年被评为最高人民检察院机关优秀共产党员，2003年被评为最高人民检察院系统特级优秀教师。

◎主要著作：《刑法适用教程》、《刑法读本》、《严重经济犯罪与严重刑事犯罪的认定和处理》、《刑法补充规定适用》、《刑法案例析解》、《刑事诉讼法修改专论》、《中国检察学》、《检察学概论》、《检察机关侦查职务犯罪》、《检察机关侦查教程》、《新刑法各罪适用研究》、《中国刑法罪名释考》、《中国刑法总则原理释考》、《刑法问题全景揭示》、《刑事错案评析》、《刑事责任解读》、《刑法修正与适用》、《职务犯罪热点问题研究》、《刑事错案与纠正》、《刑法的修正与解释》、《法学研究前瞻》等近百部，撰写论文300多篇，其著述理论联系实际，深入浅出，视角新颖，有许多独创观点，深受司法工作者和院校师生的欢迎。

序言　勤奋耕耘，硕果累累

享受国务院特殊贡献津贴的国家检察官学院周其华教授在教学科研岗位上默默工作三十多年了，其著作近百部，文章三百多篇，在法学界广泛流传，学生六七千人，遍布全国，可谓著作等身，桃李遍天下。

一、创新的学术观点

综观周其华教授的文章和著作，都是紧密结合教学活动和司法实践需要而撰写、创作的，其中一部分是讲义教材性的教科书，另一部分是个人的学术专著，无论是在教学领域还是在科研中都有创新观点和实用价值。

周其华教授编著的教科书，深入浅出，理论联系实际，深受学员的欢迎。他于1983年出版的《实用刑法教程》一版再版，在全国发行十几万册，收到的读者求购信就有三四千封，该教材获吉林省首届社会科学优秀作品奖。其担任常务副主编的《中华人民共和国法律全书》风行全国，先后出版三十多卷，获吉林省1988年优秀出版作品二等奖。周其华教授1998年出版的《中国检察学》填补了中国检察学理论研究的空白，一版再版；其主编的1995年出版、1998年再版的《检察机关侦查教程》填补了检察侦查学方面的空白，开拓了检察侦查理论研究的先河。周其华教授从1984年开始创立的成人司法干部刑法培训使用的《案例分析教学法》取得良好效果，受到司法部的肯定，并于1987年向全国成人司法干部培训部门和院校推荐。

周其华教授撰写的学术著作中，有许多创新观点，有的具有划时代意义，主要创新观点有：

(一) 犯罪嫌疑论观点

一个人从被举报、报告、控告开始到人民法院生效判决止，对其称为什么人，不同的刑事司法制度有不同的观点。封建主义司法制度实行有罪推定，推定这个人是罪犯，在刑事诉讼中把这个人看作犯罪分子，可以对其进行刑讯逼供，专门收集其有罪的证据，只要其本人供述了自己有罪，就是犯罪分子，这在理论上称为"有罪推定论"。现代西方一些资本主义刑事司法制度在反对封建有罪推定的斗争中,提出无罪推定,推定被举报、报告、控告人是无罪的人,在诉讼中其有权保持沉默,可以不回答有关司法人员的讯问,其作虚假的陈述不负刑事责任,其既可以自己为自己辩护,也可以委托他人为自己辩护,这在理论上称为"无罪推定论"。我国是社会主义国家,社会主义司法制度坚持马克思主义的实事求是原则,对被举报、报告、控告人实事求是地认为,其既可能是犯罪的人,也可能是无罪的人,是一种犯罪嫌疑人,既不作有罪推定,也不作无罪推定,而是实事求是地称其为犯罪嫌疑人。在刑事诉讼过程中,既收集其有罪的证据,也收集其无罪的证据,在人民法院作出生效判决后,确定其有罪或者无罪,这在理论上称为"犯罪嫌疑论"。

周其华教授认为,犯罪嫌疑论的观点符合马克思主义的认识论的观点,实事求是地反映出被举报、报告、控告人的地位和权利特征,犯罪嫌疑人处于有罪或者无罪的不确定状态,既可能有罪也可能无罪,他既不同于有罪的罪犯,也不同于无罪的自由人,其处于犯罪嫌疑人的地位,有其特殊的权利和义务,司法人员对其采取不同的手段和措施。同时,犯罪嫌疑论的观点也符合我国刑事法律规定。我国刑事诉讼法规定,从刑事立案到人民检察院向人民法院提起公诉以前的被举报、报告、控告人统称为"犯罪嫌疑人",并且规定了犯罪嫌疑人享有一系列既不同于无罪的自然人也不同于罪犯的权利和义务,并在刑事诉讼法总则中规定,未经人民法院依法判决,对任何人都不得确定其有罪,这里明确规定在我国不得进行有罪推定,但这绝不是说反对有罪推定就可以进行无罪推定。根据我国刑法规定,犯罪嫌疑人必须同时具备三个基本条件才构成犯罪:一是行为人的行为必须严重危害社会;二是行为人的行为必须是违反了刑法规定;三是行为人的行为必须是应当受到刑罚处罚。即在我国,行为人是否构成犯罪应以刑法规定为标准,而不是法院推定出来的。刑事诉讼法规定的"证据不足,不能认定被告人有罪的,应当作出证据不足,指控的犯罪不能成立的无罪判决",这是我国司法机关依据刑法和刑事诉讼法规定判决犯罪嫌疑人无罪,并不是推定犯罪嫌疑人无罪。在我国,司法机关只能依照犯罪事实和法律规定判决犯罪嫌疑人有罪或者无罪,不允许推定犯罪嫌疑人有罪或者无罪。

周其华教授认为,犯罪嫌疑论的观点有以下三种作用:一是指导司法机关刑事立案有重要作用。只有认定某人有犯罪嫌疑,才能收受为刑事案件,进入刑事诉讼程序;如果坚持无罪推定论的观点,一开始就推定某人无罪就不需要收受为刑事案件,不需要进入刑事诉讼程序,有可能放纵犯罪。二是指导司法机关全面收集证据的作用。司法人员在犯罪嫌疑论的指导下既收集犯罪嫌疑人有罪的证据，也收集犯罪嫌疑人无罪的证据；既防止放纵犯罪，也防止冤枉无罪的人，提高办案质量。三是指导司法机关维护犯罪嫌疑人的合法权益的作用。司法人员在刑事诉讼活动中应尽量减少犯罪嫌疑人的损失，防止无罪的犯罪嫌疑人承担不必要的刑事责任。

周其华教授认为，犯罪嫌疑论的观点作为我国刑事诉讼原则既符合我国刑事诉讼的客观事实，又能指导我国刑事诉讼活动正确进行，使有罪的人能准确及时被查处，使无罪的人能及时被解脱，其与有罪推定论或者无罪推定论相比更科学、更符合客观实际、更具有适用性。

（二）犯罪构成三要件论的观点

我国刑法学界通论的观点认为，犯罪构成有四个要件，即犯罪客体、犯罪客观方面、犯罪主体、犯罪主观方面，缺少其中任何一个要件都不构成犯罪。周其华教授认为，传统的犯罪构成四要件论与法律条文规定的犯罪的构成要件不完全相符合，很多法律条文没有明确规定犯罪客体要件，例如，我国《刑法》第384条对挪用公款罪规定："国家工作人员利用职务上的便利，挪用公款归个人使用，进行非法活动的，或者挪用公款数额较大、进行营利活动的，或者挪用公款数额较大、超过三个月未还的，是挪用公款罪……"该条规定就没有规定挪用公款罪的犯罪客体是什么。既然法律没有具体规定犯罪客体，而犯罪客体又是犯罪构成必要要件，这与刑法规定的罪刑法定原则相矛盾；另外，犯罪构成四要件理论把本来是主客观相统一的犯罪构成要件分成主观、客观两个方面，使每个犯罪构成要件都不能成为一个独立的要件，四个犯罪构成要件之间又没有内在的逻辑关系，表现不出谁决定谁，谁先谁后的整体结构顺序。因此，犯罪构成四要件是形式主义的划分，从理论上讲并不科学。

周其华教授认为，古今中外刑法对具体犯罪构成要件的规定是：什么人，实施了什么行为，造成了什么结果，构成什么罪，给予什么刑事处罚。根据刑法对犯罪的规定，可抽象归纳出一般犯罪的构成要件是：犯罪主体、犯罪行为、犯罪结果三个必要要件，缺少其中任何一个要件都不构成犯罪。例如，我国刑法第129条规定的丢失枪支不报罪的条文规定是："依法配备公务用枪的人员，丢失枪支不及时报告，造成严重后果的，处三年以下有期徒刑或者拘役。"按照该条文规定分析，丢失枪支不报罪的必要构成要件是：犯罪主体是依法配备公务用枪的人员；犯罪行为是丢失枪支不及时报告的行为；犯罪结果是造成严重后果。可见，丢失枪支不报罪的构成要件可以抽象为：犯罪主体、犯罪行为、犯罪结果三个必要要件。进一步认真分析刑法分则条文规定的其他犯罪构成要件，也都是如此。因此，按刑法分则条文规定分析具体犯罪的构成要件可以抽象为：犯罪主体、犯罪行为、犯罪结果三个要件，即一般犯罪的构成要件就是：犯罪主体、犯罪行为、犯罪结果三要件。犯罪主体是实施了犯罪的自然人或者单位。自然人除包括达到法定年龄、具有刑事责任能力、实施了犯罪行为等客观因素外，还应当包括犯罪人的犯罪罪过、犯罪动机、目的等主观罪过因素。犯罪行为，是犯罪主体通过一定犯罪活动，作用于犯罪对象，侵犯刑法所保护的社会关系，造成危害社会结果的行为。犯罪行为是犯罪主体主观犯罪意图见之于客观上的一种犯罪活动。犯罪行为包括故意犯罪行为和过失犯罪行为。除此之外，犯罪行为还包括犯罪的方法、手段，犯罪的时间、地点等因素。犯罪结果是犯罪行为对刑法所保护的社会关系的侵犯，造成一定社会危害性的结果。这里的犯罪结果应从广义上理解，是犯罪行为作用于犯罪对象，对刑法所保护的社会关系的侵犯及其侵犯的程度。犯罪结果的表现形式是多种多样的，有的是物质结果，有的是非物质结果；有的是侵犯财产数额结果和侵犯人身权利的结果，有的是侵犯各种安全、各种秩序的情节结果；有的是既侵犯了人和物的结果，又侵犯了社会安全和社会秩序的综合结果等。

犯罪主体、犯罪行为、犯罪结果的犯罪构成三个要件之间是一个有机的整体，它们之间有着内在的联系，即表现为：什么人，实施了什么行为，造成了什么结果，法律规定构成什么罪。犯罪主体是犯罪的发动者、犯罪行为的实施者，是犯罪结果的希望者，是犯罪的首要要件，在犯罪中起主导作用。犯罪行为是犯罪主体实施的危害社会的行为，是犯罪主体主观上罪过见之于客观的活动，在犯罪过中起着连接犯罪主体与犯罪结果的中介作用。犯罪结果是犯罪主体实施的犯罪行为造成的危害社会的结果，即对刑法所保护的社会关系的侵犯及其程度，是犯罪主体的主观罪过和实施的犯罪行为的必然体现。首先有犯罪主体，其次有犯罪主体实施的犯罪行为，最后有犯罪主体实施的犯罪行为造成危害社会的结果，犯罪主体决定犯罪行为，犯罪行为产生犯罪结果，犯罪主体、犯罪行为、犯罪结果三个要件前后的顺序不能颠倒，其内在的因果关系不能分割。

运用上述犯罪构成三要件理论分析刑法分则条文规定的具体犯罪构成要件和指导刑事立法、刑事司法等有以下明显的效能：一是有利于划清罪与非罪的界限。刑法条文对每一种具体犯罪都明确规定了犯罪主体、犯罪行为、犯罪结果三个要件，凡是符合刑法条文规定的三个要件的，构成犯罪，缺少其中任何一个以上要件的，都不构成犯罪，不需要再从法律条文规定中去分析犯罪客体要件。二是有利于区分此罪与彼罪的界限。按犯罪构成三要件分析某些相似的犯罪，只要分析犯罪构成三要件中的一项构成要件表现形式不同，就可以把这些相似的犯罪区分开来,不需要分析更多的犯罪构成要件。三是有利于完善刑事立法,立法机关根据犯罪构成三要件分析,发现刑法条文规定的某种犯罪构成三要件中有不足之处时,只要修改不足之处,就可以使刑法条文对犯罪的规定更加完善,以适应当时惩治这种犯罪的需要。

(三) 犯罪两个基本特征的观点

我国刑法学界对犯罪的基本特征有不同认识:有的认为,犯罪只有一个特征,即社会危害性或者刑法规定性;有的认为,犯罪有三个基本特征,即严重社会危害性、违反刑法规定性、应当受到刑罚处罚性;还有的认为,犯罪有四个基本特征,即社会危害性、刑法规定性、罪过性和有责性。根据我国《刑法》第13条规定,刑法学界普遍认为犯罪有三个基本特征,同时具备了三个基本特征的行为才成立犯罪,也就是说主张成立犯罪必须具备上述三个条件。而周其华教授经多年的潜心研究认为,犯罪成立条件不是三个而是两个基本条件,只要具备了严重社会危害性和违反刑法规定性两个基本特征的行为就成立犯罪。犯罪三个基本特征中的"应受刑罚处罚性",没有必要作为犯罪的基本特征之一单独列出,因为在严重社会危害性和刑事违法性中已经包含应受刑罚处罚性。应受刑罚处罚性是在成立犯罪后应负的法律责任之一,其不是犯罪成立的条件,也不是犯罪必然承担的法律后果,有些犯罪不负刑事责任,不受刑罚处罚,如已过追诉时效的犯罪、告诉才处理的犯罪没有告诉、大赦的犯罪都是不负刑事责任的犯罪;相对不起诉的犯罪和免除刑罚的犯罪都是不受刑罚处罚的犯罪。由此可见,犯罪只有严重社会危害性和违反刑法规定性两个基本特征,应受刑罚处罚性不应当列为犯罪的基本特征之一。

周其华教授还进一步认为,犯罪的严重社会危害性和违反刑法规定性两个基本特征是有机的统一整体,各自从不同的角度共同反映了犯罪的本质特征和法律特征,你中有我,我中有你,谁也离不开谁,谁也缺少不了谁,缺少其中任何一个基本特征都不能成立犯罪。

首先,犯罪的两个基本特征不能互相代替。犯罪的严重社会危害性是指行为人的行为对法律所保护的社会关系的侵犯,并且为刑法规定构成犯罪的严重社会危害性。不是所有具有社会危害性的行为都是犯罪,只有刑法规定为严重社会危害性的,才是犯罪。这种严重社会危害性不只具有客观属性,也具有法律属性,因为是刑法将其规定为"严重社会危害性"才有可能成立犯罪。凡是在刑法中规定为犯罪的,都是具有严重社会危害性,不存在刑法规定为犯罪的,而不具有严重社会危害性的情形。犯罪的违反刑法规定性,是指行为违反了刑法规定的具有严重社会危害性的犯罪,只有违反了刑法规定的具有严重危害社会的行为，才成立犯罪，刑法没有规定的，即使立法者或者司法者认为其有严重社会危害性，也不是刑法规定的犯罪基本特征的严重社会危害性，不成立犯罪。如果只有犯罪的社会本质属性，反映不出犯罪的法律根据；如果只有犯罪的法律属性，反映不出犯罪的社会本质根据，反映不出立法者为什么在刑法中将这种行为规定为犯罪。因此，不能用违反刑法规定性代替严重社会危害性，也不能以严重社会危害性的特征代替违反刑法规定性的特征，两个基本特征是有机统一整体，才能准确地反映犯罪的全部基本特征。

其次，犯罪的严重社会危害性与违反刑法规定性不是处于同等地位。严重社会危害性是犯罪的社会本质属性，是第一位的属性；犯罪的违反刑法规定性是犯罪的法律属性，是第二位的属性。这是因为，立法者必须首先确定行为是否具有严重的社会危害性，其次决定在刑法中规定为犯罪或者不是犯罪，不具有严重社会危害的，不能在刑法中规定为犯罪；相反，刑法中规定的犯罪都是具有严重社会危害性的，不存在刑法规定为犯罪，而不具有社会危害性。因此，犯罪的严重社会危害性决定犯罪的违反刑法规定性，违反刑法规定性是严重社会危害性的法律规定。

最后，把犯罪的严重社会危害性和违反刑法规定性两个基本特征分别称为"实质特征"和"形式特征"本身就不确切，更不能用实质特征决定形式特征代替犯罪的严重社会危害性特征决定犯罪的违反刑法规定性的特征，取消犯罪的违反刑法规定性的特征，或者用犯罪违反刑法规定性代替严重社会危害性，取消犯罪的严重社会危害性的特征。犯罪的严重社会危害性和违反刑法规定性两个基本特征本身都是犯罪本质社会属性与法律形式属性的有机统一整体，二者是从不同的角度共同说明犯罪，不能分开。任何犯罪都同时具备两个基本特征，缺少其中任何一个基本特征的，都不是犯罪。而且任何一个特征中都包括严重社会危害性和违反刑法规定性。具有严重社会危害性的特征，不单是客观存在的本质属性，而且具有刑法规定的法律形式属性，其本身就具备犯罪的两个基本特征；具有违反刑法规定性的特征，也不单是违反刑法规定的法律形式属性，也包括刑法规定的具有严重社会危害的社会本质属性，其本身也具备犯罪的两个基本特征。不存在只具有违反刑法规定性，而不具有严重社会危害性的情形，如果某种行为刑法规定为犯罪，在立法者没有从刑法中删除以前都具有严重社会危害性，不管社会公众和司法人员认为其有没有严重社会危害性，都应依照刑法规定认定其具有严重社会危害性，应认定为犯罪。同样，无论社会公众和司法人员认为有多么"严重的社会危害性"，在立法者没有在刑法中规定为犯罪之前，其"严重的社会危害性"不是刑法上犯罪基本特征的"严重社会危害性"，不能认定为犯罪。

（四）刑事责任的新观点

在刑法学界，人们经常使用刑事责任的概念，但对什么是刑事责任，刑事责任的范围和作用等问题研究得很少。周其华教授对刑事责任问题作了全面、系统研究，并出版了《刑事责任解读》专著。在这本专著中，周其华教授提出许多有价值的新观点：

1. 对刑事责任的概念作出新的定义

人们通常认为，刑事责任就是犯罪人应承担的刑罚处罚。而周其华教授经多方面考察将刑事责任的概念更新为"犯罪者由于犯罪而承担的刑事法律规定的法律责任"。这个定义明确了以下内容：第一，刑事责任的主体是犯罪者。只有实施了犯罪行为，产生了犯罪结果，依照法律规定构成了犯罪的才负刑事责任。犯罪者包括：犯罪的自然人和犯罪的单位。没有犯罪者就不能负刑事责任。第二，刑事责任的根据是犯罪。第三，刑事责任的内容是刑事法律规定的法律责任。刑事责任不同于道义责任，也不同于民事责任、行政责任、经济责任等法律责任。周其华教授对刑事责任定义的新界定，全面、简练、准确地表述了刑事责任的本质特征。

2. 对应负刑事责任的根据提出了新的意见

负刑事责任的根据是什么，在刑法理论界有不同见解：第一种意见认为，犯罪构成是刑事责任的唯一根据；第二种意见认为，犯罪行为是行为人负刑事责任的根据；第三种意见认为，犯罪构成事实是刑事责任的根据。周其华教授经过研究认为，刑事责任的根据是犯罪。犯罪是客观危害社会事实与法律规定的犯罪构成相统一的产物，它既反映了客观事实，也反映了法律规定的犯罪构成的内容。因此，犯罪是负刑事责任的前提，负刑事责任是犯罪的法律后果。刑事责任离不开犯罪，只有犯罪才负刑事责任。这里的犯罪是危害社会行为的客观行为事实与违反刑法规定的犯罪构成内容相统一的产物。如果单有法律规定的犯罪构成，没有客观存在的犯罪事实，尽管法律规定构成犯罪，应当负刑事责任，但实际上不能追究任何人的刑事责任；如果单有危害社会的行为事实，没有法律规定构成犯罪的构成内容作标准，也不能追究行为人的刑事责任。所以，单纯的犯罪构成（法律形式）和单纯的犯罪行为（犯罪的客观事实）都不应是负刑事责任的根据，只有二者相结合的产物——犯罪，才是刑事责任的根据。

3. 对刑事责任的内容作了宽泛的理解

很多人认为刑事责任就是刑罚处罚。但周其华教授认为，根据我国当前刑事法律规定，刑事责任的内容不单指刑罚处罚，还有其他内容，主要有以下几个方面：（1）承受刑事立案侦查的责任。犯罪人实施了犯罪行为，产生了犯罪结果，构成犯罪后，刑事法律责任关系就开始存在，被害人、公民和单位就有控告、举报、报告犯罪人犯罪，要求追究犯罪人刑事责任的权利；公安机关、检察机关、审判机关就有权对犯罪人进行刑事调查、询问、立案侦查，包括采用传唤、拘传、讯问、拘留、逮捕、取保候审、监视居住、搜查、调查取证等侦查措施，犯罪者必须承受这种被调查、立案侦查的刑事责任。（2）承受指控犯罪的刑事责任。犯罪人受刑事立案侦查以后，检察机关认为构成犯罪，以国家的名义，指控犯罪人触犯了国家哪些刑事法律，犯了什么罪，要求法院依法追究犯罪人的刑事责任，任何公民也可以将正在作案的犯罪嫌疑人扭送司法机关或者向司法机关控告、举报、报案。对于这种依法控告、检举、报案、起诉，也是犯罪人应当承担的刑事责任。（3）承受刑事审判的责任。法院依法对被指控的犯罪嫌疑人进行审判，确定行为人是否构成犯罪。如果构成犯罪，构成什么罪，应给予何种刑事处罚。犯罪人有责任承受国家审判机关的审判，犯罪人必须按时到庭，在法庭上必须如实交代罪行、回答审判人员的提问，强制执行国家审判机关的终审判决。（4）承受刑罚惩罚的刑事责任。承受刑罚惩罚是刑事责任的主要内容。主要有：限制人身自由的管制，剥夺人身自由的拘役、有期徒刑、无期徒刑，剥夺犯罪人的生命刑的死刑，强迫劳动改造，没收财产，强制缴纳一定数量的罚金，剥夺犯罪人参加国家管理和各种政治活动的权利，驱逐犯罪的外国人出境等。由于犯罪人给社会造成了一定的危害，国家依法给予一定的刑罚处罚，是其应负的刑事责任。（5）承受非刑罚处罚的刑事责任。刑事法律规定，犯罪者除承受刑罚处罚外，其犯罪还应受到非刑罚处罚，如刑事附带民事赔偿、接受训诫、具结悔过、赔礼道歉、赔偿经济损失等。（6）承受其他刑事责任。有些虽不是惩罚，但也是犯罪人应承担的法律责任，如报告前科、不能任职检察官与法官等剥夺从事某些职业的权利或者承担某种特定的义务等。上述刑事责任是从犯罪人实施犯罪行为，产生犯罪结果，构成犯罪时开始，无论司法机关是否追究，其刑事责任都是客观存在的，直到犯罪前科消失为止。在这期间，犯罪人都应负其犯罪的刑事责任。司法机关追究犯罪人刑事责任的过程，也就是刑事责任实现的过程。

4. 刑事责任在刑法中地位和作用

周其华教授认为，刑事责任在刑法中处于重要地位，是刑法规定的犯罪、刑事责任、刑事处罚三大组成部分之一，犯罪是应当负刑事责任的，负刑事责任的犯罪人应当受到刑事处罚，刑事责任在犯罪与刑罚中间起桥梁和纽带的作用。因此，犯罪、刑事责任、刑事处罚是三个既有联系又有区别的不同概念，它们在刑法体系中处于不同地位，包含不同的内容，起着不同的作用。犯罪→

刑事责任→刑事处罚的思维过程，反映了刑法三大基本内容的递进逻辑关系；认定犯罪→确定犯罪人应负的刑事责任→决定给予犯罪人刑事处罚的过程中反映了刑事办案程序。我国刑法规定追究犯罪人的刑事责任的目的是在厘清犯罪事实的基础上，将各种犯罪的形形色色的社会危害性用刑事责任统一起来，用统一的刑事责任标准适用统一的刑事处罚，以便公正地惩罚犯罪，达到改造犯罪者，预防犯罪，减少犯罪，最终消灭犯罪的目的。

（五）故意犯罪与过失犯罪区分标准的新观点

我国刑法分则中有些条文没有明确规定是过失犯罪还是故意犯罪。无论在刑法理论研究中还是在司法适用上都出现了对这些条款中规定的犯罪是过失犯罪还是故意犯罪的不同意见，严重影响了对案件的准确定性和正确量刑。周其华教授对这些刑法条文规定的犯罪性质的认定进行了认真研究论证，得出过失犯罪与故意犯罪的根本区分标准是犯罪主体对犯罪结果的心理态度不同。犯罪主体对犯罪结果是故意的心理态度，可以构成故意犯罪；犯罪主体对犯罪结果是过失的心理态度，可以构成过失犯罪。因此，区分过失犯罪与故意犯罪的标准是犯罪主体对犯罪结果是过失还是故意的不同心理态度。这里的"对犯罪结果的心理态度"，是犯罪主体实施的犯罪行为所侵犯的刑法所保护的社会关系及其程度的心理态度。这里的犯罪结果是犯罪行为的直接犯罪结果和法律条文所重点惩治的犯罪结果。所谓直接犯罪结果，是指犯罪行为与犯罪结果之间是直接的因果关系的犯罪结果，而不是犯罪行为的间接结果。例如，刑法第234条规定的伤害致死，犯罪主体对伤害结果是故意的，对致人死亡的结果是过失的，应以犯罪主体对他人伤害的直接结果的故意心理态度，认定为故意伤害犯罪，对于过失致人死亡的结果是故意伤害犯罪行为的间接结果，不能依该间接结果的心理态度认定为过失犯罪。所谓刑法条文规定重点惩治的犯罪结果，是指犯罪行为侵犯了刑法所保护主要社会关系。又如，刑法第133条规定的交通肇事罪，犯罪主体实施的犯罪行为既侵犯了交通运输管理秩序结果，又侵犯了公共安全结果，犯罪主体对破坏交通管理秩序的结果有的是故意的心理态度，对发生交通公共安全事故的犯罪结果是过失的心理态度，刑法规定惩治交通肇事犯罪主要是保护社会公共安全的社会关系，因此，应以犯罪主体对侵犯公共安全的过失心理态度为标准认定交通肇事罪为过失犯罪；不能以侵犯交通管理秩序结果的故意心理态度为标准认定交通肇事罪为故意犯罪。

周其华教授特别指出，犯罪主体对其所实施犯罪行为的心理态度无论是故意还是过失都不是区别故意犯罪与过失犯罪的标准，如滥用职权罪的犯罪主体对其实施滥用职权犯罪行为是故意的心理态度，但对滥用职权行为产生"致使公共财产、国家和人民利益遭受重大损失的"结果是一种不希望也不放任发生的过失心理态度,因此,滥用职权罪是一种过失犯罪。如果犯罪主体对滥用职权的行为是故意的心理态度,对发生严重危害社会的结果是故意心理状态,就不是滥用职权罪,而是刑法规定的其他故意犯罪,如贪污罪、受贿罪、非法拘禁罪等。

(六) 法律监督是法制的重要组成部分的观点

检察法律监督理论在我国是一种新的理论学科,也是法学研究领域中的较弱环节,周其华教授从20世纪90年代开始在该领域中进行开拓性的研究,其出版的专著《中国检察学》填补了检察学研究的空白,成为我国第一部检察学的教材。很多人认为,社会主义法制包括三个组成部分,即立法、守法、执法;而周其华教授经研究认为,法律监督是法制的产物,社会主义法律监督是社会主义法制的重要组成部分,社会主义国家的法制应当包括立法、执法、守法和法律监督四个组成部分,只有将法律监督作为法制的重要组成部分才是完备的法制。周其华教授的这种认识符合党的十一届三中全会要求建设"有法可依,有法必依,执法必严,违法必究"的社会主义法制观念。立法是社会主义法制的前提,守法是目的,执法是关键,法律监督是保障。因此,周其华教授认为,完备的社会主义法制除有立法、执法、守法的重要内容外,还应有法律监督,没有法律监督作保障的法制是不完备的法制;只有建立起完备的法制,才能有效地依法治国。

二、高尚的学术品格

周其华教授的学术品格同他为人一样,忠厚朴实,实实在在,不求虚名,平等待人等。

1. 学术观点平等。在周其华教授的著作和文章中,常常反映各种学术观点,无论是学术权威还是某领导的观点,他都平等介绍,平等评析,平等引用,从不盲从,从不轻信任何人的观点,在每个学术领域中他都以平等的态度发表自己的意见,他也不把自己的观点强加于任何人,特别是对持不同观点的读者,平等地进行研究分析。周其华教授认为,在学术观点的研究上没有上下级之分,也不应有学派之争,有的只是哪种观点更符合客观发展规律,更能为实践所适用。

2. 作者一律平等。在周其华教授主持编写的合著中,他对所有参加编著的作者都一律平等看待,平等要求,平等修改,平等选用,平等签名,平等地享有著作权和稿酬。他认为，担任合著主编就要负起主编的责任，作名副其实的主编，在其主编的合著中，他都担任主要章节的撰写，多次有人邀请他作为合著主编，他都以没有尽主编职责而谢绝。他说，"我们要做真正的学者"。

3. 不作挂名作者。周其华教授撰写的文章和著作多数都是他个人的署名专著，偶有合著也都是他负责主持起草，亲笔撰写，亲自审定。为他人批改或者审阅的别人的作品，他从不署名，很多学员的文章经他修改，在发表时，作者要求与他联合署名发表，他都谢绝。

三、勤奋的钻研精神

人们都称周其华教授是一个多产作家，其出版了近百部书，公开发表三百篇文章，这些累累硕果都是他一笔一画地写出来的，是他日夜兼程勤奋钻研出来的。他常说："智力＋勤奋＝成果"，没有智力不能出成果，光有智力没有勤奋也不能出成果，只有把两者紧密地结合起来，才能创造出丰硕的成果来。他说："做学问是吃苦的活，要想做好学问就得不怕吃苦，在学术领域中没有捷径可走，只有勤奋钻研才能出成果，投机取巧是出不了真学者的。"

（一）艰苦的经历培育出勤奋精神

周其华教授出生在新中国成立前的山东省一个偏僻山村，他的童年是在战乱中度过的，由于家庭贫穷没钱供其读书，当他看到同龄孩童都上几年学了，他却起早贪黑上山打柴拾草，心中十分着急，多次向父母提出上学读书的要求，由于没有钱不被准许。新中国成立后，即1951年春天，年已11岁的他瞒着父母自己跑到本村小学，拣了别人丢下的半块石板，接受同学赠送的一个石笔头，以此开始了他刻苦学习的历程。他深知学习机会来之不易，非常刻苦读书，很快补上半年的课程并成为班里的学习尖子，他年年考第一名、每学期都被评为三好学生。1959年至1962年我国正处在三年自然灾害期间，很多同学由于吃不饱饭，生活艰苦而被迫退学，而年轻的周其华教授不怕苦，在吃糠咽菜、周身浮肿、手脚被冻烂的艰苦条件下仍坚持刻苦读书。1960年，他以全优的成绩保送读本校高中；1963年，他又以优秀成绩考入北京政法学院攻读法律。1967年大学毕业后，在部队农场劳动锻炼时虽然在抬石头的劳动中腰被扭伤，仍孜孜不倦地学习，多次被评为五好战士；1980年，国家为加强政法工作，要求学习过法律专业的大学毕业生归队，当时他已是政府机关年轻有为的干部，为了繁荣我国的法律事业，他坚决要求到政法学院从事法学教育，为国家培养法律人才。在教学岗位他呕心沥血，认真备课，理论联系实际，讲好每堂课，多次被评为学校和省司法厅系统优秀教师。结合教学积极开展科研活动。开始在条件非常艰苦的情况下开展科研工作，家中没有桌椅，就坐小板凳趴在床上写，毛衣袖子被磨破了补了又补，钢笔尖磨秃了换了一个又一个，为了写作双膝被冻成关节炎不能行走，他写稿纸几十捆，堆起来比他本人还高。功夫不负有心人，1983年他的第一本专著《刑法实用教程》出版了。这本书是以周其华教授为司法干部培训的讲授稿为基础修改的专著。出版后深受读者的欢迎，先后再版三次，全国发行10多万册，获吉林省首届社会科学优秀作品奖。他于1985年破格晋升为副教授，1988年又破格晋升为教授，是当时我国刑法学界最年轻的教授。1992年，他被评为全国法学会系统先进个人，受到表扬和奖励。

（二）劳其身心从事教学科研

周其华教授是一贯结合教学进行科研活动，他每学期都担任大量教学授课任务，是该校上课时数最多的教授，除给检察干部培训授课外，还担任本校大专、本科学生、研究生授课和校外授课。在教学之余进行科学研究，著书立说，每个假期都是他写作的大好时期，假期结束了，他的一本著作也就问世了。每个星期天都是其集中写文章的最佳时间，两三个星期天就可以写出一篇短文章；他几乎每天晚上都在备课，为第二天上课做好准备。他说，"虽然上了三十多年课，但每次上课前要认真备课，每次上课都有新内容，授课内容无论多熟悉，在授课前都必须认真准备，否则，授课时心里就不踏实，对不起学员"。周其华教授从不辞辛劳，别人不讲的课他去讲，别人有事他去代课，别人没上完的课他去补上，有求必应，从不拒绝。他既是学术带头人也是学术骨干，又是青年教师的良师益友。他为教学科研付出全部的身心健康，他的腿部骨折，拖着一条残腿为学员上课，老伴让他请假，他说："我腿骨折了，嘴没有伤，还可以用嘴上课，不能因为我腿受伤，打乱教学秩序，影响学员的学习。"他这种敬业精神感动了学员，他们搬来椅子让他坐着讲，给他打来茶水让老师多休息。周其华教授在部队劳动时腰不慎扭伤，经常发作，每当他写作时就忘了腰伤的痛疼，一坐就是三四个小时，饭忘记吃，水忘记喝，常常不知道是什么时间。当他从座位上站起时，腰痛得无法伸直，只能躬身走路。他写的书，在出版时都亲自校对审定。他常说："生命不息，奋斗不止，能为他人做点有益的事，就是我的幸福。"周其华教授于1992年被评为全国法学会系统先进个人，2000年全国检察系优秀教师，2002年全国检察系统十佳优秀教师，其著作被评为全国检察系统优秀作品金鼎奖。

（三）著书立说

周其华教授是处在"文革"以后法学界承上启下的一代，其正当年时是我国奇缺法律干部的时期，但在几个关键时刻，他都选择了教学科研著书立说的道路。1980年他本可以在省直机关发展，但他选择了去学校教书育人，著书立说；1992年他已是两次作为厅级干部的候选人，特别是有关部门明确让其留在原单位的情况下，周其华教授又一次选择了到国家检察官学院任教。多年来，他一心一意从事检察教育事业，多次被评优秀共产党员。周其华教授写了很多惩治贪污贿赂犯罪的文章和著作，他近年出版的《惩治和预防职务犯罪热门问题的难点、疑点解析》一书中，提出了许多预防职务犯罪的措施，为国家立法机关和有关执法部门提供了很好的参考意见。

本书收录了周其华教授三十多年来进行法学研究的前瞻性成果，这些成果不但在当时具有前瞻性，就是在现时也具有前瞻性，有很高的实用价值。周其华教授从事法学研究的三十年，正是我国社会法制建设辉煌发展的三十年，周其华教授针对我国社会主义法制建设中遇到的难点、疑点进行了深入研究，提出了许多很有价值的创新观点，为我国社会主义法制建设作出了特殊的贡献。周其华教授愿以其法学研究的前瞻成果奉献给潜身法学研究的读者，以本书的出版献给中国法制建设三十年和中华人民共和国成立六十七周年！

周其华
2017年4月于北京

前　　言

　　修订的《中华人民共和国刑法》自 1997 年 10 月 1 日正式实施近二十年来，全国人民代表大会常务委员会根据我国政治、经济和社会治安秩序形势发展的需要，先后对刑法规定的内容含义和适用问题进行了多次补充、修正和立法解释。最高人民法院、最高人民检察院对刑法规定的具体应用问题作了大量司法解释，其所补充、修改和解释的犯罪都是当前社会危害性严重，社会影响大，亟须给予准确刑事处罚的犯罪和刑罚执行，无论是刑法理论研究者，还是教师、学生及司法工作者都需要准确理解、掌握有关补充规定、修正案和立法解释的原意，以便准确适用，正确、公平、公正地处理当前亟待处理的有关刑事案件。

　　本书将全国人民代表大会常务委员会制定的刑法的补充规定、修正案和对刑法规定含义所作的立法解释进行了全面的分析、研究，指出刑法规定内容修改演变的历史过程、补充修正的原因。结合司法实践中遇到的问题和最高司法机关的司法解释，全面介绍、分析了所有增补的新罪和补充、修改的具体犯罪适用时应注意的问题，即全国人大常委会对刑法作的九个修正案、四个补充规定和九个立法解释所涉罪名，供读者对比研究，帮助读者全面掌握和理解刑法有关补充规定、修正案和立法解释的颁布背景和修改的原因、过程，以便了解法律规定的原意和适用技巧并准确适用。特别是根据多年的司法实践经验对所修改的犯罪作了详细释考，可供读者参考。

　　本书是全国人大常委会 2015 年 11 月 1 日制定的《刑法修正案（九）》以及最高人民法院、最高人民检察院作出的《关于执行〈中华人民共和国刑法〉确定罪名的补充规定（六）》和《关于办理贪污贿赂刑事案件适用法律若干问题的解释》公布以后，作者根据当前司法实践的需要和有关最新司法解释，对 1979 年以来历次刑法罪名修改的归纳整理，是系统研究刑法演变的最新最全刑法教材。

　　本书既可以作为司法干部培训的教材，也可作为学历教育的补充教材，是当前学习、研究刑法必读的最前沿的法律读物，希望读者喜欢！水平有限，如有不当之处，欢迎批评指正。

周其华
2017 年 4 月于北京

目 录

序言 勤奋耕耘，硕果累累 ·· 1
前言 ·· 1

上篇 刑法修正案

第一章 中华人民共和国刑法修正案 ····································· 3

一、隐匿、故意销毁会计凭证、会计账簿、财务会计报告罪 ······· 5
　（一）刑法规定内容的修改 ·· 5
　（二）刑法规定修改的原因 ·· 7
　（三）隐匿、故意销毁会计凭证、会计账簿、财务会计报告罪
　　　　的适用 ··· 7

二、国有公司、企业、事业单位人员失职罪 ························· 10
　（一）刑法规定内容的修改 ··· 10
　（二）刑法规定修改的原因 ··· 12
　（三）国有公司、企业、事业单位人员失职罪的适用 ········· 13

三、国有公司、企业、事业单位人员滥用职权罪 ·················· 15
　（一）刑法规定内容的修改 ··· 15
　（二）刑法规定修改的原因 ··· 17
　（三）国有公司、企业、事业单位人员滥用职权罪的适用 ··· 18

四、伪造、变造、转让金融机构经营许可证、批准文件罪 ······ 20
　（一）刑法规定内容的修改 ··· 20
　（二）刑法规定修改的原因 ··· 22
　（三）伪造、变造、转让金融机构经营许可证、批准文件罪的
　　　　适用 ··· 24

五、内幕交易、泄露内幕信息罪 ······································· 26
　（一）刑法规定内容的修改 ··· 26

（二）刑法规定修改的原因 …… 28
　　（三）内幕交易、泄露内幕信息罪的适用 …… 29
六、编造并传播证券交易、期货交易虚假信息罪 …… 34
　　（一）刑法规定内容的修改 …… 34
　　（二）刑法规定修改的原因 …… 35
　　（三）编造并传播证券交易、期货交易虚假信息罪的适用 …… 37
七、诱骗投资者买卖证券、期货交易罪 …… 39
　　（一）刑法规定内容的修改 …… 40
　　（二）刑法规定修改的原因 …… 41
　　（三）诱骗投资者买卖证券、期货交易罪的适用 …… 42
八、操纵证券、期货交易价格罪 …… 45
九、挪用资金罪 …… 46
　　（一）刑法规定内容的修改 …… 46
　　（二）刑法规定修改的原因 …… 49
　　（三）挪用资金罪的适用 …… 50
十、挪用公款罪 …… 54
　　（一）刑法规定内容的修改 …… 55
　　（二）刑法规定修改的原因 …… 57
　　（三）挪用公款罪的适用 …… 59

第二章　中华人民共和国刑法修正案（二） …… 68
　一、刑法对非法占用农用地罪的补充修改 …… 70
　二、刑法补充修改非法占用农用地罪的原因 …… 71
　三、非法占用农用地罪的适用 …… 72

第三章　中华人民共和国刑法修正案（三） …… 76
　一、投放危险物质罪、过失投放危险物质罪 …… 77
　　（一）刑法规定内容的修改 …… 77
　　（二）刑法规定修改的原因 …… 79
　　（三）投放危险物质罪、过失投放危险物质罪的适用 …… 80
　二、组织、领导、参加恐怖组织罪 …… 83
　三、帮助恐怖活动罪 …… 83
　四、非法制造、买卖、运输、储存危险物质罪 …… 84
　　（一）刑法规定内容的修改 …… 84
　　（二）刑法规定修改的原因 …… 85

（三）非法制造、买卖、运输、储存危险物质罪的适用 ………… 86
五、盗窃、抢夺枪支、弹药、爆炸物、危险物质罪，抢劫枪支、弹
　　药、爆炸物、危险物质罪 ……………………………………… 89
　　（一）刑法规定内容的修改 ………………………………………… 90
　　（二）刑法规定修改的原因 ………………………………………… 92
　　（三）盗窃、抢夺枪支、弹药、爆炸物、危险物质罪和抢劫枪
　　　　　支、弹药、爆炸物、危险物质罪的适用 ……………………… 93
六、洗钱罪 ……………………………………………………………… 96
七、投放虚假危险物质罪，编造、故意传播虚假恐怖信息罪 …… 97
　　（一）刑法规定内容的修改 ………………………………………… 97
　　（二）刑法规定修改的原因 ………………………………………… 98
　　（三）投放虚假危险物质罪和编造、故意传播虚假恐怖信息罪
　　　　　的适用 …………………………………………………………… 99

第四章　中华人民共和国刑法修正案（四） 103
一、生产、销售不符合标准的医用器材罪 …………………………… 103
　　（一）刑法规定内容的修改 ………………………………………… 104
　　（二）刑法规定修改的原因 ………………………………………… 106
　　（三）生产、销售不符合标准的医用器材罪的适用 ……………… 107
二、走私废物罪 ………………………………………………………… 111
　　（一）刑法规定内容的修改 ………………………………………… 112
　　（二）刑法规定修改的原因 ………………………………………… 116
　　（三）走私废物罪的适用 …………………………………………… 117
三、雇用童工从事危重劳动罪 ………………………………………… 121
　　（一）刑法规定内容的修改 ………………………………………… 121
　　（二）刑法规定修改的原因 ………………………………………… 122
　　（三）雇用童工从事危重劳动罪的适用 …………………………… 123
四、非法采伐、毁坏国家重点保护植物罪，非法收购、运输、加
　　工、出售国家重点保护植物、国家重点保护植物制品罪 …… 127
　　（一）刑法规定内容的修改 ………………………………………… 128
　　（二）刑法规定修改的原因 ………………………………………… 129
　　（三）非法采伐、毁坏国家重点保护植物罪和非法收购、运输、
　　　　　加工、出售国家重点保护植物、国家重点保护植物制品
　　　　　罪的适用 ………………………………………………………… 130

五、非法收购、运输盗伐、滥伐的林木罪 ………………………… 134
　（一）刑法规定内容的修改 …………………………………… 134
　（二）刑法规定修改的原因 …………………………………… 136
　（三）非法收购、运输盗伐、滥伐的林木罪的适用 ………… 137

六、执行判决、裁定失职罪，执行判决、裁定滥用职权罪 ……… 140
　（一）刑法规定内容的修改 …………………………………… 140
　（二）刑法规定修改的原因 …………………………………… 142
　（三）执行判决、裁定失职罪和执行判决、裁定滥用职权罪的
　　　　适用 …………………………………………………… 143

第五章　中华人民共和国刑法修正案（五） 149

一、妨害信用卡管理罪 …………………………………………… 151
　（一）刑法规定内容的修改 …………………………………… 152
　（二）刑法规定修改的原因 …………………………………… 153
　（三）妨害信用卡管理罪的适用 ……………………………… 154

二、窃取、收买、非法提供信用卡信息罪 ……………………… 158
　（一）刑法规定内容的修改 …………………………………… 158
　（二）刑法规定修改的原因 …………………………………… 159
　（三）窃取、收买、非法提供信用卡信息罪的适用 ………… 160

三、信用卡诈骗罪 ………………………………………………… 163
　（一）刑法规定内容的修改 …………………………………… 163
　（二）刑法规定修改的原因 …………………………………… 164
　（三）信用卡诈骗罪的适用 …………………………………… 164

四、过失损坏武器装备、军事设施、军事通信罪 ……………… 168
　（一）刑法规定内容的修改 …………………………………… 169
　（二）刑法规定修改的原因 …………………………………… 169
　（三）过失损坏武器装备、军事设施、军事通信罪的适用 … 170

第六章　中华人民共和国刑法修正案（六） 173

一、重大责任事故罪 ……………………………………………… 174
　（一）刑法规定内容的修改 …………………………………… 174
　（二）刑法规定修改的原因 …………………………………… 175
　（三）重大责任事故罪的适用 ………………………………… 175

二、强令违章冒险作业罪 ………………………………………… 179
　（一）刑法规定内容的修改 …………………………………… 179

（二）刑法规定修改的原因 …………………………… 180
　　（三）强令违章冒险作业罪的适用 ……………………… 180
三、重大劳动安全事故罪 …………………………………… 183
　　（一）刑法规定内容的修改 ……………………………… 184
　　（二）刑法规定修改的原因 ……………………………… 184
　　（三）重大劳动安全事故罪的适用 ……………………… 185
四、大型群众性活动重大安全事故罪 ……………………… 187
　　（一）刑法规定内容的修改 ……………………………… 187
　　（二）刑法规定修改的原因 ……………………………… 188
　　（三）大型群众性活动重大安全事故罪的适用 ………… 188
五、不报、谎报安全事故罪 ………………………………… 191
　　（一）刑法规定内容的修改 ……………………………… 191
　　（二）刑法规定修改的原因 ……………………………… 191
　　（三）不报、谎报安全事故罪的适用 …………………… 192
六、违规披露、不披露重要信息罪 ………………………… 195
　　（一）刑法规定内容的修改 ……………………………… 195
　　（二）刑法规定修改的原因 ……………………………… 196
　　（三）违规披露、不披露重要信息罪的适用 …………… 196
七、虚假破产罪 ……………………………………………… 197
　　（一）刑法规定内容的修改 ……………………………… 198
　　（二）刑法规定修改的原因 ……………………………… 198
　　（三）虚假破产罪的适用 ………………………………… 198
八、非国家工作人员受贿罪 ………………………………… 200
　　（一）刑法规定内容的修改 ……………………………… 200
　　（二）刑法规定修改的原因 ……………………………… 201
　　（三）非国家工作人员受贿罪的适用 …………………… 201
九、对非国家工作人员行贿罪 ……………………………… 204
十、背信损害上市公司利益罪 ……………………………… 204
　　（一）刑法规定内容的修改 ……………………………… 204
　　（二）刑法规定修改的原因 ……………………………… 205
　　（三）背信损害上市公司利益罪的适用 ………………… 206
十一、骗取贷款、票据承兑、金融票证罪 ………………… 208
　　（一）刑法规定内容的修改 ……………………………… 208

（二）刑法规定修改的原因 …………………………… 209
　　（三）骗取贷款、票据承兑、金融票证罪的适用 …… 210
十二、操纵证券、期货市场罪 …………………………… 212
　　（一）刑法规定内容的修改 …………………………… 213
　　（二）刑法规定修改的原因 …………………………… 215
　　（三）操纵证券、期货市场罪的适用 ………………… 216
十三、背信运用受托财产罪 ……………………………… 219
　　（一）刑法规定内容的修改 …………………………… 219
　　（二）刑法规定修改的原因 …………………………… 220
　　（三）背信运用受托财产罪的适用 …………………… 220
十四、违法运用资金罪 …………………………………… 223
　　（一）刑法规定内容的修改 …………………………… 223
　　（二）刑法规定修改的原因 …………………………… 224
　　（三）违法运用资金罪的适用 ………………………… 224
十五、违法发放贷款罪 …………………………………… 226
　　（一）刑法规定内容的修改 …………………………… 226
　　（二）刑法规定修改的原因 …………………………… 228
　　（三）违法发放贷款罪的适用 ………………………… 228
十六、吸收客户资金不入账罪 …………………………… 231
　　（一）刑法规定内容的修改 …………………………… 232
　　（二）刑法规定修改的原因 …………………………… 233
　　（三）吸收客户资金不入账罪的适用 ………………… 233
十七、违规出具金融票证罪 ……………………………… 235
　　（一）刑法规定内容的修改 …………………………… 235
　　（二）刑法规定修改的原因 …………………………… 236
　　（三）违规出具金融票证罪的适用 …………………… 236
十八、洗钱罪 ……………………………………………… 238
　　（一）刑法规定内容的修改 …………………………… 238
　　（二）刑法规定修改的原因 …………………………… 240
　　（三）洗钱罪的适用 …………………………………… 241
十九、组织残疾人、儿童乞讨罪 ………………………… 245
　　（一）刑法规定内容的修改 …………………………… 245
　　（二）刑法规定修改的原因 …………………………… 246

目 录

  （三）组织残疾人、儿童乞讨罪的适用 …………………… 247
 二十、赌博罪 …………………………………………………… 248
  （一）刑法规定内容的修改 …………………………………… 249
  （二）刑法规定修改的原因 …………………………………… 249
  （三）赌博罪的适用 …………………………………………… 249
 二十一、开设赌场罪 …………………………………………… 252
  （一）刑法规定内容的修改 …………………………………… 252
  （二）刑法规定修改的原因 …………………………………… 252
  （三）开设赌场罪的适用 ……………………………………… 253
 二十二、掩饰、隐瞒犯罪所得、犯罪所得收益罪 …………… 255
  （一）刑法规定内容的修改 …………………………………… 255
  （二）刑法规定修改的原因 …………………………………… 256
  （三）掩饰、隐瞒犯罪所得、犯罪所得收益罪的适用 ……… 256
 二十三、枉法仲裁罪 …………………………………………… 260
  （一）刑法规定内容的修改 …………………………………… 261
  （二）刑法规定修改的原因 …………………………………… 262
  （三）枉法仲裁罪的认定与适用 ……………………………… 264

第七章　中华人民共和国刑法修正案（七） ……………… 268

 一、《刑法修正案（七）》概述 ………………………………… 268
  （一）《刑法修正案（七）（草案）》的主要内容 …………… 268
  （二）《刑法修正案（七）》修改的犯罪 ……………………… 271
  （三）《刑法修正案（七）》的时间效力 ……………………… 274
 二、走私国家禁止进出口的货物、物品罪 …………………… 275
  （一）刑法规定内容的修改 …………………………………… 276
  （二）刑法规定修改的原因 …………………………………… 277
  （三）走私国家禁止进出口的货物、物品罪的适用 ………… 278
 三、利用未公开信息交易罪 …………………………………… 281
  （一）刑法规定内容的修改 …………………………………… 281
  （二）刑法规定修改的原因 …………………………………… 282
  （三）利用未公开信息交易罪的适用 ………………………… 283
 四、逃税罪 ……………………………………………………… 288
  （一）刑法规定内容的修改 …………………………………… 288
  （二）刑法规定修改的原因 …………………………………… 290

（三）逃税罪的适用 …………………………………… 291
　五、组织、领导传销活动罪 ……………………………… 295
　　　（一）刑法规定内容的修改 …………………………… 295
　　　（二）刑法规定修改的原因 …………………………… 296
　　　（三）组织、领导传销活动罪的适用 ………………… 296
　六、侵犯公民个人信息罪 ………………………………… 301
　七、非法获取公民个人信息罪 …………………………… 302
　八、组织未成年人进行违反治安管理活动罪 …………… 302
　　　（一）刑法规定内容的修改 …………………………… 302
　　　（二）刑法规定修改的原因 …………………………… 303
　　　（三）组织未成年人进行违反治安管理活动罪的适用 … 303
　九、非法获取计算机信息系统数据、非法控制计算机信息系统罪 … 305
　十、提供侵入、非法控制计算机信息系统程序、工具罪 … 305
　十一、妨害动植物防疫、检疫罪 ………………………… 305
　　　（一）刑法规定内容的修改 …………………………… 306
　　　（二）刑法规定修改的原因 …………………………… 306
　　　（三）妨害动植物防疫、检疫罪的适用 ……………… 307
　十二、非法生产、买卖武装部队制式服装罪 …………… 309
　　　（一）刑法规定内容的修改 …………………………… 309
　　　（二）刑法规定修改的原因 …………………………… 310
　　　（三）非法生产、买卖武装部队制式服装罪的适用 … 310
　十三、伪造、盗窃、买卖、非法提供、非法使用武装部队专用标志罪 … 312
　　　（一）刑法规定内容的修改 …………………………… 313
　　　（二）刑法规定修改的原因 …………………………… 314
　　　（三）伪造、盗窃、买卖、非法提供、非法使用武装部队专用
　　　　　　标志罪的适用 ………………………………… 314
　十四、利用影响力受贿罪 ………………………………… 317
　　　（一）刑法规定内容的修改 …………………………… 318
　　　（二）刑法规定修改的原因 …………………………… 319
　　　（三）利用影响力受贿罪的适用 ……………………… 320

第八章 中华人民共和国刑法修正案（八） 326
　一、《刑法修正案（八）》概述 …………………………… 326
　　　（一）《刑法修正案（八）》的修改特点和期待 ……… 326

（二）如何准确理解《刑法修正案（八）》的修改和补充规定 …… 330
二、《刑法修正案（八）》对刑法总则的修改和补充 …… 331
　　（一）犯罪和刑事责任 …… 331
　　（二）管制 …… 332
　　（三）死刑 …… 333
　　（四）量刑 …… 335
　　（五）累犯 …… 336
　　（六）自首和立功 …… 337
　　（七）数罪并罚 …… 338
　　（八）缓刑 …… 339
　　（九）减刑 …… 341
　　（十）假释 …… 341
　　（十一）其他规定 …… 343
三、《刑法修正案（八）》对刑法分则的补充——增加七个新的犯罪 …… 343
　　（一）危险驾驶罪 …… 344
　　（二）对外国公职人员、国际公共组织官员行贿罪 …… 344
　　（三）虚开发票罪 …… 346
　　（四）持有伪造的发票罪 …… 348
　　（五）组织出卖人体器官罪 …… 351
　　（六）拒不支付劳动报酬罪 …… 352
　　（七）食品监管渎职罪 …… 356
四、《刑法修正案（八）》对刑法分则的修改——修改和补充原有的犯罪 …… 359
　　（一）资助危害国家安全犯罪活动罪 …… 359
　　（二）叛逃罪 …… 362
　　（三）生产、销售假药罪 …… 364
　　（四）生产、销售不符合安全标准食品罪 …… 370
　　（五）生产、销售有毒、有害食品罪 …… 375
　　（六）走私武器、弹药罪，走私核材料罪，走私假币罪 …… 380
　　（七）走私文物罪，走私贵重金属罪，走私珍贵动物、珍贵动物制品罪 …… 380
　　（八）走私国家禁止进出口货物、物品罪 …… 385
　　（九）走私普通货物、物品罪 …… 389

（十）强迫交易罪 ··· 395
（十一）强迫劳动罪 ·· 398
（十二）盗窃罪 ·· 401
（十三）敲诈勒索罪 ·· 409
（十四）寻衅滋事罪 ·· 413
（十五）组织、领导、参加黑社会性质组织罪 ························· 418
（十六）包庇、纵容黑社会性质组织罪 ·································· 422
（十七）污染环境罪 ·· 426
（十八）非法采矿罪 ·· 431
（十九）协助组织卖淫罪 ··· 436

第九章　中华人民共和国刑法修正案（九） ·························· 439
一、《刑法修正案（九）》概述 ·· 439
（一）《刑法修正案（九）》修改的主要内容 ·························· 439
（二）《刑法修正案（九）》的修改特点 ································· 441
二、《刑法修正案（九）》对刑法总则的修改和补充 ············ 443
（一）禁止从事相关职业 ··· 443
（二）死缓期间故意犯罪的处理 ·· 447
（三）罚金的缴纳 ··· 449
（四）有期徒刑、拘役、管制的数罪并罚方法 ························ 450
三、《刑法修正案（九）》对刑法分则的补充——增加20种新的犯罪 ·· 451
（一）准备实施恐怖活动罪 ··· 452
（二）宣扬恐怖主义、极端主义、煽动实施恐怖活动罪 ········· 455
（三）利用极端主义破坏法律实施罪 ···································· 458
（四）强制穿戴宣扬恐怖主义、极端主义服饰、标志罪 ········· 461
（五）非法持有宣扬恐怖主义、极端主义物品罪 ··················· 463
（六）虐待被监护、看护人罪 ··· 465
（七）使用虚假身份证件、盗用身份证件罪 ·························· 468
（八）组织考试作弊罪 ·· 471
（九）非法出售、提供试题、答案罪 ···································· 473
（十）代替考试罪 ··· 476
（十一）拒不履行信息网络安全管理义务罪 ·························· 478
（十二）非法利用信息网络罪 ··· 481

（十三）帮助信息网络犯罪活动罪 …………………………… 484
　　（十四）扰乱国家机关工作秩序罪 …………………………… 486
　　（十五）组织、资助非法聚集罪 ……………………………… 488
　　（十六）编造、故意传播虚假信息罪 ………………………… 490
　　（十七）虚假诉讼罪 …………………………………………… 493
　　（十八）泄露不应公开的案件信息罪 ………………………… 495
　　（十九）披露、报道不应公开的案件信息罪 ………………… 497
　　（二十）对有影响力的人行贿罪 ……………………………… 500
四、《刑法修正案（九）》对刑法分则的修改——修改和补充原有
　　的犯罪 ……………………………………………………………… 503
　　（一）组织、领导、参加恐怖组织罪 ………………………… 503
　　（二）帮助恐怖活动罪 ………………………………………… 509
　　（三）危险驾驶罪 ……………………………………………… 515
　　（四）走私武器、弹药罪，走私核材料罪，走私假币罪 …… 520
　　（五）对非国家工作人员行贿罪 ……………………………… 525
　　（六）伪造货币罪 ……………………………………………… 528
　　（七）强制猥亵、侮辱罪 ……………………………………… 532
　　（八）绑架罪 …………………………………………………… 535
　　（九）收买被拐卖的妇女、儿童罪 …………………………… 538
　　（十）侮辱罪、诽谤罪 ………………………………………… 543
　　（十一）侵犯公民个人信息罪 ………………………………… 547
　　（十二）非法获取公民个人信息罪 …………………………… 553
　　（十三）虐待罪 ………………………………………………… 557
　　（十四）抢夺罪 ………………………………………………… 560
　　（十五）妨害公务罪 …………………………………………… 564
　　（十六）伪造、变造、买卖国家机关公文、证件、印章罪 … 567
　　（十七）盗窃、抢夺、毁坏国家机关公文、证件、印章罪 … 571
　　（十八）伪造公司、企业、事业单位、人民团体印章罪 …… 574
　　（十九）伪造、变造、买卖居民身份证件罪 ………………… 577
　　（二十）非法生产、销售间谍专用器材，窃听、窃照专用
　　　　　　器材罪 ……………………………………………… 580
　　（二十一）非法侵入计算机信息系统罪 ……………………… 583

（二十二）非法获取计算机信息系统数据、非法控制计算机信息系统罪 ………………………………………………… 586

（二十三）提供侵入、非法控制计算机信息系统程序、工具罪 …… 591

（二十四）破坏计算机信息系统罪 …………………………………… 596

（二十五）扰乱无线电通讯管理秩序罪 ……………………………… 601

（二十六）聚众扰乱社会秩序罪 ……………………………………… 604

（二十七）组织、利用会道门、邪教组织、利用迷信破坏法律实施罪 ……………………………………………………… 607

（二十八）组织、利用会道门、邪教组织、利用迷信致人重伤、死亡罪 …………………………………………………… 617

（二十九）盗窃、侮辱、故意毁坏尸体、尸骨、骨灰罪 …………… 623

（三十）扰乱法庭秩序罪 ……………………………………………… 625

（三十一）拒绝提供间谍犯罪、恐怖主义犯罪、极端主义犯罪证据罪 …………………………………………………… 628

（三十二）拒不执行判决、裁定罪 …………………………………… 631

（三十三）偷越国（边）境罪 ………………………………………… 635

（三十四）非法生产、买卖、运输制毒物品、走私制毒物品罪 …… 638

（三十五）组织卖淫罪 ………………………………………………… 647

（三十六）强迫卖淫罪 ………………………………………………… 650

（三十七）贪污罪 ……………………………………………………… 653

（三十八）受贿罪 ……………………………………………………… 662

（三十九）行贿罪 ……………………………………………………… 675

（四十）对单位行贿罪 ………………………………………………… 680

（四十一）介绍贿赂罪 ………………………………………………… 683

（四十二）单位行贿罪 ………………………………………………… 687

（四十三）阻碍执行军事职务罪 ……………………………………… 691

（四十四）战时造谣惑众罪 …………………………………………… 693

中篇　刑法补充规定

第十章　关于惩治骗购外汇、逃汇和非法买卖外汇罪的决定 …… 699

一、骗购外汇罪 ……………………………………………………… 699

（一）刑法规定内容的修改 ………………………………… 700

（二）刑法规定修改的原因 …………………………………… 702
　　（三）骗购外汇罪的适用 ……………………………………… 703
二、逃汇罪 ………………………………………………………… 707
　　（一）刑法规定内容的修改 …………………………………… 707
　　（二）刑法规定修改的原因 …………………………………… 709
　　（三）逃汇罪的适用 …………………………………………… 710
三、非法经营罪 …………………………………………………… 712
　　（一）刑法规定内容的修改 …………………………………… 712
　　（二）刑法规定修改的原因 …………………………………… 714
　　（三）非法经营罪的适用 ……………………………………… 715

第十一章　关于取缔邪教组织、防范和惩治邪教活动的决定 …… 722
一、组织、利用会道门、邪教组织、利用迷信破坏法律实施罪 … 723
二、组织、利用会道门、邪教组织、利用迷信致人死亡罪 ……… 723

第十二章　关于维护互联网安全的决定 …………………………… 725
一、危害互联网运行安全的犯罪 ………………………………… 726
　　（一）《决定》规定的内容 …………………………………… 726
　　（二）刑法对危害互联网运行安全犯罪的规定 ……………… 726
　　（三）危害互联网运行安全犯罪的适用 ……………………… 727
二、利用互联网危害国家安全和危害社会安全犯罪 …………… 728
　　（一）《决定》规定的内容 …………………………………… 728
　　（二）刑法对利用互联网危害国家安全和危害社会安全犯罪的
　　　　　规定 ………………………………………………………… 729
　　（三）利用互联网危害国家安全和危害社会安全犯罪的适用 … 730
三、利用互联网破坏经济秩序和破坏社会秩序犯罪 …………… 733
　　（一）《决定》规定的内容 …………………………………… 733
　　（二）刑法对利用互联网破坏经济秩序和破坏社会秩序犯罪的
　　　　　规定 ………………………………………………………… 734
　　（三）利用互联网破坏经济秩序和破坏社会秩序犯罪的适用 … 736
四、利用互联网侵犯人身权利和财产权利犯罪 ………………… 740
　　（一）《决定》规定的内容 …………………………………… 740
　　（二）刑法对利用互联网侵犯人身权利和财产权利犯罪的规定 … 740
　　（三）利用互联网侵犯人身权利和财产权利犯罪的适用 …… 741

第十三章　关于修改部分法律的决定 …… 744
一、《决定》规定的内容 …… 744
二、《决定》对刑法、刑法补充规定、刑法解释中内容的修改与适用 …… 744
（一）《决定》第 2 条对刑法、刑法解释内容的修改 …… 745
（二）《决定》第 4 条对刑法、刑法补充规定内容的修改 …… 745

下篇　刑法立法解释

第十四章　关于《中华人民共和国刑法》第九十三条第二款的解释 …… 749
一、刑法规定及其法律解释的内容 …… 750
二、对刑法规定解释的原因 …… 751
三、关于《中华人民共和国刑法》第九十三条第二款的解释的适用 …… 754

第十五章　关于《中华人民共和国刑法》第二百二十八条、第三百四十二条、第四百一十条的解释 …… 756
一、刑法规定及其法律解释的内容 …… 757
二、刑法规定解释的原因 …… 759
三、关于《中华人民共和国刑法》第二百二十八条、第三百四十二条、第四百一十条的解释的适用 …… 761

第十六章　关于《中华人民共和国刑法》第二百九十四条第一款的解释 …… 765
一、刑法规定及法律解释的内容 …… 766
二、对刑法规定解释的原因 …… 767
三、关于《中华人民共和国刑法》第二百九十四条第一款的解释的适用 …… 770

第十七章　关于《中华人民共和国刑法》第三百八十四条第一款的解释 …… 773
一、刑法规定及其法律解释的内容 …… 774
二、对刑法规定解释的原因 …… 776
三、关于《中华人民共和国刑法》第三百八十四条第一款的解释的适用 …… 779

第十八章　关于《中华人民共和国刑法》第三百一十三条的解释 …… 783
一、刑法规定及其法律解释的内容 …… 783
二、对刑法规定解释的原因 …… 785

三、关于《中华人民共和国刑法》第三百一十三条的解释的适用 …… 788

第十九章　关于《中华人民共和国刑法》第九章渎职罪主体适用问题的解释 …… 790
　一、刑法规定及其法律解释的内容 …… 790
　二、对刑法规定解释的原因 …… 792
　三、关于《中华人民共和国刑法》第九章渎职罪主体适用问题的解释的适用 …… 794

第二十章　关于《中华人民共和国刑法》有关信用卡规定的解释 …… 796
　一、刑法规定及其法律解释的内容 …… 796
　二、对刑法规定解释的原因 …… 798
　三、关于《中华人民共和国刑法》有关信用卡规定的解释的适用 …… 799

第二十一章　关于《中华人民共和国刑法》有关文物的规定适用于具有科学价值的古脊椎动物化石、古人类化石的解释 …… 803
　一、刑法规定及其法律解释的内容 …… 803
　二、对刑法规定解释的原因 …… 805
　三、关于《中华人民共和国刑法》有关文物的规定适用于具有科学价值的古脊椎动物化石、古人类化石的解释的适用 …… 807

第二十二章　关于《中华人民共和国刑法》有关出口退税、抵扣税款的其他发票规定的解释 …… 813
　一、刑法规定及其法律解释的内容 …… 814
　二、对刑法规定解释的原因 …… 816
　三、关于《中华人民共和国刑法》有关出口退税、抵扣税款的其他发票规定的解释的适用 …… 817

上篇

刑法修正案

刑法修正案，是刑法典颁布实施以后，立法机关对刑法规定内容所作的修改和补充的新规定。刑法修正案从颁布之日起开始生效，其与刑法具有同等效力。根据我国宪法规定，我国刑法由全国人民代表大会制定和修改。在全国人民代表大会闭会期间，全国人民代表大会常务委员会有权对刑法进行部分补充和修改，但是对刑法的补充和修改不得同刑法规定的基本原则相抵触。我国1979年刑法颁布实施后，全国人民代表大会根据社会治安形势发展的需要，先后对刑法制定颁布了23个补充规定，对当时在社会上多发的社会危害严重的又急需惩处的犯罪行为作了补充规定，但是没有用修正案的形式对刑法进行修改和补充。1997年10月1日，修订刑法颁布实施以后，全国人大常委会根据我国政治、经济和社会治安形势发展的需要，对刑法又作了《关于惩治骗购外汇、逃汇和非法买卖外汇犯罪的决定》、《关于取缔邪教组织、防范和惩治邪教活动的决定》、《关于维护互联网安全的决定》和《关于修改部分法律的决定》。上述四个刑法补充规定对防止亚洲金融危机对我国经济的破坏、打击"法轮功"邪教组织对国家政权的侵犯、维护互联网安全和统一法律用语及引用法律名称等问题起了极大的作用。但是，刑法补充规定是一种单行刑法，是一种独立性的法律文件，其在内容的规定和适用上有一定的独立性，如果刑法补充规定逐步增多，会使刑法规定显得零散，甚至有可能出现不统一的现象。因此，很多专家、教授提出采用修正案的形式，对刑法进行修改和补充，对刑法条文直接补充或修改，可以使刑法永远保持整体性和统一性，防止重复立法，而且也便于司法适用。从1995年12月25日起，我国全国人大常委会开始用《刑法修正案》的形式对刑法进行修改和补充，不再用刑法补充的形式。实践证明这是立法技术的进步，对修改和补充的内容直接在刑法条文中加以修改和补充，不再单独形成新的法律文件，这对保障刑法的整体性、关联性和适用性具有十分重要的作用。截至目前，全国人大常委会根据同犯罪行为作斗争的需要及刑事政策的要求，已先后对刑法作了九个《刑法修正案》，每个《刑法修正案》都对刑法规定作了重要的修改和补充，对指导刑事司法活动，及时惩处犯罪起到了重要的法律规范作用。

第一章　中华人民共和国刑法修正案

全国人大常委会《中华人民共和国刑法修正案》，即《刑法修正案》，于1999年12月25日第九届全国人大常委第十三次会议通过，并于当日由国家主席公布施行。我国1997年修订刑法颁布施行以后，国务院有关部门及司法部门结合工作的实际情况发现修订刑法对下列严重破坏社会主义市场经济的行为没有规定为犯罪或者规定不明确，需要作修改和补充规定：

1. 1999年10月31日，第九届全国人大常委会第十二次会议修订的《中华人民共和国会计法》（以下简称《会计法》）第43条规定，"伪造、变造会计凭证、会计账簿、编制虚假财务会计报告，构成犯罪的，依法追究刑事责任。"第44条规定，"隐匿或者故意销毁依法应当保存的会计凭证、会计账簿、财务会计报告，构成犯罪的，依法追究刑事责任"。但是，在修订刑法中，并没有相应的犯罪的规定。在第九届全国人大常委会上，国务院提请全国人大常委会作《关于惩治违反会计法犯罪的决定（草案）》。

2. 在修订刑法时，金融部门建议在修订刑法中增加期货犯罪的内容，由于当时国家尚未制定有关期货交易管理的实体性法律、行政法规，期货犯罪难以准确界定。因此，1997年修订刑法没有规定惩治期货犯罪的内容。1999年5月25日，国务院通过了《期货交易管理暂行条例》，其第六章罚则中从第60条至第66条都规定，违反《期货交易管理暂行条例》有关规定，构成犯罪的，追究刑事责任。在第九届全国人大常委会上国务院提请全国人大常委会作《关于惩治期货犯罪的决定（草案）》，要求对刑法作补充规定。

3. 1997年修订刑法将渎职罪的主体由国家工作人员修改为国家机关工作人员，这样一来，国有公司、企业事业单位的工作人员在管理国有财产中严重不负责任，给国家和人民的利益造成严重损失的行为不能构成玩忽职守罪，也不能构成其他犯罪，出现了立法上的空挡。有些人大代表、最高人民检察院和一些部门、地方机关建议对刑法有关条款作修改或者补充规定。会后，全国人民代表大会法律委员会和法制工作委员会将国务院提请的草案印发中央有关部门和地方人大征求意见，法律委员会、财经委员会和法制工作委员会还联合邀请中央有关部门和法律专家进行座谈，听取意见。主要提出以下修改意见：

(1) 关于制定单独的《关于惩治违反会计法犯罪的决定（草案）》问题，很多委员认为，《关于惩治违反会计法犯罪的决定（草案）》中提出需要规定为犯罪的行为，许多与刑法中已规定的有关犯罪如虚报注册资本罪、虚假出资罪、抽逃出资罪、提供虚假财务报告罪、妨害清算罪、吸收客户资金不入账非法拆借罪、非法发放贷款罪、逃税罪、骗取出口退税罪、提供虚假证明文件罪、走私罪、贪污罪、挪用公款罪、私分国有资产罪、私分罚没财物罪和有关证券犯罪行为相关或者相似。如果再作一个惩治违反会计法的犯罪决定，困难很多，可能造成重复立法的现象。一些委员、部门和专家提出，考虑到刑法的统一和执行的方便，不宜再单独作两个决定，认为采取修改刑法的方式比较合适。① 由此，全国人大法律委员会建议将上述三项内容合并规定为《中华人民共和国刑法修正案》。1999 年 10 月 18 日委员会议同意采用修正案方式修改刑法。(2) 现行刑法没有将隐匿或者故意销毁依法应当保存的会计凭证、会计账簿、财务会计报告，情节严重的行为规定为犯罪，法律委员会建议将上述行为补充到刑法中。(3) 对擅自设立期货交易所、期货经纪公司的行为，期货交易中的内幕交易行为，编造并传播期货交易虚假信息以及诱骗投资者买卖期货的行为，操纵期货交易价格的行为和非法从事期货交易等行为，刑法都没有规定为犯罪行为。考虑到上述行为与刑法中对证券罪的规定相类似，根据一些常委委员、部门和专家的意见，法律委员会建议将这类犯罪与证券犯罪合并规定，对刑法第 174 条、第 180 条、第 181 条、第 182 条作修改、补充。(4) 根据有些人大代表、最高人民检察院和一些部门、地方反映，在刑法执行过程中，对国有公司、企业、事业单位的工作人员由于严重不负责任或者滥用职权，致使国家利益遭受重大损失的行为，如擅自为他人提供担保，给本单位造成重大损失的；在仓储或者企业管理方面严重失职，造成重大损失等刑法没有规定，依据刑法现有规定难以追究其刑事责任。在征求中政委、最高人民法院、最高人民检察院、公安部和有关部门的意见的基础上，全国人大法律委员会建议将刑法第 168 条规定的"国有公司、企业直接负责的主管人员，徇私舞弊，造成国有公司、企业破产或者严重亏损，致使国家利益遭受重大损失的，处三年以下有期徒刑或者拘役"修改为"国有公司、企业事业单位的工作人员，由于严重不负责任或者滥用职权，造成国有公司、企业、事业单位破产或者给本单位造成严重损害，致使国家利益遭受重大损失的，处 3 年以下有期徒刑或者拘役；致使国家利益遭受特别重大损失的，处 3 年以上 7 年以下有期徒刑"，"国有公司、企业事业单位的工作人员，徇私舞弊，犯前款罪的，

---

① 参见《全国人民代表大会常务委员会公报》1999 年第 6 期，第 697～699 页。

依照前款的规定从重处罚。"第九届全国人大常委会第十二次会议对《中华人民共和国刑法修正案(草案)》进行了初次审议。法律委员会根据常委会组成人员的审议意见又进行了审议。法律委员会认为,"刑法修正案对于惩治破坏社会主义市场经济秩序的犯罪,保障社会主义现代化建设的顺利进行有重要意义,草案基本可行"。(5)有的委员提出,"会计法对违反会计法构成犯罪应当依法追究刑事责任的规定有6条,修正案应与会计法规定相对应。法律委员会认为,故意做假账的行为都是违法的,应当追究法律责任。刑法对与会计法相对应的做假账的行为构成犯罪的已有许多具体规定,这次又在修正案中增加规定隐匿和故意销毁会计凭证、会计账簿、财务会计报告的犯罪,除了这些规定以外,还有哪些做假账的违法行为需要追究刑事责任,经与最高人民法院、最高人民检察院、国务院法制办、公安部研究,目前还未能提出其他的具体行为,可在以后根据实践需要,再进一步对刑法作补充规定"。① 全国人大常委会于1999年12月25日通过了《中华人民共和国刑法修正案》,并于当日公布施行。

一、隐匿、故意销毁会计凭证、会计账簿、财务会计报告罪

隐匿、故意销毁会计凭证、会计账簿、财务会计报告罪,是《刑法修正案(一)》第1条补充规定的犯罪,作为修订刑法第162条之一。2002年3月15日最高人民法院、最高人民检察院《关于执行中华人民共和国刑法确定罪名的补充规定》确定为该罪名。

(一)刑法规定内容的修改

刑法条文中有关隐匿、故意销毁会计凭证、会计账簿、财务会计报告罪的规定有:

1. 1999年10月31日修订的《会计法》第44条规定:"隐匿或者故意销毁依法应当保存的会计凭证、会计账簿、财务会计报告,构成犯罪的,依法追究刑事责任。

"有前款行为,尚不构成犯罪的,由县级以上人民政府财政部门予以通报,可以对单位并处5000元以上10万元以下的罚款;对直接负责的主管人员和其他直接责任人员,可以处3000元以上5万元以下的罚款;属于国家工作

---

① 参见《全国人民代表大会常务委员会公报》1999年第6期,第704页。

人员的,还应当由其所在单位或者有关单位依法给予撤职直至开除的行政处分;对其中的会计人员,并由县级以上人民政府财政部门吊销会计从业资格证书。"

2. 1997年刑法第162条第1款规定:"公司、企业进行清算时,隐匿财产,对资产负债表或者财产清单作虚假记载或者在未清偿债务前分配公司、企业财产,严重损害债权人或者其他人利益的,对其直接负责的主管人员和其他直接责任人员,处五年以下有期徒刑或者拘役,并处或者单处二万元以上二十万元以下罚金。"

3. 1999年12月25日全国人大常委会《中华人民共和国刑法修正案》第1条规定在刑法第162条后增加一条,作为第162条之一:"隐匿或者故意销毁依法应当保存的会计凭证、会计账簿、财务会计报告,情节严重的,处五年以下有期徒刑或者拘役,并处或者单处二万元以上二十万元以下罚金。

"单位犯前款罪的,对单位判处罚金,并对其直接负责的主管人员和其他直接责任人员,依照前款的规定处罚。"

上述刑法及其修正案对刑法作了如下修改和补充:

1. 增加新罪名。我国1979年刑法和1997年修订刑法都没有将隐匿、故意销毁会计凭证、会计账簿、财务会计报告的行为规定为独立罪名,修订刑法颁布以后,修改后的《会计法》将这种情节严重的行为规定为犯罪。1999年12月25日,全国人大常委会在《中华人民共和国刑法修正案》第1条中将这种行为规定为独立的犯罪和适用的法定刑,并规定单位可以构成这种犯罪,归类于破坏社会主义市场经济秩序罪中妨害对公司企业管理秩序罪中具体犯罪。2002年3月15日最高人民法院、最高人民检察院《关于执行〈中华人民共和国刑法〉确定罪名的补充规定》中确定为"隐匿、故意销毁会计凭证、会计账簿、财务会计报告罪"的新罪名。

2. 新规定了一个概括犯罪。1997修订刑法明确规定一些故意利用隐匿和故意销毁会计凭证、会计账簿、财务会计报告的手段进行犯罪活动的行为构成其他罪,依照其他罪定罪处罚。例如,故意利用隐匿、销毁会计凭证、会计账簿、财务会计报告的手段欺诈发行股票、债券、妨害清算、提供虚假财务报告、贪污、私分国有资产、私分罚没财物等行为的,作为犯罪手段定为相应的犯罪,按照刑法规定的相应犯罪定罪处罚。刑法修正案增加规定了隐匿、故意销毁会计凭证、会计账簿、财务会计报告罪后,又出现了一些法规竞合。相比较而言,刑法修正案规定的隐匿或者故意销毁会计凭证、会计账簿、财务会计报告犯罪行为是一般规定,而修订刑法中规定的故意利用隐匿和故意销毁会计凭证、会计账簿、财务会计报告的手段进行犯罪活动的行为是特别规定,依照特别规定优先一般规定的原则,仍然要依照刑法其他特别规定的犯罪定罪处罚。只有刑法条文中没有特别规定的隐匿或者故意销毁会计凭证、会计账簿、财务会计报告的行为才依照刑法第162条之一的规定定罪处罚。

（二）刑法规定修改的原因

全国人大常委会《中华人民共和国刑法修正案》补充规定隐匿、故意销毁会计凭证、会计账簿、财务会计报告罪的主要原因有：

1. 我国刑法中原没有隐匿、故意销毁会计凭证、会计账簿、财务会计报告罪的规定。我国1979年刑法和1997年修订刑法都没有这种罪的规定。修订刑法中原规定了一些故意利用上述手段进行犯罪活动的行为，分别依照其他罪名定罪处罚，例如，故意利用隐匿、销毁会计凭证、会计账簿、财务会计报告的手段欺诈发行股票、债券、妨害清算、提供虚假财务报告、贪污、私分国有资产、私分罚没财物等犯罪行为的，应按上述相应的罪名定罪处罚。

2. 故意隐匿和故意销毁会计凭证、会计账簿、财务会计报告的行为严重破坏社会主义市场经济秩序，社会危害后果严重。在市场经济条件下，一些违法犯罪分子为逃税、贪污、诈骗财物和其他非法利益，在经济往来中故意不记账、作假账、故意销毁应保留的会计凭证、会计账簿、财务会计报告，不但为其犯罪提供了条件，而且这些严重违法行为本身，无论出于什么目的、动机，都会造成会计信息失真，严重损害国家、公众的利益，对社会经济秩序构成严重威胁。这些严重违法行为仅靠行政手段是难以制止的，需要刑法规定为单独犯罪，追究其刑事责任，以便从源头上、基础上维护国家利益、公共利益和社会主义市场经济秩序。

另外，据考察，世界上不少国家和地区对这些严重违法行为在法律上已规定单独定罪处罚，这些立法例可以作为借鉴。

3. 我国会计法已将隐匿或者故意销毁依法应当保存的会计凭证、会计账簿、财务会计报告的行为规定为犯罪，依法追究刑事责任，但在修订刑法中确无相应规定，无法适用。为了将会计法规定的隐匿、故意销毁会计凭证、会计账簿、财务会计报告的犯罪行为受到相应的刑事处罚，必须在刑法中作补充规定，以便于司法适用。

鉴于上述原因，全国人大常委会在《中华人民共和国刑法修正案》中补充规定隐匿、故意销毁会计凭证、会计账簿、财务会计报告罪，并规定了该罪的法定刑。

（三）隐匿、故意销毁会计凭证、会计账簿、财务会计报告罪的适用

隐匿、故意销毁会计凭证、会计账簿、财务会计报告罪，是《刑法修正

案》新增加的犯罪，要准确适用就必须弄清该罪的概念、特征，以及适用时应注意的问题。

1. 隐匿、故意销毁会计凭证、会计账簿、财务会计报告罪的概念。该罪是指隐匿或者故意销毁会计凭证、会计账簿、财务会计报告，情节严重的行为。

我国《会计法》规定："各单位对会计凭证、会计账簿、财务会计报告和会计资料应当建立档案，妥善保管，会计档案的保管期限和销毁办法，由国务院财政部门会同有关部门制定。"因此，所有单位都必须按照《会计法》和国务院有关规定保管或销毁有关的会计资料。如果不依法保管和销毁，而是故意隐匿、销毁应当保留的会计资料，情节严重的，是对社会有严重危害的犯罪行为，刑法应当规定为犯罪，追究其刑事责任。

2. 犯罪的构成特征。根据刑法第162条之一或者《刑法修正案》第1条的规定，该罪的构成特征有：

(1) 犯罪主体。该罪的犯罪主体是一般主体，凡是年满16周岁以上的具有刑事责任能力的自然人和依法成立的单位都可以构成。犯本罪的人，一般是财务会计人员和单位的直接负责的主管人员和其他的直接责任人员。犯罪主体在主观上都是故意的，一般具有谋取非法利益的目的。过失行为不构成本罪。

(2) 犯罪行为。必须是故意实施了隐匿或者故意销毁会计凭证、会计账簿、财务会计报告的行为。所谓隐匿行为，是指把真实的会计凭证、会计账簿、财务会计报告隐藏起来，不交出的行为，例如，不作账目或者作假账目的行为。所谓故意销毁行为，是指违反国务院关于保管、销毁财务会计资料的规定保管时间和程序，将不应当销毁的财务会计资料而销毁的行为。只要故意实施上述行为的，都可以构成犯罪。由于过失而丢失或者由于疏忽大意过失销毁财务会计资料的行为不构成犯罪。

(3) 犯罪结果。本罪必须是故意实施了隐匿或者故意销毁会计凭证、会计账簿、财务会计报告，情节严重的结果。情节达不到严重的程度的，不构成犯罪，但依照《会计法》第44条的规定，可由县级以人民政府财政部门予以通报，可以对单位并处5000元以上10万元以下的罚款；对直接负责的主管人员和其他直接责任人员，可以处3000元以上5万元以下的罚款；属于国家工作人员的，还应当由其所在单位或者有关单位依法给予撤职直至开除的行政处分；对其中的会计人员，并由县级以上人民政府财政部门吊销会计从业资格证书。

3. 本罪适用时应注意以下问题：

(1) 注意划清本罪与非罪的界限。我国修订刑法第162条之一规定，必须是隐匿或者故意销毁会计凭证、会计账簿、财务会计报告,情节严重的,才构成犯罪,应追究刑事责任;情节不严重的,不构成犯罪,不能追究刑事责任。何为"情节严重",刑法条文没有明确规定。根据最高人民检察院、公安部2001年4月18日《关于经济犯罪案件追诉标准的规定》第7条规定:"隐匿或者故意销毁依法应当保存的会计凭证、会计账簿、财务会计报告,涉嫌下列情形之一的,应予追诉:(一)隐匿、销毁的会计资料涉及金额在50万元以上的;(二)为逃避依法查处而隐匿、销毁或者拒不交出会计资料的。"具有上述情节之一的,应属情节严重的,构成犯罪,应追究刑事责任。

(2)注意划清本罪与妨害清算罪的界限。我国刑法第162条规定的妨害清算罪的犯罪行为,是指在公司、企业清算时,隐匿财产,对资产负债表或者财产清单作虚假记载的行为必然隐匿或者故意销毁财务会计资料,与本罪犯罪行为相同或者相似,在定罪时容易混淆。本罪是对隐匿或者故意销毁依法应当保存的会计凭证、会计账簿、财务会计报告行为的概括规定或称为一般规定,而刑法中规定的妨害清算罪、提供虚假财会报告罪等利用隐匿或者故意销毁依法应当保存的会计凭证、会计账簿、财务会计报告的手段进行犯罪的,属于特别规定,应按特别规定优于一般规定的原则,应定为妨害清算罪,不定为本罪。

(3)注意划清本罪与隐匿罪证罪的界限。我国刑法第305条规定的隐匿罪证罪在犯罪行为上与本罪的犯罪行为有相似之处,容易混淆。二罪的主要区别是犯罪主体不同。本罪是一般主体,其犯罪动机和目的各种各样,但不影响定罪量刑。而隐匿罪证罪的主体是特殊主体,即必须是在刑事诉讼中的证人、鉴定人、记录人、翻译人,其目的是出入罪。另外,二罪隐匿的对象也不完全相同。本罪隐匿的对象是依法应当保存的会计凭证、会计账簿、财务会计报告;而隐匿罪证罪隐匿的对象是对案件有重要关系的证据材料,也包括会计凭证、会计账簿、财务会计报告等犯罪证据。如果在刑事诉讼中,证人、鉴定人、记录人、翻译人对于对案件有重要关系的会计凭证、会计账簿、财务会计报告的犯罪证据故意隐匿、销毁,应按照重罪吸收轻罪的原则,认定为隐匿罪证罪。

(4)注意划清本罪与帮助毁灭证据罪的界限。我国刑法第307条第2款规定的帮助毁灭证据罪与本罪在犯罪主体、销毁凭证犯罪行为方面相似,容易混淆。二罪的主要区别有:一是犯罪对象不同。本罪的对象是会计凭证、会计账簿、财务会计报告;而帮助毁灭证据罪的对象是所有的定罪处罚的证据,也包括会计凭证、会计账簿、财务会计报告等犯罪证据。二是犯罪目的不同。本罪的目的是隐匿、销毁会计资料;而帮助毁灭证据罪的犯罪目的通过隐匿、销毁有关犯罪证据是为犯罪分子开脱罪责或者诬陷他人犯罪。如果行为人是为帮助当事人毁灭作为证据的会计凭证、会计账簿、财务会计报告的犯罪行为，应按重罪吸收轻罪的原则，以帮助毁灭证据罪定罪处罚。

（5）注意弄清隐匿、故意销毁会计凭证、会计账簿、财务会计报告罪的适用时间。全国人大常委会《中华人民共和国刑法修正案》规定"自公布之日起施行"，即从1999年12月25日开始生效。其中规定的隐匿、故意销毁会计凭证、会计账簿、财务会计报告的行为也是从这一天开始可以构成犯罪，追究刑事责任。对于1999年12月24日以前的隐匿、故意销毁会计凭证、会计账簿、财务会计报告的行为，由于当时的刑法没有定罪处刑的规定，不具有溯及力，不构成犯罪。

二、国有公司、企业、事业单位人员失职罪

国有公司、企业、事业单位人员失职罪，是《刑法修正案》第2条补充规定的犯罪，作为修订刑法第168条原规定的徇私舞弊造成破产、亏损罪的修改罪名之一。2002年3月15日，最高人民法院、最高人民检察院《关于执行〈中华人民共和国刑法〉确定罪名的补充规定》确定为该罪名。

（一）刑法规定内容的修改

刑法条文中有关国有公司、企业、事业单位人员失职罪的修改规定有：

1. 1979年刑法第187条规定："国家工作人员由于玩忽职守，致使公共财产、国家和人民利益遭受重大损失的，处五年以下有期徒刑或者拘役。"

2. 1997年修订刑法第397条规定："国家机关工作人员滥用职权或者玩忽职守，致使公共财产、国家和人民利益遭受重大损失的，处三年以下有期徒刑或者拘役；情节特别严重的，处三年以上七年以下有期徒刑。本法另有规定的，依照规定。

"国家机关工作人员徇私舞弊，犯前款罪的，处五年以下有期徒刑或者拘役；情节特别严重的，处五年以上十年以下有期徒刑。本法另有规定的，依照规定。"

3. 1997年修订刑法第168条规定："国有公司、企业直接负责的主管人员，徇私舞弊，造成国有公司、企业破产或者严重亏损，致使国家利益遭受重大损失的，处三年以下有期徒刑或者拘役。"

4. 1999年12月25日，全国人大常委会《中华人民共和国刑法修正案》第2条规定将刑法第168条修改为："国有公司、企业的工作人员，由于严重

不负责任或者滥用职权,造成国有公司、企业破产或者严重损失,致使国家利益遭受重大损失的,处三年以下有期徒刑或者拘役;致使国家利益遭受特别重大损失的,处三年以上七年以下有期徒刑。

"国有事业单位的工作人员有前款行为,致使国家利益遭受重大损失的,依照前款的规定处罚。

"国有公司、企业、事业单位的工作人员,徇私舞弊,犯前两款罪的,依照第一款的规定从重处罚。"

上述刑法及其《刑法修正案》对刑法作了如下修改和补充:

1. 增加了国有公司、企业、事业单位人员失职罪的新罪名。我国1979年刑法第187条规定的玩忽职守罪的主体是国家工作人员,按当时法律规定,国有公司、企业、事业单位的工作人员属于国家工作人员,可以构成玩忽职守罪;修订刑法第397条规定的玩忽职守罪的主体是国家机关工作人员,按修订刑法的规定,国有公司、企业、事业单位的工作人员不是国家机关工作人员,因此,不能构成玩忽职守罪。而现实生活中,国有公司、企业、事业单位的工作人员在管理国有财产时,常有玩忽职守行为,给国家的利益造成严重损失不能依法惩治。1999年12月25日,全国人大常委会在《中华人民共和国刑法修正案》第2条将这种行为规定为独立的犯罪,归类于破坏社会主义市场经济秩序罪中妨害对公司企业管理秩序罪中的具体犯罪。

2. 取消了徇私舞弊造成破产、亏损罪的罪名。修订刑法原第168条规定了"国有公司、企业直接负责的主管人员,徇私舞弊,造成国有公司、企业破产或者严重亏损,致使国家利益遭受重大损失的犯罪行为",最高人民法院、最高人民检察院司法解释为"徇私舞弊造成破产、亏损罪"的罪名。1999年12月25日,全国人大常委会《中华人民共和国刑法修正案》第2条将刑法第168条修改为"国有公司、企业的工作人员,由于严重不负责任或者滥用职权,造成国有公司、企业破产或者严重损失,致使国家利益遭受重大损失的犯罪行为"和"国有事业单位的工作人员有前款行为,致使国家利益遭受重大损失的"犯罪行为。2002年3月15日最高人民法院、最高人民检察院《关于执行〈中华人民共和国刑法〉确定罪名的补充规定》司法解释为"国有公司、企业、事业单位人员失职罪"和"国有公司、企业、事业单位人员滥用职权罪"两个新罪名。同时取消了"徇私舞弊造成破产、亏损罪"的原罪名。

3. 罪状作了重要修改。主要有:(1)扩大了犯罪主体。修订刑法原第168条规定的徇私舞弊造成破产、亏损罪的主体只是国有公司、企业直接负责的主管人员,而现行刑法第168条规定的国有公司、企业、事业单位人员失职罪的主体扩大到国有公司、企业、事业单位的工作人员。（2）犯罪行为扩大了。刑法原第168条规定的徇私舞弊造成破产、亏损罪的犯罪行为有造成国有公司、企业严重"亏损"。现行刑法第168条修改为"造成国有公司、企业严重'损失'。"虽然"损失"比"亏损"的范围更广泛些，但合情合理。因为公司、企业亏损的原因很多，有合理亏损、政策亏损和管理不善亏损等其他原因造成亏损，不能凡是造成严重亏损的，都追究刑事责任。因此，《刑法修正案》将"亏损"修改为"损失"。（3）提高了法定刑。刑法原第168条规定的徇私舞弊造成破产、亏损罪的法定刑为单一的法定刑，即"处三年以下有期徒刑或者拘役"；而现行刑法第168条规定的国有公司、企业、事业单位人员失职罪的法定刑，是在原有基础上又增加了一个档次的法定刑，即"处三年以下有期徒刑或者拘役；致使国家利益遭受特别重大损失的，处三年以上七年以下有期徒刑"。

（二）刑法规定修改的原因

全国人大常委会《中华人民共和国刑法修正案》补充规定国有公司、企业、事业单位人员失职罪的主要原因有以下几个方面：

1. 修订刑法中没有国有公司、企业、事业单位人员失职罪的规定。我国1979年刑法将国有公司、企业、事业单位工作人员失职，给国家和人民的利益遭受重大损失的行为规定为玩忽职守罪，而1997年修订刑法对上述行为没有规定为犯罪，出现了法律规定上的空档现象。因此，《刑法修正案》第2条对刑法原第168条作了修改和补充，增加规定了"国有公司、企业、事业单位人员失职罪"和"国有公司、企业、事业单位人员滥用职权罪"的新罪名。

2. 国有公司、企业、事业单位人员失职行为具有严重的社会危害性。在市场经济条件下，国有公司、企业、事业单位的工作人员管理着大量国有资产，如果国有公司、企业、事业单位工作人员，严重不负责任、玩忽职守、滥用职权将给国家和人民的利益造成严重损失。根据一些人大代表、最高人民检察院和一些部门、地方反映，在刑法执行过程中，对国有公司、企业、事业单位的工作人员由于严重不负责任或者滥用职权，致使国家利益遭受重大损失的行为，如擅自为他人提供担保，给本单位造成重大损失的；违反国家规定，在国际外汇、期货市场上进行外汇、期货投机，给国家造成重大损失的；在仓储或者企业管理方面严重不负责任、失职造成重大损失等，根据修订刑法当时的规定，不能追究刑事责任。因此，必须通过立法规定其构成犯罪，追究这种严重危害社会行为的刑事责任。

鉴于上述原因,全国人大常委会在《中华人民共和国刑法修正案》中补充规定了"国有公司、企业、事业单位人员失职罪"和"国有公司、企业、事业单位人员滥用职权罪"的新罪名,并规定了独立适用的法定刑。

(三) 国有公司、企业、事业单位人员失职罪的适用

国有公司、企业、事业单位人员失职罪是新增加的罪名,要准确适用,就必须弄清该罪的概念、特征,以及适用时应注意的问题。

1. 犯罪的概念。该罪是指国有公司、企业、事业单位的工作人员,由于严重不负责任,造成国有公司、企业破产或者造成国有公司、企业、事业单位严重损失,致使国家利益遭受重大损失的行为。

我国修订刑法第397条对国家机关工作人员严重不负责任,玩忽职守给公共财产、国家和人民的利益造成重大损失的行为规定为玩忽职守罪。但修订刑法中对国有公司、企业、事业单位的工作人员严重不负责任,致使国家利益遭受重大损失的行为没有规定为犯罪。我国是以公有制为基础的社会主义市场经济,国有公司、企业、事业单位的工作人员负责管理、经营、使用大量国有财产,如果其严重不负责任,不履行或者不认真履行职责,将使国家利益遭受重大损失。因此,《刑法修正案》补充增加了国有公司、企业、事业单位人员失职罪。这里的"失职"与"玩忽职守"的含义基本相同,只是国家机关工作人员失职行为,构成犯罪的,"两高"确定罪名的司法解释规定为"玩忽职守罪",而国有公司、企业、事业单位的工作人员失职行为构成犯罪的,"两高"确定罪名司法解释规定为"国有公司、企业、事业单位人员失职罪"。

2. 犯罪的构成特征。根据刑法第168条和《刑法修正案》第2条的规定,该罪的构成特征有:

(1) 犯罪主体。该罪的犯罪主体是特殊主体,必须是国有公司、企业、事业单位的工作人员,即在上述国有单位中从事公务的工作人员,单纯在国有单位中从事生产、劳务活动的工人、勤杂人员、服务人员等不能构成本罪的主体。对于非国有单位,包括集体企业、事业单位、社会组织的工作人员也不构成本罪的主体。单位也不能构成本罪的主体。这里的国有公司,是指国有独资公司,不包括国有控股有限责任公司和股份有限公司。犯罪主体在违反职责规定有可能是故意的,但对造成国家利益重大损失的结果主观上是过失的心理态度。

(2) 犯罪行为。必须是严重不负责任,造成国有公司、企业破产或者国有公司、企业、事业单位严重损失的行为。所谓不负责任行为,是指不履行或者不认真履行职责的行为,如马虎从事、疏忽大意或者轻信能够避免而没有避

免等行为。犯罪主体不负责任在主观上多数都是过失心理态度，也有可能是故意的心理态度，但对造成国家重大损失的结果都是不希望发生的过失心理态度的过失行为。

（3）犯罪结果。本罪必须是造成国有公司、企业破产或者国有公司、企业、事业单位严重损失，致使国家的利益遭受重大损失的结果。何为重大损失，刑法中没有具体规定，但参照最高人民检察院、公安部2001年4月18日《关于经济犯罪案件追诉标准的规定》第13条规定："国有公司、企业、事业单位的工作人员，严重不负责任，涉嫌下列情形之一的，应予追诉：（一）造成国家直接经济损失数额在50万元以上的；（二）致使国有公司、企业停产或者破产的；（三）造成恶劣影响的。"具有上述结果之一的，应认定给国家造成重大损失。

3. 法定刑。（1）构成犯罪的，处3年以下有期徒刑或者拘役。（2）构成本罪，致使国家利益遭受特别重大损失的，处3年以上7年以下有期徒刑。何为"特别重大损失"，刑法没有具体规定，目前也没有司法解释。笔者认为，在严重损失的基础上，有一项或者几项更严重的危害结果。一般是指：①造成直接经济损失在100万元以上；②致使国有公司、企业破产；③在国际国内造成特别恶劣影响的等。

4. 本罪适用时应注意以下问题：

（1）注意划清罪与非罪的界限。

首先，本罪的主体必须是国有公司、企业、事业单位的工作人员，非国有公司、企业、事业单位、机关、团体的工作人员不是本罪的犯罪主体，不能构成本罪。国家机关工作人员委派到国有公司、企业、事业单位从事公务的人员，严重失职，构成犯罪的，也应认定本罪，不能认定为玩忽职守罪。

其次，本罪是结果犯，必须致使国家利益遭受重大损失的结果，才构成犯罪。如果没有达到重大损失结果的，不构成犯罪。

（2）注意划清本罪与玩忽职守罪的界限。我国刑法第397条规定的玩忽职守罪与本罪在犯罪行为、犯罪结果有相同或者相似之处，容易混淆。二罪的根本区别是犯罪主体不同。本罪的主体是国有公司、企业、事业单位的工作人员，而玩忽职守罪的主体必须是国家机关工作人员。

另外，造成损失的范围和程度不同。本罪造成国有公司、企业破产或者国有公司、企业、事业单位严重损失，致使国家利益遭受重大损失；而玩忽职守罪造成的结果是致使公共财产、国家和人民利益遭受重大损失。根据最高人民检察院、公安部《关于经济犯罪案件追诉标准的规定》第13条的规定，本罪只是造成经济损失50万元以上的结果，没有造成人员伤亡的损失结果；而玩忽职守罪的犯罪结果，除造成直接经济损失 30 万元以上、间接经济损失 150 万元以上外，还包括人员伤亡的结果。

（3）注意《刑法修正案》第 2 条第 3 款的适用问题。《刑法修正案》第 2 条第 3 款，即刑法第 168 条第 3 款规定："国有公司、企业、事业单位的工作人员，徇私舞弊，犯前两款罪的，依照第一款的规定从重处罚"，第 1 款规定两种犯罪，即国有公司、企业、事业单位人员失职罪和国有公司、企业、事业单位人员滥用职权罪。对于徇私舞弊滥用职权造成国有公司、企业破产或者国有公司、企业、事业单位严重损失的，依照前款规定处罚没有异议。但是，对于国有公司、企业、事业单位人员失职罪能否因徇私舞弊从重处罚有不同意见。有一种意见认为，国有公司、企业、事业单位人员失职罪是过失犯罪，不可能存在故意徇私舞弊过失致使国家利益遭受严重损失的情况，因此，对国有公司、企业、事业单位人员失职罪不能适用刑法第 168 条第 3 款规定从重处罚。笔者认为，对于国有公司、企业、事业单位人员徇私舞弊，故意严重不负责任的行为，构成国有公司、企业、事业单位人员失职罪的，应依照刑法第 168 条第 3 款规定从重处罚。

三、国有公司、企业、事业单位人员滥用职权罪

国有公司、企业、事业单位人员滥用职权罪，是《刑法修正案》第 2 条补充规定的犯罪，作为修订刑法第 168 条原规定的徇私舞弊造成破产、亏损罪的修改罪名之一。2002 年 3 月 15 日，最高人民法院、最高人民检察院《关于执行〈中华人民共和国刑法〉确定罪名的补充规定》的司法解释确定为该罪名。

（一）刑法规定内容的修改

刑法条文中有关国有公司、企业、事业单位人员滥用职权罪的修改是：

1. 1979 年刑法第 187 条规定："国家工作人员由于玩忽职守，致使公共财产、国家和人民利益遭受重大损失的，处五年以下有期徒刑或者拘役。"

2. 1997 年修订刑法第 397 条规定："国家机关工作人员滥用职权或者玩忽职守，致使公共财产、国家和人民利益遭受重大损失的，处三年以下有期徒刑或者拘役；情节特别严重的，处三年以上七年以下有期徒刑。本法另有规定的，依照规定。

"国家机关工作人员徇私舞弊，犯前款罪的，处五年以下有期徒刑或者拘役；情节特别严重的，处五年以上十年以下有期徒刑。本法另有规定的，依照

规定。"

3.1997年修订刑法第168条规定："国有公司、企业直接负责的主管人员，徇私舞弊，造成国有公司、企业破产或者严重亏损，致使国家利益遭受重大损失的，处三年以下有期徒刑或者拘役。"

4.1999年12月25日，全国人大常委会《中华人民共和国刑法修正案》第2条规定将刑法第168条修改为："国有公司、企业的工作人员，由于严重不负责任或者滥用职权，造成国有公司、企业破产或者严重损失，致使国家利益遭受重大损失的，处三年以下有期徒刑或者拘役；致使国家利益遭受特别重大损失的，处三年以上七年以下有期徒刑。

"国有事业单位的工作人员有前款行为，致使国家利益遭受重大损失的，依照前款的规定处罚。

"国有公司、企业、事业单位的工作人员，徇私舞弊，犯前两款罪的，依照第一款的规定从重处罚。"

上述刑法及其《刑法修正案》对刑法作了如下修改和补充：

1.增加国有公司、企业、事业单位人员滥用职权罪的新罪名。我国1979年刑法第187条规定的玩忽职守罪的主体是国家工作人员，按当时刑法规定，国有公司、企业、事业单位的工作人员滥用职权，构成犯罪的，可以认定为玩忽职守罪；修订刑法第397条将玩忽职守罪与滥用职权罪规定在一个条文中，其犯罪主体必须是国家机关工作人员。按刑法的规定，国有公司、企业、事业单位的工作人员不是国家机关工作人员，因此，不能构成刑法第397条规定的滥职权罪。而现实生活中，国有公司企业事业单位的工作人员在管理国有财产时，常有滥用职权行为，给国家的利益造成严重损失不能依照当时的刑法规定惩治。1999年12月25日，全国人大常委会在《中华人民共和国刑法修正案》第2条中将这种行为规定为独立的犯罪和单独的法定刑，归类于破坏社会主义市场经济秩序罪中妨害对公司企业管理秩序罪中具体犯罪。

2.取消了徇私舞弊造成破产、亏损罪的罪名。修订刑法原第168条规定的"国有公司、企业直接负责的主管人员，徇私舞弊，造成国有公司、企业破产或者严重亏损，致使国家利益遭受重大损失的"犯罪行为，最高人民法院、最高人民检察院司法解释为"徇私舞弊造成破产、亏损罪"的罪名。1999年12月25日，全国人大常委会《中华人民共和国刑法修正案》第2条将刑法第168条修改为"国有公司、企业的工作人员，由于严重不负责任或者滥用职权，造成国有公司、企业破产或者严重损失，致使国家利益遭受重大损失的"犯罪行为和"国有事业单位的工作人员有前款行为，致使国家利益遭受重大损失的"犯罪行为。2002年3月15日，最高人民法院、最高人民检察院《关于执行〈中华人民共和国刑法〉确定罪名的补充规定》司法解释为"国有公司、企业、事业单位人员失职罪"和"国有公司、企业、事业单位人员滥用职权罪"两个新罪名。同时取消了"徇私舞弊造成破产、亏损罪"的原罪名。

3. 罪状作了重要修改。主要有：(1) 扩大犯罪主体。修订刑法原第168条规定的徇私舞弊造成破产、亏损罪的主体只是国有公司、企业直接负责的主管人员，而现行刑法第168条规定的国有公司、企业、事业单位人员失职罪和国有公司、企业、事业单位人员滥用职权罪的主体扩大到国有公司、企业、事业单位的工作人员。(2) 犯罪行为有所扩大。刑法原第168条规定的徇私舞弊造成破产、亏损罪的犯罪行为有造成国有公司、企业严重"亏损"。现行刑法第168条修改为"造成国有公司、企业严重'损失'"。虽然"损失"比"亏损"的范围更广泛些，但合情合理。因为国有公司、企业亏损的原因很多，有合理亏损、政策亏损和管理不善等其他原因造成亏损，不能凡是造成严重亏损的，都追究刑事责任。因此，刑法修正案将"亏损"修改为"损失"。(3) 提高了法定刑。刑法原第168条规定的徇私舞弊造成破产、亏损罪的法定刑，为单一法定刑，即"处三年以下有期徒刑或者拘役"；而现行刑法第168条规定的国有公司、企业、事业单位人员失职罪和国有公司、企业、事业单位人员滥用职权罪的法定刑，是在原有法定刑的基础上又增加了一个档次的加重法定刑，即"处三年以下有期徒刑或者拘役；致使国家利益遭受特别重大损失的，处三年以上七年以下有期徒刑"，增加了一个处"三年以上七年以下有期徒刑"的加重法定刑。

(二) 刑法规定修改的原因

全国人大常委会《中华人民共和国刑法修正案》补充规定国有公司、企业、事业单位人员滥用职权罪的主要原因有：

1. 修订刑法中原没有国有公司、企业、事业单位人员滥用职权罪的规定。我国1979年刑法和有关的补充规定将国有公司、企业、事业单位工作人员滥用职权，致使国家和人民的利益遭受重大损失的行为规定为玩忽职守罪，而1997年修订刑法对上述行为没有规定为犯罪，出现了刑法规定上的空档现象。因此，《刑法修正案》第2条对刑法原第168条作了修改和补充，增加规定了"国有公司、企业、事业单位人员失职罪"和"国有公司、企业、事业单位人员滥用职权罪"两个新罪名。

2. 国有公司、企业、事业单位人员滥用职权行为具有严重的社会危害性。在市场经济条件下，国有公司、企业、事业单位的工作人员管理着大量国有资产,如果滥用职权,将给国家的利益造成严重损失。根据一些人大代表、最高人民检察院和一些部门、地方反映,在刑法执行过程中,对国有公司、企业、事业单位的工作人员由于滥用职权,致使国家利益遭受重大损失的一些行为,如擅自为他人提供担保,给本单位造成重大损失的;违反国家规定,在国际外汇、期货市场上进行外汇、期货投机,给国家造成重大损失的等,根据刑法原规定不能追究刑事责任。因此,必须通过立法规定追究这种严重危害社会行为的刑事责任。

鉴于上述原因,全国人大常委会在《中华人民共和国刑法修正案》中补充规定了"国有公司、企业、事业单位人员滥用职权罪",并规定了单独的法定刑。

(三) 国有公司、企业、事业单位人员滥用职权罪的适用

国有公司、企业、事业单位人员滥用职权罪,是新增加的罪名,要准确适用,就必须弄清本罪的概念、特征,以及适用时应注意的问题。

1. 国有公司、企业、事业单位人员滥用职权罪的概念。该罪是指国有公司、企业、事业单位的工作人员,由于滥用职权,造成国有公司、企业破产或者造成国有公司、企业、事业单位严重损失,致使国家利益遭受重大损失的行为。

我国修订刑法第397条对国家机关工作人员滥用职权,致使公共财产、国家和人民的利益造成重大损失的行为规定为滥用职权罪。但修订刑法中对国有公司、企业、事业单位的工作人员滥用职权,致使国家利益遭受重大损失的行为没有规定为犯罪。我国是以公有制为基础的社会主义市场经济,国有公司、企业、事业单位的工作人员负责管理、经营、使用大量国有财产,如果其滥用职权,将使国家利益遭受重大损失。因此,《刑法修正案》补充规定了国有公司、企业、事业单位人员滥用职权罪。这里的"滥用职权"是指国有公司、企业、事业单位的工作人员不依照法定程序行使职权和超越职权,胡作非为的行为。由于滥用职权,造成国有公司、企业破产或者造成国有公司、企业、事业单位严重损失,致使国家利益遭受重大损失的行为,最高人民法院、最高人民检察院司法解释规定为"国有公司、企业、事业单位人员滥用职权罪"。

2. 犯罪的构成特征。根据刑法第168条和《刑法修正案》第2条的规定,该罪的构成特征有:

(1) 犯罪主体。该罪的犯罪主体是特殊主体,必须是国有公司、企业、事业单位的工作人员,即在上述国有单位中从事公务的工作人员,单纯在国有单位中从事生产、劳务活动的工人、勤杂人员、服务人员等不能构成本罪的主

体。对于非国有单位，包括集体企业、事业单位、社会团体的工作人员也不构成本罪的主体，其他单位也不能构成本罪的主体。这里的国有公司，是指国有独资公司，不包括国有控股有限责任公司和股份有限公司。犯罪主体在违反职责规定滥用职权是故意的，但对造成国家利益重大损失的结果主观上是过失的心理态度。

（2）犯罪行为。必须是滥用职权，造成国有公司、企业破产或者国有公司、企业、事业单位严重损失的行为。所谓滥用职权，造成国有公司、企业破产或者国有公司、企业、事业单位严重损失的行为，是指不依照法定程序在职权范围内滥用职权和已超越职权范围，胡作非为，造成国有公司、企业严重停产和破产或者国有公司、企业、事业单位30万元以上经济损失，以及造成恶劣影响等行为。犯罪主体对滥用职权造成严重损失的行为在主观上都是故意的心理态度。但对造成国家重大损失的结果都是不希望发生的过失心理态度的过失行为。

（3）犯罪结果。本罪必须是造成国有公司、企业破产或者国有公司、企业、事业单位严重损失，致使国家的利益遭受重大损失的结果。何为"重大损失"，刑法中没有具体规定，但参照最高人民检察院、公安部2001年4月18日《关于经济犯罪案件追诉标准的规定》第14条规定："国有公司、企业、事业单位的工作人员，滥用职权，涉嫌下列情形之一的，应予追诉：（一）造成国家直接经济损失数额在30万元以上的；（二）致使国有公司、企业停产或者破产的；（三）造成恶劣影响的。"具有上述结果之一的，应认定给国家造成重大损失。

3. 法定刑。（1）构成本罪的，应处3年以下有期徒刑或者拘役。（2）构成犯罪，致使国家利益遭受特别重大损失的，处3年以上7年以下有期徒刑。何为"特别重大损失"，刑法没有具体规定，目前也没有司法解释。笔者认为，在严重损失的基础上，有一项或者几项更严重的危害结果。一般是指：①造成直接经济损失在50万元以上；②致使国有公司、企业严重破产；③在国际国内造成特别恶劣影响的等。

4. 本罪适用时应注意以下问题：

（1）注意划清罪与非罪的界限。首先，本罪的主体必须是国有公司、企业、事业单位的工作人员，非国有公司、企业、事业单位、机关、团体的工作人员不是本罪的犯罪主体，不能构成本罪。国家机关工作人员委派到国有公司、企业、事业单位从事公务的人员，严重失职，构成犯罪的，也应认定本罪，不能定为滥用职权罪。其次，本罪是结果犯，必须致使国家利益遭受重大损失的结果，才构成犯罪。如果没有达到重大损失结果的，不构成本罪。

（2）注意划清本罪与滥用职权罪的界限。我国刑法第397条规定的滥用职权罪与本罪在犯罪行为、犯罪结果有相同或者相似之处，容易混淆。二罪的根本区别是犯罪主体不同。本罪的主体是国有公司、企业、事业单位的工作人员，而滥用职权罪的主体必须是国家机关工作人员。另外，造成损失的范围和程度不同。本罪是国有公司、企业、事业单位工作人员滥用职权，造成国有公司、企业破产或者国有公司、企业、事业单位严重损失，致使国家利益遭受重大损失；而滥用职权罪造成的结果是致使公共财产、国家和人民利益遭受重大损失。根据最高人民检察院、公安部《关于经济犯罪案件追诉标准的规定》第13条的规定，本罪只是造成经济损失30万元以上的结果，没有造成人员伤亡的损失结果；而滥用职权罪的犯罪结果，除造成经济损失20万元以上的，或者造成死亡1人以上、重伤2人、轻伤5人以上等伤亡结果的。

四、伪造、变造、转让金融机构经营许可证、批准文件罪

伪造、变造、转让金融机构经营许可证、批准文件罪，是《刑法修正案》第3条补充修改的犯罪，作为修订刑法第174条第2款原规定的伪造、变造、转让金融机构经营许可证罪的修改罪名。2002年3月15日，最高人民法院、最高人民检察院《关于执行〈中华人民共和国刑法〉确定罪名的补充规定》司法解释确定修改为该罪名。

（一）刑法规定内容的修改

刑法条文中有关伪造、变造、转让金融机构经营许可证、批准文件罪的修改规定有：

1.1979年刑法第117条规定："违反金融、外汇、金银、工商管理法规，投机倒把，情节严重的，处三年以下有期徒刑或者拘役，可以并处、单处罚金或者没收财产。"

1979年刑法第118条规定："以走私、投机倒把为常业的，走私、投机倒把数额巨大的或者走私、投机倒把集团的首要分子，处三年以上十年以下有期徒刑，可以并处没收财产。"

2.1982年3月8日全国人大常委会《关于严惩严重破坏经济的罪犯的决定》第1条第（一）项规定："对刑法第一百一十八条走私、套汇、投机倒把牟取暴利罪……其处刑分别补充或者修改为：情节特别严重的，处十年以上有

期徒刑、无期徒刑或者死刑,可以并处没收财产。"

3. 1995年6月30日全国人大常委会《关于惩治破坏金融秩序犯罪的决定》第6条规定:"未经中国人民银行批准,擅自设立商业银行或者其他金融机构的,处三年以下有期徒刑或者拘役,并处或者单处二万元以上二十万元以下罚金;情节严重的,处三年以上十年以下有期徒刑,并处五万元以上五十万元以下罚金。

"伪造、变造、转让商业银行或者其他金融机构经营许可证的,依照前款的规定处罚。

"单位犯前两款罪的,对单位判处罚金,并对直接负责的主管人员和其他直接责任人员,依照第一款的规定处罚。"

4. 1997年修订刑法第174条规定:"未经中国人民银行批准,擅自设立商业银行或者其他金融机构的,处三年以下有期徒刑或者拘役,并处或者单处二万元以上二十万元以下罚金;情节严重的,处三年以上十年以下有期徒刑,并处五万元以上五十万元以下罚金。

"伪造、变造、转让商业银行或者其他金融机构经营许可证的,依照前款的规定处罚。

"单位犯前两款罪的,对单位判处罚金,并对其直接负责的主管人员和其他直接责任人员,依照第一款的规定处罚。"

5. 1999年12月25日,全国人大常委会《中华人民共和国刑法修正案》第3条规定将刑法第174条修改为:"未经国家有关主管部门批准,擅自设立商业银行、证券交易所、期货交易所、证券公司、期货经纪公司、保险公司或者其他金融机构的,处三年以下有期徒刑或者拘役,并处或者单处二万元以上二十万元以下罚金;情节严重的,处三年以上十年以下有期徒刑,并处五万元以上五十万元以下罚金。

"伪造、变造、转让商业银行、证券交易所、期货交易所、证券公司、期货经纪公司、保险公司或者其他金融机构的经营许可证或者批准文件的,依照前款的规定处罚。

"单位犯前两款罪的,对单位判处罚金,并对其直接负责的主管人员和其他直接责任人员,依照第一款的规定处罚。"

上述刑法和《刑法修正案》对刑法规定的证券、期货、保险方面的犯罪作了如下修改和补充:

1. 修改了罪名。我国1979年刑法没有单独规定"伪造、变造、转让金融机构经营许可证、批准文件罪"的罪名,司法实践中对伪造、变造、转让金融机构经营许可证、批准文件的犯罪行为一般依照1979年刑法第117条、第

118条规定的投机倒把罪定罪处罚,例如,伪造批准文件设立钱庄放高利贷的行为,按投机倒把罪定罪处罚;1982年全国人常委会《关于严惩严重破坏经济的罪犯的决定》提高了投机倒把罪的法定刑,但罪名和罪状没有改变;1995年6月30日全国人大常委会《关于惩治破坏金融秩序犯罪的决定》中增加规定了本罪原罪名和法定刑,即伪造、变造、转让金融机构许可证罪和法定刑,并规定了单位可以构成本罪;修订刑法第174条将补充规定原原本本的纳入刑法中,最高人民法院、最高人民检察院1997年《关于执行〈中华人民共和国刑法〉确定罪名的规定》中规定为"伪造、变造、转让金融机构经营许可证罪"的罪名;1999年12月25日,全国人大常委会在《中华人民共和国刑法修正案》第3条第2款将这种犯罪行为增加规定为"伪造、变造、转让商业银行、证券交易所、期货交易所、证券公司、期货经纪公司、保险公司或者其他金融机构的经营许可证或者批准文件的"行为。2002年3月15日,最高人民法院、最高人民检察院《关于执行〈中华人民共和国刑法〉确定罪名的补充规定》中将"伪造、变造、转让金融机构经营许可证罪"的罪名修改为"伪造、变造、转让金融机构经营许可证、批准文件罪"。

2. 修改了罪状。修订刑法原第174条第2款将"伪造、变造、转让金融机构经营许可证罪"的犯罪行为笼统地规定为"伪造、变造、转让商业银行或者其他金融机构经营许可证的"行为。《刑法修正案》将刑法第174条第2款的犯罪行为具体规定为"伪造、变造、转让商业银行、证券交易所、期货交易所、证券公司、期货经纪公司、保险公司或者其他金融机构的经营许可证或者批准文件的"行为。特别是增加了"证券交易所、期货交易所、证券公司、期货经纪公司、保险公司"或者其他金融机构的经营许可证或者"批准文件"的行为。由于犯罪行为和犯罪对象作了重要修改,因此,罪名也作了相应修改。另外,《刑法修正案》还将批准设立金融机构的机关由"中国人民银行批准"改为由"国家有关主管部门批准"。这样范围更广些,将有些金融机构规定由中国人民银行以外的国家机关批准。例如,设立期货交易所,按《期货交易暂行条例》规定,应由中国证监会审查批准等。

(二) 刑法规定修改的原因

全国人大常委会《中华人民共和国刑法修正案》补充规定伪造、变造、转让金融机构经营许可证、批准文件罪的主要原因有:

1. 修订刑法中没有规定"未经中国证监会批准,擅自设立期货交易所、期货经纪公司或者伪造、变造、转让期货经纪业务许可证的行为"是犯罪行为。我国从1990年开始试点进行期货经营交易活动,由于没有专门的法律、法规规范期货交易行为，期货交易市场曾一度出现过盲目发展的势头，虽然经过清理、整顿，取得了一定的成效，但是仍然存在一些不容忽视的问题，其中一项突出的问题是违反国务院的规定，未经中国证监会批准，擅自设立期货交易所、期货经纪公司，或者伪造、变造、转让期货经纪业务许可证，进行期货经营活动；还有些国有企业、国有资产占控股地位或主导地位的企业违反国家规定进行期货交易；一些单位或者个人使用信贷资金、财政资金进行期货交易；未经批准擅自从事境外期货交易。这些违法行为严重损害投资者的利益，严重扰乱了金融秩序和市场经济秩序。1997年修改刑法时，中国证监会曾提出在刑法第174条中增加"未经批准，擅自设立期货交易所、期货经纪公司或者伪造、变造、转让期货经纪业务许可证和批准文件的行为"是犯罪行为。由于当时国家尚未制定有关期货交易管理的实体性法律、行政法规，期货犯罪难以准确界定。因此，1997年修订刑法中只规定了擅自设立银行或者其他金融机构，没有明确规定擅自设立期货机构和伪造、变造、转让期货经纪证件的行为是犯罪行为。司法实践中对上述严重违法行为不能依法追究刑事责任，需通过修改刑法规定加以解决。

2. 我国《期货交易管理暂行条例》规定的犯罪行为需要相应的刑法规定作保障。1999年5月25日，国务院常务会议通过并于1999年9月1日起施行《期货交易管理暂行条例》，该条例第六章罚则中第65条规定："任何单位或者个人违反本条例规定，擅自从事境外期货交易的，予以取缔，没收违法所得，并处违法所得1倍以上5倍以下的罚款；没有违法所得或者违法所得不满20万元的，处20万元以上100万元以下的罚款；对直接负责的主管人员和其他直接责任人员处1万元以上10万元以下的罚款，并给予降级直至开除的纪律处分；构成犯罪的，依法追究刑事责任。任何单位或者个人非法设立或者变相设立期货交易所、期货经纪公司，或者擅自从事期货经纪业务，予以取缔，并依照前款的规定处罚；构成犯罪的，依法追究刑事责任。"该《期货交易管理暂行条例》中"构成犯罪的，依法追究刑事责任"的规定，必须在刑法中有相应的规定，才能保障条例规定的实施。

3. 国务院要求全国人大常委会修改刑法规定。1999年6月22日，在第九届全国人大常委会第十次会议上，国务院向全国人大常委会提出了《关于惩治期货犯罪的决定（草案）》，其内容之一是提请全国人大常委会对刑法第174条规定的擅自设立金融机构罪和伪造、变造、转让金融机构经营许可证罪进行修改，以适应同期货犯罪行为作斗争的需要。全国人大法律委员会进行了多次审议并提出了具体修改意见，全国人大常委会在《中华人民共和国刑法修正案》第3条中将刑法第174条进了修改和补充，其第2款修改后形成了本罪的罪名。

鉴于上述原因，全国人大常委会在《中华人民共和国刑法修正案》中补充规定了犯罪行为。最高人民法院、最高人民检察院司法解释将罪名修改为"伪造、变造、转让金融机构经营许可证、批准文件罪"。

（三）伪造、变造、转让金融机构经营许可证、批准文件罪的适用

伪造、变造、转让金融机构经营许可证、批准文件罪，是《刑法修正案》新修改的罪名，要准确适用，就必须弄清本罪的概念、构成特征，以及适用时应注意的问题。

1. 本罪的概念。本罪是指单位或者个人伪造、变造、转让商业银行、证券交易所、期货交易所、证券公司、期货经纪公司、保险公司或者其他金融机构的经营许可证或者批准文件的行为。

在我国，设立金融机构必须经过国家有关主管部门批准，设立银行必须经中国人民银行批准，并发给经营许可证。中国人民银行是国家机关，其他专业银行，如工商银行、建设银行、农业银行、交通银行、华夏银行等是企业。成立证券交易所、期货交易所、证券公司、期货经纪公司、保险公司等其他金融机构须由国家有关主管部门批准，如成立期货交易所、证券交易所由证监会批准，并发给经营许可证。有关金融机构必须在批准的范围内进行经营活动。有些不法单位或者个人，为了欺骗公众和有关部门，采取伪造、变造、转让金融机构经营许可证或者批准文件等手段进行非法金融经营活动，扰乱金融秩序，严重危害社会。1997年刑法第174条已将伪造、变造、转让商业银行或者其他金融机构经营许可证的行为规定为犯罪。《刑法修正案》对刑法第174条又增加了伪造、变造、转让期货经营许可证和批准文件的犯罪行为。最高人民法院、最高人民检察院司法解释将罪名也相应修改为"伪造、变造、转让金融机构经营许可证、批准文件罪"。

2. 犯罪的构成特征。根据刑法第174条第2款或者《刑法修正案》第3条的规定，该罪的构成特征有：

（1）犯罪主体。该罪的犯罪主体是一般主体，年满16周岁、具有刑事责任能力、实施了伪造、变造、转让金融机构经营许可证、批准文件行为的自然人或者依法成立的单位实施了伪造、变造、转让金融机构经营许可证、批准文件的行为都可以构成本罪的主体。犯罪主体在主观上是故意的心理态度，过失心理态度不能构成本罪。

（2）犯罪行为。必须是实施了伪造、变造、转让金融机构经营许可证、

批准文件的行为。所谓伪造金融机构经营许可证、批准文件的行为，是指未经批准成立金融经营机构，没有取得金融经营许可证、批准文件，而是以私自伪造、变造或者转让金融经营许可证、批准文件为手段，擅自成立金融经营机构、进行金融经营活动的行为。所谓变造金融机构经营许可证、批准文件的行为，是指在原有的金融机构经营许可证、批准文件的基础上，擅自改变其内容，如改换经营主体，改变经营项目、延长经营期限等。所谓转让金融机构经营许可证、批准文件的行为，是指将自己的金融机构经营许可证、批准文件转归他人或单位，转让者和接受者都是犯罪行为。本罪的伪造、变造、转让金融机构经营许可证、批准文件三种犯罪行为都是故意犯罪行为。

（3）犯罪结果。本罪是行为犯，只要实施了伪造、变造、转让金融机构经营许可证、批准文件行为的，就可以构成犯罪。参照最高人民检察院、公安部2001年4月18日《关于经济犯罪案件追诉标准的规定》第22条规定："伪造、变造、转让商业银行、证券交易所、期货交易所、证券公司、期货经纪公司、保险公司或者其他金融机构的经营许可证或者批准文件的，应予追诉"，即凡是实施了上述行为就具备了犯罪结果，就构成犯罪，应处3年以下有期徒刑或者拘役；并处或者单处2万以上20万元以下罚金。情节严重的，处3年以上10年以下有期徒刑，并处5万元以上50万元以下罚金。何为情节严重，刑法没有具体规定，目前也没有司法解释。笔者认为，情节严重的，一般是指以伪造、变造、转让的金融机构经营许可证或者批准文件成立了金融经营机构，进行金融经营活动，非法牟利数额巨大；社会影响坏；经过给予行政处罚后仍不改正等情节之一的情况。

3. 本罪适用时应注意以下问题：

（1）注意划清自然人犯罪与单位犯罪的界限。本罪的犯罪主体是自然人和单位都可以构成。如果以单位的名义，为单位的利益实施伪造、变造、转让商业银行、证券交易所、期货交易所、证券公司、期货经纪公司、保险公司或者其他金融机构的经营许可证或者批准文件行为的，构成单位犯罪。对单位犯本罪的，实行双罚，即对单位判处罚金，并对其直接负责的主管人员和其他直接责任人员依照自然人犯本罪的规定处罚。对单位判处罚金的多少，应根据案件的具体情况和单位负担能力决定，一般不能少于5万元至50万元。另外，对上述同一犯罪事实，如果已定为单位犯罪，并对其直接负责的主管人员和其他直接责任人员已负刑事责任了，不能再以自然人犯罪定罪处罚。否则，就是重定罪处罚，不符合刑法规定。

（2）注意划清本罪与擅自设立金融机构罪的界限。我国刑法第174条第1款规定的擅自设立金融机构罪与本罪在犯罪主体、犯罪结果有相同或者相似之处，容易混淆。二罪的根本区别是犯罪行为不同。本罪的犯罪行为是实施伪造、变造、转让商业银行、证券交易所、期货交易所、证券公司、期货经纪公司、保险公司或者其他金融机构的经营许可证或者批准文件的行为，最终目的是擅自设立金融机构，非法进行金融经营活动，但其行为与直接设立金融机构的行为有所不同。只要实施了本罪的犯罪行为，无论是否设立金融机构都可以构成犯罪。例如只要实施伪造设立期货经纪公司的批准文件的，就构成本罪。如果以伪造、变造、转让的金融机构经营许可证、批准文件成立了金融机构的，则应认定为"擅自设立金融机构罪"。

（3）注意认定本罪的共犯。本罪实施伪造、变造、转让金融机构经营许可证、批准文件人与使用人有可能不是同一单位或者同一人的行为。只要实施伪造、变造、转让金融机构经营许可证、批准文件行为的人，不管其是否使用，都可以构成本罪。只要事先有共谋，事后又使用伪造、变造、转让的金融机构经营许可证、批准文件的，就构成本罪的共犯。如果确实不知道是伪造、变造、转让的金融机构经营许可证而使用的，不能构成本罪的共犯。

五、内幕交易、泄露内幕信息罪

内幕交易、泄露内幕信息罪，是《刑法修正案》第4条补充修改的犯罪，作为修订刑法第180条规定的内幕交易、泄露内幕信息罪的犯罪内容又补充增加了期货内幕交易和泄露期货内幕信息，罪名没作修改。该罪名是1997年最高人民法院、最高人民检察院《关于执行中华人民共和国刑法确定罪名的规定》中确定的罪名。

（一）刑法规定内容的修改

刑法条文中有关内幕交易、泄露内幕信息罪的修改规定有：
1.1997年修订刑法第180条原规定："证券交易内幕信息的知情人员或者非法获取证券交易内幕信息的人员，在涉及证券的发行、交易或者其他对证券的价格有重大影响的信息尚未公开前，买入或者卖出该证券，或者泄露该信息，情节严重的，处五年以下有期徒刑或者拘役，并处或者单处违法所得一倍以上五倍以下罚金；情节特别严重的，处五年以上十年以下有期徒刑，并处违法所得一倍以上五倍以下罚金。

"单位犯前款罪的，对单位判处罚金，并对其直接负责的主管人员和其他直接责任人员，处五年以下有期徒刑或者拘役。

"内幕信息的范围，依照法律、行政法规的规定确定。

"知情人员的范围,依照法律、行政法规的规定确定。"

2. 1999年12月25日,全国人大常委会《中华人民共和国刑法修正案》第4条规定将刑法第180条修改为:"证券、期货交易内幕信息的知情人员或者非法获取证券、期货交易内幕信息的人员,在涉及证券的发行,证券、期货交易或者其他对证券、期货交易价格有重大影响的信息尚未公开前,买入或者卖出该证券,或者从事与该内幕信息有关的期货交易,或者泄露该信息,情节严重的,处五年以下有期徒刑或者拘役,并处或者单处违法所得一倍以上五倍以下罚金;情节特别严重的,处五年以上十年以下有期徒刑,并处违法所得一倍以上五倍以下罚金。

"单位犯前款罪的,对单位判处罚金,并对其直接负责的主管人员和其他直接责任人员,处五年以下有期徒刑或者拘役。

"内幕信息、知情人员的范围,依照法律、行政法规的规定确定。"

上述刑法及其《刑法修正案》对刑法作了如下修改和补充:

1. 罪名没有修改。我国1979年刑法没有规定"内幕交易、泄露内幕信息罪",因为当时实行的是计划经济,不允许进行证券经营与股市交易,社会上不存在内幕交易和泄露内幕信息的行为,因此,在1979年刑法和有关的补充规定中都没有这种犯罪的规定。从1990年以后开始试行证券发行和证券交易,1998年12月29日,全国人大常委会通过了《中华人民共和国证券法》,自1999年7月1日起施行;1997年修订刑法第180条将证券内幕交易、泄露证券内幕交易信息的行为规定为犯罪,最高人民法院、最高人民检察院1997年《关于执行〈中华人民共和国刑法〉确定罪名的规定》中规定为"内幕交易、泄露内幕信息罪";1999年12月25日,全国人大常委会在《中华人民共和国刑法修正案》第4条将证券内幕交易、泄露证券交易信息犯罪行为补充增加了期货内幕交易、泄露期货内幕信息的犯罪行为,但罪名并没有改变。

2. 修改了罪状。1997年修订刑法第180条规定的"内幕交易、泄露内幕信息罪"的犯罪主体只是证券交易内幕信息的知情人员或者非法获取证券交易内幕信息的人员;其犯罪行为是在涉及证券的发行、交易或者其他对证券的价格有重大影响的信息尚未公开前,买入或者卖出该证券,或者泄露该信息的行为;现《刑法修正案》将刑法第180条的犯罪行为修改为:犯罪主体是证券、期货交易内幕信息的知情人员或者非法获取证券、期货交易内幕信息的人员;其犯罪行为是在涉及证券的发行,证券、期货交易或者其他对证券、期货交易价格有重大影响的信息尚未公开前,买入或者卖出该证券,或者从事与该内幕信息有关的期货交易,或者泄露该信息的行为,补充增加了"期货内幕交易和泄露期货内幕信息"的犯罪主体和犯罪行为。

（二）刑法规定修改的原因

全国人大常委会《中华人民共和国刑法修正案》补充规定增加内幕交易、泄露内幕信息罪犯罪对象的主要原因，有以下几个方面：

1. 修订刑法中没有规定"有关惩治期货犯罪行为"。我国从1990年开始试点进行期货经营交易活动，由于没有专门的法律、法规规范期货交易行为，期货交易市场曾一度出现过盲目发展的势头，虽然经过清理、整顿，取得了一定的成效，但是仍然存在一些不容忽视的问题。其中一项突出的问题之一，是期货交易内幕信息的知情人员或者非法获取期货交易内幕信息人员泄露该信息或者从事与该内幕信息有关的期货交易，损害投资者的利益，严重扰乱了金融秩序和市场经济秩序。1997年修改刑法时，中国证监会曾提出在刑法第180条中增加"期货内幕交易和泄露期货内幕信息犯罪行为"。由于当时国家尚未制定有关期货交易管理的实体性法律、行政法规，期货犯罪难以准确界定。因此，1997年刑法中只规定证券内幕交易、泄露证券内幕信息犯罪行为，没有明确规定期货内幕交易、泄露内幕信息犯罪行为，实践中对上述严重违法行为不能依照刑法规定追究刑事责任，需通过修改刑法规定加以解决。

2. 我国《期货交易管理暂行条例》规定的犯罪行为需要相应的刑法规定作保障。1999年5月25日，国务院常务会议通过并于1999年9月1日起施行《期货交易管理暂行条例》，该条例第六章罚则中第61条规定："期货交易内幕信息的知情人员或者非法获取期货交易内幕信息的人员，在对期货交易价格有重大影响的信息尚未公开前，利用内幕信息从事期货交易，或者向他人泄露内幕信息，使他人利用内幕信息进行期货交易的，没收违法所得，并处违法所得1倍以上5倍以下的罚款；没有违法所得或者违法所得不满10万元的，处10万元以上50万元以下的罚款；构成犯罪的，依法追究刑事责任。"该《期货交易管理暂行条例》中"构成犯罪的，依法追究刑事责任"的规定，必须在刑法中有相应的规定，才能保障条例规定的实施。

3. 国务院要求全国人大常委会修改刑法规定。1999年6月22日，在第九届全国人大常委会第十次会议上，国务院向全国人大常委会提出了《关于惩治期货犯罪的决定（草案）》，其内容之一是提请全国人大常委会对刑法第180条中增加规定"期货内幕交易、泄露内幕信息犯罪"的内容。全国人大法律委员会进行了多次审议并提出了具体修改意见，全国人大常委会在《中华人民共和国刑法修正案》第4条中将刑法第180条进行了修改和补充，其罪名没有修改。

鉴于上述原因，全国人大常委会在《中华人民共和国刑法修正案》中补充规定了期货内幕交易、泄露期货内幕信息的犯罪行为。

（三）内幕交易、泄露内幕信息罪的适用

内幕交易、泄露内幕信息罪，是修订刑法和刑法修正案补充规定的罪名，要准确适用，就必须弄清本罪的概念、构成特征，以及适用时应注意的问题。

1. 内幕交易、泄露内幕信息罪的概念。本罪是指证券、期货交易内幕信息的知情人员、非法获取证券、期货交易内幕信息的人员或者单位，在涉及证券的发行，证券、期货交易或者其他对证券、期货交易价格有重大影响的信息尚未公开前，买入或者卖出该证券，或者从事与该内幕信息有关的期货交易，或者泄露该信息，情节严重的行为。

我国1999年7月1日起施行的《中华人民共和国证券法》第67条规定："禁止证券交易内幕信息的知情人利用内幕信息进行证券交易活动"；第70条规定："知悉证券交易内幕信息的知情人员或者非法获取内幕信息的其他人员，不得买入或者卖出所持有的该公司的证券，或者泄露信息或者建议他人买卖该证券。"我国1999年5月25日通过的，自1999年9月1日起施行的《期货交易管理暂行条例》第30条也规定："下列单位和个人不得从事期货交易，期货经纪公司不得接受其委托为其进行期货交易：（一）金融机构、事业单位和国家机关；（二）中国证监会的工作人员；（三）期货市场禁止进入者；（四）未能提供开户证明文件的单位；（五）中国证监会规定不得从事期货交易的其他单位和个人。"可见，证券、期货交易的内幕知情人员不得进行证券、期货内幕交易，也不允许向他人泄露内幕交易信息。否则，将严重侵犯投资者的利益，扰乱金融秩序，严重危害社会。因此，1997年修订刑法第180条已将证券内幕交易行为和泄露内幕信息行为规定为犯罪。《刑法修正案》对刑法第180条又增加了期货内幕交易、泄露期货内幕信息的犯罪行为。

2. 本罪的构成特征。刑法第180条或者《刑法修正案》第4条规定，该罪的构成特征有：

（1）犯罪主体。该罪的犯罪主体是特殊主体，必须是证券、期货交易内幕信息的知情人员或者非法获取证券、期货交易信息的人员。所谓证券、期货交易内幕信息的知情人员，根据最高人民法院、最高人民检察院2012年6月1日起施行的《关于办理内幕交易、泄露内幕信息刑事案件具体应用法律若干问题的解释》第1条规定："下列人员应当认定为刑法第180条第1款规定的'证券、期货交易内幕信息的知情人员'：（一）证券法第74条规定的人员；（二）期货交易管理条例第85条第2项规定的人员。"我国《证券法》第74条规定："下列人员为知悉证券交易内幕信息的知情人员：（一）发行股票或者公司债券的公司董事、监事、经理、副经理及有关的高级管理人员；（二）持有公司5%以上股份的股东；（三）发行股票的控股公司的高级管理人员；（四）由于所在公司职务可以获取公司有关证券交易信息的人员；（五）证券监督管理机构工作人员以及由于规定的职责对证券交易进行管理的其他人员；（六）由于法定职责而参与证券交易的社会中介机构或者证券登记结算机构、证券交易服务机构的有关人员；（七）国务院证券监督管理机构规定的其他人员。"我国《期货交易管理条例》第85条第（十二）项规定："内幕信息知情人员，是指由于其管理地位、监督地位或者职业地位，或者作为雇员、专业顾问履行职务，能够接触或者获得内幕信息的人员，包括：期货交易的理事长、副理事长、总经理、副总经理等高级管理人员以及其他由于任职可获取内幕信息的从业人员。中国证监会的工作人员和其他有关部门的工作人员以及中国证监会指定的其他人员。"

所谓非法获取证券、期货交易信息的人员，根据最高人民法院、最高人民检察院2012年6月1日起施行的《关于办理内幕交易、泄露内幕信息刑事案件具体应用法律若干问题的解释》第2条规定："下列人员应当认定为刑法第180条第1款规定的'非法获取证券、期货交易内幕信息的人员'：（一）利用窃取、骗取、套取、窃听、利诱、刺探或者私下交易等手段获取内幕信息的；（二）内幕信息知情人员的近亲属或者其他与内幕信息知情人员关系密切的人员，在内幕信息敏感期内，从事或者明示、暗示他人从事泄露内幕信息导致他人从事与该内幕信息有关的证券、期货交易，相关交易行为明显异常，而无正当理由或者正当信息来源的；（三）在内幕信息敏感期内，与内幕信息知情人员联络、接触，从事或者明示、暗示他人从事、或者泄露内幕信息导致他人从事与该内幕信息有关的证券、期货交易，相关交易行为明显异常，且无正当理由或者正当信息来源的。"

根据最高人民法院、最高人民检察院2012年6月1日起施行的《关于办理内幕交易、泄露内幕信息刑事案件具体应用法律若干问题的解释》第3条规定，上述解释"第2条第2项、第3项规定的'相关交易行为明显异常'要综合以下情形，从时间吻合程度、交易背离程度和利益关联程度等方面认定：（一）开户、销户、激活资金账户或者指定交易（托管）、撤销指定交易（转托管）的时间与该内幕信息形成、变化、公开时间基本一致的；（二）资金变化与该内幕信息形成、变化、公开时间基本一致的；（三）买入或者卖出与内幕信息有关的证券、期货合约时间与内幕信息的形成、变化和公开时间基本一致的；（四）买入或者卖出与内幕信息有关的证券、期货合约时间与获悉内幕信息的时间基本一致的；（五）买入或者卖出券、期货合约行为明显与平时交易习惯不同的；（六）买入或者卖出证券、期货合约行为，或者集中持有证券、期货合约行为与该证券、期货公开信息反映的基本面明显背离的；（七）账户交易资金进出与该内幕信息知情人员或者非法获取人员关联或者利害关系的；（八）其他交易行为明显异常情形"。

根据最高人民法院、最高人民检察院2012年6月1日起施行的《关于办理内幕交易、泄露内幕信息刑事案件具体应用法律若干问题的解释》第4条规定，具有下列情形之一的，不属于刑法第180条第1款规定的从事与内幕信息有关的证券、期货交易：①持有或者通过协议、其他安排与他人共同持有上市公司5%以上股份的自然人、法人或者其他组织收购该上市公司股份的；②按照事先订立的书面合同、指令、计划从事相关证券、期货交易的；③依据已被他人披露的信息而交易的；④交易具有其他正当理由或者正当信息来源的。

根据最高人民法院、最高人民检察院2012年6月1日起施行的《关于办理内幕交易、泄露内幕信息刑事案件具体应用法律若干问题的解释》第5条规定，本解释所称"内幕信息敏感期"是指内幕信息自形成至公开的期间。《证券法》第67条第2款所列"重大事件"的发生时间，第75条规定的"计划"、"方案"以及《期货交易管理条例》第85条第（十一）项规定的"政策"、"决定"等的形成时间，应当认定为内幕信息的形成之时。影响内幕信息形成的动议、筹划、决策或者执行人员，其动议、筹划、决策或者执行初始时间应当认定为内幕信息的形成之时。内幕信息的公开，是指内幕信息在国务院证券、期货监督管理机构指定的报纸期刊、网站等媒体披露。

单位可以构成本罪的犯罪主体，一般是单位中从事证券、期货发行、交易及其相关活动的直接负责的主管人员和其他直接责任人员及单位本身。

犯罪主体在主观上是故意的心理态度，一般都有谋取非法利益的目的，过失心理态度不能构成本罪的犯罪主体。

（2）犯罪行为。必须是实施证券、期货内幕交易或者泄露证券、期货交易内幕信息的行为。所谓证券、期货内幕交易的行为，是指证券交易内幕信息的知情人员或者非法获取证券交易内幕信息的人员，在涉及证券的发行、交易或者其他对证券的价格有重大影响的信息尚未公开前，买入或者卖出该证券的行为或者建议他人买卖该证券、期货的行为。所谓泄露证券、期货交易内幕信息的行为，是指证券、期货交易内幕信息的知情人员或者非法获取证券、期货交易内幕信息的人员，在涉及证券的发行、期货交易或者其他对证券的价格有重大影响的信息尚未公开前，泄露该信息的行为。所谓证券、期货交易内幕信息，是指可能对证券、期货市场交易价格产生重大影响的尚未公开的信息。本罪上述犯罪行为都是故意犯罪行为,过失行为不能构成本罪的犯罪行为。

(3) 犯罪结果。本罪是结果犯,必须进行证券、期货内幕交易或者泄露证券、期货交易内幕信息,情节严重的结果,才构成犯罪。何为情节严重,刑法没有规定,根据最高人民法院、最高人民检察院2012年6月1日起施行的《关于办理内幕交易、泄露内幕信息刑事案件具体应用法律若干问题的解释》第6条规定,在内幕信息敏感期内从事或者明示、暗示他人从事或者泄露内幕信息导致他人从事与该内幕信息有关的证券、期货交易,具有下列情形之一的,应当认定为刑法第180条第1款规定的"情节严重":①证券交易成交额50万元以上的;②期货交易占用保证金数额在30万元以上的;③获利或者避免损失数额在15万元以上的;④3次以上的;⑤具有其他严重情节的。

根据最高人民法院、最高人民检察院2012年6月1日起施行的《关于办理内幕交易、泄露内幕信息刑事案件具体应用法律若干问题的解释》第7条规定,在内幕信息敏感期内从事或者明示、暗示他人从事或者泄露内幕信息导致他人从事与该内幕信息有关的证券、期货交易,具有下列情形之一的,应当认定为刑法第180条第1款规定的"情节特别严重":①证券交易成交额250万元以上的;②期货交易占用保证金数额在150万元以上的;③获利或者避免损失数额在75万元以上的;④3次以上的;⑤具有其他特别严重情节的。

3. 本罪的法定刑。根据刑法第180条规定,犯本罪的法定刑是:

(1) 情节严重,构成本罪的,处5年以下有期徒刑或者拘役;并处或者单处违法所得1倍以上5倍以下罚金。

(2) 犯本罪,情节特别严重的,处5年以上10年以下有期徒刑,并处违法所得1倍以上5倍以下罚金。

(3) 单位实施刑法第180条第1款规定的行为,具有上述"两高"《关于办理内幕交易、泄露内幕信息刑事案件具体应用法律若干问题的解释》第6条规定情形之一的按照刑法第180条第2款的规定对单位判处罚金,并对其直接负责的主管人员和其他直接责任人员,处5年以下有期徒刑或者拘役

4. 适用本罪时应注意以下问题:

(1) 注意划清自然人犯罪与单位犯罪的界限。本罪的犯罪主体是特殊的自然人和特殊单位,即证券、期货交易内幕信息的知情人,包括合法知情人和非法知情人。如果内幕知情人以单位的名义,为单位的利益实施内幕证券交易、期货交易或者故意泄露内幕信息,情节严重的,构成单位犯罪。对单位犯本罪的,实行双罚制,即对单位判处罚金,并对其直接负责的主管人员和其他

直接责任人员依照单位犯本罪的法定刑规定处罚，即"处五年以下有期徒刑或者拘役"。对单位判处罚金的多少，应根据案件的具体情况和单位负担能力决定。另外，对上述同一犯罪事实，如果已定为单位犯罪，并对其直接负责的主管人员和其他直接责任人员追究了刑事责任，就不能再以自然人犯罪定罪实行并数罪并罚。否则，就是重复定罪处罚，不符合刑法规定。

（2）注意对本罪准确认定罪名。我国刑法第180条规定的内幕交易、泄露内幕信息罪是选择罪名。如果行为人只实行了内幕交易行为，定为"内幕交易罪"；行为人只实行了泄露内幕信息行为，定为"泄露内幕信息罪"；如果行为人既实行了内幕交易行为，又实施了泄露内幕信息行为，定为"内幕交易、泄露内幕信息罪"一个罪名，按一罪从重处罚，不能认定为"内幕交易罪"和"泄露内幕信息罪"两种犯罪数罪并罚。

（3）注意认定本罪的共犯。内幕信息的知情人向他人泄露内幕信息后收取他人的好处费的，是内幕交易、泄露内幕信息罪的共同犯罪还是受贿罪？应根据案件的不同情况分别认定。如果事先有共谋由其提供内幕信息，由他人进行证券、期货交易，营利后进行分成的，则是内幕交易、泄露内幕信息罪的共同犯罪。如果只是利用职务之便，索取他人财物或非法收受他人财物，为他人提供了内幕信息的，则可能构成受贿犯罪行为。根据最高人民法院、最高人民检察院2012年6月1日起施行的《关于办理内幕交易、泄露内幕信息刑事案件具体应用法律若干问题的解释》第9条规定，构成共同犯罪的，按照共同犯罪人的成交总额、占有保证金总额、获利或者避免损失总额定罪处罚，但判处各被告人罚金的总额应掌握在获利或者避免损失总额的1倍以上5倍以下。

（4）注意划清本罪与故意泄露国家秘密罪的界限。本罪泄露证券、期货交易内幕信息行为与故意泄露国家秘密犯罪行为很相似，容易混淆。二罪的区别有：一是犯罪主体不同。本罪的犯罪主体是证券、期货交易内幕信息的知情人员；而故意泄露国家秘密罪的主体主要是国家机关工作人员，非国家机关工作人员实施了故意泄露国家秘密犯罪行为依照故意泄露国家秘密犯罪定罪处罚。二是犯罪对象不同。本罪的犯罪对象是证券、期货交易内幕信息；而故意泄露国家秘密罪的犯罪对象是国家秘密。二罪的犯罪对象有可能重叠，即既是证券、期货交易内幕信息也是国家秘密。这种情况下应按重法优于轻法的原则，定为本罪。

（5）注意划清本罪与侵犯商业秘密罪的界限。我国刑法第219条规定的侵犯商业秘密罪的犯罪行为和犯罪对象与本罪有相同或者相似之处，即都是侵犯尚未公开的信息，容易混淆。二罪的根本区别是侵犯的客体不同。本罪侵犯的客体是金融管理秩序，而侵犯商业秘密罪侵犯的客体是企业、事业单位的经营活动。当泄露的内幕信息也是商业秘密时，应依重法优于轻法的原则，按本罪定罪处罚。

（6）注意本罪数额的认定。根据最高人民法院、最高人民检察院2012年6月1日起施行的《关于办理内幕交易、泄露内幕信息刑事案件具体应用法律若干问题的解释》第8条规定，二次以上实施内幕信息交易或者泄露内幕信息行为，未经行政处理或者刑事处理的，应当对相关交易数额依法累计计算。上述"两高"《司法解释》第9条规定，同一案件中，成交额、获利或者避免损失额分别构成情节严重、情节特别严重的，按照处罚较重的数额定罪处罚。

六、编造并传播证券交易、期货交易虚假信息罪

编造并传播证券交易、期货交易虚假信息罪，是《刑法修正案》第5条补充修改的犯罪，作为修订刑法第181条第1款规定的编造并传播证券交易虚假信息罪的犯罪内容又补充增加了期货交易信息的内容，罪名相应地修改为"编造并且传播证券交易、期货交易虚假信息罪"。该罪是1997年最高人民法院、最高人民检察院《关于执行〈中华人民共和国刑法〉确定罪名的规定》中确定的"编造并传播证券交易虚假信息罪"的罪名，并于2002年3月26日最高人民法院、最高人民检察院《关于执行〈中华人民共和国刑法〉确定罪名的补充规定》修改为本罪名。

（一）刑法规定内容的修改

刑法条文中有关编造并传播证券交易、期货交易虚假信息罪的修改规定是：

1. 1997年修订刑法原第181条规定："编造并且传播影响证券交易的虚假信息，扰乱证券交易市场，造成严重后果的，处五年以下有期徒刑或者拘役，并处或者单处一万元以上十万元以下罚金。

"证券交易所、证券公司的从业人员，证券业协会或者证券管理部门的工作人员，故意提供虚假信息或者伪造、变造、销毁交易记录，诱骗投资者买卖证券，造成严重后果的，处五年以下有期徒刑或者拘役，并处或者单处一万元以上十万元以下罚金；情节特别恶劣的，处五年以上十年以下有期徒刑，并处二万元以上二十万元以下罚金。

"单位犯前两款罪的，对单位判处罚金，并对其直接负责的主管人员和其他直接责任人员，处五年以下有期徒刑或者拘役。"

2. 1999年12月25日，全国人大常委会《中华人民共和国刑法修正案》

第 5 条规定将刑法第 181 条修改为:"编造并且传播影响证券、期货交易的虚假信息,扰乱证券、期货交易市场,造成严重后果的,处五年以下有期徒刑或者拘役,并处或者单处一万元以上十万元以下罚金。

"证券交易所、期货交易所、证券公司、期货经纪公司的从业人员,证券业协会、期货业协会或者证券期货监督管理部门的工作人员,故意提供虚假信息或者伪造、变造、销毁交易记录,诱骗投资者买卖证券、期货合约,造成严重后果的,处五年以下有期徒刑或者拘役,并处或者单处一万元以上十万元以下罚金;情节特别恶劣的,处五年以上十年以下有期徒刑,并处二万元以上二十万元以下罚金。

"单位犯前两款罪的,对单位判处罚金,并对其直接负责的主管人员和其他直接责任人员,处五年以下有期徒刑或者拘役。"

上述刑法及其《刑法修正案》对刑法作了如下修改和补充:

1. 修改了罪名。我国 1979 年刑法没有规定"编造并传播证券交易、期货交易虚假信息罪",因为当时实行的是计划经济,不允许进行证券交易,社会上不存在编造并传播证券交易、期货交易虚假信息的行为,因此,在 1979 年刑法和有关的补充规定中都没有这种犯罪的规定。从 1990 年以后开始试行证券发行和证券交易、期货交易,1998 年 12 月 29 日全国人大常委会通过了修订的《中华人民共和国证券法》,自 1999 年 7 月 1 日起施行。我国 1997 年修订刑法第 181 条将编造并传播证券交易虚假信息的行为规定为犯罪,最高人民法院、最高人民检察院 1997 年《关于执行〈中华人民共和国刑法〉确定罪名的规定》中规定为"编造并且传播证券交易虚假信息罪"的罪名;1999 年 12 月 25 日,全国人大常委会在《中华人民共和国刑法修正案》第 5 条对编造并且传播证券交易虚假信息犯罪行为补充增加了期货交易虚假信息的犯罪行为。2003 年 3 月 26 日最高人民法院、最高人民检察院《关于执行〈中华人民共和国刑法〉确定罪名的补充规定》中规定将上述罪名修改为"编造并传播证券交易、期货交易虚假信息罪"的罪名。

2. 修改了罪状。1997 年修订刑法第 181 条规定的"编造并且传播证券交易虚假信息罪"的犯罪行为只是编造并且传播影响证券交易的虚假信息,扰乱证券交易市场秩序的行为,现《刑法修正案》将刑法第 181 条的犯罪行为修改为:编造并且传播影响证券、期货交易的虚假信息,扰乱证券、期货交易市场秩序的行为,补充增加了"编造并传播期货交易虚假信息的犯罪行为"。

(二) 刑法规定修改的原因

全国人大常委会《中华人民共和国刑法修正案》补充规定编造并传播证

券交易、期货交易虚假信息罪的犯罪内容，主要原因有：

1. 1997年修订刑法中没有规定"有关惩治期货犯罪行为"。我国从1990年开始试点进行期货经营交易活动，由于没有专门的法律、法规规范期货交易行为，期货交易市场曾一度出现盲目发展的势头，虽然经过清理、整顿，取得了一定的成效，但是仍然存在一些不容忽视的问题，其中一项突出的问题之一是，故意编造并且传播影响期货交易的虚假信息，扰乱期货交易市场秩序，造成严重后果，损害投资者的利益，严重扰乱了社会主义金融市场秩序和市场经济秩序。1997年修改刑法时，中国证监会曾提出在刑法第181条中增加"编造并且传播影响期货交易的虚假信息，扰乱期货交易市场秩序的犯罪行为"。由于当时国家尚未制定有关期货交易管理的实体性法律、行政法规，期货犯罪难以准确界定。因此，1997年修订刑法中只规定编造并且传播影响证券交易的虚假信息犯罪行为，没有明确规定故意编造并且传播影响期货交易的虚假信息的犯罪行为，实践中对上述严重违法行为不能依照刑法追究刑事责任，需通过修改刑法规定加以解决。

2. 我国《期货交易管理暂行条例》规定的犯罪行为需要相应的刑法规定作保障。1999年5月25日，国务院常务会议通过并于1999年9月1日起施行《期货交易管理暂行条例》，该条例第六章罚则中第60条第3款规定："任何单位或者个人编造并且传播影响期货交易的虚假信息，扰乱期货交易市场的，比照本条第一款、第二款的规则处罚；构成犯罪的，依法追究刑事责任。"该《期货交易管理暂行条例》"构成犯罪的，依法追究刑事责任"的规定，必须在刑法中有相应的规定，才能保障条例规定的实施。

3. 国务院要求全国人大常委会修改刑法规定。1999年6月22日，在第九届全国人大常委会第十次会议上，国务院向全国人大常委会提出了《关于惩治期货犯罪的决定（草案）》，其内容之一是提请全国人大常委会对刑法第181条中增加规定"编造并传播影响期货交易的虚假信息犯罪的内容"。全国人大法律委员会进行了多次审议并提出了具体修改意见，并建议全国人大常委会在《中华人民共和国刑法修正案》第5条中，将刑法第181条进行了修改和补充。①

鉴于上述原因，全国人大常委会在《中华人民共和国刑法修正案》中补充规定了"编造并传播证券交易、期货交易虚假信息罪的犯罪行为"。

---

① 参见《全国人民代表大会常务委员会公报》1999年第6期，第704页。

（三）编造并传播证券交易、期货交易虚假信息罪的适用

编造并传播证券交易、期货交易虚假信息罪是修订刑法规定的罪名的修改罪名，要准确适用，就必须弄清本罪的概念、构成特征，以及适用时应注意的问题。

1. 本罪的概念。本罪是指单位或者个人编造并且传播影响证券、期货交易的虚假信息，扰乱证券、期货交易市场，造成严重后果的行为。

故意编造并且传播影响证券、期货交易的虚假信息的行为是严重扰乱证券、期货市场交易秩序的行为，是对社会有严重危害的行为。在市场经济条件下，必须掌握市场信息，谁掌握了市场信息，谁就有了市场经济利益的主动权，谁就能在市场经济活动中盈利。证券、期货交易市场是市场经济的重要组成部分，证券、期货交易市场管理部门经常发布有关证券、期货交易信息，供用户正确分析证券、期货交易市场发展趋势，更有把握地进行证券、期货交易活动。如果故意编造并且传播影响证券、期货交易的虚假信息，必然扰乱证券、期货交易市场秩序，危害市场经济的发展，情节严重或者造成严重后果的行为，我国法律规定为犯罪。我国1999年7月1日起施行的《中华人民共和国证券法》第72条第1款规定："禁止国家工作人员、新闻传播媒介从业人员和有关人员编造并传播虚假信息，严重影响证券交易"；第188条规定："编造并且传播影响证券交易的虚假信息，扰乱证券交易市场的，处以三万元以上二十万元以下的罚款。构成犯罪的，依法追究刑事责任。"我国1999年5月25日通过的自1999年9月1日起施行的《期货交易管理暂行条例》第46条也规定："任何单位或者个人不得编造、传播有关期货交易的谣言，不得恶意串通、联手买卖或者以其他方式操纵期货交易价格。"从上述法律规定可见，故意编造并且传播影响证券交易、期货交易的虚假信息的行为是扰乱证券、期货交易市场秩序，严重侵犯投资者的利益，严重危害社会的行为。因此，1997年修订刑法第181条将编造并且故意传播影响证券交易的虚假信息，扰乱证券交易市场的行为规定为犯罪。《刑法修正案》对刑法第181条又增加了故意编造并且传播影响期货交易的虚假信息的犯罪行为。

2. 犯罪的构成特征。根据刑法第181条和《刑法修正案》第5条规定，该罪的构成特征有：

（1）犯罪主体。该罪的犯罪主体是一般主体，即达到法定年龄、具有刑事责任能力、实施了编造并且故意传播影响证券、期货交易虚假信息行为的自然人和单位。犯罪主体在主观上都是故意的，即明知道自己编造的是虚假的证券、期货交易信息还故意进行传播，以影响证券、期货交易市场秩序。如果是

道听途说的证券、期货交易信息并且传播的个人或者单位,不构成本罪的犯罪主体。

单位可以构成本罪的犯罪主体,一般是单位中从事证券、期货交易及其相关活动的直接负责的主管人员和其他直接责任人员。

(2)犯罪行为。必须是实施编造并且故意传播影响证券、期货交易的虚假信息行为。所谓编造证券交易、期货交易虚假信息的行为,是指无中生有,虚构本来不存在的影响证券、期货交易的信息,即客观上根本不存在的证券、期货交易信息。所谓传播证券、期货交易虚假信息,是指进行宣传、扩散虚假的证券、期货交易信息,让公众知道。传播扩散的方式方法,有的可能是口头散布,有的是通过文字材料、传单、报纸期刊、广告、电视、网络等进行传播,也有的是通过媒体进行传播,使众多的人都知道这些虚假证券、期货交易信息,以便影响证券、期货交易市场秩序。本罪的犯罪行为要求必须是既编造又传播证券、期货交易虚假信息的两种行为。如果只编造了虚假证券、期货交易信息,没有传播出去,或者是道听途说得到的、不知真假的信息并且以言传言的行为,不构成本罪的犯罪行为。本罪的犯罪行为都是故意犯罪行为,过失行为不能构成本罪的犯罪行为。

(3)犯罪结果。本罪是结果犯,必须是编造并且传播影响证券、期货交易的虚假信息,扰乱证券、期货交易市场,造成严重后果的结果的才构成犯罪。何为严重后果,刑法没有规定,目前也没有明确的司法解释。参照最高人民检察院、公安部2001年4月18日《关于经济犯罪案件追诉标准的规定》第30条的规定,编造并且传播证券、期货交易的虚假信息,扰乱证券、期货交易市场,涉嫌下列情形之一的,应予追诉:①造成投资者直接经济损失数额在3万元以上的;②致使交易价格和交易量异常波动的;③造成恶劣影响的,即凡是实施了上述行为之一的,就具备了本罪的犯罪结果。

3. 本罪的法定刑。根据刑法第181条规定,本罪的法定刑是:

(1)造成严重后果,构成犯罪的,处5年以下有期徒刑或者拘役;并处或者单处1万元以上10万元以下罚金。

(2)单位犯前两款罪的,对单位判处罚金,并对其直接负责的主管人员和其他直接责任人员,处5年以下有期徒刑或者拘役。单位直接负责的主管人员和其他直接责任人员的处罚比单个人犯本罪的处罚较轻,没有"并处罚金"的规定。

4. 适用本罪时应注意以下问题:

(1)注意划清罪与非罪的界限。

第一,本罪的犯罪行为是编造并且传播证券、期货交易的虚假信息的行为,只有两种行为同时具备的条件下才构成犯罪。如果只是实施了编造虚假的证券、期货交易信息的行为,没有传播这种虚假证券、期货交易信息或者传播了不知是真假的证券、期货交易信息的行为不构成本罪。

第二,本罪是结果犯,造成严重后果的才构成犯罪。对于没有造成严重后果的编造虚假的证券、期货交易信息的行为不构成本罪。

第三,本罪编造并传播的是影响证券、期货交易虚假的信息,如果编造并传播的是不影响证券、期货交易的虚假信息不构成本罪。

第四,对于明知是他人编造的影响证券、期货交易的虚假信息而进行传播的行为是否构成犯罪,有构成或者不构成犯罪两种不同意见。笔者认为,对于明知是他人编造的影响证券、期货交易的虚假信息而进行传播的行为与自己编造并且传播的行为,行为人在主观目的和客观行为、结果上都相同,应认定构成本罪,按本罪定罪处罚。

(2)注意区分本罪与提供虚假财务报告罪的界限。我国1997年刑法第161条规定的提供虚假财务报告罪是指公司向股东和社会公众提供虚假的财务报告,如果该公司是上市公司,也是向公众提供虚假交易的证券信息,与本罪编造并传播虚假证券交易信息行为相同。在这种情况下,应按特别规定优于一般规定的原则,认定为提供虚假财务报告罪。

(3)注意划清本罪与损害商业信誉、商品声誉罪的界限。我国刑法第221条规定的损害商业信誉、商品声誉罪的犯罪行为也可能是以编造并且传播虚假的证券、期货交易信息的方法来损害他人的商业信誉、商品声誉,这与本罪的犯罪行为有部分重合之处,即都是影响证券、期货交易的虚假信息,使两种犯罪容易混淆。二罪的根本区别是侵犯的客体不同。本罪侵犯的客体是金融管理秩序,而损害商业信誉、商品声誉罪侵犯的客体是企业、事业单位的名誉权,是两种不同的犯罪,但当两种犯罪行为发生法规竞合时,应按重法规定优于轻法规定的原则,两种犯罪法律规定的法定刑相比较,本罪处刑较重,应按本罪定罪处罚。

七、诱骗投资者买卖证券、期货交易罪

诱骗投资者买卖证券、期货交易罪,是《刑法修正案》第5条第2款补充修改的犯罪,作为1997年修订刑法第181条第2款原规定的诱骗投资者买卖证券交易罪的犯罪内容又补充增加了诱骗投资者买卖期货交易的内容,罪名相应地修改为"诱骗投资者买卖证券、期货交易罪"。该罪是1997年最高人民法院、最高人民检察院《关于执行〈中华人民共和国刑法〉确定罪名的规

定》中确定的"诱骗投资者买卖证券交易罪"。并于 2002 年 3 月 26 日最高人民法院、最高人民检察院《关于执行〈中华人民共和国刑法〉确定罪名的补充规定》修改为本罪名。

(一) 刑法规定内容的修改

刑法条文中有关诱骗投资者买卖证券、期货交易罪的修改规定是：

1.1997 年修订刑法第 181 条第 2 款原规定："证券交易所、证券公司的从业人员，证券业协会或者证券管理部门的工作人员，故意提供虚假信息或者伪造、变造、销毁交易记录，诱骗投资者买卖证券，造成严重后果的，处五年以下有期徒刑或者拘役，并处或者单处一万元以上十万元以下罚金；情节特别恶劣的，处五年以上十年以下有期徒刑，并处二万元以上二十万元以下罚金。"

2.1999 年 12 月 25 日，全国人大常委会《中华人民共和国刑法修正案》第 5 条规定将刑法第 181 条第 2 款修改为："证券交易所、期货交易所、证券公司、期货经纪公司的从业人员，证券业协会、期货业协会或者证券期货监督管理部门的工作人员，故意提供虚假信息或者伪造、变造、销毁交易记录，诱骗投资者买卖证券、期货合约，造成严重后果的，处五年以下有期徒刑或者拘役，并处或者单处一万元以上十万元以下罚金；情节特别恶劣的，处五年以上十年以下有期徒刑，并处二万元以上二十万元以下罚金。"

上述刑法及其《刑法修正案》对刑法作了如下修改和补充：

1. 修改了罪名。我国 1979 年刑法没有规定"诱骗投资者买卖证券、期货交易罪"，因为当时实行的是计划经济，不允许进行证券交易、期货交易，社会上不存在诱骗投资者买卖证券交易的行为，因此，在 1979 年刑法和有关的补充规定中都没有这种犯罪的规定。从 1990 年以后开始试行证券发行和证券交易，1998 年 12 月 29 日全国人大常委会通过了修订的《中华人民共和国证券法》，自 1999 年 7 月 1 日起施行，根据我国证券法规定，我国 1997 年修订刑法第 181 条第 2 款将诱骗投资者买卖证券交易的行为规定为犯罪。最高人民法院、最高人民检察院 1997 年《关于执行〈中华人民共和国刑法〉确定罪名的规定》中规定为"诱骗投资者买卖证券交易罪"的罪名；1999 年 12 月 25 日，全国人大常委会在《中华人民共和国刑法修正案》第 5 条第 2 款将诱骗投资者买卖期货交易的行为补充规定为犯罪行为。2003 年 3 月 26 日最高人民法院、最高人民检察院《关于执行〈中华人民共和国刑法〉确定罪名的补充规定》中规定将上述罪名修改为"诱骗投资者买卖证券、期货交易罪"的罪名。

2. 修改了罪状。1997修订刑法第181条第2款规定的"诱骗投资者买卖证券交易罪"的犯罪行为只是诱骗投资者买卖证券交易，扰乱证券交易市场秩序的行为，现《刑法修正案》将刑法第181条第2款的犯罪行为修改为"诱骗投资者买卖证券、期货合约，扰乱证券、期货交易市场秩序"的行为，补充增加了"期货交易所、期货经纪公司的从业人员，期货业协会管理部门的工作人员，故意提供虚假信息或者伪造、变造、销毁交易记录，诱骗投资者买卖、期货合约，造成严重后果"的犯罪行为。

（二）刑法规定修改的原因

全国人大常委会《中华人民共和国刑法修正案》补充规定"诱骗投资者买卖证券、期货合约"犯罪内容，主要原因有：

1. 修订刑法中没有规定"有关惩治期货犯罪行为"。我国从1990年开始试点进行期货经营交易活动，由于没有专门的法律、法规规范期货交易行为，期货交易市场曾一度出现盲目发展的势头，虽然经过清理、整顿，取得了一定的成效，但是仍然存在一些不容忽视的问题，其中突出的问题之一是，诱骗投资者买卖期货交易，严重扰乱期货交易市场秩序的行为。这种行为严重损害投资者的利益，严重扰乱了社会主义市场金融秩序和市场经济秩序。1997年修改刑法时，中国证监会曾提出在刑法第181条第2款中增加"诱骗投资者买卖期货交易的犯罪行为"。由于当时国家尚未制定有关期货交易管理的实体性法律、行政法规，期货犯罪难以准确界定。因此，1997年修订刑法中只规定了诱骗投资者买卖证券交易的犯罪行为，没有明确规定诱骗投资者买卖期货交易的犯罪行为。实践中，对上述严重违法行为不能依照刑法追究刑事责任，需通过修改刑法规定加以解决。

2. 我国《期货交易管理暂行条例》规定的犯罪行为需要相应的刑法规定作保障。1999年5月25日，国务院常务会议通过并于1999年9月1日起施行《期货交易管理暂行条例》，该条例第六章罚则中第60条规定："期货经纪公司有下列欺诈客户行为之一的，责令改正，给予警告，没收违法所得，并处违法所得1倍以上5倍以下的罚款；没有违法所得或者违法所得不满10万元的，处10万元以上50万元以下的罚款；情节严重的，责令停业整顿或者吊销期货经纪业务许可证：（一）不按照规定向客户出示风险说明书，向客户作获利保证或者与客户约定分享利益、共担风险的；（二）未经客户委托或者不按照客户委托范围擅自进行期货交易的；（三）提供虚假的期货市场行情、信息，或者使用其他不正当手段，诱骗客户发出交易指令的；（四）向客户提供虚假成交回报的；（五）未将客户交易指令下达到期货交易所内的；（六）挪用客户保证金的；（七）有中国证监会规定的其他欺诈客户的行为的。期货经纪公司如有前款所列情形之一的，对直接负责的主管人员和其他直接责任人员给予纪律处分，并处1万元以上10万元以下的罚款；构成犯罪的，依法追究刑事责任。"该《期货交易管理暂行条例》中"构成犯罪的，依法追究刑事责任"的规定，必须在刑法中有相应的规定，才能保障条例规定的实施。

3. 国务院要求全国人大常委会修改刑法规定。1999年6月22日，在第九届全国人大常委会第十次会议上，国务院向全国人大常委会提出了《关于惩治期货犯罪的决定（草案）》，其内容之一是提请全国人大常委会在刑法第181条第2款中增加规定"诱骗投资者买卖期货交易犯罪行为"的内容。全国人大法律委员会进行了多次审议并提出了具体修改意见，建议全国人大常委会在《中华人民共和国刑法修正案》第5条中将刑法第181条第2款进行了修改和补充。①

鉴于上述原因，全国人大常委会在《中华人民共和国刑法修正案》中补充规定了"诱骗投资者买卖证券交易、期货交易罪的犯罪行为"。

（三）诱骗投资者买卖证券、期货交易罪的适用

诱骗投资者买卖证券、期货交易罪是修订刑法规定的罪名的修改犯罪，要准确适用，就必须弄清本罪的概念、构成特征，以及适用时应注意的问题。

1. 本罪的概念。本罪是指证券交易所、期货交易所、证券公司、期货经纪公司的从业人员，证券业协会、期货业协会或者证券期货监督管理部门的工作人员，故意提供虚假信息或者伪造、变造、销毁交易记录，诱骗投资者买卖证券、期货合约，造成严重后果的行为。

我国1999年7月1日起施行的《中华人民共和国证券法》第72条规定："禁止国家工作人员、新闻传播媒介从业人员和有关人员编造并传播虚假信息，严重影响证券交易。禁止证券交易所、证券公司，证券登记结算机构、证券交易服务机构、社会中介机构及其从业人员，证券业协会、证券监督管理机构及其工作人员，在证券交易活动中作虚假陈述或者提供虚假信息误导"；第73条规定："在证券交易中，禁止证券公司及其从业人员从事下列损害客户利益的欺诈行为：（一）违背客户的委托为其买卖证券；（二）不在规定的时间内向客户提供交易的书面确认文件；（三）挪用客户所委托买卖的证券或者客户账户上的资金；（四）私自买卖客户账户上的证券，或者假借客户的名义买卖证券；（五）为牟取佣金收入，诱使客户进行不必要的证券买卖；（六）其

---

① 参见《全国人民代表大会常务委员会公报》1999年第6期，第704页。

他违背客户真实意思表示,损害客户利益的行为";第181条规定:"证券交易所、证券公司、证券登记结算机构、证券交易服务机构的从业人员,证券业协会或者证券监督管理机构的工作人员,故意提供虚假资料,伪造、变造或者销毁交易记录,诱骗投资者买卖证券的,取消从业资格,并处以三万元以上五万元以下的罚款;属于国家工作人员的,还应当依法给予行政处分。构成犯罪的,依法追究刑事责任。"我国1999年5月25日通过的自1999年9月1日起施行的《期货交易管理暂行条例》第32条规定:"期货经纪公司根据客户的交易指令,为其进行期货交易。期货经纪公司不得未经客户委托或者不按照客户委托范围,擅自进行期货交易";第33条规定:"期货经纪公司向客提供的期货市场行情应当真实、准确,不得隐瞒重要事项或者使用其他不正当手段诱骗客户发出交易指令";第34条规定:"期货交易所应当及时公布上市品种期货合约的成交量、成交价、持仓量、最高与最低价、开盘价与收盘价和其他应当公布的信息,并保证信息的真实、准确。期货交易所不得公布价格预测信息";第60条第2款规定:"期货经纪公司有前款所列行为之一的,对直接负责的主管人员和其他直接责任人员给予纪律处分,并处1万元以上10万元以下的罚款;构成犯罪的,依法追究刑事责任。"从上述法律规定可见,诱骗投资者买卖证券、期货交易罪的犯罪行为,是严重侵犯投资者的利益,是严重危害社会的行为。因此,1997年修订刑法第181条将诱骗投资者买卖证券交易,扰乱证券交易市场的行为规定为犯罪。《刑法修正案》又在刑法第181条中增加了诱骗投资者买卖期货交易罪的犯罪行为。

2. 犯罪的构成特征。根据刑法第181条和《刑法修正案》第5条规定,该罪的构成特征有:

(1) 犯罪主体。该罪的犯罪主体是特殊主体,即证券交易所、期货交易所、证券公司、期货经纪公司的从业人员,证券业协会、期货业协会或者证券期货监督管理部门的工作人员,不具有上述特殊身份的人员不能构成本罪的主体。犯罪主体在主观上都是故意的,即故意提供虚假信息或者伪造、变造、销毁交易记录,诱骗投资者买卖证券、期货合约。主观上是过失心理态度的,不能构成本罪的犯罪主体。

单位可以构成本罪的犯罪主体,但也必须是证券交易所、期货交易所、证券公司、期货经纪公司、证券业协会、期货业协会或者证券、期货监督管理部门。上述单位中从事证券、期货交易及其相关活动的直接负责的主管人员和其他直接责任人员也可以构成单位犯罪的主体。

(2) 犯罪行为。必须是实施故意诱骗投资者买卖证券交易、期货交易的行为。具体表现有:

①故意提供虚假证券交易、期货交易市场信息的行为。这种虚假证券交易、期货交易市场信息可以是自己编造的，也可能是他人编造的，而行为人明知是虚假的信息而提供给投资者的行为。

②伪造、变造、销毁交易记录的行为。伪造，是编造与事实不符的虚假证券交易、期货交易记录，以诱骗投资者买卖证券交易、期货合约的行为；变造，是用涂改、擦抹、拼接、剪贴等方法篡改证券、期货交易记录，以诱骗投资者买卖证券交易、期货合约的行为；销毁，是用毁灭性手段将真实的证券、期货交易记录销毁的行为。

上述犯罪行为都是故意犯罪行为，过失行为不能构成本罪的犯罪行为。

（3）犯罪结果。本罪是结果犯，必须是造成严重后果的结果才构成犯罪。何为严重后果，刑法没有规定，目前也没有明确的司法解释。参照最高人民检察院、公安部2001年4月18日《关于经济犯罪案件追诉标准的规定》第31条的规定，证券交易所、期货交易所、证券公司、期货经纪公司的从业人员，证券业协会、期货业协会或者证券、期货监督管理部门的工作人员，故意提供虚假信息或者伪造、变造、销毁交易记录，诱骗投资者买卖证券交易、期货合约，涉嫌下列情形之一的，应予追诉：①造成投资者直接经济损失数额在3万元以上的；②致使交易价格和交易量异常波动的；③造成恶劣影响的，即凡是实施了上述行为之一的，就具备了本罪的犯罪结果。

3. 本罪的法定刑。根据刑法第181条第2款规定，本罪的法定刑是：

（1）造成严重后果，构成犯罪的，处5年以下有期徒刑或者拘役；并处或者单处1万元以上10万元以下罚金。

（2）犯本罪，情节特别恶劣的，处5年以上10年以下有期徒刑，并处2万元以上20万元以下罚金。

（3）单位犯本罪的，对单位判处罚金，并对其直接负责的主管人员和其他直接责任人员，处5年以下有期徒刑或者拘役。上述法律规定，对单位的直接责任人员的处罚比个人犯本罪的处罚少一个加重法定刑，即"处5年以上10年以下有期徒刑，并处2万元以上20万元以下罚金"，并且没有处罚金的规定，因为对单位已判处罚金刑。

4. 适用本罪时，应注意以下问题：

（1）注意划清罪与非罪的界限。

第一，本罪是结果犯，造成严重后果的才构成犯罪。对于没有造成严重后果的诱骗投资者买卖证券、期货合约的行为不构成本罪。

第二，本罪的主体是特殊主体，即证券交易所、期货交易所、证券公司、期货经纪公司、证券业协会、期货业协会或者证券、期货监督管理部门等单位及其从业人员或者工作人员实施了诱骗投资者买卖证券、期货合约的行为,不是上述特定单位和具有上述特定身份的人员不构成本罪。

第三,本罪是故意犯罪,上述单位及其从业人员的过失行为,尽管造成严重后果的,也不构成犯罪。

(2) 注意区分本罪造成严重后果与情节特别恶劣的认定。我国刑法第181条第2款规定,诱骗投资者买卖证券、期货合约,"造成严重后果"的,最高处5年有期徒刑;"情节特别恶劣"的,适用加重法定刑,最高处10年有期徒刑。何为"造成严重后果"、"情节特别恶劣",刑法没有具体规定。按照最高人民检察院、公安部2001年4月18日《关于经济犯罪案件追诉标准的规定》第31条的规定,涉嫌下列情形之一的,应予追诉:①造成投资者直接经济损失数额在3万元以上的;②致使交易价格和交易量异常波动的;③造成恶劣影响的。即具有上述情形之一的,就构成犯罪,应追究刑事责任。这说明具有上述情形之一的,属于"造成严重后果"。

笔者认为,在严重后果的基础之上,有一项或者几项更加严重的情形的,应属"情节特别恶劣的",具体有以下几项可供参考:①造成投资者直接经济损失数额在10万元以上的;②致使交易价格和交易量特别异常波动,致使证券、期货交易无法进行的;③造成特别恶劣影响,特别是在国际上造成特别恶劣影响的。划清"造成严重后果"与"情节特别恶劣"结果的区别,才能准确决定是适用刑法第181条第2款规定的第一个档次的法定刑,还是适用第二个档次的法定刑。

(3) 注意划清本罪与编造并传播证券交易、期货交易的虚假信息罪的界限。我国刑法第181条第1款规定的编造并且传播虚假的证券交易、期货交易信息的犯罪行为是编造并传播虚假证券交易、期货交易的信息,而本罪也有伪造、变造并向客户提供证券交易、期货交易的虚假信息罪的犯罪行为,两种犯罪行为有时有交叉,容易混淆。二罪的根本区别是犯罪的主体不同。本罪的主体是特殊主体,必须是证券交易所、期货交易所、证券公司、期货经纪公司、证券业协会、期货业协会或者证券、期货监督管理部等单位及其从业人员或者工作人员;而传播证券、期货交易的虚假信息罪的主体是一般主体。出现法规竞合时,应按特别规定优于一般规定的原则处理,应依照本罪规定定罪处罚。

八、操纵证券、期货交易价格罪

操纵证券、期货交易价格罪是《刑法修正案》第6条补充修改的犯罪,作为 1997 年修订刑法第 182 条原规定的操纵证券交易价格罪的犯罪内容又补充增加了操纵期货交易价格的内容，罪名相应地修改为"操纵证券、期货交易价格罪"。该罪是 1997 年最高人民法院、最高人民检察院《关于执行〈中华人民共和国刑法〉确定罪名的规定》中确定的"操纵证券交易罪"，又于 2002 年 3 月 26 日，最高人民法院、最高人民检察院《关于执行〈中华人民共和国刑法〉确定罪名的补充规定》修改为本罪名。2006 年 6 月 29 日全国人大常委会《刑法修正案（六）》第 11 条对该犯罪又作了修改，将罪状"操纵证券、期货价格"修改为"操纵证券、期货市场"，并增加了一个档次的法定刑，其罪名也应当修改为"操纵证券、期货市场罪"。[①]

九、挪用资金罪

挪用资金罪，是《刑法修正案》第 7 条补充的犯罪，作为 1997 修订刑法第 185 条、第 272 条原规定的挪用资金罪罪状的补充，罪名和法定刑没有改变，还是依照刑法第 272 条规定的挪用资金罪定罪处罚。该罪名是 1997 年最高人民法院、最高人民检察院《关于执行〈中华人民共和国刑法〉确定罪名的规定》对刑法第 272 条规定的犯罪确定的罪名。

（一）刑法规定内容的修改

刑法条文中有关挪用资金罪的修改规定是：

1. 1979 年刑法第 155 条规定："国家工作人员利用职务上的便利，贪污公共财物的，处五年以下有期徒刑或者拘役；数额巨大、情节严重的，处五年以上有期徒刑；情节特别严重的，处无期徒刑或者死刑。

"犯前款罪的，并处没收财产，或者判令退赔。

"受国家机关、企业、事业单位、人民团体委托从事公务的人员犯第一款罪的，依照前两款的规定处罚。"

2. 1988 年 1 月 21 日全国人大常委会《关于惩治贪污罪贿赂罪的补充规定》第 3 条规定："国家工作人员、集体经济组织工作人员或者其他经手、管理公共财物的人员，利用职务上的便利，挪用公款归个人使用，进行非法活动的，或者挪用公款数额较大、进行营利活动的，或者挪用公款数额较大、超过三个月未还的，是挪用公款罪，处五年以下有期徒刑或者拘役；情节严重的，处五年以上有期徒刑。挪用公款数额较大不退还的，以贪污论处。

---

① 参见本书《刑法修正案（六）》"操纵证券、期货市场罪"。

"挪用救灾、抢险、防汛、优抚、救济款物归个人使用的，从重处罚。

"挪用公款进行非法活动构成其他罪的，依照数罪并罚的规定处罚。"

3. 1995年2月28日全国人大常委会《关于惩治违反公司法的犯罪的决定》第11条规定："公司董事、监事或者职工利用职务上的便利，挪用本单位资金归个人使用或者借贷给他人，数额较大、超过三个月未还的，或者虽未超过三个月，但数额较大、进行营利活动的，或者进行非法活动的，处三年以下有期徒刑或者拘役。挪用本单位资金数额较大不退还的，依照本决定第十条规定的侵占罪论。"

4. 1997年修订刑法第185条原规定："银行或者其他金融机构的工作人员利用职务上的便利，挪用本单位或者客户资金的，依照本法第二百七十二条的规定定罪处罚。

"国有金融机构工作人员和国有金融机构委派到非国有金融机构从事公务的人员有前款行为的，依照本法第三百八十四条的规定定罪处罚。"

5. 1997年修订刑法第272条规定："公司、企业或者其他单位的工作人员，利用职务上的便利，挪用本单位资金归个人使用或者借贷给他人，数额较大、超过三个月未还的，或者虽未超过三个月，但数额较大、进行营利活动的，或者进行非法活动的，处三年以下有期徒刑或者拘役；挪用本单位资金数额巨大的，或者数额较大不退还的，处三年以上十年以下有期徒刑。

"国有公司、企业或者其他国有单位中从事公务的人员和国有公司、企业或者其他国有单位委派到非国有公司、企业以及其他单位从事公务的人员有前款行为的，依照本法第三百八十四条的规定定罪处罚。"

6. 1999年12月25日，全国人大常委会《中华人民共和国刑法修正案》第7条规定将刑法第185条修改为："商业银行、证券交易所、期货交易所、证券公司、期货经纪公司、保险公司或者其他金融机构的工作人员利用职务上的便利，挪用本单位或者客户资金的，依照本法第二百七十二条的规定定罪处罚。

"国有商业银行、证券交易所、期货交易所、证券公司、期货经纪公司、保险公司或者其他国有金融机构的工作人员和国有商业银行、证券交易所、期货交易所、证券公司、期货经纪公司、保险公司或者其他国有金融机构委派到前款规定中的非国有机构从事公务的人员有前款行为的，依照本法第三百八十四条的规定定罪处罚。"

上述刑法及其《刑法修正案》对刑法作了如下修改和补充：

1. 增加了新罪名。我国1979年刑法没有规定"挪用资金罪"，因为当时实行的是计划经济，当时国民经济以公有制为主，绝大多数财产都是全民所有财产和劳动群众集体所有的财产,极少数财产是个人财产,也不允许个人进行经营活动,很少有挪用公款和本单位资金的行为。因此,在1979年刑法中没有挪用资金罪的规定。个别国家工作人员利用职务之便挪用公款归个人使用,情节严重的,依照刑法第155条规定的贪污罪定罪处罚。自从改革开放以后,允许个体进行经营活动,一些个体经营户为筹集和扩大自己的经营资金,通过有关单位的直接负责的主管人员和其他直接责任人员利用职务之便挪用本单位公款或者本单位的资金归个人使用,或者进行非法活动,或者进行营利活动和其他个人合理用途,侵害了有关单位对公款的使用权。为了保障单位对公有财产和单位财产的使用权,防止公共财产的流失,全国人大常委会于1988年《关于惩治贪污罪贿赂罪的补充规定》第3条规定了"挪用公款罪",惩治挪用单位公款的犯罪行为。但没有解决挪用公司、企业或者其他单位资金归个人使用的严重危害社会行为的定罪处罚问题。我国公司法颁布实施以后,于1995年2月28日全国人大常委会颁布了《关于惩治违反公司法犯罪的决定》。在该决定中规定公司、企业职工挪用本单位资金罪。1997年修订刑法第272条对该决定规定的公司、企业职工挪用本单位资金罪进行了补充修改,将"公司、企业或者其他单位的工作人员,利用职务上的便利,挪用本单位资金归个人使用或者借贷给他人,数额较大、超过3个月未还,或者虽然未超过3个月,但数额较大、进行营利活动的,或者进行非法活动的行为"规定为犯罪。1997年最高人民法院、最高人民检察院《关于执行〈中华人民共和国刑法〉确定罪名的规定》中规定为"挪用资金罪"的罪名。1997年刑法第185条规定,银行或者其他金融机构的工作人员利用职务上的便利,挪用本单位或者客户资金的行为依照刑法第272条的规定定罪处罚。1999年12月25日,全国人大常委会在《中华人民共和国刑法修正案》第7条将"商业银行、证券交易所、期货交易所、证券公司、期货经纪公司、保险公司或者其他金融机构的工作人员利用职务上的便利,挪用本单位或者客户资金的"行为,依照刑法第272条规定的挪用资金罪予以定罪处罚,罪名并没有改变,仍然为"挪用资金罪"。

2. 修改了罪状。1997年修订刑法第272条规定的"挪用资金罪"的犯罪主体和犯罪行为只是公司、企业或者其他单位的工作人员,利用职务上的便利,挪用本单位资金归个人使用或者借贷给他人的行为,现《刑法修正案》将刑法第272条的犯罪行为补充增加规定了"商业银行、证券交易所、期货交易所、证券公司、期货经纪公司、保险公司或者其他金融机构的工作人员利用职务上的便利,挪用本单位或者客户资金的犯罪行为"。在犯罪主体和犯罪行为上都增加了新的特别具体规定。

(二) 刑法规定修改的原因

全国人大常委会《中华人民共和国刑法修正案》补充规定"挪用资金罪"内容，主要原因有：

1. 修订刑法中没有规定"有关惩治挪用资金犯罪行为"。我国从1990年开始试点进行期货经营交易活动，由于没有专门的法律、法规规范期货交易行为，期货交易市场曾一度出现盲目发展的势头，虽然经过清理、整顿，取得了一定的成效，但是仍然存在一些不容忽视的问题，其中突出的问题之一是，期货交易所、期货经纪公司的工作人员利用职务上的便利，挪用本单位或者客户期货资金的行为，严重扰乱期货交易市场秩序的行为。这种行为严重损害投资者的利益，严重扰乱了社会主义市场金融秩序和市场经济秩序，是对社会有严重危害性的行为。1997年修改刑法时，中国证监会曾提出在刑法第185条中增加"期货交易所、期货经纪公司或者其他金融机构的工作人员利用职务上的便利，挪用本单位或者客户期货资金的犯罪行为"。由于当时国家尚未制定有关期货交易管理的实体性法律、行政法规，期货犯罪难以准确界定。因此，1997年修订刑法中只笼统规定了银行或者其他金融机构的工作人员利用职务上的便利，挪用本单位或者客户资金的犯罪行为，没有具体规定哪些金融机构的工作人员挪用本单位资金的犯罪行为。特别是没有规定金融机构工作人员利用职务之便挪用本单位或者客户期货资金的行为为犯罪行为，实践中对上述严重违法行为不能依照刑法追究刑事责任，需通过修改刑法规定加以解决。

2. 我国《中华人民共和国证券法》、《期货交易管理暂行条例》规定的犯罪行为需要相应的刑法规定作保障。1998年12月29日，全国人大常委会通过了修订的《中华人民共和国证券法》第193条规定："证券公司、证券登记结算机构及其从业人员，未经客户的委托，买卖、挪用、出借客户账户上的证券或者将客户的证券用于质押的，或者挪用客户账户上的资金的，责令改正，没收违法所得，处以违法所得1倍以上5倍以下的罚款，并责令关闭或者吊销责任人员的从业资格证书，构成犯罪的，依法追究刑事责任。"1999年5月25日，国务院常务会议通过并于1999年9月1日起施行《期货交易管理暂行条例》，该条例第六章罚则第60条规定："期货经纪公司有下列欺诈客户行为之一的，责令改正、给予警告、没收违法所得，并处违法所得1倍以上5倍以下的罚款；没有违法所得或者违法所得不满10万元的，处10万元以上50万元以下的罚款；情节严重的，责令停业整顿或者吊销期货经纪业务许可证：……(六) 挪用客户保证金的……期货经纪公司有前款所列行为之一的，对直接负责的主管人员和其他直接责任人员给予纪律处分，并处1万元以上10万元以下的罚款；构成犯罪的，依法追究刑事责任。"上述《证券法》、《期货交易管理暂行条例》规定"构成犯罪的，依法追究刑事责任"的规定，必须在刑法中有相应的规定，才能保障上述规定的实施。

3. 国务院要求全国人大常委会修改刑法规定。1999年6月22日，在第九届全国人大常委会第十次会议上，国务院向全国人大常委会提出了《关于惩治期货犯罪的决定（草案）》，其内容之一是提请全国人大常委会在刑法第185条中增加规定"商业银行、证券交易所、期货交易所、证券公司、期货经纪公司、保险公司或者其他金融机构的工作人员利用职务上的便利，挪用本单位或者客户资金的行为"为犯罪行为。全国人大法律委员会进行了多次审议并提出了具体修改意见，建议全国人大常委会在《中华人民共和国刑法修正案》第7条中将刑法第185条进行了修改和补充。[①]

鉴于上述原因，全国人大常委会在《中华人民共和国刑法修正案》第7条中特别补充规定了"挪用资金罪的具体犯罪主体和犯罪行为"。

（三）挪用资金罪的适用

挪用资金罪，是修订刑法规定的罪名，《刑法修正案》对其犯罪内容作了具体补充规定。要准确适用，就必须弄清本罪的概念、构成特征，以及适用时应注意的问题。

1. 本罪的概念。本罪是指公司、企业或者其他单位的工作人员，利用职务上的便利，挪用本单位资金归个人使用或者借贷给他人，数额较大、超过3个月未还的，或者虽然未超过3个月，但数额较大、进行营利活动，或者进行非法活动的行为。

这种犯罪是将本单位的资金归个人使用，使本单位失去对资金的使用权利，影响本单位的生产、经营活动，是对社会有危害的犯罪行为。我国1997年修订刑法第185条特别规定，银行或者其他金融机构的工作人员利用职务上的便利，挪用本单位或者客户资金的，依照本法第272条规定的挪用资金罪定罪处罚。《刑法修正案》对刑法第185条又补充增加规定了"商业银行、证券交易所、期货交易所、证券公司、期货经纪公司、保险公司或者其他金融机构的工作人员利用职务上的便利，挪用本单位或者客户资金的行为，依照本法第272条规定的挪用资金罪定罪处罚"。

2. 犯罪的构成特征。根据刑法第185条和《刑法修正案》第7条第1款规定，该罪的构成特征有：

---

① 参见《全国人民代表大会常务委员会公报》1999年第6期，第704页。

（1）犯罪主体。本罪的犯罪主体是特殊主体，即单位的工作人员，单位本身不能构成本罪。个人构成本罪主体的，必须是年满16周岁以上的具有刑事责任能力的故意实施了挪用本单位资金行为的本单位工作人员。单位的工作人员，是指公司、企业或者其他单位的工作人员，一般是指单位内部的主管、经管或经手使用本单位资金的人员，非单位的工作人员不构成本罪。单位是指刑法第30条规定的"公司、企业、事业单位、机关、团体"等单位。根据最高人民检察院2000年10月11日《关于挪用尚未注册成立公司资金的行为适用法律问题的批复》中的规定，挪用准备设立的公司在银行开设的账户上的资金，归个人使用或者借贷给他人……应当根据刑法第272条的规定，追究刑事责任，说明"尚未注册成立公司"也是单位，挪用其资金是挪用本单位的资金，其工作人员也可以构成挪用资金罪的主体。单位中具有国家工作人员身份的工作人员有本罪犯罪行为的，不定为本罪，而构成挪用公款罪的犯罪主体。犯罪主体在主观上都是故意的，过失心理态度的个人，不能构成本罪的犯罪主体。根据修订刑法第185条第1款和1999年12月25日全国人大常委会《刑法修正案》第7条第1款的规定，商业银行、证券交易所、期货交易所、证券公司、期货经纪公司、保险公司或者其他金融机构的工作人员，可以构成本罪的犯罪主体。

（2）犯罪行为。必须是实施了挪用本单位资金归个人使用的行为。具体表现有：

①故意利用职务上的便利，挪用本单位资金的行为。所谓故意利用职务，就是利用自己主管、经管或者经手使用本单位资金的职权或工作之便，擅自挪用归个人使用的行为。

②故意挪用本单位资金归个人使用的行为，挪用的目的是将本单位的资金归个人使用，包括自己或亲友等自然人使用，不具有占有本单位资金的故意。如果确实不知道是本单位的资金，或者确实不知道是归个人使用的，都不构成本罪。

③归个人使用有三种不同使用行为：第一，挪用本单位资金归个人使用或者借贷给他人使用，数额较大、超过3个月未还的行为。必须是数额较大和超过3个月未还。如果达不到数额较大或者达到数额较大，但在3个月内归还的，不构成挪用资金罪的犯罪行为，按违反财经纪律处分。第二，挪用本单位资金归个人使用，数额较大、进行营利活动的行为。这种行为不受归还时间限制，但必须是数额较大，进行营利活动。挪用资金进行营利活动达不到数额较大的也不构成本罪的犯罪行为。第三，挪用本单位资金归个人进行非法活动的行为。这种进行非法活动的行为既不受时间限制，也不受数额限制，都可以构

成本罪的犯罪行为。上述犯罪行为都是故意犯罪行为，过失行为不能构成本罪的犯罪行为。

（3）犯罪结果。本罪既有结果犯也有行为犯。挪用本单位资金归个人进行营利活动或者其他合法活动的行为，必须挪用本单位资金数额较大的结果才构成犯罪；挪用本单位资金归个人进行非法活动的行为是行为犯。

根据2016年4月18日起施行的最高人民法院、最高人民检察院《关于办理贪污贿赂刑事案件适用法律若干问题的解释》第11条第2款规定，刑法第272条规定的挪用资金罪中的"数额较大"、"数额巨大"以及"进行非法活动"情形的数额起点，按照本解释关于挪用公款罪"数额较大"、"情节严重"以及"进行非法活动"的数额标准规定的二倍执行。

（4）本罪的法定刑。根据刑法第185条和第272条规定，本罪的法定刑是：

①构成本罪的，应处3年以下有期徒刑或者拘役。

②挪用本单位资金数额巨大的，或者数额较大不退还的，处3年以上10年以下有期徒刑。

3. 本罪适用时应注意以下问题：

（1）注意划清罪与非罪的界限。

第一，本罪的犯罪主体是特主体，必须是本单位的工作人员，即是主管、经管或者经手使用本单位资金的从事公务的人员才可以构成本罪；单纯从事劳务、服务、勤杂人员，由于没有从事公务的职务，不可能实施利用其职务之便挪用本单位的资金的行为，因此，不是从事公务的人员不能构成本罪。

第二，本罪必须是挪用本单位资金归个人使用才构成本罪，挪用的不是本单位的资金而是挪用他人或者外单位资金或者本单位物品的行为的都不构本罪。《刑法修正案》第7条中规定的挪用"客户资金"，是指客户在金融机构中保管的资金，金融机构的工作人员挪用该客户资金，同挪用本单位的资金的性质相同，因此，也构成挪用资金罪。

第三，本罪是故意犯罪，并且必须具有挪用本单位资金归个人使用的目的；过失行为不构成犯罪。

第四，挪用本单位资金归个人进行非法活动是行为犯，一般来说，只要实施了上述行为就具备了本罪的犯罪结果，就可以构成犯罪。但是还应根据刑法第13条犯罪定义的"情节显著轻微危害不大的，不认为是犯罪"的规定。

（2）注意准确认定本罪的挪用资金归个人使用。我国刑法第272条规定的"挪用本单位资金归个人使用或者借贷给他人"其中的"借贷给他人"，应包括借给他人和贷给他人。借给他人是不收利息，到期还本金。贷给他人是要收本息的，但这种收本息的行为法律规定与归个人正当使用相同对待，也必须是数额较大、超过3个月未还的才构成犯罪，不能按进行营利活动论处。对于如何理解"归个人使用"，最高人民法院于1998年5月9日《关于审理挪用公款案件具体应用法律若干问题的解释》第1条第2款规定："挪用公款给私有公司、私有企业使用的，属于挪用公款归个人使用。"尽管这是对挪用公款归个人使用的司法解释，也可以适用于挪用本单位资金归个人使用，即挪用资金归私有公司、私有企业使用也可以构成挪用资金罪。笔者认为，上述司法解释与法律规定不相一致。挪用资金给私人公司、企业使用也是给单位使用，按照我国刑法第30条关于单位犯罪的规定，私有公司、私有企业也是单位，也可以构成单位犯罪，因此，将私有公司、私有企业解释为"个人"不符合法律规定。2000年7月27日，最高人民法院《关于如何理解刑法第二百七十二条规定的"挪用本单位资金归个人使用或者借贷给他人"问题的批复》中解释为，公司、企业或者其他单位的非国家工作人员，利用职务上的便利，挪用本单位资金归本人或者其他自然人使用，或者挪用人以个人名义将所挪用的资金借给其他自然人和单位，构成犯罪，应当依照刑法第272条第1款的规定定罪处罚。2002年4月28日全国人大常委会《关于〈中华人民共和国刑法〉第三百八十四条第一款的解释》对"挪用公款归个人使用"作了立法解释。有下列情形之一的，属于"挪用公款归个人使用"：①将公款供本人、亲友或者其他自然人使用的；②以个人名义将公款供其他单位使用的；③个人决定以单位名义将公款供其他单位使用，谋取个人利益的。尽管上述立法解释不是对刑法第272条规定的"挪用资金归个人使用"的解释，但可参考上述规定，理解挪用本单位资金"归个人使用"并不包括单纯归单位使用。挪用本单位资金归私有公司、私有企业使用，也不构成挪用资金罪，除非是挪用本单位资金以个人的名义供其他单位使用，或者以单位的名义供其他单位使用，谋取个人利益的行为，才能构成挪用资金罪。

（3）注意划清本罪挪用资金与借款、贷款的界限。本罪挪用资金的行为是利用职务上的便利，擅自挪用本单位资金归个人使用的行为，侵犯的是单位对资金的使用权。借款，是按借款规定，履行借款手续向本单位借款的行为，借款不付利息，到期只还本金。贷款，是按照贷款规定向银行等单位或个人贷款，贷款到期应依法归还本金和利息。挪用本单位资金的行为侵犯的是本单位对自己资金使用权利，尽管到期归还本金和利息，但其是违法行为，可以构成犯罪行为。依法借款、贷款是在单位同意的情况下进行借款、贷款的行为，不存在侵犯单位对资金使用权利问题，因此，依法借款、贷款行为是合法行为，不能构成犯罪行为。当然，以虚假的手段以借为掩护，实际上利用职务之便进行违法借款、贷款的行为,是违法行为,可以构成犯罪行为。因此,以借贷为名,实际上是利用职务之便挪用本单位资金的行为,符合挪用资金罪的构成要件的,应认定为挪用资金罪。

(4)划清挪用本单位资金行为与挪用本单位物品行为的界限。我国刑法第272条规定的挪用资金的犯罪行为挪用的是本单位的"资金",即是指金钱,不包括物质的"物品"。参照最高人民检察院2000年3月15日《关于挪用非特定公物能否定罪的请示的批复》中的解释,刑法第384条规定的挪用公款罪中未包括挪用非特定公物归个人使用的行为,对该行为不以挪用公款罪论处,依此可以理解为,挪用本单位非特定物品归个人使用的行为,也不以挪用资金罪论处。

(5)划清挪用资金与职务侵占罪的界限。职务侵占罪也是单位的工作人员利用职务上的便利侵占本单位的财物的犯罪行为,与本罪挪用本单位资金的犯罪主体相同,犯罪行为相似,在定罪时,容易混淆。二罪的根本区别是:①犯罪行为不同。本罪是利用职务上的便利挪用本单位资金的行为;而职务侵占罪是利用职务的便利非法占有本单位财物的行为。②犯罪对象和客体不同。本罪侵犯的对象是本单位的资金,侵犯的客体是本单位对资金的使用权;而职务侵占罪侵犯的对象是本单位的财物,包括钱款和物品,客体是本单位财物的所有权。③犯罪的目的不同。本罪的目的是使用本单位的资金的目的,使用后资金要归还给本单位,没有占有的目的;职务侵占罪的目的是非法占有本单位财物为目的。由于上述的不同点将两种犯罪区分开来。

(6)划清本罪与挪用公款罪的界限。我国刑法第384条规定的挪用公款罪是国家工作人员利用职务上的便利挪用公款归个人使用的犯罪行为与本罪挪用本单位资金归个人使用的犯罪行为很相似,特别是国家工作人员利用职务上的便利挪用本单位资金犯罪行为的,要按挪用公款罪定罪处罚,容易混淆。二罪的主要区别是:①犯罪主体不同。挪用公款罪的主体是国家工作人员;而本罪的主体是单位的工作人员,即不具有国家工作人员身份的单位工作人员。②犯罪对象不同。挪用公款罪的对象是公款,而本罪的对象是本单位的资金。上述不同点将两种犯罪区分开来。

十、挪用公款罪

挪用公款罪,是《刑法修正案》第7条第2款补充的犯罪,作为修订刑法第185条第2款原规定的挪用公款罪罪状的补充,罪名和法定刑没有改变,仍然依照刑法第384条规定的挪用公款罪定罪处罚。该罪名是1997年最高人民法院、最高人民检察院《关于执行〈中华人民共和国刑法〉确定罪名的规定》中确定为该罪名。

(一) 刑法规定内容的修改

刑法条文中有关挪用公款罪的修改规定是：

1. 1979 刑法第 155 条规定："国家工作人员利用职务上的便利，贪污公共财物的，处五年以下有期徒刑或者拘役；数额巨大、情节严重的，处五年以上有期徒刑；情节特别严重的，处无期徒刑或者死刑。

"犯前款罪的，并处没收财产，或者判令退赔。

"受国家机关、企业、事业单位、人民团体委托从事公务的人员犯第一款罪的，依照前两款的规定处罚。"

2. 1988 年 1 月 21 日全国人大常委会《关于惩治贪污罪贿赂罪的补充规定》第 3 条规定："国家工作人员、集体经济组织工作人员或者其他经手、管理公共财物的人员，利用职务上的便利，挪用公款归个人使用，进行非法活动的，或者挪用公款数额较大、进行营利活动的，或者挪用公款数额较大、超过三个月未还的，是挪用公款罪，处五年以下有期徒刑或者拘役；情节严重的，处五年以上有期徒刑。挪用公款数额较大不退还的，以贪污论处。

"挪用救灾、抢险、防汛、优抚、救济款物归个人使用的，从重处罚。

"挪用公款进行非法活动构成其他罪的，依照数罪并罚的规定处罚。"

3. 1997 年刑法第 185 条第 2 款规定："国有金融机构工作人员和国有金融机构委派到非国有金融机构从事公务的人员有前款行为的，依照本法第三百八十四条的规定定罪处罚。"

1997 年刑法第 272 条第 2 款规定："国有公司、企业或者其他国有单位中从事公务的人员和国有公司、企业或者其他国有单位委派到非国有公司、企业以及其他单位从事公务的人员有前款行为的，依照本法第三百八十四条的规定定罪处罚。"

1997 年刑法第 384 条规定："国家工作人员利用职务上的便利，挪用公款归个人使用，进行非法活动的，或者挪用公款数额较大、进行营利活动的，或者挪用公款数额较大、超过三个月未还的，是挪用公款罪，处五年以下有期徒刑或者拘役；情节严重的，处五年以上有期徒刑。挪用公款数额巨大不退还的，处十年以上有期徒刑或者无期徒刑。

"挪用用于救灾、抢险、防汛、优抚、扶贫、移民、救济款物归个人使用的，从重处罚。"

4. 1999 年 12 月 25 日，全国人大常委会《中华人民共和国刑法修正案》

第7条规定将刑法第185条修改为:"商业银行、证券交易所、期货交易所、证券公司、期货经纪公司、保险公司或者其他金融机构的工作人员利用职务上的便利,挪用本单位或者客户资金的,依照本法第二百七十二条的规定定罪处罚。

"国有商业银行、证券交易所、期货交易所、证券公司、期货经纪公司、保险公司或者其他国有金融机构的工作人员和国有商业银行、证券交易所、期货交易所、证券公司、期货经纪公司、保险公司或者其他国有金融机构委派到前款规定中的非国有金融机构从事公务的人员有前款行为的,依照本法第三百八十四条的规定定罪处罚。"

上述刑法及其《刑法修正案》对刑法作了如下修改和补充:

1. 增加了新罪名。我国1979年刑法没有规定"挪用公款罪",因为当时实行的是计划经济,当时国民经济以公有制为主,绝大多数财产都是全民所有财产和劳动群众集体所有的财产,极少数财产是个人财产,也不允许个人进行经营活动,很少有挪用公款的行为。所以,在1979年刑法中没有挪用公款罪的规定。个别国家工作人员利用职务之便挪用公款归个人使用,情节严重的,依照刑法第155条规定的贪污罪定罪处罚。自从改革开放以后,允许个体进行经营活动,一些个体经营户为筹集和扩大自己的经营资金,通过有关单位的直接负责的主管人员和其他直接责任人员利用职务之便挪用公款归个人使用,或者进行非法活动,或者进行营利活动和其他个人合理用途,侵害了有关单位对公款的使用权。为了保障单位对公共财产的使用权,防止公共财产的流失,全国人大常委会于1988年《关于惩治贪污罪贿赂罪的补充规定》第3条规定了"挪用公款罪",惩治挪用公款的犯罪行为。我国公司法颁布实施以后,于1995年2月28日全国人大常委会颁布了《关于惩治违反公司法犯罪的决定》,在该决定中规定公司、企业职工挪用本单位资金罪,将挪用本单位资金的犯罪行为从挪用公款罪中分离出来,成为独立的罪名。1997年修订刑法第384条将《关于惩治贪污罪贿赂罪的补充规定》中规定的"挪用公款罪"纳入刑法;第272条对该决定规定的公司、企业职工挪用本单位资金罪进行了补充修改,该条第2款规定:"国有公司、企业或者其他国有单位中从事公务的人员和国有公司、企业或者其他国有单位委派到非国有公司、企业以及其他单位从事公务的人员有前款行为的,依照本法第三百八十四条规定的挪用公款罪定罪处罚";第185条第2款规定:"国有金融机构工作人员和国有金融机构委派到非国有金融机构从事公务的人员有前款行为的,依照本法第三百八十四条的规定的挪用公款定罪处罚。"最高人民法院、最高人民检察院1997年《关于执行〈中华人民共和国刑法〉确定罪名的规定》中规定为"挪用公款罪"的罪名。1999年12月25日，全国人大常委会在《中华人民共和国刑法修正案》第7条第2款中补充规定："国有商业银行、证券交易所、期货交易所、证券公司、期货经纪公司、保险公司或者其他国有金融机构的工作人员和国有商业银行、证券交易所、期货交易所、证券公司、期货经纪公司、保险公司或者其他国有金融机构委派到前款规定中的非国有机构从事公务的人员有前款行为的，依照本法第三百八十四条规定的挪用公款罪定罪处罚。"罪名并没有改变，仍然为"挪用公款罪"。

2. 修改了罪状。1997年修订刑法第384条规定的"挪用公款罪"的犯罪对象只是国家工作人员利用职务上的便利，挪用公款归个人使用的行为，第272条第2款补充规定了非国有单位的国家工作人员利用职务之便挪用本单位资金的行为构成犯罪的依照挪用公款罪定罪处罚，犯罪对象有可能是非公款。第185条规定，国有金融机构工作人员和国有金融机构委派到非国有金融机构从事公务的人员有前款行为的，依照本法第384条规定的挪用公款罪定罪处罚，其犯罪对象是非国有金融机构的资金或者客户资金。1999年12月25日，全国人大常委会《中华人民共和国刑法修正案》第7条第2款规定，国有商业银行、证券交易所、期货交易所、证券公司、期货经纪公司、保险公司或者其他国有金融机构的工作人员和国有商业银行、证券交易所、期货交易所、证券公司、期货经纪公司、保险公司或者其他国有金融机构委派到前款规定中的非国有机构从事公务的人员有前款行为的，依照刑法第384条规定挪用公款罪定罪处罚，在犯罪主体和犯罪行为、犯罪对象上都补充了新的具体规定。

（二）刑法规定修改的原因

全国人大常委会《中华人民共和国刑法修正案》补充规定"挪用公款罪"的具体内容，主要原因有：

1. 1997年修订刑法中没有规定"有关惩治挪用期货公款的犯罪行为"。我国从1990年开始试点进行期货经营交易活动，由于没有专门的法律、法规规范期货交易行为，期货交易市场曾一度出现盲目发展的势头，虽然经过清理、整顿，取得了一定的成效，但是仍然存在一些不容忽视的问题，其中突出的问题之一是，国有期货交易所、期货经纪公司或者其他国有金融机构的工作人员，即国家工作人员利用职务上的便利，挪用本单位或者客户期货资金，严重扰乱期货交易市场秩序的犯罪行为。这种行为严重损害投资者的利益，严重扰乱了社会主义市场金融秩序和市场经济秩序，是对社会有严重危害性的犯罪行为。1997年修改刑法时，中国证监会曾提出在刑法第185条第2款中增加"国有期货交易所、期货经纪公司或者其他国有金融机构的工作人员或者其委派到非国有金融机构中从事公务的人员利用职务上的便利,挪用本单位或者客户期货资金的犯罪行为"。由于当时国家尚未制定有关期货交易管理的实体性法律、行政法规,期货犯罪难以准确界定。因此,1997年修订刑法第185条第2款中只笼统规定了"国有金融机构工作人员和国有金融机构委派到非国有金融机构从事公务的人员有前款行为的,依照刑法第三百八十四条的规定定罪处罚",没有具体规定哪些国有金融机构的工作人员挪用本单位资金的犯罪行为依照挪用公款罪定罪处罚。实践中,对上述国有期货等国有金融机构中的工作人员挪用期货资金等严重违法行为不能依照刑法追究刑事责任,需通过修改刑法规定加以解决。

2. 我国《证券法》、《期货交易管理暂行条例》规定的犯罪行为需要相应的刑法规定作保障。1998年12月29日,全国人大常委会通过了修订的《中华人民共和国证券法》第193条规定:"证券公司、证券登记结算机构及其从业人员,未经客户的委托,买卖、挪用、出借客户账户上的证券或者将客户的证券用于质押的,或者挪用客户账户的资金的,责令改正,没收违法所得,处以违法所得1倍以上5倍以下的罚款,并责令关闭或者吊销责任人员的从业资格证书,构成犯罪的,依法追究刑事责任。"1999年5月25日,国务院常务会议通过并于1999年9月1日起施行《期货交易管理暂行条例》,该条例第六章罚则第60条规定:"期货经纪公司有下列欺诈客户行为之一的,责令改正、给予警告、没收违法所得,并处违法所得1倍以上5倍以下的罚款;没有违法所得或者违法所得不满10万元的,处10万元以上50万元以下的罚款;情节严重的,责令停业整顿或者吊销期货经纪业务许可证;……(六)挪用客户保证金的……期货经纪公司有前款所列行为之一的,对直接负责的主管人员和其他直接责任人员给予纪律处分,并处1万元以上10万元以下的罚款;构成犯罪的,依法追究刑事责任。"上述《证券法》、《期货交易管理暂行条例》有关"构成犯罪的,依法追究刑事责任"的规定,必须在刑法中有相应的规定,才能保障上述规定的实施。

3. 国务院要求全国人大常委会修改刑法规定。1999年6月22日,在第九届全国人大常委会第十次会议上,国务院向全国人大常委会提出了《关于惩治期货犯罪的决定(草案)》,其内容之一是提请全国人大常委会在刑法第185条中增加规定"国有商业银行、证券交易所、期货交易所、证券公司、期货经纪公司、保险公司或者其他国有金融机构的工作人员或者受上述单位委派到非国有金融机构从事公务的人员,利用职务上的便利,挪用本单位或者客户资金的行为"为犯罪行为。全国人大法律委员会进行了多次审议并提出了具体修改意见,建议全国人大常委会在《中华人民共和国刑法修正案》第7条中将刑法第185条进行了修改和补充。鉴于上述原因，全国人大常委会在《中华人民共和国刑法修正案》第7条第2款中补充规定了挪用公款罪的具体犯罪主体、犯罪对象和犯罪行为。

（三）挪用公款罪的适用

挪用公款罪，是修订刑法规定的罪名，《刑法修正案》第7条对其犯罪内容作了具体补充规定。要准确适用，就必须弄清本罪的概念、构成特征，以及适用时应注意的问题。

1. 挪用公款罪的概念。本罪是指国家工作人员利用职务上的便利，挪用公款归个人使用，进行非法活动，或者挪用公款数额较大、进行营利活动，或者挪用公款数额较大、超过3个月未还的行为。

挪用公款罪是挪用公款归个人使用，侵犯了公有制单位对公款的使用权利，影响公款单位的生产、经营活动，使公款为个人谋利益。挪用公款行为是从计划经济向市场经济转化时期社会危害性较大的犯罪行为。因此，我国1997年修订刑法第384条专门将挪用公款归个人使用的行为规定为犯罪；第272条第2款又特别规定具有国家工作人员身份的工作人员犯挪用资金罪的，依照刑法第384条规定的挪用公款罪定罪处罚；第185条第2款也特别规定国有金融机构的工作人员和国有金融机构委派到非国有金融机构中从事公务的人员利用职务上的便利，挪用本单位或者客户资金的，依照本法第384条规定的挪用公款罪定罪处罚。1999年《刑法修正案》对刑法第185条第2款又补充规定了"国有商业银行、证券交易所、期货交易所、证券公司、期货经纪公司、保险公司或者其他国有金融机构的工作人员和国有商业银行、证券交易所、期货交易所、证券公司、期货经纪公司、保险公司或者其他国有金融机构委派到前款规定中的非国有机构从事公务的人员有前款行为的，依照刑法第384条规定挪用公款罪定罪处罚"。在犯罪主体、犯罪对象和犯罪行为上都增加了新的具体内容。

2. 犯罪的构成特征。根据刑法第384条、第272条第2款、第185条第2款和《刑法修正案》第7条第2款规定，该罪的构成特征有：

（1）犯罪主体。本罪是特殊主体，即必须是国家工作人员才能构成本罪，单位本身不能构成本罪的主体。非国家工作人员，一般情况下不能独立构成本罪的主体，只有在非国家工作人员与国家工作人员共谋、指使或者参与策划挪用公款归自己使用的情况下，可以构成挪用公款罪的共犯。根据刑法第272条第2款规定，单位中具有国家工作人员身份的工作人员有挪用本单位资金的犯罪行为的，不定为挪用资金罪，而构成挪用公款罪的犯罪主体。犯罪主体在主观上都是故意的,过失心理态度的个人,不能构成本罪的犯罪主体。根据刑法第 185 条第 2 款和 1999 年 12 月 25 日全国人大常委会《刑法修正案》第 7 条第 2 款规定,国有商业银行、证券交易所、期货交易所、证券公司、期货经纪公司、保险公司或者其他国有金融机构的工作人员,以及国有金融机构委派到非国有金融机构从事公务的人员,也可以构成挪用公款罪的犯罪主体。这里的国有金融机构的工作人员必须是国有独资公司、国有企业等金融机构的工作人员才能构成挪用公款罪的主体。有限责任公司或者股份有限责任公司,以及私人独资公司、合伙、合作企业等金融机构的工作人员,都不能构成挪用公款罪的主体。

本罪的犯罪主体在主观上必须具有挪用公款归个人使用的目的,或者归自己使用,或者归他人使用。如果挪用人确实不知道使用公款人是个人,则不构成挪用公款罪。例如,使用公款人欺骗挪用人,以单位使用公款的名义借款,而实际上是将公款归个人使用,对挪用公款人不构成挪用公款罪,但使用公款的人构成挪用公款罪或者挪用资金罪。

(2)犯罪行为。必须是实施了挪用公款归个人使用的行为。具体表现有:

①故意利用职务上的便利。所谓故意利用职务,就是利用自己主管、经管或者经手使用公款的职权或者工作之便,擅自挪用公款归个人使用的行为。

②故意挪用公款归个人使用的行为。挪用的目的是将公款归个人使用,包括自己或亲友等自然人使用,但不具有占有公款的故意。如果确实不知道是公款,或者确实不知道是归个人使用的,都不构成本罪。这里的公款是指国有公款和集体所有的公款或者在国有、集体单位管理、使用的私人的钱款,都属于公款。挪用公款归单位使用在一般情况下不构成挪用公款罪,只有以个人的名义将公款供单位使用或者个人决定将公款供单位使用,个人谋取利益的,才构成挪用公款的行为。

③归个人使用有三种不同使用行为:第一,挪用公款归个人使用,数额较大、超过 3 个月未还的行为。必须是数额较大和超过 3 个月未还。如果达不到数额较大或者达到数额较大,但在 3 个月内归还的,不构成挪用公款罪的犯罪行为,按违反财经纪律处分。第二,挪用公款归个人使用,数额较大、进行营利活动的行为。这种行为不受归还时间限制,但必须是数额较大,达不到数额较大的也不构成本罪的犯罪行为。第三,挪用公款归个人进行非法活动的行为。进行非法活动既不受时间限制,也不受数额限制,只要挪用公款归个人进行非法活动都可以构成本罪的犯罪行为。上述犯罪行为都是故意犯罪行为,过失行为不能构成本罪的犯罪行为。

(3)犯罪结果。本罪既有结果犯也有行为犯。挪用公款归个人进行营利活动或者其他合法活动的行为，必须公款数额较大的结果才构成犯罪，是结果犯；挪用公款归个人进行非法活动的行为是行为犯，只要实施了挪用公款行为，就具备了犯罪结果，无论挪用公款数额多少都可以构成本罪。

根据 2016 年 4 月 18 日起施行的最高人民法院、最高人民检察院《关于办理贪污贿赂刑事案件适用法律若干问题的解释》第 5 条规定："挪用公款归个人使用，进行非法活动，数额在三万元以上的，应当依照刑法第三百八十四条的规定以挪用公款罪追究刑事责任；数额在三百万元以上的，应当认定为刑法第三百八十四条第一款规定的'数额巨大'。具有下列情形之一的，应当认定为刑法第三百八十四条第一款规定的'情节严重'：（一）挪用公款数额在一百万元以上的；（二）挪用救灾、抢险、防汛、优抚、扶贫、移民、救济特定款物，数额在五十万元以上不满一百万元的；（三）挪用公款不退还，数额在五十万元以上不满一百万元的；（四）其他严重的情节。"

上述司法解释第 6 条规定："挪用公款归个人使用，进行营利活动或者超过三个月未还，数额在五万元以上的，应当认定为刑法第三百八十四条第一款规定的'数额较大'；数额在五百万元以上的，应当认定为刑法第三百八十四条第一款规定的'数额巨大'。具有下列情形之一的，应当认定为刑法第三百八十四条第一款规定的'情节严重'：（一）挪用公款数额在二百万元以上的；（二）挪用救灾、抢险、防汛、优抚、扶贫、移民、救济特定款物，数额在一百万元以上不满二百万元的；（三）挪用公款不退还，数额在一百万元以上不满二百万元的；（四）其他严重的情节。"

3. 挪用公款罪的法定刑。根据刑法第 384 条规定，挪用公款罪的法定刑是：

（1）犯挪用公款罪，情节一般的，处 5 年以下有期徒刑或者拘役。

（2）犯挪用公款罪，情节严重的，处 5 年以上有期徒刑。

（3）犯挪用公款罪，挪用公款数额巨大不退还的，处 10 年以上有期徒刑或者无期徒刑。

挪用用于救灾、抢险、防汛、优抚、扶贫、移民、救济款物归个人使用的，从重处罚。

4. 本罪适用时应注意以下问题：

（1）注意划清罪与非罪的界限。

第一，本罪的犯罪主体是特殊主体，必须是国家工作人员，即是主管、经管或者经手使用公款的从事国家公务的人员才可以构成本罪；单纯从事劳务、服务、勤杂人员，由于没有从事公务的职务，不可能实施利用其职务之便挪用公款的行为，因此，不是从事公务的人员不能构成本罪。

第二，本罪必须是挪用公款归个人使用才构成本罪，挪用的不是公款而是挪用个人或者单位资金的不构本罪。《刑法修正案》第 7 条中规定的挪用"客户资金"，是指客户在国有金融机构中保管的客户资金，国有金融机构的工作人员挪用该客户资金，同挪用本单位的公款的性质相同，因此，也构成挪用公款罪。根据最高人民法院 2003 年 11 月 15 日印发的《全国法院审理经济犯罪案件工作座谈会纪要》第 1 条第（一）项中的规定，经单位领导集体研究决定将公款给个人使用，或者单位负责人为了单位的利益，决定将公款给个人使用的，不以挪用公款罪定罪处罚。上述行为致使单位遭受重大损失，构成他犯罪的，依照刑法的有关规定对责任人员定罪处罚。

第三，本罪是故意犯罪，并且必须具有挪用公款归个人使用的目的；过失行为不构成犯罪。

第四，挪用公款归个人进行非法活动是行为犯，一般来说，只要实施了上述行为就具备了本罪的犯罪结果，就可以构成犯罪。但是还应根据刑法第 13 条犯罪定义的规定的"情节显著轻微危害不大的，不认为是犯罪"。

挪用公款数额巨大，3 个月内退还的，是否追究刑事责任。我国 1997 年修订刑法第 384 条规定，挪用公款数额巨大不退还的，处 10 年以上有期徒刑或者无期徒刑，没有规定挪用公款数额巨大，3 个月以内退还的，如何处理。严格按罪行法定原则，刑法条文没有明确规定为犯罪的，不得定罪处罚。1998 年 5 月 9 日《关于审理挪用公款案件具体应用法律若干问题的解释》第 2 条规定，挪用公款数额巨大的，超过 3 个月，案发前全部归还的，可以酌情从轻处罚。也就是说，挪用公款数额巨大，在案发前全部归还的，构成犯罪，但可以酌情从轻处罚。这里也没有规定，"挪用公款数额巨大的，3 个月以内归还的"是否构成犯罪。司法实践中，"将挪用公款数额巨大，3 个月以内归还的，作为挪用公款情节严重的，处 5 年以上有期徒刑，但酌情从轻处罚"。①

（2）注意准确认定本罪的挪用公款归个人使用。我国刑法第 384 条规定"挪用公款归个人使用的"构成挪用公款罪。如何理解"归个人使用"，曾有不同意见。最高人民法院于 1998 年 5 月 9 日《关于审理挪用公款案件具体应用法律若干问题的解释》第 1 条第 2 款规定："挪用公款给私有公司、私有企业使用的，属于挪用公款归个人使用。" 2000 年 3 月 14 日最高人民检察院《关于挪用公款给私有公司、私有企业使用行为的法律适用问题的批复》中也规定，挪用公款给私有公司、私有企业使用的行为，无论发生在刑法修订前

---

① 参见《全国法院审理经济犯罪案件工作座谈会纪要》，载《中华人民共和国最高人民法院公报》2003 年第 6 期，第 5 页。

后，均可构成挪用公款罪。至于具体行为的法律适用问题，应根据行为发生的时间，依照刑法及1989年11月6日最高人民法院、最高人民检察院《关于执行〈关于惩治贪污罪贿赂罪的补充规定〉若干问题的解答》和1998年5月9日最高人民法院《关于审理挪用公款案件具体应用法律若干问题的解释》的有关规定办理。根据最高人民法院《关于如何认定挪用公款归个人使用有关问题的解释》的规定，国家工作人员利用职务上的便利，以个人名义将公款借给其他自然人或者不具有法人资格的私营独资企业、私营合伙企业等使用的，属于挪用公款归个人使用。国家工作人员利用职务上的便利，为谋取个人利益，以个人名义将公款借给其他单位使用的，属于挪用公款归个人使用。本解释施行后，我院此前发布的司法解释的有关内容与本解释不一致的，不再适用。笔者认为，上述司法解释与法律规定不相一致。挪用公款归私有公司、私有企业使用也是给单位使用，按照我国刑法第30条关于单位犯罪的规定，私有公司、私有企业也是单位，也可以构成单位犯罪，因此，将私有公司、私有企业解释为"个人"不符合法律规定。最高人民法院解释中将"不具有法人资格的私营独资企业、私营合伙企业等使用的，属于挪用公款归个人使用"的规定也是不确切的。不具有法人资格的单位也是单位，挪用公款归单位使用应属于单位与单位之间的资金拆借行为，不应构成挪用公款罪。2002年4月28日全国人大常委会《关于〈中华人民共和国刑法〉第三百八十四条第一款的解释》对"挪用公款归个人使用"作了立法解释。有下列情形之一的，属于挪用公款"归个人使用"：①将公款供本人、亲友或者其他自然人使用的；②以个人名义将公款供其他单位使用的；③个人决定以单位名义将公款供其他单位使用，谋取个人利益的。根据上述规定，挪用公款归个人使用并不包括单位使用。挪用公款归私有公司、私有企业使用，也不构成挪用公款罪，除非是以个人的名义将公款供其他单位使用，或者个人决定以单位的名义将公款供其他单位使用，谋取个人利益的行为，才能构成挪用公款罪，因为上述情况实质上是挪用公款归个人使用。

在司法实践中，对于将公款供其他单位使用的，认定是否属于"以个人名义"，不能只看形式，要从实质上把握。对于行为人逃避财务监管，或者与使用人约定以个人名义进行，或者借款、还款都以个人名义进行，将公款给其他单位使用的，应认定为"以个人名义"。"个人决定"既包括行为人在职权范围内决定，也包括超越职权范围决定。"谋取个人利益"既包括行为人与使用人事先约定谋取个人利益实际尚未获取的情况，也包括虽未事先约定但实际已获取了个人利益的情况。其中的"个人利益"，既包括不正当利益，也包括正当利益；既包括财产性利益，也包括非财产性利益，但是这种非财产性利益，应当是具体的实际利益，如升学、就业等。挪用金融凭证、有价证券用于质押，使公款处于风险之中，与挪用公款供他人提供担保没有实质的区别，符合刑法关于挪用公款罪规定的，以挪用公款罪定罪处罚，挪用公款数额以实际或者可能承担的风险数额认定。①

实践中，对挪用公款尚未投入实际使用的，只要同时具备"数额较大"和"超过三个月未还"的构成要件，应当认定为挪用公款罪，但可以从轻认定为挪用公款归个人正当生活使用，酌情从轻处罚。

（3）注意划清挪用公款罪与借款的界限。本罪的挪用公款行为，是利用职务上的便利，擅自挪用公款归个人使用的行为。所谓挪用公款，就是擅自利用自己主管、经手管理公款职务上的便利条件，私自将公款归个人使用，在公款所有人不知道的情况下使用公款，侵犯公款所有单位对公款的使用权，是一种违法行为，可以构成挪用公款罪。借用公款，是按借款规定，按一定的借款程序，履行借款手续，经有权批准人批准的借款的行为，借公款是经过公款管理人同意，不存在侵犯公款使用权，是合法行为，不能构成挪用公款罪。司法实践中，常把合法的借款行为误认定为挪用公款行为，酿成错案。当然，以借款为掩护，实际上利用职务之便进行挪用公款行为，是违法行为，也可以构成挪用公款罪。有一种意见认为，"国有单位领导利用职务上的便利，指令具有法人资格的下级单位借公款供个人使用的，属于挪用公款行为，构成犯罪的，应以挪用公款罪定罪处罚。"② 笔者认为，对上述国有单位领导的行为应具体分析，如果国有单位领导利用职务的便利，擅自挪用下级单位的公款归个人使用的，可以构成挪用公款罪；如果国有单位的领导，向下级法人单位借款归个人使用，下级单位经单位集体研究同意借给上级单位领导个人使用的行为，不是挪用公款行为，而是借款行为，不构成挪用公款罪。

（4）注意划清挪用公款行为与挪用公物行为的界限。我国刑法第384条规定的挪用公款的犯罪行为挪用的是"公款"，不包括"公物"。但是刑法第384条第2款规定："挪用用于救灾、抢险、防汛、优抚、扶贫、移民、救济款物归个人使用的，从重处罚。"也就是说，挪用上述特定公款、公物的行为都可以构成挪公款罪。在定罪量刑时，应将特定公物转为公款数额，按公款数额定罪处罚。根据最高人民检察院2000年3月15日《关于挪用非特定公物能

---

① 参见《全国法院审理经济犯罪案件工作座谈会纪要》，载《中华人民共和国最高人民法院公报》2003年第6期，第5页。

② 参见《全国法院审理经济犯罪案件工作座谈会纪要》，载《中华人民共和国最高人民法院公报》2003年第6期，第5页。

否定罪的请示的批复》中的解释，刑法第384条规定的挪用公款罪中未包括挪用非特定公物归个人使用的行为，对该行为不以挪用公款罪论处，依此，国家工作人员挪用非特定公物归个人使用的行为，不以挪用公款罪论处。有学者认为，刑法规定的挪用公款罪中包括挪用特定款物的行为，其与挪用公款罪名不符。挪用公物归个人使用的社会危害也很严重，应对刑法进行补充规定。

(5) 划清挪用公款进行违法活动的一罪与数罪的认定。挪用公款归个人进行违法活动，如进行赌博、走私违法活动的行为，构成挪用公款罪，还可能构成其他犯罪，如赌博罪、走私罪等。上述情况下是定一罪还是数罪，刑法没有具体规定，一般应按处理牵连犯的原则，从一重处罚，只以较重的罪定罪处罚，例如，某单位领导以挪用的本单位的公款向上级领导行贿的行为，一般认定为单位行贿罪。但是最高人民法院1998年5月9日《关于审理挪用公款案件具体应用法律若干问题的解释》第7条规定："因挪用公款索取、收受贿赂构成犯罪的，依照数罪并罚的规定处罚。挪用公款进行非法活动构成其他犯罪的，依照数罪并罚的规定处罚。"即挪用公款进行违法活动又构成其他犯罪的应定为数罪，按数罪并罚处理。

(6) 注意挪用公款罪共犯的认定。挪用公款罪也有共犯，例如单位中两个以上的国家工作人员共谋利用职务上的便利，挪用公款归个人使用的，构成共犯。一般来说，使用公款的个人不构成挪用公款罪。但使用公款人与挪用人通谋的，可以构成挪用公款罪的共犯。最高人民法院1998年5月9日《关于审理挪用公款案件具体应用法律若干问题的解释》第8条规定："挪用公款给他人使用，使用人与挪用人共谋，指使或者参与策划取得挪用款的，以挪用公款罪的共犯定罪处罚。"

(7) 注意受委托管理国有财产人员挪用公款的定罪问题。我国刑法第382条第2款规定："受国家机关、国有公司、企业、事业单位、人民团体委托管理、经营国有财产的人员，利用职务上的便利，侵吞、窃取、骗取或者其他手段非法占有国有财物的，以贪污论。"即受委托管理国有财产的人员可以构成贪污罪。但是受委托管理国有财产的工作人员利用职务上的便利挪用公款归个人使用是定为挪用公款罪，还是定为挪用资金罪。笔者认为，我国刑法第384条没有单独规定受委托管理国有财物的人可以构成挪用公款罪，但是委托管理国有财物的人员，如果是受国有单位委托的人员，可以构成挪用公款罪；如果不是受国有单位委托而是受非国有单位委托的人员，不构成挪用公款罪，可以构成挪用资金罪。根据2000年2月24日最高人民法院《关于对受委托管理、经营国有财产人员挪用国有资金行为如何定罪问题的批复》中的解释，对于受国家机关、国有公司、企业、事业单位、人民团体委托，管理、经营国有财产的非国家工作人员，利用职务上的便利，挪用国有资金归个人使用构成犯罪的，应当依照刑法第272条第1款的规定定罪处罚，即以挪用资金罪定罪处罚。根据2002年12月28日全国人大常委会《关于〈中华人民共和国刑法〉第九章渎职罪主体适用问题的解释》规定，如果是"受国家机关委托代表国家机关行使经营、管理国有财物职权，从事公务的人员"，可以构成挪用公款罪。

（8）划清挪用公款罪与贪污罪的界限。挪用公款罪是从贪污罪中分离出来的犯罪，贪污罪是国家工作人员利用职务上的便利侵占公共财物的犯罪行为，与本罪的犯罪主体相同，犯罪行为相似，特别是最高人民法院1998年5月9日《关于审理挪用公款案件具体应用法律若干问题的解释》第6条规定的，携带挪用的公款潜逃的，依照刑法第382条、第383条的规定定罪处罚。因此，在定罪时，容易混淆。二罪的根本区别是：

①犯罪行为不同。本罪是利用职务上的便利挪用公款的行为；而贪污罪是利用职务的便利非法占有公共财物的行为。

②犯罪对象和客体不同。本罪侵犯的对象是公款，侵犯的客体是公款的使用权利；而贪污罪侵犯的对象是公共财物，包括公款和公物，侵犯的客体是公共财物的所有权利。

③犯罪的目的不同。本罪的目的是使用公款的目的，使用后归还的，没有占有公款的目的；而贪污罪的目的是非法占有公共财物。由于上述的不同点将两种犯罪区分开来。

挪用公款行为在一定的条件下要转化为贪污。在司法实践中，具有下列情形之一的，可以认定行为人具有非法占有公款的目的：①行为人携带挪用公款潜逃的，对携带挪用的公款部分，以贪污罪定罪处罚；②行为人挪用公款后，采取虚假发票平账、销毁有关账目等手段，使所挪用公款已难以在单位财务账目上反映出来，且没有归还行为，应当以贪污罪定罪处罚；③行为人截取单位收入不入账，非法占有，使所占有的公款难以在单位财务账目上反映出来，且没有归还行为的，应当以贪污罪定罪处罚；④有证据证明行为人有能力归还所挪用的公款而拒不归还，并隐瞒挪用的公款去向的，应当以贪污罪定罪处罚。①

（9）划清本罪与挪用本单位资金罪的界限。我国刑法第384条规定的挪用公款罪是国家工作人员利用职务上的便利挪用公款归个人使用的犯罪行为，

---

① 参见《全国法院审理经济犯罪案件工作座谈会纪要》，载《中华人民共和国最高人民法院公报》2003年第6期，第5页。

与刑法第272条规定的挪用资金罪的犯罪行为很相似。特别是国家工作人员犯挪用资金罪的，依照挪用公款罪定罪处罚，因此，两种犯罪容易相混淆。二罪的主要区别是：

①犯罪主体不同。挪用公款罪的主体是国家工作人员；而挪用资金罪的主体是单位的工作人员，即不具有国家工作人员身份的单位工作人员。

②犯罪对象不同。挪用公款罪的对象是公款，而挪用资金罪的对象是本单位的资金。

由于上述不同点将两种犯罪区分开来。

（10）划清本罪与挪用特定款物罪的界限。挪用公款罪与挪用特定款物罪是既有联系也有区别的两种不同的犯罪。

两罪的联系是：①犯罪手段都是利用职务便利或者工作的便利，挪用钱款的行为。②国家工作人员利用职务上的便利挪用特定款物归个人使用的，构成挪用公款罪，且从重处罚。③犯罪主体在主观上都是故意挪用公款、公物归个人使用。由于上述二罪的共同点，使这两种犯罪容易相混淆。

二罪的主要区别有：①犯罪主体不同。挪用公款罪的主体是国家工作人员，非国家工作人员不能构成挪用公款罪；挪用特定款物罪的主体则是单位的工作人员，即是经手、管理、主管特定款物的人都可以构成。②犯罪对象不同。挪用公款罪的对象一般是公款；而挪用特定款物罪挪用的对象是用于救灾、抢险、防汛、优抚、扶贫、移民、救济的款和物。③挪用款物的用途不同。挪用公款罪挪用公款归个人使用；而挪用特定款物罪挪用的对象是特定款物归单位使用。如果挪用特定款物归个人使用，则构成挪用公款罪。④犯罪结果不同。挪用公款罪的结果必须是挪用公款数额和情节两种结果，在挪用公款数额的基础上，考虑情节结果；而挪用特定款物罪的犯罪结果只是情节结果，只要是给国家和人民群众的利益遭受重大损害结果的，就可以构成犯罪。⑤法定刑不同。挪用公款罪的法定刑，最高为无期徒刑；而挪用特定款物罪的法定刑最高刑为7年有期徒刑。由于上述不同点，将二种犯罪区分开来。

第二章　中华人民共和国刑法修正案（二）

全国人大常委会《中华人民共和国刑法修正案（二）》于2001年8月31日第九届全国人大常委第二十三次会议通过，并于当日由国家主席公布施行。我国1997年修订刑法对盗伐、滥伐森林或者其他林木等破坏森林资源的犯罪行为作了明确规定，对保护森林资源、震慑犯罪，发挥了重要的作用，但随着形势的发展，又出现了一些新的情况和问题，突出的表现是：一些地方、单位和个人以各种名义毁林开垦、非法占用林地并改作他用，对森林资源和林地造成了极大的破坏。对这种毁林开垦和非法占用林地改作他用的违法行为，修改后的刑法没有设有具体规定，无法准确追究毁林开垦和非法占用林地并改作他用的违法行为的刑事责任。为了有效地制止毁林开垦和乱占、滥用林地的违法行为，切实保护森林资源，1998年8月5日，国务院发出了《关于保护森林资源制止毁林开垦的紧急通知》，其中要求"对毁林开垦数量巨大、情节严重，构成犯罪的，要依法追究有关人员的刑事责任"。① 由于修订刑法对此未作明确规定，国务院的上述规定司法机关无法落实。为此，国务院法制办、国家林业局在调查研究、广泛征求意见的基础上，拟订了刑法修正案草案，就毁林开垦和非法占有林地改作他用的违法行为应负的刑事责任问题对刑法第342条、第410条作了相应修改和补充，这个刑法修正案草案经国务常务会议讨论通过，并于2001年6月26日向第九届全国人大常委会提出并审议。会后，全国人民代表大会法律委员会和法制工作委员会将国务院提请的草案印发中央有关部门和地方人大征求意见，法律委员会和法制工作委员会还联合邀请中央有关部门和法律专家进行座谈，听取意见。法律委员会经多次开会审议认为，为了惩治破坏森林资源的犯罪，保护生态环境，对刑法有关条文作相应修改和明确法律的含义是必要的。同时，对国务院提请的修改草案提出以下修改意见：

（1）关于刑法第342条规定的修改。修订刑法第342条规定："违反土地管理法规，非法占用耕地改作他用，数量较大，造成耕地大量毁坏的，处五年以

---

① 参见《全国人民代表大会常务委员会公报》2001年第6期，第468页。

下有期徒刑或者拘役，并处或者单处罚金。"修正草案第 1 条规定，在刑法第 342 条后增加一款作为第 2 款，规定："违反土地管理法规，开垦林地、非法占用林地并改作他用，数量较大，造成森林或者其他林木严重毁坏的，处五年以下有期徒刑或者拘役，并处或者单处罚金。"一些委员和最高人民法院等部门提出，"草案规定的造成森林或者其他林木严重毁坏的"行为，根据刑法第 344 条、第 345 条和有关司法解释的规定，是能够追究刑事责任的。国务院法制办、国家林业局提出，修改第 342 条的目的是保护林地，包括宜林地。为了保护森林资源，对于非法占用林地，造成林地大量毁坏的行为，应当规定为犯罪。此外，还有委员提出，非法占用草地改作他用，造成草地大量毁坏的行为，危害也很严重，这次修改应一并考虑解决。因此，全国人大法律委员会建议将修正案草案第 1 条修改为："违反土地管理法规，非法占用耕地、林地等农用地，改变被占用土地用途，数量较大，造成耕地、林地等农用地大量毁坏的，处五年以下有期徒刑或者拘役，并处或者单处罚金。"根据土地管理法的规定，农用地包括耕地、林地、草地、养殖水面等。这样修改，既可以对大量毁坏森林行为追究刑事责任，而且对实践中出现的非法占用并大量毁坏草地、养殖水面等其他农用地严重破坏生态环境构成犯罪的行为，也能予以追究。至于非法占用林地，造成林木严重毁坏的，应当适用刑法第 344 条非法采伐、毁坏珍贵树木罪和第 345 条盗伐林木罪、滥伐林木罪的规定追究刑事责任，可不再另行规定。

（2）刑法第 410 条是否修改问题。修订刑法第 410 条规定："国家机关工作人员徇私舞弊，违反土地管理法规，滥用职权，非法批准征用、占用土地，或者非法低价出让国有土地使用权，情节严重的，处三年以下有期徒刑或者拘役；致使国家或者集体利益遭受特别重大损失的，处三年以上七年以下有期徒刑。"修正案草案第 2 条在刑法第 410 条中增加了违反"森林管理法规"和"非法审核批准开垦林地、占用林地并改作他用"的规定。一些委员和部门提出，根据土地管理法的规定，刑法第 410 条规定的土地已经包括林地、草地等土地在内，可以不作修改。国务院法制局、国家林业局提出，由于对刑法第 410 条规定的"土地管理法规"和"非法批准征用、占用土地"的含义理解不一致，实践中对一些非法批准征用、占用林地构成犯罪的行为没有适用刑法第 410 条追究刑事责任。为了解决实践中存在的问题，建议全国人大常委会通过法律解释，对刑法第 410 条的相关规定进一步明确含义。根据一些常委委员、部门和专家的意见，法律委员会认为，刑法第 410 条的规定已包括了非法批准征用、占用林地的情况，可以根据立法法的有关规定，采用法律解释的方式对该条的含义进一步予以明确，以利于对这类犯罪的打击。同时，考虑到除刑法第 410 条外，刑法第 228 条、第 342 条也规定了"违反土地管理法规"，其含义与刑法第410条是相同的，也应一并明确。因此，法律委员会建议对刑法的上述规定作如下解释：刑法第228条、第342条、第410条规定的"违反土地管理法规"，是指违反土地管理法、森林法、草原法等法律以及有关行政法规中关于土地管理的规定。刑法第410条规定的"非法批准征用、占用土地"是指非法批准征用、占用耕地、林地等农用地以及其他土地。

（3）法定刑是否修改问题。有些常委委员和地方建议加重对破坏森林资源犯罪的处罚，提高刑法对有关犯罪的刑期。考虑到这个问题涉及与刑法规定的其他犯罪在处刑上的平衡，需要通盘研究。因此，法律委员会建议这次不作修改。①

（4）有关"数量较大"等具体量化规定问题。有的委员建议将草案中"数量较大"和"造成耕地、林地大量毁坏的"规定具体量化，以利于执法。法律委员会认为，草案关于数量的规定涉及罪与非罪的界限，能够具体规定的应当尽量作出规定。鉴于这类案件情况比较复杂，破坏耕地、林地等农用地的情况不同，各地的情况也不同，而且情况还会不断变化，由最高人民法院根据司法实践作出司法解释，更能够适应打击犯罪的需要。② 第九届全国人大常委会第二十三次会议上对《中华人民共和国刑法修正案（二）（草案）》进行了再次审议。全国人大常委会于1999年12月25日通过了《中华人民共和国刑法修正案（二）》，并于当日公布施行。③

一、刑法对非法占用农用地罪的补充修改

非法占用农用地罪是《刑法修正案（二）》补充修改的犯罪，作为1997年修订刑法第342条规定的"非法占用耕地罪"的修改罪名。1997年最高人民法院、最高人民检察院《关于执行〈中华人民共和国刑法〉确定罪名的规定》中将刑法第342条规定的犯罪定为"非法占用耕地罪"，2002年3月15日，最高人民法院、最高人民检察院《关于执行〈中华人民共和国刑法〉确定罪名的补充规定》根据《刑法修正案（二）》规定改为非法占用农用地罪的罪名。

刑法及《刑法修正案（二）》对有关非法占用农用地罪的规定有：

1.1998年8月29日修订的《中华人民共和国土地管理法》第74条规定："违反本法规定，占用耕地建窑、建坟或者擅自在耕地上建房、挖砂、采石、取土等，破坏种植条件的，或者因开发土地造成土地荒漠化、盐渍化的，由县

---

① 参见《全国人民代表大会常务委员会公报》2001年第6期，第469～470页。
② 参见《全国人民代表大会常务委员会公报》2001年第6期，第466页。
③ 参见《全国人民代表大会常务委员会公报》2001年第6期，第467页。

级以上人民政府土地行政主管部门责令限期改正或者治理,可以并处罚款;构成犯罪的,依法追究刑事责任。"

2. 1997年刑法第342条规定:"违反土地管理法规,非法占用耕地改作他用,数量较大,造成耕地大量毁坏的,处五年以下有期徒刑或者拘役,并处或者单处罚金。"

3. 1997年刑法第346条规定:"单位犯本节第三百三十八条至第三百四十五条规定之罪的,对单位判处罚金,并对其直接负责的主管人员和其他直接责任人员,依照本节各该条的规定处罚。"

4. 2001年8月31日,全国人大常委会《中华人民共和国刑法修正案(二)》规定:"违反土地管理法规,非法占用耕地、林地等农用地,改变被占用土地用途,数量较大,造成耕地、林地等农用地大量毁坏的,处五年以下有期徒刑或者拘役,并处或者单处罚金。"

上述《刑法修正案(二)》对刑法作了如下修改和补充:

1. 修改了罪名。我国1979年刑法没有规定"非法占用农用地罪",当时,我国实行计划经济,土地全部归国家和集体所有,土地的使用完全按国家计划批准,无偿划拨,非法占用土地的行为并不突出。我国1986年6月25日,颁布了《土地管理法》,1988年12月29日进行修订。修订刑法时,根据修订《土地管理法》的规定,在刑法第342条规定了非法占有耕地改作他用的犯罪行为,1997年最高人民法院、最高人民检察院《关于执行〈中华人民共和国刑法〉确定罪名的规定》规定为"非法占用耕地罪"。2001年8月31日,全国人大常委会在《中华人民共和国刑法修正案(二)》中补充规定了犯罪的对象和犯罪行为,2002年3月15日最高人民法院、最高人民检察院《关于执行〈中华人民共和国刑法〉确定罪名的补充规定》根据《刑法修正案(二)》规定,改为非法占用农用地罪的罪名。

2. 补充规定了具体犯罪对象和犯罪行为。修订刑法第342条原规定的"非法占用耕地罪"的犯罪对象只是"耕地",其犯罪行为是"非法占用耕地改作他用"的行为。《刑法修正案(二)》将非法占用耕地罪的犯罪对象补充增加为:"耕地、林地等农用地",包括耕地、林地、草地、农田水利用地、养殖水面等农用地;犯罪行为也扩大为"非法占用耕地、林地等农用地改变被占用土地用途"的行为。

二、刑法补充修改非法占用农用地罪的原因

全国人大常委会《中华人民共和国刑法修正案(二)》补充规定"非法占

用农用地罪"内容，主要原因有：

1. 修订刑法中没有明确规定非法占用林地、草地、养殖水面等农用地的犯罪行为。我国1997年修订刑法对盗伐、滥伐森林或者其他林木等破坏森林资源的犯罪行为作了明确规定，对保护森林资源、震慑犯罪，发挥了重要作用，但随着形势的发展，又出现了一些新的情况和问题，突出的表现是：一些地方、单位和个人以各种名义毁林开垦、非法占用林地并改作他用，对森林资源和林地造成了极大的破坏。对这种毁林开垦和非法占用林地改作他用的违法行为，修改后的刑法没有明确具体规定，无法准确依照刑法追究毁林开垦和非法占用林地等农用地并改作他用的违法行为的刑事责任。

2. 我国《土地管理法》规定的犯罪行为需要相应的刑法规定作保障。我国《土地管理法》第74条规定："违反本法规定，占用耕地建窑、建坟或者擅自在耕地上建房、挖砂、采石、取土等，破坏种植条件的，或者因开发土地造成土地荒漠化、盐渍化的，由县级以上人民政府土地行政主管部门责令限期改正或者治理，可以并处罚款；构成犯罪的，依法追究刑事责任。"1998年8月5日，国务院发出了《关于保护森林资源制止毁林开垦的紧急通知》，其中要求："对毁林开垦，数量巨大、情节严重，构成犯罪的，要依法追究有关人员的刑事责任。"① 上述《土地管理法》、《关于保护森林资源制止毁林开垦的紧急通知》中"构成犯罪的，依法追究刑事责任"的规定，必须在刑法中有相应的规定，才能保障上述规定的实施。

3. 国务院请求全国人大常委会修改刑法规定。2001年6月26日，在第九届全国人大常委会第二十三次会议上，国务院向全国人大常委会提出了《关于〈中华人民共和国刑法〉第二百二十八条、第三百四十二条、第四百一十条修正案（草案）》，其内容之一是，提请全国人大常委会在刑法第342条中增加规定"违反森林管理法规，开垦林地，非法占有林地并改作他用"的犯罪行为。全国人大法律委员会进行了多次审议并提出了具体修改意见，建议全国人大常务会在《中华人民共和国刑法修正案（二）》中进行修改和补充。

鉴于上述原因，全国人大常委会在《中华人民共和国刑法修正案（二）》中补充规定了"非法占用农用地罪"的具体犯罪对象和犯罪行为。

三、非法占用农用地罪的适用

非法占用农用地罪，是修订刑法规定的罪名，《刑法修正案（二）》对其犯

---

① 参见《全国人民代表大会常务委员会公报》2001年第6期，第468页。

罪内容作了补充规定。要准确适用，就必须弄清本罪的概念、构成特征，以及适用时应注意的问题。

1. 非法占用农用地罪的概念。本罪是指违反土地管理法规，非法占用耕地、林地等农用地，改变被占用土地用途，数量较大，造成耕地、林地等农用地大量毁坏的行为。

我国是一个古老的农业国家，土地是人们生存的命根子。然而，随着社会主义各项建设事业的发展，农用地面积逐年减少，现在我国人均耕地面积只有1.3亩，是世界上人均耕地面积的1/3。保护农用地，使农用地不再减少已成为摆在我国各级政府和全体国民面前的迫切任务。我国1998年修正的《土地管理法》第3条规定："各级人民政府必须贯彻执行十分珍惜和合理利用土地的原则，全面规划、加强管理，保护开发土地资源，制止乱占耕地和滥用土地的行为。"但是，当前，非法占用农用地，并将农用地改作其他用途，造成农用地毁坏的现象还很严重，这是对社会有严重危害的行为。因此，我国1997年修订刑法第342条专门将非法占有耕地的行为规定为犯罪；2001年《刑法修正案（二）》又将非法占用耕地、林地、草地、养殖水面等农用地，改作其他用途数量较大、造成耕地、林地等农用地大量毁坏的行为，规定为犯罪，依法追究刑事责任。

2. 犯罪的构成特征。根据刑法第342条和《刑法修正案（二）》的规定，该罪的构成特征有：

（1）犯罪主体。本罪的犯罪主体是一般主体，单位可以构成本罪的犯罪主体。犯罪主体在主观上都是故意的，即故意违反土地管理法规，非法占用农用地改作其他用途。过失心理态度的，不能构成本罪的犯罪主体。单位犯本罪，除了单位本身是犯罪主体外，单位的直接负责的主管人员和其他直接责任人员也是本罪的犯罪主体。

（2）犯罪行为。必须是实施了非法占用农用地并改作他用的犯罪行为。具体表现有：

①故意违反土地管理法规的行为。所谓"违反土地管理法规"，根据全国人大常委会2001年8月31日《关于〈中华人民共和刑法〉第二百二十八条、第三百四十二条、第四百一十条的解释》，是指违反土地管理法、森林法、草原法等法律以及有关行政法规中关于土地管理的规定。

②故意非法占用农用地的行为，根据《土地管理法》第4条第2款规定："所称农用地，是指直接用于农业生产的土地，包括耕地、林地、草地、农田水利用地、养殖水面等。"

③故意改变被占用土地的用途的行为。农用土地是用于农业生产用途，如

果不用于农业生产，而用于诸如建窑、建坟或者擅自在耕地上建房、挖砂、采石、取土等用途的行为是犯罪行为。

上述犯罪行为都是故意犯罪行为，过失行为不能构成本罪的犯罪行为。

（3）犯罪结果。本罪是结果犯。非法占用农用地必须是"数量较大，造成耕地、林地等农用地大量毁坏的"的结果。根据2000年6月22日最高人民法院《关于审理破坏土地资源刑事案件具体应用法律若干问题的解释》第3条的规定，违反土地管理法规，非法占用耕地改作他用，数量较大，造成耕地大量毁坏的，依照刑法第342条的规定，以非法占用耕地罪定罪处罚：

①非法占用耕地"数量较大"，是指非法占用基本农田5亩以上或者非法占用基本农田以外的耕地10亩以上。

②非法占用耕地"造成耕地大量毁坏"，是指行为人非法占用耕地建窑、建坟、建房、挖沙、采石、采矿、取土、堆放废弃物或者进行其他非农业建设，造成基本农田5亩以上或者基本农田以外的耕地10亩以上种植条件严重毁坏或者严重污染。

具备上述情形之一的，即具备本罪的犯罪结果。

3. 本罪的法定刑。根据刑法第342条规定，本罪的法定刑是：

（1）构成犯罪，处5年以下有期徒刑或者拘役，并处或者单处罚金。

（2）单位犯本罪的，对单位判处罚金，并对其直接负责的主管人员和其他直接责任人员，依照个人犯本罪的法定刑处罚。

4. 本罪适用时应注意以下问题：

（1）注意划清罪与非罪的界限。

第一，本罪的犯罪对象是特殊对象，必须是非法占有耕地、林地等农用地才构成本罪；非法占有的是非农用地的不构成本罪。

第二，本罪必须是违反土地管理法规的行为才构成本罪；如果没有违土地管理法规的行为，不构成本罪。

第三，本罪是故意犯罪，即必须具有故意违反土地管理法规，故意非法占用农用地，故意改变被占用土地用途的行为才构成犯罪；过失行为不构成本罪。

第四，本罪是结果犯，必须是非法占用农用地数额较大，造成耕地、林地等农用地大量毁坏的犯罪结果，才可以构成犯罪；达不到上述犯罪结果的，不能构成本罪。根据最高人民法院2000年6月22日的司法解释，所谓非法占用农用地"数额较大"的犯罪结果，是指非法占用基本农田5亩以上或者非法占用基本农田以外的耕地10亩以上的结果。所谓"造成耕地大量毁坏"的犯罪结果，是指行为人非法占用耕地建窑、建坟、建房、挖沙、采石、采矿、取土、堆放废物或者进行其他非农业建设，造成农用地大面积毁坏的结果。

（2）注意准确认定本罪的犯罪结果。具有我国刑法第342条规定的"非法占用耕地、林地等农用地，改变被占用土地用途，数量较大，造成耕地、林地等农用地大量毁坏的"结果才构成犯罪。本罪的犯罪结果必须是非法占用农用地数额较大，同时造成大量农用地毁坏两种结果的，才构成本罪。如果只是非法占用农用地数额较大，但没有造成农用地大量毁坏的，例如冬季在数额较大的农用地上开设临时游乐场，春季可以继续耕种，农用地没有造成大量毁坏的，不构成本罪。同样，非法占用农用地数额不够较大，但造成农用地严重毁坏的，例如，在农用地里修建了一座大坟，非法占用农用地0.1亩的行为，也不构成本罪。由行政管理部门给予行政处罚。

（3）注意准确认定一罪与数罪的界限。行为人如果将进口废物向农用地上倾倒、堆放，或者向农用地上排放、倾倒、放置有放射性、含有传染病病原体、有毒有害物质或者其他废物，造成农用地大量毁坏的，虽然可以同时构成本罪和其他犯罪。但根据特别法律规定优于一般法律规定原则，应依照刑法第338条、第229条的规定，分别以重大环境污染事故罪或者非法处置废物罪定罪从重处罚。

第三章　中华人民共和国刑法修正案（三）

全国人大常委会《中华人民共和国刑法修正案（三）》于 2001 年 12 月 29 日第九届全国人大常委第二十五次会议通过，并于当日由国家主席公布施行。一个时期以来，尤其是 20 世纪 90 年代以来，在国际国内，恐怖犯罪活动开始猖獗，他们有组织地实施了一系列爆炸、暗杀、纵火、投放危险物质等恐怖暴力活动。例如，国际上美国的"9·11"事件、印尼的"巴厘岛爆炸"等事件，国内的上海"炭疽病芽孢菌"、新疆的"东突恐怖组织"等事件，严重威胁人类和平和安全及社会的稳定和国家的安全。世界各国人民和政府非常重视同恐怖犯罪活动作斗争。联合国通过了《制止恐怖主义爆炸的公约》、《制止向恐怖主义提供资助的国际公约》以及联合国安理会通过了第 1267 号、第 1372 号、第 1333 号、第 1456 号等反对恐怖主义的决议，要求联合国成员国依法同恐怖犯罪活动作斗争。我国政府和人民一贯重视同恐怖犯罪作斗争，我国 1997 年修订刑法对惩治恐怖活动犯罪已作了规定，例如，修订刑法第 120 条明确规定了"组织、领导、参加恐组织罪"，最高处 10 年有期徒刑，并实施杀人、爆炸、绑架等犯罪的，依照数罪并罚规定处罚。但随着形势的发展，又出现了一些新的情况和问题，突出的表现是：一些地方恐怖活动不断猖獗，刑法规定有关犯罪处刑较轻，不足以制止恐怖犯罪的需要。依据最近出现的恐怖活动的新情况，如何适用刑法需要进一步明确，刑法的有关条款也需进一步完善。经全国人大委员长会议同意，全国人大法制工作委员会在与有关部门和专家多次研究的基础上，拟订了《中华人民共和国刑法修正案（三）（草案）》，并提请第九届全国人大常委会审议。全国人大法律委员会根据常委会组成人员的审议意见又进行了审议。法律委员会认为，为了严厉打击恐怖活动犯罪，有必要对刑法进行修改补充。草案基本上是可行的。同时，对草案提出修改意见。① 2001 年 12 月 29 日第九届全国人大常委会第二十五次会议通过了《中华人民共和国刑法修正案（三）》，并于当日由国家主席公布施行。

---

① 参见《全国人民代表大会常务委员会公报》2002 年第 1 期，第 20 页。

一、投放危险物质罪、过失投放危险物质罪

投放危险物质罪、过失投放危险物质罪,是《刑法修正案(三)》补充修改的两个罪名,作为1997年修订刑法第114条、第115条原规定的投毒罪、过失投毒罪的修改罪名。1997年最高人民法院、最高人民检察院《关于执行〈中华人民共和国刑法〉确定罪名的规定》中将刑法第114条、第115条规定的犯罪定为投毒罪、过失投毒罪,2002年3月15日最高人民法院、最高人民检察院《关于执行〈中华人民共和国刑法〉确定罪名的补充规定》根据《刑法修正案(三)》确定为该两种罪名,取消了投毒罪和过失投毒罪两种罪名。

(一)刑法规定内容的修改

刑法条文中有关投放危险物质罪、过失投放危险物质罪的规定是:

1. 1979年刑法第105条规定:"以反革命为目的,投放毒物、散布病菌或者以其他方法杀人、伤人的,处无期徒刑或者十年以上有期徒刑;情节较轻的,处三年以上十年以下有期徒刑。"

1979年刑法第101条规定:"放火、决水、爆炸或者以其他危险方法破坏工厂、矿场、油田、港口、河流、水源、仓库、住宅、森林、农场、谷场、牧场、重要管道、公共建筑物或者其他公私财产,危害公共安全,尚未造成严重后果的,处三年以上十年以下有期徒刑。"

1979年刑法第106条规定:"放火、决水、爆炸、投毒或者以其他危险方法致人重伤、死亡或者使公私财产遭受重大损失的,处十年以上有期徒刑、无期徒刑或者死刑。

"过失犯前款罪的,处七年以下有期徒刑或者拘役。"

2. 1997年刑法第114条规定:"放火、决水、爆炸、投毒或者以其他危险方法破坏工厂、矿场、油田、港口、河流、水源、仓库、住宅、森林、农场、谷场、牧场、重要管道、公共建筑物或者其他公私财产,危害公共安全,尚未造成严重后果的,处三年以上十年以下有期徒刑。"

1997年刑法第115条规定:"放火、决水、爆炸、投毒或者以其他危险方法致人重伤、死亡或者使公私财产遭受重大损失的,处十年以上有期徒刑、无期徒刑或者死刑。

"过失犯前款罪的,处三年以上七年以下有期徒刑;情节较轻的,处三年以下有期徒刑或者拘役。"

3. 2001年12月29日,全国人大常委会《中华人民共和国刑法修正案

（三）》第 1 条规定将刑法第 114 条修改为："放火、决水、爆炸以及投放毒害性、放射性、传染病病原体等物质或者以其他危险方法危害公共安全，尚未造成严重后果的，处三年以上十年以下有期徒刑。"

2001 年 12 月 29 日，全国人大常委会《中华人民共和国刑法修正案（三）》第 2 条规定将刑法第 115 条第 1 款修改为："放火、决水、爆炸以及投放毒害性、放射性、传染病病原体等物质或者以其他危险方法致人重伤、死亡或者使公私财产遭受重大损失的，处十年以上有期徒刑、无期徒刑或者死刑。"

上述刑法及其《刑法修正案（三）》对刑法规定作了如下修改和补充：

1. 修改了罪名。我国 1979 年刑法第 101 条规定，以反革命为目的，投放毒物、散布病菌或者以其他方法杀人、伤人的行为分别定为"反革命杀人"或者"反革命伤人罪"。第 105 条没有规定投毒的犯罪行为，第 106 条中增加规定了投毒犯罪行为，即投毒犯罪没有轻罪，投放毒物尚未造成严重后果的，不构成犯罪，只有投毒致人重伤、死亡或者重大财产损失的，才构成犯罪，应适用刑法第 115 条规定的加重法定刑。1997 年修订刑法第 114 条增加了投毒犯罪行为，这样修订刑法第 114 条、第 115 条第 1 款都规定有投毒犯罪行为，也就是说投毒行为既可以适用刑法第 114 条规定较轻的法定刑，也可以适用刑法第 115 条规定的加重处罚的法定刑。1997 年最高人民法院、最高人民检察院《关于执行〈中华人民共和国刑法〉确定罪名的规定》中将刑法第 114 条、第 115 条第 1 款规定的投毒犯罪行为规定为"投毒罪"；将第 115 条第 2 款规定的过失投毒行为规定为"过失投毒罪"。2001 年 12 月 29 日，全国人大常委会在《中华人民共和国刑法修正案（三）》第 1 条、第 2 条将刑法第 114 条、第 115 条第 1 款中规定的"投毒"修改补充规定为"投放毒害性、放射性、传染病病原体等物质"。2002 年 3 月 15 日，最高人民法院、最高人民检察院《关于执行〈中华人民共和国刑法〉确定罪名的补充规定》，根据《刑法修正案（三）》将上述犯罪行为确定为"投放危险物质罪"的罪名，取消"投毒罪"。同时，将刑法第 105 条第 2 款的"过失投毒罪"的罪名取消，修改为"过失投放危险物质罪"的罪名。

2. 补充规定了具体的犯罪对象和犯罪行为。1997 年修订刑法第 114 条、第 115 条原规定的"投毒罪"的犯罪对象只是笼统地称为"毒"，其犯罪行为是"投毒"的行为。《刑法修正案（三）》将投放的对象"毒"补充增加为"投放毒害性、放射性、传染病病原体等危险物质等"，不单是"毒"，还增加了放射性物质和传染病病原体等危险物质；犯罪行为也扩大为投放"毒害性、放射性、传染病病原体等物质"的犯罪行为。

（二）刑法规定修改的原因

全国人大常委会《中华人民共和国刑法修正案（三）》补充规定"投放危险物质罪"内容，主要原因有：

1. 修订刑法中没有明确规定投放危险物质的具体犯罪行为。我国1979年刑法第105条没有规定轻的投毒行为构成犯罪，第106条规定了投毒行为较重的构成犯罪，这对惩治严重投毒犯罪行为虽发挥了重要的作用，但随着形势的发展，投放毒物的社会危害性越来越大，特别是随着社会经济的发展，使用有剧毒的化学品、剧毒农药、毒鼠强等越来越多，过失投毒行为造成的社会危害性越来越大。1997年修订刑法除将投毒"尚未造成严重结果"的行为也规定为犯罪外，还对过失投毒罪的法定刑由"处七年以下有期徒刑或者拘役"的单一法定刑，改为"处三年以上七年以下有期徒刑；情节较轻的，处三年以下有期徒刑或者拘役"两个法定刑。

当前除投放毒物危害公共安全外，投放射性、传染病病原体等危险物质行为，也严重危害公共安全。特别是一些地方的恐怖组织和恐怖分子用投放毒害性、放射性、传染病病原体等危险物质的方法进行恐怖犯罪活动较为猖狂。例如，患有艾滋病的人故意在公共场所向不特定的人身上打含有艾滋病菌的血液针；患有非典型肺炎的病人故意在公共场所传播"非典病毒"；恐怖分子到处投寄"炭疽病芽孢菌"等行为严重危害公共安全。然而，修订刑法没有明确规定上述投放危险物质的犯罪具体行为，适用法律时常常产生分歧意见，无法准确追究投放危险物质犯罪行为人的刑事责任。因此，需要刑法作明确规定。

2. 我国《监控化学品管理条例》、《放射性物品管理条例》、《危险物品管理条例》、《传染病防治法》等法律、法规都规定，违反本规定，造成严重后果的行为，构成犯罪，依法追究刑事责任。这些法律、法规有关惩治犯罪的规定必须在刑法中有相应的规定，才能保障其准确实施。

3. 全国人大法制工作委员会提请全国人大常委会修改刑法规定。2001年12月24日在第九届全国人大常委会第二十五次会议上，全国人大常委会法制工作委员向全国人大常委会提出了《中华人民共和国刑法修正案（三）（草案）》，建议全国人大常委会对刑法第114条、第115条进行了修改和补充。

鉴于上述原因，全国人大常委会在《中华人民共和国刑法修正案（三）》中补充规定了"投放危险物质罪"、"过失投放危险物质罪"的具体犯罪对象和犯罪行为。

(三) 投放危险物质罪、过失投放危险物质罪的适用

投放危险物质罪、过失投放危险物质罪,是修订刑法规定罪名的修改罪名,《刑法修正案(三)》对其犯罪内容作了补充规定。要准确适用,就必须弄清本罪的概念、构成特征,以及适用时应注意的问题。

1. 本罪的概念。投放危险物质罪,是指故意投放毒害性、放射性、传染病病原体等物质,危害不特定多数人生命和大批牲畜等重大财产安全的行为。过失投放危险物质罪,是指过失投放毒害性、放射性、传染病病原体等危险物质,严重危害公共安全,致人重伤、死亡或者使公私财产遭受重大损失的行为。

投放危险物质罪和过失投放危险物质罪是两个非常古老的罪名。我国《唐律》贼盗律中就有"造畜虫毒,及教令者,绞",释曰:虫毒,如蛇毒可以毒害牲畜,也可以毒害人,对于制造虫毒和教令者要处严厉的绞刑处罚。《唐律》中还规定"以毒药药人及卖者,绞",释曰:以鸩毒、冶葛、乌头、附子之类毒药杀人的,要处绞刑。《唐律》投毒犯罪的规定,一直延续至明清的法律规定。1935年《中华民国刑法》第11章"公共危险罪"中规定有投放危险物质的犯罪行为。该法第190条规定,投放毒物或者混入妨害卫生物品、供公众所饮之水源、水道或者自来水池者,处1年以上7年以下有期徒刑;因而致人于死者,处无期徒刑或7年以上有期徒刑;致人重伤者,处3年以上10年以下有期徒刑。新中国的刑法中,根据投放危险物质的严重社会危害性,不但规定了故意投放危险物质犯罪,而且还规定了过失投放危险物质的犯罪,规定了轻重不同的刑罚,最低处拘役,最高处死刑,可适应于各种投放危险物质的犯罪行为。当前,恐怖分子又以投放危险物质的方法进行恐怖犯罪活动,严重危害公共安全。因此,《刑法修正案(三)》及时对我国1997年修订刑法第114条、第115条规定的投毒罪作了修改补充,以便于司法机关更准确地依法追究这两种犯罪者的刑事责任。

2. 犯罪的构成特征。根据修订刑法第114条、第115条和《刑法修正案(三)》的规定,该两种罪的构成特征有:

(1) 犯罪主体。该两种罪的犯罪主体是一般主体,年满14周岁以上的人可以构成投放危险物质罪;年满16周岁以上的人可以构成过失投放危险物质罪。犯罪主体在主观上故意和过失都可以构成。单位不能构成这两种犯罪。

(2) 犯罪行为。必须是实施了故意或者过失投放危险物质的犯罪行为。投放的危险物质可分三大类:毒害性、放射性、传染病病原体等物质。毒害性物质,是指能够致人、牲畜、家禽兽伤亡的物质。常见的化学毒物有:敌敌

畏、敌百虫、1059 农药、砒霜、氰化钾、毒鼠强等化学剧毒物品，以及雷公藤、乌头、夹竹桃等植物也有剧毒，也能致人畜伤亡。放射性物质，是指能放射出 X 射线，伤亡人畜及其他生物的生命，具有大规模杀伤力，管理不当可以危害公共安全。常见的有：金属镭、铀、钼、钡、锑等物质及其制品、半制品。传染病病原体，是指具有流行性的传染病病毒、菌种，造成人畜大范围内的感染的传染源，致使不特定多数人、牲畜伤亡或者大面积植物毁灭，严重危害公共安全。常见的有：鼠疫、霍乱、病毒性肝炎、艾滋病、淋病、梅毒、非典型肺炎、禽流感等。投毒行为的具体表现：

①在水井、水库、自来水池等公共水源中投放毒物；

②向食物、饮料、食品添加剂等公共食物中投放毒物；

③向集中饲养牲畜的饲料、饮水池中投放毒物等投毒行为；

④故意或者过失将放射性物质投放在公共场所，危害公共安全的行为；

⑤故意或者过失将传染病病原体传染给不特定多数人或者大批牲畜禽兽的行为。

上述犯罪行为，主观上是故意的就是故意犯罪行为，主观上是过失的就是过失犯罪行为。

（3）犯罪结果。故意投放危险物质罪是行为犯，只要实施了投放危险物质的行为就危害公共安全，就具备了该种犯罪的犯罪结果。过失投放危险物质罪是结果犯，必须是致人重伤、死亡或者使公私财产遭受重大损失的结果才构成犯罪。

3. 本罪的法定刑。根据修订刑法第 114 条、第 115 条和《刑法修正案（三）》的规定，本罪的法定刑是：

（1）构成投放危险物质罪，尚未造成严重后果的，处 3 年以上 10 年以下有期徒刑。

（2）犯投放危险物质罪，致人重伤、死亡或者使公私财产遭受重大损失的，处 10 年以上有期徒刑、无期徒刑或者死刑。

（3）犯过失投放危险物质罪，处 3 年以上 7 年以下有期徒刑。

（4）犯过失投放危险物质罪，情节较轻的，处 3 年以下有期徒刑或者拘役。

4. 本罪适用时应注意以下问题：

（1）注意划清罪与非罪的界限。

第一，本罪的犯罪对象是特殊对象，必须是投放毒害性、放射性、传染病病原体等危险物质的才构成本罪；如果投放的不是上述危险物质，如投放炸弹、火种等危险物质的不构成本罪。

第二，本罪必须是危害公共安全的行为才构成本罪；如果投放某种危险物质不可能危害公共安全的行为不构成本罪。

第三，本罪是故意和过失行为都可以构成犯罪，但故意投放危险物质行为，只要实施了危害了公共安全的行为就可以构成犯罪；过失投放危害物质的行为必须发生致人重伤、死亡或者使公私财产遭受重大损失的结果的才构成犯罪。

（2）注意准确认定本罪的犯罪结果。根据我国刑法第114条的规定，危害公共安全，尚未造成严重后果的，处3年以上10年以下有期徒刑。这里的"危害公共安全"就是投放危险物罪的犯罪结果，具备了这种结果，就可以构成犯罪既遂。从"危害公共安全"到"尚未造成严重后果"，处较轻的法定刑。这里的"尚未造成严重后果"，不是没有造成任何结果，而是造成人员轻伤、轻微伤和较轻的财产损失的结果。何为"较轻的财产损失"，法律没有具体规定，目前也没有司法解释，笔者认为，根据一般公共安全灾害事故损毁财物标准为1万元以下，属于一般事故。因此，这里的"较轻财产损失"应以财产损失不满1万元为宜。

我国刑法第115条规定投放危险物质罪适用加重法定刑的结果和过失投放危险物质罪的结果为致人重伤、死亡或者使公私财产遭受重大损失的，处10年以上有期徒刑、无期徒刑或者死刑，何为上述结果，目前没有司法解释，从刑法条文规定的本意，只要致1人以上重伤、1人以上死亡的结果，就应适用刑法第115规定定罪量刑。至于何为"公私财产遭受重大损失"，根据前述"较轻财产损失"的数额标准，重大财产损失应以财产损失1万元以上为宜。

（3）注意准确认定一罪与数罪的界限。行为人如果向农用地上排放、倾倒、放置有放射性、含有传染病病原体、有毒害物质的废物，造成农用地大量毁坏的，在没有危害公共安全的情况下，虽然可以同时构成非法占用农用地罪和其他犯罪。但根据特别法律规定优于一般法律规定原则，应依照刑法第338条、第229条的规定，分别以重大环境污染事故罪或者非法处置废物罪定罪处罚，不能分别定为非占用农用地罪、重大环境污染事故罪、非法处置废物罪，进行数罪并罚。如果达到危害公共安全的程度，应分别认定为投放危险物质罪或者过失投放危险物质罪一种罪，不能分别定为非处置废物罪和本罪进行数罪并罚。

（4）注意准确区分投放危险物质罪、过失投放危险物质罪与故意杀人罪、过失致人死亡罪、故意毁坏公私财物罪的界限。采用投放危险物质或者过失投放危险物质的方法进行故意杀人、过失致人死亡、故意毁坏公私财物犯罪，如果不可能危害公共安全的，应分别定为故意杀人罪、过失致人死亡罪、故意毁坏公私财物罪；如果采用上述犯罪方法危害了公共安全的，则应定为投放危险物质罪或者过失投放危险物质罪，不能分别定为环境污染事故罪等数罪进行数罪并罚。

（5）注意弄清以危害国家安全为目的，以投放危险物质的方法进行杀人、伤人的行为的定罪处刑问题。我国1979年刑法将以反革命为目的，投放毒物、散布病菌或者以其他方法杀人、伤人的行为单独规定为"反革命杀人罪"和"反革命伤人罪"。1997修订刑法取消了反革命罪的类罪名，也取消了"反革命杀人罪"、"反革命伤人罪"两个罪名，因此，在1997年10月1日以后，以危害国家安全为目的，采用投放毒物、散布病菌的方法杀人、伤人的，应依照刑法第232条或者第234条规定的故意杀人罪或者故意伤害罪定罪处罚。

二、组织、领导、参加恐怖组织罪

组织、领导、参加恐怖组织罪是《刑法修正案（三）》补充修改的犯罪，作为1997年修订刑法第120条第1款原规定的"组织、领导、参加恐怖组织罪"的修改犯罪。1997年最高人民法院、最高人民检察院《关于执行〈中华人民共和国刑法〉确定罪名的规定》中将刑法第120条第1款规定的犯罪定为"组织、领导、参加恐怖组织罪"。2001年12月29日，全国人大常委会《中华人民共和国刑法修正案（三）》第3条补充增加了一个加重档次的法定刑，最高可处无期徒刑，但罪名没有改变。2015年11月1日生效的《刑法修正案（九）》第5条补充修改了本罪的法定刑，补充增加了"并处没收财产"、"并处罚金"、"可以并处罚金"的规定。

三、帮助恐怖活动罪

帮助恐怖活动罪是《刑法修正案（三）》补充增加的犯罪，作为1997年刑法第120条增加的第120条之一。2001年12月29日，全国人大常委会《中华人民共和国刑法修正案（三）》第4条补充增加了这种犯罪，并且规定单位可以构成本罪。2002年3月15日，最高人民法院、最高人民检察院《关于执行〈中华人民共和国刑法〉确定罪名的补充规定》中将刑法第120条之一规定的犯罪规定为"资助恐怖活动罪"。2015年11月1日生效的《刑法修正案（九）》第6条补充修改了本罪的罪状，增加了"资助恐怖活动培训"和"为恐怖活动组织、实施恐怖活动或者恐怖活动培训招募、运送人员"的行为。

2015年10月30日最高人民法院、最高人民检察院《关于执行〈中华人民共和国刑法〉确定罪名的补充规定（六）》中将"资助恐怖活动罪"的罪名改为"帮助恐怖活动罪"的罪名。

四、非法制造、买卖、运输、储存危险物质罪

非法制造、买卖、运输、储存危险物质罪是《刑法修正案（三）》第5条补充修改的犯罪。1997年刑法第125条第2款规定"非法买卖、运输核材料的"为犯罪行为。1997年最高人民法院、最高人民检察院《关于执行〈中华人民共和国刑法〉确定罪名的规定》中规定为"非法买卖、运输核材料罪"。2001年12月29日，全国人大常委会《中华人民共和国刑法修正案（三）》第5条补充修改为"非法制造、买卖、运输、储存毒害性、放射性、传染病病原体等物质，危害公共安全"的犯罪行为。2002年3月15日，最高人民法院、最高人民检察院《关于执行〈中华人民共和国刑法〉确定罪名的补充规定》中将刑法第125条第2款规定为"非法制造、买卖、运输、储存危险物质罪"的罪名。

（一）刑法规定内容的修改

刑法条文中有关非法制造、买卖、运输、储存危险物质罪的规定有：

1. 1979年刑法第112条规定："非法制造、买卖、运输枪支、弹药的，或者盗窃、抢夺国家机关、军警人员、民兵的枪支、弹药的，处七年以下有期徒刑；情节严重的，处七年以上有期徒刑或者无期徒刑。"

2. 1997年刑法第125条规定："非法制造、买卖、运输、邮寄、储存枪支、弹药、爆炸物的，处三年以上十年以下有期徒刑；情节严重的，处十年以上有期徒刑、无期徒刑或者死刑。

"非法买卖、运输核材料的，依照前款的规定处罚。

"单位犯前两款罪的，对单位判处罚金，并对其直接负责的主管人员和其他直接责任人员，依照第一款的规定处罚。"

3. 2001年12月29日，全国人大常委会《中华人民共和国刑法修正案（三）》第5条规定将刑法第125条第2款修改为："非法制造、买卖、运输、储存毒害性、放射性、传染病病原体等物质，危害公共安全的，依照前款的规定处罚。"

上述刑法及其《刑法修正案（三）》对刑法作了如下修改和补充：

1. 补充修改了罪名。我国1979年刑法中只规定了非法制造、买卖、运输

枪支、弹药犯罪行为，没有规定"非法制造、买卖、运输、储存危险物质罪"；1997年刑法第125条第2款增加规定了"非法买卖、运输核材料的"犯罪行为。1997年最高人民法院、最高人民检察院《关于执行〈中华人民共和国刑法〉确定罪名的规定》中将刑法第125条第2款规定的犯罪规定为"非法买卖、运输核材料罪"；2001年12月29日，全国人大常委会《中华人民共和国刑法修正案（三）》第5条将刑法第125条第2款修改为"非法制造、买卖、运输、储存毒害性、放射性、传染病病原体等危险物质，危害公共安全的"犯罪行为；2002年3月15日，最高人民法院、最高人民检察院《关于执行〈中华人民共和国刑法〉确定罪名的补充规定》将该犯罪的罪名修改为"非法制造、买卖、运输、储存危险物质罪"，取消了"非法买卖、运输核材料罪"的罪名。

2. 补充规定了"非法制造、买卖、运输、储存危险物质罪"的罪状和法定刑。1997年刑法第125条第2款规定的罪状是"非法买卖、运输核材料的"行为，而现对"非法买卖、运输核材料罪"的罪状补充修改为"非法制造、买卖、运输、储存毒害性、放射性、传染病病原体等危险物质，危害公共安全的"行为，对犯罪对象和犯罪行为都作了新的补充。

3. 增加规定了"单位犯非法制造、买卖、运输、储存危险物质罪"。2001年12月29日，全国人大常委会《中华人民共和国刑法修正案（三）》第5条对刑法第125条第2款规定的罪名、罪状进行了修改，刑法第125条第3款"单位犯前两款罪的，对单位判处罚金，并对其直接负责的主管人员和其他直接责任人员，依照第一款的规定处罚"的规定也相应地修改为"单位犯非法制造、买卖、运输、储存危险物质罪"。

（二）刑法规定修改的原因

全国人大常委会《中华人民共和国刑法修正案（三）》补充规定"非法制造、买卖、运输、储存危险物质罪"的主要原因有：

1. 非法制造、买卖、运输、储存危险物质犯罪行为猖獗，严重危害人类和平与安全。修订刑法时，已出现非法买卖、运输核材料的危害社会的行为，修订刑法将其补充规定为犯罪。修订刑法后，一些恐怖组织和实施恐怖活动的个人以投放毒害性、放射性、传染病病原体的方式进行恐怖活动，严重危害公共安全。例如，非法生产、买卖、运输、储存"毒鼠强"等剧毒物质，造成了大批人员伤亡；患有艾滋病的人故意在公共场所向不特定的人身上打含有艾滋病菌的血液针；患非典型肺炎的病人故意在公共场所传播"非典病毒"；恐怖分子到处投寄"炭疽病芽孢菌"等行为，严重危害公共安全。为了更有力地惩治恐怖活动，必须严厉打击非法制造、买卖、运输、储存危险物质的犯罪行为，使恐怖组织和恐怖分子的阴谋不能得逞。

2. 我国刑法没有明确规定惩治制造、买卖、运输、储存危险物质的犯罪行为。虽然我国1997年刑法规定了惩治"非法买卖、运输核材料的"犯罪行为，但其范围很窄，只限定在放射性危害性物质中的核材料部分，而对非法制造、买卖、运输、储存毒害性、其他放射性、传染病病原体等危险物质的犯罪行为都没有规定为犯罪行为。特别是对那些为进行恐怖犯罪活动非法制造、买卖、运输、储存毒害性、放射性、传染病病原体的行为法律没有规定，对其进行惩治时没有明确的刑法规定。因此，必须通过立法机关修改补充刑法的方法才能解决。

3. 全国人大常委会法制工作委员会提请全国人大常委会修改刑法有关规定。2001年12月24日，在第九届全国人大常委会第二十五次会议上，全国人大常委会法制工作委员会认为，为了惩治非法制造、买卖、运输、储存以及盗窃、抢夺、抢劫毒害性、放射性、传染病病原体等物质的恐怖性犯罪，在向全国人大常委会提出的《中华人民共和国刑法修正案（三）（草案）》中，建议全国人大常委会将刑法第125条第2款修改为"非法制造、买卖、运输、储存毒害性、放射性、传染病病原体等物质，危害公共安全的，依照前款规定处三年以上十年以下有期徒刑；情节严重的，处十年以上有期徒刑、无期徒刑或者死刑"。① 全国人大法律委员会根据常委会组成人员的审议意见进行了审议。法律委员会认为，"为了严厉打击恐怖活动犯罪，有必要对刑法进行修改补充"。② 并对草案提出了一些修改意见。

鉴于上述原因，全国人大常委会在《中华人民共和国刑法修正案（三）》中补充规定了非法制造、买卖、运输、储存危险物质罪和单位可以构成该罪。

（三）非法制造、买卖、运输、储存危险物质罪的适用

非法制造、买卖、运输、储存危险物质罪是《刑法修正案（三）》第5条对刑法第125条第2款修改补充规定的犯罪，要准确适用，就必须弄清本罪的概念、构成特征，以及适用时应注意的问题。

1. 本罪的概念。本罪是指单位或者个人非法制造、买卖、运输、储存毒害性、放射性、传染病病原体等危险物质，危害公共安全的行为。

---

① 参见《全国人民代表大会常务委员会公报》2002年第1期，第19页。
② 参见《全国人民代表大会常务委员会公报》2002年第1期，第20页。

该种犯罪是一种有关危险物质的犯罪,危险物质本身具有毒害性、放射性和传染病的传染性,非法制造、买卖、运输、储存危险物质就要危害公共安全,是对社会有危害的行为。我国1997年刑法只将非法买卖、运输核材料的行为规定为犯罪行为。全国人大常委会在《刑法修正案(三)》第5条中又补充增加了非法制造、买卖、运输、储存毒害性、放射性、传染病病原体等危险物质的犯罪行为。

2. 本罪的构成特征。根据刑法第125条第2款和《刑法修正案(三)》第5条第2款的规定,该罪的构成特征有:

(1) 犯罪主体。该罪的犯罪主体是一般主体,年满16周岁以上的具有刑事责任能力的自然人和依法成立的单位都可以构成本罪。犯罪主体在主观上必须是故意的心理态度,即明知是毒害性、放射性、传染病病原体等危险物质,而故意非法制造、买卖、运输、储存。过失心理态度的不能构成本罪。

(2) 犯罪行为。必须是实施了非法制造、买卖、运输、储存危险物质犯罪行为。具体犯罪行为表现有:

①非法制造危险物质的行为。
②非法买卖危险物质的行为。买和卖的行为都可以构成本罪的犯罪行为。
③非法运输危险物质的行为。
④非法储存危险物质的行为。

具备上述行为之一的,即可构成本罪。

本罪的对象是危险物质,具体包括:毒害性物质、放射性物、传染病病原体等危险物质。毒害性物质,是指能够致人、牲畜、家禽兽伤亡的物质。常见的化学毒物有:敌敌畏、敌百虫、1059农药、砒霜、氰化钾、毒鼠强等化学剧毒物品,以及雷公藤、乌头、夹竹桃等植物剧毒品。放射性物质,是指能放射出X射线,伤亡人畜及其他生物的性命,具有大规模杀伤力,管理不当可能危害公共安全。常见的有:金属镭、铀、钼、钡、锑、钚、钍等物质及其制品、半制品。传染病病原体,是指具有流行性的传染病病毒、菌种,造成人畜大范围内的感染的传染源,致使不特定多数人、牲畜伤亡或者大面积植物毁灭,严重危害公共安全,常见的有:鼠疫、霍乱、病毒性肝炎、艾滋病、淋病、梅毒、非典型肺炎、禽流感等,但不是具有麻醉、兴奋作用能使人、畜成瘾的毒品。非法制造、买卖、运输、储存上述危险物质,危害公共安全的行为,构成本罪。

(3) 犯罪结果。本罪是行为犯,只要实施了上述非法制造、买卖、运输、储存危险物质犯罪行为,危害公共安全,就具备了本罪的犯罪结果。

3. **本罪的法定刑**。根据刑法第125条第2款规定,本罪的法定刑:

（1）构成本罪，情节一般的，处3年以上10年以下有期徒刑。

（2）犯本罪，情节严重的，处10年以上有期徒刑、无期徒刑或者死刑。

（3）单位犯本罪的，对单位判处罚金，并对其直接负责的主管人员和其他直接责任人员，依照个人犯本罪的处罚规定处罚。

4. 本罪适用时应注意以下问题：

（1）注意划清罪与非罪的界限。

第一，必须是"非法"制造、买卖、运输、储存危险物质的行为才构成犯罪。如果是"依法"进行制造、买卖、运输、储存危险物质的行为不构成犯罪；如果违反危险物品管理规定，造成了管理事故，危害公共安全的，不构成本罪，可构成危险品管理肇事罪。

第二，本罪是行为犯，只要实施了非法制造、买卖、运输、储存危险物质行为就构成本罪；如果其实施的非法制造、买卖、运输、储存危险物质的行为不可能危害公共安全的，不构成本罪。特别对一些情节显著轻微危害不大的非法制造、买卖、运输、储存危险物质的行为，应依照刑法第13条犯罪定义的规定不构成犯罪。

第三，本罪是故意犯罪，过失行为不构成本罪。例如，确实不知道是危险物质，而把危险物质当作一般货物非法制造、买卖、运输、储存的，只要没有造成严重后果的，一般不构成犯罪；如果造成危害公共安全结果，可根据案件的具体情况认定为其他过失犯罪，如过失投放危险物质罪、重大环境污染事故罪等。

第四，本罪的对象是危险物质，必须是非法制造、买卖、运输、储存危险物质的行为才构成犯罪；如果非法制造、买卖、运输、储存的不是危险物质，不可能危害公共安全，也不构成本罪。

（2）注意准确划清一罪与数罪的界限。我国刑法第125条规定非法制造、买卖、运输、储存危险物质罪是一种选择罪名，行为人只要实施了非法制造、买卖、运输、储存危险物质行为之一的，就可以构成犯罪，应按犯罪行为选择确定罪名，如行为人只是实施了非法制造危险物质行为的，应认定为非法制造危险物质罪；如果行为人分别实施了非法制造、买卖、运输、储存危险物质的犯罪行为，也只定"非法制造、买卖、运输、储存危险物质罪"一种罪，按一罪从重处罚，不能定为数罪进行数罪并罚。但行为在非法制造枪支、弹药、爆炸物的同时，又非法制造危险物质，则应分别定罪，实行数罪并罚，因为其行为具备数个犯罪构成，构成数罪，在法律没有特别规定的情况下，应当按数罪并罚的原则处罚。

（3）注意准确认定本罪的"情节严重"的结果。我国刑法第125条规定，只要实施了非法制造、买卖、运输、储存危险物质，危害公共安全的行为就构成犯罪，应处3年以上10年以下有期徒刑，如果"情节严重"，要适用加重法定刑，最低处10年有期徒刑，最高处死刑。何为"情节严重"，刑法没有作具体规定，目前也没有立法解释和司法解释。笔者认为，参照刑法分则第二章中投放危险物质罪的规定，"尚未造成严重后果的，处3年以上10年以下有期徒刑"，"致人重伤、死亡或者使公私财产遭受重大损失的，处10年以上有期徒刑、无期徒刑或者死刑"。本罪的"情节严重的"，应包括致人重伤、死亡或者使公私财产遭受1万元以上损失的情形。

（4）注意划清本罪与走私、贩卖、运输、制造毒品罪的界限。我国刑法分则第六章第七节规定的走私、贩卖、运输、制造毒品罪的犯罪对象是毒品，毒品也是对人身有严重危害性的物质，与本罪的对象毒害性物质很相似，并且犯罪行为都属于非法制造、买卖、运输、储存的行为。因此，容易与本罪相混淆。二罪的根本区别是犯罪对象不同。本罪的犯罪对象是危险物质，包括毒害性、放射性、传染病病原体等危险物质，如氰化钾、毒鼠强、艾滋病毒等。危险物质管理不当的，可能危害公共安全。而走私、贩卖、运输、制造毒品罪的对象是能使人成瘾的麻醉物质、兴奋物质，如鸦片、海洛因、甲基苯丙胺等毒品。上述毒品管理不当，危害吸食者的身体健康。由于两种犯罪对象不同和侵犯的客体不同，将二种犯罪区分开来。

（5）注意划清本罪与非法制造、买卖、运输、邮寄、储存枪支、弹药、爆炸物罪的界限。我国刑法第125条第1款、第3款规定的非法制造、买卖、运输、邮寄、储存枪支、弹药、爆炸物罪与本罪在犯罪行为、手段、犯罪客体、犯罪结果上都相同，容易与本罪相混淆。二罪的根本区别是犯罪对象不同。本罪的犯罪对象是危险物质，包括毒害性、放射性、传染病病原体等危险物质。而非法制造、买卖、运输、邮寄、储存枪支、弹药、爆炸物罪的对象则是枪支、弹药、爆炸物，虽然枪支、弹药、爆炸物也是危险物质，管理不当也可以危害公共安全，但法律已作了特别规定，只能按特别规定定罪处罚。因此，对于非法制造、买卖、运输、邮寄、储存枪支、弹药、爆炸物的行为不能认定为非法制造、买卖、运输、储存危险物质罪的罪名。

五、盗窃、抢夺枪支、弹药、爆炸物、危险物质罪，抢劫枪支、弹药、爆炸物、危险物质罪

盗窃、抢夺枪支、弹药、爆炸物、危险物质罪，抢劫枪支、弹药、爆炸物、危险物质罪是《刑法修正案（三）》第6条补充修改的两种犯罪。1997年刑法第127条规定"盗窃、抢夺枪支、弹药、爆炸物"和"抢劫枪支、

弹药、爆炸物或者盗窃、抢夺国家机关、军警人员、民兵的枪支、弹药、爆炸物的"犯罪行为。1997年最高人民法院、最高人民检察院《关于执行〈中华人民共和国刑法〉确定罪名的规定》中规定为"盗窃、抢夺枪支、弹药、爆炸物罪"和"抢劫枪支、弹药、爆炸物罪"。2001年12月29日，全国人大常委会《中华人民共和国刑法修正案（三）》第6条补充修改了这种犯罪行为，在枪支、弹药、爆炸物后增加了"危险物质"。2002年3月15日，最高人民法院、最高人民检察院《关于执行〈中华人民共和国刑法〉确定罪名的补充规定》中将刑法第127条规定的犯罪规定为"盗窃、抢夺枪支、弹药、爆炸物、危险物质罪"和"抢劫枪支、弹药、爆炸物、危险物质罪"两种罪名。

（一）刑法规定内容的修改

刑法条文中有关"盗窃、抢夺枪支、弹药、爆炸物、危险物质罪"和"抢劫枪支、弹药、爆炸物、危险物质罪"的规定是：

1. 1979年刑法第112条规定："非法制造、买卖、运输枪支、弹药的，或者盗窃、抢夺国家机关、军警人员、民兵的枪支、弹药的，处七年以下有期徒刑；情节严重的，处七年以上有期徒刑或者无期徒刑。"

2. 1983年9月2日全国人大常委会《关于严惩严重危害社会治安的犯罪分子的决定》第1条规定："对下列严重危害社会治安的犯罪分子，可以在刑法规定的最高刑以上处刑，直至判处死刑：……（四）非法制造、买卖、运输或者盗窃、抢夺枪支、弹药、爆炸物，情节特别严重的，或者造成严重后果的。"

3. 1997年刑法第127条规定："盗窃、抢夺枪支、弹药、爆炸物的，处三年以上十年以下有期徒刑；情节严重的，处十年以上有期徒刑、无期徒刑或者死刑。

"抢劫枪支、弹药、爆炸物或者盗窃、抢夺国家机关、军警人员、民兵的枪支、弹药、爆炸物的，处十年以上有期徒刑、无期徒刑或者死刑。"

4. 2001年12月29日，全国人大常委会《中华人民共和国刑法修正案（三）》第6条规定将刑法第127条修改为："盗窃、抢夺枪支、弹药、爆炸物的，或者盗窃、抢夺毒害性、放射性、传染病病原体等物质，危害公共安全的，处三年以上十年以下有期徒刑；情节严重的，处十年以上有期徒刑、无期徒刑或者死刑。

"抢劫枪支、弹药、爆炸物的，或者抢劫毒害性、放射性、传染病病原体等物质，危害公共安全的，或者盗窃、抢夺国家机关、军警人员、民兵的枪支、弹药、爆炸物的，处十年以上有期徒刑、无期徒刑或者死刑。"

上述刑法及其《刑法修正案（三）》对刑法作了如下修改和补充：

1. 补充修改了罪名。我国1979年刑法中只规定了非法制造、买卖、运输枪支、弹药犯罪行为和盗窃、抢夺国家机关、军警人员、民兵的枪支、弹药的犯罪行为，没有规定"盗窃、抢夺爆炸物、危险物质和抢劫枪支、弹药、爆炸物、危险物质的犯罪行为"；1983年全国人大常委会《关于严惩严重危害社会治安的犯罪分子的决定》中增加盗窃、抢夺爆炸物的犯罪行为，并将该罪的法定刑提高到最高可处无期徒刑或者死刑；1997年刑法第127条第2款增加规定了"抢劫枪支、弹药、爆炸物"的犯罪行为；1997年最高人民法院、最高人民检察院《关于执行〈中华人民共和国刑法〉确定罪名的规定》中将刑法第127条第1款规定的犯罪规定为"盗窃、抢夺枪支、弹药、爆炸物罪"；将第127条第2款增加规定的犯罪规定为"抢劫枪支、弹药、爆炸物罪"；2001年12月29日，全国人大常委会《中华人民共和国刑法修正案（三）》第6条将刑法第127条第1款增加规定为"或者盗窃、抢夺毒害性、放射性、传染病病原体等物质，危害公共安全的"犯罪行为；将刑法第127条第2款增加规定了"或者抢劫毒害性、放射性、传染病病原体等物质，危害公共安全的"犯罪行为；2002年3月15日，最高人民法院、最高人民检察院《关于执行〈中华人民共和国刑法〉确定罪名的补充规定》将上述两种犯罪的罪名修改为"盗窃、抢夺枪支、弹药、爆炸物、危险物质罪"和"抢劫枪支、弹药、爆炸物、危险物质罪"两种罪名，取消了"盗窃、抢夺枪支、弹药、爆炸物罪"和"抢劫枪支、弹药、爆炸物罪"的罪名。

2. 补充规定了罪状和法定刑。1997年刑法第127条原规定的罪状只是"盗窃、抢夺、抢劫枪支、弹药、爆炸物"的行为，而现行刑法第127条又增加了"盗窃、抢夺、抢劫毒害性、放射性、传染病病原体等物质，危害公共安全的"行为，犯罪对象和犯罪行为都补充增加了。

另外，我国1979年对盗窃、抢夺枪支、弹药罪的法定刑较轻，最低处6个月有期徒刑，最高处无期徒刑；1983年全国人大常委会《关于严惩严重危害社会治安的犯罪分子的决定》中规定，盗窃、抢夺枪支、弹药、爆炸物，情节特别严重的，或者造成严重后果的，最高可处死刑；1997年刑法第127条规定了加重法定刑：盗窃、抢夺枪支、弹药、爆炸物的，处3年以上10年以下有期徒刑；情节严重的，处10年以上有期徒刑、无期徒刑或者死刑；抢劫枪支、弹药、爆炸物或者盗窃、抢夺国家机关、军警人员、民兵的枪支、弹药、爆炸物的，处10年以上有期徒刑、无期徒刑，或情节严重的，处10年以上有期徒刑、无期徒刑或者死刑，由于适用条件由"情节特别严重的，或者造成严重后果的"条件，放宽为"情节严重的"条件，实质上加重了该两种犯罪的法定刑。2001年12月29日,《刑法修正案(三)》只是对刑法第127条规定两种犯罪的罪状作了补充修改,法定刑没有变化。

(二)刑法规定修改的原因

全国人大常委会《中华人民共和国刑法修正案(三)》补充规定"盗窃、抢夺枪支、弹药、爆炸物、危险物质罪"和"抢劫枪支、弹药、爆炸物、危险物质罪"的主要原因有:

1. 盗窃、抢夺、抢劫枪支、弹药、爆炸物、危险物质行为,严重危害人类和平与安全。修订刑法时,已出现盗窃、抢夺、抢劫枪支、弹药、爆炸物的危害社会的行为,修订刑法将其规定为犯罪。修订刑法后,一些恐怖组织和实施恐怖活动的人又以投放、邮寄、散布毒害性、放射性、传染病病原体的方式进行恐怖活动,严重危害公共安全。例如,非法生产、买卖、运输、储存"毒鼠强"等剧毒物质,造成了大批人员伤亡;患有艾滋病的病人故意在公共场所向不特定的人身上打含有艾滋病菌的血液针;患有非典型肺炎的病人故意在公共场所传播"非典病毒";恐怖分子到处投寄"炭疽病芽孢菌"等行为,严重危害公共安全。毒害性、放射性、传染病病原体等危险物质本身就具有严重的危险性,如果用盗窃、抢夺、抢劫的方法获取,很容易危害公共安全,其社会危害性更大。虽然这类犯罪目前发案不多,但为了更有力地惩治恐怖活动,必须依法严厉打击。因此,刑法应当作出具有前瞻性的规定,以便依法严厉惩处这类犯罪分子。

2. 我国刑法没有明确规定惩治盗窃、抢夺、抢劫危险物质的犯罪行为。虽然我国1997年刑法规定了惩治"盗窃、抢夺、抢劫枪支、弹药、爆炸物"的犯罪行为,但没有明确规定惩治盗窃、抢夺、抢劫毒害性、放射性、传染病病原体等危险物质的犯罪行为,特别是对那些为进行恐怖犯罪活动而盗窃、抢夺、抢劫毒害性、放射性、传染病病原体的行为法律没规定,对其进行惩罚时没有明确的刑法规定。因此,必须通过立法机关修改补充刑法的方法才能解决。

3. 全国人大法制工作委员会提请全国人大常委会修改刑法有关规定。2001年12月24日,在第九届全国人大常委会第二十五次会议上,全国人大常委会法制工作委员会认为,为了惩治盗窃、抢夺、抢劫毒害性、放射性、传染病病原体等物质的恐怖性犯罪,在向全国人大常委会提出的《中华人民共和国刑法修正案(三)(草案)》中,建议全国人大常委会将刑法第127条修改为"盗窃、抢夺枪支、弹药、爆炸物、毒害性、放射性、传染病病原体等物质的,处3年以上10年以下有期徒刑;情节严重的,处10年以上有期徒刑、无期徒刑或者死刑"。① 全国人大法律委员会根据常委会组成人员的审议意见进行了审议。法律委员会认为，"为了严厉打击恐怖活动犯罪，有必要对刑法进行修改补充。草案基本上是可行的"。② 并对草案提出了一些修改意见。

鉴于上述原因，全国人大常委会在《中华人民共和国刑法修正案（三）》中修改补充规定了上述两种犯罪。

（三）盗窃、抢夺枪支、弹药、爆炸物、危险物质罪和抢劫枪支、弹药、爆炸物、危险物质罪的适用

盗窃、抢夺枪支、弹药、爆炸物、危险物质罪和抢劫枪支、弹药、爆炸物、危险物质罪是《刑法修正案（三）》第6条补充修改的两种犯罪。要准确适用，就必须弄清该两种罪的概念、构成特征，以及适用时应注意的问题。

1. 该两罪的概念。盗窃、抢夺枪支、弹药、爆炸物、危险物质罪，是指盗窃、抢夺枪支、弹药、爆炸物，或盗窃、抢夺毒害性、放射性、传染病病原体等物质，危害公共安全的行为。抢劫枪支、弹药、爆炸物、危险物质罪，是指抢劫枪支、弹药、爆炸物的，或者抢劫毒害性、放射性、传染病病原体等物质，危害公共安全的行为。该两种犯罪都是有关枪支、弹药、爆炸物和危险物质的犯罪方面的犯罪，这些危险物质本身就具有爆炸性、毒害性、放射性和传染性，盗窃、抢夺或者抢劫这些危险物质就有可能危害公共安全，这是对社会有严重危害性的行为。

我国1997年刑法只将盗窃、抢夺、抢劫枪支、弹药、爆炸物的行为规定为犯罪行为。全国人大常委会在《刑法修正案（三）》第6条中又补充规定了盗窃、抢夺、抢劫毒害性、放射性、传染病病原体等危险物质的犯罪行为，最低处3年有期徒刑，最高处死刑。

2. 犯罪的构成特征。根据刑法第127条和《刑法修正案（三）》第6条规定，该罪的构成特征有：

（1）犯罪主体。该两种犯罪的犯罪主体是一般主体，年满16周岁以上的具有刑事责任能力的自然人都可以构成该两种犯罪，单位不能构成这两种犯罪。犯罪主体在主观上必须是故意的心理态度，即明知是枪支、弹药、爆炸物、毒害性、放射性、传染病病原体等危险物质，而故意实施盗窃、抢夺、抢劫的行为。过失心理态度不能构成本罪。

（2）犯罪行为。必须是实施了盗窃、抢夺、抢劫枪支、弹药、爆炸物、

---

① 参见《全国人民代表大会常务委员会公报》2002年第1期，第19页。
② 参见《全国人民代表大会常务委员会公报》2002年第1期，第20页。

危险物质犯罪行为。具体犯罪行为表现有：

①以非法占有为目的，秘密窃取他人枪支、弹药、爆炸物、危险物质，危害公共安全的行为；

②以非法占有为目的，乘人不备公然夺取他人枪支、弹药、爆炸物、危险物质，危害公共安全的行为；

③以非法占有为目的，以暴力、胁迫或者其他方法劫取他人枪支、弹药、爆炸物、危险物质，危害公共安全的行为。

具备上述行为之一的，即可以构成本罪。本罪的对象是枪支、弹药、爆炸物、危险物质。这里的枪支、弹药、爆炸物，既包括军用的，也包括民用的；既包括正规工厂生产的军警用品，也包括土法制造的土枪、土爆炸物，只要是具有杀伤力的枪支、弹药、爆炸物都包括在内。1996年7月5日颁布的《中华人民共和国枪支管理法》第46条规定："本法所称枪支，是指以火药或者压缩气体等为动力，利用管状器具发射金属弹丸或其他物质，足以致人伤亡或者丧失知觉的各种枪支。"1984年1月6日国务院颁布的《民用爆炸物品管理条例》第2条明确规定，下列物品为爆炸物：①爆破器材，包括各类炸药、雷管、导火索、非电导爆系统、起爆药和爆破剂；②黑火药、烟火剂、民用信号弹和烟花爆竹；③公安部认为需要管理的其他爆炸物品等。危险物质包括毒害性物质、放射性物、传染病病原体等危险物质。毒害性物质，是指能够致人、牲畜、家禽兽伤亡的物质。常见的化学毒物有：敌敌畏、敌百虫、1059农药、砒霜、氰化钾、毒鼠强等化学剧毒物品，以及雷公藤、乌头、夹竹桃等植物剧毒品。放射性物质，是指能放射出射线，伤亡人畜及其他生物的性命，具有大规模杀伤力，管理不当能危害公共安全。常见的有：金属镭、铀、钼、钡、锑、钚、钍等物质及其制品、半制品。传染病病原体，是指具有流行性的传染病病毒、菌种，造成人畜大范围内的感染的传染源，致使不特定多数人、牲畜伤亡或者大面积植物毁灭，严重危害公共安全，常见的有：鼠疫、霍乱、病毒性肝炎、艾滋病、淋病、梅毒、非典型肺炎、禽流感等。盗窃、抢夺、抢劫上述枪支、弹药、爆炸物、危险物质，危害公共安全的行为，构成本罪。

（3）犯罪结果。本罪是行为犯，只要实施了上述盗窃、抢夺、抢劫枪支、弹药、爆炸物、危险物质犯罪行为，危害公共安全的，就具备了本罪的犯罪结果。

3. 该两种犯罪的法定刑。刑法第127条根据犯罪情节严重程度不同，规定分别适用不同的法定刑：

（1）构成盗窃、抢夺枪支、弹药、爆炸物、危险物质罪，情节一般的，应处3年以上10年以下有期徒刑。

（2）构成盗窃、抢夺枪支、弹药、爆炸物、危险物质罪，情节严重的，处10年以上有期徒刑、无期徒刑或者死刑。

（3）构成抢劫枪支、弹药、爆炸物、危险物质罪，处10年以上有期徒刑、无期徒刑或者死刑。

4. 该两种犯罪适用时应注意以下问题：

（1）注意划清罪与非罪的界限。

第一，该两种犯罪的对象必须是枪支、弹药、爆炸物、毒害性、放射性、传染病病原体等危险物质，能危害公共安全的，才能构成本罪；如果盗窃、抢夺、抢劫的不是上述危险物质，不可能危害公共安全的行为，不构成本罪。例如，盗窃汽油的行为，虽然也具有一定危险性，但不是刑法特别规定的对象，不能构成该两种犯罪，可以构成盗窃罪等。

第二，该两种罪是行为犯，只要实了盗窃、抢夺、抢劫枪支、弹药、爆炸物、危险物质行为就危害了公共安全，可以构成本罪；如果其实施了上述行为，不可能危害公共安全的，不构成本罪。特别对一些情节显著轻微危害不大的盗窃、抢夺、抢劫枪支、弹药、爆炸物、危险物质行为，应依照刑法第13条犯罪定义的规定，不构成犯罪。

第三，该两种罪是故意犯罪，过失行为不构成本罪。例如，确实不知道是枪支、弹药、爆炸物、危险物质，而把枪支、弹药、爆炸物等危险物质当作一般货物进行盗窃、抢夺、抢劫的，一般不构成本罪，可以构成一般盗窃罪、抢夺罪、抢劫罪等。

（2）注意准确划清一罪与数罪的界限。我国刑法第127条规定盗窃、抢夺、抢劫枪支、弹药、爆炸物、危险物质罪是一种选择罪名，行为人只要实施了盗窃、抢夺、抢劫行为之一或者侵犯枪支、弹药、爆炸物、危险物质之一的，就可以构成本罪，应按犯罪行为选择定罪名，如行为人只是实施了抢劫枪支行为的，应认定为抢劫枪支罪；如果行为人分别实施了盗窃、抢夺、抢劫枪支、弹药、爆炸物、危险物质的全部犯罪行为，也只定为"盗窃、抢夺枪支、弹药、爆炸物、危险物质罪"一种罪，按一罪从重处罚，不能定为数罪进行数罪并罚。但行为人在犯本罪的同时，又盗窃、抢夺、抢劫了一般财物的，则应分别定罪，实行数罪并罚，因为其行为具备数个犯罪构成，构成数罪，在法律没有特别规定的情况下，应当按数罪并罚原则处罚。如果行为人实施了盗窃放射性物质行为，又抢劫枪支行为，则应分别定为盗窃危险物质罪和抢劫枪支罪，数罪并罚。

（3）注意准确认定该两种犯罪的"情节严重"的结果。我国刑法第127条规定，只要实施了盗窃、抢夺、弹药、爆炸物、危险物质，危害公共安全的行为就构成犯罪，应处3年以上10年以下有期徒刑；如果"情节严重的"，要适用加重法定刑，最低处10年有期徒刑，最高处无期徒刑或者死刑。何为"情节严重"，刑法没有作具体规定，目前也没有立法解释和司法解释。笔者认为，参照刑法分则第二章中投放危险物质罪的规定，"尚未造成严重后果的，处3年以上10年以下有期徒刑"，"致人重伤、死亡或者使公私财产遭受重大损失的，处10年以上有期徒刑、无期徒刑或者死刑"，本罪的"情节严重"，应包括致人重伤、死亡，或者多次、大量盗窃、抢夺、弹药、爆炸物、危险物质等情形。我国刑法第127条第2款规定，只要实施了抢劫枪支、弹药、爆炸物、危险物质罪，就是情节严重的，就要处10年以上有期徒刑、无期徒刑或者死刑，其没有处3年以上10年以下有期徒刑的规定。

（4）注意划清该两种犯罪与走私武器、弹药罪和走私核材料罪的界限。我国刑法分则第三章第二节第151条第1款规定的走私武器、弹药罪、走私核材料罪的犯罪对象与本罪相似，容易与本罪相混淆。二罪的根本区别是犯罪行为不同和侵犯的客体不同。本罪的犯罪行为是盗窃、抢夺、抢劫枪支、弹药、爆炸物、危险物质，危害公共安全；而走私武器弹药罪、走私核材料罪的犯罪行为是逃避海关监管，偷逃关税，危害的是国家对海关的监管秩序。由于两种犯罪行为和侵犯的客体不同，应将两种犯罪区分开来。根据2015年《刑法修正案（九）》对刑法第151条规定的走私武器、弹药罪，走私核材料罪，走私假币罪取消了死刑，最高处无期徒刑。

（5）注意划清该两种犯罪与盗窃罪、抢夺罪、抢劫罪的界限。我国刑法第264条、第267条、第263条规定的盗窃罪、抢夺罪、抢劫罪与本罪在犯罪行为、手段、犯罪结果上都相同，容易与本罪相混淆。二罪的根本区别是犯罪对象不同。本罪的犯罪对象是枪支、弹药、爆炸物、危险物质，包括毒害性、放射性、传染病病原体等危险物质。盗窃罪、抢夺罪、抢劫罪的对象都是一般财物。由于犯罪对象不同，侵犯的客体也不相同，本罪危害公共安全，而盗窃罪、抢夺罪、抢劫罪侵犯的客体是公私财产权利和公民的人身权利。上述犯罪对象和犯罪客体不同将上述犯罪区分开来。另外，上述犯罪属于法规竞合关系，法律对盗窃、抢夺、抢劫枪支、弹药、爆炸物、危险物质的犯罪行为已作了特别规定，适用较重的刑罚，因此，应按特别法规定优先一般法规定的原则，对上述行为只能认定为"盗窃、抢夺枪支、弹药、爆炸物、危险物质罪"和"抢劫枪支、弹药、爆炸物、危险物质罪"，不能认定为"盗窃罪"、"抢夺罪"、"抢劫罪"。

六、洗 钱 罪

洗钱罪是1997年刑法第191条新增加的，《刑法修正案（三）》第7条补充修改的犯罪。1997年刑法第191条原规定的洗钱犯罪行为的对象仅限于毒品犯罪、黑社会性质的组织犯罪、走私犯罪等三类犯罪的违法所得及其产生的收益。1997年最高人民法院、最高人民检察院《关于执行〈中华人民共和国刑法〉确定罪名的规定》中规定为"洗钱罪"。2001年12月29日，全国人大常委会《中华人民共和国刑法修正案（三）》第7条将"掩饰、隐瞒恐怖活动犯罪的违法所得及其产生的收益来源和性质的行为"补充规定为洗钱罪的对象，根据该规定洗钱罪的对象有四类犯罪的违法所得及其产生的收益来源和性质；增加规定了单位犯洗钱罪的一个档次的加重法定刑，但罪名没有改变，仍然为"洗钱罪"。《刑法修正案（六）》第16条又对洗钱罪的上游犯罪作了补充，但其罪名没有改变。①

七、投放虚假危险物质罪，编造、故意传播虚假恐怖信息罪

投放虚假危险物质罪和编造、故意传播虚假恐怖信息罪是《刑法修正案（三）》第8条补充增加的两种犯罪。修订刑法原没有规定这两种犯罪。2001年12月29日，全国人大常委会《中华人民共和国刑法修正案（三）》第8条规定，在刑法第291条后增加一条，作为刑法第291条之一，将"投放虚假危险物和编造、故意传播虚假恐怖信息的行为"补充规定为犯罪并分别规定了法定刑。2002年3月15日，最高人民法院、最高人民检察院《关于执行〈中华人民共和国刑法〉确定罪名的补充规定》中将刑法第291条之一规定的犯罪定为"投放虚假危险物质罪"和"编造、故意传播虚假恐怖信息罪"两个罪名。

（一）刑法规定内容的修改

刑法条文中有关投放虚假危险物质罪和编造、故意传播虚假恐怖信息罪的规定有：

1. 1979年刑法第159条规定："聚众扰乱车站、码头、民用航空站、商场、公园、影剧院、展览会、运动场或者其他公共场所秩序，聚众堵塞交通或者破坏交通秩序，抗拒、阻碍国家治安管理工作人员依法执行职务，情节严重的，对首要分子，处五年以下有期徒刑、拘役或者管制。"

2. 1997年刑法第291条规定："聚众扰乱车站、码头、民用航空站、商

---

① 参见《刑法修正案（六）》洗钱罪的规定。

场、公园、影剧院、展览会、运动场或者其他公共场所秩序，聚众堵塞交通或者破坏交通秩序，抗拒、阻碍国家治安管理工作人员依法执行职务，情节严重的，对首要分子，处五年以下有期徒刑、拘役或者管制。"

3. 2001年12月29日，全国人大常委会《中华人民共和国刑法修正案（三）》第8条规定在刑法第291条后增加一条，作为第291条之一："投放虚假的爆炸性、毒害性、放射性、传染病病原体等物质，或者编造爆炸威胁、生化威胁、放射威胁等恐怖信息，或者明知是编造的恐怖信息而故意传播，严重扰乱社会秩序的，处五年以下有期徒刑、拘役或者管制；造成严重后果的，处五年以上有期徒刑。"

上述刑法及其《刑法修正案（三）》对刑法规定作了如下修改和补充：

1. 增加了新罪名。我国1979年刑法和1997年刑法中只规定了聚众扰乱公共场所秩序和交通秩序的犯罪行为，1997年最高人民法院、最高人民检察院《关于执行〈中华人民共和国刑法〉确定罪名的规定》中将刑法第291条规定的犯罪定为"聚众扰乱公共场所秩序、交通秩序罪"，没有将投放虚假危险物质和编造、故意传播虚假恐怖信息行为规定为犯罪。在司法实践中，对投放虚假危险物质或者编造、故意传播虚假恐怖信息的行为不认为是犯罪，情节严重的给予治安处罚。为了惩治严重危害社会治安的恐怖活动，2001年12月29日，全国人大常委会《中华人民共和国刑法修正案（三）》第8条在刑法第291条之后增加了第291条之一，增加规定了"投放虚假危险物质罪"和"编造、故意传播虚假恐怖信息罪"两种新罪名。

2. 补充规定了罪状和法定刑。《刑法修正案（三）》增加规定的刑法第291条之一，是新增加的犯罪，罪名、罪状、法定刑都是新增加的规定。《刑法修正案（三）》对"投放虚假危险物质罪"和"编造、故意传播虚假恐怖信息罪"的罪状规定为"投放虚假的爆炸性、毒害性、放射性、传染病病原体等物质，或者编造爆炸威胁、生化威胁、放射威胁等恐怖信息，或者明知是编造的恐怖信息而故意传播，严重扰乱社会秩序的"行为。规定该两种犯罪的法定刑为：只要构成该两种犯罪的，处5年以下有期徒刑、拘役或者管制；构成该两种犯罪，造成严重后果的，处5年以上有期徒刑。

（二）刑法规定修改的原因

全国人大常委会《中华人民共和国刑法修正案（三）》补充规定"投放虚假危险物质罪"和"编造、故意传播虚假恐怖信息罪"的主要原因有：

1. 投放虚假危险物质和编造、故意传播虚假恐怖信息的行为使人惶恐不安，严重扰乱社会秩序。修订刑法时，已出现恐怖活动行为，修订刑法将其规定为犯罪。修订刑法后,一些恐怖组织和实施恐怖活动的人又以投放虚假的爆炸性、毒害性、放射性、传染病病原体等危险物质,或者编造爆炸威胁、生化威胁、放射威胁等恐怖信息,或者明知是编造的恐怖信息而故意传播,制造恐怖气氛,使人们惶恐不安,严重扰乱社会秩序,具有严重的社会危害性。例如,犯罪分子假称自己患有"非典型肺炎",对他人进行相威胁,当众抢劫公私财产等行为,社会危害性十分严重,应当依法给予惩治。

2. 我国刑法没有明确规定惩治投放虚假危险物质和编造、故意传播虚假恐怖信息行为。虽然我国1997年刑法规定了惩治恐怖活动组织犯罪的行为,但没有明确规定惩罚投放虚假危险物质和编造、故意传播虚假恐怖信息行为。因此,必须通过立法机关修改补充刑法的方法才能解决。

3. 全国人大法制工作委员会提请全国人大常委会修改刑法有关规定。2001年12月24日,在第九届全国人大常委会第二十五次会议上,全国人大常委会法制工作委员会认为,为了惩治向机关、团体、企业、事业单位或者个人以及向公共场所或公共交通工具投放虚假的毒害性、放射性、传染病病原体等物质,或者以爆炸威胁、生化威胁、放射威胁,制造恐怖气氛或者故意传播恐怖性谣言,扰乱社会秩序的行为。在向全国人大常委会提出的《中华人民共和国刑法修正案(三)(草案)》中,建议全国人大常委会,拟在刑法第291条后增加一条,作为第291条之一,投放虚假的爆炸性、毒害性、放射性、传染病病原体等物质,或者编造爆炸威胁、生化威胁、放射威胁等恐怖信息,或者明知是编造的恐怖信息而故意传播,严重扰乱社会秩序的,处5年以下有期徒刑、拘役或者管制;造成严重后果的,处5年以上有期徒刑。① 全国人大法律委员会根据常委会组成人员的审议意见进行了审议。法律委员会认为,"为了严厉打击恐怖活动犯罪,有必要对刑法进行修改补充。草案基本上是可行的。"② 并对草案提出了一些其他具体修改意见。

鉴于上述原因,全国人大常委会在《中华人民共和国刑法修正案(三)》中修改补充了这两种犯罪和应处的法定刑。

(三)投放虚假危险物质罪和编造、故意传播虚假恐怖信息罪的适用

投放虚假危险物质罪和编造、故意传播虚假恐怖信息罪,是《刑法修正案(三)》第8条补充增加的犯罪。要准确适用,就必须弄清该两种犯罪的概

---

① 参见《全国人民代表大会常务委员会公报》2002年第1期,第19页。
② 参见《全国人民代表大会常务委员会公报》2002年第1期,第20页。

念、构成特征,以及适用时应注意的问题。

1. 该两罪的概念。投放虚假危险物质罪,是指行为人明知是虚假的爆炸性、毒害性、放射性、传染病病原体等物质,故意投放,扰乱社会秩序的行为。编造、故意传播虚假恐怖信息罪,是指行为人编造爆炸威胁、生化威胁、放射威胁等恐怖信息,或者明知是编造的恐怖信息而故意传播,严重扰乱社会秩序的行为。

上述两种犯罪都不是直接利用危险物质进行恐怖活动,而是利用危险物质的巨大杀伤的威胁,制造恐怖气氛,扰乱社会秩序,是对社会有严重危害性的行为。这里的虚假危险物质,是指虚假的爆炸性、毒害性、放射性、传染病病原体等物质,这些虚假危险物质本身不会造成社会危害性,而是假冒危险物质的杀伤危害的威力制造恐怖气氛,达到犯罪分子进行恐怖活动的目的。例如,向机关、团体、企业、事业单位投寄虚假的炭疽病芽孢菌等,进行恐怖活动。再如,某人并没有患"非典"病,在商场抢劫财物时,为逃避法律制裁,故意向群众和阻止其犯罪的工作人员假称自己是"非典"患者,严重扰乱了公共场所秩序。为了惩治上述严重危害社会的行为,2001年12月29日,全国人大常委会《中华人民共和国刑法修正案(三)》第8条将投放虚假危险物质和编造、故意传播虚假恐怖信息行为规定为犯罪,最高处15年有期徒刑。

2. 犯罪的构成特征。根据刑法第291条之一和《刑法修正案(三)》第8条规定,该两种犯罪的构成特征有:

(1) 犯罪主体。这两种犯罪的主体是一般主体,年满16周岁以上的具有刑事责任能力的自然人都可以构成,单位不能构成这两种犯罪。犯罪主体在主观上必须是故意的心理态度,即明知是虚假的危险物质而故意以危险物质进行投放,制造恐怖气氛;或者故意编造、故意传播根本不存在恐怖信息,制造恐怖气氛,扰乱社会秩序。过失心理态度不能构成本罪。

(2) 犯罪行为。投放虚假危险物质罪必须是实施了投放虚假危险物质的犯罪行为。投放行为是故意向公共场所或者重要建筑物以及居民家中投放虚假危险物质。行为人明知是虚假危险物质而以真的危险物质进行投放,使人误以为是真的危险物质,而造成恐惧。编造、故意传播恐怖信息罪的犯罪行为,有两种:①编造恐怖信息的行为。"编造",就是捏造根本不存在的恐怖信息,进行恐吓,扰乱社会秩序的行为。编造虚假恐怖信息,主要编造爆炸威胁、生化威胁、放射威胁、传染病病原体等恐怖性威胁的行为。②故意传播虚假恐怖信息的行为。行为人明知是虚假的恐怖信息,还故意进行传播、宣传、扩散的行为。传播可以是口头传播,也可以是文字传播,包括邮寄、发表、张贴、散发或者登录互联网上传播等。上述行为都是故意犯罪行为，过失行为不构成本罪。

（3）犯罪结果。该两种犯罪都是行为犯，只要实施了上述投放虚假危险物质行为和编造、故意传播恐怖信息的行为，就严重扰乱了社会秩序，就具备了本罪的犯罪结果，就可以构成犯罪。如果不可能严重扰乱社会秩序行为，不构成上述两种犯罪。

3. 本两罪的法定刑。我国刑法第291条之一，根据犯罪情节严重程度不同，规定两种犯罪的法定刑都是：

（1）只要构成本罪，尚未造成严重后果的，处5年以下有期徒刑、拘役或者管制。

（2）构成犯罪，造成严重后果的，处5年以上有期徒刑。这里"造成严重后果的"，法律没有作具体规定，目前也没有立法解释和司法解释。笔者认为，这里所谓"造成严重后果的"，一般是指已严重扰乱了民心，引起众多的人恐惧、害怕、人心惶惶，人群盲目流动，造成社会治安秩序的混乱；或者引起经济秩序混乱，抢购粮食、食品、药品、医疗器材、弃农弃商等严重破坏经济秩序的情形。只有具备以上情形之一的，即属于造成严重后果的，才能适用加重法定刑。

4. 该两种犯罪适用时应注意以下问题：

（1）注意划清罪与非罪的界限。

第一，该两种犯罪的对象必须是虚假的危险物质和虚假的恐怖信息的，才能构成本罪；如果行为人投放的是真的危险物质，不构成本罪，应构成投放危险物质罪；如果行为人传播的是真实的恐怖信息的，尽管是故意的传播，也不构成犯罪。

第二，该两种犯罪都是行为犯，只要行为明知是虚假的危险物质而故意投放的行为或者编造、故意传播恐怖信息行为之一，严重扰乱社会秩序的，就构成犯罪，没有特别的情节结果和数额结果的限制要求。这里的"严重扰乱社会秩序"，是犯罪侵犯的客体，是犯罪的结果，但不是法律规定的构成该两种犯罪的特别结果。因为，根据我国刑法规定，成立犯罪的条件之一必须是严重危害社会的行为，所谓严重危害社会就是对社会关系的严重侵犯，包括对社会秩序的严重扰乱，对那些情节显著轻微危害不大，对社会秩序有轻微扰乱的行为，应依照刑法第13条犯罪定义的规定，不构成犯罪。

第三，本罪是故意犯罪，并且以明知是虚假危险物质而故意投放和编造、故意传播恐怖信息的行为，才构成犯罪。过失行为不构成这两种犯罪，例如，某爆炸物仓库的清扫女工王某（文盲），将一瓶香油装在曾经装过液体炸药的外包装盒内,又放在其手提袋中准备拿回家,路过某百货商场购物时,将该手提袋遗忘在柜台上,当王某离开商场后,售货员打开拣到的王某的手提袋时,发现包装盒上标明是液体炸药,该售货员下意识地惊叫起来,百货商场内一片恐慌,严重扰乱了公共场所秩序。王某的行为,虽然严重扰乱了公共场所秩序,但由于主观上没有投放虚假危险物质的故意,不构成犯罪。

(2) 注意准确认定一罪与数罪。我国刑法第291条之一规定投放虚假危险物质罪是单一犯罪,而编造、故意传播虚假恐怖信息罪是选择罪名,根据行为人所实施的行为表现特征,可以分别定为编造虚假恐怖信息罪和故意传播虚假恐怖信息罪。如果行为人既编造了虚假恐怖信息又进行传播该虚假恐怖信息行为的,也只构成"编造、故意传播虚假恐怖信息罪"一种罪,不能定为数罪。

如果行为人故意实施了投放虚假危险物质行为后,又实施了编造、故意传播虚假恐怖信息的行为,是定一罪还是定数罪?应进行分析。如果行为人出于一个概括的故意,先故意投放虚假危险物质,然后又故意编造、传播上述投放的虚假危险物质的恐怖信息,则应按处理牵连犯的原则,从一重处断,定为一重罪;如果故意投放了虚假危险物质行为,构成了犯罪后,又以另外的故意编造、传播了另外的虚假恐怖信息的行为,又构成犯罪的,则应分别定为"投放虚假危险物质罪"和"编造、故意传播虚假恐怖信息罪",实行数罪并罚。

(3) 注意准确认定该两种罪的预备、未遂和中止。我国刑法第291条之一规定的两种犯罪都是行为犯,只要实施投放虚假危险物质的行为或者编造、故意传播虚假恐怖信息的行为之一的,就严重扰乱社会秩序,即构成犯罪,是犯罪的既遂。如果行为人为投放虚假危险物质或者编造、故意传播虚假恐怖信息准备工具、制造条件的行为,是犯罪预备;如果行为人已经着手实施投放虚假危险物质或者编造、故意传播虚假恐怖信息的行为,由于意志以外的原因严重扰乱社会秩序的结果没有得逞的,是犯罪未遂;如果在投放虚假危险物质或者编造、故意传播虚假恐怖信息行为过程中,自动放弃犯罪或者自动有效地防止犯罪结果发生的,是犯罪中止。例如,行为在投放危险物质的途中,自我悔悟,将虚假危险物质自己销毁,自动放弃犯罪,就是投放虚假危险物质罪中止犯。当然,对于较轻的投放虚假危险物质罪或者编造、故意传播虚假恐怖信息罪的犯罪预备、未遂和中止可以不追究其刑事责任。

第四章　中华人民共和国刑法修正案（四）

全国人大常委会《中华人民共和国刑法修正案（四）》由 2002 年 12 月 28 日第九届全国人大常委会第三十一次会议通过，并于当日由国家主席公布施行。1997 年修订刑法颁布施行以后，我国的海关法、药品管理法、未成年人保护法等一些经济、行政法律、法规都作了修改，刑法中的有关相应犯罪的规定也需要作相应调整。另外，在修订刑法施行实践中也遇到了一些新的情况和新的问题，例如，一些企业为谋取高额利润，雇用童工从事危重劳动，一些人民法院生效判决长期得不到执行等情况都需在刑法中增加相应的规定，以便准确适用，有力地惩罚有关犯罪行为。2002 年 12 月 23 日，全国人大法制工作委员会在与有关部门和专家多次研究的基础上，拟订了《中华人民共和国刑法修正案（四）（草案）》，并于 2002 年 12 月 23 日提请第九届全国人大常委会第三十一次会议审议。[①] 全国人大法律委员会根据常委会组成人员的审议意见又进行了审议。全国人大法律委员会认为，"对刑法有关条文进行修改补充是必要的，草案也是可行的，同时提出了一些修改意见"。[②] 2002 年 12 月 28 日第九届全国人大常委会第三十一次会议通过了《中华人民共和国刑法修正案（四）》，并于当日由国家主席公布施行。

一、生产、销售不符合标准的医用器材罪

生产、销售不符合标准的医用器材罪是《刑法修正案（四）》补充修改的犯罪，作为 1997 年刑法第 145 条原规定的生产、销售不符合标准的医用器材犯罪的补充犯罪。1997 年刑法第 145 条规定"生产、销售不符合标准的医用器材，对人身健康造成严重危害"的行为构成犯罪。1997 年最高人民法院、最高人民检察院《关于执行〈中华人民共和国刑法〉确定罪名的规定》中将

[①] 参见《全国人民代表大会常务委员会公报》2003 年第 1 期，第 64 页。
[②] 参见《全国人民代表大会常务委员会公报》2003 年第 1 期，第 66 页。

刑法第145条规定为"生产、销售不符合标准的医用器材罪"的罪名。2002年12月28日，全国人大常委会《中华人民共和国刑法修正案（四）》只是对生产、销售不符合标准的医用器材罪的构成标准和法定刑作了修改，但罪名并没有改变。

（一）刑法规定内容的修改

刑法条文中有关生产、销售不符合标准的医用器材罪的规定有：

1. 1979年刑法第117条规定："违反金融、外汇、金银、工商管理法规，投机倒把，情节严重的，处三年以下有期徒刑或者拘役，可以并处、单处罚金或者没收财产。"

1979年刑法第118条规定："以走私、投机倒把为常业的，走私、投机倒把数额巨大的或者走私、投机倒把集团的首要分子，处三年以上十年以下有期徒刑，可以并处没收财产。"

2. 1982年全国人大常委会《关于严惩严重破坏经济的罪犯的决定》第1条第（一）项规定，对刑法第118条规定走私、套汇、投机倒把牟取暴利罪……其处刑分别补充或者修改为"情节特别严重的，处十年以上有期徒刑、无期徒刑或者死刑，可以并处没收财产"。

3. 1993年全国人大常委会《关于生产、销售伪劣商品犯罪的决定》第4条规定："生产不符合保障人体健康的国家标准、行业标准的医疗器械、医用卫生材料，或者销售明知是不符合保障人体健康的国家标准、行业标准的医疗器械、医用卫生材料，对人体健康造成严重危害的，处五年以下有期徒刑，并处罚金；后果特别严重的，处五年以上十年以下有期徒刑，并处罚金，其中情节特别恶劣的，处十年以上有期徒刑或者无期徒刑，并处罚金或者没收财产。"

4. 1997年刑法第145条规定："生产不符合保障人体健康的国家标准、行业标准的医疗器械、医用卫生材料，或者销售明知是不符合保障人体健康的国家标准、行业标准的医疗器械、医用卫生材料，对人体健康造成严重危害的，处五年以下有期徒刑，并处销售金额百分之五十以上二倍以下罚金；后果特别严重的，处五年以上十年以下有期徒刑，并处销售金额百分之五十以上二倍以下罚金，其中情节特别恶劣的，处十年以上有期徒刑或者无期徒刑，并处销售金额百分之五十以上二倍以下罚金或者没收财产。"

1997年刑法第149条规定："生产、销售本节第一百四十一条至第一百四十八条所列产品，不构成各该条规定的犯罪，但是销售金额在五万元以上的，依照本节第一百四十条的规定定罪处罚。生产、销售本节第一百四十一条至第一百四十八条所列产品,构成各该条规定的犯罪,同时又构成本节第一百四十条规定之罪的,依照处罚较重的规定定罪处罚。"

1997年刑法第150条规定:"单位犯本节第一百四十条至第一百四十八条规定之罪的,对单位判处罚金,并对其直接负责的主管人员和其他直接责任人员,依照各该条的规定处罚。"

5. 2002年12月28日,全国人大常委会《中华人民共和国刑法修正案(四)》第1条规定将刑法第145条修改为:"生产不符合保障人体健康的国家标准、行业标准的医疗器械、医用卫生材料,或者销售明知是不符合保障人体健康的国家标准、行业标准的医疗器械、医用卫生材料,足以严重危害人体健康的,处三年以下有期徒刑或者拘役,并处销售金额百分之五十以上二倍以下罚金;对人体健康造成严重危害的,处三年以上十年以下有期徒刑,并处销售金额百分之五十以上二倍以下罚金;后果特别严重的,处十年以上有期徒刑或者无期徒刑,并处销售金额百分之五十以上二倍以下罚金或者没收财产。"

上述刑法及《刑法修正案(四)》对刑法作了如下修改和补充:

1. 增加了新罪名。我国1979年刑法没有规定生产、销售不符合标准的医用器材罪,实践中将上述犯罪行为依照刑法第117条、第118条和《关于严惩严重破坏经济的罪犯的决定》第1条第(一)项的规定,以投机倒把罪定罪处罚。1993年全国人大常委会《关于生产、销售伪劣商品犯罪的决定》第4条增加规定,生产不符合保障人体健康的国家标准、行业标准的医疗器械、医用卫生材料,或者销售明知是不符合保障人体健康的国家标准、行业标准的医疗器械、医用卫生材料,对人体健康造成严重危害的犯罪行为。1997年刑法第145条将上述决定中规定的生产、销售不符合标准的医用器材的犯罪行为纳入修订刑法中,1997年最高人民法院、最高人民检察院《关于执行〈中华人民共和国刑法〉确定罪名的规定》中将刑法第145条规定的生产、销售不符合标准的医用器材犯罪行为规定为"生产、销售不符合标准的医用器材罪"。2002年12月28日,全国人大常委会在《中华人民共和国刑法修正案(四)》第1条对生产、销售不符合标准的医用器材罪的构成标准和法定刑作了修改补充规定,但罪名并没有改变。

2. 补充修改了犯罪构成标准和法定刑。1997年刑法第145条规定"生产、销售不符合标准的医用器材罪"构成的条件必须是"对人体健康造成严重危害的"结果,达不到上述"严重危害"结果条件的,不构成犯罪。《刑法修正案(四)》将构成犯罪的最低结果标准补充修改为"足以严重危害人体健康的"结果,就构成犯罪。并将犯罪结果,由"对人体健康造成严重危害的"、"后果特别严重的"、"情节特别恶劣的"三级调整为"足以严重危害人体健康的"、"对人体健康造成严重危害的"、"后果特别严重的"三级。使刑法对这种犯罪惩罚范围扩大,力度加强。

(二) 刑法规定修改的原因

全国人大常委会《中华人民共和国刑法修正案(四)》补充修改"生产、销售不符合标准的医用器材罪"的构成标准和法定刑,主要原因有:

1. 修订刑法中规定构成"生产、销售不符合标准的医用器材罪"的构成标准过高。修订刑法规定该犯罪的构成最低标准必须是"对人体健康造成严重危害的"结果,达不到上述"严重危害"结果标准的,不构成犯罪。这一时期以来,有的地方生产、销售不符合国家标准、行业标准的医疗器械的情况较为严重,一些个人或者单位甚至大量回收废旧的一次性注射器、输液管等医用材料重新包装后出售。这些伪劣医疗器械、医用卫生材料一旦在医疗中使用,必然会严重危害人民群众的生命健康。如果等到使用后,危害结果发生了才追究刑事责任,为时已晚。现实客观上存在的危害行为要求将刑法规定的这种犯罪的构成最低标准修改为,只要"足以严重危害人体健康的",就构成犯罪,以加大惩治该种犯罪的力度。

2. 我国《医疗器械监督管理条例》等法律、法规要求刑法作相应修改。1999年12月28日国务院第二十四次常务会议通过,自2000年4月1日起实施的《医疗器械监督管理条例》第37条规定,违反本条例规定,生产不符合医疗器械国家标准或者行业标准的医疗器械的,由县级以上人民政府药品监督管理部门予以警告、责令停止生产,没收违法生产的产品和违法所得,违法所得5000元以上的,并处违法所得2倍以上5倍以下的罚款;没有违法所得或者违法所得不足5000元的,并处5000元以上2倍以下的罚款;情节严重的,由原发证部门吊销产品生产注册证书;构成犯罪的,依法追究刑事责任。第43条规定,违反本条例规定,医疗机构重复使用一次性的医疗器械的,或者对应当销毁未进行销毁的,由县级以上人民政府药品监督管理部门责令改正、给予警告,可以处5000元以上3万元以下的罚款;情节严重的,可以对医疗机构处3万元以上5万元以下的罚款,对主管人员和其他直接责任人员依法给予纪律处分;构成犯罪的,依法追究刑事责任。上述法律、法规有关惩治生产、销售不符合标准的医用器材犯罪行为的规定必须在刑法中有相应的规定,才能保障其准确实施。

3. 全国人大法制工作委员会提请全国人大常委会修改刑法规定。2002年12月23日,在第九届全国人大常委会第三十一次会议上,全国人大常委会法制工作委员向全国人大常委会提出了《中华人民共和国刑法修正案(四)(草案)》，建议全国人常务会将刑法第 145 条修改为："生产不符合保障人体健康的国家标准、行业标准的医疗器械、医用卫生材料，或者销售明知是不符合保障人体健康的国家标准、行业标准的医疗器械、医用卫生材料，足以严重危害人体健康的，处 3 年以下有期徒刑，并处销售金额 50% 以上 2 倍以下罚金；对人体健康造成严重危害的，处 3 年以上 10 年以下有期徒刑，并处销售金额 50% 以上 2 倍以下罚金，其中致人死亡或者对人体健康造成特别严重危害的，处 10 年以上有期徒刑或者无期徒刑，并处销售金额 50% 以上 2 倍以下罚金或者没收财产。"[1] 全国人大法律委员会根据委员意见，建议将该条修改为："生产不符合保障人体健康的国家标准、行业标准的医疗器械、医用卫生材料，或者销售明知是不符合保障人体健康的国家标准、行业标准的医疗器械、医用卫生材料，足以严重危害人体健康的，处 3 年以下有期徒刑或者拘役，并处销售金额 50% 以上 2 倍以下罚金；对人体健康造成严重危害的，处 3 年以上 10 年以下有期徒刑，并处销售金额 50% 以上 2 倍以下罚金；后果特别严重的，处 10 年以上有期徒刑或者无期徒刑，并处销售金额 50% 以上 2 倍以下罚金或者没收财产。"[2]

鉴于上述原因，全国人大常委会在《中华人民共和国刑法修正案（四）》中修改补充了生产、销售不符合标准的医用器材罪的构成标准和补充规定加重法定刑。

（三）生产、销售不符合标准的医用器材罪的适用

生产、销售不符合标准的医用器材罪是修订刑法规定的犯罪修改的犯罪，《刑法修正案（四）》对其犯罪构成标准和法定刑作了修改补充规定。要准确适用，就必须弄清本罪的概念、构成特征，以及适用时应注意的问题。

1. 本罪的概念。生产、销售不符合标准的医用器材罪，是指生产不符合保障人体健康的国家标准、行业标准的医疗器械、医用卫生材料，或者销售明知是不符合保障人体健康的国家标准、行业标准的医疗器械、医用卫生材料，足以严重危害人体健康的行为。

医用器材是用来治疗疾病，必须保证绝对卫生和安全，确保病人和医护人员的人身安全，如果生产、销售不符合标准的医用器材致使患者又患上重病或者使医护人员身体健康遭受损害，其社会危害性更加严重。例如，某医院采购了不合格的不锈钢器材，使用于患者骨关节固定手术上，不到两天该不锈钢材

---

[1] 参见《全国人民代表大会常务委员会公报》2003 年第 1 期，第 64 页。
[2] 参见《全国人民代表大会常务委员会公报》2003 年第 1 期，第 67 页。

料折断，致患者终身残废；再如某医院重复使用被细菌感染的一次性注射器，大批患者被病菌感染致病。为了惩治生产、销售不符合标准的医用器材行为，1993年7月2日全国人大常委会在《关于惩治生产、销售伪劣商品犯罪的决定》中第一次规定了生产、销售不符合标准的医用器材罪，并规定给予严厉的刑罚处罚。1979年刑法将该决定规定的该种犯罪修改后纳入刑法中，轻者处5年以下有期徒刑，重者可处无期徒刑，并处销售金额50%以上2倍以下罚金或者没收财产。2002年12月28日，全国人大常委会《中华人民共和国刑法修正案（四）》第1条对刑法第145条规定进行修改和补充，降低了"生产、销售不符合标准的医用器材罪"的构成标准和加重了该罪的法定刑。

2. 犯罪的构成特征。根据1997年刑法第145条和《刑法修正案（四）》第1条的规定，该罪的构成特征有：

（1）犯罪主体。该罪的犯罪主体是一般主体，凡年满16周岁以上的具有刑事责任能力的自然人和依法成立的单位都可以构成本罪。犯罪主体在主观上是故意的心理态度，过失心理态度不能构成本罪。行为人在主观上一般都有营利的目的，不具有营利的目的，也可以构成本罪。

（2）犯罪行为。必须是实施了生产、销售不符标准的医用器材的行为，具体行为表现有：

①生产不符合保障人体健康的国家标准、行业标准的医疗器械、医用卫生材料，足以严重危害人体健康的行为。

②销售明知是不符合保障人体健康的国家标准、行业标准的医疗器械、医用卫生材料，足以严重危害人体健康的行为。

医疗器械，是指用于诊断、治疗、预防人的疾病，调节人的生理机能或者替代人体器官的仪器、设备、装置、器具、植入物及相关物品，如手术刀、注射器、输血器等。

医用卫生材料，是指与治病、防病有关的各种物品，如酒精、药棉、纱布、卫生纸等。

上述医用器械、医用卫生材料的生产都有保障人体健康的国家标准或者行业标准。如果故意生产、销售了不符合标准的医疗器械、医用卫生材料，足以危害人体健康的，即构成本罪的犯罪行为。本罪的犯罪行为都是故意行为，即明知是生产、销售不符合标准的医用器材的行为还进行生产、销售；过失生产、销售了不符合标准的医用器材的行为不构成本罪。2001年4月10日，最高人民法院、最高人民检察院《关于办理生产、销售伪劣商品刑事案件具体应用法律若干问题的解释》第6条规定："医疗机构或者个人，知道或者应当知道是不符合保障人体健康的国家标准、行业标准的医疗器械、医用卫生材料而购买、使用，对人体健康造成严重危害的，以销售不符合标准的医用器材罪定罪处罚。没有国家标准、行业标准的医疗器械，注册产品标准可视为保障人体健康的行业标准。"

（3）犯罪结果。本罪是危险犯，只要实施了生产、销售不符合标准的医用器材的行为，足以严重危害人体健康的结果的，就可以构成犯罪。

3. 本罪的法定刑。我国刑法第 145 条根据犯罪行为造成不同结果，分别规定了三个不同档次的法定刑：

（1）构成犯罪，尚未造成严重后果的，处 3 年以下有期徒刑或者拘役，并处销售金额 50% 以上 2 倍以下罚金。所谓尚未造成严重后，应指造成人身轻微伤以下的结果或者违法所得不满 5000 元的情形。

（2）构成犯罪，对人体健康造成严重危害的，处 3 年以上 10 年以下有期徒刑，并处销售金额 50% 以上 2 倍以下罚金。根据 2001 年 4 月 10 日最高人民法院、最高人民检察院《关于办理生产、销售伪劣商品刑事案件具体应用法律若干问题的解释》第 6 条的规定，生产、销售不符合标准的医疗器械、医用卫生材料，致人轻伤或者其他严重后果的，应认定为刑法第 145 条规定的"对人体健康造成严重危害"。

（3）构成犯罪，后果特别严重的，处 10 年以上有期徒刑或者无期徒刑，并处销售金额 50% 以上 2 倍以下罚金或者没收财产。根据 2001 年 4 月 10 日最高人民法院、最高人民检察院《关于办理生产、销售伪劣商品刑事案件具体应用法律若干问题的解释》第 6 条的规定，生产、销售不符合标准的医疗器械、医用卫生材料，造成传染病毒性肝炎等难以治愈的疾病、1 人以上重伤、3 人以上轻伤或者其他严重后果的，应认定为"后果特别严重"，生产、销售不符合标准的医疗器械、医用卫生材料，致人死亡、严重残疾、感染艾滋病、3 人以上重伤、10 人以上轻伤或者造成其他特别严重后果的，应认定为"情节特别恶劣"。

（4）单位犯本罪的，对单位判处罚金，并对其直接负责的主管人员和其他直接责任人员，依照各该条的规定处罚。

根据 2001 年 4 月 10 日最高人民法院、最高人民检察院《关于办理生产、销售伪劣商品刑事案件具体应用法律若干问题的解释》第 12 条的规定，国家机关工作人员参与生产、销售伪劣商品犯罪的，从重处罚。

4. 本罪适用时应注意以下问题：

（1）注意划清罪与非罪的界限。

第一，本罪的犯罪对象是特殊对象，必须是不符合标准的医用器材的，才构成本罪；如果生产、销售的不是不符合标准的医用器材的，不构成本罪。

第二，本罪的结果必须是足以严重危害人体健康的结果的行为，才构成本罪；如果生产、销售不符合标准的医用器材不足以严重危害人体健康的行为，不构成本罪。

第三，本罪是故意犯罪；过失生产、销售了不符合标准的医用器材的行为不构成本罪。

（2）注意准确认定本罪的犯罪结果。《刑法修正案（四）》对我国刑法第145条规定的犯罪结果作了重要修改。1997年刑法第145条原规定的结果有"对人体健康造成严重危害的"、"后果特别严重的"、"情节特别恶劣的"三级，现《刑法修正案（四）》调整为"足以严重危害人体健康的"、"对人体健康造成严重危害的"、"后果特别严重的"三级。2001年4月10日最高人民法院、最高人民检察院《关于办理生产、销售伪劣商品刑事案件具体应用法律若干问题的解释》第6条的解释是根据《刑法修正案（四）》以前的刑法的解释，可以按其内容对照适用，只是对"足以严重危害人体健康的"没有司法解释。笔者认为，本罪是一种危险犯，足以严重危害人体健康的，就可以构成犯罪，可参照危害公共安全罪，尚未造成严重后果的情形，一般是指造成人轻微伤或者5000元以下较轻的财产损失的结果为宜。

（3）注意准确认定本罪与生产、销售伪劣产品罪的界限。刑法第145条规定的生产、销售不符合标准的医用器材罪与刑法第140条规定的生产、销售伪劣产品罪是法规竞合关系。刑法第140条是一般规定，第145条是特别规定，在一般情况下，根据特别法律规定优于一般法律规定原则，应依照刑法第145条的规定定为本罪。但是，根据刑法第149条的规定，生产、销售不符合标准的医用卫生器材，不构成该条规定的犯罪，但是销售金额在5万元以上的，依照第140条的规定定罪处罚。生产、销售不符合标准的医用器材，构成犯罪，同时又构成第140条规定之罪的，依照处罚较重的规定定罪处罚。这是法律的特别规定的"重法优先适用原则"，例如，生产、销售不符合标准的医用器材，数量在200万元以上，但还不足以危害人身健康，不能认定为生产、销售不符合标准医疗器材罪，而应根据刑法第140条规定认定为生产、销售伪劣产品罪。

（4）注意准确认定本罪的共同犯罪。根据2001年4月10日，最高人民法院、最高人民检察院《关于办理生产、销售伪劣商品刑事案件具体应用法律若干问题的解释》第9条的规定，知道或者应当知道他人实施生产、销售伪劣商品犯罪，而为其提供贷款、资金、账号、发票、证明、许可证件，或者提供生产、经营场所或者运输、仓储、保管、邮寄等便利条件，或者提供制假生产技术的，以生产、销售伪劣商品犯罪的共犯论处。第12条规定，国家机关工作人员参与生产、销售伪劣商品犯罪的,从重处罚。这里的"应当知道",应理解是故意的心理态度,不是过失心理态度。

(5) 注意准确认定本罪的一罪与数罪。根据2001年4月10日最高人民法院、最高人民检察院《关于办理生产、销售伪劣商品刑事案件具体应用法律若干问题的解释》第10条的规定,实施生产、销售伪劣商品犯罪,同时构成侵犯知识产权、非法经营等其他犯罪的,依照处罚较重的规定定罪处罚。

上述情形只能认定为一种犯罪,不能定为数罪。第11条规定,实施刑法第140条至第148条规定的犯罪,又以暴力、威胁方法抗拒查处,构成其他犯罪的,依照数罪并罚的规定处罚。即犯生产、销售不符合标准的医用器材罪的,又以暴力、威胁方法抗拒查处,构成其他犯罪的,依照数罪并罚的规定定罪处罚。

(6) 注意追究与本罪有关的国家机关工作人员渎职犯罪。根据2001年4月10日,最高人民法院、最高人民检察院《关于办理生产、销售伪劣商品刑事案件具体应用法律若干问题的解释》第8条的规定,国家机关工作人员徇私舞弊,对生产、销售伪劣商品犯罪不履行法律规定的查处职责,具有下列情形之一的,属于刑法第414条规定的"情节严重",应追究放纵制售伪劣商品犯罪行为罪的刑事责任:

①放纵生产、销售假药或者有毒、有害食品犯罪行为的;

②放纵依法可能判处2年有期徒刑以上刑罚的生产、销售伪劣商品犯罪行为的;

③对3个以上有生产、销售伪劣商品犯罪行为的单位或者个人不履行追究职责的;

④致使国家和人民利益遭受重大损失或者造成恶劣影响的。

二、走私废物罪

走私废物罪是《刑法修正案(四)》对刑法第152条补充规定的犯罪,作为1997年刑法第155条原第(三)项规定的走私固体废物罪的修改补充罪名。1997年刑法第155条第(三)项规定的"逃避海关监管将境外固体废物运输进境的"行为构成犯罪。1997年最高人民法院、最高人民检察院《关于执行〈中华人民共和国刑法〉确定罪名的规定》中将该犯罪规定为"走私固体废物罪"的罪名。2002年12月28日,全国人大常委会《中华人民共和国刑法修正案(四)》第2条规定,在刑法第152条中增加走私废物的犯罪行为;第3条规定取消了刑法第155条原第3款关于走私固体废物犯罪行为的规定。2003 年 8 月 15 日最高人民法院、最高人民检察院《关于执行〈中华人民共和国刑法〉确定罪名的补充规定（二）》中将刑法第 152 条第 2 款和《刑法修正案（四）》第 2 条规定的犯罪规定为"走私废物罪"，取消了刑法第 155 条原第（三）项规定的"走私固体废物罪"的罪名。

（一）刑法规定内容的修改

刑法条文中有关走私废物罪的规定有：

1. 1979 年刑法第 116 条规定："违反海关法规，进行走私，情节严重的，除按照海关法规没收走私物品并且可以罚款外，处三年以下有期徒刑或者拘役，可以并处没收财产。"

1979 年刑法第 118 条规定："以走私、投机倒把为常业的，走私、投机倒把数额巨大的或者走私、投机倒把集团的首要分子，处三年以上十年以下有期徒刑，可以并处没收财产。"

2. 1982 年全国人大常委会《关于严惩严重破坏经济的罪犯的决定》第 1 条第（一）项规定："刑法第一百一十八条规定走私、套汇、投机倒把牟取暴利罪……其处刑分别补充或者修改为：'情节特别严重的，处十年以上有期徒刑、无期徒刑或者死刑，可以并处没收财产。'"

3. 1988 年全国人大常委会《关于惩治走私罪的补充决定》第 4 条规定："走私本规定第一条至第三条规定以外的货物、物品的，根据情节轻重，分别依照下列规定处罚：（一）走私货物、物品价额在五十万元以上的，处十年以上有期徒刑或者无期徒刑，并处罚金或者没收财产；情节特别严重的，处死刑，并处没收财产。（二）走私货物、物品价额在十五万元以上不满五十万元的，处七年以上有期徒刑，并处罚金或者没收财产；情节特别严重的，处无期徒刑，并处没收财产。（三）走私货物、物品价额在五万元以上不满十五万元的，处三年以上十年以下有期徒刑，并处罚金。（四）走私货物、物品价额在二万元以上不满五万元的，处三年以下有期徒刑或者拘役，并处罚金；情节较轻的，或者价额不满二万元的，由海关没收走私货物、物品和违法所得，可以并处罚款。

"对多次走私未经处理的，按照累计走私货物、物品的价额处罚。"

4. 1988 年全国人大常委会《关于惩治走私罪的补充决定》第 5 条规定："企业事业单位、机关、团体走私本规定第一条至第三条规定货物、物品的，判处罚金，并对其直接负责的主管人员和其他直接责任人员，依照本规定对个人犯走私罪的规定处罚。

"企业事业单位、机关、团体走私本规定第一条至第三条规定以外的货物、物品的，价额在三十万元以上的，判处罚金，并对其直接负责的主管人员和其他直接责任人员，处五年以下有期徒刑或者拘役；情节严重，使国家利益遭受重大损失的，处五年以上十年以下有期徒刑；价额不满三十万元的，由海关没收走私货物、物品和违法所得，可以并处罚款，对其直接负责的主管人员和其他直接责任人员，由其所在单位或者上级主管机关酌情予以行政处分。

"企业事业单位、机关、团体走私，违法所得归私人所有的，或者以企业事业单位、机关、团体的名义进行走私，共同分取违法所得的，依照本规定对个人犯走私罪的规定处罚。"

5. 1997年刑法第152条规定："以牟利或者传播为目的，走私淫秽的影片、录像带、录音带、图片、书刊或者其他淫秽物品的，处三年以上十年以下有期徒刑，并处罚金；情节严重的，处十年以上有期徒刑或者无期徒刑，并处罚金或者没收财产；情节较轻的，处三年以下有期徒刑、拘役或者管制，并处罚金。

"单位犯前款罪的，对单位判处罚金，并对其直接负责的主管人员和其他直接责任人员，依照前款的规定处罚。"

1997年刑法第153条规定："走私本法第一百五十一条、第一百五十二条、第三百四十七条规定以外的货物、物品的，根据情节轻重，分别依照下列规定处罚：（一）走私货物、物品偷逃应缴税额在五十万元以上的，处十年以上有期徒刑或者无期徒刑，并处偷逃应缴税额一倍以上五倍以下罚金或者没收财产；情节特别严重的，依照本法第一百五十一条第四款的规定处罚。（二）走私货物、物品偷逃应缴税额在十五万元以上不满五十万元的，处三年以上十年以下有期徒刑，并处偷逃应缴税额一倍以上五倍以下罚金；情节特别严重的，处十年以上有期徒刑或者无期徒刑，并处偷逃应缴税额一倍以上五倍以下罚金或者没收财产。（三）走私货物、物品偷逃应缴税额在五万元以上不满十五万元的，处三年以下有期徒刑或者拘役，并处偷逃应缴税额一倍以上五倍以下罚金。

"单位犯前款罪的，对单位判处罚金，并对其直接负责的主管人员和其他直接责任人员，处三年以下有期徒刑或者拘役；情节严重的，处三年以上十年以下有期徒刑；情节特别严重的，处十年以上有期徒刑。

"对多次走私未经处理的，按照累计走私货物、物品的偷逃应缴税额处罚。"

1997年刑法第154条规定："下列走私行为，根据本节规定构成犯罪，依照本法第一百五十三条的规定定罪处罚：（一）未经海关许可并且未补缴应缴税额，擅自将批准进口的来料加工、来件装配、补偿贸易的原材料、零件、制成品、设备等保税货物，在境内销售牟利的；（二）未经海关许可并且未补缴应缴税额，擅自将特定减税、免税进口的货物、物品，在境内销售牟利的。"

1997年刑法第155条规定："下列行为，以走私罪论处，依照本节的有关规定处罚：（一）直接向走私人非法收购国家禁止进口物品的，或者直接向走私人非法收购走私进口的其他货物、物品，数额较大的；（二）在内海、领海运输、收购、贩卖国家禁止进出口物品的，或者运输、收购、贩卖国家限制进出口货物、物品，数额较大，没有合法证明的；（三）逃避海关监管将境外固体废物运输进境的。"

1997年刑法第156条规定："与走私罪犯通谋，为其提供贷款、资金、账号、发票、证明，或者为其提供运输、保管、邮寄或者其他方便的，以走私罪的共犯论处。"

1997年刑法第157条规定："武装掩护走私的，依照本法第一百五十一条第一款、第四款的规定从重处罚。

"以暴力、威胁方法抗拒缉私的，以走私罪和本法第二百七十七条规定的阻碍国家机关工作人员依法执行职务罪，依照数罪并罚的规定处罚。"

1997年刑法第339条规定："违反国家规定，将境外的固体废物进境倾倒、堆放、处置的，处五年以下有期徒刑或者拘役，并处罚金；造成重大环境污染事故，致使公私财产遭受重大损失或者严重危害人体健康的，处五年以上十年以下有期徒刑，并处罚金；后果特别严重的，处十年以上有期徒刑，并处罚金。

"未经国务院有关主管部门许可，擅自进口固体废物用作原料，造成重大环境污染事故，致使公私财产遭受重大损失或者严重危害人体健康的，处五年以下有期徒刑或者拘役，并处罚金；后果特别严重的，处五年以上十年以下有期徒刑，并处罚金。

"以原料利用为名，进口不能用作原料的固体废物的依照本法第一百五十五条的规定定罪处罚。"

6. 2002年12月28日，全国人大常委会《中华人民共和国刑法修正案（四）》第2条规定在第152条中增加一款作为第2款："逃避海关监管将境外固体废物、液态废物和气态废物运输进境，情节严重的，处五年以下有期徒刑，并处或者单处罚金；情节特别严重的，处五年以上有期徒刑，并处罚金。"

"原第二款作为第三款，修改为：'单位犯前两款罪的，对单位判处罚金，并对其直接负责的主管人员和其他直接责任人员，依照前两款的规定处罚。'"

2002年12月28日，全国人大常委会《中华人民共和国刑法修正案

(四)》第 5 条规定将刑法第 339 条第 3 款修改为:"以原料利用为名,进口不能用作原料的固体废物、液态废物和气态废物的,依照本法第一百五十二条第二款、第三款的规定定罪处罚。"

2002 年 12 月 28 日,全国人大常委会《中华人民共和国刑法修正案(四)》第 3 条规定,下列行为,以走私罪论处,依照本节的有关规定处罚,"(一)直接向走私人非法收购国家禁止进口物品的,或者直接向走私人非法收购走私进口的其他货物、物品,数额较大的;(二)在内海、领海、界河、界湖运输、收购、贩卖国家禁止进出口物品的,或者运输、收购、贩卖国家限制进出口货物、物品,数额较大,没有合法证明的"。

上述刑法及其修正案(四)对刑法作了如下修改和补充:

1. 增加了新罪名。我国 1979 年刑法以走私行为为标准,只笼统规定了一种走私罪,没有具体规定走私废物罪,实践中将上述走私废物犯罪行为依照刑法第 116 条、第 118 条和《关于严惩严重破坏经济的罪犯的决定》第 1 条第(一)项的规定,以走私罪定罪处罚。1988 年全国人大常委会《关于惩治走私罪的补充决定》也没有具体规定走私废物罪,司法实践中依照《关于惩治走私罪的补充决定》第 4 条、第 5 条的规定,以走私普通货物、物品罪定罪处罚。1997 年刑法以走私对象为标准确定罪名,在第 155 条第(三)项中将走私固体废物的行为规定为犯罪。1997 年最高人民法院、最高人民检察院《关于执行〈中华人民共和国刑法〉确定罪名的规定》规定为"走私固体废物罪"。2002 年 12 月 28 日,全国人大常委会《中华人民共和国刑法修正案(四)》第 2 条对走私废物犯罪作了补充规定。2003 年 8 月 15 日,最高人民法院、最高人民检察院《关于执行〈中华人民共和国刑法〉确定罪名的补充规定(二)》中将刑法第 152 条第 2 款和《刑法修正案(四)》第 2 条规定的犯罪规定为"走私废物罪"。根据《刑法修正案(四)》第 3 条的规定,取消了刑法第 155 条原第(三)项规定的"走私固体废物罪"及其罪名。

2. 补充规定了犯罪对象和法定刑。1997 年刑法原第 155 条第(三)项规定"走私固体废物罪"的犯罪对象只是"固体废物",不包括其他形态的废物。《刑法修正案(四)》第 2 条将走私固体废物扩到到液态废物和气态废物,使刑法对这种犯罪惩罚范围扩大。另外,1997 年刑法第 155 条第(三)项规定,犯走私固体废物罪,"以走私罪论处,依照本节的有关规定处罚"。这种规定含混不清,刑法分则第三章第二节规定的走私罪按走私对象可分别定为 10 种具体走私犯罪,走私固体废物犯罪行为,依照其中何种罪的法定刑处罚并未规定清楚。2000 年 10 月 18 日最高人民法院《关于审理走私刑事案件具体应用法律若干问题的解释》第 9 条规定的依照刑法第 153 条处罚,即依照走私普通货物、物品的法定刑处罚。《刑法修正案（四）》第2条对走私废物罪的法定刑作了明确规定，即处5年以下有期徒刑，并处或者单处罚金；情节特别严重的，处5年以上有期徒刑，并处罚金。同时规定，单位可以构成走私废物罪，并规定"单位犯前两款罪的，对单位判处罚金，并对其直接负责的主管人员和其他直接责任人员，依照前两款的规定处罚"，使走私罪的法定刑明确，便于司法实用。

（二）刑法规定修改的原因

全国人大常委会《中华人民共和国刑法修正案（四）》补充规定"走私废物罪"的主要原因有：

1. 走私废物行为的社会危害性越来越严重。近些年来，一些工业发达的资本主义国家开始注意环境保护，不允许排放有毒有害的工业废物，要求以高价进行无害处理，有些资本家为谋取高额利润，非法向工业不发达国家出口废物，对进口废物国家的环境造成严重污染，严重危及当地居民的身心健康。北京郊区曾发现非法进口洋垃圾，造成严重环境污染事故；青岛海关曾查处进口被放射线严重污染的废钢铁事件。为了坚决制止洋垃圾非法进入我国，污染环境，危害人民群众的身心健康，我国1997年修订刑法时，将走私固体废物的行为规定为犯罪，追究其刑事责任。修订刑法实施以后，走私液态废物和置于容器中的气态废物，严重污染环境、危害人身健康的行为也开始发生，对上述污染环境，危害人身健康的行为应当依法严惩。

2. 我国修订刑法对走私废物罪的对象规定得不全面、法定刑规定得不明确。1997年刑法第155条第（三）项规定，逃避海关监管将境外固体废物运输进境的，以走私罪论处，依照刑法走私罪一节的有关规定处罚。上述规定，有以下缺陷：（1）只规定走私固体废物，范围太窄，走私液态废物和置于容器中的气态废物，同样污染环境，危害人身、财产安全也应规定为犯罪。（2）"依照走私罪定罪处罚"的规定不明确。刑法分则第三章第二节走私罪中规定十几种具体犯罪，其法定刑各不相同，对于走私废物罪依照其中哪一种具体的走私罪的法定刑处罚规定得不明确。另外，除刑法第151条、第152条明确规定走私几类违禁品的处罚以外，刑法规定对走私普通货物、物品按照行为人走私偷逃应缴税额的多少给予不同的刑罚处罚，由于对走私废物无法计算应缴税额，司法机关对本罪在量刑上存在一定困难。为准确惩治走私废物行为，必须对刑法的有关规定进行修改和补充。

3.《海关法》对有关规定进行了修改，刑法也应作相应修改。2000年7月全国人大常委会通过的修订后的《海关法》第83条第（二）项规定："在内海、领海、界河、界湖,船舶及所载人员运输、收购、贩卖国家禁止或者限制进境的货物、物品,或者运输、收购、贩卖依法应当缴纳税款的货物,没有合法证明的","按走私行为论处"。上述法律、法规有关在"界河"、"界湖"实施上述走私行为的,也规定为走私犯罪行为,必须在刑法中有相应的规定,才能保障其准确实施。

4. 全国人大常委会法制工作委员会提请全国人大常委会修改刑法规定。2002年12月23日,在第九届全国人大常委会第三十一次会议上,全国人大常委会法制工作委员向全国人大常委会提出了《中华人民共和国刑法修正案(四)(草案)》,建议全国人常委会在刑法第152条中增加一款,作为第2款,逃避海关监管将境外固体废物、液态废物和置于容器中的气态废物运输进境,情节严重的,处5年以下有期徒刑,并处或者单处罚金;情节特别严重的,处5年以上有期徒刑,并处罚金。相应删去刑法第155条第(三)项的规定。同时将刑法第339条第3款的规定修改为"以原料利用为名,进口不能用作原料的固体废物、液态废物和置于容器中的气态废物的,依照刑法第152条第2款、第3款的规定定罪处罚。"建议将刑法第155条第2款修改为"在内海、领海、界河、界湖运输、收购、贩卖国家禁止进出口物品的,或者运输、收购、贩卖国家限制进出口货物、物品,数额较大,没有合法证明的,以走私罪论处"。① 全国人大法律委员会对全国人大常委会法制工作委员会提出的《刑法修正案(四)(草案)》进行了审议,委员们认为对刑法有关条文进行修改补充是必要的,草案也是可行的,同时提出了一些修改意见。②

鉴于上述原因,全国人大常委会在《中华人民共和国刑法修正案(四)》中修改补充了"走私废物罪"的罪状和法定刑。

(三) 走私废物罪的适用

走私废物罪,是修订刑法规定的犯罪修改的新罪名,《刑法修正案(四)》对其犯罪构成条件和适用的法定刑都作了补充规定。要准确适用,就必须弄清本罪的概念、构成特征,以及适用时应注意的问题。

1. 本罪的概念。走私废物罪,是指单位或者个人逃避海关监管将境外固体废物、液态废物和气态废物运输进境,情节严重的行为。

近些年来,一些工业发达的资本主义国家开始注意环境保护,不允许排放有毒有害的工业废物,要求花高价进行无害处理,有些资本家为谋取高额利

---

① 参见《全国人民代表大会常务委员会公报》2003年第1期,第65页。
② 参见《全国人民代表大会常务委员会公报》2003年第1期,第66页。

润，非法向工业不发达国家出口废物，对这些国家的环境造成严重污染，严重危及当地居民的身心健康，这是对社会有严重危害性的行为。我国 1997 年修订刑法时，将走私固体废物的行为规定为犯罪，追究其刑事责任。2002 年 12 月 28 日，全国人大常委会《刑法修正案（四）》将走私液态废物和置于容器中的气态废物，严重污染环境、危害人身健康的行为也规定为犯罪，2003 年 8 月 15 日，最高人民法院、最高人民检察院《关于执行〈中华人民共和国刑法〉确定罪名的补充规定（二）》中将刑法第 152 条第 2 款和《刑法修正案（四）》第 2 条规定的犯罪规定为"走私废物罪"，最低处 6 个月有期徒刑，最高处 15 年有期徒刑。

2. 犯罪的构成特征。根据 1997 年刑法第 152 条和《刑法修正案（四）》第 2 条的规定，该罪的构成特征有：

（1）犯罪主体。该罪的犯罪主体是一般主体，凡年满 16 周岁以上的具有刑事责任能力的自然人和依法成立的单位都可以构成本罪。犯罪主体在主观上是故意的心理态度，过失心理态度不能构成本罪。行为人在主观上一般都有偷逃关税的目的，不具有上述目的，也可以构成本罪，例如刑法第 399 条第 3 款的规定，以原料利用为名，进口不能用作原料的固体废物的，依照第 152 条第 2 款、第 3 款的规定定罪处罚。尽管不是以偷逃关税为目的，也可以构成本罪。本罪是属于走私违禁品，不以偷逃关税为目的，也不以偷逃税额多少作为定罪量刑的依据。当然，以偷逃税款为目的走私废物的也构成本罪。

（2）犯罪行为。必须是实施了走私废物的行为，具体行为表现有：

①逃避海关监管将境外固体废物、液态废物和气态废物运输进境，情节严重的行为。

②以原料利用为名，进口不能用作原料的固体废物、液态废物和气态废物的行为。

③直接向走私人非法收购国家禁止进口的废物的行为。

④在内海、领海、界河、界湖运输、收购、贩卖国家禁止进出口废物的行为，或者运输、收购、贩卖国家限制进出口废物，数额较大，没有合法证明的行为。

本罪的犯罪行为都是故意行为，即明知是国家禁止或者限制进口的废物，还故意走私进口的行为；过失行为不构成本罪。

（3）犯罪结果。本罪是结果犯，刑法和《刑法修正案（四）》规定，走私废物，只有"情节严重的"，才可以构成犯罪。所谓情节严重，根据 2014 年 9 月 10 日，最高人民法院、最高人民检察院《关于办理走私刑事案件适用法律若干问题的解释》第 14 条第 1 款规定："走私国家禁止进口的废物或者国家限制进口的可用作原料的废物，具有下列情形之一的，应当认定为刑法第一百五十二条第二款规定的'情节严重'：（一）走私国家禁止进口的危险性固体废物、液体废物分别或者合计达到一吨以上不满五吨的；（二）走私国家禁止进口的非危险性固体废物、液体废物分别或者合计达到五吨以上不满二十五吨的；（三）走私国家禁止进口的可用作原料的固体废物、液体废物分别或者合计达到二十吨以上不满一百吨的；（四）未达到上述数量标准，但属于犯罪集团的首要分子，使用特种车辆从事走私活动，或者造成环境严重污染等情形的。"

3. 本罪的法定刑。我国刑法第 152 条规定是根据犯罪行为造成不同结果，分别规定了不同档次的法定刑：

（1）走私废物达到上述情节严重标准，构成犯罪的，处 5 年以下有期徒刑，并处或者单处罚金。

（2）构成犯罪，情节特别严重的，处 5 年以上有期徒刑，并处罚金。所谓情节特别严重的结果，根据 2014 年 9 月 10 日最高人民法院、最高人民检察院《关于办理走私刑事案件适用法律若干问题的解释》第 14 条第 2 款规定："具有下列情形之一的，应当认定为刑法第一百五十二条第二款规定的'情节特别严重'：（一）走私数量超过上述情节严重的标准的；（二）达到前款规定的标准，且属于犯罪集团的首要分子，使用特种车辆从事走私活动，或者造成环境严重污染等情形的；（三）未达到前款规定标准，但造成环境严重污染且后果特别严重的。走私置于容器中的气态废物，构成犯罪的，参照前两款规定的标准处罚。"对国家限制进口的可用作原料的废物的具体种类，参照国家有关部门的规定确定。

（3）单位犯本罪的，对单位判处罚金，并对其直接负责的主管人员和其他直接责任人员，依照上述规定处罚。

4. 本罪适用时应注意以下问题：

（1）注意划清罪与非罪的界限。

第一，本罪的犯罪对象是特殊对象，必须是固体废物、液态废物和气态废物的，才构成本罪；如果走私的不是上述废物的，不构成本罪，可按走私普通货物、物品处理。

第二，本罪的结果必须是情节严重的结果的，才构成本罪；如果走私废物达不到情节严重的结果，不构成犯罪，可由海关给予行政处罚。

第三，本罪是故意犯罪；过失走私废物的行为不构成本罪，如果造成严重污染环境结果的，可以根据行为特征定为重大环境污染事故罪等。

（2）注意划清本罪与走私普通货物、物品罪的界限。我国刑法第 153 条规定的走私普通货物、物品罪，在《刑法修正案（四）》对刑法第152条、第155条第（三）项修改补充以前，走私固体废物罪，一般依照走私普通货物、物品罪的法定刑处罚。现行刑法专门规定了走私废物罪和法定刑。走私废物罪与走私普通货物、物品罪的根本区别是：

①犯罪对象不同。走私废物罪的对象是固体废物、液态废物和气态废物，是属于国家禁止或者限制进出口的货物、物品；而走私普通货物物品罪是一般物品，按《海关法》缴纳税款即可进出口，不受特别禁止或者批准的限制。

②构成犯罪的标准不同。走私废物罪是以"情节严重的"为构成犯罪的最低标准；而走私普通货物、物品罪是以"偷逃税额5万元以上的"为构成犯罪的最低标准。由于上述区别将两种犯罪区分开来。

（3）注意划清本罪与非法处置进口的固体废物罪的界限。刑法第339条第1款规定的"违反国家规定，将境外的固体废物进境倾倒、堆放、处置的"行为，最高人民法院、最高人民检察院司法解释规定为"非法处置进口的固体废物罪"。它与本罪都是进口废物的犯罪，容易混淆。二罪的根本区别是：

①对象不同。本罪的犯罪对象是固体废物、液态废物和气态废物；而非法处置进口的固体废物罪的犯罪对象只有固体废物，不包括液态废物和气态废物。

②犯罪行为不同。本罪是逃避海关监管，走私废物的行为；非法处置进口的固体废物罪的行为，只是非法处置进境固体废物的行为。由于上述区别将两种犯罪区分开来。

（4）注意划清本罪与擅自进口固体废物罪的界限。刑法第339条第2款规定的"未经国务院有关主管部门许可，擅自进口固体废物用作原料，造成重大环境污染事故，致使公私财产遭受重大损失或者严重危害人体健康的"行为，最高人民法院、最高人民检察院司法解释规定为"擅自进口固体废物罪"。它与本罪都是进口废物的犯罪，容易混淆。二罪的根本区别是：

①对象不同。本罪的犯罪对象是固体废物、液态废物和气态废物；而擅自进口固体废物罪的犯罪对象只有固体废物，不包括液态废物和气态废物。

②犯罪行为不同。本罪是逃避海关监管，走私废物的行为；擅自进口固体废物罪的行为是未经国务院主管部门许可，擅自进口固体废物用作原料，造成重大环境污染事故，致使公私财产遭受重大损失或者严重危害人体健康的行为。由于上述区别将两种犯罪区分开来。

三、雇用童工从事危重劳动罪

雇用童工从事危重劳动罪是《刑法修正案（四）》第4条规定的在刑法第244条后增加一条，作为第244条之一中新补充规定的罪名。我国1979年刑法、1997年刑法都没有规定雇用童工从事危重体力劳动的犯罪行为，司法实践中也很少有这种危害社会的行为。近几年，由于市场经济的发展，民营企业迅速发展，雇用童工从事危重劳动现象开始发生。为了保护未成年人的合法权利，确保其身心健康成长，2002年12月28日，全国人大常委会《中华人民共和国刑法修正案（四）》第4条增加规定了雇用童工从事危重劳动的犯罪行为。2003年8月15日，最高人民法院、最高人民检察院《关于执行〈中华人民共和国刑法〉确定罪名的补充规定（二）》中将刑法第244条之一和《刑法修正案（四）》第4条规定的犯罪规定为"雇用童工从事危重劳动罪"的罪名。

（一）刑法规定内容的修改

刑法条文中有关雇用童工从事危重劳动罪的规定有：

1. 1997年刑法第244条规定："用人单位违反劳动管理法规，以限制人身自由方法强迫职工劳动，情节严重的，对直接责任人员，处三年以下有期徒刑或者拘役，并处或者单处罚金。"

2. 2002年12月28日，全国人大常委会《中华人民共和国刑法修正案（四）》第4条规定在刑法第244条后增加一条，作为第244条之一："违反劳动管理法规，雇用未满十六周岁的未成年人从事超强度体力劳动的，或者从事高空、井下作业的，或者在爆炸性、易燃性、放射性、毒害性等危险环境下从事劳动，情节严重的，对直接责任人员，处三年以下有期徒刑或者拘役，并处罚金；情节特别严重的，处三年以上七年以下有期徒刑，并处罚金。

"有前款行为，造成事故，又构成其他犯罪的，依照数罪并罚的规定处罚。"

上述刑法及其《刑法修正案（四）》对刑法作了如下修改和补充：

1. 增加了新罪名。我国1979年刑法没有规定雇用童工从事危重劳动罪，实践中很少发生这种危害社会的行为。1997年修订刑法时，一些工矿企业的直接负责的主管人员强迫职工从事体力劳动的现象比较突出，在刑法第244条中将用人单位违反劳动管理规定，以限制人身自由方法强迫职工劳动，情节严重的行为规定为犯罪，1997年最高人民法院、最高人民检察院《关于执行

《中华人民共和国刑法》确定罪名的规定》规定为"强迫职工劳动罪"。司法实践中,对于强迫童工从事危重体力劳动的行为,一般以强迫职工劳动罪定罪处罚。2002年12月28日,全国人大常委会《中华人民共和国刑法修正案(四)》第4条将雇用童工从事危重体力劳动的行为规定为犯罪。2003年8月15日,最高人民法院、最高人民检察院《关于执行〈中华人民共和国刑法〉确定罪名的补充规定(二)》中将这种犯罪规定为"雇用童工从事危重劳动罪"的新罪名。

2. 补充规定了罪状和法定刑。1997年刑法原没有规定"雇用童工从事危重劳动罪"。《刑法修正案(四)》第4条补充规定了刑法第244条之一,其中规定了该罪的罪状是"违反劳动管理法规,雇用未满16周岁的未成年人从事超强度体力劳动的,或者从事高空、井下作业的,或者在爆炸性、易燃性、放射性、毒害性等危险环境下从事劳动,情节严重的。并规定最高处7年以下有期徒刑,并处罚金。有前款行为,造成事故,又构成其他犯罪的,依照数罪并罚的规定处罚"。

(二) 刑法规定修改的原因

全国人大常委会《中华人民共和国刑法修正案(四)》第4条补充规定"雇用童工从事危重劳动罪"的主要原因有:

1. 雇用童工从事危重劳动行为的社会危害性越来越严重。近些年来,有些企业为谋取非法利益,雇用未成年人从事劳动的违法行为比较突出,有的企业甚至用童工从事超强度体力的劳动,或者从事高空、井下作业,或者在爆炸性、易燃性、放射性、毒害性等危险环境下从事劳动,严重危害未成年人的身心健康,有的甚至造成未成年人死亡,其社会危害性越来越严重。我国1997年修订刑法时,虽然将强迫职工从事劳动的行为规定为犯罪,追究其刑事责任,但没有突出对未成年人的特别保护,只能部分保护,不能全面保护。因此,需要通过刑法规定惩治雇用童工从事危重劳动严重损害童工身心健康的犯罪行为。

2. 我国修订刑法原没有雇用童工从事危重劳动罪。1997年刑法第244条虽然规定可依照"强迫职工劳动罪"惩治一些侵犯童工权益的行为,但不能全面保护未成年人的合法权益。特别是在雇用童工从事危重劳动行为的社会危害性越来越严重的形势下,为准确惩治侵犯未成年人的合法权利的行为,确保未成年人身心健康成长,必须对通过立法的方法在刑法中增加规定"雇用童工从事危重劳动罪"。

3. 我国《未成年人保护法》的有关规定需要刑法作保障。1992年1月1

日起实施的《中华人民共和国未成年人保护法》第49条规定，企业事业组织、个体工商户非法招用未满16周岁的未成年人的，由劳动部门责令改正，处以罚款；情节严重的，由工商行政管理部门吊销营业执照。第52条规定，侵犯未成年人的人身权利或者其他合法权利，构成犯罪的，依法追究刑事责任。上述法律规定必须在刑法中有相应的规定，才能保障其准确实施。

4. 全国人大法制工作委员会提请全国人大常委会修改刑法规定。2002年12月23日，在第九届全国人大常委会第三十一次会议上，全国人大常委会法制工作委员会向全国人大常委会提出的《中华人民共和国刑法修正案（四）（草案）》中建议全国人大常委会在刑法第244条后增加一条，作为刑法第244条之一："违反劳动管理法规，雇用未满16周岁的未成年人从事超强度体力劳动的，或者从事高空、井下作业的，或者在爆炸性、易燃性、放射性、毒害性等危险环境下从事劳动，情节严重的，对直接责任人员，处3年以下有期徒刑或者拘役，并处罚金；情节特别严重的，处3年以上7年以下有期徒刑，并处罚金。有前款行为，造成事故，又构成其他犯罪的，依照数罪并罚的规定处罚。"① 全国人大法律委员会对全国人大常委会法制工作委员会提出的《刑法修正案（四）（草案）》进行了审议，委员们认为：对刑法有关条文进行修改补充是必要的，草案也是可行的，同时提出了一些修改意见。②

鉴于上述原因，全国人大常委会在《中华人民共和国刑法修正案（四）》第4条中补充规定了"雇用童工从事危重劳动罪"的罪状和法定刑。

（三）雇用童工从事危重劳动罪的适用

雇用童工从事危重劳动罪是《刑法修正案（四）》第4条补充规定的刑法第244条之一中增加的犯罪。要准确适用，就必须弄清本罪的概念、构成特征，以及适用时应注意的问题。

1. 雇用童工从事危重劳动罪的概念。雇用童工从事危重劳动罪是指违反劳动管理法规，雇用未满16周岁的未成年人从事超强度体力劳动的，或者从事高空、井下作业的，或者在爆炸性、易燃性、放射性、毒害性等危险环境下从事劳动，情节严重的行为。

近些年来，一些企业为谋取非法利益，雇用童工从事劳动的违法行为比较突出，有的企业甚至雇用童工从事超强度体力的劳动，或者从事高空、井下作业，或者在爆炸性、易燃性、放射性、毒害性等危险环境下从事劳动，严重危

---

① 参见《全国人民代表大会常务委员会公报》2003年第1期，第65页。
② 参见《全国人民代表大会常务委员会公报》2003年第1期，第66页。

害未成人的身心健康,有的甚至造成未成年人的死亡,社会危害性严重。2002年12月28日,全国人大常委会《刑法修正案(四)》将雇用童工从事危重劳动,情节严重的行为规定为犯罪。2003年8月15日,最高人民法院、最高人民检察院《关于〈中华人民共和国刑法〉确定罪名的补充规定(二)》中将刑法第244条之一和《刑法修正案(四)》第4条规定的犯罪规定为"雇用童工从事危重劳动罪"。刑法规定,犯本罪的,最高处7年有期徒刑;有前款行为,造成生产、作业安全事故,又构成其他犯罪的,依照数罪并罚的规定处罚。

2. 本罪的构成特征。根据1997年刑法第244条之一和《刑法修正案(四)》第4条的规定,该罪的构成特征有:

(1) 犯罪主体。该罪的犯罪主体是一般主体,凡年满16周岁以上的具有刑事责任能力的负直接责任的自然人都可以构成本罪。犯罪主体在主观上是故意的心理态度,过失心理态度不能构成本罪。行为人在主观上明知是未满16周岁的未成年人,而故意雇用并安排其从事超强度体力劳动的,或者从事高空、井下作业的,或者在爆炸性、易燃性、放射性、毒害性等危险环境下从事劳动的才构成犯罪。过失心理态度不构成本罪。

(2) 犯罪行为。必须是实施了雇用童工从事危重劳动的行为,具体行为表现有:

①违反劳动管理法规规定,雇用童工的行为。劳动管理法规规定,主要指《中华人民共和国劳动法》(以下简称《劳动法》)、《中华人民共和国未成年人权益保护法》等法律法规的规定。例如,我国《劳动法》第64条规定,不得安排未成年工(已满16周岁不满18周岁的劳动者)从事矿山、井下、有毒有害、国家规定的第四级体力劳动强度的劳动和其他禁忌从事的劳动。第94条规定:"用人单位非法招用未满16周岁的未成年人的,由劳动行政部门责令改正,处以罚款;情节严重的,由工商行政管理部门吊销营业执照。"

②雇用未满16周岁的未成年人从事超强度体力劳动的行为。雇用不满16周岁的童工进行劳动本身就是违法的,再让其从事超四级以上强度体力劳动的行为是犯罪行为。

③雇用不满16周岁的未成年人从事高空、井下作业的行为。我国《劳动法》明确规定"不得安排未成年工(已满16周岁不满18周岁的劳动者)从事矿山、井下劳动",也包括雇用不满16周岁的童工从事上述危重劳动的行为。

④雇用不满16周岁的未成年人从事在爆炸性、易燃性、放射性、毒害性等危险环境下劳动的行为,例如,从事烟花爆竹、打火机等易燃易爆物品生产

安装工作。

本罪的犯罪行为都是故意行为，即明知是国家禁止雇用不满 16 周岁的童工，还雇用并安排其从事危重体力劳动的行为；过失行为不构成本罪。

（3）犯罪结果。本罪是结果犯，刑法第 244 条之一和《刑法修正案（四）》第 4 条规定，雇用不满 16 周岁童工从事危重劳动的"情节严重"结果的才构成犯罪。所谓"情节严重的"结果，根据 2008 年 6 月 25 日最高人民检察院、公安部《关于公安机关管辖的刑事案件立案追诉标准（一）》第 32 条规定，涉嫌下列行为之一的，应予追诉：①造成未满 16 周岁的未成年人伤亡或者对其身体健康造成严重危害的；②雇用未满 16 周岁的未成年人三人以上的；③以强迫、欺骗等手段雇用未满 16 周岁的未成人从事危重劳动的；④其他情节严重的情形。

3. 本罪的法定刑。我国刑法第 244 条之一根据犯罪行为造成的不同结果，分别规定了不同档次的法定刑：

（1）具备上述情节严重，构成犯罪的，对直接责任人，处 3 年以下有期徒刑或者拘役，并处罚金。

（2）构成犯罪，情节特别严重的，处 3 年以上 7 年以下有期徒刑，并处罚金。所谓情节特别严重的结果，我国刑法没有具体规定，目前也没有司法解释。笔者认为，这里"情节特别严重的"，应包括以下情节：①雇用不满 16 周岁的童工 10 人以上从事危重劳动的；②经过二次以上行政处罚，又雇用不满 16 周岁多名童工从事危重劳动的；③雇用不满 16 周岁的童工从事危重劳动，造成童工 1 人以上死亡、3 人以上重伤、10 人以上轻伤的；④雇用不满 16 周岁的童工从事危重劳动，造成重大事故，又构成其他严重犯罪的；⑤隐瞒事故真相、毁灭证据、阻碍解救、拒绝查处等情节的。具有上述情形之一的，应认定为"情节特别严重的"。

4. 本罪适用时应注意以下问题：

（1）注意划清罪与非罪的界限。

第一，本罪的犯罪对象是特殊对象，必须是雇用不满 16 周岁的童工从事危重劳动的才构成本罪；如果雇用的是已满 16 周岁不满 18 周岁的未成年工人从事危重劳动的，也是违反劳动法的行为，但不构成本罪，可以由劳动行政管理部门给予行政处罚。另外，雇用不满 16 周岁童工从事非危重劳动的行为也是一般违法行为，由劳动管理部门给予行政处罚，但不构成犯罪。

第二，本罪必须是"情节严重结果的"才构成本罪；如果雇用不满 16 周岁童工从事力所能及的轻体力劳动，虽然也是违法的，但达不到情节严重的结果，不构成犯罪。例如，雇用了失去父母亲的孤儿，在旅游景点协助为游客照相的行为，一般不构成犯罪，可由劳动部门给予行政处罚。

第三，本罪是故意犯罪；过失行为不构成本罪。例如，由于审查不严格，雇用了冒充是已满18周岁以上的成年人的童工从事危重劳动的行为，一般也不构成犯罪。

（2）注意准确认定本罪的犯罪主体。我国刑法第244条之一规定的雇用童工从事危重劳动罪的主体是否包括单位，人们有不同意见。有的认为，该罪的犯罪主体是单位和个人都可以构成，因为雇用童工从事危重劳动行为，一般都是代表企业单位实施的行为，特别是刑法第244条之一规定，只追究"直接责任人员"的刑事责任。因此，单位也可以构成该罪的犯罪主体。笔者认为，严格依照《刑法修正案（四）》第4条、刑法第244条之一和刑法第30条、第31条规定，单位不能构成本罪的犯罪主体。因为根据刑法第30条的规定，单位犯罪必须在刑法分则条文中明确规定"单位构成犯罪的"和"对单位判处刑罚"。而我国刑法第244条之一中并没有这种规定。该条文中既没有规定单位构成犯罪，也没有规定对单位判处刑罚，因此，不应认定该单位可以构成本罪的犯罪主体。但是，由于刑法第244条之一中规定有"对直接责任人员"追究刑事责任，本罪主体可以是单位的直接责任人员的犯罪，也可以是非单位负直接责任的人，即本罪的犯罪主体是负直接责任的自然人犯罪，不是单位犯罪，不能追究单位的刑事责任。

（3）注意准确认定行为人主观上是否是明知其雇用的是不满16周岁的童工。根据刑法第244条之一的规定，行为人必须明知是不满16周岁的童工而雇用其从事危重体力劳的才构成犯罪。而司法实践中，有些童工故意虚报自己的年龄，以假证件证明其是已满18周岁以上的成年人或者冒充其他成年人的名字去应招，结果被雇主招为工人从事危重劳动。笔者认为，对此种情况应具体问题进行具体分析，如果雇主确实不知道是童工，从体貌特征和有关证件审查上也无法分辨出被雇用的对象是童工的，由于行为人主观上没有犯罪的故意，不构成犯罪。如果行为人明知被雇用的对象是虚报年龄，还安排其从事危重劳动的，应构成犯罪。

（4）注意划清本罪与强迫职工劳动罪的界限。刑法第244条规定的"用人单位违反劳动管理法规，以限制人身自由方法强迫职工劳动，情节严重的，对直接责任人员"追究刑事责任。最高人民法院、最高人民检察院司法解释规定为"强迫职工劳动罪"。它与本罪都是侵犯职工人身权利的犯罪，容易混淆。二罪的根本区别是：

①对象不同。本罪的犯罪对象是雇用了不满16周岁的童工；而强迫职工劳动罪的对象是职工，包括已满16周岁不满18岁的未成年职工。尽管二者有

重合关系，但不满 16 岁童工是非法雇用的职工，其范围要小得多。

②犯罪行为不同。本罪是雇用不满 16 周岁童工从事危重劳动的行为；强迫职工劳动罪的行为是以限制人身自由方法强迫职工进行劳动的行为。本罪的行为中也可能包括非法雇用不满 16 周岁童工，并以限制人身自由的方法，强迫其从事危重劳动的情况，当出现上述两种行为发生法规竞合时，应以特别规定优先适用原则，依照雇用童工从事危重劳动罪定罪处罚。根据上述两罪的区别可将两种犯罪区分开来。

四、非法采伐、毁坏国家重点保护植物罪，非法收购、运输、加工、出售国家重点保护植物、国家重点保护植物制品罪

非法采伐、毁坏国家重点保护植物罪，非法收购、运输、加工、出售国家重点保护植物、国家重点保护植物制品罪，是《刑法修正案（四）》第 6 条规定的对刑法第 344 条原规定的非法采伐、毁坏珍贵树木罪的修改补充罪名。我国 1979 年刑法第 128 条笼统规定了盗伐、滥伐森林或者其他林木的犯罪行为，没有具体规定非法采伐、毁坏国家重点保护植物罪和非法收购、运输、加工、出售国家重点保护植物、国家重点保护植物制品的犯罪行为。1997 年刑法第 344 条专门补充规定了非法采伐、毁坏珍贵树木的犯罪行为。1997 年最高人民法院、最高人民检察院《关于执行〈中华人民共和国刑法〉确定罪名的规定》将刑法第 344 条原规定的犯罪规定为"非法采伐、毁坏珍贵树木罪"。近几年，又出现了一些故意采伐、毁坏除珍贵树木以外的国家重点保护的其他珍贵植物，破坏国家对珍贵植物的保护。国家立法机关根据上述情况又制定了一列保护珍贵植物的法律、法规。2002 年 12 月 28 日，全国人大常委会《中华人民共和国刑法修正案（四）》第 6 条中规定，在刑法第 344 条规定的基础上增加规定了"非法采伐、毁坏国家重点保护的其他植物或者非法收购、运输、加工、出售珍贵树木或国家重点保护的其他植物及其制品的"犯罪行为。2003 年 8 月 15 日，最高人民法院、最高人民检察院《关于执行〈中华人民共和国刑法〉确定罪名的补充规定（二）》中将刑法第 344 条和《刑法修正案（四）》第 6 条规定的犯罪规定为"非法采伐、毁坏国家重点保护植物罪和非法收购、运输、加工、出售国家重点保护植物、国重点保护植物制品罪"两种罪名；并取消了原规定的"非法采伐、毁坏珍贵树木罪"的罪名。

（一）刑法规定内容的修改

刑法条文中有关非法采伐、毁坏国家重点保护植物罪，非法收购、运输、加工、出售国家重点保护植物、国家重点保护植物制品罪的规定有：

1. 1979年刑法第128条规定："违反保护森林法规，盗伐、滥伐森林或者其他林木，情节严重的，处三年以下有期徒刑、拘役，可以并处或者单处罚金。"

2. 1997年刑法第344条原规定："违反森林法的规定，非法采伐、毁坏珍贵树木的，处三年以下有期徒刑、拘役或者管制，并处罚金；情节严重的，处三年以上七年以下有期徒刑，并处罚金。"

1997年刑法第346条规定："单位犯本节第三百三十八条至第三百四十五条规定之罪的，对单位判处罚金，并对其直接负责的主管人员和其他直接责任人员，依照本节各该条的规定处罚。"

3. 2002年12月28日，全国人大常委会《中华人民共和国刑法修正案（四）》第6条规定将刑法第344条修改为："违反国家规定，非法采伐、毁坏珍贵树木或者国家重点保护的其他植物的，或者非法收购、运输、加工、出售珍贵树木或者国家重点保护的其他植物及其制品的，处三年以下有期徒刑、拘役或者管制，并处罚金；情节严重的，处三年以上七年以下有期徒刑，并处罚金。"

上述刑法及其《刑法修正案（四）》对刑法作了如下修改和补充：

1. 修改和增加了罪名。我国1979年刑法没有专门规定"非法采伐、毁坏国家重点保护植物罪"和"非法收购、运输、加工、出售国家重点保护植物、国家重点保护植物制品罪"。实践中将上述严重危害社会的行为，一般按盗伐森木、滥伐林木罪定罪处罚。1997年修订刑法时，专门在刑法第344条中增加规定了"违反森林法的规定，非法采伐、毁坏珍贵树木的"犯罪，并从盗伐、滥伐林木罪中分离出来，单独规定为犯罪。1997年最高人民法院、最高人民检察院《关于执行〈中华人民共和国刑法〉确定罪名的规定》规定为"非法采伐、毁坏珍贵树木罪"的罪名。近些年来，毁坏珍贵野生植物的情况较为严重，乱采滥伐，使国家保护的野生植物遭受严重的破坏，有的野生植物面临绝种的危险。2002年12月28日，全国人大常委会《中华人民共和国刑法修正案（四）》第6条在刑法第344条中补充增加了"非法采伐、毁坏国家重点保护的其他植物的，或者非法收购、运输、加工、出售珍贵树木或者国家重点保护的其他植物及其制品"的犯罪行为。2003年8月15日，最高人民法院、最高人民检察院《关于执行〈中华人民共和国刑法〉确定罪名的补充规定（二）》中将这种犯罪规定为"非法采伐、毁坏国家重点保护植物罪"和"非法收购、运输、加工、出售国家重点保护植物、国重点保护植物制品罪"两种罪名，其中"非法采伐、毁坏国家重点保护植物罪"是原"非法采伐、毁坏珍贵树木罪"的修改罪名；而"非法收购、运输、加工、出售国家重点保护植物、国重点保护植物制品罪"是新增加的罪名。

2. 补充规定了新的犯罪行为。1997年刑法第344条原只规定了非法采伐、毁坏珍贵树木的犯罪行为。《刑法修正案（四）》第6条又补充增加规定了两种犯罪行为：（1）违反国家规定，非法采伐、毁坏国家重点保护的其他植物的犯罪行为，是补充非法采伐、毁坏珍贵树木的犯罪行为；（2）违反国家规定，非法收购、运输、加工、出售珍贵树木或者国家重点保护的其他植物及其制品的犯罪行为，是新增加规定的犯罪行为。

（二）刑法规定修改的原因

全国人大常委会《中华人民共和国刑法修正案（四）》第6条修改补充规定"非法采伐、毁坏国家重点保护植物罪"和"非法收购、运输、加工、出售国家重点保护植物、国重点保护植物制品罪"的主要原因有：

1. 非法采伐、毁坏国家重点保护的珍贵植物和其他植物犯罪行为的社会危害性越来越严重。根据国家关于野生植物保护的规定，国家除保护珍贵树木外，还有许多珍贵野生植物具有重要经济价值和文化研究价值，受国家法律的重点保护。近些年来，毁坏珍贵野生植物的情况较为严重，乱采滥伐，使国家保护的野生植遭受严重的破坏，有的野生植物面临绝种的危险。因此，需要通过刑法规定惩治违反国家规定，非法采伐、毁坏珍贵树木或者国家重点保护的其他植物的犯罪行为。同时，也必须严厉惩治非法收购、运输、加工、出售珍贵树木或者国家重点保护的其他植物及其制品的行为，才能有效地保护国家重点保护的珍贵植物不被非法采伐或者毁坏。

2. 我国修订刑法原没有非法采伐、毁坏珍贵植物罪和非法收购、运输、加工、出售国家重点保护植物、国家重点保护植物制品罪。1997年刑法第344条虽然规定了"非法采伐珍贵林木罪"，依照上述规定只能惩治一些采伐、毁坏珍贵树木的犯罪行为，但不能准确惩治非法采伐、毁坏国家重点保护的珍贵植物的行为。我国1997年1月1日起施行的《中华人民共和国野生植物保护条例》第9条规定："国家保护野生植物及其生长环境，禁止任何单位和个人非法采集野生植物或者破坏其生长环境。"第23条规定："未取得采集证或者未按照采集证的规定采集国家重点保护野生植物的，由野生植物行政主管部门没收所得的野生植物和违法所得，可以并处违法所得10倍以下的罚款；有采集证的,并可以吊销采集证。"第 24 条规定:"违反本条例规定,出售、收购国家重点保护野生植物的,由工商行政管理部门或者野生植物主管部门按照职责分工没收野生植物和违法所得,可以并处违法所得 10 倍以下的罚款。"第 28 条规定:"违反本条例规定,构成犯罪的,依法追究刑事责任。"上述法律规定必须在刑法中有相应的规定,才能保障其准确实施。

3. 全国人大法制工作委员会提请全国人大常委会修改刑法规定。2002 年 12 月 23 日,在第九届全国人大常委会第三十一次会议上,全国人大常委会法制工作委员会向全国人大常委会提出的《中华人民共和国刑法修正案(四)(草案)》中建议全国人大常委会将刑法第 344 条修改为:"违反国家规定,非法采伐、毁坏珍贵树木或者国家重点保护的其他植物的,或者非法收购、运输、加工、出售珍贵树木或者国家重点保护的其他植物及其制品的,处 3 年以下有期徒刑、拘役或者管制,并处罚金;情节严重的,处 3 年以上 7 年以下有期徒刑,并处罚金。"① 全国人大法律委员会对全国人大常委会法制工作委员会提出的《刑法修正案(四)(草案)》进行了审议,委员们认为对刑法有关条文进行修改补充是必要的,草案也是可行的,同时提出了一些修改意见。②

鉴于上述原因,全国人大常委会在《中华人民共和国刑法修正案(四)》第 6 条中补充修改了"非法采伐、毁坏国家重点保护植物罪"和增加了"非法收购、运输、加工、出售国家重点保护植物、国家重点保护植物制品罪"。

(三) 非法采伐、毁坏国家重点保护植物罪和非法收购、运输、加工、出售国家重点保护植物、国家重点保护植物制品罪的适用

非法采伐、毁坏国家重点保护植物罪和非法收购、运输、加工、出售国家重点保护植物、国家重点保护植物制品罪都是《刑法修正案(四)》第 6 条对刑法第 344 条补充增加的犯罪。要准确适用,就必须弄清这两种犯罪的概念、构成特征,以及适用时应注意的问题。

1. 该两罪的概念。非法采伐、毁坏国家重点保护植物罪,是指单位或者个人违反国家法规,非法采伐、毁坏珍贵树木或者国家重点保护的其他植物的行为。非法收购、运输、加工、出售国家重点保护植物、国家重点保护植物制品罪,是指单位或者个人非法收购、运输、加工、出售珍贵树木或者国家重点保护的其他植物及其制品的行为。

珍贵野生植物具有重要经济价值和文化研究价值,受国家法律的重点保

---

① 参见《全国人民代表大会常务委员会公报》2003 年第 1 期,第 65 页。
② 参见《全国人民代表大会常务委员会公报》2003 年第 1 期,第 66 页。

护。近些年来，毁坏珍贵野生植物的情况较为严重，乱采滥伐，或者非法收购、运输、加工、出售珍贵植物制品，谋取巨额非法经济利润，使国家保护的野生植物遭受严重的破坏，有的野生植物面临绝种的危险，这是对社会有严重危害性的行为。我国1997年刑法第344条原规定惩治非法采伐、毁灭珍贵树木的犯罪行为。2002年12月28日，全国人大常委会《刑法修正案（四）》第6条又补充了惩治非法采伐、毁灭国家重点保护的其他野生植物的犯罪行为和非法收购、运输、加工、出售国家重点保护植物、国家重点保护植物制品的犯罪行为。2003年8月15日，最高人民法院、最高人民检察院《关于执行〈中华人民共和国刑法〉确定罪名的补充规定（二）》中将刑法第344条和《刑法修正案（四）》第6条规定的犯罪规定为"非法采伐、毁坏国家重点保护植物罪"和"非法收购、运输、加工、出售国家重点保护植物、国家重点保护植物制品罪"两种犯罪，并规定犯这两种罪的，最低处管制刑，最高处7年有期徒刑。

2. 犯罪的构成特征。根据1997年刑法第344条和《刑法修正案（四）》第6条的规定，该罪的构成特征有：

（1）犯罪主体。该两种犯罪的主体是一般主体，凡年满16周岁以上的具有刑事责任能力的自然人和依法成立的单位都可以构成本罪的犯罪主体。犯罪主体在主观上是故意的心理态度，即行为人在主观上明知是珍贵树木或者国家重点保护的植物，而故意非法采伐、毁坏或者非法收购、运输、加工、出售珍贵树木或者国家重点保护的其他植物及其制品的，才构成犯罪。过失心理态度不构成本罪。例如，行为人以盗伐普通林木为目的，确实不知道其盗伐的是珍贵树木的，不构成本罪，可依照盗伐林木罪定罪处罚。

（2）犯罪行为。两种犯罪各有不同的行为表现。非法采伐、毁坏国家重点保护植物罪的具体行为表现有：

①违反国家规定，非法采伐珍贵树木或者国家重点保护的其他植物的犯罪行为，包括采伐、采集、挖掘、移走等行为。

②违反国家规定，非法毁坏珍贵树木或者国家重点保护的其他植物的犯罪行为，包括烧毁、炸毁、弄死等使珍贵树木或者国家重点保护的其他植物失去应有价值的行为。

非法收购、运输、加工、出售国家重点保护植物、国家重点保护植物制品罪的具体犯罪行为表现有：

①非法收购珍贵树木或者国家重点保护的其他植物及其制品的行为。

②非法运输珍贵树木或者国家重点保护的其他植物及其制品的行为。

③非法加工珍贵树木或者国家重点保护的其他植物及其制品的行为。

④非法出售珍贵树木或者国家重点保护的其他植物及其制品的行为。

该两种犯罪的犯罪行为都是故意行为，即明知珍贵树木或国家重点保护的其他植物及其制品还进行非法采伐、毁坏或者非法收购、运输、加工、出售的行为；过失行为不构成本罪。这里所谓珍贵树木，根据2000年12月11日最高人民法院《关于审理破坏森林资源刑事案件具体应用法律若干问题的解释》第2条的司法解释，珍贵树木，包括由省级以上林业主管部门或者其他部门确定的具有重大历史纪念意义、科学研究价值或者年代久远的古树名木，国家禁止、限制出口的珍贵树木以及列入国家重点保护野生植物名录的树木。该两种犯罪对象必须是依照国家法律、法规规定的珍贵树木，不包括省级林业主管部门确定的珍贵树木和省级重点保护的其他植物，因为刑法第344条明确规定必须是"违反国家规定"，不包括省级规定，不是违反国家规定的行为不构成该两种犯罪。所谓国家重点保护的其他植物，是指除珍贵树本以外的列入国家重点保护野生植物名录的植物，不是国家重点保护的植物不构成该两种犯罪。

(3) 犯罪结果。本罪是行为犯，刑法第344条和《刑法修正案（四）》第6条规定，只要违反国家规定，实施了非法采伐、毁坏珍贵树木或者国家重点保护的其他植物，或者非法收购、运输、加工、出售珍贵树木或者国家重点保护的其他植物及其制品的行为的，就具备了这两种犯罪的结果。

3. 犯本两罪的法定刑。刑法第344条根据犯罪的情节分别规定了不同的法定刑：

(1) 情节一般，构成犯罪的，处3年以下有期徒刑、拘役或者管制，并处罚金。但是，根据刑法第13条犯罪定义的规定，情节显著轻微危害不大的，不认为是犯罪。

(2) 犯本罪，情节严重的，处3年以上7年以下有期徒刑，并处罚金。何为"情节严重的"结果，我国刑法没有具体规定，2000年12月11日最高人民法院《关于审理破坏森林资源刑事案件具体应用法律若干问题的解释》第2条司法解释为，具有下列情形之一的，属于非法采伐、毁坏珍贵树木行为"情节严重"：①非法采伐珍贵树木2株以上或者毁坏珍贵树木致使珍贵树木死亡3株以上的；②非法采伐珍贵树木2立方米以上的；③为首组织、策划、指挥非法采伐或者毁坏珍贵树木的；④其他情节严重的情形。具备上述情节之一的，应适用加重法定刑。对于犯非法收购、运输、加工、出售国家重点保护植物、国家重点保护植物制品罪的情节特别严重的，可以参照上述司法解释认定。

(3) 单位犯上述两罪的，根据刑法第346条规定，对单位判处罚金，并对其直接负责的主管人员和其他直接责任人员，依照刑法第344条规定的法定刑处罚。

4. 本罪适用时应注意以下问题：

（1）注意划清罪与非罪的界限。

第一，本罪的犯罪对象是特殊对象，必须是珍贵树木或者国家重点保护的其他植物。国家重点保护的其他植物，不一定都是珍贵植物，国家重点保护的树木中不是珍贵树木的，也可以构成本罪的犯罪对象；如果非采伐、毁坏的不是珍贵树木或者不是国家重点保护的其他植物的，也不构成本罪。

第二，《刑法修正案（四）》规定本两种犯罪是行为犯，只要实施了本罪的犯罪行为就可以构成犯罪，但情节显著轻微危害不大的不认为是犯罪。

第三，本罪是故意犯罪，过失行为不构成本罪。例如，行为人确实不知是国家重点保护的珍贵树木加工的家具制品而非法收购、运输、加工、出售的行为，一般也不构成犯罪。

（2）注意准确认定本罪的一罪与数罪。我国刑法第344条规定的"非法采伐、毁坏国家重点保护植物罪"和"非法收购、运输、加工、出售国家重点保护植物、国家重点保护植物制品罪"两种犯罪都是选择罪名。如果行为人只是实施了某一种犯罪中的行为之一的，应依照行为人实施的行为定罪，例如，行为人只实行了非法采伐珍贵树木的行为的，就只定为"非法采伐国家重点保护植物罪"即可；如果行为人全部行为都实施了，也只定为"非法采伐、毁坏国家重点保护植物罪"一罪。如果行为人分别实施了非法采伐、毁坏国家重点保护植物罪和非法收购、运输、加工、出售国家重点保护植物、国家重点保护植物制品罪两种犯罪中的部分行为，则应分别定罪，数罪并罚。例如，行为人实施了非法采伐珍贵树木的行为，又非法出售国家重点保护的其他植物加工的家具的行为，应认定为非法采伐国家重点保护植物罪和非法出售国家重点保护植物制品罪两种犯罪，实行数罪并罚。

（3）注意划清该两种犯罪与盗伐林木罪、滥伐林木罪的界限。刑法第345条规定的"盗伐林木罪"、"滥伐林木罪"在犯罪主体、犯罪行为等方面都与本罪相同或者相似，上述犯罪容易混淆。二罪的根本区别是：

①对象不同。该两种犯罪的对象是珍贵树木或者国家重点保护的其他植物及其制品，而盗伐林木罪和滥伐林木罪的对象都是普通林木。

②犯罪行为不同。该两种犯罪的犯罪行为除有非法采伐珍贵树木或者国家重点保护的其他植物的行为外，还有毁坏行为。而盗伐林木罪、滥伐林木罪的犯罪行为只是采伐林木的行为，没有毁坏林木的行为。本罪的行为与盗伐、滥伐林木的行为发生法规竞合时，应以特别规定优先适用原则，依照本两种犯罪定罪处罚。根据上述犯罪的区别可将上述有关犯罪区分开来。

五、非法收购、运输盗伐、滥伐的林木罪

非法收购、运输盗伐、滥伐的林木罪是《刑法修正案（四）》第 7 条规定的对刑法第 345 条原规定的非法收购盗伐、滥伐的林木罪的修改补充罪名。我国 1979 年刑法第 128 条笼统规定了盗伐、滥伐森林或者其他林木的犯罪行为，没有具体规定非法收购、运输盗伐、滥伐的林木的犯罪行为。1997 年刑法第 345 条第 3 款专门补充规定了非法收购盗伐、滥伐的林木的犯罪行为。1997 年最高人民法院、最高人民检察院《关于执行〈中华人民共和国刑法〉确定罪名的规定》将刑法第 345 条第 3 款原规定的犯罪规定为"非法收购盗伐、滥伐林木罪"。近几年，又出现了一些在非林区收购、运输盗伐、滥伐的林木情况，以及盗伐、滥伐林木者与收购、运输者相勾结盗伐、滥伐的林木，有的运输者就是盗伐、滥伐和非法收购者，对这些行为司法机关认识不一致，很难及时处理，使国家的森林及其他林木得不到有效的保护。2002 年 12 月 28 日，全国人大常委会《中华人民共和国刑法修正案（四）》第 7 条中规定，在刑法第 345 条第 3 款中取消"以牟利为目的，在林区"非法收购盗伐、滥伐的林木的限制，并增加"运输"盗伐、滥伐的林木为犯罪行为的规定。2003 年 8 月 15 日，最高人民法院、最高人民检察院《关于执行〈中华人民共和国刑法〉确定罪名的补充规定（二）》中将刑法第 345 条第 3 款和《刑法修正案（四）》第 7 条规定的犯罪规定为"非法收购、运输盗伐、滥伐的林木罪"的罪名，并取消了原规定的"非法收购盗伐、滥伐的林木罪"的罪名。

（一）刑法规定内容的修改

刑法条文中有关非法收购、运输盗伐、滥伐的林木罪的规定有：

1. 1979 年刑法第 128 条规定："违反保护森林法规，盗伐、滥伐森林或者其他林木，情节严重的，处三年以下有期徒刑、拘役，可以并处或者单处罚金。"

2. 1997 年刑法第 345 条规定："盗伐森林或者其他林木，数量较大的，处三年以下有期徒刑、拘役或者管制，并处或者单处罚金；数量巨大的，处三年以上七年以下有期徒刑，并处罚金；数量特别巨大的，处七年以上有期徒刑，并处罚金。

"违反森林法的规定，滥伐森林或者其他林木，数量较大的，处三年以下有期徒刑、拘役或者管制，并处或者单处罚金；数量巨大的，处三年以上七年以下有期徒刑，并处罚金。

"以牟利为目的，在林区非法收购明知是盗伐、滥伐的林木，情节严重的，处三年以下有期徒刑、拘役或者管制，并处或者单处罚金；情节特别严重的，处三年以上七年以下有期徒刑，并处罚金。

"盗伐、滥伐国家级自然保护区内的森林或者其他林木的，从重处罚。"

1997年刑法第346条规定："单位犯本节第三百三十八条至第三百四十五条规定之罪的，对单位判处罚金，并对其直接负责的主管人员和其他直接责任人员，依照本节各该条的规定处罚。"

3. 2002年12月28日，全国人大常委会《中华人民共和国刑法修正案（四）》第7条规定将刑法第345条修改为："盗伐森林或者其他林木，数量较大的，处三年以下有期徒刑、拘役或者管制，并处或者单处罚金；数量巨大的，处三年以上七年以下有期徒刑，并处罚金；数量特别巨大的，处七年以上有期徒刑，并处罚金。

"违反森林法的规定，滥伐森林或者其他林木，数量较大的，处三年以下有期徒刑、拘役或者管制，并处或者单处罚金；数量巨大的，处三年以上七年以下有期徒刑，并处罚金。

"非法收购、运输明知是盗伐、滥伐的林木，情节严重的，处三年以下有期徒刑、拘役或者管制，并处或者单处罚金；情节特别严重的，处三年以上七年以下有期徒刑，并处罚金。

"盗伐、滥伐国家级自然保护区内的森林或者其他林木的，从重处罚。"

上述刑法及其《刑法修正案（四）》对刑法作了如下修改和补充：

1. 修改了罪名。我国1979年刑法没有专门规定"非法收购、运输盗伐、滥伐的林木罪"，实践中将上述严重危害社会的行为，一般按盗伐林木、滥伐林木罪的共犯定罪处罚。1997年修订刑法时，专门在刑法第345条第3款中增加规定了"以牟利为目的，在林区非法收购盗伐、滥伐的林木"的犯罪。1997年最高人民法院、最高人民检察院《关于执行〈中华人民共和国刑法〉确定罪名的规定》规定为"非法收购盗伐、滥伐的林木罪"的罪名。2002年12月28日，全国人大常委会《中华人民共和国刑法修正案（四）》第7条在刑法第345条第3款中删除了"以牟利为目的，在林区"的限制条件，增加了"运输"盗伐、滥伐的林木的犯罪行为。2003年8月15日，最高人民法院、最高人民检察院《关于执行〈中华人民共和国刑法〉确定罪名的补充规定（二）》中将这种犯罪修改为"非法收购、运输盗伐、滥伐的林木罪"的罪名。

2. 修改了罪状，补充规定了新的犯罪行为。1997年刑法第345条第3款原只规定非法收购盗伐、滥伐的林木罪的罪状中必是"以牟利为目的"，并且必须是"在林区"非法收购盗伐、滥伐的林木的才构成犯罪。《刑法修正案（四）》第7条取消上述条件限制，现在只要非法收购、运输了明知是盗伐、滥伐的林木，情节严重的行为，无论是处于何种目的，也无论在什么地区都可以构成犯罪。另外，《刑法修正案（四）》在刑法第345条第3款中增加规定了"运输明知是盗伐、滥伐的林木"的犯罪行为，这是新增加规定的犯罪行为。

（二）刑法规定修改的原因

全国人大常委会《中华人民共和国刑法修正案（四）》第7条修改补充规定"非法收购、运输盗伐、滥伐的林木罪"的主要原因有：

1. 非法收购、运输盗伐、滥伐的林木行为的社会危害性越来越严重。林木，包括森林和其他林木是国家的重要自然资源，其不但能为人类提供木材和丰富的林产品，还能调节气候、涵养水分，改善自然环境，国家非常重视对林木资源的保护和合理开发利用，严厉惩治盗伐、滥伐森林或者其他林木的犯罪行为。近几年来，在加大惩治破坏林木资源犯罪行为的同时，还加大了植树造林的力度，林区非林区的界限已不明显，非林区也存在成片的森林和林木，也需要保护。另外，在非林区收购、运输盗伐的林木行为也很严重，不严厉打击盗伐、滥伐林木的下游犯罪，就很难侦破源头犯罪。因此，需要通过刑法规定惩治在非林区非法收购、运输盗伐、滥伐的林木的犯罪行为，才能有效地制止盗伐、滥伐林木的犯罪行为。

2. 我国修订刑法原没有规定在非林区非法收购、运输盗伐、滥伐的林木是犯罪行为。1997年刑法第345条第3款虽然规定了"非法收购盗伐、滥伐林木罪"，能惩治一些以牟利为目的，在林区非法收购盗伐、滥伐的林木的犯罪行为，但不能惩治在非林区非法收购、运输盗伐、滥伐的林木的行为。如果按刑法第345条原第3款规定，即使在林区，如果不是以牟利为目的，非法收购盗伐、滥伐的林木的行为也不构成犯罪。要惩治在非林区非法收购、运输盗伐、滥伐的严重危害社会行为，应当由立法机关在刑法中作明确的规定。

3. 全国人大法制工作委员会提请全国人大常委会修改刑法规定。2002年12月23日，在第九届全国人大常委会第三十一次会议上，全国人大常委会法制工作委员向全国人大常委会提出的《中华人民共和国刑法修正案（四）（草案）》中建议全国人大常委会将刑法第345条第3款修改为："非法收购、运输明知是盗伐、滥伐的林木，情节严重的，处3年以下有期徒刑、拘役或者管制，并处或者单处罚金；情节特别严重的，处3年以上7年以下有期徒刑，并处罚金。"① 全国人大法律委员会对全国人大常委会法制工作委员会提出的《刑法修正案（四）（草案）》进行了审议，委员们认为，对刑法有关条文进行修改补充是必要的，草案也是可行的，同时提出了一些修改意见。②

鉴于上述原因，全国人大常委会在《中华人民共和国刑法修正案（四）》第7条中补充规定了"非法收购、运输盗伐、滥伐的林木罪"。

（三）非法收购、运输盗伐、滥伐的林木罪的适用

非法收购、运输盗伐、滥伐的林木罪是《刑法修正案（四）》第7条对刑法第345条第3款补充修改的犯罪。要准确适用，就必须弄清本罪的概念、构成特征，以及适用时应注意的问题。

1. 本罪的概念。本罪是指单位或者个人非法收购、运输明知是盗伐、滥伐的林木，情节严重的行为。

林木是国家的重要自然资源，其不但能为人类提供木材和丰富的林产品外，还能调节气候、涵养水分，改善自然环境，国家非常重视对林木资源的保护和合理开发利用，严厉惩治盗伐、滥伐森林或者其他林木等破坏国家林木资源的犯罪行为。1979年刑法就规定了惩治盗伐森林或者其他林木、滥伐森林或者其他林木的犯罪行为。1997年修订刑法时除保留了惩治上述犯罪外，还增加了惩治非法收购盗伐、滥伐的林本罪。近几年来，在加大惩治破坏林木资源犯罪行为的同时，还加大了植树造林的力度，林区非林区的界限已不明显，非林区也存在成片的森林和林木需要保护。

另外，在非林区收购、运输盗伐的林木的行为也很严重。2002年12月28日，全国人大常委会《刑法修正案（四）》第7条又补充了惩治非法收购、运输盗伐、滥伐的林木的犯罪行为。2003年8月15日，最高人民法院、最高人民检察院《关于执行〈中华人民共和国刑法〉确定罪名的补充规定（二）》中将刑法第344条和《刑法修正案（四）》第7条规定的犯罪规定为"非法收购、运输盗伐、滥伐的林木罪"，最低处管制刑，最高处7年有期徒刑。

2. 犯罪的构成特征。根据1997年刑法第345条第3款和《刑法修正案（四）》第7条的规定，该罪的构成特征有：

（1）犯罪主体。本罪的主体是一般主体，凡年满16周岁以上的具有刑事责任能力的自然人和依法成立的单位都可以构成本罪的犯罪主体。犯罪主体在主观上是故意的心理态度，即行为人在主观上明知是盗伐、滥伐的林木，而故

---

① 参见《全国人民代表大会常务委员会公报》2003年第1期，第65页。
② 参见《全国人民代表大会常务委员会公报》2003年第1期，第66页。

意非法收购或者运输的，才构成犯罪。过失心理态度不构成本罪。例如，行为人不知道，也不可能知道是盗伐、滥伐的林木而收购或者运输的行为不构成本罪，可依照林业管理法规给予行政处罚。

（2）犯罪行为。必须是实施了非法收购、运输盗伐、滥伐的林木的行为。具体行为表现有：

①非法收购明知是盗伐、滥伐的林木的行为。

②非法运输明知是盗伐、滥伐的林木的行为。这里的林木，包括盗伐、滥伐林区的林木和非林区的林木，但不包括珍贵树木和国家重点保护的植物，不包括合法伐倒的林木和农村房前屋后的林木。

本罪的犯罪行为都是故意行为，即明知是盗伐、滥伐的林木而非法收购或者运输的行为；过失行为不构成本罪。根据2000年12月11日最高人民法院《关于审理破坏森林资源刑事案件具体应用法律若干问题的解释》第10条的规定，刑法第345条规定的非法收购明知是盗伐、滥伐的林木中的"明知"，是指知道或者应当知道。具有下列情形之一的，可以视为应当知道，但是有证据证明确属于被蒙骗的除外：①在非法的木材交易场所或者销售单位收购木材的；②收购以明显低于市场价格出售的木材的；③收购违反规定出售的木材的。有上述情形之一的，应当认定是"明知"的。

（3）犯罪结果。本罪是情节结果犯，刑法第345条第3款和《刑法修正案（四）》第7条都规定，"非法收购、运输明知是盗伐、滥伐的林木，情节严重的"结果，才构成犯罪；达不到情节严重程度的不构成犯罪。

3. 本罪的法定刑。我国刑法第345条第2款根据犯罪结果不同，分别规定了是否构成犯罪和应当适用的法定刑：

（1）情节严重的，构成犯罪，处3年以下有期徒刑、拘役或者管制，并处或者单处罚金。根据2000年12月11日最高人民法院《关于审理破坏森林资源刑事案件具体应用法律若干问题的解释》第11条的规定，具有下列情形之一的，属于在林区非法收购盗伐、滥伐的林木"情节严重"：①非法收购盗伐、滥伐的林木20立方米以上或者幼树1000株以上的；②非法收购盗伐、滥伐的珍贵树木2立方米以上或者5株以上的；③其他情节严重的情形。

（2）构成犯罪，犯情节特别严重的，处3年以上7年以下有期徒刑，并处罚金。具有下列情形之一的，属于在林区非法收购盗伐、滥伐的林木"情节特别严重"：①非法收购盗伐、滥伐的林木100立方米以上或者幼树5000株以上的；②非法收购盗伐、滥伐的珍贵树木5立方米以上或者10株以上的；③其他情节特别严重的情形。非法运输盗伐、滥伐的林木罪的"情节严重的"、"情节特别严重的"，也应参照上述司法解释的认定。

(3) 单位犯本罪的，根据刑法第 346 条规定，对单位判处罚金，并对其直接负责的主管人员和其他直接责任人员，依照刑法第 345 条规定的法定刑处罚。

4. 本罪适用时应注意以下问题：

(1) 注意划清罪与非罪的界限。

第一，本罪的犯罪对象是特殊对象，必须是非法收购、运输盗伐、滥伐的林木才构成本罪；如果非法收购、运输的不是盗伐、滥伐的林木的不构成本罪。例如，非法收购、运输的是珍贵树木或者是国家重点保护的其他植物的，也不构成本罪，但可构成非法收购、运输国家重点保护植物罪。

第二，《刑法修正案（四）》规定本罪是情节结果犯，必须达到"情节严重的"结果才构成犯罪；行为达不到"情节严重"结果的不构成犯罪。

第三，本罪是故意犯罪，过失行为不构成本罪。例如，行为人确实不知是盗伐、滥伐的林木，而是受蒙骗，运输了购买合法采伐的林木的行为，一般也不构成犯罪。

(2) 注意准确认定本罪的一罪与数罪。我国刑法第 345 条第 3 款规定的"非法收购、运输盗伐、滥伐的林木罪"是选择罪名。如果行为人只是实施了其中行为之一的，应依照行为人实施的行为定罪，例如，行为人只实行了非法收购盗伐的林木的行为，就只定"非法收购盗伐的林木罪"；如果行为人全部行为都实施了，也只定"非法收购、运输盗伐、滥伐的林木罪"一罪。不能分别定罪实行数罪并罚。

(3) 注意划清本罪与盗伐林木罪、滥伐林木罪的界限。刑法第 345 条第 1 款、第 2 款规定的"盗伐林木罪"、"滥伐林木罪"是本罪的上游犯罪，由于有上游犯罪才出现下游的本罪。如果根本不存在盗伐林木罪、滥伐林木罪就不可能有本罪。如果行为人既实施了盗伐林木的行为，又非法运输该盗伐的林木的行为，虽然行为触犯两种犯罪的罪名，应按重罪吸收轻罪的原则，依照盗伐林木罪定罪处罚，不能同时定为盗伐林木罪和本罪数罪并罚。

(4) 注意划清本罪与非法收购、运输、加工、出售国家重点保护植物、国家重点保护植物制品罪的界限。我国刑法第 344 条规定的非法收购、运输、加工、出售国家重点保护植物、国家重点保护植物制品罪与本罪在犯罪主体、犯罪主观方面、犯罪客体都相同，容易混淆。二罪的主要区别是：

①对象不同。前罪的对象是珍贵树木或者国家重点保护的其他植物及其制品，而本罪的对象是盗伐、滥伐的普通林木。这是两罪的最根本区别。

②犯罪行为不同。前罪的犯罪行为除有非法收购、运输非法采伐、毁坏的珍贵树木或者国家重点保护的其地植物的行为外，还有非法加工、出售国家重

点保护植物、国家重点保护植物制品的行为。而本罪只是非法收购、运输盗伐、滥伐的林木的行为，本罪没有收购、运输盗伐、滥伐的林木制品的行为，当本罪犯罪行为与非法收购、运输、加工、出售国家重点保护植物、国家重点保护植物制品的行为发生法规竞合时，应以特别规定优先适用原则，依照非法收购、运输国家重点保护植物罪定罪处罚。例如，行为人故意非法收购盗伐、滥伐的珍贵树木，情节严重的，应依照非法收购、运输国家重点保护植物罪定罪处罚，不能定为本罪。

六、执行判决、裁定失职罪，执行判决、裁定滥用职权罪

执行判决、裁定失职罪和执行判决、裁定滥用职权罪，是《刑法修正案（四）》第8条规定的对刑法第399条第1款、第2款原规定的徇私枉法罪和民事、行政枉法裁判罪补充增加的罪名。我国1979年刑法第188条笼统规定了司法工作人员徇私舞弊枉法裁判的犯罪行为，没有具体规定司法工作人员执行判决、裁定失职罪和执行判决、裁定滥用职权的犯罪行为。1997年刑法第399条专门规定了司法工作人员徇私枉法和民事、行政枉法裁判的犯罪行为。2002年3月15日，最高人民法院、最高人民检察院《关于执行〈中华人民共和国刑法〉确定罪名的补充规定》将刑法第399条第1款、第2款规定的犯罪规定为"徇私枉法罪"和"民事、行政枉法裁判罪"两种罪名。近几年来，又出现了刑事、民事、行政判决、裁定执行难的问题，其原因：一方面是由于部分当事人法制观念不强，有能力执行而故意拖着不执行；另一方面是地方保护主义，使法院的判决裁定难以执行。另外，与司法执行人员的滥用职权、玩忽职守不执行或者认真执行有关。2002年12月28日，全国人大常委会《中华人民共和国刑法修正案（四）》第8条规定，在刑法第399条中增加一款作为第3款，"在执行判决、裁定活动中，严重不负责任或者滥用职权"的行为为犯罪行为。2003年8月15日，最高人民法院、最高人民检察院《关于执行〈中华人民共和国刑法〉确定罪名的补充规定（二）》中将《刑法》第399条第3款和《刑法修正案（四）》第8条补充规定的犯罪规定为"执行判决、裁定失职罪"和"执行判决、裁定滥用职权罪"两种新罪名。

（一）刑法规定内容的修改

刑法条文中有关执行判决、裁定失职罪和执行判决、裁定滥用职权罪的规定有：

1. 1979年刑法第188条规定："司法工作人员徇私舞弊，对明知是无罪的人而使他受追诉、对明知是有罪的人而故意包庇不使他受追诉，或者故意颠倒黑白作枉法裁判的，处五年以下有期徒刑或者拘役或者剥夺政治权利；情节特别严重的，处五年以上有期徒刑。"

2. 1997年刑法第399条规定："司法工作人员徇私枉法、徇情枉法，对明知是无罪的人而使他受追诉、对明知是有罪的人而故意包庇不使他受追诉，或者在刑事审判活动中故意违背事实和法律作枉法裁判的，处五年以下有期徒刑或者拘役；情节严重的，处五年以上十年以下有期徒刑；情节特别严重的，处十年以上有期徒刑。

"在民事、行政审判活动中故意违背事实和法律作枉法裁判，情节严重的，处五年以下有期徒刑或者拘役；情节特别严重的，处五年以上十年以下有期徒刑。

"司法工作人员贪赃枉法，有前两款行为的，同时又构成本法第三百八十五条规定之罪的，依照处罚较重的规定定罪处罚。"

3. 2002年12月28日，全国人大常委会《中华人民共和国刑法修正案（四）》第8条规定将刑法第399条修改为："司法工作人员徇私枉法、徇情枉法，对明知是无罪的人而使他受追诉、对明知是有罪的人而故意包庇不使他受追诉，或者在刑事审判活动中故意违背事实和法律作枉法裁判的，处五年以下有期徒刑或者拘役；情节严重的，处五年以上十年以下有期徒刑；情节特别严重的，处十年以上有期徒刑。

"在民事、行政审判活动中故意违背事实和法律作枉法裁判，情节严重的，处五年以下有期徒刑或者拘役；情节特别严重的，处五年以上十年以下有期徒刑。

"在执行判决、裁定活动中，严重不负责任或者滥用职权，不依法采取诉讼保全措施、不履行法定执行职责，或者违法采取诉讼保全措施、强制执行措施，致使当事人或者其他人的利益遭受重大损失的，处五年以下有期徒刑或者拘役；致使当事人或者其他人的利益遭受特别重大损失的，处五年以上十年以下有期徒刑。

"司法工作人员收受贿赂，有前三款行为的，同时又构成本法第三百八十五条规定之罪的，依照处罚较重的规定定罪处罚。"

上述刑法及其《刑法修正案（四）》对刑法作了如下修改和补充：

1. 增加了两种罪名。我国1979年刑法没有专门规定"执行判决、裁定失职罪"和"执行判决、裁定滥用职权罪"，只是笼统规定了徇私舞弊枉法裁判犯罪行为，实践中将执行判决、裁定中失职或者滥用职权，情节严重的行为，一般按玩忽职守罪定罪处罚。1997年修订刑法时，专门在刑法第399条中分别规定了刑事徇私枉法犯罪行为和民事、行事枉法裁判的犯罪行为。2002年3月15日，最高人民法院、最高人民检察院《关于执行〈中华人民共和国刑法〉确定罪名的补充规定》规定为"徇私枉法罪"和"民事、行政枉法裁判罪"两个罪名。2002年12月28日，全国人大常委会《中华人民共和国刑法修正案（四）》第8条在刑法第399条中增加了第3款，规定"执行判决、裁定活动中滥用职权或者玩忽职守"的犯罪行为。2003年8月15日，最高人民法院、最高人民检察院《关于执行〈中华人民共和国刑法〉确定罪名的补充规定（二）》中，将新增加的这两种犯罪规定为"执行判决、裁定失职罪"和"执行判决、裁定滥用职权罪"的罪名。

2. 修改了罪状，补充规定了新的犯罪行为。1997年刑法第399条原第3款规定"司法工作人员贪赃枉法，有前两款行为的，同时又构成本法第385条规定之罪的，依照处罚较重的规定定罪处罚"。《刑法修正案（四）》第8条修改为"司法工作人员收受贿赂，有前三款行为的，同时又构成本法第385条规定之罪的，依照处罚较重的规定定罪处罚"，将"贪赃枉法"改为"收受贿赂"，使罪状含义更加明确，便于司法适用。

另外，《刑法修正案（四）》在刑法第399条第3款中增加规定了"执行判决、裁定失职罪"和"执行判决、裁定滥用职权罪"的罪状和法定刑。

（二）刑法规定修改的原因

全国人大常委会《中华人民共和国刑法修正案（四）》第8条修改补充规定"执行判决、裁定失职罪"和"执行判决、裁定滥用职权罪"的主要原因有：

1. 人民法院的判决、裁定执行难的社会危害较大。人民法院代表国家依法作出的判决、裁定具有法律效力，有关单位和个人都必须严格依照执行；否则，就要危害人民法院判决的权威性，损害国家法律的威力，影响国家的法制建设，破坏依法治国方略的实现。近几年来，由于种种原因，出现了对人民法院已生效的判决、裁定不能执行，形成了执行难的局面，其社会影响坏，社会危害较大。有的司法工作人员徇私舞弊，对能够按时执行的案件故意拖延不执行，或者违法采取诉讼保全措施、强制执行，给当事人或者他人的利益造成重大损失，对这种社会危害较大的不执行或者乱执行的行为，也需要追究有关司法人员的刑事责任。因此，刑法中应有明确规定。

2. 我国修订刑法原没有明确规定惩治执行人民法院判决、裁定的失职或者滥用职权犯罪。我国1997年刑法第399条中已规定"司法工作人员徇私枉法、徇情枉法，对明知是无罪的人而使他受追诉、对明知是有罪的人而故意包庇不使他受追诉，或者在刑事审判活动中故意违背事实和法律作枉法裁判的，或者在民事、行政审判活动中故意违背事实和法律作枉法裁判，情节严重的"行为，构成"徇私枉法罪"和"民事、行政枉法裁判罪"，司法实践中，司法工作人员徇私舞弊的情况除在侦查、起诉、审判阶段存在外，在执行阶段也同样存在。虽然上述行为可以依照刑法第397条的滥用职权罪和玩忽职守罪追究刑事责任，但司法机关在适用上述法律时认识不明确，不能对这类犯罪及时追究。特别是这类犯罪与刑法第397条规定的一般国家机关工作人员滥用职权和玩忽职守行为相似，但还是有区别，而与刑法第399条规定的犯罪行为在性质和犯罪表现形式更接近，在刑法第399条中对这种行为作明确规定，更有利于惩处这类司法腐败犯罪行为。

3. 全国人大法制工作委员会提请全国人大常委会修改刑法规定。2002年12月23日，在第九届全国人大常委会第三十一次会议上，全国人大常委会法制工作委员向全国人大常委会提出了《中华人民共和国刑法修正案（四）（草案）》中建议全国人常务会在刑法第399条第2款后增加一款，作为第3款，"执行判决、裁定活动中，严重不负责任或者滥用职权，不依法采取诉讼保全措施、不履行法定执行职责，或者违法采取诉讼保全措施、强制执行措施，致使当事人或者其他人的利益遭受重大损失的，处五年以下有期徒刑或者拘役；致使当事人或者其他人的利益遭受特别重大损失的，处五年以上十年以下有期徒刑"。将刑法第399条第3款相应修改为"司法工作人员收受贿赂，有前三款行为的，同时又构成本法第三百八十五条规定之罪的，依照处罚较重的规定定罪处罚"，作为第4款。[①] 全国人大法律委员会对全国人大常委会法制工作委员会提出的《刑法修正案（四）（草案）》进行了审议，委员们认为对刑法有关条文进行修改补充是必要的，草案也是可行的，同时提出了一些修改意见。[②] 鉴于上述原因，全国人大常委会在《中华人民共和国刑法修正案（四）》第8条中补充规定了执行判决、裁定失职罪和执行判决、裁定滥用职权的罪。

（三）执行判决、裁定失职罪和执行判决、裁定滥用职权罪的适用

执行判决、裁定失职罪和执行判决、裁定滥用职权罪是《刑法修正案

---

① 参见《全国人民代表大会常务委员会公报》2003年第1期，第65页。
② 参见《全国人民代表大会常务委员会公报》2003年第1期，第66页。

（四）》第 8 条对刑法第 399 条第 3 款补充修改的犯罪。要准确适用，就必须弄清这两种犯罪的概念、构成特征，以及适用时应注意的问题。

1. 该两罪的概念。执行判决、裁定失职罪，是指司法工作人员在执行判决、裁定活动中，严重不负责任，不依法采取诉讼保全措施、不履行法定执行职责，致使当事人或者其他人的利益遭受重大损失的行为。执行判决、裁定滥用职权罪，是指司法工作人员在执行判决、裁定活动中，滥用职权，违法采取诉讼保全措施、强制执行措施，致使当事人或者其他人的利益遭受重大损失的行为。

我国 1979 年刑法第 187 条就规定了惩治国家工作人员的玩忽职守的犯罪行为，但没有规定滥用职权的犯罪行为。1997 年刑法第 397 条中规定了国家机关工作人员一般滥用职权罪和玩忽职守罪，在其他条款中规定了一些特殊的具体滥用职权罪和玩忽职守罪。2002 年 12 月 28 日，全国人大常委会《刑法修正案（四）》第 8 条又补充了执行判决、裁定失职和执行判决、裁定滥用职权犯罪行为。2003 年 8 月 15 日，最高人民法院、最高人民检察院《关于执行〈中华人民共和国刑法〉确定罪名的补充规定（二）》中将刑法第 399 条第 3 款和《刑法修正案（四）》第 8 条规定的犯罪规定为"执行判决、裁定失职罪"和"执行判决、裁定滥用职权罪"，最低处拘役，最高处 10 年有期徒刑。

2. 犯罪的构成特征。根据 1997 年刑法第 399 条第 3 款和《刑法修正案（四）》第 8 条的规定，这两种犯罪的构成特征有：

（1）犯罪主体。这两种犯罪的主体是特殊主体，只有司法工作人员可以构成本罪的犯罪主体，负有判决、裁定执行权的司法工作人员。犯罪主体对犯罪结果的产生在主观上是过失的心理态度。行为人在主观上是故意的心理态度，不构成这两种犯罪。这里的过失心理态度是指司法工作人员对其滥用职权或者玩忽职守行为所产生的结果的心理态度，其实施的滥用职权、玩忽职守行为既可能是故意的心理态度，也可能是过失的心理态度。

（2）犯罪行为。必须是实施了滥用职权或者严重不负责任，严重失职的行为。具体行为表现有：

①滥用职权的行为，包括滥用本职职权和超越本职职权的行为。滥用职权行为，是指在其职责范围内不依法定的程序行使职权，胡作非为，造成被执行人或者其他人利益重大损失的行为。超越职权的行为，是指超出其职权范围范之外，违法采取诉讼保全措施、强制执行措施，致使当事人或者其他人的利益遭受重大损失的行为。

②不负责任的失职行为，即玩忽职守的行为，司法人员严重不负责任，不依法采取诉讼保全措施、不履行法定执行职责，致使当事人或者其他人的利益

遭受重大损失的行为。这两种罪的犯罪行为有的是故意行为，例如超越职权，不依法采取诉讼保全措施的行为，可能是故意的行为；有的是过失行为，例如，在执行判决过中，应当采取诉讼保全措施，由于疏忽意而没有采取诉讼保全措施，致使判决无法执行的过失行为。但对犯罪结果的产生都是一种过失的心理态度，是过失犯罪。

这两种犯罪中执行的"判决、裁定"应是人民法院已生效的判决、裁定。具体应按 2002 年全国人大常委会《关于〈中华人民共和国刑法〉第三百一十三条的解释》的规定，"人民法院的判决、裁定"，是指人民法院依法作出的具有执行内容并已发生法律效力的判决、裁定。人民法院为依法执行支付令、生效的调解书、仲裁裁决、公证债权文书等所作的裁定属于该条规定的裁定。

（3）犯罪结果。本罪是结果犯，刑法第 399 条第 3 款和《刑法修正案（四）》第 8 条都规定，"致使当事人或者其他人的利益遭受重大损失的"结果，才构成犯罪；达不到重大损失结果的，不构犯罪。何为"重大损失"，刑法没有具体规定，根据 2006 年 7 月 26 日，最高人民检察院《关于渎职侵权犯罪案件立案标准的规定》第 7 条的解释，执行判决、裁定失职案（第 399 条），涉嫌下列情形之一的，应予立案：①致使当事人或者其他近亲属自杀、自残造成重伤、死亡，或者精神失常的；②造成个人财产直接经济损失 15 万元以上，或者直接经济损失不满 15 万元，但间接经济损失 75 万元以上的；③造成法人或者其他经济组织财产直接经济损失 30 万元以上，或者直接经济损失不满 30 万元，但间接经济损失 150 万元以上的；④造成公司、企业等单位停业、停产 1 年以上，或者破产的；⑤其他致使当事人或者其他人的利益遭受重大损失的情形。第 8 条，执行判决、裁定滥用职权案（第 399 条）涉嫌下列情形之一的，应予立案：①致使当事人或者其他近亲属自杀、自残造成重伤、死亡，或者精神失常的；②造成个人财产直接经济损失 10 万元以上，或者直接经济损失不满 10 万元，但间接经济损失 50 万元以上的；③造成法人或者其他经济组织财产直接经济损失 20 万元以上，或者直接经济损失不满 20 万元，但间接经济损失 100 万元以上的；④造成公司、企业等单位停业、停产 6 个月以上，或者破产的；⑤其他致使当事人或者其他人的利益遭受重大损失的情形。

3. 犯该两罪的法定刑。我国刑法第 399 条第 3 款规定犯罪结果不同，分别规定了不同的法定刑：

（1）构成犯罪，造成重大损失的，处 5 年以下有期徒刑、拘役。

（2）构成犯罪，情节特别严重的，处 5 年以上 10 年以下有期徒刑。

何为"情节特别严重",笔者认为应包括以下内容:①犯罪动机特别恶劣,犯罪手段残忍;②造成多起案件判决、裁定错误执行或者不予执行,社会影响很坏的;③造成当事人或者其他人 50 万元以上巨额财产损失、人员伤亡,后果严重的;④放纵重大犯罪分子以及放纵犯罪分子继续实施严重危害社会的犯罪行为等。具有上述情形之一的,应视为犯该两种犯罪,情节特别严重的,适用加重法定刑。

司法工作人员收受贿赂,有前款行为的,同时又构成本法第 385 条规定之罪的,依照处罚较重的规定定罪处罚。

4. 本罪适用时应注意以下问题:

(1) 注意划清罪与非罪的界限。

第一,本罪的犯罪主体是特殊主体,必须是负有执行人民法院生效的判决、裁定的司法工作人员,才能构成本罪的犯罪主体;非司法工作人员或者不负责执行职责的司法工作人员都不能构成本罪。例如,案件当事人滥用职权或者严重不负责任,不执行人民法院已生效的判决裁定的行为,不构成这两种犯罪,但可构成拒不执行人民法院判决、裁定罪。

第二,《刑法修正案(四)》规定犯该两种犯罪必须是产生"危害严重"结果,才构成这两种犯罪;行为达不到"危害严重"结果的不构成犯罪。

第三,这两种犯罪都是过失犯罪,对犯罪的结果是过失的心理态度;如果行为人对自己所实施的滥用职权或者玩忽职守行为的结果是故意的心理态度的,不能构成这两种犯罪。例如,行为人明知滥用职权采取强制措施,必然造成当事人单位倒闭,而为了徇私情私利故意实施这种行为,结果使被害单位被迫倒闭的行为,致使该单位及其职工遭受重大经济损失的行为,不构成执行判决、裁定滥用职权罪,而可以构成破坏生产经营罪等。

(2) 注意准确认定本罪的一罪与数罪。刑法第 399 条第 3 款规定的"执行判决、裁定失职罪"和"执行判决、裁定滥用职权罪"是两种独立的罪名。两种犯罪既有相同点,也有不同点。相同点是两种犯罪的主体、客体、对行为产生的结果的心理态度和法定刑等都相同,所以容易混淆。不同点是两种犯罪行为的表现形式不相同:前一种犯罪是积极地滥用职权的行为;而后一种犯罪则是消极地不履行职责的行为。如果行为人只是实施了两种行为中之一的,应依照行为人实施的行为定罪,例如,行为人只实行了执行判决、裁定失职的行为,就只定为"执行判决、裁定失职罪";如果行为人分别在执行判决、裁定活动中,严重不负责任,不依法采取诉讼保全措施、不履行法定执行职责,又滥用职权,违法采取诉讼保全措施、强制执行措施,致使当事人或者其他人的利益遭受重大损失的行为,应分别按上述两罪定罪实行数罪并罚。当然,如果是对同一判决在不同的时期里分别实施了两种犯罪行为，可按重罪吸收轻罪的原则，只定为"执行判决、裁定滥用职权罪"。

（3）注意划清这两种犯罪的主观性质的认定。刑法第399条第3款规定的"执行判决、裁定失职罪"和"执行判决、裁定滥用职权罪"是故意犯罪还是过失犯罪，法学界认识不一致。一般认为，"执行判决、裁定失职罪"是过失犯罪，因为司法人员严重不负责任是玩忽职守行为，是一种过失行为，过失行为构成的犯罪是过失犯罪；而"执行判决、裁定滥用职权罪"是故意犯罪，因为实施滥用职权的行为是故意行为，故意行为构成的犯罪应是故意犯罪。还有的认为，"执行判决、裁定失职罪"和"执行判决、裁定滥用职权罪"是混合犯罪，两种犯罪都可以分别是故意犯罪和过失犯罪，因为严重失职行为和滥用职权行为都既可能是故意行为也可能是过失行为，按不同行为可以分别定为故意犯罪和过失犯罪。笔者认为，根据我国刑法对故意犯罪和过失犯罪的规定，故意犯罪与过失犯罪的根本区别不是行为人对犯罪行为的认识心理态度不同，而是对行为产生结果的心理态度不同。行为人对犯罪的行为和结果都是故意心理态度的是故意犯罪；行为对犯罪的行为和结果都是过失心理态度的是过失犯罪；行为人对行为是故意心理态度，但对结果是过失心理态度的也是过失犯罪。因此，故意犯罪与过失犯罪的根本区别是对犯罪结果的心理态度不同，对犯罪结果是故意的心理态度则是故意犯罪；对犯罪结果是过失的心理态度则过失犯罪。该两种犯罪在执行判决、裁定活动中无论是严重失职行为还是滥用职权行为，行为人对其产生的严重危害结果的心理态度都是不希望发生的过失心理态度，上述两种犯罪都是过失犯罪。如果司法人员对滥用职权或者严重不负责任行为产生的危害结果持故意的心理态度则不构成这两种犯罪，应构成其相应的其他章节条文规定的故意犯罪。

（4）注意划清该两种犯罪与玩忽职守罪、滥用职权罪的界限。我国刑法第397条规定的玩忽职守罪、滥用职权罪与该两种犯罪是特别规定与一般规定的关系，玩忽职守罪、滥用职权罪是一般国家机关工作人员的犯罪，而该两种犯罪是司法工作人员玩忽职守、滥用职权的犯罪。当其发生法规竞合的情况下，依照特别规定优先适用原则，按本两种犯罪定罪处罚。

（5）注意划清该两种犯罪与受贿罪的界限。我国刑法第385条、第386条规定的受贿罪与该两种犯罪有牵连关系。司法工作人员在执行判决、裁定活动中收受贿赂，严重不负责任或者滥用职权，不依法采取诉讼保全措施、不履行法定执行职责，或者违法采取诉讼保全措施、强制执行措施，致使当事人或者其他人的利益遭受重大损失的行为，是定受贿罪一罪还是既定受贿罪又定执行判决、裁定失职罪或者执行判决、裁定滥用职权罪等数罪呢？根据刑法第

399条的规定,司法工作人员收受贿赂,有前款行为的,同时又构成本法第385条规定之罪的,依照处罚较重的规定定罪处罚,即受贿数额较大的,将本罪中的犯罪行为作为受贿罪中为行贿人谋利益的手段行为,只定为受贿罪,按受贿罪的法定刑追究刑事责任;如果该两种犯罪重,将收受少量贿赂的行为作为该两种犯罪的徇私情私利的行为,只定为本罪,按本罪的法定刑追究其刑事责任,不再从重处罚。

(6)注意划清该两种犯罪与私放在押人员罪、失职致使在押人员脱逃罪的界限。我国刑法第400条规定的私放在押人员罪、失职致使在押人员脱逃罪与该两种犯罪都司法工作人员在执行判决、裁定活动中严重不负责任或者滥用职权,不依法采取安全措施、不履行法定执行职责,使判决、裁定不能执行的行为与该两种犯罪是一般规定与特别规定的关系。相对前罪是负责所有判决、裁定执行的司法工作人员;而该两种犯罪是负责执行被关押罪犯的判决、裁定的执行的行为。两犯罪发生法规竞合时,应按特别规定优先适用原则,按私放在押人员罪、失职致使在押人员脱逃罪定罪处罚。如果受贿构成犯罪,又构成私放在押人员罪、失职致使在押人员脱逃罪的,由于刑法第400条没有像第399条第4款作特别规定,应按一罪与数罪理论,具备了数个犯罪构成的,定为数罪,进行数罪并罚。

第五章　中华人民共和国
刑法修正案（五）

全国人大常委会《中华人民共和国刑法修正案（五）》（以下简称《刑法修正案（五）》）由 2005 年 2 月 28 日第十届全国人大常委第十四次会议通过，并于当日由国家主席公布施行。

我国 1997 年修订刑法时，对公司、企业管理秩序的犯罪、破坏金融管理秩序的犯罪、金融诈骗犯罪以及侵犯公民人身权利的犯罪、危害国防利益的犯罪等作了规定。近年来，在这些方面又出现了一些新的应当给予刑事制裁的严重违法行为。一些人大代表和司法机关、有关部门提出建议，要求根据新的情况适时对刑法作出修改补充。法制工作委员会在调查研究和征求全国人大财经委、最高人民法院、最高人民检察院、国务院法制办、中央军委法制局、中国人民银行、公安部、民政部等有关部门和部分专家意见的基础上，拟订了《中华人民共和国刑法修正案（五）（草案）》。草案主要提出以下修改建议：（1）刑法第 162 条已规定了妨害清算罪，但对公司、企业在进行清算时，隐匿财产，对资产负债表或者财产清单作虚假记载或者在未清偿债务前分配公司、企业财产，严重损害债权人或者其他人利益的行为，规定了刑事处罚。近年来，一些公司、企业以隐匿财产、承担虚构的债务、非法转移和分配财产等方式，造成不能清偿到期债务或者资不抵债的假象，申请进入破产程序，以达到假破产真逃债的目的。这些行为，违背社会诚信，不仅严重侵害债权人和其他人的利益，妨害公司、企业管理，而且破坏经济秩序，影响社会稳定，社会危害性严重，应当予以惩治。全国人大常委会正在审议的企业破产法草案对破产欺诈行为规定构成犯罪的，应当追究刑事责任。因此，拟在刑法第 162 条之一之后增加一条，作为第 162 条之二："公司、企业隐匿财产、承担虚构的债务，或者以其他方法非法转移、分配财产，意图通过破产逃避债务，严重损害债权人或者其他人利益的，对其直接负责的主管人员和其他直接责任人员，处 5 年以下有期徒刑或者拘役，并处或者单处 2 万元以上 20 万元以下罚金。"（2）刑法第 177 条已规定了伪造、变造金融票证的犯罪行为，其中对伪造信用卡的犯罪作了专门规定。近年来，随着信用卡应用的普及，伪造信用卡的犯罪活动也出现了一些新的情况。这类犯罪出现了境内外互相勾结、集团化、专业化的特点，从窃取、非法提供他人信用卡信息资料、制作假卡，到运输、销售、使用伪造的信用卡等各个环节，分工细密，犯罪活动猖獗。虽然这些具体的犯罪行为都属于伪造信用卡和使用伪造的信用卡进行诈骗的犯罪，但是由于在各个犯罪环节上表现的形式不同，在具体适用刑法时存在一定困难。司法机关和金融主管部门建议对这一犯罪作出进一步的具体规定。为了保护银行等金融机构和公众的合法利益，维护金融机构的信誉和金融秩序，拟在刑法第177条后增加一条，作为第177条之一："有下列情形之一的，妨害信用卡管理的，处三年以下有期徒刑或者拘役，并处或者单处一万元以上十万元以下罚金；数量巨大或者情节严重的，处三年以上十年以下有期徒刑，并处二万元以上二十万元以下罚金：（一）明知是伪造的信用卡而持有、运输的，或者明知是伪造的空白信用卡而持有、运输，数量较大的；（二）非法持有他人信用卡，数量较大的；（三）使用虚假的身份证明骗领信用卡的；（四）出售、购买、为他人提供伪造的信用卡或者以虚假的身份证明骗领信用卡的。窃取、收买或者非法提供他人信用卡信息资料的，依照前款规定处罚。银行或者其他金融机构的工作人员利用职务上的便利，犯第二款罪的，从重处罚。"同时，对刑法第196条信用卡诈骗罪的规定作出修改，增加"使用以虚假的身份证明骗领的信用卡"进行诈骗的情形。（3）近年来，一些不法分子为了非法牟利，以欺骗、胁迫、利诱等手段专门组织残疾人、未成年人进行乞讨，严重侵犯了残疾人、未成年人的人身权利，危害了他们的身心健康，同时也破坏了社会的正常管理秩序，社会危害性严重，应当予以惩治。因此，拟在刑法第262条后增加一条作为第262条之一："以欺骗、胁迫、利诱等手段组织残疾人或者不满十四周岁的未成年人乞讨，从中牟取利益的，处三年以下有期徒刑或者拘役，并处罚金；情节严重的，处三年以上七年以下有期徒刑，并处罚金。"对于在这些犯罪活动中对残疾人、未成年人有非法拘禁、伤害等犯罪行为的，还应当依照刑法的规定数罪并罚。（4）刑法第369条规定了故意破坏武器装备、军事设施、军事通信的犯罪。近年来一些地方在生产建设过程中野蛮施工、违章作业，致使军事通信光缆等通信设施遭到破坏的情况比较突出，严重危及国家的军事设施和军事通信的安全。针对这种情况，一些全国人大代表提出议案，建议在刑法中增加过失破坏军事通信罪的规定，以打击此类犯罪，维护国防利益。法制工作委员会与中央军委法制局等部门共同调研，并听取了有关人大代表和部门的意见，拟在刑法第369条中增加一款作为第2款，将该条修改为："破坏武器装备、军事设施、军事通信的，处三年以下有期徒刑、拘役或者管制；破坏重要武器装备、军事设施、军事通信的，处三年以上十年以下有期徒刑；情节特别严重的，处十年以上有期徒刑、无期徒刑或者死刑。过失犯前款罪，造成严重后果的，处三年以下有期徒刑或者拘役；造成特别严重后果的，处三年以上七年以下有期徒刑。战时犯前两款罪的，从重处罚。"第十届全国人大常委会第十二次会议对刑法修正案（五）（草案）进行了审议。会后，法制工作委员会就草案有关问题进一步征求了有关部门和专家的意见。法律委员会于2月6日召开会议，根据常委会组成人员的审议意见和各方面的意见，对草案进行了审议。内务司法委员会、最高人民法院、最高人民检察院、国务院法制办、中国人民银行、公安部和军委法制局的负责同志列席了会议。2月22日，法律委员会召开会议，再次进行了审议。法律委员会认为，针对实践中出现的一些新的应当给予刑事处罚的严重违法行为，对刑法作出修改补充是必要的；同时，就草案对刑法作出的5条补充修改提出以下意见：(1) 草案中关于破产欺诈犯罪和利用残疾人或者儿童乞讨牟利犯罪的两条规定，需要与企业破产法、治安管理处罚法的规定相衔接。鉴于常委会对这两部法律草案还在审议，法律委员会建议上述两条规定作为另一刑法修正案的内容与这两部法律出台时间相衔接。(2) 草案中第3条关于信用卡犯罪和破坏军事设施犯罪的规定，有关部门提出，为适应惩治犯罪的需要，建议尽快出台。法律委员会经研究，赞成这个意见，认为这三条的内容是基本可行的，建议作为《刑法修正案（五）》先由全国人大常委会审议通过；同时，根据有些常委委员的意见，对草案作了个别文字修改。草案二次审议稿已按上述意见作了调整修改，法律委员会建议本次常委会会议审议通过。全国人大法律委员会于2005年2月26日召开会议，对《刑法修正案（五）（草案）》第二稿进行审议，没有提出新的修改意见，建议提交人大常委会审议。全国人大常委会于2005年2月28日通过了《刑法修正案（五）》，并于当日公布施行。

一、妨害信用卡管理罪

妨害信用卡管理罪是《刑法修正案（五）》第1条补充规定的犯罪，作为修订刑法第177条之一规定之犯罪。最高人民法院、最高人民检察院2007年11月6日《关于执行〈中华人民共和国刑法〉确定罪名的补充规定（三）》中规定为该罪名。最高人民法院、最高人民检察院2009年12月3日作出《关于办理妨害信用卡管理刑事案件具体应用法律若干问题的解释》（以下简称《办理妨害信用卡管理刑事案件解释》）中对防害信用卡管理有关问题作了司法解释。

（一）刑法规定内容的修改

刑法条文中有关妨害信用卡管理犯罪的规定有：

1. 1997年刑法第177条规定："有下列情形之一，伪造、变造金融票证的，处五年以下有期徒刑或者拘役，并处或者单处二万元以上二十万元以下罚金；情节严重的，处五年以上十年以下有期徒刑，并处五万元以上五十万元以下罚金；情节特别严重的，处十年以上有期徒刑或者无期徒刑，并处五万元以上五十万元以下罚金或者没收财产：（一）伪造、变造汇票、本票、支票的；（二）伪造、变造委托收款凭证、汇款凭证、银行存单等其他银行结算凭证的；（三）伪造、变造信用证或者附随的单据、文件的；（四）伪造信用卡的。

"单位犯前款罪的，对单位判处罚金，并对其直接负责的主管人员和其他直接责任人员，依照前款的规定处罚。"

2. 2005年2月28日，全国人大常委会《刑法修正案（五）》第1条规定在刑法第177条后增加一条，作为第177条之一："有下列情形之一，妨害信用卡管理的，处三年以下有期徒刑或者拘役，并处或者单处一万元以上十万元以下罚金；数量巨大或者有其他严重情节的，处三年以上十年以下有期徒刑，并处二万元以上二十万元以下罚金：（一）明知是伪造的信用卡而持有、运输的，或者明知是伪造的空白信用卡而持有、运输，数量较大的；（二）非法持有他人信用卡，数量较大的；（三）使用虚假的身份证明骗领信用卡的；（四）出售、购买、为他人提供伪造的信用卡或者以虚假的身份证明骗领的信用卡的。

"窃取、收买或者非法提供他人信用卡信息资料的，依照前款规定处罚。

"银行或者其他金融机构的工作人员利用职务上的便利，犯第二款罪的，从重处罚。"

上述刑法及其修正案对刑法作了如下修改和补充：

1. 增加新罪名。我国1979年刑法和1997年修订刑法都没有规定妨害信用卡管理罪，修订刑法第177条规定的伪造、变造金融票证罪中包括了伪造信用卡的犯罪行为。但对伪造信用卡行为以外的其他妨害信用卡管理行为，没有规定为犯罪行为。2005年2月28日，全国人大常委会在《刑法修正案（五）》第1条中将妨害信用卡管理的行为规定为独立的犯罪和适用独立的法定刑，归类于破坏社会主义市场经济秩序罪中作为破坏金融管理秩序罪中具体犯罪。

2. 规定了妨害信用卡管理罪的犯罪行为。妨害信用卡管理行为是多方面的，但《刑法修正案（五）》第1条专门规定了妨害信用卡管理的行为是：持有、运输空白信用卡，数量较大的；非法持有他人信用卡，数量较大的；使用虚假的身份证明骗领信用卡的；出售、购买、为他人提供伪造的信用卡或者以虚假的身份证明骗领的信用卡四种妨害信用卡管理的行为。有以上四种行为之一的，才构成犯罪，其他没有规定的妨害信用卡管理的行为，不构成犯罪，例如，故意毁坏他人信用卡的行为。

3. 特别规定银行或者其他金融机构的工作人员利用职务上的便利，犯"窃取、收买或者非法提供他人信用卡信息资料的"，从重处罚的规定。

（二）刑法规定修改的原因

《刑法修正案（五）》补充规定了妨害信用卡管理罪的主要原因有：

1. 1997年修订刑法中没有妨害信用卡管理罪的规定。我国1979年刑法和修订刑法都没有妨害信用卡管理罪的规定。修订刑法中规定了伪造信用卡的犯罪行为，作为伪造金融票证罪的犯罪行为之一，尽管实践中将一些妨害信用卡管理的行为作为伪造、变造金融票证罪的共犯或者销赃、包庇犯罪加以处理，但不能有效、准确地预防和惩治这些妨害信用卡管理的犯罪行为。

2. 妨害信用管理的行为越来越严重破坏社会主义市场经济秩序，社会危害后果严重。随着我国经济建设的发展，信用卡作为货币支付手段已经进入人们的生产、生活各领域中，自1985年中国银行发放国内第一张银行卡至今，我国发卡机构发行的银行卡、银行卡联网通用的城市、银行卡特约商户的数量以及银行卡交易总额都迅猛增长。但伴随着银行信用卡产业的高速增长，每年有关银行信用卡犯罪的总金额在1亿元左右，社会危害性相当严重。

3. 有国际立法经验为借鉴。前些年，日本、韩国、我国香港特别行政区、我国台湾地区，都曾经因为法律对信用卡犯罪的规定相对周边地区和国家较为宽松，而发生信用卡犯罪高潮。1989年至1991年，我国香港特别行政区信用卡犯罪涉案金额高居亚洲第一，成为国际信用卡犯罪中心，当时全球流通的假卡有65%源自香港。日本、韩国、我国台湾地区在20世纪90年代末继香港之后，成为亚洲信用卡犯罪中心。针对这种情况，香港特别行政区于1992年，日本和我国台湾地区于2001年，韩国于2002年分别通过修改法律，加重信用卡犯罪的刑罚，并细化信用卡犯罪的构成，规定持有、运输、携带伪造的信用卡，窃取、提供他人信用卡磁条信息均为犯罪。与上述国家和地区相比，我国刑法对伪造信用卡和信用卡诈骗规定的法定刑并不轻，但是对妨害信用卡管理犯罪还没有作细化规定。[①]

鉴于上述原因，全国人大常委会在《中华人民共和国刑法修正案（五）》中补充规定了妨害信用卡管理罪的规定。

（三）妨害信用卡管理罪的适用

妨害信用卡管理罪是刑法中新增加的罪名，要准确适用就必须弄清该罪的概念、特征，以及适用时应注意的问题。

1. 妨害信用卡管理罪的概念。该罪是指违反国家关于信用卡管理规定，妨害信用卡管理的行为。

近年来，随着信用卡应用的普及，伪造信用卡的犯罪活动出现了一些新的情况。这类犯罪分子内外互相勾结，形成了集团化、专业化的特点，从窃取、非法提供他人信用卡信息资料、制作假卡，到运输、销售、使用伪造的信用卡等各个环节，分工细密，犯罪活动猖獗。虽然这些具体的犯罪行为都属于伪造信用卡和使用伪造的信用卡进行诈骗的犯罪，但是由于在各个犯罪环节上表现的形式不同，除了在伪造和使用环节查获的案件外，对其他环节查获的人员，如果不能查明该信用卡系其本人伪造或者目的系用于实施诈骗，根据刑法的原有规定无法定罪处罚。如果按照伪造、变造金融票证罪或者信用卡诈骗罪的共同犯罪追究刑事责任，不但行为人之间的共同犯罪故意很难查证，而且也很难查获伪造者或者使用者。而这些行为直接扰乱经济秩序，影响经济的发展，是对社会有严重危害的犯罪行为，刑法应当规定为犯罪，追究其刑事责任。

2. 犯罪的构成特征。根据刑法第177条之一和《刑法修正案（五）》第1条的规定，该罪的构成特征有：

（1）犯罪主体，是一般主体，凡是年满16周岁以上的具有刑事责任能力的自然人都可以构成。犯罪主体在主观上都是故意的，一般具有牟取非法利益的目的。主观上是过失的，不构成本罪。单位不能构成本罪犯罪主体。

（2）犯罪行为，必须是故意实施了妨害信用卡管理的行为。该行为有以具体表现：

①非法持有、运输伪造的信用卡或者伪造的空白信用卡的行为。明知是伪造的信用卡而持有、运输的，或者明知是伪造的空白信用卡而持有、运输，数量较大的行为。从实践中发生的案件来看，为了逃避打击，各个信用卡犯罪组织之间形成了细致的分工，从空白信用卡的印制、运输，到输入磁条信息完成

[①] 参见韩耀元、张玉梅：《对刑法修正案（五）解读》，载《检察日报》2005年3月7日第3版。

假卡制作或者骗领到信用卡，到出售、购买或者为他人提供，再到使用伪造的信用卡取现金，或者骗取财物，各个环节往往由不同犯罪组织的人承担。行为人对持有、运输伪造的信用卡，或者持有、运输伪造的空白信用卡数量较大的行为是妨害信用卡管理行为之一，只要查明行为人在主观上明知自己持有、运输的是伪造的信用卡，或者伪造的空白信用卡"数量较大"的，就可以构成妨害信用卡管理的行为。

何为"数量较大"，根据"两高"2009年12月3日《办理妨害信用卡管理刑事案件解释》的规定，明知是伪造的空白信用卡而持有、运输10张以上不满100张的，应当认定为刑法第177条之一第1款第（一）项规定的"数量较大"。

②非法持有他人信用卡，数量较大的行为。按照信用卡的管理规定，信用卡只能供本人使用。虽然在民事活动中，信用卡持卡人可以将自己的信用卡交由他人使用，但必须是在信用卡主人同意情况下，他人才能持有或者使用。如果未经主人同意，非法持有他人信用卡，且数量大、高消费或者取现金的额度异常以及行为人与持卡人的关系等方面可以判断出其持他人信用卡行为很可能是非法持他人信用卡进行犯罪活动。近年来查获了多起持有大量他人信用卡的案件，大多是国际信用卡犯罪。国际信用卡犯罪集团在国外与资信不良者串通，收买在国外领取的信用卡，然后将大量信用卡带入我国境内消费或者兑现。当发卡银行向持卡人催收欠款时，持卡人以未曾出境为由拒付。如果一一查明行为人与持卡人串通进行诈骗是十分困难的，国际信用卡犯罪集团也正是利用跨国取证困难逃避打击，而进行犯罪。因此，将非法持有他人信用卡的行为规定为犯罪，追究其刑事责任是完全必要的。当然，在认定犯罪行为时，注意在客观上必须是非法持有他人信用卡"数量较大"的才能构成犯罪。如果没有达到"数量较大"的，不构成犯罪。何为"数量较大"，根据《办理妨害信用卡管理刑事案件解释》的规定，非法持有他人信用卡5张以上不满50张的，应当认定为刑法第177条之一第1款第（二）项规定的"数量较大"。

③使用虚假的身份证明骗领信用卡的行为。申请人向信用卡发卡银行申请办理信用卡时，必须提交真实有效的个人身份证以及所需的其他资料。使用虚假的身份证明骗领信用卡则是实施信用卡诈骗犯罪的前提条件。因此，对于使用虚假的身份证明骗领信用卡的行为是严重破坏经济秩序的行为，刑法将其规定为犯罪，追究其刑事责任。当然，在认定犯罪时应该注意，如果申请人不具有犯罪目的，而是为顺利取得信用卡或者获得较高的授信额度，在申请信用卡时对自己的收入状况等作了不实的陈述而领取了信用卡的，不能认定为是骗领信用卡的犯罪行为。根据"两高"《办理妨害信用卡管理刑事案件解释》的规

定,违背他人意愿,使用其居民身份证、军官证、港澳居民往来内地通行证、台湾居民来往大陆通行证、护照等身份证明申领信用卡的,或者使用伪造、变造的身份证明申领信用卡的,应当认定为刑法第177条之一第1款第(三)项规定的"使用虚假的身份证明骗领信用卡"。

④出售、购买、为他人提供伪造的信用卡或者以虚假的身份证明骗领信用卡的行为。伪造的信用卡或者以虚假的身份证明领取的信用卡都是违禁品,出售、购买、为他人提供这些违禁品的行为都是犯罪行为,应当受到刑事追究。使用伪造的信用卡和使用以虚假的身份证明骗领的信用卡也是妨害信用卡的犯罪行为,但是刑法和《刑法修正案(五)》已特别将上述行为规定为信用卡诈骗罪的犯罪行为。

(3)犯罪结果,有的是结果犯,要求必须达到"数额较大的"才构成犯罪;也有行为犯,只要故意实施了妨害信用卡管理行为,原则上就可以构成犯罪,但情节显著轻微危害不大的,不认为是犯罪。例如,明知是伪造的信用卡而持有、运输的行为和出售、购买、为他人提供伪造的信用卡或者以虚假的身份证明骗领信用卡的行为就是行为犯,不需要"数量较大"的结果。

3. 妨害信用卡管理罪的法定刑。根据刑法第177条之一和《刑法修正案(五)》第1条的规定,妨害信用卡管理罪的法定刑是:

(1)构成本罪的,处3年以下有期徒刑或者拘役,并处或者单处1万元以上10万元以下罚金。

(2)构成本罪,犯罪数量巨大或者有其他严重情节的,处3年以上10年以下有期徒刑,并处2万元以上20万元以下罚金。何为"数量巨大或者其他严重情节",根据两高《办理妨害信用卡管理刑事案件解释》的规定,有下列情形之一的,应当定为刑法第177条之一第1款规定的"数量巨大":①明知是伪造的信用卡而持有、运输10张以上的;②明知是伪造的空白信用卡而持有、运输100张以上的;③非法持有他人信用卡50张以上的;④使用虚假的身份证明骗领信用卡10张以上的;⑤出售、购买、为他人提供伪造的信用卡或者以虚假的身份证明骗领的信用卡10张以上的。

4. 本罪适用时应注意以下问题:

(1)注意划清本罪与非罪的界限。我国修订刑法第177条之一规定的妨害信用卡管理罪根据实施行为不同,要求达到的程度也不同,对于非法持有、运输伪造的空白信用卡的行为和非法持有他人信用卡的行为必须是"数量较大的"才构成犯罪;而对持有、运输伪造的信用卡,使用虚假的身份证明骗领信用卡和出售、购买、为他人提供伪造的信用卡以及窃取、收买或者非法提供他人信用卡信息资料的行为等不需要"数量较大的",原则上只要实施了上述行为就可以构成犯罪，但仍然要依据刑法第 13 条规定，"情节显著轻微危害不大的，不认为是犯罪"。

（2）注意划清本罪与伪造、变造金融票证的界限。我国刑法第 177 条规定的伪造、变造金融票证的犯罪行为中包括伪造信用卡的犯罪行为，因此，伪造信用卡的行为应认定为伪造金融票证罪，以伪造金融票证罪定罪处罚，根据两高《办理妨害信用卡管理刑事案件解释》的规定，所谓伪造信用卡，是指复制他人信用卡、将他人信用卡信息资料写入磁条介质、芯片或者以其他方法伪造信用卡的行为。伪造信用卡 1 张以上的或者伪造空白信用卡 10 张以上，应当认定为刑法第 177 条第 1 款第（四）项规定的"伪造信用卡"，以伪造金融票证罪定罪处罚。

伪造信用卡情节严重的，是指有下列情形之一的：①伪造信用卡 5 张以上不满 25 张的；②伪造的信用卡内存款余额、透支额度单独或者合计数额在 20 万元以上不满 100 万元的；③伪造空白信用卡 50 张以上不满 250 张的；④其他情节严重的情形。伪造信用卡情节特别严重的，是指有下列情形之一的：①伪造信用卡 25 张以上的；②伪造的信用卡内存款余额、透支额度单独或者合计数额在 100 万元以上的；③伪造空白信用卡 250 张以上的；④其他情节特别严重的情形。这里的"信用卡内存款余额、透支额度"，以信用卡被伪造后发卡行记录的最高存款余额、可透支额度计算。而刑法第 117 条之一规定的非法持有、运输伪造的信用卡等妨害信用卡管理的行为则单独定为妨害信用卡管理罪。由于刑法已有了专门规定，对非法持有、运输、销售伪造的信用卡行为不能再以伪造、变造金融票证的共犯或者销赃罪、包庇罪等定罪处罚了，只能认定为本罪。

（3）注意划清本罪与信用卡诈骗罪的界限。妨害信用卡管理罪与信用卡诈骗罪有着紧密的联系，行为人实施妨害信用卡管理行为是为了最终实施信用卡诈骗犯罪或者为他人实施信用卡诈骗提供帮助。我国刑法第 196 条规定的信用卡诈骗罪的犯罪行为中包括使用伪造的信用卡的犯罪行为，《刑法修正案（五）》又增加了"使用以虚假的身份证明骗领的信用卡的"行为，也是信用卡诈骗罪的犯罪行为。使用以虚假的身份证明骗领的信用卡，实际上也是伪造的信用卡。使用伪造的信用卡和骗领的信用卡也是妨害信用卡管理的行为，但刑法已作了专门规定，应按刑法专门规定，定为信用卡诈骗罪，不再定为妨害信用卡管理罪。如果某个人既实施了妨害信用卡管理行为，又实施了信用卡诈骗的，应按处理牵连犯的原则，按处刑较重的信用卡诈骗罪定罪处罚。如果行为人只是实施了妨害信用卡管理犯罪行为，则以妨害信用卡管理罪定罪处罚，不再以信用卡诈骗罪的共犯或者销赃罪、包庇罪定罪处罚。

二、窃取、收买、非法提供信用卡信息罪

窃取、收买、非法提供信用卡信息罪是《刑法修正案（五）》第1条第2款、第3款补充规定刑法第175条之一中规定的犯罪。本罪是否是一个独立的犯罪，法学界有不同意见：一种意见认为，该种行为是妨害信用卡管理罪的犯罪行为之一，不是独立的罪名；另一种意见认为，根据过去确定罪的经验，应确定为一种独立的罪名。最高人民法院、最高人民检察院《关于执行〈中华人民共和国刑法〉确定罪名的补充规定（三）》将该罪罪名解释为独立的罪名。

（一）刑法规定内容的修改

刑法条文中有关盗窃、收买、非法提供信用卡信息罪的规定有：

1. 1997年修订刑法第177条规定："有下列情形之一，伪造、变造金融票证的，处五年以下有期徒刑或者拘役，并处或者单处二万元以上二十万元以下罚金；情节严重的，处五年以上十年以下有期徒刑，并处五万元以上五十万元以下罚金；情节特别严重的，处十年以上有期徒刑或者无期徒刑，并处五万元以上五十万元以下罚金或者没收财产：（一）伪造、变造汇票、本票、支票的；（二）伪造、变造委托收款凭证、汇款凭证、银行存单等其他银行结算凭证的；（三）伪造、变造信用证或者附随的单据、文件的；（四）伪造信用卡的。

"单位犯前款罪的，对单位判处罚金，并对其直接负责的主管人员和其他直接责任人员，依照前款的规定处罚。"

2. 2005年2月28日，全国人大常委会《刑法修正案（五）》第1条规定在刑法第177条后增加一条，作为第177条之一："有下列情形之一，妨害信用卡管理的，处三年以下有期徒刑或者拘役，并处或者单处一万元以上十万元以下罚金；数量巨大或者有其他严重情节的，处三年以上十年以下有期徒刑，并处二万元以上二十万元以下罚金：

"（一）明知是伪造的信用卡而持有、运输的，或者明知是伪造的空白信用卡而持有、运输，数量较大的；

"（二）非法持有他人信用卡，数量较大的；

"（三）使用虚假的身份证明骗领信用卡的；

"（四）出售、购买、为他人提供伪造的信用卡或者以虚假的身份证明骗领的信用卡的。

"窃取、收买或者非法提供他人信用卡信息资料的，依照前款规定处罚。

"银行或者其他金融机构的工作人员利用职务上的便利，犯第二款罪的，从重处罚。"

上述刑法及其修正案对刑法作了如下修改和补充：

1. 增加新罪名。我国 1979 年刑法和 1997 年修订刑法都没有规定窃取、收买、非法提供信用卡信息罪。修订刑法第 177 条规定的伪造、变造金融票证罪中包括了"伪造信用卡"的犯罪行为。但对伪造信用卡行为的预备行为，即盗窃、收买或者非法提供他人信用卡信息资料的行为没有单独规定为犯罪行为。2005 年 2 月 28 日全国人大常委会在《刑法修正案（五）》第 1 条第 2 款中规定："窃取、收买或者非法提供他人信用卡信息资料的，依照前款规定处罚。"在第 3 款中，进一步规定："银行或者其他金融机构的工作人员利用职务上的便利，犯第二款罪的，从重处罚。"即将窃取、收买或者非法提供他人信用卡信息资料的行为规定为独立的犯罪，并规定适用妨害信用卡管理罪的法定刑，归类于破坏社会主义市场经济秩序罪中破坏金融管理秩序罪中具体犯罪。

2. 增加规定了窃取、收买或者非法提供他人信用卡信息资料的犯罪行为。刑法第 177 规定的伪造、变造信用卡罪的犯罪行为中没有窃取、收买或者非法提供他人信用卡信息资料的行为。这种行为是伪造、变造信用卡的预备行为。《刑法修正案（五）》第 1 条第 2 款将这种行为专门规定行为独立的犯罪行为。

3. 特别规定了银行或者其他金融机构的工作人员利用职务上的便利，犯窃取、收买、非法提供信用卡信息罪的，从重处罚的规定。

（二）刑法规定修改的原因

全国人大常委会《刑法修正案（五）》补充规定"窃取、收买、非法提供信用卡信息罪"的主要原因有：

1. 修订刑法中没有窃取、收买、非法提供信用卡信息罪的规定。我国 1979 年刑法和 1997 修订刑法都没有规定窃取、收买、非法提供信用卡信息罪。修订刑法中规定了伪造、变造金融票证、信用卡诈骗罪，尽管司法实践中将窃取、收买或者非法提供他人信用卡信息资料的行为作为伪造信用卡犯罪的预备行为或共犯处理，但不能有效、准确地惩治窃取、收买或者非法提供他人信用卡信息资料的行为。随着信用卡犯罪形势的发展刑法应当补充规定这种犯罪行为。

2. 窃取、收买、非法提供信用卡信息资料的行为越来越严重破坏社会主义市场经济秩序，社会危害后果越来越严重。随着我国经济建设的发展，信用卡作为货币支付手段已经逐渐进入人们的生产、经营、生活各领域中，但是，近几年来，随着信用卡的发展而来的信用卡犯罪越来越多，社会危害性相当严重。犯罪分子为了伪造信用卡千方百计地窃取、收买或者非法提供他人信用卡信息资料，使社会主义市场经济秩序受到严重破坏。因此，刑法有必要将窃取、收买或者非法提供他人信用卡信息资料的行为规定为犯罪，追究其刑事责任，以惩罚该种犯罪，保护金融秩序健康发展。

3. 有国际立法经验为借鉴。我国香港特别行政区于1992年，日本和我国台湾地区于2001年，韩国于2002年分别通过修改法律，加重信用卡犯罪的刑罚，并细化信用卡犯罪的构成，规定窃取、持有、提供他人信用卡磁条信息资料的行为均为犯罪。为了保护我国金融秩序的稳定发展，刑法应当借鉴上述有关国家对伪造信用卡罪和信用卡诈骗罪的规定，以便更准确惩罚窃取、收买或者非法提供他人信用卡信息资料的犯罪。

鉴于上述原因，全国人大常委会在《刑法修正案（五）》中补充了"窃取、收买、非法提供信用卡信息罪"的规定。

（三）窃取、收买、非法提供信用卡信息罪的适用

窃取、收买、非法提供信用卡信息罪，是新增加的罪名，要准确适用就必须弄清该罪的概念、特征、法定刑以及适用时应注意的问题。

1. 该罪的概念。该罪是指窃取、收买或者非法提供他人信用卡信息资料的行为。

近年来，随着信用卡应用的普及，伪造信用卡的犯罪活动出现了一些新的情况，犯罪分子内外互相勾结，形成集团化、专业化的特点，从窃取、非法提供他人信用卡信息资料、制作假卡，到运输、销售、使用伪造的信用卡等各个环节，分工细密，犯罪活动猖獗。虽然这种犯罪行为属于伪造信用卡和使用伪造的信用卡进行诈骗的犯罪行为的一部分，但在各个犯罪环节上表现的形式有所不同。窃取、收买或者非法提供他人信用卡信息资料的行为是伪造、变造信用卡必要的预备行为。如果没有这种行为伪造信用卡诈骗他人财产的目的就不能实现。因此，要用刑罚惩罚窃取、收买或者非法提供他人信用卡信息资料的行为，以保障社会主义金融有秩序的发展。

2. 犯罪的构成特征。根据刑法第177条之一和《刑法修正案（五）》第1条第2款、第3款的规定，该罪的构成特征有：

（1）犯罪主体，是一般主体，凡是年满16周岁以上的具有刑事责任能力的自然人都可以构成。其中有一部分是银行或者其他金融机构的工作人员利用职务上的便利实施的犯罪行为，单位不能构成本罪的主体。犯罪主体在主观上

都是故意的，一般具有伪造他人信用卡实行信用卡诈骗的目的。过失行为不构成本罪。

（2）犯罪行为，必须具有窃取、收买或者非法提供他人信用卡信息资料的行为。信用卡信息资料是办理信用卡的必要条件，它包括信用卡所有人的姓名、性别、年龄、身份证号码、工作单位、家庭住址、电话号码、信用卡内的存款余额、信用卡的编号、进入密码、发卡行代码、持卡人账户、密码等电子数据，由发卡行在发卡时使用专用设备输入信用卡的磁条中。这些信息资料除办卡银行和信用卡所有人知悉外，对其他人是保密的。窃取、收买或者非法提供他人信用卡信息资料的目的是伪造他人信用卡的提供条件。没有这些信息资料，伪造的信用卡是无法使用的。因此，窃取、收买或者非法提供他人信用卡信息资料的行为是扰乱金融秩序的行为，是对社会有危害的行为。《刑法修正案（五）》将这些行为规定为犯罪行为是必要的，可以从关键环节上打击信用卡犯罪活动。具体行为有：

①窃取他人信用卡信息资料的行为。窃取，就是秘密盗窃他人的信用卡信息资料的行为，是在信用卡所有人不知道的情况下，将他人信用卡信息资料盗走。例如，偷窃他人信用卡的取款密码和银行存款数额等。不论盗窃的目的是什么，都可以构成本罪的犯罪行为。

②收买他人信用卡信息资料的行为。收买，是以金钱或者物品购买他人掌握的别人的信用卡信息资料。收买的目的，一般是为了伪造他人的信用卡，但无论收买的目的是什么，只要实施了收买行为，就可以构成本罪的犯罪行为。

③非法提供他人信用卡信息资料的行为。非法提供，是将自己知道的他人信用卡信息资料非法提供给第三者的行为。不论该信用卡信息资料是用何种方法得来的，也不论是有偿提供还是无偿提供和提供的目的是什么，只要是非法提供他人信用卡信息资料的行为，都可以构成本罪的犯罪行为。当然，依照法律规定提供他人信用卡信息资料的行为不构成犯罪行为。

（3）犯罪结果，必须是故意实施了窃取、收买或者非法提供他人信用卡信息资料行为的结果。本罪是行为犯，只要实施了犯罪行为就可以构成犯罪。

3. 窃取、收买、非法提供信用卡信息罪的法定刑。根据刑法第179条之一和《刑法修正案（五）》第2条规定，犯窃取、收买、非法提供信用卡信息罪的，适用妨害信用卡管理罪的法定刑。根据"两高"《办理妨害信用卡管理刑事案件解释》的规定：

（1）窃取、收买、非法提供他人信用卡信息资料，足以伪造可进行交易的信用卡，或者足以使他人以信用卡持卡人名义进行交易，涉及信用卡1张以上不满5张的，处3年以下有期徒刑或者拘役，并处或者单处1万元以上10

万元以下罚金。

（2）构成本罪，犯罪数量巨大或者有其他严重情节的，处3年以上10年以下有期徒刑，并处2万元以上20万元以下罚金。何为"数量巨大或者其他严重情节"，盗窃、收买、非法提供他人信用卡信息资料，足以伪造可进行交易的信用卡，或者足以使他人以信用卡持卡人名义进行交易，涉及信用卡5张以上的，应当认定为刑法第177条之一第1款规定的"数量巨大"。

根据刑法第177条之一第3款和《刑法修正案（五）》第1条第3款规定，银行或者其他金融机构的工作人员利用职务上的便利，犯窃取、收买或者非法提供他人信用卡信息罪的，从重处罚。

4. 本罪适用时应注意以下问题：

（1）注意划清本罪与非罪的界限。我国修订刑法第177条之一规定的窃取、收买、非法提供信用卡信息罪，原则上只要实施了上述行为就可以构成犯罪，但仍然要依据刑法第13条关于"情节显著轻微危害不大的，不认为是犯罪"的规定，如果确实不具有犯罪目的，而非法提供他人信用卡信息资料的行为，没有造成严重后果的，应视为情节显著轻微危害不大的，不认为是犯罪。

（2）注意划清本罪与伪造、变造金融票证的界限。我国刑法第177条规定的伪造、变造金融票证罪的犯罪行为中包括窃取、收买或者非法提供他人信用卡信息的犯罪行为，如果犯罪分子利用他人信用卡信息资料伪造了他人信用卡的，由于《刑法修正案（五）》中没有规定数罪并罚，应按处理牵连犯的原则按重罪伪造信用卡罪定罪处罚。

（3）注意划清本罪与信用卡诈骗罪的界限。窃取、收买或者非法提供他人信用卡信息罪与信用卡诈骗罪有着紧密的联系，行为人实施窃取、收买或者非法提供他人信用卡信息资料的行为一般是为了最终实施信用卡诈骗犯罪。如果使用他人信用卡信息资料伪造了他人信用卡，又用该信用卡诈骗了他人钱款的，应按处理牵连犯的原则，以重罪信用卡诈骗罪定罪处罚，不再定为本罪和伪造金融票证罪。

（4）根据"两高"《办理妨害信用卡管理刑事案件解释》的规定，为信用卡申请人制作、提供虚假的财产状况、收入、职务等资信证明材料，涉及伪造、变造、买卖国家机关公文、证件、印章，或者涉及伪造公司、企业、事业单位、人民团体印章，应当追究刑事责任的，依照刑法第280条的规定，分别以伪造、变造、买卖国家机关公文、证件、印章罪和伪造公司、企业、事业单位、人民团体印章罪定罪处罚。

承担资产评估、验资、验证、会计、审计、法律服务等职责的中介组织或其人员，为信用卡申请人提供虚假的财产状况、收入、财物等信用证明材料，应当追究刑事责任的，依照刑法第 229 条的规定，分别以提供虚假证明文件罪和出具证明文件重大失实罪定罪处罚。

三、信用卡诈骗罪

信用卡诈骗罪是修订刑法第 196 条规定的犯罪，《刑法修正案（五）》第 2 条补充规定了信用诈骗罪的犯罪行为。2003 年 3 月 15 日最高人民法院、最高人民检察院《关于执行〈中华人民共和国刑法〉确定罪名的补充规定（二）》司法解释确定为该罪名。2009 年 12 月 3 日，最高人民法院、最高人民检察院《关于办理妨害信用卡管理刑事案件具体应用法律若干问题的解释》（以下简称《办理妨害信用卡管理刑事案件解释》）中对信用卡诈骗犯罪的有关具体应用问题作了司法解释。

（一）刑法规定内容的修改

刑法条文中有关信用卡诈骗犯罪的规定有：

1. 1997 年刑法第 196 条原规定："有下列情形之一，进行信用卡诈骗活动，数额较大的，处五年以下有期徒刑或者拘役，并处二万元以上二十万元以下罚金；数额巨大或者有其他严重情节的，处五年以上十年以下有期徒刑，并处五万元以上五十万元以下罚金；数额特别巨大或者有其他特别严重情节的，处十年以上有期徒刑或者无期徒刑，并处五万元以上五十万元以下罚金或者没收财产：（一）使用伪造的信用卡的；（二）使用作废的信用卡的；（三）冒用他人信用卡的；（四）恶意透支的。

"前款所称恶意透支，是指持卡人以非法占有为目的，超过规定限额或者规定期限透支，并且经发卡银行催收后仍不归还的行为。

"盗窃信用卡并使用的，依照本法第二百六十四条的规定定罪处罚。"

2. 2005 年 2 月 28 日，全国人大常委会《刑法修正案（五）》第 2 条规定将刑法第 196 条修改为："有下列情形之一，进行信用卡诈骗活动，数额较大的，处五年以下有期徒刑或者拘役，并处二万元以上二十万元以下罚金；数额巨大或者有其他严重情节的，处五年以上十年以下有期徒刑，并处五万元以上五十万元以下罚金；数额特别巨大或者有其他特别严重情节的，处十年以上有期徒刑或者无期徒刑，并处五万元以上五十万元以下罚金或者没收财产：（一）使用伪造的信用卡，或者使用以虚假的身份证明骗领的信用卡的；（二）使用作废的信用卡的；（三）冒用他人信用卡的；（四）恶意透支的。

"前款所称恶意透支，是指持卡人以非法占有为目的，超过规定限额或者规定期限透支，并且经发卡银行催收后仍不归还的行为。"

"盗窃信用卡并使用的，依照本法第二百六十四条的规定定罪处罚。"

上述刑法及其修正案对刑法作了如下补充：我国1979年刑法没有规定信用卡诈骗罪，1997年修订刑法第196条规定了信用卡诈骗罪，其中规定信用卡诈骗犯罪行为是使用伪造的信用卡、使用作废的信用卡、冒用他人信用卡、恶意透支的行为。2005年2月28日，全国人大常委会在《刑法修正案（五）》第2条中，在"使用伪造的信用卡"行为中增加了"或者使用以虚假的身份证明骗领的信用卡的"行为，使信用卡诈骗犯罪行为增加了新的内容。

（二）刑法规定修改的原因

修订刑法第196条规定了信用卡诈骗罪，其犯罪行为有以下四种，即使用伪造的信用卡、使用作废的信用卡、冒用他人信用卡、恶意透支的行为。但近年来，出现了大量使用以虚假的身份证明骗领信用卡的行为，进行恶意透支诈骗银行钱款。对这种行为如何定罪有不同意见，有的主张法无明文规定不为罪；有的认为，骗领信用卡后，又大量透支是一种信用卡犯罪活动，应依刑法第196条规定，以信用卡诈骗罪追究刑事责任。《刑法修正案（五）》第2条在刑法第196条第1款第（一）项"使用伪造的信用卡的"情形中增加规定了"使用以虚假的身份证明骗领的信用卡的"行为，完善了刑法关于信用卡诈骗罪的规定。今后对使用以虚假的身份证明骗领的信用卡的行为，只要达到刑法第196条规定的"数额较大"标准的，就应以信用卡诈骗罪追究刑事责任。

（三）信用卡诈骗罪的适用

信用卡诈骗罪是刑法新增加的罪名，要准确适用就必须弄清该罪的概念、特征、法定刑，以及适用时应注意的问题。

1. 信用卡诈骗罪的概念。信用卡诈骗罪，是指以非法占有为目的，利用信用卡诈骗他人财物，数额较大的行为。

该罪是利用信用卡诈骗他人财物，破坏金融管理秩序的犯罪。信用卡是金融证券之一，是用户在银行存款后，银行发给的准予消费的电子证件，持信用卡可以到银行委托单位进行结算。2004年12月29日全国人大常委会《关于〈中华人民共和国刑法〉有关信用卡规定的解释》中规定，刑法规定的"信用卡"，是指由商业银行或者其他金融机构发行的具有消费支付、信用贷款、转账结算、存取现金等全部功能或者部分功能的电子支付卡。近年来，我国金融机构发行了不同种类与功能的银行卡,有的称为信用卡,有的称为借记卡,有的称为贷记卡等,执法实践中对于刑法规定的信用卡的适用范围存在不同认识。这一立法解释从刑法角度解决了信用卡的含义,即只要具备消费支付、信用贷款、转账结算、存取现金等全部功能或者部分功能的电子支付卡,都属于刑法规定的"信用卡"。信用卡制度方便生产、经营,方便生活,防止携带大量现金不安全。但是随着信用卡的广泛使用,犯罪分子利用信用卡进行诈骗犯罪活动,严重扰乱市场金融秩序和侵犯公私财产所有权,是一种严重危害社会的行为。我国修订刑法将利用信用卡诈骗他人财物,数额较大的行为规定为犯罪,最高可处无期徒刑,并处50万元罚金。2004年12月29日,全国人大常委会对信用卡的含义进行了立法解释;2005年2月28日,又在《刑法修正案(五)》中对信用卡诈骗犯罪行为作了补充。2009年12月3日,最高人民法院、最高人民检察院《办理妨害信用卡管理刑事案件解释》中对信用卡诈骗罪的具体适用问题作了司法解释。

2. 犯罪的构成特征。根据刑法第196条和《刑法修正案(五)》第2条的规定,该罪的构成特征有:

(1) 犯罪主体,是一般主体,凡是年满16周岁以上的具有刑事责任能力的自然人都可以构成。不满16周岁的人和单位不构成本罪。犯罪主体在主观上都是故意的,一般具有谋取非法利益的目的。过失行为不构成本罪。

(2) 犯罪行为。必须是利用信用卡进行诈骗他人财物的行为。具体有以下四种表现:

①使用伪造的信用卡的行为或者使用以虚假的身份证明骗领的信用卡的行为。明知是伪造的信用卡而使用,例如,利用伪造的信用卡购买商品、在银行或者其他金融机构提取现金以及接受用信用卡进行支付结算的各种服务的行为。如果自己伪造信用卡,又使用伪造的信用卡进行诈骗行为,应定为本罪,将伪造信用卡的行为作为本罪的犯罪手段,不再单独定为伪造金融票证罪。使用虚假的身份证明骗领信用卡行为,是行为人使用假的或者他人的身份证明文件,在银行或者其他金融机构骗领信用卡而使用的行为。这种骗领的信用卡从形式上看是真的信用卡,而实质上是假的信用卡,同使用伪造的信用卡或者冒用他人信用卡行为的社会危害是一样的,也是犯罪行为,应追究其刑事责任。

②使用作废的信用卡的行为。信用卡由于种种原因失去效力,成为作废的信用卡。作废的信用卡不能再使用了。如果明知是作废的信用卡而继续使用,就是利用作废的信用卡诈骗他人财物的行为。信用卡失效的原因是多方面的,主要有:超过有效使用期限而自动失效;持卡人在信用卡有效期限内中途停止使用信用卡,并将该卡交回发卡银行的;因挂失而使信用卡失效。

③冒用他人信用卡的行为。信用卡是信用卡所有者的财产，只有信用卡所有者使用。未经信用卡所有者同意，冒用他人信用卡是侵犯他人财产的行为。根据《办理妨害信用卡管理刑事案件解释》的规定，"冒用他人信用卡"包括以下情形：拾得他人信用卡并使用的；骗取他人信用卡并使用的；窃取、收买、骗取或者以其他非法方获取他人信用卡信息资料，并通过互联网、通讯终端等使用的；其他冒用他人信用卡的情形。不包括盗窃他人信用卡而使用的行为，因为法律特别规定，盗窃他人信用并使用的，以盗窃论处。

④恶意透支的行为。根据刑法第196条第2款规定，恶意透支，是指持卡人以非法占有为目的，超过规定限额或者规定期限透支，并且经发卡银行催收后仍不归还的行为。信用卡持有者以非法占有银行钱款为目的，超过规定的限额或者规定的期限透支，并且经发卡银行催收后仍不归还的行为。根据《办理妨害信用卡管理刑事案件解释》的规定，刑法第196条规定的"恶意透支"，是指持卡人以非法占有为目的，超过规定限额或者规定期限透支，并且经发卡银行两次催收后超过3个月仍不归还的。有下列情形之一的，应当认定是"以非法占有为目的"：明知没有还款能力而大量透支，无法归还的；肆意挥霍透支的资金，无法归还的；透支后逃匿，改变联系方法，逃避银行催收的；抽逃、转移资金，隐匿财产，逃避还款的；使用透支的资金进行违法犯罪活动的；其他非法占有资金，拒不归还的行为。

（3）犯罪结果，必须是利用信用卡诈骗他人财物数额较大的结果；达不到数额较大结果的，不能构成本罪。根据《办理妨害信用卡管理刑事案件解释》的规定，使用伪造的信用卡、以虚假的身份证明骗领的信用卡、作废的信用卡或者冒用他人信用卡，进行信用卡诈骗活动，数额在5000元以上不满5万元的，应当认定为刑法第196条规定的"数额较大"。

3. 信用卡诈骗罪的法定刑。我国刑法第196条规定根据利用信用卡诈骗财物数额的多少和情节轻重，分别规定了三个档次的法定刑：

（1）数额较大的，即5000元以上不满5万元的，处5年以下有期徒刑或者拘役，并处2万元以上20万元以下罚金。

（2）数量巨大的，即5万元以上不满50万元的或者有其他严重情节的，处5年以上10年以下有期徒刑，并处5万元以上20万元以下罚金。

（3）数额特别巨大的，即50万元以上的或者其他特别严重情节的，处10年以上有期徒刑或者无期徒刑，并处5万元以上50万元以下罚金或者没收财产。

恶意透支，数额在1万元以上不满10万元的，应当认定为刑法第196条规定的"数额较大"；数额在10万元以上不满100万元的，应当以定为刑法

第 196 条规定的"数额巨大";数额在 100 万元以上的,应当认定为刑法第 196 条规定的"数额特别巨大"。这里恶意透支的数额,是指在第 1 款规定的条件下,持卡人拒不归还的数额或者尚未归还的数额。不包括复利、滞纳金、手续费等发卡银行收取的费用。

4. 本罪适用时应注意以下问题:

(1) 注意划清本罪与非罪的界限。我国修订刑法第 196 条和《刑法修正案(五)》第 2 条规定构成信用卡诈骗罪必须是诈骗数额较大的行为,达不到数额较大结果的,不构成犯罪。何为数额较大,根据《办理妨害信用卡管理刑事案件解释》的规定,使用伪造的信用卡、以虚假的身份证明骗领的信用卡、作废的信用卡或者冒用他人信用卡,进行信用卡诈骗活动,数额在 5000 元以上不满 5 万元的,应当认定为刑法第 196 条规定的"数额较大";恶意透支,数额在 1 万元以上不满 10 万元的,应当认定为刑法第 196 条规定的"数额较大"。达不到数额较大的结果的,是一般违法行为,不构成犯罪。必须注意的是,恶意透支的,根据《办理妨害信用卡管理刑事案件解释》的规定,恶意透支应当追究刑事责任,但在公安机关立案后人民法院判决宣告前已偿还全部透支款息的,可以从轻处罚,情节轻微的,可以免除处罚。恶意透支数额较大,在公安机关立案前已偿还全部透支款息,情节显著轻微的,可以依法不追究刑事责任。如果是善意透支,即使超过数额和时间的限制,凡是在发卡银行催还后如数归还的,不构成本罪。

(2) 注意划清本罪与盗窃罪的界限。根据我国刑法第 196 条和《刑法修正案(五)》第 2 条第 3 款的规定,盗窃信用卡并使用的,依照本法第 264 条的规定定罪处罚。依据最高人民法院 1998 年 3 月 17 日《关于审理盗窃案件具体应用法律若干问题的解释》第 10 条的规定,"盗窃信用卡并使用的,以盗窃罪定罪处罚,其盗窃数额应当根据行为人盗窃信用卡后使用的数额认定"。行为人盗窃他人信用卡后又自己使用盗取的信用卡,或者交给他人使用盗窃的信用卡的,按盗窃罪定罪处罚。如果盗窃信用卡后,交第三人使用,而第三人并不知道是盗窃的信用卡,对盗窃者按盗窃罪定罪处罚,而对第三人则按信用卡诈骗罪定罪处罚。

(3) 注意划清本罪与妨害信用卡管理罪的界限。妨害信用卡管理罪与信用卡诈骗罪有着紧密的联系,行为人实施妨害信用卡管理行为是为了最终实施信用卡诈骗犯罪。《刑法修正案(五)》规定的非法持有、运输、出售、购买、提供伪造的信用卡等妨害信用卡管理的行为,都是为信用卡诈骗行为做准备的行为,如果行为就此停止下来,可以构成信用卡诈骗的预备行为。但法律已作了特别规定,只能认定为妨害信用卡管理罪,不再以信用卡诈骗罪的预备犯定罪处罚。如果行为人实施了妨害信用卡管理行为后又继续使用伪造的信用卡进行信用卡诈骗行为，只以信用卡诈骗罪定罪处罚，妨害信用卡管理行为作为犯罪手段牵连被吸收，不单独定罪处罚，因为修正案中没有规定在这种情况下数罪并罚。我国刑法第196条规定的信用卡诈骗罪的犯罪行为中包括使用伪造的信用卡的犯罪行为，《刑法修正案（五）》又增加了"使用以虚假的身份证明骗领的信用卡的"行为，也是信用卡诈骗罪的犯罪行为。使用伪造的信用卡和骗领的信用卡实质上也是妨害信用卡管理的行为，但刑法已作了专门规定，应按刑法专门规定定为信用卡诈骗罪，不再定为妨害信用卡管理罪。

（4）注意划清本罪与伪造、变造金融票证罪的界限。伪造、变造信用卡的行为是伪造金融票证罪的犯罪行为的一种，行为人只是实施了伪造、变造信用卡的行为的，只定为伪造、变造金融票证罪。但是，行为人伪造、变造了信用卡后，又进行了信用卡诈骗犯罪，按照我国刑法第196条规定的信用卡诈骗罪的犯罪行为中包括使用伪造的信用卡的犯罪行为，因此，要认定为信用卡诈骗罪。行为人虽然既实施了伪造、变造信用卡行为，又利用其实施诈骗行为，由于刑法没有规定数罪并罚，不能同时认定两种犯罪，一般以信用卡诈骗罪定罪处罚。

（5）使用信用卡在销售点终端机具直接支付现金的，以非法经营罪的定罪处罚。根据《办理妨害信用卡管理刑事案件解释》的规定，违反国家规定，使用销售点终端机具（POS机）等方法，以虚构交易、虚开价格、现金退货等方式向信用卡持卡人直接支付现金，情节严重的，应当依据刑法第225条规定追究刑事责任，以非法经营罪定罪处罚。

实施上述行为，数额在100万元以上的，或者造成金融机构资金20万元以上逾期未还的，或者造成金融机构经济损失10万元以上的，应当认定为刑法第225条规定的"情节严重"；数额在500万元以上的，或者造成金融机构资金100万元以上逾期未还的，或者造成金融机构经济损失50万元以上的，应当认定为刑法第225条规定的非法经营"情节特别严重"的情形。

四、过失损坏武器装备、军事设施、军事通信罪

过失损坏武器装备、军事设施、军事通信罪是《刑法修正案（五）》第3条第2款补充规定的新罪名。我国1997年修订刑法第369条原规定有破坏武器装备、军事设施、军事通信罪，《刑法修正案（五）》又补充规定了与其相应的过失犯罪。最高人民法院、最高人民检察院2007年11月6日《关于执行〈中华人民共和国刑法〉确定罪名的补充规定（三）》规定为该罪名。

（一）刑法规定内容的修改

刑法条文中有关过失损坏武器装备、军事设施、军事通信犯罪的规定有：

1. 1997年刑法第369条原规定："破坏武器装备、军事设施、军事通信的，处三年以下有期徒刑、拘役或者管制；破坏重要武器装备、军事设施、军事通信的，处三年以上十年以下有期徒刑；情节特别严重的，处十年以上有期徒刑、无期徒刑或者死刑。

"战时从重处罚。"

2. 2005年2月28日，全国人大常委会《刑法修正案（五）》第3条规定在刑法第369条中增加一款作为第2款，将该条修改为："破坏武器装备、军事设施、军事通信的，处三年以下有期徒刑、拘役或者管制；破坏重要武器装备、军事设施、军事通信的，处三年以上十年以下有期徒刑；情节特别严重的，处十年以上有期徒刑、无期徒刑或者死刑。

"过失犯前款罪，造成严重后果的，处三年以下有期徒刑或者拘役；造成特别严重后果的，处三年以上七年以下有期徒刑。

"战时犯前两款罪的，从重处罚。"

上述刑法及其修正案对刑法作了如下修改和补充：

1. 增加了过失损坏武器装备、军事设施、军事通信罪的新罪名。我国1997年修订刑法第369条原规定了破坏武器装备、军事设施、军事通信罪的新罪名，是故意犯罪。2005年2月28日全国人大常委会《刑法修正案（五）》第3条第2款在刑法第369条中增加规定了过失损坏武器装备、军事设施、军事通信罪。

2. 增加规定了过失损坏武器装备、军事设施、军事通信罪的法定刑。最低处拘役，最高处7年有期徒刑。

3. 特别规定了战时犯过失损坏武器装备、军事设施、军事通信罪的，从重处罚。

（二）刑法规定修改的原因

全国人大常委会《刑法修正案（五）》补充规定"过失损坏武器装备、军事设施、军事通信罪"的新罪名的主要原因有：

1. 修订刑法中没有规定过失损坏武器装备、军事设施、军事通信罪。我国1997年修订刑法第369条中只规定有破坏武器装备、军事设施、军事通信罪，是故意犯罪；没有规定过失损坏武器装备、军事设施、军事通信罪。为了惩罚这种过失犯罪，《刑法修正案（五）》第3条第2款专门规定了过失损坏武器装备、军事设施、军事通信罪。

2. 过失损坏武器装备、军事设施、军事通信的行为的社会危害性越来越严重，需要用刑罚予以惩罚。近年来，一些地方在生产建设过程中野蛮施工、违章作业，致使军事通信光缆等通信设施遭到破坏的情况比较突出，严重危及到国家的军事设施和军事通信的安全。针对这种情况，一些全国人大代表提出议案，建议在刑法中增加过失损坏军事通信罪的规定，以打击此类犯罪，维护国防利益。

（三）过失损坏武器装备、军事设施、军事通信罪的适用

过失损坏武器装备、军事设施、军事通信罪是新增加的犯罪，要准确适用就必须弄清该罪的概念、特征、法定刑，以及适用时应注意的问题。

1. 该罪的概念。该罪是指过失损坏了武器装备、军事设施、军事通信，造成严重后果的行为。

武器装备、军事设施、军事通信是保证武装部队完成作战、训练、执勤任务的物质条件，也是国防建设的重要保障。我国《宪法》第54条规定："中华人民共和国公民有维护祖国安全、荣誉和利益的义务，不得有危害祖国安全、荣誉和利益的行为。"我国《国防法》也规定，公民应当支持国防建设，保护国防建设，禁止任何组织或者个人破坏、损害和侵占包括武器装备、军事设施、军事通信在内的国防资产。任何对武器装备、军事设施、军事通信的破坏行为都是对国防利益的损害，都是对社会有危害的行为。我国《刑法修正案（五）》第3条第2款将过失损坏武器装备、军事设施、军事通信，造成严重后果的行为规定为犯罪，最低处拘役，最高处7年有期徒刑。

2. 犯罪的构成特征。根据刑法第369条第2款和《刑法修正案（五）》第3条第2款的规定，该罪的构成特征有：

（1）犯罪主体，是一般主体，凡是年满16周岁以上的具有刑事责任能力的自然人都可以构成；单位不能构成本罪的主体。犯罪主体在主观上都是过失的心理态度。如果犯罪主体在主观上是故意的心理态度，则构成破坏武器装备、军事设施、军事通信罪，不构成本罪。

（2）犯罪行为，必须具有过失损坏武器装备、军事设施、军事通信，造成严重后果的行为。本罪的行为对象有三种：一是武器装备，是指武装部队用于实施和保障作战行动的武器、装备和军事技术器材等；二是军事设施，是指用于军事目的建筑、场地和设备等；三是军事通信，是指军用的各种通信设备等，是实施指挥、侦察、联络工作的信息传播设施、设备。本罪犯罪行为表现是由于行为人的过失行为使武器装备、军事设施、军事通信设施受到毁灭或者

损坏，全部或者部分地丧失其正常功能，不能或者不完全能为军事所用。过失损坏的方法是多种多样，如因失火、过失决水、过失爆炸、野蛮施工、交通肇事、过失投放危险物质、管理失职等行为。

（3）犯罪结果，必须是过失行为造成严重后果，才构成犯罪。

3. 本罪的法定刑。根据刑法第 369 条第 2 款和《刑法修正案（五）》第 3 条的规定，犯过失损坏武器装备、军事设施、军事通信罪的法定刑是：

（1）造成严重后果，构成犯罪的，处 3 年以下有期徒刑或者拘役。

（2）构成犯罪，造成特别严重后果的，处 3 年以上 7 年以下有期徒刑。

（3）战时犯前款罪的，从重处罚。

4. 本罪适用时应注意以下问题：

（1）注意划清本罪与非罪的界限。我国修订刑法第 369 条规定的过失损坏武器装备、军事设施、军事通信罪是过失犯罪，既可能是过于自信过失犯罪，也可能是疏忽大意过失犯罪，这种过失是指行为人对造成的严重损害结果是过失心理状态。行为人对自己的行为有的可能是故意的心理状态。如果行为人对产生的结果在主观上是故意的，不构成本罪。

另外，本罪必须是"造成严重后果"的，才构成犯罪：达不到严重后果的，是一般违法行为，不构成犯罪，可以给予行政处罚。何为"造成严重后果的"，刑法没有具体规定，目前也没有司法解释。司法实践中，一般是指过失损坏了重要武器装备、军事设施、军用通信设备设施，或者造成巨大经济损失的。重要武器装备，一般是指战略导弹以及其他导弹武器系统、飞机、直升机、作战船舰、登陆船舰、1000 吨以上辅助船舰、坦克、装甲车辆、85 毫米以上口径地面火炮、山炮、高炮、雷达、声呐、指挥仪器、15 瓦以上电台、电子对抗装备、舟桥、60 千瓦以上的工程机械、汽车、陆军船舰等。重要军事设施，是指对作战具有重要作用的军事设施，如指挥中心、大型作战工程、各类通信、导航、观测枢纽、导弹营地、军用机场、军用港口、军用码头、大型仓库、输油管道、军用铁路等。重要军事通信，是指军事首脑机关及重要指挥中心的通信、作战时的通信、军队抢险救灾中心的通信、飞行训练中心的通信等。过失损坏了上述武器装备、军事设施、军事通信，使其失去功能的行为，即造成了严重后果，可以构成本罪。巨大经济损失，一般是指 20 万元以上的经济损失。

（2）注意划清本罪与破坏武器装备、军事设施、军事通信罪的界限。我国刑法第 369 条第 1 款规定的破坏武器装备、军事设施、军事通信罪是故意犯罪，其与本罪的相同点是两罪侵犯的客体、损坏的对象以及犯罪行为都相同或者相似。二者的不同点，主要表现在两个方面：一是犯罪的主观心理状态不同，本罪是过失犯罪心理状态；而破坏武器装备、军事设施、军事通信罪行为人主观上是故意的心理状态。二是犯罪结果不同，本罪必须是造成严重后果的，才构成犯罪；而破坏武器装备、军事设施、军事通信罪是行为犯，只要故意实施了破坏武器装备、军事设施、军事通信行的，就可以构成犯罪。依照上述两个不同点，就可以将上述两罪区分开。

（3）注意划清本罪与过失损坏交通工具等非军事设施、通信犯罪的界限。本罪是过失损坏军事设施、军用通信，危害的是国防利益；而过失损坏交通工具罪、过失损坏交通设备罪、过失损坏易燃易爆设备罪、过失损坏广播电视、公用通信设施罪等，侵犯的是交通工具等民用设备、设施，危害的是公共安全。如果过失损坏武器装备、军事设施、军事通信设施既危害了国防利益又危害了公共安全的犯罪行为，应依照法条竞合定罪处罚原则，以特别法条规定的过失损坏武器装备、军事设施、军事通信罪定罪处罚，不再定为过失破坏交通工具罪等过失犯罪。

第六章　中华人民共和国刑法修正案（六）

《中华人民共和国刑法修正案（六）》（以下简称《刑法修正案（六）》）由2006年6月29日第十届全国人大常委会第二十二次会议通过，并于当日由国家主席公布施行。我国1997年修订刑法时，对重大责任事故罪、公司企业管理秩序罪、破坏金融管理秩序罪、金融诈骗罪以及侵犯公民人身权利罪、妨害社会管理秩序罪、渎职罪等都作了规定。近年来，在这些方面又出现了一些新的应当追究刑事责任的违法犯罪行为。2005年8月，国务办公厅提出刑法修改建议稿，一些人大代表和司法机关、有关部门也提出建议，要求根据新的情况适时对刑法作修改补充，以便依法惩治这些犯罪，建立稳定和谐的社会。全国人大法制工作委员会在调查研究和征求最高人民法院、最高人民检察院、国务院法制办、中国人民银行、公安部、民政部等有关部门和部分专家意见的基础上，拟订出《刑法修正案（六）（草案）》，于2005年12月24日提交第十届全国人大常委会第十九次会议审议。该草案主要提出以下修改建议：

1. 关于破坏金融管理秩序的犯罪。包括：（1）增加诈骗贷款的犯罪行为；（2）为与证券法相衔接，将操纵证券、期货市场行为规定为犯罪行为；（3）增加规定金融机构违反国家规定运用客户信托资财的犯罪行为；（4）增加规定金融机构及其工作人员违反规定为他人出具票证数额巨大或情节严重的犯罪行为；（5）金融机构及其工作人员吸收客户资金不入账，数额巨大的犯罪行为；（6）增加贪污贿赂等犯罪为洗钱罪的上游犯罪。

2. 关于严重损害上市公司和公众投资者利益的犯罪行为。包括：（1）上市公司不披露应当披露的信息的犯罪行为；（2）上市公司的管理人员侵犯上市公司利益，造成重大损失的犯罪行为。

3. 关于商业贿赂犯罪行为，主要是将商业贿赂犯罪的主体扩大到公司、企业以外的其他单位工作人员。

4. 关于其他犯罪行为，包括：破产欺诈犯罪行为，组织残疾人、未成年人乞讨犯罪行为，加重开设赌场犯罪行为的处罚，违反规定进行胎儿性别鉴定犯罪行为，仲裁枉法犯罪行为等。

《刑法修正案（六）（草案）》经全国人大常委会多次审议，在讨论中，根据有些全国人大代表和国家安全生产监督管理总局及一些地方提出的建议，又补充了重大责任事故方面的犯罪。主要有：（1）对重大责任事故罪的主体的扩大修改。刑法第134条原规定的重大责任事故罪的主体范围太窄，对大量存在的个体开矿、无证开矿或者开矿的包工头难以适用刑法追究其刑事责任，建议将重大责任事故罪的主体扩大为一般主体。（2）安全生产责任事故罪罪状的修改。（3）增加大型群众性活动安全事故犯罪行为。（4）增加不报、谎报重大事故犯罪行为。同时，也对其他一些犯罪作了修改和补充。一些委员还就违规进行胎儿性别鉴定是否定为犯罪进一步讨论，多数委员同意继续对这个问题研究论证，《刑法修正案（六）》暂不规定。2006年6月21日全国人大常委会在审议时，常委认为，草案吸收了前两次审议时提出的修改意见，已基本成熟，建议经这次审议后提交本次常委会会议表决通过。全国人大常委会于2006年6月29日通过了《刑法修正案（六）》，并于当日公布施行。最高人民法院、最高人民检察院于2007年10月25日作出《关于执行〈中华人民共和国刑法〉确定罪名的补充规定（三）》对《刑法修正案（六）》修改、补充的犯罪的罪名作了新的规定，并于2007年11月6日公布实行。

一、重大责任事故罪

重大责任事故罪是刑法第134条规定的犯罪，《刑法修正案（六）》第1条第1款对该罪的罪状作了重大修改和补充。

（一）刑法规定内容的修改

刑法条文中有关重大责任事故罪的规定有：

1. 1979年刑法第114条规定："工厂、矿山、林场、建筑企业或者其他企业、事业单位的职工，由于不服管理、违反规章制度，或者强令工人违章冒险作业，因而发生重大伤亡事故或者造成其他严重后果的，处三年以下有期徒刑或者拘役；情节特别恶劣的，处三年以上七年以下有期徒刑。"

2. 1997年刑法第134条原规定："工厂、矿山、林场、建筑企业或者其他企业、事业单位的职工，由于不服管理、违反规章制度，或者强令工人违章冒险作业，因而发生重大伤亡事故或者造成其他严重后果的，处三年以下有期徒刑或者拘役；情节特别恶劣的，处三年以上七年以下有期徒刑。"

3. 2006年6月29日，全国人大常委会《刑法修正案（六）》第1条第1款规定将刑法第134条修改为："在生产、作业中违反有关安全管理的规定，因而发生重大伤亡事故或者造成其他严重后果的,处三年以下有期徒刑或者拘役;情节特别恶劣的,处三年以上七年以下有期徒刑。"

上述修正案对刑法规定的重大责任事故罪的主体由"工厂、矿山、林场、建筑企业或者其他企业、事业单位的职工"改为"生产、作业"者,扩大了犯罪主体的范围,使犯罪主体由特殊主体扩大到一般主体。另外,将强令他人违章冒险作业犯罪行为从重大责任事故罪分离出去,成为独立的罪名,单独规定了较重的法定刑,加重了刑罚的惩罚力度。

我国1979年刑法第114条和1997年刑法第134条都规定了重大责任事故罪,其罪状和法定刑完全相同,2006年6月29日全国人大常委会在《刑法修正案(六)》第1条第1款中对重大责任事故罪的罪状作了修改和补充,同时将强令他人违章冒险作业的犯罪行为作为独立犯罪加以规定,加大对其惩罚力度。

(二)刑法规定修改的原因

我国1979年刑法和1997年刑法都规定有重大责任事故罪,司法机关依照该条规定惩治了一大批犯罪分子。有些全国人大代表、国家安全生产监督管理总局及一些地方执法单位提出刑法上述规定重大责任事故犯罪的主体范围较窄,对大量存在的个体开矿、无证开矿或者开矿的包工头难以适用刑法追究刑事责任,有必要扩大重大责任事故罪的犯罪主体范围。另外,一个时期以来,煤炭、矿山等重大责任事故不断发生,造成人员伤亡和财产损失严重。很多事故之所以发生,是因为雇主或者企业法人无视安全生产规定,强令他人违章冒险作业,一旦发生恶性安全责任事故,依照刑法原规定对其处以与一般生产、作业者相同的刑罚,对其处罚较轻,不利于全面制止重大责任事故的发生。因此,全国人大常委会根据制止重大责任事故发生的需要,将重大责任事故罪的主体由特殊主体改为一般主体,扩大了惩治重大责任事故罪的范围;并对强令他人违章冒险作业,因而发生重大责任事故的行为规定为独立的犯罪,规定了加重处罚的法定刑,最高可处15年有期徒刑。

(三)重大责任事故罪的适用

重大责任事故罪是刑法修改的犯罪,要准确适用就必须弄清该罪的概念、特征、法定刑,以及适用时应注意的问题。

1. 重大责任事故罪的概念。重大责任事故罪,是指在生产、作业中违反有关安全管理规定,或者强令他人违章冒险作业,因而发生重大伤亡事故或者造成其他严重后果的行为。

我国刑法原规定的重大责任事故罪是发生在生产、经营活动中的重大责任事故方面的犯罪。根据《刑法修正案（六）》第1条第1款规定，重大责任事故罪是发生在生产、作业过程中的重大责任事故方面犯罪，生产、作业活动的范围大于生产、经营活动，例如，发生在科研实验中的安全重大责任事故既不是生产活动事故，也不是经营活动事故，而是科学实验的作业安全责任活动，根据《刑法修正案（六）》的规定，也可以构成重大安全事故罪。近年来，一些中小企业、乡镇企业、私人企业，不按国家有关生产、作业安全管理的规定，不按操作程序进行生产、作业，常常发生重大安全责任事故，使这种犯罪成为发案多、伤亡严重、社会危害很大的一种犯罪。因此，全国人大常委会根据当前发案的情况对刑法原规定的重大责任事故罪的罪状和法定刑罚都作了修改和补充，取消了重大责任事故罪的特殊主体条件的限制，只要在生产、作业过程中违反有关安全生产、作业规定，造成重大责任事故的就可以构成犯罪，将职工这一特殊主体修改为一般主体，从工矿企业、事业单位的职工扩到从事生产、作业的一切人员，包括个体、包工头和无证从事生产、作业的人员。

2. 犯罪的构成特征。根据刑法第134条第1款和《刑法修正案（六）》第1条第1款的规定，该罪的构成特征有：

（1）犯罪主体，是一般主体，凡是年满16周岁以上的具有刑事责任能力的自然人。不满16周岁的人和单位不构成本罪。根据最高人民法院、最高人民检察院2015年12月16日《关于办理危害生产安全刑事案件适用法律若干问题的解释》第1条规定，本罪的犯罪主体，"包括对生产、作业负有组织、指挥或者管理职责的负责人、管理人员、实际控制人、投资人等人员，以及直接从事生产、作业的人员"。犯罪主体对违反有关安全管理规定在主观上有的可能是过失的，也可能是故意的，不管行为人对实施的行为是故意还是过失的，但对行为造成的结果必须是过失的心理态度。

（2）犯罪行为，必须是在生产、作业中违反有关安全管理规定的行为。在生产、作业中违反有关安全管理规定的行为，一般是指生产、作业的人员违反有关安全管理规定的行为。如不按安全操规程生产、作业，不戴安全帽，不穿安全保护服，不遵守安全生产、作业制度的行为。

（3）犯罪结果，必须是发生了重大伤亡事故或者造成其他严重后果的。根据最高人民法院、最高人民检察院2015年12月16日《关于办理危害生产安全刑事案件适用法律若干问题的解释》第6条规定，"①造成死亡1人以上，或者重伤3人以上的；②造成直接经济损失100万元以上的；③其他严重后果或者重大安全事故的情形"，具有上述情形之一的，应当认定为，造成严重后果或者发生重大伤亡事故或者造成其他严重后果的，对相关责任人员追究刑事责任。

3. 重大责任事故罪的法定刑。根据刑法第 134 条第 1 款和《刑法修正案（六）》第 1 条第 1 款的规定，重大责任事故罪的法定刑：

（1）具有上述结果之一，构成犯罪的，处 3 年以下有期徒刑或者拘役。

（2）构成犯罪，情节特别恶劣的，处 3 年以上 7 年以下有期徒刑。根据最高人民法院、最高人民检察院 2015 年 12 月 16 日《关于办理危害生产安全刑事案件适用法律若干问题的解释》第 7 条规定，"①造成死亡 3 人以上或者重伤 10 人以上，负事故主要责任的；②造成直接经济损失 500 万元以上，负事故主要责任的；③其他特别严重后果、情节特别恶劣或者后果特别严重的情形"。具有上述情形之一的，对相关责任人员，适用上述法定刑。

根据最高人民法院、最高人民检察院 2015 年 12 月 16 日《关于办理危害生产安全刑事案件适用法律若干问题的解释》第 12 条规定，犯本罪"具有下列情形之一的，从重处罚：①未依法取得安全许可证或者安全许可证过期、被暂扣、吊销、注销后从事生产经营活动的；②关闭、破坏必要的安全监控和报警设备的；③已经发现了事故隐患，经有关部门或者个人提出后，仍不采取措施的；④一年内曾因危害生产安全违法犯罪活动受过行政处罚或者刑事处罚的；⑤采取弄虚作假、行贿等手段，故意逃避、阻挠负有安全监督管理职责部门实施监督检查的；⑥安全事故发生后转移财产意图逃避承担责任的；⑦其他从重处罚的情形"。

"实施前款第 5 项规定的行为，同时构成刑法第 389 条规定的行贿罪，依照数罪并罚规定处罚。"

根据最高人民法院、最高人民检察院 2015 年 12 月 16 日《关于办理危害生产安全刑事案件适用法律若干问题的解释》第 13 条规定，犯本罪，"在安全事故发生后积极组织、参与事故抢救或者积极配合调查、主动赔偿损失的，可以酌情从轻处罚"。

根据最高人民法院、最高人民检察院 2015 年 12 月 16 日《关于办理危害生产安全刑事案件适用法律若干问题的解释》第 16 条规定，犯本罪，"适用缓刑的犯罪分子，可以根据犯罪情况，禁止其在缓刑考验期限内从事与安全生产相关联的特定活动；对于被判处刑罚的犯罪分子，可以根据犯罪情况和预防再犯罪的需要，禁止其自刑罚执行完毕之日起或者假释之日起三年至五年内从事与安全生产相关的职业"。

4. 本罪适用时应注意以下问题：

（1）注意划清本罪与非罪的界限。我国刑法第 134 条和《刑法修正案（六）》第 1 条第 1 款规定构成重大责任事故罪必须是发生重大伤亡事故或者造成其他严重后果的才构成犯罪，如果没有发生上述结果或者虽然发生了重大责任事故，但没有达到上述结果程度的，不构成犯罪。

（2）注意划清本罪与重大安全事故罪、危险物品肇事罪、工程重大责任事故罪等其他责任事故罪的界限。重大责任事故罪、危险物品肇事罪、工程重大责任事故罪等都是重大责任事故方面的犯罪，我国刑法第 134 条和《刑法修正案（六）》第 1 条第 1 款规定的重大责任事故罪是一种概括性的罪名，凡是另有法律具体规定的，按具体规定的罪名定罪，不再定为重大责任事故罪。如发生重大交通事故的，认定为交通肇事罪；如果发生了在刑法分则第二章或者其他章中没有再具体规定的重大责任事故，要认定为本罪。

（3）注意划清本罪与玩忽职守罪、公司、企业人员失职罪的界限。发生了重大责任事故的原因是多方面的，有行政管理方面的原因，有生产、作业组织、指挥的原因，也有生产、作业具体操作的原因。我国《刑法修正案（六）》第 1 条第 1 款和刑法第 134 条规定将在生产、作业中，操作者违反有关安全管理的规定的行为和组织、指挥生产、作业者发生重大伤亡事故或者造成其他严重后果的行为都规定构成重大责任事故罪；但对国家机关工作人员的严重失职行为造成重责任事故的，应认定为玩忽职守罪或者滥用职权罪；对国有公司、企业工作人员的严重失职行为造成重大责任事故的，应认定为公司、企业人员失职罪或者公司、企业人员滥用职权罪等职务犯罪。

根据最高人民法院、最高人民检察院 2015 年 12 月 16 日《关于办理危害生产安全刑事案件适用法律若干问题的解释》第 14 条规定，国家工作人员违反规定投资入股生产经营，构成本罪的，或者国家工作人员的贪污、受贿犯罪行为与安全事故发生存在关联性的，从重处罚；同时构成贪污、受贿犯罪和危害生产安全犯罪的，依照数罪并罚的规定处罚。

（4）注意区分本罪与强令违章冒险作业罪名的界限。强令违章冒险作业罪是《刑法修正案（六）》从刑法第 134 条原规定的重大责任事故罪中分离出来的独立的犯罪，有独立的罪名和法定刑，今后，发生强令违章冒险作业犯罪行为不再认定为重大责任事故罪，而是按最高人民法院、最高人民检察院《关于执行〈中华人民共和国刑法〉确定罪名的补充规定（三）》的规定，认定为"强令违章冒险作业罪"，依该罪的法定刑量刑。

（5）注意划清本罪与故意杀人罪、故意伤害罪的区别。犯本罪由于违反安全生产、作业管理规定发生重大伤亡事故直接造成人员伤亡的，包括在本罪之内，定为本罪。如果发生重大伤亡事故后不抢救而造成人员伤亡的，根据最高人民法院、最高人民检察院 2015 年 12 月 16 日《关于办理危害生产安全刑事案件适用法律若干问题的解释》第 10 条规定："在安全事故发生后，直接负责的主管人员和其他直接责任人员故意阻挠开展抢救,导致人员死亡或者重伤,或者为了逃避法律追究,对被害人进行隐藏、遗弃,致使被害人因无法得到救助而死亡或者重度残疾的,分别依照刑法第二百三十二条、第二百三十四条的规定,以故意杀人罪或者故意伤害罪定罪处罚。"

二、强令违章冒险作业罪

强令违章冒险作业罪是刑法第134条第2款规定的犯罪,《刑法修正案(六)》第1条第2款补充规定的犯罪。最高人民法院、最高人民检察院《关于执行〈中华人民共和国刑法〉确定罪名的补充规定(三)》对刑法第134条第2款规定的犯罪确定为强令违章冒险作业罪的罪名。

(一)刑法规定内容的修改

刑法条文中有关强令违章冒险作业罪的规定有:

1. 1997年刑法第134条规定:"工厂、矿山、林场、建筑企业或者其他企业、事业单位的职工,由于不服管理、违反规章制度,或者强令工人违章冒险作业,因而发生重大伤亡事故或者造成其他严重后果的,处三年以下有期徒刑或者拘役;情节特别恶劣的,处三年以上七年以下有期徒刑。"

2. 2006年6月29日,全国人大常委会《刑法修正案(六)》第1条将刑法第一百三十四条修改为:"在生产、作业中违反有关安全管理的规定,因而发生重大伤亡事故或者造成其他严重后果的,处三年以下有期徒刑或者拘役;情节特别恶劣的,处三年以上七年以下有期徒刑。

"强令他人违章冒险作业,因而发生重大伤亡事故或者造成其他严重后果的,处五年以下有期徒刑或者拘役;情节特别恶劣的,处五年以上有期徒刑。"

上述修正案对刑法第134条作了如下修改和补充:一是修改了罪状,将原规定的重大责任事故罪的主体由"工厂、矿山、林场、建筑企业或者其他企业、事业单位的职工"改为"生产、作业者",扩大了犯罪主体的范围,使犯罪主体由特殊主体扩大到一般主体。二是将强令他人违章冒险作业作为从重大责任事故罪中分离出来,单独规定为独立的犯罪,规了更重的法定刑,加重了刑罚的力度,其中,第一个法定刑最高刑由3年有期徒刑提高为5年有期徒刑;第二个法定刑最高刑由7年有期徒刑提为15年有期徒刑。这样修改,使此罪的惩罚力度加大。

我国1997年刑法第134条规定的重大责任事故罪中包括强令违章冒险作

业犯罪行为，2006年6月29日，全国人大常委会在《刑法修正案（六）》第1条第2款中，又将强令违章冒险作业行为分离出来作为独立的犯罪，但其犯罪主体等其他罪状还是引证重大责任事故罪的规定，法定刑作了加重的修改和补充。

（二）刑法规定修改的原因

我国1979年刑法和1997年刑法规定的重大责任事故罪中都有强令违章冒险作业的犯罪行为，司法机关依照该条规定惩治了一大批这类犯罪行为。有些全国人大代表、国家安全生产监督管理总局及一些地方执法单位提出，一个时期以来，煤炭、矿山等重大责任事故不断发生，造成人员伤亡和财产损失严重，很多事故之所以发生，是因为雇主或者企业法人无视安全生产规定，强令他人违章冒险作业，一旦发生恶性安全责任事故，依照刑法原规定对其处以与一般生产、作业者相同的刑罚，对其处罚较轻，不利于全面制止重大责任事故的发生。因此，全国人大常委会根据制止重大责任事故发生的需要，对强令他人违章冒险作业，因而发生重大责任事故的行为，规定为独立犯罪，加重惩罚的法定刑，最高可处15年有期徒刑。

（三）强令违章冒险作业罪的适用

强令违章冒险作业罪是刑法新补充规定的犯罪，要准确适用就必须弄清该罪的概念、特征、法定刑，以及适用时应注意的问题。

1. 强令违章冒险作业罪的概念。强令违章冒险作业罪，是指在生产、作业中违反有关安全管理规定，强令他人违章冒险作业，因而发生重大伤亡事故或者造成其他严重后果的行为。

我国刑法原规定的重大责任事故罪中，包括强令违章冒险作业的犯罪行为，近几年来很多事故之所以发生，是因为雇主或者企业法人无视安全生产规定，强令他人违章冒险作业，一旦发生恶性安全责任事故，依照刑法原规定对其处以与一般生产、作业者相同的刑罚，对其处罚较轻，不利于全面制止重大责任事故的发生。因此，全国人大常委会根据制止重大责任事故发生的需要，对强令他人违章冒险作业，因而发生重大责任事故的行为，规定为独立犯罪，加重惩罚的法定刑，最高法定刑由7年有期徒刑提高到15年有期徒刑，达到了过失犯罪的最高刑罚处罚。

2. 犯罪的构成特征。根据刑法第134条第2款和《刑法修正案（六）》第1条第2款的规定，该罪的构成特征有：

（1）犯罪主体，是一般主体，凡是年满16周岁以上的具有刑事责任能力的自然人。不满16周岁的人和单位不构成本罪。犯罪主体对违反有关规定强令违章冒险作业在主观上是故意的，但对行为造成的结果必须是过失的心理态度。根据最高人民法院、最高人民检察院2015年12月16日《关于办理危害生产安全刑事案件适用法律若干问题的解释》第2条规定，本罪的犯罪主体，"包括对生产、作业负有组织、指挥或者管理职责的负责人、管理人员、实际控制人、投资人等人员"。

（2）犯罪行为，必须是在生产、作业中违反有关安全管理规定，强令他人违章冒险作业的行为。强令他人违章冒险作业的行为，一般是指生产、作业的管理者，例如，雇主在没有安全措施的情况下，强令工人违章冒险作业的行为。强令者对违反安全规定可能是故意的，但对造成重大责任事故的结果则是过失的。强令者明知自己的决定违反安全生产、作业的规章制度，可能会发生重大安全责任事故的结果，却心存侥幸，自认为不会发生，而命令他人违章冒险作业。这里的"强令"不能简单地理解为说话态度生硬或者大声命令等外在表现，强令者也不一定必须在生产、作业的现场，而是指强令者发出的指令、信息内容所产生的影响，使生产、作业者不得不违心地继续生产、作业的心理强制程度。比如，操作者如果拒绝，会发生被扣发工资、辞退等严重后果，而不得不继续生产、作业，这些都属于强令他人违章冒险作业的行为。根据最高人民法院、最高人民检察院2015年12月16日《关于办理危害生产安全刑事案件适用法律若干问题的解释》第5条规定："明知存在事故隐患、继续作业存在危险，仍然违反有关安全管理的规定，实施下列行为之一的，应当认定为刑法第一百三十四条第二款规定的'强令他人违章冒险作业'：（一）利用组织、指挥、管理职责，强制他人违章作业的；（二）采取威胁、胁迫、恐吓等手段强制他人违章作业的；（三）故意掩盖事故隐患，组织他人违章作业的；（四）其他强令他人违章作业的。"

（3）犯罪结果，必须是发生了重大伤亡事故或者造成其他严重后果的。根据最高人民法院、最高人民检察院2015年12月16日《关于办理危害生产安全刑事案件适用法律若干问题的解释》第6条规定，包括：①造成死亡1人以上，或者重伤3人以上的；②造成直接经济损失1百万元以上的；③其他严重后果或者重大安全事故的情形。有些领域中，对强令违章冒险作业造成的人员伤亡和经济损失标准有特别规定的，应按特别规定认定。

3. 强令违章冒险作业罪的法定刑。根据刑法第134条第2款和《刑法修正案（六）》第1条第2款的规定，该罪的法定刑是：

（1）具有上述强令情形之一，构成犯罪的，处5以下有期徒刑或者拘役。

（2）情节特别恶劣的，处5年以上有期徒刑。根据最高人民法院、最高人民检察院2015年12月16日《关于办理危害生产安全刑事案件适用法律若干问题的解释》第7条规定，"①造成死亡3人以上或者重伤10人以上，负事故主要责任的；②造成直接经济损失5百万元以上，负事、故主要责任的；③其他特别严重后果、情节特别恶劣或者后果特别严重的情形"。具有上述情形之一的，对相关责任人员，适用上述法定刑。

根据最高人民法院、最高人民检察院2015年12月16日《关于办理危害生产安全刑事案件适用法律若干问题的解释》第12条规定，犯本罪"具有下列情形之一的，从重处罚：①未依法取得安全许可证或者安全许可证过期、被暂扣、吊销、注销后从事生产经营活动的；②关闭、破坏必要的安全监控和报警设备的；③已经发现了事故隐患，经有关部门或者个人提出后，仍不采取措施的；④一年内曾因危害生产安全违法犯罪活动受过行政处罚或者刑事处罚的；⑤采取弄虚作假、行贿等手段，故意逃避、阻挠负有安全监督管理职责部门实施监督检查的；⑥安全事故发生后转移财产意图逃避承担责任的；⑦其他从重处罚的情形"。

"实施前款第5项规定的行为，同时构成刑法第389条规定的行贿罪，依照数罪并罚规定处罚。"

根据最高人民法院、最高人民检察院2015年12月16日《关于办理危害生产安全刑事案件适用法律若干问题的解释》第13条规定，犯本罪，"在安全事故发生后积极组织、参与事故抢救或者积极配合调查、主动赔偿损失的，可以酌情从轻处罚"。

根据最高人民法院、最高人民检察院2015年12月16日《关于办理危害生产安全刑事案件适用法律若干问题的解释》第16条规定，犯本罪，"适用缓刑的犯罪分子，可以根据犯罪情况，禁止其在缓刑考验期限内从事与安全生产相关联的特定活动；对于被判处刑罚的犯罪分子，可以根据犯罪情况和预防再犯罪的需要，禁止其自刑罚执行完毕之日起或者假释之日起三年至五年内从事与安全生产相关的职业"。

4. 本罪适用时应注意以下问题：

（1）注意划清本罪与非罪的界限。我国修订刑法第134条和《刑法修正案（六）》第1条第2款规定构成强令违章冒险作业罪必须是发生重大伤亡事故或者造成其他严重后果的才构成犯罪，如果没有发生上述结果或者虽然发生了重大责任事故，但没有达到上述结果程度的，不构成犯罪。

（2）注意划清本罪与重大安全事故罪、危险物品肇事罪、工程重大责任事故罪等其他责任事故罪的界限。重大责任事故罪、危险物品肇事罪、工程重大责任事故罪等都是重大责任事故方面的犯罪，我国刑法第134条和《刑法修正案（六）》第 1 条第 2 款规定的强令违章冒险作业罪是一种概括性的罪名，凡是另有法律具体规定的，按具体规定的罪名定罪，不再定为强令违章冒险作业罪。如发生重大交通事故的，认定为交通肇事罪；如果发生了在刑法分则第二章或者其他章中没有再具体规定的，要认定为本罪。

（3）注意划清本罪与重大责任事故罪的区别。重大责任事故罪是最高人民法院、最高人民检察院根据 1997 年刑法第 134 条规定确定的罪名，而《刑法修正案（六）》对第 134 条的罪状进行了修改，特别是限定发生在"生产、作业"活动中的重大安全事故犯罪，将强令违章冒险作业的犯罪行为分离出来规定为独立的犯罪。但两罪有共同处，犯罪主体都是一般主体，都是发生在生产、作业中，造成重大伤亡事故或者造成其他严重后果。其区别是犯罪行为不同，重大责任事故罪的犯罪行为是违反有关安全管理规定的犯罪行为；而强令违章冒险作业罪的犯罪行为是强令违章冒险作业的犯罪行为。另外，两种犯罪的法定刑不同。重大责任事故罪的最高法定刑为 7 年有期徒刑；强令违章冒险作业罪的最高法定刑是 15 年有期徒刑。

（4）注意划清本罪与故意杀人罪、故意伤害罪的区别。由于强令违章冒险作业发生重大伤亡事故直接造成人员伤亡的，包括在本罪之内，定为本罪。如果发生重大伤亡事故后不抢救而造成人员伤亡的，根据最高人民法院、最高人民检察院 2015 年 12 月 16 日《关于办理危害生产安全刑事案件适用法律若干问题的解释》第 10 条规定："在安全事故发生后，直接负责的主管人员和其他直接责任人员故意阻挠开展抢救，导致人员死亡或者重伤，或者为了逃避法律追究，对被害人进行隐藏、遗弃，致使被害人因无法得到救助而死亡或者重度残疾的，分别依照刑法第二百三十二条、第二百三十四条的规定，以故意杀人罪或者故意伤害罪定罪处罚。"

（5）根据最高人民法院、最高人民检察院 2015 年 12 月 16 日《关于办理危害生产安全刑事案件适用法律若干问题的解释》第 14 条规定，国家工作人员违反规定投资入股生产经营，构成本罪的，或者国家工作人员的贪污、受贿犯罪行为与安全事故发生存在关联性的，从重处罚；同时构成贪污、受贿犯罪和危害生产安全犯罪的，依照数罪并罚的规定处罚。"

三、重大劳动安全事故罪

重大劳动安全事故罪是刑法第 135 条规定的犯罪，《刑法修正案（六）》第 2 条对该罪的罪状作了重大修改和补充。最高人民法院《关于执行〈中华人民共和国刑法〉确定罪名的规定》根据刑法原第 135 条确定的罪名是"重大劳动安全事故罪"。

（一）刑法规定内容的修改

刑法条文中有关重大劳动安全事故罪的规定有：

1. 1997年刑法第135条原规定："工厂、矿山、林场、建筑企业或者其他企业、事业单位的劳动安全设施不符合国家规定，经有关部门或者单位职工提出后，对事故隐患仍不采取措施，因而发生重大伤亡事故或者造成其他严重后果的，对直接责任人员，处三年以下有期徒刑或者拘役；情节特别恶劣的，处三年以上七年以下有期徒刑"。

2. 2006年6月29日，全国人大常委会《刑法修正案（六）》第2条规定将刑法第135条修改为："安全生产设施或者安全生产条件不符合国家规定，因而发生重大伤亡事故或者造成其他严重后果的，对直接负责的主管人员和其他直接责任人员，处三年以下有期徒刑或者拘役；情节特别恶劣的，处三年以上七年以下有期徒刑。"

上述修正案对刑法作了如下修改和补充：一是将重大劳动安全事故罪的罪状作了重大修改，把犯罪主体由"工厂、矿山、林场、建筑企业或者其他企业、事业单位的直接责任人员"改为生产单位的"直接负责的主管人员和其他直接责任人员"，扩大了犯罪主体的范围，使犯罪主体由特定单位的直接责任人员扩大到一般单位的直接负责的主管人员和其他直接责任人员。二是将"经有关部门或者单位职工提出后，对事故隐患仍不采取措施"的罪状删除，扩大了该犯罪的追诉范围，也就是说，没有经有关部门或者职工提出的，只要发生了安全生产重大责任事故的，都可以构成犯罪。

（二）刑法规定修改的原因

我国1997年刑法规定有重大劳动安全事故罪，司法机关依照该条规定惩治了一大批犯罪分子。但是，刑法第135条规定本身不合理，不完全符合现实情况，刑法颁布实施后，不少学者指出，安全生产设施和安全生产条件不符合国家规定，发生重大责任事故，其直接责任人员就应负刑事责任，非要用有关部门或者职工提出的条件限制是放纵一部分犯罪。近年来的司法实践证明，这种限制定罪条件不利于预防安全生产责任事故，相反应将这种条件作为从重处罚的情形。因此，全国人大常委会根据制止安全生重大责任事故的需要，删除了"经有关部门或者单位职工提出后，对事故隐患仍不采取措施"的定罪限制条件，扩大了追究这种犯罪的范围。

（三）重大劳动安全事故罪的适用

重大劳动安全事故罪是《刑法修正案（六）》对刑法第135条规定的重大劳动安全事故罪修改的犯罪，要准确适用就必须弄清该罪的概念、特征、法定刑，以及适用时应注意的问题。

1. 重大劳动安全事故罪的概念。重大劳动安全事故罪是指安全生产设施或者安全生产条件不符合国家规定，因而发生重大伤亡事故或者造成其他严重后果的行为。

我国刑法原规定的重大劳动安全事故罪是指"工厂、矿山、林场、建筑企业或者其他企业、事业单位的劳动安全设施不符合国家规定，经有关部门或者单位职工提出后，对事故隐患仍不采取措施，因而发生重大伤亡事故或者造成其他严重后果的"犯罪。近年来，不但一些中小企业、乡镇企业、私人企业的安全生产设施或者安全生产条件不符合国家有关安全生产的规定，而且有些国有公司、企业或者其他单位的安全生产设施或者安全生产条件也不符合国家规定，因而经常发生重大劳动安全事故，使这种犯罪成为发案多的犯罪，社会危害很严重。根据《刑法修正案（六）》第2条的规定，安全生产重大责任事故罪发生在生产单位，其应负刑事责任的是劳动安全事故罪的直接负责的主管人员和其他直接责任人员。本罪的最高法定刑为7年有期徒刑。

2. 犯罪的构成特征。根据刑法第135条和《刑法修正案（六）》第2条的规定，该罪的构成特征有：

（1）犯罪主体，是一般主体，是生产单位的直接负责的主管人员和其他直接责任人员。根据最高人民法院、最高人民检察院2015年12月16日《关于办理危害生产安全刑事案件适用法律若干问题的解释》第3条规定，"直接负责的主管人员和其他直接责任人员，是指对生产设施或者安全生产条件不符合国家规定负有直接责任的生产经营单位负责人、管理人员、实际控制人、投资人等人员，以及其他对安全生产设施或者安全生产条件负有管理、维护职责的人员"。犯罪主体对违反国家安全生产规定在主观上既有可能是故意的，也有可能是过失的心理态度，但对行为造成的结果，则必须是过失的心理态度。

（2）犯罪行为，必须是生产单位的劳动安全生产设施或者安全生产条件不符国家规定，因而发生重大伤亡事故或者造成其他严重后果的行为。作为和不作为行为都可以构成本罪。

（3）犯罪结果，必须是发生了重大伤亡事故或者造成其他严重后果的。根据最高人民法院、最高人民检察院2015年12月16日《关于办理危害生产安全刑事案件适用法律若干问题的解释》第6条规定，包括：①造成死亡1人以上，或者重伤 3 人以上的；②造成直接经济损失 1 百万元以上的；③其他严重后果或者重大安全事故的情形。有些领域中，对强令违章冒险作业造成的人员伤亡和经济损失标准有特别规定的，应按特别规定认定。

3. 重大劳动安全事故罪的法定刑。根据刑法第 135 条和《刑法修正案（六）》第 2 条的规定，重大劳动安全事故罪的法定刑是：

（1）具备上述犯罪结果情形之一，构成罪的，处 3 年以下有期徒刑或者拘役。

（2）犯本罪的，情节特别恶劣的，处 3 年以上 7 年以下有期徒刑。

根据最高人民法院、最高人民检察院 2015 年 12 月 16 日《关于办理危害生产安全刑事案件适用法律若干问题的解释》第 7 条规定，①造成死亡 3 人以上或者重伤 10 人以上，负事故主要责任的；②造成直接经济损失 5 百万元以上，负事故主要责任的；③其他特别严重后果、情节特别恶劣或者后果特别严重的情形，具有上述情形之一的，对相关责任人员，适用上述法定刑。

根据最高人民法院、最高人民检察院 2015 年 12 月 16 日《关于办理危害生产安全刑事案件适用法律若干问题的解释》第 16 条规定，犯本罪，"适用缓刑的犯罪分子，可以根据犯罪情况，禁止其在缓刑考验期限内从事与安全生产相关联的特定活动；对于被判处刑罚的犯罪分子，可以根据犯罪情况和预防再犯罪的需要，禁止其自刑罚执行完毕之日起或者假释之日起三年至五年内从事与安全生产相关的职业"。

根据最高人民法院、最高人民检察院 2015 年 12 月 16 日《关于办理危害生产安全刑事案件适用法律若干问题的解释》第 13 条规定，犯本罪，"在安全事故发生后积极组织、参与事故抢救或者积极配合调查、主动赔偿损失的，可以酌情从轻处罚"。

4. 本罪适用时应注意以下问题：

（1）注意划清本罪与非罪的界限。我国修订刑法第 135 条和《刑法修正案（六）》第 2 条规定构成重大劳动安全事故罪必须是发生重大伤亡事故或者造成其他严重后果的，如果没有发生上述结果或者虽然发生了重大劳动安全事故，但没有达不到上述结果程度的，也不构成犯罪。

（2）注意划清本罪与重大责任事故罪的界限。重大责任事故罪是一种概括的罪名，重大劳动安全责任事故罪是特别具体犯罪的规定，发生了重大劳动安全事故的只定为本罪，不再定为重大责任事故罪，也不能定两罪数罪并罚；如果发生在作业活动中的重大安全事故，构成犯罪的，可以定为重大责任事故罪，因为法律对作业活动中安全事故犯罪没有作特别具体规定，只能按一般规定认定为重大责任事故罪。

(3) 注意划清本罪与玩忽职守罪、公司企业人员失职罪的界限。发生重大劳动安全责任事故的原因是多方面的，有行政管理方面的原因，有生产、作业组织、指挥的原因，也有生产、作业具体操作的原因。我国《刑法修正案（六）》第 2 条和刑法第 135 条将生产劳动安全设施或者生产条件不符合国家规定作为定罪的先决条件。凡是由于国家机关工作人员在管理中的行为造成生产劳动安全重大事故的，应认定为玩忽职守罪或者滥用职权罪；对国有公司、企业、事业单位工作人员在行政管理过程中的行为造成重大责任事故的，应认定为公司、企业人员失职罪或者公司、企业人员滥用职权罪。

(4) 本罪是由安全生产设施或者安全生产条件不符合国家规定，因而发生的重大事故的犯罪，虽然刑法规定是单位的"安全生产设施或者安全生产条件不符合国家规定"，但仍是自然人犯罪不是单位犯罪，不追究单位的刑事责任，只追究造成生产安全事故的直接负责的主管人员和其他直接责任人员的刑事责任。因为刑法第 135 条中没有特别规定单位可以构成本罪，也没有规定对单位给予刑事处罚。

(5) 根据最高人民法院、最高人民检察院 2015 年 12 月 16 日《关于办理危害生产安全刑事案件适用法律若干问题的解释》第 14 条规定，国家工作人员违反规定投资入股生产经营，构成本罪的，或者国家工作人员的贪污、受贿犯罪行为与安全事故发生存在关联性的，从重处罚；同时构成贪污、受贿犯罪和危害生产安全犯罪的，依照数罪并罚的规定处罚。

四、大型群众性活动重大安全事故罪

大型群众性活动重大安全事故罪是《刑法修正案（六）》第 3 条补充规定的犯罪，作为刑法第 135 条之一规定的新罪，最高人民法院、最高人民检察院《关于执行〈中华人民共和国刑法〉确立罪名的补充规定（三）》规定为该罪名。

（一）刑法规定内容的修改

刑法条文中有关大型群众性活动重大安全事故罪的规定有：

1. 1997 年刑法第 134 条原规定："工厂、矿山、林场、建筑企业或者其他企业、事业单位的职工，由于不服管理、违反规章制度，或者强令工人违章冒险作业，因而发生重大伤亡事故或者造成其他严重后果的，处三年以下有期徒刑或者拘役；情节特别恶劣的，处三年以上七年以下有期徒刑。"

2. 2006 年 6 月 29 日，全国人大常委会《中华人民共和国刑法修正案（六）》第 3 条规定："在刑法第一百三十五条后增加一条，作为第一百三十五条之一：'举办大型群众性活动违反安全管理规定，因而发生重大伤亡事故或者造成其他严重后果的，对直接负责的主管人员和其他直接责任人员，处三年以下有期徒刑或者拘役；情节特别恶劣的，处三年以上七年以下有期徒刑。'"

上述修正案对刑法作了如下补充：一是补充规定了新罪名，在《刑法修正案（六）》实施以前将举办大型群众性活动安全重大责任事故的行为，认定为"重大责任事故罪"，《刑法修正案（六）》将这种犯罪行为规定为独立罪名；二是规定了大型群众性活动重大安全事故罪的罪状和法定刑，最高处7年有期徒刑；三是负刑事责的主体由直接负责人员，增加规定为"直接负责的主管人员和其他直接责任人员"。

（二）刑法规定修改的原因

我国1979年刑法和1997年刑法都规定有重大责任事故罪，其条文规定完全相同，但没有单独规定大型群众性活动重大安全事故罪，司法机关一般将举办大型群众性活动重大安全事故的犯罪行为依照刑法第134条规定的重大责任事故罪定罪处罚。但是，一个时期以来，举办大型群众性活动重大安全事故不断增多，如北京市密云区游园踩死多人的重大责任事故、浙江省某农村群发进行迷信活动重大安全事故等重大安全责任事故，造成大批人员伤亡和重大财产损失，产生很坏的影响。特别是《刑法修正案（六）》将重大责任事故罪的罪状修改为"在生产、作业中违反有关安全管理的规定，因而发生重大伤亡事故或者造成其他严重后果的"，其中不包括举办大型群众性活动重大安全事故的犯罪行为。因此，全国人大常委会根据制止大型群众性活动重大安全事故的需要，将举办大型群众性活动重大安全事故罪犯罪行为从重大责任事故罪中分离出来，规定为独立的犯罪，最高处7年有期徒刑。《刑法修正案（六）》颁布实施以后发生举办大型群众性活动重大安全事故的，只定为本罪，不能再定为重大责任事故罪。

（三）大型群众性活动重大安全事故罪的适用

大型群众性活动重大安全事故罪是《刑法修正案（六）》补充规定的刑法第135条之一中规定的新罪名，要准确适用就必须弄清该罪的概念、特征、法定刑，以及适用时应注意的问题。

1. 大型群众性活动重大安全事故罪的概念。该罪是指在举办大型群众性活动时，违反安全管理规定，因而发生重大安全伤亡事故或者造成其他严重后果的行为。

我国刑法原规定的重大责任事故罪中包括举办大型群众性活动重大伤亡事

故的犯罪行为，司法实践中也是以重大责任事故罪追究刑事责任。但是根据《刑法修正案（六）》第1条第1款的规定，重大责任事故罪修改为是发生在生产、作业过程中的重大责任事故方面的犯罪，而大型群众性活动重大安全事故不是生产、作业中的安全事故。近年来，一些单位在举办大型群众性活动时，不按国家有关安全管理规定进行组织、指挥，常常发生重大安全事故，造成人员伤亡或者重大财产损失，成为社会危害性很大的一种犯罪行为。因此，全国人大常委会根据当前发案的情况和有关法律规定，将举办大型群众性活动重大安全事故犯罪行为从重大责任事故罪中分离出来，规定为独立的犯罪。

2. 犯罪的构成特征。根据刑法第135条条之一和《刑法修正案（六）》第3条规定，该罪的构成特征有：

（1）犯罪主体，是一般主体，是举办大型群众性活动的直接负责的主管人员和其他直接责任人员。不满16周岁的人和单位不构成本罪。犯罪主体对违反国家有关安全管理规定在主观上有的可能是故意的，但对造成大型群众性活动重大安全事故的结果则必须是过失的心理态度。

（2）犯罪行为，必须是在组织、指挥大型群众性活动时，违反安全管理规定，因而发生重大安全事故，造成人员伤亡或者重大财产损失的行为。如不按安全管理规定确定场所，不按安全规定进行组织、指挥、疏导，不设应急措施，因而发生大型群众性活动重大安全事故的行为。

（3）犯罪结果，必须是发生重大伤亡事故或者造成其他严重后果的。根据最高人民法院、最高人民检察院2015年12月16日《关于办理危害生产安全刑事案件适用法律若干问题的解释》第6条规定，包括：①造成死亡1人以上，或者重伤3人以上的；②造成直接经济损失100万元以上的；③其他严重后果或者重大安全事故的情形。

3. 大型群众性活动重大安全事故罪的法定刑。根据刑法第135条之一和《刑法修正案（六）》的规定，大型群众性活动重大安全事故罪的法定刑是：

（1）具备上述犯罪结果情形之一，构成犯罪的，处3年以下有期徒刑或者拘役。

（2）犯本罪的，情节特别恶劣的，处3年以上7年以下有期徒刑。根据最高人民法院、最高人民检察院2015年12月16日《关于办理危害生产安全刑事案件适用法律若干问题的解释》第7条规定，①造成死亡3人以上或者重伤10人以上，负事故主要责任的；②造成直接经济损失500万元以上，负事故主要责任的；③其他特别严重后果、情节特别恶劣或者后果特别严重的情形，具有上述情形之一的，对相关责任人员，适用上述法定刑。

根据最高人民法院、最高人民检察院2015年12月16日《关于办理危害生产安全刑事案件适用法律若干问题的解释》第 16 条规定，犯本罪，"适用缓刑的犯罪分子，可以根据犯罪情况，禁止其在缓刑考验期限内从事与安全生产相关联的特定活动；对于被判处刑罚的犯罪分子，可以根据犯罪情况和预防再犯罪的需要，禁止其自刑罚执行完毕之日起或者假释之日起三年至五年内从事与安全生产相关的职业"。

根据最高人民法院、最高人民检察院 2015 年 12 月 16 日《关于办理危害生产安全刑事案件适用法律若干问题的解释》第 13 条规定，犯本罪，"在安全事故发生后积极组织、参与事故抢救或者积极配合调查、主动赔偿损失的，可以酌情从轻处罚"。

4. 本罪适用时应注意以下问题：

（1）注意划清本罪与非罪的界限。我国修订刑法第 135 条之一和《刑法修正案（六）》第 3 条规定，构成大型群众性活动重大安全事故罪的，必须是发生了重大伤亡事故或者造成其他严重后果的，如果没有发生上述结果或者虽然发生了安全事故，但没有达不到上述结果程度的，不构成犯罪。

（2）注意划清本罪与重大责任事故罪的界限。根据我国刑法第 134 条和《刑法修正案（六）》第 1 条第 1 款的规定，重大责任事故罪是一种概括的罪名，是发生在生产、作业过程中的重大责任事故的犯罪。而本罪是发生在举办大型群众性活动中的重大安全事故的犯罪，因此，上述两种犯罪是分别发生在不同性质活动中的重大安全事故的犯罪。

（3）注意划清本罪与玩忽职守罪的界限。发生大型群众性活动重大安全事故罪的原因是多方面的，有行政管理方面的原因，有组织、指挥的原因。我国《刑法修正案（六）》第 3 条和刑法第 135 条之一将举办大型群众性活动，违反安全管理规定，因而发生重大伤亡事故或者造成其他严重后果的行为规定为大型群众性活动重大安全事故罪；而对国家机关工作人员在行政管理中严重失职，造成大型群众性活动重大安全事故的，应认定为玩忽职守罪。例如，国家机关工作人员严重不负责任，不按条件批准举办大型群众性活动，结果造成大型群众性活动重大安全事故的，不能定为大型群众性活动重大安全事故罪，而应认定为玩忽职守罪或者滥用职权罪。

（4）根据最高人民法院、最高人民检察院 2015 年 12 月 16 日《关于办理危害生产安全刑事案件适用法律若干问题的解释》第 15 条规定："国家机关工作人员在履行安全监督管理职责时滥用职权、玩忽职守，致使公共财产、国家和人民的利益遭受重大损失的，或者徇私舞弊，对发现的刑事案件依法应当移交司法机关追究刑事责任而不移交，情节严重的，分别依照刑法第三百九十七条、第四百零二条的规定，以滥用职权罪、玩忽职守罪或者徇私舞弊不移交刑事案件罪定罪处罚。公司、企业、事业单位的工作人员在依法或者受委托行使安全监督管理职责时滥用职权或者玩忽职守，构成犯罪的，应当依照全国人大常务委员会《关于〈中华人民共和国刑法〉第九章渎职罪主体适用问题的解释》的规定，适用渎职罪的规定追究刑事责任。"

五、不报、谎报安全事故罪

不报、谎报安全事故罪是刑法第139条之一和《刑法修正案（六）》第4条规定的犯罪，最高人民法院、最高人民检察院《关于执行〈中华人民共和国刑法〉确定罪名的补充规定（三）》规定为该罪名。

（一）刑法规定内容的修改

刑法条文中有关不报、谎报安全事故罪的规定有：

2006年6月29日，全国人大常委会《中华人民共和国刑法修正案（六）》第4条规定："在刑法第一百三十九条后增加一条，作为第一百三十九条之一：'在安全事故发生后，负有报告职责的人员不报或者谎报事故情况，贻误事故抢救，情节严重的，处三年以下有期徒刑或者拘役；情节特别严重的，处三年以上七年以下有期徒刑。'"

上述修正案对刑法作了如下补充规定：一是增加了新罪名。我国刑法原只规定有重大责任事故罪，没有规定"不报、谎报安全事故罪"。司法实践中，遇有上述情况的，一般按渎职罪中的玩忽职守罪追究刑事责任。二是对不报、谎报安全事故罪的罪状和法定刑作了具体规定。依法惩治上述犯罪对挽回重大安全事故所造成的损失有重要意义。

（二）刑法规定修改的原因

我国1979年刑法和1997年刑法都规定有重大责任事故罪，司法实践中对不报、谎报安全事故的行为多以重大责任事故罪或者玩忽职守罪追究刑事责任。但是，一个时期以来，煤炭、矿山等重大责任事故不断发生，造成人员伤亡和财产损失严重，很多事故发生后，负有报告职责的人员为逃避法律制裁不报或者谎报事故情况，贻误事故抢救，继续扩大事故造成的损害结果，造成极其恶劣影响，而其主体往往又不具有国家机关工作人员身份，无法追究其刑事责任。因此，全国人大常委会根据上述情况，将负有报告安全事故职责的人员不报或者谎报事故情况，贻误事故抢救，情节严重的行为规定为犯罪，最高处7年有期徒刑。

(三) 不报、谎报安全事故罪的适用

不报、谎报安全事故罪是《刑法修正案(六)》增加的刑法第139条之一中规定的新犯罪,要准确适用就必须弄清该罪的概念、特征、法定刑,以及适用时应注意的问题。

1. 不报、谎报安全事故罪的概念。不报、谎报重大责任事故罪,是指在安全事故发生后,负有报告职责的人员不报或者谎报事故情况,贻误事故抢救,情节严重的行为。

我国刑法原规定有重大责任事故罪,司法实践中将国家机关工作人员在重大责任事故发生后,不报、谎报安全事故的行为认定为玩忽职守罪。近年来,在我国煤矿、矿山、工厂企业不断发生重大安全事故,使人民的生命财产造成重大损失,社会危害十分严重。然而,一些负有报告职责的人员,为了逃避法律制裁,故意不报或者谎报事故情况,结果贻误事故抢救,使事故损失继续扩大,例如,山西佐云煤矿矿难事故造成死亡矿工90多人,而负有事故报告职责的有关人员只向上级报告死亡几个人。因此,全国人大常委会在《刑法修正案(六)》第4条中增加一条作为刑法第139条之一,补充规定了"不报、谎报安全事故罪",最高处7年有期徒刑。

2. 犯罪的构成特征。根据刑法第139条之一和《刑法修正案(六)》第4条的规定,该罪的构成特征有:

(1) 犯罪主体,是特殊主体,是负有安全事故报告职责的人员,即刑法分则第二章规定的安全责任事故的犯罪者和有关的安全生产、作业及行政管理者。根据最高人民法院、最高人民检察院2015年12月16日《关于办理危害生产安全刑事案件适用法律若干问题的解释》第4条规定,"负责报告职责的人员,是指负有组织、指挥或者管理职责的负责人、管理人员、实际控制人、投资人等人员,以及其他负有报告职责的人员"。犯罪主体在主观上是故意的,即主观上是故意不报、谎报安全事故的真实情况,逃避法律责任;如果行为在主观上是过失的心理态度,由于过失忘记报告或者报告了不真实的安全事故的实际情况,一般不构成本罪。

(2) 犯罪行为,必须是在安全事故发生后,负有报告职责的人员不报或者谎报事故真实情况,贻误事故抢救的行为。不报安全事故行为,是指故意隐瞒安全事故,不向有关部门报告发生了安全事故的行为,这是一种不作为的犯罪行为。谎报安全事故行为,是指少报死伤人数,少报财产损失,少报事故次数,虚假报告善后处理结果等情况。

(3) 犯罪结果,必须是发生安全事故后,由于不报或者谎报事故情况,

贻误事故抢救，情节严重的结果。一般是指由于不报或者谎报，致使事故结果继续扩大，以及造成恶劣政治影响等结果。

3. 不报、谎报安全事故罪的法定刑。根据刑法第 139 条之一和《刑法修正案（六）》第 4 条的规定，不报、谎报重大责任事故罪的法定刑是：

（1）情节严重，构成犯罪的，处 3 年以下有期徒刑或者拘役。根据最高人民法院、最高人民检察院 2015 年 12 月 16 日《关于办理危害生产安全刑事案件适用法律若干问题的解释》第 8 条第 1 款规定，具有下列情形之一的，应当认定为刑法第 139 条之一规定的情节严重：①导致事故后果扩大，增加死亡 1 人以上，或者增加重伤 3 人以上的，或者增加经济损失 100 万元以上的；②实施下列行为之一，致使不能有效开展事故抢救的：决定不报、迟报、谎报事故情况或者指使、串通有关人员不报、迟报、谎报事故情况的；在事故抢救期间擅离职守或者逃匿的；伪造、破坏事故现场，或者转移、藏匿、毁灭遇难人员尸体、或者转移、藏匿受伤人员；毁灭、伪造、隐匿与事故有关的图纸、记录、计算机数据资料以及其他证据的；③其他情节严重的情形。

（2）犯本罪，情节特别严重的，处 3 年以上 7 年以下有期徒刑。根据最高人民法院、最高人民检察院 2015 年 12 月 16 日《关于办理危害生产安全刑事案件适用法律若干问题的解释》第 8 条第 2 款规定，具有下列情形之一的，应当认定为刑法第 139 条之一规定的情节特别严重：①导致事故后果扩大，增加死亡 3 人以上或者增加重伤 10 人以上，或者增加直接经济损失 500 万元以上的；②采用暴力、胁迫、命令等方式阻止他人报告事故情况，导致事故后果扩大的；③其他特别严重的情形。具有上述情形之一的，对相关责任人员，适用上述法定刑。

根据最高人民法院、最高人民检察院 2015 年 12 月 16 日《关于办理危害生产安全刑事案件适用法律若干问题的解释》第 16 条规定，犯本罪，"适用缓刑的犯罪分子，可以根据犯罪情况，禁止其在缓刑考验期限内从事与安全生产相关联的特定活动；对于被判处刑罚的犯罪分子，可以根据犯罪情况和预防再犯罪的需要，禁止其自刑罚执行完毕之日起或者假释之日起三年至五年内从事与安全生产相关的职业"。

根据最高人民法院、最高人民检察院 2015 年 12 月 16 日《关于办理危害生产安全刑事案件适用法律若干问题的解释》第 12 条规定，犯本罪"具有下列情形之一的，从重处罚：①未依法取得安全许可证或者安全许可证过期、被暂扣、吊销、注销后从事生产经营活动的；②关闭、破坏必要的安全监控和报警设备的；③已经发现了事故隐患，经有关部门或者个人提出后，仍不采取措施的；④一年内曾因危害生产安全违法犯罪活动受过行政处罚或者刑事处罚的；⑤采取弄虚作假、行贿等手段，故意逃避、阻挠负有安全监督管理职责部门实施监督检查的；⑥安全事故发生后转移财产意图逃避承担责任的；⑦其他从重处罚的情形"。

"实施前款第5项规定的行为，同时构成刑法第389条规定的行贿罪，依照数罪并罚规定处罚。"

根据最高人民法院、最高人民检察院2015年12月16日《关于办理危害生产安全刑事案件适用法律若干问题的解释》第13条规定，犯本罪，"在安全事故发生后积极组织、参与事故抢救或者积极配合调查、主动赔偿损失的，可以酌情从轻处罚"。

根据最高人民法院、最高人民检察院2015年12月16日《关于办理危害生产安全刑事案件适用法律若干问题的解释》第14条规定，国家工作人员违反规定投资入股生产经营，构成本罪的，或者国家工作人员的贪污、受贿犯罪行为与安全事故发生存在关联性的，从重处罚；同时构成贪污、受贿犯罪和危害生产安全犯罪的，依照数罪并罚的规定处罚。

4. 本罪适用时应注意以下问题：

（1）注意划清本罪与非罪的界限。我国刑法第139条之一和《刑法修正案（六）》第4条规定构成不报、谎报安全事故罪必须是在发生伤亡事故或者造成其他严重后果的，负有报告职责者，不报告或者谎报事故情况，贻误事故抢救，使事故损失继续扩大等情节严重的，才构成犯罪。如果没有发生上述贻误事故抢救结果的，或者没有达到严重程度的，不构成犯罪。

（2）注意对本罪共犯的认定。根据最高人民法院、最高人民检察院2015年12月16日《关于办理危害生产安全刑事案件适用法律若干问题的解释》第9条规定："在安全事故发生后，与负有报告职责的人员串通，不报或者谎报事故情况，贻误事故抢救，情节严重的，依照刑法第一百三十九条之一的规定，以共犯论处。"

（3）注意对犯本罪后，可能构成故意杀人罪、故意伤害罪的认定。根据最高人民法院、最高人民检察院2015年12月16日《关于办理危害生产安全刑事案件适用法律若干问题的解释》第10条规定："在安全事故发生后，直接负责的主管人员和其他直接责任人员故意阻挠开展抢救，导致人员死亡或者重伤，或者为了逃避法律追究，对被害人进行隐藏、遗弃，致使被害人因无法得到救助而死亡或者重度残疾的，分别依照刑法第二百三十二条、第二百三十四条的规定，以故意杀人罪或者故意伤害罪定罪处罚。"

（4）注意划清本罪与重大责任事故罪、重大劳动安全事故罪、大型群众性活动重大安全事故罪、危险物品肇事罪、工程重大责任事故罪、教育教学设施重大责任事故罪、消防重大责任事故罪等其他重大责任事故犯罪的界限。重大责任事故罪等其他重大责任事故犯罪是本罪的上游犯罪，是本罪的前提条件，没有前述上游重大责任事故犯罪就不存在下游的"不报、谎报重大责任事故罪"。

（5）注意划清本罪与玩忽职守罪，公司、企业、事业人员失职罪的界限。发生重大责任事故后，负有报告职责的人员不报或者谎报安全事故情形的，可以构成本罪。如果负有领导职责的国家机关工作人员不报、谎报安全重大责任事故，情节严重的，可以构成玩忽职守罪或者滥用职权罪；如果负有领导职责的国有公司、企业、事业单位的工作人员，则可以构成公司、企业、事业单位人员失职罪。

六、违规披露、不披露重要信息罪

违规披露、不披露重要信息罪是《刑法修正案（六）》第5条对刑法第161条规定的提供虚假财会报告罪修改补充的犯罪。最高人民法院、最高人民检察院《关于执行〈中华人民共和国刑法〉确定罪名的补充规定（三）》取消了原规定的提供虚假财会报告罪的罪名，改为本罪名。

（一）刑法规定内容的修改

刑法条文中有关违规披露、不披露重要信息罪的规定有：

1. 1997年刑法第161条规定："公司向股东和社会公众提供虚假的或者隐瞒重要事实的财务会计报告，严重损害股东或者其他人利益的，对其直接负责的主管人员和其他直接责任人员，处三年以下有期徒刑或者拘役，并处或者单处二万元以上二十万元以下罚金。"

2. 2006年6月29日，全国人大常委会《刑法修正案（六）》第5条将刑法第161条修改为："依法负有信息披露义务的公司、企业向股东和社会公众提供虚假的或者隐瞒重要事实的财务会计报告，或者对依法应当披露的其他重要信息不按照规定披露，严重损害股东或者其他人利益，或者有其他严重情节的，对其直接负责的主管人员和其他直接责任人员，处三年以下有期徒刑或者拘役，并处或者单处二万元以上二十万元以下罚金。"

上述修正案对刑法第161条作了如下补充：一是增加了犯罪主体。我国刑法第161条原只规定的提供虚假财会报告罪的主体是"公司"的直接负责的主管人员和其他直接责任人员，而《刑法修正案（六）》第5条规定的主体是"依法负有信息披露义务的公司、企业"的直接负责的主管人员和其他直接责任人员,增加了"企业"的直接负责人和其他直接责任人员。二是增加了罪状的内容。增加"依法应当披露的其他重要信息不按照规定披露"的不作为犯罪行为。三是罪名修改为违规披露、不披露重要信息罪。由于增加新的犯罪行为,刑法原规定提供虚假的或者隐瞒财务会计报告的内容不能完全包括不按规定披露重要信息行为的内容。

(二) 刑法规定修改的原因

我国1997年刑法第161条原规定有"提供虚假财会报告罪",司法机关依照该条规定惩治了一大批犯罪分子。根据修订的公司法和证券法规定,公司、企业负有向股东或者社会公众披露有关信息,股东和公众有一定的知情权,如公司的盈利和亏损情况等。但一些公司、企业对依法应当披露的重要信息不按照规定披露,欺骗股东和社会公众,盲目地认购股权和出售股权,盲目地与该公司进行经济活动,结果严重损害股东或者其他人利益,造成恶劣影响。因此,全国人大常委会根据上述情况,对依法应当披露的其他重要信息不按照规定披露,严重损害股东或者其他人利益,或者有其他严重情节的行为规定为犯罪,最高处3年有期徒刑,并处或者单处2万元以上20万元以下罚金。

(三) 违规披露、不披露重要信息罪的适用

违规披露、不披露重要信息罪是《刑法修正案(六)》第5条对刑法第161条规定修改的罪名,要准确适用就必须弄清该罪的概念、特征、法定刑,以及适用时应注意的问题。

1. 违规披露、不披露重要信息罪的概念。该罪是指依法负有信息披露义务的公司、企业向股东和社会公众提供虚假的或者隐瞒重要事实的财务会计报告,或者对依法应当披露的其他重要信息不按照规定披露,严重损害股东或者其他人利益,或者有其他严重情节的行为。

我国刑法原规定有提供虚假财会报告罪,近几年来,我国公司法、证券法将依法应当披露的重要信息故意不披露的现象普遍存在,严重损害股东或者其他人的利益,造成恶劣影响。因此,全国人大常委会在《刑法修正案(六)》第5条中补充规定了"对依法应当披露的其他重要信息不按照规定披露,严重损害股东或者其他人利益,或者有其他严重情节的"行为为犯罪,最高处3年有期徒刑。

2. 犯罪的构成特征。根据刑法第161条和《刑法修正案(六)》第5条的规定,该罪的构成特征有:

(1) 犯罪主体,是特殊主体,即负有信息披露义务的公司、企业的直接

负责的主管人员和其他直接责任人员，单位不构成本罪。犯罪主体在主观上是故意的，故意披露或者故意不按照规定披露应当披露的重要信息的行为。

（2）犯罪行为，必须是向股东和社会公众提供虚假的或者隐瞒重要事实的财务会计报告，或者对依法应当披露的其他重要信息不按照规定披露的行为。

（3）犯罪结果，必须是严重损害股东或者其他人的利益，或者有其他严重情节的结果。严重损害股东或者其他人的利益的，一般是指损害利益在10万元以上的，或者造成股东闹事、群体上访等严重后果的。

3. 违规披露、不披露重要信息罪的法定刑。根据刑法第161条和《刑法修正案（六）》第5条的规定，违规披露、不披露重要信息罪的法定刑是：构成本罪的，处3年以下有期徒刑或者拘役，并处或者单处2万元以上20万元以下罚金。

4. 本罪适用时应注意以下问题：

（1）划清本罪与非罪的界限。我国刑法第161条和《刑法修正案（六）》第5条规定构成违规披露、不披露重要信息罪必须是发生了严重损害股东或者其他人利益，或者有其他严重情节的结果。如果没有发生上述结果的，或者没有达到情节严重程度的不构成犯罪。2005年10月27日修订的《证券法》第193条规定，发行人、上市公司或者其他信息披露义务人未按照规定披露信息，或者所披露的信息有虚假记载、误导性陈述或者重大遗漏的，责令改正，给予警告，并处30万元以上60万元以下的罚款。对直接负责的主管人员和其他直接责任人员给予警告，并处以3万元以上30万元以下的罚款。

（2）注意本罪是选择罪名。如果公司、企业的直接负责的主管人员和其他直接责任人员，既有违规披露重要信息的犯罪行为也有不按规定披露重要信息的犯罪行为，只定为"违规披露、不披露重要信息罪"，不能认定为两罪数罪并罚；如果只是实施了其中一种行为的，可分别定为"违规披露重要信息罪"或者"违规不披露重要信息罪"。

七、虚假破产罪

虚假破产罪是刑法第162条之二和《刑法修正案（六）》第6条补充规定的犯罪。最高人民法院、最高人民检察院《关于执行〈中华人民共和国刑法〉确定罪名的补充规定（三）》规定为该罪名。

（一）刑法规定内容的修改

刑法条文中有关虚假破产罪的规定是：

1. 1997 年刑法第 162 条规定："公司、企业进行清算时，隐匿财产，对资产负债表或者财产清单作虚假记载或者在未清偿债务前分配公司、企业财产，严重损害债权人或者其他人利益的，对其直接负责的主管人员和其他直接责任人员，处五年以下有期徒刑或者拘役，并处或者单处二万元以上二十万元以下罚金。"

2. 2006 年 6 月 29 日，全国人大常委会《刑法修正案（六）》第 6 条规定："在刑法第一百六十二条之一后增加一条，作为第一百六十二条之二：'公司、企业通过隐匿财产、承担虚构的债务或者以其他方法转移、处分财产，实施虚假破产，严重损害债权人或者其他人利益的，对其直接负责的主管人员和其他直接责任人员，处五年以下有期徒刑或者拘役，并处或者单处二万元以上二十万元以下罚金。'"

上述修正案对刑法作了如下补充：一是增加了新罪名。我国刑法原只规定有妨害清算罪，没有规定"虚假破产罪"。司法实践中，遇有上述情况的，一般按妨害清算罪追究刑事责任。二是对虚假破产罪的罪状和法定刑都作了规定。这对保护公司的合法财产免受损失，对维护债权人和其他人的利益免受损失有重要意义。

（二）刑法规定修改的原因

我国 1997 年刑法规定有妨害清算罪，其中包括妨害破产清算的犯罪行为。近年来，有些人利用虚假手段使公司、企业破产，侵犯债权人或者其他人的利益，从中骗取非法利益；有的人利用注册公司后制造资不抵债的假象，以虚假破产的方法骗取他人钱财。为保证公司、企业正常发展，保护债权人和其他人的合法利益。全国人大常委会在《刑法修正案（六）》第 6 条中规定，公司、企业通过隐匿财产、承担虚构的债务或者以其他方法转移、处分财产，实施虚假破产，严重损害债权人或者其他人利益的，对其直接负责的主管人员和其他直接责任人员，处 5 年以下有期徒刑或者拘役，并处或者单处 2 万元以上 20 万元以下罚金，以严厉惩罚进行虚假破产的犯罪行为。

（三）虚假破产罪的适用

虚假破产罪是《刑法修正案（六）》在刑法第 162 条之二中增加的新罪，要准确适用就必须弄清该罪的概念、特征、法定刑，以及适用时应注意的问题。

1. 虚假破产罪的概念。虚假破产罪是指公司、企业通过隐匿财产、承担虚构的债务或者以其他方法转移、处分财产，实施虚假破产，严重损害债权人或者其他人利益的行为。

我国刑法原规定有妨害清算罪，包括妨害破产清算犯罪行为和在未清偿债务前分配公司、企业财产，严重损害债权人或者其他人利益的行为。司法机关依此办理了一批妨害破产清算犯罪案件。近年来，有些人以虚假破产行为，损害债权人或者其他人的利益，社会影响很坏。例如，有的人通过不断地注册公司和虚假的破产的方法，损害股东和债权人和其他人的利益，而自己骗取了巨额财产。为惩治这种虚假破产行为，全国人大常委会在《刑法修正案（六）》第6条中规定了虚假破产罪，最高处5年有期徒刑，并处或者单处2万元以上20万元以下罚金。

2. 犯罪的构成特征。根据刑法第162条之二和《刑法修正案（六）》第6条的规定，该罪的构成特征有：

（1）犯罪主体是特殊主体，是公司、企业的直接负责的主管人员和其他直接责任人员，单位不构成本罪。犯罪主体在主观上是故意的，即具有骗取他人财产的目的。过失的心理态度不构成本罪。

（2）犯罪行为，必须具有虚假破产行为，即通过隐匿财产、承担虚构的债务或者以其他方法转移、处分财产，实施虚假破产的行为。例如，预先把公司的财产转移，另外通过不断注册公司，然后以资不抵债，宣布公司破产，使债权人、股东、其他人的财产受到损失，而公司、企业的直接负责的主管人员和其他直接责任人员用欺骗的方法占有了他人的财产。

（3）犯罪结果，必须是严重损害债权人或者其他人利益的结果。具体达到何种数额结果，有待司法解释，一般是指给债权人或者其他人造成1万元至3万元以上的财产损失的就可以构成犯罪。

3. 虚假破产罪的法定刑。根据刑法第162条之二和《刑法修正案（六）》第6条的规定，犯虚假破产罪的法定刑是：构成本罪的，处5年以下有期徒刑或者拘役，并处或者单处2万元以上20万元以下罚金。

4. 本罪适用时应注意以下问题：

（1）注意划清本罪与非罪的界限。我国刑法第162条之二和《刑法修正案（六）》第6条规定构成虚假破产罪必须是公司、企业的直接负责的主管人员和其他直接责任人员，不具有这种特定身份的人不能构成本罪。另外，进行虚假破产者给债权人或者其他人的利益造成严重损失的结果的才构成犯罪，没有造成严重损失结果的不构成犯罪。根据最高人民法院2012年12月18日《关于个人独资企业清算是否可以参照适用企业破产法规定的破产清算程序的批复》中解释："人民法院参照适用破产清算程序裁定终结个人独资企业的清算程序后，个人独企业的债权人仍然可以就其未获清偿的部分向投资人主张权利。"

（2）注意划清本罪与妨害清算罪的界限。虚假破产罪是通过隐匿财产、承担虚构的债务或者以其他方法转移、处分财产，以虚假破产的方式损害他人的财产的犯罪，不是真正的破产，而是破产清算以前进行隐匿财产、承担虚构债务，造成资不抵债的破产假象。妨害清算犯罪是在破产清算过程中的犯罪。如果行为人在破产过程中有隐匿、转移、处分财产的犯罪行为和虚假破产行为，属于法条竞合关系，应按特别法优于普通法的规定，应以"虚假破产罪"定罪处罚。

八、非国家工作人员受贿罪

非国家工作人员受贿罪是《刑法修正案（六）》第7条对刑法第163条规定的公司、企业人员受贿罪修改补充的犯罪。最高人民法院、最高人民检察院《关于执行〈中华人民共和国刑法〉确定罪名的补充规定（三）》规定为该罪名，取消了原规定的"公司、企业人员受贿罪"罪名。

（一）刑法规定内容的修改

刑法条文中有关非国家工作人员受贿罪的规定有：

1.1997年刑法第163条原规定："公司、企业的工作人员利用职务上的便利，索取他人财物或者非法收受他人财物，为他人谋取利益，数额较大的，处五年以下有期徒刑或者拘役；数额巨大的，处五年以上有期徒刑，可以并处没收财产。

"公司、企业的工作人员在经济往来中，违反国家规定，收受各种名义的回扣、手续费，归个人所有的，依照前款的规定处罚。

"国有公司、企业或其他国有单位中从事公务的人员和国有公司、企业委派到非国有公司、企业或者其他单位从事公务的人员有前两款行为的，依照本法第三百八十五条、第三百八十六条的规定定罪处罚。"

1997年刑法第184条规定："银行或者其他金融机构的工作人员在金融业务活动中索取他人财物或者非法收受他人财物，为他人谋取利益的，或者违反国家规定，收受各种名义的回扣、手续费，归个人所有的，依照本法第一百六十三条的规定定罪处罚。

"国有金融机构工作人员和国有金融机构委派到非国有金融机构从事公务

的人员有前款行为的，依照本法第三百八十五条、第三百八十六条的规定定罪处罚。"

2. 2006年6月29日全国人大常委会《刑法修正案（六）》第7条规定将刑法第163条修改为："公司、企业或者其他单位的工作人员利用职务上的便利，索取他人财物或者非法收受他人财物，为他人谋取利益，数额较大的，处五年以下有期徒刑或者拘役；数额巨大的，处五年以上有期徒刑，可以并处没收财产。

"公司、企业或者其他单位的工作人员在经济往来中，利用职务上的便利，违反国家规定，收受各种名义的回扣、手续费，归个人所有的，依照前款的规定处罚。

"国有公司、企业或者其他国有单位中从事公务的人员和国有公司、企业或者其他国有单位委派到非国有公司、企业以及其他单位从事公务的人员有前两款行为的，依照本法第三百八十五条、第三百八十六条的规定定罪处罚。"

上述修正案对刑法第163条规定作了补充，将刑法原规定犯罪主体是公司、企业的工作人员，又增加了"其他单位的工作人员"，为非国家工作人员受贿构成犯罪提供了法律依据。

（二）刑法规定修改的原因

我国1997年刑法第163条原规定有"公司、企业人员受贿罪"，司法机关依照该条规定惩治了一大批犯罪分子。但是，原刑法没有规定非国有单位工作人员受贿行为构成犯罪。近年来，我国商业贿赂犯罪突出，一些非国有事业单位、社会组织等单位中的非国家工作人员受贿行为严重，如非国有医院的医务人员收受回扣、非国有体育组织的足球裁判员在足球裁判过程中收受贿赂的行为，社会影响很坏，社会危害性严重，而法律没有规定为犯罪。全国人大常委会在《刑法修正案（六）》第7条中补充规定了"其他单位的工作人员，即非国家工作人员利用职务上的便利，索取他人财物或者非法收受他人财物，为他人谋取利益，数额较大的"行为为犯罪，最高处15年有期徒刑。

（三）非国家工作人员受贿罪的适用

非国家工作人员受贿罪是《刑法修正案（六）》第5条对刑法第163条规定修改的犯罪，要准确适用就必须弄清该罪的概念、特征、法定刑，以及适用时应注意的问题。

1. 非国家工作人员受贿罪的概念。非国家工作人员受贿罪，是指公司、企业人员和其他单位的工作人员，利用职务上的便利，索取他人财物或者非法收受他人财物，为他人谋取利益，数额较大的行为。

非国家工作人员受贿罪是从受贿罪中分离出来的犯罪，这种犯罪主要是商业贿赂犯罪的内容。近年来，经济交往过程中商业贿赂犯罪较突出，是当前治理的重点。刑法第163条原规定只是公司、企业人员受贿罪，根据当前发案情况，又补充了其他单位人员受贿罪，扩大了惩治范围，将非国家工作人员受贿的行为都包括其中。

2. 犯罪的构成特征。根据刑法第163条和《刑法修正案（六）》第7条的规定，该罪的构成特征有：

（1）犯罪主体系特殊主体，是非国家工作人员，包括公司、企业、其他单位的工作人员，即公司、企业、其他单位中从事公务的人员，必须是单位中从事公务的人员，包括在公司、企业、事业、机关、团体单位中从事公务的人员，在个体单位中从事公务的人员也可以构成本罪的主体。金融机构中的工作人员，尽管不是从事公务的人员，只要是在金融活动中受贿的行为，也可以构成本罪的主体。

（2）犯罪行为，必须具有受贿行为，具体有：故意利用职务上的便利，进行受贿犯罪行为，包括利用职务之便索取他人财物，为他人谋取利益的行为和收受他人的财物，为他人谋利益的行为。

（3）犯罪结果，是结果犯，受贿数额较大的，才构成犯罪。

根据2016年4月18日起施行的最高人民法院、最高人民检察院《关于办理贪污贿赂刑事案件适用法律若干问题的解释》第11条规定："刑法第一百六十三条规定的非国家工作人员受贿罪、第二百七十一条规定的职务侵占罪中的"数额较大""数额巨大"的数额起点，按照本解释关于受贿罪、贪污罪相对应的数额标准规定的二倍、五倍执行。"

上述司法解释第12条规定，贿赂犯罪中的"财物"，包括货币、物品和财产性利益。财产性利益包括可以折算为货币的物质利益如房屋装修、债务免除等，以及需要支付货币的其他利益如会员服务、旅游等。后者的犯罪数额，以实际支付或者应当支付的数额计算。

3. 非国家工作人员受贿罪的法定刑。根据刑法第163条和《刑法修正案（六）》第7条的规定，非国家工作人员受贿罪的法定刑是：

（1）构成一般犯罪的，处5年以下有期徒刑或者拘役。

（2）构成本罪，数额巨大的，处5年以上有期徒刑，可以并处没收财产。

4. 本罪适用时应注意以下问题：

（1）区分罪与非罪的界限。

第一，本罪的犯罪主体是公司、企业、其他单位的工作人员，即非国家工作人员，不具有公司、企业、其他单位的工作人员身份的人员，不能构成本罪。这里的非国家工作人员是特指公司、企业、其他单位的工作人员，不是泛指所有非国家工作人员。

第二，国家机关、国有公司、企业、事业单位、人民团体等国有单位的国家工作人员，有本罪犯罪行为的，不定为本罪而定为受贿罪。

第三，在公司、企业、其他单位中，不是从事公务的人员也不构成本罪，如单纯从事劳务人员、勤杂人员、服务人员等不构成本罪，因为他们不是从事公务的人员，他们没有职务，不能利用职务之便为他人谋利益，不能利用职务之便索取、收受他人的财物。

另外，索取他人财物，没有为他人谋取利益的行为，也不构成本罪。受贿数额达不到较大的，不构成犯罪。多次受贿未经处理的，累计计算，达到数额较大的也可以构成犯罪；依照法律规定，接受回扣归单位所有的，不构成犯罪，归单位所有必须记入单位账上，记入个人账上或者单位小金库账上，不能认为是归单位所有；工程技术人员接收政策规定的合理报酬，不构成犯罪，如具有专业职称的工程技术人员兼职收入的，是合法行为，不构成犯罪。但国家工作人员不允许兼职，其兼职所得以受贿论；国有公司、企业的董事、经理不允许经营其任职的同类营业，如果非法经营同类营业，获取利润数额巨大的（一般指满10万元以上），构成犯罪。

（2）区分非国家工作人员受贿罪与受贿罪的相同点和不同点。

两罪的相同点：都是受贿方面的犯罪；都是利用职务之便收受贿赂，为他人谋利益的行为；都是索贿与收受贿赂的行为。

两罪的不同点：主体不同，前者是公司、企业、其他单位的工作人员，即非国家工作人员；而受贿罪的主体是国家工作人员。犯罪行为不同，本罪索贿也必须为他人谋利益的，才构成犯罪；而受贿罪中索取他人财物，不需要为他人谋利益，也可以构成受贿犯罪。犯罪结果不同，本罪必须受贿数额较大才构成犯罪；而受贿罪数额在1万元以上不满3万元的，情节较重的，也可以构成犯罪。法定刑不同，本罪最高处15年有期徒刑，可以并处没收财产；而受贿罪最高处死刑，并处没收财产。

另外，具有国家工作人员身份的公司、企业、其他单位的工作人员构成非国家工作人员受贿罪的，转定为受贿罪，按受贿罪定罪处罚；如果不构成本罪的，虽然按受贿罪的条件规定也可能构成受贿罪，但不能转化为受贿罪。因为法律规定转为受贿罪的前提条件必须是犯有非国家工作人员受贿罪的，才能转定为受贿罪。例如，受国家机关的委派在公司、企业中从事公务的人员受贿数额没有达到较大，但情节严重，尽管按刑法第185条的规定可以构成受贿罪，但依照刑法第 163 条的规定，其不构成非国家工作人员受贿罪，在这种情况下，不能转定为受贿罪。

九、对非国家工作人员行贿罪

对非国家工作人员行贿罪是《刑法修正案（六）》、《刑法修正案（九）》对刑法第 164 条规定的对公司、企业人员行贿罪修改的犯罪，最高人民法院、最高人民检察院《关于执行〈中华人民共和国刑法〉确定罪名的补充规定（三）》规定为该罪名，取消了"对公司、企业人员行贿罪"的罪名。

我国 1997 年刑法规定有"对公司、企业人员行贿罪"，司法机关依照该条规定惩治了一大批犯罪分子。但是，刑法原第 164 条没有规定对非国家工作人员行贿行为构成犯罪，例如，对非国有事业单位的工作人员行贿行为就没有规定为犯罪。近年来，我国商业贿赂犯罪突出，一些对非国家工作人员行贿行为严重，如给予非国有医院的医务人员回扣的行为；给予非国有体育组织的裁判员行贿的行为影响很坏，社会危害性严重，但法律没有规定为犯罪。全国人大常委会在《刑法修正案（六）》第 8 条中补充规定了"对其他单位的工作人员行贿，数额较大的"为犯罪，即对非国家工作人员行贿也构成犯罪，最高处 10 年有期徒刑，并处罚金。但对该罪第一个档次的法定刑中没有罚金刑的规定，属于遗漏。为了从金钱上惩罚对非国家工作人员行犯罪行为，《刑法修正案（九）》第 10 条规定在刑法第 164 条规定的第一个档次法定刑中增加"并处罚金"的规定。

十、背信损害上市公司利益罪

背信损害上市公司利益罪是《刑法修正案（六）》第 9 条在刑法第 169 条之一中补充增加的犯罪。最高人民法院、最高人民检察院《关于执行〈中华人民共和国刑法〉确定罪名的补充规定（三）》规定为该罪名。

（一）刑法规定内容的修改

刑法条文中有关背信损害上市公司利益罪的规定有：

1. 1997 年刑法第 168 条规定："国有公司、企业直接负责的主管人员，徇私舞弊，造成国有公司、企业破产或者严重亏损，致使国家利益遭受重大损失的，处三年以下有期徒刑或者拘役。"

2. 1997 年刑法第 169 条规定："国有公司、企业或者其上级主管部门直接负责的主管人员，徇私舞弊，将国有资产低价折股或者低价出售，致使国家利益遭受重大损失的，处三年以下有期徒刑或者拘役；致使国家利益遭受特别重大损失的，处三年以上七年以下有期徒刑。"

3. 2006年6月29日，全国人大常委会《刑法修正案（六）》第9条规定在刑法第169条后增加一条，作为第169条之一："上市公司的董事、监事、高级管理人员违背对公司的忠实义务，利用职务便利，操纵上市公司从事下列行为之一，致使上市公司利益遭受重大损失的，处三年以下有期徒刑或者拘役，并处或者单处罚金；致使上市公司利益遭受特别重大损失的，处三年以上七年以下有期徒刑，并处罚金：（一）无偿向其他单位或者个人提供资金、商品、服务或者其他资产的；（二）以明显不公平的条件，提供或者接受资金、商品、服务或者其他资产的；（三）向明显不具有清偿能力的单位或者个人提供资金、商品、服务或者其他资产的；（四）为明显不具有清偿能力的单位或者个人提供担保，或者无正当理由为其他单位或者个人提供担保的；（五）无正当理由放弃债权、承担债务的；（六）采用其他方式损害上市公司利益的。

"上市公司的控股股东或者实际控制人，指使上市公司董事、监事、高级管理人员实施前款行为的，依照前款的规定处罚。

"犯前款罪的上市公司的控股股东或者实际控制人是单位的，对单位判处罚金，并对其直接负责的主管人员和其他直接责任人员，依照第一款的规定处罚。"

上述《刑法修正案（六）》是对刑法第168条、第169条规定的犯罪的补充。《刑法修正案（六）》补充规定"上市公司的董事、监事、高级管理人员或者上市公司的控股股东、实际控制人利用职务之便背信损害上市公司的重大利益的行为"为犯罪。

（二）刑法规定修改的原因

我国1997年刑法第168条、第169条规定了损害国有公司、企业的利益的犯罪，而上市公司都是股份有限责任公司，不是国有公司，刑法原对损害上市公司利益的行为没有规定为犯罪。而司法实践中，有些上市公司的董事、监事、高级管理人员违背对公司的忠实义务，利用职务便利，操纵上市公司，无偿地占有上市公司的财产或者以明显不公平的交易损害上市公司的利益，致使上市公司利益遭受重大损失。我国2005年10月27日修订的《证券法》第193条至第195条分别规定了对上市公司的董事、监事、高级管理人员损害上市公司利益的行为应负的民事、经济责任；《证券法》第231条明确规定，违反本法规定，构成犯罪的，依法追究刑事责任。为了使刑法与证券法相衔接，保护上市公司的合法利益，全国人大常委会在《刑法修正案（六）》第 9 条补充增加刑法第 169 条之一，规定了上市公司的董事、监事、高级管理人员和上市公司的控股股东或者实际控制人或者单位损害上市公司利益的行为规定为犯罪，最高处 7 年有期徒刑，并处罚金。

（三）背信损害上市公司利益罪的适用

背信损害上市公司利益罪是《刑法修正案（六）》第 9 条在刑法第 169 条之一中补充增加的犯罪，要准确适用就必须弄清该罪的概念、特征、法定刑，以及适用时应注意的问题。

1. 背信损害上市公司利益罪的概念。该罪是指上市公司的董事、监事、高级管理人员违背对公司的忠实义务，利用职务便利，操纵上市公司从事损害上市公司利益，致使上市公司利益遭受重大损失的行为。

上市公司是股份有限责任公司，股份有限责任公司的董事、监事和高级管理人员是根据股东认股数额决定在公司的地位，有的是个人投资，有的是单位投资，也有是由公司董事会聘任的，公司赋予高层管理人员一定职务是让其为公司的利益服务，然而有些上市公司的高层管理人员违背对公司的忠实义务，利用职务便利，操纵上市公司从事损害上市公司的利益，有的无偿地占有上市公司的财产，有的以明显的不公平的交易，损害上市公司利益，具有严重的社会危害性。刑法原对这种行为没有规定为犯罪。《刑法修正案（六）》第 9 条根据《证券法》的有关规定，在刑法第 169 条之一中将背信损害上市公司利益的行为规定为犯罪，最高处 7 年有期徒刑。

2. 犯罪的构成特征。根据刑法第 169 条之一和《刑法修正案（六）》第 9 条的规定，该罪的构成特征有：

（1）犯罪主体，是特殊主体，必须是上市公司的董事、监事、高级管理人员。上市公司的控股股东或者实际控制的自然人或者单位可以构成本罪的共犯，他们指使上市公司董事、监事、高级管理人员实施背信损害公司利益行为的，依照背信损害上市公司利益罪的规定定罪处罚。犯罪主体主观上是故意的，其动机、目的是损害上市公司的利益，为个人或者他人谋取不正当的利益，包括认股的公司、企业等单位谋利益。

（2）犯罪行为，必须是利用职务上的便利背信损害上市公司利益的行为。具体行为表现有：

①无偿向其他单位或者个人提供资金、商品、服务或者其他资产的行为；

②以明显不公平的条件，提供或者接受资金、商品、服务或者其他资产的

行为；

③向明显不具有清偿能力的单位或者个人提供资金、商品、服务或者其他资产的行为；

④为明显不具有清偿能力的单位或者个人提供担保，或者无正当理由为其他单位或者个人提供担保的行为；

⑤无正当理由放弃债权、承担债务的行为；

⑥采用其他方式损害上市公司利益的行为。这是兜底规定，包括所有故意背信损害上市公司利益的行为。

（3）犯罪结果，是结果犯，必须使上市公司利益遭受重大损失的才构成犯罪。根据最高人民检察院、公安部2010年5月7日《关于公安机关管辖的刑事案件立案追诉标准的规定（二）》第18条规定，涉嫌下列情形之一的，应予立案追诉：

①无偿向其他单位或者个人提供资金、商品、服务或者其他资产，致使上市公司直接经济损失数额在150万元以上的；

②以明显不公平的条件，提供或者接受资金、商品、服务或者其他资产，致使上市公司直接经济损失数额在150万元以上的；

③向明显不具有清偿能力的单位或者个人提供资金、商品、服务或者其他资产，致使上市公司直接经济损失数额在150万元以上的；

④为明显不具有清偿能力的单位或者个人提供担保，或者无正当理由为其他单位或者个人提供担保，致使上市公司直接经济损失数额在150万元以上的；

⑤无正当理由放弃债权、承担债务，致使上市公司直接经济损失数额在150万元以上的；

⑥致使公司发行的股票、公司债券或者国务院依法认定的其他证券被终止上市交易或者多次被暂停上市交易的；

⑦其他致使上市公司利益遭受重大损失的情形。

3. 背信损害上市公司利益罪的法定刑。根据刑法第169条之一规定，背信损害上市公司利益罪的法定刑有：

（1）构成一般犯罪的，处3年以下有期徒刑或者拘役。

（2）犯本罪，数额巨大的，处3年以上7年以下有期徒刑，并处罚金。

（3）单位犯本罪的，对单位判处罚金，并对其直接负责的主管人员和其他直接责任人员依照自然人犯本罪的法定刑规定处罚。

4. 背信损害上市公司利益罪在认定时，主要应注意以下问题：

（1）区分罪与非罪的界限。

第一，根据我国刑法第169条之一规定，构成背信损害上市公司利益罪的主体必须是上市公司的董事、监事、高级管理人员和上市公司的控股股东或者实际控制的自然人或者单位;不具有上述特殊主体身份的不构成背信损害上市公司利益罪。

第二,构成背信损害上市公司利益罪的结果必须是使上市公司利益遭受重大损失的结果,不具有上述结果的,不构成损害上市公司利益罪。

(2) 划清本罪与国有公司、企业、事业单位人员滥用职权罪的界限。本罪和国有公司、企业、事业单位人员滥用职权罪等都是损害公司、企业利益的犯罪,容易混淆。二罪的根本区别是犯罪主体身份不同。本罪的主体是上市公司的董事、监事、高级管理人员;而国有公司、企业、事业单位人员滥用职权罪的主体是国有公司,企业、事业单位的工作人员。国有公司、企业不一定都是上市公司,因此,不是上市的国有公司、企业、事业单位的工作人员不能构成背信损害上市公司利益罪。如果国有公司、企业、事业单位是上市公司的控股人或者实际控制人可以构成本罪的共犯。

(3) 划清本罪与挪用资金罪的界限。上市公司的董事、监事、高级管理人员,利用职务之便,无偿向个人提供资金或者提供担保的行为是认定为挪用资金罪,还是定为背信损害上市公司利益罪?笔者认为,挪用资金罪是刑法条文特别规定,凡发生上述法规竞合时,符合挪用资金罪的,应优先认定为挪用资金罪。不构成挪用资金罪的,但符合本罪构成条件,可认定为本罪。

十一、骗取贷款、票据承兑、金融票证罪

骗取贷款、票据承兑、金融票证罪是《刑法修正案(六)》第 10 条在刑法第 175 条之一中补充规定的犯罪。最高人民法院、最高人民检察院《关于执行〈中华人民共和国刑法〉确定罪名的补充规定(三)》规定为该罪名。

(一) 刑法规定内容的修改

刑法条文中有关骗取贷款、票据承兑、金融票证罪的规定有:

1. 1979 年刑法第 152 条规定:"盗窃、诈骗、抢夺公私财物数额较大的,处五年以下有期徒刑、拘役或者管制。"

2. 1997 年刑法第 266 条规定:"诈骗公私财物,数额较大的,处三年以下有期徒刑、拘役或者管制,并处或者单处罚金;数额巨大或者有其他严重情节的,处三年以上十年以下有期徒刑,并处罚金;数额特别巨大或者有其他特别严重情节的,处十年以上有期徒刑或者无期徒刑,并处罚金或者没收财产。本法另有规定的,依照规定。"

1997年刑法第175条规定："以转贷牟利为目的，套取金融机构信贷资金高利转贷他人，违法所得数额较大的，处三年以下有期徒刑或者拘役，并处违法所得一倍以上五倍以下罚金；数额巨大的，处三年以上七年以下有期徒刑，并处违法所得一倍以上五倍以下罚金。

"单位犯前款罪的，对单位判处罚金，并对其直接负责的主管人员和其他直接责任人员，处三年以下有期徒刑或者拘役。"

1997年刑法第193条规定："有下列情形之一，以非法占有为目的，诈骗银行或者其他金融机构的贷款，数额较大的，处五年以下有期徒刑或者拘役，并处二万元以上二十万元以下罚金；数额巨大或者有其他严重情节的，处五年以上十年以下有期徒刑，并处五万元以上五十万元以下罚金；数额特别巨大或者有其他特别严重情节的，处十年以上有期徒刑或者无期徒刑，并处五万元以上五十万元以下罚金或者没收财产：（一）编造引进资金、项目等虚假理由的；（二）使用虚假的经济合同的；（三）使用虚假的证明文件的；（四）使用虚假的产权证明作担保或者超出抵押物价值重复担保的；（五）以其他方法诈骗贷款的。"

3. 2006年6月29日全国人大常委会《中华人民共和国刑法修正案（六）》第10条规定在刑法第175条后增加一条，作为第175条之一："以欺骗手段取得银行或者其他金融机构贷款、票据承兑、信用证、保函等，给银行或者其他金融机构造成重大损失或者有其他严重情节的，处三年以下有期徒刑或者拘役，并处或者单处罚金；给银行或者其他金融机构造成特别重大损失或者有其他特别严重情节的，处三年以上七年以下有期徒刑，并处罚金。

"单位犯前款罪的，对单位判处罚金，并对其直接负责的主管人员和其他直接责任人员，依照前款的规定处罚。"

上述《刑法修正案（六）》第10条对刑法补充规定的第175条之一中增加规定了骗取贷款、票据承兑、金融票证罪的罪状和法定刑。

（二）刑法规定修改的原因

我国1979年刑法第152条规定有诈骗罪，凡是以非法占有为目的的骗取公私财物数额较大的行为都构成诈骗罪。1997年刑法除第266条规定上述一般"诈骗罪"外，在第175条中又规定了套取银行信贷资金"高利转贷罪"，在第176条规定了"非法吸收公众存款罪"，在第193条中规定了"贷款诈骗罪"等金融诈骗罪。近年来，一些单位和个人以虚构事实、隐瞒事实真相等欺骗手段，骗取银行或者其他金融机构的贷款、票据承兑、信用证、保函等，给银行或者其他金融机构造成重大损失或者有其他严重情节，严重危害了金融安全。因此，全国人大常委会在《刑法修正案（六）》中规定在刑法第 175 条之一中增加规定了"骗取贷款、票据承兑、金融票证罪"，以惩罚和震慑这些犯罪，维护金融信贷秩序正常发展。

（三）骗取贷款、票据承兑、金融票证罪的适用

骗取贷款、票据承兑、金融票证罪是《刑法修正案（六）》第 10 条在刑法第 175 条之一中增加的犯罪，要准确适用就必须弄清该罪的概念、特征、法定刑，以及适用时应注意的问题。

1. 骗取贷款、票据承兑、金融票证罪的概念。该罪是指以非法使用金融机构的信贷资金为目的，诈骗银行或者其他金融机构的贷款、票据承兑、信用证、保函等，给银行或者其他金融机构造成重大损失或者有其他严重情节的行为。

银行或者其他金融机构的贷款、票据承兑、信用证、保函等信贷资金是用于生产、经营和社会生活需要，有利于社会发展的有偿信贷资金，使用信贷资金是有条件的，符合国家规定贷款条件的，银行等金融机构给予贷款或出具信用证、保函等资信证明；不符合贷款条件的，金融机构不给予贷款和不出具资信证明。一些不符合贷款条件的单位和个人为取得贷款采取以虚构的事实和隐瞒事实真相的方法欺骗金融机构而取得金融机构的信贷资金的使用权，这种诈骗信贷资金的行为往往给金融机构造成重大损失，或者严重影响其他单位的正常信贷活动，给有关单位造成重大损失，这是对社会有严重危害的行为。我国刑法第 175 条之一将骗取贷款、票据承兑、金融票证的行为规定为犯罪，最低处拘役，并处或者单处罚金；最高处 7 年以下有期徒刑，并处罚金。

2. 犯罪构成特征。根据刑法第 175 条之一和《刑法修正案（六）》第 10 条的规定，该罪的构成特征有：

（1）犯罪主体，是一般主体，只要年满 16 周岁以上的具有刑事责任能力，实施了骗取贷款、票据承兑、金融票证的自然人或者单位都可以构成本罪的犯罪主体。

犯罪主体在主观上是故意的，其目的是骗取信贷资金的使用权利。犯罪主体在主观上有归还信贷资金的目的，没有占有的目的。

（2）犯罪行为，必须是以欺骗手段取得银行或者其他金融机构贷款、票据承兑、信用证、保函等行为。具体犯罪行为表现是：

①以欺骗的手段骗取金融机构贷款的行为，即以虚构的事实和隐瞒事实真相的方法欺骗金融机构而骗取贷款的行为；

②以欺骗的手段骗取金融机构的票据承兑的行为；

③以欺骗的手段骗取金融机构的信用证、保函的行为。金融机构的票据承兑是金融机构依据票据期限承诺付款的行为；信用证、保函是金融机构为用户出具的资信保证文件。金融机构出具信用证、保函等资信证明文件是有条件的，如果用户以欺骗的手段，骗取金融机构出具的信用证、保函等资信证明，到期用户不能支付款的，应由金融机构付款，这就有可能给金融机构造成重大经济损失。因此，刑法规定骗取信用证、保函等资信证明的行为是犯罪行为。

（3）犯罪结果，是结果犯，必须是给银行或者其他金融机构造成重大损失或者有其他严重情节的结果。何为重大损失、严重情节，法律没有规定。根据最高人民检察院、公安部 2010 年 5 月 7 日《关于公安机关管辖的刑事案件立案标准的规定（二）》第 27 条规定，具有下列情形之一的，应予立案追诉：①以欺骗手段取得贷款、票据承兑、信用证、保函等，数额在 100 万元以上的；②以欺骗手段取得贷款、票据承兑、信用证、保函等，给银行或者其他金融机构造成直接经济损失数额在 20 万元以上的；③虽未达到上述数额标准，但多次以欺骗手段取得贷款、票据承兑、信用证、保函等的；④其他给银行或者其他金融机构造成重大损失或者有其他严重情节的情形。第 88 条规定，上述"虽未达到上述数额标准"，是指接近上述数额标准且已达到该数额的 80%以上的。

3. 骗取贷款、票据承兑、金融票证罪的法定刑。根据刑法第 175 条之一规定，骗取贷款、票据承兑、金融票证罪的法定刑：

（1）犯诈骗信贷罪的，处 3 年以下有期徒刑或者拘役，并处或者单处罚金。

（2）犯本罪的，给银行或者其他金融机构造成特别重大损失或者有其他特别严重情节的，处 3 年以上 7 年以下有期徒刑，并处罚金。

（3）单位犯本罪的，对单位判处罚金，并对其直接负责的主管人员和其他直接责任人员，依照个人犯本罪的处罚规定处罚。

4. 认定骗取贷款、票据承兑、金融票证罪，应注意划清以下界限：

（1）区分罪与非罪的界限。

第一，根据我国刑法第 175 条之一规定，骗取贷款、票据承兑、金融票证罪的主体在主观上必须是故意骗取信贷，其目的是取得信贷资金的使用权，但没有非法占有信贷资金的目的，如果不是以骗取信贷资金使用的目的，不构成本罪。另外，行为人在主观上是过失的，也不构成本罪。

第二，骗取贷款、票据承兑、金融票证罪必须是实施了骗取信贷资金而使用的行为，如果是骗取其他财物的行为，不构成本罪。

第三，骗取贷款、票据承兑、金融票证必须给银行或者其他金融机构造成重大损失或者有其他严重情节的结果,达不到上述结果的,也不构成本罪。

(2)划清本罪与诈骗罪的界限。本罪法律规定与诈骗罪法律规定是法条竞合关系,诈骗罪是一般规定,本罪是特别规定,当犯罪行为同时触犯上述两个条文规定的,按特别法条规定优于一般法条规定,要定为本罪,不能再认定为诈骗罪。

(3)划清本罪与贷款诈骗罪的界限。本罪是骗取信贷的行为,没有占有信贷资金的目的。而贷款诈骗罪是以贷款的虚假手段,达到非法占有信贷资金的目的。是否具有非法占有的目的是区分本罪与诈骗贷款罪的关键。

(4)划清本罪与高利转贷罪的界限。本罪是骗取信贷的行为,有使用信贷资金的目的,但没有占有信贷资金的目的。而高利转贷罪是用虚假的贷款的理由取得金融机构的贷款资金,然后高价转贷他人,从中谋取非法利润。二者虽然都是用虚假的手段骗取贷款,但犯罪目的不同。本罪的目的是取得信贷资金的使用权;而高利转贷罪是利用贷款所得信贷资金放高利贷,从中营利。如果用欺骗的手段骗取信贷资金,又转借给他人,没有牟取高额利润的应认定为本罪;如果高价转贷他人的,则应认为高利转贷罪。

(5)划清本罪与非法吸收公众存款罪的界限。本罪是骗取金融机构信贷资金而使用的行为,没有占有信贷资金的目的。而非法吸收公众存款罪是非法吸收公众的存款,虽然二者都是骗取资金,但所欺骗的对象和资金性质完全不同。

十二、操纵证券、期货市场罪

操纵证券、期货市场罪是《刑法修正案(六)》第11条对刑法第182条操纵证券、期货价格罪修改的犯罪。最高人民法院、最高人民检察院《关于执行〈中华人民共和国刑法〉确定罪名的补充规定(三)》规定为该罪名,取消了原规定的操纵证券、期货交易价格罪罪名。

操纵证券、期货交易价格罪是第一次《刑法修正案》第6条补充修改的犯罪,在修订刑法第182条原规定的操纵证券交易价格罪中增加了操纵期货价格的内容,罪名也相应地修改为"操纵证券、期货交易价格罪"。该罪名是1997年最高人民法院、最高人民检察院《关于执行〈中华人民共和国刑法〉确定罪名的规定》中确定的"操纵证券交易价格罪",于2002年3月26日最高人民法院、最高人民检察院《关于执行〈中华人民共和国刑法〉确定罪名的补充规定》修改为"操纵证券、期货价格罪"的罪名。2006年6月29日全国人大常委会《刑法修正案(六)》第11条对该犯罪又作了修改,将罪状

"操纵证券、期货价格"修改为"操纵证券、期货市场",因此,最高人民法院、最高人民检察院 2007 年 11 月 6 日《关于执行〈中华人民共和国刑法〉确定罪名的补充规定(三)》规定为操纵证券、期货市场罪。

(一) 刑法规定内容的修改

刑法条文中有关操纵证券、期货市场罪的修改规定有:

1. 1997 年修订刑法第 182 条原规定:"有下列情形之一,操纵证券交易价格,获取不正当利益或者转嫁风险,情节严重的,处五年以下有期徒刑或者拘役,并处或者单处违法所得一倍以上五倍以下罚金:(一) 单独或者合谋,集中资金优势、持股优势或者利用信息优势联合或者连续买卖,操纵证券交易价格的;(二) 与他人串通,以事先约定的时间、价格和方式相互进行证券交易或者相互买卖并不持有的证券,影响证券交易价格或者证券交易量的;(三) 以自己为交易对象,进行不转移证券所有权的自买自卖,影响证券交易价格或者证券交易量的;(四) 以其他方法操纵证券交易价格的。

"单位犯前款罪的,对单位判处罚金,并对其直接负责的主管人员和其他直接责任人员,处五年以下有期徒刑或者拘役。"

2. 1999 年 12 月 25 日全国人大常委会《刑法修正案》第 6 条规定,将刑法第 182 条修改为:"有下列情形之一,操纵证券、期货交易价格,获取不正当利益或者转嫁风险,情节严重的,处五年以下有期徒刑或者拘役,并处或者单处违法所得一倍以上五倍以下罚金:

"(一) 单独或者合谋,集中资金优势、持股优势或者持仓优势或者利用信息优势联合或者连续买卖,操纵证券、期货交易价格的;

"(二) 与他人串通,以事先约定的时间、价格和方式相互进行证券、期货交易,或者相互买卖并不持有的证券、期货,影响证券、期货交易价格或者证券、期货交易量的;

"(三) 以自己为交易对象,进行不转移证券所有权的自买自卖,或者以自己为交易对象,自买自卖期货合约,影响证券、期货交易价格或者证券、期货交易量的;

"(四) 以其他方法操纵证券、期货交易价格的。

"单位犯前款罪的,对单位判处罚金,并对其直接负责的主管人员和其他直接责任人员,处五年以下有期徒刑或者拘役。"

3. 2006 年 6 月 29 日全国人大常委会《刑法修正案(六)》第 11 条规定将刑法第 182 条修改为:"有下列情形之一,操纵证券、期货市场,情节严重的,处 5 年以下有期徒刑或者拘役,并处或者单处罚金;情节特别严重的,处五年以上十年以下有期徒刑，并处罚金：（一）单独或者合谋，集中资金优势、持股或者持仓优势或者利用信息优势联合或者连续买卖，操纵证券、期货交易价格或者证券、期货交易量的；（二）与他人串通，以事先约定的时间、价格和方式相互进行证券、期货交易，影响证券、期货交易价格或者证券、期货交易量的；（三）在自己实际控制的账户之间进行证券交易，或者以自己为交易对象，自买自卖期货合约，影响证券、期货交易价格或者证券、期货交易量的；（四）以其他方法操纵证券、期货市场的。

"单位犯前款罪的，对单位判处罚金，并对其直接负责的主管人员和其他直接责任人员，依照前款的规定处罚。"

上述刑法规定及其《刑法修正案（六）》对刑法第182条作了如下修改和补充：

1. 修改了罪名。我国1979年刑法没有规定"操纵证券、期货交易价格罪"，因为当时实行的是计划经济，不允许进行证券、期货交易，社会上不存在操纵证券、期货市场行为，因此，在1979年刑法和有关的补充规定中都没有这种犯罪的规定。从1990年以后开始试行证券发行和证券、期货交易，1998年12月29日全国人大常委会通过了修订的《中华人民共和国证券法》，自1999年7月1日起施行。根据我国证券法规规定，我国1997年修订刑法原第182条将操纵证券交易价格，获取不正当利益或者转嫁风险，情节严重的行为规定为犯罪。最高人民法院、最高人民检察院1997年《关于执行〈中华人民共和国刑法〉确定罪名的规定》中规定为"操纵证券交易价格罪"的罪名；1999年12月25日，全国人大常委会在《中华人民共和国刑法修正案》第6条将操纵期货交易价格的行为补充增加为犯罪行为，2003年3月26日，最高人民法院、最高人民检察院《关于执行〈中华人民共和国刑法〉确定罪名的补充规定（二）》中规定将上述罪名修改为"操纵证券、期货交易价格罪"的罪名。2005年10月27日全国人大常委员对《证券法》进行修订，为了使刑法规定与《证券法》规定相衔接，2006年6月29日全国人大常委会《刑法修正案（六）》第11条将"操纵证券、期货交易价格"行为改为"操纵证券、期货市场"行为，因此，最高人民法院、最高人民检察院2007年11月6日《关于执行〈中华人民共和国刑法〉确定罪名的补充规定（三）》司法解释规定为操纵证券、期货市场罪罪名。

2. 修改了罪状。修订刑法原第182条规定的"操纵证券、期货交易价格"的犯罪行为只是影响证券、期货交易价格，没有规定影响证券、期货交易量。现在《刑法修正案（六）》将刑法第182条规定的犯罪行为修改为"操纵证券、期货交易价格或者证券、期货交易量的行为"；还增加了"在自己实际控制的账户之间进行证券交易"的犯罪行为,取消了为获取不正当利益或者转嫁风险的犯罪目的。

3. 修改了法定刑。刑法规定的犯操纵证券、期货市场罪的法定刑比操纵证券、期货交易价格罪的法定刑,增加了"并处或者单处罚金",同时还增加了一个档次的法定刑,即"情节特别严重的,处5年以上10年以下有期徒刑,并处罚金"。同时,对单位犯罪的法定刑由"对单位判处罚金,并对其直接负责的主管人员和其他直接责任人员,处5年以下有期徒刑或者拘役"改为"对单位判处罚金,并对其直接负责的主管人员和其他直接责任人员,依照前款的规定处罚",加重了对单位处罚的力度,最高处10年有期徒刑。

(二) 刑法规定修改的原因

全国人大常委会《刑法修正案(六)》修改补充规定操纵证券、期货市场罪的主要原因有:

1. 刑法中规定惩治操纵证券、期货交易的内容过窄。我国刑法中原只规定操纵证券、期货交易价格的犯罪行为,没有明确规定操纵证券、期货交易量的犯罪行为。实践中,对操纵证券、期货交易量等,情节严重的行为不能依照刑法追究刑事责任,需通过修改、补充刑法规定的方法加以解决。

2. 我国刑法原规定的操纵证券、期货交易价格罪的罪状需要修改:(1) 需要增犯罪行为。司法实践中存在操纵证券、期货交易量的行为和在自己实际控制的账户之间进行证券、期货交易的行为,严重扰乱证券、期货市场秩序,需要由刑法规定为犯罪追究其刑事责任。(2) 现实中存在"在自己实际控制的账户之间进行证券交易"的行为,严重影响证券、期货市场秩序的行为,需要由刑法规定为犯罪追究其刑事责任。

3. 我国刑法对操纵证券、期货交易价格罪的法定刑的规定太轻,需要加大惩罚力度。我国刑法原对操纵证券、期货交易价格罪的法定刑规定最高处5年有期徒刑,并处或者单处违法所得1倍以上5倍以下罚金,对单位犯本罪单独规定"对单位判处罚金,并对其直接负责的主管人员和其他直接责任人员,处5年以下有期徒刑或者拘役",其处刑较轻,不利于当前惩治这种犯罪。《刑法修正案(六)》第11条增加了一个档次法定刑,即情节特别严重的,处5年以上10年以下有期徒刑,并处罚金;同时,对单位犯罪的法定刑由"对单位判处罚金,并对其直接负责的主管人员和其他直接责任人员,处5年以下有期徒刑或者拘役"改为"对单位判处罚金,并对其直接负责的主管人员和其他直接责任人员,依照前款的规定处罚",这样加重了对单位犯罪处罚的力度。

(三) 操纵证券、期货市场罪的适用

操纵证券、期货市场罪是《刑法修正案(六)》对刑法第182条规定修改的犯罪,要准确适用,就必须弄清本罪的概念、构成特征、法定刑以及适用时应注意的问题。

1. 操纵证券、期货市场罪的概念。该罪是指单位或者个人非法操纵证券、期货市场,情节严重的行为。

该罪是惩罚在证券、期货市场上欺行霸市,垄断金融市场,妨害自由竞争,扰乱证券、期货市场秩序的犯罪行为。证券、期货市场是市场经济的重要组成部分,证券、期货交易市场必须依法进行自由买卖,进行正当竞争,才有活力。有些人为了获取不正当的利益或者转嫁炒股、期货的风险,非法垄断证券、期货交易市场,操纵证券、期货交易价格和交易量,严重破坏证券、期货市场秩序,对市场经济是一种严重的破坏。我国1999年7月1日起施行的2005年10月27日修订的《证券法》第77条规定:"禁止任何人以下列手段操纵证券市场:(一)单独或者合谋,集中资金优势、持股优势或者利用信息优势联合或者连续买卖,操纵证券交易价格或者证券交易量的;(二)与他人串通,以事先约定的时间、价格和方式相互进行证券交易,影响证券交易价格或者证券交易量的;(三)在自己实际控制的账户之间进行证券交易,影响证券交易价格或者证券交易量的;(四)以其他手段操纵证券市场的。"我国《证券法》第203条规定:"违反本法规定,操纵证券市场的,责令依法处理非法持有的证券,没收违法所得,并处违法所得1倍以上5倍以下的罚款;没收违法所得或者违法得不足30万元的,处以30万元以上300万元以下的罚款。单位操纵证券市场的,还应当对直接负责的主管人员和其他直接责任人员给予警告,并处以10万元以上60万元以下的罚款。"第231条规定:"违反本法规定,构成犯罪的,依法追究刑事责任。"我国1999年5月25日通过的自1999年9月1日起施行的《期货交易管理暂行条例》第46条规定:"任何单位或者个人不得编造、传播有关期货交易的谣言,不得恶意串通、联手买卖或者以其他方式操纵期货交易价格。"第62条规定:"操纵期货交易价格的","构成犯罪的,依法追究刑事责任。"从上述法律规定可见,操纵证券、期货交易市场,情节严重的行为,是严重侵犯投资者的利益,是严重危害社会的犯罪行为。因此,1997年修订刑法第182条将操纵证券交易价格,扰乱证券交易市场秩序,情节严重的行为规定为犯罪。《刑法修正案》对刑法第182条又增加了"操纵期货交易价格的犯罪行为",《刑法修正案(六)》又进一步修改，将"操纵证券、期货交易价格罪"改为"操纵证券、期货市场罪"。

2. 犯罪的构成特征。根据刑法第182条和《刑法修正案（六）》第11条规定，该罪的构成特征有：

（1）犯罪主体，是一般主体，单位和个人都可以构成。个人构成本罪主体必须是年满16周岁以上的具有刑事责任能力的故意实施了操纵证券、期货市场行为的自然人；不满16周岁的人，不能构成本罪的犯罪主体。单位犯本罪的主体，除了单位本身可以构成犯罪主体外，还包括单位的直接负责的主管人员和其他直接责任人员也构成单位犯罪的主体。犯罪主体在主观上都是故意的，过失心理态度的个人或者单位不能构成本罪的犯罪主体。

（2）犯罪行为，必须是实施了操纵证券、期货市场的行为。具体表现有：

①单独或者合谋，集中资金优势、持股优势或者持仓优势或者利用信息优势联合或者连续买卖，操纵证券、期货交易价格和交易量的行为；

②与他人串通，以事先约定的时间、价格和方式相互进行证券、期货交易，或者相互买卖并不持有的证券、期货，影响证券、期货交易价格或者证券、期货交易量的行为；

③在自己实际控制的账户之间进行证券交易，或者以自己为交易对象，进行不转移证券所有权的自买自卖，或者以自己为交易对象，自买自卖期货合约，影响证券、期货交易价格或者证券、期货交易量的行为；

④以其他方法操纵证券、期货市场的行为。

只要具备上述行为之一的，就可以构成本罪的犯罪行为。上述犯罪行为都是故意犯罪行为，过失行为不能构本罪的犯罪行为。

（3）犯罪结果，是结果犯，必须是操纵证券、期货市场情节严重的，才构成犯罪；达不到情节严重结果的，不构成本罪。何为"情节严重"，刑法没有规定。最高人民检察院、公安部2010年5月7日《关于公安机关管辖的刑事案件追诉标准的规定（二）》第39条规定，操纵证券、期货市场，涉嫌下列情形之一的，应予立案追诉：

①单独或者合谋，持有或者实际控制证券的流通股份数达到该证券的实际流通股份总量30%以上，且在该证券连续20个交易日内联合或者连续买卖股份数量累计达到该证券同期总成交量30%以上的；

②单独或者合谋，持有或者实际控制期货合约数量超过期货交易所业务规则限定的仓量50%以上，且在该期货合约连续20个交易日内联合或者连续买卖期货合约数累计达到该期货合约同期总成交量30%以上的；

③与他人串通，以事先约定的时间、价格和方式相互进行证券或者期货合

约交易,且在该证券或者期货合同连续 20 个交易日内成交累计达到该证券或者期货合约同期总成交量 20% 以上的;

④在自己实际控制的账户之间进行证券交易,或者以自己为交易对象,进行自买自卖期货合约,且在该证券或者期货合约连续 20 个交易日内成交累计达到该证券或者期货合约同期总成交量 20% 以上的;

⑤单独或者合谋,当日连续申报买入或者卖出同一证券、期货合约并在成交前撤回申报,撤回申报量占当日该种证券总申报量或者该这种期货合约总申报量 50% 以上的;

⑥上市公司其其董事、监事、高级管理人员、实际控制人、控股股东或者其他关联人单独或者合谋,利用信息优势,操纵该公司证券交易价格或者证券交易量的;

⑦证券公司、证券投资咨询机构、专业中介机构或者从业人员,违背有关从业禁止的规定,买卖或者持有相关证券,通过对证券或者其发行人、上市公司公开作出评价、预测或者投资建议,在该证券的交易中谋取利益,情节严重的;

⑧其他情节严重的情形。

凡是实施了上述行为之一的,就具备了本罪的犯罪结果,构成了犯罪,应当追究刑事责任。

3. 操纵证券、期货市场罪的法定刑。根据刑法第 182 条的规定,本罪的法定刑是:

(1) 犯本罪的,处 5 年以下有期徒刑或者拘役,并处或者单处罚金。

(2) 犯本罪,情节特别严重的,处 5 年以上 10 年以下有期徒刑,并处罚金。

(3) 单位犯本罪的,对单位判处罚金,并对其直接负责的主管人员和其他直接责任人员,依照个人犯本罪的处罚规定处罚。

4. 本罪适用时应注意以下问题:

(1) 注意划清罪与非罪的界限。

第一,本罪是结果犯,情节严重的才构成犯罪。对于情节较轻或者情节一般的行为都不构成本罪。

第二,本罪是故意犯罪,并且必须故意操纵证券、期货市场的行为才构成犯罪。过失行为不构成本罪。

(2) 注意划清本罪与内幕交易、泄露内幕信息罪的界限。我国刑法第 180 条规定的内幕交易、泄露内幕信息罪是证券、期货交易内幕信息的知情人员或者非法获取证券、期货交易内幕信息的人员,在涉及证券的发行,证券、期货交易或者其他对证券、期货交易价格有重大影响的信息尚未公开前，买入或者卖出该证券，或者从事与该内幕信息有关的期货交易，或者泄露该信息，情节严重的行为与本罪操纵证券、期货交易价格罪的犯罪主体和犯罪行为上都有重合或者相似之处。当犯罪分子利用其掌握的内幕信息操纵证券、期货市场时，是认定为操纵证券、期货市场罪，还是定为内幕交易、泄露内幕信息罪？笔者认为，在上述情况是属于法规竞合，应按特别法优于普通法规定的原则，认定为本罪。

十三、背信运用受托财产罪

背信运用受托财产罪是《刑法修正案（六）》第12条第1款在刑法第185条之一中补充的犯罪。我国刑法第185条规定有金融机构的工作人员挪用本单位或者客户资金犯罪行为，刑法第187条原规定有金融机构的工作人员运用账外客户资金非法拆借、发放贷款罪（现改为"吸收客户资金不入账罪"）的行为。《刑法修正案（六）》第12条又补充规定了"擅自运用客户信托资财"（包括社保资金）的犯罪行为。最高人民法院、最高人民检察院《关于执行〈中华人民共和国刑法〉确定罪名的补充规定（三）》规定为"背信运用受托财产罪"的罪名。

（一）刑法规定内容的修改

刑法条文中有关背信运用受托财产罪的修改规定有：

1. 1997年修订刑法第185条规定："银行或者其他金融机构的工作人员利用职务上的便利，挪用本单位或者客户资金的，依照本法第二百七十二条的规定定罪处罚。

"国有金融机构工作人员和国有金融机构委派到非国有金融机构从事公务的人员有前款行为的，依照本法第三百八十四条的规定定罪处罚。"

1997年修订刑法第187条规定："银行或者其他金融机构的工作人员以牟利为目的，采取吸收客户资金不入账的方式，将资金用于非法拆借、发放贷款，造成重大损失的，处五年以下有期徒刑或者拘役，并处二万元以上二十万元以下罚金；造成特别重大损失的，处五年以上有期徒刑，并处五万元以上五十万元以下罚金。

"单位犯前款罪的，对单位判处罚金，并对其直接负责的主管人员和其他直接责任人员，依照前款的规定处罚。"

2. 2006年6月29日全国人大常委会《中华人民共和国刑法修正案（六）》

第12条第1款规定:"在刑法第一百八十五条后增加一条,作为第一百八十五条之一:'商业银行、证券交易所、期货交易所、证券公司、期货经纪公司、保险公司或者其他金融机构,违背受托义务,擅自运用客户资金或者其他委托、信托的财产,情节严重的,对单位判处罚金,并对其直接负责的主管人员和其他直接责任人员,处三年以下有期徒刑或者拘役,并处三万元以上三十万元以下罚金;情节特别严重的,处三年以上十年以下有期徒刑,并处五万元以上五十万元以下罚金。'"

上述刑法规定及其《刑法修正案(六)》第12条第1款对刑法作了如下补充规定:

1. 增加了新罪名。我国1997年刑法没有规定"背信运用信托财产罪",但规定有挪用本单位资金或者客户资金的挪用资金罪,与本罪很相似,但其犯罪对象和犯罪行为方式有所不相同。

2. 增加规定了背信运用信托财产罪的罪状和法定刑。《刑法修正案(六)》第12条第1款增加规定的刑法第185条之一第1款规定,对"背信运用信托财产罪"的罪状和法定刑都作了明确规定。本罪是单位犯罪,不存在独立的自然人犯罪。犯本罪的,对单位判处罚金,并对其直接负责的主管人员和其他直接责任人最高处10年有期徒刑,并处5万元以上50万元以下罚金。

(二) 刑法规定修改的原因

全国人大常委会《刑法修正案(六)》增加规定"背信运用信托财产罪"的主要原因是为了保护客户信托财产安全。随着社会主义市场经济的深入发展,国家金融机构开展为客户保管资金或者财产,这是对社会有益的举措。然而,有些金融机构违背受托义务,擅自运用客户资金或者其他委托、信托的财产,给客户造成重大经济损失,需要用刑罚追究金融单位及其直接负责任的主管人员和其他直接责任人员的刑事责任,以确保客户信托资金和财产的安全,以防被乱用。

(三) 背信运用受托财产罪的适用

背信运用受托财产罪是《刑法修正案(六)》补充的刑法第185条之一规定的犯罪,要准确适用,就必须弄清本罪的概念、构成特征、法定刑,以及适用时应注意的问题。

1. 背信运用受托财产罪的概念。该罪是指商业银行、证券交易所、期货交易所、证券公司、期货经纪公司、保险公司或者其他金融机构等单位,违背受托义务,擅自非法运用客户资金或者其他委托、信托的财产,情节严重的行为。

在市场经济条件下,银行等金融机构为经济实体提供资金保证,单位和个人等经济实体的经济往来都是通过金融管理部门提供资金和结算,用户和金融机构之间成为一种信托义务关系,客户将资金或者其他财产委托金融机构代为保管。但实践中,有些代为管理受托资财的单位未经客户同意,擅自非法运用,使受委托、信托的资财受到损失。我国刑法第185条规定的"银行或者其他金融机构的工作人员利用职务上的便利,挪用客户资金的行为"和刑法第187条原规定的"银行或者其他金融机构的工作人员以牟利为目的,采取吸收客户资金不入账的方式将资金用于非法拆借、发放贷款,造成重大损失的行为"构成犯罪,要追究其刑事责任。但近年来,又出现了一些金融管理单位违背受托义务,擅自非法运用客户资金或者其他委托、信托的财产,给客户的资金、财产造成严重损失。《刑法修正案(六)》第12条第1款将这种行为规定为犯罪,最高处10年有期徒刑。

2. 犯罪的构成特征。根据刑法第185条之一和《刑法修正案(六)》第12条规定,该罪的构成特征有:

(1) 犯罪主体,是单位犯罪,除单位本身以外,还包括单位的直接负责的主管人员和其他直接责任人员。犯罪主体在主观上都是故意的,过失心理态度的不能构成本罪。

(2) 犯罪行为,必须是违背受托义务,违反规定擅自运用客户资金或者其他委托、信托的财产的行为。这里必须是违反管理规定,擅自运用,如果按规定运用客户信托资财的行为,不是犯罪行为。

(3) 犯罪结果,是结果犯,必须是擅自运用客户信托资财情节严重的结果,才构成犯罪;达不到情节严重结果的不构成本罪。何为"情节严重",刑法没有规定,根据最高人民检察院、公安部2010年5月7日《关于公安机关管辖的刑事案件立案追诉标准的规定(二)》第40条规定,涉嫌下列情形之一的,应予立案追诉:

①擅自运用客户资金或者其他委托、信托的财产数额在30万元以上的;

②虽然未达到上述数额标准,但多次擅自运用客户资金或者其他委托、信托财产,或者擅自运用多个客户资金或者其他委托、信托的财产的。根据第88条规定,"虽未达到上述数额标准",是指接近上述数额标准且已达到该数额的80%以上。

③其他情节严重的情形。

3. 背信运用受托财产罪的法定刑。根据刑法第185条之一规定,本罪的法定刑是:

（1）单位犯本罪的，对单位判处罚金，并对单位直接负责的主管人员和其他直接责任人员处3年以下有期徒刑或者拘役，并处3万元以上30万元以下罚金；

（2）犯本罪，情节特别严重的，对单位判处罚金，并对单位直接负责的主管人员和其他直接责任人员处3年以上10年以下有期徒刑，并处5万元以上50万元以下罚金。

4. 本罪适用时应注意以下问题：

（1）注意划清罪与非罪的界限。

第一，本罪是结果犯，达到情节严重的结果才构成犯罪。对于情节较轻或者情节一般的行为都不构成本罪。

第二，本罪是故意犯罪，并且必须故意擅自运用客户信托资财的行为才构成犯罪。过失行为不构成犯罪。

第三，本罪是单位犯罪，自然人不能构成本罪。单纯自然人实施上述行为的，应依照刑法第185条的规定，定为挪用资金罪或者挪用公款罪。

（2）注意准确适用构成犯罪"情节特别严重"的法定刑。我国《刑法修正案（六）》补充规定的刑法第185条之一第1款规定的，情节特别严重的法定刑中，没有特别规定"对单位判处罚金"，并不是对单位不处刑罚，而是根据条文语法的理解，应对单位处更重的罚金，否则就不符合刑法规定的罪刑相适应原则。

（3）注意划清本罪与挪用资金罪、挪用公款罪的界限。我国刑法第185条规定，银行或者其他金融机构的工作人员利用职务上的便利，挪用本单位或者客户资金的，依照本法第272条的规定定罪处罚。国有金融机构工作人员和国有金融机构委派到非国有金融机构从事公务的人员有前款行为的，依照本法第384条的规定定罪处罚，即认定为挪用资金罪或者挪用公款罪。上述挪用资金罪和挪用公款罪的犯罪主体是银行或者其他金融机构的工作人员。另外，挪用的对象不包括物品，而本罪的主体是银行或者其他金融管理机构，即金融管理单位，其运用的对象既可以是金钱也可以是财物。因此，从犯罪主体和犯罪对象的不同就可以将上述犯罪区分开。

（4）注意划清本罪与吸收客户资金不入账罪的界限。我国刑法第187条规定，银行或者其他金融机构及其工作人员吸收客户资金不入账，数额巨大或者造成重大损失的行为构成吸收客户资金不入账罪，该罪与本罪有一定联系。该罪的犯罪行为只是吸收客户资金不入金融机构的正式账上的行为，并没有擅自运用客户资金的行为。如果某金融机构既不入账又擅自运用的，应认定为吸收客户资金不入账罪和本罪数罪并罚，因为上述犯罪行为人分别具有吸收客户资金不入账罪和擅自运用客户信托资财罪的构成条件，应分别定罪，数罪并罚。

十四、违法运用资金罪

违法运用资金罪是《刑法修正案（六）》第 12 条第 2 款对刑法第 185 条之一第 2 款补充的犯罪。我国刑法第 185 条规定有金融机构的工作人员挪用本单位或者客户资金犯罪行为，刑法第 187 条原规定有金融机构的工作人员运用账外客户资金非法拆借、发放贷款犯罪（后改为"吸收客户资金不入账罪"）的行为。《刑法修正案（六）》第 12 条第 2 款又补充规定了"违法运用资金"的犯罪行为。最高人民法院、最高人民检察院《关于执行〈中华人民共和国刑法〉确定罪名的补充规定（三）》规定为该"违法运用资金罪"的罪名。

（一）刑法规定内容的修改

刑法条文中有关违法运用资金罪的修改规定有：

1. 1997 年修订刑法第 185 条规定："银行或者其他金融机构的工作人员利用职务上的便利，挪用本单位或者客户资金的，依照本法第二百七十二条的规定定罪处罚。

"国有金融机构工作人员和国有金融机构委派到非国有金融机构从事公务的人员有前款行为的，依照本法第三百八十四条的规定定罪处罚。"

1997 年修订刑法第 187 条规定："银行或者其他金融机构的工作人员以牟利为目的，采取吸收客户资金不入账的方式，将资金用于非法拆借、发放贷款，造成重大损失的，处五年以下有期徒刑或者拘役，并处二万元以上二十万元以下罚金；造成特别重大损失的，处五年以上有期徒刑，并处五万元以上五十万元以下罚金。

"单位犯前款罪的，对单位判处罚金，并对其直接负责的主管人员和其他直接责任人员，依照前款的规定处罚。"

2. 2006 年 6 月 29 日全国人大常委会《刑法修正案（六）》第 12 条第 2 款规定："在刑法第一百八十五条后增加一条，作为第一百八十五条之一第二款：'社会保障基金管理机构、住房公积金管理机构等公众资金管理机构，以及保险公司、保险资产管理公司、证券投资基金管理公司，违反国家规定运用资金的，对其直接负责的主管人员和其他直接责任人员，依照前款的规定处罚。'"

上述刑法规定及其《刑法修正案（六）》第 12 条第 2 款对刑法作了如下

补充规定：

1. 增加了新罪名。我国 1997 年刑法没有规定"违法运用资金罪"，但规定有挪用本单位资金或者客户资金罪和用账外客户资金非法拆借、发放贷款犯罪行为与本罪行为很相似，但其犯罪对象和犯罪行为方式有所不同。

2. 增加规定了违法运用资金罪的罪状和法定刑。《刑法修正案（六）》第 12 条第 2 款增加规的刑法第 185 条之一第 2 款中，对"违法运用资金罪"的罪状和法定刑都作了明确规定。本罪是单位犯罪，不存在自然人犯罪。犯本罪对单位判处罚金，并对其直接负责的主管人员和其他直接责任人最高处 10 年有期徒刑，并处 5 万元以上 50 万元以下罚金。

（二）刑法规定修改的原因

全国人大常委会《刑法修正案（六）》增加的刑法第 185 条之一第 2 款规定"违法运用资金罪"的主要原因有：

保护公众资金安全的需要。为了加强社会保障，国家设立了社会保障基金、住房公积金、保险金等社会公众资金，由相应管理机关管理使用。现实中，有些管理机关违反国家规定，非法运用受托资金，使公众的社保资金和保险金流失，具有严重的社会危害性，需追究有关基金管理单位及其直接负责的主管人员和其他直接责任人员的刑事责任，以保证这些公众资金的安全和正确运用。

（三）违法运用资金罪的适用

违法运用资金罪是《刑法修正案（六）》补充增加的刑法第 185 条之一第 2 款规定的犯罪，要准确适用，就必须弄清本罪的概念、构成特征、法定刑，以及适用时应注意的问题：

1. 违法运用资金罪的概念。该罪是指社会保障基金管理机构、住房公积金管理机构等公众资金管理机构，以及保险公司、保险资产管理公司、证券投资基金管理公司，违反国家规定运用受托公众资金，情节严重的行为。

在市场经济条件下，一些社会公众资金管理机构违反国家规定，擅自运用公众资金的行为，严重危害社会公众资金的适用安全，《刑法修正案（六）》第 12 条第 2 款和刑法第 185 条之一第 2 款将这种行为规定为犯罪，最高处 10 年有期徒刑。

2. 犯罪的构成特征。根据刑法第 185 条之一第 2 款和《刑法修正案（六）》第 12 条第 2 款规定，该罪的构成特征有：

（1）犯罪主体，是社保基金、住房公积金、保险公司、证券投资基金等公众资金管理单位犯罪，和单位的直接负责的主管人员和其他直接责任人员。犯罪主体在主观上都是故意的，过失心理态度的不能构成本罪。

（2）犯罪行为，必须是违背受托义务，违反规定擅自运用公众信托资金的行为。

（3）犯罪结果，是行为犯，只要是违反了国家规定，实施了擅自运用公众信托资金的行为就可以构成犯罪，追究其刑事责任。根据最高人民检察院、公安部 2010 年 5 月 7 日《关于公安机关管辖的刑事案件立案追诉标准的规定（二）》第 40 条规定，涉嫌下列情形之一的，应予立案追诉：

①违反规定运用资金数额在 30 万元以上的。

②虽然未达到上述数额标准，但多次违反国家规定运用资金的。根据第 88 条规定，"虽未达到上述数额标准"，是指接近上述数额标准且已达到该数额的 80% 以上的。

③其他情节严重的情形。

3. 违法运用资金罪的法定刑。根据刑法第 185 条之一第 2 款规定，该罪的法定刑：

（1）犯本罪的，对单位判处罚金，对单位直接负责的主管人员和其他直接责任人员处 3 年以下有期徒刑或者拘役，并处 3 万元以上 30 万元以下罚金。

（2）犯本罪，情节特别严重的，对单位判处罚金，对单位直接负责的主管人员和其他直接责任人员处 3 年以上 10 年以下有期徒刑，并处 5 万元以上 50 万元以下罚金。

4. 本罪适用时应注意以下问题：

（1）注意划清罪与非罪的界限。

第一，本罪是行为犯，只要实施了违法运用资金行为就可以构成本罪，但情节显著轻微，依照刑法第 13 条规定不认为是犯罪。

第二，本罪是故意犯罪，并且必须是故意违法运用资金的行为才构成犯罪，过失行为不构成犯罪。

第三，本罪是单位犯罪，依法应对单位判处罚金，并对单位的直接负责的主管人员和其他直接责任人员定罪处罚。这里应特别注意的是，刑法第 185 条之一第 2 款没有单独规定本罪的法定刑，而是规定"依照前款的规定处罚"。前款规定的是背信运用受托财产罪的法定刑，其对"情节严重的"单位犯罪规定的法定刑中规定了"对单位判处罚金"，而对"情节特别严重的"却只规定了对单位的直接责任人的加重处罚。在适用时，应当全、系统的理解上述法律规定，虽然在对"情节特别严重的"犯罪没有再单独规定"对单位判处罚金"，但全面系统理解刑法规定，对"情节特别严重的"单位犯罪也应当判处罚金，并且处罚金数量应更多。否则不符合刑法规定的罪刑相适应的原则。

（2）注意划清本罪与挪用资金罪、挪用公款罪的界限。我国刑法第185条规定，银行或者其他金融机构的工作人员利用职务上的便利，挪用本单位或者客户资金的，依照本法第272条的规定定罪处罚。国有金融机构工作人员和国有金融机构委派到非国有金融机构从事公务的人员有前款行为的，依照本法第384条的规定定罪处罚。上述挪用资金罪和挪用公款罪的犯罪主体是银行或者其他金融机构的工作人员；挪用的对象不包括物品，而本罪的主体是社保基金、住房公积金、保险公司、证券投资基金公司等公众资金管理单位，其运用的对象是公众信托资金。因此，从犯罪主体和犯罪对象的不同就可以将上述犯罪区分开。如果上述单位的工作人员挪用公众信托资金的，可以构成挪用资金罪或者挪用公款罪。而上述单位违法运用公众信托资金的，只能认定为本罪。

十五、违法发放贷款罪

违法发放贷款罪是《刑法修正案（六）》第13条对刑法第186条第1款、第2款修改补充的犯罪。我国刑法第186条原规定有违法向关系人发放贷款罪和违法发放贷款罪。《刑法修正案（六）》第13条对刑法第186条的规定作了修改和调整，取消了违法向关系人发放贷款罪的罪名，而将违法向关系人发放贷款的犯罪行为作为违法发放贷款罪的加重处罚的情节。最高人民法院、最高人民检察院《关于执行〈中华人民共和国刑法〉确定罪名的补充规定（三）》规定为该罪名，取消了违法"向关系人发放贷款罪"罪名。

（一）刑法规定内容的修改

刑法条文中有关违法发放贷款罪的修改规定是：

1. 1997年修订刑法第186条规定："银行或者其他金融机构的工作人员违反法律、行政法规规定，向关系人发放信用贷款或者发放担保贷款的条件优于其他借款人同类贷款的条件，造成较大损失的，处五年以下有期徒刑或者拘役，并处一万元以上十万元以下罚金；造成重大损失的，处五年以上有期徒刑，并处二万元以上二十万元以下罚金。

"银行或者其他金融机构的工作人员违反法律、行政法规规定，向关系人以外的其他人发放贷款，造成重大损失的，处五年以下有期徒刑或者拘役，并处一万元以上十万元以下罚金；造成特别重大损失的，处五年以上有期徒刑，并处二万元以上二十万元以下罚金。

"单位犯前两款罪的，对单位判处罚金，并对其直接负责的主管人员和其他直接责任人员,依照前两款的规定处罚。

"关系人的范围,依照《中华人民共和国商业银行法》和有关金融法规确定。"

2. 2006年6月29日全国人大常委会《刑法修正案(六)》第13条规定将刑法第186条第1款、第2款修改为"银行或者其他金融机构的工作人员违反国家规定发放贷款,数额巨大或者造成重大损失的,处五年以下有期徒刑或者拘役,并处一万元以上十万元以下罚金;数额特别巨大或者造成特别重大损失的,处五年以上有期徒刑,并处二万元以上二十万元以下罚金。

"银行或者其他金融机构的工作人员违反国家规定,向关系人发放贷款的,依照前款的规定从重处罚。"

上述刑法规定及《刑法修正案(六)》对刑法第186条的规定作了如下补充规定:

1. 取消了向关系人发放贷款罪的罪名。我国1997年刑法原第186条第1款规定,银行或者其他金融机构的工作人员违反法律、行政法规规定,向关系人发放信用贷款或者发放担保贷款的条件优于其他借款人同类贷款的条件,造成较大损失的行为,司法解释为"向关系人发放贷款罪"。第2款规定的银行或者其他金融机构的工作人员违反法律、行政法规规定,向关系人以外的其他人发放贷款,造成重大损失的行为,司法解释为"违法发放贷款罪"。

《刑法修正案(六)》第13条对刑法第186条规定作了调整和修改,取消了向关系人发放贷款罪的罪名,只保留了违法发放贷款罪的罪名,将违法向关系人发放贷款的犯罪行为作为违法发放贷款罪的从重处罚的法定情节。

2. 对违法发放贷款罪的罪状作了修改。刑法第186条原规定,"违反法律、行政法规规定,向关系人以外的其他人发放贷款,造成重大损失的"罪状,《刑法修正案(六)》修改为"违反国家规定发放贷款,数额巨大或者造成重大损失的"罪状。主要作了两项修改:(1)将"违反法律、行政法规规定"改为"违反国家规定",删去了地方法规和单位的"行政法规规定";(2)将"造成重大损失的"犯罪结果改为"数额巨大或者造成重大损失的"犯罪结果,增加规定违法发放贷款"数额巨大"犯罪结果的规定,违法发放贷款数额巨大,即使没有造成重大损失的,也构成犯罪。

3. 将向关系人发放贷款的犯罪行为作为违法发放贷款罪的从重处罚情节。《刑法修正案(六)》第13条第2款规定"银行或者其他金融机构的工作人员违反国家规定,向关系人发放贷款的,依照前款的规定从重处罚"。这实际上是把向关系人发放贷款的犯罪行为作为违法发放贷款罪的从重处罚情节。

(二) 刑法规定修改的原因

全国人大常委会《刑法修正案（六）》第 13 条修改刑法第 186 条规定的主要原因有：

1. 保护银行等金融机构的信贷资金安全的需要。随着社会主义市场经济的深入发展，国家金融机构开展信贷业务为客户提供资金，这是十分必要的。然而，有些金融机构单位及其工作人员违反国家规定发放贷款，结果贷款本息收不回来，给银行和其他金融机构造成经济损失。为了保护银行等金融机构的信贷资金的安全，必须通过用刑法规定的惩治金融机构及其工作人员违法发放贷款的行为，来确保金融机构信贷资金的安全运转，有效地为经济建设服务。

2. 刑法原规定违法向关系人发放贷款，必须"造成较大损失的"才构成犯罪，司法实践证明，定罪条件过严，不利于严厉惩治这类犯罪行为。《刑法修正案（六）》第 13 条规定，改变了将造成重大损失作为定罪的唯一结果条件，又增加了违反国家规定发放贷款数额巨大的定罪结果条件，只要违反国家规定发放贷数额巨大，即使没有造成重大损失的，也可以构成犯罪。

3. 刑法原规定不符合逻辑规律。刑法第 186 条原第 1 款规定的是向关系人发放贷款，而第 2 款规定的是违法向关系人以外的人发放贷款，第 1 款是特别规定，第 2 款是一般规定，这种规定方式不符合一般思维逻辑规律，给人一种别扭感觉。按理应该是第 1 款规定违法向一般人发放贷款，而第 2 款规定违法向特定的关系人发放贷款，就顺理成章。因此，我国《刑法修正案（六）》第 13 条作了调整，将刑法第 186 条第 1 款中规定为"违法发放贷款罪"，第 2 款中将向关系人发放贷款的行为作为违法发放贷款罪的从重处罚情节加以规定，符合一般人的思维规律。

(三) 违法发放贷款罪的适用

违法发放贷款罪是刑法原规定的犯罪，《刑法修正案（六）》第 13 条对其罪状和法定刑作了调整和修改，要准确适用，就必须弄清本罪的概念、构成特征、法定刑，以及适用时应注意的问题。

1. 违法发放贷款罪的概念。该罪是指银行或者其他金融机构的工作人员，违反国家规定发放贷款，数额巨大或者造成重大损失的行为。

该罪是银行等金融机构及其信贷人员违反国家规定发放贷款，数额巨大或者造成重大经济损失的犯罪。在市场经济条件下，银行等金融机构发放贷款对公司、企业等经济实体提供资金是对生产经营起着至关重要的作用。公司、企业等经济实体的负责人千方百计地拉拢金融机构及其信贷人员，以便得到贷款;而金融机构及其信贷人员徇私情徇私利,违反国家规定发放贷款,结果贷款本息收不回来,给银行或者其他金融机构造成重大经济损失,这是一种严重危害社会的行为。我国刑法第186条原将这种行为规定为"向关系人发放贷款罪"和"违法发放贷款罪"。《刑法修正案(六)》第13条又将刑法第186条规定的犯罪作了调整和修改,只规定了违法发放贷款罪一个罪名,而将"银行或者其他金融机构单位及其工作人员违反国家规定,向关系人发放贷款的"行为作为违法发放贷款罪的从重处罚的情节,最高人民法院、最高人民检察院《关于执行〈中华人民共和国刑法〉确定罪名的补充规定(三)》取消了"向关系人发放贷款罪"的罪名。

2. 犯罪的构成特征。根据刑法第186条和《刑法修正案(六)》第13条规定,该罪的构成特征有:

(1) 犯罪主体,是特殊主体,即必须是银行或者其他金融机构的单位及其工作人员。犯罪主体在主观上都是故意的,过失心理态度的不能构成本罪的犯罪主体。单位可以构成本罪。

(2) 犯罪行为,必须是违反国家规定发放贷款的行为,或者违反国家规定,向关系人发放贷款的行为。

(3) 犯罪结果,违反国家规定向一般人发放贷款,只有达到数额巨大或者造成重大损失的结果才构成犯罪,一般是指违法发放贷款,数额在100万元以上的或者造成直接经济损失数额在20万元元以上的结果。但是,银行或者其他金融机构及其工作人员违反国家规定向关系人发放贷款的行为,不需要达到上述结果的也可以构成犯罪,只要违反国家规定向关系人发放贷款的,就可以构成本罪,而且要从重处罚。

3. 违法发放贷款罪的法定刑。根据刑法第186条规定,本罪的法定刑有:

(1) 犯本罪的,处5年以下有期徒刑或者拘役,并处1万元以上10万元以下罚金。

(2) 犯本罪,数额特别巨大或者造成特别重大损失的,处5年以上有期徒刑,并处2万元以上20万元以下罚金。

(3) 银行或者其他金融机构的工作人员向关系人发放贷款的,依照前款的规定从重处罚。

(4) 单位犯前两款罪的,对单位判处罚金,并对其直接负责的主管人员和其他直接责任人员,依照前两款的规定处罚。

4. 本罪适用时应注意以下问题:

(1) 注意划清罪与非罪的界限:

第一,一般而言违法发放贷款罪是结果犯,必须是"数额巨大或者造成重大损失的"才构成犯罪；达不到上述结果的不构成犯罪。而向关系人发放贷款的，刑法没有规定必须造成何种结果才构成犯罪，是行为犯，原则上只要实施了违法向关系人发放贷款的，就可以构成犯罪，但根据刑法第13条规定，情节显著轻微危害不大的不认为是犯罪。

第二，本罪是故意犯罪，并且必须故意违法发放贷款的行为才构成犯罪。过失行为不构成犯罪。

（2）注意准确认定本罪的"数额巨大或者造成重大损失的"结果。我国刑法第186条第1款规定的违法发放贷款"数额巨大或者造成重大损失的"结果，才构成犯罪。这里只要有"数额巨大"或者"造成重大损失"情形之一的就可以构成犯罪。何为"数额巨大"或者"造成重大损失"刑法没有具体规定。根据最高人民检察院、公安部2010年5月7日《关于公安机关管辖的刑事案件立案追诉标准的规定（二）》第12条规定，涉嫌下列情形之一的，应予立案追诉：①违法发放贷款，数额在100万元以上的。②违法发放贷款，造成直接经济损失数额在20万元以上的。

（3）注意准确认定"数额特别巨大"、"特别重大损失"的结果。我国刑法第186条规定，银行或者其他金融机构的工作人员违反国家规定发放贷款，"数额特别巨大或者造成特别重大损失的"，处加重法定刑。何为"数额特别巨大"、"特别重大损失"，刑法没有具体规定，目前也没有司法解释。笔者认为，"数额特别巨大"、"特别重大损失"应在"数额巨大"、"重大损失"的基础上，有一项或者几项更加严重的情形。参照最高人民检察院、公安部《关于经济犯罪案件追诉标准的规定》中关于"重大损失"的解释，笔者认为，个人违法发放贷款，造成直接经济损失数额在100万元以上的；单位违法发放贷款，造成直接经济损失数额在200万元以上的，属于特别重大损失。对于违法发放贷款"数额特别巨大"，应以"个人违法发放贷款200万元以上的；单位违法发放贷款500万元以上的"为宜。上述违法发放贷款"数额特别巨大或者造成特别重大损失的"结果只适用违法向关系人以外的人发放贷款，不包括向关系人违法发放贷款。违法向关系人发放贷款，应以个人违法向关系人发放贷款，造成直接经济损失数额50万元以上的；单位违法向关系人发放贷款，造成直接经济损失数额100万元以上的结果，为"特别重大损失"；个人违法向关系人发放贷款100万元以上的；单位违法向关系人发放贷款200万元以上的，为"数额特别巨大"为宜。

（4）注意研究违法发放贷款罪的罪过形式。刑法第186条规定违法发放贷款罪是故意犯罪还是过失犯罪有不同意见。第一种意见认为，刑法第186条规定的犯罪既可以是故意犯罪，也可以是过失犯罪，而故意犯罪只能是间接故意犯罪。第二种意见认为，刑法第186条规定的犯罪只能是过失犯罪，即行为人对违法发放贷款的行为是故意的，但对造成重大损失结果是过失的，因而是过失犯罪。笔者认为，对这类犯罪人在主观上是故意还是过失的心理状态应依照刑法总则第14条规定对犯罪行为和行为所造成的直接结果的心理状态是故意还是过失，不应根据行为人对行为所发生的间接结果的心理状态而认定。本条规定的犯罪行为是违法发放贷款的行为，违法发放贷款的行为所发生的直接结果是把贷款发放给不应得到贷款的人所使用，不应得到贷款人得到了违法发放的贷款就是本案违法发放贷款行为所发生的直接结果。违法发放贷款人对这种结果是希望还是放任的故意态度，还是疏忽大意或者过于自信过失的态度，是区别本罪是故意犯罪还是过失犯罪的关键。本条规定的犯罪人对自己违法发放贷款行为会发生不应得到贷款人得到贷款结果是希望的心理态度。因此，违法发放贷款人主观上是故意的心理状态，应认定为是故意犯罪。至于行为人对违法贷款行为的本息能否收回来，是违法贷款行为的间接结果，行为人对这种间接结果的心理态度一般不影响对犯罪是故意犯罪还是过失犯罪性质的认定。当然这种间接结果可能是构成犯罪的必要要件，对是否构成犯罪起着决定性的作用，但其不能影响犯罪是故意还是过失性质的认定。

（5）要注意弄清关系人和非关系人的界限。根据刑法第186条第2款规定，向关系人发放贷款，是违法发放贷款罪的法定从重处罚情节，因此，要准确认定关系人的范围，划清关系人与非关系人的界限对定罪量刑有重要意义。根据刑法第186条第4款规定："关系人的范围，依照《中华人民共和国商业银行法》和有关金融法规确定。"根据《中华人民共和国商业银行法》的规定，关系人是指：①商业银行的董事、监事、管理人员、信贷业务人员及其近亲属；②前项所列人员投资或者担任高级管理职务的公司、企业和其他经济组织。有关金融法规都引用上述《商业银行法》对关系人范围的规定。司法实践中都严格按上述规确定关系人的范围，准确定罪和量刑。

十六、吸收客户资金不入账罪

吸收客户资金不入账罪是《刑法修正案（六）》第14条对刑法第187条修改的犯罪。我国刑法第187条原规定有"用账外客户资金非法拆借、发放贷款罪"。《刑法修正案（六）》第14条对刑法第187条的规定作了修改和调整，取消了"以牟利为目的，用账外客户资金非法拆借、发放贷款的"行为，而改为"吸收客户资金不入账，数额巨大或者造成重大损失的"犯罪行为。最高人民法院、最高人民检察院《关于执行〈中华人民共和国刑法〉确定罪名的补充规定（三）》规定为该罪名，取消用账外客户资金非法拆借、发放贷款罪罪名。

（一）刑法规定内容的修改

刑法条文中有关吸收客户资金不入账罪的修改规定有：

1. 1997 年修订刑法第 187 条规定："银行或者其他金融机构的工作人员以牟利为目的，采取吸收客户资金不入账的方式，将资金用于非法拆借、发放贷款，造成重大损失的，处五年以下有期徒刑或者拘役，并处二万元以上二十万元以下罚金；造成特别重大损失的，处五年以上有期徒刑，并处五万元以上五十万元以下罚金。

"单位犯前款罪的，对单位判处罚金，并对其直接负责的主管人员和其他直接责任人员，依照前款的规定处罚。"

2. 2006 年 6 月 29 日全国人大常委会《刑法修正案（六）》第 14 条规定将刑法第 187 条第 1 款修改为："银行或者其他金融机构的工作人员吸收客户资金不入账，数额巨大或者造成重大损失的，处五年以下有期徒刑或者拘役，并处二万元以上二十万元以下罚金；数额特别巨大或者造成特别重大损失的，处五年以上有期徒刑，并处五万元以上五十万元以下罚金。"

上述对刑法第 187 条的规定作了如下补充规定：

1. 取消了"用账外客户资金非法拆借、发放贷款罪"的罪名。我国 1997 年刑法原第 187 条第 1 款规定"银行或者其他金融机构的工作人员以牟利为目的，采取吸收客户资金不入账的方式，将资金用于非法拆借、发放贷款，造成重大损失的"行为。司法解释为"用账外客户资金非法拆借、发放贷款罪"的罪名。《刑法修正案（六）》第 14 条对刑法第 187 条规定作了修改，取消了"用账外客户资金非法拆借、发放贷款罪"改为"吸收客户资金不入账罪"的新罪。

2. 补充规定了吸收客户资金不入账罪的罪状。刑法第 187 条原规定"银行或者其他金融机构的工作人员以牟利为目的，采取吸收客户资金不入账的方式，将资金用于非法拆借、发放贷款，造成重大损失的"罪状，《刑法修正案（六）》修改为"银行或者其他金融机构的工作人员吸收客户资金不入账，数额巨大或者造成重大损失的"罪状。归纳起来，主要作了三项修改：（1）将"以牟利为目的，采取吸收客户资金不入账的方式，将资金用于非法拆借、发放贷款"改为"吸收客户资金不入账"，删去了"以牟利为目的"的主观要件；（2）删去了"将资金用于非法拆借、发放贷款"的犯罪行为条件；（3）将"造成重大损失的"结果，改为"数额巨大或者造成重大损失的"结果,增加规定了吸收客户资金不入账"数额巨大"的结果条件,将"数额特别巨大或者造成特别重大损失的"要适用加重法定刑,最高处15年有期徒刑,并处50万元罚金。

(二) 刑法规定修改的原因

《刑法修正案(六)》第14条修改刑法第187条规定的主要原因有:

1. 吸收客户资金不入账本身就是违法犯罪行为,需要刑法加以规定。我国刑法第187条原规定"银行或者其他金融机构的工作人员吸收客户资金不入账后,必须是将不入账的客户资金用于非法拆借、发放贷款,造成重大损失的"才构成犯罪,只是吸收客户资金不入账的行为不构成犯罪。而有关金融管理法规规定,吸收客户资金不入账就是违法行为,情节严重的构成犯罪。但刑法并没有作具体规定,这不利于惩治这类犯罪行为。《刑法修正案(六)》第14条规定中,取消了用账外客户资金拆借、发放贷的限制定罪条件,只要实施了吸收客户资金不入账,数额巨大或者造成重大损失的,就可以构成犯罪。

2. 刑法第185条规定了金融机构的工作人员利用职务上的便利,挪用本单位或者客户资金的犯罪行为,《刑法修正案(六)》第12条中增加了刑法第185之一条,其中规定了银行等金融机构擅自运用客户信托资财的犯罪行为,其中包括金融机构单位及其工作人员"用账外客户资金非法拆借、发放贷款"的犯罪行为。因而《刑法修正案(六)》第14条对刑法第187条原规定也应作修改,取消了"用账外客户资金非法拆借、发放贷款"的犯罪行为,防止了重复规定。

(三) 吸收客户资金不入账罪的适用

吸收客户资金不入账罪是《刑法修正案(六)》第14条对刑法第187条规定的犯罪。要准确适用,就必须弄清本罪的概念、构成特征、法定刑,以及适用时应注意的问题。

1. 吸收客户资金不入账罪的概念。该罪是指银行或者其他金融机构的工作人员吸收客户资金不入账,数额巨大或者造成重大损失的行为。

在市场经济条件下,银行等金融机构单位吸收客户资金,将社会上的闲散资金集中起来,然后放贷给急需资金的公司、企业进行经济活动,为社会主义经济建设提供资金保障。而在现实中,有些金融机构单位及其工作人员,吸收客户资金不入账,不但给客户资金造成损失,而且扰乱了社会主义金融秩序,这是对社会有严重危害的行为。我国刑法第187条原规定吸收客户资金不入账，并用账外客户资金非法拆借、发放贷款的行为才构成犯罪。《刑法修正案（六）》第 14 条又将刑法第 187 条规定的犯罪行为作了修改，只要吸收客户资金不入账，数额巨大或者造成重大损失的，就可以构成犯罪。

2. 犯罪的构成特征。根据刑法第 187 条和《刑法修正案（六）》第 14 条规定，该罪的构成特征有：

（1）犯罪主体，是特殊主体，即必须是银行或者其他金融机构的单位及其工作人员。犯罪主体在主观上是故意吸收客户资金不入账；由于过失，吸收了客户资金忘记入账的，不能构成本罪的犯罪主体。单位可以构成本罪。

（2）犯罪行为，必须吸收客户资金不入账的行为。所谓不入账是指不入金融机构单位的储蓄信贷的账户上。如果记入单位小金库或者其他另立的账户上，也属于不入账。

（3）犯罪结果，是结果犯，必须是吸收客户资金不入账"数额巨大或者造成重大损失的结果"才构成犯罪；达不到上述结果，一般不构成本罪。根据最高人民检察院、公安部 2010 年 5 月 7 日《关于公安机关管辖的刑事案件立案追诉标准的规定（二）》第 43 条规定，涉嫌下列情形之一的，应予立案追诉：①吸收客户资金不入账，数额在 100 万元以上的。②吸收客户资金不入账，造成直接经济损失数额在 20 万元以上的。具备上述情形之一的，就可以构成本罪的结果。

3. 吸收客户资金不入账罪的法定刑。根据刑法第 187 条的规定，本罪的法定刑有：

（1）犯本罪的，处 5 年以下有期徒刑或者拘役，并处 2 万元以上 20 万元以下罚金。

（2）犯本罪，数额特别巨大或者造成特别重大损失的，处 5 年以上有期徒刑，并处 5 万元以上 50 万元以下罚金。

（3）单位犯本罪的，对单位判处罚金，并对其直接负责的主管人员和其他直接责任人员，依照前两款的规定处罚。

4. 本罪适用时应注意以下问题：

（1）注意划清罪与非罪的界限。

第一，吸收客户资金不入账罪的主体是特殊主体，必须是金融机构单位及其工作人员，非金融机构单位和工作人员不构成本罪。

第二，本罪是故意犯罪，吸收客户资金故意不入账的行为的才构成犯罪。过失行为，不构成本罪。

第三，吸收客户资金不入账罪是结果犯，必须是"数额巨大或者造成重大损失的"才构成犯罪；达不到上述结果的不构成犯罪。根据司法解释，数额巨大是指 100 万元以上的；造成重大损失是指直接经济损失 20 万元以上的。

（2）注意准确认定"数额特别巨大"、"特别重大损失"的结果。我国刑法第 187 条规定，银行或者其他金融机构的工作人员吸收客户资金不入账，"数额特别巨大或者造成特别重大损失的"，处加重法定刑。何为"数额特别巨大"、"特别重大损失"，刑法没有具体规定，目前也没有司法解释。笔者认为，"数额特别巨"、"特别重大损失"应在"数额巨大"、"重大损失"的基础上，有一项或者两项更加严重的情形。

（3）划清本罪与背信运用受托财产罪的界限。我国刑法第 185 条之一第 1 款规定背信运用受托财产罪，只有单位才能构成犯罪，其中运用客户信托资财，也包括擅自运用不入账的客户资金。如果金融机构及其工作人员吸收客户资金不入账，又擅自运用，应分别认定为本罪和挪用资金罪或者挪用公款罪、背信运用信托财产罪，实行数罪并罚。

十七、违规出具金融票证罪

违规出具金融票证罪是《刑法修正案（六）》第 15 条对刑法第 188 条修改的犯罪。我国刑法第 188 条原规定有非法出具金融票证罪。《刑法修正案（六）》第 15 条对刑法第 188 条规定的罪状作了修改。最高人民法院、最高人民检察院 2007 年 11 月 6 日《关于执行〈中华人民共和国刑法〉确定罪名的补充规定（三）》规定为该罪名，取消了非法出具金融票证罪罪名。

（一）刑法规定内容的修改

刑法条文中有关违规出具金融票证罪的修改规定有：

1. 1997 年刑法第 188 条原规定："银行或者其他金融机构的工作人员违反规定，为他人出具信用证或者其他保函、票据、存单、资信证明，造成较大损失的，处五年以下有期徒刑或者拘役；造成重大损失的，处五年以上有期徒刑。

"单位犯前款罪的，对单位判处罚金，并对其直接负责的主管人员和其他直接责任人员，依照前款的规定处罚。"

2. 2006 年 6 月 29 日全国人大常委会《中华人民共和国刑法修正案（六）》第 15 条规定："将刑法第一百八十八条第一款修改为：银行或者其他金融机构的工作人员违反规定，为他人出具信用证或者其他保函、票据、存单、资信证明，情节严重的，处五年以下有期徒刑或者拘役；情节特别严重的，处五年以上有期徒刑。"

上述刑法规定及《刑法修正案（六）》对刑法第188条的规定主要是对犯罪结果作了修改：将原规定的"造成较大损失的"和"造成重大损失的"改为"情节严重的"和"情节特别严重的"，既包括数额情节，也包括其他情节，扩大了犯罪结果的范围。

（二）刑法规定修改的原因

《刑法修正案（六）》第15条对刑法第188条规定修改的主要原因是：我国刑法第188条原规定银行或者其他金融机构及其工作人员为他人出具金融票证造成较大损失的，才构成犯罪，造成重大损失的，处加重法定刑，把构成犯罪的标准只限定在损失结果上，如果没有造成损失结果，即使其他情节严重的，也不构成犯罪。但是，在客观现实中，有许多金融机构单位及其工作人员非法开具金融票证没有造成损失，但情节严重，造成很坏的影响，严重扰乱了金融秩序；也有的金融机构非法出具金融票证后，由于各方的努力挽回了经济损失，但造成了恶劣的政治影响，具有严重社会危害性，由于刑法规定必须是造成较大损失的才构成犯罪，而不能依法追究其刑事责任。《刑法修正案（六）》第15条规定，将非法出具金融票证罪的犯罪结果修改为"情节严重"和"情节特别严重的"结果，既包括经济损失情节，也包括其他的情节，扩大了惩治犯罪的范围。最高人民法院、最高人民检察院2007年11月6日司法解释将"非法出具金融票据罪罪名"改为"违规出具金融票证罪"罪名，使罪名更符合刑法条文规定。

（三）违规出具金融票证罪的适用

违规出具金融票证罪是刑法第188条原规定的犯罪，《刑法修正案（六）》第15条对刑法第188条规定的罪状作了修改。要准确适用，就必须弄清本罪的概念、构成特征、法定刑，以及适用时应注意的问题。

1. 违规出具金融票证罪的概念。该罪是指银行等金融机构单位及其工作人员，违反规定为他人出具信用证或者其他保函、票据、存单、资信证明，情节严重的行为。

在市场经济条件下，单位与单位、单位与个人之间频繁的经济往来活动，为了使受益双方的经济活动得以实现，防止上当受骗，一般通过银行等金融机构出具信用证明，由金融机构从中起保证作用。银行等金融机构应当如实出具信用证明，如果银行等金融机构出具虚假资信证明，银行等金融机构要承担保证的责任。信用证，是银行为受益人双方按协议开具兑现款的保证单。根据我国银行法规定，开具信用证必须严格依法如实开具。在我国经济活动中，有些金融机构单位或者金融机构的工作人员违反规定为他人出具虚假内容的金融票证，有的情节严重，有的还造成严重的损失，具有严重的社会危害性。我国刑法第188条将非法出具金融票证，情节严重的行为规定为犯罪，情节特别严重的加重法定刑，最高可以处15年有期徒刑。

2. 犯罪的构成特征。根据刑法第188条和《刑法修正案（六）》第15条规定，该罪的构成特征有：

（1）犯罪主体，是特殊主体，即必须是银行或者其他金融机构的单位及其工作人员。犯罪主体在主观上是故意违反规定出具金融票证；主观上是过失的不能构成本罪的犯罪主体。

（2）犯罪行为，必须违反规定开具金融票证的行为。违反规定，包括违反国家规定，也包括违反金融系统和金融单位有关出具金融票证的程序规定和实体规定。金融票证，是指刑法第188条规定的信用证或者其他保函、票据、存单、资信证明，范围不能扩大或者缩减。其中，信用证包括信开信用证、电开信用证、环球银行金融电信协会信用证。保函，是银行等金融机构以其自身的信用为他人承担责任的担保文件，是银行的重要资信文件。当前，我国法律规定只限于商业银行出具保函。票据，是指我国票据法规定的汇票、本票、支票等。资信证明，是证明一个人或者一个单位的在银行的经济实力情况的文件。所谓出具金融票证的行为，只要将金融票证开出交予他人，就是出具了金融票证行为，至于金融票证是真是假，持有金融票证的人是否使用，不影响本罪的成立。

（3）犯罪结果，是结果犯，即非法出具金融票证"情节严重的结果"才构成犯罪；达不到上述结果，一般不构成犯罪。刑法第188条没有具体规定何为"情节严重的"。根据最高人民检察院、公安部2010年5月7日《关于公安机关管辖的刑事案件立案追诉标准的规定（二）》第44条规定，涉嫌下列情形之一的，应予立案追诉：①违反规定，为他人出具信用证或者其他保函、票据、存单、资信证明，数额在100万元以上的；②违反规定，为他人出具信用证或者其他保函、票据、存单、资信证明，造成直接经济损失数额在20万元上的；③多次违规出具信用证或者其他保函、票据、存单、资信证明的；④接受贿赂违规出具信用证或者其他保函、票据、存单、资信证明的；⑤其他情节严重的。具备上述情形之一的，就可以构成本罪的结果。

3. 非法出具金融票证罪的法定刑。根据刑法第188条规定，本罪的法定刑：

（1）犯本罪的，处5年以下有期徒刑或者拘役。

（2）犯本罪，情节特别严重的，处5年以上有期徒刑。

（3）单位犯前两款罪的，对单位判处罚金，并对其直接负责的主管人员和其他直接责任人员，依照前两款的规定处罚。

4. 本罪适用时应注意以下问题：

（1）注意划清罪与非罪的界限。

第一，违规出具金融票证罪的主体是特殊主体，必须是金融机构单位及其工作人员，非金融机构单位和工作人员不构成本罪。

第二，本罪是故意犯罪，故意违规出具金融票证的行为才构成犯罪。过失行为不构成本罪。

第三，违规出具金融票证罪是结果犯，必须是"情节严重的"才构成犯罪，达不到上述结果的不构成犯罪。情节严重的情形，依照上述最高人民检察院和公安部的解释确定。

（2）划清本罪与伪造、变造金融票证罪的界限。我国刑法第177条规定的伪造、变造金融票证罪中包括伪造票据、票据凭证、信用证、信用证凭据、信用卡等。金融机构单位及其工作人员为他人出具虚假的金融票证的行为，如何定罪？笔者认为，金融机构单位及其工作人员为他人出具虚假的金融票证，是为了起资信证明作用的，应定为本罪，即违规出具金融票证罪，但属于犯罪手段牵连，不再认定为伪造、变造金融票证罪；如果不是起资信证明作用的，则应定为伪造、变造金融票证罪；如果为了诈骗财物，金融机构及其工作人员伪造、变造金融票证，应依照刑法第177条规定，认定伪造、变造金融票证罪；如果使用伪造、变造的金融票证或者违规出具的金融票证的行为，应依据刑法第194条、第195条、第196条、第197条规定的票据诈骗罪、金融凭据诈骗罪、信用证诈骗罪、信用卡诈骗罪、有价证券诈骗罪等分别追究刑事责任。

十八、洗钱罪

洗钱罪是《刑法修正案（六）》第16条对刑法第191条补充规定的犯罪。我国刑法第191条原规定有洗钱罪，《刑法修正案（三）》对洗钱罪的上游犯罪作了补充规定，《刑法修正案（六）》第16条又对洗钱罪的上游犯罪作了补充规定，但其罪名没有改变。

（一）刑法规定内容的修改

刑法条文中有关洗钱罪的规定有：

1. 1979年刑法第172条规定："明知是犯罪所得的赃物而予以窝藏或者代

为销售的，处三年以下有期徒刑、拘役或者管制，可以并处或者单处罚金。"

2. 1990年12月28日全国人大常委会《关于禁毒的决定》第4条规定："包庇走私、贩卖、运输、制造毒品的犯罪分子的，为犯罪分子窝藏、转移、隐瞒毒品或者犯罪所得财物的，掩饰、隐瞒出售毒品获得财物的非法性质和来源的，处七年以下有期徒刑、拘役或者管制；可以并处罚金。"

3. 1997年刑法第191条规定："明知是毒品犯罪、黑社会性质的组织犯罪、走私犯罪的违法所得及其产生的收益，为掩饰、隐瞒其来源和性质，有下列行为之一的，没收实施以上犯罪的违法所得及其产生的收益，处五年以下有期徒刑或者拘役，并处或者单处洗钱数额百分之五以上百分之二十以下罚金；情节严重的，处五年以上十年以下有期徒刑，并处洗钱数额百分之五以上百分之二十以下罚金：（一）提供资金账户的；（二）协助将财产转换为现金或者金融票据的；（三）通过转账或者其他结算方式协助资金转移的；（四）协助将资金汇往境外的；（五）以其他方法掩饰、隐瞒犯罪的违法所得及其收益的性质和来源的。

"单位犯前款罪的，对单位判处罚金，并对其直接负责的主管人员和其他直接责任人员，处五年以下有期徒刑或者拘役。"

4. 2001年12月29日，全国人大常委会《中华人民共和国刑法修正案（三）》第7条规定将刑法第191条修改为："明知是毒品犯罪、黑社会性质的组织犯罪、恐怖活动犯罪、走私犯罪的违法所得及其产生的收益，为掩饰、隐瞒其来源和性质，有下列行为之一的，没收实施以上犯罪的违法所得及其产生的收益，处五年以下有期徒刑或者拘役，并处或者单处洗钱数额百分之五以上百分之二十以下罚金；情节严重的，处五年以上十年以下有期徒刑，并处洗钱数额百分之五以上百分之二十以下罚金：（一）提供资金账户的；（二）协助将财产转换为现金或者金融票据的；（三）通过转账或者其他结算方式协助资金转移的；（四）协助将资金汇往境外的；（五）以其他方法掩饰、隐瞒犯罪的违法所得及其收益的来源和性质的。

"单位犯前款罪的，对单位判处罚金，并对其直接负责的主管人员和其他直接责任人员，处五年以下有期徒刑或者拘役；情节严重的，处五年以上十年以下有期徒刑。"

5. 2006年6月29日全国人大常委会《中华人民共和国刑法修正案（六）》第16条规定将刑法第191条第1款修改为："明知是毒品犯罪、黑社会性质的组织犯罪、恐怖活动犯罪、走私犯罪、贪污贿赂犯罪、破坏金融管理秩序犯罪、金融诈骗犯罪的所得及其产生的收益，为掩饰、隐瞒其来源和性质，有下列行为之一的，没收实施以上犯罪的所得及其产生的收益，处五年以下有期徒刑或者拘役，并处或者单处洗钱数额百分之五以上百分之二十以下罚金；情节严重的，处五年以上十年以下有期徒刑，并处洗钱数额百分之五以上百分之二十以下罚金：（一）提供资金账户的；（二）协助将财产转换为现金、金融票据、有价证券的；（三）通过转账或者其他结算方式协助资金转移的；（四）协助将资金汇往境外的；（五）以其他方法掩饰、隐瞒犯罪所得及其收益的来源和性质的。"

上述刑法及其《刑法修正案（三）》将恐怖活动作为洗钱罪的上游犯罪。《刑法修正案（六）》第16条对刑法第191规定的上游犯罪又作了补充，将明知是贪污贿赂犯罪、破坏金融管理秩序犯罪、金融诈骗犯罪的所得及其产生的收益，为掩饰、隐瞒其来源和性质的行为也列为洗钱罪的犯罪对象。

（二）刑法规定修改的原因

《刑法修正案（六）》第16条补充规定"洗钱罪"的上游犯罪主要原因是适应《联合国反腐败公约》规定的要求。我国1979年刑法中没有规定洗钱罪，对于那些明知是犯罪所得的赃物而予以窝藏或者代为销售的行为规定以窝藏赃物罪定罪处罚。修订刑法时，已出现掩饰、隐瞒毒品犯罪、黑社会性质的组织犯罪、走私犯罪的违法所得及其产生的收益来源和性质的危害社会的行为，修订刑法将其规定为洗钱罪。修订刑法后，一些恐怖组织和实施恐怖活动的个人又以恐怖活动进行犯罪，聚敛钱财作为犯罪的资本，严重破坏经济秩序，特别是一些金融单位或个人故意将资助恐怖组织的资金通过金融机构转归恐怖组织或个人，供其进行恐怖活动，具有严重的社会危害性。为了更有力地惩治恐怖活动，就必须依法严厉惩治洗钱犯罪行为，使恐怖活动得不到资金的保障。全国人大常委会在《刑法修正案（三）》中将掩饰、隐瞒恐怖活动犯罪所得及其产生的收益的性质和来源作为洗钱罪的犯罪对象。我国于2005年12月27日加入《联合国反腐败公约》，该公约第14条规定："各缔约国均应当至少将其根据本公约确立的各类犯罪列为上游犯罪。"该公约中确立的11种犯罪都包括在我国刑法规定的贪污贿赂罪、破坏金融管理秩序犯罪、金融诈骗犯罪之中。为适应《联合国反腐败公约》的规定，2006年6月29日我国全国人大常委会《刑法修正案（六）》第16条在刑法第191条规定的洗钱罪的上游犯罪毒品犯罪、黑社会性质的组织犯罪、恐怖活动犯罪、走私犯罪的基础上又增加了贪污贿赂犯罪、破坏金融管理秩序犯罪、金融诈骗犯罪三类。现在刑法第191条规定的洗钱罪的上游犯罪共有7类犯罪。

（三）洗钱罪的适用

洗钱罪是《刑法修正案（三）》、《刑法修正案（六）》对刑法第191条规定洗钱罪补充、修改的犯罪，要准确适用，就必须弄清犯罪的概念、构成特征、法定刑，以及适用时应注意的问题。

1. 洗钱罪的概念。洗钱罪，是指单位或者个人明知是毒品犯罪、黑社会性质的组织犯罪、恐怖活动犯罪、走私犯罪、贪污贿赂犯罪、破坏金融管理秩序犯罪、金融诈骗犯罪的违法所得及其产生的收益，为其掩饰、隐瞒来源和性质的行为。

该罪是掩饰、隐瞒犯罪所得的来源和性质，严重破坏金融秩序的犯罪。洗钱行为就是将赃款变为合法资金，是银行或者其他金融机构及其工作人员和其他单位或者个人帮助犯罪分子将犯罪的赃款赃物通过金融行为变成合法财产的犯罪行为。犯罪的违法所得及其收益都是赃款赃物应当依法没收上缴国库，而有些单位或者个人，特别是金融机构及其工作人员明知是犯罪所得及其产生收益，故意为其掩饰、隐瞒违法所得及来源和性质，使犯罪分子通过国家金融机构为其存取违法资金，为犯罪获取资金来源和保证。特别是在司法机关查处经济犯罪时，故意掩饰、隐瞒犯罪所得来源和性质，给司法机关办理案件造成很大的困难，往往给国家造成重大经济损失，具有严重的社会危害性。我国刑法第191条将掩饰、隐瞒毒品犯罪、黑社会性质的组织犯罪、恐怖活动罪、走私犯罪、贪污贿赂犯罪、破坏金融管理秩序犯罪、金融诈骗犯罪的违法所得及其产生收益的来源和性质的行为规定为洗钱罪，最高处10年有期徒刑，并处洗钱数额20%以下罚金。

2. 犯罪的构成特征。根据刑法第191条和《刑法修正案（六）》第16条规定，该罪的构成特征有：

（1）犯罪主体，是一般主体，年满16周岁以上的具有刑事责任能力的自然人和单位都可以构成本罪。单位犯本罪，除单位本身可以构成单位犯罪主体外，单位的直接负责的主管人员和其他直接责任人员也是本罪的犯罪主体。犯罪主体在主观上必须是故意的心理态度，即明知是毒品犯罪、黑社会性质组织犯罪、恐怖活动犯罪、走私犯罪、贪污贿赂犯罪、破坏金融管理秩序犯罪、金融诈骗犯罪的违法所得及其产生的收益，为其掩饰、隐瞒来源和性质，而故意实施了洗钱的行为。过失心理态度不能构成本罪。

（2）犯罪行为，必须是实施了洗钱犯罪行为。具体犯罪行为表现有：

①提供资金账户的行为；

②协助将财产转换为现金或者金融票据的行为；

③通过转账或者其他结算方式协助资金转移的行为；

④协助将资金汇往境外的行为；

⑤以其他方法掩饰、隐瞒毒品犯罪、黑社会性质的组织犯罪、恐怖活动犯罪、走私犯罪、贪污贿赂犯罪、破坏金融管理秩序犯罪、金融诈骗犯罪的违法所得及其收益的来源和性质的行为。

具备上述行为之一的，即可以构成本罪。本罪的犯罪行为都是故意行为，即明知是毒品犯罪、黑社会性质的组织犯罪、恐怖活动犯罪、走私犯罪、贪污贿赂犯罪、破坏金融管理秩序犯罪、金融诈骗犯罪的违法所得及其产生的收益，为其掩饰、隐瞒来源和性质，而故意实施了洗钱的行为。过失行为不构成本罪。

根据最高人民法院2009年11月11日《关于审理洗钱等刑事案件具体应用法律若干问题的解释》第1条规定，具有下列情形之一的，可以认定被告人明知系犯罪所得及其收益，但有证据证明确实不知道的除外：①知道他人从事犯罪活动，协助转换或者转移财物的；②没有正当理由，通过非法途径协助转换或者转移财物的；③没有正当理由，以明显低于市场的价格收购财物；④没有正当理由，协助转换或者转移财物，收取明显高于市场的"手续费"的；⑤没有正当理由，协助他人将巨额现金散存于多个银行账户或者在不同银行开账户之间频繁划转的；⑥协助亲属或者其他关系密切的人转换或者转移与职业或者财产状况明显不符合的财物的；⑦其他可以认定行为人明知的情形。

根据最高人民法院2009年11月11日《关于审理洗钱等刑事案件具体应用法律若干问题的解释》第2条规定，具有下列情形之一的，可以认定为刑法第191条第1款第（五）项规定的"以其他方法掩饰、隐瞒犯罪所得及其收益的来源和性质"：①通过典当、租赁、买卖、投资、等方式，协助转移、转换犯罪所得及其收益的；②通过商场、饭店、娱乐场所等现金密集型场所的经营收入相混合的方式，协助转移、转换犯罪所得及其收益的；③通过虚构交易、虚构债务、虚构担保、虚构收入等方式，协助将犯罪所得及其收益转为"合法"财物的；④通过买彩票、奖券等方式协助转移犯罪所得及其收益的；⑤通过赌博等方式，协助将犯罪所得及其收益转换为赌博收益的；⑥协助将犯罪所得及其收益携带、运输或者邮寄出入境的；⑦通过前述以外的方式协助转移、转换犯罪所得及其收益的。

（3）犯罪结果，是行为犯，只要实施了上述洗钱犯罪行为，就破坏了金融管理秩序，具备了本罪的犯罪结果，就构成了本罪，但是情节显著轻微危害不大的不认为是犯罪。

3. 洗钱罪的法定刑。我国刑法根据本罪犯罪情节严重程序不同，规定适用不同的法定刑：

（1）只要构成本罪，情节一般的，处 5 年以下有期徒刑或者拘役，并处或者单处洗钱数额 5% 以上 20% 以下罚金。

（2）犯本罪，情节严重的，处 5 年以上 10 年以下有期徒刑，并处洗钱数额 5% 以上 20% 以下罚金。

（3）单位犯本罪，对单位判处罚金，并对其直接负责的主管人员和其他直接责任人员，处 5 年以下有期徒刑或者拘役；情节严重的，处 5 年以上 10 年以下有期徒刑。

4. 本罪适用时应注意以下问题：

（1）注意划清罪与非罪的界限。

第一，本罪的上游犯罪必须是毒品犯罪、黑社会性质的组织犯罪、恐怖活动犯罪、走私犯罪、贪污贿赂犯罪、破坏金融管理秩序犯罪、金融诈骗犯罪的违法所得及其产生的收益，才能构成本罪；如果掩饰、隐瞒的不是上述 7 类犯罪的违法所得及其产生的收益，在我国不构成本罪。对洗钱罪的犯罪对象各国刑法规定不相同，有的国家刑法将掩饰、隐瞒所有的犯罪违法所得及其产生的收益的来源和性质的行为都可以构成洗钱罪，如 1997 年《俄罗斯联邦刑法典》第 174 条规定，"使非法获取的货币资金或其他财产合法化（洗钱）"都可以构成洗钱罪；还有一些国家只规定掩饰、隐瞒毒品犯罪违法所得及其产生的收益的来源和性质，才构成洗钱罪。相比较，我国刑法规定适中，既便于操作，又突出惩治重点。这里的"洗钱"对象，是指"犯罪所得及其产生的收益"，包括犯罪所得的金钱和物品，即赃款赃物，也包括其他非物质所得，如合同、批准文件、商业秘密。

第二，本罪是行为犯，只要实施了洗钱行为之一的，就构成本罪，没有情节结果和数额结果的限制要求。但是，行为情节显著轻微危害不大的洗钱行为，应依照刑法第 13 条规定的情节显著轻微危害不大的不认为是犯罪。

第三，本罪是故意犯罪，并且以明知是毒品犯罪、黑社会性质的组织犯罪、恐怖活动犯罪、走私犯罪、贪污贿赂犯罪、破坏金融管理秩序犯罪、金融诈骗犯罪的违法所得及其产生的收益，为掩饰、隐瞒其来源和性质，而实施的洗钱行为。过失行为不构成本罪，例如，金融机构的工作人员确实不知道是由毒品犯罪、黑社会性质的组织犯罪、恐怖活动犯罪、走私犯罪、贪污贿赂犯罪、破坏金融管理秩序犯罪、金融诈骗犯罪的违法所得及其产生的收益而为其办理了存款、转款、提款等金融手续的行为，一般不构成本罪，但可以构成国有公司、企业人员失职罪或者玩忽职守罪等。

（2）注意准确认定本罪的犯罪主体。我国刑法第 191 条规定洗钱罪的主体是一般主体，单位和个人都可以构成。但对洗钱罪的主体是否包括上游犯罪的行为人，人们有不同意见：第一种意见认为，应包括上游犯罪的行为人，因为法律条文中没有特别规定不包括上游犯罪人。第二种意见认为，不包括上游犯罪人，理由是：①从条文表述是"提供"、"协助"，是指第三者洗钱，而不是自己为自己洗钱；②对于毒品犯罪、黑社会性质的组织犯罪、恐怖活动犯罪、走私犯罪的分子掩饰、隐瞒违法所得及其产生的收益来源和性质，而通过金融机构实施洗钱行为则应是前罪的延伸，不应定为独立的罪名。笔者认为，从法律上看，并没有规定犯毒品犯罪、黑社会性质的组织犯罪、恐怖活动犯罪、走私犯罪、贪污贿赂犯罪、破坏金融管理秩序犯罪、金融诈骗犯罪的分子不能构成洗钱罪的犯罪主体；从立法的精神上看，主要是惩治犯毒品犯罪、黑社会性质的组织犯罪、恐怖活动犯罪、走私犯罪、贪污贿赂犯罪、破坏金融管理秩序犯罪、金融诈骗犯罪的分子进行洗钱行为，以逃避法律制裁；从有利于惩治洗钱犯罪活动角度来看，将上游犯罪分子列为洗钱罪的犯罪主体也是必要的。因此，笔者赞同将上游犯罪分子列为洗钱罪的犯罪主体范围之内。当然，如果上游犯罪分子出于一个概括的犯罪故意，将洗钱作为获取犯罪所得财物的手段，是属于牵连犯，可按处理牵连犯的原则，按重罪定罪处罚。

（3）注意准确认定本罪"情节严重"的结果。我国刑法第191条规定，只要实施了五种洗钱行为之一的，即使没有其他情节结果和数额结果，也构成犯罪。根据2001年4月18日，最高人民检察院、公安部《关于经济犯罪案件追诉标准的规定》规定，涉嫌下列情形之一的，应予追诉：①提供资金账户的；②协助将财产转换为现金或者金融票据的；③通过转账或者其他结算方式协助资金转移的；④协助将资金汇往境外的；⑤以其他方法掩饰、隐瞒犯罪的违法所得及其收益的性质和来源的。具有上述行为之一的，构成犯罪，应当追究其刑事责任，没收实施以上犯罪的违法所得及其产生的收益，处5年以下有期徒刑或者拘役，并处或者单处洗钱数额5%以上20%以下罚金；情节严重的，处5年以上10年以下有期徒刑。何为"情节严重"，刑法没有作具体规定，目前也没有立法解释和司法解释。笔者认为，这里的"情节严重"是在构成犯罪条件的基础上，又有一项或者几项更加严重的情节。具体有：①洗钱数额巨大的；②洗钱手段恶劣的；③严重影响司法机关对上述犯罪分子的及时处理的；④给国家或者集体造成巨大损失的等。具有上述情节严重之一的，处加重法定刑，最高处10年有期徒刑。

（4）注意划清本罪的共同犯罪。我国刑法第191条规定的洗钱罪是对毒品犯罪、黑社会性质的组织犯罪、恐怖活动犯罪、走私犯罪、贪污贿赂犯罪、破坏金融管理秩序犯罪、金融诈骗犯罪通过转账或者其他结算方式协助资金转移的行为，如果洗钱人事先同上述犯罪分子通谋，事后又为上述犯罪分子洗钱的，则构成上游犯罪的共犯，不再单独构成洗钱罪。

（5）注意划清本罪与窝藏罪、包庇罪、窝藏赃物罪、销赃罪的界限。我国刑法第310条、第312条规定的窝藏、包庇罪，窝藏、转移、销售、掩饰、隐瞒犯罪所得及其产生收益罪在犯罪行为、犯罪手段、犯罪结果上都相同，容易与本罪相混淆。二罪的根本区别是犯罪对象不同。本罪的犯罪对象是毒品犯罪、黑社会性质的组织犯罪、恐怖组织犯罪、走私犯罪、贪污贿赂犯罪、破坏金融管理秩序犯罪、金融诈骗犯罪的违法所得及其产生收益，是法律规定的特定对象，不是上述对象的，不能构成本罪；而窝藏、转移、销售犯罪所得及其产生收益罪（现改为掩饰、隐瞒犯罪所得、犯罪所得收益罪）的犯罪对象是一般犯罪所得及其收益。由于法律规定的犯罪对象的范围不同，侵犯的客体也不相同，本罪侵犯的是经济秩序，而窝藏、转移、销售赃物罪侵犯的客体是社会管理秩序。上述犯罪对象和犯罪客体的不同，将上述犯罪区分开来。另外，上述洗钱罪与窝藏罪，包庇罪，窝藏、转移、销售赃物罪在法律规定上是属于法规竞合关系，法律对洗钱罪的犯罪对象作了特别规定，适用较重的刑罚，因此，应按特别法规定优先一般法规定的原则对上述洗钱行为只能认定为"洗钱罪"，不能再认定为"窝藏罪"、"包庇罪"、"窝藏、转移、销售赃物罪"，即不能再定为掩饰、隐瞒犯罪所得、犯罪所得收益罪。

十九、组织残疾人、儿童乞讨罪

组织残疾人、儿童乞讨罪是《刑法修正案（六）》第17条在刑法第262条之一中补充规定的犯罪。我国刑法原没有这种犯罪的规定，《刑法修正案（六）》第17条在刑法第262条之后增加一条，作为刑法第262条之一，在该条中规定了该种犯罪。最高人民法院、最高人民检察院2007年11月6日《关于执行〈中华人民共和国刑法〉确定罪名的补充规定（三）》规定为该罪名。

（一）刑法规定内容的修改

刑法中有关组织残疾人、儿童乞讨罪的规定有：

1. 1997年刑法第262条规定："拐骗不满十四周岁的未成年人，脱离家庭或者监护人的，处五年以下有期徒刑或者拘役。"

1997年刑法第244条之一规定："违反劳动管理法规，雇用未满十六周岁的未成年人从事超强度体力劳动的，或者从事高空、井下作业的，或者在爆炸性、易燃性、放射性、毒害性等危险环境下从事劳动，情节严重的，对直接责任人员处三年以下有期徒刑或者拘役,并处罚金;情节特别严重的,处三年以上七年以下有期徒刑,并处罚金。

"有前款行为,造成事故,又构成其他犯罪的,依照数罪并罚的规定处罚。"

2. 2006 年 6 月 29 日全国人大常委会《中华人民共和国刑法修正案(六)》第 17 条规定:"在刑法第二百六十二条后增加一条,作为第二百六十二条之一:以暴力、胁迫手段组织残疾人或者不满十四周岁的未成年人乞讨的,处三年以下有期徒刑或者拘役,并处罚金;情节严重的,处三年以上七年以下有期徒刑,并处罚金。"

(二) 刑法规定修改的原因

我国刑法中规定了一系列保护残疾人、儿童的合法权益的规定,例如刑法第 17 条规定,已满 14 周岁不满 16 周岁的人,犯故意杀人、故意伤害致人重伤或者死亡、强奸、抢劫、贩卖毒品、放火、爆炸、投毒罪的,应当负刑事责任。已满 14 周岁不满 16 周岁的人有其他危害社会的行为不构成犯罪。因不满 16 周岁不予刑事处罚的,责令他的家长或者监护人加以管教;在必要的时候,也可以由政府收容教养。第 18 条规定,精神病人在不能辨认或者不能控制自己行为的时候造成危害结果,经法定程序鉴定确认的,不负刑事责任,尚未完全丧失辨认或者控制自己行为能力的精神病人犯罪的,应当负刑事责任,但是可以从轻或者减轻处罚。第 19 条规定,又聋又哑的人或者盲人犯罪,可以从轻、减轻或者免除处罚。第 49 条规定,犯罪的时候不满 18 周岁的人和审判的时候怀孕的妇女,不适用死刑。第 261 条规定,对于年老、年幼、患病或者其他没有独立生活能力的人,负有扶养义务而拒绝扶养,情节恶劣的,处 5 年以下有期徒刑、拘役或者管制。第 241 条之一规定,违反劳动管理法规,雇用未满 16 周岁的未成人从事超强度体力劳动的,或者从事高空、井下作业的,或者在爆炸性、易燃性、放射性、毒害性等危险环境下从事劳动,情节严重的,对直接责任人员处 3 年以下有期徒刑或者拘役,并处罚金;情节特别严重的,处 3 年以上 7 年以下有期徒刑,并处罚金。有前款行为,造成事故,又构成其他犯罪的,依照数罪并罚的规定处罚,依法惩治雇用未成年人从事危重体力劳动的犯罪行为。第 262 条规定,拐骗不满 14 周岁的未成年人,脱离家庭或者监护人的,处 5 年以下有期徒刑或者拘役。改革开放以后,有的人以谋利为目的,使用暴力、胁迫手段组织一些残疾人或者出家逃走的不满 14 周岁的未成年人进行乞讨,成为暴发户,而残疾人、未成年人的人格尊严和荣誉受到严重的侵犯;也有些人混进乞讨人群中进行违法犯罪活动,严重扰乱了社会治安秩序。我国《刑法修正案（六）》第17条规定以暴力、胁迫手段组织残疾人或者不满14周岁的未成年人乞讨的行为构成犯罪，最高处7年有期徒刑，并处罚金。

(三) 组织残疾人、儿童乞讨罪的适用

组织残疾人、儿童乞讨罪是《刑法修正案（六）》第17条在刑法第262条之一中增加规定的犯罪。要准确适用，就必须弄清本罪的概念、构成特征、法定刑，以及适用时应注意的问题。

1. 组织残疾人、儿童乞讨罪的概念。本罪是指以暴力、胁迫手段组织残疾人或者不满十四周岁的未成年人乞讨的行为。

该罪是侵犯残疾人、未成年人人身权利的犯罪。在社会主义国家，公民的人身权利受国家法律保护，残疾人、未成年人是弱势群体，受国家法律的特别保护。以暴力、胁迫手段组织残疾人、未成年人进行乞讨，是对残疾人、未成年人人身权利的严重侵犯，是对社会有危害的行为。我国刑法第262条之一，将以暴力、胁迫手段组织残疾人或者不满14周岁的未成年人进行乞讨的行为规定为犯罪，最高处7年有期徒刑，并处罚金。

2. 犯罪的构成特征。根据刑法第262条之一和《刑法修正案（六）》第17条规定，该罪的构成特征有：

(1) 犯罪主体，是一般主体，凡是年满16周岁以上的具有刑事责任能力，实施了以暴力、胁迫手段组织残疾人、不满14周岁的未成年人，即儿童进行乞讨行为的自然人都可以构成本罪的犯罪主体。犯罪主体在主观上是故意的，过失的心理态度不构成本罪。

(2) 犯罪行为，必须是以暴力、胁迫手段组织残疾人或者不满14周岁的未成年人，即儿童进行乞讨的行为。犯罪手段是使用暴力、胁迫的手段，所谓暴力，是指以殴打、捆绑、拘禁等武力限制人身自由的方法强迫残疾人、不满14周岁的未成年人为其进行乞讨活动。所谓胁迫，是指以冻饿、加害等精神强制方法迫使残疾人、不满14周岁的未成年人不得不为其进行乞讨活动。犯罪对象是残疾人，是指在心理、生理、人体结构上，某种组织、功能丧失或者不正常，全部或者部分丧失以正常方式从事某种活动能力的人，即根据国务院规定经有关机关评定为有伤残等级的人。残疾人包括视力残疾、听力残疾、语言残疾、肢体残疾、智力残疾、精神残嫉、多重残疾和其他残疾的人。所谓儿童，是指不满14周岁的自然人。犯罪行为是组织残疾人、不满14周岁的未成年人乞讨的行为。所谓组织，是指收罗、聚集、联络、指挥、控制残疾人、不满14周岁的未成年人进行乞讨活动。所谓乞讨，是指向他人要钱要物等活动。

只要实施了以暴力、胁迫的手段组织残疾人、儿童进行乞讨活动的，就可以构成犯罪。

（3）犯罪结果，是行为犯，只要故意实施了以暴力、胁迫的手段组织残疾人、儿童乞讨行为就可以构成犯罪，但是情节显著轻微危害不大的，不认为是犯罪。

3. 组织残疾人、儿童乞讨罪的法定刑。根据刑法第262条之一的规定，本罪的法定刑有：

（1）犯本罪的，处3年以下有期徒刑或者拘役，并处罚金。

（2）犯本罪，情节严重的，处3年以上7年以下有期徒刑，并处罚金。

4. 本罪适用时应注意以下问题：

（1）注意划清罪与非罪的界限。

第一，我国刑法规定的组织残疾人、儿童乞讨罪的主体是一般主体，单位和不满16周岁的自然人不构成本罪。乞讨的残疾人、不满14周岁的未成年人不构成本罪。

第二，本罪是故意犯罪，故意以暴力、胁迫的手段组织残疾人、儿童进行乞讨的行为才构成犯罪。过失行为不构成本罪。

第三，本罪是行为犯，只要实施了本罪的犯罪行为就可以构成犯罪，但是还应根据刑法第13条规定，情节显著轻微危害不大的不认为是犯罪。

（2）划清本罪与雇用童工从事危重体力劳动罪的界限。我国刑法第244条之一规定的"雇用未满十六周岁的未成年人从事超强度体力劳动的，或者从事高空、井下作业的，或者在爆炸性、易燃性、放射性、毒害性等危险环境下从事劳动，情节严重的"犯罪行为和本条规定的"以暴力、胁迫手段组织残疾人或者不满十四周岁的未成年人乞讨的"犯罪行为都是侵犯未成年人合法权利的犯罪。二罪的根本区别是让儿童从事的活动的内容不同。刑法第244条规定是让未成年人从事危重体力劳动活动，而本罪是从事乞讨活动。由此，将二者区分开。

二十、赌博罪

赌博罪是《刑法修正案（六）》第18条第1款对刑法第303条第1款规定的赌博罪的罪状作了一些修改，其罪名没有改变。

（一）刑法规定内容的修改

刑法中有关赌博罪的规定有：

1. 1997 年刑法第 303 条规定："以营利为目的，聚众赌博、开设赌场或者以赌博为业的，处三年以下有期徒刑、拘役或者管制，并处罚金。"

2. 2006 年 6 月 29 日全国人大常委会《中华人民共和国刑法修正案（六）》第 18 条规定将刑法第 303 条修改为："以营利为目的，聚众赌博或者以赌博为业的，处三年以下有期徒刑、拘役或者管制，并处罚金。

"开设赌场的，处三年以下有期徒刑、拘役或者管制，并处罚金；情节严重的，处三年以上十年以下有期徒刑，并处罚金。"

上述《刑法修正案（六）》第 18 条对刑法第 303 条赌博罪规定的修改，主要是将开设赌场犯罪从赌博罪中分离出来，单独构成开设赌场罪，并增加了一个档次的法定刑，最高处 7 年有期徒刑，并处罚金。

（二）刑法规定修改的原因

我国刑法第 303 条原规定的赌博罪的犯罪行为包括：聚众赌博的行为、开设赌场的行为和以赌博为业的行为。对上述三种赌博行为都构成赌博罪，处 3 年以下有期徒刑、拘役或者管制，并处罚金。公安机关根据我国当前赌博活动猖獗，赌博范围广、数额巨大，特别是开设赌场的犯罪行为是为赌博提供场所条件，甚至利用计算机网络建立赌博网站或者为赌博网站担任代理，接受投注的赌场使赌博的规模更大，社会危害更严重，而我国上述刑法规定的法定刑太轻，没有震慑力，不能有力地惩治赌博犯罪分子，要求修改刑法上述规定，加重对赌博罪的法定刑。我国《刑法修正案（六）》第 18 条将开设赌场的犯罪行为单独作为一款规定，并规定了加重法定刑，即只要开设赌场的就构成犯罪。最高人民法院、最高人民检察院 2007 年 11 月 6 日《关于执行〈中华人民共和国刑法〉确定罪名的补充规定（三）》将开设赌场的行为单独规定一个罪名，由此，现赌博罪的罪状中不再包括开设赌场的行为。

（三）赌博罪的适用

赌博罪是《刑法修正案（六）》第 18 条第 1 款对刑法第 303 条修改的犯罪。要准确适用，就必须弄清本罪的概念、构成特征、法定刑，以及适用时应注意的问题。

1. 赌博罪的概念。赌博罪是指以营利为目的，聚众赌博或者以赌博为业的行为。

赌博，是一种不劳而获的投机诈骗犯罪活动。当前，赌博的形式繁多，有的用扑克、麻将、牌九等进行赌博，有的用赌球、赌马、六合彩的形式赌博，还有的用电话、网络、手机、赌博机等工具开设赌场进行赌博；有的在国内、国边界、出国赌博；也有的是为进行贿赂赌博；有的赌资数额大得惊人。赌博活动并不产生社会价值，参赌者最终都要输钱。由于赌博输钱常常造成家破人亡，有的引发抢劫、盗窃、杀人、伤害等犯罪活动，严重扰乱社会治安秩序，是一种对社会危害很大的犯罪行为。我国刑法第303条第1款将"以营利为目的，聚众赌博或者以赌博为业"的行为规定犯罪，最高处3年有期徒刑，并处罚金。

2. 犯罪的构成特征。根据刑法第303条第1款和《刑法修正案（六）》第18条第1款规定，该罪的构成特征有：

（1）犯罪主体，是一般主体，凡是年满16周岁以上的具有刑事责任能力，实施了赌博行为的自然人都可以构成赌博罪的犯罪主体，其包括聚赌者、惯赌者。犯罪主体在主观上是故意的，并且是以营利为目的；以娱乐为目的进行赌博的行为不构成犯罪。

（2）犯罪行为，必须具有赌博的行为。具体表现有：

①聚众赌博行为，是指收罗、聚集、联络、组织、指挥、控制他人进行赌博活动从中抽头盈利的行为。

②以赌博为业的行为，是指经常赌博，一贯赌博，有的没有职业以赌博为业，有的有职业而经常一贯参与赌博活动，屡教不改。只要具备上述二种行为之一的，就可以构成赌博罪。

（3）犯罪结果，是行为犯，只要以营利为目的，故意实施了聚众赌博或以赌博为常业的行为就可以构成犯罪。但是，以娱乐为目的或者情节显著轻微危害不大的赌博行为不认为是犯罪。

3. 赌博罪的法定刑。根据刑法第303条第1款规定，本罪的法定刑为：

构成赌博罪的，处3年以下有期徒刑、拘役或者管制，并处罚金。

4. 赌博罪适用时应注意以下问题：

（1）注意划清罪与非罪的界限。

第一，赌博罪的主体是一般主体，单位和不满16周岁的自然人不构成本罪。一是赌头，即聚众赌博的抽头营利者；二是赌棍，以赌博为常业的惯犯。对于偶尔参与赌博者，一般不构成犯罪。

第二，本罪是故意犯罪，并且必须以营为目的进行赌博，如果以娱乐为目的进行少量的赢输活动的赌博行为不构成犯罪。

第三，本罪是行为犯，只要实施了赌博犯罪行为的就可以构成犯罪，但是情节显著轻微危害不大的不认为是犯罪。根据最高人民法院、最高人民检察院2005年5月13日《关于办理赌博刑事案件具体应用法律若干问题的解释》第9条规定："不以营利为目的,进行带有少量财物输赢的娱乐活动,不以赌博论处。"

（2）如何准确认定聚众赌博犯罪行为。根据最高人民法院、最高人民检察院2005年5月13日《关于办理赌博刑事案件具体应用法律若干问题的解释》第1条的规定,聚众赌博的行为有：

①组织3人以上赌博,抽头渔利数额累计达到5000元以上的；

②组织3人以上赌博,赌资数额累计达到5万元以上的；

③组织3人以上赌博,参赌人数累计达到20人以上的；

④组织中华人民共和国公民10人以上赴境外赌博,从中收取回扣、介绍费。

凡具备上述情形之一的,就是聚众赌博犯罪行为。

（3）如何准确认定赌博罪的共犯。根据最高人民法院、最高人民检察院2005年5月13日《关于办理赌博刑事案件具体应用法律若干问题的解释》第4条的规定,明知他人实施赌博犯罪活动,而为其提供资金、计算机网络、通讯、费用结算等直接帮助的行为,以赌博罪的共犯论处。

（4）犯赌博罪从重处罚的情形。根据最高人民法院、最高人民检察院2005年5月13日《关于办理赌博刑事案件具体应用法律若干问题的解释》第5条的规定,实施赌博犯罪,有下列情形之一的,依照刑法第303条的规定从重处罚：

①具有国家工作人员身份；

②组织国家工作人员赴境外赌博的；

③组织未成年人参与赌博。

（5）注意准确计算赌资。根据最高人民法院、最高人民检察院2005年5月13日《关于办理赌博刑事案件具体应用法律若干问题的解释》第8条的规定,赌资是指赌博犯罪中用作赌注的款物、换取筹码的款物和通过赌博赢取的款物等属于赌资。通过计算机网络实施赌博犯罪的,赌资数额可以按照在计算机网络上投注或者赢取的点数乘以每点实际代表的金额认定。赌资应当依法予以追缴；赌博用具、赌博违法所得以及赌博犯罪分子所有的专门用于赌博的资金、交通工具、通讯工具等应当依法予以没收。

（6）划清赌博罪与非法经营罪的界限。赌博是以营利为目的非法经营的行为,但法律已对赌博罪作了专门规定,所以赌博犯罪行为,应按特别规定认定为赌博罪。根据最高人民法院、最高人民检察院2005年5月13日《关于办理赔博刑事案件具体应用法律若干问题的解释》第 6 条的规定，未经国家批准擅自发行、销售彩票，构成犯罪的，依照刑法第 225 条第（四）项的规定，以非法经营罪定罪处罚。

（7）划清赌博罪与行贿罪、受贿罪的界限。赌博罪与行贿罪、受贿罪是不同类犯罪，容易区分。但现实中，有些行贿、受贿人以赌博的方式，故意输给对方，以达到行贿、受贿的目的。最高人民法院、最高人民检察院 2005 年 5 月 13 日《关于办理赌博刑事案件具体应用法律若干问题的解释》第 7 条的规定，通过赌博或者为国家工作人员赌博提供资金的形式实施行贿、受贿行为，构成犯罪的，依照刑法关于贿赂犯罪的规定定罪处罚。

二十一、开设赌场罪

开设赌场罪是《刑法修正案（六）》第 18 条第 2 款将刑法原第 303 条规定的赌博罪中的开设赌场行为规定为独立的犯罪。最高人民法院、最高人民检察院 2007 年 11 月 6 日《关于执行〈中华人民共和国刑法〉确定罪名的补充规定（三）》规定为开设赌场罪。

（一）刑法规定内容的修改

刑法中有关开设赌场罪的规定有：

1. 1997 年刑法第 303 条规定："以营利为目的，聚众赌博、开设赌场或者以赌博为业的，处三年以下有期徒刑、拘役或者管制，并处罚金。"

2. 2006 年 6 月 29 日全国人大常委会《中华人民共和国刑法修正案（六）》第 18 条规定将刑法第 303 条修改为："以营利为目的，聚众赌博或者以赌博为业的，处三年以下有期徒刑、拘役或者管制，并处罚金。

"开设赌场的，处三年以下有期徒刑、拘役或者管制，并处罚金；情节严重的，处三年以上十年以下有期徒刑，并处罚金。"

（二）刑法规定修改的原因

我国刑法第 303 条原规定的赌博罪中的犯罪行为包括：聚众赌博的行为，开设赌场的行为和以赌博为业的行为。对上述三种赌博行为构成犯罪的，都构成赌博罪，处 3 年以下有期徒刑、拘役或者管制，并处罚金。公安机关根据我国当前赌博活动猖獗，赌博范围广、数额巨大，特别是开设赌场的犯罪行为是为赌博提供场所条件，甚至利用计算机网络建立赌博网站或者为赌博网站担任代理，接受投注的赌场使赌博的规模更大，社会危害更严重，而我国上述刑法规定的法定刑太轻，没有震慑力，不能有力惩治赌博犯罪分子，要求修改刑法上述规定，加重对赌博罪的法定刑。我国《刑法修正案（六）》第18条将开设赌场的犯罪行为单独规定，并规定了加重法定刑，即只要开设赌场的就构成犯罪，处3年以下有期徒刑、拘役或者管制，并处罚金；情节严重的，处3年以上10年以下有期徒刑，并处罚金。增加了一个独立的犯罪，增加一个档次的法定刑。

（三）开设赌场罪的适用

开设赌场罪是《刑法修正案（六）》第18条第2款和刑法第303条第2款规定的犯罪。要准确适用，就必须弄清本罪的概念、构成特征、法定刑，以及适用时应注意的问题。

1. 开设赌场罪的概念。本罪是指以营利为目的，开设赌场的行为。

开设赌场就是为聚众赌博犯罪创造条件。我国刑法第303条第2款将开设赌场的行为规定犯罪，一般最高处3年有期徒刑，并处罚金；情节严重的，最高处10年有期徒刑，并处罚金。

根据最高人民法院、最高人民检察院、公安部2014年3月26日《关于利用赌博机开设赌场案件适用法律若干问题的意见》第1条规定，设置具有退币、退分、退钢珠赌博功能的电子游戏设施设备，并以现金、前方证券等贵重款物为奖品，或者以回购奖品方式给予他人现金、有价证券等贵重款物（以下简称设置赌博机）组织赌博活动的，应当认定为刑法第303条第2款规定的"开设赌场"行为。

2. 犯罪的构成特征。根据刑法第303条和《刑法修正案（六）》第18条规定，该罪的构成特征有：

（1）犯罪主体，是一般主体，凡是年满16周岁以上的具有刑事责任能力，实施了开设赌场行为的自然人都可以构成开设赌场罪的犯罪主体。犯罪主体在主观上是故意的，并且是以营利为目的，以娱乐为目的开设棋牌室的行为不构成犯罪。

（2）犯罪行为，必须有具体有开设赌场的行为，有的在自己家中，也有的在宾馆、饭店或者出租车内和网站开设赌场，召集多人进行赌博，从中谋利。

（3）犯罪结果，是行为犯，只要以营利为目的，故意实施了开设赌场行为就可以构成犯罪。

3. 开设赌场罪的法定刑。根据刑法第303条第2款的规定，本罪的法定刑是：

（1）构成犯罪的，处3年以下有期徒刑、拘役或者管制，并处罚金。

根据最高人民法院、最高人民检察院、公安部2014年3月26日《关于利用赌博机开设赌场案件适用法律若干问题的意见》第2条规定，设置赌博机组织赌博活动，具有下列情形之一的，应当按照刑法第303条第2款规定的开设赌场罪定罪处罚：①设置赌博机10台以上的；②设置赌博机2台以上，容留未成年人赌博的；③在中小学校附近设置赌博机2台以上的；④违法所得累计达到5000元以上的；⑤赌资数额累计达到5万元以上的；⑥参赌人数累计达到20人以上的；⑦因设置赌博机被行政处罚后，两年内再设置赌博机5台以上的；⑧因赌博、开设赌场犯罪被刑事处罚后，5年以内再设置赌博机5台以上的；⑨其他应当追究刑事责任的情形。

（2）构成犯罪，情节严重的，处3年以上10年以下有期徒刑，并处罚金。

根据最高人民法院、最高人民检察院2005年5月13日《关于办理赌博刑事案件具体应用法律若干问题的解释》第5条规定，实施赌博犯罪，有下列行为之一的，依照刑法第303条规定从重处罚：①具有国家工作人员身份的；②组织国家工作人员赴境外赌博的；③组织未成年人参与赌博，或者开设赌场吸引未成年人参与赌博的。

根据最高人民法院、最高人民检察院、公安部2014年3月26日《关于利用赌博机开设赌场案件适用法律若干问题的意见》第2条规定，设置赌博机组织赌博活动，具有下列情形之一的，应当认定为刑法第303条第2款规定的"情节严重"：①数量或者数额达到达第2条第一项至第六项规定的标准6倍以上的；②因设置赌博机被行政处罚后，两年以内再设置赌博机30台以上的；③因赌博、开设赌场犯罪被刑事处罚后，5年以内再设置赌博机30台以上的；④其他情节严重的情形。可同时供多人使用的赌博机，台数按照能够独立供一人进行赌博活动的操作其本单元的数量认定。在两个以上地点设置赌博机，赌博机的数量、违法所得、赌资数额、参赌人数等合并计算。

4.开设赌场罪适用时应注意以下问题：

（1）注意划清罪与非罪的界限。

第一，开设赌场罪的主体是一般主体，单位和不满16周岁的自然人不构成本罪。

第二，本罪是故意犯罪，并且必须以营利为目的，以开设赌场聚众赌博，从中谋利。

第三，本罪是行为犯，只要实施了开设赌场行为的就可以构成犯罪，但是情节显著轻微危害不大的不认为是犯罪。根据最高人民法院、最高人民检察院

2005年5月13日《关于办理赌博刑事案件具体应用法律若干问题的解释》第9条的规定，不以营利为目的，进行带有少量财物输赢的娱乐活动，以提供棋牌室等娱乐场所，只收取正常的场所和服务费用的经营行为等，不以犯罪论处。

（2）如何准确认定开赌场犯罪行为。根据最高人民法院、最高人民检察院2005年5月13日《关于办理赌博刑事案件具体应用法律若干问题的解释》第2条、第3条的规定，开设赌场犯罪行为有：①以营利为目的，在计算机网络上建立赌博网站，或者为赌博网站担任代理，接受投注的，属于刑法第303条规定的开设赌场。②中华人民共和国公民在我国领域外周边地区聚众赌博、开设赌场，以吸引中华人民共和国公民为主要客源，构成赌博罪的，可以依照刑法规定追究刑事责任。

（3）注意开设赌场罪共犯的认定。根据最高人民法院、最高人民检察院、公安部2014年3月26日《关于利用赌博机开设赌场案件适用法律若干问题的意见》第3条规定，明知他人利用赌博机开设赌场，具有下列情形之一的，以开设赌场罪的共犯论处：①提供赌博机、资金、场地、技术支持、资金结算服务的；②受顾参与赌场经营管理并分成的；③为开设赌场者组织客源、收取回扣、手续费的；④参与赌场管理并领取高额固定工资的；⑤提供其他直接帮助的。

（4）注意赌资的认定。根据最高人民法院、最高人民检察院、公安部2014年3月26日《关于利用赌博机开设赌场案件适用法律若干问题的意见》第5条规定，本意见所称赌资包括：①当场查获的用于赌博的款物；②代币、有价证券、赌博积分等实际代表的金额；③在赌博机上投注或赢取的点数实际代表的金额。

二十二、掩饰、隐瞒犯罪所得、犯罪所得收益罪

掩饰、隐瞒犯罪所得、犯罪所得收益罪是《刑法修正案（六）》第19条对刑法第312条规定的罪状和法定刑作了修改补充规定的犯罪。最高人民法院、最高人民检察院2007年11月6日《关于执行〈中华人民共和国刑法〉确定罪名的补充规定（三）》规定为该罪名，取消原规定的"窝藏、转移、收购、销售赃物罪"罪名。

（一）刑法规定内容的修改

刑法中有关掩饰、隐瞒犯罪所得、犯罪所得收益罪的规定有：

1. 1997年刑法第312条规定："明知是犯罪所得的赃物而予以窝藏、转移、收购或者代为销售的，处三年以下有期徒刑、拘役或者管制，并处或者单处罚金。"

2. 2006年6月29日全国人大常委会《中华人民共和国刑法修正案（六）》第19条规定将刑法第312条修改为："明知是犯罪所得及其产生的收益而予以窝藏、转移、收购、代为销售或者以其他方法掩饰、隐瞒的，处三年以下有期徒刑、拘役或者管制，并处或者单处罚金；情节严重的，处三年以上七年以下有期徒刑，并处罚金。"

（二）刑法规定修改的原因

我国刑法第312条规定的窝藏、转移、收购、销售赃物罪中的犯罪行为包括：窝藏、转移、收购、销售赃物的行为，而没有规定掩饰、隐瞒或者继续保留赃物及其产生收益的行为；犯罪对象只是赃物，司法实践中将赃物扩大理解为赃款赃物，没有规定犯罪所得的其他对象及其产生收益。根据《联合国反腐败公约》第23条、第24条规定的洗钱罪、窝藏罪和我国刑法第191条规定的洗钱罪中都规定有"掩饰、隐瞒犯罪所得及其产生的收益"的行为是犯罪行为，犯罪对象是"犯罪所得及其产生的收益"，犯罪行为还有"掩饰、隐瞒"行为。另外，刑法第312条对窝藏、转移、收购、销售赃物罪的法定刑的规定与洗钱罪相差较大，失之过轻，不利于惩治这种犯罪。鉴于上述原因，《刑法修正案（六）》第19条扩大规定"明知是犯罪所得和犯罪所得产生的收益的"为窝藏、转移、收购、代为销售或者掩饰、隐瞒的对象；增加规定"掩饰、隐瞒犯罪所得及其产生收益"的犯罪行为；增加规定了加重处罚的法定刑，最高处7年有期徒刑，使本罪与《联合国反腐败公约》和我国刑法规定的洗钱罪，相衔接相适应。

（三）掩饰、隐瞒犯罪所得、犯罪所得收益罪的适用

掩饰、隐瞒犯罪所得、犯罪所得收益罪是《刑法修正案（六）》第19条对刑法第312条修改的犯罪。要准确适用，就必须弄清本罪的概念、构成特征、法定刑，以及适用时应注意的问题。

1. 本罪的概念。本罪是指明知是犯罪所得及其产生的收益而予以窝藏、转移、收购、代为销售或者以其他方法掩饰、隐瞒的行为。

掩饰、隐瞒犯罪所得、犯罪所得收益罪是使犯罪结果继续扩大的犯罪。根据我国刑事诉讼法规定，犯罪所得及其产生收益都应当追缴，如果有失主的应当返还失主，没有失主的上交国库。如果明知是犯罪所得及其产生的收益而予

以窝藏、转移、收购、代为销售或者以其他方法掩饰、隐瞒的，使犯罪的社会危害性继续扩大，是一种严重危害社会的行为。我国刑法第 312 条将这种行为规定为犯罪，最高处 7 年有期徒刑，并处罚金。

2. 犯罪的构成特征。根据刑法第 312 条和《刑法修正案（六）》第 19 条规定，该罪的构成特征有：

（1）犯罪主体，是一般主体，凡是年满 16 周岁以上的具有刑事责任能力，实施了窝藏、转移、收购、销售、掩饰、隐瞒犯罪所得及其产生收益犯罪行为的自然人都可以构成本罪的犯罪主体。犯罪主体在主观上是故意的，并且是明知犯罪所得及其产生的收益。

所谓明知，是指清楚知道是他人犯罪所得及其产生收益，而不是应当知道或者可能知道。根据最高人民法院 2009 年 11 月 11 日《关于审理洗钱等刑事案件具体应用法律若干问题的解释》第 1 条规定，具有下列情形之一的，可以认定被告人明知系犯罪所得及其收益，但有证据证明确实不知道的除外：①知道他人从事犯罪活动，协助转换或者转移财物的；②没有正当理由，通过非法途径协助转换或者转移财物的；③没有正当理由，以明显低于市场的价格收购财物；④没有正当理由，协助转换或者转移财物，收取明显高于市场的"手续费"的；⑤没有正当理由，协助他人将巨额现金散存于多个银行账户或者在不同银行开账户之间频繁划转的；⑥协助亲属或者其他关系密切的人转换或者转移与职业或者财产状况明显不符合的财物的；⑦其他可以认定行为人明知的情形。

这里的犯罪所得，主要是犯罪所得赃款赃物，但也包括其他非物质所得，如各种批件、指标、技术秘密、职位和荣誉等。《刑法修正案（六）》将刑法第 312 条规定的"赃物"扩大到"犯罪所得及其产生收益"，使本罪的犯罪对象和犯罪行为都扩大了范围，适用面更广了。

盗用单位名义实施掩饰、隐瞒犯罪所得及其产生的收益行为，违法所得由行为人私分的，依照刑法和司法解释有关自然人犯罪的规定定罪处罚。

（2）犯罪行为，必须是实施了窝藏、转移、收购、销售、掩饰、隐瞒犯罪所得及其产生收益的犯罪行为。具体有：

①窝藏犯罪所得及其产生收益的行为，简称窝赃行为，如为犯罪分子藏匿赃物提供场所，为犯罪分子提供存储款账号或者直接为犯罪分子藏匿犯罪所得赃款赃物的行为等；

②转移犯罪所得及其产生收益的行为，如将犯罪所得及其收益从甲地搬运到乙地，由一所邮寄到另一邮所，由这个人手转到另一人手中的行为等；

③收购犯罪所得及其收入的行为，如以支付价款大量买入犯罪所得及其收

益的行为，一般是低价买进高价卖出，从中谋利的行为；

④代为销售犯罪所得及其收益的行为，简称销赃行为，如为他人销售犯罪所得及其收益的行为，即行为人不支付价款而是替犯罪分子出售犯罪所得及其收益的行为；

⑤掩饰犯罪所得及其收益的行为，如将犯罪所得及其收益的说成合法所得，提供虚假证明证明犯罪所得及其收益是自己或者他人合法所得的行为；

⑥隐瞒犯罪所得及其收益的行为，不如实交出其持有的犯罪所得及其收益而采取窝藏、转移、收购、代为销售以外的方法，如居间介绍买卖，收受，持有，使用，加工，提供资金账户，协助将财物转换为现金、金融票据、有价证券，协助将资金转移、汇往境外等，应当认定为刑法第312条规定的"其他方法"。

凡是具有上述六种行为之一的，都可以构成本罪犯罪行为。

（3）犯罪结果，是行为犯，只要犯罪主体实施了本犯罪行为，就可以构成犯罪，但是情节显著轻微危害不大的，不认为是犯罪。根据最高人民法院2015年6月1日《关于审理掩饰、隐瞒犯罪所得、犯罪所得收益刑事案件适用法律若干问题的解释》第1条规定，具有下列情形之一的，应当依照刑法第312条第1款的规定，以掩饰、隐瞒犯罪所得、犯罪所得收益定罪处罚：①掩饰、隐瞒犯罪所得及其产生的收益价值3千元至1万元以上的；②一年以内曾因掩饰、隐瞒犯罪所得及其产生的收益行为受过行政处罚，又实施掩饰、隐瞒犯罪所得及其产生的收益行为的；③掩饰、隐瞒的犯罪所得系电力设施、交通设施、广播电视设施、公用电信设施、军事设施或者救灾、抢险、防汛、优抚、扶贫、移民、救济款物的；④掩饰、隐瞒行为致使上游犯罪无法及时查处，并造成公私财物损失无法挽回的；⑤实施其他掩饰、隐瞒犯罪所得及其产生的收益行为，妨害司法机关对上游犯罪进行追究的。

各省、自治区、直辖市高级人民法院可以确定本地区执行的具体数额标准，报最高人民法院备案。

对掩饰、隐瞒涉及计算机信息系统数据、计算机信息系统控制权的犯罪所得及其产生的收益行为构成犯罪已有规定的，审理此类案件依照该规定。根据全国人大常委会对刑法第312条、第341条的解释，"明知非法狩猎的野生动物而收购，数量达到50只以上的，以掩饰、隐瞒犯罪所得罪定罪处罚"。

3. 掩饰、隐瞒犯罪所得、犯罪所得收益罪的法定刑。根据刑法第312条规定，本罪的法定刑是：

（1）犯本罪的，处3年以下有期徒刑、拘役或者管制，并处或者单处罚金。

（2）犯本罪，情节严重的，处 3 年以上 7 年以下有期徒刑，并处罚金。后一个是加重法定刑，是《刑法修正案（六）》补充增加的，以使本罪与洗钱罪的法定刑相平衡。

根据最高人民法院 2015 年 6 月 1 日《关于审理掩饰、隐瞒犯罪所得、犯罪所得收益刑事案件适用法律若干问题的解释》第 2 条规定，掩饰、隐瞒犯罪所得及其产生的收益行为符合本解释第 1 条的规定，认罪、悔罪并退赃、退赔，且具有下列情形之一的，可以认定为犯罪情节轻微，免予刑事处罚：①具有法定从宽处罚情节的；②为近亲属掩饰、隐瞒犯罪所得及其产生的收益，且系初犯、偶犯的；③其他情节轻微情形的。行为人为自用而掩饰、隐瞒犯罪所得财物价值刚达到本解释第 1 条第 1 款第（一）项规定的标准，认罪、悔罪并退赃、退赔的，一般可不认为是犯罪；依法追究刑事责任的，应当酌情从宽。

第 3 条规定，掩饰、隐瞒犯罪所得及其产生的收益，具有下列情形之一的，应当认定为刑法第 312 条第 1 款规定的"情节严重"：①掩饰、隐瞒犯罪所得及其产生的收益价值总额达到 10 万元以上的；②掩饰、隐瞒犯罪所得及其产生的收益 10 次以上，或者 3 次以上且价值总额达到 5 万元以上的；③掩饰、隐瞒的犯罪所得系电力设施、交通设施、广播电视设施、公用电信设施、军事设施或者救灾、抢险、防汛、优抚、扶贫、移民、救济款物，价值总额达到 5 万元以上的；④掩饰、隐瞒行为致使上游犯罪无法及时查处，并造成公私财物损失无法挽回或其他严重后果的；⑤实施其他掩饰、隐瞒犯罪所得及其产生的收益行为，严重妨害司法机关对上游犯罪予以追究的。

司法解释对掩饰、隐瞒涉及机动车、计算机信息系统数据、计算机信息系统控制权的犯罪所得及其产生的收益行为认定"情节严重"已有规定的，审理此类案件依照该规定。掩饰、隐瞒犯罪所得及其产生的收益的数额，应当以实施掩饰、隐瞒行为时为准。收购或者代为销售财物的价格高于其实际价值的，以收购或者代为销售的价格计算。多次实施掩饰、隐瞒犯罪所得及其产生的收益行为，未经行政处罚，依法应当追诉的，犯罪所得、犯罪所得收益的数额应当累计计算。定罪处罚。

4. 掩饰、隐瞒犯罪所得、犯罪所得收益罪适用时应注意以下问题：

（1）注意划清罪与非罪的界限。

第一，本罪的主体是一般主体，单位和不满 16 周岁的自然人不构成本罪。

第二，本罪是故意犯罪，并且必须是明知是犯罪所得及其产生收益的心理状态的才构成犯罪；如果确实不知道是犯罪所得及其产生收益而窝藏、转移、收购、销售、掩饰、隐瞒的行为，不构成犯罪。

第三，本罪是行为犯，原则上只要实施了窝藏、转移、收购、销售、掩饰、隐瞒犯罪所得及其产生收益行为的就可以构成犯罪，但是根据刑法第13条规定，情节显著轻微危害不大的不认为是犯罪。

（2）行为人应当知道或者可能知道是犯罪所得及其产生收益而窝藏、转移、收购、销售、掩饰、隐瞒的行为如何处理。根据刑法第312条规定，必须是"明知是犯罪所得及其产生的收益而予以窝藏、转移、收购、代为销售或者以其他方法掩饰、隐瞒的"行为才构成犯罪，只要不是"明知"，就不能凭推定其知道或者可能知道而定罪。有些案件，即使已知道是犯罪所得及其产生收益，但因贪图便宜而购买数额不大的财物供自己使用的，一般也不构成犯罪，但应当无偿地退回司法机关处理。如果确实不知道是犯罪所得及其收益而购买，只要证明清楚，也可以不返还赃物，但应按犯罪所得及其收益的实际的价值付款，上缴国库。这是保护无过错的正当买卖关系的做法。

（3）划清犯本罪与原上游犯罪共犯的界限。根据我国刑法规定，如果事先与犯罪分子通谋，事后为犯罪分子窝藏、转移、收购、代为销售或者以其他方法掩饰、隐瞒犯罪所得及其收益的行为，不构成本罪而是原上游犯罪的共犯，按原上游犯罪定罪处罚，不再定为本罪。上游犯罪事实经查证属实，但因行为人未达到刑事责任年龄等原因依法不予追究刑事责任的，不影响掩饰、隐瞒犯罪所得、犯罪所得收益罪的认定。

（4）注意本罪一罪与数罪的认定。掩饰、隐瞒犯罪所得、犯罪所得收益罪是选择性罪名，审理此类案件，应当根据具体犯罪行为及其指向的对象，确定适用的罪名。犯掩饰、隐瞒犯罪所得、犯罪所得收益罪，同时构成其他犯罪的，依照处罚较重的规定定罪处罚。对犯罪所得及其产生的收益实施盗窃、抢劫、诈骗、抢夺等行为，构成犯罪的，分别以盗窃罪、抢劫罪、诈骗罪、抢夺罪等定罪处罚。

二十三、枉法仲裁罪

枉法仲裁罪是《刑法修正案（六）》第20条对刑法第399条之一中补充规定的新罪。我国刑法原没有这种犯罪的规定，《刑法修正案（六）》第20条在刑法第399条后增加一条作为刑法第399条之一中规定该罪的罪状和法定刑，成为独立的犯罪。最高人民法院、最高人民检察院2007年11月6日《关于执行〈中华人民共和国刑法〉确定罪名的补充规定（三）》中规定为枉法仲裁罪。

（一）刑法规定内容的修改

刑法中有关枉法仲裁罪的规定有：

1.1997年刑法第399条规定："司法工作人员徇私枉法、徇情枉法，对明知是无罪的人而使他受追诉、对明知是有罪的人而故意包庇不使他受追诉，或者在刑事审判活动中故意违背事实和法律作枉法裁判的，处五年以下有期徒刑或者拘役；情节严重的，处五年以上十年以下有期徒刑；情节特别严重的，处十年以上有期徒刑。

"在民事、行政审判活动中故意违背事实和法律作枉法裁判，情节严重的，处五年以下有期徒刑或者拘役；情节特别严重的，处五年以上十年以下有期徒刑。

"司法工作人员贪赃枉法，有前两款行为的，同时又构成本法第三百八十五条规定之罪的，依照处罚较重的规定定罪处罚。"

2.2002年12月28日全国人民代表大会常务委员会《刑法修正案（四）》第8条规定将刑法第399条修改为："司法工作人员徇私枉法、徇情枉法，对明知是无罪的人而使他受追诉、对明知是有罪的人而故意包庇不使他受追诉，或者在刑事审判活动中故意违背事实和法律作枉法裁判的，处五年以下有期徒刑或者拘役；情节严重的，处五年以上十年以下有期徒刑；情节特别严重的，处十年以上有期徒刑。

"在民事、行政审判活动中故意违背事实和法律作枉法裁判，情节严重的，处五年以下有期徒刑或者拘役；情节特别严重的，处五年以上十年以下有期徒刑。

"在执行判决、裁定活动中，严重不负责任或者滥用职权，不依法采取诉讼保全措施、不履行法定执行职责，或者违法采取诉讼保全措施、强制执行措施，致使当事人或者其他人的利益遭受重大损失的，处五年以下有期徒刑或者拘役；致使当事人或者其他人的利益遭受特别重大损失的，处五年以上十年以下有期徒刑。

"司法工作人员收受贿赂，有前三款行为的，同时又构成本法第三百八十五条规定之罪的，依照处罚较重的规定定罪处罚。"

3.2006年6月29日全国人大常委会《中华人民共和国刑法修正案（六）》第20条规定："在刑法第三百九十九条后增加一条，作为第三百九十九条之一：'依法承担仲裁职责的人员，在仲裁活动中故意违背事实和法律作枉法裁决，情节严重的，处三年以下有期徒刑或者拘役；情节特别严重的，处三年以上七年以下有期徒刑。'"

(二) 刑法规定修改的原因

在我国刑法中补充规定枉法仲裁罪的原因和理由，有以下几点：

1. 我国刑法原没有规定枉法仲裁罪。我国1979年刑法和1997年刑法都没有规定枉法仲裁罪，但在刑法中规定有徇私枉法罪和民事、行政枉法裁判罪，是惩治司法工作人员枉法裁判的行为。1997年刑法第399条规定，司法工作人员徇私枉法、徇情枉法，对明知是无罪的人而使他受追诉、对明知是有罪的人而故意包庇不使他受追诉，或者在刑事审判活动中故意违背事实和法律作枉法裁判的，处5年以下有期徒刑或者拘役；情节严重的，处5年以上10年以下有期徒刑；情节特别严重的，处10年以上有期徒刑。在民事、行政审判活动中故意违背事实和法律作枉法裁判，情节严重的，处5年以下有期徒刑或者拘役；情节特别严重的，处5年以上10年以下有期徒刑。司法工作人员贪赃枉法，有前两款行为的，同时又构成本法第385条规定之罪（受贿罪）的，依照处罚较重的规定定罪处罚。由于刑法没有规定枉法仲裁罪，对枉法仲裁行为一般给予行政纪律处分，如果仲裁人员是国家工作人员，其收受贿赂的，一般按受贿罪追究刑事责任，非国家工作人员的仲裁人员枉法仲裁的，不构成犯罪。

2. 枉法仲裁具有严重的社会危害性。我国仲裁机构原是行政机关的事业单位，现按1995年我国《仲裁法》的规定，仲裁委员会是社会组织，其独立于行政机关，与行政机关没有隶属关系，仲裁委员会之间也没有隶属关系。仲裁委员会是仲裁协会的会员，仲裁协会是仲裁委员会的自律性组织，根据仲裁协会章程规定，其对仲裁委员会及其组成人员、仲裁员的违纪行为进行监督。仲裁委员会的仲裁活动依法独立进行，不受行政机关、社会团体和个人的干涉。仲裁实行一裁终局制度，裁决已经作出，当事人就同一纠纷再申请仲裁或者向人民法院起诉的，仲裁委员会或者人民法院不予受理。因此，根据当事人的申请，人民法院可以裁定撤销仲裁委员会的裁决；也可以裁定不执行仲裁委员会的裁决。当仲裁决定被人民法院依法裁定撤销或者不予执行的，当事人就该纠纷可以根据双方重新达成的仲裁协议可以再申请仲裁，也可以向人民法院起诉。但有很多仲裁裁定是具有法律效力的，如果仲裁人员枉法仲裁将给当事人造成严重后果，其社会危害性也是十分严重的。

3. 维护市场经济秩序，提高仲裁质量的需要。根据《仲裁法》第7条的规定，仲裁应当根据事实，符合法律规定，公平合理地解决纠纷。随着我国改革开放不断扩大，社会主义市场经济迅速发展，公民和法人的财产和经济合同纠纷越来越多，仲裁活动也蓬勃发展起来，这对迅速公平公正地解决纠纷，促进经济发展，减轻司法压力起了重要作用。但在仲裁实践中，也确实出现了一些仲裁人员在仲裁活动中，徇私枉法、贪赃枉法，故意违背事实和法律作枉法裁决，不但给当事人造成重大损失，也给司法机关执行仲裁裁定制造了障碍，在社会上也产生了很坏的影响。为了维护当事人的合法利益不受侵犯，提高仲裁质量，司法机关提出对枉法仲裁，情节严重的行为，应当追究刑事责任。

4. 有中外立法例为借鉴。当今世界上，不少国家刑法中对枉法仲裁行为规定为犯罪，并且同审判人员枉法裁判罪规定在一个法律条文中，适用相同的法定刑。例如，2002年8月22日修改的《德国刑法典》分则第三十章"职务犯罪"中第331条规定的接受利益罪中规定，法官或仲裁员，以其已经实施或将要实施的裁判行为作回报，为自己或者他人索要、让他人允诺或接受他人利益的，处5年以下自由刑或罚金刑；第337条规定有酬报仲裁员罪，仲裁员背着一方当事人，向另一方索要、让其允诺或收受利益，或当事人一方背着他方向仲裁员提供、允诺或给予利益，此行为视为第333条至第335条所谓之利益；第339条规定的枉法罪，法官、公务员或仲裁员在领导或裁判案件时，为有利于一方当事人或不利于一方当事人而枉法的，处1年以上5年以下自由刑。① 1935年7月1日《中华民国刑法》分则第四章"渎职罪"第122条规定："公务员或仲裁人对于违背职务之行为，要求、期约或收受贿赂或其他不正当利益者，处三年以上十年以下有期徒刑，得并科七千元以下罚金。"第124条规定："有审判职务之公务员或仲裁人，为枉法之裁判或仲裁者，处一年以上七年以下有期徒刑。"②

根据我国实际情况的需要，借鉴中外立法例，全国人大常委会在《刑法修正案（六）》第20条增加规定，在刑法第399条后增加一条，作为第399条之一：依法承担仲裁职责的人员，在仲裁活动中故意违背事实和法律作枉法裁决，情节严重的，处3年以下有期徒刑或者拘役；情节特别严重的，处3年以上7年以下有期徒刑。枉法仲裁罪是仲裁人员渎职犯罪，尽管其主体不是国家机关工作人员，也是渎职罪的一种，而且其与司法人员枉法裁判罪相似，有内在联系。所以，我国立法机关参照中外法律规定将其规定在刑法分则第九章"渎职罪"第399条规定的司法人员枉法裁判罪后，作为该条之一。

---

① 参见《外国法典新译系列——德国刑法典》，徐久生、庄敬华译，中国方正出版社2004年版，第167~169页。

② 参见《各国刑法汇编》，中国台北司法通讯社1969年版，第28~29页。

（三）枉法仲裁罪的认定与适用

枉法仲裁罪是《刑法修正案（六）》第 20 条对刑法第 399 条之一中补规定补充的新罪。要准确认定就必须弄清本罪的概念、构成特征和法定刑，及其适用时应注意的问题。

1. 枉法仲裁罪的概念。根据我国法律规定，枉法仲裁罪，是指依法承担仲裁职责的人员，在仲裁活动中故意违背事实和法律作枉法裁决，情节严重的行为。

枉法仲裁是枉法裁判的重要组成部分，是执法不公的重要表现之一。根据我国仲裁法规定，"仲裁应当根据事实，符合法律规定，公平合理地解决纠纷"。但是，有些仲裁人员在对案件仲裁时有索贿、受贿、徇私舞弊、枉法裁决的行为，给当事人造成严重经济损失，在群众中造成恶劣影响，具有严重的社会危害性。因此，我国《刑法修正案（六）》和刑法第 399 条之一将这种行为规定为犯罪，最高处 7 年有期徒刑。

2. 枉法仲裁犯罪的构成特征。根据刑法第 399 条之一和《刑法修正案（六）》第 20 条的规定，该罪的构成特征是：

（1）犯罪主体，是特殊主体，即必须是依法承担仲裁职责的人员，仲裁人员包括：仲裁委员会的成员和聘任的仲裁员。根据我国仲裁法规定，担任仲裁员，应当符合下列条件：①从事仲裁工作满 8 年的；②从事律师工作满 8 年的；③曾任审判员满 8 年的；④从事法律研究、教学工作并具有高级职称的；⑤具有律师知识、从事经济贸易等专业工作并具有高级职称或者具有同等专业水平的。犯罪主体在主观上是故意的，故意违背事实和法律进行枉法裁决，包括故意违反实体法律规定和仲裁程序法律规定。如果确实不知道法律规定，或者对法律和事实认识有错误，而过失作出错误裁决的，不能构成本罪的犯罪主体。

（2）犯罪行为。必须故意实施了枉法裁决行为。具体表现有：

①必须是在职务仲裁过程中，进行枉法仲裁的行为。有些仲裁员是被聘任的兼职人员，他们在履行仲裁职责的仲裁过程中，进行枉法裁决的，才构成犯罪。不是履行聘任仲裁职务的行为，不构成本罪的犯罪行为。

②故意违背事实和法律的行为，即编造事实，伪造证据，隐匿证据、销毁证据，制造假案的行为；歪曲法律规定，肢解法律规定的行为等。

③作枉法裁决的行为，即颠倒黑白裁决的行为，将合法行为裁决为违法行为，将违法行为裁决为合法行为。凡是具有上述行为的，都可以构成本罪的犯罪行为。

如果仲裁裁决有下列情形之一的，当事人可以向法院申请撤销裁决：
①没有仲裁协议的；
②裁决的事项不属于仲裁协议的范围或者仲裁委员会无权仲裁的；
③仲裁庭的组成或者仲裁的程序违反法定程序的；
④裁定根据的证据是伪造的；
⑤对方当事人隐瞒了足以影响公正裁决的证据的；
⑥仲裁员在仲裁该案时有索贿受贿、徇私舞弊、枉法裁决行为的。

人民法院合议庭审查仲裁裁决时，发现有上述情形之一或者人民法院认为仲裁裁决违背社会公共利益的，应当裁定撤销。

（3）犯罪结果，本罪是结果犯，法律规定必须是"情节严重的"结果才可以构成本罪，但是情节显著轻微危害不大的不认为是犯罪。

3. 枉法仲裁罪的法定刑。根据我国刑法第399条之一规定，本罪的法定刑：

（1）犯本罪的，处3年以下有期徒刑或者拘役。

（2）犯本罪，情节特别严重的，处3年以上7年以下有期徒刑。

4. 枉法仲裁罪的适用。在适用枉法仲裁罪时，应注意划清以下几种界限：

（1）注意划清罪与非罪的界限。

第一，本罪的主体是特殊主体，即必须是履行仲裁职责的人员才能构成犯罪；不具有上述特定身份的自然人和单位不构成本罪的主体。

第二，根据我国《仲裁法》规定，平等主体的公民、法人和其他组织之间发生的合同纠纷和其他财产权益纠纷，可以仲裁；婚姻、收养、监护、扶养、继承纠纷和依法应当由行政机关处理的行政争议不能仲裁，对无权仲裁的案件进行仲裁也是枉法仲裁的行为。

另外，本罪是故意犯罪，并且必须是故意违反事实和法律规定作枉法裁决的行为；如果是因为过失行为作枉法裁决的不构成本罪。

第三，本罪是结果犯，必须是枉法裁决情节严重的结果才可以构成本罪，达不到情节严重结果的不构成本罪。

（2）应当注意研究本罪"情节严重的"结果。我国刑法第399条之一规定，必须是故意枉法裁决，情节严重的结果才可以构成犯罪。何为"情节严重的"，刑法没有具体规定，目前也没有司法解释。笔者认为，可以参照最高人民检察院2006年7月26日《关于渎职侵权犯罪案件立案标准的规定》第6条规定的民事、行政枉法裁判案立案标准，涉嫌下列情形之一的，属情节严重的，应予立案，追究刑事责任：①枉法裁决，致使当事人或者其近亲属自杀、自残造成重伤、死亡，或者精神失常的；②枉法裁决，造成个人财产直接经济损失 10 万元以上,或者直接经济损失不满 10 万元,但间接经济损失 50 万元以上的;③枉法裁决,造成法人或者其他组织财产直接经济损失 20 万元以上,或者直接经济损失不满 20 万元,但间接经济损失 100 万元以上的;④伪造、变造有关材料、证据,制造假案枉法裁决的;⑤串通当事人制造伪证,毁灭证据或者篡改庭审笔录而枉法裁决的;⑥徇私情、私利,明知是伪造、变造的证据予以采信,或者故意对应当采信的证据不予采信,或者故意违反法定程序,或者故意错误适用法律而枉法裁决的;⑦其他情节严重的情形。凡是具有上述情形之一的,就可以认定是枉法仲裁情节严重的行为,这是因为人民法院的民事、行政枉法裁判与仲裁的枉法裁决有很多相似之处,因而参照民事、行政枉法裁判罪的立案标准作为枉法仲裁罪的立案标准是有可比性的。

(3) 应当注意研究犯本罪 "情节特别严重的" 结果。我国刑法第 399 条之一规定,故意枉法裁决,情节特别严重的,要处加重法定刑,最高可处 7 年有期徒刑。何为 "情节特别严重的",刑法没有具体规定,目前也没有司法解释。笔者认为, "情节特别严重" 是在 "情节严重" 的基础上,有一项或者几项更加严重的情形。可参照最高人民检察院 2006 年 7 月 26 日《关于渎职侵权犯罪案件立案标准的规定》第 6 条规定的民事、行政枉法裁判案立案标准确定犯仲裁枉法罪 "情节特别严重的" 情况:①枉法裁决,致使当事人或者其近亲属多人自杀、自残造成重伤、死亡,或者精神失常结果的;②枉法裁决,造成个人财产直接经济损失 30 万元以上,或者直接经济损失不满 30 万元,但间接经济损失 100 万元以上结果的;③枉法裁决,造成法人或者其他组织财产直接经济损失 50 万元以上,或者直接经济损失不满 50 万元,但间接经济损失 200 万元以上结果的;④伪造、变造有关材料、证据,制造假案枉法裁决,造成恶劣影响的;⑤串通当事人制造伪证,毁灭证据或者篡改庭审笔录而枉法裁决,情节恶劣的;⑥徇私情、私利,明知是伪造、变造的证据予以采信,或者故意对应当采信的证据不予采信,或者故意违反法定程序,或者故意错误适用法律而枉法裁决,造成严重后果的;⑦其他情节特别严重的情形的。凡是具有上述情节特别严重情形之一的,就可以认定是仲裁枉法 "情节特别严重" 的行为,适用加重法定刑,处 3 年以上 7 年以下有期徒刑。

(4) 划清本罪与徇私枉法罪和民事、行政裁判罪的界限。我国刑法第 399 条第 1 款规定徇私枉法罪,第 2 款规定民事、行政枉法裁判罪,刑法第 399 条之一规定枉法仲裁罪,三种犯罪有何不同?笔者认为,三种犯罪有以下三点不同:

第一,犯罪主体不同。枉法仲裁罪的主体是仲裁的工作人员,而徇私枉法罪和民事、行政枉法裁判罪的主体必须是司法工作人员,且徇私枉法罪的主体必须是刑事审判人员；民事、行政枉法裁判罪的主体必须是民事、行政审判人员。

第二，枉法裁决案件性质不同。枉法仲裁罪枉法裁决的是仲裁案件，是没有进入司法程序的，而按仲裁程序处理的仲裁案件，而徇私枉法裁判罪是依照刑事程序法规定处理的刑事案件，民事、行政枉法裁判罪是依照民事、行政程序法规定处理的民事、行政案件。

第三，犯罪结果不同。枉法仲裁罪情节严重结果才构成犯罪，法律规定了两个档次的法定刑，最高处7年有期徒刑；而徇私枉法罪是行为犯，只要实施了徇私枉法行为的，原则上就可以构成犯罪，法律规定了三个档次的法定刑，最高可处15年有期徒刑；民事、行政枉法裁判罪的结果也必须是情节严重的结果才构成犯罪，法律规定了两个档次的法定刑，最高处10年有期徒刑。

从上述三个不同点就可以将枉法仲裁罪、徇私枉法罪和民事、行政枉法裁判罪区分开。

第七章　中华人民共和国刑法修正案（七）

《中华人民共和国刑法修正案（七）》（以下简称《刑法修正案（七）》）于2009年2月28日第十一届全国人大常委会第七次会议通过，并于当日由国家主席公布施行。我国1997年修订刑法时，对走私、金融、证券、侵犯公民人身权利、妨害社会管理秩序、贪污贿赂等方面的犯罪都作了规定。近年来，在这些方面又出现了一些新的应当追究刑事责任的违法犯罪行为，一些全国人大代表陆续提出了一些修改刑法的议案、建议，司法机关和一些部门也提出一些修改刑法的意见。按照全国人大常委会今年立法工作计划，法制工作委员会根据全国人大代表的议案、建议，司法机关和一些部门的意见，经调查研究，多次征求最高人民法院、最高人民检察院和各有关部门、部分专家的意见，起草了《刑法修正案（七）（草案）》。

一、《刑法修正案（七）》概述

（一）《刑法修正案（七）（草案）》的主要内容

1. 有些国家工作人员的配偶、子女等近亲属，以及其他与该国家工作人员关系密切的人，通过该国家工作人员职务上的行为，或者利用该国家工作人员职权或者地位形成的便利条件，通过其他国家工作人员职务上的行为，为请托人谋取不正当利益，自己从中索取或者收受财物。同时，一些已离职的国家工作人员，虽已不具有国家工作人员身份，但利用其在职时形成的影响力，通过其他国家工作人员的职务行为为请托人谋取不正当利益，自己从中索取或者收受财物。这类行为败坏党风、政风和社会风气，对情节较重的，也应作为犯罪追究刑事责任。

2. 刑法规定对犯财产来源不明罪，处5年以下有期徒刑或者拘役的刑罚偏轻，建议加重。

3. 对走私国家明令禁止进出口的货物、物品的，应直接定为独立的犯罪，不应也无法同走私普通货物、物品一样按其偷逃关税的数额定走私罪,按走私罪的法定刑量刑。

4. 一些证券投资基金管理公司、证券公司等金融机构的从业人员,利用其因职务便利知悉的法定内幕信息以外的其他未公开的经营信息。例如,本单位受托管理资金的交易信息等,违反规定从事相关交易活动,牟取非法利益或者转嫁风险。这种被称为"老鼠仓"的行为,严重破坏金融管理秩序,损害公众投资者利益,应当作为犯罪追究刑事责任。

5. 在经济生活中,偷逃税的情况十分复杂,同样的偷税数额在不同时期对社会的危害程度不同,建议在刑法中对偷税罪的具体数额标准不作规定,由司法机关根据实际情况作出司法解释并适时调整。同时提出,考虑到打击偷税犯罪的主要目的是维护税收征管秩序,保证国家税收收入,对属于初犯,经税务机关指出后积极补缴税款和滞纳金,履行了纳税义务,接受行政处罚的,可不再作为犯罪追究刑事责任,这样处理可以较好地体现宽严相济的刑事政策。

6. 当前以"拉人头"、收取"入门费"等方式组织传销的违法犯罪活动,严重扰乱社会秩序,影响社会稳定,危害严重,应当在刑法中对组织、领导传销组织的犯罪作出专门规定。

7. 一些国家机关和电信、金融等单位在履行公务或者提供服务活动中获得的公民个人信息被非法泄露的情况时有发生,对公民的人身、财产安全和个人隐私构成严重威胁。对这类侵害公民权益情节严重的行为,应当追究刑事责任。

8. 一些不法分子组织未成年人从事扒窃、抢夺等违反治安管理活动的情况,在一些地方比较突出,严重危害社会治安秩序,损害未成年人的身心健康。对此应在刑法中作出专门规定予以惩治。

9. 刑法规定的绑架罪设定的刑罚层次偏少,不能完全适应处理这类情况复杂的案件的需要,需要适当调整。

10. 刑法规定的窝藏、转移、收购、代为销售或者其他方法掩饰、隐瞒犯罪所得及其收益罪,有些是单位实施的,建议增加单位犯本罪的规定,以进一步完善刑法的反洗钱措施。

11. 引发重大动植物疫情危险的,不仅有逃避进出境动植物检疫的行为,还有逃避依法实施的境内动植物防疫、检疫的行为。对后一类造成严重危害的违法行为,也应追究刑事责任。

12. 盗窃、出租、非法使用军队车辆号牌的情况时有发生,扰乱社会管理秩序,损害军队形象和声誉,影响部队战备训练等工作的正常进行。对这类情节严重的行为,应当追究刑事责任。

此外，一些全国人大代表和有关部门还提出了其他一些修改刑法的意见，考虑到其中有些可以通过法律解释解决，有些方面还有不同意见，需要根据实际情况进一步研究论证，暂未列入本草案，继续进行研究。该《刑法修正案（七）（草案）》，提交全国人大常委会审议。

全国人大常委会第六次会议对《刑法修正案（七）（草案二次审议稿）》进行了审议。会后，法律委员会、法制工作委员会对有关问题进一步作了调研，就草案的修改与有关部门交换了意见，并召开了有关部门、法律专家参加的座谈会，听取意见。法律委员会于2009年2月4日召开会议，根据常委会组成人员的审议意见和有关方面的意见，对草案进行了逐条审议。内务司法委员会和国务院法制办负责同志列席了会议。2009年2月18日，法律委员会召开会议，再次进行了审议。法律委员会认为，草案经过常委会两次审议修改，已经比较成熟；同时，提出以下主要修改意见：

1. 草案二次审议稿第6条对刑法第239条绑架罪的规定作了修改，增加了犯绑架罪"情节较轻的，处三年以上十年以下有期徒刑"的规定。有的常委委员提出，为防止司法实践中对这类严重犯罪量刑过轻，建议将起刑点由3年有期徒刑提高到5年有期徒刑。

2. 草案二次审议稿第7条对国家机关或者金融、电信、交通、教育、医疗等单位的工作人员，违反国家规定，出售、非法提供公民个人信息的行为作了规定。一些常委委员和部门提出，单位从事上述行为的情况也比较严重，应增加单位犯罪的规定。法律委员会经同有关部门研究，建议采纳这一意见。

3. 草案二次审议稿第13条在刑法第388条国家工作人员斡旋贿赂犯罪的规定中增加了两款规定，对国家工作人员的近亲属或者其他关系密切的人，利用国家工作人员职务上的影响力索贿受贿的行为追究刑事责任；对离职的国家工作人员或者其近亲属以及其他关系密切的人的这类行为也作了相应规定。有的常委委员和部门、专家提出，刑法第388条规定的犯罪主体是国家工作人员，草案增加规定的犯罪主体是非国家工作人员，建议将新增加的内容作为一条单独规定。法律委员会建议采纳这一意见。

另外，还有两个说明的问题：（1）草案二次审议稿第3条关于不履行纳税义务定罪量刑的标准，规定为既要达到一定数额，又要达到一定偷税比例。有的常委委员在审议中对这一规定提出意见，建议规定只要达到一定数额或者一定比例的，就可以构成犯罪。法律委员会经研究，并听取了最高人民法院、最高人民检察院、国家税务总局等有关部门的意见，考虑到纳税人不履行纳税义务的情况比较复杂，不同的纳税企业，其规模、应纳税数额等情况差别很大，以偷税数额和偷税数额占应纳税额的比例作为定罪标准比较恰当。草案的规定是延续了现行刑法的规定,多年来司法实践中也一直是这样做的,是否对此作出修改,如何修改,尚需认真研究论证,本修正案以不修改为宜。(2) 有的常委委员建议对草案二次审议稿中"情节较轻的"、"关系密切的人"的含义作出界定,法律委员会经研究认为,实践中,情况比较复杂的,可由最高人民法院根据实际情况研究论证,通过制定司法解释解决为宜。2009 年 2 月 26 日上午全国人大会常委会对《刑法修正案(七)(草案三次审议稿)》进行了分组审议。普遍认为,草案经过常委会两次审议修改,已经比较成熟,建议提请本次会议表决通过。同时,有的常委委员又提出了一些修改意见。法律委员会于 2 月 26 日下午召开会议,逐条研究了常委委员的审议意见,对草案进行了审议,内务司法委员会和国务院法制办的负责同志列席了会议。法律委员会认为,草案是可行的,建议本次常委会会议审议通过。全国人大常委委员提出的一些意见,有的可在司法解释中作出具体规定,有的可在以后修改刑法时一并研究。

2009 年 2 月 28 日,第十一届全国人民代表大会常务委员会第七次会议通过了《中华人民共和国刑法修正案(七)》,并于当日公布施行。最高人民法院、最高人民检察院于 2009 年 10 月 14 日作出《关于执行〈中华人民共和国刑法〉确定罪名的补充规定(四)》对《刑法修正案(七)》修改、补充的犯罪的罪名作了新的规定,并于 2009 年 10 月 16 日起施行。

(二)《刑法修正案(七)》修改的犯罪

《刑法修正案(七)》共涉及刑法原 15 条,新增加 9 个条款,相应又增加了 9 种犯罪,修改和补充了 9 个条款,改变了 4 个罪名,可以继续适用原罪名有 5 个,共新增加 13 种罪名。具体有:

1. 《刑法修正案(七)》补充规定了 9 种新罪。具体有:(1) 利用未公开信息交易罪,将金融机构的从业人员以及有关监管部门或者行业协会的工作人员,利用因职务便利获取的内幕信息以外的其他未公开的信息,从事与该信息相关的证券、期货交易活动;或者明示、暗示他人从事相关交易活动的行为,规定构成新的犯罪,最高处 10 年有期徒刑并处违法所得 5 倍罚金。(2) 组织、领导传销活动罪,组织、领导以推销商品、提供服务等经营活动为名,要求参加者以缴纳费用或者购买商品、服务方式获得加入资格,并按照一定顺序组成层级,直接或者间接以发展人员的数量作为计酬或者返利依据,引诱、胁迫参加者继续发展他人参加,骗取财物,扰乱经济社会秩序的传销活动的行为构成犯罪,最高处 15 年有期徒刑并处罚金。(3) 出售、非法提供公民个人信息罪,将国家机关或者金融、电信、交通、教育、医疗等单位的工作人员,违反国家规定,将本单位在履行职责或者提供服务过程中获得的公民个人信息,出售或者非法提供给他人,情节严重的行为规定为犯罪,最高处3年有期徒刑,并处或者单处罚金。(4)非法提供公民个人信息罪,将窃取或者以其他方法非法获取上述信息,情节严重的行为规定为犯罪,最高处3年有期徒刑,并处或者单处罚金。(5)组织未成人进行违反治安管理活动罪,将组织未成年人进行盗窃、诈骗、抢夺、敲诈勒索等违反治安管理活动的行为规定为犯罪,最高处7年有期徒刑。(6)非法获取计算机信息系统数据、非法控制计算机信息系统罪,违反国家规定,侵入前款规定以外的计算机信息系统或者采用其他技术手段,获取该计算机信息系统中存储、处理或者传输的数据,或者对该计算机信息系统实施非法控制,情节严重的行为构成犯罪,最高处7年有期徒刑。(7)提供侵入、非法控制计算机信息系统的程序、工具罪,将提供专门用于侵入、非法控制计算机信息系统的程序、工具,或者明知他人实施侵入、非法控制计算机信息系统的违法犯罪行为而为其提供程序、工具,情节严重的行为规定为独立的犯罪,最高处7年有期徒刑。(8)伪造、盗窃、买卖、非法提供、非法使用武装部队专用标志罪,将"伪造、盗窃、买卖或者非法提供、使用武装部队车辆号牌等专用标志,情节严重的"行为规定为犯罪,最高处7年有期徒刑,并处罚金。(9)利用影响力受贿罪,将国家工作人员的近亲属或者与国家工作人员关系密切的人,通过该国家工作人员职务上的行为,或者利用该国家工作人员职权或者地位形成的便利条件,通过其他国家工作人员职务上的行为,为请托人谋取不正当利益,索取请托人财物或者收受请托人员财物,数额较大或者有其他较重情节的行为和离职的国家工作人员或者其近亲属以及其他与其关系密切的人,利用该离职的国家工作人员原职权或者地位形成的便利条件实施前款行为的,构成犯罪,最高处15年有期徒刑,并处罚金或者没收财产。

2.《刑法修正案(七)》修改了4种新罪。具体是:

(1)走私国家禁止进出口货物、物品罪,将走私珍稀植物及其制品等国家禁止进出口的其他货物、物品的与原刑法规定走私珍稀植物、珍稀植物制品的行为规定为犯罪,取消了走私珍稀植物、珍稀植物制品罪的罪名。

(2)逃税罪,将原规定的偷税行为改为"纳税人采取欺骗、隐瞒手段进行虚假纳税申报或者不申报,逃避纳税数额较大并且占应纳税百分之十以上的"行为构成犯罪,并将偷税罪名改为"逃税罪"。

(3)妨害动植物防疫、检疫罪,将违反有关动植物防疫、检疫的国家规定,引起重大动植物疫情的,或者有引起重大动植物疫情危险,情节严重的行为规定为犯罪,取消逃避动植物检疫罪的罪名。

（4）非法生产、买卖武装部队制式服装罪，将非法生产、买卖武装部队制式服装的行为单独规定为犯罪，取消了非法生产、买卖军用标志罪。

3.《刑法修正案（七）》修改了刑法规定的5种犯罪，罪名没有改变，可以继续使用。具体是：

（1）内幕交易、泄露内幕信息罪。《刑法修正案（七）》第2条将刑法第180条第1款修改规定为："证券、期货交易内幕信息的知情人员或者非法获取证券、期货交易内幕信息的人员，在涉及证券的发行，证券、期货交易或者其他对证券、期货交易价格有重大影响的信息尚未公开前，买入或者卖出该证券，或者从事与该内幕信息有关的期货交易，或者泄露该信息，或者明示、暗示他人从事上述交易活动，情节严重的，处五年以下有期徒刑或者拘役，并处或者单处违法所得一倍以上五倍以下罚金；情节特别严重的，处五年以上十年以下有期徒刑，并处违法所得一倍以上五倍以下罚金。"补充增加了"明示、暗示他人从事上述交易活动"的犯罪行为。

（2）非法经营罪。《刑法修正案（七）》第5条将刑法第225条第（三）项修改为："未经国家有关主管部门批准非法经营证券、期货、保险业务的，或者非法从事资金支付结算业务的。"增加了"非法从事资金支付结算业务的"非法经营行为，扩大了非法经营金融业务行为，如开设地下钱庄的非法经营行为等。

（3）绑架罪。《刑法修正案（七）》第6条将刑法第239条修改为："以勒索财物为目的绑架他人的，或者绑架他人作为人质的，处十年以上有期徒刑或者无期徒刑，并处罚金或者没收财产；情节较轻的，处五年以上十年以下有期徒刑，并处罚金。犯前款罪，致使被绑架人死亡或者杀害被绑架人的，处死刑，并处没收财产。"对绑架罪的法定刑增加了一个较轻的档次的法定刑，以适用惩治情节较轻的绑架犯罪行为。

（4）掩饰、隐瞒犯罪所得、犯罪所得收益罪。《刑法修正案（七）》第10条将刑法第312条修改为："单位犯前款罪的，对单位判处罚金，并对其直接负责的主管人员和其他直接责任人员，依照前款的规定处罚。"增加了单位犯本罪的规定。

（5）巨额财产来源不明罪。《刑法修正案（七）》第14条将刑法第395条修改为："国家工作人员的财产、支出明显超过合法收入，差额巨大的，可以责令该国家工作人员说明来源，不能说明来源的，差额部分以非法所得论，处五年以下有期徒刑或者拘役；差额特别巨大的，处五年以上十年以下有期徒刑。财产的差额部分予以追缴。"主要是作了两项修改：一是对法律条文从文字上加以修改，使法律条文规定的内容更加明确。例如，国家工作人员的财产明确规定包括现有财产和支出的财产两部分,而不是其中之一;责令说明财产来源的是该国家工作人员,而不是其他人。二是增加了一个加重处罚的法定刑,即差额特别巨大的,处 5 年以上 10 年以下有期徒刑,加大了对巨额财产来源不明罪的惩罚力度。

上述从 1997 年 10 月 1 日修订刑法实施后,国家立法机关先后颁布实施了 3 个补充规定和 7 个修正案,对修订刑法作了修改和补充,使刑法的规定不断充实、完善,最高人民法院、最高人民检察院先后作出 4 个关于确定罪名的补充规定,截至目前为止,我国刑法分则共有 445 种犯罪的罪名,基本上能满足当前惩治犯罪的需要。

(三)《刑法修正案(七)》的时间效力

1.《刑法修正案(七)》的生效时间。《刑法修正案(七)》第 15 条规定:"本修正案自公布之日起施行。"该修正案公布之日是 2009 年 2 月 28 日,即本修正案从 2009 年 2 月 28 日起开始生效。从这天起以后发生的《刑法修正案(七)》所规定的犯罪行为都要依照其规定定罪处罚。例如,在 2009 年 2 月 28 日(包括公布的当日),走私国家禁止进出口的其他货物、物品的犯罪的,要依照《刑法修正案(七)》第 1 条的规定,处 5 年以下有期徒刑或者拘役,并处或者单处罚金;情节严重的,处 5 年以上有期徒刑,并处罚金。

2.《刑法修正案(七)》的溯及力。2009 年 2 月 27 日《刑法修正案(七)》生效以前(含当日)发生的《刑法修正案(七)》规定的犯罪行为是否可以依照《刑法修正案(七)》的规定追究刑事责任呢?这应依据我国刑法总则刑法溯及力的规定确定。因为《刑法修正案(七)》是对刑法分则条文的修正,属于刑法分则条文规定的一部分,刑法总则的规定都适用刑法分则条文的规定。不过刑法的修正案修改部分的效力是从修改公布之日起开始生效,而不是从刑法生效之日起开始生效。根据我国刑法第 12 条规定,刑法的溯及力是从旧兼从轻的原则,也就是说在《刑法修正案(七)》生效以前的行为,只要是在刑法规定的追诉期限内的犯罪行为,如果当时的法律没有规定为犯罪或者虽然规定为犯罪,但与《刑法修正案(七)》规定处刑相比较轻的,适应当时的法律不构成犯罪或者适用处罚较轻的当时法律规定。例如,《刑法修正案(七)》生效以前刑法没有规定"出售或者非法提供给他人公民个人信息的行为"构成犯罪,而《刑法修正案(七)》将这种行为规定为犯罪,在《刑法修正案(七)》生效以前实施的这种行为,不构成犯罪,《刑法修正案(七)》对这种行为没有溯及力。再如,《刑法修正案(七)》公布以前,走私国家禁止进出口的其他货物、物品的行为按走私普通货物、物品罪定罪处罚,必须达到偷缴税款 5 万元以上的才构成犯罪；而《刑法修正案（七）》补充规定，只要实施了走私国家禁止的其他货物、物品的，就可以构成犯罪，应追究其刑事责任。由于《刑法修正案（七）》规定处刑重，对其生效以前的走私国家禁止进出口的其他货物、物品的行为不适用《刑法修正案（七）》，应适用刑法第 153 条规定的走私普通货物、物品罪的规定定罪处罚。

3. 《刑法修正案（七）》司法解释的效力。《刑法修正案（七）》修改的条文，在其生效以前有的有司法解释，这些司法解释的效力是跟法律条文的效力时间相同的，如果是解释 1997 年 10 月 1 日生效的刑法条文，不论刑法条文生效以后何时进行的司法解释，其效力都是从 1997 年 10 月 1 日生效；但刑法修正案是从公布之日起生效的，对其生效以后进行的司法解释则是从刑法修正案公布之日起生效。司法解释对刑法原条文规定进行的解释，如果原条文被刑法修正案修改了，该司法解释也就失去效力，需要重新解释。例如，2002 年 11 月 7 日，最高人民法院《关于审理偷税抗税刑事案件具体应用法律若干问题的解释》第 1 条第 2 款规定："扣缴义务人实施前款行为之一，不缴或者少缴已扣、已收税款，数额在一万元以上且占应缴税额百分之十以上的，依照刑法第二百零一条第一款的规定定罪处罚。"该解释由于《刑法修正案（七）》第 3 条第 2 款修改为"扣缴义务人采取前款所列手段，不缴或者少缴已扣、已收税款，数额较大的，依照前款的规定处罚"，因而上述司法解释由于刑法条文的修改而失去效力，需要最高司法机关重作司法解释。

《刑法修正案（七）》中规定的犯罪，在其生效前是按司法解释规定定罪处罚的，对其生效以前的行为仍应依照司法解释定罪处罚。例如，《刑法修正案（七）》第 4 条规定的组织、领导传销罪，在《刑法修正案（七）》生效前依照最高人民法院 2001 年 4 月 18 日《关于情节严重的传销或者变相传销行为如何定性问题的批复》规定"依照刑法第二百二十五条第（四）项的规定，以非法经营罪定罪处罚"。而刑法修正案已将该行为规定为新的独立的罪名，因此，依照刑法规定的从旧兼从轻的溯及力原则，在《刑法修正案（七）》生效前犯有组织、领导传销犯罪行为的，仍应依照司法解释规定以非法经营罪追究刑事责任。

二、走私国家禁止进出口的货物、物品罪

走私国家禁止进出口的货物、物品罪是刑法第 151 条第 3 款规定的犯罪，《刑法修正案（七）》第 1 条对刑法第 151 条第 3 款原规定的走私珍稀植物、珍稀植物制品罪的对象补充规定为所有的国家禁止进出口的货物、物品。因而

最高人民法院、最高人民检察院2009年10月16日《关于执行〈中华人民共和国刑法〉确定罪名的补充规定（四）》中取消了"走私珍稀植物、珍稀植物制品罪"罪名，增加规定了本罪名。

(一) 刑法规定内容的修改

刑法条文中有关走私国家禁止进出口的货物、物品罪的规定有：

1. 1979年刑法第116条规定："违反海关法规，进行走私，情节严重的，除按照海关法规没收走私物品并且可以罚款外，处三年以下有期徒刑或者拘役，可以并处没收财产。"

第118条规定："以走私、投机倒把为常业的，走私、投机倒把数额巨大的或者走私、投机倒把集团的首要分子，处三年以上十年以下有期徒刑，可以并处没收财产。"

2. 1982年4月1日实施的全国人大常委会《关于严惩严重破坏经济的罪犯的决定》第1条第（一）项规定："对刑法第一百一十八条走私、套汇、投机倒把牟取暴利罪……其处刑分别补充或者修改为：情节特别严重的，处十年以上有期徒刑、无期徒刑或者死刑，可以并处没收财产。国家工作人员利用职务犯前款所列罪行，情节特别严重的，按前款规定从重处罚……"

3. 1988年1月21日全国人大常委会《关于惩治走私罪的补充规定》第2条规定："走私国家禁止出口的文物、珍贵动物及其制品、黄金、白银或者其他贵重金属的，处五年以上有期徒刑，并处罚金或者没收财产；情节特别严重的，处无期徒刑或者死刑，并处没收财产；情节较轻的，处五年以下有期徒刑，并处罚金。"

第5条规定："企业事业单位、机关、团体走私本规定第一条至第三条规定的货物、物品的，判处罚金，并对其直接负责的主管人员和其他直接责任人员，依照本规定对个人犯走私罪的规定处罚……"

第7条规定："下列行为，以走私罪论处，依照本规定的有关规定处罚：(1) 直接向走私人非法收购国家禁止进口的物品的，或者直接向走私人非法收购走私进口的其他货物、物品，数额较大的。(2) 在内海、领海运输、收购、贩卖国家禁止进出口物品的，或者运输、收购、贩卖国家限制进出口货物、物品，数额较大，没有合法证明的。前款所列走私行为，走私数额较小，不构成犯罪的，由海关没收走私货物、物品和违法所得，可以并处罚款。"

4. 1997年刑法第151条第2款规定："走私国家禁止出口的文物、黄金、白银和其他贵重金属或者国家禁止进出口的珍贵动物及其制品的，处五年以上有期徒刑，并处罚金；情节较轻的，处五年以下有期徒刑，并处罚金。"

第 3 款规定:"走私国家禁止进出口的珍稀植物及其制品的,处五年以下有期徒刑,并处或者单处罚金;情节严重的,处五年以上有期徒刑,并处罚金。"

第 4 款规定:"犯第一款、第二款罪,情节特别严重的,处无期徒刑或者死刑,并处没收财产。"

第 5 款规定:"单位犯本条规定之罪的,对单位判处罚金,并对其直接负责的主管人员和其他直接责任人员,依照本条各款的规定处罚。"

5. 2009 年 2 月 28 日,全国人大常委会《中华人民共和国刑法修正案(七)》第 1 条规定:"将刑法第一百五十一条第三款修改为:'走私珍稀植物及其制品等国家禁止进出口的其他货物、物品的,处五年以下有期徒刑或者拘役,并处或者单处罚金;情节严重的,处五年以上有期徒刑,并处罚金。'"

上述《刑法修正案(六)》对刑法第 151 条第 3 款规定的走私国家禁止进出口的货物、物品罪的对象作了扩大补充规定。除了刑法原规定的走私国家禁止出口的文物、黄金、白银和其他贵重金属或者国家禁止进出口的珍贵动物及其制品的单独规定为独立的犯罪处较重刑罚外,又在刑法原规定的走私国家禁止进出口的珍稀植物及其制品以外,又补充增加了"走私国家禁止进出口的其他货物、物品的"对象。由于走私对象已扩大到走私除刑法特别规定的禁止进出口的货物、物品以外的所有的国家禁止进出口的货物、物品,因此,"两高"的司法解释也将罪名相应改为"走私国家禁止进出口的货物、物品罪"。

(二) 刑法规定修改的原因

我国 1979 年刑法只笼统地规定了走私罪,不管走私对象是什么都以走私行为为标准定为走私罪。司法实践中,对走私不同对象作为不同情节酌定量刑。走私国家禁止或者限制进出口的货物、物品的作为情节严重的走私犯罪行为处罚。随着走私犯罪行为的不断变化,国家立法机关多次修改刑法,以适应变化了的走私犯罪。1988 年全国人大常委会在《关于惩治走私罪的补充规定》中按走私货物、物品种类不同分别规定为独立的犯罪,特别是将走私毒品、武器、弹药、文物、珍贵动物及其制品、黄金、白银或者其他贵重金属等规定为独立的犯罪,处较重的刑罚;而将走私其他货物、物品的行为则定为走私普通货物、物品罪,处较轻的刑罚,并且将一些在沿边、沿海、领海、内河领域中买卖走私国家禁止、限制进口的货物、物品的行为也规定可以构成走私罪。

1997 年刑法又将走私国家禁止进出口的珍稀植物及其制品的行为单独规定为犯罪。在以后的十年司法实践中,又出现了走私其他国家禁止进出口的货物、物品的行为。例如，进出国家禁止进出口的废物等。因此，司法机关提出修改刑法，对走私国家禁止进出口的其他货物、物品的行为也应单独规定为犯罪，给予较重的刑罚处罚。因此，全国人大常委会根据司法实践中打击走私犯罪的需要，采纳了司法机关的意见，于2009年2月28日在《刑法修正案（七）》第1条中补充规定了走私国家禁止进出口的货物、物品罪。不再按走私珍稀植物、珍稀植物制品罪或者走私普通货物、物品罪定罪处罚。

（三）走私国家禁止进出口的货物、物品罪的适用

走私国家禁止进出口的货物、物品罪是刑法修改补充的犯罪，要准确适用就必须弄清该罪的概念、特征、法定刑，以及适用时应注意的问题。

1. 走私国家禁止进出口的货物、物品罪的概念。该罪是指违反海关法规，走私国家禁止进出口的货物、物品的行为。

我国刑法原规定的走私国家禁止进出口的珍稀植物、珍稀植物制品罪的对象只限于珍稀植物及其制品。对于走私国家禁止进出口的其他货物、物品按走私普通货物、物品罪定罪处罚。根据2009年2月28日《刑法修正案（七）》第1条的规定，将走私国家禁止进口的货物、物品定为走私国家禁止进出口的货物、物品罪，取消了走私珍稀植物、珍稀植物制品罪的罪名。即使走私了国家禁止进出口的珍稀植物及其制品的行为，也要定为走私国家禁止进出口的货物、物品罪，不再定为走私珍稀植物、珍稀植物制品罪。

2. 犯罪的构成特征。根据刑法第151条第3款和《刑法修正案（七）》第1条的规定，该罪的构成特征有：

（1）犯罪主体，是一般主体，凡是年满16周岁以上的具有刑事责任能力的自然人和单位。犯罪主体对违反海关法规是故意的，对走私的货物、物品是国家禁止进出口货物、物品也是明知的，即明知走私的是国家禁止进出口的货物、物品而故意走私；主观上是过失的，不构成犯罪。例如，确实不知道是国家禁止出的货物、物品，在报关时被查出，并改正的行为，不构成犯罪。单位可以构成本罪的犯罪主体。

（2）犯罪行为，必须是走私国家禁止进出口的货物、物品的行为。必须是违反海关法规定，进行走私行为。例如，不报关、虚假报关、逃避关税等走私行为。走私的对象必须是国家禁止进出口名录中规定禁止进出口的货物、物品。

根据最高人民法院、最高人民检察院2014年9月10日《关于办理走私刑事案件适用法律若干问题的解释》第12条规定，刑法第151条第3款规定的"珍稀植物"，包括列入《国家重点保护野生植物名录》、《国家重点保护野生

药材物种名录》、《国家珍贵树种名录》中的国家一、二级保护野生植物、国家重点保护的野生药材、珍贵树木和《濒危野生动植物种国际贸易公约》附录1、附录2中的野生植物，以及人工培育的上述植物。

（3）犯罪结果，是行为犯，只要实施了走私国家禁止进出口的货物、物品的行为就可以构成犯罪。但是，根据刑法第13条的规定，情节显著轻微危害不大的不认为是犯罪。

3. 走私国家禁止进出口的货物、物品罪的法定刑。根据刑法第151条第3款和《刑法修正案（七）》第1条的规定，犯走私国家禁止进出口的货物、物品罪的法定刑：

（1）构成犯罪的，处5年以下有期徒刑，并处或者单处罚金。

根据最高人民法院、最高人民检察院2014年9月10日《关于办理走私刑事案件适用法律若干问题的解释》第11条规定，走私国家禁止进出口的货物、物品，具有下列情形之一的，依照刑法第151条第3款规定，处5年以下有期徒刑或者拘役，并处或者单处罚金：①走私国家一级保护野生植物5株以上不满25株，国家二级保护野生植物10株以上不满50株，或者珍稀植物、珍稀植物制品数额在20万元以上不满100万元的；②走私重点保护古生物化石或者未命名的古生物化石不满10件，或者一般保护古生物化石10件以上不满50件的；③走私禁止进出口的有毒物质1吨以上不满5吨，或者数额在2万元以上不满10万元的；④走私来自境外疫区的动植物及其产品5吨以上不满25吨，或者数额在5万元以上不满25万元的；⑤走私木炭、硅砂等妨害环境、资源保护的货物、物品10吨以上不满50吨，或者数额在10万元以上不满50万元的；⑥走私旧机动车、切割车、旧机电产品或者其他禁止进出口的货物、物品20吨以上不满100吨，或者数额在20万元以上不满100万元的；⑦数量或者数额未达到上述第一项至第六项规定标准，但属于犯罪集团的首要分子，使用特种车辆从事走私活动，造成环境严重污染，或者引起甲类传染病传播、重大动植物疫情等情形的。

本解释规定的"古生物化石"，按照《古生物化石条例》的规定予以认定。走私具有科学价值的古脊椎动物化石、古人类化石，构成犯罪的依照刑法第151条第2款的规定，以走私文物罪定罪处罚。

（2）构成犯罪，情节严重的，处5年以上有期徒刑，并处罚金。

根据最高人民法院、最高人民检察院2014年9月10日《关于办理走私刑事案件适用法律若干问题的解释》第11条规定，走私国家禁止进出口的货物、物品，具有下列情形之一的，应当认定为刑法第151条第3款规定"情节严重"：①走私数量或者数额超过前款第一项至第六项规定的标准的；②达到前款第一项至第六项规定的标准,且属于犯罪集团的首要分子,使用特种车辆从事走私活动,造成环境严重污染,或者引起甲类传染病传播、重大动植物疫情等情形的。

(3)单位犯本罪的,对单位判处罚金,并对其直接负责的主管人员和其他直接责任人员,依照个人犯本罪定罪处罚。

根据最高人民法院、最高人民检察院2014年9月10日《关于办理走私刑事案件适用法律若干问题的解释》第14条规定,走私国家禁止进出口的货物、物品罪,偷逃应缴税额在20万元以上不满100万元的,应当依照刑法第153条第2款的规定,对单位判处罚金,并对其直接负责的主管人员和其他直接责任人员,处3年以下有期徒刑或者拘役;偷逃应缴税额在100万元以上不满500万元的,应当认定为"情节严重";偷逃应缴税额在500万元以上的,应当认定为"情节特别严重"。

4. 本罪适用时应注意以下问题:

(1)注意划清本罪与非罪的界限。我国刑法第151条第3款和《刑法修正案(七)》第1条规定构成走私国家禁止进出口的货物、物品罪是行为犯,只要行为人实施了走私国家禁止进出口的货物、物品的行为就可以构成犯罪。但是,这种行为犯还必须根据刑法第13条规定的行为人的行为情节显著轻微危害不大的不认为是犯罪的规定进行考察,如果确实是情节显著轻微危害不大的走私国家禁止进出口的货物、物品的行为不能定罪处罚。

(2)注意划清本罪与走私文物罪、走私贵重金属罪、走私珍贵动物、珍贵动物制品罪、走私淫秽物品等罪的界限。上述犯罪的对象都是走私国家法律规定禁止进出口的货物、物品。但由于走私对象的性质不同,对社会危害的程序不同,刑法规定为不同的罪名,处以轻重不同的刑事处罚。走私国家禁止出口的文物、贵重金属、珍贵动物及其制品,社会危害性相对较大些,刑法第151条规定的法定刑较重,最高可处死刑,即使情节较轻的,也构成犯罪。而走私淫秽物品罪,刑法第152条规定的法定刑幅度很大,最轻的犯罪判处管制,并处罚金;最重的犯罪可以处无期徒刑,并处罚金或者没收财产和附加剥夺政治权利终身。而走私国家禁止进出口货货物、物品罪的法定刑相对较轻些,最高刑处15年有期徒刑;最低处拘役,并处或者单处罚金。

(3)注意划清本罪与走私普通货物、物品罪的界限。我国刑法第153条规定的是走私普通货物、物品。第151条规定的走私武器、弹药;走私核材料;走私假币;走私文物;走私贵重金属;走私珍贵动物、珍贵动物制品;走私珍稀植物及其制品和走私国家禁止进出口的其他货物、物品。第152条规定的走私淫秽影片、录像带、录音带、图片、书刊或者其他淫秽物品。第347条规定的走私毒品等犯罪行为。走私普通货物、物品罪是根据犯罪情节和走私偷逃应缴税数额多少定罪处罚的。《刑法修正案（七）》实施以前，走私国家禁止进出口的（除特别规定的货物、物品外），以走私普通货物、物品罪的规定定罪处罚。《刑法修正案（七）》第1条规定，将走私国家禁止进出口的货物、物品（除特别规定的货物、物品以外）的犯罪行为，都依照刑法第151条第3款规定的走私国家禁止进出口的货物、物品罪定罪处罚。

三、利用未公开信息交易罪

利用未公开信息交易罪是刑法第180条第4款规定的犯罪，《刑法修正案（七）》第2条第2款在刑法第180条中补充增加第4款规定的新犯罪行为。最高人民法院、最高人民检察院2009年10月16日施行的《关于执行〈中华人民共和国刑法〉确定罪名的补充规定（四）》中补充规定的新罪名。

（一）刑法规定内容的修改

刑法条文中有关利用未公开信息交易罪的规定有：

1. 1997年刑法第180条规定："证券交易内幕信息的知情人员或者非法获取证券交易内幕信息的人员，在涉及证券的发行、交易或者其他对证券的价格有重大影响的信息尚未公开前，买入或者卖出该证券，或者泄露该信息，情节严重的，处五年以下有期徒刑或者拘役，并处或者单处违法所得一倍以上五倍以下罚金；情节特别严重的，处五年以上十年以下有期徒刑，并处违法所得一倍以上五倍以下罚金。

"单位犯前款罪的，对单位判处罚金，并对其直接负责的主管人员和其他直接责任人员，处五年以下有期徒刑或者拘役。

"内幕信息的范围，依照法律、行政法规的规定确定。知情人员的范围，依照法律、行政法规的规定确定。"

2. 1999年12月25日，全国人大常委会《中华人民共和国刑法修正案》第4条规定将刑法第180条修改为："证券、期货交易内幕信息的知情人员或者非法获取证券、期货交易内幕信息的人员，在涉及证券的发行、证券、期货交易或者其他对证券、期货交易价格有重大影响的信息尚未公开前，买入或者卖出该证券，或者从事与该内幕信息有关的期货交易，或者泄露该信息，情节严重的，处五年以下有期徒刑或者拘役，并处或者单处违法所得一倍以上五倍以下罚金；情节特别严重的，处五年以上十年以下有期徒刑，并处违法所得一倍以上五倍以下罚金。

"单位犯前款罪的,对单位判处罚金,并对其直接负责的主管人员和其他直接责任人员,处五年以下有期徒刑或者拘役。"

"内幕信息、知情人员的范围,依照法律、行政法规的规定确定。"

3. 2009年2月28日全国人大常委会《中华人民共和国刑法修正案(七)》第2条规定:"将刑法第一百八十条第一款修改为:'证券、期货交易内幕信息的知情人员或者非法获取证券、期货交易内幕信息的人员,在涉及证券的发行,证券、期货交易或者其他对证券、期货交易价格有重大影响的信息尚未公开前,买入或者卖出该证券,或者从事与该内幕信息有关的期货交易,或者泄露该信息,或者明示、暗示他人从事上述交易活动,情节严重的,处五年以下有期徒刑或者拘役,并处或者单处违法所得一倍以上五倍以下罚金;情节特别严重的,处五年以上十年以下有期徒刑,并处违法所得一倍以上五倍以下罚金。'"

增加一款作为第4款规定:"证券交易所、期货交易所、证券公司、期货经纪公司、基金管理公司、商业银行、保险公司等金融机构的从业人员以及有关监管部门或者行业协会的工作人员,利用因职务便利获取的内幕信息以外的其他未公开的信息,违反规定,从事与该信息相关的证券、期货交易活动,或者明示、暗示他人从事相关交易活动,情节严重的,依照第一款的规定处罚。"

上述我国1997年刑法第180条原规定了内幕交易、泄露内幕信息罪,但内容只限于证券交易及其交易内幕信息;《刑法修正案》又增加了期货交易及其交易内幕信息;《刑法修正案(七)》将刑法第180条规定内幕交易、泄露内幕信息的犯罪行为增加了明示、暗示他人从事证券、期货交易活动的行为,并且还增加规定了利用"内幕信息以外的其他未公开的信息",违反规定从事与该信息相关的证券、期货交易活动,或者明示、暗示他人从事相关交易活动的犯罪行为。因此,"两高"司法解释对新增加的犯罪行为确定为"利用未公开信息交易罪"的罪名。

(二) 刑法规定修改的原因

我国1979年刑法没有规定利用未公开信息交易罪,因为在当时我国还没有证券、期货交易活动。从1990年以后我国开始试行证券发行和证券交易活动,1997年刑法第180条将证券内幕交易、泄露证券内幕交易信息的行为规定为犯罪。1995年以后,我国又开始了期货交易活动,社会上又出现了利用期货交易的内部信息或者泄露期货内幕信息进行违法犯罪活动。1999年12月25日全国人大常委会在《刑法修正案》第4条中将期货内幕交易、泄露期货内幕信息的行为补充规定为犯罪。随着证券、期货交易活动的不断发展，在该领域中又出现了"利用因职务便利获取的内幕信息以外的其他未公开的信息，违反规定从事与该信息相关的证券、期货交易活动，或者明示、暗示他人从事相关交易活动的犯罪行为"。为了适应司法实践中惩治这种犯罪行为的需要，2009年2月28日全国人大常委会在《刑法修正案（七）》第2条第2款中，在刑法第180条规定内幕交易、泄露内幕信息罪的基础上，又补充规定了"利用未公开信息交易罪"。

（三）利用未公开信息交易罪的适用

利用未公开信息交易罪是《刑法修案（七）》对刑法180条补充规定的犯罪，要准确适用就必须弄清该罪的概念、特征、法定刑，以及适用时应注意的问题。

1. 利用未公开信息交易罪的概念。该罪是指证券交易所、期货交易所、证券公司、期货经纪公司、基金管理公司、商业银行、保险公司等金融机构的从业人员以及有关监管部门或者行业协会的工作人员，利用因职务便利获取的内幕信息以外的其他未公开的信息，违反规定，从事与该信息相关的证券、期货交易活动，或者明示、暗示他人从事相关交易活动，情节严重的行为。

我国刑法第180条原规定的内幕交易、泄露内幕信息罪，其行为只是利用内幕信息进行内幕交易和泄露内幕信息的犯罪行为。而本罪是利内幕信息以外的其他未公开的信息自己从事或者明示、暗示他人进行证券、期货交易活动的行为。根据2009年2月28日《刑法修正案（七）》第2条的规定，既惩治利用内幕信息交易犯罪行为，也惩治利用内幕信息以外的其他未公开信息进行证券、期货交易的犯罪行为。这些证券、期货管理机关内部进行证券、期货交易活动是从内部破坏证券、期货正常公平交易秩序，通常称为"老鼠仓"，其社会危害性很大，刑法应当规定为犯罪，给予刑罚惩治。

2. 犯罪的构成特征。根据刑法第180条第4款和《刑法修正案（七）》第2条第2款的规定，该罪的构成特征有：

（1）犯罪主体，是特殊主体。根据刑法第180条第4款规定，该罪的犯罪主体必须是证券交易所、期货交易所、证券公司、期货经纪公司、基金管理公司、商业银行、保险公司等金融机构的从业人员以及有关监管部门或者行业协会的工作人员，即金融机构从业人员和监管部门和行业协会的工作人员。上述人员除了必须具备年满16周岁以上的具有刑事责任能力的自然人的条件外，还必须是金融机构中的从业人员及其监管部门工作人员人或者行业协会的工作人员。不满16周岁的人和不是金融机构从业人员以及有关监管部门或者行业协会的工作人员不能构成本罪的主体。这里的从业人员,是指上述金融机构中从事证券、期货业务的人员,不论是工作人员还是工人,也不论选举任命的还是雇用聘任的,不论是正式工还是临时工,只要是从证券、期货工作,有一定工作职务的人员都可以构成本罪的犯罪主体。对于有关监管部门和行业协会的工作人员则必须是有一定职务的工作人员才能构成本罪的犯罪主体。犯罪主体对违反规定进行证券、期货交易主观上是故意的,对利用的信息是未公开的内幕交易信息以外的其他信息也是明知的。主观上过失的不构成犯罪。例如,确实不知道该信息是未公开的信息,,而明示他人从事该证券交易活动的行为,不构成犯罪。单位不能成本罪的犯罪主体,因为刑法第180条第4款没有规定单位构成本罪及法定刑。

参照最高人民法院、最高人民检察院2012年6月1日《关于办理内部交易、泄露内幕信息刑案件具体应用法律若干问题的解释》第1条规定,下列人员应当认定为刑法第180条第1款规定的证券、期货交易内幕信息的知情人员:①证券法第74条规定的人员;②期货交易管理条例第85条第(十二)项规定的人员。

第2条规定,具有下列行为的人员应当认定为刑法第180条第1款规定的非法获取证券、期货交易内幕信息的人员:①利用窃取、骗取、套取、窃听、利诱、刺探或者私下交易等手段获取内幕信息的;②内幕信息知情人员的近亲属或者其他与内幕信息人员关系密切的人员,在内部信息敏感期内,从事或者明示、暗示他人从事,或者泄露内幕信息导致他人从事与该内幕信息有关证券、期货交易,相关交易行为明显异常,且无正当理由或者正当信息来源的;③在内幕信息敏感期内,与内幕信息知情人员联络、接独,从事或者明示、暗示他人从事,或者泄露内幕信息导致他人从事与该内幕信息有关的证券、期货交易,相关交易行为明显异常,且无正当理由或者正当信息来源的。

第3条规定,本解释第2条第(二)项、第(三)项规定的"相关交易行为明显异常",要综合以下情形,从时间吻合程度、交易背离程度和利益关联程度等方面予以认定:①开户、销户、激活资金账户或者指定交易(托管)、撤销指定交易(托管)的时间与该内幕信息形成、变化、公开时间基本一致的;②资金变化与内幕信息形成、变化、公开时间基本一致的;③买入或者卖出与内幕信息的形成、变化和公开时间基本一致的;④买入或者卖出与内幕信息有关的证券、期货合约时间与获悉内幕信息的时间基本一致的;⑤买入或者卖出证券、期货合约行为,明显与平时交易习惯不同的;⑥买入或者卖出证券、期货合约行为,或者集中持有证券、期货合约行为与该证券、期货公开信息反映的基本面明显背离的;⑦账户交易资金进出与该内幕信息知情人员或者非法获取人员有关联或者利害关系的；⑧其他交易行为明显异常情形。

第 5 条规定，"内幕信息敏感期"是指内幕信息自形成至公开的期间。重大事件的发生时间，计划、方案、政策、决定等形成时间，应当认定为内幕信息的形成时间；内幕信息的公开，是指内幕信息在国务院证券、期货监督管理机构指定的报刊、网站等媒体披露。

（2）犯罪行为，必须是利用未公开信息交易的行为。这种行为表现有：

①违反规定，利用因职务便利获取的内幕信息以外的其他未公开的信息，从事与该信息相关的证券、期货交易活动。这种自己进行的证券、期货交易活动与利用职务获取的信息有着密切的联系。

②违反规定，利用因职务便利获取的内幕信息以外的其他未公开的信息，明示或者暗示他人从事相关交易活动，他人实施的证券、期货交易活动与明示、暗示他人交易活动有着密切关系。如果他人的交易活动与明示或暗示的行为没有关系，不能构成本罪的犯罪行为。

上述行为违反的规定，包括国家规定，也包括地方和单位内部的规章制度。例如，证券交易所规定，本所工作人员不得在本所进行证券交易活动等。

上述行为"利用的信息"，必须是利用职务的便利获取的信息，必须是内幕信息以外的其他未公开的信息，即这种信息是未公开的而且是影响证券、期货交易的信息。如果是利用非职务便利获取的或者是已公开的信息或者是对证券、期货交易无影响的信息，都不能构成本罪的犯罪行为。

参照最高人民法院、最高人民检察院 2012 年 6 月 1 日《关于办理内部交易、泄露内幕信息刑案件具体应用法律若干问题的解释》第 4 条规定，具有下列情形之一的，不属于刑法第 180 条第 1 款规定的从事与内幕信息有关的证券、期货交易：①持有或者通过协议、其地安排与他人共同持有上市公司 5% 以上股份的自然人、法人或者其他组织收购该上市公司股份的；②按照事先订立的书面合同、指令、计划从事相关证券、期货交易的；③依据已被他人披露的信息而交易的；④交易具有其他正当理由或者正当信息来源的。

（3）犯罪结果，是结果犯，必须是达到情节严重的行为。达不到情节严重的结果，不能构成犯罪。所谓情节严重的，一般是指严重扰乱了证券、期货交易秩序，给有关单或者部门造成巨大经济损失，在社会上造成恶劣的影响。

所谓情节严重的，根据最高人民检察院、公安部 2010 年 5 月 7 日《关于公安机关管辖的刑事案件立案追诉标准的规定（二）》第 26 条规定，违反规定，从事与该信息相关的证券、期货交易活动，或者明示、暗示他人从事相关交易活动，涉嫌下列情形之一的，应予追诉：①证券交易成交数额累计在 50 万元以上的；②期货交易占用保证金数额累计在 30 万元以上的；③获利或者避免损失累计在 15 万元以上的；④多次利用内部信息以外的其他未公开信息进行交易活动的；⑤其他情节严重情形。凡是具备了上述结果之一，就是情节严重的，可以构成犯罪，追究刑事责任。

3. 利用未公开信息交易罪的法定刑。本罪应是"情节严重"和"情节特别严重"两种情况的法定刑。根据刑法第 180 条第 4 款和《刑法修正案（七）》第 2 条第 2 款的规定，利用未公开信息交易罪的法定刑是"情节严重的，依照刑法第 180 条第 1 款的规定处罚"。由于第 1 款规定了"情节严重"和"情节特别严重"两种情况的法定刑。因此，对第 4 款规定的"情节严重"应理解为是第 1 款规定的"情节严重"和"情节特别严重"两种情况的法定刑，利用未公开信息交易罪的法定刑应广义解释为两个档次法定刑，使两罪的法定刑相适应。不应仅适用"情节严重"一个档次法定刑。

（1）情节严重，构成犯罪的，处 5 年以下有期徒刑或者拘役，并处或者单处违法所得 1 倍以上 5 倍以下罚金。

参照最高人民法院、最高人民检察院 2012 年 6 月 1 日《关于办理内部交易、泄露内幕信息刑案件具体应用法律若干问题的解释》第 6 条规定，具有下列情形之一的，应当认定为刑法第 180 条第 1 款规定的"情节严重"：①证券交易成交额在 50 万元以上的；②期货交易占用保证金数额在 30 万元以上的；③获利或者避免损失数额在 15 万元以上的；④三次以上的；⑤具有其他严重情节的。上述司法解释第 10 条规定，刑法第 180 条第 1 款规定的"违法所得"，是指通过内幕交易行为所获的利益或者避免的损失。内幕信息的泄露人员或者内幕交易的明示、暗示人员未实际从事内幕交易的，其罚金数额按照因泄露而获悉内幕交易信息人员或者被明示、暗视人员从事内幕交易的违法所得计算。

（2）构成犯罪，情节特别严重的，处 5 年以上 10 年以下有期徒刑，并处违法所得 1 倍以上 5 倍以下罚金。

参照最高人民法院、最高人民检察院 2012 年 6 月 1 日《关于办理内部交易、泄露内幕信息刑案件具体应用法律若干问题的解释》第 7 条规定，具有下列情形之一的，应当认定为刑法第 180 条第 1 款规定的"情节特别严重"：①证券交易成交额在 250 万元以上的；②期货交易占用保证金数额在 150 万元以上的；③获利或者避免损失数额在 75 万元以上的；④具有其他严重情节的。

4. 本罪适用时应注意以下问题：

（1）注意划清本罪与非罪的界限。我国 1997 年刑法第 180 条第 4 款和《刑法修正案（七）》第 2 条第 2 款的规定，构成利用未公开信息交易罪是结果犯，必须是达到情节严重的结果才能构成犯罪，情节一般，情节较重的，都不能构成犯罪。因此，认定本罪时应注意分析行人的行为是否达到情节严重的程度。另外，该罪的犯罪主体是特殊主体，必须是金融机构的从业人员及有关监管部门和行业协会的工作人员，不是上述人员不能构成本罪。即使是上述人员也必须是利用因职务的便利获取的内幕信息以外的其他未公开的信息进行交易的行为，才能构成犯罪，不具备上述条件行为的，不构成本罪。

（2）注意划清本罪与内幕交易、泄露内幕信息罪的界限。上述两种犯罪都是刑法第180条规定的涉及证券、期货交易信息方面的犯罪，且都是内幕交易行为，容易混淆。两者之间的主要区别是利用信息的内容不同。本罪利用的信息是证券、期货交易内幕信息以外的其他未公开的信息；而内幕交易、泄露内幕交易信息罪的信息仅仅是内幕信息。由于信息的性质不同将两罪原则上区别开来。当然，细分析两种犯罪其犯罪构成要件也有所不同：

①犯罪主体不同。虽然两罪的主体都是特殊主体，但特殊主体的具体范围不同。本罪的主体只是金融机构从业人员及监管部门和行业协会的工作人员，单位不能构成本罪主体；而内幕交易、泄露内幕信息罪的主体是证券、期货交易信息的知情人员或者非法获取证券、期货交易信息人员和单位，其范围比前罪更广泛。

②犯罪行为不同。虽然两种犯罪行为都是利用证券、期货信息进行交易的行为，但具体行为表现方式不同，本罪是违反规定，利用职务便利获取的内幕信息以外的其他未公开的信息，从事与该信息相关的证券、期货交易活动或者明示或者暗示他人从可事相关交易活动的行为；而内幕交易、泄露内幕信息罪的犯罪行为是利用内幕信息进行证券、期货交易或者泄露证券、期货交易信息的行为，或者明示或者暗示他人进行交易的行为。

③犯罪结果不同。尽管两罪都必须情节严重的才构成犯罪，但情节严重的含义不完全相同。一般来讲，利用内幕信息进行证券、期货交易的，情节严重的程度要重于利用其他未公开的信息情节严重的程度。刑法第180条第4款规定的利用未公开信息交易罪的"情节严重"，应理解是泛指，其中包括"情节严重"和"情节特别严重"两种情况。

（3）注意划清本罪与故意泄露国家秘密罪的界限。本罪是泄露未公开的证券、期货交易信息，明示或者暗示他人从事证券、期货交易活动的行为，这与刑法第398条规定的故意泄露国家秘密罪的行为很相似，有可能出现法条规定竞合的情况，例如，国家工作人员泄露的是国家秘密的内幕信息，在定罪时容易混淆。二者区别的根据是保守秘密的性质不同。未公开的证券、期货交易信息也是一种秘密，但不一定都是国家秘密，有的可能是国家秘密，有的可能是单位的秘密不是国家秘密。另外，刑法已将泄露除内幕信息以外的其他未公开的证券、期货交易信息单独规定为独立的犯罪，根据特别规定优于普通规定的原则，对利用未公开的信息明示或者暗示他人进行证券期货交易的泄露未公开信息的行为，不再认定为普通的故意泄露国家秘密罪，而要认为利用未公开信息进行交易犯罪。

（4）注意划清本罪与侵犯商业秘密罪的界限。我国刑法第219条规定的侵犯商业秘密罪的犯罪对象与本罪有相同或者相似之处，即侵犯的都是尚未公开的信息，定罪时容易混淆。二罪的根本区别是侵犯的对象和客体不同。本罪侵犯的是证券、期货交易秩序，而侵犯商业秘密犯罪行为侵犯的客体是企业事业单位的经营活动；侵犯商业秘密罪的行为对象商业秘密，其比利用未公开信息交易罪的行为对象证券、期货交易信息的范围要宽泛一些。如果行为人泄露的未公开的证券、期货交易信息又是商业秘密时，应按特别法律规定优于普通法律规定的原则认定为本罪。

（5）注意内幕交易数额的计算。在计算利用未公开信息交易的数额时，可参照最高人民法院、最高人民检察院2012年6月1日《关于办理内部交易、泄露内幕信息刑案件具体应用法律若干问题的解释》第8条规定，二次以上实施内幕交易或者泄露内幕信息行为，未经行政处理或者刑事处理的，应当对相关交易数额依法累计计算。第9条规定，同一案件中，成交额、占用保证金额、获利或者避免损失额分别构成情节严重、情节特别严重的，按照处罚较重的数额定罪处罚。构成共同犯罪的，按照共同犯罪行为人的成交总额、占用保证金总额、获利或者避免损失总额定罪处罚，但判处各被告人罚金的总额应当掌握在获利或者避免损失总额的1倍以上5倍以下。

四、逃 税 罪

逃税罪是刑法第201条规定的犯罪，《刑法修正案（七）》第3条对刑法第201条原规定的偷税罪的犯罪行为表述作了较大的修改。因而最高人民法院、最高人民检察院2009年10月16日《关于执行〈中华人民共和国刑法〉确定罪名的补充规定（四）》中取消了偷税罪的罪名，修改为逃税罪的罪名。

（一）刑法规定内容的修改

刑法条文中有关逃税罪的规定有：

1. 1979年刑法第121条规定："违反税收法规，偷税、抗税，情节严重的，除按照税收法规补税并且可处罚款外，对直接责任人员，处三年以下有期徒刑或者拘役。"

2. 1993年1月1日实施的全国人大常委会《关于惩治偷税、抗税罪的补充规定》第1条规定："纳税人采取伪造、变造、隐匿、擅自销毁账簿、记账凭证，在账簿上多列支出或者不列、少列收入，或者进行虚假的纳税申报的手段，不缴或者少缴应纳税款，是偷税。偷税数额占应纳税额的百分之十以上并且偷税数额在一万元以上的，或者因偷税被税务机关给予二次行政处罚又偷税的，处三年以下有期徒刑或者拘役，并处偷税数额五倍以下的罚金；偷税数额占应纳税额的百分之三十以上并且偷税数额在十万元以上的，处三年以上七年以下有期徒刑，并处偷税数额五倍以下罚金。

"扣缴义务人采取前款所列手段，不缴或者少缴已扣、已收税款，数额占应缴税额的百分之十以上并且数额在一万元以上的，依照前款的规定处罚。

"对多次犯有前两款规定的违法行为未经处理的，按照累计数额计算。"

第3条规定："企业事业单位犯第一条、第二条罪的，依照第一条、第二条的规定，判处罚金，并对其直接负责的主管人员和其他直接责任人员，处三年以下有期徒刑或者拘役。"

第7条规定："对犯本规定之罪的，由税务机关追缴不缴、少缴、欠缴、拒缴或者骗取的税款。对依法免予刑事处罚的，除由税务机关追缴不缴、少缴、欠缴、拒缴或者骗取的税款外，处不缴、少缴、欠缴、拒缴或者骗取的税款五倍以下的罚款。"

3. 1997年刑法第201条规定："纳税人采取伪造、变造、隐匿、擅自销毁账簿、记账凭证，在账簿上多列支出或者不列、少列收入，经税务机关通知申报而拒不申报或者进行虚假的纳税申报的手段，不缴或者少缴应纳税款，偷税数额占应纳税额的百分之十以上不满百分之三十，并且偷税数额在一万元以上不满十万元的，或者因偷税被税务机关给予二次行政处罚又偷税的，处三年以下有期徒刑或者拘役，并处偷税数额一倍以上五倍以下罚金；偷税数额占应纳税额的百分之三十以上，并且偷税数额在十万元以上的，处三年以上七年以下有期徒刑，并处偷税数额一倍以上五倍以下罚金。

"扣缴义务人采取前款所列手段，不缴或者少缴已扣、已收税款，数额占应缴税额的百分之十以上并且数额在一万元以上的，依照前款的规定处罚。

"对多次犯有前两款行为，未经处理的，按照累计数额计算。"

第211条规定："单位犯本节第二百零一条、第二百零三条、第二百零四条、第二百零七条、第二百零八条、第二百零九条规定之罪的，对单位判处罚金，并对其直接负责的主管人员和其他直接责任人员，依照各该条的规定处罚。"

第212条规定："犯本节第二百零一条至第二百零五条规定之罪，被判处罚金、没收财产的，在执行前，应当先由税务机关追缴税款和所骗取的出口退税款。"

4. 2009年2月28日全国人大常委会《中华人民共和国刑法修正案（七）》第3条规定将刑法第201条修改为："纳税人采取欺骗、隐瞒手段进行虚假纳税申报或者不申报，逃避缴纳税款数额较大并且占应纳税额百分之十以上的，处三年以下有期徒刑或者拘役，并处罚金；数额巨大并且占应纳税额百分之三十以上的，处三年以上七年以下有期徒刑，并处罚金。

"扣缴义务人采取前款所列手段，不缴或者少缴已扣、已收税款，数额较大的，依照前款的规定处罚。

"对多次实施前两款行为，未经处理的，按照累计数额计算。

"有第一款行为，经税务机关依法下达追缴通知后，补缴应纳税款，缴纳滞纳金，已受行政处罚的，不予追究刑事责任；但是，五年内因逃避缴纳税款受过刑事处罚或者被税务机关给予二次以上行政处罚的除外。"

上述刑法补充规定和刑法修正案根据逃税犯罪行为的变化，对刑法原规定的罪名、犯罪行为、犯罪结果、法定刑等都作了修改和补充。

（1）修改罪名，由偷税罪改为逃税罪；

（2）犯罪行为由偷税行为，改为逃避缴纳税款的行为；

（3）犯罪结果，由偷税数额占应纳税额的10%以上且偷税数额在1万元以上，改为"逃避缴纳税款数额较大并且占应纳税额10%以上的结果和偷税数额占应纳税额的百分之三十以上，并且偷税数额在十万元以上的，改为逃税数额巨大并且占应纳税额百分之三十以上的"。

（4）犯罪的法定刑，由最高处3年有期徒刑，提高到处7年有期徒刑。还特别增加规定，经税务机关依法下达追缴通知后，补缴应纳税款，缴纳滞纳金，已受行政处罚的，不予追究刑事责任；但是，5年内因逃避缴纳税款受过刑事处罚或者被税务机关给予2次以上行政处罚的除外。体现了惩罚涉税犯罪实行宽严相济的刑事政策。

（二）刑法规定修改的原因

我国1979年刑法只笼统地规定了偷税罪，对偷税罪的罪状没有规定，而且规定的法定刑比较轻。随着国家利改税以后，偷税犯罪行为增多，偷税数额增大，原刑法规定明显不能适应同当时偷税犯罪行为作斗争的需要，1993年1月全国人大常委会在《关于惩治偷税、抗税犯罪的补充规定》中对偷税罪的罪状作了详细规定，首次规定偷税数额在1万元以上并且占应纳税数额的10%以上的结果，或者因偷税被税务机关给予2次行政处罚又偷税的结果，作为构成偷税罪的构成必要条件，并将偷税罪的法定最高刑由 3 年提高到可以处 7 年有期徒刑；同时还将扣缴义务人规定为偷税罪的主体。1997 年刑法第 201 条基本采纳了 1993 年补充规定的内容，只是作了文字上的调整。

经过十多年的司法实践，对前款所列逃税数额 1 万元以上并且占应缴税额 10% 的规定不能适当前同逃税犯罪行为作斗争。有关部门提出，在经济生活中，偷逃税的情况十分复杂，刑法第 201 条规定的从逃税的具体数额和所占应纳税款的比例两方面作为逃税罪的定罪量刑标准，规定太死，同样的偷税数额在不同时期对社会的危害程度不同，定罪量刑的具体标准也应当不同，为更有力地惩治逃避缴纳税收的犯罪行为，建议在刑法中对偷税罪的具体数额标准不作规定，由司法机关根据实际情况作出司法解释并适时调整。同时还提出，考虑到打击偷税犯罪的主要目的是维护税收征管秩序，保证国家税收收入，对属于初犯，经税务机关指出后积极补缴税款和滞纳金，履行了纳税义务，接受行政处罚的，可不再作为犯罪追究刑事责任，这样处理可以较好地体现宽严相济的刑事政策。全国人大常委会根据司法实践中打击逃税犯罪的需要，采纳了税务机关和司法机关的意见，于 2009 年 2 月 28 日在《刑法修正案（七）》第 3 条中补充规定了逃税犯罪行为，将逃税数额较大并且占应纳税数额 10% 以上的行为作为构成犯罪的必要条件。

（三）逃税罪的适用

逃税罪是《刑法修正案（七）》第 3 条将刑法第 201 条原规定的偷税罪修改为逃税罪的一种新的犯罪，要准确适用就必须弄清该罪的概念、特征、法定刑以及适用时应注意的问题。

1. 逃税罪的概念。逃税罪是指纳税人或者扣缴义务人违反税收法律规定，采取欺骗、隐瞒手段进行虚假纳税申报或者不申报，逃避缴纳税款数额较大并且占应纳税额 10% 以上的行为。

逃税罪是直接危害国家税收管理秩序的犯罪。纳税是公民和单位应尽的义务，任何国家的公民和单位都应纳税，以保证国家有充足的财力，以进行政权建设和经济建设，保卫国家的安全。我国是社会主义国家，公民和单位依法纳税是取之于民、用之于民，确保国家的经济建设有充足的财力。如果纳税人依法应纳税而不纳税，逃避应尽的纳税义务，既破坏了国家的税收制度，也使国家的税收遭受损失，使国家的财力削弱，就不能有足够的财力进行社会的基本建设，这是对社会有危害的行为。我国刑法将逃避缴纳税款，情节严重的行为规定为犯罪，最高可处 7 年有期徒刑，并处罚金。

2. 犯罪的构成特征。根据刑法第 201 条和《刑法修正案（七）》第 3 条的规定，该罪的构成特征有：

（1）犯罪主体，是特殊主体，必须是纳税人或者扣缴义务人。纳税人，是指依据法律、行政法规规定负有纳税义务的人，包括负有纳税义务的自然人和单位。扣缴义务人，是指依据法律、行政法规规定负有代扣代缴、代收代缴税款义务的人员。逃税犯罪主体不论是自然人还是单位，在主观上都有逃避缴纳税款的故意和逃税的目的，不具有逃税目的的行为或者主观上是过失的行为，都不构成逃税罪。

（2）犯罪行为，必须是逃税行为。逃税行为是违反税收法律规定，采取欺骗、隐瞒手段进行虚假纳税申报或者不申报的行为。具体行为表现是：

①采取欺骗、隐瞒手段进行虚假纳税申报的行为。以虚假的事实进行欺骗申报，少纳税和隐瞒事实真相的方法进行申报少纳税，例如弄假账、少报应纳税额或者假报减免纳税数额等行为。

②不申报纳税的行为，例如，用造假账或者不记账等手段不申报纳税。其虚假申报或者不申报都是为了少纳税款或者不纳税。

（3）犯罪结果，是结果犯，必须达到逃避缴纳税款数额较大并且占应纳税额10%以上的结果。从逃避缴税款的数额上必须达到数额较大。何为数额较大，刑法没有具体规定，根据最高人民检察院、公安部2010年5月7日《关于公安机关管辖的刑事案件立案追诉标准的规定（二）》第57条规定，逃避纳税款，涉嫌下列情形之一的，应予立案追诉：①纳税人采取欺骗、隐瞒手段进行虚假纳税申报或者不申报，逃避缴纳税款，数额在5万元以上并占各税种应纳税总额10%以上，经税务机关依法下达追缴通知后，不补缴应税款、不缴纳滞纳金或者不接受行政处罚的；②纳税人5年以内因避税款受过刑事处罚或者被税务机关给予二次以上行政处罚，又逃避缴纳税款，数额在5万元以上并且占各税种应纳税总额10%以上的；③扣缴义务人采取欺骗、隐瞒手段，不缴或者少缴已扣、已收款，数额在5万元以上的。

纳税人在公安机关立案后再补缴应纳税款、缴纳滞纳金或者接受行政处罚的，不影响刑事责任的追究。

3. 逃税罪的法定刑。根据刑法第201条和《刑法修正案（七）》第3条的规定，犯逃税罪的法定刑：

（1）构成犯罪的，处3年以下有期徒刑或拘役，并处罚金。

（2）构成犯罪，数额巨大并且占应纳税额30%以上的，处3年以上7年以下有期徒刑，并处罚金。何为数额巨大，有待司法解释，一般是指逃避税款10万元以上为宜。

（3）扣缴义务犯本罪的，数额较大的，即逃税5万元以上的，依照前款规定处罚，不需达到逃税数额占应纳数额10%以上的结果条件。

（4）单位犯逃税罪，对单位判处罚金，并对其直接负责的主管人员和其他直接责任人员，依照个人犯逃税罪的规定定罪处罚。

4. 本罪适用时应注意以下问题：

（1）注意划清本罪与非罪的界限。我国刑法第201条和《刑法修正案（七）》第3条规定构成逃税罪是结果犯，必须达到逃税数额较大的并且占应纳税数额10%以上的结果的才可以构成犯罪，达不到上述结果的不构成犯罪，视情节由税务机关依照税收法规给予行政处罚。我国刑法第201条还特别规定，有第1款行为（逃税犯罪行为），经税务机关依法下达追缴通知后，补缴应纳税款，缴纳滞纳金，已受行政处罚的，不予追究刑事责任；但是，5年内因逃避缴纳税款受过刑事处罚的或者被税务机关给予2次以上行政处罚的除外。这里应注意的是，我国1997年刑法规定的是"因偷税被税务机关给予二次行政处罚又偷税的"，既不受间隔时间的限制，也不受第三次再次偷税数额和占应纳税数额比例的多少的限制，只要是第三次再实施了偷税行为的，都可以构成偷税罪。而2009年的《刑法修正案（七）》修改后对逃税罪的规定则是，五年内因逃避缴纳税款受过刑事处罚或者被税务机关给予2次以上行政处罚的，再犯逃税数额较大且占应纳税数额10%以上的，即使是经税务机关依法下达追缴通知后，补缴应纳税款，缴纳滞纳金，已受行政处罚的，也构成犯罪，应当追究刑事责任。如果在5年又逃税数额达不到数额较大或者达不到应纳税数额10%以上的，即使5年内因逃避税款受过刑事处罚或者被税务机关给予2次以行政处罚的，也不构成逃税罪，因本次逃税行为没有达到第1款规定的逃税犯罪行为的程序。

（2）注意划清扣缴义务人犯本罪与单位犯本罪的区别。刑法第201条第2款规定的"扣缴义务人采取前款所列手段，不缴或者少缴已扣、已收税款，数额较大的，依照前款的规定处罚"是具有扣缴义务的自然人犯罪，应按自然人犯逃税罪定罪处罚，其不是单位犯罪，不能依照单位犯罪实行双罚。而我国刑法第211条规定的"单位犯本节第二百零一条……规定之罪的，对单位判处罚金，并对其直接负责的主管人员和其他直接责任人员，依照各该条的规定处罚"是单位犯逃税罪，实行双罚，既惩罚单位也惩罚直接责任人。即使是单位的直接负责的主管人员决定少缴、不缴已扣、已收税款并将该税款归单位使用，也是扣缴义务人犯逃税罪，而不是单位犯逃税罪。单位犯逃税罪必须以单位的名义，以欺骗或隐瞒的手段进行虚假申报或不申报本单位应缴纳的税款的行为。

虽然扣缴义务人犯逃税罪是自然人犯罪，但其犯罪构成要件与逃税罪的构成要件不完全相同。主要特殊要件是：①犯罪主体是特定的代缴义务人，不是一般纳税人；②逃税行为是不缴或者少缴已扣、已收税款的行为，不是虚假申报或者不申报应纳税款的行为；③犯罪结果是少缴或者不缴纳税数额较大的结果，不需要占应缴纳数额的比例的条件。这里应特别注意的是，刑法第201条第2款只规定了代缴义务人不缴、少缴已扣、已收税款数额较大的构成犯罪，并没有规定"数额巨大"的定罪量刑，这是法律规定的漏洞，有待法律解释。在没有法律解释前，可参照一般纳税人逃税数额巨大（10万元以上）的规定定罪处罚。

（3）注意应纳税款的执行优先原则。我国刑法第212条规定的"犯本节第二百零一条至第二百零五条规定之罪，被判处罚金、没收财产的，在执行前，应当先由税务机关追缴税款和所骗取的出口退税款"，这是应纳税款的执行优先的原则。不论对逃税人处以刑事处罚还是行政处罚，在执行前，应当先由税务机关追缴少缴、欠缴、不缴的应纳税款，然后再执行罚金、没收财产、罚款等刑事处罚和行政处罚。

（4）注意划清本罪与逃避追缴税款罪的界限。我国刑法第203条规定的逃避追缴税款罪与本罪的罪名相似，但本罪不是逃避追缴税款罪的简称，两种犯罪虽然都是妨害税收方面的犯罪，其犯罪主体相同，但两罪是不同的独立犯罪，其主要的区别是犯罪行为不同。本罪的犯罪行为是采取欺骗、隐瞒手段进行虚假纳税申报或者不申报的行为；而逃避追缴税款罪的犯罪行为是纳税人欠缴应纳税款，有能力缴纳而不缴纳，采取转移或者隐匿财产的手段，致使税务机关无法追缴欠缴的税款，情节严重的行为。由于两罪犯罪行为不同，将这两种犯罪区分开来。

（5）扣缴义务人逃税数额巨大是否构成犯罪问题。《刑法修正案（七）》第3条将刑法第201条第2款"扣缴义务人采取前款所列手段不缴或者少缴已扣、已收税款，数额占应缴税额的10%以上并且数额在1万元以上的，依照前款规定处罚"修改为"不缴或者少缴已扣、已收税款，数额较大的，依照前款的规定处罚"。相比较，扣缴义务人构成逃税罪只需要逃税数额较大的条件即可，不需要逃税数额占应缴纳税数额10%以上的条件。这里逃税数额较大的，应同上述规定逃税数额较大是一样的，即5万元以上的，不需要不缴或者少缴已扣、已收税款占应缴纳税额10%的条件，体现对扣缴义务人定罪处刑的严格要求。

五、组织、领导传销活动罪

组织、领导传销活动罪是刑法第 224 条之一规定的犯罪，《刑法修正案（七）》第 4 条对刑法增加规定了组织、领导传销活动犯罪行为。"两高" 2009 年 10 月 16 日《关于执行〈中华人民共和国刑法〉确定罪名的补充规定（四）》中将这种犯罪确定为本新罪名。

（一）刑法规定内容的修改

刑法条文中有关组织、领导传销活动罪的规定有：

1. 1997 年刑法第 225 条规定："违反国家规定，有下列非法经营行为之一，扰乱市场秩序，情节严重的，处五年以下有期徒刑或者拘役，并处或者单处违法所得一倍以上五倍以下罚金；情节特别严重的，处五年以上有期徒刑，并处违法所得一倍以上五倍以下罚金或者没收财产：（一）未经许可经营法律、行政法规规定的专营、专卖物品或者其他限制买卖的物品的；（二）买卖进出口许可证、进出口原产地证明以及其他法律、行政法规规定的经营许可证或者批准文件的；（三）未经国家有关主管部门批准，非法经营证券、期货、保险业务的，或者非法从事资金支付结算业务的；（四）其他严重扰乱市场秩序的非法经营行为。"

1997 年刑法第 231 条规定："单位犯本节第二百二十一条至第二百三十条规定之罪的，对单位判处罚金，并对其直接负责的主管人员和其他直接责任人员，依照本节各该条的规定处罚。"

2. 2009 年 2 月 28 日全国人大常委会《中华人民共和国刑法修正案（七）》第 4 条规定："组织、领导以推销商品、提供服务等经营活动为名，要求参加者以缴纳费用或者购买商品、服务等方式获得加入资格，并按照一定顺序组成层级，直接或者间接以发展人员的数量作为计酬或者返利依据，引诱、胁迫参加者继续发展他人参加，骗取财物，扰乱经济社会秩序的传销活动的，处五年以下有期徒刑或者拘役，并处罚金；情节严重的，处五年以上有期徒刑，并处罚金。"

上述《刑法修正案（七）》第 4 条规定的犯罪是根据当前社会上出现的传销犯罪行为，新增加的一种犯罪。将组织、领导扰乱经济社会秩序的传销行为规定为新的犯罪。

（二）刑法规定修改的原因

我国1979年刑法和1997年刑法都没有规定组织、领导传销活动罪，随着改革开放和市场经济的深入发展，西方的直销、传销经济方式也开始在我国市场经济中出现。很快人们发现盛行的传销营业活动是一种诈骗行为，其严重扰乱了我国的市场经济秩序，是"一种刺激人们不劳而获，梦想一夜之间成为百万富翁的经济鸦片"，使很多人因发财心切而上当受骗，严重扰乱了社会主义精神文明建设，其对社会有着严重的危害性。1998年4月18日，国务院发布了《关于禁止传销经营活动的通知》，明确指出，在我国禁止进行传销经营活动，从国务院通知下发之日起，再进行传销经营活动是违法犯罪行为。2001年4月18日，最高人民法院发布了《关于情节严重的传销或者变相传销行为如何定性问题的批复》，其中明确规定，对1998年4月18日国务院《关于禁止传销经营活动的通知》发布以后，仍然从事传销或者变相传销活动，扰乱市场秩序，情节严重的，应当依照刑法第225条第（四）项的规定，以非法经营罪定罪处罚。实施上述犯罪，同时构成刑法规定的其他犯罪的，依照处罚较重的规定定罪处罚。经过十多年的司法实践，虽然依照上述规定惩罚了一些犯罪分子，但没有制止住传销活动，有些地方传销活动仍然很严重，特别是一些组织、领导者变换手法，直接或者间接以发展人员的数量作为计酬或者返利为依据，引诱、胁迫参加者继续发展他人参加，进行骗取他人财物，严重扰乱了社会秩序。国务院法制办、公安部、国家工商总局提出，当前以"拉人头"、收取"入门费"等方式组织传销的违法犯罪活动，严重扰乱社会秩序，影响社会稳定，危害严重。而目前司法实践中，对这类案件主要是根据实施传销行为的不同情况，分别按照非法经营罪、诈骗罪、集资诈骗罪等犯罪追究刑事责任的方式方法已不能有效惩治这种危害社会的犯罪行为。为更有利于打击组织传销的犯罪活动，应当在刑法中对组织、领导传销犯罪活动作出专门规定。经同有关部门研究，全国人大法制工作委员建议在刑法中增加组织、领导实施传销活动犯罪；对实施这类犯罪，又有其他犯罪行为的，实行数罪并罚。全国人大常委会根据司法实践中打击组织、领导传销犯罪活动的需要，采纳了有关部门的意见，于2009年2月28日在《刑法修正案（七）》第4条中补充规定了组织、领导传销活动犯罪行为，最高处15年有期徒刑，并处罚金。

（三）组织、领导传销活动罪的适用

组织、领导传销活动罪是《刑法修正案（七）》第4条和刑法第224条之一增加规定的一种新的犯罪，要准确适用就必须弄清楚该罪的概念、特征、法定刑以及适用时应注意的问题。

1. 组织、领导传销活动罪的概念。该罪是指组织、领导以推销商品、提供服务等经营活动为名，要求参加者以缴纳费用或者购买商品、服务等方式获得加入资格，并按照一定顺序组成层级，直接或者间接以发展人员的数量作为计酬或者返利依据，引诱、胁迫参加者继续发展他人参加，骗取财物，扰乱经济社会秩序的传销活动的行为。

组织、领导传销活动罪是直接扰乱经济秩序和社会秩序的犯罪行为。传销活动是以经济活动为名，例如，以购买商品、提供服务等方式获得加入资格进行的，而实际上是一种不劳而获的诈骗钱财的活动。这种活动并没有创造社会财富，是多数人上当受骗，少数人骗取巨额财产，很多人被这种经济鸦片所毒害，梦想发大财，一夜成为百万富翁而参与，最后倾家荡产成为流浪街头的乞讨者，严重地扰乱了社会秩序和经济秩序，具有严重的社会危害性。《刑法修正案（七）》将这种组织、领导传销活动行为补充规定为犯罪，最高处15年有期徒刑，并处罚金。

2. 犯罪的构成特征。根据刑法第224条之一和《刑法修正案（七）》第4条的规定，该罪的构成特征有：

（1）犯罪主体，是特殊主体，必须是传销活动的组织、领导者。进行传销活动首先要有传销组织，成立传销组织，就要有组织者和领导者。传销组织的名称多种多样，有的称为"公司"，有的称为"中心"、"服务站"；有的在国家工商部门注册有合法经营项目，以合法经营项目为掩护进行传销活动；有的没有在工商部门注册，纯粹是地下组织进行传销活动。传销罪的主体就是传销组织的组织者、领导者。组织者，是指负责组织、策划、联络、宣传传销活动的人员。领导者，是传销活动组织、指挥的牵头人。有的组织者也是领导者；但有的组织者不一定是领导者，有的领导者也不一定是组织者。传销组织中的中层、上层的组织、领导者，一般都可构成本罪的犯罪主体。基层的组织、领导者和单纯参加者，一般在传销组织中不起决定性作用，他们既是参与者也是受害者，一般不构成本罪的犯罪主体。不满16周岁的自然人不能构成本罪的犯罪主体。本罪的犯罪主体在主观上都是故意实施组织、领导传销组织的，并且有营利的目的。单位可以构成本罪的犯罪主体。

根据最高人民检察院、公安部《关于公安机关管辖的刑事案件立案追诉标准的规定（二）》第78条第2款中规定："本条所指的传销活动的组织者、领导者，是指在传销活动中起组织、领导作用的发起人、决策人、操纵人，以及在传销活动中担负策划、指挥、布置、协调等重要职责，或者在传销活动中起到关键作用的人员。"

根据 2013 年 11 月 14 日最高人民法院、最高人民检察院、公安部《关于办理组织领导传销活动刑事案件适用法律若干问题的意见》第 1 条规定，"其组织内部参与传销活动人员在三十人以上且层级在三级以上的，应当对组织者、领导者追究刑事责任。组织者、领导多个传销组织、单位或者多个组织中的层级已达三级以上的，可将在各个组织中发展的人数合并计算。组织者、领导者形式上脱离原传销组织后，继续从原传销组织获取报酬或者返利的，原传销组织在其脱离后发展人员的层级数和人数，应当计算为其发展的层级数和人数。办理组织、领导传销活动刑事案件中，确因客观条件的限制无法逐一收集参与传销活动人员的言词证据的，可以结合依法收集并查证属实的缴纳、支付费用及计酬、返利记录、视听资料，传销人员关系图、银行账户交易记录、互联网电子数据、鉴定意见等证据，综合认定参与传销的人数、层级数等犯罪事实"。该《意见》第 2 条规定，"下列人员可以认定为传销活动的组织者、领导者：（一）在传销活动中起发起、策划、操纵作用的人员；（二）在传销活动中承担管理、协调等职责的人员；（三）在传销活动中承担宣传、培训等职责的人员；（四）曾因组织、领导传销活动受过刑事处罚，或者一年以内因组织、领导传销活动受过行政处罚，又直接或者间接发展参与传销活动人员在十五人以上且层级在三级以上的人员；（五）其他对传销活动的实施、传销组织的建立、扩大等起关键作用的人员。以单位名义实施组织、领导传销活动犯罪的，对于受单位指派，仅从事劳务工作的人员，一般不予追究刑事责任"。

（2）犯罪行为，必须具有组织传销活动的行为。传销活动行为刑法规定的具体行为表现是：

①组织、领导以推销商品、提供服务等经营活动为名，要求参加者以缴纳费用或者购买商品、服务等方式获得加入资格，并按照一定顺序组成层级，作为计酬或者返利依据的行为；

②直接或者间接以发展人员的数量作为计酬或者返利依据的行为；

③以发照相机、电脑、小汽车等方式或者赚回入门费等引诱、胁迫参加者继续发展他人参加，骗取财物的行为。

上述这些传销行为不仅扰乱了经济社会秩序，而且也破坏了社会主义精神文明。具备上述行为之一的，就是传销活动，组织、领导这种传销活动的行为，是本罪的犯罪行为。

根据 2013 年 11 月 14 日最高人民法院、最高人民检察院、公安部《关于办理组织领导传销活动刑事案件适用法律若干问题的意见》第 3 条规定，"传销活动的组织者、领导者采取编造、歪曲国家政策，夸大经营、投资、服务项目及盈利前景，掩饰计酬、返利真实来源或者其他欺诈手段，实施刑法第 224

条之一规定的行为,从参与传销活动人员缴纳的费用或者购买商品、服务的费用中非法获利的,应当认定为骗取财物。参与传销活动人员是否认为被骗,不影响骗取财物的认定"。

(3)犯罪结果,是行为犯,只要实施了组织、领导传销活动,扰乱了经济社会秩序的传销活动的,就可以构成犯罪既遂。对于已经组织、领导了传销组织,但还没有进行传销活动的,可以构成犯罪未遂。对于在传销组织的领导下,又进行其他犯罪的,应数罪并罚。

根据最高人民检察院、公安部《关于公安机关管辖的刑事案件立案追诉标准的规定(二)》第78条规定,"涉嫌组织、领导传销活动人员在30人以上且层级在三级以上的,对组织者、领导者,应予立案追诉",达到上述标准的,可以构成犯罪,应适追究其刑事责任。

根据2013年11月14日最高人民法院、最高人民检察院、公安部《关于办理组织领导传销活动刑事案件适用法律若干问题的意见》第4条规定,"对符合本意见第一条第一款规定的传销活动的组织者、领导者,具有下列情形之一的,应当认定为刑法第二百二十四条之一规定的'情节严重':(一)组织、领导的参与传销活动人员累计达一百二十人以上的;(二)直接或者间接收取参与传销活动人员缴纳的传销资金资数额累计达二百五十万元以上的;(三)曾因组织、领导传销活动受过刑事处罚,或者一年以内因组织、领导传销活动受过行政处罚,又直接或者间接发展参与传销活动人员累计达六十人以上的;(四)造成参与传销活动人员精神失常、自杀等严重后果的;(五)造成其他严重后果或者恶劣社会影响的"。

3. 组织、领导传销活动罪的法定刑。根据刑法第224条之一和《刑法修正案(七)》第4条的规定,组织、领导传销活动罪的法定刑是:

(1)构成犯罪的,处5年以下有期徒刑或拘役,并处罚金。

(2)构成犯罪,情节严重的,处5年以上有期徒刑,并处罚金。

(3)单位犯本罪,根据刑法第231条规定,对单位判处罚金,并对其直接负责的主管人员和其他直接责任人员,个人犯本罪的规定定罪处罚。

4. 本罪适用时应注意以下问题:

(1)注意划清本罪与非罪的界限。我国刑法第224条之一和《刑法修正案(七)》第4条规定的组织、领导传销活动罪是行为犯,只要实施了组织、领导传销活动,扰乱了经济社会秩序的就可以构成犯罪。但应根据刑法第13条规定的"情节显著轻微危害不大的不认为是犯罪",对那些确实情节轻微的组织者、领导者不以犯罪论处。另外,在1998年4月18日国务院发布的《关于禁止传销经营活动的通知》以前发生的组织、领导传销活动的行为不构成犯罪；自 2001 年 4 月 18 日至 2009 年 2 月 28 日全国人大常委会颁布《刑法修正案（七）》以前发生的严重组织、领导传销活动行为还应依照最高人民法院的司法解释，依照非法经营罪的规定定罪处罚。在 2009 年 2 月 28 日以后实施的组织、领导传销活动的要依照刑法第 224 条之一和《刑法修正案（七）》第 4 条规定的组织、领导传销活动罪定罪处罚。

（2）准确认定本罪主体。《刑法修正案（七）》第 4 条对组织、领导传销罪的主体规定为组织者、领导者。组织者比较好理解，是负责组织、策划、联络传销活动的人员。但何为传销的领导者，比较难以认定。传销活动是按一定顺序组成层级，每个层级都有领导者，这些领导者是否都构成传销罪的主体，应具体分析。一般地说，传销组织的最低层次的领导者对传销活动不起决定性作用，情节显著轻微危害不大，不认为是犯罪。只有中层级和上层级的领导者才能构成组织、领导传销罪的主体，才可以构成组织、领导传销罪。

根据 2013 年 11 月 14 日最高人民法院、最高人民检察院、公安部《关于办理组织领导传销活动刑事案件适用法律若干问题的意见》第 7 条规定，本意见所称"层级"和"级"，系指组织者、领导者与参与传销活动人员之间的上下线关系层次，而非组织者、领导者在传销组织中的身份等级。对传销组织内部人数和层级数的计算，以及对组织者、领导者直接或者间接发展参与传销活动人员人数和层级数的计算，包括组织者、领导者本人及其本层级在内。

有些传销活动是由单位组织、领导进行的。根据刑法第 231 条规定单位可以构成这种犯罪。凡是以单位的名义组织、领导进行传销活动的，单位及其中的中层级和上层级的组织、领导者可以构成传销罪的主体，可以构成犯罪，对单位判处罚金，并对其直接负责的主管人员和其他直接责任人员依照个人犯本罪处罚。如果以合法单位为掩护而专门从事传销活动的，是个人犯罪，不是单位犯罪。对于单位构成组织、领导传销活动罪的，其最基层级的领导或者参加传销者，一般不构成犯罪。

（3）准确认定本罪的结果。刑法第 224 条之一规定组织、领导传销罪的犯罪结果是发展人数、缴纳人头费等骗取财物，那么，发展多少人，缴纳多少人头费，骗取多少财物，才构成犯罪，刑法没有规定，根据最高人民检察院、公安部《关于公安机关管辖的刑事案件立案追诉标准的规定（二）》第 78 条规定，"涉嫌组织、领导传销活动人员在 30 人以上且层级在三级以上的，对组织者、领导者，应予立案追诉"，即可以构成犯罪。但是，也应注意，根据刑法第 13 条规定，组织、领导传销活动，情节显著轻微危害不大的不认为是犯罪，其中包括发展人数少，骗取财物少的情形。

（4）组织、领导传销罪的数罪并罚。组织、领导传销罪的犯罪行为，是组织、领导传销活动的行为。在传销活动中，有些组织、领导者又进行销售货物，谋取财物，引诱、胁迫参加者等犯罪行为，犯罪行为和犯罪手段又可能触犯其他罪名，例如，销售伪劣产品、诈骗财物、非法集资、虚报注册资本、逃税、非法拘禁他人等罪名，如果这些行为和手段又构成其他犯罪的，应当依照刑法的相关规定定罪处罚，与组织、领导传销罪数罪并罚。

根据2013年11月14日最高人民法院、最高人民检察院、公安部《关于办理组织领导传销活动刑事案件适用法律若干问题的意见》第6条规定，"以非法占有为目的，组织、领导传销活动，同时构成组织、领导传销活动罪和集资诈骗的，依照处罚较重的规定定罪处罚。犯组织、领导传销活动罪，并实施故意伤害、非法拘禁、敲诈勒索、妨害公务、聚众扰乱社会秩序、聚众冲击国家机关、聚众扰乱公共场所秩序、交通秩序等行为，构成犯罪的，依照数罪并罚规定处罚。"

（6）关于"团队计酬"行为的处理问题。根据2013年11月14日最高人民法院、最高人民检察院、公安部《关于办理组织领导传销活动刑事案件适用法律若干问题的意见》第5条规定，"传销活动的组织者、领导者，通过发展人员，要求传销活动的被发展人员发展其他人员加入，形成上下线关系，并以下线的销售业绩为依据计算和给付上线报酬，牟取非法利益的，是'团队计酬'式传销活动。以销售商品为目的，以销售业绩为计酬依据的单纯的'团队计酬'式传销活动，不作为犯罪处理。形式上采取'团队计酬'方式，但实质上属于'以发展人员的数量作为计酬或者返利依据'的传销活动，应当依照刑法第224条之一的规定，以组织、领导传销活动罪定罪处罚。"

六、侵犯公民个人信息罪

侵犯公民个人信息罪是出售、非法提供公民个人信息罪修改的罪名。我国刑法第253条之一原规定的出售、非法提供公民个人信息犯罪行为。"两高"2009年10月16日《关于执行〈中华人民共和国刑法〉确定罪名的补充规定（四）》中将这种犯罪确定为非法出售、提供公民个人信息罪的新罪名。《刑法修正案（九）》第17条又将刑法第253条之一规定罪状和法定刑及处罚规定作了修改，即将侵犯公民个人信息罪的主体由特殊主体改为一般主体，并规定履行职责和提供服务人员犯非法出售、提供公民个人信息罪从重处罚，同时提高了一个档次的法定刑，即"情节特别严重的，处三年以上七年以下有期徒刑，并处罚金"。2015年10月30日"两高"《关于执行〈中华人民共和国刑法〉确定罪名补充规定（六）》中将该罪的罪名改为"侵犯公民个人信息罪"。

七、非法获取公民个人信息罪

非法获取公民个人信息罪是刑法第 253 条之一规定的犯罪,《刑法修正案(七)》第 7 条第 2 款对刑法增加规定了盗窃或者以其他非法获取公民个人信息犯罪行为。最高人民法院、最高人民检察院 2009 年 10 月 16 日《关于执行〈中华人民共和国刑法〉确定罪名的补充规定(四)》中将这种犯罪确定为本新罪名。2015 年 8 月 29 日《刑法修正案(九)》第 17 条对该罪由结果犯改为行为犯,取消了"情节严重的"犯罪构成要件,改为只要实施了非法获取公民个人信息行为,就可以构成本罪,同时增了一个加重档次的法定刑。

八、组织未成年人进行违反治安管理活动罪

组织未成年人进行违反治安管理活动罪是刑法第 262 条之二规定的犯罪,《刑法修正案(七)》第 8 条在刑法中增加规定了组织未成年进行盗窃、诈骗、抢夺、敲诈勒索等违反治安管理活动的犯罪行为。"两高"2009 年 10 月 16 日《关于执行〈中华人民共和国刑法〉确定罪名的补充规定(四)》中将这种犯罪确定为本新罪名。

(一)刑法规定内容的修改

刑法条文中有关组织未成年人进行违反治安管理活动罪的规定有:

1. 2006 年 6 月 29 日《刑法修正案(六)》第 17 条在 1997 年刑法中增加一条作为第 262 条之一规定:"以暴力、胁迫手段组织残疾人或者不满十四周岁的未成年人乞讨的,处三年以下有期徒刑或者拘役,并处罚金;情节严重的,处三年以上七年以下有期徒刑,并处罚金。"

2. 2009 年 2 月 28 日全国人大常委会《中华人民共和国刑法修正案(七)》第 8 条规定在刑法第 262 条之一后增加一条,作为第 262 条之二:"组织未成年人进行盗窃、诈骗、抢夺、敲诈勒索等违反治安管理活动的,处三年以下有期徒刑或者拘役,并处罚金;情节严重的,处三年以上七年以下有期徒刑,并处罚金。"

上述《刑法修正案(七)》根据我国保护未成年的法律规定,严厉惩治社会上出现的组织未成年进行违反治安管理活动,以保护更多的未成年人健康成长,而新增加规定的犯罪。

(二) 刑法规定修改的原因

我国1979年刑法和1997年刑法都没有规定组织未成年人进行违反治安管理活动罪，随着改革开放和市场经济的深入发展，特别是国家加强了保护未成年人健康成长，防止被不法犯罪分子所利用或者被教坏。公安部提出，一些不法分子组织未成年人从事扒窃、抢夺等违反治安管理活动的情况，在一些地方比较突出，严重危害社会治安秩序，损害未成年人的身心健康。对此，应在刑法中作出专门规定予以惩治。经同有关部门研究，全国人大法制委员会建议在刑法中增加规定，组织未成年人进行盗窃、诈骗、抢夺、敲诈勒索等违反治安管理活动的，追究刑事责任。全国人大常委会根据司法实践中打击组织未成人进行违反治安管理活动犯罪行为的需要，采纳了有关部门的意见，于2009年2月28日在《刑法修正案（七）》第8条中补充规定了组织未成年人进行违反治安管理活动犯罪。

(三) 组织未成年人进行违反治安管理活动罪的适用

1. 组织未成年人进行违反治安管理活动罪的概念。该罪是指组织未成年人进行盗窃、诈骗、抢夺、敲诈勒索等违反治安管理活动的行为。

组织未成年人进行违反治安管理活动罪严重危害社会治安秩序，特别是危害未成年健康成长，是严重危害社会的行为。《刑法修正案（七）》第8条将这种行为规定为犯罪，最高处7年有期徒刑，并处罚金。

2. 犯罪的构成特征。根据刑法第262条之二和《刑法修正案（七）》第8条的规定，该罪的构成特征有：

（1）犯罪主体，是一般主体。凡是年满16周岁以上的具有刑事责任能力的自然人都可以构成本罪的主体。单位不能构成本罪的主体。本罪的主体在主观上都是故意的。

（2）犯罪行为，必须是组织未成年人进行违反治安管理活动的行为。刑法规定的违反治安管理活动，是指违反我国《治安管理处罚法》规定的具体行为。刑法中规定的盗窃、诈骗、抢夺、敲诈勒索等行为是以列举式的规定，还包括治安管理处罚法中规定的其他违反治安管理的行为。上述盗窃、诈骗、抢夺、敲诈勒索等行为都是没有达到犯罪的程度的一般违法行为，如果达到严重违法行为，构成犯罪行为的，则应按犯罪追究刑事责任，或者是组织者单独构成有关犯罪行为，或者是组织者与具有刑事责任能力的未成年人构成共同犯罪行为。这里组织的对象必须是未成年人。未成年人，依据我国法律规定，是指不满18周岁的自然人。其中，不满14周岁的未成年人是无刑事责任能力的未成年人；已满 14 周岁未满 16 周岁的人是具有部分刑事责任能力的未成年人；已满 16 周岁不满 18 周岁的人，多数负全部刑事责任，只有不满 18 周岁的人不负死刑的刑事责任。凡是组织了不满 18 周岁的未成年人进行违反治安管理活动的行为，都可以构成本罪的犯罪行为。

（3）犯罪结果，是行为犯。只要实施了组织未成年人实施了违反治安管理活动行为的就具有了本罪的犯罪结果，就可构成本罪。构成犯罪，又达到情节严重的结果，适用较重的法定刑。何为情节严重，法律没有具体规定，目前也没有司法解释。一般是指组织多人、多次进行违反治安管理活动的结果，或者由于实施违反治安管理活动造成恶劣影响，或者致多人伤害、大量财产损失，接近达到犯罪的程度以及轻微犯罪程度的结果。

3. 组织未成年人进行违反治安管理活动罪的法定刑。根据刑法第 262 条之二和《刑法修正案（七）》第 8 条的规定，该罪的法定刑有：

（1）构成犯罪的，处 3 年以下有期徒刑或拘役，并处罚金。

（2）构成犯罪，情节严重的，处 3 年以上 7 年以下有期徒刑，并处罚金。

4. 本罪适用时应注意以下问题：

（1）注意划清罪与非罪的界限。我国刑法第 262 条之二和《刑法修正案（七）》第 8 条规定的组织未成年人进行违反治安管理活动罪是行为犯，只要实施了组织未成年人进行违反治安管理活动行为的，就具有本罪的犯罪结果，就可以构成犯罪。但是应注意根据刑法第 13 条规定的情节显著轻微危害不大的，不认为是犯罪。

（2）注意划清本罪与组织未成年人进行盗窃、诈骗、抢夺、敲诈勒索等犯罪的界限。本罪是组织未成年人进行违反治安管理活动的行为构成的犯罪。如果组织未成年人实施盗窃、诈骗、抢夺、敲诈勒索等犯罪行为，构成犯罪的，根据重罪吸收轻罪的原则，不认定为本罪而要认定为相应的盗窃罪、诈骗罪、抢夺罪、敲诈勒索罪等。当然组织未成年人实施违反治安管理活动，达到轻微的犯罪行为的程度，也可以定为本罪。因为我国《治安管理处理法》中规定，有些轻微犯罪行为也可以依照《治安管理处罚法》规定给予治安处罚。对这种轻微犯罪行为也是违反治安管理活动的行为的情形，也可以定为本罪。

（3）注意划清本罪与组织残疾人、儿童乞讨罪的界限。《刑法修正案（六）》第 17 条和刑法第 262 条之一规定的组织残疾人、儿童乞讨罪与本罪有相似之处，两种犯罪都是组织他人特别是未成年进行违反治安管理活动。但两种犯罪是不同的犯罪，主要有以下不同之处：

①组织的对象不同。本罪组织的对象是未成年人，而后罪的组织对象只是

残疾人和儿童，其组织对象的范围要小得多。

②犯罪手段不同。本罪只是利用一般组织行为，而后一种犯罪则是以暴力、胁迫手段实行组织行为，两种犯罪手段的危害程度不同。

③犯罪的目的不同。本罪的目的是进行违反治安管理活动，而后一种犯罪则是进行乞讨。由于上述的不同构成条件，将上述两种犯罪区分开来。

九、非法获取计算机信息系统数据、非法控制计算机信息系统罪

非法获取计算机信息系统数据、非法控制计算机信息系统罪是刑法第285条第2款规定的犯罪，《刑法修正案（七）》第9条第1款在刑法中增加规定了非法获取计算机信息系统数据、非法控制计算机信息系统的犯罪行为。"两高"2009年10月16日《关于执行〈中华人民共和国刑法〉确定罪名的补充规定（四）》中将这种犯罪确定为本新罪名。2015年8月29日《刑法修正案（九）》在刑法285条中增加第4款规定"单位犯前三款罪的，对单位判除罚金，并对其直接负责的主管人员和其他直接责任人员，依照各该款的规定处罚"。

十、提供侵入、非法控制计算机信息系统程序、工具罪

提供侵入、非法控制计算机信息系统程序、工具罪是《刑法修正案（七）》第9条在刑法第285条第3款中增加规定的犯罪，"两高"2009年10月16日《关于执行〈中华人民共和国刑法〉确定罪名的补充规定（四）》中将这种犯罪确定为该罪名。2015年8月29日《刑法修正案（九）》在刑法285条中增加第4款规定"单位犯前三款罪的，对单位判处罚金，并对其直接负责的主管人员和其他直接责任人员，依照各该款的规定处罚"。

十一、妨害动植物防疫、检疫罪

妨害动植物防疫、检疫罪是刑法第337条规定的犯罪，《刑法修正案（七）》第11条对刑法原第337条第1款规定的"逃避动植物检疫罪"补充规定为"妨害动植物防疫、检疫罪"。"两高"2009年10月16日《关于执行〈中华人民共和国刑法〉确定罪名的补充规定（四）》中取消了逃避动植物检

疫罪的罪名，修改为妨害动植物防疫、检疫罪的新罪名。

（一）刑法规定内容的修改

刑法条文中有关妨害动植物防疫、检疫罪的规定有：

1. 1997年刑法第337条规定："违反进出境动植物检疫法的规定，逃避动植物检疫，引起重大动植物疫情的，处三年以下有期徒刑或者拘役，并处或者单处罚金。

"单位犯前款罪的，对单位判处罚金，并对其直接负责的主管人员和其他直接责任人员，依照前款的规定处罚。"

2. 2009年2月28日全国人大常委会《中华人民共和国刑法修正案（七）》第11条规定："将刑法第三百三十七条第一款修改为：'违反有关动植物防疫、检疫的国家规定，引起重大动植物疫情的，或者有引起重大动植物疫情危险，情节严重的，处三年以下有期徒刑或者拘役，并处或者单处罚金。'"

上述《刑法修正案（七）》的规定是根据当前国际国内保护环境，预防动植物传染病传播的需要，将刑法第337条原规定的惩治逃避动植物检疫的犯罪，补充规定为惩治违反动植物防疫、检疫的犯罪。

（二）刑法规定修改的原因

我国1979年刑法没有规定妨害动植物防疫、检疫罪，1997年刑法第337条规定了逃避动植物检疫罪。随着改革开放和市场经济的深入发展，我国动植物进出口量不断增加，国际间动植物疫情频繁发生，为保护我国和世界各国人民和动植物的生命安全，必须加强对动植物疫情的预防和检疫。但有些单位和个人从局部利益出发，不按国家规定预防和检疫，甚至实施妨害预防、检疫行为，有可能引起重大动植物疫情的发生。最高人民检察院提出，从司法实践看，引发重大动植物疫情危险的，不仅有逃避进出境动植物检疫的行为，还有逃避依法实施的境内动植物防疫、检疫的行为。对后一类造成严重危害的违法行为，也应追究刑事责任。经同农业部和国家林业局等部门研究，全国人大法律委员会建议将刑法第337条修改为"违反有关动植物防疫、检疫的国家规定，引起重大动植物疫情或者有引起重大动植物疫情严重危险的，处3年以下有期徒刑或者拘役，并处或者单处罚金"。全国人大常委会根据司法实践中惩治妨害动植物防疫、检疫犯罪行为的需要，采纳了有关部门的意见，于2009年2月28日在《刑法修正案（七）》第11条中补充规定了妨害动植物防疫、检疫犯罪。

（三）妨害动植物防疫、检疫罪的适用

妨害动植物防疫、检疫罪是《刑法修改案（七）》第 11 条和刑法第 337 条修改补充的一种新的犯罪，要准确适用就必须弄清楚该罪的概念、特征、法定刑以及适用时应注意的问题。

1. 妨害动植物防疫、检疫罪的概念。该罪是指违反有关动植物防疫、检疫的国家规定，引起重大动植物疫情的，或者有引起重大动植物疫情危险，情节严重的行为。

妨害动植物防疫、检疫行为是扰乱社会秩序和经济秩序的犯罪行为。动植物同人类一样，也会生病，有些是传染病，例如，病虫害和病菌病毒等病疫流行传染，不但会造成动植物毁灭性的危害结果，还可能传染给人类，其社会危害性是十分严重的，为了防止动植物病疫的流传，国家专门制定动植物防疫法和检疫法，依法进行防疫和检疫。如果违反国家规定，妨害对动植物的防疫、检疫，则是对社会有危害的行为，情节严重的，我国刑法规定为犯罪，最高处 3 年有期徒刑，并处或者单处罚金。

2. 犯罪的构成特征。根据刑法第 337 条和《刑法修正案（七）》第 11 条的规定，该罪的构成特征有：

（1）犯罪主体，是一般主体，达到法定年龄具有刑事责任能力的自然人或者单位都可以构成本罪的犯罪主体。本罪的犯罪主体在主观上对违反国家规定是故意的，对实施妨害动植物防疫、检疫的结果，有的可能是故意的，但有的可能是过失的心理状态。

（2）犯罪行为，必须具有妨害对动植物防疫、检疫的行为。例如，根据我国《进出口动植物检疫法》的规定，进出境动植物、动植物的产品和其他检疫物、装载动植物、动植物产品和其他检疫物的容器、包装物，以及来自动植物疫区的运输工具都应当进行检疫。不检疫或者逃避检疫的行为，都是本罪的犯罪行为。这里违反有关动植物防疫、检疫的国家规定，是指违反全国人大常委会 1997 年 7 月 3 日公布的《中华人民共和国动物防疫法》，1992 年 4 月 1 日起施行的《中华人民共和国进出口动植物检疫法》及国务院颁布的有关法规。其中主要规定了妨害动植物防疫和妨害动植物检疫两类犯罪行为。具备上述两类行为之一，情节严重的，就是本罪的犯罪行为。

（3）犯罪结果，是结果犯，只有实施了妨害动植物防疫、检疫行为，引起重大动植物疫情的结果，或者达到了有引起重大动植物疫情危险，情节严重的结果，才可以构成本罪。犯罪行为没有达到上述结果的，不构成犯罪。

3. 妨害动植物防疫、检疫罪的法定刑。根据刑法第 337 条和《刑法修正

案（七）》第 11 条的规定，该罪的法定刑：

（1）构成犯罪的，处 3 年以下有期徒刑或拘役，并处或者单处罚金。

（2）单位犯本罪的，对单位判处罚金，并对其直接负责的主管人员和其他直接责任人员，依照前款的规定处 3 年以下有期徒刑或者拘役，并处或者单处罚金。

4. 本罪适用时应注意以下问题：

（1）注意划清罪与非罪的界限。我国刑法第 337 条和《刑法修正案（七）》第 11 条规定的妨害动植物防疫、检疫罪是结果犯，只有实施了妨害动植物防疫、检疫行为，引起重大动植物疫情的结果的，或者有引起重大动植物疫情危险，情节严重的结果，才可以构成本罪。犯罪行为虽然引起了动植物疫情，但不是重大疫情，或有引起重大动植物疫情危险，但情节没有达到严重的程度的，例如，情节一般、情节较轻、情节较重的结果都不构成犯罪。对于妨害动植物防疫、检疫行为，不构成犯罪的，应由有关部门给行政处罚。

（2）准确认定本罪的结果。刑法第 337 条规定的犯罪结果是"引起重大动植物疫情的，或者有引起重大动植物疫情危险，情节严重的"。这里只要引起重大动植物疫情的，就具有了本罪的犯罪结果，就可以构成犯罪；对于有引起重大动植物疫情危险的，必须是情节严重的，才可以构成犯罪。如果已引起动植物疫情的，但不是重大疫情，或者虽有引起重大动植物疫情危险的，但情节不严重的，不具备本罪的结果，不能构成犯罪。何为情节严重，根据最高人民检察院、公安部 2008 年 6 月 25 日《关于公安机关管辖的刑事案件立案追诉标准的规定（一）》第 59 条规定，违反进出境动植物检疫法的规定，逃避动植物检疫，涉嫌下列情形之一的，应予立案追诉：①造成国家规定的《进境动物一、二类传染病、寄生虫病名录》中所列的动物疫病传入或者对农、牧、渔业生产以及人体健康、公共安全造成严重危害的其他动物疫病在国内暴发流行的；②造成国家规定的《进境植物检疫性有害生物名录》中所列的有害生物传入或者对农、林业生产、生态环境以及人体健康有严重危害的其他寄生物在国内传播扩散的。

（3）注意对逃避进出口动物检疫行为的定罪问题。我国 1997 年刑法第 337 条原规定逃避进出口动植物检疫的行为，认定为逃避动植物检疫罪。2009 年 2 月 28 日《刑法修正案（七）》第 11 条将这种行为规定为妨害动植物防疫、检疫罪。凡是在 2009 年 2 月 28 日以后发生的逃避进出口动植物检疫行为的，都要依照《刑法修正案（七）》第 11 条规定定为防害动植物防疫、检疫罪，不能再认定为逃避动植物检疫罪；凡在 1997 年 10 月 1 日到 2009 年 2 月 27 日发生逃避进出口动植物检疫的行为的，则继续认定为逃避动植物检疫罪，这是因为《刑法修正案（七）》第 11 条规定的防害动植物防疫、检疫的法律规定没有溯及力，不能溯及已往的行为。至于在 1997 年 9 月 31 日前发生的逃避进出口动植物检疫行为不构成犯罪，因为行为时的法律没有将这种行为规定为犯罪。

十二、非法生产、买卖武装部队制式服装罪

非法生产、买卖武装部队制式服装罪是刑法第 375 条第 2 款规定的犯罪，《刑法修正案（七）》第 12 条对刑法原第 375 条第 2 款规定的非法生产、买卖武装部队制式服装、车辆号牌等专用标志的行为修改为生产、买卖武装部队制式服装的犯罪行为。"两高"2009 年 10 月 16 日《关于执行〈中华人民共和国刑法〉确定罪名的补充规定（四）》中取消了非法生产、买卖军用标志罪罪名，将非法生产、买卖武装部队制式服装的犯罪行为单独确定为新罪名。

（一）刑法规定内容的修改

刑法条文中有关非法生产、买卖武装部队制式服装罪的规定有：

1. 1997 年刑法第 375 条规定："伪造、变造、买卖或者盗窃、抢夺武装部队公文、证件、印章的，处三年以下有期徒刑、拘役、管制或者剥夺政治权利；情节严重的，处三年以上十年以下有期徒刑。

"非法生产、买卖武装部队制式服装、车辆号牌等专用标志，情节严重的，处三年以下有期徒刑、拘役或者管制，并处或者单处罚金。

"单位犯第二款罪的，对单位判处罚金，并对其直接负责的主管人员和其他直接责任人员，依照该款的规定处罚。"

2. 2009 年 2 月 28 日全国人大常委会《中华人民共和国刑法修正案（七）》第 12 条规定将刑法第 375 条第 2 款修改为："非法生产、买卖武装部队制式服装，处三年以下有期徒刑、拘役或者管制，并处或者单处罚金。"

增加一款作为第 3 款："伪造、盗窃、买卖或者非法提供、使用武装部队车辆号牌等专用标志，情节严重的，处三年以下有期徒刑、拘役或者管制，并处或者单处罚金；情节特别严重的，处三年以上七年以下有期徒刑，并处罚金。"

原第三款作为第 4 款，修改为："单位犯第二款、第三款罪的，对单位判处罚金，并对其直接负责的主管人员和其他直接责任人员，依照各该款的规定处罚。"

上述《刑法修正案（七）》的规定是根据当前非法生产、买卖武装部队制

式服装和伪造、盗窃、买卖武装部队车辆号牌等专用标志严重的情况，将刑法第375条原规定的惩治武装部队专用标志的行为作了分别规定，将非法生产、买卖武装部队制式服装的行为规定为一种独立的新罪名。

（二）刑法规定修改的原因

我国1979年刑法没有规定非法生产、买卖武装部队制式服装罪，1997年刑法第375条规定了非法生产、买卖武装部队制式服装的犯罪行为，但将这种犯罪行为作为非法生产、买卖军用标志行为之一，因此，最高人民法院、最高人民检察院将其确定在非法生产、买卖军用标志罪名之中。随着改革开放和市场经济的深入发展，伪造、盗窃、买卖或者非法提供、使用武装部队车辆号牌等专用标志的行为不断增多，社会危害性越来越严重。中央军委法制局提出，近年来，盗窃、出租、非法使用军队车辆号牌的情况时有发生，扰乱社会管理秩序，损害军队形象和声誉，影响部队战备训练等工作的正常进行。对这类情节严重的行为，应当追究刑事责任。经同有关部门研究，全国人大法律委员会建议在刑法第375条第2款中规定的犯罪行为中，增加盗窃、非法提供或使用武装部队车辆号牌等专用标志的情形。

全国人大常委会根据司法实践中惩治非法生产、买卖武装部队制式服装犯罪行为的需要，采纳了有关部门的意见，于2009年2月28日在《刑法修正案（七）》第12条中单独规定非法生产、买卖武装部队制式服装犯罪。

（三）非法生产、买卖武装部队制式服装罪的适用

非法生产、买卖武装部队制式服装罪是《刑法修改案（七）》第12条和刑法第375条第2款单独规定的犯罪，要准确适用就必须弄清楚该罪的概念、特征、法定刑以及适用时应注意的问题。

1. 非法生产、买卖武装部队制式服装罪的概念。该罪是指非法生产、买卖武装部队制式服装，情节严重的行为。

非法生产、买卖武装部队制式服装罪是扰乱社会秩序，危害国防利益，影响武装部队形象的犯罪行为。武装部队的军人统一着武装部队制式服装，区别于其他人群，以便于完成武装部队的训练和作战任务。非法生产、买卖武装部队制式服装，使人分不清军人还是非军人，必然扰乱社会管理秩序，影响军人的形象，危害军事训练和作战任务的完成，这是对社会有严重危害性的行为。我国刑法将非法生产、买卖武装部队制式服装的行为规定为犯罪，最高处3年有期徒刑，并处或者单处罚金。

2. 犯罪的构成特征。根据刑法第375条第2款和《刑法修正案（七）》第

12 条的规定，该罪的构成特征有：

（1）犯罪主体，是一般主体，达到法定年龄，具有刑事责任能力的自然人或者单位都可以构成本罪的犯罪主体。本罪的犯罪主体在主观上是故意，一般都有以营利为目的。

（2）犯罪行为，必须具有非法生产、买卖武装部队制式服装的行为。具体表现是：

①非法生产武装部队制式服装的行为。包括无照非法生产现行的武装部队制式服装，也包括有生产经营权的单位，在生产计划外多生产的行为。

②买卖武装部队制式服装的行为。一般是指批量买卖经营的行为。武装部队制式服装，是指武装部队依法订购、监制的仅供武装部队官兵使用的服装，包括解放军和武警部队的军官服、警官服、文职干部服、士兵服。这些服装根据用途可分为夏常服、冬常服、礼服、迷彩服和作训服等。具备上述两类行为之一，情节严重的，就是本罪的犯罪行为。

（3）犯罪结果，是结果犯，只有实施了非法生产、买卖武装部队制式服装，达到情节严重的结果，才可以构成本罪。犯罪行为没有达到上述情节严重结果的，不构成犯罪。何为情节严重，根据最高人民法院、最高人民检察院 2011 年 3 月 28 日《关于办理妨害武装部队制式服装、车辆号牌管理秩序等刑事案件具体应用法律若干问题的解释》第 2 条规定：具有下列情形之一的，应认定为刑法第 375 条第 2 款规定的"情节严重"，以非法生产、买卖武装部队制式服装罪定罪处罚：

①非法生产、买卖成套制式服装 30 套以上的，或者非法成套制式服装 100 件以上的；

②非法生产、买卖帽徽、领花、臂章等标志服饰合计 100 件（副）以上的；

③非法经营数额 2 万元以上的；

④非法所得数额 5000 元以上的；

⑤具有其他严重情节的。

该解释第 4 条规定，买卖仿制现行装备的武装部队制式服装情节严重的，应当追究刑事责任，定罪量刑标准适用本解释第 1 条至第 3 条的规定。

3. 非法生产、买卖武装部队制式服装罪的法定刑。根据刑法第 375 条第 2 款和《刑法修正案（七）》第 12 条的规定，该罪的法定刑有：

（1）构成犯罪的，处 3 年以下有期徒刑或拘役，并处或者单处罚金。

（2）单位犯本罪的，对单位判处罚金，并对其直接负责的主管人员和其他直接责任人员，依照前款的规定处 3 年以下有期徒刑或者拘役，并处或者单处罚金。

4. 本罪适用时应注意以下问题：

（1）注意划清罪与非罪的界限。我国刑法第375条和《刑法修正案（七）》第12条规定的非法生产、买卖武装部队制式服装罪是结果犯，只有实施了非法生产、买卖武装部队制式服装犯罪行为，情节严重的结果，才可以构成本罪。情节没有达到严重的程度的，例如，情节一般、情节较轻、情节较重的都不构成犯罪。

（2）注意准确认定非法生产、买卖武装部队制式服装罪。我国1997年刑法第375条原规定有非法生产、买卖武装部队制式服装的犯罪行为，但根据"两高"司法解释认定为"非法生产、买卖军用标志罪"。2009年2月28日《刑法修正案（七）》颁布以后将这种行为规定为非法生产、买卖武装部队制式服装罪，不能再认定为非法生产、买卖军用标志罪。但是，凡在1997年10月1日到2009年2月27日发生的非法生产、买卖武装部队制式服装的行为的，则继续认定为非法生产、买卖军用标准罪，这是因为《刑法修正案（七）》第12条规定的非法生产、买卖武装部队制式服装罪的法律规定没有溯及力，不能溯及以往的行为。至于在1997年9月31日前发生的非法生产、买卖武装部队制式服装行为的，不构成犯罪，因为行为时的法律没有将这种行为规定为犯罪。

（3）注意本罪共犯的认定。根据最高人民法院、最高人民检察院2011年3月28日《关于办理妨害武装部队制式服装、车辆号牌管理秩序等刑事案件具体应用法律若干问题的解释》第5条规定："明知他人实施刑法第375条规定的犯罪行为，而为其生产、提供专用材料或者提供资金、账号、技术、生产经营场所等帮助的，以共犯论处。"

（4）注意一罪与数罪的定罪处罚。根据最高人民法院、最高人民检察院2011年3月28日《关于办理妨害武装部队制式服装、车辆号牌管理秩序等刑事案件具体应用法律若干问题的解释》第6条规定："实施刑法第375条规定的犯罪行为，同时又构成逃税、诈骗、冒充军人招摇撞骗等犯罪的，依照处罚较重规定定罪处罚。"

十三、伪造、盗窃、买卖、非法提供、非法使用武装部队专用标志罪

伪造、盗窃、买卖、非法提供、非法使用武装部队专用标志罪是刑法第375条第3款规定的犯罪，《刑法修正案（七）》第12条第2款对刑法原

375条第2款规定的"非法生产、买卖武装部队制式服装、车辆号牌等专用标志"的行为修改为第3款"伪造、盗窃、买卖或者非法提供、使用武装部队车辆号牌等专用标志"的犯罪行为。"两高"2009年10月16日《关于执行〈中华人民共和国刑法〉确定罪名的补充规定（四）》中取消了非法生产、买卖军用标志罪罪名，将伪造、盗窃、买卖、非法提供、非法使用武装部队专用标志的犯罪行为，单独确定为新罪名。

（一）刑法规定内容的修改

刑法条文中有关伪造、盗窃、买卖、非法提供、非法使用武装部队专用标志罪的规定有：

1.1997年刑法第375条规定："伪造、变造、买卖或者盗窃、抢夺武装部队公文、证件、印章的，处三年以下有期徒刑、拘役、管制或者剥夺政治权利；情节严重的，处三年以上十年以下有期徒刑。"

"非法生产、买卖武装部队制式服装、车辆号牌等专用标志，情节严重的，处三年以下有期徒刑、拘役或者管制，并处或者单处罚金。"

"单位犯第二款罪的，对单位判处罚金，并对其直接负责的主管人员和其他直接责任人员，依照该款的规定处罚。"

2.2009年2月28日全国人大常委会《中华人民共和国刑法修正案（七）》第12条规定将刑法第375条第2款修改为："非法生产、买卖武装部队制式服装，处三年以下有期徒刑、拘役或者管制，并处或者单处罚金。"

增加一款作为第3款："伪造、盗窃、买卖或者非法提供、使用武装部队车辆号牌等专用标志，情节严重的，处三年以下有期徒刑、拘役或者管制，并处或者单处罚金；情节特别严重的，处三年以上七年以下有期徒刑，并处罚金。"

原第三款作为第4款，修改为："单位犯第二款、第三款罪的，对单位判处罚金，并对其直接负责的主管人员和其他直接责任人员，依照各该款的规定处罚。"

上述《刑法修正案（七）》的规定是根据当前伪造、盗窃、买卖或者非法提供、使用武装部队车辆号牌等专用标志严重的情况，将刑法第375条原规定的惩治非法制造、买卖武装部队专用标志的行为作了分别规定，并补充修改规定伪造、盗窃、买卖、非法提供、非法使用武装部队专用标志为一种独立的新罪名。

(二) 刑法规定修改的原因

我国1979年刑法没有规定伪造、盗窃、买卖、非法提供、非法使用武装部队专用标志罪，1997年刑法第375条第2款规定了非法生产、买卖武装部队车辆号牌等专用标志的犯罪行为，但将这种犯罪行为作为非法生产、买卖军用标志行为之一，因此，最高人民法院、最高人民检察院将其确定在非法生产、买卖军用标志罪名之中。随着改革开放和市场经济的深入发展，伪造、盗窃、买卖或者非法提供、使用武装部队车辆号牌等专用标志的行为不断增多，社会危害性越来越严重。中央军委法制局提出，近年来，盗窃、出租、非法使用军队车辆号牌的情况时有发生，扰乱社会管理秩序，损害军队形象和声誉，影响部队战备训练等工作的正常进行。对这类情节严重的行为，应当追究刑事责任。经同有关部门研究，全国人大法律委员会建议在刑法第375条第3款中规定的犯罪行为中，增加伪造、盗窃、买卖、非法提供、非法使用武装部队专用标志等犯罪行为。全国人大常委会根据司法实践中惩治伪造、盗窃、买卖或者非法提供、使用武装部队专用标志的犯罪行为需要，采纳了有关部门的意见，于2009年2月28日在《刑法修正案（七）》第12条中单独规定了伪造、盗窃、买卖、非法提供、非法使用武装部队专用标志的犯罪。

(三) 伪造、盗窃、买卖、非法提供、非法使用武装部队专用标志罪的适用

伪造、盗窃、买卖、非法提供、非法使用武装部队专用标志罪是《刑法修正案（七）》第12条和刑法第375条第3款单独规定的犯罪，要准确适用就必须弄清楚该罪的概念、特征、法定刑以及适用时应注意的问题。

1. 伪造、盗窃、买卖、非法提供、非法使用武装部队专用标志罪的概念。该罪是指伪造、盗窃、买卖或者非法提供、使用武装部队车辆号牌等专用标志，情节严重的行为。

伪造、盗窃、买卖、非法提供、非法使用武装部队专用标志罪是扰乱社会秩序，危害国防利益，影响武装部队形象的犯罪行为。武装部队的车辆号牌等专用标志是武装部队区分其他单位和个人的标志，以便于完成武装部队的训练和作战任务。伪造、盗窃、买卖或者非法提供、使用武装部队车辆号牌等专用标志，情节严重的必然扰乱社会管理秩序，影响武装部队的形象和部队的战斗力，危害军事训练和作战任务的完成，这是对社会有严重危害性的行为。我国刑法将伪造、盗窃、买卖、非法提供、非法使用武装部队专用标志的行为规定为犯罪，最高处7年有期徒刑，并处罚金。

2. 犯罪的构成特征。根据刑法第 375 条第 3 款和《刑法修正案（七）》第 12 条第 2 款的规定，该罪的构成特征有：

(1) 犯罪主体，是一般主体，达到法定年龄具有刑事责任能力的自然人或者单位都可以构成本罪的犯罪主体。本罪的犯罪主体在主观上是故意。

(2) 犯罪行为，必须具有伪造、盗窃、买卖、非法提供、非法使用武装部队专用标志的行为。具体表现是：

①伪造、盗窃、买卖武装部队专用标志的行为。包括伪造、盗窃、买卖武装部队的车辆号牌和其他的专用标志，如帽徽、胸章、臂章、领章、肩章、军种符号、兵种符号、专业符号、缘饰、镶条、军旗、军徽等军队专用字母、图像、符号等。

②非法提供、使用武装部队专用标志的行为。不论是真伪武装部队军用标志，只要是提供给不应当使用的单位或者不应当使用的人使用了的行为，都是本罪的犯罪行为。具备上述两类行为之一，情节严重的，就是本罪的犯罪行为。

(3) 犯罪结果，是结果犯，只有实施了伪造、盗窃、买卖、非法提供、非法使用武装部队专用标志，达到情节严重的结果，才可以构成本罪。犯罪行为没有达到上述情节严重结果的，不构成犯罪。何为情节严重，根据最高人民法院、最高人民检察院 2011 年 3 月 28 日《关于办理妨害武装部队制式服装、车辆号牌管理秩序等刑事案件具体应用法律若干问题的解释》第 3 条规定，具有下列情形之一的，应认定为刑法第 375 条第 3 款规定的"情节严重"，以伪造、盗窃、买卖或者非法提供、使用武装部队专用标志罪定罪处罚：

①伪造、盗窃、买卖、非法提供、非法使用武装部队军以上领导机关车辆号牌 1 副以上或者其他车辆号牌 3 副以上的；

②非法提供、使用军以上领导机关车辆号牌之外的其他车辆号牌累计 6 个月以上的；

③伪造、盗窃、买卖或者非法提供、非法使用军徽、军旗、军种符号或者其他军用标志合计 100 件（副）以上的；

④造成严重后果或者恶劣影响的。

该解释第 4 条规定，盗窃、买卖、非法提供、使用伪造、变造的武装部队车辆号牌专用标志情节严重的，应当追究刑事责任，定罪量刑标准适用本解释第 1 至第 3 条的规定。

3. 非法生产、买卖武装部队制式服装罪的法定刑。根据刑法第 375 条第 3 款和《刑法修正案（七）》第 12 条的规定，该罪的法定刑：

(1) 构成犯罪的，处 3 年以下有期徒刑、拘役或者管制，并处或者单处罚金。

(2) 构成犯罪的,情节特别严重的,处 3 年以上 7 年以下有期徒刑,并处罚金。

根据最高人民法院、最高人民检察院 2011 年 3 月 28 日《关于办理妨害武装部队制式服装、车辆号牌管理秩序等刑事案件具体应用法律若干问题的解释》第 3 条规定,具有下列情形之一的,应认定为刑法第 375 条第 3 款规定的"情节特别严重":

①数量达到前款第(一)、(三)项规定标准 5 倍以上的;

②非法提供、使用军以上领导机关车辆号牌累计 6 个月以上或者其他车辆号牌累计 1 年以上的;

③造成特别严重后果或者特别恶劣影响的。

(3) 单位犯本罪的,对单位判处罚金,并对其直接负责的主管人员和其他直接责任人员,依照个人犯本罪处罚。

4. 本罪适用时应注意以下问题:

(1) 注意划清本罪与非罪的界限。我国刑法第 375 条第 3 款和《刑法修正案(七)》第 12 条第 2 款规定的伪造、盗窃、买卖、非法提供、非法使用武装部队专用标志罪是结果犯,只有实施了伪造、盗窃、买卖、非法提供、非法使用武装部队专用标志,情节严重的结果,才可以构成本罪。情节没有达到严重程度的,如情节一般、情节较轻、情节较重的都不构成犯罪。

(2) 注意准确认定伪造、盗窃、买卖、非法提供、非法使用武装部队专用标志罪。我国 1997 年刑法第 375 条原规定有非法生产、买卖武装部队车辆号牌等专用标志的犯罪行为,但根据"两高"司法解释认定为"非法生产、买卖军用标志罪"之中。2009 年 2 月 28 日《刑法修正案(七)》颁布以后将这种行为修改为伪造、盗窃、买卖、非法提供、非法使用武装部队专用标志的犯罪行为,其中增加规定了伪造、盗窃、非法提供、非法使用军用标志的行为,不能再认定为非法生产、买卖军用标志罪,而应认定为本罪。但是,凡在 1997 年 10 月 1 日到 2009 年 2 月 27 日发生的伪造、买卖武装部队专用标志的犯罪行为的,则继续认定为非法生产、买卖军用标准罪,这是因为《刑法修正案(七)》第 12 条规定的伪造、盗窃、买卖、非法提供、非法使用武装部队专用标志罪的法律规定没有溯及力,不能溯及已往的行为。至于在 1997 年 9 月 31 日前发生的伪造、盗窃、买卖、非法提供、非法使用武装部队专用标志行为的,不构成犯罪。因为行为时的法律没有将这种行为规定为犯罪。

(3) 注意划清本罪与冒充军人招摇撞骗罪的界限。本罪伪造、盗窃、买卖、非法提供、非法使用武装部队专用标志,可能用于冒充军人招摇撞骗的犯罪人提供军人专用标志的条件，但不一定都是用于冒充军人招摇撞骗犯罪。如果行为人伪造、盗窃、买卖、非法提供、非法使用武装部队专用标志，又用以冒充军人招摇撞骗犯罪行为，情节严重的构成犯罪，应分别定罪，数罪并罚。如果行为人自己个人以冒充军人招摇撞骗为目的，而伪造、盗窃、买卖、非法提供、非法使用少量的武装部队专用标志的，则是手段牵连犯，只认定为冒充军人招摇撞骗罪，不再定为本罪。

（4）注意划清本罪与非法生产、买卖警用装备罪的界限。本罪伪造、盗窃、买卖、非法提供、非法使用武装部队专用标志，与我国刑法第281条规定的非法生产、买卖警用装备罪有相似之处，容易混淆。二罪的根本区别是犯罪的对象不同。本罪的对象是武装部队（包括武警部队）专用标志；而非法生产、买卖警用装备罪的对象是人民警察（不包括武装警察部队）的制式服装、车辆号牌等专用装备。由于两种犯罪的对象不同，将两罪区别开来。

（5）注意本罪共犯的认定。根据最高人民法院、最高人民检察院2011年3月28日《关于办理妨害武装部队制式服装、车辆号牌管理秩序等刑事案件具体应用法律若干问题的解释》第5条规定："明知他人实施刑法第三百七十五条规定的犯罪行为，而为其生产、提供专用材料或者提供资金、账号、技术、生产经营场所等帮助的，以共犯论处。"

（6）注意一罪与数罪的定罪处罚。根据最高人民法院、最高人民检察院2011年3月28日《关于办理妨害武装部队制式服装、车辆号牌管理秩序等刑事案件具体应用法律若干问题的解释》第6条规定："实施刑法第三百七十五条规定的犯罪行为，同时又构成逃税、诈骗、冒充军人招摇撞骗等犯罪的，依照处罚较重规定定罪处罚。"

十四、利用影响力受贿罪

利用影响力受贿罪是刑法第388条之一规定的犯罪，《刑法修正案（七）》第13条在刑法原第388条之后增加一条为第388条之一，规定"国家工作人员的近亲属或者其他与该国家工作人员关系密切的人，通过该国家工作人员职务上的行为，或者利用该国家工作人员职权或者地位形成的便利条件，通过其他国家工作人员职务上的行为，为请托人谋取不正当利益，索取或者收受请托人财物，数额较大或者有其他较重情节"的犯罪行为。"两高"2009年10月16日《关于执行〈中华人民共和国刑法〉确定罪名的补充规定（四）》中将这种受贿犯罪行为，单独确定为上述新罪。

（一）刑法规定内容的修改

刑法条文中有关利用影响力受贿罪的规定有：

1. 1979年刑法第185条规定："国家工作人员利用职务上的便利，收受贿赂的，处五年以下有期徒刑或者拘役。赃款、赃物没收，公款、公物追还。

"犯前款罪，致使国家或者公民利益遭受严重损失的，处五年以上有期徒刑。"

2. 1988年1月21日全国人大常委会颁布施行的《关于惩治贪污罪贿赂罪的补充规定》第4条规定："国家工作人员、集体经济组织工作人员或者其他从事公务的人员，利用职务上的便利，索取他人财物的，或者非法收受他人财物为他人谋取利益的，是受贿罪。

"与国家工作人员、集体经济组织工作人员或者其他从事公务的人员勾结，伙同受贿的，以共犯论处。

"国家工作人员、集体经济组织工作人员或者其他从事公务的人员，在经济往来中，违反国家规定，收受各种名义的回扣、手续费，归个人所有的，以受贿论处。"

第5条规定："对犯受贿罪的，根据受贿所得数额及情节，依照本规定第二条的规定处罚。受贿数额不满一万元，使国家利益或者集体利益遭受重大损失的，处十年以上有期徒刑；受贿数额在一万元以上，使国家利益或者集体利益遭受重大损失的，处无期徒刑或者死刑，并处没收财产。索贿的从重处罚。

"因受贿而进行违法活动构成其他罪的，依照数罪并罚的规定处罚。"

第6条规定："全民所有制企业事业单位、机关、团体，索取、收受他人财物，为他人谋取利益，情节严重的，判处罚金，并对其直接负责的主管人员和其他直接责任人员，处五年以下有期徒刑或者拘役。"

3. 1997年刑法第163条和2006年6月29日《刑法修正案（六）》第7条规定："公司、企业或者其他单位的工作人员利用职务上的便利，索取他人财物或者非法收受他人财物，为他人谋取利益，数额较大的，处五年以下有期徒刑或者拘役；数额巨大的，处五年以上有期徒刑，可以并处没收财产。

"公司、企业或者其他单位的工作人员在经济往来中，利用务上的便利，违反国家规定，收受各种名义的回扣、手续费，归个人所有的，依照前款的规定处罚。

"国有公司、企业或者其他国有单位中从事公务的人员和国有公司、企业委派到非国有公司、企业或者其他国有单位从事公务的人员有前两款行为的，依照本法第三百八十五条、第三百八十六条的规定定罪处罚。"

第385条规定："国家工作人员利用职务上的便利，索取他人财物的，或者非法收受他人财物，为他人谋取利益的，是受贿罪。"

"国家工作人员在经济往来中，违反国家规定，收受各种名义的回扣、手续费，归个人所有的，以受贿论处。"

第386条规定："对犯受贿罪的，根据受贿所得数额及情节，依照本法第三百八十三条的规定处罚。索贿的从重处罚。"

第387条规定："国家机关、国有公司、企业、事业单位、人民团体，索取、非法收受他人财物，为他人谋取利益，情节严重的，对单位判处罚金，并对其直接负责的主管人员和其他直接责任人员，处五年以下有期徒刑或者拘役。

"前款所列单位，在经济往来中，在账外暗中收受各种名义的回扣、手续费的，以受贿论，依照前款的规定处罚。"

第388条规定："国家工作人员利用本人职权或者地位形成的便利条件，通过其他国家工作人员职务上的行为，为请托人谋取不正当利益，索取请托人财物或者收受请托人财物的，以受贿论处。"

4. 2009年2月28日全国人大常委会《中华人民共和国刑法修正案（七）》第13条规定在刑法第388条后增加一条作为第388条之一："国家工作人员的近亲属或者其他与该国家工作人员关系密切的人，通过该国家工作人员职务上的行为，或者利用该国家工作人员职权或者地位形成的便利条件，通过其他国家工作人员职务上的行为，为请托人谋取不正当利益，索取请托人财物或者收受请托人财物，数额较大或者有其他较重情节的，处三年以下有期徒刑或者拘役，并处罚金；数额巨大或者有其他严重情节的，处三年以上七年以下有期徒刑，并处罚金；数额特别巨大或者有其他特别严重情节的，处七年以上有期徒刑，并处罚金或者没收财产。

"离职的国家工作人员或者其近亲属以及其他与其关系密切的人，利用该离职的国家工作人员原职权或者地位形成的便利条件实施前款行为的，依照前款的规定定罪处罚。"

上述《刑法修正案（七）》的规定是根据当前受贿犯罪出现的，国家工作人员的近亲属及其关系密切的人利用国家工作人的职权或者地位的影响力索贿受贿严重的情况，在刑法中补充规定了利用影响力受贿的新罪名。

（二）刑法规定修改的原因

我国1979年刑法只规定了国家工作人员受贿罪，没有规定利用影响力受贿罪，1997年刑法第163条、第385条、第386条、第387条、第388条分别规定了国家工作人员受贿罪、国有单位受贿罪、国家工作人员斡旋受贿罪、非国家工作人员受贿罪（在《刑法修正案（六）》以前称为"公司企业人员受贿罪"），也没有单独规定利用影响力受贿罪。司法实践中，将国家工作人员的近亲属或者关系密窃的人利用国家工作人员职务上的便利，为他人谋取不正当利益，索取或者收受贿赂，只要国家工作人员知道的，都以国家工作人员受贿罪的共犯定罪量刑。2006年6月29日《刑法修正案（六）》颁布以后，将单位中除国家工作人员以外的工作人员受贿的都认定为非国家工作人员受贿罪。司法实践中，出现了国家工作人员的近亲属或者关系密切的人，他们既不是国家工作人员也不是单位的工作人员，他们利用国家工作人员的影响力，通过其他国家工作人员利用职务的行为请托人谋取不正当利益，而他们从中索取或者收受请托人的财物的行为，也严重败坏了党风和社会风气，是国家工作人员腐败行为之一，在社会上造成恶劣的影响，但刑法中没有将这种危害社会的行为规定为犯罪。我国参加缔约的国际反腐败公约中，将利用影响力受贿行为规定为犯罪。有些学者建议在我国刑法中也规定利用影响力受贿罪，与国际反腐败法规定相接轨，以尽国际反腐败的义务。有些全国人大代表和有关部门提出，有些国家工作人员的配偶、子女等近亲属，以及其他与该国家工作人员关系密切的人，通过该国家工作人员职务上的行为，或者利用该国家工作人员职权或者地位形成的便利条件，通过其他国家工作人员职务上的行为，为请托人谋取不正当利益，自己从中索取或者收受请托人的财物。同时，一些已离职的国家工作人员，虽已不具有国家工作人员身份，但利用其在职时形成的影响力，通过其他国家工作人员的职务行为为请托人谋取不正当利益，自己从中索取或者收受请托人的财物。这类行为败坏党风、政风和社会风气，对情节较重的，也应作为犯罪追究刑事责任。

经同中央纪委、最高人民法院、最高人民检察院等部门研究，全国人大法律委员会建议在刑法第388条中增加两款，对这类情节严重的行为，应当追究刑事责任。全国人大常委会根据司法实践中惩治利用影响力受贿犯罪行为和与国际反腐败法相衔接的需要，采纳了有关部门的意见，于2009年2月28日在《刑法修正案（七）》第13条中规定在刑法中设单条规定利用影响力受贿罪。

（三）利用影响力受贿罪的适用

利用影响力受贿罪是《刑法修正案（七）》第13条和刑法第388条之一单独规定的新罪，要准确适用就必须弄清楚该罪的概念、特征、法定刑以及适用时应注意的问题。

1. 利用影响力受贿罪的概念。该罪是指国家工作人员、离职的国家工作人员的近亲属或者其他与该国家工作人员关系密切的人，通过该国家工作人员职务上的行为，或者利用该国家工作人员职权或者地位形成的便利条件，通过其他国家工作人员职务上的行为，为请托人谋取不正当利益，索取请托人财物或者收受请托人财物，数额较大或者有其他较重情节的行为。

利用影响力受贿罪是危害国家工作人员职责廉洁性和扰乱国家机关秩序的犯罪，是国家工作人员腐败犯罪表现形式之一，虽然其受贿者不是国家工作人员本身，而是国家工作人员的近亲属或者其他关系密切的人，但他们是利用国家工作人员职务行为或者国家工作人员的职权或地位的影响力为请托人谋取不正当利益。它是败坏党风、政风和社会风气的腐败行为，是对社会有严重危害性的行为。我国刑法将利用影响力受贿行为规定为犯罪，最高处15年有期徒刑，并处罚金或者没收财产。

2. 犯罪的构成特征。根据刑法第388条之一和《刑法修正案（七）》第13条的规定，该罪的构成特征有：

（1）犯罪主体，是一般主体，即国家工作人员、离职的国家工作人员的近亲属或者其他与该国家工作人员关系密切的人和离职的国家工作人员，他们都是达到法定年龄具有刑事责任能力的自然人，都可以构成本罪的犯罪主体。本罪的犯罪主体在主观上是故意，并且有索取或者收受请托人财物的目的。

（2）犯罪行为，必须具有利用国家工作人员的影响，为请托人谋取不正当利益，索取或者收受请托人财物的行为。具体行为表现是：

①利用国家工作人员影响力的行为，包括通过国家工作人员职务上的行为，或者利用国家工作人员的职权或者地位形成的便利条件，通过其他国家工作人员职务上的行为。

②为请托人谋取不正当利益的行为。谋取的必须是不正当利益，包括利益本身不正当和谋取不正当利益的程序不正当。只要具有谋取不正当利益的主观条件就具备谋取不正当利益条件。

③索取、收受请托人的财物的行为。索取是强要行为，收受是被动接受行为。索取或收受的都是财物，包括可以用金钱计算的利益。上述行为达到数额较大或者其他情节较重的，可以构成本罪的犯罪行为。

（3）犯罪结果，是结果犯，只有实施了利用影响力索贿受贿达到数额较大或者其他情节较重的结果，才可以构成本罪。犯罪行为没有达到上述数额较大或者情节较重结果的，不构成犯罪。何为数额较大、情节较重，刑法没有具体规定。

根据2016年4月18日起施行的最高人民法院、最高人民检察院《关于办理贪污贿赂刑事案件适用法律若干问题的解释》第10条规定，刑法第388条之一规定的利用影响力受贿罪的定罪量刑适用标准，参照本解释关于受贿罪的规定执行。

3. 利用影响力受贿罪的法定刑。根据刑法第388条之一和《刑法修正案（七）》第13条的规定，该罪的法定刑有：

（1）构成犯罪的，处3年以下有期徒刑或者拘役，并处罚金。

（2）构成犯罪的，数额巨大或者有其他情节严重的，处3年以上7年以下有期徒刑，并处罚金。

（3）犯本罪，数额特别巨大或者有其他特别严重情节的，处7年以上有期徒刑，并处罚金或者没收财产。

4. 本罪适用时应注意以下问题：

（1）注意划清本罪与非罪的界限。我国刑法第388条之一和《刑法修正案（七）》第13条规定的利用影响力受贿罪是结果犯，只有实施了利用影响力索贿受贿数额较大或者其他较重情节的结果，才可以构成本罪。索贿受贿数额没有达到较大或者情节没有达到较重的程度的，例如，情节一般、情节较轻的都不构成犯罪。何为数额较大、情节较重的，刑法没有具体规定，有待司法解释。在没有司法解释之前，可参照刑法对构成受贿罪的数额、情节的规定，以受贿5000元为数额较大的起点，以主观恶性较深、社会影响较坏和对国家和人民造成的损失较重为宜。

（2）注意准确认定与国家工作人员关系密切的人的范围问题。刑法第388条之一规定的利用影响力受贿罪的主体是"国家工作人员、离职的国家工作人员的近亲属或者其他与该国家工作人员关系密切的人和离职的国家工作人员"。这里的近亲属也是关系密切的人，只是以列举式单独列出。近亲属的范围，按照我国刑事诉讼法第82条第（六）项的规定，是指夫、妻、父、母、子、女、同胞兄弟姊妹；对关系密切的人，法律没有具体规定其范围，有待司法解释。在没有司法解释前，应进行认真研究，依法准确适用。所谓与国家工作人员关系密切的人，应是指与国家工作人员有亲情、友情、利害等关系密切的人。亲情关系，是指有血液和婚姻关系的亲戚关系及情人关系。亲戚包括近亲和远亲。近亲，是指夫、妻、父、母、子、女、同胞兄弟姊妹等三代以内的近亲属关系。远亲包括祖父母、外祖父母、叔伯父母、姑父母、堂兄妹、舅父母、姨父母、表兄妹等第四代、第五代亲戚关系。情人，是指虽未结婚，但有夫妻感情生活关系的人。友情关系，是指同乡、同学、同事、战友、朋友等关系的人。利害关系，是指与国家工作人员有财产、经济、名誉、地位、职权利害关系的人。上述这些与国家工作人员有亲情、友情、利害关系的人可以成为与国家工作人员关系密切的人。

虽然与国家工作人员有亲情、友情、利害关系，但不一定都是与国家工作人员关系密切的人，还要看关系发展的程度，交往的深度和广度，只有达到关系密切的程度才能成为与国家工作人员关系密切的人。凡是能通过该国家工作人员职务的行为，或者利用该国家工作人员职权或者地位形成的便利条件，通过其他国家工作人员职务上的行为为请托人谋取不正当利益的人，一般都是与国家工作人员关系密切的人，不是与国家工作人员关系密切的人，国家工作人员不可能利用职务、职权或者地位的便利为请托人谋取不正当利益。

刑法第388条之一规定的"与国家工作人员关系密切的人"（包括近亲属在内），都是非国家工作人员，不包括国家工作人员，因为刑法第388条已规定了国家工作人员利用其他国家工作人员职务上的行为，为请托人谋取不正当利益的行为构成间接受贿罪，按受贿罪定罪处罚。所以，刑法第388条之一规定的与国家工作人员关系密切的人就只能是非国家工作人员，非国家工作人员利用国家工作人员的职务、职权或者地位形成的便利条件间接受贿的行为才适用刑法第388条之一的规定，**构成利用影响力受贿罪**。关系密切的人与国家工作人员有共同受贿的故意和共同受贿索贿行为的，构成共同受贿犯罪，应定为受贿罪，不再定为利用影响力受贿罪。

（3）注意划清关系密切的人与特定关系人的界限。二者是既有联系也有区别的两种概念，不能混淆。2007年7月8日，最高人民法院、最高人民检察院在《关于办理受贿刑事案件适用法律若干问题的意见》中规定了"特定关系人收受贿赂问题"，即"国家工作人员利用职务上的便利为请托人谋取利益，授意请托人以本意见所列形式，将有关财物给予特定关系人的，以受贿论处"；"特定关系人与国家工作人员通谋，共同实施前款行为的，对特定关系人以受贿罪的共犯论处"；"特定关系人以外的其他人与国家工作人员通谋，由国家工作人员利用职务上的便利为请托人谋利益、收受请托人财物后双方共同占有的，以受贿罪的共犯论处"。这里规定"特定关系人"可以构成国家工作人员受贿罪的共犯。何为"特定关系人"，"两高"司法解释为："特定关系人，是指与国家工作人员有近亲属、情妇（夫）以及其他共同利益关系的人。"

关系密切的人与特定关系人的共同特点是：都是与国家工作人员有着特殊关系的人员，或者与国家工作人员共同受贿，或者利用国家工作人员的职务、职权或者地位形成的便利件，**为请托人谋取不正当利益，收受请托人财物，可以构成间接受贿罪**。特定关系人可以是关系密切的人，关系密切的人中的一些人也可能成为特定关系人；**特定关系人以外的人也可以是关系密切的人**。由于二者有这些联系或者共同点，二者容易混淆。但二者有重要区别的，主要是：

①范围不同。特定关系人是指与国家工作人员有近亲属、情妇（夫）以

及其他共同利益关系的人；而关系密切的人，是指与国家工作人员有亲情、友情、利害关系密切的人，显然，关系密切的人的范围比特定关系人的范围要广泛得多，关系密切的人中包括了特定关系人。

②作用不同。特定关系人可以成为国家工作人员受贿罪的共犯，即可以构成受贿罪；而关系密切的人与国家工作人员没有共同受贿的故意，不构成共同受贿罪，但可以独立构成利用影响力受贿罪。

③构成犯罪应受处罚不同。特定关系人与国家工作人员构成共同受贿的，只要收受了贿赂，不管受贿数额多少，情节较重的就可以构成受贿罪，依照国家工作人员受贿罪的法定刑，结合其在共同犯罪中的地位和作用处罚，最高可处死刑，剥夺政治权利终身、没收全部财产；关系密切的人构成利用影响力受贿罪必须以受贿数额较大或者有其他较重情节的，才可以构成利用影响力受贿罪，适用刑法第388条之一单独规定的法定刑，最高可处15年有期徒刑，并处罚金或者没收财产。二者由于上述的不同之处，使二者区分开来。

在对特定关系人定罪处罚时，应注意：当特定关系人又是关系密切人，其与国家工作人员构成共同受贿罪已按受贿罪定罪处罚了，虽然其同时也触犯了利用影响力受贿罪的罪名，但不能再认定其还犯有利用影响力受罪，进行数罪并罚。这是因为相比较受贿罪是重罪，根据重罪吸收轻罪的定罪处罚原则，受贿罪吸收了利用影响力受贿罪，只认定为受贿罪，按受贿罪的法定刑处罚；不能再认定为利用影响力受贿罪进行数罪并罚。特定关系人有间接受贿犯罪行为，但与国家工作人员没有共同受贿的故意，不构成共同受贿罪的，对特定关系人应定为利用影响力受贿罪。

（4）注意对离职的国家工作人员利用影响力受贿罪的问题。刑法第388条之一第2款规定："离职的国家工作人员或者其近亲属以及其他与其关系密切的人，利用该离职的国家工作人员原职权或者地位形成的便利条件实施前款行为的，依照前款的规定定罪处罚。"这里规定了离职的国家工作人员利用影响力受贿罪和离职的国家工作人员的近亲属及其他关系密切的人利用影响力受贿罪。离职的国家工作人包括辞职、退职、留职、开除、退休的原国家工作人员，当其离开国家工作人员职务后，就没有实际职务了，不能构成利用现职务之便索贿受贿，即不能构成受贿罪。但离职的国家工作人员可以利用原职权或者地位形成的便利条件，通过其他国家工作人员职务上的行为，为请托人谋利益，索取请托人财物或者收受请托人财物的行为，可以构成利用影响力受贿罪。离职国家工作人员的近亲属及其他关系密切的人，利用离职国家工作人员原职权或者地位形成的便利条件，通过其他国家工作人员职务上的行为，为请托人谋利益，索取请托人财物或者收受请托人财物的行为，也可以构成利用影响力受贿罪。上述是两种不同犯罪主体利用影响力受贿罪。

（5）注意划清本罪与受贿罪的界限。两种犯罪都是受贿方面的犯罪，但刑法规定的犯罪主体、犯罪行为、犯罪结果、法定刑等都有些差别。

①主体差别。本罪的主体是国家工作人员、离职的国家工作人员的近亲属或者其他与该国家工作人员关系密切的人和离职的国家工作人员，即都是非国家工作人员；而受贿罪的主体都是国家工作人员。

②犯罪行为差别。本罪是利用其他国家工作人员职务行为为请托人谋取不正当利益，而利用者索贿受贿的行为；而受贿罪是国家工作人员利用职务之便，为他人谋利益，自己索贿受贿行为。

③犯罪结果差别。本罪结果受贿数额较大或其他情节较重；而受贿罪的结果是受贿不满 5000 元，情节较重的结果。

④法定刑差别。本罪最高法定刑为 15 年有期徒刑，并处罚金或者没收财产；而受贿罪的法定最高刑是死刑，并处没收全部财产，附加剥夺政治权利终身。上述不同点将本罪与受贿罪区分开来。

（6）注意划清本罪与非国家工作人员受贿罪的界限。本罪与刑法第 163 条规定的非国家工作人员受贿罪很相似，容易混淆。两种犯罪都是非国家工作人员受贿方面的犯罪，但刑法规定的犯罪主体、犯罪行为、犯罪结果等都有些差别。

①主体差别。本罪的主体是国家工作人员、离职的国家工作人员的近亲属或者其他与该国家工作人员关系密切的人和离职的国家工作人员；而非国家工作人员受贿罪的主体都是单位的工作人员。

②犯罪行为差别。本罪是利用其他国家工作人员职务行为为请托人谋取不正当利益，而索贿受贿的行为；而非国家工作人员受贿罪是单位的工作人员利用职务之便为他人谋利益，自己索贿受贿行为。

③犯罪结果差别。本罪结果是受贿数额较大或其他情节较重的结果；而非国家工作人员受贿罪的结果是受贿数额较大，没有情节较重的结果。由于两种犯罪的构成条件不完全相同，将两罪区别开来。上述利用影响力受贿罪与非国家工作人员受贿罪可能出现交叉，例如，某离职国家工作人员的近亲属是某单位的工作人员，其利用自己的职务之便和利用该离职国家工作人员原职权，通过其他国家工作人员职务行为，为请托人谋取不正当利益，索取或者收受请托人财物数额较大的行为，既构成非国家工作人员受贿罪，也构成利用影响力受贿罪。上述两种犯罪的法定刑基本上相同，应按特别规定优于一般规定的定罪处罚原则，认定为本罪。

第八章　中华人民共和国刑法修正案（八）

2011年2月25日，第十一届全国人大常委会经过三次会议讨论、修改，并于第十九次会议以139票赞成、7票反对、11票弃权，通过了《中华人民共和国刑法修正案（八）》，规定自2011年5月1日起施行。《刑法修正案（八）》是1997年修订刑法实施以来最重要的修改，其修改的内容之多，规模之大，影响之深是前所未有的，需要认真学习、深刻理解，才能正确适用。

一、《刑法修正案（八）》概述

（一）《刑法修正案（八）》的修改特点和期待

《刑法修正案（八）》与其他几次修改相比较，有以下几个特点：

1. 修改的内容广泛、意义深远。《刑法修正案（八）》共50条，占刑法452条的10%以上，涉及刑法总则和分则各方面的内容的修改和补充，既有犯罪的修改，也有刑罚的修改；既有重的改为轻的，也有轻的改为重的。有些修改内容非常重要，具有深远的意义和影响，例如，对13种犯罪取消判处死刑的修改，为将来全面废除死刑制度打下基础，还有像增加禁止令和社区矫正等都是在刑法中第一次出现，是刑事法律制度的发展，具有一定的前瞻性和创新性。

2. 首次对刑法总则进行了大量修改。过去七次对刑法的修改都是根据当时某种行为对社会有严重危害性而应急，修改刑法分则中的具体犯罪或者增加某种新的犯罪，其适用范围只是具体犯罪。而《刑法修正案（八）》对刑法总则的一些刑事责任和处罚原则作了19处修改，这些修改对刑法分则的所有条款规定都适用。可见，《刑法修正案（八）》对刑法的修改是比较全面的修改，是通过对刑罚原则的修改，对所有的具体犯罪都适用的修改。

3. 既有轻的改为重的，也有重的改为轻的，这体现了宽严相济的刑事政策。过去的修改都是加重处罚，使处死刑的犯罪越来越多，最多高达68种犯罪可以判处死刑。《刑法修正案（八）》第50条中，有1/3的条款是轻的改为重的，有2/3是重的改为轻的，这充分体现了宽严相济的刑事政策。主要是解决我国刑法原规定剥夺生命的死刑多和剥夺自由刑轻的不正常现象。

4. 首次对我国刑罚制度的修改。《刑法修正案（八）》对我国刑罚体系中的主刑和附加刑，以及非刑罚方法都作了修改。我国刑法规定的五种主刑除拘役外，其他四种刑种都作了修改：

死刑的修改除取消13种犯罪处死刑的规定外，又增加规定了"审判的时候已满75周岁的人不适用死刑，但以特别残忍手段致人死亡的除外"；还将刑法原规定的被判处死刑缓期2年执行的犯罪分子，在死刑缓期2年执行期满后，如果确有重大立功表现，减为15年以上20年以下有期徒刑，修改为"减为25年有期徒刑"，这是对被判处死刑缓期2年执行的犯罪分子加重处罚的修改。

无期徒刑的修改是将刑法原规定的被判处无期徒刑的犯罪分子，经过多次减刑以后的实际执行刑期，由不能少于10年，修改为"不能少于13年"；对被判处死刑缓期2年执行，又是限制减刑的犯罪分子，缓刑期满后减为无期徒刑的，实际执行刑期不能少于25年。

有期徒刑的修改是将原刑法规定的数罪并罚不能超过20年，修改为"有期徒刑总和刑期不满35年的，最高不能超过20年；总和刑期在35年以上的，最高不能超过25年"。

管制刑的修改是增加规定，在判处管制时，可以同时判处禁止令，即"禁止犯罪分子从事特定活动、进入特定区域、场所、接触特定人"；还规定对管制的执行将刑法原规定由公安机关执行修改为"依法实行社区矫正"；同时还增加规定"对违反禁止令的，由公安机关依照治安管理处罚法的规定处罚"。

对附加刑的数罪并罚方法作了补充规定，数罪判处附加刑仍须执行，增加规定"其中附加刑种类相同的，合并执行；种类不同的，分别执行"。

另外，《刑法修正案（八）》还对刑罚的具体运用中的在法定刑期以下处罚、累犯、坦白、缓刑、减刑、假释等作了修改和补充。

5. 立法民主化程度提高。《刑法修正案（八）》的修改充分征求了各个方面的意见，除征求司法机关外，还征求有关机关的意见，特别是立法机关将《刑法修正案（征求意见稿）》登载在互联网上和有关报纸期刊上，公开征求方方面面的意见。全国人大常委会三次上会讨论，在讨论中各委员提出了各种不同的意见，根据各方面的意见进行了反复修改。这充分体现了开门立法和民主立法的程度提高了。对于绝大多数人的意见提交全国人大常委会讨论，对于那些争论很大的意见，继续研究，待基本成熟后，再提交全国人大常委会会议上讨论。

《刑法修正案（八）》中的修改意见是全国人大常委会采纳了有关部门和公民的意见后作出的修改、补充规定。还有一些很重要的意见，由于意见不一致，没有被采纳，需要进一步研究，为将来修改补充刑法做理论和实践经验上的准备，具有很大的期待性。这些问题主要有：

1. 处死刑的犯罪还可以减少，加速向全面废除死刑目标前进。《刑法修正案（八）》取消了13种犯罪判处死刑的规定，具体是：走私文物罪，走私贵重金属罪，走私珍贵动物罪，走私贵重动物制品罪，走私普通货物、物品罪，票据诈骗罪，金融凭证诈骗罪，信用证诈骗罪，虚开增值税专用发票、用于骗取出口退税、抵扣税款发票罪，伪造、出售伪造的增值税专用发票罪，盗窃罪，传授犯罪方法罪，盗掘古文化遗址、古墓葬罪，盗掘古人类化石、古脊椎动物化石罪等。上述犯罪都是经济犯罪，还有些经济犯罪和非暴力犯罪也可以取消死刑。例如，生产、销售假药罪，生产、销售有毒有害食品罪，走私武器、弹药罪，走私核材料罪，走私伪造的货币罪、集资诈骗罪等也可以取消死刑。这次修改中，也有人提出取消贪污罪、受贿罪死刑的规定，遭到很多人的反对，看来在我国当前的情况下，人们对贪污受贿等腐败行为深恶痛绝，取消这些犯罪的死刑，不能被人们所接受，全面废除死刑更是不可能的。但是，人们已经认识到死刑的威慑力也是有限的，人类社会最终是要废除死刑这种刑罚方法。

2. 刑法第50条规定的被判处死缓的犯罪分子，在死缓2年执行期间，如果故意犯罪，查证属实的，由最高人民法院核准执行死刑。最高人民法院提出，应将故意犯罪修改为"故意犯罪，情节恶劣或者情节严重的"核准执行死刑，这种修改建议是合理的，实践中也是这样做的，例如，被判死缓的犯罪分子，由于受同号侮辱而打架将对方致轻伤，还有的死缓犯脱逃60米后，就被捉回等轻微刑事故意犯罪，最高人民法院根据案件的具体情况没有核准死刑。我们认为对此修改意见是正确的，应当采纳。但立法机关从全局出发，这次没有采纳这种意见，需要进一步研究。

3. 刑法第63条第2款规定的"犯罪分子虽然不具有本法规定的减轻处罚情节，但是根据案件的特殊情况，经最高人民法院核准，也可以在法定刑以下判处刑罚"。最高人民法院提出，将"经最高人民法院核准"修改为"经省级高级人民法院核准"。主要理由是：最高人民法院主要是一般政策性指导，一般不处理具体案件，基层人民法院处理的具体案件逐级上报到最高人民法院，使办案时间拖长，对被告人不利，也增加了诉讼成本。司法实践中，由于程序复杂，案件拖延时间长，一些基层法院就不向上级法院报告，这有可能造成司法不公。然而，立法机关没有采纳这种修改意见，原因是原立法目的是要求人民法院严格依法量刑，防止滥用该条，随意在法定刑以下判处刑罚，造成重罪轻判，放纵犯罪的现象发生。

4. 国家工作人员贪污贿赂犯罪的定罪量刑的数额修改意见，没有被采纳。最高人民法院、最高人民检察院都提出刑法第383条规定的贪污罪、受贿罪的定罪量刑数额规定不适应当前的经济发展和物价情况，特别是规定贪污、受贿10万元以上最高处死刑不合理，贪污受贿10万元可以判处死刑，而实践中贪污受贿几百万元甚至上千万元也不一定判处死刑，要求修改为数额较大、数额巨大、数额特别巨大，立法后由最高司法机关根据经济形势作出司法解释确定定罪量刑的具体数额。立法机关认为这是一个非常敏感的问题，应当慎重，暂没有采纳这种意见。《刑法修正案（八）》对国家工作人员的职务犯罪和贪污贿赂犯罪基本没有修改。其中涉及国家机关工作人员犯罪的修改和补充只有3条，主要是：

（1）对刑法第109条规定的国家机关工作人员犯"叛逃罪"的罪状进行了修改，将犯罪结果必须是"危害中华人民共和国国家安全"的结果删除，去掉这一限制条件，由结果犯改为行为犯，必然扩大了惩治范围，只要国家机关工作人员叛逃了，即使没有危害国家安全的结果发生，也可以构成犯罪。

（2）对刑法第294条第4款规定的国家机关工作人员犯"包庇、纵容黑社会性质组织罪"的法定刑由"处3年以下有期徒刑、拘役或者剥夺政治权利；情节严重的，处3年以上10年以下有期徒刑"改为"处5年以下有期徒刑；情节严重的，处5年以上有期徒刑"，加重了对国家工作人员犯此罪处罚力度。

（3）在渎职罪中增加了"食品监管渎职罪"，即刑法第408条之一规定，负有食品安全监督管理职责的国家机关工作人员，滥用职权或者玩忽职守，导致发生重大食品安全事故或者造成其他严重后果的，处5年以下有期徒刑或者拘役；造成特别严重后果的，处5年以上10年以下有期徒刑，徇私舞弊犯前款罪的，从重处罚。《刑法修正案（八）》的上述规定增加了一种新的渎职犯罪。最高人民法院、最高人民检察院于2011年4月27日《关于执行〈中华人民共和国刑法〉确定罪名的补充规定（五）》中规定为"食品监管渎职罪"。

有的学者认为该罪名不确切，把渎职罪的类罪名作为具体犯罪的罪名，使犯罪事实与罪名不符合，容易造成混乱，特别是分不清楚本罪是故意犯罪还是过失犯罪。

（二）如何准确理解《刑法修正案（八）》的修改和补充规定

《刑法修正案（八）》已颁布，并于 2011 年 5 月 1 日开始实行，对其规定内容如何准确理解，是正确实施的关键。在理解和解释时不仅应看文字表述，还应从社会背景、刑事政策、立法原因等方面弄清立法原意，弄清法律规定的价值取向。主要应从以下几个方面理解：

1. 适应我国当代惩治犯罪形势的需要。我国当前政治稳定，经济持续发展，社会治安秩序良好的形势下，犯罪情况也发生了变化，连续几年恶性重大刑事案件出现下降的趋势，处 5 年以上有期徒刑的重刑犯罪只占犯罪的 15%。在经济全球化的时代里，惩治国际间的犯罪也是大势所趋，我国已签订了多个共同惩治犯罪的国际公约，世界各国刑法界废除死刑已成为潮流。在这种国际国内背景下，我国刑法有些规定不能完全适应惩治当前犯罪的需要，对其修改和补充是时代的要求，和当前及今后一个时期惩治犯罪的需要。

2. 贯彻宽严相济的刑事政策的结果。党和国家根据我国当前惩治犯罪的实际情况，及时调整了刑事政策，由原来从重从快、严厉打击的刑事政策，调整为宽严相济的刑事政策，对未成年犯罪从轻处罚，对轻微刑事犯罪进行和解，化解社会矛盾，构建和谐社会。在各级司法机关认真贯彻宽严相济刑事政策下，恶性刑事案件数量下降，被判处管制、拘役的轻微刑事案件占全部刑事案件 30% 以上，社会治安秩序向良好方向发展。依照宽严相济的刑事政策的要求，对社会危害严重的行为刑法规定从重处罚，而对未成年犯罪、老年人犯罪和一些经济犯罪从轻免除死刑，体现了宽严相济的刑事政策的要求。

3. 行之有效的刑事法律解释上升为法律的需要。修订刑法自 1997 年实施以来，根据司法实践中遇到的问题进行了多项法律解释，有些法律解释是行之有效，且当前又急需，应当上升为法律。例如，《刑法修正案（八）》将全国人大常委会关于黑社会性质组织的特征的法律解释纳入刑法中；将司法解释中犯罪分子"坦白"交代自己罪行的酌定从轻处罚情节纳入刑法中，作为法定可以从轻处罚的情节等都是将原法律解释内容纳入刑法，上升为法律，充分发挥其作用。

4. 履行国际公约规定的义务的需要。由于世界经济一体化，使国际间的犯罪不断增多。根据惩治跨国犯罪形势的需要，一些国际组织制定了一系列惩治国际犯罪公约，我国缔结、参加了一些国际公约，为履行这些国际公约的义务，加强同世界各国的联系，惩治国际间的犯罪，必须将国际公约规定的犯罪在国内法律中规定，以便依法惩治，保护国家和公民的权利和利益。因此，根据国际公约的要求，结合我国的实际情况在刑法中作了补充规定。例如，对外国公职人员和国际组织官员行贿犯罪，招募、运送人员或者协助强迫他人劳动犯罪，招募、运送或者其他协助组织他人卖淫犯罪等都是国际公约中要求在刑法中规定为犯罪进行惩治的犯罪。

5. 刑法理论研究成果上升为法律的需要。我国刑法理论研究的许多成果被《刑法修正案（八）》所吸收。例如，对刑罚种类的研究，对废除死刑的研究，对缓刑、减刑、假释的研究等都为刑法修正案的具体规定提供了理论依据。

6. 满足司法机关及人民群众要求的需要。《刑法修正案（八）》对刑法内容的修改和补充，首先是公安机关、检察院、法院在司法实践中出现的危害社会的行为需要有法律规定作依据而提出修改意见。特别是贯彻宽严相济刑事政策中，哪些情况要从严，哪些情况要从宽，宽和严的程度和范围需要有法律规范。实践中又出现如危险驾驶、拒不支付劳动报酬等严重危害社会的行为需用刑法加以惩治，因而多次提出修改和补充意见。其次是人民群众提出需要用刑法保护公民的人身权利，强烈要求用刑罚制裁违法犯罪者，例如，制裁马路杀手，制裁欠薪的老板，制裁生产、销售伪劣食品者等，确保人们的生命、财产安全的需要。

二、《刑法修正案（八）》对刑法总则的修改和补充

《刑法修正案（八）》对刑法总则作的19条修改，其中主要是对刑罚的种类及其运用作了修改。有的由重的改为轻的，有的由轻的改为重的。这些修改对刑法分则具体条文的规定都适用。主要修改内容是：

（一）犯罪和刑事责任

老年人犯罪从轻处罚。《刑法修正案（八）》第1条规定，在刑法第17条后增加一条，作为第17条之一："已满七十五周岁的人故意犯罪的，可以从轻或者减轻处罚；过失犯罪的，应当从轻或者减轻处罚。"这里规定的老年人是指75周岁以上的人。不满75周岁的人不能从轻处罚。这里规定的是故意犯罪"可以"从轻或者减轻处罚；过失犯罪是"应当"从轻或者减轻处罚。是从轻还是减轻处罚，应根据案件的具体情况而定。

为什么对老年人犯罪从轻或者减轻处罚？首先，是贯彻宽严相济的刑事政策的需要，未成人犯罪和老年人犯罪，相对中年人犯罪较少、情节较轻、社会危害较小，依法从轻处罚符合刑法规定的罪刑相适应的原则。其次，从我国民族习惯和世界各国刑法规定的要求。我国历来有尊老爱幼，照顾老人和儿童的

传统观念，惩治犯罪时，也应当有这种慈悲心和道德观念，适当宽容老人和未成年人。我国《唐律》中就有 70 岁以上的老人犯罪免除刑罚的规定。国外许多国家刑法中也都有老年人犯罪从轻处罚的规定，不过对老年人的具体年龄规定不完全相同，有的规定 65 岁，有的规定 70 岁或者 75 岁等。在《刑法修正案（八）》修改讨论时，有不少人提出应当以 70 周岁为老年人从轻处罚的年龄，因为我国人口平均年龄是 72 周岁，将 70 周岁认定为老年人的标准符合我国的实际情况。立法机关反复考虑，根据我国人均寿命不断延长，防止有人钻法律空子，在君子报仇十年不晚的心理下，干出严重危害社会的犯罪行为，采纳了一些群众的意见。将刑法规定的老年人犯罪从轻处罚的年龄规定为 75 周岁。

有人担心刑法规定对老年人犯罪从轻处罚是否违反在法律面前人人平等的刑法原则。这是一种误会。刑法规定的在法律面前人人平等的原则，是指在适用法律时人人平等，而不是指在立法时人人平等。立法时根据不同的犯罪主体的主、客观情况和应负刑事责任的大小，综合评定社会危害性的大小，确定应负的刑事责任，决定给予的刑罚处罚的轻重，这充分体现罪刑相适应的原则。当然，在适用刑法规定的老年人犯罪从轻处罚时，应当依照法律规定人人平等，这与刑法规定对未成年人犯罪从轻处罚的道理是一样的。

（二）管制

我国 1997 年刑法第 38 条对管制作了规定，《刑法修正案（八）》第 2 条对刑法第 38 条补充规定作为第 2 款："判处管制，可以根据犯罪情况，同时禁止犯罪分子在执行期间从事特定活动，进入特定区域、场所，接触特定的人。""对判处管制的犯罪分子，依法实行社区矫正。""违反第二款规定的禁止令的，由公安机关依照《中华人民共和国治安管理处罚法》的规定处罚。"《刑法修正案（八）》主要修改和补充了以下三点：

1. 增加了判处管制的同时可以判处"禁止令"。禁止令是一种非刑罚方法。禁止令的内容是：禁止犯罪分子进行特定活动，进入特定区域、场所，接触特定的人。三个特定的范围有待司法解释，但原则是必须是与其犯罪性质、行为特点相关；与《治安管理处罚法》规定处罚行为相联系，不能无限制地禁止。禁止的时间应当与管制的期限相同。刑法规定是"可以"同时判决，也可以不判决，如果判决中没有同时判决禁止令的，不受禁止令的限制，但应遵守刑法第 39 条规定的被判处管制的犯罪分子应遵守的五项规定。

2. 管制由公安机关执行，改为实行社区矫正。社区矫正是管制执行的一种方法。根据我国中央司法改革的规定，正在全国试点社会矫正。将要制定社会矫正法，对被判处管制、缓刑、假释和监外执行和剥夺政治权利的犯罪分子实行社区矫正。《刑法修正案（八）》实施后，凡被判处管制的犯罪分子，不再由公安机关执行，而是由社区进行社区矫正。这是一项重大司法改革，由社区实行社区矫正是一种创新刑罚执行方法，克服过去犯罪分子被判管制后没人管理的缺陷。

3. 增加规定了违反法院禁止令的行为，由公安机关给予治安管理处罚。禁止令是非刑罚处理方法，违反禁止令的行为，一般情况下都是违反社会治安管理处罚法的行为，情节较重的，应由社区矫正部门报公安机关，由公安机关决定给予治安处罚。社区无权给予违反禁止令的犯罪分子治安处罚。

根据最高人民法院《关于〈中华人民共和国刑法修正案（八）〉时间效力问题的解释》的规定，2011年4月30日以前犯罪，现依法应当判处管制的，如法院认为确有必要，可以适用修正后刑法之规定，禁止犯罪分子在管制期间从事特定活动，进入特定区域、场所，接触特定人。

（三）死刑

1. 年满75周岁以上的老年人犯罪不适用死刑。刑法第49条原规定，对犯罪的时候不满18周岁的人和审判的时候怀孕的妇女，不适用死刑。《刑法修正案（八）》第3条又补充规定，审判的时候已满75周岁的人，不适用死刑，但以特别残忍手段致人死亡的除外。《刑法修正案（八）》主要补充了75周岁以上的老年人犯罪基本上不适用死刑的规定。

年满75周岁的老年人不适用死刑的规定与不满18周岁的未成年人犯罪和审判时正在怀孕的妇女不适用死刑的规定的理由都是一致的，主要是因为他们对社会的危害性相对比其他成年人犯罪要小得多，按照宽严相济的刑事政策是属于从宽处罚的对象。我国历来有"矜老恤幼"的道德传统，照顾老年人和未成年人，即使是犯罪分子，对其处罚时也是如此。从司法实践中看，近五年来，司法机关判处75周岁以上的人死刑的几乎没有。只有一名73周岁的人犯罪被判处死刑，立即执行。因此，不论从理论上还是社会需要上都没有必要规定75周岁以上的人犯罪适用死刑的规定。

年满75周岁以上的人基本不适用死刑的规定，在立法过程中有不同的意见。有一种意见担心有些身体好的75周岁的老年人进行报复性犯罪，"君子报仇，75岁不晚"，造成恶性故意杀人等严重犯罪增多。因此，不同意这种补充规定。也有的认为，为防止恶性故意杀人犯罪案件发生，应特别规定以特别残忍手段致人死亡的除外。立法机关采纳了这种意见。但是，有些法学工作者认为，《刑法修正案（八）》规定年满75周岁以上的人不适用死刑的规定没有实际意义，多年的司法实践中就没有判处 75 周岁的人死刑的案例，应将老年人的年龄降为 70 周岁为宜。同时，《刑法修正案（八）》规定的"以特别残忍手段致人死亡的除外"的表述不便于司法运用。何为"特别残忍手段"，需要法律解释。"致人死亡"，一般是指过失犯罪，但这里应当指故意犯罪，不包括过失犯罪。所以，很多人认为，不应当有这种特别处外的规定。

2. 死刑缓期执行的修改。刑法第 50 条原对死刑缓期执行作了修改规定。《刑法修正案（八）》第 4 条规定，将刑法第 50 条修改为"判处死刑缓期执行的，在死刑缓期执行期间，如果没有故意犯罪，二年期满以后，减为无期徒刑；如果确有重大立功表现，二年期满以后，减为二十五年有期徒刑；如果故意犯罪，查证属实的，由最高人民法院核准，执行死刑。对被判处死刑缓期执行的累犯以及因故意杀人、强奸、抢劫、绑架、放火、爆炸、投放危险物质或者有组织的暴力性犯罪被判处死刑缓期执行的犯罪分子，人民法院根据犯罪情节等情况可以同时决定对其限制减刑"。《刑法修正案（八）》主要修改和补充了以下两点：

（1）将死刑缓期执行二年期满，没有故意犯罪由原规定减为 15 年以上 20 年以下有期徒刑，修改为"减为 25 年有期徒刑"，即死缓可减为 25 年有期徒刑。

（2）增加规定了对累犯以及因故意杀人、强奸、抢劫、绑架、放火、爆炸、投放危险物质或者有组织的暴力性犯罪（上述犯罪简称"1+8"种犯罪）被判处死刑缓期执行的犯罪分子，人民法院根据犯罪情节等情况可以同时决定对其限制减刑的规定，即对"1+8"种犯罪，法院可以判处限制减刑。

根据最高人民法院《关于中华人民共和国刑法修正案（八）时间效力问题的解释》的规定，2011 年 4 月 30 日以前犯罪，现依法判处死刑缓期执行的，如被告人具有累犯情节，或者所犯之罪是故意杀人、强奸、抢劫、绑架、放火、爆炸、投放危险物质或者有组织的暴力性犯罪，法院可以依据修正后刑法判处死缓同时决定限制减刑。对于上述修改，有以下不同意见：

第一种意见认为，没有必要对"一般死刑缓期执行的犯罪减为 15 年以上 20 年以下有期徒刑"，改为"25 年有期徒刑"，这样延长了犯罪分子的羁押时间，最高羁押 27 年有期徒刑，使国家的司法投入增加。司法实践中死缓出狱后再犯罪的很少，只占 3% 左右。另外，从当前犯罪发展趋势看，重大恶性案件是下降的，判处死缓的犯罪分子也逐步减少，延长死刑缓期执行的刑期没有实际意义，只会增加关押人数和费用。

第二种意见认为，如果要延长死刑缓期执行减为有期徒刑的年限，只应对故意杀人、强奸、抢劫、绑架、放火、爆炸、投放危险物质或者有组织的暴力性犯罪，即"1+8"犯罪的犯罪分子，减为25年有期徒刑为宜。这种规定减少死刑的适用，有些犯罪子判处死缓并限制减刑，使被害人家属心理上有所安慰。死缓期满后不准减刑，2年期满后最少要关押25年，从心理上解除了犯罪分子很快出狱再进行报复犯罪。

第三种意见认为，死刑缓期执行期间，故意犯罪，情节严重的，核准执行死刑，而轻微的故意犯罪，不宜核准执行死刑，因为故意犯罪的情节也是相差很大的。另外，司法实践的经验，有些情节轻微的故意犯罪的死刑缓期执行的犯罪分子，也没有核准执行死刑。

第四种意见认为，法院决定限制减刑规定的太原则，不便于执行。限制减刑是不准减刑还是限制减刑的时间或者限制减刑的实际执行的刑期，这些都需要司法解释，否则，无法准确执行。

根据最高人民法院《关于死刑缓期执行限制减刑案件审理程序若干问题的规定》的规定，高级人民法院审理或者复核判处死缓并限制减刑的案件，认为原判对被告人判处死缓适当，但判决限制减刑不当的，应当改判，撤销限制减刑。反之，高级人民法院审理判处死缓没有限制减刑的上诉案件，认为应当限制减刑的，不得直接改判，也不得发回重新审判；确有必要限制减刑的，应当在第二审决、裁定生效后，按照审判监督程序重新审判。而高级法院复核判处死缓没有限制减刑的案件，认为应当限制减刑的，不得以提高审级等方式对被告人限制减刑。高级人民法院审理判处死刑的第二审案件，对被告人改判死缓的，如果被告人符合刑法中限制减刑的规定，可以同时决定对其限制减刑。高级人民法院复核判处死刑后没有上诉、抗诉的案件，认为应当改判死缓并限制减刑的，可以提审或者发回重审。最高人民法院复核死刑案件，认为对被告人可以判处死缓并限制减刑的，应当裁定不予核准，并撤销原判，发回重新审判。被告人对第一审人民法院作出的限制减刑判决不服的，可以提出上诉。被告人的辩护人和近亲属，经被告人同意，也可以提出上诉。

（四）量刑

刑法原第63条对减轻处罚作了规定，《刑法修正案（八）》对在法定以下判处刑罚作了修改规定。《刑法修正案（八）》第5条规定，将刑法第63条第1款修改为"犯罪分子具有本法规定的减轻处罚情节的，应当在法定刑以下判处刑罚；本法规定有数个量刑幅度的，应当在法定量刑幅度的下一个量刑幅度内判处刑罚"。《刑法修正案（八）》主要补充了"在法定量刑幅度的下一个量刑幅度内判处刑罚"。

《刑法修正案（八）》补充规定的"有数个量刑幅度的，应当在法定量刑幅度的下一个量刑幅度内判处刑罚",仍然不明确,是指凡有多个量刑幅度的,具有减轻处罚情节的,只能在最低的量刑幅度内判处刑罚呢,还是如果法定量刑幅度是数个量刑幅度的最低的量刑幅度,可以在最低量刑幅度的最低刑以下判处刑罚。例如,故意杀人罪有两个量刑幅度:一个是处死刑、无期徒刑或者10年以上有期徒刑,另一个是处3年以上10年以下有期徒刑。犯罪分子故意杀人,情节较轻,且有法定减轻处罚情节,是只能在法定量刑幅度3年以上10年以下有期徒刑幅度判处刑罚呢,还是可以在3年有期徒刑以下判处刑罚呢?对此问题有待司法解释。

(五) 累犯

1. 对累犯的补充规定。刑法原第65条对累犯作了补充规定。《刑法修正案(八)》第6条规定,将刑法第65条第1款修改为"被判处有期徒刑以上刑罚的犯罪分子,刑罚执行完毕或者赦免以后,在5年以内再应当判处有期徒刑以上刑罚之罪的,是累犯,应当从重处罚。但是过失犯罪和不满18周岁的人犯罪的除外"。《刑法修正案(八)》主要是补充增加了"不满18周岁的人犯罪的不是累犯"。主要有以下两层含义:

(1) 不满18周岁的人,无论多少次犯罪和犯什么罪都不构成累犯,体现了对未成人犯罪从宽处罚的刑事政策。根据宽严相济的刑事政策对未成年人犯罪从宽处罚,能不立案尽量不立案,能不捕的尽量不捕,能不起诉的尽量不起诉,能不判刑的尽量不判刑,进行和解处理。对未成年人犯罪从宽处理,不应加重处罚,同过失犯罪一样,不构成累犯。贯彻未成年人犯罪从轻处理的刑事政策以来,未成年人犯罪大量下降。2010年全国犯罪增加了1.46%,而未成年人犯罪却下降了25%,这是贯彻宽严相济刑事政策的结果。

(2) 成年人犯罪,不因其不满18周岁时犯罪而构成累犯。由于不满18周岁的人犯罪不记入个人档案。因此,年满18周岁的人犯罪,不因其在不满18周岁时犯罪构成累犯。

上述观点,有人持相反的意见,认为18周岁以前犯了判处有期徒刑以上的罪,刑罚执行完毕或者赦免以后,5年以内,已年满18周岁了,不再是未成年人,其又犯应当判处有期徒刑以上刑罚的犯罪,符合刑法规定构成累犯的条件,应构成累犯。

2. 对特殊累犯的补充规定。刑法第66条对特殊累犯作了补充规定。《刑法修正案(八)》第7条规定,将刑法第66条修改为"危害国家安全犯罪、恐怖活动犯罪、黑社会性质组织犯罪的犯罪分子,在刑罚执行完毕或者赦免以后,在任何时候再犯上述任何一类罪的,都以累犯论处"。《刑法修正案

（八）》主要是补充增加了"恐怖活动犯罪、黑社会性质组织犯罪的犯罪分子，构成特殊累犯"。主要有两层含义：

（1）恐怖活动犯罪、黑社会性质组织犯罪的犯罪分子，在前罪刑罚执行完毕或者赦免以后，在任何时候再犯上述同类犯罪的，构成累犯，以累犯论处。

（2）危害国家安全犯罪、恐怖活动犯罪、黑社会性质组织犯罪的犯罪分子，在刑罚执行完毕或者赦免以后，在任何时候再犯上述任何一类罪的，都以累犯论处。例如，犯危害国家安全罪的犯罪分子，在刑罚执行完毕或者赦免以后任何时候，再犯黑社会性质组织罪的，也可以构成特殊累犯。

根据最高人民法院《关于〈中华人民共和国刑法修正案（八）〉时间效力问题的解释》的规定，2011年4月30日以前曾犯危害国家安全犯罪、恐怖活动犯罪、黑社会性质组织犯罪，现在2011年5月1日以后再犯上述任一类罪的，都以累犯论处。

（六）自首和立功

1. 增加坦白从宽处罚的规定。刑法第67条原对自首作了规定。《刑法修正案（八）》第8条规定，在刑法第67条中增加一款作为第3款："对犯罪嫌疑人虽然不具有前两款规定的自首情节，但是如实供述自己罪行的，可以从轻处罚；因其如实供述自己罪行，避免特别严重后果发生的，可以减轻处罚。"《刑法修正案（八）》主要补充增加了"坦白从宽处罚"的法定可以从轻处罚情节。主要有两层含义：

（1）犯罪案发以后，被司法机关追究，能够如实供述自己的罪行，是坦白行为。只要如实供述自己罪行，就是坦白行为，不一定认罪，如坦白又认罪是悔罪的行为。凡是有坦白行为就可以从轻处罚，这是坦白从宽政策在法律规定中的兑现，纠正那种"坦白从宽，牢底坐穿"的说法。这里是可以从轻处罚，在一般情况下都可以从轻处罚，但不是必然从轻处罚，在某些情节严重的情形下，也可以不给予从轻处罚。

（2）因如实供述自己罪行而避免了特别严重后果发生的，可以减轻处罚。即可以在法定最低刑以下判处刑罚。这主要是鼓励犯罪分子如实供述罪行，减少侦查阻力，以便自觉地接受改造。例如，犯罪分子预谋干什么，或者已经干了什么，尽管犯罪结果没有发生，但很有可能发生，因为犯罪的坦白交代，司法机关及时阻止了这种结果的发生，可以考虑对犯罪分子减轻处罚。

2. 删除自首又有立功的从轻处罚的规定。刑法第68条对立功从轻处罚作了规定。《刑法修正案（八）》第9条规定，删去刑法第68条第2款。主要是

删除"犯罪后自首又有重大立功表现的,应当减轻或者免除处罚"的规定。所以这样修改有两个原因:

一是刑法第 67 条规定自首的可以从轻处罚,第 68 条规定立功的可以从轻处罚,既有自首又有立功的必然可以从轻处罚,没有必要特别规定可以从轻或者减轻处罚。

二是防止假立功,妨碍司法审判。依据刑法第 68 条第 2 款原规定,只要有立功就应当从轻处罚,而犯罪分子在看守所内不断提供立功线索,司法机关不断调查,使案件长期不能结案。司法实践中,多数犯罪分子提供的犯罪线索不真实,且有与外界通风报信之嫌,有的进行假立功,严重扰乱司法审判。因而将该规定删去。

根据最高人民法院《关于〈中华人民共和国刑法修正案(八)〉时间效力问题的解释》中规定,2011 年 4 月 30 日以前犯罪,虽不具有自首情节,但是如实供述自己罪行的,适用修正后刑法规定,可以从轻处罚,因此避免特别严重后果发生的,可以减轻处罚。2011 年 4 月 30 日以前犯罪,犯罪后自首又有立功表现的,适用修正前刑法规定,应当减轻或者免除处罚。

(七) 数罪并罚

我国刑法第 69 条原对数罪并罚的原则作了规定,《刑法修正案(八)》第 10 条对刑法第 69 条规定数罪并罚的原则作了修改规定,将刑法第 69 条修改为"判决宣告以前,一人犯数罪的,除判处死刑和无期徒刑的外,应当在总和刑期以下、数刑中最高刑期以上,酌情决定执行的刑期,但是管制最高不能超过 3 年,拘役最高不能超过 1 年,有期徒刑总和刑期不满 35 年的,最高不能超过 20 年,总和刑期在 35 年以上的,最高不能超过 25 年。数罪中有判处附加刑的,附加刑仍须执行,其中附加刑种类相同的合并执行,种类不同的,分别执行"。《刑法修正案(八)》主要修改和补充了以下两点:

(1) 将有期徒刑数罪并罚,分为两种情况分别规定了最高刑为 20 年和 25 年,即数罪总和刑期不满 35 年的,最高不能超过 20 年;总和刑期在 35 年以上的,最高不能超过 25 年。改变了刑法规定的有期徒刑数罪并罚最高不能超过 20 年的规定,加重了对多次犯罪的处罚力度。

(2) 将附加刑数罪并罚作了补充规定。即数罪中判多个处附加刑的,种类相同合并执行,不同种类分别执行。

有的学者认为,附加刑的数罪并罚的规定不科学,甚至无法执行。例如,数罪分别判处几个没收全部财产的,如何合并执行。犯罪分子的三种犯罪,分别判处附加剥夺政治权利 5 年,合并执行剥夺政治权利 15 年,这又违反了刑法第 55 条和第 57 条规定的剥夺政治权利的期限为 1 年以上 5 年以下和死缓、无期徒刑减为有期徒刑时剥夺政治权利的期限改为 3 年以上 10 年以下的规定，所以这种修改规定不科学，也不便于执行。

（八）缓刑

1. 对缓刑的修改和补充。我国刑法第 72 条原对缓刑作了规定，《刑法修正案（八）》第 11 条对刑法第 72 条原规定的缓刑作了修改和补充。《刑法修正案（八）》第 11 条规定，将刑法第 72 条修改为"对被判拘役、3 年以下有期徒刑的犯罪分子，同时符合下列条件的，可以宣告缓刑，对其中不满 18 周岁的人、怀孕的妇女和已满 75 周岁的人，应当宣告缓刑：（1）犯罪情节较轻；（2）有悔改表现；（3）没有再犯罪的危险；（4）宣告缓刑对所居住社区没有重大不良影响。宣告缓刑，可以根据犯罪情况，同时禁止犯罪分子在缓期考验期限内从事特定活动，进入特定区域、场所，接触特定的人的禁止令。被宣告缓刑的犯罪分子，如果被判处附加刑，附加刑仍须执行"。《刑法修正案（八）》主要修改和补充了以下四点：

（1）适用缓刑的条件作了具体修改和补充。刑法原对缓刑的条件作了原则规定，只规定"根据犯罪分子的犯罪情节和悔罪表现，适用缓刑确实不致再危害社会的，可以宣告缓刑"。《刑法修正案（八）》对适用缓刑的条件作了四项具体规定：①犯罪情节较轻；②有悔改表现；③没有再犯罪的危险；④宣告缓刑对所居住社区没有重大不良影响。

很多学者认为，该条件还是比较原则，不便于司法操作。特别是第四个条件，社区不同意判处缓刑的，就不能判处缓刑，有些不合理之处。但是考虑到缓刑是由社区矫正，如果犯罪分子被判缓刑，社区群众没有安全感或者社区没有条件对他进行必要的监督、管理和矫正，使判处缓刑的犯罪分子没有人管理了，失去判缓刑的意义，这样就不应适用缓刑。

（2）补充规定了"不满 18 周岁的人、怀孕的妇女和已满 75 周岁的人，被判处拘役、3 年以下有期徒刑的，应当宣告缓刑"。这是贯彻宽严相济刑事政策，对未成年人、正在怀孕的妇女和老年人犯罪从轻处罚的规定。

（3）对被判处缓刑的犯罪分子可以对其判处禁止令和附加刑仍须执行。

根据最高人民法院《关于〈中华人民共和国刑法修正案（八）〉时间效力问题的解释》的规定，2011 年 4 月 30 日以前犯罪，现依法宣告缓刑的，如法院认为确有必要，可以适用修正后刑法之规定，禁止犯罪分子在缓刑考验期内从事特定活动，进入特定区域、场所，接触特定人。

2. 补充规定对犯罪集团的首要分子不适用缓刑。《刑法修正案（八）》第

12 条对刑法第 74 条原对累犯不适用缓刑的规定作了修改规定。《刑法修正案（八）》第 12 条规定，将刑法第 74 条修改为"对于累犯和犯罪集团的首要分子，不适用缓刑"。

《刑法修正案（八）》主要修改和补充了对"犯罪集团的首要分子不适用缓刑"。这是因为犯罪集团的首要分子都是严重危害社会的犯罪分子，其主观恶性深，并有一定的组织能力和影响力，对其不实行关押，有再实施犯罪的危险，因此，《刑法修正案（八）》补充规定，其与累犯一样，对其必须关押，不适用缓刑。

3. 缓刑由公安机关考察改为实行社区矫正。刑法第 76 条原规定，对被宣告缓刑的犯罪分子，在缓刑考验期内，由公安机关考察，所在单位或者基层组织予以配合。《刑法修正案（八）》第 13 条规定，将刑法第 76 条上述规定修改为"对宣告缓刑的犯罪分子，在缓刑考验期限内，依法实行社区矫正"。

《刑法修正案（八）》主要修改和补充了对"对被宣告缓刑的犯罪分子由公安机关考察，改为由社区实行矫正"。社区矫正是司法改革的一项重要改革，是由社区执行刑罚的一种新方法。前几年，司法部门在社区设立司法所，试行社区矫正被判处管制、缓刑、假释，以及监外执行的犯罪分子，取得了很好的效果，正在总结经验，为国家制定社区矫正法打下了基础。这是一项很重要的任务，每年可能有 30 多万人被宣告缓刑，他们分散在城乡各个社区中，几乎所有的社区都要设立社区矫正机构，准备实行社区矫正。

现行试点社区矫正的对象，即管制、缓刑、假释、监外执行、剥夺政治权利的犯罪分子。《刑法修正案（八）》中只规定了管制、缓刑、假释三种犯罪分子。监外执行的犯罪分子应当由刑事诉讼法规定，将来修改刑事诉讼法时应考虑。剥夺政治权利是否纳入社区矫正，有待研究，因为剥夺政治权利是剥夺犯罪分子担任国家职务和参加政治活动的权利，没有限制人身权利，而社区矫正是限制人身自由权利。怎样规定，有待研究，这次修改刑法时没有规定。

4. 增加不遵守禁止令的，要撤销缓刑。刑法第 77 条原对缓刑撤销条件作了规定，《刑法修正案（八）》第 14 条规定，将刑法第 77 条第 2 款修改为"被宣告缓刑的犯罪分子，在缓刑考验期限内，违反法律、行政法规或者国务院有关部门关于缓刑的监督管理规定，或者违反人民法院判决中的禁止令，情节严重的，应当撤销缓刑，执行原判刑罚"。

《刑法修正案（八）》主要修改和补充了对"对被宣告缓刑的犯罪分子，在缓刑考验期内违反人民法院判决的禁止令，情节严重的，应当撤销缓刑，执行原判刑罚"。即把违反禁止令的行为也作为撤销缓刑的条件之一。

（九）减刑

减刑的修改。刑法第78条原对减刑的条件和刑期限制作了规定，《刑法修正案（八）》第15条规定，将刑法第78条第2款修改为"减刑以后实际执行的期限不能少于下列期限：（1）对判处管制、拘役、有期徒刑的，不能少于原判刑期的1/2；（2）判处无期徒刑的，不能少于13年；（3）人民法院依照本法第50条第2款规定限制减刑的死刑缓期执行的犯罪分子，缓期执行期满后依法减为无期徒刑的，不能少于25年，缓期执行期满后减为25年有期徒刑的，不能少于20年"。

上述《刑法修正案（八）》主要是修改了对"减刑后实际执行期限"的规定。刑法原规定，被判处无期徒刑的犯罪分子经过几次减刑，实际执行期限不能少于10年；对于被判处死缓的犯罪分子，2年期满后，减为无期徒刑的，再实际执行刑期不能少于10年；被减15年以上20年以下有期徒刑的犯罪分子，再实际执行刑期不能少于所减为有期徒刑的1/2以上。现改为：

1. 被判处无期徒刑的犯罪分子，实际执行刑期不能少于13年。根据最高人民法院《关于〈中华人民共和国刑法修正案（八）〉时间效力问题的解释》的规定，2011年4月30日以前犯罪，被判处无期徒刑的罪犯，减刑以后实际执行的刑期，适用修正前刑法规定。

2. 被判死缓的犯罪分子，如果法院没有判决限制减刑的，2年期满后减为无期徒刑的，实际再执行刑期不能少于13年，实际最少执行15年有期徒刑；被减为25年有期徒刑的，实际再执行不能少于12年半，实际最少执行14年半。

3. 被判死缓的犯罪分子，如果法院判决限制减刑的，2年期满后减为无期徒刑的，实际再执行刑期不能少于25年，实际最少执行27年；被减为25年有期徒刑的，实际再执行不能少于20年，实际最少执行22年。

上述修改规定增加了被判无期徒刑、死缓的犯罪分子羁押期限，使一些犯罪取消死刑后，反而加重了有期徒刑的刑期，这容易为群众和受害人所接受。

（十）假释

1. 假释条件的修改。刑法第81条原对假释的条件和执行刑期限制作了规定，《刑法修正案（八）》第16条规定，将刑法第81条修改为"被判处有期徒刑的犯罪分子，执行原判刑期的1/2以上，被判处无期徒刑的犯罪分子，实际执行13年以上，如果认真遵守监规，接受教育改造，确有悔改表现，没有再犯罪危险的，可以假释。如果有特殊情况，经最高人民法院核准，可以不受上述执行刑期的限制。对累犯以及因故意杀人、强奸、抢劫、绑架、放火、爆炸、投放危险物质或者有组织的暴力性犯罪被判处 10 年以上有期徒刑、无期徒刑的犯罪分子，不得假释。对犯罪分子决定假释时，应当考虑其假释后对所居住社区的影响"。

上述《刑法修正案（八）》对刑法原规定假释条件作了以下四点修改：

（1）将被判处无期徒刑的犯罪分子假释执行刑期，由实际执行 10 年改为 13 年，延长了 3 年的实际执行刑期。

根据最高人民法院《关于〈中华人民共和国刑法修正案（八）〉时间效力问题的解释》的规定，2011 年 4 月 30 日以前犯罪，被判处无期徒刑的罪犯，在假释前实际执行的刑期，适用修正前刑法规定。

（2）将刑法原规定的假释条件由"假释后不致再危害社会"改为"没有再犯罪的危险"，使假释的这一条件更具体，条件放宽了些。

（3）对刑法原规定的不适用假释犯罪分子的范围扩大。刑法原只规定对累犯以及因杀人、爆炸、抢劫、强奸、绑架等暴力性犯罪被判处 10 年以上有期徒刑、无期徒刑的犯罪分子，不得假释。《刑法修正案（八）》修改为："对累犯以及因故意杀人、强奸、抢劫、绑架、放火、爆炸、投放危险物质或者有组织的暴力性犯罪被判处 10 年以上有期徒刑、无期徒刑的犯罪分子，不得假释。"改"杀人"为"故意杀人"，又增加规定放火罪、投放危险物质或者有组织的暴力犯罪，使不得假释的犯罪分子的范围扩大了。

根据最高人民法院《关于〈中华人民共和国刑法修正案（八）〉时间效力问题的解释》的规定，2011 年 4 月 30 日以前犯罪，因具有累犯情节或者系故意杀人、强奸、抢劫、绑架、放火、爆炸、投放危险物质或者有组织的暴力性犯罪被判处 10 年以上有期徒刑、无期徒刑的犯罪分子，5 月 1 日以后仍在服刑的，能否假释适用修正前刑法规定。

（4）人民法院在决定对犯罪分子假释时，应考虑犯罪分子被假释后对社区的影响。即人民法院决定对犯罪分假释时，还应考虑犯罪分子对所居住的社区的影响，对所居住社区有重大不良影响的犯罪分子，也不能假释。

2. 假释考验监督的修改。刑法第 85 条原对假释由公安机考验监督作了规定。《刑法修正案（八）》第 17 条规定，将刑法第 85 条修改为"对假释的犯罪分子，在假释考验期限内，依法实行社区矫正，如果没有本法第 86 条规定的情形，假释考验期满，就认为原判刑罚已经执行完毕，并公开予以宣告"。

《刑法修正案（八）》对刑法原规定假释由公安机关监督改为"依法实行社会矫正"。因此，人民法院在决定对犯罪分子是否假释时，还应考虑犯罪分子对社区的影响。如果犯罪分子对社区的影响不良，就不适用对该犯罪分子假释或者选择能解决居住条件的其他社区实行社区矫正。

3. 撤销假释的修改。刑法第 86 条原对假释的撤销作了规定。《刑法修正案（八）》第 18 条规定，将刑法第 86 条第 3 款规定的撤销假释收监执行剩余刑罚的条件修改为"被假释的犯罪分子，在假释考验期限内，有违反法律、行政法规或者国务院有关部门关于假释的监督管理规定的行为，尚未构成新的犯罪的，应当依照法定程序撤销假释，收监执行未执行完毕的刑罚"。

《刑法修正案（八）》将刑法原规定撤销假释中第三种情形（第一种是在假释考验期内又犯新罪的撤销假释；第二种是在假释考验期内发现还有旧罪的撤销假释；第三种是违反公安部门监督管理规定的撤销假释）的规定改为违反"国务院有关部门有关假释的监督管理规定撤销假释"。因为对假释的犯罪分子，实行社区矫正由公安部门主管改为司法行政部门主管，由于这两个部门都是国务院的主管部门，为使假释监管工作交接好，所以，《刑法修正案（八）》改为"违反国务院有关部门假释的监督管理规定"，既包括公安部门也包括司法行政部门，使法律规定更科学。

（十一）其他规定

免除未成年犯罪前科报告义务。刑法第 100 条原对犯罪前科报告义务作了规定。《刑法修正案（八）》第 18 条规定，在刑法第 100 条中增加第 2 款规定，"犯罪的时候不满 18 周岁被判处 5 年有期徒刑以下刑罚的人，免除前款规定的报告义务"。

《刑法修正案（八）》对刑法原只规定依法受过刑事处罚的人，在入伍、就业的时候，应当如实向有关单位报告自己曾受过刑事处罚，不得隐瞒。《刑法修正案（八）》根据对未成年犯罪从宽处罚的原则，对未成人犯罪不记入个人档案，因此，又补充规定"犯罪的时候不满 18 周岁被判处 5 年有期徒刑以下刑罚的人，免除前款规定的报告义务"。这里只规定在"入伍、就业"的时，免除报告犯罪前科义务，即在入伍、就业时不受影响。但是否包括升学，招干、提职等有待司法解释。这里应注意的是免除报告义务，不是他的以前犯罪记录就没有了，因为那是客观事实，无法消除，只是有关单位不能以此来歧视他入伍、就业。

三、《刑法修正案（八）》对刑法分则的补充
——增加七个新的犯罪

《刑法修正案（八）》有 30 条是对刑法分则具体犯罪的修改，主要包括三个方面的内容：补充增加新的犯罪、修改原规定犯罪的罪状、法定刑和取消

死刑规定。其中，增加新的犯罪有 7 种，修改的犯罪有 23 种，取消死刑的有 13 种。

《刑法修正案（八）》中，根据我国当前维护社会治安秩序、保护人权和惩治严重危害社会的犯罪分子的需要，补充增加了以下 7 种新的犯罪：

（一）危险驾驶罪

危险驾驶罪是《刑法修正案（八）》第 22 条和刑法第 133 条之一补充增加的犯罪。最高人民法院、最高人民检察院于 2011 年 4 月 27 日《关于执行〈中华人民共和国刑法〉确定罪名的补充规定（五）》中规定为"危险驾驶罪"的罪名。

我国 1979 年刑法和 1997 年刑法都没有这种犯罪的规定，只是规定了违反交通法规，发生了交通事故，可以构成交通肇事罪。我国经济迅速发展，人们生活水平迅速提高，不论是公车还是私家车猛增，道路建设和交通管理跟不上机动车数量的发展，造成一些城市道路上车辆堵塞，交通秩序混乱，交通事故频繁发生，严重危害人们的生命、人身和财产安全以及公共交通安全。一些醉酒驾车和驾车追逐竞驶等危险驾驶车辆行为成为马路杀手，严重危害公共交通安全。国家曾采取措施，依照有关行政法规严肃查处违章驾驶行为，但仍不能有效制止危险驾驶行为。为了确保公共交通安全，维护交通秩序和人们的生命财产安全，《刑法修正案（八）》借鉴其他国家法律规定，在我国刑法中补充规定了危险驾驶罪。2015 年 8 月 29 日《刑法修正案（九）》第 8 条在刑法第 133 条之一规定的危险驾驶罪的犯罪行为中增加了"从事校车业务或者旅客运输，严重超过额定乘员载客，或者严重超过规定时速行驶的和违反危险化学品安全管理规定运输危险化学品，危及公共安全的行为"。还扩大了危险驾驶罪的主体范围，将机动车所有人、管理人对从事校车业务或者旅客运输，严重超过额定乘员载客，或者严重超过规定时速行驶的和违反危险化学品安全管理规定运输危险化学品，危及公共安全行为负有直接责任的，依照危险驾驶罪的规定定罪处罚。

（二）对外国公职人员、国际公共组织官员行贿罪

对外国公职人员、国际公共组织官员行贿罪是《刑法修正案（八）》第 29 条对刑法第 164 条第 2 款补充增加的新罪。最高人民法院、最高人民检察院于 2011 年 4 月 27 日《关于执行〈中华人民共和国刑法〉确定罪名的补充规定（五）》中规定为"对外国公职人员、国际公共组织官员行贿罪"的罪名。

我国刑法第389条规定的行贿罪的行贿对象是对国家工作人员，第164条规定的对非国家工作人员行贿罪的行贿对象是公司、企业或者其他单位的工作人员，两种行贿罪的对象都是国内的工作人员，不包括外国公职人员或者国际公共组织的官员。随着我对外开放和加入世贸组织，对外经济、文化交往多，跨国行贿、受贿等腐败犯罪行为越来越多。特别在对外经济往来中，为了谋取不正当的商业利益而进行商业贿赂，这是一种国际间的腐败行为，在国际国内造成恶劣影响，也引起了各国的高度重视。

2003年10月31日在第58届联合国大会上通过的《联合国反腐败公约》，其中规定各缔约国和参加国都应将对外国公职人员、国际公共组织人员行贿的行为在国内法律中规定为犯罪，追究刑事责任，全国人民代表大会常务委员会于2005年10月27日通过和批准《联合国反腐败公约》。根据我国缔结和参加的《联合国反腐败公约》规定，2011年5月1日实施的《刑法修正案（八）》第29条增加规定了"对外国公职人员、国际公共组织官员行贿罪"。

对外国公职人员、国际公共组织官员行贿罪是《刑法修正案（八）》第29条新增加的犯罪，要准确适用就必须弄清该罪的概念、特征、法定刑，以及适用时应注意的问题。

1. 对外国公职人员、国际公共组织官员行贿罪的概念。该罪是指为了谋取不正当商业利益，给予外国公职人员或者国际公共组织官员以财物，数额较大的行为。

2. 该罪的构成特征是：

（1）犯罪主体，是一般主体。达到法定年龄，具有刑事责任能力，实施了对外国公职人员、国际公共组织官员行贿犯罪行为的自然人和单位。本罪法定年龄是年满16周岁以上的自然人及单位和单位的直接负责的主管人员和其他直接责任人员。本罪犯罪主体在主观上是为谋取不正当商业利益而故意实施行贿行为。不正当商业利益，包括谋取的利益本身不正当和谋取利益的程序不正当。不正当利益包括非法利益和不应当得的利益，本罪是为了谋取不正当的商业利益而行贿。

（2）犯罪行为，必须是为谋取不正当商业利益，给予外国公职人员或者国际公共组织官员以财物的行为。行贿行为是主动的给予外国公职人员或者国际公共组织官员财物的行为。

（3）犯罪结果，是结果犯。必须是行贿数额较大的结果，才构成犯罪。何为数额较大，有待司法解释。可参照对非国家工作人员行贿罪的定罪数额，一般是指个人行贿数额在1万元以上，单位行贿20万元以上的，为行贿数额较大。只有对外国公职人员、国际公共组织官员行贿，数额较大的才能构成犯罪。

3. 该罪的法定刑。根据刑法第164条第2款的规定，该罪的法定刑是：

（1）自然人犯本罪的，处3年以下有期徒刑或者拘役。

（2）犯本罪，数额巨大的，处3年以上10年以下有期徒刑，并处罚金。这里数额巨大，一般是指行贿数额在5万元以上的。

（3）单位犯本罪的，对单位判处罚金，并对单位直接负责的主管人员和其他直接责任人员，依照自然人犯本罪的规定处罚。

行贿人在被追诉前主动交代行贿行为的，可以减轻处罚或者免除处罚。追诉前，一般是指在检察机关起诉前，也可以扩大理解为在判决前。

4. 处理该罪时，要注意的问题：

（1）注意划清罪与非罪的界限。

首先，从犯罪主体上区分。不满16周岁的人为了谋取正当商业利益或者其他利益的，而给予外国公职人员、国际公共组织官员以财物的行为的不构成本罪。

其次，是从犯罪行为和犯罪结果上区分。给予不是外国公职人员或者国际公共组织官员，以及外国单位以财物的行为，不构成犯罪，或者对外国公职人员行贿达不到数额较大的结果的，依法律规定也不构成本罪。

（2）注意划清本罪与对非国家工作人员行贿罪的界限。我国刑法第164条第1款规定的对非国家工作人员行贿罪与本罪在犯罪主体、犯罪行为、犯罪结果，以及法定刑方面都很相似，甚至相同，只是行贿的对象不同。本罪的行贿对象是外国公职人员和国际公共组织官员，而对非国家工作人员行贿罪的对象是在我国单位的工作人员。另外，犯罪主体为谋取的利益的范围也有所区别。本罪只是为谋取不正当"商业利益"；而对非国家工作人员行贿罪犯罪主体谋取的是"不正当利益"。两种罪谋取的利益的范围不同。

（3）注意划清本罪与行贿罪的界限。我国刑法第389条规定了行贿罪，其与本罪在犯罪主体、犯罪行为，犯罪结果方面都有相似之处，只是行贿的对象不同。本罪的行贿对象是外国公职人员和国际公共组织官员，包括对外国单位和国际公共组织。而行贿罪的对象只是我国国家工作人员，不包括单位。对国有单位行贿的，我国刑法规定单独构成对国有单位行贿罪。

另外，本罪的主体包括单位；而行贿罪的主体只有自然人不包括单位。单位对国家工作人员行贿的，刑法规定可以单独构成单位行贿罪。

（三）虚开发票罪

虚开发票罪是《刑法修正案（八）》第33条规定在刑法第205条之一中

补充增加的新犯罪。最高人民法院、最高人民检察院于2011年4月27日《关于执行〈中华人民共和国刑法〉确定罪名的补充规定（五）》中规定为"虚开发票罪"的罪名。

我国1997年刑法规定有虚开增值税专用发票和虚开用于骗取出口退税、抵扣税款的其他发票的犯罪行为。1997年最高人民法院、最高人民检察院司法解释规定为"虚开增值税专用发票、用于出口退税、抵扣税款发票罪"的罪名。当时主要是为了从源头上防止利用虚开的这几种特定的发票进行出口退税和抵扣税款的偷税、逃税行为。而现实生活中，有些犯罪分子利用虚开的其他发票进行贪污公共财产或者侵占单位的财产等犯罪活动，如利用虚开的发票进行合同诈骗犯罪行为。因此，全国人大常委会在《刑法修正案（八）》中增加规定了虚开增值税专用发票和虚开用于骗取出口退税、抵扣税款的发票以外的其他发票的犯罪行为，将所有虚开发票，情节严重的行为，都规定为犯罪。

虚开发票罪是《刑法修正案（八）》第33条在刑法第205条之一中新增加犯罪，要准确适用就必须弄清该罪的概念、特征、法定刑，以及适用时应注意的问题。

1. 虚开发票罪的概念。该罪是指虚开普通发票，情节严重的行为。一个时期以来，市场上没有实物交易而虚开发票的行为很猖獗，有的是为了贪污公共财物或者侵占单位财物而虚开发票，有的是为了进行诈骗财物而虚开发票，也有的是为了谋取非法利益而虚开发票。虚开发票行为严重扰乱了市场经济秩序和公私财产的安全，这是对社会有害的行为。我国刑法补充规定了，犯虚开发票罪的，最高处7年有期徒刑，并处罚金。

2. 虚开发票罪的构成特征是：

（1）犯罪主体，是一般主体，达到法定年龄、具有刑事责任能力、实施了虚开普通发票犯罪行为的自然人和单位。本罪的法定年龄是年满16周岁以上的自然人及单位的直接负责的主管人员和其他直接责任人员。本罪犯罪主体在主观上是故意的，一般都是为谋取非法利益。

（2）犯罪行为，必须是实施了虚开普通发票的行为。包括为他人虚开、为自己虚开、让他人为自己虚开、介绍他人虚开行为之一的行为。

（3）犯罪结果，是结果犯。虚开普通发票，情节严重的结果，才可以构成犯法。何为情节严重，有待司法解释。一般是指虚开普通发票数额在1万元以上或者使国家税款损失数额在5千元以上的，以及多次虚开，屡教不改的情节。

3. 虚开发票罪的法定刑。根据刑法第205条之一的规定，本罪的法定刑是：

（1）犯本罪的，处2年以下有期徒刑、拘役或者管制，并处罚金。

（2）犯本罪，情节特别严重的，处2年以上7年以下有期徒刑，并处罚金。所谓情节特别严重，有待司法解释，一般是指虚开普通发票数额10万元以上或者使国家税款损失数额在5万元以上的，或者由于虚开普通发票受过行政处罚又虚开普通发票的。

（3）单位犯本罪的，对单位判处罚金，并对直接负责的主管人员和其他直接责任人员依照自然人犯本罪的规定处罚。

4. 认定虚开发票罪时，要注意的问题：

（1）注意划清罪与非罪的界限。

首先，从犯罪主体上区分，不满16周岁的人和主观上是过失的人不构成本罪。

其次，从犯罪行为和犯罪结果上区分，不是虚开普通发票的行为或者虚开普通发票行为，情节没有达到严重程度的，不构成本罪。

（2）注意划清本罪与虚开增值税专用发票、用于骗取出口退税、抵扣税款发票罪。我国刑法第205条规定了虚开增值税专用发票、用于骗取出口退税、抵扣税款发票罪，该罪与本罪在犯罪主体、犯罪行为、犯罪结果方面很相似，只是虚开的对象不同。本罪虚开的是普通发票。而虚开增值税专用发票、用于骗取出口退税、抵扣税款发票罪虚开的对象是上述用于退税、抵扣税款的专用发票。由于虚开的发票性质不同，将两种犯罪区分开来。

（3）注意划清本罪与逃税罪的界限。我国刑法第204条规定了逃税罪，这种犯罪的手段之一是用虚开普通发票的方法进行逃避缴纳税款，对于这种出于逃避缴纳税款而虚开普通发票的行为是牵连犯，应按牵连犯定罪处罚的原则，重罪吸收轻罪，一般应定为逃税罪，按逃税罪的处罚规定处罚。

（4）注意划清本罪与贪污罪、职务侵占罪的界限。我国刑法第382条规定了贪污罪，第271条规定了职务侵占罪，有的犯罪分子是利用职务之便，以虚开普通发展的方法进行贪污、侵占本单位的财产。对于这种出于非法占有本单位财产为目的，而采用虚开普通发票的方法进行侵占公共财物或者单位财物的犯罪行为，是犯罪行为牵连犯，应按重罪吸收轻的原则，分别以贪污罪、职务侵占罪定罪处罚。

（四）持有伪造的发票罪

持有伪造的发票罪是《刑法修正案（八）》第35条规定在刑法第210条之一中补充增加的犯罪。最高人民法院、最高人民检察院于2011年4月27日

《关于执行〈中华人民共和国刑法〉确定罪名的补充规定（五）》中规定为"持有伪造的发票罪"的罪名。

我国1997年刑法没有规定持有伪造的发票罪，而是规定有虚开增值税专用发票、用于出口退税、抵扣税款发票罪，伪造、出售伪造的增值税专用发票罪，非法出售增值税专用发票罪，非法购买增值税专用发票、购买伪造的增值税专用发票罪，非法制造、出售非法制造的用于骗取出口退税、抵扣税款发票罪，非法制造、出售非法制造的发票罪，非法出售用于骗取出口退税、抵扣税款发票罪，非法出售发票罪8个有关发票方面的犯罪，就是这样还是不能有效制止有关发票方面的犯罪。特别是一些贪污、侵占犯罪分子，利用职务之便，以购买的假发票报账，侵吞公共财产或者单位的财产，一些人就伪造、出售伪造的发票，为贪污、侵占公共财产和单位财产的犯罪分子提供条件。有些人持有大量的伪造的假发票，当查明是其伪造的普通发票时，可以认定为伪造发票犯罪行为；当查明其是为出售伪造的发票而持有的行为，可以认定为是出售伪造的发票的犯罪行为。当查不清持有大量伪造的发票的来源和去向时，就无办法处理。而非法持有大量普通发票的行为也确实是对发票管理秩序的破坏。为了从源头上制止有关发票方面的犯罪和其他有关的犯罪，《刑法修正案（八）》中增加规定了惩治非法持有伪造的发票犯罪行为。

持有伪造的发票罪是《刑法修正案（八）》第29条新增加的犯罪，要准确适用就必须弄清该罪的概念、特征、法定刑以及适用时应注意的问题。

1. 持有伪造的发票罪的概念。该罪是指明知是伪造发票而持有，数量较大的行为。

发票，又称货票、发货票，是商品流通领域中的重要结算凭证，也是税务机关确定纳税的凭证。我国法律规定增值税专用发票和运输发票、农用发票和废品发票等一些发票可以用于出口退税、抵扣税款的凭证，其称为特殊用途发票，而其他的发票称为普通发票。普通发票的制造、发行也必须依法由国家税务机关进行。伪造、出售伪造的普通发票是犯罪行为。持有大量伪造发票，有的可能是自己伪造的，有的可能是出售他人伪造的发票。这种非法持有伪造的发票行为，是对社会有潜在危害的行为。我国刑法规定，犯持有伪造的发票罪的，最高处7年有期徒刑。

2. 持有伪造的发票罪的构成特征是：

（1）犯罪主体，是一般主体。达到法定年龄、具有刑事责任能力、持有伪造的发票犯罪行为的自然人和单位。本罪的法定年龄是年满16周岁以上的自然人及单位和单位的直接负责的主管人员和其他直接责任人员。本罪犯罪主体在主观上是故意的，即明知是伪造的发票而故意非法持有。

(2) 犯罪行为，必须明知是伪造的假发票而持有的行为。查不清持有的假发票的来源和用途。只是持有数量较大假发票的行为。

(3) 犯罪结果，是结果犯。必须持有数量较大伪造发票的结果才构成犯罪。何为数额较大，有待司法解释。参照对非法出售普通发票罪的司法解释，数量较大的，一般是指自然人非法持有50份以上为数量较大，单位非法持有100份以上的，为数量较大。

3. 持有伪造的发票罪的法定刑。根据刑法第210条之一的规定，本罪的法定刑是：

（1）犯本罪的，处2年以下有期徒刑、拘役或者管制。

（2）犯本罪，数量巨大的，处2年以上7年以下有期徒刑，并处罚金。这里数额巨大，一般是指持有假发票数额在150份以上的。

（3）单位犯本罪的，对单位判处罚金，并对其直接负责的主管人员和其他直接责任人员依照自然人犯本罪的规定处罚。

4. 处理持有伪造的发票罪时，要注意的问题：

（1）注意划清罪与非罪的界限。

首先，从犯罪主体上区分，不满16周岁的人和主观上是过失的人，不构成本罪。

其次，从犯罪行为和犯罪结果上区分，如果是非法制造、出售伪造普通发票而持有，或者非法持有假发票的数量没有达到数量较大结果的，都不构成本罪。

（2）注意划清持有伪造的发票罪与非法制造、出售非法制造的发票罪的界限。我国刑法第209条第2款规定了非法制造、出售非法制造的发票罪，其与本罪在犯罪主体、犯罪对象以及法定刑方面都很相似，只是犯罪行为不同。本罪的犯罪行为是非法持有伪造的发票的行为。如果查明，非法持有伪造的普通发票是行为人自己伪造的，或者为出售他人伪造的普通发票，则应认定为非法制造、出售非法制造的发票罪，不再认定为本罪。

（3）注意划清持有伪造的发票罪与非法制造、出售非法制造的用于骗取出口退税、抵扣税款发票罪的界限。我国刑法第209条第1款规定了非法制造、出售非法制造的用于骗取出口退税、抵扣税款发票罪，其与本罪在犯罪主体、犯罪结果都有相似之处，只是犯罪行为和持有发票性质不同。本罪的犯罪行为是非法持有伪造的普通发票的行为。而非法制造、出售非法制造的用于骗取出口退税、抵扣税款发票罪的犯罪行为是非法制造、出售非法制造的用于骗取出口退税、抵扣税款的专用发票。虽然非法制造也可能有非法持有行为，但不能独立构成犯罪，只能认定为非法制造发票罪，持有伪造的发票行为被吸收。如果行为人非法持有大量非法制造的用于骗取出口退税、抵扣税款发票，但查不清来源和用途时，也只能认定为持有伪造的发票罪。

（五）组织出卖人体器官罪

组织出卖人体器官罪是《刑法修正案（八）》第37条规定在刑法第234条之一中补充增加的犯罪。最高人民法院、最高人民检察院于2011年4月27日《关于执行〈中华人民共和国刑法〉确定罪名的补充规定（五）》中规定为"组织出卖人体器官罪"的罪名。

我国1979年刑法和1997年刑法都没有规定组织出卖人体器官罪，但随着医疗技术的发展，人体器官可以移植，挽救一些人体器官受损或严重病变人的生命或生理功能。活人自愿捐献自己的器官或者死者家属同意捐献死者的器官以挽救他人生命和生理功能是对社会有益的行为，也是一种社会文明的表现。但不经本人同意或者死者家属的同意，盗窃、组织贩卖、欺骗他人捐献器官的行为是严重危害出卖者或者死者及其家属的人身权利和生命、健康安全，具有严重的社会危害性。《刑法修正案（八）》为保护公民的人身权利和生命、人身安全，补充规定了组织他人出卖人体器官罪，将组织贩卖人体器官的行为规定为犯罪，给予刑罚处罚。

组织出卖人体器官罪是《刑法修正案（八）》第37条和刑法第234条之一新增加规定的犯罪，要准确适用就必须弄清该罪的概念、特征、法定刑，以及适用时应注意的问题。

1. 组织出卖人体器官罪的概念。该罪是指组织他人出卖人体器官的行为。

组织出卖人体器官的行为既是侵犯人身权利的行为，也是有伤风化、扰乱社会秩序的行为，不经当事人的同意或者不经死者家属的同意，将他人器官出卖牟利，是对社会有严重危害的行为。我国刑法规定，犯组织出卖人体器官罪的，最高处15年有期徒刑，并处罚金或者没收财产。

2. 组织出卖人体器官罪的构成特征：

（1）犯罪主体，是一般主体。达到法定年龄、具有刑事责任能力、实施了组织他人出卖人体器官行为的自然人。本罪的法定年龄是年满16周岁以上的自然人。本罪犯罪主体在主观上是故意，组织他人出卖人体器官一般都是为谋取非法利益。本罪主体是出卖人体器官的组织者而不是出卖自己身体器官的人。

（2）犯罪行为，是行为犯。必须是实施了组织他人出卖人体器官的行为。例如，弄虚作假，以捐赠器官为名，实质上是组织出卖他人人体器官或者贩卖他人人体器官的行为；再如，出卖心脏、肝、肾、眼球等人体器官的行为。

（3）犯罪结果，是行为犯。只要实施了组织他人出卖人体器官的行为，不管是否出卖成功都可以构成犯罪。如果具有情节严重结果的，要加重处罚。

3. 组织出卖人体器官罪的法定刑。根据刑法第234条之一的规定，本罪的法定刑是：

（1）犯本罪的，处5年以下有期徒刑，并处罚金。

（2）情节严重的，处5年以上有期徒刑，并处罚金或者没收财产。所谓情节严重，有待司法解释，一般是指多次或者组织多人出卖人身器官；以欺骗的手段组织他人出卖人体器官的；组织他人出卖人体器官给当事人身体或者家属经济上造成重大损失的等情节。

4. 处理组织出卖人体器官罪时，要注意的问题：

（1）注意划清罪与非罪的界限。

首先，从犯罪主体上区分，不满16周岁的人，以及主观上过失的人和出卖自己身体器官的人，都不能构成本罪。

其次，是从犯罪行为和犯罪结果上区分，只有实施了组织他人出卖人体器官行为的人，才能构成犯罪，单纯出卖自己身体器官的人不构成犯罪。犯罪主体在主观上一般都是以牟利为目的，但不是以牟利益为目的，实施了组织他人出卖人体器官行为的，也可以构成犯罪。

（2）注意划清本罪与故意伤害罪、故意杀人罪的界限。我国刑法第234条规定了故意伤害罪，第232条规定了故意杀人罪。《刑法修正案（八）》第37条第2款规定，未经本人同意摘取其器官，或者摘取不满18周岁的人的器官，或者强迫、欺骗他人捐献器官的，依照刑法第234条、第232条的规定定罪处罚。即不定为本罪，而要定为故意伤害罪、故意杀人罪，分别依该两罪的处罚规定处罚。

（3）注意划清本罪与盗窃、侮辱、故意毁坏尸体、尸骨、骨灰罪的界限。我国刑法第302条规定了盗窃、侮辱、故意毁坏尸体、尸骨、骨灰罪。《刑法修正案（八）》第37条第3款规定，违背本人生前意愿摘取其尸体器官，或者本人生前未表示同意，违反国家规定，违背其近亲属意愿摘取其尸体器官的，依照本法第302条的规定定罪处罚。即不定为本罪，而要定为盗窃、侮辱、故意毁坏尸体、尸骨、骨灰罪，依照该罪的处罚规定处罚。

（六）拒不支付劳动报酬罪

拒不支付劳动报酬罪是《刑法修正案（八）》第41条规是在刑法第276条之一中补充增加的犯罪。最高人民法院、最高人民检察院于2011年4月27

日《关于执行〈中华人民共和国刑法〉确定罪名的补充规定（五）》中规定为"拒不支付劳动报酬罪"的罪名。

我国1979年刑法和1997年刑法都没有规定拒不支付劳动报酬罪。不支付劳动报酬本来是一种劳动纠纷，属民事调整范围。但是根据当前出现的一些企业事业单位拖欠农民工工资，靠行政法处罚不能制止这种损害劳动者利益的行为。特别是在出现生产不景气迹象时，一些老板不负责任，拖欠职工工资，自己携款逃匿，职工工资没有下落，给职工的财产、身心健康造成极大损害，而且对社会治安秩序也造成严重危害，具有严重社会危害性。社会各界强烈要求用刑罚惩治拒不支付劳动报酬者。《刑法修正案（八）》采纳了群众的意见，将拒不支付劳动报酬行为规定为犯罪，给予刑罚处罚。

拒不支付劳动报酬罪是《刑法修正案（八）》第41条和刑法第276之一新增加犯罪，要准确适用就必须弄清该罪的概念、特征、法定刑，以及适用时应注意的问题。

1. 拒不支付劳动报酬罪的概念。该罪是指以转移财产、逃匿等方法逃避支付劳动者的劳动报酬或者有能力支付而不支付劳动者的劳动报酬，数额较大，经政府有关部门责令支付仍不支付的行为。

拒不支付劳动报酬行为入罪设定了三个条件限制：一是隐匿财产，二是转移财产，三是拒不支付劳动报酬。怎样才是拒不支付劳动报酬呢？一般是指经劳动监管部门责令支付，但仍不支付的行为。我国刑法规定犯拒不支付劳动报酬罪的，最高处7年有期徒刑，并处罚金。刑法中还特别规定，"在提起公诉前支付劳动者的劳动报酬，并依法承担相应赔偿责任的，可以减轻或者免除处罚"，目的是达到尽早支付给劳动者劳动报酬，保护劳动者的合法权利；同时，也是震慑拒不支付劳动报酬的犯罪者，诉前支付了的，可以减轻或免除处罚，但不是免除犯罪，还是有罪，只是可以减轻或者免除处罚。

2. 拒不支付劳动报酬罪的构成特征：

（1）犯罪主体，是一般主体。达到法定年龄、具有刑事责任能力、实施了拒不支付劳动报酬犯罪行为的自然人和单位。本罪法定年龄是年满16周岁以上的自然人。本罪犯罪主体在主观上是故意不支付劳动者的劳动报酬。劳动者的劳动报酬，根据最高人民法院2013年1月23日《关于审理拒不支付劳动报酬刑事案件适用法律若干问题的解释》第1条规定，劳动者依照《中华人民共和国劳动法》和《中华人民共和国劳动合同法》等法律的规定应得的劳动报酬，包括工资、奖金、津贴、补贴、延长工作时间的工资报酬及特殊情况下支付的工资等，应当认定为刑法第276之一第1款规定的劳动者的劳动报酬。该解释第7条规定，不具备用工主体资格的单位或者个人，违法用工且拒不支付劳动者的劳动报酬,数额较大,经政府有关部门责令支付仍不支付的,应当依照刑法第 206 条之一的规定,以拒不支付劳动报酬罪追究刑事责任。该解释第 8 条规定,用人单位的实际控制人实施不支付劳动报酬行为,构成犯罪的,站依照刑法第 276 条之一的规定追究刑事责任。

（2）犯罪行为,必须是实施了拒不支付劳动报酬犯罪的行为。具体表现有：

第一,以转移财产、逃匿等方法逃避支付劳动者的劳动报酬,数额较大的行为。具体表现为：①隐匿财产、恶意清偿、虚构债务、虚假破产、虚假倒闭或者以其他方法转移、处分财产的；②逃跑、藏匿的；③隐匿、销毁或者篡改账目、职工名册、工资支付记录、考勤记录等与劳动报酬相关的材料的；④以其他方法逃避支付劳动报酬的。

第二,有能力支付而不支付劳动者的劳动报酬,数额较大的行为。数额较大的表现有：①拒不支付 1 名劳动者 3 个月以上的劳动报酬且数额在 5 千元至 2 万元以上的；②拒不支付 10 名以上劳动者的劳动报酬且数额累计在 3 万元至 10 万元以上的。

第三,经政府有关部门责令支付仍不支付的行为。经人力资源社会保障部门或者政府其他有关部门依法以限期整改指令书、行政处理决定书等文书责令支付劳动者的劳动报酬后,在指定的期限内仍不支付的,应当认定为刑法第 276 条之一第 1 款规定的"经政府有关部门责令支付仍不支付",但有证据证明行为人有正当理由未知悉责令支付或者未及时支付劳动报酬的除外。行为人逃匿,无法将责令支付文书送交其本人、同住成年家属或者所在单位负责收件的人的,如果有关部门已通过在行为人的住所、生产经营场所等地张贴责令支付文书方式责令支付,并采用拍照、录像等方式记录的,应当视为"经政府有关部门责令支付"。

（3）犯罪结果,是结果犯。必须是欠薪数额较大的并经政府有关部门责令支付仍不支付的结果的,才构成犯罪。对造成严重后果的,依法加重处罚。

3. 拒不支付劳动报酬罪的法定刑。根据刑法第 276 条之一的规定,本罪的法定刑是：

（1）拒不支付劳动报酬数额较大的,构成本罪的,处 3 年以下有期徒刑或者拘役,并处或者单处罚金。

（2）犯本罪,造成严重后果的,处 3 年以上 7 年以下有期徒刑,并处罚金。所谓造成严重后果,根据最高人民法院 2013 年 1 月 23 日《关于审理拒不支付劳动报酬刑事案件适用法律若干问题的解释》第 5 条规定,拒不支付劳动者的劳动报酬,符合本解释第 3 条的规定,并具下列情形之一的,应当认定为刑法第276条之一第1款规定的造成严重后果：①造成劳动者或者其被赡养、被扶养、被抚养人的基本生活受到严重影响、重大疾病无法及时医治或者失学的；②对要求支付劳动报酬的劳动者使用暴力或者进行暴力威胁的；③造成其他严重后果的。

（3）单位犯本罪的，对单位判处罚金，并对其直接负责的主管人员和其他直接责任人员依照自然人犯本罪的规定处罚。

4. 处理拒不支付劳动报酬罪时，要注意的问题：

（1）注意划清罪与非罪的界限。

首先，从犯罪主体上区分，不满16周岁的人，以及主观上过失的人不构成本罪。

其次，从犯罪行为和犯罪结果上区分，行为人有拖欠职工工资行为，但经政府有关部门责令支付而及时支付了劳动者的劳动报酬的行为，不构成犯罪。欠薪数额没有达到数额较大的也不构成犯罪。

（2）注意划清本罪的特别规定从轻处罚情节。《刑法修正案（八）》第41条第3款规定："有欠薪行为，尚未造成严重后果，在提起公诉前支付了劳动者的劳动报酬，并依法承担了相应赔偿责任的可以减轻或者免除处罚。"这是有罪，但只是减轻处罚或者免除处罚，不是免除犯罪。

根据最高人民法院2013年1月23日《关于审理拒不支付劳动报酬刑事案件适用法律若干问题的解释》第6条规定，拒不支付劳动者劳动报酬，尚未造成严重后果，在刑事立案前支付劳动者的劳动报酬，并依法承担相应赔偿责任的，可以认定为情节显著轻微危害不大，不认为是犯罪；在提起公诉前支付劳动者的劳动报酬，并依法承担相应赔偿责任的，可以减轻或者免除刑事处罚；在一审宣判前支付劳动者的劳动报酬，并依法承担相应赔偿责任的，可以从轻处罚。

对于免除刑事处罚，可以根据案件的不同情况，予以训诫、责令其具结悔过或者赔礼道歉。

拒不支付劳动者的劳动报酬，造成严重后果，但在宣判前支付劳动者的劳动报酬，并依法承担相应赔偿责任的，可以酌情从宽处罚。

（3）注意用刑事和解的方法解决劳资纠纷。欠薪没有达到数额较大的数额的，不构成犯罪，但这不等于不处理，政府有关部门和法院应依据劳动法有关规定对劳资双方进行和解，**既保护劳动者合法利益，也保护资方的正当利益**，其目的是发展生产经营，使企业盈利，使劳动者能及早获得合理的劳动报酬。

（七）食品监管渎职罪

食品监管渎职罪是《刑法修正案（八）》第 49 条规定在刑法第 408 条之一补充增加的犯罪。最高人民法院、最高人民检察院于 2011 年 4 月 27 日《关于执行〈中华人民共和国刑法〉确定罪名的补充规定（五）》中规定为"食品监管渎职罪"的罪名。

我国 1979 年刑法和 1997 年刑法都没有规定食品监管渎职罪。近几年来，我国出现的一些生产、销售不符合安全标准食品，而国家机关有关食品安全监管工作人员滥用职权或者玩忽职守，不尽职责，使生产、销售不符合安全标准的食品的行为能得逞，给人们的生命财产造成重大损失，例如，石家庄某企业生产、销售有毒奶粉事件、河南某企业生产含有瘦肉精猪肉事件，上海生产、销售有色馒头等都是与一些国家监管人员滥用职权或者玩忽职守有直接关系。因此，在严厉惩治生产、销售者外，还要严厉惩治监督管理者滥用职权或者玩忽职守犯罪行为。《刑法修正案（八）》在渎职罪中补充规定了食品监管渎职罪，给予刑罚处罚。

食品监管渎职罪是《刑法修正案（八）》第 49 条新增加犯罪，要准确适用就必须弄清该罪的概念、特征、法定刑，以及适用时应注意的问题。

1. 食品监管渎职罪的概念。该罪是指负有食品安全监督管理职责的国家机关工作人员，滥用职权或者玩忽职守，导致发生重大食品安全事故或者造成其他严重后果的行为。

生产、销售不符合安全标准食品的行为本身对人们的生命、健康造成损害的行为，是对社会有严重危害的犯罪行为。负有监管职责的国家机关工作人员滥用职权或者玩忽职守，不尽职责，对生产、销售不符合安全标准的食品的行为不但不制止，反而包庇、纵容，给人们的生命、健康造成重大损失，这是对社会危害更大的行为。我国刑法将食品监管渎职行为规定为犯罪，最高处 10 年有期徒刑。

2. 食品监管渎职罪的构成特征：

（1）犯罪主体，是特殊主体。必须是负有食品安全监管职责的国家机关工作人员。本罪犯罪主体对滥用职权是故意的，对玩忽职守行为既可能是故意的也可能是过失的，但不论是滥用职权还是玩忽职守行为，行为人对发生重大食品安全事故或者造成其他严重后果都是一种不希望发生的过失心理状态。

（2）犯罪行为，必须是实施滥用职权的行为或者发生玩忽职守行为。具体表现是超越职权或者是不按职责规定和程序规定胡作非为，不履行或者不认真履行自己责任的行为。

（3）犯罪结果，是结果犯。必须是导致发生食品安全事故或者造成重大经济损失和人身伤害的结果。食品安全事故，依照我国食品安全法的规定的事故，必须经有关部门认定。

3. 食品监管渎职罪的法定刑。根据刑法第408条之一的规定，本罪的法定刑是：

（1）犯本罪的，处5年以下有期徒刑或者拘役。

（2）犯本罪，造成严重后果的，处5年以上10年以下有期徒刑。

徇私舞弊犯前款罪的，从重处罚。徇私舞弊是徇私情，徇私利，例如，吃、拿、卡、要、办私事后，不进行监督或者放宽监督力度，发现问题进行掩饰，不依法处理。

所谓造成严重后果，参照最高人民检察院2006年7月26日《关于渎职侵权犯罪案件立案标准的规定》，滥用职权涉嫌下列情况之一的，应当立案：（1）造成死亡1人以上或者重伤2人以上或者重伤1人以上轻伤3人以上，或者轻伤5人以上；（2）导致10人以上严重中毒的；（3）造成个人财产直接经济损失10万元以上，或者直接经济损失不满10万元，但间接经济损失50万元以上的；（4）造成公共财产或者法人、其他经济组织财产直接经济损失20万元以上，或者直接损失不满20万元，但间接经济损失100万元以上的；（5）虽未达到第三、第四两项数额标准，但第三、第四两项合计直接经济损失20万元以上，或者合计直接经济损失不满20万元，但合计间接经济损失100万元以上的；（6）造成公司、企业等单位停业、停产6个月以上，或者破产的；（7）弄虚作假，不报、缓报、谎报或者授意、指使、强令他人不报、缓报、谎报情况，导致重特大事故危害结果继续扩大，或者致使抢救、调查、处理工作延误的；（8）严重损害国家声誉，或者造成恶劣社会影响的；（9）其他致使公共财产、国家和人民利益遭受重大损失的情形。

玩忽职守涉嫌下列情形之一的，应予立案：（1）造成死亡1人以上，或者重伤3人以上，或者重伤2人、轻伤4人以上，或者重伤1人、轻伤7人以上，或者轻伤10人以上的；（2）导致20人以上严重中毒的；（3）造成个人财产直接经济损失15万元以上，或者直接经济损失不满15万元，但间接经济损失75万元以上的；（4）造成公共财产或者法人、其他经济组织财产直接经济损失30万元以上，或者直接损失不满30万元，但间接经济损失150万元以上的；（5）虽未达到第三、第四两项的数额标准，但第三、第四两项合计直接经济损失30万元以上，或者合计直接经济损失不满30万元，但合计间接经济损失150万元以上的；（6）造成公司、企业等单位停业、停产1年以上，或者破产的；（7）海关、外汇管理部门的工作人员严重不负责任，造成100

万美元以上外汇被骗购或者逃汇 1000 万美元以上的；（8）严重损害国家声誉，或者造成恶劣社会影响的；（9）其他致使公共财产、国家和人民利益遭受重大损失的情形。

如果负有食品安全监管职责的国家机关工作人员具备上述情形之一的，应当立案侦查。如果具有比上述情况更严重情形之一的，则是严重后果的，应在 5 年以上 10 年以下有徒刑的法定刑幅度内处刑。

4. 处理食品监管渎职罪时，要注意的问题：

（1）注意划清罪与非罪的界限。

首先，从犯罪主体上区分，本罪是渎职犯罪，只有国家机关工作人员才能构成，非国家工作人员不能构成本罪。

其次，从犯罪行为和犯罪结果上区分，国家机关工作人员滥用职权或者玩忽职守行为只有达到最高人民检察院司法解释规定的立案标准的结果，才构成犯罪，达不到立案标准的，给予行政、纪律处罚。

（2）注意划清本罪从重处罚的特别情节规定。《刑法修正案（八）》第 49 条第 2 款特别规定："徇私舞弊犯前款罪的，从重处罚。"徇私舞弊是徇私情，徇私利的行为。由徇私舞弊而犯食品监管渎职罪的，在刑法第 408 条之一规定的第一或者第二个法定量刑幅度内从重处罚。

（3）划清本罪与滥用职权罪、玩忽职守罪的界限。我国刑法第 397 条规定了滥用职权罪、玩忽职守罪是概括规定，凡是刑法分则第 10 章渎职罪中没有具体规定的滥用职权和玩忽职守的犯罪行为的都依照刑法第 397 条规定的滥用职权罪、玩忽职守罪定罪处罚。有具体规定的，依照有关条款规定定为具体滥用职权罪、玩忽职守罪。本罪是刑法第 408 条之一特别规定的负有食品监管职责的国家工作人员滥用职权、玩忽职守犯罪行为，应依该条规定的食品监管渎职罪。

（4）注意一罪与数罪的认定。根据最高人民法院、最高人民检察院 2013 年 5 月 4 日《关于办理危害食品安全刑事案件适用法律若干问题的解释》第 15 条规定，负有食品安全监督管理职责的国家机关工作人员，滥用职权或者玩忽职守，导致发生重大食品安全事故或者造成其他严重后果，同时构成食品监管渎职罪和徇私舞弊不移交刑事案件罪、商检徇私舞弊罪、动植物检疫徇私舞弊罪、放纵制售伪劣商品犯罪行为罪等其他渎职犯罪的，依照处罚较重的规定处罚。

负有食品安全监督管理职责的国家机关工作人员滥用职权或者玩忽职守，不构成食品监管渎职罪，但构成前款规定的其他渎职犯罪的，依照该其他犯罪定罪处罚。

负有食品安全监督管理职责的国家机关工作人员与其他人共谋，利用职务行为帮助他人实施危害食品安全犯罪行为，同时构成渎职犯罪和危害食品安全犯罪共犯的，依照处罚较重的规定定罪处罚。

负有食品安全监督管理职责的国家机关工作人员滥用职权或者玩忽职守，不构成食品监管渎职罪，但构成前款规定的其他渎职犯罪的，依照该其他犯罪定罪处罚。

四、《刑法修正案（八）》对刑法分则的修改
——修改和补充原有的犯罪

《刑法修正案（八）》对刑法分则原规定的 23 种犯罪作了修改和补充。有的是修改了罪名和罪状，有的是修改了法定刑（单纯取消死刑的 13 种犯罪除外）。

（一）资助危害国家安全犯罪活动罪

资助危害国家安全犯罪活动罪，是《刑法修正案（八）》第 20 条对刑法第 107 条规定的资助危害国家安全犯罪活动罪补充修改的犯罪。最高人民法院 1997 年 12 月 9 日、最高人民检察院 1997 年 12 月 25 日司法解释规定为该罪名。

1. 刑法规定内容的修改

刑法条文中有关资助危害国家安全犯罪活动罪的规定有：

（1）1979 年刑法第 97 条规定："进行下列间谍或者资敌行为之一的，处十年以上有期徒刑或者无期徒刑；情节较轻的，处三年以上十年以下有期徒刑：（一）为敌人窃取、刺探、提供情报的；（二）供给敌人武器军火或者其他军用物资的；（三）参加特务、间谍组织或者接受敌人派遣任务的。"

（2）1997 年刑法第 107 条规定："境内外机构、组织或者个人资助境内组织或者个人实施本章第一百零二条、第一百零三条、第一百零四条、第一百零五条规定之罪的，对直接责任人员，处五年以下有期徒刑、拘役、管制或者剥夺政治权利；情节严重的，处五年以上有期徒刑。"

（3）2011 年《刑法修正案（八）》第 20 条将刑法第 107 条修改为："境内外机构、组织或者个人资助实施本章第一百零二条、第一百零三条、第一百零四条、第一百零五条规定之罪的，对直接责任人员，处五年以下有期徒刑、拘役、管制或者剥夺政治权利；情节严重的，处五年以上有期徒刑。"

上述《刑法修正案（八）》第 20 条对刑法第 107 条原规定的资助"境内

组织或者个人"删去，使该罪资助的对象包括境内外所有实施危害国家安全犯罪活动的组织和个人，扩大了惩治资助实施危害国家安全犯罪活动罪的范围。

2. 刑法规定修改的原因

我国1979年刑法中没有具体规定资助危害国家安全犯罪活动罪，只是在反革命罪中规定有资敌罪，而只限于供给敌人武器军火或者其他军用物资的行为。司法实践中，对资助危害国家安全犯罪活动的行为，多数是以资助的犯罪共犯处理。1997年刑法在危害国家安全罪中第107条规定了资助实施危害国家安全犯罪活动罪。当时只是考虑我国刑法主要惩治国内的犯罪分子的法律，因此，第107条只规定惩治"资助境内组织或者个人"，只是资助实施危害国家安全的犯罪活动的犯罪分子，对资助境外组织和个人实施危害国家安全犯罪活动的行为没有规定为犯罪。但在刑法实施以来，我国实行改革开放，国际交往频繁，人员往来增多，国际间的犯罪大量增多，在国际公约中又规定的惩罚跨国犯罪和资助恐怖暴力犯罪，为了依法惩治这些犯罪分子，全国人大常委会在《刑法修正案（八）》中规定，将刑法第107条中规定资助"境内组织或者个人"，实质上增加规定了境内外组织和个人资助"境外组织或者个人"实施危害国家安全犯罪活动的行为也构成犯罪，扩大了对这种为犯罪的惩治的范围，将更有效地维护国家的安全。

3. 资助危害国家安全犯罪活动罪的适用

资助危害国家安全犯罪活动罪是《刑法修案（八）》第20条对刑法第107条规定的犯罪的罪状的修改，要准确适用就必须弄清该罪的概念、特征、法定刑，以及适用时应注意的问题。

（1）资助危害国家安全犯罪活动罪的概念。该罪是指境内外机构、组织或者个人资助实施危害国家安全犯罪活动的行为。

资助境内外组织或者个人实施危害国家安全犯罪活动是帮助犯，其助长了危害国家安全犯罪活动的危害性，具有严重的社会危害性。我国刑法将资助境内外组织或者个人实施危害国家安全犯罪活动的行为规定为犯罪，最高处15年有期徒刑，应当附加剥夺政治权利，可以并处没收财产。

（2）犯罪构成特征。根据刑法第107条和《刑法修正案（八）》第20条的规定，该罪的构成特征是：

①犯罪主体，是一般主体。只要年满16周岁以上的具有刑事责任能力，实施了资助危害国家安全犯罪活动行为的境内外的自然人或者组织。国境内外的中国人、外国人和组织都可以构成本罪的犯罪主体。惩罚外国组织和个人的犯罪的法律是依据联合国《打击跨国犯罪公约》中规定的。虽然资助是以境

内外机构、组织的名义，但不是单位犯罪，因为刑法第107条中并没有规定是单位犯罪和对单位判处刑罚，而只规定对直接责任人给予刑事处罚。

本罪犯罪主体在主观上是故意的，其目的是资助实施危害国家安全犯罪活动。犯罪主体在主观上有危害我国国家安全的目的。

②犯罪行为，必须是实施了资助危害国家安全犯罪活动的行为。具体表现有：资助实施危害国家主权、领土完整和安全的犯罪行为；资助分裂国家、破坏国家统一的犯罪行为；资助武装叛乱、暴乱的犯罪行为；资助颠覆国家政权、推翻社会主义制度的犯罪行为等。这种资助包括人、财、物等物质资助，也包括为危害国家安全的犯罪分子提供犯罪条件、隐蔽场所、提供账号、通讯、信息等资助。如果为犯罪分子提供精神上的支持，一般不是本罪的犯罪行为。

③犯罪结果，是结果犯。必须是进行了实际资助结果的，才构成犯罪。如果只是口头说资助，而实际上并没有实施物资资助，一般不构成犯罪。

（3）资助危害国家安全犯罪活动罪的法定刑。根据刑法第107条、第113条的规定，本罪的法定刑是：

①犯本罪的，处5年以下有期徒刑或者拘役、管制或者剥夺政治权利，可以并处没收财产。

②犯本罪，情节严重的，处5年以上有期徒刑，可以并处没收财产，应当附加剥夺政治权利。

（4）认定本罪时，应注意的问题：

①区分罪与非罪的界限。

第一，根据我国刑法第107条的规定，资助危害国家安全犯罪活动罪的主体是境内外机构、组织或者个人，尽管是以机构、组织的名义实施资助行为，但依刑法规定单位不构成犯罪，不惩罚单位，只惩罚单位的直接责任人员。因此，单位不构成本罪。另外，资助危害国家安全犯罪活动罪是故意犯罪，主观上有过失的，客观上是过失行为的，不构成本罪。

第二，资助危害国家安全犯罪活动罪资助实施下列四种危害国家安全的犯罪活动，包括背叛国家罪、分裂国家罪、武装叛乱暴乱罪、颠覆国家政权罪等犯罪行为。如果资助其他危害国家安全的犯罪活动的行为，如资助叛逃犯罪行为、资助间谍犯罪行为等危害国家安全犯罪活动的行为，不构成本罪，但可以构成其资助的犯罪共犯罪。

第三，资助危害国家安全犯罪活动罪是结果犯，必须是以实际物资进了资助，只是口头说资助或者精神资助，而实际上并没有资助结果，也不构成本罪。

②划清本罪与资助犯罪共犯的关系。本罪实际上被资助的背叛国家罪、分裂国家罪、武装叛乱暴乱罪、颠覆国家政权罪四种犯罪的帮助犯，但刑法已将这四种共同犯罪的帮助犯单独规定为独立的犯罪，就应依照法律的特别规定优先于一般法律规定，只认定为本罪，不再按被资助犯罪的帮助共犯定罪处罚。

③划清本罪与资敌罪的界限。本罪与刑法第112条规定的资敌罪都是以物资资助敌人的犯罪行为，两种犯罪行为相似，容易混淆。这两种犯罪的主要区别有两点：一是资助的对象不同。本罪资助的对象是实施背叛国家罪、分裂国家罪、武装叛乱暴乱罪、颠覆国家政权罪四种犯罪行为的组织或个人，而资敌罪资助的对象是战时的敌人，被资助的对象范围不同。二是资助的物资不同。本罪资助的物资都是一般物质和有关犯罪的物质条件；而资敌罪资助给敌人的是武器装备、军用物资等。从上述两个方面就可以把上述两种犯罪区分开来。

（二）叛逃罪

叛逃罪是《刑法修正案（八）》第21条对刑法第109条规定的叛逃罪补充修改的犯罪。最高人民法院1997年12月9日、最高人民检察院1997年12月25日司法解释规定为该罪名。

1. 刑法规定内容的修改

刑法条文中有关叛逃罪的规定有：

（1）1997年刑法第109条规定："国家机关工作人员在履行公务期间，擅离岗位，叛逃境外或者在境外叛逃，危害中华人民共和国国家安全的，处五年以下有期徒刑、拘役、管制或者剥夺政治权利；情节严重的，处五年以上十年以下有期徒刑。掌握国家秘密的国家工作人员犯前款罪的，依照前款的规定从重处罚。"

（2）2011年《刑法修正案（八）》第21条将刑法第109条修改为："国家机关工作人员在履行公务期间，擅离岗位，叛逃境外或者在境外叛逃的，处五年以下有期徒刑、拘役、管制或者剥夺政治权利；情节严重的，处五年以上十年以下有期徒刑。掌握国家秘密的国家工作人员叛逃境外或者在境外叛逃的，依照前款的规定从重处罚。"

上述《刑法修正案（八）》第21条删去刑法第109条原规定的"危害中华人民共和国国家安全的"，不论是否产生危害国家安全的结果都构成犯罪，扩大了惩治叛逃罪的范围。

2. 刑法规定修改的原因

我国1979年刑法中没有叛逃罪的规定，司法实践中，将叛逃行为认定为投敌罪。1997年刑法在第109条中增加规定了叛逃罪。当时由于出国不归的人比较多，惩治的范围不能太广，只是规定惩治国家机关工作人员叛逃境外的行为必须造成实际地危害国家安全的结果的，才能构成犯罪。近几年来的司法实践证明，国家机关工作人员在履行职务期间，只要实施了叛逃行为，就必然产生严重危害国家安全的结果。为了严惩国家工作人员在履行职务期间叛逃的行为，全国人大常委会在《刑法修正案（八）》中规定，将刑法第109条作了修改，由结果犯修改为行为犯。国家机关工作人员在履行职务期间，只要实施了叛逃行为的就可以构成叛逃罪的既遂，扩大了对这种犯罪的惩治范围。

3. 叛逃罪的适用

叛逃罪是《刑法修正案（八）》第21条对刑法第109条规定的叛逃罪罪状的修改，要准确适用就必须弄清该罪的概念、特征、法定刑，以及适用时应注意的问题。

（1）叛逃罪的概念。该罪是指国家机关工作人员在履行公务期间，擅离岗位，叛逃境外或者在境外叛逃的行为。

国家机关工作人员应当忠于职守，认真履行自己的职责，切实维护国家和人民的生命财产安全。如果其在履行职务期间，擅离岗位，叛逃境外或者在境外叛逃，必然危害国家和人民的生命、财产安全，是对社会有严重危害的行为。我国刑法将叛逃行为规定为犯罪，最高处10年有期徒刑，应当附加剥夺政治权利，可以并处没收财产。

（2）犯罪构成特征。根据刑法第109条和《刑法修正案（八）》第21条的规定，该罪的构成特征是：

①犯罪主体，是特殊主体，必须是具有国家机关工作人员身份的自然人才能构成。犯罪主体在主观上是故意的，其目的是叛逃境外。

②犯罪行为，必须是实施了叛逃行为。具体表现是在履行公务期间，擅离岗位，叛逃境外或者在境外叛逃的行为。在境外叛逃不是履行职务期间，如旅游期间叛逃的行为，也是叛逃犯罪行为。

③犯罪结果，是行为犯，只要实施了叛逃行为，就可以构成犯罪。

（3）叛逃罪的法定刑。根据刑法第109条、第113条的规定，该罪的法定刑是：

①犯本罪的，处5年以下有期徒刑、拘役、管制或者剥夺政治权利，可以并处没收财产。

②犯本罪，情节严重的，处5年以上10年以下有期徒刑，可以并处没收财产，应当附加剥夺政治权利。

掌握国家秘密的国家工作人员叛逃境外或者在境外叛逃的，依照前款的规定从重处罚。

（4）认定本罪时，应注意的问题：

①区分罪与非罪的界限。

第一，根据我国刑法第109条的规定，叛逃罪的主体是国家机关工作人员的故意犯罪，非国家机关工作人员及主观上是过失的人，不构成本罪。

第二，叛逃罪是行为犯，只要实施了叛逃行为就可以构成犯罪。但仍然依据刑法第13条规定，情节显著轻微危害不大的，不构成犯罪。

②划清本罪与投敌叛变罪的界限。本罪与刑法第108条规定的投敌叛变罪的犯罪行为相似，容易混淆。这两种犯罪的主要区别有两点：一是犯罪主体不同。本罪的犯罪主体是特殊主体，必须是国家机关工作人员；而投敌叛变罪的主体是一般主体，达到法定年龄，具有刑事责任能力，实施该罪行为的自然人都可以构成。二是犯罪行为不同。本罪是叛逃境外的行为，不一定是投奔敌人方面，而投敌叛变罪的犯罪行为是投奔敌人，改变立场和信念，或者带领武装部队、人民警察、民兵投敌叛变的行为。由于上述两种犯罪的构成要件不同，将两种犯罪区分开。

（三）生产、销售假药罪

生产、销售假药罪是《刑法修正案（八）》第23条对刑法第141条规定的生产、销售假药罪罪状和量刑情节的修改。最高人民法院1997年12月9日、最高人民检察院1997年12月25日司法解释规定为该罪名。

1. 刑法规定内容的修改

刑法条文中有关生产、销售假药罪的规定有：

（1）1979年刑法第164条规定："以营利为目的，制造、贩卖假药危害人民健康的，处二年以下有期徒刑、拘役或者管制，可以并处或者单处罚金；造成严重后果的，处二年以上七年以下有期徒刑，可以并处罚金。"

（2）1997年刑法第141条规定："生产、销售假药，足以严重危害人体健康的，处三年以下有期徒刑或者拘役，并处或者单处销售金额百分之五十以上二倍以下罚金；对人体健康造成严重危害的，处三年以上十年以下有期徒刑，并处销售金额百分之五十以上二倍以下罚金；致人死亡或者对人体健康造成特别严重危害的，处十年以上有期徒刑、无期徒刑或者死刑，并处销售金额百分之五十以上二倍以下罚金或者没收财产。"

（3）2011年《刑法修正案（八）》第23条将刑法第141条第1款修改为："生产、销售假药的，处三年以下有期徒刑或者拘役，并处罚金；对人体健康造成严重危害或者有其他严重情节的，处三年以上十年以下有期徒刑，并处罚金；致人死亡或者有其他特别严重情节的，处十年以上有期徒刑、无期徒刑或者死刑，并处罚金或者没收财产。"

上述《刑法修正案（八）》第23条对刑法第141条原规定的"足以严重危害人体健康的"构成要件删去，增加规定"或者有其他严重情节的"、"或者有其他特别严重情节的"，将"并处或者单处销售金额百分之五十以上二倍以下罚金"改为"并处罚金"。这种修改使本罪原规定必须是"足以危害人体健康"的"危险结果"，才构成犯罪，改为只要实施了生产、销售假药行为的就可以构成犯罪，改为"行为结果"，扩大了惩治生产、销售假药罪的范围，加重了惩罚力度。

2. 刑法规定修改的原因

我国1979年刑法中没有单独规定生产、销售假药罪的规定，但在刑法第164条中规定有制造、贩卖假药罪，最高处7年有期徒刑并处罚金。1993年7月2日全国人大常委会颁布了《关于惩治生产、销售伪劣商品犯罪的决定》中第2条规定有生产、销售假药罪。1997年修订刑法直接沿用决定中规定的犯罪。近几年来，在市场经济影响下，一些制药商为了谋取非法利益，与医院或者医务人员勾结，大量生产、销售假药、劣药，不但不能给病人治病，还严重危害患者的身体健康，具有严重危害社会性。为了严惩生产、销售假药危害人们身体健康的犯罪行为，全国人大常委会在《刑法修正案（八）》中，将刑法第141条作了修改，由原规定的危险犯，修改为行为犯，并对处刑情节和数额由具体数额修改为概括规定，以便根据形势的需要灵活确定应处的刑罚。

3. 生产、销售假药罪的适用

生产、销售假药罪是《刑法修正案（八）》第23条对刑法第141条规定的生产、销售假药罪罪状和量刑情节修改的犯罪，要准确适用就必须弄清该罪的概念、特征、法定刑，以及适用时应注意的问题。

（1）生产、销售假药罪的概念。该罪是指生产、销售假药的行为。

假药，是指依照《中华人民共和国药品管理法》的规定属于假药和按假药处理的药品、非药品。药品是治病救人用的，本来人生了病，危及人的身体健康和生命，需要用药品进行急救和医治。生产、销售假药欺骗患者，轻者贻误治疗时机，重者造成患者伤亡，其社会危害严重。

我国1997年刑法将生产、销售假药的行为规定为犯罪，最高可以判处死刑。但是，近年来，生产、销售假药的不断发生，因为法律规定必须是足以危害人体健康的危险结果才构成犯罪，使一些制造、销售假药的行为不能得到惩治。全国人大常委会在《刑法修正案（八）》中，将刑法原规定的危险犯，修改为行为犯，扩大了惩治该罪的范围。

（2）犯罪构成特征。根据刑法第141条和《刑法修正案（八）》第23条的规定，该罪的构成特征是：

①犯罪主体，是一般主体。达到法定年龄、具有刑事责任能力，实施了制造假药犯罪行为的自然人和单位。以单位犯本罪的主体是单位和单位的直接负责的主管人员和其他直接责任人员。犯罪主体主观上是故意的，多数是以营利为目的。

②犯罪行为，必须是实施生产、销售假药的行为。假药，是指依照《中华人民共和国药品管理法》的规定属于假药和按假药处理的药品、非药品。具体是指：药品所含成分的名称与国家药品标准或者省、自治区、直辖市药品标准不符合；以非药品冒充药品，或者以他种药品冒充此种药品的；国务院卫生行政部门规定禁止使用的、未取得批准文号生产的、变质不能药用的，以及被污染不能药用的药品按假药处理。凡是故意生产、销售假药的行为都是犯罪行为。

根据最高人民法院、最高人民检察院2014年11月3日《关于办理危害药品安全刑事案件适用法律若干问题的解释》第6条规定："生产、销售假药、劣药为目的，实施下列行为之一的，应当认定为刑法第141条、第142条规定的'生产'：（一）合成、精制、提取、储存、加工炮制药品原料的行为；（二）将药品原料、辅料、包装材料制成成品过程中，进行配料、混合、制剂、储存、包装的行为；（三）印制包装材料、标签、说明书的行为。"

医疗机构、医疗机构的工作人员明知是假药、劣药而有偿提供给他人使用，或者为出售而购买、储存的行为，应当认定为刑法第141条、第142条规定的"销售"。该解释第14条规定，假药、劣药难以确定的，司法机关可以根据地市级以上药品监督管理部门出具的认定意见等相关材料进行认定。必要时，可以委托省级以上药品监督管理部门设置或者确定的药品检验机构进行检验。第15条规定，本解释所称"生产、销售金额"，是指生产、销售假药、劣药所得和可得的全部违法收入。

③犯罪结果，是行为犯。凡是故意生产、销售假药的行为都可以构成犯罪。

根据最高人民法院、最高人民检察院2014年11月3日《关于办理危害药品安全刑事案件适用法律若干问题的解释》第1条规定："生产、销售假药，具有下列情形之一的，应当酌情从重处罚：（一）生产、销售的假药以孕妇、婴幼儿、儿童或者危险重病人为主要使用对象的；（二）生产、销售的假药属于麻醉药品、精神药品、医疗用毒性药品、放射性药品、避孕药品、血液制品、疫苗的；（三）生产、销售的假药属于注射剂药品、急救药品的；

（四）医疗机构、医疗机构工作人员生产、销售假药的；（五）在自然灾害、事故灾难、公共卫生事件、社会安全事件等突发事件期间，生产、销售用于应对突发事件的假药的；（六）两年内曾因危害药品安全违法犯罪活动受过行政处罚或者刑事处罚的；（七）其他应当从重处罚的情形。"

（3）生产、销售假药罪的法定刑。根据刑法第141条的规定，该罪的法定刑是：

①犯本罪的，处3年以下有期徒刑或者拘役，并处罚金。这里包括实施了生产、销售假药的行为的"情节轻，情节一般，情节较重、情节重和对人体健康造成较轻危害结果"等情形。

根据最高人民法院、最高人民检察院2014年11月3日《关于办理危害药品安全刑事案件适用法律若干问题的解释》第12条规定："犯生产、销售假药罪，一般应当依法判处生产、销售金额二倍以上的罚金。共同犯罪的，对各共同犯罪人合计判处罚金应当在生产、销售金额的二倍以上。"

②犯本罪的，对人体健康造成严重危害或者有其他严重情节的，处3年以上10年以下有期徒刑。这里的"对人体健康造成严重危害"和"其他严重情节"，根据最高人民法院、最高人民检察院2014年11月3日《关于办理危害药品安全刑事案件适用法律若干问题的解释》第2条规定："生产、销售假药，具有下列情形之一的，应当认定为刑法第141条规定的"对人体健康造成严重危害"：（一）造成轻伤或者重伤的；（二）造成轻度残疾或者中度残疾的；（三）造成器官组织损伤导致一般功能障碍或者严重功能障碍的；（四）其他对人体健康造成严重危害的情形。"

该解释第3条规定，"生产、销售假药，具有下列情形之一的，应当认定为刑法第一百四十一条规定的'其他严重情节'：（一）造成较大突发公共卫生事件的；（二）生产、销售金额20万元以上不满50万元的；（三）生产、销售金额10万元以上不满20万元的，并且具有本解释第一条规定情形之一的；（四）根据生产、销售的时间、数量、假药种类等，应当认定为情节严重的。"

③犯本罪的，致人死亡或有其他特别严重情节的，处10年以上有期徒刑、无期徒刑或者死刑，并处罚金或者没收财产。这里的"其他特别严重情节的"，根据最高人民法院、最高人民检察院2014年11月3日《关于办理危害药品安全刑事案件适用法律若干问题的解释》第4条规定："生产、销售假药，具有下列情形之一的，应当认定为刑法第一百四十一条规定的'其他特别严重情节'：（一）致人重度残疾的；（二）造成3人以上重伤、中度残疾或者器官组织损伤导致严重功能障碍的；（三）造成5人以上轻度残疾或者器官

组织损伤导致一般功能障碍的;(四)造成10人以上轻伤的;(五)造成重大、特别重大突发公共卫生事件的;(六)生产、销售金额50万元以上的;(七)生产、销售金额20万元以上不满50万元,并且具有本解释第1条规定情形之一的;(八)根据生产、销售的时间、数量、假药种类等,应当认定为情节特别严重的。"

该解释第15条规定,本解释所称"生产、销售金额",是指生产、销售假药、劣药所得和可得的全部违法收入。

④单位犯本罪,对单位判处罚金,并对其直接负责的主管人员和其他直接责任人员依自然人犯本罪处罚决定处罚。

根据上述司法解释第11条第1款规定,对实施本解释规定之犯罪的犯罪分子,应当依照刑法规定的条件严格适用缓刑、免予刑事处罚。对于适用缓刑的,应当同时宣告禁止令,禁止犯罪分子在缓刑考验期限内从事药品生产、销售及相关活动。

(4)认定本罪时,应注意的问题:

①区分罪与非罪的界限:

第一,根据我国刑法第141条的规定,生产、销售假药罪的主体在主观上故意的,主观上是过失的人不构成本罪。

第二,生产、销售假药罪是行为犯,只要实施了生产、销售假药行为就可以构成犯罪。但依据刑法第13条规定,情节显著轻微危害不大的不构成犯罪。根据最高人民法院、最高人民检察院2014年11月3日《关于办理危害药品安全刑事案件适用法律若干问题的解释》第11条第2款规定,销售少量根据民间传统配方私自加工的药品,或者销售少量未经批准进口的国外、境外药品,没有造成他人伤害后果或者延误诊治,情节显著轻微危害不大的,不认为是犯罪。

②注意正确认定量刑的数额和情节。《刑法修正案(八)》除对本罪构成要件上删除"足以危害人体健康"外,对量刑的情节上增加规定"或者有其他严重情节的"、"或者有其他特别严重情节的",对此,应严格按最高人民法院、最高人民检察院2014年11月3日《关于办理危害药品安全刑事案件适用法律若干问题的解释》的司法解释规定认定。

③划清本罪与生产、销售劣药罪的界限。本罪与刑法第142条规定的生产、销售劣药罪的犯罪主体、犯罪行为都相似,容易混淆。这两种犯罪的主要区别有三点:

一是犯罪标的物不同。本罪生产、销售的标的物是假药,而生产、销售劣药罪的标的物是劣药。根据《中华人民共和国药品管理法》规定,劣药是指:

药品所含成分的含量与国家药品标准或者省、市、自治区、直辖市药品标准规定不符合；超过有效期的；其他不符合药品标准规定的。凡是故意生产、销售上述劣药的，致人身体健康严重危害结果都是生产、销售劣药犯罪行为。

二是犯罪结果要件不同。本罪是行为犯，只要实施了生产、销售假药行为，就可以构成犯罪；而生产、销售劣药罪是结果犯，必须是对人体健康造成严重危害的结果才构成犯罪。

三是法定刑不同。本罪的法定起刑点是拘役，并处罚金，最高处无期徒刑或者死刑，并处罚金或者没收财产；而生产、销售劣药罪的起刑点是3年有期徒刑，最高处无期徒刑，没有死刑的规定。由于上述两种犯罪的构成要件的三点不同，将两种犯罪区分开。

④注意对非法经营药品行为的定罪处罚。根据最高人民法院、最高人民检察院2014年11月3日《关于办理危害药品安全刑事案件适用法律若干问题的解释》第7条规定，违反国家药品管理法律规定，未取得或者使用伪造、变造的药品经营许可证，非法经营药品，情节严重的，依照刑法第225条的规定以非法经营罪定罪处罚。

以提供给他人生产、销售药品为目的，违反国家规定，生产、销售不符合药用要求的非药品原料、辅料，情节严重的，依照刑法第225条的规定以非法经营罪定罪处罚。

实施前两款行为，非法经营数额在10万元以上，或者违法所得数额在5万元以上的，应当认定为刑法第225条规定的"情节严重"；非法经营数额在50万元以上，或者违法所得在25万元以上的，应当认定为刑法第225条规定的"情节特别严重"。

实施本条第2款行为，同时又构成生产、销售伪劣产品罪、以危险方法危害公共安全罪等犯罪，依照处罚较重的规定定罪处罚。

⑤注意本罪共犯的认定。根据最高人民法院、最高人民检察院2014年11月3日《关于办理危害药品安全刑事案件适用法律若干问题的解释》第8条规定，"明知他人生产、销售假药、劣药，而有下列行为之一的，以共同犯罪论处：（一）提供资金、货款、账号、发票、许可证的；（二）提供生产、经营场所、设备或者运输、储存、保管、邮寄、网络销售渠道便利条件的；（三）提供生产技术或者原料、辅料、包装材料、标签、说明书的；（四）提供广告宣传等帮助行为的"。

⑥注意一罪与数罪的认定。根据最高人民法院、最高人民检察院2014年11月3日《关于办理危害药品安全刑事案件适用法律若干问题的解释》第10条规定，实施生产、销售假药、劣药犯罪，同时构成生产、销售伪劣产品、侵

犯知识产权、非法经营、非法行医、非法采供血等犯罪的，依照处罚较重规定罪处罚。

（四）生产、销售不符合安全标准食品罪

生产、销售不符合安全标准食品罪是《刑法修正案（八）》第24条对刑法第143条规定的生产、销售不符合卫生标准食品罪罪状和量刑情节的修改。最高人民法院1997年12月9日、最高人民检察院1997年12月25日司法解释规定为"生产、销售不符合卫生标准食品罪"的罪名。"两高"于2011年4月27日根据《刑法修正案（八）》将该罪的罪状改为违反食品安全标准的规定，在《关于执行〈中华人民共和国刑法〉确定罪名的补充规定（五）》中，取消了"生产、销售不符合卫生标准食品罪"的罪名，而改为"生产、销售不符合安全标准食品罪"的罪名。

1. 刑法规定内容的修改

刑法条文中有关生产、销售不符合安全标准食品罪的规定有：

（1）1997年刑法第143条规定："生产、销售不符合卫生标准的食品，足以造成严重食物中毒事故或者其他严重食源性疾患的，处三年以下有期徒刑或者拘役，并处或者单处销售金额百分之五十以上二倍以下罚金；对人体健康造成严重危害的，处三年以上七年以下有期徒刑，并处销售金额百分之五十以上二倍以下罚金；后果特别严重的，处七年以上有期徒刑或者无期徒刑，并处销售金额百分之五十以上二倍以下罚金或者没收财产。"

（2）2011年《刑法修正案（八）》第24条将刑法第143条修改为："生产、销售不符合食品安全标准的食品，足以造成严重食物中毒事故或者其他严重食源性疾病的，处三年以下有期徒刑或者拘役，并处罚金；对人体健康造成严重危害或者有其他严重情节的，处三年以上七年以下有期徒刑，并处罚金；后果特别严重的，处七年以上有期徒刑或者无期徒刑，并处罚金或者没收财产。"

上述《刑法修正案（八）》第24条对刑法第143条原规定的"不符合食品卫生标准"修改"不符合食品安全标准"的构成要件，增加规定"或者有其他严重情节的"，将"并处或者单处销售金额百分之五十以上二倍以下罚金"改为"并处罚金"。这种修改使本罪原规定必须是违反了"食品卫生标准"改为"食品安全标准"，足以造成严重食物中毒事故或者其他严重食源性疾病的行为构成犯罪，扩大了惩治生产、销售不符合安全标准食品罪的范围，加重了惩罚力度。

2. 刑法规定修改的原因

我国1979年刑法中没有单独规定生产、销售不符合安全标准食品罪的规定，实践中，对于少数生产、销售不符合安全标准食品，造成严重后果的，一般按投机倒把罪或者重大责任事故罪等追究有关人员的刑事责任。1997年刑法第143条沿用了《关于惩治生产、销售伪劣商品犯罪的决定》中规定的生产、销售不符合卫生标准食品罪的规定。但是，经过十几年执法实践，只惩治生产、销售不符合卫生标准食品犯罪行为，还不能保证食品安全。例如，生产、销售有毒牛奶、有毒猪肉等行为，不单是不符合卫生标准，而是不符合食品安全标准。2009年6月1日全国人大常委会制定了《中华人民共和国食品安全法》，对食品安全标准作了规定。全国人大常委会在《刑法修正案（八）》中，将刑法第143条规定的"不符合卫生标准食品"修改为"不符合安全标准食品"，扩大了惩治范围，确保人民群众的食品安全。

3. 生产、销售不符合安全标准食品罪的适用

生产、销售不符合安全标准食品罪是《刑法修正案（八）》第24条对刑法第143条原规定的生产、销售不符合卫生标准食品罪罪状和量刑情节修改的犯罪，要准确适用就必须弄清该罪的概念、特征、法定刑，以及适用时应注意的问题。

（1）生产、销售不符合安全标准食品罪的概念。该罪是指生产、销售不符合食品安全标准的食品，足以造成严重食物中毒事故或者其他严重食源性疾病的行为。

依照《中华人民共和国食品安全法》的规定，所谓食品安全，是指食品无毒、无害，符合应当有的营养要求，对人的身体健康不造成任何急性、亚急性或者慢性危害。食品安全标准应当包括下列内容：①食品、食品相关产品的致病性微生物、农药残留、兽药残留、重金属、污染物质以及其他危害人体健康物质的限量规定；②食品添加剂的品种、使用范围、用量；③专供婴幼儿和其他特定人群的主辅食品的营养成分要求；④对与食品安全、营养有关的标签、标识、说明书的要求；⑤食品生产经营过程的卫生要求；⑥与食品安全有关的质量要求；⑦食品检验方法与规定；⑧其他需要制定为食品安全标准的内容。上述食品安全标准由国务院卫生行政部门负责制定、公布，国务院标准化行政部门提供国家标准编号。全国人大常委会在《刑法修正案（八）》中，将刑法原规定的"食品卫生标准"修改为"食品安全标准"，扩大了惩治该罪的范围。

（2）犯罪构成特征。根据刑法第143条和《刑法修正案（八）》第24条的规定，该罪的构成特征是：

①犯罪主体，是一般主体。达到法定年龄，具有刑事责任能力，实施了生

产、销售不符安全标准食品犯罪行为的自然人和单位。单位犯本罪的主体是单位和单位的直接负责的主管人员和其他直接责任人员。犯罪主体主观上是故意的，多数以营利为目的。

②犯罪行为，必须是实施生产、销售不符合安全标准的食品行为。食品安全标准有国家食品安全标准和地方标准、企业标准。国家鼓励食品生产企业制定严于食品安全国家标准或者地方标准的企业标准。企业标准应当报省级卫生行政部门备案，在本企业内部适用。凡是故意生产、销售不符合食品安全国家标准的行为，足以造成严重食物中毒事故或者其他严重食源性疾病的行为都是犯罪行为。

③犯罪结果，是危险犯。必须是足以造成严重食物中毒事故或者其他严重食源性疾病的结果。这里的食品安全事故，是指食物中毒、食源性疾病、食品污染等源于食品，对人体健康有危害或者可能有危害的事故。食物中毒，是指食用了被有毒有害物质污染的食品或者食用了含有毒有害物质的食品后出现的急性、亚急性疾病。食源性疾病，是指食品中致病因素进入人身体引起的感染性、中毒性等疾病。

（3）生产、销售不符合安全标准食品罪的法定刑。根据刑法第143条的规定，该罪的法定刑是：

①犯本罪的，处3年以下有期徒刑或者拘役，并处罚金。这里包括实施了生产、销售不符合安全标准食品，足以造成严重食物中毒事故或者其他严重食源性疾病的危害结果和行为情节轻，情节一般，情节较重、情节重等情形。

根据最高人民法院、最高人民检察院2013年5月4日《关于办理危害食品安全刑事案件适用法律若干问题的解释》第1条规定，"生产、销售不符合食品安全标准的食品，具有下列情形之一的，应当认定为刑法第一百四十三条规定的'足以造成严重食物中毒事故或者其他严重食源性疫病'：（一）含有严重超出标准限量的致病性微生物、农药残留、兽药残留、重金属、污染物质以及其他危害人体健康的物质的；（二）属于病死、死因不明或者检验检疫不合格的畜、禽、兽、水产动物及其肉类、肉类制品的；（三）属于国家为防控疾病等特殊需要明令禁止生产、销售的；（四）婴幼儿食品中生长发育所需营养成分严重不符合食品安全标准的；（五）其他足以造成严重食物中毒事故或者严重食源性疾病的情形"。

②犯本罪，对人体健康造成严重危害或者有其他严重情节的，处3年以上7年以下有期徒刑。这里的"严重危害"和"其他严重情节"，根据最高人民法院、最高人民检察院2013年5月4日《关于办理危害食品安全刑事案件适用法律若干问题的解释》第2条规定，"生产、销售不符合食品安全标准的食

品，具有下列情形之一的，应当认定为刑法第一百四十三条规定的'对人体健康造成严重危害'：（一）造成轻伤以上伤害的；（二）造成轻度残疾或者中度残疾的；（三）造成器官组织损伤导致一般功能障碍或者严重功能障碍的；（四）造成10人以上严重食物中毒或者其他严重食源性疾病的；（五）其他对人体健康造成严重危害的情形"。

上述司法解释第3条规定，"生产、销售不符合食品安全标准的食品，具有下列情形之一的，应当认定为刑法第一百四十三条规定的'其他严重情节'：（一）生产、销售金额20万元以上的；（二）生产、销售金额10万元以上不满20万元，不符合食品安全标准的食品数量较大或者生产、销售持续时间较长的；（三）生产、销售金额10万元以上不满20万元，属于婴幼儿食品的；（四）生产、销售金额10万元以上不满20万元，一年以内曾因危害食品安全违法犯罪活动受过行政处罚或者刑事处罚的；（五）其他情节严重的情形"。

③犯本罪的，后果特别严重的，处7年以上有期徒刑、无期徒刑，并处罚金或者没收财产。这里的"其他特别严重情节"，根据最高人民法院、最高人民检察院2013年5月4日《关于办理危害食品安全刑事案件适用法律若干问题的解释》第4条规定，"生产、销售不符合食品安全标准的食品，具有下列情形之一的，应当认定为刑法第一百四十三条规定的'后果特别严重'：（一）致人死亡或者重度残疾的；（二）造成3人以上重伤、中度残疾或者器官组织损伤导致严重功能障碍的；（三）造成10人以上轻伤、5人以上中度残疾或者器官组织损伤导致一般功能障碍的；（四）造成30人以上严重食物中毒或者其他严重食源性疾病的；（五）其他特别严重危害的后果"。

④单位犯本罪，对单位判处罚金，并对其直接负责的主管人员和其他直接责任人员依自然人犯本罪处罚规定处罚。

根据最高人民法院、最高人民检察院2013年5月4日《关于办理危害食品安全刑事案件适用法律若干问题的解释》第17条规定，生产、销售不符合食品安全标准的食品罪，一般应当依法判处生产、销售金额二倍以上罚金。

根据上述司法解释第18条规定，对犯本罪的犯罪分子应当依照刑法规定的条件严格适用缓刑、免予刑事处罚。根据犯罪事实、情节和悔罪表现，对于符合刑法规定的缓刑适用条件的犯罪分子，可以适用缓刑，但是应当同时宣告禁止令，禁止在缓刑考验期限内从事食品生产、销售及相关活动。

（4）认定本罪时，应注意的问题：

①注意区分罪与非罪的界限。

第一，根据我国刑法第143条的规定，生产、销售不符合安全标准食品罪的主体在主观上是故意的，主观上是过失的人不构成本罪。

第二，生产、销售不符安全标准食品罪是危险犯，只要实施了生产、销售不符合安全标准行为，达到足以造成严重食物中毒事故或者其他严重食源性疾病的结果的，就可以构成犯罪。

②注意划清本罪与生产、销售有毒、有害食品罪的界限。本罪与刑法第144条规定的生产、销售有毒害食品罪在犯罪主体、犯罪对象都相似，容易混淆。这两种犯罪的主要区别点是：一是犯罪行为不同。本罪是生产、销售不符合安全标准食品的行为，是危险犯，相比较其主观恶性相对轻些。而生产、销售有毒、有害食品罪的犯罪行为是在生产、销售的食品中掺入有毒、有害的非食品原料的行为或者明知是掺入有毒有害食品而销售的行为，其明知故犯，主观恶性深。二是犯罪结果要件不同。本罪是危险犯，只有产生足以危害结果的才可以构成犯罪；而生产、销售有毒、有害食品罪是行为，只要实施了犯罪行为就可以构成犯罪。三是法定刑不同。本罪的法定最低刑是拘役，最高刑是无期徒刑；而生产、销售有毒、有害食品罪的法定刑的起刑点是有期徒刑，法定最高刑是死刑。由于上述两种犯罪的构成要件的三点不同，将两种犯罪区分开。

根据最高人民法院、最高人民检察院2013年5月4日《关于办理危害食品安全刑事案件适用法律若干问题的解释》第8条规定，在食品加工、销售、运输、贮存等过程中，违反食品安全标准，超限量或者超范围滥用食品添加剂，足以造成严重食物中毒事故或者其他食源性疫病的，依照刑法第143条的规定以生产、销售不符合安全标准的食品罪定罪处罚。

在食用农产品种植、养殖、销售、运输、贮存等过程中，违反食品安全标准，超限量或者超范围滥用食品添加剂、农药、兽药等，足以造成严重食物中毒事故或者其他食源性疫病的适用刑法第143条的规定以生产、销售不符合安全标准的食品罪定罪处罚。

上述司法解释第9条规定，在食品加工、销售、运输、贮存等过程中，掺入有毒、有害的非食品原料，或者使用有毒、有害非食品原料加工食品的，依照刑法第144条的规定以生产、销售有毒、有害食品罪定罪处罚。

在食用农产品种植、养殖、销售、运输、贮存等过程中，使用禁用农药、兽药等禁用物质或者其他有毒、有害物质的，适用刑法第144条的规定以生产、销售有毒、有害食品罪定罪处罚。在保健食品或者其他食品中非法添加国家禁用药物等有毒、有害物质的，适用第1款的规定定罪处罚。

③划清本罪与生产、销售不符合安全标准的产品罪的界限。本罪与刑法第146条规定的生产、销售不符合安全标准的产品罪的犯罪主体、犯罪行为都相似，容易混淆。这两种犯罪的主要区别有三点：

一是犯罪标的物不同。本罪生产、销售的标的物是不符合安全标准的食品，而生产、销售不符合安全标准产品罪的标的物是除食品以外的其他产品，包括不符合保障人身、财产安全的国家标准的电器、压力容器、易燃易爆产品等。

二是犯罪结果要件不同。本罪是危险犯，只要实施了生产、销售不符合安全标准食品，产生足以危害的"危险结果"的，即使是没有造成严重后果的也构成犯罪；而生产、销售不符合安全标准产品罪也是结果犯，但必须是对人体健康造成严重危害的结果才构成犯罪。由于上述两种犯罪的构成要件的两点不同，将两种犯罪区分开。

④注意认定生产、销售不符合安全标准食品罪共犯的认定。根据最高人民法院、最高人民检察院2013年5月4日《关于办理危害食品安全刑事案件适用法律若干问题的解释》第14条规定，"明知他人生产、销售不符合安全标准的食品、有毒、有害食品，具有下列情形之一的，以生产、销售不符合安全标准食品罪或生产、销售有毒、有害食品罪的共犯论处：（一）提供资金、货款、账号、发票、证明、许可证件的；（二）提供生产、经营场所或者运输、贮存、保管、邮寄、网络销售渠道等便利条件的；（三）提供生产技术或者食品原料、食品添加剂、食品相关产品的；（四）提供广告宣传的"。

⑤注意生产、销售不符合安全标准的食品行为的处罚。根据最高人民法院、最高人民检察院2013年5月4日《关于办理危害食品安全刑事案件适用法律若干问题的解释》第13条规定，生产、销售不符合安全标准的食品，有毒、有害食品，构成犯罪的，同时又构成其他犯罪的，依照处罚较重的规定定罪处罚。

生产、销售不符合安全标准的食品，无证据证明足以造成严重食物中毒事故或者其他严重食源性疾病，不构成生产、销售不符合安全标准的食品罪，但是构成生产、销售伪劣产品罪等其他犯罪的，依照其他犯罪定罪处罚。

（五）生产、销售有毒、有害食品罪

生产、销售有毒、有害食品罪是《刑法修正案（八）》第25条对刑法第144条规定的生产、销售有毒、有害食品罪量刑情节的修改。最高人民法院1997年12月9日、最高人民检察院1997年12月25日司法解释规定为"生产、销售有毒、有害食品罪"的罪名。

1. 刑法规定内容的修改

刑法条文中有关生产、销售有毒、有害食品罪的规定有：

（1）1997年刑法第144条规定："在生产、销售的食品中掺入有毒、有害的非食品原料的，或者销售明知掺有有毒、有害的非食品原料的食品的，处五年以下有期徒刑或者拘役,并处或者单处销售金额百分之五十以上二倍以下罚金;造成严重食物中毒事故或者其他严重食源性疾患,对人体健康造成严重危害的,处五年以上十年以下有期徒刑,并处销售金额百分之五十以上二倍以下罚金;致人死亡或者对人体健康造成特别严重危害的,依照本法第一百四十一条的规定处罚。"

(2) 2011年《刑法修正案(八)》第25条将刑法第144条修改为:"在生产、销售的食品中掺入有毒、有害的非食品原料的,或者销售明知掺有有毒、有害的非食品原料的食品的,处五年以下有期徒刑,并处罚金;对人体健康造成严重危害或者有其他严重情节的,处五年以上十年以下有期徒刑,并处罚金;致人死亡或者有其他特别严重情节的,依照本法第一百四十一条的规定处罚。"

上述《刑法修正案(八)》第25条对刑法第144条原规定的法定刑"处五年以下有期徒刑或者拘役,并处或者单处销售金额百分之五十以上二倍以下罚金"修改为"处五年以下有期徒刑,并处罚金";将"造成严重食物中毒事故或者其他严重食源性疾患,对人体健康造成严重危害的"修改为"对人体健康造成严重危害或者有其他严重情节的";将"致人死亡或者对人体健康造成特别严重危害的"修改为"致人死亡或者有其他特别严重情节的"。这种修改使量刑情节更概括,更能灵活地惩治生产、销售有毒、有害食品罪的犯罪分子,取消最低拘役刑,加大了惩罚的力度。

2. 刑法规定修改的原因

我国1979年刑法中没有单独规定生产、销售有毒、有害食品罪的规定,实践中,对于少数生产、销售有毒、有害食品,造成严重后果的行为,一般按投机倒把罪、重大责任事故罪、以危险方法危害公共安全罪等罪追究有关人员的刑事责任。1997年刑法第144条沿用了《关于惩治生产、销售伪劣商品犯罪的决定》中规定的生产、销售有毒、有害食品罪的规定。但是,经过十几年执法惩治,仍然出现了不少生产、销售有毒、有害食品犯罪行为,说明刑法原规定法定刑偏轻,惩罚的力度不够,例如,生产、销售有毒牛奶、有毒猪肉等行为屡禁不止。全国人大常委会在《刑法修正案(八)》中,将刑法第144条规定的法定刑的最低刑和量刑的情节作了补充修改。加大了惩治这种犯罪的力度。

3. 生产、销售有毒、有害食品罪的适用

生产、销售有毒、有害食品罪,是《刑法修正案(八)》第25条对刑法第144条原规定的生产、销售有毒、有害食品罪法定刑和量刑情节修改的犯罪,要准确适用就必须弄清该罪的概念、特征、法定刑,以及适用时应注意的问题。

（1）生产、销售有毒、有害食品罪的概念。该罪是指在生产、销售的食品中掺入有毒、有害的非食品原料的，或者销售明知是掺有有毒、有害的非食品原料的食品的行为。

该罪是食品生产、销售者为了谋取非法利润，故意在生产、销售的食品中掺入有毒有害的非食品原料，危害人体健康，或者明知是有毒、有害食品，不顾消费者的死活而加以销售的行为。这种犯罪的主体的主观恶性深，社会危害性严重，刑法规定起刑点为有期徒刑，最高法定刑为死刑。为了更严厉地惩罚这种犯罪分子，全国人大常委会在《刑法修正案（八）》中修改了法定刑，增了"有其他特别严重情节"的，也可以判处死刑。

（2）犯罪构成特征。根据刑法第144条和《刑法修正案（八）》第25条的规定，该罪的构成特征是：

①犯罪主体，是一般主体。达到法定年龄、具有刑事责任能力，实施了生产、销售有毒、有害食品犯罪行为的自然人和单位。单位犯本罪的主体是单位和单位的直接负责的主管人员和其他直接责任人员。犯罪主体主观上是故意的，多数是以营利为目的。

②犯罪行为，必须是实施生产、销售有毒、有害食品行为。具体表现有：

一是故意在生产、销售的食品中掺入有毒、有害的非食品原料的行为。例如，向糕点中加有毒的苏丹红，在牛奶中加入二噁英等行为。

二是明知是掺入有毒、有害食品而进行销售的行为。例如，销售明知是用甲醇代替乙醇勾兑的白酒，明知是含有瘦肉精的猪肉而进行销售的行为。

所谓有毒、有害的非食品原料，根据最高人民法院、最高人民检察院2013年5月4日《关于办理危害食品安全刑事案件适用法律若干问题的解释》第20条规定，"下列物质应当认定为'有毒、有害的非食品原料'：（一）法律、法规禁止在食品生产经营活动中添加、使用的物质；（二）国务院有关部门公布的《食品中可能违法添加的非食用物质名单》、《保健食品中可能非法添加的物质名单》上的物质；（三）国务院有关部门公告禁止使用的农药、兽药以及其他有毒、有害物质；（四）其他危害人体健康的物质"。

③犯罪结果，是行为犯。只要实施了在生产、销售的食品中掺与有毒、有害食品的行为，或者明知是掺入有毒、有害的食品而进行销售的行为，就可以构成犯罪。如果造成人体健康严重危害或者有其他严重情节的、致人死亡或者有其他特别严重情节的，要加重处罚。

（3）生产、销售有毒、有害食品罪的法定刑。根据刑法第144条的规定，该罪的法定刑是：

①犯本罪的，处5年以下有期徒刑，并处罚金。这里包括实施了生产、销

售有毒、有害食品，足以造成食物中毒事故或者其他食源性疾病的危害行为的"情节轻、情节一般、情节较重、情节重"等情形。

根据最高人民法院、最高人民检察院2013年5月4日《关于办理危害食品安全刑事案件适用法律若干问题的解释》第21条规定，"足以造成严重食物中毒事故或者其他严重食源性疾病"、"有毒、有害食品原料"难以确定的，司法机关可以根据检查报告并结合专家意见等相关材料进行认定。必要时，人民法院可以依法通知有关专家出庭说明。

②犯本罪，对人体健康造成严重危害或者有其他严重情节的，处5年以上10年以下有期徒刑。这里的"严重危害"和"其他严重情节"，根据最高人民法院、最高人民检察院2013年5月4日《关于办理危害食品安全刑事案件适用法律若干问题的解释》第5条规定，"生产、销售有毒、有害食品具有第二条规定情形之一的，应当认定为刑法第一百四十四条规定的'对人体健康造成严重危害'：（一）造成轻伤以上伤害的；（二）造成轻度残疾或者中度残疾的；（三）造成器官组织损伤导致一般功能障碍或者严重功能障碍的；（四）造成10人以上严重食物中毒或者其他严重食源性疾病的；（五）其他对人体健康造成严重危害的情形"。

上述司法解释第6条规定，"生产、销售有毒、有害物品，具有下列情形之一的，应当认定为刑法第一百四十四条规定的'其他严重情节'：（一）生产、销售金额20万元以上不满五十万元的；（二）生产、销售金额10万元以上不满20万元，有毒、有害食品的数量较大或者生产、销售持续时间较长的；（三）生产、销售金额10万元以上不满20万元，属于婴幼儿食品的；（四）生产、销售金额10万元以上不满20万元，一年以内曾因危害食品安全违法犯罪活动受过行政处罚或者刑事处罚的；（五）有毒、有害的非食品原料毒害性强或者含量高；（六）其他情节严重的情形"。

③犯本罪的，致人死亡或者有其他特别严重情节的，处10年以上有期徒刑、无期徒刑或者死刑，并处罚金或者没收财产。这里的"其他特别严重情节"，根据最高人民法院、最高人民检察院2013年5月4日《关于办理危害食品安全刑事案件适用法律若干问题的解释》第7条规定，"生产、销售有毒、有害食品，生产、销售金额五十万元以上或者有本解释第四条规定的情形之一的，应当认定为刑法第一百四十四条规定的'致人死亡或者有其他特别严重情节'"。

根据最高人民法院、最高人民检察院2013年5月4日《关于办理危害食品安全刑事案件适用法律若干问题的解释》第17条规定，"犯生产、销售不符合安全标准的食品罪，生产、销售有毒、有害食品罪，一般应当依法判处生产、销售金额二倍以上罚金"。

④单位犯本罪，对单位判处罚金，并对其直接负责的主管人员和其他直接责任人员依自然人犯本罪处罚规定处罚。

根据上述司法解释第18条规定，对犯本罪的犯罪分子应当依照刑法规定的条件严格适用缓刑、免予刑事处罚。根据犯罪事实、情节和悔罪表现，对于符合刑法规定的缓刑适用条件的犯罪分子，可以适用缓刑，但是应当同时宣告禁止令，禁止在缓刑考验期限内从事食品生产、销售及相关活动。

（4）认定本罪时，应注意的问题：

①区分罪与非罪的界限：

第一，根据我国刑法第144条的规定，生产、销售有毒、有害食品罪的主体在主观上是故意的，主观上是过失的人不构成本罪。

第二，生产、销售有毒、有害食品罪是行为犯，只要实施了生产、销售有毒、有害食品行为的，就可以构成犯罪。但是，依照刑法第13条规定，情节显著轻微危害不大的不认为是犯罪。

②注意划清本罪与生产、销售不符合安全标准食品罪的界限。本罪与刑法第143条规定的生产、销售不符合安全标准食品罪在犯罪主体、犯罪对象都相似，容易混淆。这两种犯罪的主要区别点是：一是犯罪行为不同。本罪是生产、销售有毒、有害食品的行为，是行为犯，相比较其主观恶性相对重些。而生产、销售不符合安全标准食品罪的犯罪行为是在生产、销售不符合安全标准的食品行为，其主观恶性相对轻些。二是犯罪结果要件不同。本罪是行为犯，只要生产、销售有毒食品行为就构成犯罪，而生产、销售有不符合安全标准食品罪是危险犯，必须有足以造成严重食物中毒事故的结果才能构成犯罪。三是法定刑不同。本罪的法定起刑点是有期徒刑，法定最高刑是死刑，而生产、销售不符合安全标准罪最低刑是拘役，最高刑是无期徒刑，由于上述两种犯罪的构成要件的三点不同，将两种犯罪区分开。

根据最高人民法院、最高人民检察院2013年5月4日《关于办理危害食品安全刑事案件适用法律若干问题的解释》第8条规定，在食品加工、销售、运输、贮存等过程中，违反食品安全标准，超限量或者超范围滥用食品添加剂，足以造成严重食物中毒事故或者其他食源性疾病的，依照刑法第143条的规定以生产、销售不符合安全标准的食品罪定罪处罚。

在食用农产品种植、养殖、销售、运输、贮存等过程中，违反食品安全标准，超限量或者超范围滥用食品添加剂、农药、兽药等，足以造成严重食物中毒事故或者其他食源性疾病的适用刑法第143条的规定以生产、销售不符合安全标准的食品罪定罪处罚。

上述司法解释第9条规定，在食品加工、销售、运输、贮存等过程中，掺入有毒、有害的非食品原料,或者使用有毒、有害非食品原料加工食品的,依照刑法第144条的规定以生产、销售有毒、有害食品罪定罪处罚。

在食用农产品种植、养殖、销售、运输、贮存等过程中,使用禁用农药、兽药等禁用物质或者其他有毒、有害物质的,适用刑法第144条的规定以生产、销售有毒、有害食品罪定罪处罚。在保健食品或者其他食品中非法添加国家禁用药物等有毒、有害物质的,适用前款的规定定罪处罚。

③注意认定生产、销售有毒、有害食品罪共犯的认定。根据最高人民法院、最高人民检察院2013年5月4日《关于办理危害食品安全刑事案件适用法律若干问题的解释》第14条规定,"明知他人生产、销售不符合安全标准的食品,有毒、有害食品,具有下列情形之一的,以生产、销售不符合安全标准食品罪或生产、销售有毒、有害食品罪的共犯论处:(一)提供资金、货款、账号、发票、证明、许可证件的;(二)提供生产、经营场所或者运输、贮存、保管、邮寄、网络销售渠道等便利条件的;(三)提供生产技术或者食品原料、食品添加剂、食品相关产品的;(四)提供广告宣传的"。

④注意生产、销售有毒、有害食品行为的处罚。根据最高人民法院、最高人民检察院2013年5月4日《关于办理危害食品安全刑事案件适用法律若干问题的解释》第13条规定,生产、销售不符合安全标准的食品,有毒、有害食品,构成犯罪的同时又构成其他犯罪的,依照处罚较重的规定定罪处罚。

(六)走私武器、弹药罪,走私核材料罪,走私假币罪

走私武器、弹药罪,走私核材料罪,走私假币罪,是《刑法修正案(八)》第26条对《刑法》第151条第1款规定的走私武器、弹药罪,走私核材料罪,走私假币罪量刑情节的修改。最高人民法院1997年12月9日、最高人民检察院1997年12月25日司法解释规定为上述三种具体走私罪名。《刑法修正案(八)》第26条对上述三种走私罪的法定刑作了修改。2015年8月29日《刑法修正案(九)》对刑法第151条第1款规定上述三罪的法定刑作了修改,取消了判处死刑的规定。本书对上述三种犯罪合并在一起进行分析。①

(七)走私文物罪,走私贵重金属罪,走私珍贵动物、珍贵动物制品罪

走私文物罪,走私贵重金属罪,走私珍贵动物、珍贵动物制品罪是《刑

---

① 详见本书第九章对此三种犯罪的分析。

法修正案（八）》第 26 条对刑法第 151 条第 2 款规定的走私文物罪，走私贵重金属罪，走私珍贵动物、珍贵动物制品罪三种罪量刑情节和法定刑的修改，取消了该三种罪可以判处死刑的规定。最高人民法院 1997 年 12 月 9 日、最高人民检察院 1997 年 12 月 25 日司法解释规定为上述三种具体走私罪名。《刑法修正案（八）》第 26 条对走私上述三种罪的法定刑作了修改。本书对上述三种罪合并在一起进行分析。

1. 刑法规定内容的修改

刑法条文中有关走私文物罪，走私贵重金属罪，走私珍贵动物、珍贵动物制品罪的规定有：

（1）1979 年刑法第 116 条规定："违反海关法规，进行走私，情节严重的，除按照海关法规没收走私物品并且可以罚款外，处三年以下有期徒刑或者拘役，可以并处没收财产。"

第 118 条规定："以走私、投机倒把为常业的，走私、投机倒把数额巨大的或者走私、投机倒把集团的首要分子，处三年以上十年以下有期徒刑，可以并处没收财产。"

（2）1997 年刑法第 151 条第 2 款规定："走私国家禁止出口的文物、黄金、白银和其他贵重金属或者国家禁止进出口的珍贵动物及其制品的，处五年以上有期徒刑，并处罚金；情节较轻的，处五年以下有期徒刑，并处罚金。"

刑法第 151 条第 4 款规定："犯第一款、第二款罪，情节特别严重的，处无期徒刑或者死刑，并处没收财产。"

刑法第 151 条第 5 款规定："单位犯本条规定之罪的，对单位判处罚金，并对其直接负责的主管人员和其他直接责任人员，依照本条各款的规定处罚。"

（3）2011 年《刑法修正案（八）》第 26 条对刑法第 151 条第 2 款修改为："走私国家禁止出口的文物、黄金、白银和其他贵重金属或者国家禁止进出口的珍贵动物及其制品的，处五年以上十年以下有期徒刑，并处罚金；情节特别严重的，处十年以上有期徒刑或者无期徒刑，并处没收财产；情节较轻的，处五年以下有期徒刑，并处罚金。"

上述《刑法修正案（八）》第 26 条对刑法第 151 条第 2 款原规定的走私文物罪，走私贵重金属罪，走私珍贵动物、珍贵动物制品罪的法定刑调整为"处五年以上十年以下有期徒刑，并处罚金；情节特别严重的，处十年以上有期徒刑或者无期徒刑，并处没收财产"，取消判处死刑的规定。

2. 刑法规定修改的原因

我国 1979 年刑法第 116 条、第 118 条对走私罪作了规定，当时，我国走私行为不很严重，所以规定的法定刑较轻，最低刑是拘役，最高刑为10年有期徒刑。1979年刑法沿用《关于惩治走私罪的补充规定》的规定，将走私毒品行为规定在刑法分则第六章第七节走私、贩卖、运输、制造毒品罪中，将走私其他货物、物品按走私特殊货物、物品和普通货物、物品规定在走私一类犯罪中。走私文物罪，走私贵重金属罪，走私珍贵动物、珍贵动物制品罪规定了较重的法定刑，最低法定刑为有期徒刑，最高法定刑为死刑。根据当前改革开放和我国加入世界贸易组织，对有些走私犯罪，刑法规定的法定刑较重，有些犯罪可以不判处死刑。因此，需要对法定刑从轻调整。全国人大常委会在《刑法修正案（八）》中，将刑法第151条第2款中规定的走私文物罪，走私贵重金属罪，走私珍贵动物、珍贵动物制品罪的法定刑作了调整，并取消了上述三种罪可以判处死刑的规定。

3. 走私文物罪，走私贵重金属罪，走私珍贵动物、珍贵动物制品罪的适用

走私文物罪，走私贵重金属罪，走私珍贵动物、珍贵动物制品罪，是《刑法修正案（八）》第26条对刑法第151条第2款原规定的走私文物罪，走私贵重金属罪，走私珍贵动物、珍贵动物制品罪修改的犯罪，要准确适用就必须弄清该罪的概念、特征、法定刑，以及适用时应注意的问题。

（1）走私文物罪，走私贵重金属罪，走私珍贵动物、珍贵动物制品罪的概念。该三种罪是指违反海关法规定，非法运输、携带、邮寄走私文物、贵重金属、珍贵动物、珍贵动物制品进出国（边）境，逃避海关、边关监督、检查的行为。

文物、贵重金属、珍贵动物、珍贵动物制品都是国家的宝贵财富，是国家禁止进出国（边）境。走私上述特殊物品，是一种严重危害社会管理秩序，具有严重社会危害性。我国刑法将走私文物、贵重金属、珍贵动物、珍贵动物制品的行为规定为独立的三种罪名，最低处有期徒刑，最高处无期徒刑，并处没收财产。

（2）犯罪构成特征。根据刑法第151条第2款和《刑法修正案（八）》第26条的规定，该罪的构成特征是：

①犯罪主体，是一般主体。达到法定年龄，具有刑事责任能力，实施了走私文物、贵重金属、珍贵动物、珍贵动物制品犯罪行为的自然人和单位。单位犯本罪的主体是单位和单位的直接负责的主管人员和其他直接责任人员。犯罪主体主观上是故意的，多数是以营利为目的。

根据最高人民法院、最高人民检察院2014年9月10日《关于办理走私刑事案件适用法律若干问题的解释》第9条第3款规定，不以牟利为目的，为留

作纪念而走私珍贵动物制品进境,数额不满10万元的,可以免予刑事处罚;情节显著轻微的,不作为犯罪处罚。

②犯罪行为,必须是实施了走私文物,贵重金属,珍贵动物、珍贵动物制品的行为。具体表现有:

一是故意不经过海关、边防检查站,非法运输、携带走私文物,贵重金属,珍贵动物、珍贵动物制品进出国(边)境的行为。

二是通过海关、边防检查站,但采取伪装、藏匿、谎报等方法逃避海关监督、检查、检验而运输、携带文物、贵重金属、珍贵动物、珍贵动物制品进出国(边)境的行为。

根据最高人民法院、最高人民检察院2014年9月10日《关于办理走私刑事案件适用法律若干问题的解释》第10条规定,刑法第151条第2款规定的"珍贵动物",包括列入《国家重点保护野生动物名录》中的国家一、二级保护野生动物,《濒危野生动植物种国际贸易公约》附录Ⅰ、附录Ⅱ中的野生动物,以及驯养繁殖的上述动物。走私本解释附表中规定的珍贵动物的,参照附表中规定的同属或者同科动物的数量标准执行。走私本解释附表中未规定珍贵动物的制品的,按照最高人民法院、最高人民检察院、国家林业局、公安部、海关总署《关于破坏野生动物资源刑事案件中涉及CITES附录Ⅰ和附录Ⅱ所列陆生野生动物制品价值核定问题的通知》(林濒发〔2012〕239号)的有关规定核定价值。

本解释规定的"古生物化石",按照《古生物化石保护条例》的规定予以认定。走私具有科学价值的古脊椎动物化石、古人类化石,构成犯罪的,依照刑法第151条第2款的规定,以走私文物罪定罪处罚。

③犯罪结果,是行为犯。只要实施了走私文物、贵重金属、珍贵动物、珍贵动物制品的行为就可以构成犯罪。走私上述特殊物品情节特别严重的,适用加重法定刑,最高可判处无期徒刑。

根据最高人民法院、最高人民检察院2016年1月1日起施行的《关于办理妨害文物管理等刑事案件适用法律若干问题的解释》第1条规定,"刑法第一百五十一条规定的'国家禁止出口的文物',依照《中华人民共和国文物保护法》规定的'国家禁止出境的文物'的范围认定。走私国家禁止出口的二级文物的,应当依照刑法第一百五十一条第二款的规定,以走私文物罪处五年以上十年以下有期徒刑并处罚金;走私国家禁止出口的一级文物的,应当认定为刑法第一百五十一条第二款规定的'情节特别严重';走私国家禁止出口的三级文物的,应当认定为刑法第一百五十一条第二款规定的'情节较轻'。走私国家禁止出口的文物,无法确定文物等级,或者按照文物等级定罪量刑明显过轻或者过重的，可以按照走私的文物价值定罪量刑。走私的文物价值在二十万元以上不满一百万元的，应当依照刑法第一百五十一条第二款的规定，以走私文物罪处五年以上十年以下有期徒刑，并处罚金；文物价值在一百万元以上的，应当认定为刑法第一百五十一条第二款规定的'情节特别严重'；文物价值在五万元以上不满二十万元的，应当认定为刑法第一百五十一条第二款规定的'情节较轻'"。

（3）走私文物罪，走私贵重金属罪，走私珍贵动物、珍贵动物制品罪的法定刑。根据刑法第151条第2款的规定，该罪的法定刑是：

①犯本罪的，处5年以上10年以下有期徒刑，并处罚金，即情节一般、情节严重的，首选处5年以上10年以下有期徒刑的法定刑。

根据最高人民法院、最高人民检察院2014年9月10日《关于办理走私刑事案件适用法律若干问题的解释》第9条第2款规定，"具有下列情形之一的，依照刑法第一百五十一条第二款规定的处五年以上十年以下有期徒刑，并处罚金：（一）走私国家一、二级保护动物达到本解释附表中（一）规定的数量标准的；（二）走私珍贵动物制品价值二十万元以上不满一百万元的；（三）走私国家一、二级保护动物达到本解释附表中（一）规定的数量标准，但具有造成珍贵动物死亡或者无法追回等情节的"。

②犯本罪，情节特别严重的，处10年以上有期徒刑或者无期徒刑，并处没收财产。

根据最高人民法院、最高人民检察院2014年9月10日《关于办理走私刑事案件适用法律若干问题的解释》第9条第3款规定，"具有下列情形之一的，应当认定为刑法第一百五十一条第二款规定的'情节特别严重'：（一）走私国家一、二级保护动物达到本解释附表中（二）规定的数量标准的；（二）走私珍贵动物制品价值一百万元以上的；（三）走私国家一、二级保护动物达到本解释附表中（一）规定的数量标准，且属于犯罪集团的首要分子或者使用特种车进行走私活动，或者造成该珍贵动物死亡、无法追回等情形的"。

③情节较轻的，处5年以下有期徒刑，并处罚金。

根据最高人民法院、最高人民检察院2014年9月10日《关于办理走私刑事案件适用法律若干问题的解释》第9条第1款规定，走私国家一、二级保护动物，未达到本解释附表中（一）规定的数量标准，或者走私珍贵动物制品数额不满20万元的，可以认定为刑法第151条第2款规定的"情节较轻"。

④单位犯本罪的，对单位判处罚金，并对其直接负责的主管人员和其他直接责任人员依照自然人犯本罪处罚规定处罚。

(4) 认定本罪时，应注意的问题：

①区分罪与非罪的界限。

第一，根据我国刑法第151条第2款规定，走私文物，走私贵重金属罪，走私珍贵动物、珍贵动物制品罪的主体在主观上是故意的，主观上是过失的人不构成本罪。

第二，走私文物、贵重金属、珍贵动物、珍贵动物制品罪是行为犯，只要实施了走私上述物品行为的就构成犯罪。但是依照刑法第13条规定，情节显著轻微危害不大的，不认为是犯罪。

②注意正确认定走私文物、贵重金属、珍贵动物、珍贵动物制品罪的既遂。根据最高人民法院、最高人民检察院2014年9月10日《关于办理走私刑事案件适用法律若干问题的解释》第23条的规定，"实施走私犯罪，具有下列情形之一的，应当认定为犯罪既遂：（一）在海关监管现场被查获的；（二）以虚假申报的方式走私、申报行为实施完毕的；（三）以保税货物或者特定减税、免税进口的货物、物品为对象走私，在境内销售的，或者申请核销行为实施完毕的"。

③注意走私罪的数罪并罚。刑法第151条第2款规定的走私文物罪，走私贵重金属罪，珍贵动物、珍贵动物制品罪是三种独立罪名，不是选择罪名。如果犯罪分子既走私文物，又走私贵重金属和珍贵动物、珍贵动物制品，应分别定为：走私文物罪，走私贵重金属罪，走私珍贵动物、珍贵动物制品罪，应分别定罪，进行数罪并罚。但犯罪分子既走私了珍贵动物，也走私了珍贵动物制品的行为，只定为走私珍贵动物、珍贵动物制品罪一种罪，不能定为走私动物罪和走私珍贵动物制品罪数罪并罚。如果犯罪分子只走私了珍贵动物或者只走私了珍贵动物制品的行为，则可选择只定为走私珍贵动物罪或者只定为走私珍贵动物制品罪。

（八）走私国家禁止进出口货物、物品罪

走私国家禁止进出口货物、物品罪，是《刑法修正案（八）》第26条对刑法第151条第3款规定的走私国家禁止进出口货物、物品罪的量刑情节和法定刑的修改。最高人民法院1997年12月9日、最高人民检察院1997年12月25日司法解释规定为走私珍稀植物、珍稀植物制品罪的罪名，《刑法修正案（七）》增加规定走私国家禁止进出口的其他货物、物品的犯罪行为，2009年10月16日最高人民法院、最高人民检察院的《关于执行〈中华人民共和国刑法〉确定罪名的补充规定（四）》中取消了"走私珍稀植物、珍稀植物制品罪"的罪名，修改为"走私国家禁止进出口货物、物品罪"的罪名。《刑法修

正案（八）》第 26 条对走私国家禁止进出口货物、物品罪的法定刑作了修改。

1. 刑法规定内容的修改

刑法条文中有关走私国家禁止进出口货物、物品罪的规定有：

（1）1979 年刑法第 116 条规定："违反海关法规，进行走私，情节严重的，除按照海关法规没收走私物品并且可以罚款外，处三年以下有期徒刑或者拘役，可以并处没收财产。"

1979 年刑法第 118 条规定："以走私、投机倒把为常业的，走私、投机倒把数额巨大的或者走私、投机倒把集团的首要分子，处三年以上十年以下有期徒刑，可以并处没收财产。"

（2）1997 年刑法第 151 条第 3 款规定："走私国家禁止进出口的珍稀植物及其制品的，处五年以下有期徒刑，并处或者单处罚金；情节严重的，处五年以上有期徒刑，并处罚金。"

刑法第 151 条第 5 款规定："单位犯本条规定之罪的，对单位判处罚金，并对其直接负责的主管人员和其他直接责任人员，依照本条各款的规定处罚。"

（3）2011 年《刑法修正案（八）》第 26 条将刑法第 151 条第 3 款修改为："走私珍稀植物及其制品等国家禁止进出口的其他货物、物品的，处五年以下有期徒刑或者拘役，并处或者单处罚金；情节严重的，处五年以上有期徒刑，并处罚金。"

上述《刑法修正案（八）》第 26 条对刑法第 151 条第 3 款原规定的"处五年以下有期徒刑，并处或者单处罚金"修改为"处五年以下有期徒刑或者拘役"，增加了最低处拘役刑的规定，减轻了对这种犯罪的处罚力度。

2. 刑法规定修改的原因

我国 1979 年刑法第 116 条、第 118 条对走私罪作了规定，当时我国走私行为不很严重，所以规定的法定刑较轻，最低刑是拘役，最高刑是 10 年有期徒刑。1979 年刑法沿用《关于惩治走私罪的补充规定》的规定，将走私毒品行为规定在刑法分则第六章第七节走私、贩卖、运输、制造毒品罪中，将走私其他货物、物品按走私特殊货物、物品和普通货物、物品规定在走私一类犯罪中。走私珍稀植物、珍稀植物制品等特殊货物、物品罪规定较重的法定刑。《刑法修正案（七）》增加规定了走私国家禁止进出口的其他货物、物品的犯罪行为，最高人民法院、最高人民检察院司法解释确定新罪名为"走私国家禁止进出口货物、物品罪"。当时规定该罪的最低法定刑仍为有期徒刑。根据当前改革开放和我国加入世贸组织，该罪的法定刑较重，全国人大常委会在《刑法修正案（八）》中，将刑法第 151 条第 3 款中规定的走私国家禁止进出口货物、物品罪的法定刑由有期徒刑改为拘役，减轻了对该罪的处罚力度。

3. 走私国家禁止进出口货物、物品罪的适用

走私国家禁止进出口货物、物品罪，是《刑法修正案（八）》第26条对刑法第151条第3款原规定的走私国家禁止进出口货物、物品罪修改的犯罪，要准确适用就必须弄清该罪的概念、特征、法定刑，以及适用时应注意的问题。

（1）走私国家禁止进出口货物、物品罪的概念。该罪是指违反海关法规定，非法运输、携带、邮寄走私珍稀植物、珍稀植物制品等国家禁止进出口的货物、物品进出国（边）境，逃避海关、边关监督、检查的行为。

珍稀植物、珍稀植物制品等国家禁止出口的其他货物、物品都是国家的宝贵财富，国家禁止进出国（边）境。走私上述国家禁止出口的货物、物品，是一种严重危害社会管理秩序的行为，具有严重社会危害性。我国刑法将走私珍稀植物、珍稀植物制品、国家禁止进出口的其他货物、物品的行为规定为独立的罪名，最低处拘役，最高处15年有期徒刑，并处罚金。

（2）犯罪构成特征。根据刑法第151条第3款和《刑法修正案（八）》第26条的规定，该罪的构成特征是：

①犯罪主体，是一般主体。达到法定年龄，具有刑事责任能力，实施了走私珍稀植物、珍稀植物制品、国家禁止进出口的其他货物、物品的犯罪行为的自然人和单位。单位犯本罪的主体是单位和单位的直接负责的主管人员和其他直接责任人员。犯罪主体主观上是故意的，多数是以营利为目的。

②犯罪行为，必须是实施了走私珍稀植物、珍稀植物制品、国家禁止进出口的其他货物、物品的行为。具体表现有：

一是故意不经过海关、边防检查站，非法运输、携带走私珍稀植物、珍稀植物制品、国家禁止进出口的其他货物、物品进出国（边）境的行为。

二是通过海关、边防检查站，但采取伪装、藏匿、谎报等方法逃避海关监督、检查、检验而运输、携带珍稀植物、珍稀植物制品、国家禁止进出口的其他货物、物品进出国（边）境的行为。

根据最高人民法院、最高人民检察院2014年9月10日《关于办理走私刑事案件适用法律若干问题的解释》第12条规定，刑法第151条第3款规定的"珍稀植物"，包括列入《国家重点保护野生植物名录》、《国家重点保护野生药材物种名录》、《国家珍贵树种名录》中的国家一、二级保护野生植物、国家重点保护的野生药材、珍贵树木，《濒危野生动植物种国际贸易公约》附录Ⅰ、附录Ⅱ中的野生植物，以及人工培育的上述植物。

③犯罪结果，是行为犯。只要实施了走私珍稀植物、珍稀植物制品、国家

禁止进出口的其他货物、物品的行为就可以构成犯罪。走私上述特殊物品情节严重的适用加重法定刑，最高可判处 15 年有期徒刑。

（3）走私国家禁止进出口货物、物品罪的法定刑。根据刑法第 151 条第 3 款的规定，该罪的法定刑是：

①犯本罪的，处 5 年以下有期徒刑或者拘役，并处或者单处罚金。

根据最高人民法院、最高人民检察院 2014 年 9 月 10 日《关于办理走私刑事案件适用法律若干问题的解释》第 11 条第 1 款规定，"走私国家禁止进出口的货物、物品，具有下列情形之一的，依照刑法第一百五十一条第三款规定的处五年以下有期徒刑或者拘役，并处或者单处罚金：（一）走私国家一级保护野生植物五株以上不满二十五株，国家二级保护野生植物十株以上不满五十株，或者珍稀植物制品数额在二十万元以上不满一百万元的；（二）走私重点保护古生物化石或者未命名的古生物化石不满十件，或者一般保护古生物化石十件以上不满五十件的；（三）走私禁止进出口的有毒物质一吨以上不满五吨，或者数额在二万元以上不满十万元的；（四）走私来自境外疫区的动植物及其产品五吨以上不满二十五吨，或者在五万元以上不满二十五万元的；（五）走私木炭、硅砂等妨害环境、资源保护的货物、物品十吨以上不满五十吨，或者数额在十万元以上不满五十万元的；（六）走私旧机动车、切割车、旧机电产品或者其他禁止进出口的货物、物品二十吨以上不满一百吨，或者数额在二十万元以上不满一百万元的；（七）数量或者数额未达到本款第一项至第六项规定的标准，但属于犯罪集团的首要分子，使用特种车辆从事走私活动，造成环境严重污染，或者引起甲类传染病传播、重大动植物疫情等情形的"。

②犯本罪，情节严重的，处 5 年以上有期徒刑，并处罚金。

根据最高人民法院、最高人民检察院 2014 年 9 月 10 日《关于办理走私刑事案件适用法律若干问题的解释》第 11 条第 2 款规定，"具有下列情形之一的，应当认定为刑法第一百五十一条第三款规定的'情节严重'：（一）走私数量或者数额超过前款第一项至第六项规定的标准的；（二）达到前款第一项至第六项规定的标准，且属于犯罪集团的首要分子，使用特种车辆从事走私活动，造成环境严重污染，或者引起甲类传染病传播、重大动植物疫情等情形的"。

③单位犯本罪的，对单位判处罚金，并对其直接负责的主管人员和其他直接责任人员依自然人犯本罪处罚规定处罚。

（4）认定本罪时，应注意的问题：

①注意区分罪与非罪的界限。

第一,根据我国刑法第151条第3款规定走私国家禁止进出口货物、物品罪的主体在主观上是故意的,主观上是过失的人不构成本罪。

第二,走私国家禁止进出口货物、物品罪是行为犯,只要实施了走私上述国家禁止进出口货物、物品行为的就构成犯罪。但是,依照刑法第13条规定,情节显著轻微危害不大的,不认为是犯罪。

②注意正确认定走私国家禁止进出口货物、物品罪的既遂。根据最高人民法院、最高人民检察院2014年9月10日《关于办理走私刑事案件适用法律若干问题的解释》第23条规定,"实施走私犯罪,具有下列情形之一的,应当认定为犯罪既遂:(一)在海关监管现场被查获的;(二)以虚假申报的方式走私、申报行为实施完毕的;(三)以保税货物或者特定减税、免税进口的货物、物品为对象走私,在境内销售的,或者申请核销行为实施完毕的"。

③注意划清本罪与走私文物、贵重金属、珍贵动物、珍贵动物制品罪的界限。我国刑法第151条第2款规定有走私文物、贵重金属、珍贵动物、珍贵动物制品罪的走私对象是文物、贵重金属、珍贵动物、珍贵动物制品。而本罪走私的对象是国家禁止或限制进出口的货物、物品和珍贵、珍稀植物及其制品,二罪的犯罪主体、犯罪行为、犯罪结果相似,容易混淆。主要区别是走私的对象不同,刑法根据走私对象的不同,对社会的危害程度不同,分别规定为独立的罪名和法定刑。

根据最高人民法院、最高人民检察院2014年9月10日《关于办理走私刑事案件适用法律若干问题的解释》第12条第2款规定,本解释规定的"古生物化石",按照《古生物化石保护条例》的规定予以认定。走私一般"古生物化石",认定为本罪,而走私具有科学价值的古脊椎动物化石、古人类化石,构成犯罪的,依照刑法第151条第2款的规定,以走私文物罪定罪处罚。

④注意划清本罪与走私淫秽物品罪、走私废物罪的界限。我国刑法第152条规定有走私淫秽物品罪、走私废物罪。这两种犯罪也是走私国家禁止或限制进出口的货物、物品,与本罪的犯罪主体、犯罪行为、犯罪结果相似,容易混淆。主要区别是走私的对象不同,刑法根据走私对象的不同,对社会的危害程度不同,分别规定为独立的罪名和法定刑。在适用时应单定罪名和适用单独规定的法定刑。不能以走私国家禁止进出口的其他的货物、物品而认定为本罪。

(九)走私普通货物、物品罪

走私普通货物、物品罪是《刑法修正案(八)》第27条对刑法第153条第1款规定的走私普通货物、物品罪量刑情节和法定刑的修改。最高人民法院

1997 年 12 月 9 日、最高人民检察院 1997 年 12 月 25 日司法解释规定为"走私普通货物、物品罪"的罪名。

1. 刑法规定内容的修改

刑法条文中有关走私普通货物、物品罪的规定有:

(1) 1979 年刑法第 116 条规定:"违反海关法规,进行走私,情节严重的,除按照海关法规没收走私物品并且可以罚款外,处三年以下有期徒刑或者拘役,可以并处没收财产。"

1979 年刑法第 118 条规定:"以走私、投机倒把为常业的,走私、投机倒把数额巨大的或者走私、投机倒把集团的首要分子,处三年以上十年以下有期徒刑,可以并处没收财产。"

(2) 1997 年刑法第 153 条规定:"走私本法第一百五十一条、第一百五十二条、第三百四十七条规定以外的货物、物品的,根据情节轻重,分别依照下列规定处罚:(一)走私货物、物品偷逃应缴税额在五十万元以上的,处十年以上有期徒刑或者无期徒刑,并处偷逃应缴税额一倍以上五倍以下罚金或者没收财产;情节特别严重的,依照本法第一百五十一条第四款的规定处罚。(二)走私货物、物品偷逃应缴税额在十五万元以上不满五十万元的,处三年以上十年以下有期徒刑,并处偷逃应缴税额一倍以上五倍以下罚金;情节特别严重的,处十年以上有期徒刑或者无期徒刑,并处偷逃应缴税额一倍以上五倍以下罚金或者没收财产。(三)走私货物、物品偷逃应缴税额在五万元以上不满十五万元的,处三年以下有期徒刑或者拘役,并处偷逃应缴税额一倍以上五倍以下罚金。

"单位犯前款罪的,对单位判处罚金,并对其直接负责的主管人员和其他直接责任人员,处三年以下有期徒刑或者拘役;情节严重的,处三年以上十年以下有期徒刑;情节特别严重的,处十年以上有期徒刑。

"对多次走私未经处理的,按照累计走私货物、物品的偷逃应缴税额处罚。"

(3) 2011 年《刑法修正案(八)》第 27 条将刑法第 153 条第 1 款修改为:"走私本法第一百五十一条、第一百五十二条、第三百四十七条规定以外的货物、物品的,根据情节轻重,分别依照下列规定处罚:(一)走私货物、物品偷逃应缴税额较大或者一年内曾因走私被给予二次行政处罚后又走私的,处三年以下有期徒刑或者拘役,并处偷逃应缴税额一倍以上五倍以下罚金。(二)走私货物、物品偷逃应缴税额巨大或者有其他严重情节的,处三年以上十年以下有期徒刑,并处偷逃应缴税额一倍以上五倍以下罚金。(三)走私货物、物品偷逃应缴税额特别巨大或者有其他特别严重情节的,处十年以上有期徒刑或者无期徒刑,并处偷逃应缴税额一倍以上五倍以下罚金或者没收财产。"

上述《刑法修正案(八)》第 26 条对刑法第 153 条第 1 款原规定的处罚具体偷逃应税数额规定修改为抽象的"数额较大"、"数额巨大"、"数额特别巨大",增加了"一年内曾因走私被给予二次行政处罚后又走私的"构成犯罪条件;取消了走私普通货物、物品罪可以判处死刑的规定。

2. 刑法规定修改的原因

我国 1979 年刑法第 116 条、第 118 条对走私罪作了规定,当时我国走私行为不很严重,所以规定的法定刑较轻,最低刑是拘役,最高刑是 10 年有期徒刑。1979 年刑法沿用《关于惩治走私罪的补充规定》的规定,将走私毒品行为规定在刑法分则第六章第七节走私、贩卖、运输、制造毒品罪中,将走私普通货物、物品罪规定在走私一类犯罪中。走私普通货物、物品罪的法定刑轻重主要是以偷逃应缴税款具体数额多少为依据。将偷逃应缴税额在 5 万元以上不满 15 万元的,为构成犯罪的数额,将偷逃应缴税额在 50 万元以上的,作为加重处无期徒刑或者死刑的数额基础。司法实践中,感到以偷逃应缴税具体数额为依据不灵活,及不能适应走私犯罪形势的变化的需要,特别是在我国加入世界贸易组织,国际贸易增多的情况下,走私数量减少,对走私普通货物、物品的犯罪应当处刑轻些。由此,全国人大常委会在《刑法修正案(八)》中,将刑法第 153 条第 1 款中规定的走私普通货物、物品罪的定罪依据偷逃税具体数额,改为抽象的数额较大、数额巨大、数额特别巨大,具体由司法机关根据走私犯罪的情况进行司法解释,并取消了走私普通货物、物品罪,可以判处死刑的规定,减轻了对这种犯罪的处罚力度。

3. 走私普通货物、物品罪的适用

走私普通货物、物品罪是《刑法修正案(八)》第 27 条对刑法第 153 条第 1 款原规定的走私普通货物、物品罪修改的犯罪,要准确适用就必须弄清该罪的概念、特征、法定刑,以及适用时应注意的问题。

(1) 走私普通货物、物品罪的概念。该罪是指违反海关法规定,非法运输、携带、邮寄走私普通货物、物品罪进出国(边)境,逃避海关、边关监督、检查,偷逃应缴税数额较大或者情节严重的行为。

我国实行海关管制,凡是进出货物、物品都必须报关,经海关监管、检查,缴纳应缴税款才能通过关口出入境。根据我国有关法律规定,有些货物、物品国家禁止进出口,如武器、弹药、核材料、伪造的货币等;有的限制进出口,如废品等;有的可以进出口,但必须交纳进出口关税。我国刑法在第 151 条、第 152 条和第 347 条、第 350 条中将走私特殊货物、物品犯罪行为作了专门规定。除走私特殊物品以外，走私其他货物、物品的犯罪行为，按照刑法第153条规定的走私普通货物、物品罪定罪处罚，最低处拘役，最高处无期徒刑。

（2）犯罪构成特征。根据刑法第153条第1款和《刑法修正案（八）》第27条的规定，该罪的构成特征是：

①犯罪主体，是一般主体。达到法定年龄、具有刑事责任能力，实施了走私普通货物、物品犯罪行为的自然人和单位。单位犯本罪的主体是单位和单位的直接负责的主管人员和其他直接责任人员。犯罪主体主观上是故意的，故意偷逃应纳税款，多数是以营利为目的。

②犯罪行为，必须是实施了走私普通货物、物品犯罪的行为。具体表现有：

一是故意不经过海关、边防检查站，非法运输、携带走私普通货物、物品进出国（边）境，偷逃应缴税款的行为。

二是通过海关、边防检查站，但采取伪装、藏匿、谎报等方法逃避海关监督、检查、检验而运输、携带普通货物、物品进出国（边）境，偷逃应缴税款的行为。

③犯罪结果，是结果犯。实施了走私普通货物、物品，偷逃应缴税款数额较大或者一年内曾因走私被给予二次行政处罚后又走私普通货物、物品的行为，才可以构成犯罪。走私普通货物、物品偷逃应缴税款数额巨大或者其他情节特别严重的适用加重法定刑，最高可判处无期徒刑。

根据最高人民法院、最高人民检察院2014年9月10日《关于办理走私刑事案件适用法律若干问题的解释》第16条规定，走私普通货物、物品，偷逃应缴税款在10万元以上不满50万元的，应当认定为刑法第153条第1款规定的"偷逃应缴税额较大"；偷逃应缴税额在50万元以上不满250万元的，应当认定为"偷逃应缴税额巨大"；偷逃应缴税额在250万元以上的，应当认定为"偷逃应缴税额特别巨大"。

（3）走私普通货物、物品罪的法定刑。根据刑法第153条第1款的规定，该罪的法定刑是：

①犯本罪，偷逃应缴税款数额较大或者一年内曾因走私被给予二次行政处罚后又走私普通货物、物品的，处3年以下有期徒刑或者拘役，并处偷逃应缴税额1倍以上5倍以下罚金，即走私普通货物、物品偷逃应缴税额较大的或者一年内曾因走私被给予二次行政处罚后又走私普通货物、物品的行为的，首选处3年以下有期徒刑的或者拘役的法定刑。

根据最高人民法院、最高人民检察院2014年9月10日《关于办理走私刑事案件适用法律若干问题的解释》第 17 条规定，刑法第 153 条第 1 款规定的"一年以内因走私给予二次行政处罚后又走私"中的"一年以内"，以因走私第一次受到行政处罚的生效之日与"又走私"行为实施之日的时间间隔计算确定；"被给予二次行政处罚"的走私行为，包括走私普通货物、物品以及其他货物、物品；"又走私"行为仅指走私普通货物、物品。

该解释第 18 条规定，刑法第 153 条规定的"应缴税额"，包括进出口货物、物品应当缴纳的进出口关税和进出口环节海关代征税的税额。应缴税额以走私行为实施时的税则、税率、汇率和完税价格计算；多次走私的，以每次走私行为实施时的税则、税率和完税价格逐票计算；走私行为实施时间不能确定的，以案发时的税则、税率、汇率和完税价格计算。"多次走私未经处理"，包括未经行政处理和刑事处理。

②犯本罪，偷逃应缴税额巨大或者有其他严重情节的，处 3 年以上 10 年以下有期徒刑，并处偷逃应缴税额 1 倍以上 5 倍以下罚金。

根据最高人民法院、最高人民检察院 2014 年 9 月 10 日《关于办理走私刑事案件适用法律若干问题的解释》第 16 条第 2 款规定，走私普通货物、物品，具有下列情形之一，偷逃应缴税额在 30 万元以上不满 50 万元的，应当认定为刑法第 153 条第 1 款规定的"其他严重情节"：犯罪集团首要分子；使用特种车辆从事走私活动的；为实施走私犯罪，向国家机关工作人员行贿的；教唆、利用未成年人、孕妇等特殊人群走私的；聚众阻挠缉私的。

③犯本罪，偷逃应缴税额特别巨大或者有其他特别严重情节的，处 10 年以上有期徒刑或者无期徒刑，并处偷逃应缴税额 1 倍以上 5 倍以下罚金或者没收财产。

根据最高人民法院、最高人民检察院 2014 年 9 月 10 日《关于办理走私刑事案件适用法律若干问题的解释》第 16 条第 2 款规定，走私普通货物、物品，具有下列情形之一，偷逃应缴税额在 150 万元以上不满 250 万元的，应当认定为刑法第 153 条第 1 款规定的"其他特别严重情节"：犯罪集团首要分子；使用特种车辆从事走私活动的；为实施走私犯罪，向国家机关工作人员行贿的；教唆、利用未成年人、孕妇等特殊人群走私的；聚众阻挠缉私的。

④单位犯本罪的，对单位判处罚金，并对其直接负责的主管人员和其他直接责任人员，处 3 年以下有期徒刑或者拘役；情节严重的，处 3 年以上 10 年以下有期徒刑；情节特别严重的，处 10 年以上有期徒刑。

根据最高人民法院、最高人民检察院 2014 年 9 月 10 日《关于办理走私刑事案件适用法律若干问题的解释》第 24 条第 2 款规定，走私普通货物、物品罪，偷逃应缴税额在 20 万元以上不满 100 万元的，应当依照刑法第 153 条第 2

款的规定对单位判处罚金，并对其直接负责的主管人员和其他直接责任人员，处3年以下有期徒刑或者拘役；偷逃应缴税额在100万元以上不满500万元的，应当认定为"其他特别严重情节"；偷逃应缴税额在500万元以上的，应当认定为"情节特别严重"。

（4）认定本罪时，应注意的问题：

①区分罪与非罪的界限。

第一，根据我国刑法第153条第1款规定，走私普通货物、物品罪的主体在主观上是故意的，主观上是过失的人不构成本罪。

第二，走私普通货物、物品罪是结果犯，必须达到偷逃应缴税数额较大的或者或者一年内曾因走私被给予二次行政处罚后又走私普通货物、物品的行为，才可以构成犯罪，达不到上述结果的，不构成犯罪。

②注意正确认定走私国家禁止进出口货物、物品罪的既遂。根据最高人民法院、最高人民检察院2014年9月10日《关于办理走私刑事案件适用法律若干问题的解释》第23条规定，"实施走私犯罪，具有下列情形之一的，应当认定为犯罪既遂：（一）在海关监管现场被查获的；（二）以虚假申报的方式走私、申报行为实施完毕的；（三）以保税货物或者特定减税、免税进口的货物、物品为对象走私，在境内销售的，或者申请核销行为实施完毕的"。

③注意对犯走私普通货物、物品罪的单位处罚特别规定。刑法第153条第2款对单位犯走私普通货物、物品罪的法定刑作了特别规定，对单位的直接负责的主管人员和其他直接责任人员没有规定单处或者并处罚金，最高只能处15年有期徒刑，没有规定可以处无期徒刑，比自然人犯本罪处罚轻些。

④注意划清本罪与走私淫秽物品罪、走私废物罪的界限。我国刑法第152条规定有走私淫秽物品罪、走私废物罪和相对较轻的法定刑。这两种犯罪也是走私国家禁止或者限制进出口的货物、物品，与本罪的犯罪主体、犯罪行为、犯罪结果相似，容易混淆。他们的主要区别是走私的对象和法定刑不同，刑法根据走私对象不同，对社会危害程度不同，分别规定为独立的罪名和法定刑。在适用时，应注意单独定罪和适用单独规定的法定刑。

⑤注意未经许可进出口国家限制进出口货物、物品的定罪问题。根据最高人民法院、最高人民检察院2014年9月10日《关于办理走私刑事案件适用法律若干问题的解释》第21条规定，未经许可进出口国家限制进出口的货物、物品，构成犯罪的，应当依照刑法第151条、第152条的规定，以走私国家禁止进出口货物、物品罪等罪名定罪处罚；偷逃应缴税额，同时又构成走私普通货物、物品罪的，依照处罚较重的规定定罪处罚。

取得许可,但超过许可数量进出口国家限制进出口的货物、物品,构成犯罪,依照刑法第 153 条的规定,以走私普通货物、物品罪定罪处罚。租用、借用或者使用购买的他人许可证,进出口国家限制进出口的货物、物品的,适用本条第 1 款规定定罪处罚。

⑥注意非法向走私人直接收购走私进口的货物、物品的定罪处罚问题。根据最高人民法院、最高人民检察院 2014 年 9 月 10 日《关于办理走私刑事案件适用法律若干问题的解释》第 20 条规定,直接向走私人非法收购走私进口的货物、物品,在内海、领海、界河、界湖运输、收购、贩卖国家禁止进出口的物品,或者没有合法证明,在内海、领海、界河、界湖运输、收购、贩卖国家限制进出口的货物、物品,构成犯罪的,应当按照走私货物、物品的种类,分别依照刑法第 151 条、第 152 条、第 153 条、第 347 条、第 350 条的规定定罪处罚。

刑法第 155 条第 2 款规定的"内海",包括内河的入海口水域。

(十) 强迫交易罪

强迫交易罪是《刑法修正案(八)》第 36 条对刑法第 226 条规定的强迫交易罪量刑情节和法定刑的修改。最高人民法院 1997 年 12 月 9 日、最高人民检察院 1997 年 12 月 25 日司法解释规定为"强迫交易罪"的罪名。

1. 刑法规定内容的修改

刑法条文中有关强迫交易罪的规定有:

(1) 1997 年刑法第 226 条规定:"以暴力、威胁手段强买强卖商品、强迫他人提供服务或者强迫他人接受服务,情节严重的,处三年以下有期徒刑或者拘役,并处或者单处罚金。"

(2) 2011 年《刑法修正案(八)》第 36 条将刑法第 226 条修改为:"以暴力、威胁手段,实施下列行为之一,情节严重的,处三年以下有期徒刑或者拘役,并处或者单处罚金;情节特别严重的,处三年以上七年以下有期徒刑,并处罚金:(一) 强买强卖商品的;(二) 强迫他人提供或者接受服务的;(三) 强迫他人参与或者退出投标、拍卖的;(四) 强迫他人转让或者收购公司、企业的股份、债券或者其他资产的;(五) 强迫他人参与或者退出特定的经营活动的。"

上述《刑法修正案(八)》第 36 条对刑法第 226 条原规定的强迫交易罪状和法定刑进行补充规定。增加规定"强迫他人参与或者退出投标、拍卖的;强迫他人转让或者收购公司、企业的股份、债券或者其他资产的;强迫他人参与或者退出特定的经营活动的"三种强迫交易行为;增加规定了"情节特别严重的,处三年以上七年以下有期徒刑,并处罚金"的新的加重处罚幅度,加重了对强迫交易罪的惩罚力度。

2. 刑法规定修改的原因

我国1979年刑法没有规定强迫交易罪,司法实践中,对这种违法行为一般不认为是犯罪,由工商行政管理机关给予工商行政处罚,对于个别情节特别严重,社会影响恶劣的可以比照投机倒把罪或者流氓罪追究刑事责任。在市场经济的情况下,这种欺行霸市,强买强卖的行为不断出现,特别是在黑社会性质犯罪严重的区域内这种强迫交易的行为严重扰乱了社会主义市场经济秩序。我国1997年刑法第226条将强买强卖商品和强迫提供服务、强迫他人接受服务的行为规定为犯罪,最高处3年有期徒刑。随着市场经济的深入发展,一些犯罪分子为垄断市场,又出现了一些新的强迫交易行为。例如,在投标、拍卖时强迫他人参加或者强迫他人退出的行为,也严重扰乱了市场经济秩序,影响经济发展,必须用刑罚加以惩罚。由此,全国人大常委会在《刑法修正案(八)》中,将刑法第226条中规定的强迫交易罪的犯罪行为又增加规定了在投标、拍卖、公司的转让与收购、特定市场经营等市场活动中强迫交易行为规定为犯罪。

3. 强迫交易罪的适用

强迫交易罪,是《刑法修正案(八)》第36条对刑法第226条原规定的强迫交易罪修改的犯罪,要准确适用就必须弄清该罪的概念、特征、法定刑,以及适用时应注意的问题。

(1) 强迫交易罪的概念。该罪是指以暴力、威胁手段强迫他人进行市场交易,情节严重的行为。

社会主义市场经济是依法平等竞争的市场经济,市场经济主体应当遵循自愿、平等、公平交易原则,使平等市场主体依法竞争,这样才能使市场经济有序稳定发展。但是由于市场竞争的副作用,有些人违反法律规定,使用暴力、威胁的手段强买强卖,欺行霸市,严重扰乱了市场经济秩序。我国刑法将强迫交易行为规定为犯罪,最低处拘役,最高处7年有期徒刑。

(2) 犯罪构成特征。根据刑法第226条和《刑法修正案(八)》第36条的规定,该罪的构成特征是:

①犯罪主体,是一般主体。达到法定年龄、具有刑事责任能力,实施了强迫交易犯罪行为的自然人。犯罪主体主观上是故意的,多数是以营利为目的。

②犯罪行为,必须是使用暴力、威胁的手段,进行强迫交易的行为。具体表现有:

强买强卖商品的;强迫他人提供或者接受服务的;强迫他人参与或者退出

投标、拍卖的；强迫他人转让或者收购公司、企业的股份、债券或者其他资产的；强迫他人参与或者退出特定的经营活动的行为。具备上述行为之一的，达到情节严重的程度，就可以构成犯罪。

③犯罪结果，是结果犯。实施了强迫交易的行为达到情节严重结果的才可以构成犯罪。何为情节严重，有待司法解释。

（3）强迫交易罪的法定刑。根据刑法第226条的规定，该罪的法定刑是：

①情节严重，构成本罪的，处3年以下有期徒刑或者拘役，并处或者单处罚金；

②犯本罪，情节特别严重的，处3年以上7年以下有期徒刑，并处罚金。

（4）认定本罪时，应注意的问题：

①注意区分罪与非罪的界限。

第一，根据我国刑法第226条的规定，强迫交易罪的主体在主观上是故意的，主观上是过失的人不构成本罪。

第二，强迫交易罪是结果犯，必须达到情节严重的结果，才构成犯罪，达不到情节严重结果的，不构成犯罪。情节严重，一般是指使用暴力、威胁手段，造成他人轻伤的结果，或者多次使用暴力、威胁手段进行强迫交易，造成恶劣影响的等。

②注意正确认定定罪量刑的情节。刑法第226条对强迫交易罪定罪必须是"情节严重的"情节，这是定罪情节，也是一种犯罪结果。对犯强迫交易罪适用加重法定刑，必须是"情节特别严重"，这是量刑情节。在对犯强迫交易行为定罪量刑时，必须弄清"情节严重"和"情节特别严重"的内容和含义。

③注意划清强迫交易罪与故意伤害罪的界限。强迫交易罪的犯罪手段是使用暴力、威胁，在强迫交易过程中，往往造成人员伤亡的结果。如果致人轻微伤害或者轻伤害的结果的，只认定为强迫交易罪，不再认定为故意伤害罪，因为强迫交易罪中使用暴力、威胁手段就包括造成轻微伤和轻伤的结果。如果造成重伤结果的，则应在认定强迫交易罪的同时，再认定故意伤害罪，数罪并罚。

④注意本罪的适用的效力。我国刑法第226条原规定有强迫交易罪，其犯罪行为只包括强买强卖商品的和强迫他人提供或者接受服务的行为，该两种行为的效力应从1997年10月1日起生效；而其他三种行为强迫他人参与或者退出投标、拍卖的，强迫他人转让或者收购公司、企业的股份、债券或者其他资产的，强迫他人参与或者退出特定的经营活动的行为，则是《刑法修正案（八）》规定的犯罪行为，其生效的时间是2011年5月1日，在生效以后的行为才能认定为强迫交易罪，在生效前的上述三种行为不构成强迫交易罪。

（十一）强迫劳动罪

强迫劳动罪是《刑法修正案（八）》第38条对刑法第244条规定的强迫职工劳动罪的罪名、罪状、法定刑的修改的犯罪。最高人民法院1997年12月9日、最高人民检察院1997年12月25日司法解释规定为"强迫职工劳动罪"的罪名。根据《刑法修正案（八）》对该罪罪状的修改，2011年4月27日最高人民法院、最高人民检察院在《关于执行〈中华人民共和国刑法〉确定罪名的补充规定（五）》中，取消"强迫职工劳动罪"罪名，改为"强迫劳动罪"的罪名。

1. 刑法规定内容的修改

刑法条文中有关强迫劳动罪的规定有：

（1）1997年刑法第244条规定："用人单位违反劳动管理法规，以限制人身自由方法强迫职工劳动，情节严重的，对直接责任人员，处三年以下有期徒刑或者拘役，并处或者单处罚金。"

（2）2011年《刑法修正案（八）》第38条对刑法第244条规定修改为："以暴力、威胁或者限制人身自由的方法强迫他人劳动的，处三年以下有期徒刑或者拘役，并处罚金；情节严重的，处三年以上十年以下有期徒刑，并处罚金。

"明知他人实施前款行为，为其招募、运送人员或者有其他协助强迫他人劳动行为的，依照前款的规定处罚。

"单位犯前两款罪的，对单位判处罚金，并对其直接负责的主管人员和其他直接责任人员，依照第一款的规定处罚。"

上述《刑法修正案（八）》第38条对刑法第244条原规定的强迫职工劳动罪状和法定刑进行补充规定删去主体是"用人单位违反劳动管理法规"和将强迫对象由"职工"改为"他人"，使该罪的犯罪主体由特殊主体改为一般主体，将犯罪对象由特殊对象改为一般对象。增加规定"以暴力、威胁"的犯罪手段；增加规定了"情节严重的，处三年以上十年以下有期徒刑，并处罚金"的新的加重处罚幅度；增加规定"明知他人实施前款行为，为其招募、运送人员或者有其他协助强迫他人劳动行为的，依照前款的规定处罚"和单位犯本罪的规定。加重了对强迫他人劳动罪的惩罚力度。

2. 刑法规定修改的原因

我国1979年刑法没有规定强迫劳动罪，司法实践中，对这种违法行为不认为是犯罪，情节严重的由上级单位给予批评教育或者纪律处分。我国1997年刑法第244条将用人单位违反劳动管理法规，以限制人身自由方法强迫职工劳动，情节严重的行为规定为犯罪，最高处3年有期徒刑。由于刑法规定是惩治用人单位，而且法定刑较轻，没有多大的威慑力，有的单位继续以限制他人人身权利的方法强迫职工劳动，有的雇用人以暴力、威胁的方法强迫职工劳动，严重危害他人的身心健康。特别是刑法原规定的犯罪主体是单位、犯罪对象是职工，现实中很多不是单位而是个人使用暴力、威胁的手段强迫他人劳动。全国人大常委会在《刑法修正案（八）》中，将刑法第244条中规定的强迫职工劳动罪的犯罪主体和对象改为一般主体和对象，又增加规定了"明知他人实施前款行为，为其招募、运送人员或者有其他协助强迫他人劳动行为"为犯罪行为，扩大了惩治范围，并且又增加了一个加重处罚的量刑幅度，即处3年以上10年以下有期徒刑。

3. 强迫劳动罪的适用

强迫劳动罪是《刑法修正案（八）》第38条对刑法第244条原规定的强迫职工劳动罪修改的犯罪，要准确适用就必须弄清该罪的概念、特征、法定刑，以及适用时应注意的问题。

（1）强迫劳动罪的概念。该罪是指以暴力、威胁或者以其他方法限制人身自由的方法强迫他人劳动的行为。

在社会主义国家，劳动者的人身自由是受法律保护的，我国劳动法明确规定，职工有劳动、休息的权利。在市场经济的条件下，有些私营企业、合伙合作企业或者个人，为了谋取非法高额利润，违反劳动管理法规，以暴力、威胁或者以其他限制人身自由的方法强迫他人劳动。例如，上班时，把工厂的大门锁上，职工不能出入，有的连上厕所的时间都不给，强迫他人每天工作18小时以上；有的对他人使用暴力、威胁的手段强迫他人劳动，使他人的人身自由和身心健康遭受严重的侵犯。我国刑法将强迫他人劳动的行为规定为犯罪，最低处拘役，最高处10年有期徒刑。

（2）犯罪构成特征。根据刑法第244条和《刑法修正案（八）》第38条的规定，该罪的构成特征是：

①犯罪主体，是一般主体。达到法定年龄、具有刑事责任能力，实施了强迫他人劳动犯罪行为的自然人或者单位。犯罪主体主观上是故意的，即故意强迫他人劳动。

②犯罪行为，必须是使用暴力、威胁或者其他限制人身自由的方法，强迫他人劳动的行为。具体表现有：

以暴力、威胁的方法强迫他人劳动的行为；以其他限制人身自由的方法强迫他人劳动的行为；明知是强迫他人劳动，为其招募、运送人员的行为；其他协助强迫他人劳动行为的行为。具备上述行为之一，就可以构成犯罪。

③犯罪结果，是行为犯。只要实施了强迫他人劳动的行为的，就可以构成犯罪。情节严重的，适用加重法定刑的量刑情节。

根据最高人民检察院、公安部 2008 年 6 月 25 日《关于公安机关管辖的刑事案件立案追诉标准的规定（一）》第 31 条规定，"用人单位违反劳动管理法规，以限制人身自由方法强制职工劳动，涉嫌下列情形之一的，应予立案追诉：（一）强迫他人劳动，造成人员伤亡或者患职业病的；（二）采用殴打、胁迫、扣发工资、扣留身份证件等手段限制人身自由，强迫他人劳动的；（三）强迫妇女从事井下劳动、国家规定的第四级体力劳动强度的劳动或者其他禁忌从事的劳动，或者强迫处于经期、孕期和哺乳期妇女从事国家规定的第三级体力劳动强度以上的劳动或者其他禁忌从事的劳动的；（四）强迫已满 16 周岁不满 18 周岁的未成人从事国家规定的第四级体力劳动强度的劳动，或者从事高空、井下劳动，或者在爆炸性、易燃性、放射性、毒害性等危险环境下从事劳动的；（五）其他情节严重的情形"。

（3）强迫劳动罪的法定刑。根据刑法第 244 条的规定，该罪的法定刑是：

①犯本罪的，处 3 年以下有期徒刑或者拘役，并处罚金；

②犯本罪，情节严重的，处 3 年以上 10 年以下有期徒刑，并处罚金；

③单位犯本罪的，对单位判处罚金，并对其直接负责的主管人员和其他直接责任人员，依照自然人犯本罪的规定处罚。

（4）认定本罪时，应注意的问题：

①注意区分罪与非罪的界限。

第一，根据我国刑法第 244 条规定，强迫劳动罪的主体在主观上是故意的，主观上是过失的，不构成本罪。

第二，强迫劳动罪是行为犯，只要实施了强迫劳动行为就可以构成犯罪。但是，根据刑法第 13 条规定，情节显著轻微危害不大的，不认为是犯罪。

②注意划清强迫劳动罪与故意伤害罪的界限。强迫劳动罪的犯罪手段是使用暴力、威胁手段，在强迫他人劳动过程中，往往会造成他人伤亡结果。如果致人轻微伤害或者轻伤害的结果，只认定为强迫劳动罪，不再认定为故意伤害罪，因为强迫劳动罪中使用暴力、威胁的方法，就包括造成轻微伤害和轻伤害的结果。如果造成重伤害结果的，则应在认定强迫劳动罪的同时，再认定故意伤害罪，数罪并罚。

③注意本罪的适用的效力。我国刑法第 244 条原规定有强迫劳动罪，其犯罪行为只包括以限制人身自由的方法强迫职工劳动的行为，这种行为的效力应从 1997 年 10 月 1 日起生效；而其他三种强迫劳动的行为，则是《刑法修正案（八）》规定的犯罪行为，其生效的时间是 2011 年 5 月 1 日。生效以后的行为

才能认定为强迫劳动罪,在《刑法修正案(八)》生效前的上述三种行为不构成强迫劳动罪。

(十二) 盗窃罪

盗窃罪,是《刑法修正案(八)》第 39 条对刑法第 264 条规定的盗窃罪的罪状和法定刑修改的犯罪。最高人民法院 1997 年 12 月 9 日、最高人民检察院 1997 年 12 月 25 日司法解释规定为"盗窃罪"的罪名。

1. 刑法规定内容的修改

刑法条文中有关盗窃罪的规定有:

(1) 1979 年刑法第 151 条规定:"盗窃、诈骗、抢夺公私财物数额较大的,处五年以下有期徒刑、拘役或者管制。"

第 152 条规定:"惯窃、惯骗或者盗窃、诈骗、抢夺公私财物数额巨大的,处五年以上十年以下有期徒刑;情节特别严重的,处十年以上有期徒刑或者无期徒刑,可以并处没收财产。"

第 153 条规定:"犯盗窃、诈骗、抢夺罪,为窝藏赃物、抗拒逮捕或者毁灭证据而当场使用暴力或者以暴力相威胁的,依照本法第一百五十条抢劫罪处罚。"

(2) 1982 年全国人大常委会《关于严惩严重破坏经济的罪犯的决定》第 1 条第 (一) 项规定:"对刑法第一百一十八条走私、套汇、投机倒把牟取暴利罪,第一百五十二条盗窃罪,第一百七十一条贩毒罪,第一百七十三条盗运珍贵文物出口罪,其处刑分别补充或者修改为:情节特别严重的,处十年以上有期徒刑、无期徒刑或者死刑,可以并处没收财产国家工作人员利用职务犯前款所列罪行,情节特别严重的,按前款规定从重处罚……"

(3) 1997 年刑法第 264 条规定:"盗窃公私财物,数额较大或者多次盗窃的,处三年以下有期徒刑、拘役或者管制,并处或者单处罚金;数额巨大或者有其他严重情节的,处三年以上十年以下有期徒刑,并处罚金;数额特别巨大或者有其他特别严重情节的,处十年以上有期徒刑或者无期徒刑,并处罚金或者没收财产;有下列情形之一的,处无期徒刑或者死刑,并处没收财产:(一) 盗窃金融机构,数额特别巨大的;(二) 盗窃珍贵文物,情节严重的。"

第 265 条规定:"以牟利为目的,盗接他人通信线路、复制他人电信码号或者明知是盗接、复制的电信设备、设施而使用的,依照本法第二百六十四条的规定定罪处罚。"

(4) 2011 年《刑法修正案(八)》第 39 条对刑法第 264 条规定修改为:"盗窃公私财物,数额较大的,或者多次盗窃、入户盗窃、携带凶器盗窃、扒窃的，处三年以下有期徒刑、拘役或者管制，并处或者单处罚金；数额巨大或者有其他严重情节的，处三年以上十年以下有期徒刑，并处罚金；数额特别巨大或者有其他特别严重情节的，处十年以上有期徒刑或者无期徒刑，并处罚金或者没收财产。"

上述《刑法修正案（八）》第 39 条对刑法第 264 条原规定的盗窃罪罪状和法定刑进行了以下修改和补充：一是彻底废除了犯盗窃罪处死刑的规定；二是增加了"入户盗窃、携带凶器盗窃、扒窃的行为不受盗窃数额较大的犯罪结果的限制"，只要实施了入户盗窃、携带凶器盗窃、扒窃的犯罪行为就可以构成犯罪。这次修改废除了盗窃罪处死刑的规定，减轻了对盗窃罪的处罚力度。但提高了一些盗窃行为入罪的门槛，加重了对盗窃罪的处罚力度，这体现了宽严相济的刑事政策。

2. 刑法规定修改的原因

我国 1979 年刑法和 1997 年刑法对盗窃罪都作了规定，1982 年全国人大常委会的补充决定对盗窃罪增加最高处死刑的规定，1997 年刑法只保留了对盗窃金融机构和盗窃珍贵文物可以判处死刑，而对多数盗窃犯罪不适用死刑。《刑法修正案（八）》第 39 条规定彻底废除了盗窃处死刑的规定，这是减轻了对盗窃犯罪分子的处罚的力度。我国刑法规定对一般盗窃犯罪行为必须是盗窃公私财物数额较大的行为才构成犯罪。1997 年修订刑法特别规定了"多次盗窃"的情形不受盗窃数额较大的限制也可以构成犯罪，《刑法修正案（八）》又增加了"入户盗窃、携带凶器盗窃、扒窃"的犯罪行为不受盗窃数额较大的限制，也可以构成犯罪。这样修改主要是根据刑法既要保护公民的财产安全，也要保护公民的人身安全，入户盗窃、携带凶器盗窃、扒窃的犯罪行为既危害公民的财产安全，也危害公民的人身安全。司法实践中，扒窃行为往往是多人共同作案，其盗得钱包中财产不一定，有的很少，有的很多，但其实施犯罪行为是一样，如果完全按盗窃数额较大定罪，会出现司法不公平的现象，而且在公共场所扒窃，一旦被发觉，犯罪分子往往使用暴力，其社会危害性增大。因此，将多次盗窃、入户盗窃、携带凶器盗窃、扒窃等犯罪行为入罪门槛提高了，这是十分必要的。

3. 盗窃罪的适用

盗窃罪是《刑法修正案（八）》第 39 条对刑法第 264 条原规定的盗窃罪修改补充的犯罪，要准确适用就必须弄清该罪的概念、特征、法定刑，以及适用时应注意的问题。

（1）盗窃罪的概念。盗窃罪是指以非法占有为目的，秘密窃取公私财物，数额较大或者多次盗窃、入户盗窃、携带凶器盗窃、扒窃的行为。

盗窃罪是一个非常古老的罪名，古今中外各国刑法中都有这种犯罪的规定。这种犯罪是以秘密窃取的手段非法占有他人财物的犯罪，在我国这种犯罪率很高，其社会危害性较大，历来是我国刑法打击的重点。我国刑法规定犯盗窃罪的，最低处管制或者单处罚金，最高处无期徒刑。

（2）犯罪构成特征。根据刑法第264条和《刑法修正案（八）》第39条的规定，该罪的构成特征是：

①犯罪主体，是一般主体。达到法定年龄，具有刑事责任能力，实施了盗窃犯罪行为的自然人。犯罪主体主观上是故意的，并且有非法占有他人财物的目的。单位不能构成本罪，单位组织职工盗窃的，惩罚单位的直接责任人员。

根据最高人民法院、最高人民检察院2013年4月4日《关于办理盗窃刑事案件适用法律若干问题的解释》第13条规定，单位组织、指使盗窃，符合刑法第264条及本解释规定的，以盗窃罪追究组织者、指使者、直接实施者的刑事责任。

②犯罪行为，必须是实施秘密窃取他人财物的行为。具体表现有：

第一，必须是故意窃取他人财物的行为。他人财物是指不属自己所有或者应有的财物；盗窃的对象是财物。如果盗窃了非财物，如技术资料、文件、证章、枪支、弹药等不以财论价的东西，一般不构成盗窃犯罪行为，多数法律都作了其他特别犯罪的规定。

第二，必须有秘密窃取他人财物的行为。所谓秘密窃取，是指盗窃行为人认为是在他人不知道的情况下将他人财物占为己有的行为。

第三，盗窃财物数额较大或者多次盗窃、入户盗窃、携带凶器盗窃、扒窃的行为。

根据最高人民法院、最高人民检察院2013年4月4日《关于办理盗窃刑事案件适用法律若干问题的解释》第3条规定，二年以内盗窃3次以上的，应当认定"多次盗窃"。非法进入供他人家庭生活，与外界相对隔离的住所盗窃的，应当认定为"入户盗窃"。携带枪支、爆炸物、管制刀具等国家禁止个人携带的器械盗窃，或者为了实施违法犯罪携带其他足以危害他人人身安全的器械盗窃的，应认定为"携带凶器盗窃"。在公共场所或者公共交通工具上盗窃他人随身携带的财物的，应当认定为"扒窃"。

③犯罪结果，既有结果犯，也有行为犯，多数犯罪行为是结果犯，有些犯罪是行为犯。多数盗窃行为必须达到盗窃数额较大的结果才构成犯罪。而对于多次盗窃、入户盗窃、携带凶器盗窃、扒窃的行为是行为犯，只要实施了上述盗窃行为的，就可以构成犯罪。数额巨大或者其他情节严重的，数额特别巨大或者有其他特别严重情节的，要适用加重法定刑处罚。

根据最高人民法院、最高人民检察院2013年4月4日《关于办理盗窃刑事案件适用法律若干问题的解释》第1条规定,盗窃公私财物价值1000元至3000元以上、3万元至10万元以上、30万元至50万元以上,应当分别认定为"数额较大""数额巨大""数额特别巨大"。

各省、自治区、直辖市高级人民法院、人民检察院可以根据本地区经济发展状况,并考虑社会治安状况,在前款规定的数额幅度内,确定本地区执行的具体数额标准,报最高人民法院、最高人民检察院批准。在跨区运行的公共交通工具上盗窃、盗窃地点无法查证的,盗窃数额是否达到"数额较大""数额巨大""数额特别巨大",应当根据受理案件所在地省、自治区、直辖市高级人民法院、人民检察院确定的有关数额标准认定。盗窃毒品等违禁品,应当按照盗窃罪处理的,根据情节轻重量刑。

上述司法解释第2条规定,"盗窃公私财物,具有下列情形之一的,'数额较大'的标准可以按照前条规定标准的百分之五十确定:(一)曾因盗窃受过刑事处罚的;(二)一年以内曾因盗窃受过行政处罚的;(三)组织、控制未成年人盗窃的;(四)自然灾害、事故灾害、社会安全事件等突发事件期间,在事件发生地盗窃的;(五)盗窃残疾人、孤寡老人、丧失劳动能力人的财物的;(六)在医院盗窃病人或者其亲友财物的;(七)盗窃救灾、抢险、防汛、优抚、扶贫、移民、救济款物的;(八)因盗窃造成严重后果的"。

上述司法解释第4条规定,"盗窃的数额,按照下列方法认定:(一)被盗窃财物有有效价格证明的,根据有效价格证明认定;无有效价格证明,或者根据价格证明认定盗窃数额明显不合理的,应当按照有关规定委托估价机构估价;(二)盗窃外币的,按照盗窃时中国外汇交易中心或者中国人民银行授权的机构公布的人民币对该货币的中间价折合成人民币计算;中国外汇交易中心或者中国人民银行授权机构未公布汇率中间价的外币,按照盗窃时境内银行人民币对该货币的中间价折算成人民币,或者该货币在境内银行、国际外汇市场对美元汇率,与人民币对美元汇率中间价进行套算;(三)盗窃电力、燃气、自来水等财物,盗窃数量能够查实的,按照查实的数量计算盗窃数额;盗窃数量无法查实的,以盗窃前六个月月均正常用量减去盗窃后计量仪表显示的月均用量推算盗窃数额;盗窃前正常使用不足六个月的,按照正常使用期间的月均用量减去盗窃后计量仪表显示的月均用量推算盗窃数额;(四)明知是盗接他人通讯线路、复制他人电信码号的电信设备、设施而使用的,按照合法用户为其支付的费用认定盗窃数额;无法直接确认的,以合法用户的电信设备、设施被盗接、复制后的月缴费额减去被盗接、复制前六个月的平均电话费推算盗窃数额;合法用户使用设备、设施不足六个月的,按照实际使用的月均电话费推算盗窃数额;(五)盗接他人通信线路、复制他人电信码号出售的,按照销赃数额认定盗窃数额。盗窃行为给失主造成的损失大于盗窃数额的,损失数额可以作为量刑情节考虑"。

上述司法解释第5条规定,"盗窃有价支付凭证、有价证券、有价票证的,按照下列方法认定盗窃数额:(一)盗窃不记名、不挂失的前支付凭证、有价证券、有价票证的,应当按票面数额和盗窃时应得的孳息、奖金或者奖品等可得收益并计算盗窃数额;(二)盗窃记名的有价支付凭证、有价证券、有价票证,已经兑现的,按照对兑现部分的财物价值计算盗窃数额;没有兑现,但失主无法通过挂失、补领、补办手续等方式避免损失的,按照给失主造成的实际损失计算盗窃数额"。

根据2016年1月1日起施行的最高人民法院、最高人民检察院《关于办理妨害文物管理等刑事案件适用法律若干问题的解释》第2条规定,盗窃一般文物、三级文物、二级以上文物的,应当分别认定为刑法第264条规定的"数额较大"、"数额巨大"、"数额特别巨大"。盗窃文物,无法确定文物等级,或者按照文物等级定罪量刑明显过轻或者过重的,按照盗窃的文物价值定罪量刑。

第8条规定,刑法第328条第1款规定的"古文化遗址、古墓葬"包括水下古文化遗址、古墓葬。"古文化遗址、古墓葬"不以公布为不可移动文物的古文化遗址、古墓葬为限。实施盗掘行为,已损害古文化遗址、古墓葬的历史、艺术、科学价值的,应当认定为盗掘古文化遗址、古墓葬罪既遂。采用破坏性手段盗窃古文化遗址、古墓葬以外的古建筑、石窟寺、石刻、壁画、近代现代重要史迹和代表性建筑等其他不可移动文物的,依照刑法第264条的规定,以盗窃罪追究刑事责任。

第9条规定,明知是盗窃文物、盗掘古文化遗址、古墓葬等犯罪所获取的三级以上文物,而予以窝藏、转移、收购、加工、代为销售或者以其他方法掩饰、隐瞒的,依照刑法第312条的规定,以掩饰、隐瞒犯罪所得罪追究刑事责任。实施前款规定的行为,事先通谋的,以共同犯罪论处。

第10条规定,"国家机关工作人员严重不负责任,造成珍贵文物损毁或者流失,具有下列情形之一的,应当认定为刑法第四百一十九条规定的'后果严重':(一)导致二级以上文物或者五件以上三级文物损毁或者流失的;(二)导致全国重点文物保护单位、省级文物保护单位的本体严重损毁或者灭失的;(三)其他后果严重的情形"。

第11条规定,单位实施走私文物、倒卖文物等行为,构成犯罪的,依照本解释规定的相应自然人犯罪的定罪量刑标准,对直接负责的主管人员和其他直接责任人员定罪处罚,并对单位判处罚金。公司、企业、事业单位、机关、团体等单位实施盗窃文物,故意损毁文物、名胜古迹,过失损毁文物,盗掘古文化遗址、古墓葬等行为的,依照本解释规定的相应定罪量刑标准,追究组织者、策划者、实施者的刑事责任。

第12条规定,"针对不可移动文物整体实施走私、盗窃、倒卖等行为的,根据所属不可移动文物的等级,依照本解释第一条、第二条、第六条的规定定罪量刑:(一)尚未被确定为文物保护单位的不可移动文物,适用一般文物的定罪量刑标准;(二)市、县级文物保护单位,适用三级文物的定罪量刑标准;(三)全国重点文物保护单位、省级文物保护单位,适用二级以上文物的定罪量刑标准。针对不可移动文物中的建筑构件、壁画、雕塑、石刻等实施走私、盗窃、倒卖等行为的,根据建筑构件、壁画、雕塑、石刻等文物本身的等级或者价值,依照本解释第一条、第二条、第六条的规定定罪量刑。建筑构件、壁画、雕塑、石刻等所属不可移动文物的等级,应当作为量刑情节予以考虑"。

第13条规定,"案件涉及不同等级的文物的,按照高级别文物的量刑幅度量刑;有多件同级文物的,五件同级文物视为一件高一级文物,但是价值明显不相当的除外"。

第14条规定,"依照文物价值定罪量刑的,根据涉案文物的有效价格证明认定文物价值;无有效价格证明,或者根据价格证明认定明显不合理的,根据销赃数额认定,或者结合本解释第十五条规定的鉴定意见、报告认定"。

第15条规定,"在行为人实施有关行为前,文物行政部门已对涉案文物及其等级作出认定的,可以直接对有关案件事实作出认定。对案件涉及的有关文物鉴定、价值认定等专门性问题难以确定的,由司法鉴定机构出具鉴定意见,或者由国务院文物行政部门指定的机构出具报告。其中,对于文物价值,也可以由有关价格认证机构作出价格认证并出具报告"。

第16条规定,"实施本解释第一条、第二条、第六条至第九条规定的行为,虽已达到应当追究刑事责任的标准,但行为人系初犯,积极退回或者协助追回文物,未造成文物损毁,并确有悔罪表现的,可以认定为犯罪情节轻微,不起诉或者免予刑事处罚。实施本解释第三条至第五条规定的行为,虽已达到应当追究刑事责任的标准,但行为人系初犯,积极赔偿损失,并确有悔罪表现的,可以认定为犯罪情节轻微,不起诉或者免予刑事处罚"。

第17条规定,"走私、盗窃、损毁、倒卖、盗掘或者非法转让具有科学价值的古脊椎动物化石、古人类化石的,依照刑法和本解释的有关规定定罪量刑"。

（3）盗窃罪的法定刑。根据刑法第264条的规定，该罪的法定刑是：

①犯本罪，窃取公私财物数额较大或者多次盗窃、入户盗窃、携带凶器盗窃、扒窃的，处3年以下有期徒刑、拘役或者管制，并处或者单处罚金。根据司法解释，个人盗窃公私财物数额较大，一般以1000元至3000元为起点。对多次盗窃是指在二年以内盗窃3次以上。只要实施了1次入户盗窃、携带凶器盗窃、扒窃行为的就构成犯罪，适用该法定刑。

②犯本罪，数额巨大或者有其他严重情节的，处3年以上10年以下有期徒刑，并处罚金。

根据司法解释，个人盗窃公私财物数额巨大，一般以盗窃3万元至10万元以上的。

③犯本罪，数额特别巨大或者有其他特别严重情节的，处10年以上有期徒刑或者无期徒刑，并处罚金或者没收财产。根据司法解释，个人盗窃公私财物数额特别巨大，一般以30万元至50万元以上的。

上述司法解释第6条规定，盗窃公私财物，具有本解释第2条第三项至第八项规定情形之一，或者入户盗窃、携带凶器盗窃，数额达到本解释第1条规定的"数额巨大"、"数额特别巨大"的，可以分别认定为刑法第264条规定的"其他严重情节"或者"其他特别严重情节"。

上述司法解释第14条规定，因犯盗窃罪，依法判处罚金刑的，应当在1000元以上盗窃数额2倍以下判处罚金；没有盗窃数额或者盗窃数额无法计算的，应当在1000元以上10万元以下判处罚金。

（4）认定本罪时，应注意的问题：

①注意区分罪与非罪的界限。

第一，根据我国刑法第264条规定，盗窃罪的主体在主观上是故意的，主观上是过失的不构成本罪。

第二，多数盗窃罪是结果犯，有些盗窃罪是行为犯，对结果犯的犯罪必须达到盗窃数额较大的结果才构成犯罪，达不到盗窃数额较大的结果的不构成犯罪；对于只要实施了多次盗窃、入户盗窃、携带凶器盗窃、扒窃行为的，就可以构成犯罪。但是，根据刑法第13条规定，情节显著轻微危害不大的，不认为是犯罪。

根据最高人民法院、最高人民检察院2013年4月4日《关于办理盗窃刑事案件适用法律若干问题的解释》第7条规定，"盗窃公私财物数额较大，行为人认罪、悔罪、退赃、退赔，且具有下列情形之一的，情节轻微的，可以不起诉或者免予刑事处罚；必要时，由有关部门予以行政处罚：（一）具有法定从宽处罚情节的；（二）没有参与分赃或者获赃较少，且不是主犯；（三）被害人谅解的；（四）其他情节轻微、危害不大的"。

上述司法解释第 8 条规定，盗窃家庭成员或者近亲属的财物，获得谅解的，一般可以不认为是犯罪；追究刑事责任的，应当酌情从宽。

②注意划清盗窃罪的既遂与未遂的界限。认定盗窃犯罪的既遂与未遂应以行为人对被盗窃财物是否实际控制为标准，行为人已经实际控制了被盗财物，财物所有人已对财物失去了控制的是盗窃罪既遂。否则，是盗窃罪未遂。例如，某人白天将工厂的一台电脑盗出，放在工厂墙外用草盖严，准备晚上再来取。后被值班人员看见所藏电脑，搬回工厂。某人的行为虽然没有实际得到该电脑，也是盗窃罪既遂。

根据最高人民法院、最高人民检察院 2013 年 4 月 4 日《关于办理盗窃刑事案件适用法律若干问题的解释》第 12 条规定，"盗窃未遂，具有下列情形之一的，应当依法追究刑事责任：（一）以数额巨大的财物为盗窃目标的；（二）以珍贵文物为盗窃目标的；（三）其他情节严重的情形。盗窃既有既遂，又有未遂，分别达到不同量刑幅度的，依照处罚较重的规定处罚；达到同一量刑幅度的，以盗窃既遂处罚"。

③划清共同盗窃犯罪中各共犯应负的刑事责任。对共同盗窃的定罪，应根据每个参与人的共同盗窃的总数额定罪。但在量刑时，应根据每个共犯在共同犯罪中所处的地位（主犯、从犯、教唆犯）和起的作用（主要作用、次要作用、帮助作用、教唆作用）处罚。对共同盗窃集团的首要分子，按照盗窃集团所犯的全部盗窃数额处罚。对于共同盗窃的主犯应当按照其所参与的或者组织、指挥的全部盗窃犯罪数额处罚。对在共同犯罪中起次要或者辅助作用的从犯，按个人参与盗窃数额定罪，并确定适用的量刑幅度，并依照刑法关于从犯负刑事责任的规定，可以从轻、减轻处罚或者免除处罚。教唆犯应当按照他在共同犯中所起的作用处罚。教唆不满 18 周岁的人犯罪的，应当从重处罚。如果被教唆的人没有犯被教唆的罪，对教唆犯可以从轻或者减轻处罚。

④注意对偷开他人机动车行为的认定。根据最高人民法院、最高人民检察院 2013 年 4 月 4 日《关于办理盗窃刑事案件适用法律若干问题的解释》第 10 条规定，"偷开他人机动车的，按照下列规定处理：（一）偷开机动车、导致车辆丢失的，以盗窃罪定罪处罚；（二）为盗窃其他财物，偷开机动车作为犯罪工具使用后非法占有车辆，或者将车辆遗弃导致丢失的，被盗车辆的价值计入盗窃数额；（三）为实施其他犯罪，偷开机动车作为犯罪工具使用后非法占有车辆，或者将车辆遗弃导致丢失的，以盗窃罪和其他犯罪数罪并罚；将车辆送回未造成丢失的，按照其所实施的其他犯罪从重处罚"。

⑤划清盗窃罪与诈骗罪、抢夺罪、抢劫罪、敲诈勒索罪的界限。上述犯罪

都是侵犯财产的犯罪，主观上都有非法占有财物的目的，客观上都实施了侵犯他人财物的行为。但上述具体犯罪的主要区别是犯罪行为不同，盗窃罪的行为是秘密窃取行为，诈骗罪的行为是用虚构事实和隐瞒事实真相的方法骗取行为，抢夺罪的行为是趁人不备公然夺取的行为，抢劫罪的行为是以暴力、胁迫的方法劫取行为，敲诈勒索罪的行为是使用威胁或者要挟的方法勒索的行为。由于犯罪行为方式的不同而将上述犯罪区分开来。当然，上述还有犯罪数额、犯罪对象等不同。

⑥注意划清盗窃罪与危害公共安全罪中涉及盗窃财物具体犯罪的界限。盗窃罪是侵犯财产犯罪，其客体是侵犯公私财产所有权关系的犯罪。有些盗窃公私财物的行为不但侵犯财产所有权关系，而且危害了公共安全关系，如盗窃国家秘密、盗窃交通工具、交通设备、电力设备、煤气设备、易燃易爆设备、通信设备、盗窃枪支弹药、盗窃军用通讯设施等，由于盗窃行为既侵犯了公私财产关系客体，也侵犯危害公共安全关系客体，属于结果牵连犯罪，应按重罪吸收轻罪的原则，只定为危害国家安全罪中的具体犯罪，不再定为盗窃罪。

⑦注意盗窃罪的适用效力。我国刑法第264条原规定有盗窃罪，并有处死刑的规定，《刑法修正案（八）》规定的盗窃罪法定刑是从2011年5月1日起生效，对盗窃罪最高只能处无期徒刑，不适用死刑。对《刑法修正案（八）》生效以前的行为，如果依照生效前的法律规定对盗窃犯罪分子判处死刑，判决已经生效的，应当坚持原判决；对于未经审判或者判决没有确定的，应当依照《刑法修正案（八）》的规定定罪处罚，最高只能处无期徒刑，不能判处死刑。

⑧注意对盗窃公私财物的处理。根据最高人民法院、最高人民检察院2013年4月4日《关于办理盗窃刑事案件适用法律若干问题的解释》第11条规定，"盗窃公私财物并造成财物损毁的，按照下列规定处理：（一）采用破坏性手段盗窃公私财物，造成其他财物损毁的，以盗窃罪从重处罚；同时构成盗窃罪和其他罪的，择一重罪从重处罚；（二）实施盗窃犯罪后，为掩盖罪行或者报复等，故意毁坏其他财物构成犯罪的，以盗窃罪和构成的其他犯罪数罪并罚；（三）盗窃行为未构成犯罪，但损毁财物构成其他犯罪的，以其他犯罪定罪处罚"。

（十三）敲诈勒索罪

敲诈勒索罪，是《刑法修正案（八）》第40条对刑法第274条规定的敲诈勒索罪的罪状和法定刑修改的犯罪。最高人民法院1997年12月9日、最高人民检察院1997年12月25日司法解释规定为"敲诈勒索罪"的罪名。

1. 刑法规定内容的修改

刑法条文中有关敲诈勒索罪的规定有：

（1）1979年刑法第154条规定："敲诈勒索公私财物的，处三年以下有期徒刑或者拘役；情节严重的，处三年以上七年以下有期徒刑。"

（2）1997年刑法第274条规定："敲诈勒索公私财物，数额较大的，处三年以下有期徒刑、拘役或者管制；数额巨大或者有其他严重情节的，处三年以上十年以下有期徒刑。"

（3）2011年《刑法修正案（八）》第40条将刑法第274条规定修改为："敲诈勒索公私财物，数额较大或者多次敲诈勒索的，处三年以下有期徒刑、拘役或者管制，并处或者单处罚金；数额巨大或者有其他严重情节的，处三年以上十年以下有期徒刑，并处罚金；数额特别巨大或者有其他特别严重情节的，处十年以上有期徒刑，并处罚金。"

上述《刑法修正案（八）》第40条对刑法第274条原规定的敲诈勒索罪罪状和法定刑进行了以下修改和补充：一是修改了罪状，增加了"多次敲诈勒索的"，不受敲诈财物数额较大的限制，只要多次实施敲诈勒索行为，就可以构成犯罪；二是修改了法定刑，最低刑中增加了"管制，并处或者单处罚金"的规定，相对减轻了对犯较轻敲诈勒索罪的犯罪分子的处罚；在原规定的处3年以上10年以下有期徒刑量刑幅度内又增加了"并处罚金"和增加了一个最高量刑幅度，即"数额特别巨大或者有其他特别严重情节的，处10年以上有期徒刑，并处罚金"，加重了对犯严重敲诈勒索罪的处罚力度，最高处15年有期徒刑，并处罚金。这样的修改体现了宽严相济的刑事政策。

2. 刑法规定修改的原因

我国1979年刑法和1997年刑法对敲诈勒索罪都作了规定，1997年刑法特别规定了敲诈勒索数额较大的才构成犯罪。多年的司法实践经验表明，刑法原规定的处罚比较轻。近年来敲诈勒索罪发案逐年增多，且敲诈勒索的数额越来越大，有的敲诈勒索上百万元、上千万元；有些黑恶势力经常敲诈勒索、鱼肉群众，尽管每次敲诈的数额不大，但多次实施敲诈勒索行为，严重扰乱社会治安秩序，人民群众没有安全感。《刑法修正案（八）》增加了"多次敲诈勒索"的犯罪行为不受敲诈勒索数额较大限制，也可以构成犯罪，增加一个更重的法定刑。这样修改的主要原因是敲诈勒索的犯罪行为既危害公民的财产安全，也危害公民的人身安全。因此，提高对多次敲诈勒索犯罪行为入罪门槛和加重了数额特别巨大和情节特别严重的敲诈勒索犯罪分子的处罚，确保公民能够安居乐业，过上太平的日子。

3. 敲诈勒索罪的适用

敲诈勒索罪是《刑法修正案（八）》第 40 条对刑法第 274 条原规定的敲诈勒索罪修改补充的犯罪，要准确适用就必须弄清该罪的概念、特征、法定刑，以及适用时应注意的问题。

（1）敲诈勒索罪的概念。敲诈勒索罪是指以非法占有为目的，以威胁或者要挟的方法勒索公私财物，数额较大或者多次敲诈勒索的行为。

敲诈勒索罪是以威胁、要挟等手段逼迫财物所有人交出财物的犯罪，不仅侵犯公私财物所有权关系，同时也侵犯被害人的人身权利或者其他权利，往往一个人被敲诈勒索，被害人亲属都会受伤害，其社会危害性也很严重。我国刑法规定犯敲诈勒索罪的，最低处管制或者单处罚金，最高处 15 年有期徒刑，并处罚金。

（2）犯罪构成特征。根据刑法第 274 条和《刑法修正案（八）》第 40 条的规定，该罪的构成特征是：

①犯罪主体，是一般主体。达到法定年龄、具有刑事责任能力，实施了该敲诈勒索犯罪行为的自然人。犯罪主体主观上是故意的，并且有非法占有他人财物的目的。不满 16 周岁的人和单位不能构成本罪。

②犯罪行为，必须是实施了以威胁、要挟的手段，敲诈勒索他人财物的行为。具体表现有：

第一，必须是故意以威胁或者要挟的手段逼迫他人交出财物的行为。如以对被害人及亲属进行殴打、伤害、杀害、剥夺人身自由相威胁，迫使被害人交出财物的行为。

第二，以损坏、破坏、剥夺财产相威胁，迫使被害人交出财物的行为。使用揭发、公布、公开被害人及其亲属的隐私的方法进行要挟，迫使被害人交出财物的行为。以是否揭发被害人及其亲属违法犯罪行为为条件，对被害人进行精神强制，使被害人产生恐惧心理，迫使被害人交出财物的行为。

③犯罪结果，多数敲诈勒索犯罪行为是结果犯，有些是行为犯。多数敲诈勒索行为必须达到敲诈勒索财物数额较大的结果才构成犯罪。而对于多次敲诈勒索行为的是行为犯，只要多次实施了敲诈勒索行为，即使敲诈勒索财物数额达不到较大的结果也可以构成犯罪。敲诈勒索情节严重或者情节特别严重的结果，要适用加重法定刑处罚。

根据最高人民法院、最高人民检察院 2013 年 4 月 27 日《关于办理敲诈勒索刑事案件适用法律若干问题的解释》第 1 条规定，敲诈勒索公私财物价值 2000 元至 5000 元以上、3 万元至 10 万元以上、30 万元至 50 万元以上，应当分别认定为"数额较大"、"数额巨大"、"数额特别巨大"。

各省、自治区、直辖市高级人民法院、人民检察院可以根据本地区经济发展状况，并考虑社会治安状况，在前款规定的数额幅度内，共同研究确定本地区执行的具体数额标准，报最高人民法院、最高人民检察院批准。

上述司法解释第2条规定，"敲诈勒索公私财物，具有下列情形之一的，'数额较大'的标准可以按照本解释第1条规定标准的百分之五十确定：（一）曾因敲诈诈勒索受过刑事处罚的；（二）一年以内曾因敲诈勒索受过行政处罚的；（三）对未成年人、残疾人、老年人或者丧失劳动能力人敲诈勒索的；（四）以将要实施放火、爆炸等危害公共安全犯罪或者故意杀人、绑架等严重侵犯公民人身权利犯罪相威胁敲诈勒索的；（五）以黑恶势力名义敲诈勒索的；（六）利用或者冒充国家工作人员、军人、新闻工作者等特殊身份敲诈勒索的；（七）造成其他严重后果的"。

(3) 敲诈勒索罪的法定刑。根据刑法第274条的规定，该罪的法定刑是：

①犯本罪，敲诈勒索公私财物数额较大或者多次敲诈勒索的，处3年以下有期徒刑、拘役或者管制，并处或者单处罚金。根据司法解释，个人敲诈勒索公私财物数额较大，一般以2000元至5000元以上。对多次敲诈勒索是指在二年以内敲诈勒索3次以上。

②犯本罪，数额巨大或者有其他严重情节的，处3年以上10年以下有期徒刑，并处罚金。

根据司法解释，敲诈勒索公私财物数额巨大，一般以敲诈勒索3万元至10万元以上的。

③犯本罪，数额特别巨大或者有其他特别严重情节的，处10年以上有期徒刑，并处罚金。根据司法解释，敲诈勒索公私财物数额特别巨大，一般以30万元至50万元以上的。

上述司法解释第4条规定，敲诈勒索公私财物，具有本解释第2条第三项至第七项规定情形之一，数额达到本解释第1条规定的"数额巨大"、"数额特别巨大"50%的，可以分别认定为刑法第264条规定的"其他严重情节"或者"其他特别严重情节"。

上述司法解释第8条规定，对犯敲诈勒索罪的被告人，应当在2000元以上，敲诈勒索数额的2倍以下判处罚金；被告人没有获得财物的，应当在2000元以上10万元以下判处罚金。

(4) 认定本罪时，应注意的问题：

①注意区分罪与非罪的界限。

第一，根据我国刑法第274条的规定，敲诈勒索罪的主体在主观上是故意的，主观上是过失的或者不以牟利为目的，不构成本罪。

第二，多数敲诈勒索罪是结果犯，必须达到数额较大的才构成犯罪，没有达到数额较大的敲诈勒索行为一般不构成犯罪；有些是行为犯，只要多次实施了敲诈勒索行为尽管数额达不到较大的，也可以构成犯罪。但是，应根据刑法第13条规定，情节显著轻微危害不大的，不认为是犯罪。

根据最高人民法院、最高人民检察院2013年4月27日《关于办理敲诈勒索刑事案件适用法律若干问题的解释》第5条规定，"敲诈勒索公私财物数额较大，行为人认罪、悔罪、退赃、退赔，且具有下列情形之一的，可以认定为犯罪情节轻微，不起诉或者免予刑事处罚，由有关部门予以行政处罚：（一）具有法定从宽处罚情节的；（二）没有参与分赃或者获赃较少且不是主犯的；（三）被害人谅解的；（四）其他情节轻微、危害不大的"。

上述司法解释第6条规定，敲诈勒索近亲属的财物，获得谅解的，一般可以不认为是犯罪；认定犯罪的，应当酌情从宽。被害人对敲诈勒索的发生存在过错的，根据被害人过错程度和案件其他情况，可以对行为人酌情从宽处理；情节显著轻微危害不大的，不认为是犯罪。

②注意划清敲诈勒索罪与索贿犯罪的界限。敲诈勒索罪是以威胁或者要挟的方法，敲诈勒索他人财物的行为。国家工作人员利用职务之便敲诈勒索他人财物的行为，也是一种敲诈勒索犯罪行为，但依照刑法规定重罪吸收轻罪的原则不能认定为敲诈勒索罪，应依照刑法第385条规定为索贿犯罪行为，按受贿罪定罪处罚。

③划清敲诈勒索罪与绑架罪的界限。我国刑法第239条规定的绑架罪中，有的是以绑架他人方法勒索他人财物，其行为与本罪有些相似，敲诈勒索行为没有得逞的，有可能发展到绑架行为或者非法拘禁的犯罪行为。二罪的区别是犯罪手段不同。敲诈勒索罪的犯罪手段是以威胁或要挟的方法勒索他人财物，一般还没有实施以暴力限制他人人身自由的程度，而绑架罪是实施了绑架他人，使他人失去了人身自由。由于上述犯罪手段不同，将两种犯罪区分开来。

④注意对敲诈勒索罪共犯的认定。根据最高人民法院、最高人民检察院2013年4月27日《关于办理敲诈勒索刑事案件适用法律若干问题的解释》第7条规定，明知他人实施敲诈勒索犯罪，为其提供信用卡、手机卡、通讯工具、通讯传输通道、网络技术支持等帮助的，以共同犯罪论处。

（十四）寻衅滋事罪

寻衅滋事罪是《刑法修正案（八）》第42条对刑法第293条规定的寻衅滋事罪的罪状和法定刑修改的犯罪。最高人民法院1997年12月9日、最高人民检察院1997年12月25日司法解释规定为"寻衅滋事罪"的罪名。

1. 刑法规定内容的修改

刑法条文中有关寻衅滋事罪的规定有：

（1）1979年刑法第160条规定："聚众斗殴、寻衅滋事，侮辱妇女或者进行其他流氓活动，破坏公共秩序，情节恶劣的，处七年以下有期徒刑、拘役或者管制。"

"流氓集团的首要分子，处七年以上有期徒刑。"

（2）1997年刑法第293条规定："有下列寻衅滋事行为之一，破坏社会秩序的，处五年以下有期徒刑、拘役或者管制：（一）随意殴打他人，情节恶劣的；（二）追逐、拦截、辱骂他人，情节恶劣的；（三）强拿硬要或者任意损毁、占用公私财物，情节严重的；（四）在公共场所起哄闹事，造成公共场所秩序严重混乱的。"

（3）2011年《刑法修正案（八）》第42条对刑法第293条规定修改为："有下列寻衅滋事行为之一，破坏社会秩序的，处五年以下有期徒刑、拘役或者管制：（一）随意殴打他人，情节恶劣的；（二）追逐、拦截、辱骂、恐吓他人，情节恶劣的；（三）强拿硬要或者任意损毁、占用公私财物，情节严重的；（四）在公共场所起哄闹事，造成公共场所秩序严重混乱的。

"纠集他人多次实施前款行为，严重破坏社会秩序的，处五年以上十年以下有期徒刑，可以并处罚金。"

上述《刑法修正案（八）》第42条对刑法第293条原规定的寻衅滋事罪罪状和法定刑进行了以下修改和补充：一是修改了罪状，增加了"纠集他人多次实施前款行为，严重破坏社会秩序的"犯罪行为；二是增加一个加重处罚的法定刑，即"处五年以上十年以下有期徒刑，可以并处罚金"。加重了对纠集他人多次实施寻衅滋事犯罪行为的处罚力度，最高处10年有期徒刑，可以并处罚金。

2. 刑法规定修改的原因

我国1979年刑法没有单独规定寻衅滋事罪，而是将寻衅滋事犯罪行为作为流氓罪的犯罪行为之一，最低处管制，最高处7年有期徒刑。由于司法实践中将流氓罪作为口袋罪使用，使惩罚的对象不确定，造成惩罚不准确的混乱现象。1997年刑法取消了流氓罪的罪名，将流氓罪的犯罪行为分别规定独立的犯罪，寻衅滋事犯罪行为单独规定为寻衅滋事罪，最低处管制，最高处5年有期徒刑。多年的司法实践经验，修订刑法原规定的处罚比较轻。特别是近年来，黑社会性质组织纠集他人多次实施寻衅滋事犯罪行为，严重扰乱了社会治安秩序，人民群众没有安全感。《刑法修正案（八）》增加了"纠集他人多次实施寻衅滋事犯罪行为的，适用加重的法定刑，最高处10年有期徒刑"，加重了纠集他人多次实施寻衅滋事犯罪行为的犯罪分子的处罚力度,确保公民能过上太平的日子。

3. 寻衅滋事罪的适用

寻衅滋事罪是《刑法修正案(八)》第42条对刑法第293条原规定的寻衅滋事罪修改补充的犯罪,要准确适用就必须弄清该罪的概念、特征、法定刑,以及适用时应注意的问题。

(1)寻衅滋事罪的概念。寻衅滋事罪是指无事生非,随意殴打、辱骂他人,强拿硬要或者任意损毁、占有公私财物,在公共场所起哄闹事,严重扰乱社会秩序的行为。

寻衅滋事犯罪行为是一种没事找事、惹是生非,严重扰乱公共场所秩序和社会秩序的犯罪。我国刑法规定,犯寻衅滋事罪的最低处管制,最高处10年有期徒刑,可以并处罚金。

(2)犯罪构成特征。根据刑法第293条和《刑法修正案(八)》第42条的规定,该罪的构成特征是:

①犯罪主体,是一般主体,达到法定年龄,具有刑事责任能力,实施了该寻衅滋事犯罪行为的自然人。犯罪主体主观上是故意的。不满16周岁的人和单位不能构成本罪。

②犯罪行为,必须是实施了寻衅滋事,严重破坏社会秩序的犯罪行为。具体表现有:

第一,随意殴打他人,情节恶劣的。根据最高人民法院、最高人民检察院2013年7月22日《关于办理寻衅滋事刑事案件适用法律若干问题的解释》第2条规定,"随意殴打他人,破坏社会秩序,具有下列情形之一的,应当认定为刑法第二百九十三条第一款第(一)项规定的'情节恶劣':(一)致1人以上轻伤或者2人以上轻微伤的;(二)引起他人精神失常、自杀等严重后果的;(三)多次随意殴打他人的;(四)持凶器随意殴打他人的;(五)随意殴打精神病人、残疾人、流浪乞讨人员、老年人、孕妇、未成年人,造成恶劣社会影响的;(六)在公共场所随意殴打他人,造成公共场所秩序严重混乱的;(七)其他情节恶劣的情形"。

第二,追逐、拦截、辱骂、恐吓他人,情节恶劣的。根据最高人民法院、最高人民检察院2013年7月22日《关于办理寻衅滋事刑事案件适用法律若干问题的解释》第3条规定,"追逐、拦截、辱骂、恐吓他人,破坏社会秩序,具有下列情形之一的,应当认定为刑法第二百九十三条第一款第(二)项规定的"情节恶劣":(一)多次追逐、拦截、辱骂、恐吓他人,造成恶劣社会影响;(二)持凶器追逐、拦截、辱骂、恐吓他人的;(三)追逐、拦截、辱骂、恐吓精神病人、残疾人、流浪乞讨人员、老年人、孕妇、未成年人，造成恶劣社会影响的；（四）引起他人精神失常、自杀等严重后果的；（五）严重影响他人的工作、生活、生产、经营的；（六）其他情节恶劣的情形"。

第三，强拿硬要或者任意损毁、占用公私财物，情节严重的。根据最高人民法院、最高人民检察院2013年7月22日《关于办理寻衅滋事刑事案件适用法律若干问题的解释》第4条规定，"强拿硬要或者任意损毁、占用公私财物，破坏社会秩序，具有下列情形之一的，应当认定为刑法第二百九十三条第一款第三项规定的'情节严重'：（一）强拿硬要公私财物价值1千元以上或者任意损毁、占用公私财物价值2千元以上的；（二）多次强拿硬要或者任意损毁、占用公私财物，造成恶劣社会影响的；（三）强拿硬要或者任意损毁、占用精神病人、残疾人、流浪乞讨人员、老年人、孕妇、未成年人的财物，造成恶劣社会影响的；（四）引起他人精神失常、自杀等严重后果的；（五）严重影响他人的工作、生活、生产、经营的；（六）其他情节恶劣的情形"。

第四，在公共场所起哄闹事，造成公共场所秩序严重混乱的行为。根据最高人民法院、最高人民检察院2013年7月22日《关于办理寻衅滋事刑事案件适用法律若干问题的解释》第5条规定，在车站、码头、机场、医院、商场、公园、影剧院、展览会、运动场或者其他公共场所起哄闹事，应当根据公共场所的性质、公共活动的重要程度、公共场所人数、起哄闹事的时间、公共场所受影响的范围与程度等因素，综合判断是否"造成公共场所秩序严重混乱"。

具备上述行为之一的，就具备寻衅滋事犯罪行为。上述行为必须是破坏社会秩序"情节恶劣的"或者"造成公共场所秩序严重混乱的"结果，才能构成寻衅滋事犯罪行为。

③犯罪结果，是结果犯。随意殴打他人、追逐、拦截、辱骂、恐吓他人等寻衅滋事行为，必须达到破坏社会秩序，情节恶劣的结果程度才构成寻衅滋事犯罪行为；强拿硬要或者任意损毁、占用公私财物的寻衅滋事行为必须达到破坏社会秩序，情节严重的结果程度才构成寻衅滋事犯罪；在公共场所起哄闹事寻衅滋事行为，必须造成公共场所秩序严重混乱破坏社会秩序的行为，才构成犯罪；对于纠集他人多次实施寻衅滋事行为，必须达到严重破坏社会秩序结果程度的才可以构成犯罪。

（3）寻衅滋事罪的法定刑。根据刑法第293条的规定，该罪的法定刑是：

①犯本罪的，处5年以下有期徒刑、拘役或者管制。

②犯本罪，纠集他人多次实施寻衅滋事行为，严重破坏社会秩序的，处5年以上10年以下有期徒刑，并处罚金。

根据最高人民法院、最高人民检察院2013年7月22日《关于办理寻衅滋事刑事案件适用法律若干问题的解释》第6条规定，纠集他人三次以上实施寻衅滋事犯罪，未经处理的，应依照刑法第293条第2款的规定处罚。

（4）认定本罪时，应注意的问题：

①注意区分罪与非罪的界限。

第一，根据我国刑法第293条的规定，寻衅滋事罪的主体在主观上是故意的，主观上是过失的不构成本罪，单位也不构成本罪。

第二，寻衅滋事罪是破坏社会秩序的犯罪，随意殴打他人，追逐、拦截、辱骂、恐吓他人，或者强拿硬要或者任意损毁、占用公私财物等寻衅滋事行为一般都是发生在公共场所，破坏社会秩序的行为；不发生在公共场所的，但破坏社会秩序的也可以构成本罪。而在公共场所起哄闹事的寻衅滋事行为，必须是发生在公共场所，并造成公共场所秩序严重混乱的行为，才构成犯罪；不是在公共场所的起哄闹事的行为不构成寻衅滋事犯罪。

第三，寻衅滋事罪是结果犯，必须情节恶劣或者情节严重的，才可以构成犯罪。没有达到上述结果的寻衅滋事行为，是情节显著轻微危害不大的行为，不认为是犯罪。

根据最高人民法院、最高人民检察院2013年7月22日《关于办理寻衅滋事刑事案件适用法律若干问题的解释》第1条规定，行为人寻求刺激、发泄情绪、逞强耍横等，无事生非实施刑法第293条规定的行为的，应当认定为"寻衅滋事"。行为人因日常生活中的偶发矛盾纠纷，借故生非，实施刑法第293条规定的行为的，应当认定为"寻衅滋事"，但矛盾系由被害人故意引发或者被害人对矛盾激化负有主要责任的除外。行为人因婚姻、家庭、邻里、债务等纠纷，实施殴打、辱骂、恐吓他人或者损毁、占用他人财物等行为的，一般不认定为"寻衅滋事"，但经有关部门批评制止或者处理后，继续实施前列行为，破坏社会秩序的除外。

②注意划清寻衅滋事罪与聚众扰乱社会秩序罪的界限。寻衅滋事罪与聚众扰乱社会秩序罪都是扰乱社会秩序的犯罪，犯罪行为和犯罪结果都相同或者相似，容易混淆。二罪的主要区别是：第一，犯罪主体不同。寻衅滋事罪的主体是自然人个体犯罪，即使有多人参加也是一般共同犯罪。而聚众扰乱社会秩序罪是聚众犯罪，其犯罪主体是聚众的首要分子和积极参加的人。第二，犯罪对象不同。寻衅滋事罪侵犯的对象是人和物或者公共场所秩序，而聚众扰乱社会秩序罪侵犯的对象是机关、团体、企事业单位的正常工作秩序。上述两点不同，将寻衅滋事罪与聚众扰乱社会秩序罪区分开来。

③注意寻衅滋事罪与有关犯罪的定罪处罚。根据最高人民法院、最高人民检察院2013年7月22日《关于办理寻衅滋事刑事案件适用法律若干问题的解

释》第7条规定，实施寻衅滋事行为，同时符合寻衅滋事罪和故意杀人罪、故意伤害罪、故意毁坏财物罪、敲诈勒索罪、抢夺罪、抢劫罪的构成条件的，依照处罚较重的犯罪定罪处罚。

上述司法解释第8条规定，行为人认罪、悔罪，积极赔偿被害人损失或者取得被害人谅解的，可以从轻处罚；犯罪情节轻微的，可以不起诉或者免予刑事处罚。

（十五）组织、领导、参加黑社会性质组织罪

组织、领导、参加黑社会性质组织罪，是《刑法修正案（八）》第43条对刑法第294条规定的组织、领导、参加黑社会性质组织罪的罪状和法定刑修改的犯罪。最高人民法院1997年12月9日、最高人民检察院1997年12月25日司法解释规定为"组织、领导、参加黑社会性质组织罪"的罪名。

1. 刑法规定内容的修改

刑法条文中有关组织、领导、参加黑社会性质组织罪的规定有：

（1）1979年刑法第98条规定："组织、领导反革命集团的，处五年以上有期徒刑；其他积极参加反革命集团的，处五年以下有期徒刑、拘役、管制或者剥夺政治权利。"

（2）1997年刑法第294条规定："组织、领导和积极参加以暴力、威胁或者其他手段，有组织地进行违法犯罪活动，称霸一方，为非作恶，欺压、残害群众，严重破坏经济、社会生活秩序的黑社会性质的组织的，处三年以上十年以下有期徒刑；其他参加的，处三年以下有期徒刑、拘役、管制或者剥夺政治权利。

"境外的黑社会组织的人员到中华人民共和国境内发展组织成员的，处三年以上十年以下有期徒刑。

"犯前两款罪又有其他犯罪行为的，依照数罪并罚的规定处罚。

"国家机关工作人员包庇黑社会性质的组织，或者纵容黑社会性质的组织进行违法犯罪活动的，处三年以下有期徒刑、拘役或者剥夺政治权利；情节严重的，处三年以上十年以下有期徒刑。"

（3）2011年《刑法修正案（八）》第43条对刑法第294条规定修改为："组织、领导黑社会性质的组织的，处七年以上有期徒刑，并处没收财产；积极参加的，处三年以上七年以下有期徒刑，可以并处罚金或者没收财产；其他参加的，处三年以下有期徒刑、拘役、管制或者剥夺政治权利，可以并处罚金。

"境外的黑社会组织的人员到中华人民共和国境内发展组织成员的，处三

年以上十年以下有期徒刑。

"国家机关工作人员包庇黑社会性质的组织,或者纵容黑社会性质的组织进行违法犯罪活动的,处五年以下有期徒刑;情节严重的,处五年以上有期徒刑。

"犯前三款罪又有其他犯罪行为的,依照数罪并罚的规定处罚。

"黑社会性质的组织应当同时具备以下特征:(一)形成较稳定的犯罪组织,人数较多,有明确的组织者、领导者,骨干成员基本固定;(二)有组织地通过违法犯罪活动或者其他手段获取经济利益,具有一定的经济实力,以支持该组织的活动;(三)以暴力、威胁或者其他手段,有组织地多次进行违法犯罪活动,为非作恶,欺压、残害群众;(四)通过实施违法犯罪活动,或者利用国家工作人员的包庇或者纵容,称霸一方,在一定区域或者行业内,形成非法控制或者重大影响,严重破坏经济、社会生活秩序。"

上述《刑法修正案(八)》第43条对刑法第294条原规定的组织、领导、参加黑社会性质组织罪的罪状和法定刑进行了以下修改和补充:

一是删除原规定的"以暴力、威胁或者其他手段,有组织地进行违法犯罪活动,称霸一方,为非作恶,欺压、残害群众,严重破坏经济、社会生活秩序的黑社会性质的组织的"罪状,并解释了黑社会性质的组织具有的四个特征:①形成较稳定的犯罪组织,人数较多,有明确的组织者、领导者,骨干成员基本固定;②有组织地通过违法犯罪活动或者其他手段获取经济利益,具有一定的经济实力,以支持该组织的活动;③以暴力、威胁或者其他手段,有组织地多次进行违法犯罪活动,为非作恶,欺压、残害群众;④通过实施违法犯罪活动,或者利用国家工作人员的包庇或者纵容,称霸一方,在一定区域或者行业内,形成非法控制或者重大影响,严重破坏经济、社会生活秩序。

二是修改了法定,加重处罚力度,即组织、领导黑社会性质组织的,"处七年以上有期徒刑,并处没收财产;积极参加的,处三年以上七年以下有期徒刑,可以并处罚金或者没收财产;其他参加的,处三年以下有期徒刑、拘役、管制或者剥夺政治权利,可以并处罚金"。

三是将包庇、纵容黑社会性质组织罪的法定刑作加重修改。

2. 刑法规定修改的原因

我国1979年刑法没有单独规定组织、领导、积极参加黑社会性质组织罪,而是将黑社会性质组织罪的犯罪行为作为组织、领导、参加反革命集团罪的犯罪行为之一,最低处管制或者剥夺政治权利,最高处15年有期徒刑。1997年刑法取消了组织、领导、积极参加反革命集团罪的罪名,将组织、领导、积极参加黑社会性质组织的犯罪行为规定为独立的犯罪,并规定犯组织、领导、参加黑社会性质组织罪的,最低处管制或者剥夺政治权利,最高处10年有期徒刑。从多年的司法实践经验看,修订刑法原规定的处罚比较轻。特别是近年来,黑社会性质组织犯罪猖獗,给人民的生命财产造成了严重的危害。为了严惩黑社会性质组织犯罪,全国人大常委会于2002年4月28日《关于〈中华人民共和国刑法〉第二百九十四条第一款的解释》中对黑社会性质的组织的含义问题作了立法解释。《刑法修正案(八)》对组织、领导、参加黑社会组织罪的罪状和法定刑进行修改和补充,最高处15年有期徒刑,加重了对组织、领导、积极参加黑社会性质组织罪的处罚力度。

3. 组织、领导、参加黑社会性质组织罪的适用

组织、领导、参加黑社会性质组织罪,是《刑法修正案(八)》第43条对刑法第294条原规定的组织、领导、参加黑社会性质组织罪修改补充的犯罪,要准确适用就必须弄清该罪的概念、特征、法定刑,以及适用时应注意的问题。

(1) 组织、领导、参加黑社会性质组织罪的概念。该罪是指组织、领导、参加黑社会性质的组织的行为。

黑社会组织是一种有组织、有领导、有计划地进行反社会活动的团体或者组织。我国现在还没有黑社会组织。但是,近几年来,出现了一些带有黑社会性质的组织,在为首分子的组织、领导和指挥下进行违法犯罪活动,称霸一方,为非作歹,欺压、残害群众,严重扰乱社会秩序。组织、领导、参加黑社会性质组织是一种严重危害社会的行为,有的犯罪分子进行危害国家安全的犯罪活动,有的进行经济犯罪活动,有的进行危害社会治安秩序的犯罪活动。组织犯罪组织是把犯罪分子组织起来进行犯罪,其社会危害性严重。我国刑法规定,犯组织、领导、参加黑社会性质组织罪的,最高处15年有期徒刑,并处没收财产。

(2) 犯罪构成特征。根据刑法第294条和《刑法修正案(八)》第43条的规定,该罪的构成特征是:

①犯罪主体,是一般主体。达到法定年龄、具有刑事责任能力,实施了组织、领导、参加黑社会性质组织犯罪行为的自然人。犯罪主体有的是组织者、有的是领导者、有的是积极参加者和一般参加者。犯罪主体在主观上是故意的。不满16周岁的人和单位不能构成本罪。

②犯罪行为,必须是实施了组织、领导、参加黑社会性质组织罪的犯罪行为。具体表现有:

第一,组织黑社会性质组织的行为,是指为了进行犯罪而倡导、发起、组建黑社会性质犯罪组织的行为。

第二，领导黑社会性质组织罪的行为，是指在黑社会性质组织中处于领导地位，对黑社会性质组织的活动实施策划、决策、指挥、协调等活动。

第三，积极参加黑社会性质组织的行为，是指明知是黑社会性质组织，而积极主动地要求参加，在黑社会性质组织中起骨干作用。

第四，其他参加黑社会性质组织的行为，是指一般跟随参加黑社会性质组织及其违法犯罪活动的行为。犯罪主体在主观上知道是黑社会性质组织而自愿参加组织及其活动，在黑社会性质组织中是一般参加者。

本罪的上述行为都是故意犯罪行为，即明知是黑社会性质组织而组织、领导和参加的行为。只要故意实施了上述行为之一的，就可以构成犯罪。

③犯罪结果，是行为犯。只要故意实施了组织、领导、参加黑社会性质组织行为的，就可以构成犯罪。黑社会性质的组织应当同时具备以下特征：形成较稳定的犯罪组织，人数较多，有明确的组织者、领导者，骨干成员基本固定；有组织地通过违法犯罪活动或者其他手段获取经济利益，具有一定的经济实力，以支持该组织的活动；以暴力、威胁或者其他手段，有组织地多次进行违法犯罪活动，为非作恶，欺压、残害群众；通过实施违法犯罪活动，或者利用国家工作人员的包庇或者纵容，称霸一方，在一定区域或者行业内，形成非法控制或者重大影响，严重破坏经济、社会生活秩序。只有同时具备了上述四个特征的行为，才能构成黑社会性质组织。

（3）组织、领导、参加黑社会性质组织罪的法定刑。根据刑法第294条的规定，该罪的法定刑是：

①组织、领导黑社会性质的组织的，处7年以上有期徒刑，并处没收财产。

②积极参加黑社会组织的，处3年以上7年以下有期徒刑，可以并处罚金或者没收财产。

③其他参加黑社会性质组织的，处3年以下有期徒刑、拘役、管制或者剥夺政治权利，可以并处罚金。

（4）认定本罪时，应注意的问题：

①注意区分罪与非罪的界限。

第一，根据我国刑法第294条的规定，组织、领导、参加黑社会性质组织罪的主体在主观上是故意的，主观上是过失的不构成本罪，单位也不构成本罪。根据最高人民法院2000年12月10日《关于审理黑社会性质组织犯罪的案件具体应用法律若干问题的解释》第3条第2款规定，对于参加黑社会性质的组织，没有实施其他违法犯罪活动的，或者受蒙蔽、胁迫参加黑社会性质的组织，情节轻微的，可以不作为犯罪处理。第4条规定，国家机关工作人员组织、领导、参加黑社会性质组织的,从重处罚。

第二,组织、领导、参加黑社会性质组织罪的犯罪行为是组织、领导、参加黑社会性质组织的行为和接受黑社会性质组织的指挥、完成黑社组织交办的任务行为,才构成犯罪。对一些不明真相,被裹挟、受蒙骗的群众,一般不构成犯罪。

第三,组织、领导黑社会性质的组织罪是行为犯,只要实施了组织、领导、参加黑社会性质的组织的行为就可以构成犯罪。但是,依照我国刑法第13条规定,情节显著轻微危害不大的行为不认为构成犯罪。

②注意划清组织、领导、参加黑社会性质组织罪的一罪与数罪的界限。组织、领导黑社会性质组织罪是行为犯,只要实施了上述犯罪行为就可以构成犯罪。如果在黑社会性质组织的指挥下又进行了其他犯罪活动,如故意杀人、故意伤害、赌博、贩毒等,应另定罪,进行数罪并罚。

③注意划清组织、领导、参加黑社会性质组织罪与组织、领导、参加恐怖组织罪和组织、利用会道门、邪教组织破坏法律实施罪的界限。上述三种罪都是组织、领导、参加一定组织进行违法犯罪活动的犯罪。其犯罪行为和社会危害基本相同或相似,容易混淆。其区别是组织、领导、参加的组织性质不同。黑社会性质组织罪是危害国家对社会管理活动的犯罪,恐怖组织罪是危害公共安全的犯罪,会道门、邪教组织是破坏国家法律实施的犯罪。由于犯罪组织的性质不同,将上述三种犯罪区分开。如果某犯罪组织三种性质相兼的,按重罪吸收轻罪的原则,按重罪定罪处罚。

(十六) 包庇、纵容黑社会性质组织罪

包庇、纵容黑社会性质组织罪,是《刑法修正案(八)》第43条对刑法第294条第3款规定的包庇、纵容黑社会性质组织罪的法定刑修改的犯罪。最高人民法院1997年12月9日、最高人民检察院1997年12月25日司法解释规定为"包庇、纵容黑社会性质组织罪"的罪名。

1. 刑法规定内容的修改

刑法条文中有关包庇、纵容黑社会性质组织罪的规定有:

(1) 1979年刑法第162条规定:"窝藏或者作假证明包庇反革命分子的,处三年以下有期徒刑、拘役或者管制;情节严重的,处三年以上十年以下有期徒刑。

"窝藏或者作假证明包庇其他犯罪分子的,处二年以下有期徒刑、拘役或者管制;情节严重的,处二年以上七年以下有期徒刑。

"犯前两款罪,事前通谋的,以共同犯罪论处。"

(2) 1997年刑法第294条第4款规定:"国家机关工作人员包庇黑社会性质的组织,或者纵容黑社会性质的组织进行违法犯罪活动的,处三年以下有期徒刑、拘役或者剥夺政治权利;情节严重的,处三年以上十年以下有期徒刑。"

(3) 2011年《刑法修正案(八)》第43条对刑法原第294条第4款的规定修改为:"国家机关工作人员包庇黑社会性质的组织,或者纵容黑社会性质的组织进行违法犯罪活动的,处五年以下有期徒刑;情节严重的,处五年以上有期徒刑。"

上述《刑法修正案(八)》第43条对刑法第294条原规定的包庇、纵容黑社会性质组织罪的法定刑进行了以下修改:

一是将法定刑第一个量刑幅度"处三年以下有期徒刑、拘役或者剥夺政治权利",改为"处五年以下有期徒刑",提高起刑点和上限刑罚力度,由3年有期徒改为5年有期徒刑;

二是将第二个量刑幅度由"处三年以上十年以下有期徒刑",改为"处五年以上有期徒刑",最低刑由3年有期徒刑提高到5年有期徒刑;最高刑由10年有期徒刑提高到15年有期徒刑,加重了对包庇、纵容黑社会性质组织罪的处罚力度。

三是增加规定:"又有其他犯罪行为的,依照数罪并罚的规定处罚。"

2. 刑法规定修改的原因

我国1979年刑法没有单独规定包庇、纵容黑社会性质组织罪,而是将这种犯罪行为规定在包庇罪中,作为包庇罪的行为之一。1997年刑法将包庇、纵容黑社会性质组织的犯罪行为规定在刑法第294条规定的组织、领导、参加黑社会性质组织罪第4款中。最高人民法院、最高人民检察院司法解释确定为独立的罪名,最低处拘役或者剥夺政治权利,最高处10年有期徒刑。从多年的司法实践经验看,修订刑法原规定的处罚比较轻,特别是近年来黑社会性质组织犯罪猖獗,产生打击不力的情况。为了严惩国家机关工作人员包庇黑社会性质的组织,或者纵容黑社会性质的组织进行违法犯罪活动的行为,《刑法修正案(八)》对包庇、纵容黑社会性质组织罪的法定刑进行修改和补充,提高最低起刑点,加重最高刑,最高由处10年有期徒刑提高到处15年有期徒刑,并且专门规定又有其他犯罪的进行数罪并罚。

3. 包庇、纵容黑社会性质组织罪的适用

包庇、纵容黑社会性质组织罪是《刑法修正案(八)》第43条对刑法第294条原第4款规定的包庇、纵容黑社会性质组织罪修改补充的犯罪,要准确适用就必须弄清该罪的概念、特征、法定刑,以及适用时应注意的问题。

（1）包庇、纵容黑社会性质组织罪的概念。该罪是指国家机关工作人员包庇黑社会性质的组织，或者纵容黑社会性质的组织进行违法犯罪活动的行为。

黑社会组织是一种有组织、有领导、有计划地进行反社会活动的团体或者组织。我国现在还没有黑社会组织，但是近年来出现了一些带有黑社会性质的组织，在为首分子的组织、领导和指挥下进行违法犯罪活动，称霸一方，为非作歹，欺压、残害群众，严重扰乱社会秩序。国家机关工作人员的职责就是依法对社会进行管理，维护社会公共秩序。如果国家机关工作人员包庇、纵容黑社会性质组织进行违法犯罪活动，黑社会性质组织有了"保护伞"和支持者，其社会危害性更加严重。我国刑法规定，犯包庇、纵容黑社会性质组织罪的，最低处有期徒刑，最高处15年有期徒刑。

（2）犯罪构成特征。根据刑法第294条第3款和《刑法修正案（八）》第43条的规定，该罪的构成特征是：

①犯罪主体，是特殊主体。必须是国家机关工作人员。受委托在国家机关中从事公务的人员也可以构成本罪的主体。犯罪主体在主观上是故意的。

②犯罪行为，必须是实施了包庇、纵容黑社会性质组织罪的犯罪行为。具体表现有：

其一，明知是黑社会性质组织，故意包庇，对黑社会性质组织的违法犯罪行为不进行处理或者故意大事化小、小事化了，或者为黑社会性质组织出谋划策等行为。

其二，明知是黑社会性质组织进行违法犯罪活动而进行纵容。有的直接参与，有的背后操纵、指挥等。

上述犯罪行为都是故意的，即明知是黑社会性质组织而进行包庇或者纵容的行为。

根据最高人民法院2000年12月10日《关于审理黑社会性质组织犯罪的案件具体应用法律若干问题的解释》第5条规定，刑法第294条第4款规定的"包庇"，是指国家机关工作人员为使黑社会性质组织及其成员逃避查禁，而通风报信，隐匿、毁灭、伪造证据，阻止他人作证、检举揭发，指使他人作伪证，帮助逃匿，或者阻挠其他国家机关工作人员依法查禁等行为。刑法第294条第4款规定的"纵容"，是指国家机关工作人员不履行职责，放纵黑社会性质组织进行违法犯罪活动的行为。

③犯罪结果，是行为犯。只要故意实施了包庇、纵容黑社会性质组织罪的行为就可以构成犯罪，情节严重的，处加重法定刑。

（3）包庇、纵容黑社会性质组织罪的法定刑。根据刑法第294条的规定，该罪的法定刑是：

①犯包庇、纵容黑社会性质的组织的，处5年以下有期徒刑。

②犯包庇、纵容黑社会性质的组织，情节严重的，处5年以上有期徒刑。

根据最高人民法院2000年12月10日《关于审理黑社会性质组织犯罪的案件具体应用法律若干问题的解释》第6条规定，"国家机关工作人员包庇、纵容黑社会性质的组织，有下列情形之一的，属于刑法第二百九十四条第四款规定的'情节严重'：（一）包庇、纵容黑社会性质的组织跨境实施违法犯罪活动的；（二）包庇、纵容境外黑社会性质的组织在境内实施违法犯罪活动的；（三）多次包庇、纵容行为的；（四）致使某一区域或者行业的经济、社会生活秩序遭受黑社会性质的组织特别严重破坏的；（五）致使黑社会性质组织者、领导者逃匿，或者致使对黑社会性质组织的查禁工作严重受阻的；（六）具有其他严重情节的"。

（4）认定本罪时，应注意的问题：

①注意区分罪与非罪的界限。

第一，根据我国刑法第294条第3款的规定，包庇、纵容黑社会性质的组织罪的主体是特殊主体，必须是国家机关工作人员才构成犯罪，非国家机关工作人员不构成本罪。

第二，包庇、纵容黑社会性质组织罪的犯罪行为是故意犯罪行为，过失行为不构成包庇、纵容黑社会性质的组织罪。

第三，包庇、纵容黑社会性质的组织罪是行为犯，只要实施了包庇黑社会性质的组织，或者纵容黑社会组织进行违法犯罪行为的就可以构成犯罪。但是，依照我国刑法第13条规定，情节显著轻微危害不大的行为不认为构成犯罪。

②注意划清包庇、纵容黑社会性质组织罪的一罪与数罪的界限。包庇、纵容黑社会性质组织罪是行为犯，只要实施了上述犯罪行为就可以构成犯罪。如果在包庇、纵容黑社会性质组织的过程中又有其他犯罪行为的，依照数罪并罚的规定处罚。

③注意划清包庇、纵容黑社会性质组织罪与组织、领导、参加黑社会性质组织罪的界限。国家机关工作人员事先与黑社会性质组织的犯罪分子通谋，事后包庇、纵容的行为是构成组织、领导、参加黑社会性质组织罪的共犯，还是认定为包庇、纵容黑社会性质组织罪呢？笔者认为，依照特别规定优先普通规定的定罪原则，刑法对包庇、纵容黑社会性组织罪已作了特别规定，尽管按组织、领导黑社会性质组织罪处刑较重，还是应按特别规定认定为包庇、纵容黑社会性质组织罪。

(十七) 污染环境罪

污染环境罪是《刑法修正案（八）》第46条对刑法第338条原规定的重大环境污染事故罪的罪状修改的犯罪。1997年最高人民法院、最高人民检察院司法解释规定为"重大环境污染事故罪"。2011年4月27日"两高"《关于执行〈中华人民共和国刑法〉确定罪名的补充规定（五）》中取消了"重大环境污染事故罪"，改为"污染环境罪"。

1. 刑法规定内容的修改刑法条文中有关污染环境罪的规定有：

（1）1979年刑法第114条规定："工厂、矿山、林场、建筑企业或者其他企业、事业单位的职工，由于不服管理、违反规章制度，或者强令工人违章冒险作业，因而发生重大伤亡事故，造成严重后果的，处三年以下有期徒刑或者拘役；情节特别恶劣的，处三年以上七年以下有期徒刑。"

（2）1997年刑法第338条规定："违反国家规定，向土地、水体、大气排放、倾倒或者处置有放射性的废物、含传染病病原体的废物、有毒物质或者其他危险废物，造成重大环境污染事故，致使公私财产遭受重大损失或者人身伤亡的严重后果的，处三年以下有期徒刑或者拘役，并处或者单处罚金；后果特别严重的，处三年以上七年以下有期徒刑，并处罚金。"

（3）2011年《刑法修正案（八）》第46条将刑法第338条修改为："违反国家规定，排放、倾倒或者处置有放射性的废物、含传染病病原体的废物、有毒物质或者其他有害物质，严重污染环境的，处三年以下有期徒刑或者拘役，并处或者单处罚金；后果特别严重的，处三年以上七年以下有期徒刑，并处罚金。"

上述《刑法修正案（八）》第46条将刑法第338条原规定的重大环境污染事故罪的罪状进行了以下修改和补充：

一是删除原规定的"向土地、水体、大气"排放、倾倒或者处置危险物的限制条件。

二是将"其他危险废物"修改为"其他有害物质"。

三是将"造成重大环境污染事故，致使公私财产遭受重大损失或者人身伤亡的严重后果的"修改为"严重污染环境的"。

上述删去"重大环境污染事故，致使公私财产遭受重大损失或者人身伤亡的严重后果的"才构成犯罪的限制条件，并改为只要严重污染环境的就可以构成犯罪，扩大了本罪的适用范围。

2. 刑法规定修改的原因

我国1979年刑法没有单独规定污染环境罪，而是将严重污染环境的犯罪行为作为重大责任事故罪的犯罪行为之一，最低处拘役，最高处7年有期徒刑。1997年刑法将污染环境，造成重大环境污染事故的犯罪行为规定为独立的犯罪，确定为重大环境污染事故罪的罪名，最低处拘役，并处或者单处罚金；最高处7年有期徒刑，并处罚金。从多年的司法实践经验看，修订刑法原规定的重大环境污染事故罪的构成条件过严，对大量严重污染环境的行为不能入罪给予刑法处罚，使环境污染越来越严重。特别是近年来，污染环境的行为相当严重，给人们的生命财产造成巨大损失。为了严惩污染环境的犯罪行为，《刑法修正案（八）》对污染环境罪的罪状进行了修改，扩大了惩治范围，只要实施了严重污染环境的行为，就可以构成犯罪。

3. 污染环境罪的适用

污染环境罪是《刑法修正案（八）》第46条对刑法第338条原规定的重大环境污染事故罪修改补充的犯罪，要准确适用就必须弄清该罪的概念、特征、法定刑，以及适用时应注意的问题。

（1）污染环境罪的概念。污染环境罪是指违反国家规定，排放、倾倒或者处置有放射性的废物、含传染病病原体的废物、有毒物质或者其他有害物质，严重污染环境的行为。

环境是人类生存的条件，排放、倾倒或者处置有毒、有害物质，严重污染环境，对人的生命财产将造成重大损害，这是对社会有严重危害的行为。我国刑法规定，构成污染环境罪的，最高处7年有期徒刑，并处罚金。

（2）犯罪构成特征。根据刑法第338条和《刑法修正案（八）》第46条的规定，该罪的构成特征是：

①犯罪主体，是一般主体。达到法定年龄，具有刑事责任能力，实施了污染环境犯罪行为的自然人和单位。单位犯本罪的主体除单位以外，还有单位的直接负责主管人员和其他直接责任人员。犯罪主体在主观上违反国家规定排放、倾倒或者处置有害物质有的可能是故意的，但对严重污染环境的结果都是过失的。不满16周岁的人不构成本罪。

②犯罪行为，必须是实施了污染环境的犯罪行为。具体表现有：第一，违反国家规定，排放、倾倒或者处置有害物质的行为。违反国家规定，是指违反全国人大、人大常委会和国务院的法律和法规的有关规定。第二，实施了排放、倾倒或者处置有放射性的废物、含传染病病原体的废物、有毒物质或者其他有害物质，严重污染环境的行为。上述违反国家规定既可能是故意的行为，也可能是过失的行为，但对污染环境结果都是过失的。

③犯罪结果，是结果犯。必须造成严重污染环境的结果，才能构成犯罪。后果特别严重的，处加重法定刑。根据最高人民法院、最高人民检察院2017

年1月1日起施行的《关于办理环境污染刑事案件适用法律若干问题的解释》第1条规定,"实施刑法第三百三十八条规定的行为,有下列情形之一的,应认定为'严重污染环境':(一)在饮用水水源一级保护区、自然保护区核心区排放、倾倒、处置有放射性的废物、含传染病病原体的废物、有毒物质的;(二)非法排放、倾倒、处置危险废物三吨以上的;(三)排放、倾倒、处置含铅、汞、镉、铬、砷、铊、锑的污染物,超过国家或地方污染物排放标准三倍以上的;(四)排放、倾倒、处置含镍、铜、锌、银、钒、锰、钴的污染物,超过国家或地方污染物排放标准十倍以上的;(五)通过暗管、渗井、裂隙、溶洞、灌注等逃避监管的方法排放、倾倒、处置有放射性的废物、含传染病病原体的废物、有毒物质的;(六)二年内曾因违反国家规定,排放、倾倒、处置放射性的废物、含传染病病原体的废物、有毒物质受过两次以上行政处罚,又实施前列行为的;(七)重点排污单位篡改、伪造自动监测数据或者干扰自动监测设备,排放化学需氧量、氨氮、二氧化硫、氮氧化物等污染物的;(八)违法减少防治污染设施运行支出一百万元以上的;(九)违法所得或者致使公私财产损失三十万元以上的;(十)造成生态环境严重损害的;(十一)致使乡镇以上集中式饮用水水源取水中断十二小时以上的;(十二)致使基本农田、防护林、特种用途林地五亩以上,其他农用地十亩以上,其他土地二十亩以上基本功能丧失或者遭受永久性破坏的;(十三)致使森林或者其他林木死亡五十立方米以上,或者幼树死亡二千五百株以上的;(十四)致使疏散、转移群众五千人以上;(十五)致使三十人以上中毒;(十六)致使三人以上轻伤、轻度残疾或者器官组织损伤导致一般功能障碍的;(十七)致使一人以上重伤、中度残疾或者器官组织损伤导致严重功能障碍的;(十八)其他严重污染环境的情形。"上述解释第17条第1款、第2款规定,"本解释所称'二年内',以第一次违法行为受到行政处罚的生效之日起与又实施相应行为之日的时间间隔计算确定。本解释所称'重点排污单位',是指设区的市级以上人民政府环境保护主管部门依法确定的应当安装、使用污染物排放自动监测设备的重点监控企业及其他单位"。

上述司法解释第2条规定:"实施刑法第三百三十九条、第四百零八条规定的行为,致使公私财产损失三十万元以上,或者具有本解释第一条第一项至第十三项规定情形之一的,应当认定为'致使公私财产遭受重大损失或者严重危害人体健康',或者'致使公私财产遭受重大损失或者造成人身伤亡的严重后果'。"上述解释第17条第4款规定,"本解释所称'公私财产损失',包括实施刑法第三百三十八条、第三百三十九条规定的行为直接造成财产损失、减少的实际价值,为防止污染扩大、消除污染而采取必要合理措施所产生的费用,以及处置突发环境事件的应急监测费用"。

上述司法解释第3条规定,"实施刑法第三百三十八条、第三百三十九条规定的行为,有下列情形之一的,应认定为'后果特别严重':(一)致使县级以上城区集中饮用水水源取水中断十二小时以上的;(二)非法排放、倾倒、处置危险废物一百吨以上的;(三)使基本农田、防护林、特种用途林地十五亩以上,其他农用地三十亩以上,其他土地三十亩以上,其他土地六十亩以上基本功能丧失或者遭受永久性破坏的;(四)致使森林或者其他林木死亡一百五十立方米以上,或者幼树死亡七千五百株以上的;(五)致使公私财产损失一百五十万元以上的;(六)造成生态环境特别严重损害的;(七)致使疏散、转移群众一万五千人以上;(八)致使一百人以上中毒;(九)致使十人以轻伤、轻度残疾或者器官组织损伤导致一般功能障碍的;(十)致使三人以上重伤、中度残疾或者器官组织损伤导致严重功能障碍的;(十一)致使一人以上重伤、中度残疾或者器官组织损伤导致严重功能障碍,并致使五人以上轻伤、轻度残疾或者器官组织损伤导致一般功能障碍的;(十二)致使一人以上死亡或者重度残疾的;(十三)其他后果特别严重的情形"。上述解释第17条第5款规定,"本解释所称'生态环境损害',包括生态环境修复费用,生态环境修复期间服务功能的损失和生态环境功能永久性损害造成的损失,以及其他必要合理费用"。上述解释第17条第3款规定,"本解释所称'违法所得',是指实施刑法第三百三十八条、第三百三十九条规定的行为所得和可得的全部违法收入"。

上述司法解释第4条规定,"实施刑法第三百三十八条、第三百三十九条规定的行为,有下列情形之一的,应当酌情从重处罚:(一)阻挠环境监督检查或者突发环境事件调查的;(二)在医院、学校、居民区等人口集中地区及其附近,违反国家规定排放、倾倒、处置有放射性的废物、含传染病病原体的废物、有毒物质或者其他有毒物质的;(三)在重大污染天气预警期间,突发环境事件处置期间或者被责令限期整改期间,违反国家规定排放、倾倒、处置有放射性的废物、含传染病病原体的废物、有毒物质或者其他有毒物质的;(四)具有危险废物经营许可证的企业违反国家规定排放、倾倒、处置有放射性的废物、含传染病病原体的废物、有毒物质或者其他有毒物质的"。

上述司法解释第5条规定,"实施刑法第三百三十八条、第三百三十九条规定的行为,刚达到应当追究刑事责任的标准,但行为人及时采取措施,防止损失扩大、消除污染,全部赔偿损失的,积极修复生态环境,且系初犯,确有悔罪表现的,可以认定为情节轻微,不起诉或者免予刑事处罚;确有必要判处刑罚的,应当从宽处罚"。

(3) 污染环境罪的法定刑。根据刑法第 338 条的规定，该罪的法定刑是：

①严重污染环境，构成犯罪的，处 3 年以下有期徒刑或者拘役，并处或者单处罚金。

②犯本罪，后果特别严重的，处 3 年以上 7 年以下有期徒刑，并处罚金。

③单位犯本罪的，对单位判处罚金，并对其直接负责的主管人员和其他直接责任人员依照自然人犯本罪的处罚规定处罚。

(4) 认定本罪时，应注意的问题：

①注意区分罪与非罪的界限。

第一，根据我国刑法第 338 条的规定，污染环境罪的主体对造成严重污染环境的结果在主观上是过失的，如果犯罪主体在主观上故意严重污染环境，不构成本罪，而构成其他犯罪，如危害公共安全罪中的具体犯罪等。

第二，污染环境罪，必须是排放、倾倒、处置有毒、有害物质的行为，才构成犯罪；如果排放、倾倒、处置的不是有毒、有害物质，或者排放的有毒、有害物质被控制住，没有污染环境的行为，不构成犯罪。

根据最高人民法院、最高人民检察院 2017 年 1 月 1 日起施行的《关于办理环境污染刑事案件适用法律若干问题的解释》第 15 条规定，"下列物质应当认定为刑法第三百三十八条规定的'有毒物质'：（一）危险废物，是指列入国家危险废物名录，或者根据国家规定的危险废物鉴别标准和鉴别方法认定的具有危险特性的废物；（二）《关于持久性有机污染物的斯德哥尔摩公约》附件所列物质；（三）含重金属的污染物；（四）其他有毒性，可能污染环境的物质"。

第三，污染环境罪是结果犯，必须造成严重污染环境的结果，才构成犯罪；如果污染环境没有达到严重程度的，不构成犯罪，由国家环境保护机关给予行政处罚。

②注意污染环境罪共犯的认定。根据最高人民法院、最高人民检察院 2017 年 1 月 1 日起施行的《关于办理环境污染刑事案件适用法律若干问题的解释》第 7 条规定，"明知他人无经营许可证，向其提供或者委托其收集、贮存、利用、处置危险废物，严重污染环境的，以共同犯罪论处"。

③注意划清污染环境罪与危险物品肇事罪的界限。污染环境罪与危害公安全罪中的危险品肇事罪都是过失犯罪，造成严重环境污染，造成人员、财产重大损失。但二罪的主要区别是：第一，犯罪主体不同，本罪是一般主体，而危险物品肇事罪的主体是生产、储存、运输、使用危险物品的人员才能构成。第二，犯罪行为不同。本罪的犯罪行为是违反国家规定，排放、倾倒或者处置有害物质的行为。而危险品肇事罪的犯罪行为是在生产、储存、运输、使用危险

品过程中违反操作规定的行为。由于上述两点不同，将两罪区分开来。

④注意污染环境罪与其他相关犯罪的定罪处罚。根据最高人民法院、最高人民检察院2017年1月1日起施行的《关于办理环境污染刑事案件适用法律若干问题的解释》第8条规定，"违反国家规定，排放、倾倒、处置放射性的废物、含传染病病原体等物质的污染物，同时构成污染环境罪、非法处置进口的固体废物罪、投放危险物质罪等犯罪的，依照处罚较重的规定定罪处罚"。

根据最高人民法院、最高人民检察院2017年1月1日起施行的《关于办理环境污染刑事案件适用法律若干问题的解释》第6条规定，"无危险废物经营许可证从事收集、贮存、利用、处置危险废物经营活动，严重污染环境的，按照污染环境罪定罪处罚；同时构成非法经营罪的，依照处罚较重的规定定罪处罚。实施前款规定的行为，不具有超标排放污染物、非法倾倒污染物或者其他违法造成环境污染的情形的可以认定为非法经营情节显著轻微危害不大，不认为是犯罪；构成生产、销售伪劣产品等其他犯罪的，以其他犯罪论处"。

上述解释第17条第6款规定，"本解释所称'无危险废物经营许可证'，是指未取得危险废物经营许可证，或者超出危险废物经营许可证的经营范围"。

（十八）非法采矿罪

非法采矿罪是《刑法修正案（八）》第47条对刑法第343条原规定的非法采矿罪的罪状修改的犯罪。1997年最高人民法院、最高人民检察院司法解释规定为"非法采矿罪"。

1. 刑法规定内容的修改

刑法条文中有关非法采矿罪的规定有：

（1）1997年刑法第343条规定："违反矿产资源法的规定，未取得采矿许可证擅自采矿的，擅自进入国家规划矿区、对国民经济具有重要价值的矿区和他人矿区范围采矿的，擅自开采国家规定实行保护性开采的特定矿种，经责令停止开采后拒不停止开采，造成矿产资源破坏的，处三年以下有期徒刑、拘役或者管制，并处或者单处罚金；造成矿产资源严重破坏的，处三年以上七年以下有期徒刑，并处罚金。

"违反矿产资源法的规定，采取破坏性的开采方法开采矿产资源，造成矿产资源严重破坏的，处五年以下有期徒刑或者拘役，并处罚金。"

（2）2011年《刑法修正案（八）》第47条将刑法第343条第1款修改为："违反矿产资源法的规定，未取得采矿许可证，擅自采矿，擅自进入国家规划矿区、对国民经济具有重要价值的矿区和他人矿区范围采矿，或者擅自开采国家规定实行保护性开采的特定矿种，情节严重的，处三年以下有期徒刑、拘役或者管制,并处或者单处罚金;情节特别严重的,处三年以上七年以下有期徒刑,并处罚金。"

上述《刑法修正案(八)》第47条对刑法第343条第1款原规定的非法采矿罪的罪状进行了以下修改和补充:

一是将原规定的"经责令停止开采后拒不停止开采,造成矿产资源破坏的"结果改为"情节严重的"结果。

二是将"造成矿产资源严重破坏的"结果改为"情节特别严重的"结果。这样修改是将具体的犯罪结果改为抽象的犯罪结果,可以扩大非法采矿罪的适用范围。

2. 刑法规定修改的原因

我国1979年刑法没有单独规定非法采矿罪,因为在1979年很少有非法采矿行为。1986年3月19日,我国颁布了《中华人民共和国矿产资源法》,在该法中规定,未取得采矿许可证,擅自采矿,造成矿产资源破坏的行为,依照刑法规定追究刑事责任。1997年刑法增加非法采矿罪。近年来,非法采矿行为增多,不但造成矿产资源破坏,而且经常发生矿难事故和产生大量采矿纠纷,给国家和人民的生命财产造成巨大损失。为了严惩非法采矿犯罪行为,《刑法修正案(八)》对非法采矿罪的犯罪结果由造成矿产资源破坏的结果改为情节结果,不止是造成矿产资源破坏的结果,还有其他情节严重结果,扩大了惩治非法采矿罪的范围。

3. 非法采矿罪的适用

非法采矿罪是《刑法修正案(八)》第47条对刑法第343条第1款原规定的非法采矿罪修改补充的犯罪,要准确适用就必须弄清该罪的概念、特征、法定刑,以及适用时应注意的问题。

(1)非法采矿罪的概念。非法采矿罪,是指违反矿产资源法的规定,未取得采矿许可证,擅自采矿,擅自进入国家规划矿区、对国民经济具有重要价值的矿区和他人矿区范围采矿,或者擅自开采国家规定实行保护性开采的特定矿种,情节严重的行为。

矿产资源是国家的重要自然资源,国家对矿产资源实行有计划合理开采,充分发挥有限矿产资源的作用。因此,国家实行矿产开采许可证制度,必须持开采许可证才能开矿。无证采矿,或者掠夺性、破坏性采矿行为是对矿产资源的破坏,也就是对社会有严重危害的行为。我国刑法规定构成非法采矿罪的,最高处7年有期徒刑,并处罚金。

(2)犯罪构成特征。根据刑法第343条和《刑法修正案(八)》第47条

的规定,该罪的构成特征是:

①犯罪主体,是一般主体。达到法定年龄,具有刑事责任能力,实施了非法采矿犯罪行为的自然人和单位。单位犯本罪的主体除单位以外,还有单位的直接负责主管人员和其他直接责任人员。犯罪主体在主观上是故意的。

②犯罪行为,必须是实施了非法采矿犯罪行为。具体表现有:

第一,违反国家矿产资源法规定,未取得采矿许可证,擅自采矿的行为。最高人民法院、最高人民检察院2016年12月1日起施行的《关于办理非法采矿、破坏性采矿刑事案件适用法律若干问题的解释》第1条规定,"违反《中华人民共和国矿产资源法》《中华人民共和国水法》等法律、行政法规有关矿资源开发、利用、保护和管理的规定的,应当认定为刑法第三百四十三条规定的'违反矿产资源法的规定'"。第2条规定,"具有下列情形之一的,应当认定为刑法第三百四十三条第一款规定的'未取得采矿许可证':(一)无许可证的;(二)许可证被注销、吊销、撤销的;(三)超越许可证规定的矿区范围或者开采范围的;(四)超出许可证规定的矿种的(共生、伴生矿种除外);(五)其他未取得许可证的情形"。

第二,实施了以下三种非法采矿行为:一是擅自进入国家规划矿区非法采矿的行为;二是擅自开采对国民经济具有重要价值的矿区和他人矿区范围采矿的行为;三是擅自开采国家规定实行保护性开采的特定矿种的行为。具备上述行为之一的,构成非法采矿的犯罪行为。

最高人民法院、最高人民检察院2016年12月1日起施行的《关于办理非法采矿、破坏性采矿刑事案件适用法律若干问题的解释》第4条规定,"在河道管理范围内采砂,具有下列情形之一,符合刑法第三百四十三条第一款和本解释第二条、第三条规定的非法采矿罪定罪处罚:(一)依据相关规定应当办理河道采砂许可证,未取得河道采砂许可证的;(二)依据相关规定应当办理河道采砂许可证和采矿许可证,既未取得河道采砂许可证,又未取得采矿许可证的。实施前款规定行为,虽不具有本解释第三条第一款规定的情形,但严重影响河势稳定,危害防洪安全的,应当认定为刑法第三百四十三条第一款规定的'情节严重'。上述解释第5条第1款规定,"未取得海砂开采海域使用权证,且未取得采矿许可证,采挖海砂,符合刑法第三百四十三条第一款和本解释第二条、第三条规定的,以非法采矿罪定罪处罚。"

③犯罪结果,是结果犯。必须非法采矿情节严重的结果,才能构成犯罪。情节特别严重的,处加重法定刑。最高人民法院、最高人民检察院2016年12月1日起施行的《关于办理非法采矿、破坏性采矿刑事案件适用法律若干问题的解释》第3条第1款规定,"实施非法采矿行为,具有下列情形之一的,

应当认定为刑法第三百四十三条第一款规定的'情节严重':(一)开采的矿产品价值或者造成的矿产资源破坏价值在十万元至三十万元以上的;(二)在国家规划区、对国民经济具有重要价值的矿区采矿,开采国家规定实行保护性开采的特定矿种,或者在禁区、禁采期内采矿,开采的矿产品价值或者造成矿产资源破坏的价值在五万元至十五万元以上的;(三)二年以内曾因非法采矿受过两次以上行政处罚,又实施非法采矿行为的;(四)造成生态环境严重损害的;(五)其他情节严重的情形"。

(3)非法采矿罪的法定刑。根据刑法第343条的规定,该罪的法定刑是:

①非法采矿情节严重,构成本罪的,处3年以下有期徒刑、拘役或者管制,并处或者单处罚金。

②犯本罪,情节特别严重的,处3年以上7年以下有期徒刑,并处罚金。最高人民法院、最高人民检察院2016年12月1日起施行的《关于办理非法采矿、破坏性采矿刑事案件适用法律若干问题的解释》第3条第2款规定:"实施非法采矿行为,具有下列情形之一的,应当认定为刑法第三百四十三条第一款规定的'情节特别严重':(一)数额达到第一项、第二项规定标准五倍以上的;(二)造成生态环境特别严重损害的;(三)其他情节特别严重的情形。"

③单位犯本罪的,对单位判处罚金,并对其直接负责的主管人员和其他直接责任人员按照单个人犯本罪的处罚的规定处罚。最高人民法院、最高人民检察院2016年12月1日起施行的《关于办理非法采矿、破坏性采矿刑事案件适用法律若干问题的解释》第12条规定:"对非法采矿、破坏性采矿犯罪违法所得及其收益,应当依法追缴或者责令退赔。对用于非法采矿、破坏性采矿犯罪的专门工具和供犯罪所使用的本人财物,应当依法没收。"上述解释第13条规定:"非法开采的矿产品价值,根据销赃数额认定;无销赃数额,销赃数额难以查证,或者根据销赃数额认定明显不合理的,根据矿产品价格和数量认定。矿产品价值难以确定的,依据下列机构出具的报告,结合其他证据作出认定:(一)价格认证机构出具的报告;(二)省级以上人民政府国土资源、水行政、海洋等主管部门出具的报告;(三)国务院水行政主管部门在国家确定的重要江河、湖泊设立的流域管理机构出具的报告。"

(4)认定本罪时,应注意的问题:

①注意区分罪与非罪的界限。

第一,根据我国刑法第343条的规定,非法采矿罪的主体在主观上是故意的,主观上是过失的不构成本罪。最高人民法院、最高人民检察院2016年12月1日起施行的《关于办理非法采矿、破坏性采矿刑事案件适用法律若干问题的解释》第11条规定,"对雇佣为非法采矿、破坏性采矿犯罪提供劳务的人员,除参与利润分成或者领取高额固定工资的以外,一般不以犯罪论处,但曾因非法采矿、破坏性采矿受过处罚的除外"。

第二,非法采矿罪的犯罪行为是未取得采矿许可证,擅自进行非法采矿的行为。如果办理了采矿许可证,但不依照采矿许可证规定,进行破坏性采矿的,不构成本罪,但定为破坏性采矿罪。

第三,非法采矿罪是结果犯,必须是情严重的才构成犯罪,达不到情节严重结果的,不构成本罪。最高人民法院、最高人民检察院2016年12月1日起施行的《关于办理非法采矿、破坏性采矿刑事案件适用法律若干问题的解释》第10条规定,"实施非法采矿犯罪,不属于'情节严重',或者实施破坏性采矿犯罪,行为人系初犯,全部退赃退赔,积极修复环境,并确有悔改表现的,可以认定为犯罪情节轻微,不起诉或者免予刑事处罚"。

②注意划清非法采矿罪与破坏性采矿罪的界限。非法采矿罪是无采矿许可证,擅自采矿情节严重的犯罪行为。我国刑法第343条第2款规定的破坏性采矿罪,是指违反矿产资源法规定,采取破坏性的开采方法开采矿产资源,造成矿产资源严重破坏的行为。不论行为人是否有采矿许可证,只要采用破坏性的开采方法,造成矿产资源破坏结果的,就要认定为破坏性采矿罪,处5年以下有期徒刑或者拘役,并处罚金。违反矿产资源法的规定,采取破坏性的开采方法开采矿产资源,造成矿产资源严重破坏的,构成破坏性采矿罪,处5年以下有期徒刑或者拘役,并处罚金。

最高人民法院、最高人民检察院2016年12月1日起施行的《关于办理非法采矿、破坏性采矿刑事案件适用法律若干问题的解释》第6条规定:"造成矿产资源破坏价值在五十万元至一百万元以上,或者造成国家规划区、对国民经济具有重要价值的矿区和国家规定实行保护性开采的特定矿种资源破坏的价值在二十五万元至五十万元以上的,应当认定为刑法第三百四十三条第二款规定'造成矿产资源严重破坏。"

③注意处理本罪的牵连犯。非法采矿有可能构成严重污染环境、非法侵占农用地、林地等牵连犯罪。应按处理牵连犯罪的原则,按重罪定罪处罚。如果处罚轻重相同,由于其主观目的是非法采矿,应认定为非法采矿罪,并从重处罚。

最高人民法院、最高人民检察院2016年12月1日起施行的《关于办理非法采矿、破坏性采矿刑事案件适用法律若干问题的解释》第7条规定:"明知是犯罪所得的矿产品及其产生的收益,而予以窝藏、转移、收购、代为销售或者以其他方法掩饰、隐瞒的,依照刑法第312条的规定,以掩饰、隐瞒犯罪所得、犯罪所得收益罪定罪处罚。实施前款规定的犯罪行为，事先通谋的，以共同犯罪议处。"

（十九）协助组织卖淫罪

协助组织卖淫罪，是《刑法修正案（八）》第48条对刑法第358条第3款规定的协助组织卖淫罪状修改的犯罪。最高人民法院1997年12月9日、最高人民检察院1997年12月25日司法解释规定为"协助组织卖淫罪"的罪名。

1. 刑法规定内容的修改

刑法条文中有关协助组织卖淫罪的规定有：

（1）1997年刑法第358条第3款规定："协助组织他人卖淫的，处五年以下有期徒刑，并处罚金；情节严重的，处五年以上十年以下有期徒刑，并处罚金。"

（2）2011年《刑法修正案（八）》第48条对刑法第358条第3款规定修改为："为组织卖淫的人招募、运送人员或者有其他协助组织他人卖淫行为的，处五年以下有期徒刑，并处罚金；情节严重的，处五年以上十年以下有期徒刑，并处罚金。"

上述《刑法修正案（八）》第48条对刑法第358条第3款原规定的协助组织卖淫罪的罪状中补充增加了"为组织卖淫的人招募、运送人员"的协助卖淫行为。

2. 刑法规定修改的原因

我国1979年刑法没有单独规定协助组织卖淫罪，因为在1979年当时很少有为组织卖淫的人招募、运送人员或者有其他协助组织他人卖淫行为。1991年9月4日，我国全国人大常委会颁布《关于严禁卖淫嫖娼的决定》，其中第1条第2款规定，协助组织他人卖淫的，处3年以上10年以下有期徒刑，并处1万元以下罚金；情节严重的，处10年以上有期徒刑，并处1万元以下罚金或者没收财产。在1997年修订刑法时，将上述规定修改后纳入刑法中，并确定为独立的"协助组织淫罪"，最高处10年有期徒刑，并处罚金。根据我国参加的保护妇女儿童国际公约的要求，2011年5月1日起实施的我国《刑法修正案（八）》中补充规定了"为组织卖淫的人招募、运送人员"的协助组织卖淫的犯罪行为，扩大了惩治协助组织卖淫犯罪行为的范围。

3. 协助组织卖淫罪的适用

协助组织卖淫罪是《刑法修正案（八）》第48条对刑法第358条第3款原规定的协助组织卖淫罪修改补充的犯罪，要准确适用就必须弄清该罪的概念、特征、法定刑，以及适用时应注意的问题。

（1）协助组织卖淫罪的概念。协助组织卖淫罪，是指为组织卖淫的人招募、运送人员或者有其他协助组织他人卖淫的行为。

协助组织卖淫行为是协助组织他人卖淫的行为，是对组织卖淫犯罪的帮助，本应按组织卖淫共同犯罪的从犯追究刑事责任，但考虑协助组织卖淫的行为的社会危害性较大，有些协助组织卖淫的犯罪分子的协助手段恶劣，严重犯侵被害人的尊严，后果特别严重；再加上刑法规定组织卖淫罪的法定刑很重，最高处无期徒刑或者死刑，并处没收财产。为了准确惩罚协助组织卖淫犯罪行为，我国刑法将协助组织卖淫的犯罪行为规定为独立的罪名，不再按共同犯罪的从犯追究刑事责任，而是构成独立的协助组织卖淫罪，最高处10年有期徒刑，并处罚金。

（2）犯罪构成特征。根据刑法第358条和《刑法修正案（八）》第48条的规定，该罪的构成特征是：

①犯罪主体，是一般主体，达到法定年龄、具有刑事责任能力，实施了协助组织卖淫犯罪行为的自然人。犯罪主体在主观上是故意的，即明知是组织卖淫的人而进行协助的行为。

②犯罪行为，必须是实施了协助组织卖淫犯罪行为。具体表现有：

一是为组织卖淫的人招募、运送人员的行为，引诱不满14周岁的幼女卖淫的行为等。

二是实施了其他协助组织他人卖淫行为，如为组织他人卖淫行为充当保镖，为其看门护院、把门放风，以及逃避司法机关的查办和惩处。

三是为组织卖淫者收钱管账。

四是为组织卖淫者充当打手、逼良为娼的行为等。

上述行为都是故意行为，即明知是协助他人组织卖淫的行为而故意实施的行为。

③犯罪结果，是行为犯。只要故意实施了为组织卖淫的人招募、运送人员或者有其他协助组织他人卖淫行为的，就产生了犯罪结果，可以构成犯罪。情节严重的，处加重法定刑。

（3）协助组织卖淫罪的法定刑。根据《刑法》第358条的规定，该罪的法定刑是：

①犯协助组织卖淫罪，情节一般的，处5年以下有期徒刑，并处罚金。

②犯本罪，情节严重的，处5年以上10年以下有期徒刑，并处罚金。

（4）认定本罪时，应注意的问题：

①注意区分罪与非罪的界限。

第一，根据我国刑法第358条的规定，协助组织卖淫罪的主体在主观上是故意的，主观上是过失的不构成本罪。如果只是受雇为组织他人卖淫者做杂役，没有直接参与组织他人卖淫活动的人，不构成协助组织卖淫罪。

第二，协助组织卖淫罪是行为犯，只要实施了协助组织卖淫行为的就可以构成犯罪。但是，根据我国刑法第13条的规定，情节显著轻微危害不大的，不认为是犯罪。

②注意划清协助组织卖淫罪与组织卖淫罪和引诱、容留、介绍卖淫罪的界限。上述三种犯罪都是有关卖淫方面的犯罪，特别是协助组织卖淫罪本来就是组织卖淫罪的帮助犯，容易混淆。上述三种犯罪的根本区别是犯罪行为不同。组织卖淫犯罪行为是组织、策划、指挥他人进行卖淫的行为，是组织卖淫罪的主犯；协助组织卖淫的犯罪行为是组织卖淫犯罪行为的帮助行为，是从犯；引诱、容留、介绍他人卖淫犯罪行为是为他卖淫提供条件的行为。如果在实施协助组织卖淫行为的过程中，又实施了引诱、容留、介绍他人卖淫行为的，属于牵连犯，按重罪吸收轻罪的原则，应以协助组织卖淫罪定罪处刑。

③注意本罪中为组织卖淫的人招募、运送人员犯罪行为的适用。协助组织卖淫罪中为组织卖淫的人招募、运送人员的犯罪行为是根据国际公约规定的犯罪行为，主要是适用为组织卖淫者进行跨国招募、运输人员进行卖淫的犯罪行为。凡实施了为组织卖淫的人招募、运送人员的行为，不论其是中国人还是外国人都可以按照刑法第385条第3款的规定，以协助组织卖淫罪定罪处罚。

第九章　中华人民共和国刑法修正案（九）

2015年8月28日，第十二届全国人大常委会经过三次会议讨论、修改，在第十六次会议上以153票赞成、2票反对、4票弃权通过了《中华人民共和国刑法修正案（九）》，自2015年11月1日起施行。该《刑法修正案（九）》是1997年修订刑法实施以来，全国人大常委会为解决当前司法实践中出现的一些新情况、新问题，更好地适应预防和惩治犯罪的需要进行的内容最多的一次修改，其规模之大，影响之深是前所未有的，必须认真学习、深刻理解，才能正确适用。

一、《刑法修正案（九）》概述

（一）《刑法修正案（九）》修改的主要内容

《刑法修正案（九）》根据维护社会秩序和保护人权的需要，坚持民主立法，坚持宽严相济的刑事政策和便于司法操作的原则，结合我国当前犯罪的新情况、新特点，对我国现行刑法作了重要的修改和补充。《刑法修正案（九）》共52条，占刑法452条文的11%以上，修改了49种犯罪，增加了20种犯罪，其修改的主要内容有：

1. 刑法总则中增加了禁止从事相关职业和罚金缓交以及有关数罪并罚的补充规定，使其更便于执行。《刑法修正案（九）》中设专条在刑法总则规定的附加刑种类中增加了禁止从事相关职业的新刑种，如果被禁止从事相关职业的犯罪人违反人民法院决定的，情节轻者由公安机关给予治安处罚，情节严重的以拒不执行人民法院判决罪追究刑事处罚的责任。《刑法修正案（九）》还对刑罚总则中原规定的罚金的执行方式和数罪并罚的方法也作了补充规定，使其更便于执行。

2. 取消了9种犯罪处死刑的规定，逐步减少死刑。《刑法修正案（九）》根据我国严格控制死刑，逐步减少死刑的刑事政策，又取消了9种犯罪处死刑的规定，分别是：走私武器、弹药罪，走私核材料罪，走私假币罪，伪造货币罪，集资诈骗罪，组织卖淫罪，强迫卖淫罪，阻碍执行军事职务罪，战时造谣惑众罪。我国刑法原规定有68种犯罪可以判处死刑，2011年5月1日起实施的《刑法修正案（八）》中取消了13种经济犯罪处死刑的规定，《刑法修正案（九）》又取消了9种，现在我国刑法中还有46种犯罪规定最高可以判处死刑，这表明我国刑法有逐步废除死刑的趋向。

3. 增加规定了恐怖方面的新犯罪和对恐怖犯罪处罚金或者没收财产附加刑，维护公共安全。《刑法修正案（九）》中增加了5种新的恐怖犯罪，即准备实施恐怖活动罪，宣扬恐怖主义、极端主义，煽动实施暴力恐怖活动罪，利用极端主义破坏法律实施罪，强制穿戴宣扬恐怖主义、极端主义服饰、标志罪，非法持有宣扬恐怖主义、极端主义物品罪。在刑法原规定的组织、领导参加恐怖组织罪中增加了处罚金或者没收财产，将拒不提供间谍罪证据罪修改为拒绝提供间谍犯罪、恐怖活动罪、极端主义犯罪证据罪。同时将校车、客车严重超额员、超载、超速，非法运输危险物品行为纳入危险驾驶罪中，处以严厉刑罚，以保障社会公共安全。

4. 增加规定了网络方面的新犯罪和对网络犯罪处罚金或者没收财产附加刑，以及单位构成网络犯罪，维护公共安全。《刑法修正案（九）》中增加4种新的网络犯罪，即拒不履行信息网络安全管理义务罪，非法利用信息网络罪，帮助信息网络犯罪活动罪，编造、故意传播虚假信息罪。对刑法原规定的非法侵入计算机信息系统罪，非法获取计算机信息系统数据罪，非法控制计算机信息系统罪，提供侵入、非法控制计算机信息系统程序、工具罪，破坏计算机信息系统罪都增加规定了单位犯罪。同时，加重了对扰乱无线电通讯管理秩序罪的处罚力度，全面维护网络信息安全。

5. 增加规定了侵犯公民人身自由方面的新犯罪和加大了对侵犯妇女、未成年的人身权利犯罪的处罚力度，加强保护人权。《刑法修正案（九）》中增加两种新的侵犯公民权利犯罪，即虐待被监护人、被看护人罪，使用虚假身份证件、盗用身份证件罪。将刑法原规定的出售、非法提供公民个人信息和非法获取公民个人信息罪修改为侵犯公民个人信息罪；将强制猥亵、侮辱罪的对象扩大到男性，增加强制猥亵、侮辱儿童罪的加重处罚的严重情节，其罪名由强制猥亵、侮辱妇女罪改为强制、侮辱罪；对收买被拐卖的妇女、儿童的，一律构成犯罪追究刑事责任；取消嫖宿幼女罪，将嫖宿幼女行为规定以强奸罪从重处罚；并将多次抢夺财物，不论数额多少都规定为犯罪，加大了保护人身权利特别是妇女、未成年人的合法权利。

6. 修改了对贪污贿赂犯罪的惩罚规定，加大了惩治腐败的力度。《刑法修正案（九）》中增加1种新的受贿方面犯罪，即对有影响力的人行贿罪；修改了刑法原规定的对贪污贿赂犯罪的定罪量刑标准，对行贿方面犯罪的处罚都增加了罚金或者没收财产的规定，加重了对贪污受贿腐败犯罪的惩罚力度。

7. 增加规定了扰乱公共管理秩序的新犯罪和加大了对伪造证件方面犯罪罚金的规定，维护社会公共管理秩序。《刑法修正案（九）》中增加3种新扰乱公共秩序的犯罪，即组织考试作弊罪，非法出售、提供试题、答案罪，代替考试罪。在刑法原规定的伪造证件方面的犯罪的处罚中都增加了并处罚金的规定。

8. 增加规定了扰乱司法秩序方面的新犯罪和加大了对扰乱法庭秩序、袭击警察妨害公务犯罪和拒不执行法院判决罪的处罚力度，维护司法权威。《刑法修正案（九）》中增加3种新的扰乱司法秩序方面的犯罪，即虚假诉讼罪，泄露不应公开的案件信息罪，披露、报道不应公开的案件信息罪。对扰乱法庭秩序罪的犯罪行为进行了细化规定，将暴力袭击正在执行职务的人民警察的行为补充规定为妨害公务罪并规定从重处罚。

9. 增加规定了扰乱社会管理秩序方面的新犯罪和完善了刑法原规定的扰乱社会秩序具体犯罪的罪状和法定刑，维护正常的社会管理秩序。《刑法修正案（九）》中增加两种新的扰乱社会管理秩序方面的犯罪，即扰乱国家机关工作秩序罪，组织、资助非法聚集罪。补充完善了编造、传播虚假险情、疫情、警情、灾情罪，盗窃、侮辱、故意毁坏尸体、尸骨、骨灰罪的罪状和法定刑。

10. 修改了走私制毒物品罪、非法买卖制毒物品的罪状和法定刑，加大了惩罚制造毒品的制度。《刑法修正案（九）》中将违反国家规定生产、买卖或者携带制毒物品进出境的行为补充规定为犯罪，并规定最高可处7年以上有期徒刑，并处罚金或者没收财产，加重了对有关走私、生产、买卖、运输制毒物品罪的处罚力度。

（二）《刑法修正案（九）》的修改特点

综观《刑法修正案（九）》的全部内容及其修改的过程，可以归纳以下四个特点：

1. 为维护社会秩序，惩治犯罪急需，适时对刑法规定进行修改和补充。刑法是维护社会秩序，惩治违法犯罪的最后一道防线，其规定具有严厉性和稳定性的特点，一般不轻易改变其规定，但为了维护社会秩序正常进行，对那些严重危害社会、危害公民人身财产安全的违法犯罪行为，亟须进行治理，给予刑罚惩罚时，立法机关必须适时地对刑法规定进行补充和修改，为司法机关惩处这些严重危害社会的犯罪分子提供法律根据。《刑法修正案（九）》正是在我国当前恐怖主义、极端主义犯罪，网络犯罪，侵犯妇女儿童人身权利犯罪和扰乱社会公共秩犯罪严重，人民群众反映强烈的情况下适时进行修改和补充的。同时，《刑法修正案（九）》也是根据当前国际上多数国家废除死刑以及我国当前重视人权保护及昌平盛世的新形势，国家实行严格控制死刑，逐步减少死刑适用的刑事政策，在《刑法修正案（八）》取消13种犯罪处死刑的基础上，又取消了9种犯罪处死刑的规定，减轻了对一些犯罪处剥夺人身自由的处罚而是代以较轻的罚金处罚。这次《刑法修正案（九）》修改和补充的内容虽然很多，但都是当前我国社会治理亟待惩处的问题，是司法实践中迫切需要的法律依据的问题。因此，《刑法修正案（九）》具有适应时代要求的适时性。

2. 发动群众民主立法。立法是法治的先决条件，只有充分发扬民主的立法才有可能依法治国，依法治理社会，充分发挥法律规范行为的社会作用。我国《刑法修正案（九）》在修改、补充过程中充分发扬民主，修正案中所涉及的修改和补充的全部问题都来自社会实践，立法机关除征求司法机关的意见外，还征求其他各关机关的意见和人民代表、政协委员及律师的意见，特别是立法机关将《刑法修正案（九）（征求意见稿）》登载在互联网上和有关报刊上，公开征求方方面面的意见。全国人大常委会三次上会讨论，在讨论中委员提出了各种不同的意见，根据各方面的意见进行了反复修改。这充分体现了开门立法和民主立法的立法程序。只有是绝大多数人的意见才提交人大常委会讨论，对于有些争议很大的意见，将允许继续研究，继续争论待基本成熟后，再提交全国人大常委会会议上讨论。例如，关于是否取消走私武器、弹药、核材料罪的处死刑规定，经过上下反复讨论，最后多数人同意取消对其处死刑；而"毒驾"是否入罪的问题，经反复讨论研究，但意见不一致，最后没有取得多数人同意，而没有被通过。因此，《刑法修正案（九）》的立法具有广泛的民主性。

3. 贯彻宽严相济的刑事政策，该宽则宽，该严则严。犯罪是复杂的，其社会危害程度不同，每个犯罪人应负的刑事责任的种类和大小也不同，对其应处刑罚的种类和轻重也应不同，因此，刑法的规定也应当科学化、精细化，该严则严，该宽则宽，做到宽严相济。《刑法修正案（九）》不论在补充新犯罪还是修改刑法原规定的犯罪时，都贯彻了宽严相济的刑事政策，由于当前我国乃至国际上恐怖主义、极端主义犯罪社会危害严重，《刑法修正案（九）》增加了5种新犯罪，每种犯罪都规定了严厉的刑罚处罚，甚至将有关的犯罪预备行为也规定为独立的犯罪予以严厉的惩罚。对嫖宿幼女和收买被拐卖妇女儿童的犯罪，人民群众反映强烈，《刑法修正案（九）》中加重了处罚力度。这些都体现了从严处罚的情形。另外，《刑法修正案（九）》中取消了9种犯罪处死刑的规定，对一些扰乱社会秩序的轻罪增加单处罚金的规定和对收买被拐卖的妇女儿童没有按有些群众要求一律判处死刑，而是从严规定一律构成犯罪，对被拐卖儿童没有虐待行为，不阻碍对其进行解救的，可以从轻处罚，又体现了从宽的规定。因此，《刑法修正案（九）》的规定具有宽严相济的特点。

4. 刑法条文规定详细，便于司法适用。刑法规定是要由司法机关机遵照执行的，其有关规定必须清楚明确，不能含糊，也不能模棱两可。否则，司法机关不能准确执行，就失去了法律规范的作用。过去在立法技术不高的情况下，对刑法条文的规定上采用易粗不易细的立法方法，常出现刑法条文概括性规定，给司法适用带来很大的困难。《刑法修正案（九）》采用精细立法，对在对刑法条文规定上尽量采用叙明罪状，将罪状规定得很明确、齐全，对法定刑规定得清楚，便于司法执行。例如，刑法第309条原对扰乱法庭秩序罪的罪状笼统规定为"聚众哄闹、冲击法庭，或者殴打司法工作人员的"，《刑法修正案（九）》修改为列举式，将扰乱法庭秩序的行为列举为四类行为，具体明确，便于司法适用。对于"毒驾"行为由于毒品众多，毒性差别大，"毒驾"标准难以确定，不便于司法认定，而暂没有规定为犯罪。再如，将刑法原规定的贪污贿赂犯罪定罪量刑的具体贪污受贿数额，改为"数额较大、数额巨大、数额特别巨大"，由司法解释根据不同时期经济发展及犯罪情节严重程度确定，解决了由于刑法原规定具体数额，在经济发展变化的情况下，司法认定不能适应当前社会经济变化的要求，出现定罪量刑不合理的问题，现改为由司法解释根据当时社会经济、政治情况规定数额和情节，更便于司法适用，使判决更科学更合理。由此可见，《刑法修正案（九）》的规定具有适用性和便于司法可操作性。

二、《刑法修正案（九）》对刑法总则的修改和补充

《刑法修正案（九）》在刑法总则中增加规定了禁止从事相关职业的附加刑和对死缓、罚金执行方法及数罪并罚的方法进行修改和补充。这些修改和补充都具有创新性，其对刑法分则规定的具体犯罪都适用。具体内容的解析是：

（一）禁止从事相关职业

《刑法修正案（九）》第1条规定，在刑法第37条后增加一条，作为第37条之一："因利用职业便利实施犯罪，或者实施违背职业要求的特定义务的犯

罪被判处刑罚的，人民法院可以根据犯罪情况和预防再犯罪的需要，禁止其自刑罚执行完毕之日或者假释之日起从事相关职业，期限为三年至五年。

"被禁止从事相关职业的人违反人民法院依照前款规定作出的决定的，由公安机关依法给予处罚；情节严重的，依照本法第三百一十三条的规定定罪处罚。

"其他法律、行政法规对其从事相关职业另有禁止或者限制性规定的，从其规定。"

上述刑法第37条之一，补充规定的禁止从事相关职业是一种新的附加刑，是剥夺权利刑罚的一种，剥夺权利刑罚中，有褫夺公权、剥夺政治权利、剥夺职务、剥夺职业、剥夺军权、剥夺荣誉权利等。我国古代法律中有"褫夺公权"的规定，即剥夺当官的资格，"戮人无官任"，就是犯杀人罪的，不能再作官。我国《汉律》以前的法律中有"夺爵"，即有罪罚夺爵为士伍，又免其官职。《汉律》中有"除名"，都是在罚金以下的刑罚。《唐律》中有"除名"的规定，有的规定3年不用，有的规定5年不用。《明律》中有"除名当差"的规定，即"凡职官犯罪，罢职不叙，追夺除名者，官爵皆除。僧道犯罪，曾经决罚者，并令还俗，军民匠灶各从本色，发还原籍当差"。中国古代法律规定的"除名"刑罚，只限定为官员犯罪，罢免官职，只有《明律》特殊，增加除其僧名的刑罚。我国1935年《中华民国刑法》开始有"褫夺公权"的刑罚规定，即剥夺政治权利，是具有现代意义的刑罚种类。

西方国家刑法中有剥夺名誉刑，主要是对犯罪者在精神上受痛苦、受折磨，并将人格和丑恶暴露于世人面前，其执行方法是多种多样的，如游街示众，把人绑在大树上，或使犯罪人背手俯卧在大石头上，以供往来者指骂。西方近代刑法中的名誉刑，亦称能力刑或者褫夺公权，一般是指剥夺任公务员的资格、选举或者被选举的资格、担任律师、法官、检察官、医生、记者、教师等资格。有的规定剥夺一种，有的规定可以剥夺几种，有的规定全部剥夺，有的规定部分剥夺。原西德刑法规定为"服公务、选举及投票资格之丧失"。俄罗斯联邦刑法规定有剥夺担任一定职务或者从事某种活动的权利和剥夺专门称号、军衔或荣誉称号、职衔和国家奖励。可见，自古至今，各国刑法中都规定有剥夺公权的刑罚种类，特别是突出规定剥夺政治权利或者从事相关职业的权利。

我国刑法第34条中规定有剥夺政治权利的附加刑，可以附加适用，也可以独立适用。我国刑法第38条规定的"判处管制，可以根据犯罪情况，同时禁止犯罪分子在执行期间从事特定活动，进入特定区域、场所、接触特定的人"禁止令，禁止令不是刑罚种类，而是管制刑的一种执行方法。我国刑法

第 100 条规定的"依法受过刑事处罚的人,在入伍、就业的时候,应当如实向有关单位报告自己曾受过刑事处罚,不得隐瞒",其也不是刑罚种类,而是前科报告制度的一种。上述规定都是由于犯罪而应负的刑事责任,其权利被禁止、限制或者被剥夺。

禁止从事相关职业,是《刑法修正案(九)》对刑法补充规定的新的附加刑的一种,对其概念、适用对象、禁止期限、执行及法律责任都应进行分析、研究,才能准确适用。

1. 禁止从事相关职业的概念。根据我国刑法第 37 条之一规定,禁止从事相关职业,是指因利用职业便利,实施犯罪或者实施违背职业要求的特定义务的犯罪,被判处刑罚的,人民法院判决禁止其从事相关职业的刑罚方法。

禁止从事相关职业,是一种刑罚方法,属于附加刑,其只能对被判处刑罚的犯罪人附加适用,不能独立适用,即不能对没有判处其他刑罚的犯罪人独立适用。其他法律、行政法规对其从事相关职业另有禁止或者限制性规定的,也可以据其规定禁止犯罪人从事相关职业,但那都不是刑罚处罚而是行政或者民事禁止从事相关职业。例如,我国法官法第 10 条、检察官法第 10 条都规定"曾因犯罪受过刑事处罚的",不得担任法官、检察官,其是禁止从事法官、检察官职业。

禁止从事相关职业中的职业,是一种非常广泛的概念。职业,根据《现代汉语词典》解释,是指个人在社会中所从事的作为主要生活来源的工作。例如,公务员、军人、工人、农民、教师、医生、律师、会计、司机、采购员、销售员、厨师等上百上千种。利用职业犯罪就是利用所从事工作的便利条件所实施的犯罪。职业与职务是紧密相连的概念,根据《现代汉语词典》解释,职务是在职业工作中所担任的事情。凡是利用职务犯罪都是利用职业犯罪的一种。禁止从事相关职业,就是禁止其曾利用该职业犯罪的职业,而不是与犯罪无关的职业。与从事的职业无关的犯罪不能处禁止其所从事的职业。

根据最高人民法院 2015 年 10 月 29 日《关于〈中华人民共和国刑法修正案(九)〉时间效力问题的解释》第 1 条的规定,对于 2015 年 10 月 31 日以前因利用职业便利实施犯罪,或者实施违背职业要求的特定义务的犯罪,不适用修正后的刑法第 37 条之一第 1 款的规定。其他法律、行政法规另有规定的,从其规定。

2. 禁止从事相关职业适用的对象。根据刑法第 37 条之一规定,禁止从事相关职业适用的对象必须具备以下四个条件:(1)必须是被判处刑罚的罪犯,只有对犯罪并且被判处刑罚的犯罪者,对没有犯罪或者虽然犯罪但没有判处刑罚的,法院不能判决适用禁止从事相关职业。判处刑罚的罪犯,包括判处死刑立即执行的罪犯以外的判处任何主刑和附加刑,即使只被判处单处任何一种附加刑的,例如判处单处罚金的,法院也可以判决禁止被判刑罚的犯罪人禁止从事其与犯罪相关的职业。(2) 必须是利用职业便利实施犯罪的罪犯,利用职业便利实施犯罪是把其从事的职业作为犯罪手段实施犯罪行为。例如,利用为企业生产药品采购原材料的职业,收受销售单位给予的回扣,归个人所有的受贿罪的犯罪人;利用从事单位会计职业犯挪用本单位资金罪的罪犯;利用户籍登记员职业犯侵犯公民个人信息罪的犯罪等。利用职业,包括利用职务,利用职务是利用职业中的一种,职务是从事公务的职业,凡是利用职务犯罪都是利用职业犯罪,例如,利用职务犯贪污罪的,也是利用职业的犯贪污罪。所以,刑法中规定的利用职务的犯罪都是利用职业犯罪,都可以适用禁止相关职业。(3) 实施违背职业要求的特定义务犯罪的罪犯。社会上的职业千万种,每一种职业都有自己职业范围和职业要求。但有些职业有特别要求的特定义务。例如,消防队员的职业要求是遇火灾必须冒火烟灭火,抢救人、财、物的特定义务,如果消防员见火势凶猛,可以紧急避险,不进行灭火,致使人、财、物遭受重大损失的,尽管其是不救灾的不作为,也可以构成犯罪。对这种犯罪,也可以适用禁止从事相关消防职业。刑法中规定职务犯罪都是违背职业要求的特定义务犯罪,有的是滥用职权的故意犯罪,有的是玩忽职守的过失犯罪,一般都可以适用禁止从事相关职业。(4) 根据犯罪情况和预防再犯罪的需要。根据犯罪情况主要犯罪人所实施犯罪主要依赖其职业;或者一贯违背职业要求的特定义务;其职业知识熟练,技术水平高,该行业中缺少该类人才;有可能在其刑罚执行完毕或者假释后有可能被重新录用。预防再犯罪是适用禁止从事相关职业的目的,凡是犯罪人有可能再利用该职业或者违背职业要求特定义务再犯罪的,都应适用禁止从事相关职业。

3. 禁止从事相关职业的期限。根据刑法第37条之一规定,禁止从事相关职业的期限为3年至5年。自刑罚执行完毕之日或者假释之日起计算,在3年至5年内不得从事被禁止的相关职业。对具体罪犯适用禁止期限,由人民法院根据案件实际情况在3年至5年内选定3年、3年6个月、4年、4年5个月或者5年,但最短不得少于3年,最长不得超过5年。

罪犯在刑罚执行期间也是被禁止从事相关职业的,如果罪犯被羁押,负责监管机关也不能安排其从事相关职业;如果罪犯未被羁押,也是被禁止从事相关职业。超过了法院决定的禁止期限,被禁止从事相关职业的人就可以再从事相关职业。

4. 禁止从事相关职业的判决与执行。根据刑法第37条之一规定,禁止从事相关职业,由人民法院判决决定,人民法院根据犯罪情况和预防再犯罪的需要可以判决禁止该罪犯从事相关职业，也可以不判处。禁止从事相关职业的判决由公安机关执行，禁止从事相关职业期满，公安机关应当向被执行人宣布解除禁止从事相关职业，当事人可以再从事相关职业。

5. 拒不执禁止从事相关职业的法律责任。被禁止从事相关职业的人，违反人民法院依照刑法第37条之一规定作出决定的，不执行或者不全部执行人民法院关于禁止从事相关职业决定，由公安机关给予处罚，即依照治安管理处罚法规定给予治安管理处罚。情节严重的，由公安机关移送人民检察院审查后向人民法院提起公诉，由人民法院依照刑法第313条规定的拒不执行人民法院判决罪定罪处罚。

这里情节严重，是指无视人民法院的判决，造成恶劣影响的；有能力执行人民法院判决而拒不执行的；由于继续从事被禁止从事的相关职业，虽然未达到犯罪的，但造成严重后果等情形的。除了追究被禁止从事相关职业的人外，对单位明知是人民法院判决被禁止从事相关职业的人，故意拒不执行人民法院判决采用其从事被禁止的相关职业，情节严重的，依照刑法第313条的规定，可以构成单位犯罪，并处罚金，并对其负责的主管人员或者其他直接责任人员，处3年以下有期徒刑、拘役或者罚金；情节特别严重的，处3年以上7年以下有期徒刑，并处罚金。

（二）死缓期间故意犯罪的处理

《刑法修正案（九）》第2条规定，将刑法第50条第1款修改为："判处死刑缓期执行的，在死刑缓期执行期间，如果没有故意犯罪，二年期满以后，减为无期徒刑；如果确有重大立功表现，二年期满以后，减为二十五年有期徒刑；如果故意犯罪，情节恶劣的，报请最高人民法院核准后执行死刑；对于故意犯罪未执行死刑的，死刑缓期执行的期间重新计算，并报最高人民法院备案。"

刑法第50条原规定："判处死刑缓期执行的，在死刑缓期执行期间，如果没有故意犯罪，二年以期满以后，减为无期徒刑；如果确有重大立功表现，二年期满以后，减为二十五年有期徒刑；如果故意犯罪，查证属实的，由最高人民法院核准，执行死刑。

"对被判处死刑缓期执行的累犯以及因故意杀人、强奸、抢劫、绑架、放火、爆炸、投放危险物质或者有组织的暴力性犯罪被判处死刑缓期执行的犯罪分子，人民法院根据犯罪情节等情况可以同时决定对其限制减刑。"

《刑法修正案（九）》第2条对刑法第50条第1款作了两项修改规定。第一，在死刑缓期执行期间，如果故意犯罪，情节恶劣的（原规定"查证属实的"),报请(原规定"由")最高人民法院核准后(新增加"后")执行死刑;第二,在死刑缓期执行期间,如果故意犯罪,增加规定"对于故意犯罪未执行死刑的,死刑缓期执行的期间重新计算,并报最高人民法院备案。"修改后使死刑缓期2年执行期间故意犯罪的处理分层次,更合理,区分开又故意犯罪和没有故意犯罪惩罚轻重的区别,即只要在死缓期间故意犯罪的,2年期满后就不能直接减为无期徒刑,即使没有执行死刑,也要重新计算2年的死刑缓期执行期限,再次2年死缓期满后再作处理。具体分解为:

1. 死缓期间故意犯罪的处理的概念。死缓期间故意犯罪的处理,是指被判处死缓的罪犯,在2年缓期执行期间又故意犯罪的处理方法。死缓是死刑缓期二年执行的简称,死缓是死刑的一种执行方法,其不是独立的刑种。死缓是我国为限制死刑、减少死刑适用而创立的一种新的死刑执行方法。

古今中外,其他国家法律中都没有死缓的规定。死缓是对犯罪分子判处死刑同时宣告缓期2年执行,实行劳动改造,以观后效。毛泽东同志指出:"这个政策是一个慎重的政策,可以避免犯错误,这个政策可以获得广大社会人士的同情。这个政策可以分化反革命势力,利于彻底消灭反革命。这个政策又保存了大批的劳动力,利于国家的建设事业。"① 死缓的判决和执行都必须由最高人民法院依法定程序判决或者核准。我国刑法第48条规定,死刑除依法由最高人民法院判决的以外,都应当报请最高人民法院核准。死刑缓期执行的,可以由高级人民法院判决或者核准,交监狱监督强制劳动改造,二年期满以后,报请最高人民法院处理。如果被判处死缓的罪犯在2年缓刑期内又故意犯罪,应根据刑法第50条规定处理。

2. 死缓期间故意犯罪的处理方式。根据《刑法修正案(九)》第2条对刑法第50条第1款修改后,罪犯在死缓执行期间,如果故意犯罪有两种处理方式。

第一,在死刑缓期执行期间,如果故意犯罪,情节恶劣的,报请最高人民法院核准执行死刑。最高人民法院依据法院判决确定被判死缓罪犯又故意犯罪,且情节恶劣,死不悔改,不杀不足以平民愤的,核准执行死刑,并签发死刑执行命令,立即执行。对于故意犯罪,情节恶劣的,无论缓期二年是否到期,随时报请最高人民法院核准执行死刑。从司法实践中看,被判处死缓的犯罪分子很少又故意犯罪被执行死刑,绝大多数都减为无期徒刑,有重大立功表现的,二年期满以后减为25年有期徒刑。《刑法修正案(九)》将刑法原规定"查证属实"改为"情节恶劣",使一部分情节不恶劣的,不再执行死刑立即

---

① 参见《毛泽东选集》第5卷,第43~44页。

执行。根据最高人民法院、最高人民检察院司法解释，对于被判死刑缓期二年执行期满后，但尚未裁定减刑以前又故意犯新罪的，不能视为是在死刑缓期执行期间犯罪的，应当依照刑法第50条和刑事诉讼法第210条的规定予以减刑，然后对其所犯新罪另行起诉、审判，作出判决，并按照刑法第71条的规定决定执行的刑罚。只有新罪依法应当判处死刑立即执行的，才能裁定执行死刑。

第二，在死刑缓期执行期间，如果故意犯罪情节不恶劣的，未执行死刑的，死刑缓期执行的期间重新计算，并报最高人民法院备案。死刑缓期执行的期间重新计算，即从故意犯罪判决生效之日起重新计算死刑缓期执行的2年期限，再次计算的2年死缓期满后再作处理。

3. 死缓期间故意犯罪的缓刑期的计算。根据刑法第51条的规定，死刑缓期执行的期间，从判决确定之日起计算。死刑缓期执行减为有期徒刑的刑期，从死刑缓期执行期满之日起计算。死刑缓期二年执行判决确定之日以前的先期羁押时间不计算在缓期二年执行的期间之内，也不能把先期羁押的时间和缓期二年执行期间计算在减为有期徒刑的刑期之内。对于在死缓期间故意犯罪未执行死刑的死刑缓刑期从新犯的故意犯罪判决生效之起再计算2年才能期满，再依死缓期满的法定规定减为无期徒刑，有重大立功表现的减为25年有期徒刑。

根据最高人民法院2015年10月29日《关于〈中华人民共和国刑法修正案（九）〉时间效力问题的解释》第2条规定，对于被判处死刑缓期执行的犯罪分子，在死刑缓期执行期间，且在2015年10月31日以前因故意犯罪的，适用修正后的刑法第50条第1款的规定。

（三）罚金的缴纳

《刑法修正案（九）》第3条对刑法第53条修改为："罚金在判决指定的期限内一次或者分期缴纳。期满不缴纳的，强制缴纳。对于不能全部缴纳罚金的，人民法院在任何时候发现被执行人有可以执行的财产，应当随时追缴。由于遭遇不能抗拒的灾祸等原因缴纳确实有困难的，经人民法院裁定，可以延期缴纳、酌情减少或者免除。"

刑法原第53条规定："罚金在判决指定的期限内一次或者分期缴纳。期满不缴纳的，强制缴纳。对于不能全部缴纳罚金的，人民法院在任何时候发现被执行人有可以执行的财产，应当随时追缴。如果由于遭遇不能抗拒的灾祸缴纳确实有困难的，可以酌情减少或者免除。"

相比较《刑法修正案（九）》第3条对刑法第53条主要修改了以下三项内容：

第一，增加规定了不能预期缴纳的原因。刑法原规定不能预期缴纳的原因，只是规定"由于遭遇不能抗拒的灾祸缴纳确实有困难的"，该规定的不能抗拒的灾祸的原因太窄，不能灵活实事求是地决定延期缴纳期或者减少、免除的情况。司法实践中有些不是灾祸，而是由于经营债权不能及时兑现或者经营周期不到或者突患重病等不是灾祸原因不能预期缴纳，使法院判决不能执行。《刑法修正案（九）》第3条在刑法第53条中增加了"由于遭遇不能抗拒的灾祸等原因缴纳确实有困难的等原因"，扩大了范围，人民法院可以根据实际发生的"等原因"决定延期缴纳或者减少或者免除，使处罚更人性化。

第二，增加了延期缴纳的规定。延期缴纳就是在原规定的缴纳期限的基础上，再延长缴纳期限，其目的是使人民法院判决的罚金得以完全执行。

第三，增加了延期缴纳、减少、免除罚金的执行程序规定。《刑法修正案（九）》第3条在刑法第53条中增加规定"经人民法院裁定，可以延期缴纳、酌情减少或者免除"。罚金由人民法院执行，对于缴纳确实有困难的，可以随时裁定延期缴纳或者减少、免除。防止由执行人员个人随意决定罚金延期缴纳或者减少、免除，使罚金的执行更程序化、规范化。

（四）有期徒刑、拘役、管制的数罪并罚方法

《刑法修正案（九）》第4条在刑法第69条中增加一款作为第2款："数罪中有判处有期徒刑和拘役的，执行有期徒刑。数罪中有判处有期徒刑和管制，或者拘役和管制判的，有期徒刑、拘役执行完毕后，管制仍须执行。"

原刑法第69条规定："判决宣告以前一人犯数罪的，除判处死刑和无期徒刑的以外，应当在总和刑期以下、数刑中最高刑期以上，酌情决定执行的刑期，但是管制最高不能超过三年，拘役最高不能超过一年，有期徒刑总和刑期不满三十五年的，最高不能超过二十年，总和刑期在三十五年以上的，最高不能超过二十五年。

"数罪中有判处附加刑的，附加刑仍须执行，其中附加刑种类相同的，合并执行，种类不同的，分别执行。"

刑法第69条修改后与修改前相比较只是增了第2款规定的数罪中判处有期徒刑、拘役、管制的数罪并罚方法。具体有四种数罪并罚方法：

第一，数罪中有判处有期徒刑、拘役的，执行有期徒刑。这种方法是采取了吸收原则，重刑吸收轻刑，即有期徒刑吸收了拘役，只执行有期徒刑。这是因为有期徒刑和拘役都是实行羁押，剥夺人身自由，有期徒刑的强制力更大、期限更长，其惩罚力度包括了拘役的力度。因此，拘役刑被有期徒刑所吸收，只执行有期徒刑。

第二，数罪中有判处有期徒刑、管制的，先执行有期徒刑，有期徒刑执行完毕后，再执行管制，即管制仍须执行。这种方法是采用相加的原则或者称为并处原则。有期徒刑和管制都要执行，只是有期徒刑执行完毕以后再执行管制。这是因为有期徒刑是剥夺人身自由的刑罚，而管制是限制人身自由的刑罚，两者性质不同，惩罚的目的和效果不同，不能相互替代，只能采取相加的执行方法，即全都执行，先执行有期徒刑，在有期徒刑执行完毕以后再执行管制，其先后执行顺序不能颠倒。

第三，数罪中有判处有期徒刑、拘役的、管制的，执行有期徒刑和管制。这种方法是采取了吸收原则和相加原则，即有期徒刑吸收了拘役，执行有期徒刑，而管制不能吸收，在有期徒刑执行完毕以后，管制仍须执行，但必须先执行有期徒刑，在有期徒刑执行完毕后，再执行管制。

第四，数罪中有判处拘役、管制的，拘役和管制都要执行，在拘役执行完以后，管制仍须执行。这种方法是采取了相加原则。因为拘役是剥夺人身自由的刑罚而管制是限制人身自由的刑罚，两者性质不同，惩罚的目的和效果也不同，不能相互替代替，不能采取拘役吸收管制，也不能将管制折算为拘役，然后并罚。只能采取相加的方法执行，拘役、管制全都执行，只是先执行拘役，在拘役执行完毕以后，再执行管制。

根据最高人民法院2015年10月29日《关于〈中华人民共和国刑法修正案（九）〉时间效力问题的解释》第3条规定，对于2015年10月31日以前一人犯数罪，数罪中有判处有期徒刑和拘役，有期徒刑和管制，或者拘役和管制，予以数罪并罚的，适用修正后的刑法第69条第2款的规定。

三、《刑法修正案（九）》对刑法分则的补充
——增加20种新的犯罪

《刑法修正案（九）》有49条是对刑法分则具体犯罪的修改，主要包括三个方面的内容：补充增加新的犯罪，修改原规定犯罪的罪状、法定刑，取消死刑规定。其中，增加新的犯罪有20种，修改犯罪的罪状、罪名、法定刑的48种，取消9种犯罪处死刑的规定，取消了嫖宿幼女罪的罪名，将原非法买卖、运输制毒物品罪和走私制毒物品罪两个罪名合并为非法生产、买卖、运输制毒物品、走私制毒物品罪一个罪名。

《刑法修正案（九）》根据我国当前维护社会治安秩序、保护人权和惩治严重危害社会的犯罪分子的需要，补充增加20种新的犯罪。

(一) 准备实施恐怖活动罪

准备实施恐怖活动罪是《刑法修正案（九）》第 7 条和刑法第 120 条之二补充增加的犯罪。最高人民法院、最高人民检察院于 2015 年 10 月 30 日《关于执行〈中华人民共和国刑法〉确定罪名的补充规定（六）》中规定为"准备实施恐怖活动罪"的罪名。

我国 1997 年刑法没有这种犯罪的规定，只是规定了组织、领导、参加恐怖活动罪；2001 年《刑法修正案（三）》第 7 条在刑法第 120 条之一中补充增加规定了资助恐怖活动罪；2015 年《刑法修正案（九）》第 7 条又增加规定了该准备实施恐怖活动罪，即刑法第 120 条之二："有下列情形之一的，处五年以下有期徒刑、拘役、管制或者剥夺政治权利，并处罚金；情节严重的，处五年以上有期徒刑，并处罚金或者没收财产：（一）为实施恐怖活动准备凶器、危险物品或者其他工具的；（二）组织恐怖活动培训或者积极参加恐怖活动培训的；（三）为实施恐怖活动与境外恐怖活动组织或者人员联络的；（四）为实施恐怖活动进行策划或者其他准备的。有前款行为，同时构成其他犯罪的，依照处罚较重的规定定罪处罚。"

准备实施恐怖活动罪是《刑法修正案（九）》第 7 条在刑法第 120 条之二中新增加的犯罪，要准确适用就必须弄清该罪的概念、特征、法定刑，以及适用时应注意的问题。

1. 准备实施恐怖活动罪的概念。该罪是指为实施恐怖活动准备凶器、危险物品或者其他工具或者其他准备的行为。

恐怖活动是当前国际上社会危害十分严重的犯罪，搞恐怖活动的人不分青红皂白，以危害社会和危害不特定的人的生命财产为对象，进行爆炸、放火、决水、投放危险物品等犯罪行为，严重损害人民群众的生命财产安全，必须给予严厉的惩罚。恐怖分子为进行恐怖活动必须进行准备，为实施恐怖活动准备凶器、危险物品或者其他工具等行为都是恐怖犯罪的犯罪预备行为。为了有效地防止恐怖活动犯罪发生，要早打早防，对预备实施恐怖活动的犯罪也要给予刑罚惩罚。因此，2015 年《刑法修正案（九）》第 7 条又增加规定了准备实施恐怖活动罪，从源头上预防恐怖犯罪。

2. 准备实施恐怖活动罪的构成：

（1）犯罪主体，是一般主体。达到法定年龄、具有刑事责任能力、实施了准备实施恐怖活动犯罪行为的自然人。本罪法定年龄是年满 16 周岁以上的人。本罪犯罪主体在主观上是故意实施准备实施恐怖活动犯罪行为，对其危害公共安全的结果也是故意的心理状态。因此，准备实施恐怖活动罪是故意犯罪，过失行为不能成为本罪的主体。由于刑法条文中没有专门规定单位犯罪，所以单位不能构成本罪。本罪的一些犯罪行为有可能是以单位名义组织实施的，例如，组织恐怖活动培训或者积极参加恐怖活动培训的行为有可能是以单位的名义实施的犯罪行为，对这种情况根据司法解释和司法实践经验，也不能定为单位犯罪，而是对单位的主管负责的人员和其他直接责任人员追究自然人犯罪的刑事责任。

（2）犯罪行为，必须是实施了准备实施恐怖活动的行为。具体包括以下四种犯罪行为：

①为实施恐怖活动准备凶器、危险物品或者其他工具的行为。准备凶器，包括准备现代化的军用武器弹药，也包括具有杀伤力的刀、斧、棍、棒、土枪、土炮等凶器。准备危险物品，包括爆炸物、毒物、放射物质等。其他工具包括衣食住行工具、运输工具、隐藏场所、资金账号、通讯装备等工具。实施准备上述凶器、危险品和工具的行为都必须是为实施恐怖活动的目的。如果不是为恐怖活动的准备行为，不能构成本罪。例如，为实施武装叛乱而实施上述准备行为的，要认定为是武装叛乱罪的犯罪预备犯。

②组织恐怖活动培训或者积极参加恐怖活动培训的行为。培训是指进行政治洗脑、组织构建和军事训练等行为，组织恐怖培训行为和参加恐怖培训行为，都可以构成本罪的犯罪行为。

③为实施恐怖活动与境外恐怖活动组织或者人员联络的行为。与境外恐怖活动组织或者恐怖分子联络，包括外国和境外地区的恐怖组织和恐怖分子也包括我国的在境外的恐怖组织和恐怖分子联络。

④为实施恐怖活动进行策划或者其他准备的行为。包括出谋划策、探察采点、制定方案、人员派遣等准备行为。

（3）犯罪结果，是行为犯。只要实施了准备实施恐怖活动行为的，就是对社会有严重危害的结果，就具有犯罪结果，依法就可以构成犯罪。准备实施恐怖活动，情节严重的是量刑加重结果，即在构成犯罪的基础法定刑以上的加重法定刑内量刑的情节。

3. 准备实施恐怖活动罪的法定刑。根据刑法第120条之二规定：

（1）构成犯罪的，处5年以下有期徒刑、拘役、管制或者剥夺政治权利，并处罚金。

（2）情节严重的，处5年以上有期徒刑，并处罚金或者没收财产。

这里情节严重的，一般是指准备实施的恐怖犯罪规模大、范围广、影响坏，或者屡教不改等情节。

4. 认定准备实施恐怖活动罪时，要注意的问题：

(1) 注意划清罪与非罪的界限。

从犯罪主体上区分，不满16周岁的人和单位不能构成本罪。行为人在主观上是故意的，即故意为实施恐怖活动进行准备活动的，主观上过失的不构成本罪的犯罪主体。犯罪的目的是实施恐怖犯罪活动。如果不是为实施恐怖活动而准备凶器、危险物质等准备行为的，不构成本罪，有可能构成其他犯罪，如聚众斗殴罪、武装暴乱罪等。

从犯罪行为上区分，准备实施恐怖活动罪是故意犯罪，只有故意实施准备犯罪行为才能构成本罪，过失行为不能构成本罪。

从犯罪结果上区分。本罪是行为犯，只要实施了准备实施恐怖活动行为的，就产生了危害社会的结果，就可以构成本罪。但本罪要求必须是"准备实施"恐怖活动的行为，如果是已实施了恐怖活动行为，该准备行为是犯罪预备行为，其包括在恐怖活动既遂的行为之中，就不能再单独构成准备恐怖活动罪，而只能认定是实施了恐怖活动犯罪行为。

(2) 注意区分一罪和数罪。实施准备实施恐怖活动犯罪行为时常常出现其犯罪行为同时触犯其他罪的情况。例如，为实施恐怖活动准备凶器的行为，可能同时触犯刑法第125条规定的非法制造、买卖、运输、储存危险物质罪，依据《刑法修正案（九）》和刑法第120条之三的规定，"有前款行为，同时构成其他犯罪的，依照处罚较重的规定定罪处罚"，应定为处刑较重的非法制造、买卖、运输、储存危险物质罪。

(3) 注意划清本罪与组织、领导、参加恐怖组织罪的界限。本罪是为实施恐怖活动作的物质准备和策划准备，其还没有实施恐怖活动。而组织、领导、参加恐怖组织罪则是为实施恐怖活动进行的组织准备，其也没有实施恐怖犯罪活动。上述二罪都是为实施恐怖活动做准备的犯罪，但刑法规定处罚轻重不同，组织、领导、参加恐怖组织罪的社会危害性重些，刑法规定的法定刑处罚较重些。

(4) 注意划清本罪与帮助恐怖活动罪的界限。帮助恐怖活动罪是帮助恐怖组织、实施恐怖活动的个人或者帮助恐怖活动培训的行为。犯罪人不直接实施恐怖犯罪活动，只是在人力、财力、精神上给予帮助。而本罪是准备实施恐怖活动的犯罪，尽管有一些准备人可能不参加实施恐怖活动犯罪，而多数准备者会进一步实施恐怖活动犯罪。对于准备实施恐怖活动犯罪人进一步实施了恐怖活动犯罪行为的，则应根据行为特征定为有关犯罪，如定为爆炸罪、投放危险物质罪等，不再定为准备实施恐怖活动罪。

（二）宣扬恐怖主义、极端主义、煽动实施恐怖活动罪

宣扬恐怖主义、极端主义、煽动实施恐怖活动罪是《刑法修正案（九）》第7条和刑法第120条之三补充增加的犯罪。最高人民法院、最高人民检察院于2015年10月30日《关于执行〈中华人民共和国刑法〉确定罪名的补充规定（六）》中规定为"宣扬恐怖主义、极端主义、煽动实施恐怖活动罪"的罪名。

我国1997年《刑法》没有这种犯罪的规定，只是规定了组织、领导、参加恐怖活动罪和煽动分裂国家、煽动颠覆政府罪。2001年《刑法修正案（三）》第7条在刑法第120条之一中补充增加规定了资助恐怖活动罪，2015年《刑法修正案（九）》又修改为帮助恐怖活动罪。《刑法修正案（九）》第7条又增加规定宣扬恐怖主义、极端主义、煽动实施恐怖活动罪，即刑法第120条"以制作、散发宣扬恐怖主义、极端主义的图书、音频视频资料或者其他物品，或者通过讲授、发布信息等方式宣扬恐怖主义、极端主义，或者煽动实施恐怖活动的，处五年以下有期徒刑、拘役、管制或者剥夺政治权利，并处罚金；情节严重的，处五年以上有期徒刑，并处罚金或者没收财产"。

宣扬恐怖主义、极端主义、煽动实施恐怖活动罪是《刑法修正案（九）》第7条在刑法第120条之三中新增加的犯罪，要准确适用就必须弄清该罪的概念、特征、法定刑，以及适用时应注意的问题。

1. 宣扬恐怖主义、极端主义、煽动实施恐怖活动罪的概念。该罪是指以制作、散发宣扬恐怖主义、极端主义的图书、音频视频资料或者其他物品，或者通过讲授、发布信息等方式宣扬恐怖主义、极端主义的，或者煽动实施恐怖活动的行为。

恐怖活动是当前国际上社会危害十分严重的犯罪，搞恐怖活动的人不分青红皂白，以危害社会，危害不特定的人的生命财产为对象，进行爆炸、放火、决水、投放危险物品等犯罪，严重损害人民群众的生命财产安全，必须给予严厉的惩罚，以维护社会政治、经济和人们的生活秩序。我国根据联合国《制止恐怖主义爆炸的公约》和《制止向恐怖主义提供资助的国际公约》的规定，以及我国惩治恐怖组织及其实施的恐怖犯罪活动的需要，先后在刑法中规定组织、领导、参加恐怖活动罪、帮助恐怖活动罪等恐怖犯罪和煽动分裂国家、煽动颠覆国家政权罪等煽动性的犯罪。我国司法机关依据上述刑法规定严惩了一批恐怖犯罪分子。为了有效地防止恐怖活动犯罪发生，要早打早防，从预备和煽动恐怖活动起就要给予刑罚惩罚，因此，2015年《刑法修正案（九）》第7条又增加规定宣扬恐怖主义、极端主义、煽动实施恐怖活动罪，从源头上预防

恐怖犯罪。极端主义是近几年出现的一种新的严重危害社会的思潮，他们进行有组织地反对社会，颠覆政权，抵制人类文明文化，毁灭文物，企图进行社会倒退。恐怖主义与极端主义结合起来，必将产生更严重地社会危害性，我国刑事立法具有一定的前瞻性，于2015年在《刑法修正案（九）》中增加规定了宣扬恐怖主义、极端主义、煽动实施恐怖活动罪，从源头上惩治恐怖、极端犯罪，预防更严重的恐怖、极端活动方面犯罪的发生。

2. 宣扬恐怖主义、极端主义、煽动实施恐怖活动罪的构成要件是：

（1）犯罪主体，是一般主体。达到法定年龄、具有刑事责任能力、实施了宣扬恐怖主义、极端主义、煽动实施恐怖活动犯罪行为的自然人。本罪法定年龄是年满16周岁以上的人。本罪犯罪主体在主观上是故意实施宣扬恐怖主义、极端主义、煽动实施恐怖活动犯罪行为，对其危害公共安全的结果也是故意的心理状态。因此，宣扬恐怖主义、极端主义、煽动实施恐怖罪是故意犯罪，过失行为不能成为本罪的主体。由于刑法条文中没有专门规定单位犯罪，所以单位不能构成本罪。本罪的一些犯罪行为有可能是单位组织实施的，例如，制作、散发宣扬恐怖主义、极端主义的图书、音频视频资料或者其他物品的行为；有可能是以单位的名义实施的犯罪行为，对这种情况根据司法解释和司法实践经验，也不能定为单位犯罪，而是对单位负责的主管人员和其他直接责任人员追究自然人犯罪的刑事责任。

（2）犯罪行为，必须是实施了宣扬恐怖主义、极端主义、煽动实施恐怖活动的行为。具体包括以下两种犯罪行为：

一是以制作、散发宣扬恐怖主义、极端主义的图书、音频视频资料或者其他物品的行为。如果制作者、散布者既有制作行为又散布的行为，只构成本罪；如果只实施了其中的制作行为或者散发行为，也可以定为为本罪，即认定为宣扬恐怖主义、极端主义、煽动实施恐怖活动罪。制作、散布的对象必须是宣扬恐怖主义、极端主义的物品，例如图书、音频视频资料和其他物品；这里的其他物品非常广泛，只要是宣扬恐怖主义、极端主义的物品，如服装、装饰品、信仰物、供奉物等都可能是宣扬恐怖主义、极端主义的物品。

二是通过讲授、发布信息等方式煽动实施恐怖活动的行为。讲授包括在正式的课堂、会场、集会上对众多人宣讲，也包括非正式的场所演讲，如在家中聚众讲演，对弟子单个传授。发布，包括公开出版发行和非法散发刊物、印刷品、制作品和网络散布，其讲授、发布的内容必须是宣扬恐怖主义、极端主义、煽动实施恐怖活动的内容。如果是为进行批判恐怖主义、极端主义而透露了些恐怖主义、极端主义的内容，不能认定为是宣扬恐怖主义、极端主义、煽动实施恐怖活动的行为。

（3）犯罪结果，是行为犯。只要实施了宣扬恐怖主义、极端主义、煽动实施恐怖活动行为的，就是对社会有严重危害的结果，就具有犯罪结果，依法可以构成犯罪。发生了情节严重的结果，是量刑结果，即在构成犯罪的基础上加重处罚的情节结果。

3. 宣扬恐怖主义、极端主义、煽动实施恐怖活动罪的法定刑。根据《刑法》第120条之三规定，其法定刑是：

（1）构成犯罪的，处5年以下有期徒刑、拘役、管制或者剥夺政治权利，并处罚金。

（2）情节严重的，处5年以上有期徒刑，并处罚金或者没收财产。

这里情节严重的，一般是指宣扬的规模大、范围广、影响坏，由于宣扬煽动的影响而发生了恐怖活动及对宣扬者经教不改等情节。

4. 处理宣扬恐怖主义、极端主义、煽动实施恐怖活动罪时，要注意的问题：

（1）注意划清罪与非罪的界限。

从犯罪主体上区分，不满16周岁的人和单位不能构成本罪。精神病人在精神病发病期间也不构成本罪的犯罪主体。

从犯罪行为上区分，宣扬恐怖主义、极端主义、煽动实施恐怖活动罪是故意犯罪，只有故意犯罪行为才能构成本罪，过失行为不能构成本罪。

从宣扬的物品内容进行区分。本罪是宣扬具有恐怖主义、极端主义、煽动实施恐怖活动内容的物品才能构成犯罪，如果宣扬的物品内容不是恐怖主义、极端主义、煽动实施恐怖活动的内容，则不构成本罪，例如，其宣传煽动的内容是分裂国家、颠覆国家政权，即使含有宣扬恐怖主义、极端主义、煽动实施恐怖活动内容的，也只认定为煽动分裂国家罪或者煽动颠覆国家政权罪，而不定为本罪，也不能分别认定为本罪和煽动分裂国家罪、煽动颠覆国家政权罪进行数罪并罚。

从犯罪结果上区分。本罪是行为犯，只要实施了宣扬恐怖主义、极端主义、煽动实施恐怖活动行为的，就产生了危害社会的结果，就可以构成本罪。但本罪要求必须是"宣扬"恐怖主义、极端主义、煽动实施恐怖活动的行为，如果行为人在自己不公开的日记中或者在无他人在场的情况下的言语或者作品，没有发表、散发宣扬，又不可能被他人知晓和在社会上扩散宣扬的，也不能构成本罪。

（2）注意选择罪名的确定。根据《刑法修正案（九）》和刑法第120条之三的规定，宣扬恐怖主义、极端主义、煽动实施恐怖活动罪是选择罪名，如果行为人只实施了宣扬恐怖主义的犯罪行为，应认定为宣扬恐怖主义犯罪。如果只实施了宣扬极端主义的犯罪行为只定为宣扬极端主义罪。如果只实施了煽动实施恐怖活动的犯罪行为，只定为煽动实施恐怖活动罪。如果既实施了宣扬恐怖主义又实施了宣扬极端主义和煽动实施恐怖活动的犯罪行为，则只定为宣扬恐怖主义、极端主义、煽动实施恐怖活动罪一个罪名，按一罪定罪从重处罚，不能数罪并罚。

（3）注意划清本罪与组织、利用会道门、邪教组织、利用迷信破坏法律实施罪的界限。宣扬恐怖主义、极端主义、煽动恐怖活动的犯罪人常常是利用会道门、邪教组织和利用迷信等实施宣扬恐怖主义、极端主义、煽动恐怖活动犯罪行为，如果其宣杨的内容既有恐怖主义、极端主义、煽动实施恐怖活动，又有破坏国家法律、行政法规实施的，应分别认定为宣扬恐怖主义、极端主义、煽动恐怖活动罪和利用会道门、邪教组织、利用迷信破坏法律实施罪，实行数罪并罚。如果只是利用会道门、邪教组织、利用迷信宣扬恐怖主义、极端主义、煽动实施恐怖活动的，只认定为宣扬恐怖主义、极端主义、煽动实施恐怖活动罪，按一罪定罪处罚。

（三）利用极端主义破坏法律实施罪

利用极端主义破坏法律实施罪是《刑法修正案（九）》第7条和刑法第120条之四补充增加的犯罪。最高人民法院、最高人民检察院于2015年10月30日《关于执行〈中华人民共和国刑法〉确定罪名的补充规定（六）》中规定为"利用极端主义破坏法律实施罪"的罪名。

我国1997年刑法没有这种犯罪的规定，只是规定了组织、利用会道门、邪教组织、利用迷信破坏法律实施罪，2015年《刑法修正案（九）》第7条、刑法第120条之三增加规定了宣扬恐怖主义、极端主义、煽动实施恐怖活动罪，在刑法第120条之四中又增加规定了利用极端主义破坏法律实施罪，即刑法第120条之四"利用极端主义煽动、胁迫群众破坏国家法律确立的婚姻、司法、教育、社会管理等制度实施的，处三年以下有期徒刑、拘役或者管制，并处罚金；情节严重的，处三年以上七年以下有期徒刑，并处罚金；情节特别严重的，处七年以上有期徒刑，并处罚金或者没收财产"。

利用极端主义破坏法律实施罪是《刑法修正案（九）》第7条在刑法第120条之四中新增加规定的犯罪，要准确适用就必须弄清该罪的概念、特征、法定刑，以及适用时应注意的问题。

1. 利用极端主义破坏法律实施罪的概念。该罪是指利用极端主义煽动、胁迫群众破坏国家法律确立的婚姻、司法、教育、社会管理等制度实施的行为。

极端主义是近几年出现的一种新的严重危害社会的思潮,他们进行有组织地反对社会,颠覆政权,反对法制,抵制人类文明文化,毁灭文物,破坏国家法律确立的婚姻、司法、教育、社会管理等制度的实施,企图进行社会倒退。当前一些极端主义分子在世界上一些国家进行破坏活动,给国际社会秩序造成严重混乱。极端主义与恐怖主义结合起来,其社会危害性更加严重。我国刑事立法具有一定的前瞻性,于2015年在《刑法修正案(九)》中设专条规定了宣扬恐怖主义、极端主义、煽动实施恐怖活动罪和利用极端主义破坏法律实施罪,是从源头上惩治极端主义犯罪,预防极端主义思潮扩散。

2. 利用极端主义破坏法律实施罪的构成要件是:

(1)犯罪主体,是一般主体。达到法定年龄、具有刑事责任能力、实施了利用极端主义煽动、胁迫破坏法律实施犯罪行为的自然人。本罪法定年龄是年满16周岁以上的人。本罪犯罪主体在主观上是故意利用极端主义破坏法律实施,对其危害公共安全的结果也是故意的。因此,利用极端主义破坏法律实施罪是故意犯罪,过失行为不能成为本罪的主体。由于刑法条文中没有专门规定单位构成犯罪,所以利用极端主义破坏法律实施罪,单位不能构成该罪的主体。本罪的一些犯罪行为有可能是以单位名义组织实施的,例如,单位利用极端主义煽动、胁迫破坏教育法实施的行为,有可能是以单位的名义实施的犯罪行为,对这种情况根据司法解释和司法实践经验,也不能定为单位犯罪,而应对单位直接负责的主管负责人员和其他直接责任人员追究个人犯利用极端主义破坏法律实施罪的刑事责任。

(2)犯罪行为,必须是实施了利用极端主义煽动、胁迫破坏法律实施的犯罪行为。具体包括以下两类犯罪行为:

①利用极端主义煽动破坏法律实施的行为。利用极端主义的思想煽动群众破坏国家婚姻法、教育法、社会管理法等法律所确立的制度实施的行为。例如,煽动群众反对婚姻法规定的一夫一妻制度,宣扬实施一夫多妻制度;煽动群众反对教育法规定的男女有同等受教育和参加社会管理活动的权力,主张不允许妇女上学受教育和参加社会活动等欺压妇女儿童的旧习俗的行为。

②利用极端主义胁迫群众破坏法律实施的行为。利用极端主义的思想胁迫群众破坏国家婚姻法、教育法、社会管理法等法律所确立的制度实施的行为。例如,胁迫群众违反婚姻法规定的婚姻自由的规定,宣扬包办婚姻、强迫男女结婚或者强迫不得离婚的行为和随意剥夺他人受教育的权利的行为等。

(3)犯罪结果,本罪是行为犯。只要实施了利用极端主义煽动、胁迫破坏国家法律实施犯罪行为的,就是对社会有严重危害的结果,就具有犯罪结果,依法就可以构成犯罪。利用极端主义煽动、胁迫破坏法律实施情节严重、情节特别严重的,是量刑加重结果,即在构成犯罪的基础法定刑以上的加重法定刑内量刑的情节。

3. 利用极端主义破坏法律实施罪的法定刑。根据刑法第120条之四规定,本罪的法定刑是:

(1) 构成犯罪的,处3年以下有期徒刑、拘役或者管制,并处罚金。

(2) 情节严重的,处3年以上7年以下有期徒刑,并处罚金。

(3) 情节特别严重的,处7年以上有期徒刑,并处罚金或者没收财产。

这里的"情节严重"、"情节特别严重"是两种处加重法定刑的犯罪情节。情节严重,一般是指煽动、胁迫的范围广、规模大、影响坏等。情节特别严重,一般是指,由于利用极端主义煽动、胁迫破坏法律实施,造成多人伤亡、重大财产损失及恶劣社会影响,使国家法律不能执行的结果。

4. 适用利用极端主义破坏法律实施罪时,要注意的问题:

(1) 注意划清罪与非罪的界限。

从犯罪主体上区分,不满16周岁的人和单位不能构成本罪。行为人在主观上是故意的,即故意实施利用极端主义煽动、胁迫破坏法律实施的才能构成犯罪,主观上过失的不构成本罪的犯罪主体。犯罪的目的是利用极端主义煽动、胁迫破坏法律实施,达到社会混乱的目的。如果不是利用极端主义进行煽动、胁迫群众破坏法律实施行为的,不构成本罪。例如,构成组织、利用会道门、邪教组织、利用迷信破坏法律实施罪等。

从犯罪结果上区分。本罪是行为犯,只要实施了利用极端主义煽动、胁迫破坏法律实施行为的,就产生了危害社会的结果,就可以构成本罪。但本罪要求必须是"利用极端主义煽动、胁迫破坏法律实施的行为,如果利用极端主义煽动群众,只是宣扬了极端主义思想,没有破坏婚姻法、教育法、社会管理法律实施结果的,就不能构成本罪,而有可能构成宣扬极端主义罪。

(2) 注意区分一罪和数罪。本罪是利用极端主义破坏法律实施的犯罪行为,在实施胁迫行为时,有可能侵犯他人人身权利,造成被胁迫人伤亡,同时构成故意伤害罪、过失致人死亡罪等犯罪的,应在认定本罪的同时,还要认定犯重伤害罪、过失致人死亡罪等,实行数罪并罚。

(3) 注意划清本罪与宣扬恐怖主义、极端主义、煽动实施恐怖活动罪的界限。本罪是利用极端主义煽动、胁迫破坏法律实施的犯罪行为,在利用极端主义进行煽动时,也有可能宣扬极端主义,由于犯罪主体的目的不主要是宣扬极端主义,而是把极端主义作为犯罪手段,所以在一般情况下,只认定为本罪,而吸收了宣扬极端主义犯罪行为。只有在利用极端主义煽动群众时没有发生破坏法律实施结果,而达到了宣扬极端主义结果时,才能构成宣扬极端主义、恐怖主义、煽动实施恐怖活动罪。

（四）强制穿戴宣扬恐怖主义、极端主义服饰、标志罪

强制穿戴宣扬恐怖主义、极端主义服饰、标志罪是《刑法修正案（九）》第7条和刑法第120条之五补充增加的犯罪。最高人民法院、最高人民检察院于2015年10月30日《关于执行〈中华人民共和国刑法〉确定罪名的补充规定（六）》中规定为"强制穿戴宣扬恐怖主义、极端主义服饰、标志罪"的罪名。

我国1997年刑法没有这种犯罪的规定，只是规定了组织、领导、参加恐怖活动罪，2001年《刑法修正案（三）》第7条在刑法第120条之一中补充增加规定了资助恐怖活动罪，2015年《刑法修正案（九）》第7条又规定在刑法第120条之二、三、四中增加规定准备实施恐怖活动罪，宣扬恐怖主义、极端主义、煽动实施恐怖活动罪和利用极端主义破坏法律实施罪。在刑法第120条之五中又增加规定了强制穿戴宣扬恐怖主义、极端主义服饰、标志罪，即刑法第120条之五"以暴力、胁迫等方式强制他人在公共场所穿着、佩戴宣扬恐怖主义、极端主义服饰、标志的，处三年以下有期徒刑、拘役或者管制，并处罚金"。

强制穿戴宣扬恐怖主义、极端主义服饰、标志罪是《刑法修正案（九）》第7条在刑法第120条之五中新增加的犯罪，要准确适用就必须弄清该罪的概念、特征、法定刑，以及适用时应注意的问题。

1. 强制穿戴宣扬恐怖主义、极端主义服饰、标志罪的概念。该罪是指以暴力、胁迫等方式强制他人在公共场所穿着、佩戴宣扬恐怖主义、极端主义服饰、标志的行为。

恐怖主义、极端主义是当前国际国内社会危害严重的犯罪行为，他们不但实施恐怖活动，危害不特定的人的生命财产安全，而且限制人们的人身自由，为了显示他们的势力，使人产生恐怖心理，在其势力控制的范围内往往以暴力、胁迫等方式强制他人在公共场所穿着、佩戴宣扬恐怖主义、极端主义服饰、标志。这是严重侵犯公民人身自由的行为，是对社会有危害的行为。2015年在《刑法修正案（九）》在刑法中设专条规定了强制穿戴宣扬恐怖主义、极端主义服饰、标志罪，从源头上惩治预防恐怖主义、极端主义犯罪的发生。

2. 强制穿戴宣扬恐怖主义、极端主义服饰、标志罪的构成要件是：

（1）犯罪主体，是一般主体。达到法定年龄、具有刑事责任能力、实施了以暴力、胁迫强制穿戴宣扬恐怖主义、极端主义服饰、标志犯罪行为的自然人。本罪法定年龄是年满16周岁以上的人，犯罪主体在主观上是故意实施强制他人穿戴宣扬恐怖主义、极端主义服饰、标志犯罪行为，对其危害公共安全的结果也是故意的心理状态。因此，强制穿戴宣扬恐怖主义、极端主义服饰、标志罪是故意犯罪。由于刑法条文中没有专门规定单位犯罪，所以单位不能构成本罪主体。本罪的犯罪行为有可能是单位组织实施的，对这种情况，根据司法解释和司法实践经验，也不能定为单位犯罪，而是对单位的直接负责的主管人员和其他直接责任人员追究个人犯本罪的刑事责任。

（2）犯罪行为，必须是实施了强制穿戴宣扬恐怖主义、极端主义服饰、标志的犯罪行为。具体包括以下两种犯罪行为：

①以暴力、胁迫等方式强制他人在公共场所穿着宣扬恐怖主义、极端主义服饰的行为。强制穿着宣扬恐怖主义、极端主义的服饰，是恐怖主义、极端主义组织为显示其势力的定制衣帽、鞋袜、饰品和器具等，以暴力、胁迫等方式强制人们在公共场所穿着，例如，不按要求穿着其定式服饰就不允许进入该公共场所，或者以异己分子将其拘禁、审查等行为。

②以暴力、胁迫等方式强制他人在公共场所佩戴宣扬恐怖主义、极端主义标志的行为。强制佩戴宣扬恐怖主义、极端主义的标志，通常是宣扬恐怖主义、极端主义的胸章、袖标、帽微、领章等以示其是恐怖主义、极端主义者的标志性物品。

（3）犯罪结果，是行为犯。只要实施了以暴力、胁迫等方式强制他人穿戴宣扬恐怖主义、极端主义服饰、标志的犯罪行为的，就是对社会有严重危害的结果，就具有犯罪结果，依法就可以构成犯罪。

3. 强制穿戴宣扬恐怖主义、极端主义服饰、标志罪的法定刑。根据刑法第120条之五规定，构成犯罪的，处3年以下有期徒刑、拘役或者管制，并处罚金。

4. 认定强制穿戴宣扬恐怖主义、极端主义服饰、标志罪时应注意的问题：

（1）注意划清罪与非罪的界限。

从犯罪主体上区分，不满16周岁的人和单位不能构成本罪，主观上是过失者也不能构成本罪的主体，例如，确实不知道是宣扬恐怖主义、极端主义的饰品，而以暴力的方式强制群众在公共场所佩戴的人不能构成本罪。

从犯罪行为上区分，强制穿戴宣扬恐怖主义、极端主义服饰、标志罪的犯罪行为必须是以暴力、胁迫等方式强制他人穿戴宣扬恐怖主义、极端主义服饰的行为，没有使用暴力、胁迫的方式，而是介绍、推荐、说服等非暴力、胁迫的方式使他人在公共场所佩戴宣扬恐怖主义、极端主义服饰的行为不能构成本罪。

从强制佩戴服饰内容进行区分。本罪是强制佩戴宣扬恐怖主义、极端主义内容的服饰、标志的,才能构成犯罪,如果宣扬的物品内容不是恐怖主义、极端主义的内容,则不构成本罪,例如其宣传煽动的内容是分裂国家、颠覆国家政权的内容的,即使其中含有宣扬恐怖主义、极端主义内容的,也只认定为煽动分裂国家罪或者煽动颠覆国家政权罪,而不定为本罪,也不能分别认定为本罪和煽动分裂国家罪、煽动颠覆国家政权罪数罪并罚。

从犯罪地点上区分。本罪必须是"强制他人在公共场所"穿戴宣扬恐怖主义、极端主义的服饰、标志的行为,如果行为人在自己的家中强制妻子、儿女穿戴宣扬恐怖主义、极端主义服饰、标志的行为,不构成犯罪。

(2)注意本罪选择罪名的确定。根据《刑法修正案(九)》和刑法第120条之五的规定,强制穿戴宣扬恐怖主义、极端主义服饰、标志罪是选择罪名,如果行为人只实施了强制穿戴宣扬恐怖主义、极端主义服饰的犯罪行为,应认定为强制穿戴宣扬恐怖主义、极端主义服饰罪。如果只实施了强制佩戴宣扬恐怖主义、极端主义标志行为的,只认定为强制佩戴宣扬恐怖主义、极端主义标志罪。如果既强制他人穿戴宣扬恐怖主义、极端主义服饰,又强制他人佩戴恐怖主义、极端主义标志的犯罪行为,也只认定为强制穿戴宣扬恐怖主义、极端主义服饰、标志罪。不能分别定为两种罪,数罪并罚。

(五)非法持有宣扬恐怖主义、极端主义物品罪

非法持有宣扬恐怖主义、极端主义物品罪是《刑法修正案(九)》第7条和刑法第120条之六补充增加的犯罪。最高人民法院、最高人民检察院于2011年10月30日《关于执行〈中华人民共和国刑法〉确定罪名的补充规定(六)》中规定为"非法持有宣扬恐怖主义、极端主义物品罪"的罪名。

我国1997年刑法没有这种犯罪的规定,只是规定了组织、领导、参加恐怖活动方面的犯罪,2001年《刑法修正案(三)》第7条在刑法第120条之一中补充增加规定了帮助恐怖活动罪,2015年《刑法修正案(九)》第7条又增加规定非法持有宣扬恐怖主义、极端主义物品罪,即刑法第120条之六"明知是宣扬恐怖主义、极端主义的图书、音频视频资料或者其他物品而非法持有,情节严重的,处三年以下有期徒刑、拘役或者管制,并处或者单处罚金"。

非法持有宣扬恐怖主义、极端主义物品罪是《刑法修正案(九)》第7条在刑法第120条之六中新增加的犯罪,要准确适用就必须弄清该罪的概念、特征、法定刑,以及适用时应注意的问题。

1. 持有宣扬恐怖主义、极端主义物品罪的概念。该罪是指明知是宣扬恐

怖主义、极端主义的图书、音频视频资料或者其他物品而非法持有，情节严重的行为。

恐怖主义、极端主义是当前国际国内社会危害严重的犯罪思潮，在恐怖主义、极端主义指导下，进行恐怖活动，危害不特定的人的生命财产安全，必须给予严厉的惩罚，以维护社会政治、经济和人们的生活秩序。搞恐怖活动的个人和组织常常以图书、音频视频资料或者其他物品进行宣扬恐怖主义、极端主义，为实恐怖活动制造舆论、扩大影响。我国严禁宣扬恐怖主义、极端主义的宣传品在社会上散布发行，他们就在私下传播，为制止宣扬恐怖主义、极端主义思想，2015年《刑法修正案（九）》第7条又增加规定宣扬恐怖主义、极端主义、煽动实施恐怖活动罪，同时还对非法持有宣扬恐怖主义、极端主义物品的行为规定为犯罪，从源头上预防恐怖主义犯罪。

2. 非法持有宣扬恐怖主义、极端主义物品罪的构成要件是：

（1）犯罪主体，是一般主体。达到法定年龄、具有刑事责任能力、实施了非法持有宣扬恐怖主义、极端主义物品犯罪行为的自然人。本罪法定年龄是年满16周岁以上的人。本罪犯罪主体在主观上是故意非法持有宣扬恐怖主义、极端主义物品犯罪行为，对其危害公共安全的结果也是故意的心理状态。因此，非法持有宣扬恐怖主义、极端主义物品罪是故意犯罪。由于刑法条文中没有专门规定单位犯罪，所以单位不能构成本罪。本罪的一些犯罪行为有可能是单位组织持有的，例如，单位非法持有宣扬恐怖主义、极端主义的图书、音频视频资料或者其他物品的行为，对这种情况根据司法解释和司法实践经验，也不能定为单位犯罪，而是对单位的直接负责的主管人员和其他直接责任人员追究个人犯罪的刑事责任。

（2）犯罪行为，必须是非法持有宣扬恐怖主义、极端主义物品的行为。即明知是宣扬恐怖主义、极端主义的图书、音频视频资料或者其他物品而非法持有的行为。这里必是"明知"，即包括明明白白知道和应当知道是宣扬恐怖主义、极端主义的物品而持有的行为。

（3）犯罪结果，是结果犯。非法持有宣扬恐怖主义、极端主义物品行为必须达到情节严重结果的才能构成犯罪。这里的"情节严重"是犯罪构成情节，是犯罪构成的要件，达不到情节严重的行为不构成犯罪。情节严重，一般是指持有的品种多、数量大，内容恶劣或者屡教不改、拒不交出持有的宣扬恐怖主义、极端主义物品的结果。

3. 持有宣扬恐怖主义、极端主义物品罪的法定刑。根据刑法第120条之六规定，构成犯罪的，处3年以下有期徒刑、拘役或者管制，并处或者单处罚金。

4. 认定非法持有宣扬恐怖主义、极端主义物品罪时，要注意的问题：

（1）注意划清罪与非罪的界限。

从犯罪主体上区分，不满 16 周岁的人和单位不能构成本罪。非法持有宣扬恐怖主义、极端主义物品的人在主观上必须是故意的，且明知是宣扬恐怖主义、极端主义的物品而非法持有的人，才能构成本罪，主观上具有过失的人不能构成本罪，例如，李某人的朋友存放其家中一批视频资料，其朋友只是告诉其是业务上的视频资料，并没有告诉其是宣扬恐怖主义、极端主义的视频资料，李某也没有设备观看这些视频资料，该李某的行为不构成本罪。

从犯罪行为上区分，非持有宣扬恐怖主义、极端主义物品罪是故意犯罪，只有故意犯罪行为才能构成本罪，过失行为不能构成本罪。

从宣扬的物品内容进行区分。本罪非法持有物品的内容必须是宣扬有恐怖主义、极端主义的内容，如果持有的物品内容不是恐怖主义、极端主义的内容，则不构成本罪，例如其持有物品内容是宣传宗教内容的图书、音频视频的内容的，而不定为本罪。

从犯罪结果上区分。本罪是结果犯，必须是情节严重的，才构成本罪，达不到情节严重结果的不构成犯罪，例如，非法持有一本宣扬恐怖主义、极端主义图书的，准备自己看，由于没有达到情节严重的，可不认为是犯罪。

（2）注意划清本罪与宣扬恐怖主义、极端主义、煽动实施恐怖活动罪的界限。宣扬恐怖主义、极端主义的犯罪人常常是以散布宣扬恐怖主义、极端主义的图书、音频视频资料或者其他物品，并且非法持有上述物品。如果其宣扬恐怖主义、极端主义、煽动实施恐怖活动的行为构成犯罪，则非法持有宣扬恐怖主义、极端主义物品犯罪行为被吸收，不再认定本罪，而只以宣扬恐怖主义、极端主义、煽动实施恐怖活动罪从重处罚。

（六）虐待被监护、看护人罪

虐待被监护、看护人罪是《刑法修正案（九）》第 19 条和刑法第 260 条之一补充增加的犯罪。最高人民法院、最高人民检察院于 2015 年 10 月 30 日《关于执行〈中华人民共和国刑法〉确定罪名的补充规定（六）》中规定为"虐待被监护、看护人罪"的罪名。

我国 1997 年刑法没有这种犯罪的规定，只在刑法第 260 条中规定了虐待罪，2015 年《刑法修正案（九）》第 19 条又规定在刑法第 260 条之一中增加规定虐待被监护、看护人罪，即刑法第 260 条之一"对未成年人、老年人、患病的人、残疾人等负有监护、看护职责的人虐待被监护、看护的人，情节恶劣的，处三年以下有期徒刑或者拘役。单位犯前款罪的，对单位判处罚金，并对其直接负责的主管人员和其他直接责任人员，依照前款的规定处罚。有第一款行为，同时构成其他犯罪的，依照处罚较重的规定定罪处罚"。

虐待被监护、看护人罪是《刑法修正案（九）》第19条在刑法第260条之一中新增加的犯罪，要准确适用就必须弄清该罪的概念、特征、法定刑，以及适用时应注意的问题。

1. 虐待被监护、看护人罪的概念。该罪是指负有监护、看护职责的人虐待被监护、看护的人，情节恶劣的行为。

虐待被监护、看护人罪是根据我国当前一些家庭、学校、幼儿人虐待被监护、看护的人，造成严重的后果。监护、看护人是有监护、看护职责的人。幼儿园、养老院、医院、监所对未成年人、老年人、患病的人、残疾人等负有监护、看护职责的人，不同于对犯罪嫌疑人、罪犯监管职责的人，监管是对羁押人的监督管理职责，看守所对犯罪嫌疑人监管，监狱对罪犯的监管，即使有虐待被羁押者行为的也不构成本罪。当然在看守所、监狱中有监护、看护被羁押的未成年人、老年人、患病的人、残疾的犯罪嫌疑人、罪犯职责的人虐待被羁押的监护、看护人的也可以构成本罪。虐待被监护、看护人常常致被监护、看护人伤残，甚至致被监护、看护人死亡，既严重侵犯被监护、看护人的人身权利，又败坏了我国尊老爱幼的传统美德，是对社会有严重危害的行为。我国刑法于2015年在《刑法修正案（九）》中设专条规定了虐待被监护、看护人罪，用以惩治负有监护、看护职责的虐待者，又保护被监护、看护人的合法权利。

2. 虐待被监护、看护人罪的构成要件是：

（1）犯罪主体，是特殊主体。达到法定年龄、具有刑事责任能力、负有监护、看护职责的人实施了虐待被监护、看护人行为的自然人或者单位。本罪法定年龄是年满16周岁以上的负有监护职责的人或者单位，犯罪主体在主观上是故意实虐待被监护、看护人，对其侵犯被监护、看护人身权利的结果既可能是故意的心理状态，也可能是不尽监护、看护职责义务的过失心理态度。因此，虐待被监护、看护人罪，既可能是故意犯罪，也可能是过失犯罪。刑法第260条之一中明确规定单位可以构成本罪，除单位本身构成本罪主体。单位的直接负责的主管人员和其他直接责任人员也构成本罪的犯罪主体。

（2）犯罪行为，必须是实施了虐待被监护、看护人的犯罪行为。虐待行为主要表现是对被监护、看护人打骂、冻饿、威胁、精神摧残和置之不理等不尽监护、看护职责的行为。例如，对精神病人不看护，致使精神病人溺水身亡的行为。虐待对象是未成年人、老年人、患病的人、残疾人等需要监护、看护的人。对犯罪嫌疑人、罪犯监管的人不在其中，但有监护、看护被羁押的未成年、老年、患病、残疾犯罪嫌疑人、罪犯职责者实施虐待，情节恶劣的行为的，也包括在本罪犯罪行为之内。本罪犯罪主体虐待被监护、看护人既可能是故意违反职责规定实施虐待行为，也可以是不履行监护、看护职责规定实施虐待的过失行为。因此，负有监护、看护职责者不论是故意实施虐待行为还是过失实施了虐待行为的都可以构成本罪的犯罪行为。

只有负有监护、看护职责的人实施虐待被监护、看护的人的行为才构成犯罪。监护、看护职责，是指从事监护、看护职业，并负有监护、看护的职责的行为，如幼儿园中的幼儿教师、幼儿园园长等。由于虐待家庭成员的行为是没有尽家庭成员的义务的行为，其没有职责，不是不尽监护、看护职责行为。因此，虐待家庭成员的行为，不是本罪的犯罪行为。

（3）犯罪结果，是结果犯。只有实施了虐待被监护、看护人，情节恶劣的行为，依法才可以构成犯罪。没有达到情节恶劣程度的，而是一般虐待行为、情节严重的虐待行为，都不构成犯罪。所谓情节恶劣的，一般是指长期的、一贯的、经常的实施虐待行为，或者由于虐待行为使被监护、看护人的身心健康遭受严重损伤，如造成伤亡、精神失常、流浪社会进行违法犯罪等结果的。

3. 虐待被监护、看护人罪的法定刑。根据刑法第260条之一规定：

（1）构成犯罪的，处3年以下有期徒刑或者拘役。

（2）单位犯前款罪的，对单位判处罚金，并对其直接负责的主管人员和其他直接责任人员，依照前款的规定处罚。

4. 认定虐待被监护、看护人罪时，要注意的问题：

（1）注意划清罪与非罪的界限。

从犯罪主体上区分，不满16周岁的人和不负有监护、看护职责的人不能构成本罪。例如，某小学班主任李老师有事不带外出参观的学生回学校，其让学生班长张某（12岁）将30名同学带回学校，途中一名学生离队跳崖将腿骨摔折。该李老师有违反看护职责，对学生骨折应负看护不到位的责任，而该学生班长由于不满16岁，不负看护失职的责任。

从犯罪行为上区分，虐待被监护、看护人罪的犯罪行为必须是滥用或者不尽监护、看护职责实施了对未成年人、老年人、患病的人、残疾人进行虐待，情节恶劣的行为。没有实施上述虐待行为或者实施了上述行为没有达到情节恶劣的程度的行为，不构成本罪。

从犯罪结果上区分。本罪是结果犯，必须是情节恶劣的结果才构成犯罪，情节一般或者情节严重的虐待被监护、看护人的结果，不构成本罪。

（2）注意区分本罪与虐待罪的界限。我国刑法第 260 条规定了虐待罪，是虐待家庭成员，情节恶劣的行为，其与本罪虐待被监护、看护人罪在犯罪行为上都是实施了虐待情节恶劣的行为。二者的不同之处是犯罪主体不同。虐待罪的主体是家庭成员，而本罪的主体是负有监护、看护职责的人。如果是具有监护、看护职责的家庭成员犯虐待被监护、看护人罪的，应认定为本罪从重处罚，因本罪是惩罚具有监护、看护职责的人实施虐待行为。

（3）注意依重罪处罚的适用。本罪犯罪人实施虐待被监护、看护人行为时，有可能产生致被监护、看护人伤亡的结果，或者发生拘禁被监护、看护人，侵犯人身自由的结果，在又构成伤害罪、过失致人死亡罪、非法拘禁罪等其他犯罪时，依照刑法第 260 条之一规定，依照处罚较重的规定定罪处罚，即认定为较重的伤害罪、过失致人死亡罪、非法拘禁罪等。

（七）使用虚假身份证件、盗用身份证件罪

使用虚假身份证件、盗用身份证件罪是《刑法修正案（九）》第 23 条和刑法第 280 条之一补充增加的犯罪。最高人民法院、最高人民检察院于 2015 年 10 月 30 日《关于执行〈中华人民共和国刑法〉确定罪名的补充规定（六）》中规定为"使用虚假身份证件、盗用身份证件罪"的罪名。

我国 1997 年刑法没有这种犯罪的规定，只在刑法第 280 条第 3 款中规定了伪造、变造居民身份证罪，2009 年《刑法修正案（七）》第 7 条在刑法第 253 条之一中补充增加规定了出售、非法提供公民个人信息罪，2015 年又改为侵犯公民个人信息罪。2015 年《刑法修正案（九）》第 23 条中又在刑法第 280 条之一中增加规定使用虚假身份证件、盗用身份证件罪，即刑法第 280 条之一"在依照国家规定应当提供身份证明的活动中，使用伪造、变造的或者盗用他人的居民身份证、护照、社会保障卡、驾驶证等依法可以用于证明身份的证件，情节严重的，处拘役或者管制，并处或者单处罚金。有前款行为，同时构成其他犯罪的，依照处罚较重的规定定罪处罚"。

使用虚假身份证件、盗用身份证件罪是《刑法修正案（九）》第 23 条在刑法第 180 条之一中新增加的犯罪，要准确适用就必须弄清该罪的概念、特征、法定刑，以及适用时应注意的问题。

1. 使用虚假身份证件、盗用身份证件罪的概念。该罪是指在依照国家规定应当提供身份证明的活动中，使用伪造、变造的或者盗用他人的居民身份证、护照、社会保障卡、驾驶证等依法可以用于证明身份的证件，情节严重的

行为。

使用虚假身份证件、盗用身份证件罪是根据我国当前社会上出现的一些人不讲诚信，使用伪造、变造的身份证明证件或者盗用他人的身份证明证件进行社会活动，以欺骗他人或者单位而非法获取利益的行为，例如用伪造的身份证购买火车票，盗用他人身份证在银行贷款，利用拾到的他人医疗保险卡骗取药品的行为等。由于这些缺失诚信的欺骗行为严重危害了社会管理秩序，是对社会有严重危害的犯罪行为。我国刑法于 2015 年在《刑法修正案（九）》中设专条规定了使用虚假身份证件、盗用身份证件罪，以惩罚使用和盗用者，最高处拘役并处罚金。

2. 使用虚假身份证件、盗用身份证件罪的构成要件是：

（1）犯罪主体，是一般主体。达到法定年龄、具有刑事责任能力、实施了使用伪造、变造的或者盗用他人的居民身份证、护照、社会保障卡、驾驶证等依法可以用于证明身份的证件，情节严重的犯罪行为的自然人。本罪法定年龄是年满 16 周岁以上的人，犯罪主体在主观上是故意实施使用伪造、变造的或者盗用他人的居民身份证、护照、社会保障卡、驾驶证等依法可以用于证明身份的证件的行为者。单位本身不能构成本罪，如果单位实施了使用伪造、变造或者盗用证明身份证件行为，情节严重的，只能对单位的直接负责的主管人员或者其他直接责任人员追究自然人犯本罪的刑事责任。

（2）犯罪行为，必须是实施了使用虚假身份证件、盗用身份证件犯罪行为。具体包括以下两种犯罪行为：

①使用伪造、变造的证明身份证件的行为。即在依照国家规定应当提供身份证明的活动中，使用伪造、变造的居民身份证、护照、社会保障卡、驾驶证等依法可以用于证明身份的证件的行为。这里只是使用行为，只要使用了伪造、变造的居民身份证、护照、社会保障卡等证明身份的证件，达到情节严重的行为，就可以构成本罪的犯罪行为，至于伪造、变造可以证明身份证件的行为不在本犯罪行为之内，可以另外构成其他犯罪。使用伪造、变造的证明身份证件，包括使用伪造、变造的自己的证明身份证件，也包括使用伪造、变造的他人的证明身份证件。

②必须实施了盗用他人的证明身份证件的犯罪行为，即在依照国家规定应当提供身份证明的活动中，盗用他人的居民身份证、护照、社会保障卡、驾驶证等依法可以用于证明身份的证件的犯罪行为。盗用他人证明身份的证件是未经他人同意私自使用他人的真实的身份证件的行为。

本罪的犯罪行为必须是发生在依照国家规定应当提供身份证明的活动中。如果不是在国家规定应当提供证明身份证件的活动中，而是某单位自己规定的活动中，有上述使用伪造、变造和盗用身份证明证件的行为，不能构成本罪犯罪行为。例如，某工厂规定，进该厂大门要凭本厂出入证，李某盗用他人的出入证进到工厂院内的行为，就不是本罪的犯罪行为。

（3）犯罪结果，是结果犯。只有实施了使用虚假身份证件、盗用他人身份证件犯罪行为，达到情节严重的结果，才构成本罪。达不到情节严重程度的，不构成犯罪，依照治安管理处罚法，由公安机关给予治安处罚。这里情节严重，一般是指使用伪造、变造或者盗用他人证明身份证件的犯罪行为，以达到欺骗目的，给国家或者个人造成经济损失；多次、大量使用或者盗用他人身份证明证件；因使用伪造、变造或者盗用他人证明身份证件受过治安管理处罚等行政处罚，又实施该行为等情形的。

3. 使用虚假身份证件、盗用身份证件罪的法定刑。根据刑法第280条之一规定，构成犯罪的，处拘役或者管制，并处或者单处罚金。

4. 认定使用虚假身份证件、盗用身份证件罪时，要注意的问题：

（1）注意划清罪与非罪的界限。

从犯罪主体上区分。本罪是一般主体，不满16周岁的人和单位不能构成本罪的主体；本罪是故意犯罪，主观上是过失的人也不能构成本罪的主体。例如，某老年妇女将其丈夫的老年人乘车优惠卡误认为是自己的老年人乘车优惠卡用以乘车，乘务员也没有发现，虽然该老年妇女使用了他人的社会保障卡，但主观上是过失的，不能构成本罪犯罪主体。

从犯罪行为上区分。本罪是使用虚假身份证件、盗用身份证件犯罪行为，单独伪造、变造居民身份证、护照、社会保障卡、驾驶执照等行为不能构成本罪。

从犯罪结果上区分。本罪是实施使用虚假身份证件、盗用身份证件行为，情节严重的结果，才能构成犯罪。达不到情节严重程度的不构成犯罪。例如，使用伪造的身份证向银行贷款，被银行负责贷款工作人员识破，贷款没有得逞的行为，属情节一般，不构成本罪犯罪行为。

（2）注意重罪吸收轻罪的适用。本罪属于较轻的犯罪，如果在实施本罪过程中，同时构成其他犯罪的，应采取重罪吸收轻罪的原则，按照重罪的规定定罪处罚。根据《刑法修正案（九）》和刑法第180条之一的规定，"有前款行为，同时构成其他犯罪的，依照处罚较重的规定定罪处罚"，即本罪被其他重罪吸收。例如，自己伪造驾驶证，并持伪造的驾驶证进行非法驾驶汽车，造成他人死亡的结果，虽然其有伪造驾驶证犯罪行为和使用伪造驾驶证犯罪行为，依上述刑法规定，不能认定本罪和伪造国家机关证件罪，数罪并罚，而只能按重罪吸收轻罪，依照较重的交通肇事罪定罪处罚。

（八）组织考试作弊罪

组织考试作弊罪是《刑法修正案（九）》第25条和刑法第284条之一中补充规定的犯罪。最高人民法院、最高人民检察院于2015年10月30日《关于执行〈中华人民共和国刑法〉确定罪名的补充规定（六）》中规定为"组织考试作弊罪"的罪名。

我国1997年刑法中没有这种犯罪的规定，只在刑法第418条中规定了招收公务员、学生徇私舞弊罪。2015年《刑法修正案（九）》第25条又规定在刑法第284条之一中增加规定了组织考试作弊罪，即刑法第284条之一第1款、第2款规定："在法律规定的国家考试中，组织作弊的，处三年以下有期徒刑或者拘役，并处或者单处罚金；情节严重的，处三年以上七年以下有期徒刑，并处罚金。为他人实施前款犯罪提供作弊器材或者其他帮助的，依照前款的规定处罚"。

组织考试作弊罪是《刑法修正案（九）》第25条在刑法第284条之一第1款、第2款中新增加的犯罪，要准确适用就必须弄清该罪的概念、特征、法定刑，以及适用时应注意的问题。

1. 组织考试作弊罪的概念。该罪是指在法律规定的国家考试中，组织作弊，或者为他人提供考试作弊提供器材和其他帮助的行为。

近年来，在国家考试中作弊严重，严重扰乱考试秩序，在社会上造成恶劣影响。例如，国家组织的公务员考试、司法考试、高考、中考、外语考试等，都出现了严重作弊行为，有的是有组织地实施考试作弊，有的是为他人考试作弊提供通讯工具和其他帮助考等行为。这些组织作弊行为严重扰乱了考试秩序，使考试失去了考试的公平性和正义性，使有的考试不得不作废重考，这是对社会有严重危害性的行为。为了维护国家考试秩序，达到考试的公平正义的目的，我国刑法将组织考试作弊行为规定为犯罪，最高处7年有期徒刑。

根据最高人民法院2015年11月1日起实施的《关于〈中华人民共和国刑法修正案（九）〉时间效力问题的解释》第6条规定，对于2015年10月31日以前组织考试作弊，为他人组织考试作弊提供作弊器材或者其他帮助，以及非法向他人出售或者提供考试试题、答案，根据修正前刑法应当以非法获取国家秘密罪，非法生产、销售间谍专用器材罪或者故意泄露国家秘密罪等追究刑事责任的，适用修正前刑法的有关规定。但是，根据修正后刑法第284条之一的规定处刑较轻的，适用修正后刑法的有关规定。

2. 组织考试作弊罪的构成要件是：

（1）犯罪主体，是一般主体。达到法定年龄、具有刑事责任能力、实施了组织考试作弊行为的自然人，包括考试作弊的组织者、提供作弊器材或其他帮助者等。本罪法定年龄是年满16周岁以上的人，犯罪主体在主观上是故意的心理态度。单位不能构成本罪，如果单位有上述行为，如组织考试作弊行为的，只追究单位直接负责的主管人员和其他直接责任人员犯本罪的刑事责任。

（2）犯罪行为，必须是实施了考试作弊的犯罪行为。即在法律规定的国家考试中，有下列行为之一：

①组织考试作弊的行为，即有组织地进行考试作弊行为，有的负责联系代考者和被替考者，有的进行通讯联系，有的在考场内外放行、传递答案信息，有的负责收费与分赃等分工负责的行为，使考试作弊有组织有分工的实施。

②为他人实施考试作弊提供作弊器材或者其他帮助的行为，例如，提供通讯器材、伪造准考证、传递字条、监考人员对考试抄袭者不管不问等帮助作弊的行为。

上述两种组织考试作弊行为，都必须是发生在法律规定的国家考试中，例如国家公务员考试、司法考试、大学本专科考试、博士硕士研究生考试、高中中专入学考试、职称晋级外语考试等，这些考试都是法律规定的国家法律规定的考试。

（3）犯罪结果，是行为犯。只要实施了组织考试作弊的行为，依法就具有了犯罪结果，就可以构成犯罪，组织考试作弊、提供组织考试作弊帮助的行为，达到情节严重程度的要处加重法定刑，最高可处7年有期徒刑。

3. 组织考试作弊罪的法定刑。根据刑法第284条之一规定，组织考试作弊罪的法定刑是：

（1）构成犯罪的，处3年以下有期徒刑或者拘役，并处或者单处罚金。

（2）情节严重的，处3年以上7年以下有期徒刑，并处罚金。

4. 认定组织考试作弊罪时，要注意的问题：

（1）注意划清罪与非罪的界限。

从犯罪主体上区分。不满16周岁的人和单位不能构成本罪。例如，李某是15岁的中学生，为帮助其表兄升大学考试作弊，其从班主任张老师处购得考试作弊器材交其表兄。李某实施的帮助考试作弊的行为，由于其不满16岁，不具备组织考试作弊罪的主体资格，不能构成考试作弊罪。

从犯罪行为上区分。组织考试作弊罪的犯罪行为必须在法律规定的国家考试中组织考试作弊，非国家考试中作弊行为，不能构成本罪，例如，某学生在学校举办模拟高考的考试中组织作弊，是违反学校规定的行为，应受校纪处分，但不能认定为其为组织考试作弊罪的犯罪行为。非法律规定的考试不在本罪的考试之内，例如，工厂招工考试、学生期中、期末考试等都不是法律规定的国家考试，尽管在这些考试中有组织考试作弊行为，不能构成组织考试作弊罪。

从犯罪结果上进行区分。本罪是行为犯，只要实施了组织考试作弊行为，就可以构成犯罪，但情节显著轻微，危害不大的，依照刑法第13条犯罪定义的规定，不认为是犯罪。

（2）注意区分本罪与招收公务员、学生徇私舞弊罪的界限。我国刑法第418条规定有招收公务员、学生徇私舞弊罪，是指国家机关工作人员在招收公务员、学生工作中徇私舞弊的行为与本罪考试作弊罪在犯罪行为上有的相交叉之处，容易混淆。两罪的主要区别是犯罪主体不同。组织考试作弊罪的主体是一般主体，年满16岁以上的自然人都可以构成；而招收公务员、学生徇私舞弊罪的主体是特殊主体，即必须是国家机关工作人员才能构成。国家机关工作人员利用职务之便在招收公务员、学生考试中实施了组织考试作弊行为，情节一般的，应认定为招收公务员、学生徇私舞弊罪；如果情节严重的，依照处刑较重的组织考试作弊罪定罪，处3年以上7年以下有期徒刑，并处罚金。

（3）注意对犯本罪情节严重的认定。本罪是行为犯，只要犯罪人实施组织考试作弊行为，就可以构成犯罪，处较轻的刑罚，即处3年以下有期徒刑或者拘役，并处或者单处罚金。但刑法第284条专门规定因组织考试作弊构成犯罪的，情节严重的，要处3年以上7年以下有期徒刑，并处罚金。何为情节严重的，有待司法解释，一般是指组织考试作弊的主要组织者者、多次大量实施组织考试作弊、因组织考试作弊造成考试作废重考和造成恶劣社会影响等情节。

（九）非法出售、提供试题、答案罪

非法出售、提供试题、答案罪是《刑法修正案（九）》第25条增加的、刑法第284条之一第3款中补充增加的犯罪。最高人民法院、最高人民检察院于2015年10月30日《关于执行〈中华人民共和国刑法〉确定罪名的补充规定（六）》中规定为"非法出售、提供试题、答案罪"的罪名。

我国1997年刑法没有这种犯罪的规定，只是在刑法第418条中规定了招收公务员、学生徇私舞弊罪。2015年《刑法修正案（九）》第25条规定在刑法第284条之一第1款、第2款中增加规定组织考试作弊罪，第3款中增加规定了非法出售、提供试题、答案罪，即刑法第284条之一"在法律规定的国家考试中，组织作弊的，处三年以下有期徒刑或者拘役，并处或者单处罚金；

情节严重的，处三年以上七年以下有期徒刑，并处罚金。为他人实施前款犯罪提供作弊器材或者其他帮助的，依照前款的规定处罚。为实施考试作弊行为，向他人非法出售或者提供第一款规定的考试的试题、答案的，依照第一款的规定处罚"。

非法出售、提供试题、答案罪是《刑法修正案（九）》第25条在刑法第284条之一第3款中新增加的犯罪，要准确适用就必须弄清该罪的概念、特征、法定刑，以及适用时应注意的问题。

1. 非法出售、提供试题、答案罪的概念。该罪是指在法律规定的国家考试中，为实施考试作弊行为，向他人非法出售或者提供考试的试题、答案的行为。

近年来，在国家考试中作弊严重，严重扰乱考试秩序，在社会上造成恶劣影响。例如，在国家组织的公务员考试、司法考试、高考、中考、外语考试中，都出现了严重作弊行为，有的是有组织考试作弊，有的是为他人考试作弊提供通讯工具和其他帮助，甚至在考前向参考者提供试题、答案和求他人代考或者为他人代考等行为。这些作弊行为严重扰乱了考试秩序，使考试失去了考试的公平性和正义性，使有的考试作废不得不重考，这是对社会有严重危害性的行为。为了维护国家考试秩序，达到考试的公平公正的目的，我国刑法将向他人非法出售或者提供国家考试的试题、答案的行为规定为犯罪，最高处7年有期徒刑。

根据最高人民法院2015年11月1日起实施的《关于〈中华人民共和国刑法修正案（九）〉时间效力问题的解释》第6条规定，对于2015年10月31日以前组织考试作弊，为他人组织考试作弊提供作弊器材或者其他帮助，以及非法向他人出售或者提供考试试题、答案，根据修正前刑法应当以非法获取国家秘密罪、非法生产、销售间谍专用器材罪或者故意泄露国家秘密罪等追究刑事责任的，适用修正前刑法的有关规定。但是，根据修正后刑法第284条之一的规定处刑较轻的，适用修正后刑法的有关规定。

2. 非法出售、提供试题、答案罪的构成要件是：

（1）犯罪主体，是一般主体。即达到法定年龄、具有刑事责任能力、实施了向他人非法出售或者提供国家考试的试题、答案行为的自然人。本罪法定年龄是年满16周岁以上的人，犯罪主体在主观上是故意的。单位本身不能构成本罪主体。单位有上述向他人非法出售或者提供国家规定的考试的试题、答案的行为的，追究单位直接负责的主管人员和其他直接责任人员犯本罪的刑事责任。

（2）犯罪行为，必须是实施了向他人非法出售或者提供法律规定的国家考试的试题、答案的行为。即在法律规定的国家考试中，为实施考试作弊行为,向他人非法出售或者提供国家考试的试题、答案的行为。

法律规定的国家考试的试题、答案是国家的秘密,在开始考试前是不能向外泄露的,如果在考试结束之前非法向他人出售或者提供给他人考试试题、答案是考试作弊的行为,也是故意泄露国家秘密的行为。

上述非法出售、提供试题、答案行为必须是发生在法律规定的国家考试中,例如国家公务员考试、司法考试、大学本专科考试、博士硕士研究生考试、高中中专入学考试、职称晋级外语考试等。在这些考试中,非法提供或者出售试题、答案的行为是本罪的犯罪行为。

(3)犯罪结果,是行为犯。只要实施了向他人非法出售或者提供法律规定的国家考试的试题、答案的行为,依法就具有了犯罪结果,就可以构成犯罪。情节严重的要处加重法定刑。

3. 非法出售、提供试题、答案罪的法定刑。根据刑法第284条之一规定,本罪的法定刑是:

(1)构成犯罪的,处3年以下有期徒刑或者拘役,并处或者单处罚金。

(2)情节严重的,处3年以上7年以下有期徒刑,并处罚金。

4. 认定非法出售、提供试题、答案罪时,要注意的问题:

(1)注意划清罪与非罪的界限。

从犯罪主体上区分。不满16周岁的人和单位不能构成本罪。本罪犯罪主体在主观上是故意的,并且是为了实施考试作弊行为的目的。过失向他人提供国家考试试题的行为,不能构成本罪。

从犯罪行为上区分。本罪必须是实施非法出售、提供法律规定的国家考试试题、答案的行为,如果向他人非法出售或者提供的试题、答案,不是国家法律规定的考试试题、答案,不能构成本罪,例如,某大学学生辅导员将本校举办英语期末考试的试题提供给本班学生的行为,虽然是违反学校规定的行为,应受校纪处分,但不能认定该辅导员犯非法出售、提供试题、答案罪。

从犯罪结果上进行区分。本罪是行为犯,只要实施了非法出售、提供试题、答案行为,就可以构成犯罪,但情节显著轻微,危害不大的,依照刑法第13条犯罪定义的规定,不认为是犯罪。

(2)注意区分本罪与招收公务员、学生徇私舞弊罪的界限。我国刑法第418条规定有招收公务员、学生徇私舞弊罪,是指国家机关工作人员在招收公务员、学生工作中徇私舞弊的行为,其中有的就是非法出售、提供试题、答案的行为,其与本罪非法出售、提供试题、答案罪在犯罪行为上相同的,容易混淆。两罪的主要区别是犯罪主体不同,本罪的主体是一般主体,年满16岁以上的自然人都可以构成;而招收公务员、学生徇私舞弊罪的主体是特殊主体,即必须是国家机关工作人员才能构成。如果国家机关作人员利用职务之便在招收公务员、学生考试中非法出售、提供试题、答案犯罪行为，情节一般的，应认定为招收公务员、学生徇私舞弊罪；如果情节严重的，依照处刑较重的非法出售、提供试题、答案罪定罪，处3年以上7年以下有期徒刑，并处罚金。

(3) 注意对犯本罪情节严重的认定。本罪是行为犯，只要犯罪人实施了非法出售、提供试题、答案行为，就可以构成犯罪，处较轻的刑罚；如果非法出售或者提供考试、答案，情节严重的，要处较重的法定刑。何为情节严重的，有待司法解释，一般是指非法出售、提供试题、答案的组织者，试题、答案扩散的面大、造成考试作废和产生恶劣社会影响等情节。

(4) 注意本罪与泄露国家秘密罪的认定。本罪非法出售、提供的试题、答案是法律规定的国家考试的试题、答案，是国家的秘密，在开始考试前是不能向外泄露的，如果在考试结束之前非法向他人出售或者提供给他人的既是故意泄露国家秘密的行为，也是向他人非法出售、提供国家考试的试题、答案的犯罪行为。该行为是认定为非法出售、提供试题、答案罪呢？还是认定为泄露国家秘密罪。根据刑法第284条第3款规定，为实施考试作弊行为，向他人非法出售或者提供国家法律规定的考试的试题、答案的，要认定为非法出售、提供试题、答案罪，不再认定为泄露国家秘密罪。如果不是为实施考试作弊行为，向他人非法出售或者提供法律规定的国家考试的试题、答案的行为，应认定为泄露国家秘密罪。

(十) 代替考试罪

代替考试罪是《刑法修正案（九）》第25条增加的、刑法第284条之一第4款中补充增加的犯罪。最高人民法院、最高人民检察院于2015年10月30日《关于执行〈中华人民共和国刑法〉确定罪名的补充规定（六）》中规定为"代替考试罪"的罪名。

我国1997年刑法没有这种犯罪的规定，只在刑法第418条中规定了招收公务员、学生徇私舞弊罪。2015年《刑法修正案（九）》第25条规定在刑法第284条之一第1款、第2款中增加规定了组织考试作弊罪，第三款中增加规定了非法出售、提供试题、答案罪，第四款中规定了代替考试罪，即刑法第284条之一"在法律规定的国家考试中，组织作弊的，处三年以下有期徒刑或者拘役，并处或者单处罚金；情节严重的，处三年以上七年以下有期徒刑，并处罚金。为他人实施前款犯罪提供作弊器材或者其他帮助的，依照前款的规定处罚。为实施考试作弊行为，向他人非法出售或者提供第一款规定的考试的试题、答案的，依照第一款的规定处罚。代替他人或者让他人代替自己参加第一款规定的考试的,处拘役或者管制,并处或者单处罚金"。

代替考试罪是《刑法修正案(九)》第25条在刑法第284条之一中新增加的犯罪,要准确适用就必须弄清该罪的概念、特征、法定刑,以及适用时应注意的问题。

1. 代替考试罪的概念。代替考试罪,是指在法律规定的国家考试中,代替他人或者让他人代替自己参加法律规定的国家考试的行为。

近年来,在国家考试中作弊严重,严重扰乱考试秩序,在社会上造成恶劣影响。例如,国家进行的公务员、司法、高考、中考、外语考试等,都出现了严重作弊行为,有的是有组织的实施考试作弊,有的是为他人考试作弊提供通讯工具和其他帮助,甚至在考前为参考者提供试题、答案和求他人代考或者为他人代考等行为。这些作弊行为严重扰乱了考试秩序,使考试失去了考试的公平性和公正性,使有的考试作废不得不重考,这是对社会有严重危害性的行为。为了维护国家考试秩序,达到考试的公平公正的目的,我国刑法将在法律规定的国家考试中,代替他人或者让他人代替自己参加考试的行为规定为犯罪,最高处拘役。

2. 代替考试罪的构成要件是:

(1) 犯罪主体,是一般主体。达到法定年龄、具有刑事责任能力、实施了代替他人或者让他人代替自己参加法律规定的国家考试的自然人,包括代替他人者和让他人代替自己者。本罪法定年龄是年满16周岁以上的人,犯罪主体在主观上是故意的。

(2) 犯罪行为,必须是实施了代替考试犯罪行为。即在法律规定的国家考试中,代替他人或者让他人代替自己参加国家规定的考试的行为,代考行为与被代考行为都是犯罪行为。

上述代替他人或者让他人代替自己参加法律规定的国家考试的行为,必须是发生在法律规定的国家考试中,例如国家公务员考试、司法考试、大学本专科考试、博士硕士研究生考试、高中中专入学考试、职称晋级外语考试等。这些考试都是法律规定的国家考试。

(3) 犯罪结果,是行为犯。只要实施了代替他人或者让他人代替自己参加法律规定的国家考试的行为,依法就具有了犯罪结果,就可以构成犯罪。

3. 代替考试罪的法定刑。根据刑法第284条之一第4款规定,构成犯罪的,处拘役或者管制,并处或者单处罚金。

4. 认定代替考试罪时,注意的问题:

(1) 注意划清罪与非罪的界限。

从犯罪主体上区分。不满16周岁的人和单位不能构成本罪。过失行为也不构成本罪。

从犯罪行为上区分。代替考试罪的犯罪行为必须在法律规定的国家考试中代替考试，在非国家考试中代替考试行为不能构成本罪。例如，工厂招工考试、学生期中期末考试等都不在代替考试犯罪行为之内。

从犯罪结果上区分。本罪是行为犯，只要实施了代替他人或者让他人代替自己参加法律规定的国家考试行为，就可以构成犯罪，但情节显著轻微，危害不大的，依照刑法第13条犯罪定义的规定，不认为是犯罪。

（2）注意区分本罪与招收公务员、学生徇私舞弊罪的界限。我国刑法第418条规定有招收公务员、学生徇私舞弊罪，是指国家机关工作人员在招收公务员、学生工作中徇私舞弊的行为，其中也有代替他人或者让他人代替自己参加考试的行为，其与本罪代替他人或者让他人代替自己参加法律规定的国家考试的行为，在犯罪行为上相同，容易混淆。两罪的主要区别是犯罪主体不同。代替考试罪的主体是一般主体，年满16岁以上的自然人都可以构成；而招收公务员、学生徇私舞弊罪的主体是特殊主体，即必须是国家机关工作人员才能构成。国家机关工作人员利用职务之便在招收公务员、学生考试中实施了代替考试行为，应认定为招收公务员、学生徇私舞弊罪，因为后者处刑较重，重罪吸收了轻罪。

（十一）拒不履行信息网络安全管理义务罪

拒不履行信息网络安全管理义务罪是《刑法修正案（九）》第28条和刑法第286条之一补充增加的犯罪。最高人民法院、最高人民检察院于2011年10月30日《关于执行〈中华人民共和国刑法〉确定罪名的补充规定（六）》中规定为"拒不履行信息网络安全管理义务罪"的罪名。

我国1997年刑法没有这种犯罪的规定，只在刑法第285条中规定了非法侵入计算机信息系统罪，在刑法第286条中规定破坏计算机信息系统罪，在刑法第287条中规定了利用计算机实施金融诈骗、盗窃、贪污、挪用公款、窃取国家秘密或其他犯罪的，依照本法有关规定处罚。2009年《刑法修正案（七）》第9条在刑法第285条第2款中补充增加规定了非法获取计算机信息系统数据、非法控制计算机信息系统罪，第3款中增加了提供侵入、非法控制计算机信息系统程序、工具罪。2015年《刑法修正案（九）》第28条规定在刑法第286条之一中增加规定拒不履行信息网络安全管理义务罪，即第286条之一"网络服务提供者不履行法律、行政法规规定的信息网络安全管理义务，经监管部门责令采取改正措施而拒不改正，有下列情形之一的，处三年以下有期徒刑、拘役或者管制，并处或者单处罚金：（一）致使违法信息大量传播的;(二)致使用户信息泄露,造成严重后果的;(三)致使刑事案件证据灭失,情节严重的;(四)有其他严重情节的。单位犯前款罪的,对单位判处罚金,并对其直接负责的主管人员和其他直接责任人员,依照前款的规定处罚。有前两款行为,同时构成其他犯罪的,依照处罚较重的规定定罪处罚"。

拒不履行信息网络安全管理义务罪是《刑法修正案(九)》第28条在刑法第186条之一中新增加的犯罪,要准确适用就必须弄清该罪的概念、特征、法定刑,以及适用时应注意的问题。

1. 拒不履行信息网络安全管理义务罪的概念。该罪是指网络服务提供者不履行法律、行政法规规定的信息网络安全管理义务,经监管部门责令采取改正措施而拒不改正,情节严重的行为。

拒不履行信息网络安全管理义务罪是根据我国当前一些网络服务者为了自身的经济利益,不尽安全管理义务,有的在其网站上随意发布信息,不进行检索,致使违法信息大量传播,造成恶劣的影响;有的不采取停止传输等安全措施,致使用户信息泄露,造成严重后果的;有的未经审批发表司法机关正在侦查审理的案件,致使刑事案件证据灭失,案件难以侦破和处理。这些行为既严重危害了网络安全,也严重危害了社会。我国刑法以前所规定的信息网络犯罪都是惩罚破坏计算机信息系统数据等方面的犯罪,对信息网络管理方面的违法行为没有规定为犯罪。2015年在《刑法修正案(九)》中设专条规定了拒不履行信息网络安全管理义务罪,以惩罚不履行信息网络安全管理义务者的犯罪行为。

2. 拒不履行信息网络安全管理义务罪的构成要件是:

(1)犯罪主体,是特殊主体。本罪的主体是网络服务者,既可以是自然人,也可以是单位。网络服务者是负有法律、法规规定的网络安全管理义务的自然人和单位。本罪法定年龄是年满16周岁以上的人,犯罪主体在主观上具有故意实施不履行信息网络安全管理义务的故意,对发生了情节严重的危害结果主观上持直接故意或间接故意心理态度。单位可以构成本罪的主体。单位本身和单位的直接负责的主管人员或者其他直接责任人员都可以构成本罪的主体。

(2)犯罪行为,必须是实施了拒不履行法律、行政法规规定的信息网络安全管理义务,经监管部门责令采取改正措施而拒不改正的犯罪行为。该犯罪行为必须同时具备两种行为:

①必须是实施了不履行法律、行政法规规定的信息网络安全管理义务的行为。违反法律规定的信息网络安全义务,包括违反1994年2月18日颁布的《计算机信息系统安全保护条例》中规定的信息网络服务者应按照一定的应用目标和规则对信息进行采集、加工、存储、传输、检索等处理等义务和2000

年全国人大常委会颁布的《关于维护互联网安全的决定》中要求的"从事互联网业务的单位要依法开展活动,发现互联网上出现违法犯罪行为和有害信息时,要采取措施,停止传输有害信息,并及时向有关机关报告"。信息网络提供者违反了上述法律规定的安全管理义务,情节严重的行为,就可能构成本罪的犯罪行为。

②必须经监管部门责令采取改正措施而拒不改正的行为。2000年全国人大常委会颁布的《关于维护互联网安全的决定》中要求,信息网络"有关主管部门要加强对互联网的运行安全和信息安全的宣传教育,依法实施有效的监督管理,防范和制止利用互联网进行的各种违法活动,为互联网的健康发展创造良好的社会环境"。网络服务提供者经监管部门责令采取改正措施而拒不改正的行为,是本罪犯罪行为的一部分。

本罪的犯罪行为必须网络服务提供者拒不履行法律、行政法规规定的信息网络安全管理义务的行为和经监管部门责令采取改正措施而拒不改正的行为,两种行为共同构成本罪犯罪行为。缺少其中任何一种行为的,都不能构成本罪。

(3)犯罪结果,是结果犯。我国刑法第286条之一中规定有下列情形之一结果的,就可以构成犯罪:①致使违法信息大量传播的;②致使用户信息泄露,造成严重后果的;③致使刑事案件证据灭失,情节严重的;④有其他严重情节的。上述都是情节严重的结果,未达到上述结果之一的,不能构成犯罪。上述结果有待司法解释具体规定,其中第四项规定的"有其他严重情节",是一种概括规定,是前三项规定以外的与上述情节具有相同社会危害性的情节,例如,致使《计算机信息系统安全保护条例》第4条规定的重点保护的国家事务、经济建设、国防建设、尖端科学技术信息被泄露的情节等。

3. 拒不履行信息网络安全管理义务罪的法定刑。根据我国刑法第286条之一中规定本罪的法定刑是:

(1)犯本罪的,处3年以下有期徒刑、拘役或者管制,并处或者单处罚金。

(2)单位犯前款罪的,对单位判处罚金,并对其直接负责的主管人员和其他直接责任人员,依照前款的规定处罚。

4. 认定拒不履行信息网络安全管理义务罪时,要注意的问题是:

(1)注意划清罪与非罪的界限。

从犯罪主体上区分。本罪是特殊主体,必须是网络服务提供者,不是网络服务提供者的个人和单位不能构成本罪的主体,虽然《关于维护互联网安全的决定》中要求,任何单位和个人在利用互联网时,都要遵纪守法,抵制各种违法犯罪行为和有害信息的义务，但这不是特定的职业安全管理义务，不尽这种义务的单位和个人不能构成本罪。

从犯罪行为上区分。本罪的犯罪行为是拒不履行信息网络安全管理义务的行为和拒不采取改正的行为两种行为的结合行为。如果只是不履行信息网络安全管理义务的行为，经监管部门责令采取改正措施后认真改正了的，不构本罪。

从犯罪结果上区分。本罪是结果犯，必须是达到了刑法规定的四种结果之一的结果，才构成本罪，没有达到上述四种结果之一的，不能构成犯罪，例如，网络服务提供者虽不履行法律、行政法规规定的信息网络安全管理义务，致使违法信息得以传播，但经监管部门责令采取改正措施后及时改正了的，没有达到大量传播结果的，不能构成本罪。

（2）注意重罪吸收轻罪的适用。本罪属于较轻的犯罪，如果在实施本罪犯罪行为过程中，同时构成其他犯罪的，应采取重罪吸收轻罪的原则，按照重罪的规定定罪处罚。根据《刑法修正案（九）》和刑法第286条之一的规定，"有前两款行为，同时构成其他犯罪的，依照处罚较重的规定定罪处罚"，即本罪被其他重罪吸收。例如，不履行信息网络安全管理义务，致使宣扬恐怖主义、极端主义传播，经监管部门责令采取改正措施而故意拒不改正，情节严重的行为，不能认定为本罪，而应认定为处罚较重的宣扬恐怖主义、极端主义、煽动实施恐怖活动罪。

（十二）非法利用信息网络罪

非法利用信息网络罪是《刑法修正案（九）》第29条和刑法第287条之一补充增加的犯罪。最高人民法院、最高人民检察院于2015年10月30日《关于执行〈中华人民共和国刑法〉确定罪名的补充规定（六）》中规定为"非法利用信息网络罪"的罪名。

我国1997年刑法没有这种犯罪的规定，只是规定了组织、利用会道门、邪教组织、利用迷信破坏法律实施罪。2015年《刑法修正案（九）》第7条和刑法第120条之四中增加了利用极端主义破坏法律实施罪；第28条和刑法第287条之一中又增加规定了非法利用信息网络罪，即第287条之一"利用信息网络实施下列行为之一，情节严重的，处三年以下有期徒刑或者拘役，并处或者单处罚金：（一）设立用于实施诈骗、传授犯罪方法、制作或者销售违禁物品、管制物品等违法犯罪活动的网站、通讯群组的；（二）发布有关制作或者销售毒品、枪支、淫秽物品等违禁物品、管制物品或者其他违法犯罪信息的；（三）为实施诈骗等违法犯罪活动发布信息的。单位犯前款罪的，对单位判处罚金，并对其直接负责的主管人员和其他直接责任人员，依照第一款的规定处罚。有前两款行为，同时构成其他犯罪的，依照处罚较重的规定定罪处罚"。

非法利用信息网络罪是《刑法修正案（九）》第29条在刑法第287条之一中新增加的犯罪，要准确适用就必须弄清该罪的概念、特征、法定刑，以及适用时应注意的问题。

1. 非法利用信息网络罪的概念。该罪是指利用信息网络设立用于实施诈骗等违法犯罪活动的网站、通讯群组；发布有关制作或者销售毒品等违法犯罪信息；为实施诈骗等违法犯罪活动发布信息，情节严重的行为。

近几年来，我国信息网络迅速发展，并在国家政治、经济、文化和人民群众生活中得到了广泛的运用，使人们的生产、工作、学习和生活方式发生了深刻的变化，对加快我国经济、科学技术和社会服务信息化具有重大作用。但同时也出现了利用信息网络进行违法犯罪活动。有的利用信息网络设立实施违法犯罪活动的网站、通讯群组；有的利用信息网络发布制作或者销售毒品、枪支、淫秽物品等违禁物品、管制物品和其他违法犯罪信息；有的为实施诈骗等违法犯罪活动发布信息，如利用网络建立伪基站发布电信诈骗信息；有的在网络上销售毒品等违禁品和淫秽物品，使正当的信息网络成为犯罪分子的犯罪工具。这不仅严重污染了信息网络的功能也是对社会有严重危害的行为。为了充分发挥信息网络的有益功能，打击利用信息网络进行违法犯罪活动，确保人民群众的生活安宁，2015年在《刑法修正案（九）》第28条中设专条规定了非法利用信息网络罪，严惩利用信息网络进行违法犯罪活动者。

2. 非法利用信息网络罪的构成要件是：

（1）犯罪主体，是一般主体。达到法定年龄、具有刑事责任能力、实施了非法利用信息网络活动行为的自然人和单位。法定年龄是指年满16周岁以上的人。本罪犯罪主体在主观上是故意利用信息网络实施违法犯罪活动，犯罪主体对其行为危害社会秩序的结果也是故意的心理状态。因此，本罪是故意犯罪。单位犯本罪的主体除单位外，还有直接负责的主管人员和其他直接责任人员。

（2）犯罪行为，必须是实施了非法利用信息网络犯罪行为。具体包括以下三类犯罪行为：

①利用信息网设立犯罪活动的网站、通讯群组的行为。主要是利用信息网络设立用于实施诈骗、传授犯罪方法、制作或者销售违禁物品、管制物品等违法犯罪活动的网站、通讯群组的行为。

②利用信息网络发布违法犯罪信息的行为。主要是利用信息网络发布有关制作或者销售毒品、枪支、淫秽物品等违禁物品、管制物品或者其他违法犯罪

信息的行为。

③利用信息网络发布为实施诈骗等违法犯罪活动信息的行为。

（3）犯罪结果，本罪是情节结果犯。本罪必须是实施了非法利用信息网络犯罪活动，情节严重的结果，才能构成犯罪。利用信息网络实施违法犯罪活动，情节较轻或者情节一般的行为都不能构成本罪。

3. 利用信息网络实施违法犯罪活动罪的法定刑。根据刑法第287条之一规定，本罪的法定刑是：

（1）构成犯罪的，处3年以下有期徒刑或者拘役，并处罚金或者单处罚金。

（2）单位犯本罪的，对单位判处罚金，并对其直接负责的主管人员和其他直接责任人员，依照个人犯本罪的规定罪处罚。

4. 认定非法利用信息网络罪时，要注意的问题是：

（1）注意划清罪与非罪的界限。

从犯罪主体上区分。不满16周岁的人不能构成本罪。主观上过失的人不能构成本罪。

从犯罪行为上区分。本罪必须是利用信息网络实施违法犯罪活动的行为，才能构成犯罪。如果利用信息网络发布的不是违法犯罪信息的行为，不能构成本罪。

从犯罪结果上区分。本罪是情节结果犯，只有利用信息网络实施违法犯罪活动，情节严重的结果，才能构成犯罪。情节严重结果是本罪的构成要件，没有达到情节严重结果的行为，不能构成本罪。何为情节严重，有待司法解释，一般是指，设立的违法犯罪网站、通讯群组已开始进行违法犯罪活动、发布的违法犯罪信息已造成了危害社会的结果、为犯罪发布的信息已被犯罪分子所利用等情节。

（2）注意区分一罪与数罪的认定。非法利用信息网络犯罪活动中，有可能构成出售枪支罪、诈骗罪、传授犯罪方法罪等其他犯罪，要依照处罚较重的罪定罪处罚。

（3）注意划清本罪与利用极端主义破坏法律实施罪的界限。本罪是利用信息网络实施违法犯罪活动的犯罪，与利用极端主义破坏法律实施罪的区别是利用的对象不同，本罪利用的信息网络，而利用极端主义破坏法律实施罪利用的对象是极端主义。当然这两种犯罪有可能交叉，非法利用信息网络犯罪活动的，应当按照重罪吸收轻罪，按重罪定罪处罚，一般应以利用极端主义破坏法律实施罪定罪处罚。

（4）注意划清本罪与侮辱罪、诽谤罪的界限。本罪是利用信息网络实施违法犯罪活动的犯罪，与利用网络实施侮辱罪、诽谤罪都是利用网络进行违法犯罪，二者是法规竞合关系，容易混淆。二者的区别是利用网络犯罪的目的不同，本罪利用信息网络进行笼统的违法犯罪，是一般规定。而利用网络实施侮辱罪、诽谤罪是实施侵犯人身权利的具体犯罪，属于法律的特别规定。如果行为人利用信息网络设立犯罪活动的网站、通讯群组的进行侮辱、诽谤他人，情节严重的行为，同时构成本罪和侮辱罪、诽谤罪，应按特别规定以侮辱罪、诽谤罪定罪处罚。

（5）注意利用网络进行毒品犯罪的认定。根据最高人民法院2016年4月11日起实行的《关于审理毒品犯罪案件适用法律若干问题的解释》第14条规定："利用信息网络，设立用于实施传授制造毒品、非法生产制毒物品的方法，贩卖毒品，非法买卖制毒物品或者组织他人吸食、注射毒品等违法犯罪活动的网站、通讯群组，或者发布实施前述违法犯罪活动的信息，情节严重的，应当依照刑法第二百八十七条之一的规定，以非法利用信息网络罪定罪处罚。实施刑法第二百八十七条之一、第二百八十七条之二规定的行为，同时构成贩卖毒品罪、非法买卖制毒物品罪、传授犯罪方法罪等犯罪的，依照处罚较重的规定定罪处罚。"

（十三）帮助信息网络犯罪活动罪

帮助信息网络犯罪活动罪是《刑法修正案（九）》第29条和刑法第287条之二补充增加的犯罪。最高人民法院、最高人民检察院于2015年10月30日《关于执行〈中华人民共和国刑法〉确定罪名的补充规定（六）》中规定为"帮助信息网络犯罪活动罪"的罪名。

我国1997年刑法没有这种犯罪的规定，只在刑法第107条中规定了资助危害国家安全犯罪活动罪，2001年《刑法修正案（三）》第4条、刑法第120条之一增加了资助恐怖活动罪（2015年10月30日改为帮助恐怖活动罪）等帮助犯罪活动方面的犯罪。2015年《刑法修正案（九）》第29条规定在刑法第287条之二中增加帮助信息网络犯罪活动罪，即第287条之二"明知他人利用信息网络实施犯罪，为其犯罪提供互联网接入、服务器托管、网络存储、通讯传输等技术支持，或者提供广告推广、支付结算等帮助，情节严重的，处三年以下有期徒刑或者拘役，并处或者单处罚金。单位犯前款罪的，对单位判处罚金，并对其直接负责的主管人员和其他直接责任人员，依照第一款的规定处罚。有前两款行为，同时构成其他犯罪的，依照处罚较重的规定定罪处罚"。

帮助信息网络犯罪活动罪是《刑法修正案（九）》第29条在刑法第287

条之二中新增加的犯罪，要准确适用就必须弄清该罪的概念、特征、法定刑，以及适用时应注意的问题。

1. 帮助信息网络犯罪活动罪的概念。该罪是指明知他人利用信息网络实施犯罪，为其犯罪提供互联网接入、服务器托管、网络存储、通讯传输等技术支持，或者提供广告推广、支付结算等帮助，情节严重的行为。

近几年来，我国利用信息网络进行违法犯罪活动频繁，并且经常得逞，其重要原因之一是有的单位和个人为了其私利，在明知他人利用信息网络实施犯罪活动而对其提供互联网帮助或者提供广告、支付结算帮助。这种帮助他人利用信息网络实施犯罪活动的行为也是对社会有严重危害的行为。为了充分发挥信息网络的有益功能，打击利用网络进行违法犯罪活动和帮助这类犯罪活动的犯罪行为，2015年在《刑法修正案（九）》中设专条规定了帮助信息网络犯罪活动罪，在惩治利用信息网络进行违法犯罪活动罪的同时，也惩治帮助这种犯罪的犯罪行为。

2. 帮助信息网络犯罪活动罪的构成要件是：

（1）犯罪主体，是一般主体。达到法定年龄、具有刑事责任能力、实施了帮助他人利用信息网络实施犯罪活动行为的自然人和单位。法定年龄是指年满16周岁以上的人。本罪犯罪主体在主观上是明知他人利用信息网络实施犯罪而故意帮助他人利用信息网络实施犯罪活动，犯罪主体对其行为危害社会秩序的结果也是故意的心理状态。因此，本罪是故意犯罪。单位可以构成犯罪主体外，其直接负责的主管人员和其他直接责任人员也构成本罪的犯罪主体。

（2）犯罪行为，必须是帮助他人利用信息网络实施犯罪活动的犯罪行为。具体包括以下两类犯罪行为：

①为利用信息网络实施犯罪的人提供互联网接入、服务器托管、网络存储、通讯传输等技术支持帮助，情节严重的行为。

②为利用信息网络实施犯罪的人提供广告推广、支付结算等帮助，情节严重的行为。

上述行为都在明知他人利用信息网络实施犯罪，而故意为其犯罪提供网络帮助和广告推广、支付结算的行为。

（3）犯罪结果，本罪是情节结果犯。本罪必须是实施了帮助利用信息网络实施犯罪活动，情节严重的结果，才能构成犯罪。何为情节严重，有待司法解释，一般是指提供互联网帮助使他人进行了严重犯罪活动，提供广告推广、支付结算等帮助等使他人犯罪得逞、他人犯罪造成了严重危害结果的、经过行政处罚又实施帮助利用信息网络犯罪行为等情节的。

3. 帮助信息网络犯罪活动罪的法定刑。根据刑法第287条之二规定，本罪的法定刑是：

（1）构成犯罪的，处3年以下有期徒刑或者拘役，并处罚金或者单处罚金。

（2）单位犯本罪的，对单位判处罚金，并对其直接负责的主管人员和其他直接责任人员，依照个人犯本罪的规定罪处罚。

4. 认定帮助信息网络犯罪活动罪时，要注意的问题：

(1) 注意划清罪与非罪的界限。

从犯罪主体上区分。不满16周岁的人不能构成本罪。主观上过失的人不能构成本罪。

从犯罪行为上区分。本罪必须是故意帮助他人利用信息网络实施犯罪活动的行为才能构成犯罪。过失发布了为诈骗等违法犯罪信息的行为不能构成本罪。

从犯罪结果上区分。本罪是情节结果犯，只有帮助他人利用信息网络实施犯罪活动，情节严重的结果，才能构成犯罪。情节严重结果是本罪的构成要件，没有达到情节严重结果的行为，不能构成本罪。

(2) 注意对一罪与数罪的认定。帮助他人利用信息网络实施犯罪活动中，有可能构成其他犯罪，例如，犯资助危害国家安全犯罪活动罪等其他犯罪的，要依照处罚较重的资助危害国家安全犯罪活动罪定罪处罚。

(3) 注意划清本罪与帮助恐怖活动罪的界限。本罪是帮助他人利用信息网络实施犯罪活动的犯罪行为，主要是提供网络帮助和广告推广、支付结算帮助，而帮助恐怖活动罪的行为是提供资金、财物等，也包括提供犯罪工具、通讯设备、武器弹药等物质帮助的行为。如果为恐怖犯罪活动提供信息网络帮助和广告推广、支付结算的犯罪行为，应依照刑法第287条之二第3款规定"有前两款行为，同时构成其他犯罪的，依照处罚较重的规定定罪处罚"，即以帮助恐怖犯罪活动罪定罪处罚。

(4) 注意划清本罪与非法利用信息网络罪的界限。本罪是帮助他人利用信息网络实施犯罪活动的犯罪行为，是非法利用信息网络罪的帮助犯，是非法利用信息网络罪的共犯，为了严惩这种帮助共犯，刑法将其单独规定为独立犯罪和法定刑，不再按非法利用信息网络罪的共犯定罪处罚。

（十四）扰乱国家机关工作秩序罪

扰乱国家机关工作秩序罪是《刑法修正案（九）》第31条在刑法第290条第3款中补充增加的犯罪。最高人民法院、最高人民检察院于2015年10月30日《关于执行〈中华人民共和国刑法〉确定罪名的补充规定（六）》中规定为该罪名。

我国1997年刑法没有这种犯罪的规定,只在刑法第290条中规定了聚众扰乱社会秩序罪和聚众冲击国家机关罪。2015年《刑法修正案(九)》第31条在刑法第290条第3款中又增加规定了扰乱国家机关工作秩序罪,即刑法第290条第3款"多次扰乱国家机关工作秩序,经行政处罚后仍不改正,造成严重后果的,处三年以下有期徒刑、拘役或者管制"。

扰乱国家机关工作秩序罪是《刑法修正案(九)》第31条在刑法第290条第3款中新增加的犯罪,要准确适用就必须弄清该罪的概念、特征、法定刑,以及适用时应注意的问题。

1. 扰乱国家机关工作秩序罪的概念。该罪是指多次扰乱国家机关工作秩序,经行政处罚后仍不改正,造成严重后果的行为。

我国1997年刑法第290条中规定有聚众扰乱社会秩序罪,其中包括聚众扰乱国家机关工作秩序的行为,司法机关依照该规定惩治了一批犯罪,但实践中,有些人没有聚众扰乱国家机关工作秩序,而是多次扰乱;有的扰乱国家机关工作秩序已受到治安管理处罚等行政处罚后,又实施扰乱国家机关工作秩序,造成严重后果。这是对社会有严重危害性的行为。为确保国家机关工作秩序,使国家工作有条不紊地进行,全国人大常委会于2015年在《刑法修正案(九)》中规定在刑法第290条中增加第3款,补充规定了扰乱国家机关工作秩序罪。

2. 扰乱国家机关工作秩序罪的构成要件是:

(1) 犯罪主体,是一般主体。达到法定年龄、具有刑事责任能力、实施了多次扰乱国家机关工作秩序犯罪行为的自然人。该罪法定年龄是指年满16周岁以上的人。本罪犯罪主体在主观上是故意的,并有扰乱国家机关工作秩序的目的。

(2) 犯罪行为,必须是实施了多次扰乱国家机关工作秩序行为。多次是指3次以上的行为,且必须是经行政处罚后仍不改正的行为。行政处罚是指依《治安管理处罚法》规定的治安管理处罚和其他行政机关依法给予的由于实施扰乱国家机关工作秩序行为的行政处罚。

(3) 犯罪结果,是结果犯。必须是扰乱国家机关工作秩序造成严重后果的才能构成犯罪。造成严重后果,一般是指造成国家机关工作长期不能进行,国家机关办公设备、设施遭受严重破坏,造成人员伤亡,造成恶劣社会影响等结果。

3. 扰乱国家机关工作秩序罪的法定刑。根据刑法第290条第3款规定,构成犯罪的,处3年以下有期徒刑、拘役或者管制。

4. 认定扰乱国家机关工作秩序罪时，要注意的问题有：

(1) 注意划清罪与非罪的界限。

从犯罪主体上区分。不满 16 周岁的人和单位不能构成本罪。犯罪主体主观上是过失的人，不能构成本罪。

从犯罪行为上区分。本罪必须是实施了多次扰乱国家机关工作秩序的行为，并且是在给予行政处罚后仍不改正的行为，如果行为人只实施了一两次扰乱国家机关工作秩序，不论是否给予行政处罚的行为都不能构成本罪。

从犯罪结果上区分。本罪是造成严重后果的才构成犯罪，即使多次实施扰乱国家机关工作秩序，但都没有造成严重后果，也不构成本罪。但可以给予治安管理处罚。

(2) 注意划清本罪与聚众扰乱社会秩序罪的界限。二罪都有实施扰乱国家机关工作秩序的行为，容易混淆。二罪的根本区别是犯罪行为的方法和次数不同。聚众扰乱社会秩序罪的行为方法必须是聚众，不要求扰乱秩序的次数；而扰乱国家机关工作秩序罪的方法不要求必须是聚众，但必须是多次扰乱国家机关工作秩序。如果实施一次聚众扰乱国家机关工作秩序情节严重，造成严重损失的行为，只能认定为聚众扰乱社会秩序罪。

(3) 注意划清本罪与聚众冲击国家机关罪的界限。实施扰乱国家机关工作秩序犯罪行为时，有可能采用聚众冲击国家机关的行为。应按重罪吸收轻罪的原则，认定为聚众冲击国家机关罪，不再认定为本罪。如果没有聚众冲击国家机关，而是一两个人不听岗哨指挥冲进国家机关的行为，则必须是多次实施扰乱行为，并给予行政处罚后仍不改正，且造成严重后果的行为，才能认定为本罪。

(4) 注意划清本罪与多次集体上访的界限。本罪是多次扰乱国家机关工作秩序，给予行政处罚后仍然不改正，造成严重后果的犯罪行为。而集体多次到国家机关上访是公民的权利，是合法行为。但公民集体多次到国家机关上访要依法进行，如果以上访为名，违反法律规定，采取过激的行为，多次扰乱国家机关工作秩序，经行政处罚仍不改正，造成严重结果的行为，不管其要求是否正当，都应当认定为本罪予以刑罚处罚。

(十五) 组织、资助非法聚集罪

组织、资助非法聚集罪是《刑法修正案（九）》第 31 条在刑法第 290 条第 4 款中补充增加的犯罪。最高人民法院、最高人民检察院于 2015 年 10 月 30 日《关于执行〈中华人民共和国刑法〉确定罪名的补充规定（六）》中规定为该罪名。

我国 1997 年刑法没有这种犯罪的规定，只在刑法第 290 条中规定了聚众扰乱社会秩序罪和聚众冲击国家机关罪。司法实践中将多次组织、资助他人扰乱社会秩序的行为作为聚众扰乱社会秩序罪的共犯惩罚。2015 年《刑法修正案（九）》第 31 条在刑法第 290 条第 4 款中又增加了组织、资助非法聚集罪，即刑法第 290 条第 4 款"多次组织、资助他人非法聚集，扰乱社会秩序，情节严重的，依照前款的规定处罚"。

组织、资助非法聚集罪是《刑法修正案（九）》第 31 条在刑法第 290 条第 4 款中新增加的犯罪，要准确适用就必须弄清该罪的概念、特征、法定刑，以及适用时应注意的问题。

1. 组织、资助非法聚集罪的概念。该罪是指多次组织、资助他人扰乱社会秩序，情节严重的行为。

我国 1997 年刑法原没有规定组织、资助非法聚集罪，在刑法第 290 条中规定有聚众扰乱社会秩序罪和聚众冲击国家机关罪。司法机关依照该规定惩治了一批这两种犯罪，对组织、资助他人聚众扰乱社会秩序的行为，情节严重的作为共犯处罚，但实践中，有些人没有直接去参加聚众扰乱国家机关工作秩序和社会秩序行为，而是多次组织、资助他人扰乱社会秩序，造成严重后果，这也是对社会有严重危害性的行为。为确保社会秩序稳定，全国人大常委会于 2015 年在《刑法修正案（九）》中规定，在刑法第 290 条第 4 款中补充规定了组织、资助非法聚集罪。

2. 组织、资助非法聚集罪的构成要件是：

（1）犯罪主体，是一般主体。达到法定年龄、具有刑事责任能力、实施了多次组织、资助他人扰乱社会秩序犯罪行为的自然人。该罪法定年龄是指年满 16 周岁以上的人。本罪犯罪主体在主观上是故意的，并有扰乱国家机关工作秩序的目的。

（2）犯罪行为，必须是实施了多次组织、资助他人扰乱社会秩序行为。多次组织是指实施 3 次以上的组织他人扰乱社会秩序的行为，包括串联、号召、动员他人进行聚众扰乱社会秩序、聚众冲击国家机关、多次扰乱国家机关工作秩序的行为。多次资助他人扰乱社会秩序行为，是指提供金钱、物资、场所、账号、资料等方面资助进行聚众扰乱社会秩序、聚众冲击国家机关、多次扰乱国家机关工作秩序的行为。其本人虽然没有参加扰乱行为，但起到组织、划策、指挥作用和资金、物资、通行等条件保障作用。

（3）犯罪结果，是结果犯。必须是多次组织、资助他人扰乱社会秩序，情节严重的才能构成犯罪。情节严重，是指实施多次招集、联络策划等组织行为，组织众多人，并进行恶意煽动、指挥、操纵、出谋、策划等起组织、指挥、策划作用等情节。

3. 组织、资助非法聚集罪的法定刑。根据刑法第 290 条第 3 款、第 4 款规定，构成犯罪的，处 3 年以下有期徒刑、拘役或者管制。

4. 认定组织、资助非法聚集罪时，要注意的问题：

（1）注意划清罪与非罪的界限。

从犯罪主体上区分。不满 16 周岁的人和单位不能构成本罪。犯罪主体主观上是过失的人不能构成本罪。

从犯罪行为上区分。本罪必须是实施了多次以上组织、资助他人扰乱社会秩序的行为。如果行为人只实施了一两次组织、帮助他人扰乱社会秩序的行为，即使是情节严重的行为也不能构成本罪。

从犯罪结果上区分。本罪必须是情节严重的才构成犯罪，即使多次组织、资助扰乱社会秩序的行为，但没有达到情节严重的程度，不能构成本罪。

（2）注意划清本罪与聚众扰乱社会秩序罪的界限。本罪是聚众扰乱社会秩序罪中共同犯罪的组织犯和帮助犯，在《刑法修正案（九）》规定以前，一般按聚众扰乱社会秩序罪的共犯追究刑事责任。现在由于《刑法修正案（九）》将多次组织、资助扰乱社会秩序的行为单独规定为独立的犯罪，今后凡是实施了多次组织、资助他人扰乱社会秩序行为的，应认定为本罪。如果实施了一两次组织、资助聚众扰乱社会秩序，情节严重，造成严重损失的，应认定为聚众扰乱社会秩序罪，按组织、帮助共犯追究刑事责任。

（3）注意划清本罪与聚众冲击国家机关罪的界限。实施多次组织、资助他人聚众冲击国家机关的扰乱社会秩序行为，是认定为本罪还是认为聚众冲击国家机关罪。如果实施了多次组织、资助他人聚众冲击国家机关的行为，应认定为聚众冲击国家机关罪。如果只实施了一两次组织、资助扰乱聚众扰乱社会秩序行为，情节严重，造成严重后果的，应认定聚众扰乱社会秩序罪，而不能认定为本罪。

（十六）编造、故意传播虚假信息罪

编造、故意传播虚假信息罪是《刑法修正案（九）》第 32 条和刑法第 291 条之一第 2 款中补充增加的犯罪。最高人民法院、最高人民检察院于 2015 年 10 月 30 日《关于执行〈中华人民共和国刑法〉确定罪名的补充规定（六）》中规定为"编造、故意传播虚假信息罪"的罪名。

我国 1997 年刑法没有这种犯罪的规定，只在刑法第 291 条中规定了聚众扰乱公共场所秩序、交通秩序罪，2001 年《刑法修正案（三）》第 8 条增加刑法第 291 条之一规定了投放虚假危险物质罪和编造、故意传播虚假恐怖信息罪等两种罪。2015年《刑法修正案（九）》第32条在刑法第291条之一中又增加了第二款规定了编造、故意传播虚假信息罪，即刑法第291条之一第2款"编造虚假的险情、疫情、灾情、警情，在信息网络或者其他媒体上传播，或者明知是上述虚假信息，故意在信息网络或者其他媒体上传播，严重扰乱社会秩序的，处三年以下有期徒刑、拘役或者管制；造成严重后果的，处三年以上七年以下有期徒刑"。

编造、故意传播虚假信息罪是《刑法修正案（九）》第32条在刑法第291条之一中新增加的犯罪，要准确适用就必须弄清该罪的概念、特征、法定刑，以及适用时应注意的问题。

1. 编造、故意传播虚假信息罪的概念。该罪是指编造虚假的险情、疫情、灾情、警情，在信息网络或者其他媒体上传播，或者明知是上述虚假信息，故意在信息网络或者其他媒体上传播，严重扰乱社会秩序的行为。

近几年来，我国多次发生故意编造虚假的险情、疫情、灾情、警情，在信息网络或者其他媒体上传播，严重扰乱社会秩序。例如，编造虚假的某航班飞机上有定时爆炸物，使该飞机不得不返回机场，造成飞机乘客恐慌，严重扰乱了航班飞行秩序。也有些人明知是虚假信息，故意在信息网络或者其他媒体上传播，严重扰乱了社会秩序。这种编造虚假的险情和故意在媒体上传播的行为，是严重扰乱社会秩序和有严重社会危害性的行为。为了维护社会秩序的稳定，惩罚编造虚假险情和故意网络等在媒体上传播虚假险情的犯罪行为，2015年在《刑法修正案（九）》中设专款规定了编造、故意传播虚假信息罪罪。

2. 编造、故意传播虚假信息罪的构成要件是：

（1）犯罪主体，是一般主体。达到法定年龄、具有刑事责任能力、实施了编造、故意传播虚假的险情、疫情、灾情、警情犯罪行为的自然人。法定年龄是指年满16周岁以上的人。本罪犯罪主体在主观上是故意编造和故意传播虚假的险情、疫情、灾情、警情和明知是虚假险情而故意在媒体上传播，因此，本罪是故意犯罪。单位不能构成本罪的主体，其直接负责的主管负责的人员和其他直接责任人员编造、故意传播虚假的险情、疫情、灾情、警情的，追究个人犯本罪的刑事责任。

（2）犯罪行为，必须是实施了编造、故意传播虚假的险情、疫情、灾情、警情的犯罪行为。具体包括以下两类犯罪行为：

①编造虚假的险情、疫情、灾情、警情，在信息网络或者其他媒体上传播，严重扰乱社会秩序的行为。

②明知是虚假险情、疫情、警情信息，故意在信息网络或者其他媒体上传播，严重扰乱社会秩序的行为。

（3）犯罪结果，本罪是情节结果犯。本罪必须是实施了编造、故意传播虚假的险情、疫情、灾情、警情犯罪行为，严重扰乱了社会秩序的结果。严重扰乱社会秩序结果是本罪的构成必要要件，只有具备严重扰乱社会秩序的结果，才能构成本罪。何为情节严重，有待司法解释，一般是指在社会上造成恐慌和社会秩序混乱等情形的。

3. 编造、故意传播虚假信息罪的法定刑。根据刑法第291条之一第2款规定，本罪的法定刑是：

（1）构成犯罪的，处3年以下有期徒刑、拘役或者管制。

（2）造成严重后果的，处3年以上7年以下有期徒刑。

4. 认定编造、故意传播虚假信息罪时，要注意的问题：

（1）注意划清罪与非罪的界限。

从犯罪主体上区分。不满16周岁的人不能构成本罪。主观上过失心态的人不能构成本罪，单位不能构成本罪。

从犯罪行为上区分。本罪必须是故意编造、故意传播虚假的险情、疫情、灾情、警情的行为才构成犯罪。过失传播了虚假的险情、疫情、灾情、警情信息的行为，不能构成本罪。本罪编造、故意传播行为的内容必须是危险情况，险情，如地震；疫情，如瘟疫；灾情，如水灾；警情，如疯子杀人等危害不特定多数人生命财产安全的行为。如果编造、故意传播的不是上述危险情况的行为，不能构成本罪的犯罪行为。

从犯罪结果上区分。本罪是结果犯，只有编造、故意传播虚假的险情、疫情、灾情、警情，产生严重扰乱了社会秩序的结果，才能构成犯罪。严重扰乱社会秩序结果是本罪的构成要件，没有达到这种结果的行为，不能构成本罪。

（2）注意对本罪情节的认定和适用。"严重扰乱社会秩序"是本罪构成要件情节，而"造成严重后果"的情节是加重处罚的量刑情节，是在已构成犯罪的基础上，而是适用较重的法定刑。

（3）注意划清本罪与编造、传播虚假恐怖信息罪的界限。本罪编造、故意传播的内容是虚假的险情、疫情、灾情、警情，而编造、故意传播虚假恐怖信息罪的内容是恐怖信息，由于编造、传播的虚假信息内容不同，使两种犯罪区别开来。如果行为人分别实施了编造、传播虚假恐怖信息和编造、故意传播虚假的险情、疫情、灾情、警情的犯罪行为，应当分别定罪，依照规定进行数罪并罚。如果编造的内容是恐怖信息，并在信息网络或者其他媒体上传播，应依法以编造、传播虚假恐怖信息罪定罪处罚。

（十七）虚假诉讼罪

虚假诉讼罪是《刑法修正案（九）》第35条和刑法第307条之一补充增加的犯罪。最高人民法院、最高人民检察院于2015年10月30日《关于执行〈中华人民共和国刑法〉确定罪名的补充规定（六）》中规定为该罪名。

我国1997年刑法没有这种犯罪的规定，只在刑法第307条中规定了妨害作证罪和帮助毁灭伪造证据罪。2015年《刑法修正案（九）》第35条在刑法第307条之一中增加了规定了虚假诉讼罪，即第307条之一："以捏造的事实提起民事诉讼，妨害司法秩序或者严重侵害他人合法权益的，处三年以下有期徒刑、拘役或者管制，并处或者单处罚金；情节严重的，处三年以上七年以下有期徒刑，并处罚金。

"单位犯前款罪的，对单位判处罚金，并对其直接负责的主管人员和其他直接责任人员，依照前款的规定处罚。

"有第一款行为，非法占有他人财产或者逃避合法债务，又构成其他犯罪的，依照处罚较重的规定定罪从重处罚。

"司法工作人员利用职权，与他人共同实施前三款行为的，从重处罚；同时构成其他犯罪的，依照处罚较重的规定定罪从重处罚。"

虚假诉讼罪是《刑法修正案（九）》第35条在刑法第307条之一中新增加的犯罪，要准确适用就必须弄清该罪的概念、特征、法定刑，以及适用时应注意的问题。

1. 虚假诉讼罪的概念。该罪是指以捏造的事实提起民事诉讼，妨害司法秩序或者严重侵害他人合法权益的行为。

近几年来，我国商品经济迅速发展，在商品经济活动中，一些不讲信用唯利是图的思想也膨胀起来，有的不法商人负债累累，企图利用以捏造的事实提起恶意民事诉讼，以法院的判决逃避债务；还有的为谋取非法利益，以捏造的事实提起民事诉讼，企图用法院的判决非法占有他人的财产。这些恶意诉讼行为不但严重扰乱了司法秩序，而且往往侵犯他人的合法财产。这些恶诉讼行为是对社会有严重危害的行为。在《刑法修正案（九）》颁布以前，由于法律没有将这种恶意诉讼行为规定为犯罪，而是对恶意诉讼中提供伪造的证据，例如伪造公文、印章等证据犯罪行为追究刑事责任。2015年在《刑法修正案（九）》中设专条规定了虚假诉讼罪，惩治以捏造的事实提起民事诉讼虚假诉讼的犯罪行为。

根据最高人民法院2015年11月1日施行的《关于〈中华人民共和国刑法修正案（九）〉时间效力问题的解释》第7条规定，对于2015年10月31日以前捏造的事实提起的民事诉讼妨害司法秩序或者严重侵犯他人合法权益,根据修正前应当以伪造公司、企业、事业单位、人民团体印章罪或者妨害作证罪等追究刑事责任的,适用修正前刑法的有关规定,但是,根据修正后刑法第307条之一的规定处刑较轻的,适用修正后刑法的有关规定。实施第1款行为,非法占有他人财物或者逃避合法债务,根据修正前刑法应当以诈骗罪、职务侵占罪或者贪污罪等追究刑事责任的,适用修正前刑法的有关规定。

2. 虚假诉讼罪的构成要件是:

(1) 犯罪主体,是一般主体。达到法定年龄、具有刑事责任能力、实施了以捏造的事实提起民事诉讼行为的自然人和单位。法定年龄是指年满16周岁以上的人。本罪犯罪主体在主观上故意以捏造的事实提起民事诉讼,对扰乱司法秩序和侵犯他人合法权益的结果也是故意的心理状态。因此,本罪是故意犯罪。单位可以构成犯罪的犯罪主体,单位的直接负责的直接负责的主管人员和其他直接责任人员也可以构成本罪的犯罪主体。

(2) 犯罪行为,必须是实施了虚假诉讼的犯罪行为。有的是以自己捏造虚假的事实提起民事诉讼行为;有的是以他人捏造的虚假事实提起民事诉讼行为;有的是与司法人员共谋后,以捏造的虚假事实提起民事诉讼行为。只要是以捏造的事实提起民事诉讼妨害司法秩序的行为,就可以构成本罪的犯罪行为。

(3) 犯罪结果,本罪是结果犯。本罪必须是实施了以捏造的事实提起民事诉讼妨害司法秩序或者严重侵害他人合法权益的结果,才能构成犯罪。妨害司法秩序结果,是指提起民事诉讼进行登记后,进入了民事诉讼程序,司法人员已经开始审理该诉讼案件的结果。严重侵害他人合法权益结果,一般是指由虚假诉讼致被告人在经济、财产、精神上受到侵犯的结果。

3. 虚假诉讼罪的法定刑。根据刑法第307条之一规定,本罪的法定刑是:

(1) 构成犯罪的,处3年以下有期徒刑、拘役或者管制,并处或者单处罚金。

(2) 情节严重的,处3年以上7年以下有期徒刑,并处罚金。

(3) 单位犯本罪的,对单位判处罚金,并对其直接负责的主管人员和其他直接责任人员,依照个人犯本罪的规定罪处罚。

司法工作人员利用职权,与他人共同实施前三款行为的,从重处罚;同时构成其他犯罪的,依照处罚较重的规定定罪从重处罚。

情节严重的,有待司法解释,一般是指捏造的事实性质严重、诉讼标的数额巨大、致使法院作出了错误的判决和裁定,给他人造成重大经济、财产损失和严重的精神损害等结果。

4. 认定虚假诉讼罪时,要注意的问题:

(1) 注意划清罪与非罪的界限。

从犯罪主体上区分。不满 16 周岁的人不能构成本罪。主观上过失心态的人不能构成本罪。不是以捏造的事实提起民事诉讼的原告的自然人或者单位不能构成本罪。

从犯罪行为上区分。本罪必须是以捏造的事实提起民事诉讼的行为,才能构成犯罪。如果不是以捏造的事实,而是提以有瑕疵的事实提起民事诉讼行为,不能构成本罪。

从犯罪结果上区分。本罪是结果犯,必须是以捏造的事实提起民事诉讼妨害司法秩序或者严重侵害他人合法权益的结果,才能构成犯罪。如果虽然实施了以捏造的事实提起民事诉讼,但还没有达到妨害司法秩序或者没有达到严重侵害他人合法权益的结果,不能构成犯罪。例如,以捏造的事实提起民事诉讼,在登记后法官审理之前撤回起诉的行为,由于没有妨害司法秩序或者严重侵害他人合法权益的结果,不构成犯罪。情节严重结果是本罪加重处罚的量刑情节。具有情节严重结果,要在加重法定刑内处罚,即在较重的法定刑中处 3 年以上 7 年以下有期徒刑,并处罚金。

(2) 注意对一罪与数罪的认定。以捏造的事实提起民事诉讼犯罪活动中,有可能构成其他犯罪,例如,以捏造的事实,有可能同犯伪造国家公文证章罪,民事诉讼中,有可能以暴力、威胁、贿买等方法阻止证人作证或者指使他人作为证的行为,构成妨害作证罪,对司法人员行贿,构成行贿罪等,依照刑法第 307 条之一"有第一款行为,非法占有他人财产或者逃避合法债务,又构成其他犯罪的,依照处罚较重的规定定罪从重处罚"规定定罪处罚。

(3) 注意对本罪共犯的处罚。以捏造的事实提起民事诉讼,很有可能是与司法工作人员共同实施的犯罪,根据刑法第 307 条之一规定,"司法工作人员利用职权,与他人共同实施前三款行为的,从重处罚;同时构成其他犯罪的,依照处罚较重的规定定罪从重处罚"。例如,司法人员受贿共同构成本罪的,应以受贿罪从重处罚,不再定为虚假诉讼罪。

(十八) 泄露不应公开的案件信息罪

泄露不应公开的案件信息罪是《刑法修正案(九)》第 36 条和刑法第 308 条之一中补充增加的犯罪。最高人民法院、最高人民检察院于 2015 年 10 月 30 日《关于执行〈中华人民共和国刑法〉确定罪名的补充规定(六)》中规定为该罪名。

我国 1997 年刑法没有这种犯罪的规定,只在刑法第 308 条中规定了打击报复证人罪，在第 309 条中规定扰乱法庭秩序罪，在第 398 条中规定故意泄露国家秘密罪和过失泄露国家秘密罪等扰乱司法秩序犯罪和泄露国家秘密犯罪。2015 年《刑法修正案（九）》第 36 条和刑法第 308 条之一中又增加规定了泄露不应公开的案件信息罪，即第 308 条之一第 1 款规定，"司法工作人员、辩护人、诉讼代理人或者其他诉讼参与人，泄露依法不公开审理的案件中不应当公开的信息，造成信息公开传播或者其他严重后果的，处三年以下有期徒刑、拘役或者管制，并处或者单处罚金"。

第 308 条第 2 款规定，"有前款行为，泄露国家秘密的，依照本法第三百九十八条的规定定罪处罚"。

泄露不应公开的案件信息罪是《刑法修正案（九）》第 36 条在刑法第 308 条之一第 1 款、第 2 款中新增加的犯罪，要准确适用就必须弄清该罪的概念、特征、法定刑，以及适用时应注意的问题。

1. 泄露不应公开的案件信息罪的概念。该罪是指司法工作人员、辩护人、诉讼代理人或者其他诉讼参与人，泄露依法不公开的案件中不应当公开的信息，造成信息公开传播或者其他严重后果的行为。

近几年来，我国进行司法改革，实行审判公开，绝大多数案件都实行公开审理，只有少数出于保护国家秘密、个人隐私、商业秘密等案件依法可以不公开审理。我国刑事诉讼法第 183 条规定，人民法院审判第一审案件应当公开进行。但是有关国家秘密或者个人隐私的案件，不公开审理；涉及商业秘密的案件，当事人申请不公开审理的，可以不公开审理。不公开审理的案件，应当当庭宣布不公开审理的理由。司法实践中，一般对涉及国家秘密的案件、性犯罪案件、未成年人犯罪案件等都不公开审理。对不公开审理的案件的信息属于案件秘密不应当公开。在信息网络化时代，有些人不遵守法律规定，出于某种私利将不公开审理案件的不应公开的案件信息泄露，造成公开传播，既扰乱了司法秩序又是严重危害社会。2015 年在《刑法修正案（九）》中设专款规定了泄露不应公开的案件信息罪，以维护司法秩序和诉讼当事人的合法权益。

2. 泄露不应公开的案件信息罪的构成要件是：

（1）犯罪主体，是特殊主体。本罪的主体必须是司法工作人员、辩护人、诉讼代理人或者其他诉讼参与人，因为只有这些参与诉讼的人才知道该案是不公开审理及不应公开审理的信息，其他人不能构成本罪的主体。

（2）犯罪行为，必须是实施了泄露不应公开的案件信息的犯罪行为。具体表现是司法工作人员、辩护人、诉讼代理人或者其他诉讼参与人，泄露依法不公开审理的案件中不应当公开的信息，造成信息公开传播或者其他严重后果的行为。

（3）犯罪结果，本罪是结果犯。本罪必须造成不应公开的案件信息，公开传播或者其他严重后果的结果才构成犯罪。公开传播，是指在众多人传播，如报纸、刊物、网络和社区、单位群众中传播。其他严重后果，包括对个人、单位名誉损害、造成财产损失、经济损失，甚至致人身伤亡的结果。

3. 泄露不公开审理案件信息罪的法定刑。根据刑法第308条之一规定，构成犯罪的，处3年以下有期徒刑、拘役或者管制，并处或者单处罚金。

4. 认定泄露不应公开的案件信息罪时，要注意的问题：

（1）注意划清罪与非罪的界限。

从犯罪主体上区分。本罪是特殊主体，必须是司法工作人员、辩护人、诉讼代理人或者其他诉讼参与人，不具有上述特殊身份者不能构成本罪的犯罪主体。本罪是故意犯罪，并且有泄露不应公开的案件信息的目的，过失行为不构成本罪。

从犯罪行为上区分。本罪是泄露不公开审理案件中不应公开的案件信息的行为才构成犯罪，不是全部不公开审理案件的信息；如果泄露的是不公开审理的案件中可以公开的信息，例如，案件的名称和法院公开的生效判决书等信息的行为不能构成本罪。

从犯罪结果上区分。本罪是结果犯，只有造成不应公开的案件应公开的信息公开传播或者其他严重后果的结果，才构成犯罪。没有达到上述结果的行为不能构成犯罪。何为其他严重后果，有待司法解释，一般是指在社会上造成广泛影响，使国家、单位、个人的秘密泄露造成政治、经济、人身财产、人身权利等严重损失的结果。

（2）注意对本罪犯罪情节的认定和适用。本罪的结果要件必须是"信息公开传播或者其他严重后果的结果"，其是本罪构成要件情节，不是加重处罚的量刑情节，本罪没有规定加重量刑情节。

（3）注意划清本罪与故意泄露国家秘密罪的界限。本罪泄露的是不应公开的案件信息，故意泄露国家秘密罪泄露的是国家秘密，由于泄露的对象不同使二罪区分开来。如果泄露的不应公开的案件信息是国家秘密的，依照刑法第308条之一第2款"有前款行为，泄露国家秘密的，依照本法第三百九十八条的规定定罪处罚"规定，即应依法以故意泄露国家秘密罪定罪处罚。

（十九）披露、报道不应公开的案件信息罪

披露、报道不应公开的案件信息罪是《刑法修正案（九）》第36条和刑法第308条之一第3款、第4款中补充增加的犯罪。最高人民法院、最高人民检察院于2015年10月30日《关于执行〈中华人民共和国刑法〉确定罪名的补充规定（六）》中规定为该罪名。

我国1997年刑法没有这种犯罪的规定，只在刑法第308条中规定了打击报复证人罪，在第309条中规定扰乱法庭秩序罪，在第398条中规定故意泄露国家秘密罪和过失泄露国家秘密罪等扰乱司法秩序犯罪和泄露国家秘密犯罪。2015年《刑法修正案（九）》第36条和刑法第308条之一第1款、第2款中增加规定了泄露不应公开的案件信息罪，在第3款、第4款中增加了披露、报道不应公开的案件信息罪，即第308条之一规定："司法工作人员、辩护人、诉讼代理人或者其他诉讼参与人，泄露依法不公开审理的案件中不应当公开的信息，造成信息公开传播或者其他严重后果的，处三年以下有期徒刑、拘役或者管制，并处或者单处罚金。

"有前款行为，泄露国家秘密的，依照本法第三百九十八条的规定定罪处罚。

"公开披露、报道第一款规定的案件信息，情节严重的，依照第一款的规定处罚。

"单位犯前款罪的，对单位判处罚金，并对其直接负责的主管人员和其他直接责任人员，依照第一款的规定处罚。"

披露、报道不应公开的案件信息罪是《刑法修正案（九）》第36条在刑法第308条之一第3款、4款中新增加的犯罪，要准确适用就必须弄清该罪的概念、特征、法定刑，以及适用时应注意的问题。

1. 公开披露、报道不应公开的案件信息罪的概念。该罪是指公开披露、报道不应公开的案件信息，情节严重的行为。

近几年来，我国进行司法改革，实行审判公开，绝大多数案件都实行公开审理，只有少数案件出于保护国家秘密、个人隐私、商业秘密等可以不公开审理。我国刑事诉讼法第183条规定，人民法院审判第一审案件应当公开进行。但是有关国家秘密或者个人隐私的案件，不公开审理；涉及商业秘密的案件，当事人申请不公开审理的，可以不公开审理。不公开审理的案件，应当当庭宣布不公开审理的理由。司法实践中，一般对涉及国家秘密的案件、性犯罪案件、未成年人犯罪案件等都不公开审理。对不公开审理的案件的不应公开的案件信息不能公开披露、报道。在信息网络化时代，有些人不遵守法律规定，出于某种私利将不公开审理案件的不应公开的案件信息披露、报道造成公开传播，既是扰乱司法秩序的行为，又是严重危害社会的行为。2015年在《刑法修正案（九）》中设专款规定了披露、报道不应公开的案件信息罪，以维护司法秩序和诉讼当事人的合法权益。

2. 披露、报道不应公开的案件信息罪的构成要件是：

（1）犯罪主体，是一般主体。本罪的主体是达到法定年龄实施了披露、报道法律规定的不应公开的案件信息行为的自然人和单位。犯罪主体在主观上是故意的，其动机和目的是多种多样的，有的是为发泄对案件处理的不满，有的是争头条新闻，也有的是出于好奇目的。一般是新闻工作者和单位、律师和律师事务所，信息网站、与案件有关的单位和个人。

（2）犯罪行为，必须是实施了披露、报道不应公开的案件信息犯罪行为。披露、报道者实际上与参加诉讼人泄露不应公开的案件信息行为的共同犯罪行为，只有先泄露行为才有披露、报道行为。披露就是公开或者秘密泄露、报道，包括在报纸、刊物、板报、广播、新闻发布会、大字报、小字报、网络和社区、单位、公共场所公开张贴和口头宣传等行为。

（3）犯罪结果，本罪是结果犯。本罪必须是公开披露、报道不应公开的案件信息，达到情节严重结果的才构成犯罪。何为严重后果，有待司法解释，一般是指披露、报道重大不应公开的案件信息，传播广泛，给国家和当事人造成重大财产、经济损失、人身伤害和恶劣影响的结果。

3. 披露、报道不应公开的案件信息罪的法定刑。根据刑法第 308 条之一第 1 款、3 款规定，该罪的法定刑是：

（1）构成犯罪的，处 3 年以下有期徒刑、拘役或者管制，并处或者单处罚金。

（2）单位犯本罪的，对单位判处罚金，并对其直接负责的主管人员和其他直接责任人员，依照自然人犯本罪的规定处罚。

4. 认定披露、报道不应公开的案件信息罪时，要注意的问题：

（1）注意划清罪与非罪的界限。

从犯罪主体上区分。本罪是一般主体，年满 16 周岁的自然人和单位都可以构成本罪。本罪是故意犯罪，过失行为不能构成本罪。

从犯罪行为上区分。本罪公开披露、报道的是不公开审理案件中的不应公开的案件信息，如果公开披露、报道公开审理案件的信息或者是不公开审理的案件中可以公开的案件信息的行为不能构成犯罪，过失公开披露、报道了不应公开的案件信息的行为，不能构成本罪。确实不知道是不应公开的案件信息，而披露、报道的不构成犯罪。

从犯罪结果上区分。本罪是结果犯，公开披露、报道不应公开的案件信息的，必须是情节严重结果的才构成犯罪。没有达到上述情节严重结果的行为不能构成犯罪。何为情节严重，有待司法解释，一般是指在社会上造成广泛影响，使国家、单位、个人的秘密泄露造成政治、经济、人身财产严重损失的结果。

（2）注意对本罪犯罪情节的认定和适用。本罪要求必须是情节严重的结果才构成构犯罪。该情节严重是定罪情节，是构成犯罪的要件，不是量刑情节。

（3）注意划清本罪与故意泄露国家秘密罪的界限。本罪披露、报道的是不应公开的案件的信息，该信息不一定都是国家秘密；而故意泄露国家秘密罪泄露的必须是国家秘密，由于泄露的对象不同，使二罪区分开来。如果披露、报道的不应公开的案件信息是国家秘密，则应认定为故意泄露国家秘密罪。

（二十）对有影响力的人行贿罪

对有影响力的人行贿罪是《刑法修正案（九）》第46条在刑法第390条之一中补充增加的新罪。最高人民法院、最高人民检察院于2015年10月30日《关于执行〈中华人民共和国刑法〉确定罪名的补充规定（六）》中规定为该罪名。

我国1997年刑法没有这种犯罪的规定，只在刑法第389条中规定了行贿罪，行贿的对象是国家工作人员。第164条中规定了对非国家工作人员行贿罪，行贿对象是公司、企业或者其他单位的工作人员。2011年《刑法修正案（八）》第29条在刑法第164条第2款中增加规定了对外国公职人员、国际公共组织官员行贿罪。2009《刑法修正案（七）》第13条和刑法第388条之一中增加规定了利用影响力受贿罪，为了惩治其对应的行贿犯罪行为，在以前都是以对非国家工作人员行贿罪定罪处罚。2015年《刑法修正案（九）》第46条在刑法第390条之一中又补充增加了对有影响力的人行贿罪，即第390条之一"为谋取不正当利益，向国家工作人员的近亲属或者其他与该国家工作人员关系密切的人，或者向离职的国家工作人员或者其近亲属以及其他与其关系密切的人行贿的，处三年以下有期徒刑或者拘役，并处罚金；情节严重的，或者使国家利益遭受重大损失的，处三年以上七年以下有期徒刑，并处罚金；情节特别严重的，或者使国家利益遭受特别重大损失的，处七年以上十年以下有期徒刑，并处罚金。"单位犯前款罪的，对单位判处罚金，并对其直接负责的主管人员和其他直接责任人员，处三年以下有期徒刑或者拘役，并处罚金"。

对有影响力的人行贿罪是《刑法修正案（九）》第46条在刑法第390条之一新增加犯罪，要准确适用就必须弄清该罪的概念、特征、法定刑，以及适用时应注意的问题。

1. 对有影响力的人行贿罪的概念。该罪是指为谋取不正当利益，向国家工作人员的近亲属或者其他与该国家工作人员关系密切的人，或者向离职的国家工作人员或者其近亲属以及其他与其关系密切的人行贿的行为。

2. 对有影响力的人行贿罪的构成特征是：

（1）犯罪主体，是一般主体。达到法定年龄、具有刑事责任能力、实施了向特定关系人行贿犯罪行为的自然人和单位。本罪法定年龄是年满16周岁以上的自然人及单位和单位的直接负责的主管人员和其他直接责任人员。本罪犯罪主体在主观上是为谋取不正当利益而故意实施行贿行为。不正当利益，包括谋取的利益本身不正当和谋取利益的程序不正当。不正当利益包括非法利益和不应当得的利益。

（2）犯罪行为，必须是为谋取不正当利益，对有影响力的人行贿犯罪行为，按行贿对象可分为两类。

①向国家工作人员的近亲属，或者其他与该国家工作人员关系密切的人实施行贿行为。国家工作人员，根据刑法第93条的规定，是指在国家机关中从事公务的人员。国有公司、企业、事业单位、人民团体中从事公务的人员和国家机关、国有公司、企业、事业单位委派到非国有公司、企业、事业单位、社会团体从事公务的人员，以及其他依照法律从事公务的人员，以国家工作人员论。近亲属，根据我国刑事诉讼法第106条第（六）项规定，是指夫、妻、父、母、子、女、同胞兄弟姊妹。关系密切的人，法律没有具体规定，有待司法解释，一般是指有与国家工作人员有亲情、友情、利害等关系密切的人。亲情关系，是指有血缘和婚姻关系的亲戚关系及情人关系。亲戚包括近亲和远亲。近亲是指夫、妻、父、母、子、女、同胞兄弟姊妹等三代以内的近亲关系。远亲包括祖父母、外祖父母、叔伯父母、姑父母、堂兄弟、舅父母、姨父母、表兄妹等第四代、第五代亲戚关系。情人是指未结婚，但有夫妻感情生活关系的人。友情关系，是指同乡、同学、同事、战友、朋友等关系的人。利害关系人，是指与国家工作人员有财产、经济、名誉、地位、职权利害关系的人。上述这些与国家工作人员有亲情、友情、利害关系的人可以成为与国家工作人员关系密切的人。当然关系密切除这些客观关系还要看双方交往时间的长短和密切深度。为谋取不正当利益，向这些人特定关系人行贿，可以构成本罪犯罪行为。

②向已离职的国家工作人员，或者其近亲属以及其他与其关系密切的人实施行贿的行为。离职的国家工作人员，包括辞职、退职、留职、开除、退休、离休的原国家工作人员。为了谋取不正当利益，向已离职的工作人员行贿的行为，可以构成本罪的犯罪行为。

行贿行为是主动的给予与特定关系人以财物的行为。财物包括金钱、财产、物品和可以用金钱计算的非物质事项，如劳务、荣誉、职务、职业等。

（3）犯罪结果，是行为犯。只要实施了向特定关系人行贿行为，就可以构成犯罪。"情节严重"、"情节特别严重"不是本罪构成要件，而是加重处罚的量刑情节。

根据 2016 年 4 月 18 日起施行的最高人民法院、最高人民检察院《关于办理贪污贿赂刑事案件适用法律若干问题的解释》第 10 条第 2 款规定，刑法第 390 条之一规定的对有影响力的人行贿罪的定罪量刑适用标准，参照本解释关于行贿罪的规定执行。

单位对有影响力的人行贿数额在 20 万元以上的，应当依照刑法第 390 条之一的规定以对有影响力的人行贿罪追究刑事责任。

3. 对有影响力的人行贿罪的法定刑。根据刑法第 390 条之一规定，构成本罪的法定刑是：

（1）情节一般的，处 3 年以下有期徒刑或者拘役，并处罚金。

（2）情节严重的，或者使国家利益遭受重大损失的，处 3 年以上 7 年以下有期徒刑，并处罚金。

（3）情节特别严重的，或者使国家利益遭受特别重大损失的，处 7 年以上 10 年以下有期徒刑，并处罚金。

（4）单位犯前款罪的，对单位判处罚金，并对其直接负责的主管人员和其他直接责任人员，处 3 年以下有期徒刑或者拘役，并处罚金。

对单位犯本罪单独规定了较轻的法定刑，最高处 3 年有期徒刑。单位犯本罪，没有情节严重和情节特别严重的量刑法定刑。

4. 适用对有影响力的人行贿罪罪时，要注意的问题有：

（1）注意划清罪与非罪的界限。

从犯罪主体上区分。不满 16 周岁的人和为了谋取正当利益的，而向特定关系人行贿的行为的不构成本罪。

从犯罪行为上区分。本罪是向特定关系人实施行贿行为，向国家工作人员、公司企业事业单位人员和外国公职人员或者国际公共组织官员实施行贿行为，不构成本罪。给予特定关系人非财物的行为，例如，行贿美女和性贿赂的行为，不构成犯罪。根据 2016 年 4 月 18 日起施行的最高人民法院、最高人民检察院《关于办理贪污贿赂刑事案件适用法律若干问题的解释》第 12 条规定，贿赂犯罪中的"财物"，包括货币、物品和财产性利益。财产性利益包括可以折算为货币的物质利益如房屋装修、债务免除等，以及需要支付货币的其他利益如会员服务、旅游等。后者的犯罪数额，以实际支付或者应当支付的数额计算。

犯罪结果上区分。本罪是行为犯，原则上只要实施了对有影响力的人行贿行为，就可以构成犯罪，但根据刑法第 13 条规定，情节显著轻微危害不大的不认为是犯罪。

（2）注意划清本罪与对非国家工作人员行贿罪的界限。我国刑法第 164 条第 1 款规定了对非国家工作人员行贿罪与本罪在犯罪主体、犯罪行为，以及法定刑都很相似，甚至相同，只是行贿的对象不同。本罪的行贿对象是对有影响力的人，而对非国家工作人员行贿罪的对象是单位的工作人员。在《刑法修正案（九）》第 390 条之一新增加本罪以前向特定关系人行贿数额较大的行为，多数都认定为对非国家工作人员行贿罪，现刑法第 390 条之一专门规定了向特定关系人行贿罪，凡是向特定关系人行贿的都要认定为本罪。另外，上述两种犯罪的目的虽然都是为谋取不正当的利益，但谋取非法利益的途径不同，本罪是通过特定关系人利用国家工作人员以职权为行贿人谋取非法利益，而对非国家工作人员行贿罪是通过非国家工作人员利用其职务直接为行贿人谋取非法利益。如果特定关系密切的人直接利用自己的职权为行贿人谋取非法利益的，应认定为对非国家工作人员行贿罪。

（3）注意划清本罪与行贿罪的界限。我国刑法第 389 条规定了行贿罪，其与本罪在犯罪主体、犯罪行为，犯罪结果都有相似之处，只是行贿的对象不同和法定刑不同。本罪的行贿对象是与国家工作人员关系密切的人，包括国家工作人员的近亲属或者其他与该国家工作人员关系密切的人或者离职的国家工作人员及其近亲属和其他关系密切的人。而行贿罪的对象是国家工作人员。由于行贿的对象不同，刑法规定处罚轻重也有所不同。本罪最高处 10 年有期徒刑，并处罚金；而行贿罪最高处无期徒刑，并处罚金或者没收财产。

四、《刑法修正案（九）》对刑法分则的修改
——修改和补充原有的犯罪

《刑法修正案（九）》对刑法分则原规定的 49 种犯罪作了修改和补充。有的是修改了罪名和罪状，有的是修改了法定刑（单纯取消死刑的除外）。2015 年 10 月 30 日最高人民法院、最高人民检察院《关于执行〈中华人民共和国刑法〉确定罪名的补充规定（六）》中增加了 20 个罪名，修改了 11 个罪名，取消了 1 个罪名，即取消了"嫖宿幼女罪"罪名。

（一）组织、领导、参加恐怖组织罪

组织、领导、参加恐怖组织罪，是《刑法修正案（三）》补充修改的犯罪，作为 1997 年修订刑法第 120 条第 1 款原规定的"组织、领导、参加恐怖组织罪"的修改犯罪。1997 年最高人民法院、最高人民检察院《关于执行

〈中华人民共和国刑法〉确定罪名的规定》中将刑法第 120 条第 1 款规定的犯罪定为"组织、领导、参加恐怖组织罪"。2001 年 12 月 29 日，全国人大常委会《中华人民共和国刑法修正案（三）》第 3 条补充增加了一个加重档次的法定刑，最高可处无期徒刑，但罪名没有改变。2015 年 11 月 1 日生效的《刑法修正案（九）》第 5 条补充修改了本罪的法定刑，补充增加了"并处没收财产"、"并处罚金"、"可以并处罚金"的规定。

1. 刑法规定内容的修改

刑法条文中有关组织、领导、参加恐怖组织罪的规定有：

（1）1979 年刑法第 98 条规定："组织、领导反革命集团的，处五年以上有期徒刑；其他积极参加反革命集团的，处五年以下有期徒刑、拘役、管制或者剥夺政治权利。"

1979 年刑法第 99 条规定："组织、利用封建迷信、会道门进行反革命活动的，处五年以上有期徒刑；情节较轻的，处五年以下有期徒刑、拘役、管制或者剥夺政治权利。"

（2）1997 年刑法第 120 条规定："组织、领导和积极参加恐怖活动组织的，处三年以上十年以下有期徒刑；其他参加的，处三年以下有期徒刑、拘役或者管制。

"犯前款罪并实施杀人、爆炸、绑架等犯罪的，依照数罪并罚的规定处罚。"

（3）2001 年 12 月 29 日全国人大常委会《中华人民共和国刑法修正案（三）》第 3 条规定，将刑法第 120 条第 1 款修改为"组织、领导恐怖活动组织的，处十年以上有期徒刑或者无期徒刑；积极参加的，处三年以上十年以下有期徒刑；其他参加的，处三年以下有期徒刑、拘役、管制或者剥夺政治权利"。

（4）2015 年 8 月 29 日全国人大常委会《中华人民共和国刑法修正案（九）》第 5 条规定，将刑法第 120 条修改为"组织、领导恐怖活动组织的，处十年以上有期徒刑或者无期徒刑，并处没收财产；积极参加的，处三年以上十年以下有期徒刑，并处罚金；其他参加的，处三年以下有期徒刑、拘役、管制或者剥夺政治权利，可以并处罚金"。

上述刑法及《刑法修正案（九）》对刑法规定作了如下修改和补充：

（1）增加、修改了罪名。我国 1979 年刑法中没有直接规定组织、领导、参加恐怖组织罪，而是在刑法第 98 条规定有"组织、领导反革命集团罪"，其中包括了组织、领导、参加恐怖组织的犯罪行为；在刑法第 99 条中规定"组织、利用会道门进行反革命活动罪"，也包括一些组织、领导恐怖组织犯罪行为。1997年修订刑法中取消了"组织、领导反革命集团"和"组织、利用会道门进行反革命活动罪"的犯罪行为，而在刑法分则第二章第120条中增加规定了"组织、领导、参加恐怖组织罪"；在刑法分则第六章中第一节扰乱公共秩序罪第300条中增加了"组织、利用会道门、邪教组织、利用迷信破坏法律实施罪"。2001年12月29日，全国人大常委会《中华人民共和国刑法修正案（三）》第3条将刑法第120条第1款规定的组织、领导恐怖组织的犯罪行为与积极参加恐怖组织的犯罪行为分开规定，分别规定了不同的法定刑，但罪名并没有再修改。

（2）修改补充规定了组织、领导、参加恐怖组织罪的法定刑。修订刑法原第120条将组织、领导和积极参加恐怖组织的犯罪行为都规定处3年以上10年以下有期徒刑。《刑法修正案（三）》将组织、领导恐怖组织罪的法定刑补充增加"处10年以上有期徒刑或者无期徒刑"，加重了法定刑；对积极参加恐怖组织罪的法定刑，仍规定处3年以上10年以下有期徒刑，以便区别对待，重点打击组织、领导恐怖组织的犯罪分子，《刑法修正案（九）》中又补充增加了"并处没收财产"、"并处罚金"、"可以并处罚金"的规定。

（3）2001年8月29日全国人大常委会《中华人民共和国刑法修正案（九）》第5条又对刑法第120条规定的组织、领导恐怖活动组织罪的法定刑进行了修改，增加了财产刑，即在处10年以上有期徒刑或者无期徒刑中，增加"并处没收财产"；在处3年以上10年以下有期徒刑中，增加"并处罚金"；在处3年以下有期徒刑、拘役、管制或者剥夺政治权利中，增加"可以并处罚金"。

2. 刑法规定修改的原因

全国人大常委会《中华人民共和国刑法修正案（三）》补充规定"组织、领导、参加恐怖组织罪"法定刑的主要原因有：

（1）恐怖犯罪活动猖獗，严重危害人类和平与安全。修订刑法时，恐怖犯罪活动在国际国内都已出现，建立了各种名称的恐怖组织，进行有组织地破坏活动。自美国"9·11事件"以后，国际恐怖活动更加猖狂，在许多国家中出现恐怖爆炸事件，致使人类的和平与安全受到了严重威胁。引起世界各国的普遍重视。我国政府和人民一贯重视同恐怖犯罪行为作斗争，我国刑法对惩治恐怖活动犯罪已有了一些规定，我国加入了一系列反恐怖国际公约，如联合国通过的《制止恐怖主义爆炸的公约》、《制止向恐怖主义提供资助的国际公约》等以及联合国安理会通过的第1267号、1373号、1333号、1456号等反恐怖决议。在国内一些恐怖活动组织犯罪活动也相当猖狂，造成严重危害。鉴于当前出现恐怖活动的一些新情况，如何适用刑法已有规定，需要进一步明确；刑法的有关条款也需要进一步完善。

（2）我国刑法规定的组织、领导恐怖组织罪的法定刑较轻。我国1997年刑法第120条第1款规定的"组织、领导和积极参加恐怖活动组织的，处三年以上十年以下有期徒刑"。上述规定，有两点与当前打击恐怖犯罪活动不相适应：一是将积极参加恐怖活动组织的犯罪分子与组织、领导恐怖活动组织的犯罪分子并列在一起，对他们的惩处适用同样的法定刑，没有突出重点惩治组织、领导恐怖活动组织的犯罪分子；二是对组织、领导恐怖活动组织的犯罪分子规定法定刑为"三年以上十年以下有期徒刑"相对法定刑较轻，不足以严厉惩治这类犯罪分子。为了加重对组织、领导恐怖组织罪的处罚，应对刑法进行修改和补充。

（3）全国人大法制工作委员会提请全国人大常委会修改刑法规定。2001年12月24日，在第九届全国人大常委会第二十五次会议上，全国人大常委会法制工作委员向全国人大常委会提出了《中华人民共和国刑法修正案（三）（草案）》，建议全国人大常委会将刑法第120条第1款修改为"组织、领导恐怖活动组织的，处十年以上有期徒刑或者无期徒刑；积极参加的，处三年以上十年以下有期徒刑；其他参加的，处三年以下有期徒刑、拘役、管制或者剥夺政治权利"。保留刑法第120条第2款"数罪并罚"的规定。

（4）经过多年惩治组织、领导、参加恐怖组织犯罪的实践发现，该类犯罪分子都有经济支持，以金钱收买打手进行犯罪活动。因此，犯罪猖獗，屡禁不止，为了从经济上惩罚犯罪，使犯罪分子失去经济支持，必须没收其财产或者罚金，使其失去经济支持，无法继续犯罪。

鉴于上述原因，全国人大常委会在《中华人民共和国刑法修正案（三）》中补充规定了对犯组织、领导恐怖组织罪的犯罪分子的加重法定刑。同时，将组织、领导恐怖活动组织的犯罪分子与积极参加恐怖活动组织的犯罪分子分开规定，适用轻重不同的法定刑。2015年在《刑法修正案（九）》中又在该罪的法定刑中补充增加并处没收财产刑，从经济上惩罚该犯罪行为。

3. 组织、领导、参加恐怖组织罪的适用

组织、领导、参加恐怖组织罪是《刑法修正案（三）》、《刑法修正案（九）》对该罪的法定刑的修改补充规定。要准确适用，就必须弄清本罪的概念、构成特征，以及适用时应注意的问题。

（1）本罪的概念。该罪是指故意组织、领导、参加恐怖组织的行为。

该种犯罪是一种有组织地进行恐怖犯罪活动的犯罪，有的危害国家安全，有的危害公共安全，社会危害性很严重。我国刑法既惩治组织、领导、参加恐怖活动组织的犯罪行为，也惩治在恐怖活动中实施杀人、爆炸、绑架等犯罪行为,并且依照数罪并罚的规定处罚。

认定恐怖组织的标准是:(1)以暴力恐怖为手段,从事危害国家安全、破坏社会稳定、危害人民群众生命财产安全的恐怖活动的组织(不论其总部在国内,还是在国外);(2)具有一定的组织领导或分工体系;(3)符合上述标准,并具有下列情形之一:①曾组织、策划、煽动、实施或参与实施恐怖活动,或正在组织、策划、煽动、实施或参与实施恐怖活动;②资助、支持恐怖活动;③建立恐怖活动基地、或者组织、招募、训练、培训恐怖分子;④与其他国际恐怖组织相勾结,接受其他国际恐怖组织资助、训练、培训、或参与其活动。

认定恐怖分子的具体标准是:(1)与恐怖组织发生一定的联系,在国内外从事危害我国国家安全和人民群众生命财产安全的恐怖活动的人员(不论其是否加入了外国国籍);(2)符合上述条件,同时有下列情形之一:①组织、领导、参加恐怖组织的;②组织、策划、煽动、宣传或教唆实施恐怖活动的;③资助、支持恐怖组织或恐怖分子进行恐怖活动的;④接受上述恐怖组织或其他国际恐怖组织资助、训练、培训或参与其活动的。参照上述标准,可以准确认定组织、领导恐怖组织罪。

(2)本罪的构成特征。根据1997年刑法第120条和《刑法修正案(三)》、《刑法修正案(九)》的规定,该罪的构成特征有:

①犯罪主体。该罪的犯罪主体是一般主体,年满16周岁以上的自然人可以构成本罪。犯罪主体在主观上必须是故意的,并具有组织、参加恐怖组织的目的。

②犯罪行为。必须是实施了组织、领导、参加恐怖活动组织的犯罪行为。具体犯罪行为表现有:

其一,组织恐怖活动组织的行为;

其二,领导恐怖活动组织的行为;

其三,积极参加恐怖活动组织的行为;

其四,其他参加恐怖活动组织的行为。

只要具备上述行为之一的,就可以构成本罪的犯罪行为,但应根据犯罪行为特征分别定为组织恐怖组织罪、领导恐怖组织罪、参加恐怖组织罪,如果上述犯罪行为都实施了,只定为组织、领导、参加恐怖活动罪一个罪名。

所谓恐怖活动组织,是指以进行恐怖活动为目的的犯罪组织。他们的主要犯罪活动是:绑架人质,杀害领导人,杀害外交代表,劫持汽车、船只、飞机,进行爆炸、投毒等恐怖犯罪活动等。

③犯罪结果。组织、领导、参加恐怖组织罪是行为犯,只要实施了上述行

为就危害公共安全,就具备了本罪的犯罪结果,就构成了犯罪。

(3) 组织、领导、参加恐怖组织罪的法定刑。根据实施犯罪行为的性质和在共同犯罪中的地位不同,分别适用不同的法定刑:

①组织、领导恐怖活动组织的,处10年以上有期徒刑或者无期徒刑,并处没收财产。

②积极参加的,处3年以上10年以下有期徒刑,并处罚金。

③其他参加的,处3年以下有期徒刑、拘役、管制或者剥夺政治权利,可以并处罚金。

(4) 认定组织、领导、参加恐怖组织罪时,应注意以下问题:

①注意划清罪与非罪的界限。

从犯罪主体上区分。本罪主体是组织、领导、参加的是恐怖活动组织者、领导者和参加者,如果其组织、领导、参加的不是恐怖活动组织,而是其他组织的,不构成犯罪或者不构成本罪。例如,组织、领导、参加盗窃集团的人本身不构成本罪,只是追究其实施的盗窃罪的刑事责任;如果行为人是组织、领导、参加黑社会性质组织的人,也不构成本罪,而构成组织、领导、参加黑社会性质组织罪。

从犯罪行为上区分。本罪是故意犯罪,过失行为不构成本罪。例如,确实不知道是恐怖活动组织,而认为是合法组织过失参加的行为,不构成犯罪。另外,本罪打击的是极少数策划、指挥、领导、组织和积极参加恐怖活动组织的首要分子、骨干分子,对受蒙骗的一般群众,一般不构成犯罪。

从犯罪结果上区分。本罪是行为犯,只要实施了组织、领导、参加恐怖组织行为其中之一的行为就有危害公共安全的结果,就可以构成犯罪;但是如果其实施的组织、领导、参加恐怖组织行为,情节显著轻微危害不大,依照刑法第13条犯罪定义的规定,不构成犯罪。

②注意准确划清恐怖活动组织与犯罪集团的界限。我国刑法第26条规定,三人以上为共同实施犯罪而组成的较为固定的犯罪组织,是犯罪集团。按刑法上述规定,恐怖活动组织是犯罪集团的一种。犯罪集团的范围比较广泛,组织、领导、参加犯罪集团的行为不一定都构成犯罪,有些组织、领导、参加犯罪集团的行为,只要在犯罪集团中没有实施犯罪行为的,不构成犯罪。恐怖活动组织、黑社会性质组织都是犯罪集团形式之一,法律特别规定,组织、领导、参加这这些犯罪组织,包括参加间谍组织的行为都构成犯罪,至于在该组织领导下,又实施了杀人、爆炸、绑架等犯罪行为的,另外单独定罪,并且与上述犯罪数罪并罚。因此,依照我国刑法规定,恐怖活动组织、黑社会性质组织是犯罪集团的一种特殊形式。根据我国刑法第97条规定,"聚众犯罪中起

组织、策划、指挥作用的犯罪分子"是首要分子,这种聚众犯罪不是有组织犯罪,但在聚众犯罪中起组织、策划、指挥作用的犯罪分子,也是首要分子,但不是犯罪集团的首要分子。

③注意准确认定恐怖活动组织与黑社会性质组织的界限。两种犯罪都是犯罪集团的特别形式,由于其社会危害特别严重,法律规定只要实施了组织、领导、参加其组织的行为,法律规定构成犯罪。但二者有着重要区别:①犯罪目的不同。本罪的犯罪目的是进行恐怖犯罪活动;而黑社会性质组织的目的是通过使用暴力称霸一方,牟取政治、经济利益。②犯罪组织的性质不同。本罪行为人组织、领导、参加的组织是恐怖活动组织;而黑社会性质组织罪行为人组织、领导、参加的是黑社会性质组织,两种组织的性质不同,从事的犯罪活动的目的也不相同。

④注意准确区分一罪与数罪的界限。组织、领导、参加恐怖活动组织罪是选择罪名,如果行为人只是实施了组织、领导、参加行为之一的,只定为其中之一的罪名,例如,行为人只是实施了参加恐怖组织行为,则只定为参加恐怖组织罪即可;如果行为人既实施了组织恐怖活动组织行为,又实施了领导和参加恐怖活动组织行为,只定为组织、领导、参加恐怖组织罪一种罪名,不能定为数罪。另外,行为人实施了组织、领导、参加恐怖组织罪,在该组织领导、指挥下,又实施了杀人、爆炸、绑架等犯罪的,应分别再定罪,按数罪并罚处罚。

(二) 帮助恐怖活动罪

帮助恐怖活动罪是《刑法修正案(九)》第6条对刑法第120条之一中补充修改的犯罪,2001年《刑法修正案(三)》中补充增加的犯罪,作为1997年刑法第120条之一。2002年3月15日,最高人民法院、最高人民检察院《关于执行〈中华人民共和国刑法〉确定罪名的补充规定》中将刑法第120条之一规定的犯罪规定为"资助恐怖活动罪"的罪名。2015年8月29日颁布的《刑法修正案(九)》第6条补充修改了本罪的罪状,增加了"资助恐怖活动培训"和"为恐怖活动组织、实施恐怖活动或者恐怖活动培训招募、运送人员"的犯罪行为。2015年10月30日最高人民法院、最高人民检察院《关于执行〈中华人民共和国刑法〉确定罪名的补充规定(六)》中将"资助恐怖活动罪"改为"帮助恐怖活动罪"的罪名。

1. 刑法规定内容的修改

刑法条文中有关帮助恐怖活动罪的规定有:

(1) 1979年刑法第97条规定:"进行下列间谍或者资敌行为之一的,处十年以上有期徒刑或者无期徒刑；情节较轻的，处三年以上十年以下有期徒刑：（一）为敌人窃取、刺探、提供情报的；（二）供给敌人武器军火或者其他军用物资的；（三）参加特务、间谍组织或者接受敌人派遣任务的。"

（2）1997年刑法第107条规定："境内外机构、组织或者个人资助境内组织或者个人实施本章第一百零二条、第一百零三条、第一百零四条、第一百零五条规定之罪的，对直接责任人员，处五年以下有期徒刑、拘役、管制或者剥夺政治权利；情节严重的，处五年以上有期徒刑。"

1997年刑法第112条规定："战时供给敌人武器装备、军用物资资敌的，处十年以上有期徒刑或者无期徒刑；情节较轻的，处三年以上十年以下有期徒刑。"

（3）2001年12月29日，全国人大常委会《中华人民共和国刑法修正案（三）》第4条规定在刑法第120条后增加一条，作为第120条之一："资助恐怖活动组织或者实施恐怖活动的个人的，处五年以下有期徒刑、拘役、管制或者剥夺政治权利，并处罚金；情节严重的，处五年以上有期徒刑，并处罚金或者没收财产。

"单位犯前款罪的，对单位判处罚金，并对其直接负责的主管人员和其他直接责任人员，依照前款的规定处罚。"

（4）2015年8月29日《刑法修正案（九）》第6条规定将刑法第120条之一修改为："资助恐怖活动组织、实施恐怖活动的个人的，或者资助恐怖活动培训的，处五年以下有期徒刑、拘役、管制或者剥夺政治权利，并处罚金；情节严重的，处五年以上有期徒刑，并处罚金或者没收财产。

"为恐怖活动组织、实施恐怖活动或者恐怖活动培训招募、运送人员的，依照前款的规定处罚。

"单位犯前两款罪的，对单位判处罚金，并对其直接负责的主管人员和其他直接责任人员，依照第一款的规定处罚。"

上述《刑法修正案（三）》对刑法作了如下补充：

（1）增加了罪名。我国1979年刑法中没有直接规定"资助恐怖活动罪"，而是在刑法第97条规定的"资敌罪"中包括了资助恐怖活动罪的犯罪行为；1997年修订刑法分则第一章危害国家安全罪中第107条增加规定了"资助危害国家安全犯罪活动罪"；第112条增加规定"资敌罪"，上述两种犯罪虽然可以包括一些资助恐怖活动犯罪行为，但由于上述两种犯罪都是危害国家安全的犯罪，对于资助危害公共安全的恐怖犯罪活动行为，则不能适用。2001年12月29日，全国人大常委会《中华人民共和国刑法修正案（三）》第4条在刑法第120条之后增加一条，作为刑法第120条之一，增加规定了资助恐怖活动的犯罪行为。2002年3月15日，最高人民法院、最高人民检察院《关于执行《中华人民共和国刑法》确定罪名的补充规定》将该犯罪定为独立的"资助恐怖活动罪"的罪名。

（2）补充规定了"资助恐怖活动罪"的罪状和法定刑。刑法第120条之一规定，资助恐怖活动罪的罪状是"资助恐怖活动组织或者实施恐怖活动的个人"；资助恐怖活动罪的法定刑是"处5年以下有期徒刑、拘役、管制或者剥夺政治权利，并处罚金；情节严重的，处5年以上有期徒刑，并处罚金或者没收财产"。

（3）增加规定了"单位犯资助恐怖活动罪"。2001年12月29日，全国人大常委会《中华人民共和国刑法修正案（三）》第4条第2款规定："单位犯前款罪的，对单位判处罚金，并对其直接负责的主管人员和其他直接责任人员，依照前款的规定处罚。"既规定了单位可构成本罪，而且规定单位犯本罪的法定刑。

上述《刑法修正案（九）》对刑法第120条之一，又作了如下补充：

（1）增加规定了"资助恐怖活动培训的"犯罪行为。

（2）增加规定了"为恐怖活动组织、实施恐怖活动或者恐怖活动培训招募、运送人员的，依照前款的规定处罚"的犯罪行为和处罚规定。

（3）修改规定了"单位犯前两款罪的，对单位判处罚金，并对其直接负责的主管人员和其他直接责任人员，依照第一款的规定处罚"。

（4）最高人民法院、最高人民检察院将该罪的罪名由"资助恐怖活动罪"改为"帮助恐怖活动罪"。

2. 对刑法规定修改的原因

全国人大常委会《中华人民共和国刑法修正案（三）》补充规定"资助恐怖活动罪"的主要原因有：

（1）资助恐怖活动犯罪行为猖獗，严重危害人类和平与安全。修订刑法时，资助恐怖犯罪活动的行为在国际国内都已出现，由于有些单位和个人从政治、经济上支持，成立了各种恐怖组织，进行有组织地恐怖犯罪活动。要彻底消灭恐怖犯罪活动，就必须严厉惩治帮助恐怖活动的犯罪行为。

（2）我国刑法没有明确规定惩治资助恐怖活动犯罪行为。我国1997年刑法第106条、第112条规定的"资助危害国家安全犯罪活动罪"和"资敌罪"虽然可以包含一些资助恐怖活动的犯罪行为，但不能完全包括资助恐怖活动的全部犯罪行为，特别是对资助危害公共安全的恐怖活动的行为刑法没有明文规定为犯罪。另外，刑法第107条和第112条也没有明确规定单位可以构成该种犯罪，在司法适用时，容易产生分歧意见，无法准确惩治这些单位和个人资助恐怖活动的行为。

(3) 全国人大法制工作委员会提请全国人大常委会修改刑法规定。2001年12月24日，在第九届全国人大常委会第二十五次会议上，全国人大常委会法制工作委员根据我国参加的联合国2001年9月29日通过的第1373号决议，该决议规定，各国将为恐怖活动提供或筹集资金的行为规定为犯罪，虽然我国刑法对资助分裂国家、武装叛乱暴乱、颠覆国家政权等危害国家安全犯罪的行为已有规定，但为了惩治以提供资金、财物等方式资助恐怖活动组织的犯罪行为，在向全国人大常委会提出的《中华人民共和国刑法修正案（三）（草案）》中，建议全国人大常务会在刑法第120条后增加一条，作为第120条之一，补充规定"资助恐怖活动罪"，[①] 并规定单位可以构成本罪。鉴于上述原因，全国人大常委会在《中华人民共和国刑法修正案（三）》中补充规定了资助恐怖活动罪和应处的法定刑。

《刑法修正案（九）》对刑法第120条之一，又作补充的原因是：

根据近几年来惩治恐怖犯罪的实践中，恐怖分子实施恐怖活动首先要对参加恐怖组织的人进行培训，对其洗脑，灌输恐怖思想，并且进行爆炸等技术操作培训，有的资助培训经费、场所，有的为恐怖培训招募、运送人员，有的为恐怖培训提供师资等资助恐怖活动犯罪行为。这些为恐怖犯罪活动提供培训帮助的行为与单纯从经济、财产上帮助还是有一定区别的，因此，在刑法上应当明确规定其为犯罪行为，并规定其应受的刑罚处罚。

3. 帮助恐怖活动罪的适用

帮助恐怖活动罪，是《刑法修正案（三）》对刑法补充增加规定的新罪名，《刑法修正案（九）》又对刑法第120条之一规定的罪状作补充，要准确适用，就必须弄清本罪的概念、构成特征，以及适用时应注意的问题。

（1）帮助恐怖活动罪的概念。资助恐怖活动罪，是指单位或者个人资助恐怖活动组织或者实施恐怖活动个人或者帮助恐怖活动培训的行为。

该种犯罪是一种资助恐怖犯罪活动的犯罪，虽然其本身不是进行恐怖活动的犯罪行为，但其为恐怖组织和实施恐怖活动的分子提供资金、财物等方式帮助进行恐怖犯罪活动，或者帮助恐怖活动培训的行为是对社会有危害性的行为。我国1997年修订刑法对资助分裂国家、武装叛乱暴乱、颠覆国家政权等危害国家安全犯罪行已有明确规定，但没有明确规定惩治帮助恐怖活动的犯罪行为。联合国2001年9月29日通过的第1373号决议中，明确规定各国应将为恐怖活动提供或者筹集资金的行为规定为犯罪。为了惩治以提供资金、财物、培训等方式帮助恐怖活动行为，全国人大常委会在《刑法修正

---

① 参见《全国人民代表大会常务委员会公报》2002年第1期，第20页。

案（三）》第 4 条中专门增加规定了"资助恐怖活动罪"，最高处 15 年有期徒刑。《刑法修正案（九）》又对刑法第 120 条之一的资助恐怖活动罪的犯罪行为作了补充，增加了资助恐怖活动培训的犯罪行为和为恐怖活动组织、实施恐怖活动或者恐怖活动培训招募、运送人员的犯罪行为。2015 年 10 月 30 日最高人民法院、最高人民检察院将"资助恐怖活动罪"改为"帮助恐怖活动罪"。

（2）帮助恐怖活动罪的构成特征。根据刑法第 120 条之一和《刑法修正案（三）》、《刑法修正案（九）》的规定，该罪的构成特征有：

①犯罪主体。该罪的犯罪主体是一般主体，年满 16 周岁以上的自然人和依法成立的单位都可以构成本罪。犯罪主体在主观上必须是故意的，并有帮助恐怖活动的目的。

②犯罪行为。必须是实施了帮助恐怖活动的犯罪行为。具体犯罪行为表现有：

其一，资助恐怖组织的行为；

其二，资助实施恐怖活动的个人的行为；

其三，资助恐怖活动培训的行为；

其四，为恐怖活动组织、实施恐怖活动或者恐怖活动培训而招募、运送人员的行为。

上述帮助行为是以提供资金、财物、人员培训等资助行为，也包括提供犯罪工具、通讯设备、武器弹药、培训场地和师资等物质和非物质的帮助行为。

③犯罪结果。帮助恐怖活动罪是行为犯，只要实施了上述帮助恐怖犯罪活动行为就危害公共安全，就具备了本罪的犯罪结果，就构成了犯罪。根据实施帮助恐怖活动的犯罪结果，即资金多少、财物的性质、培训人数多少以及被帮助者对社会造成危害结果严重程序的不同分别处以轻重不同的刑事处罚，最低处管制或者剥夺政治权利，最高处 15 年有期徒刑。但是帮助恐怖活动行为，情节显著轻微危害不大的，依照我国刑法第 13 条犯罪定义的规定，不认为是犯罪。

（3）帮助恐怖活动罪的法定刑。根据刑法第 120 条之一规定，本罪的法定刑是：

①构成本罪的，应处 5 年以下有期徒刑、拘役、管制或者剥夺政治权利，并处罚金。

②情节严重的，处 5 年以上有期徒刑，并处罚金或者没收财产。

③单位犯本罪的，对单位判处罚金，并对其直接负责的主管人员和其他直接责任人员，依照自然人犯本罪的处罚规定处罚。

（4）认定资助恐怖活动罪时，应注意以下问题：

①注意划清罪与非罪的界限。

从犯罪主体上区分。本罪的犯罪主体是一般主体，犯罪主体在主观上是故意的，过失心理态度不构成本罪的主体。例如，确实不知道是恐怖活动组织或者实施恐怖活动的个人，而予以帮助的行为，不构成犯罪。

从犯罪行为上区分。本罪惩治的是实施了资助恐怖活动的行为，不论其被帮助活动的性质是一般恐怖活动行为还是恐怖犯罪活动的行为，对资助者的资助行为都可以构成犯罪。本罪行为人帮助的对象是恐怖组织和实施恐怖活动的个人或者帮助恐怖培训的行为，帮助的不是上述组织和个人或者恐怖培训，不构成本罪。例如，资助邪教组织的行为，不构成本罪。

从犯罪结果上区分。本罪是行为犯，只要实了资助恐怖活动的行为就构成本罪；如果其实施的帮助恐怖活动的行为不可能危害公共安全的，不构成本罪。

②注意准确划清本罪与资助危害国家安全犯罪活动罪的界限。我国刑法第107条规定资助危害国家安全犯罪活动罪都是资助犯罪活动方面的犯罪，容易与本罪是混淆。但二罪有重要区别。资助危害国家安全犯罪活动罪是资助分裂国家、武装叛乱暴乱、颠覆国家政权等危害国家安全的犯罪行为，其侵犯的客体是中华人民共和国的安全；而本罪资助的是恐怖组织和实施恐怖活动的个人，其侵犯的客体是危害公共安全，是两种不同性质的犯罪。但两种犯罪可能有交叉重合，例如，行为人帮助恐怖组织进行颠覆国家政权的犯罪行为，对帮助行为人是认定为帮助恐怖活动罪呢，还是认定为资助危害国家安全犯罪活动罪。笔者认为，上述情况属于法规竞合，尽管两个法律条文中规定的两种犯罪的法定刑相同，但危害国家安全犯罪活动罪是危害国家安全罪中的具体犯罪，比危害公共安全罪中的帮助恐怖活动罪在犯罪性质上更严重，应按优先适用重法的原则，上述情况的犯罪行为应依照资助危害国家安全犯罪活动罪定罪处罚。

③注意准确认定本罪与窝藏、包庇罪的界限。我国刑法第310条规定的"窝藏、包庇罪"中，包括"明知是犯罪的人而为其提供隐藏处所、财物，帮助其逃匿"的行为，上述犯罪行为与本罪帮助恐怖活动罪的犯罪行为相似，容易与本罪混淆。二罪的根本区别是行为人帮资助的对象不同，侵犯的客体不同。窝藏、包庇罪资助的对象是一般犯罪的人，侵犯的客体是妨害司法管理秩序，相对社会危害性较小；而帮助恐怖活动罪资助的对象是恐怖组织或者实施恐怖活动的个人，侵犯的客体是危害公共安全，相对社会危害性较大。另外，具体犯罪行为也不相同。帮助恐怖活动罪的犯罪行为只是资助资金、财物等资

助行为和人员培训、招募、运送等帮助行为，目的是支持恐怖组织或者个人进行恐怖活动和帮助恐怖培训；而窝藏、包庇罪的犯罪行为除资助资金、财物的资助行为外，还有包庇行为，其目的使犯罪分子逃避法律制裁。依照上述不同点可将两种犯罪区分开来。

（三）危险驾驶罪

危险驾驶罪是《刑法修正案（八）》、《刑法修正案（九）》和刑法第133条之一，补充增加和修改的犯罪。最高人民法院、最高人民检察院于2011年4月27日《关于执行〈中华人民共和国刑法〉确定罪名的补充规定（五）》中规定为该罪名。

1. 刑法规定内容的修改

刑法条文中有关危险驾驶罪的规定是：

（1）1979年刑法第113条规定："从事交通运输的人员违反规章制度，因而发生重大事故，致人重伤、死亡或者使公私财产遭受重大损失的，处三年以下有期徒刑或者拘役；情节特别恶劣的，处三年以上七年以下有期徒刑。非交通运输人员犯前款罪的，依照前款规定处罚。"

（2）1997年刑法第133条规定："违反交通运输管理法规，因而发生重大事故，致人重伤、死亡或者使公私财产遭受重大损失的，处三年以下有期徒刑或者拘役；交通运输肇事后逃逸或者有其他特别恶劣情节的，处三年以上七年以下有期徒刑；因逃逸致人死亡的，处七年以上有期徒刑。"

（3）2011年2月25日《刑法修正案（八）》第22条规定在刑法第133条后增加一条，作为第133条之一："在道路上驾驶机动车追逐竞驶，情节恶劣的，或者在道路上醉酒驾驶机动车的，处拘役，并处罚金。

"有前款行为，同时构成其他犯罪的，依照处罚较重的规定定罪处罚。"

（4）2015年8月29日《刑法修正案（九）》第8条规定将刑法第133条之一修改为："在道路上驾驶机动车，有下列情形之一的，处拘役，并处罚金：（一）追逐竞驶，情节恶劣的；（二）醉酒驾驶机动车的；（三）从事校车业务或者旅客运输，严重超过额定乘员载客，或者严重超过规定时速行驶的；（四）违反危险化学品安全管理规定运输危险化学品，危及公共安全的。

"机动车所有人、管理人对前款第三项、第四项行为负有直接责任的，依照前款的规定处罚。

"有前两款行为，同时构成其他犯罪的，依照处罚较重的规定定罪处罚。"

上述《刑法修正案（八）》对刑法作了如下补充：

（1）增加了罪名。我国1979年刑法中没有直接规定"危险驾驶罪"，而

1997年刑法第133条规定的"交通肇事罪"是违反交通运输法规发生了重大交通事故的行为才构成犯罪,其中不包括危险驾驶的行为。2011年2月25日,《刑法修正案(八)》增加规定了危险驾驶的犯罪行为。2002年3月15日,最高人民法院、最高人民检察院《关于执行〈中华人民共和国刑法〉确定罪名的补充规定(五)》中将该犯罪定为独立的"危险驾驶罪"的罪名。

(2)补充规定了"危险驾驶罪"的罪状和法定刑。刑法第133条之一规定,危险驾驶罪的罪状是"在道路上驾驶机动车追逐竞驶,情节恶劣的,或者在道路上醉酒驾驶机动车的"的犯罪行为;并规定危险驾驶罪的法定刑是"处拘役,并处罚金"。

(3)上述《刑法修正案(九)》对刑法第133条之一,又作了如下补充:

①增加规定了"从事校车业务或者旅客运输,严重超过额定乘员载客,或者严重超过规定时速行驶的"犯罪行为。

②增加规定了"违反危险化学品安全管理规定运输危险化学品,危及公共安全的"的犯罪行为。

③增加规定了犯罪主体,即"机动车所有人、管理人对前款第三项、第四项行为负有直接责任的,依照前款的规定处罚"。

2. 对刑法规定修改的原因

全国人大常委会在《刑法修正案(八)》、《刑法修正案(九)》补充规定了"危险驾驶罪"的主要原因是根据我国当前道路交通安全事故频繁发生的现实情况而采取的刑事强制措施,以惩罚那些马路杀手,保护人民群众的生命财产安全。我国1979年刑法和1997年刑法都没有这种犯罪的规定,只是规定了违反交通法规,发生了重大交事故,可以构成交通肇事罪。我国经济迅速发展,人们生活水平迅速提高,不论是公车还私家车都猛增,道路建设和交通管理跟不上机动车数量的发展,造成一些城市道路上车辆堵塞,交通秩序混乱,交通事故频繁发生,严重危害人们的生命、人身财产安全和公共交通安全。一些醉酒驾车和在马路上驾车追逐以及严重超载超时和违规运输化学危险品等危险驾驶车辆行为成为严重危害公共交通安全。国家曾采取措施,依照有关行政法规维护交通秩序和人们的生命财产安全,《刑法修正案(八)》借鉴其他国家法律规定,在我国刑法中补充规定了危险驾驶罪的新犯罪。

经过近几年惩罚危险驾驶犯罪行为,醉酒驾车行为大量减少,但违反交通运输法规驾驶机动车行为致使一些恶性交通事故频繁发生,造成大量人员死伤和重大财产损失,例如校车、客运车等车辆超载、超速行驶、违反化学危险品安全运输规定进行运输等危险驾驶行为还大量存在。为了减少恶性交通事故的发生,对一些违反交通输法规定的行为,在未发生交通事故前的危险驾驶行为也要予以较轻的刑事处罚,防患于未然。2015 年《刑法修正案(九)》第 8 条对刑法第 133 条之一规定的危险驾驶罪的犯罪主体和犯罪行为又进行了补充规定,扩大了危险驾驶罪的惩罚范围。当然还有些危险驾驶行为,如吸毒后驾驶车辆的行为,由于认识不一致,暂没有规定为犯罪行为。

3. 危险驾驶罪的适用

危险驾驶罪是《刑法修正案(八)》、《刑法修正案(九)》新增加新补充的犯罪,要准确适用就必须弄清该罪的概念、特征、法定刑以及适用时应注意的问题。

(1) 危险驾驶罪的概念。危险驾驶罪是指在道路上驾驶机动车追逐竞驶,情节恶劣;醉酒驾驶;校车、旅客严重超载、超速;违规运输危险化学品,危及公共安全的行为。

醉酒驾车等危险驾驶行为是对人们生命、财产安全有非常重大的威胁,单纯用行政处罚措施已不能有效地制止这种违法犯罪行为,只得发挥刑罚的功能,用刑罚予以惩罚。以预防重大交通事故发生,确保人们的生命财产安全。

(2) 危险驾驶罪的构成要件是:

①犯罪主体,是一般主体。达到法定年龄、具有刑事责任能力、实施了危险驾驶犯罪行的自然人。本罪法定年龄是年满 16 周岁以上的人,不论是否有驾驶执照的人都可以构成本罪的主体。机动车所有人、管理人也可以构成本罪的主体。本罪犯罪主体在主观上是故意实施危险驾驶行为,但对危害公共安全的结果则是一种过失的心理状态。因此,危险驾驶罪是一种过失犯罪。

②犯罪行为,必须是实施危险驾驶行为。具体包括四种犯罪行为:

第一,在道路上驾驶机动车追逐竞驶,情节恶劣的行为;

第二,在道路上醉酒驾驶机动车的行为;

第三,从事校车业务或者旅客运输,严重超过额定乘员载客,或者严重超过规定时速行驶的行为。

违反危险化学品安全管理规定运输危险化学品,危及公共安全的行为。

③犯罪结果,驾车在道路上追逐竞驶行为必须是情节恶劣的结果才构成犯罪,是结果犯;醉酒驾驶是行为犯,只要是实施了醉酒驾驶机动车的行为就危害公共交通安全,就可以构成犯罪;校车、旅客运输行为必是严重超载、超速的结果才能构成犯罪,是结果犯;违规运输危险化学品行为必须是产生危及公共安全的结果才构成犯罪,是结果犯。

(3) 危险驾驶罪的法定刑,根据刑法第 133 条之一规定,构成犯罪的,处拘役,并处罚金。

根据最高人民法院、最高人民检察院、公安部 2013 年 12 月 18 日《关于办理醉酒驾驶机动车刑事案件适用法律若干问题的意见》第1条规定，在道路上驾驶机动车，血液酒精含量达到80毫升/100毫升以上的，属于醉酒驾驶机动车，依照刑法第133条之一第1款的规定，以危险驾驶罪处罚。前款规定的"道路"、"机动车"，适用道路交通安全法的有关规定。

上述司法解释第2条规定，醉酒驾驶机动车，具有下列情形之一的，依照刑法第133条之一第1款的规定，从重处罚：①造成交通事故且负事故全部或者主要责任，或者造成交通事故后逃逸，尚未构成其他犯罪的；②血液酒精含量达到200毫克/100毫升的；③在高速公路、城市快速路上驾驶的；④驾驶载有乘客的营运机动车的；⑤有严重超员、超载或者超速驾驶，无驾驶资格驾驶机动车，使用伪造或者变造的机动车牌证等严重违反道路交通安全法的行为的；⑥逃避公安机关依法检查，或者拒绝、阻碍公安机关依法检查尚未构成其他犯罪的；⑦曾因酒后驾驶机动车受过行政处罚或者刑事追究的；⑧其他可以从重处罚的情形。

上述司法解释第4条规定，对醉酒驾驶机动车的被告人判处罚金，应当根据被告人的醉酒程度、是否造成实质损害、认罪、悔罪态度等情况，确定与主刑相适应的罚金数额。

①注意划清罪与非罪的界限。从犯罪主体上区分。不满16周岁的人和单位不构成本罪。对于机动车所有人、管理人对校车、旅客车，严重超载、超速；违规运输危险化学品为行为负有直接责任的人员，可以构成危险驾驶罪，如果对上述行为不负直接责任的人员，不能构成本罪。

从犯罪行为和犯罪结果上区分。驾车追逐竞驶的行为必须达到情节恶劣的结果才构成犯罪。何为"情节恶劣"，有待司法解释，一般是指争强斗气进行飙车，严重违反交通规则在交通拥挤的情况下驾车追逐竞驶，不听劝阻肆意驾驶机动车横冲直撞的行为等。只是为了抢道先行的行为，没有达危害交通安全结果的，不属情节恶劣结果，不构成本罪。

醉酒驾车的行为是行为，只要酒精浓度每100毫升达到80毫克以上而驾驶机动车的行为就是醉酒驾驶行为，就可以构成犯罪；每100毫升达到20～79毫克的，是酒后驾驶，不构成犯罪，给予行政处罚。但是，这种醉酒驾车行为也应根据刑法第13条规定的情节显著轻微危害不大的，不认为是犯罪。

校车、旅客车，必是严重超载、超速的结果，才能构成犯罪，轻微的超载、超速没有发生交通事故的，不构成犯罪，按一般违反交通法规给予行政处罚；违规运输危险化学品，必须是产生危及公共安全的结果，才构成犯罪，如果违反危险化学品运输安全规定，但不可能危害公共安全的行为，也不构成犯罪，可予以行政处罚。

有一种观点认为，以体内含一定酒精量为标准确定是否醉酒驾驶行为是不科学的，有的人即使达到一定的酒精量，但没有失去控制机动车的能力，还有的人隔夜饮酒，第二天体内酒精量超过标准，但自己不觉得失去控制机动车的能力而驾驶机动车的行为，不应认定为醉酒驾驶机动车的行为。笔者认为，目前以体内含一定酒精量为醉酒的标准是最简便宜行的方法。不管何时饮酒，只要体内含量达到醉酒的标准，就应当认定是醉酒。至于以是否失去控制机动车能力为标准不易掌握，不便于司法适用。

还有一种观点认为，应将吸毒后驾车的行为规定为犯罪。全国人大常委会在研究讨论时认为，"毒驾"入罪在目前还有不同意见，对200多种毒品的吸食行为划分罪与非罪的界限很不容易，快速监测的技术还要进一步完善，依照目前的法律法规规定，对"毒驾"行为注销机动车驾驶资格、强制隔离戒毒，这些手段有法可依，不会放纵"毒驾"行为。在今后完善刑法时，对这个问题还会继续研究。

②注意重罪吸收轻罪定罪处罚。根据《刑法修正案（八）》、《刑法修正案（九）》和刑法第133条之一第3款的规定，有危险驾驶犯罪行为，同时构成其他犯罪的，依照处罚较重的规定定罪处罚，其他罪主要有交通肇事罪、故意杀人罪、故意伤害罪、以驾车的方法危害公共安全罪等。例如，醉酒驾驶机动车的行为造成严重后果，同时构成交通肇事罪，应按交通肇事罪定罪处罚，不再定为危险驾驶罪数罪并罚。

根据最高人民法院、最高人民检察院、公安部2013年12月18日《关于办理醉酒驾驶机动车刑事案件适用法律若干问题的意见》第3条规定，醉酒驾驶机动车，以暴力、威胁方法阻碍公安机关依法检查，又构成妨害公务罪等其他犯罪的，依照数罪并罚的规定处罚。

③正确理解道路的范围。道路，是指在公路和经常行驶机动车的城乡道路，但不包括厂区和田间、草场内的不经常通行机动车的小道。因为在这些小道上危险驾驶机动车的行为，一般不能达到危害公共安全的结果。

④注意正确认定酒精含量。根据最高人民法院、最高人民检察院、公安部2013年12月18日《关于办理醉酒驾驶机动车刑事案件适用法律若干问题的意见》第6条规定，血液酒精含量检验鉴定是认定犯罪嫌疑人醉酒的依据。犯罪嫌疑人经呼气酒精含量检验达到本意见第1条规定的醉酒标准，在抽取血样前脱逃的，可以呼气酒精含量检验结果作为认定其醉酒的依据。犯罪嫌疑人在公安机关依法检查时，为逃避法律追究，在呼气酒精含量检验或者抽取血样前又饮酒，经检验其血液酒精含量达到本意见第1条规定的醉酒标准的，应当认定为醉酒。

（四）走私武器、弹药罪，走私核材料罪，走私假币罪

走私武器、弹药罪，走私核材料罪，走私假币罪是《刑法修正案（八）》、《刑法修正案（九）》对刑法第151条第1款规定的走私武器、弹药罪，走私核材料罪，走私假币罪量刑情节和法定刑修改的犯罪。1997年最高人民法院、最高人民检察院《关于执行〈中华人民共和国刑法〉确定罪名的规定》规定为该三罪名。《刑法修正案（八）》第26条对上述三种走私罪的法定刑作了修改。2015年8月29日《刑法修正案（九）》对刑法第151条第1款规定上述三罪的法定刑也作了修改，取消了判处死刑的规定。本书对上述三种犯罪合并在一起进行分析。

1. 刑法规定内容的修改

刑法条文中有关走私武器、弹药罪，走私核材料罪，走私假币罪的规定有：

(1) 1979年刑法第116条规定："违反海关法规，进行走私，情节严重的，除按照海关法规没收走私物品并且可以罚款外，处三年以下有期徒刑或者拘役，可以并处没收财产。"

第118条规定："以走私、投机倒把为常业的，走私、投机倒把数额巨大的或者走私、投机倒把集团的首要分子，处三年以上十年以下有期徒刑，可以并处没收财产。"

(2) 1997年刑法第151条第1款规定："走私武器、弹药、核材料或者伪造的货币的，处七年以上有期徒刑，并处罚金或者没收财产；情节较轻的，处三年以上七年以下有期徒刑，并处罚金。"

第4款规定："犯第一款、第二款罪，情节特别严重的，处无期徒刑或者死刑，并处没收财产。"

第5款规定："单位犯本条规定之罪的，对单位判处罚金，并对其直接负责的主管人员和其他直接责任人员，依照本条各款的规定处罚。"

(3) 2011年《刑法修正案（八）》第26条对刑法第151条第1款修改为："走私武器、弹药、核材料或者伪造的货币的，处七年以上有期徒刑，并处罚金或者没收财产；情节特别严重的，处无期徒刑或者死刑，并处没收财产；情节较轻的，处三年以上七年以下有期徒刑，并处罚金。"

上述《刑法修正案（八）》第26条对刑法第151条第1款原规定的走私武器、弹药罪，走私核材料罪，走私假币罪的法定刑中修改增加了"情节特别严重的，处无期徒刑或者死刑，并处没收财产"的量刑幅度。

(4) 2015年8月29日《刑法修正案（九）》第9条将刑法第151条第1

款修改为:"走私武器、弹药、核材料或者伪造的货币的,处七年以上有期徒刑,并处罚金或者没收财产;情节特别严重的,处无期徒刑,并处没收财产;情节较轻的,处三年以上七年以下有期徒刑,并处罚金。"

2. 刑法规定修改的原因

我国1979年刑法第116条、第118条对走私罪作了规定,当时,我国走私行为不很严重,所以规定的法定刑较轻,最低刑是拘役,最高刑为10年有期徒刑。1997年刑法沿用《关于惩治走私罪的补充规定》的规定,将走私毒品犯罪行为规定在刑法分则第6章第7节走私、贩卖、运输、制造毒品罪中,将走私其他货物、物品按走私特殊货物、物品和普通货物、物品规定在走私一类犯罪中。对走私枪支、弹药,走私核材料,走私伪造货币等罪规定较重的法定刑,最低法定刑为3年有期徒刑,最高法定为死刑。根据当前改革开放和我国加入世贸组织,对有些走私犯罪,刑法规定的法定刑较重,有些犯罪可以不判处死刑。因此,需要对法定刑从轻调整。全国人大常委会在《刑法修正案(八)》中,将刑法第151条中规定的走私特殊货物、物品的法定刑作了调整,只保留了走私武器、弹药罪,走私核材料罪,走私伪造的货币罪法定最高刑,可以判处死的规定,并取消了其他三种走私罪可以判处死刑的规定。2015年《刑法修正案(九)》又将走私武器、弹药罪,走私核材料罪,走私假币罪的法定刑中取消了死刑的规定,这是根据我国社会发展、变化对刑罚轻重进行的调整,总的原则是严格控制死刑,逐步减少死刑。这次虽然取消了走私武器、弹药罪,走私核材料罪,走私假币罪判处死刑的规定,但在我国刑法中还有非法制造、买卖、运输、储存枪支、弹药、爆炸物罪等罪处死的规定,如果走私武器、弹药、核材料行为,情节特别严重的,可以适用上述有死刑规定的相关犯罪判处死刑。

3. 走私武器、弹药罪,走私核材料罪,走私假币罪的适用

走私武器、弹药罪,走私核材料罪,走私假币罪是《刑法修正案(八)》、《刑法修正案(九)》对刑法第151条原规定的走私武器、弹药罪、走私核材料罪、走私伪造的货币罪修改的犯罪,要准确适用就必须弄清该罪的概念、特征、法定刑,以及适用时应注意的问题。

(1) 走私武器、弹药罪,走私核材料罪,走私假币罪的概念。该三种罪是指违反海关法规定,非法运输、携带、邮寄武器、弹药、核材料、伪造的货币进出国(边)境,逃避海关、边关监督、检查的行为。

武器、弹药、核材料、伪造的货币都是国家严格控制的物品,严禁非法进出国(边)境。走私上述物品,是一种严重危害国家安全和社会治安秩序及国家金融秩序的行为。我国刑法将走私武器、弹药、核材料、伪造国家货币的

行为规定为各自独立的罪名,最低处 3 年有期徒刑,最高处无期徒刑,并处没收财产。

根据最高人民法院、最高人民检察院 2014 年 9 月 10 日《关于审理走私刑事案件具体应用法律若干问题的解释》第 2 条的规定,刑法第 151 条第 1 款规定的"武器、弹药"的种类,参照《中华人民共和国进口税则》及《中华人民共和国禁止进出口境物品表》的有关规定确定。

根据上述司法解释第 7 条规定,刑法第 151 条第 1 款规定的"货币",包括正在流通的人民币和境外货币。伪造的境外货币数额,折合成人民币计算。

(2)走私武器、弹药罪,走私核材料罪的构成特征。根据刑法第 151 条第的规定,该三种罪的构成特征是:

①犯罪主体,是一般主体。达到法定年龄、具有刑事责任能力,实施了该三种犯罪行为的自然人和单位。单位犯本罪的主体是单位和单位的直接负责的主管人员和其他直接责任人员。犯罪主体主观上是故意的,多数是以营利为目的。

②犯罪行为,必须是实施走私武器、弹药、核材料、伪造货币的行为。具体表现:

第一,故意不经过海防、边防检查站,非法运输、携带武器、弹药、核材料、伪造的货币进出国(边)境的行为。

第二,通过海关防、边防检查站,但采取伪装、藏匿、谎报等方法逃避海关监督、检查、检验而运输、携带武器、弹药、核材料、伪造的货币进出国(边)境的行为。

③犯罪结果,是行为犯。只要实施了走私武器、弹药、核材料、伪造的货币的行为就可以构成犯罪。走私上述特殊物品,情节特别严重的,适用加重法定刑,最高可判处无期徒刑。

根据最高人民法院、最高人民检察院 2014 年 9 月 10 日《关于审理走私刑事案件具体应用法律若干问题的解释》第 3 条的规定,走私枪支散件,构成犯罪的,依照刑法第 151 条第 1 款的规定,以走私武器定罪处罚。成套枪支散件以相应数量的枪支计,非成套枪支散件以每 30 件为一套枪支散件。第 4 条规定,走私各种弹药的弹头、弹壳,构成犯罪的,依照刑法第 151 条第 1 款的规定,以走私弹药罪定罪处罚。具体的定罪量刑标准,按照本解释第 1 条规定的数量标准的 5 倍执行。走私报废或者无法组装并使用的各种弹药的弹头、弹壳、构成犯罪的,依照刑法第 153 条的规定,以走私普通货物、物品罪定罪处罚;属于废物的,依照刑法第 152 条第 2 款的规定,以走私废物罪定罪处罚。第 5 条规定,走私国家禁止或者限制进出口的仿真枪、管制刀具,构成犯罪的，依照刑法第 151 条第 3 款的规定，以走私国家禁止进出口的货物、级品罪定罪处罚，具体的定罪量刑标准，适用本解释第 11 条第 1 款第（六）、（七）项和第 2 款的规定。走私的仿真枪经鉴定为枪支，构成犯罪的，依照刑法第 151 条第 1 款的规定，以走私武器罪定罪处罚。不以牟利或者从事违法犯罪活动为目的，且无其他严重情节，可以依法从轻处罚；情节轻微不需要判处刑罚的，可以免予刑事处罚。

（3）走私武器、弹药罪，走私核材料罪，走私假币罪的法定刑。根刑法第 151 条第 1 款的规定，该罪的法定刑是：

①构成本三种罪的，处 7 年以上有期徒刑，并处罚金或者没收财产，即情节一般、情节严重的，首先选择处 7 年以上有期徒刑的法定刑。

根据最高人民法院、最高人民检察院 2014 年 9 月 10 日《关于审理走私刑事案件具体应用法律若干问题的解释》第 1 条第 2 款规定，"走私武器、弹药有下列情形之一的，可以认定为刑法第一百五十一条第一款规定的处七年以上有期徒刑，并处罚金或者没收财产：（一）走私以火药为动力发射枪弹的枪支一支或者以压缩气体等非火药为动力发射枪弹的枪支五支以上不满十支的；（二）走私第一款第二项规定的弹药，数量在该项规定的最高数量以上不满最高数量五倍的；（三）走私各种口径六十毫米以下常规炮弹、手榴弹或者枪榴弹等分别或者合计达到五枚以上不满十枚，或者各种口径超过六十毫米以上常规炮弹不满五枚的；（四）达到第一款第一、二、四项规定的数量标准，且属于犯罪集团的首要分子，使用特种车辆从事走私活动，或者走私的武器、弹药用于实施犯罪等情形的"。

上述司法解释第 6 条第 2 款规定，"走私假币的，具有下列情形之一的，依照刑法第一百五十一条第一款的规定处七年以上有期徒刑，并处罚金或者没收财产：（一）走私数额在二万元以上不满二十万元，或者数量在二千张（枚）以上不满二万张（枚）的；（二）私数额或者数量达到第一款规定的标准，且具有走私的伪造货币流入市场等情节的"。

②情节特别严重的，处无期徒刑，并处没收财产。

根据最高人民法院、最高人民检察院 2014 年 9 月 10 日《关于审理走私刑事案件具体应用法律若干问题的解释》第 1 条第 3 款规定，"走私武器、弹药有下列情形之一的，可以认定为刑法第一百五十一条第一款规定的'情节特别严重'：（一）走私第二款第一项规定的枪支，数量超过该项规定数量标准的；（二）走私第一款第二项规定的弹药，数量在该项规定的最高数量标准五倍以上的；（三）走私第二款第三项规定的弹药，数量超过该项规定数量标准的，或者走私具有巨大杀伤力的非常规炮弹一枚以上的；（四）达到第二款第一项至第三项规定的数量标准,且属于犯罪集团的首要分子,使用特种车辆从事走私活动,或者走私武器、弹药被用于实施犯罪等情形的"。

上述司法解释第6条第3款规定,"走私假币,具有下列情形之一的,应当认定为刑法第一百五十一条第一款规定的'情节特别严重';(一)走私数额在二十万元以上,或者数量在二万张(枚)以上的;(二)走私数额或者数量达到第二款第一项规定的标准,且属于犯罪集团的首要分子,使用特殊车辆从事走私活动,或者走私伪造货币流入市场等情形的"。

③情节较轻的,处三年以上七年以下有期徒刑,并处罚金。

根据最高人民法院、最高人民检察院2014年9月10日《关于审理走私刑事案件具体应用法律若干问题的解释》第1条第1款规定,"走私武器、弹药有下列情形之一的,可以认定为刑法第一百五十一条第一款规定的'情节较轻':(一)走私以压缩气体等非火药动力发射枪弹的枪支二支以上不满五支的;(二)走私气枪铅弹五百发以上不满二千五百发或者其他子弹十发以上不满五十发的;(三)未达到上述数量标准,但属于犯罪集团的首要分子,使用特种车辆从事走私活动,或者走私的武器、弹药用于实施犯罪等情形的;(四)走私各种口径在六十毫米以下常规炮弹、手榴弹或者枪榴弹等分别或者合计不满五枚的"。第4款规定,"走私其他武器、弹药,构成犯罪的,参照上述各条各款规定标准处罚"。

根据最高人民法院、最高人民检察院2014年9月10日《关于审理走私刑事案件具体应用法律若干问题的解释》第6条规定,走私伪造的货币数额在2000元以上不满2万元,或者数量在200张(枚)以上不满2000张(枚)的,可以认定为刑法第151条第1款规定的"情节较轻"。

④单位犯本三种罪的,对单位判处罚金,并对其直接负责的主管人员和其他直接责任人员依自然人犯本三种罪处罚规定处罚。

(4)适用本三种罪时,应注意的问题:

①注意划清罪与非罪的界限。

从主体上区分。该三种罪的主体,在主观上是故意的,多数是以营利为目的。主观上是过失的人不构成本罪。

从行为和结果上区分。该三种罪是行为犯,只要实施了走私武器、弹药,核材料、假币行为的,就可以构成犯罪。但是,依照刑法第13条犯罪定义的规定,情节显著轻微危害不大的,不认为是犯罪。

②注意正确认定罪量刑的情节。刑法第151条第1款对走私武器、弹药罪,走私核材料罪,走私假币罪的法定刑的规定,犯罪情节一般的,起刑点是7年有期徒刑,以示对这种犯罪严厉惩罚,情节特别严重的,处无期徒刑,并

处没收财产；情节较轻的，处3年以上7年以下有期徒刑，并处罚金。何为"情节特别严重"、"情节较轻"，应按2014年9月10日最高人民法院、最高人民检察院《关于审理走私刑事案件具体应用法律若干问题的解释》的规定认定。

③划清本罪与利用走私武器、弹药、核材料作为工具进行其他犯罪的界限。本罪是以谋取私利为目的，走私武器、弹药、核材料。如果是为实施危害国家安全等犯罪为目的，走私武器、弹药、核材料的行为，应按重罪吸收轻罪的原则定罪处罚。例如，为进行武装叛乱走私武器，应以武装叛乱罪的规定定罪处罚，不再定为走私武器、弹药罪。

④注意走私罪的数罪并罚。刑法第151条第1款规定的走私武器、弹药、核材料、伪造的货币应分别定为走私武器、弹药罪，走私核材料罪，走私假币罪。如果既走私了武器、弹药，又走私核材料和伪造的货币的行为，应分别定罪量刑，进行数罪并罚。

⑤注意正确认定本罪的既遂与未遂的认定。根据最高人民法院、最高人民检察院2014年9月10日《关于审理走私刑事案件具体应用法律若干问题的解释》第23条规定，"实施走私犯罪，具有下列情形之一的，应当认定为犯罪既遂：（一）在海关监管现场被查获的；（二）以虚假申报方式走私，申报行为实施完毕的；（三）以保税货物或者特定减税、免税进口的货物、物品为对象走私，在境内销售的，或者申请核销行为实施完毕的"。

（五）对非国家工作人员行贿罪

对非国家工作人员行贿罪是《刑法修正案（六）》、《刑法修正案（九）》对刑法第164条原规定的对公司、企业人员行贿罪修改的犯罪，最高人民法院、最高人民检察院《关于执行〈中华人民共和国刑法〉确定罪名的补充规定（三）》规定为该罪名，取消了原规定的"对公司、企业人员行贿罪"的罪名。

1. 刑法规定内容的修改

刑法条文中有关对非国家工作人员行贿罪的规定有：

（1）1997年刑法第164条规定："为谋取不正当利益，给予公司、企业的工作人员以财物，数额较大的，处三年以下有期徒刑或者拘役；数额巨大的，处三年以上十年以下有期徒刑，并处罚金。

"单位犯前款罪的，对单位判处罚金，并对其直接负责的主管人员和其他直接责任人员，依照前款的规定处罚。

"行贿人在被追诉前主动交待行贿行为的，可以减轻处罚或者免除处罚。"

（2）2006年6月29日全国人大常委会《刑法修正案（六）》第8条规定将刑法第164条第1款修改为："为谋取不正当利益，给予公司、企业或者其他单位的工作人员以财物，数额较大的，处三年以下有期徒刑或者拘役；数额巨大的，处三年以上十年以下有期徒刑，并处罚金。"

上述《刑法修正案（六）》对刑法第164条的规定作了以下修改：将刑法原规定行贿犯罪对象是对公司、企业的工作人员，又增加了"其他单位的工作人员"，使对任何单位中的非国家工作人员行贿的行为，都可以构成本罪。

（3）2015年8月29日《刑法修正案（九）》第10条规定将刑法第164条第1款修改为："为谋取不正当利益，给予公司、企业或者其他单位的工作人员以财物，数额较大的，处三年以下有期徒刑或者拘役，并处罚金；数额巨大的，处三年以上十年以下有期徒刑，并处罚金。"

上述《刑法修正案（九）》对刑法第164条第1款规定的第一个档次法定刑中增加了"并处罚金"的刑罚。

2. 刑法规定修改的原因

我国1997年刑法规定有"对公司、企业人员行贿罪"，司法机关依照该条规定惩治了一大批犯罪分子。但是，刑法原第164条没有规定对非国家工作人员行贿行为构成犯罪，例如，对非国有事业单位的工作人员行贿行为就没有规定为犯罪。近年来，我国商业贿赂犯罪突出，一些对非国家工作人员行贿行为严重，如给予非国有医院的医务人员回扣的行为；给予非国有体育组织的裁判员行贿的行为影响很坏，社会危害性严重，但法律没有规定为犯罪。全国人大常委会在《刑法修正案（六）》第8条中补充规定了"对其他单位的工作人员行贿，数额较大的"为犯罪，即对非国家工作人员行贿也构成犯罪，最高处10年有期徒刑，并处罚金。但对该罪第一个档次的法定中没有罚金刑的规定，属于遗漏。为了从金钱上惩罚对非国家工作人员行贿犯罪行为，《刑法修正案（九）》第10条规定在刑法第164条规定的第一个档次法定刑中增加了"并处罚金"的规定。

3. 对非国家工作人员行贿罪的适用

对非国家工作人员行贿罪是《刑法修正案（六）》、《刑法修正案（九）》修改的犯罪，要准确适用就必须弄清该罪的概念、特征、法定刑，以及适用时应注意的问题。

（1）对非国家工作人员行贿罪的概念。对非国家工作人员行贿罪，是指为谋取不正当利益，给予公司、企业或者其他单位的工作人员以财物，数额较大的行为。

对非国家工作人员行贿罪是从行贿罪中分离出来的犯罪，这种犯罪主要是商业贿赂犯罪的内容。近年来，在经济交往过程中商业贿赂犯罪较为突出，是当前治理的重点。刑法原第164条规定只是对公司、企业人员行贿的构成犯罪，根据当前发案情况，又增加了对其他单位人员行贿的犯罪行为，即扩大到非国家工作人员，使惩治的范围更广。

（2）对非国家工作人员行贿罪的构成特征。根据刑法第164条和《刑法修正案（六）》、《刑法修正案（九）》的规定，该罪的构成特征有：

①犯罪主体，是一般主体，达到法定年龄、具有刑事责任能力、实施了犯罪行为的自然人和单位都可以构成。犯罪主体主观上具有为谋取不正当利益的目的。所谓不正当利益，包括依照国家法律规定的利益本身不正当或者谋取利益的行为不正当，即实体或者程序有一项不正当，即是谋取不正当利益。

②犯罪行为，必须具有对非国家工作人员行贿的行为。行贿行为是对公司、企业或者其他单位的工作人员，即对非国家工作人员以财物的行为。凡是为谋取不正当的利益，给予公司、企业或其他单位工作人员以财物（包括回扣归个人所有）的行为都构成犯罪。

③犯罪结果，是结果犯，只有行贿数额较大的才构成犯罪。

根据2016年4月18日起施行的最高人民法院、最高人民检察院《关于办理贪污贿赂刑事案件适用法律若干问题的解释》第11条第3款规定，刑法第164条第1款规定的对非国家工作人员行贿罪中的"数额较大"、"数额巨大"的数额起点，按照本解释第7条、第8条第1款关于行贿罪的数额标准规定的二倍执行。

上述司法解释第12条规定，贿赂犯罪中的"财物"，包括货币、物品和财产性利益。财产性利益，包括可以折算为货币的物质利益如房屋装修、债务免除等，以及需要支付货币的其他利益如会员服务、旅游等。后者的犯罪数额，以实际支付或者应当支付的数额计算。

（3）对非国家工作人员行贿罪的法定刑。根据刑法第164条规定，对非国家工作人员行贿罪的法定刑是：

①构成犯罪，情节一般的，处3年以下有期徒刑或者拘役。

②犯本罪，数额巨大的，处3年以上10年以下有期徒刑，并处罚金。

③单位犯本罪的，对单位判处罚金；对其直接负责的主管人员和其他直接责任人员，依照自然人犯本罪的规定定罪处罚。

（4）对非国家工作人员行贿罪适用时应注意的问题：

①区分罪与非罪的界限。要划清行贿与送礼的界限：第一，目的不同，送礼的目的是亲朋友好往来，是一种友好的、合法的目的；而行贿是权钱交易，

是通过行贿以使对方利用职务为自己谋取不正当利益的非法目的。第二，手段不同，送礼一般是公开的，有的还进行张扬，让人们知道，双方关系是密切友好的交往；而行贿一般是秘密地进行的，不让别人知道，不敢公开进行。第三，送财物数额不同，送礼一般数额不大而且互有往来，如果馈赠数额较大也是对方有特定的需要，如住院治病等；而行贿一般数额都较大，对方没有特定的需要。根据中纪委关于对内对外交往过程中接受礼物交公的规定，国家工作人员在对内对外交往过程中接受礼物价值200元以下的，由接受人使用，不需要交公；接受礼物价值200元以上的，都应当在一个月内交公，如果不按期交公就是贪污受贿行为，拒不交公礼物价值在200元以上至5000元的，属于一般违纪违法行为，给予党政纪律处分；不交公价值5000元以上的，是严重违法行为了，构成犯罪；接受礼物不交公，如果利用职务为行贿人谋利的，构成受贿罪；如果没有为他人谋利益的，依照刑法第394条规定构成贪污罪。

②划清对非国家工作人员行贿罪与行贿罪的界限。对非国家工作人员行贿罪是从行贿罪中分离出来的犯罪，二罪既有相同点，也有不同点。

二罪的相同点：都是行贿方面的犯罪，都是为谋取不正当利益的行贿犯罪。

两罪不同点：第一，行贿的对象不同，本罪的对象是对公司、企业或者其他单位的工作人员，即对非国家工作人员行贿；而行贿罪是对国家工作人员行贿。第二，构成行贿罪数额要求不同。对非国家工作人员行贿罪要求行贿数额较大的，才构成犯罪；而行贿罪没有行贿数额较大要求，但在经济往来中，为谋取正当利益，而给予国家工作人以财物或者回扣，数额必须数额较大，即在1万元以上的构成行贿罪。第三，对给予回扣的要求不同。对非国家工作人员行贿罪，法律没有规定违反国家规定给予公司、企业或者其他单位人员回扣，数额较大的构成犯罪，即为谋取正当利益，而违反国家规定，给予公司、企业人员回扣的不构成犯罪；而行贿罪对此作了规定，即使为谋取正当利益，违反规定给国工作人员回扣的，也构成行贿罪。第四，法定刑不同。对非国家人员行贿罪最高处10年有期徒刑，并处罚金；而行贿罪最高处无期徒刑，可以并处没收财产，附加剥夺政治权利终身。

（六）伪造货币罪

伪造货币罪是《刑法修正案（九）》第11条和刑法第170条规定修改的犯罪。1997年最高人民法院、最高人民检察院《关于执行〈中华人民共和国刑法〉确定罪名的规定》中规定为该罪名。

1. 刑法规定内容的修改

刑法条文中有关伪造货币罪的规定有：

（1）1979年刑法第122条规定："伪造国家货币或者贩运伪造的国家货币的，处三年以上七年以下有期徒刑，可以并处罚金或者没收财产。

"犯前款罪的首要分子或者情节特别严重的，处七年以上有期徒刑或者无期徒刑，可以并处没收财产。"

（2）1997年刑法第170条规定："伪造货币的，处三年以上十年以下有期徒刑，并处五万元以上五十万元以下罚金；有下列情形之一的，处十年以上有期徒刑、无期徒刑或者死刑，并处五万元以上五十万元以下罚金或者没收财产：（一）伪造货币集团的首要分子；（二）伪造货币数额特别巨大的；（三）有其他特别严重情节的。"

1997年刑法第171条规定："出售、购买伪造的货币或者明知是伪造的货币而运输，数额较大的，处三年以下有期徒刑或者拘役，并处二万元以上二十万元以下罚金；数额巨大的，处三年以上十年以下有期徒刑，并处五万元以上五十万元以下罚金；数额特别巨大的，处十年以上有期徒刑或者无期徒刑，并处五万元以上五十万元以下罚金或者没收财产。

"银行或者其他金融机构的工作人员购买伪造的货币或者利用职务上的便利，以伪造的货币换取货币的，处三年以上十年以下有期徒刑，并处二万元以上二十万元以下罚金；数额巨大或者有其他严重情节的，处十年以上有期徒刑或者无期徒刑，并处二万元以上二十万元以下罚金或者没收财产；情节较轻的，处三年以下有期徒刑或者拘役，并处或者单处一万元以上十万元以下罚金。

"伪造货币并出售或者运输伪造的货币的，依照本法第一百七十条的规定定罪从重处罚。"

1997年刑法第172条规定："明知是伪造的货币而持有、使用，数额较大的，处三年以下有期徒刑或者拘役，并处或者单处一万元以上十万元以下罚金；数额巨大的，处三年以上十年以下有期徒刑，并处二万元以上二十万元以下罚金；数额特别巨大的，处十年以上有期徒刑，并处五万元以上五十万元以下罚金或者没收财产。"

1997年刑法第173条规定："变造货币，数额较大的，处三年以下有期徒刑或者拘役，并处或者单处一万元以上十万元以下罚金；数额巨大的，处三年以上十年以下有期徒刑，并处二万元以上二十万元以下罚金。"

（3）2015年8月29日《刑法修正案（九）》第11条规定将刑法第170条修改为："伪造货币的，处三年以上十年以下有期徒刑，并处罚金；有下列情形之一的,处十年以上有期徒刑或者无期徒刑,并处罚金或者没收财产:(一)伪造货币集团的首要分子;(二)伪造货币数额特别巨大的;(三)有其他特别严重情节的。"

上述《刑法修正案(九)》对刑法原第170条作了如下两项修改:

(1)将法定刑中"并处五万元以上五十万元以下罚金"的具体罚金数额规定,改为"罚金"的概括规定。

(2)取消了伪造货币罪"处死刑"的规定。

2. 对刑法规定修改的原因

全国人大常委会在《刑法修正案(九)》中对刑法第170条规定的"伪造货币罪"的法定刑作了修改,其主要原因是根据我国当前社会经济发展的新情况,实行宽严相济的刑事政策,对刑法原规定的法定刑进行了一些调整。特别是我国一直坚持慎用死刑、减少死刑,逐步消灭死刑,保护人权。我国1979年刑法中对伪造货币罪没有处死刑的规定,但随着我国从计划经济向市场经济过渡中,一度出现伪造货币相当严重的情况,在1997年刑法中加大了惩罚力度,规定伪造货币罪最高可处死刑。现在我国经济秩序稳定,社会治安秩序也较好,印制货币技术提高了,使伪造货币行为很难得逞,对伪造货币罪不处死刑不会严重破坏我国的金融秩序。因此,《刑法修正案(九)》适时取消了伪造货币罪判处死刑的规定。另外,刑法原第170条规定犯伪造货币罪处罚金,即"并处五万元以上五十万元以下罚金",这既与其他犯罪只规定"处罚金"的规定不相一致,也太具体不能根据案件实际情况合理处罚。因此,《刑法修正案(九)》取消了罚金具体数额规定,改为概括规定"并处罚金",便于司法根据案件数额情况灵活确定。

3. 伪造货币罪的适用

伪造货币罪是《刑法修正案(九)》和刑法第170条新修改的犯罪,要准确适用就必须弄清该罪的概念、特征、法定刑以及适用时应注意的问题。

(1)伪造货币罪的概念。该罪是指依照国家货币的图案、形状、色彩等特征,非法制造假货币冒充货币进行使用的行为。

货币是市场经济中商品交换的等价物,通过货币可以换取所需的物品。货币量多少代表财富量的多少。货币由国家统一制造、发行。国家根据市场经济发展的需要和国家黄金储备量发行一定数量货币,使市场经济稳定有秩序的发展。伪造货币虽然骗取他人财物,但更重要的是其改变了货币在市场上的投放量,使金融秩序混乱,破坏市场经济的正常发展。我国前几年伪造货币犯罪行为猖獗,严重扰乱了金融市场秩序,致使很多单位不得不对流通中的货币进行真伪检查,防止受骗,其社会影响是相当严重的,我国刑法原第170条对伪造货币罪规定了严厉的处罚,最低处3年有期徒刑,最高处死刑,并处没收财产。近几年来,伪造货币犯罪有所减少,我国的金融市场秩序稳定。《刑法修正案(九)》适时对刑法第170条规定的伪造货币罪的法定刑进行修改,取消了处死刑的规定,最高只能处无期徒刑并处没收财产,并取消了罚金刑的具体数额规定,改为笼统的"并处罚金"。

(2) 伪造货币罪的构成要件是:

①犯罪主体,是一般主体。达到法定年龄、具有刑事责任能力、实施了伪造货币犯罪行的自然人。本罪法定年龄是年满16周岁以上的人,无论中国人还是外国人都可以构成本罪的主体。本罪犯罪主体在主观上是故意的,并具有谋取非法利益的目的。

②犯罪行为,必须是实施伪造货币行为。伪造的货币必须是与货币很相似的假币,包括伪造正在市场上流通的人民币和外币,这种假币必须达到能蒙混一般人的程度。如果以白纸混在整叠的货币中冒充货币使用,不是伪造货币罪的犯罪行为。伪造货币的具体行为有:

用描绘的方法伪造货币的行为;

用印刷的方法伪造货币的行为;

用影印、复印的方法伪造货币的行为。

③犯罪结果,是行为犯。只要实施了伪造货币行为,就有了破坏了货币管理秩序的结果,就可以构成犯罪。

(3) 伪造货币罪的法定刑,根据刑法第170条规定,有两个档次法定刑:

①构成犯罪,处3年以上10年以下有期徒刑,并处罚金。根据最高人民法院2000年9月14日解释,是指伪造货币的总面在2000元以上不满3万元或者伪造的币数量在200张(枚)以上不足3000张(枚)的。

②构成犯罪,有下列情形之一的,处十年以上有期徒刑或者无期徒刑,并处罚金或者没收财产:伪造货币集团的首要分子;伪造货币数额特别巨大的;有其他特别严重情节的。根据最高人民法院2000年9月14日司法解释:伪造货币数额特别巨大,是指伪造货币的总面额在3万元以上的。行为人制造货币版样或者与他人事先通谋、为他人伪造货币提供版样的,依据伪造货币罪定罪处罚。

(4) 适用伪造货币罪时,要注意的问题:

①注意划清罪与非罪的界限。

从犯罪主体上区分。不满16周岁的人和单位不构成本罪。单位伪造货币的,追究单位的直接负责的主管人员和其他直接责任人员刑事责任。本罪是故意犯罪,都有谋取非法利益的目的。

从犯罪行为上区分。本罪伪造的货币必须是与真币很相似，能蒙蔽一般人，如果伪造的假币不像真币或者伪造的不是现行流通的货币，不构成本罪。

②注意一罪与数罪的认定。伪造货币并出售或者运输伪造的货币的行为，根据刑法第 171 条第 3 款的规定，应认定为伪造货币罪从重处罚，而不能认定为伪造货币罪和出售、运输货币罪，数罪并罚。

③注意划清伪造货币罪与变造货币罪的区分。伪造货币罪与变造货币罪相似，容易混淆。二罪的主要区别是犯罪行为不同。伪造货币行为是用货币以外的材料加工制作成货币的行为。而变造货币是用货币，采用剪贴、挖补、提层、涂改等方法加工处理，使货币改变形态、升值的行为。变造货币行为，达到数额较大的才构成犯罪，其处罚也比伪造货币罪轻。

（七）强制猥亵、侮辱罪

强制猥亵、侮辱罪是《刑法修正案（九）》第 13 条对刑法第 237 条规定修改的犯罪。1997 年最高人民法院、最高人民检察院《关于执行〈中华人民共和国刑法〉确定罪名的规定》中规定为"猥亵、侮辱妇女罪"的罪名。2015 年 10 月 30 日最高人民法院、最高人民检察院《关于适用〈中华人民共和国刑法〉确定罪名的补充规定（六）》中确定为"强制猥亵、侮辱罪"的罪名。

1. 刑法规定内容的修改

刑法条文中有关强制猥亵、侮辱罪的规定有：

（1）1979 年刑法第 160 条规定："聚众斗殴、寻衅滋事，侮辱妇女或者进行其他流氓活动，破坏公共秩序，情节恶劣的，处七年以下有期徒刑、拘役或者管制。流氓集团的首要分子，处七年以上有期徒刑。"

（2）1997 年刑法第 237 条规定："以暴力、胁迫或者其他方法强制猥亵妇女或者侮辱妇女的，处五年以下有期徒刑或者拘役。聚众或者在公共场所当众犯前款罪的，处五年以上有期徒刑。猥亵儿童的，依照前两款的规定从重处罚。"

（3）2015 年 8 月 29 日《刑法修正案（九）》第 13 条将刑法第 237 条修改为："以暴力、胁迫或者其他方法强制猥亵他人或者侮辱妇女的，处五年以下有期徒刑或者拘役。

"聚众或者在公共场所当众犯前款罪的，或者有其他恶劣情节的，处五年以上有期徒刑。

"猥亵儿童的，依照前两款的规定从重处罚。"

上述《刑法修正案（九）》对刑法原第 237 条作了如下两项修改：

（1）将强制猥亵的对象由"妇女"修改为"他人"，即不但是强制猥亵妇女，也包括强制猥亵男人，犯罪对象扩大了。由于猥亵对象发生变化，原司法解释规定的强制猥亵、侮辱妇女的罪的罪名，也应改为"强制猥亵、侮辱罪"的罪名。

（2）对适用较高档次法定刑的情形中增加规定了"有其他恶劣情节的"的情形。

2. 对刑法规定修改的原因

全国人大常委会在《刑法修正案（九）》修改了"强制猥亵、侮辱罪的罪状和法定刑的主要原因是根据我国保护人权发展的新情况而对刑罚惩罚进行了一些调整。我国1979年刑法中没有单独规定猥亵、侮辱妇女犯罪，而是在流氓罪中规定有侮辱妇女的犯罪行为，作为流氓罪犯罪行为的一种。1997年刑法取消了流氓罪的规定，将强制猥亵妇女和侮辱妇女行为单独规定为"猥亵、侮辱妇女罪"，其犯罪对象都是妇女。但是，随着我国妇女在社会上的地位不断提高，有些妇女以强制手段与男性发生性关系，在社会上造成恶劣影响，为了保障男女平等，《刑法修正案（九）》将刑法第237条规定的强制猥亵对象由"妇女"改为"他人"，这样修改使强制猥亵的对象扩大到男人。另外，也在适用"处五年以上有期徒刑或者拘役"较重法定刑的犯罪情节中增加了"有其他恶劣情节"，扩大了对强制猥亵他人犯罪的惩治范围。

3. 强制猥亵、侮辱罪的适用

强制猥亵、侮辱罪是《刑法修正案（九）》新修改的犯罪，要准确适用就必须弄清该罪的概念、特征、法定刑以及适用时应注意的问题。

（1）强制猥亵、侮辱罪的概念。该罪是指以暴力、胁迫或者其他方法强制猥亵他人或者侮辱妇女的行为。

以暴力、胁迫或者其他方法强制猥亵他人或者侮辱妇女的行为是属于性侵犯犯罪的行为，性自由是人身权利的重要组成部分，不论男性还是女性的性自由都是受法律保护，是不允许非法侵犯的。强制猥亵他人或者强制对妇女进行性侮辱行为既侵犯人身权利，也是对社会风化的破坏性，是对社会有严重危害的行为。我国刑法将强制猥亵他人、侮辱妇女的行为规定为犯罪，最低处拘役，最高处15年有期徒刑。

（2）强制猥亵、侮辱罪的构成要件是：

①犯罪主体，是一般主体。达到法定年龄、具有刑事责任能力、实施了以暴力、胁迫或者其他方法强制猥亵他人或者侮辱妇女行为的自然人，包括男人和女人。本罪法定年龄是年满16周岁以上的人。本罪犯罪主体在主观上是故意的，并具有猥亵他人和侮辱妇女的目的。

②犯罪行为，必须是实施了强制猥亵他人或者侮辱妇女的行为。强制猥亵、侮辱行为的具体表现是：

第一，以暴力方法猥亵他人或者侮辱妇女的行为。暴力行为是以武力行为，包括拳打，脚踢和使用棍棒、枪刀击打和捆绑、封塞口鼻的强制行为。

第二，以胁迫的方法强制猥亵他人或者侮辱妇女的行为。胁迫行为是暴力胁迫、武器胁迫、伤害他人身体、家人、亲属等精神相胁迫的行为。

第三，以类似暴力、胁迫的其他方法强制猥亵他人或者侮辱妇女的行为。例如，以麻醉，性药等方法猥亵他人、侮辱妇女的行为。

上述猥亵行为，是一种淫秽性行为，多数是以寻求性刺激和性满足为的目，进行搂抱、亲吻、抠摸下身、乳房等行为。妇女以暴力、胁迫等强制男人与自己发生性行为的行为也是强制猥亵他人的行为。侮辱妇女，是进行性侮辱行为，多是用各种下流无耻的语言、动作、偷剪发辫、衣裤、追逐、堵截等性侵犯行为。

③犯罪结果，是行为犯。只要实施了强制猥亵他人、侮辱妇女行为，就可以构成犯罪。但是，根据刑法第13条规定，情节显著轻微危害不大的，不认为是犯罪，情节较轻的依照治安管理处罚法给予治安处罚。如果发生聚众或者在公共场所当众犯前款罪的，或者有其他恶劣情节的结果，要处加重档次的法定刑。情节恶劣的，是指在社会上造成很坏的影响，致被害人身体精神严重伤害和家破人亡等结果的。

（3）强制猥亵、侮辱罪的法定刑，根据刑法第237条规定，犯本罪的，有两个档次法定刑和法定的从重处罚规定：

①强制猥亵他人、侮辱妇女情节一般的，处5年以下有期徒刑或者拘役。

②构成犯罪，有聚众或者在公共场所当众犯前款罪的，或者有其他恶劣情节的，处5年以上有期徒刑。

③犯本罪，猥亵儿童的，依照前两款的规定从重处罚。

4. 适用强制猥亵、侮辱罪时，要注意的问题：

①注意划清罪与非罪的界限。

从犯罪主体上区分。不满16周岁的人和单位不能构成本罪。本罪是故意犯罪，主观上是过失的人不能构成本罪。妇女也可以构成猥亵、侮辱罪。

从犯罪行为上区分。本罪必须是使用暴力、胁迫等方强制方猥亵他人和侮辱妇女的行为。如果没有使用暴力、胁迫等强制方法，只是用骂人的方法猥亵他人、侮辱妇女的行为，不能构成本罪。

从结果上区分。尽管本罪是行为犯，但情节显著轻微危害不大的强制猥亵他人、侮辱妇女的行为，依照刑法第13条犯罪定义的规定，不认为是犯罪，可以给予治安处罚,以维护正常的社会秩序。

②注意准确认定本罪的对象。强制猥亵犯罪行为的对象是他人,包括男人和女人及男女儿童。侮辱妇女的犯罪对象是妇女,包括女性儿童,不包括男人。

③注意本罪与侮辱罪、诽谤罪的区别。我国刑法第245条规定了侮辱罪、诽谤罪,是以暴力或者其他方法公然侮辱他人,或者以捏造的事实诽谤他人,情节严重的行为。其中的侮辱犯罪行为与本罪侮辱妇女的行为相似,容易使两种犯罪相混淆。两种侮辱犯罪行为都是侵犯公民人身权利的犯罪,但本罪是侵犯他人的性自由的权利,是性侵害犯的犯罪行为,而侮辱罪是侵犯的是他人的人格、名誉权利的犯罪。由于两犯罪侵犯客体性质不同,使两种犯罪区分开来。

(八) 绑架罪

绑架罪是《刑法修正案(九)》第14条对刑法第239条规定修改补充的犯罪。1997年最高人民法院、最高人民检察院《关于执行〈中华人民共和国刑法〉确定罪名的规定》中规定为该罪名。

1. 刑法规定内容的修改

刑法条文中有关绑架罪的规定是:

(1) 1979年刑法第143条规定:"严禁非法拘禁他人,或者以其他方法非法剥夺他人人身自由。违者处三年以下有期徒刑、拘役或者剥夺政治权利。具有殴打、侮辱情节的,从重处罚。犯前款罪,致人重伤的,处三年以上十年以下有期徒刑,致人死亡的,处七年以上有期徒刑。"

(2) 1997年刑法第239条规定:"以勒索财物为目的绑架他人的,或者绑架他人作为人质的,处十年以上有期徒刑或者无期徒刑,并处罚金或者没收财产;情节较轻的,处五年以上十年以下有期徒刑,并处罚金。

"犯前款罪,致使被绑架人死亡或者杀害被绑架人的,处死刑,并处没收财产。

"以勒索财物为目的偷盗婴幼儿的,依照前两款的规定处罚。"

(3) 2015年8月29日《刑法修正案(九)》第14条规定将刑法第239条第2款修改为:"犯前款罪,杀害被绑架人的,或者故意伤害被绑架人,致人重伤、死亡的,处无期徒刑或者死刑,并处没收财产。"

上述《刑法修正案(九)》对刑法原第239条第2款作了如下修改:

(1) 将"致使被绑架人死亡或者杀害被绑架人的"的罪状修改为"杀害被绑架人的,或者故意伤害被绑架人,致人重伤、死亡的",更加明确适用无期徒刑或者死刑的犯罪行为是"杀害被绑架人、故意伤害被绑架人、致人重伤、死亡的"三种行为。扩大了本罪处死刑、无期徒刑的范围。

（2）将法定刑"处死刑，并处没收财产"改为"处无期徒刑或者死刑，并处没收财产"，将绝对确定的法定刑改为相对确定法定刑，使司法人员在量刑时有裁量的余地，对限制和减少对本罪适用死刑提供了法律依据。

2. 对刑法规定修改的原因

我国1979年刑法没有单独规定绑架罪，司法实践中对于绑架他人的行为，一般以非法拘禁罪从重处罚。1991年9月4日全国人大常委会在《关于严惩拐卖、绑架妇女、儿童的犯罪分子决定》中规定有"以勒索财物为目的，绑架他人的犯罪行为，依照拐卖妇女儿童罪的规定处罚"，开始有绑架犯罪行为的规定。在1997年修订刑法时，又对该规定作了修改，在刑法第239条中将绑架犯罪行为规定为绑架罪，最低处5年有期徒刑，最高处死刑。2015年《刑法修正案（九）》根据社会上时有发生这种严重侵犯公民生命财产安全的犯罪行为，又修改了绑架罪的罪状和适用无期徒刑或者死刑，并处没收财产三种犯罪行为的法定刑，即"杀害被绑架人、故意伤害被绑架人、致人重伤、死亡的，处无期徒刑或者死刑，并处没收财产"，这既拓宽了本罪适用死刑的范围，又可以限制死刑的适用，在可处可不处死刑时，可以选择适用无期徒刑。

3. 绑架罪的适用

绑架罪是《刑法修正案（九）》新修改的犯罪，要准确适用就必须弄清该罪的概念、特征、法定刑以及适用时应注意的问题。

（1）绑架罪的概念。绑架罪，是指以勒索财物为目的绑架他人的，或者绑架他人作为人质的行为。

绑架罪是严重侵犯公民人身自由权利和财产权利的犯罪，行为人以勒索财为目的绑架他人是以侵犯人身自由权利的手段达到谋取财物的目的。以绑架他人作为人质的绑架他人是以非法侵犯人身自由而达到其他个人目的，这是一种严重危害社会的行为。我国刑法对绑架罪规定了严厉的刑罚处罚，首先考虑处10年以上有期徒刑或者无期徒刑，并处罚金或者没收财产的法定刑；对故意杀害、伤害被绑架人，致人重伤、死亡的要处死刑，并处没收财产。

（2）绑架罪的构成要件是：

①犯罪主体，是一般主体。达到法定年龄、具有刑事责任能力、实施了绑架他人行为的自然人，本罪法定年龄是年满16周岁以上的人。本罪犯罪主体在主观上是故意的，并具有勒索他人财物和作为人质的目的。

②犯罪行为，必须是实施了绑架他人的行为。绑架他人，是指以暴力、胁

迫或者其他方法将人掳走，放在一定的地方拘禁起来，在犯罪人的控制下，然后进行勒索财物或者其他要挟活动的犯罪行为。

③犯罪结果，是行为犯。只要实施了绑架他人的行为，就可以构成犯罪，不需要达到绑架预期目的的结果。

（3）绑架罪的法定刑。根据刑法第239条规定，犯本罪的，有三个档次法定刑和一个法定的从重处罚规定：

①犯本罪的，处10年以上有期徒刑或者无期徒刑，并处罚金或者没收财产。

②情节较轻的，处5年以上10年以下有期徒刑，并处罚金；

③犯前款罪，杀害被绑架人的，或者故意伤害被绑架人，致人重伤、死亡的，处无期徒刑或者死刑，并处没收财产。

④以勒索财物为目的偷盗婴幼儿的，依照前两款的规定处罚。婴幼儿是指不满1周岁的婴儿和已满1周岁不满6周岁的幼儿。

（4）适用绑架罪时，要注意的问题：

①注意划清罪与非罪的界限。

从犯罪主体上区分。不满16周岁的人和单位不能构成本罪。本罪是故意犯罪，因为犯罪主体对实施绑架行为和绑架行为产生的结果在主观上都是故意的。对于产生致人伤亡结果行为人可能是过失的心态，但其不是绑架罪的构成要件，不影响本罪构成故意犯罪，但致人伤亡的结果是量刑轻重的情节，不能忽视。

从犯罪行为上区分。本罪必须是实施绑架他人的行为。绑架行为不一定都使用暴力、胁迫等强制方法，用其他方法将他人控制起来，使他人失去人身自由，在被控制下，接受犯罪者进行勒索财物或者作为人质相要挟他人的行为也是绑架犯罪行为。为讨债而绑架债务人的行为，不认定为是绑架犯罪行为，而是非法拘禁他人的犯罪行为。

从结果上区分。尽管本罪是行为犯，但情节显著轻微危害不大的绑架行为，依照刑法第13条犯罪定义的规定不认为是犯罪，但可以给予治安管理处罚，以维护正常的社会秩序。

②注意准确认定一罪与数罪。行为人在绑架的过程中，勒索财物或者非法拘禁他人的行为都包括在绑架罪的构成要件中，不再定为抢劫罪、敲诈勒索罪、非法拘禁罪进行数罪并罚，只认定为绑架罪，按绑架罪定罪处罚。

③注意划清本罪与非法拘禁罪的界限。根据刑法第238条规定，为索取债务非法扣押、拘禁他人的，依照非法拘禁罪定罪处罚，不认定为绑架罪。

④划清以勒索财物为目的偷盗婴幼儿与以出卖为目的的偷盗幼儿的界限。

以勒索财物为目的偷盗婴幼儿的行为，要认定为绑架罪，而以出卖为目的偷盗婴幼儿的行为，要认定为拐卖妇女、儿童罪。二罪的根本区别是犯罪目的不同。前者偷盗婴幼儿的目的是勒索财物，后者偷盗婴儿的目的是为出卖谋利。

⑤注意划清本罪在绑架他人过程中致人重伤、死亡结果与故意杀害、故意伤害被绑架人造成重伤、死亡结果的界限。故意杀害、伤害被绑架人，是指行为人以种种手段故意剥夺被绑架人生命和故意伤害被绑架人身体健康和生命的行为，例如使用暴力打死打伤被绑架人，使用毒药毒死、毒伤被绑架人，使用水灌、土埋等方法杀死、伤害被绑架人，行为人对其行为和结果在主观上都是故意的，是故意犯罪，按绑架罪定罪处罚，不再认定为故意杀人罪或者故意伤害罪。在绑架过程中致被绑架人重伤、死亡，是指由于绑架他人行为使被绑架人惊恐、被虐待，绑缠过紧，或者在绑架时有病不能及时治疗，或者被绑架人自杀、自残等造成被绑架人重伤、死亡结果。行为人对实施绑架行为是故意的，但对该死亡、伤害结果可能是过失心态；在绑架过程中，致被绑架人以外的其他人重伤、死亡结果的，既有可能是故意的，也有可能是过失，如为抗拒绑架他人和抗拒解救被绑架人而致他人重伤、死亡的。但由于绑架者对绑架他人的行为和绑架他人结果在主观上都是故意的，因此绑架罪是故意犯罪。对绑架行为又致人重伤、死亡结果的过失行为被故意绑架行为所吸收，不能再认定为过失致人死亡罪、过失重伤罪。

（九）收买被拐卖的妇女、儿童罪

收买被拐卖的妇女、儿童罪是《刑法修正案（九）》第15条对刑法第241条修改补充的犯罪。1997年最高人民法院、最高人民检察院《关于执行〈中华人民共和国刑法〉确定罪名的规定》中规定为该罪名。

1. 刑法规定内容的修改

刑法条文中有关收买被拐卖的妇女、儿童罪的规定有：

（1）1979年刑法第184条规定："拐骗不满十四岁的男、女，脱离家庭或者监护人的，处五年以下有期徒刑或者拘役。"

第141条规定："拐卖人口的，处五年以下有期徒刑；情节严重的，处五年以上有期徒刑。"

（2）1997年刑法第241条规定："收买被拐卖的妇女、儿童的，处三年以下有期徒刑、拘役或者管制。"收买被拐卖的妇女，强行与其发生性关系的，依照本法第二百三十六条的规定定罪处罚。

"收买被拐卖的妇女、儿童，非法剥夺、限制其人身自由或者有伤害、侮辱等犯罪行为的，依照本法的有关规定定罪处罚。

"收买被拐卖的妇女、儿童,并有第二款、第三款规定的犯罪行为的,依照数罪并罚的规定处罚。

"收买被拐卖的妇女、儿童又出卖的,依照本法第二百四十条的规定定罪处罚。

"收买被拐卖的妇女、儿童,按照被买妇女的意愿,不阻碍其返回原居住地的,对被买儿童没有虐待行为,不阻碍对其进行解救的,可以不追究刑事责任。"

(3) 2015 年 8 月 29 日《刑法修正案(九)》第 15 条将刑法第 241 条第 6 款修改为:"收买被拐卖的妇女、儿童,对被买儿童没有虐待行为,不阻碍对其进行解救的,可以从轻处罚;按照被买妇女的意愿,不阻碍其返回原居住地的,可以从轻或者减轻处罚。"

上述《刑法修正案(九)》对刑法原第 241 条第 6 款作了如下修改:

将刑法原第 241 条第 6 款规定的对收买被拐卖的妇女、儿童"可以不追究刑事责任",改为全都要追究刑事责任,无论有何种从宽处罚情节,都不能不追究刑事责任。但修改补充规定有以下两种从轻处罚情节:

(1) 对被买儿童没有虐待行为,不阻碍对其进行解救的,可以从轻处罚;

(2) 按照被买妇女的意愿,不阻碍其返回原居住地的,可以从轻或者减轻处罚。

2. 对刑法规定修改的原因

我国 1979 年刑法没有规定收买被拐卖的妇女、儿童罪。只在刑法中规定了拐卖人口罪和拐骗儿童罪的犯罪行为。1991 年 9 月 4 日全国人大常委会颁布的《关于严惩拐卖、绑架妇女、儿童的犯罪分子的决定》第 3 条规定:"严禁收买被拐卖、绑架妇女、儿童。收买被拐卖、绑架的妇女、儿童的,处三年以下有期徒刑、拘役或者管制。"在 1997 年修订刑法时,又对该规定作了修改,在刑法第 241 条中将收买被拐卖的妇女、儿童的行为单独规定独立的罪名。由于 1997 年刑法第 240 条、第 241 条中将以出卖为目的绑架妇女、儿童的行为作为拐卖妇女、儿童行为之一,所以收买被拐卖的妇女、儿童中也包括被绑架的妇女、儿童的行为。近年来,一些犯罪分子,为了谋取不正当利益,大肆实施拐卖妇女、儿童犯罪行为,并且屡屡得逞,给被拐卖者及其家庭亲友造成极大的灾难和痛苦,其中一个很重要的原因是有买方市场。2015 年《刑法修正案(九)》根据社会上时有发生这种严重侵犯公民生命财产安全的犯罪行为,很多群众要求严惩收买者,甚至提出对收买者应与被拐卖者给予同等刑事处罚。《刑法修正案(九)》根据社会各方面的意见和惩治拐卖妇女、儿童犯罪行为的需要,将收买被拐卖的妇女、儿童的行为都入罪,但对"被买儿童没有虐待行为，不阻碍对其进行解救的，可以从轻处罚和按照被买妇女的意愿，不阻碍其返回原居住地的，可以从轻或者减轻处罚"，这既对被拐卖的妇女、儿童有利，也体现了我国宽严相济的刑事政策。

3. 收买被拐卖的妇女、儿童罪的适用

收买被拐卖的妇女、儿童罪是《刑法修正案（九）》和刑法第241条新修改的犯罪，要准确适用就必须弄清该罪的概念、特征、法定刑以及适用时应注意的问题。

（1）收买被拐卖的妇女、儿童罪的概念。该罪是指收买被拐卖的妇女、儿童的行为。收买被拐卖的妇女、儿童罪是严重侵犯公民人身权利的犯罪，该罪与拐卖妇女、儿童犯罪行为共同侵犯被拐卖的妇女、儿童的人身权利，只有对拐卖者和收买者都进行惩罚，才能有效地制止拐卖妇女、儿童的犯罪行为。因此，收买被拐卖的妇女、儿童的行为也是对社会有危害的行为。我国刑法将拐卖和收买被拐卖的妇女、儿童的行为都规定为独立的犯罪，但对收买被拐卖的妇女、儿童罪处刑较轻，最高处3年有期徒刑，最低处管制。

（2）收买被拐卖的妇女、儿童罪的构成要件是：

①犯罪主体，是一般主体。达到法定年龄，具有刑事责任能力，实施了收买被拐卖的妇女、儿童行为的自然人。本罪法定年龄是年满16周岁以上的人。本罪犯罪主体在主观上是故意的，其目的是将被拐卖的妇女、儿童据为己有。有的是作为儿女，有的是作为妻子，还有的是作为佣人使役。如果以出卖为目的，收买被拐卖的妇女、儿童的，构成拐卖妇女、儿童罪的主体。最高人民法院2017年1月1日起施行的《关于审理拐卖妇女儿童犯罪案件具体应用法律若干问题的解释》第8条规定："出于结婚目的收买被拐卖的妇女，或者出于抚养目的收买被拐卖的儿童，涉及多名家庭成员、亲友参与的，对其中起主要作用的人员应当依法追究刑事责任。"

②犯罪行为，必须是实施了收买被拐卖的妇女、儿童的行为。收买，是指以金钱或者财物换取他人拐卖的妇女、儿童。本罪收买的对象必须是被拐卖的妇女、儿童，收买的不是被拐卖的妇女、儿童，不能构成本罪。因为被拐卖的妇女、儿童是社会的弱势群体，其人身权利受到法律的特别保护。妇女，是指年满18周岁以上的成年妇女和已满14周岁不满18周岁的少女；儿童，是指不满14周岁的未成年人，其中不满1周岁的为婴儿，1周岁以上不满6周岁的是幼儿，6周岁以上不满14周岁的是少年儿童。

③犯罪结果，是行为犯。只要实施了收买被拐卖的妇女、儿童的行为，就产生了侵犯妇女、儿童的人身权利的结果，就可以构成犯罪。

（3）收买被拐卖的妇女、儿童罪的法定刑。根据刑法第241条规定，犯本罪的,处3年以下有期徒刑、拘役或者管制。

(4) 适用收买被拐卖的妇女、儿童罪时,要注意的问题:

①注意划清罪与非罪的界限。

从犯罪主体上区分。不满16周岁的人和单位不能构成本罪。本罪是故意犯罪,因为犯罪主体对收买被拐卖的妇女、儿童的行为和行为产生的结果在主观上都是故意的。

从犯罪行为上区分。本罪必须是实施收买被拐卖的妇女、儿童的行为。收买被绑架妇女、儿童的行为也是本罪的犯罪行为。因为刑法将绑架妇女、儿童的行为规定是拐卖妇女、儿童的行为之一。

从结果上区分。尽管本罪是行为犯,但情节显著轻微危害不大的收买被拐卖的妇女、儿童行为,依照刑法第13条犯罪定义的规定,不认为是犯罪,但可以给予治安处罚,以维护正常的社会秩序。

②注意准确认定一罪与数罪。根据刑法第241条规定,行为人在收买被拐卖的妇女、儿童后强行与其发生性关系的,依照本法第236条的规定以强奸妇女罪定罪处罚,与本罪数罪并罚;收买被拐卖的妇女、儿童,非法剥夺、限制其人身自由或者有伤害、侮辱等犯罪行为的,依照刑法的有关规定定罪处罚,并将收买被拐卖的妇女、儿童罪的处罚和其他有关罪的处罚数罪并罚。最高人民法院2017年1月1日起施行的《关于审理拐卖妇女儿童犯罪案件具体应用法律若干问题的解释》第6条规定:"收买被拐骗的妇女、儿童后又组织、强迫卖淫或者组织乞讨、进行违反治安管理活动等构成其他犯罪的依照数罪并罚的规定处理。"第7条规定:"收买被拐卖的妇女、儿童,又以暴力、威胁方法阻碍国家机关工作人员解救被收买的妇女、儿童,或者聚众阻碍国家机关工作人员解救被收买的妇女、儿童,构成妨害公务罪、聚众阻碍解救被收买的妇女、儿童罪的,依照数罪并罚的规定处罚。"

③注意划清本罪与拐卖妇女、儿童罪的界限。本罪与拐卖妇女、儿童罪是相连接的犯罪,拐卖妇女、儿童罪是本罪的前置犯罪,没有前置犯罪就不能有收买被拐卖的妇女、儿童罪。如果收买以后,又出卖被收买的妇女、儿童的,根据刑法第241条第5款规定,将"收买被拐卖的妇女、儿童又出卖的,依照刑法第二百四十条的规定定罪处罚",即依照拐卖妇女、儿童罪定罪处罚。

④划清以勒索财物为目的偷盗婴幼儿与以出卖为目的的偷盗幼儿的界限。以勒索财物为目的偷盗婴幼儿的行为,要认定为绑架罪;而以出卖为目的偷盗婴幼儿的行为,要认定为拐卖妇女、儿童罪。二罪的根本区别是犯罪目的不同。前者偷盗婴幼儿的目的是勒索财物,后者的目的是为出卖谋利。最高人民

法院 2017 年 1 月 1 日起施行的《关于审理拐卖妇女儿童犯罪案件具体应用法律若干问题的解释》第 1 条规定："对婴幼儿采取欺骗、利诱等手段使其脱离监护人或者看护人的，视为刑法第二百四十一条第一款第（六）项规定的'偷盗婴幼儿'。"

该解释第 2 条规定："医疗机构、社会福利机构等单位的工作人员以非法获利为目的，将所诊疗、护理、抚养的儿童出卖给他人的，以拐卖儿童罪论处。"

第 3 条规定："以介绍婚姻为名，采取非法扣押身份证件、限制人身自由等方式，或者利用妇女人生地疏、语言不通、孤立无援等境况，违背妇女意志，将其出卖给他人的，应当以拐卖妇女罪追究刑事责任。以介绍婚姻为名，与被介绍妇女串通骗取他人钱财，数额较大的，应当以诈骗罪追究刑事责任。"

第 5 条规定："收买被拐卖的妇女，业已形成稳定的婚姻家庭关系，解救时被买妇女自愿继续留在当地共同生活的，可以视为'按照、被买妇女的意愿，不阻碍其返回原居住地'。"

⑤注意正确适用对本罪从轻处罚的规定。《刑法修正案（九）》修改后的刑法第 241 条第 6 款规定对犯本罪从轻处罚的两种情况不能混淆。一是对被收买儿童没有虐待行为，不阻碍对其进行解救的，可以从轻处罚，只能对收买的被拐卖的儿童适用，不能对收买被拐卖的妇女适用。二是按照被收买妇女的意愿，不阻碍其返回原居住地的，可以从轻或者减轻处罚，只能对收买的被拐卖的妇女适用。对收买的被拐卖的儿童不能适用减轻处罚。这是因为收买被拐卖的儿童的社会危害性大于收买被拐卖的妇女。

最高人民法院 2017 年 1 月 1 日起施行的《关于审理拐卖妇女儿童犯罪案件具体应用法律若干问题的解释》第 4 条规定："在国家工作人员排查来历不明儿童或者进行解救时，将所收买的儿童藏匿、转移或者实施其他妨碍解救行为，经说服教育仍不配合的，属于刑法第二百四十一条第一款第（六）项规定的'阻碍对其进行解救'。"

⑥注意划清本罪与拐骗儿童罪的界限。我国刑法第 262 条规定了以拐骗儿童方法进行拐骗，与本罪收买被拐卖的儿童的行为相似。二罪的根本区别是犯罪对象不同。本罪收买的是被拐卖的儿童，而拐骗儿童罪拐骗的是没有被拐卖的儿童。由于收买和拐骗儿童的对象不同，将二罪区分开来。收买的不是被拐卖的妇女不能构成犯罪。

(十) 侮辱罪、诽谤罪

侮辱罪、诽谤罪是《刑法修正案（九）》第 16 条对刑法第 246 条修改补充的两种犯罪。1997 年最高人民法院、最高人民检察院《关于执行〈中华人民共和国刑法〉确定罪名的规定》中规定为"侮辱罪、诽谤罪"的两种罪名。

1. 刑法规定内容的修改

刑法条文中有关侮辱罪、诽谤罪的规定有：

（1）1979 年刑法第 145 条规定："以暴力或者其他方法，包括用'大字报'、'小字报'，公然侮辱他人或者捏造事实诽谤他人，情节严重的，处三年以下有期徒刑、拘役或者剥夺政治权利。

"前款罪，告诉的才处理。但是严重危害社会秩序和国家利益的除外。"

（2）1997 年刑法第 246 条规定："以暴力或者其他方法公然侮辱他人或者捏造事实诽谤他人，情节严重的，处三年以下有期徒刑、拘役、管制或者剥夺政治权利。

"前款罪，告诉的才处理，但是严重危害社会秩序和国家利益的除外。"

（3）2015 年 8 月 29 日《刑法修正案（九）》第 16 条规定在刑法第 246 条中增加一款作为第 3 款："通过信息网络实施第一款规定的行为，被害人向人民法院告诉，但提供证据确有困难的，人民法院可以要求公安机关提供协助。"

上述《刑法修正案（九）》在刑法原第 246 条中增加第 3 款："通过信息网络实施第一款规定的行为，被害人向人民法院告诉，但提供证据确有困难的，人民法院可以要求公安机关提供协助。"

2. 对刑法规定修改的原因

我国 1979 年刑法第 145 条中就规定了侮辱罪、诽谤罪。立法时是根据"文革"期间以"大字报"、"小字报"的方法侮辱、诽谤他人的情况严重的情况下，在刑法规定侮辱罪、诽谤罪的罪状时特别规定了包括用"大字报"、"小字报"的方法。同时对侮辱罪、诽谤罪的法定刑规定处拘役或者剥夺政治权利。1997 年修订刑法时，对 1979 年刑法第 145 条的规定作了适当修改，删除了包括用"大字报"、"小字报"的"文革"产物，并在法定刑中增加了处"管制"的规定，使侮辱罪、诽谤罪的法定刑轻了些。近几年来，我国信息网络发展很快，涉及政治、经济、文化、公民生活等各个领域，在促进社会发展和改善公民生活起了很大作用的同时，一些犯罪分子也利用信息网络进行侮辱、诽谤他人，其范围之广、影响之坏也是空前的，但由于信息网络是新科学技术，很多被侮辱、诽谤的被害者很难取得是谁在什么范围内侵犯了其人格、名誉权利的证据，被侵害者为了维护其人格、名誉权利在向人民法院告诉时，往往很难提供确实充分的证据。2015年《刑法修正案（九）》从有利于保护人权，惩治利用信息网络侮辱或者诽谤他人的犯罪行为，在刑法第246条中设专款规定通过信息网络实施侮辱、诽谤行为，被害人向人民法院告诉时，提供证据确有困难的，人民法院可以要求公安机关提供协助，将告诉才处理案件自己取证转为公安机关提供协助取证，这对保护公民的合法权利十分有利，防止由于个人取证难而使侮辱、诽谤他人犯罪分子逃离法网。

3. 侮辱罪、诽谤罪的适用

侮辱罪、诽谤罪是《刑法修正案（九）》和刑法第246条中新修改补充的两种犯罪，要准确适用就必须弄清该两种犯罪的概念、特征、法定刑以及适用时应注意的问题，由于该两种罪规定在一个法律条文中，本书将两种犯罪一起分析。

（1）侮辱罪、诽谤罪的概念。侮辱罪是指"以暴力或者其他方法公然侮辱他人，情节严重的行为。诽谤罪是指捏造事实诽谤他人，情节严重的行为。

侮辱、诽谤他人的行为是严重侵犯公民人格、名誉权利的行为，公民的人格、名誉是公民人身权利的重要组成部分，确保公民的人格和尊严是公民进行社会活动的基本条件。我国法律保护公民的人身权利和民主权利，即保护人权，禁止任何人用任何方法、手段侵犯人权。我国刑法将侮辱、诽谤他人，情节严重的行为，分别规定为侮辱罪、诽谤罪，最高处3年有期徒刑，最低处管制或者剥夺政治权利。

根据最高人民法院2015年11月1日施行的。《关于〈中华人民共和国刑法修正案（九）〉时间效力问题的解释》第4条规定，对于2015年10月31日以前通过信息网络实施刑法第246条第1款规定的侮辱、诽谤行为，被害人向人民法院告诉，但提供证据有困难的，适用刑法第246条第3款的规定。

（2）侮辱罪、诽谤罪的构成要件：

①两罪的犯罪主体，是一般主体。达到法定年龄、具有刑事责任能力、实施了侮辱、诽谤他人行为的自然人。本罪法定年龄是年满16周岁以上的人。本罪犯罪主体在主观上是故意的，其目的是贬低他人的人格，败坏他人的名誉。

②犯罪行为，必须是实施了侮辱、诽谤他人的行为。具体行为表现有：

侮辱他人行为有三种表现：

第一，使用暴力侮辱他人，例如，剥光他人的衣服当众羞辱；强迫他人当众从其胯下爬过；当众强迫他人吃屎喝尿；强迫他人当众学驴叫狗叫等侮辱人格的行为。

第二，使用其他方法侮辱他人的行为，例如，用文字、图片、大字报、小字报等丑化他人；利用语言、动作鄙视他人人格的行为。

第三，利用广播、电视、信息网络发布诋毁他人人格信息的行为。

上述侮辱行为都是公开进行的，不论被侮辱的人是否在现场，只要是公开实施了侮辱他人的行为，达到情节严重的程度就可以构成侮辱他人的犯罪行为。

诽谤他人行为是以捏造的事实诽谤他人的行为，具体有两种表现：

①捏造事实的行为。捏造的事实是指客观上根本不存在的事实，而是无中生有的假事实，是凭空编造出来的足以损害他人人格、名誉的所谓事实。捏造的事实可以是捏造了全部事实，也可以是捏造了部分足以损害他人人格、名誉的事实。

②诽谤他人行为，即散布捏造的足以损害他人人格、名誉的事实的行为。散布的方法有的是用口头散布，也可以是以文字、图像、广播、电视、信息网络等媒体进行散布。

上述捏造的事实与诽谤行为是紧密相联的，二者结合起来才构成本罪的诽谤行为。侮辱行为与诽谤行为的对象必须是特定的他人，可以是一个人，也可以是几个人，但必须是具体的特定人，而不是不特定的概括人群。

根据最高人民法院、最高人民检察院 2013 年 9 月 10 日施行的《关于办理利用信息网络实施诽谤等刑事犯罪案件适用法律若干问题的解释》第 1 条规定，"具有下列情形之一的，应当认定为刑法第二百四十六条第一款规定的'捏造事实诽谤他人'：（一）捏造损害他人名誉的事实，在信息网络上散布，或者组织、指使人员在信息网络上散布的；（二）将信息网络上涉及他人的原始信息内容篡改为损害他人名誉的事实，在信息网络上散布，或者组织、指使人员在信息网络上散布的；明知是捏造的损害他人名誉的事实，在信息网络上散布，情节恶劣的，以'捏造事实诽谤他人'论"。

③两种犯罪的结果，是行为犯。必须是实施了侮辱、诽谤行为，情节严重的结果。所谓情节严重，一般是指犯罪手段卑鄙，影响恶劣，严重影响了被害人的工作、生活，甚至引起被害人精神失常、自杀等情节。

根据最高人民法院、最高人民检察院 2013 年 9 月 10 日施行的《关于办理利用信息网络实施诽谤等刑事犯罪案件适用法律若干问题的解释》第 2 条规定，"利用信息网络诽谤他人，具有下列情形之一的，应当认定为刑法第二百四十六条第一款规定的'情节严重'：（一）同一诽谤信息实际被点击、浏览次数达到五千次以上，或者被转发次数达到五百次以上的；（二）造成被害人或者近亲属精神失常、自残、自杀等严重后果的；（三）二年以内曾因诽谤受过行政处罚，又诽谤他人的；（四）其他情节严重的情形"。

上述司法解释第 3 条规定，"利用信息网络诽谤他人，具有下列情形之一的，应当认定为刑法第二百四十六条第二款规定的'严重危害社会秩序和国家利益'：（一）引发群体性事件的；（二）引发公共积分混乱的；（三）引发民族、宗教冲突的；（四）诽谤多人，造成恶劣社会影响的；（五）损害国家形象，严重危害国家利益的；（六）造成恶劣国际影响的；（七）其他严重危害社会秩序和国家利益情形"。

上述司法解释第 4 条规定，一年内多次实施利用信息网络诽谤他人行为未经处理，诽谤信息实际被点击、浏览、转发次数累计计算构成犯罪的，应当依法定罪处罚。

（3）侮辱罪、诽谤罪的法定刑。根据刑法第 246 条规定，犯本罪的，处 3 年以下有期徒刑、拘役、管制或者剥夺政治权利。

（4）适用侮辱罪、诽谤罪时，要注意的问题：

①注意划清罪与非罪的界限。

从犯罪主体上区分。不满 16 周岁的人和单位不能构成本两种罪。本两种罪是故意犯罪，主观上有过失的，不能构成本两种罪。

从犯罪行为上区分。本罪必须是实施侮辱、诽谤他人的行为。侮辱、诽谤他人的行为必须是公开的当众实施侮辱、诽谤他人的行为。如果侮辱、诽谤他人行为没有公开，不能构成本罪。本两种罪侮辱、诽谤的对象必须是具体的个人，即使是不点明具体人名，但人们一看就知道是指某人或某几个人。如果侮辱、诽谤的对象是不特定的人群，不能构成本罪。

从结果上区分。尽管本罪必须是侮辱、诽谤他人情节严重的行为才能构成犯罪，达不到情节严重的程度的行为，不能构成犯罪，但可以给予治安处罚，以保护公民的人格、名誉权利不受任何侵犯。

②注意该两种罪是告诉才处理的犯罪。刑法第 246 条规定本两种罪是告诉才处理的犯罪，一般情况下，被侮辱被诽谤人不告诉的，司法机关不主动追诉处理，只有在被害人自己向人民法院起诉的，人民法院才处理。但刑法第 246 条还规定了特殊例外的情形，即"严重危害社会秩序和国家利益的除外"，例如，侮辱、诽谤国家领导人，造成恶劣的社会影响的，当事人不便于告诉的，可以由公安机关进行侦查、检察机关提起公诉、人民法院判决定罪予以刑罚处罚。告诉才处理的案件是自诉案件，告诉人应自己提供证据。但在信息网络上散布侮辱、诽谤他人信息的，告诉人取证有困难的，我国刑法第 246 条规定"人民法院可以要求公安机关提供协助"。

③注意划清诽谤罪与诬告陷害罪的界限。诽谤罪与诬告陷害罪都是以捏造

的事实损害他人人格、名誉的行为，在认定构成何种犯罪时容易混淆。二罪的本质区别是捏造的事实的内容不同。诽谤罪捏造的事实内容是损害他人的人格、名誉；而诬告陷害捏造的是他人犯罪事实，目的是要追究他人的刑事责任。

④划清侮辱罪与猥亵、侮辱罪的界限。侮辱罪与猥亵、侮辱罪中都有侮辱妇女的犯罪行为，认定时容易混淆。侮辱罪与猥亵、侮辱罪的根本区别是侵犯的客体不同。侮辱罪侵犯的客体是他人的人格、名誉权利，且必须是情节严重的才构成犯罪，而猥亵、侮辱罪则侵犯的是妇女的性自由权利，只要实施了侮辱妇女的性自由行为就可以构成犯罪，不需要达到情节严重的程度。

⑤注意划清本罪与寻衅滋事罪的界限。本罪侮辱、诽谤他人的行为与寻衅滋事行为相似，容易混淆。根据最高人民法院、最高人民检察院2013年9月10日施行的《关于办理利用信息网络实施诽谤等刑事犯罪案件适用法律若干问题的解释》第5条规定，利用信息网络辱骂、恐吓他人，情节恶劣，破坏社会秩序的，应照刑法第293条第1款第（二）项的规定，以寻衅滋事罪定罪处罚。编造虚假信息，或者明知是编造的虚假信息，在信息网络上散布，或者组织、指使人员在信息网络上散布，起哄闹事。造成公共秩序严重混乱的，依照刑法第293条第1款第（四）项的规定以寻衅滋事罪定罪处罚。

⑥注意划清本罪共犯的认定。根据最高人民法院、最高人民检察院2013年9月10日施行的《关于办理利用信息网络实施诽谤等刑事犯罪案件适用法律若干问题的解释》第8条规定，明知他人利用信息网络实施诽谤、寻衅滋事、敲诈勒索、非法经营等犯罪，为其提供资金、场所、技术支持等帮助的，以共同犯罪论处。

（十一）侵犯公民个人信息罪

侵犯公民个人信息罪是刑法第253条之一规定的犯罪，《刑法修正案（七）》第7条第1款在刑法第253条中增加规定了出售、非法提供公民个人信息犯罪行为。"两高"2009年10月16日《关于执行〈中华人民共和国刑法〉确定罪名的补充规定（四）》中将这种犯罪确定为"出售、非法提供公民个人信息罪"。2015年《刑法修正案（九）》第17条对该罪的罪状和法定刑作了新的规定。2015年10月30日最高人民法院、最高人民检察院《关于执行〈中华人民共和国刑法〉确定罪名的补充规定（六）》中修改为"侵犯公民个人信息罪"。

1. 刑法规定内容的修改

刑法条文中有关侵犯公民个人信息罪的规定有：

（1）1997 年刑法第 253 条之一第 1 款规定："国家机关或者金融、电信、交通、教育、医疗等单位的工作人员，违反国家规定，将本单位在履行职责或者提供服务过程中获得的公民个人信息，出售或者非法提供给他人，情节严重的，处三年以下有期徒刑或者拘役，并处或者单处罚金。"

第 4 款规定："单位犯前两款罪的，对单位判处罚金，并对其直接负责的主管人员和其他直接责任人员，依照各该款的规定处罚。"

上述《刑法修正案（七）》是根据我国当时社会上出现的因履行职责或者提供服务所获得的公民的个人信息，出售或者非法提供给他人，情节严重、危害社会的严重情形，在刑法中增加规定为一种新的犯罪行为。

（2）2015 年 8 月 29 日《刑法修正案（九）》第 17 条将刑法第 253 条之一第 1 款、第 2 款修改为："违反国家有关规定，向他人出售或者提供公民个人信息，情节严重的，处三年以下有期徒刑或者拘役，并处或者单处罚金；情节特别严重的，处三年以上七年以下有期徒刑，并处罚金。

"违反国家有关规定，将在履行职责或者提供服务过程中获得的公民个人信息，出售或者提供给他人的，依照前款的规定从重处罚。"

第 4 款规定："单位犯前三款罪的，对单位判处罚金，并对其直接负责的主管人员和其他直接责任人员，依照各该款的规定处罚。"

上述《刑法修正案（九）》对刑法第 253 条之一第 1 款作了如下修改：

（1）将非法出售、提供公民个人信息罪的主体由履行职责、提供服务人员的特殊主体改为一般主体，扩大了惩治非法出售、提供公民个人信息犯罪的范围。

（2）对履行职责和提供服务人员犯非法出售、提供公民个人信息罪规定从重处罚。

（3）增加了一个档次的法定刑，即"情节特别严重的，处三年以上七年以下有期徒刑，并处罚金"。

2. 刑法规定修改的原因

我国 1979 年刑法和 1997 年刑法都没有规定出售、非法提供公民个人信息罪，随着改革开放和市场经济的深入发展，特别是信息产业的发展，有关公民的个人信息成为社会经济活动的重要信息，有些人千方百计地收集公民的个人信息，以便通过互联网或通讯工具进行犯罪活动；而有些国家工作人员或金融、通讯、医疗单位的工作人员将在履行职务或者提供服务中获取的公民个人的信息，出售或者非法提供给他人，使公民的个人信息泄露，为违法犯罪分子所利用，严重侵犯公民的人身权利，有的还给公民造成严重的经济损失。因此，这种"人肉搜索"行为严重扰乱了社会秩序，应当通过立法规定追究其刑事责任。经同有关部门研究，全国人大法制委员建议在刑法中增加规定，国家机关或者金融、电信、交通、教育、医疗等单位的工作人员，违反国家规定，将履行公务或者提供服务中获得的公民个人信息出售或者非法提供给他人，或者以窃取、收买等方法非法获取上述信息，情节严重的，追究刑事责任。全国人大常委会根据司法实践中打击出售、非法提供公民个人信息犯罪行为的需要，采纳了有关部门的意见，于2009年2月28日在《刑法修正案（七）》第7条第1款中补充规定了出售、非法提供个人信息，情节严重的构成犯罪，最高处3年有期徒刑，并处或者单处罚金。根据近年来的司法实践，刑法第253条之一规定的出售、非法提供个人信息罪不足以惩罚这种犯罪行为。一是出售、非法提供个人信息不止是履行职责和提供服务的人员，一般人员也有实施这种犯罪行为；二是本罪的法定刑较轻，特别是对履职和提供服务人员犯本罪处罚较轻，不足以有效惩治这种犯罪行为。所以，《刑法修正案（九）》第17条又对刑法第253条之一规定的罪状和法定刑及处罚规定作了修改，即将侵犯公民个人信息罪的主体由特殊主体改为一般主体，并规定履行职责和提供服务人员犯非法出售、提供公民个人信息罪从重处罚，同时提高了一个档次的法定刑，即"情节特别严重的，处三年以上七年以下有期徒刑，并处罚金。"2015年10月30日"两高"《关于执行〈中华人民共和国刑法〉确定罪名补充规定（六）》中将该罪的罪名改为"侵犯公民个人信息罪"。

3. 侵犯公民个人信息罪的适用

侵犯公民个人信息罪是《刑法修正案（七）》、《刑法修正案（九）》和刑法第253条之一增加和补充规定的一种新的犯罪，要准确适用就必须弄清楚该罪的概念、特征、法定刑以及适用时应注意的问题。

（1）侵犯公民个人信息罪的概念。该罪是指违反国家有关规定，向他人出售或者提供公民个人信息，情节严重的行为。侵犯公民个人信息罪是严重侵犯公民人身权利的行为。公民个人的信息被泄露，被有关经济部门获得，往往给公民生活造成严重扰乱；如果被犯罪分子用于犯罪活动，严重侵犯公民的人身权利和名誉权利，甚至给公民造成严重经济损失。因此，出售、非法提供公民个人信息，情节严重的行为，是严重危害社会的行为，《刑法修正案（七）》、《刑法修正案（九）》将这种行为规定为犯罪。

（2）侵犯公民个人信息罪的构成特征。根据刑法第253条之一第1款的规定，该罪的构成特征有：

①犯罪主体，是一般主体，达到法定年龄，具有刑事责任能力，实施了出

售、非法提供公民个人信息行为的自然人和单位。本罪的刑事责任年龄是16周岁以上的人，犯罪主体主观上是故意的。单位和单位直接负责的主管人员及其直接责任人员可以构成本罪的主体。

②犯罪行为，必须具有出售、非法提供公民个人信息的行为。刑法规定的具体行为表现是：

第一，出售公民个人信息的行为。将公民个人信息作为商品出卖谋取利益的行为。公民个人信息，是指公民的姓名、性别、年龄、民族、居所、职务、职业、身份证件号码，公民财产、婚姻、家庭住址、电话号码、个人经历、荣誉、处分、行踪轨迹等状况，公民通讯地址、电信号码及亲属情况等信息状况。

第二，非法提供公民个人信息行为，是不经公民许可，将公民的个人信息提供、送给他人的行为。凡具有上述两项行为之一的，就可以构成本罪的犯罪行为。

最高人民法院、最高人民检察院2017年6月1日起施行的《关于办理侵犯公民个人信息刑事案件适用法律若干问题的解释》第1条规定，"刑法第二百五十三条之一规定的'公民个人信息'，是指以电子或者其他方式记录的能够单独或者与其他信息结合识别特定自然人身份或者反映特定自然活动情况的各种信息，包括姓名、身份证件号码、通信通讯联系方式、住址、账号密码、财产状况、行踪轨迹等"。第2条规定，"违反法律、行政法规、部门规章有关公民个人信息保护的规定的，应当认定为刑法第二百五十三条之一规定的'违反国家有关规定'"。第3条规定，"向特定人提供公民个人信息，以及通过信息网络或者其他途径发布公民个人信息的，应当认定为刑法第二百五十三条之一规定的'提公民个人信息'。未经被收集者同意，将合法收集的公民个人信息向他人提供的，属于刑法第二百五十三条之一规定的'提供公民个人信息'，但是经过处理无法识别特定个人，且不能复原的除外"。

③犯罪结果，是结果犯，必须是达到出售、非法提供公民个人信息情节严重的结果，才能构成犯罪。何为情节严重，根据最高人民法院、最高人民检察院2017年6月1日起施行的《关于办理侵犯公民个人信息刑事案件适用法律若干问题的解释》第5条规定："非法获取、出售或者提供公民个人信息，具有下列情形之一的，应当认定为刑法第二百五十三条之一规定的'情节严重'：（一）出售或者提供行踪轨迹信息，被他人用于犯罪的；（二）知道或者应当知道他人利用公民个人信息实施犯罪，向其出售或者提供的；（三）非法获取、出售或者提供行踪轨迹信息、通信内容、征信信息、财产信息五十条以上的；（四）非法获取、出售、或者提供住宿信息、通信记录、健康生理信

息、交易信息等其他可能影响人身、财产安全的公民个人信息五百条以上的；（五）非法获取、出售或者提供第三项、第四项规定以外的公民个人信息五千条以上的；（六）数量未达到第三项至第五项规定标准，但是按相应比例合计达到有关数量标准的；（七）违法所得五千元以上的；（八）将在履行职责或者提供服务过程中获得的公民个人信息出售或者提供给他人，数量或者数额达到第三项至第七项规定标准一半以上的；（九）曾因侵犯公民个人信息受过刑事处罚或者二年内受过行政处罚，又非法获取、出售或者提供公民个人信息的；（十）其他情节严重的情形。实施前款规定的行为，具有下列情形之一的，应当认定为刑法第二百五十三条之一第一款规定的'情节特别严重'：（一）造成被害人死亡、重伤、精神失常或者被绑架等严重后果的；（二）造成重大经济损失或者恶劣社会影响的；（三）数量或者数额达到前款第三项至第八项规定标准十倍以上的；（四）其他情节特别严重的情形。"

上述解释第6条规定，"为合法经营活动而非法购买、收受本解释第五条第一款第三项、第四项规定以外的公民个人信息，具有下列情形之一的，应当认定为刑法第二百五十三条之一规定的'情节严重'：（一）利用非法购买、收受的公民个人信息获利五万元以上的；（二）曾因侵犯公民个人信息受过刑事处罚或者二年内受过行政处罚，又非法购买、收受公民个人信息的；（三）其他情节严重的情形。实施前款规定的行为，将购买、收受的公民个人信息非法出售或者提供的，定罪量刑标准适用本解释第五条的规定"。

（3）侵犯公民个人信息罪的法定刑。根据刑法第253条之一规定，犯本罪的法定刑是：

①情节严重，构成犯罪的，处3年以下有期徒刑或拘役，并处或者单处罚金。情节特别严重的，处3年以上7年以下有期徒刑，并处罚金。

②违反国家有关规定，将在履行职责或者提供服务过程中获得的公民个人信息，出售或者提供给他人的，依照前款的规定从重处罚。

③单位犯本罪的，对单位判处罚金，并对其直接负责的主管人员和其他直接责任人员，依照自然人犯本罪规定定罪处罚。

最高人民法院、最高人民检察院2017年6月1日起施行的《关于办理侵犯公民个人信息刑事案件适用法律若干问题的解释》第12条规定，"对于侵犯公民个人信息犯罪，应当综合考虑犯罪的危害程度、犯罪的违法所得数额以及被告人的前科情况、认罪悔罪态度等，依法判处罚金。罚金数额一般在违法所得的一倍以上五倍以下"。

（4）适用侵犯公民个人信息罪时，应注意以下问题：

①注意划清罪与非罪的界限。我国刑法第253条之一规定的侵犯公民个人

信息罪是结果犯,必须达到情节严重的结果才能构成犯罪,情节一般或者较重的,都不构成犯罪。根据最高人民法院、最高人民检察院 2017 年 6 月 1 日起施行的《关于办理侵犯公民个人信息刑事案件适用法律若干问题的解释》第 10 条规定,"实施侵犯公民个人信息犯罪,不属于'情节特别严重',行为人系初犯,全部退赃,并确有悔罪表现的,可以认定为情节轻微,不起诉或者免予刑事处罚;确有必要判处刑罚的,应当从宽处罚"。

②注意区分出售公民个人信息行为与非法提供公民个人信息行为。出售公民个人信息行为实质上也是非法提供公民个人信息的行为,只是为强调出售公民个人信息行为是以谋利为目的行为。出售公民个人信息的行为是以谋利为目的,主观恶性深,难以改造。提供公民个人信息无偿送给他人,一般是基于人情关系,相比较其主观恶性相对小些。因此,相比较出售公民个人信息的行为,非法提供公民个人信息的行为构成犯罪的数额标准要低一些,量刑要重些。

③注意弄清本罪是出售、非法提供公民个人信息,而不是出售、非法提供单位的信息。如果出售、非法提供单位信息,则不构成本罪。但应根据行为特征,有可能分别构成泄露国家秘密罪,为境外机构、组织、人员非法提供国家秘密、情报罪,非法提供军事秘密罪等。

④注意对设立网站、通讯群组和网络服务者的定罪处罚。最高人民法院、最高人民检察院 2017 年 6 月 1 日起施行的《关于办理侵犯公民个人信息刑事案件适用法律若干问题的解释》第 8 条规定,"设立用于实施非法获取、出售或者提供公民个人信息违法犯罪活动的网站、通讯群组,情节严重的,应当依照刑法第二百八十七之一的规定,以非法利用信息网络罪定罪处罚;同时构成侵犯公民个人信息罪的,依照侵犯公民个人信息罪定罪处罚"。第 9 条规定,"网络服务提供者拒不履行法律、行政法规规定的信息网络安全管理义务,经监管部门责令采取改正措施而拒不改正,致使用户的公民个人信息泄露,造成严重后果的,应当依照刑法第二百八十六条之一的规定,以拒不履行信息网络安全管理义务罪定罪处罚"。

⑤注意对侵犯公民个人信息数额的认定。最高人民法院、最高人民检察院 2017 年 6 月 1 日起施行的《关于办理侵犯公民个人信息刑事案件适用法律若干问题的解释》第 11 条规定,"非法获取公民个人信息后又出售或者提供的,公民个人信息的条数不重复计算。向不同单位或者个人分别出售、提供同一公民个人信息的,公民个人信息的条数累计计算。对批量公民个人信息的条数,根据查获的数量直接认定,但是有证据证明信息不真实或者重复的除外"。

（十二）非法获取公民个人信息罪

非法获取公民个人信息罪是刑法第253条之一第3款规定的犯罪，《刑法修正案（七）》第7条第2款在刑法中增加规定了"盗窃或者以其他非法获取公民个人信息犯罪行为"。"两高"2009年10月16日《关于执行〈中华人民共和国刑法〉确定罪名的补充规定（四）》中将这种犯罪确定为本罪名。《刑法修正案（九）》第17条对该罪由结果犯改为行为犯，取消了"情节严重的"犯罪构成要件，改为只要实施了非法获取公民个人信息行为，就可以构成本罪，同时增加了一个加重档次的法定刑。

1. 刑法规定内容的修改

刑法条文中有关非法获取公民个人信息罪的规定有：

（1）《刑法修正案（七）》第7条第2款规定："窃取或者以其他方法非法获取上述信息，情节严重的，依照前款的规定处罚。"

该条第3款规定："单位犯前两款罪的，对单位判处罚金，并对其直接负责的主管人员和其他直接责任人员，依照各该款的规定处罚。"

上述《刑法修正案（七）》的规定是根据我国当时社会上出现的"人肉搜索"，非法获取公民个人信息行为严重的情况下而增加规定的一种新的犯罪行为。

（2）2015年8月29日《刑法修正案（九）》第17条将刑法第253条之一第3款修改为："窃取或者以其他方法非法获取公民个人信息的，依照第一款的规定处罚。"

2. 刑法规定修改的原因

我国1979年刑法和1997年刑法都没有规定非法获取公民个人信息罪，随着改革开放和市场经济的深入发展，特别是信息产业的发展，有关公民的个人信息成为社会经济活动的重要信息，有些人千方百计地用各种手段非法收集公民个人的信息，以便通过互联网或通讯工具进行犯罪活动。而有些国家工作人员或金融、通讯、医疗等单位的工作人员将在履行职务或者提供服务中获取的公民个人的信息，出售或者非法提供给他人，使公民的个人信息泄露，为违法犯罪分子所利用，严重侵犯公民的人身权利，有的还给公民造成严重的经济损失。因此，这种"人肉搜索"行为严重扰乱了社会秩序，应当通过立法规定追究其刑事责任。经同有关部门研究，全国人大法制委员会建议在刑法中增加规定了出售、非法提供公民个人信息犯罪行为的同时还规定了非法获取公民个人信息犯罪行为。全国人大常委会根据司法实践中打击非法获取公民个人信息犯罪行为的需要，采纳了有关部门的意见，于2009年2月28日在《刑法修正案

（七）》第7条第2款中补充规定了"非法获取公民个人信息，情节严重的行为构成犯罪"。经过几年的司法实践，刑法第253条之一规定的非法获取公民个人信息罪不足以惩罚这种犯罪行为，一是构成犯罪的结果必须是"情节严重"，不利于侦破该种犯罪。二是本罪的法定刑较轻，不足以有效惩治这种犯罪行为。所以，《刑法修正案（九）》第17条又将刑法第253条之一第3款规定的非法获取公民个人信息罪的罪状和法定刑都作了修改，即只要实施了非法获取公民个人信息的行为，就可以构成犯罪；同时提高了一个档次的法定刑，即"情节特别严重的，处三年以上七年以下有期徒刑，并处罚金"，扩大了惩治范围和加重了惩罚力度。

3. 非法获取公民个人信息罪的适用

非法获取公民个人信息罪是《刑法修正案（七）》、《刑法修正案（九）》和刑法第253条之一增加和修改的一种新犯罪，要准确适用就必须弄清楚该罪的概念、特征、法定刑以及适用时应注意的问题。

（1）非法获取公民个人信息罪的概念。该罪是指窃取或者以其他方法非法获取公民个人信息的行为。非法获取公民个人信息罪是严重侵犯公民人身权利、民主权利的行为。公民个人的信息被泄露，被有关不法经济部门获得，往往给公民生活造成严重扰乱；如果被不法分子用于犯罪活动，严重侵犯公民的人身权利或者名誉权利，甚至给公民造成严重经济损失。因此，非法获取公民个人信息的行为，是严重危害社会的行为，《刑法修正案（七）》将这种行为规定为犯罪，最高处3年有期徒刑，并处或者单处罚金。《刑法修正案（九）》将原规定的结果犯改为行为犯，只要实施了非法获取公民个人信息行为的，就可以构成本罪，并增加了加重处罚的法定刑，即"情节特别严重的，处三年以上七年以下有期徒刑，并处罚金"。

（2）非法获取公民个人信息罪的构成特征。根据刑法第253条之一第3款规定，该罪的构成特征有：

①犯罪主体，是一般主体。凡是年满16周岁以上的具有刑事责任能力的自然人和单位都可以构成本罪的犯罪主体。本罪的犯罪主体，在主观上都是故意的，有的还具有谋取非法利益的目的。

②犯罪行为，必须是实施了非法获取公民个人信息的行为。具体行为表现是：

第一，盗窃公民个人信息的行为，即以非法占有为目的，采用秘密手段窃取公民个人信息的行为。公民个人信息，是指公民的姓名、性别、年龄、民族、居所、职务、职业、身份证号码、公民财产、婚姻、家庭、经历状况、公民通讯地址、电信号码及亲属等情况。

第二，以其他非法方法获取公民个人信息行为，凡是未经公民同意，将公民个人信息非法占为己有的行为。例如，利用收买、骗取、抢夺等方法将公民个人的信息占为己有的行为。至于获取后是否使用，不影响本罪的成立。不论用何种方法，只要实施了非法获取公民个人信息的行为，就可以构成本罪。

最高人民法院、最高人民检察院2017年6月1日起施行的《关于办理侵犯公民个人信息刑事案件适用法律若干问题的解释》第1条规定，"刑法第二百五十三条之一规定的'公民个人信息'，是指以电子或者其他方式记录的能够单独或者与其他信息结合识别特定自然人身份或者反映特定自然活动情况的各种信息，包括姓名、身份证件号码、通信通讯联系方式、住址、账号密码、财产状况、行踪轨迹等"。第2条规定，"违反法律、行政法规、部门规章有关公民个人信息保护的规定的，应当认定为刑法第二百五十三条之一规定的'违反国家有关规定'"。

③犯罪结果，本罪是行为犯。只要实施了非法获取公民个人信息行为，就可以构成本罪。犯罪情节严重、情节特别严重的，是处加重法定刑的量刑情节。何为情节严重、情节特别严重，根据最高人民法院、最高人民检察院2017年6月1日起施行的《关于办理侵犯公民个人信息刑事案件适用法律若干问题的解释》第5条规定，"非法获取、出售或者提供公民个人信息，具有下列情形之一的，应当认定为刑法第二百五十三条之一规定的'情节严重'：（一）出售或者提供行踪轨迹信息，被他人用于犯罪的；（二）知道或者应当知道他人利用公民个人信息实施犯罪，向其出售或者提供的；（三）非法获取、出售或者提供行踪轨迹信息、通信内容、征信信息、财产信息五十条以上的；（四）非法获取、出售、或者提供住宿信息、通信记录、健康生理信息、交易信息等其他可能影响人身、财产安全的公民个人信息五百条以上的；（五）非法获取、出售或者提供第三项、第四项规定以外的公民个人信息五千条以上的；（六）数量未达到第三项至第五项规定标准，但是按相应比例合计达到有关数量标准的；（七）违法所得五千元以上的；（八）将在履行职责或者提供服务过程中获得的公民个人信息出售或者提供给他人，数量或者数额达到第三项至第七项规定标准一半以上的；（九）曾因侵犯公民个人信息受过刑事处罚或者二年内受过行政处罚，又非法获取、出售或者提供公民个人信息的；（十）其他情节严重的情形。实施前款规定的行为，具有下列情形之一的，应当认定为刑法第253条之一第一款规定的'情节特别严重'：（一）造成被害人死亡、重伤、精神失常或者被绑架等严重后果的；（二）造成重大经济损失或者恶劣社会影响的；（三）数量或者数额达到前款第三项至第八项规定标准十倍以上的；（四）其他情节特别严重的情形"。

上述解释第 6 条规定,"为合法经营活动而非法购买、收受本解释第五条第一款第三项、第四项规定以外的公民个人信息,具有下列情形之一的,应当认定为刑法第二百五十三条之一规定的'情节严重':(一)利用非法购买、收受的公民个人信息获利五万元以上的;(二)曾因侵犯公民个人信息受过刑事处罚或者二年内受过行政处罚,又非法购买、收受公民个人信息的;(三)其他情节严重的情形。实施前款规定的行为,将购买、收受的公民个人信息非法出售或者提供的,定罪量刑标准适用本解释第五条的规定"。

(3) 非法获取公民个人信息罪的法定刑。根据刑法第 253 条之一规定,非法获取公民个人信息罪的法定刑是:

①构成本罪的,处 3 年以下有期徒刑或拘役,并处或者单处罚金。情节严重的,应在本法定刑内从重处罚。

②情节特别严重的,处 3 年以上 7 年以下有期徒刑,并处罚金。

③单位犯本罪的,对单位判处罚金,并对其直接负责的主管人员和其他直接责任人员,依照自然人犯本罪定罪处罚。

最高人民法院、最高人民检察院 2017 年 6 月 1 日起施行的《关于办理侵犯公民个人信息刑事案件适用法律若干问题的解释》第 12 条规定,"对于侵犯公民个人信息犯罪,应当综合考虑犯罪的危害程度、犯罪的违法所得数额以及被告人的前科情况、认罪悔罪态度等,依法判处罚金。罚金数额一般在违法所得的一倍以上五倍以下"。

(4) 适用非法获取公民个人信息罪时,应注意以下问题:

①注意划清罪与非罪的界限。我国刑法第 253 条之一第 3 款规定的非法获取公民个人信息罪是行为犯,只要实施了非法获取公民个人信息行为的,就可以构成本罪。情节严重、情节特别严重是量刑情节,情节严重的可以在第一个档次的法定刑"处三年以下有期徒刑或拘役,并处或者单处罚金"下从重处罚。情节显著轻微、危害不大的行为,根据刑法第 13 条犯罪定义的规定,不认为是犯罪。

最高人民法院、最高人民检察院 2017 年 6 月 1 日起施行的《关于办理侵犯公民个人信息刑事案件适用法律若干问题的解释》第 10 条规定,"实施侵犯公民个人信息犯罪,不属于'情节特别严重',行为人系初犯,全部退赃,并确有悔罪表现的,可以认定为情节轻微,不起诉或者免予刑事处罚;确有必要判处刑罚的,应当从宽处罚"。

②注意区分盗窃公民个人信息行为与以其他方法非法获取公民个人信息行为。盗窃公民个人信息行为实质上也是非法获取公民个人信息的行为,只是为强调盗窃公民个人信息行为是以非法占有为目的,采用秘密手段,窃取公民个

人信息的行为，其手段更加恶劣。以其他方法非法获取公民个人信息的行为是一种概括的规定，包括所有非法获取公民个人信息的行为。

③注意弄清本罪非法获取的是公民个人信息，而不是非法获取单位的信息。如果非法提供单位信息的行为，不构成本罪。但应根据行为特征，可分别定为泄露国家秘密罪，为境外机构、组织、人员非法窃取、收买、刺探国家秘密罪，非法获取军事秘密罪等。

④注意对设立网站、通讯群组和网络服务者的定罪处罚。最高人民法院、最高人民检察院2017年6月1日起施行的《关于办理侵犯公民个人信息刑事案件适用法律若干问题的解释》第8条规定，"设立用于实施非法获取、出售或者提供公民个人信息违法犯罪活动的网站、通讯群组，情节严重的，应当依照刑法第287之一的规定，以非法利用信息网络罪定罪处罚；同时构成侵犯公民个人信息罪的，依照侵犯公民个人信息罪定罪处罚"。第9条规定，"网络服务提供者拒不履行法律、行政法规规定的信息网络安全管理义务，经监管部门责令采取改正措施而拒不改正，致使用户的公民个人信息泄露，造成严重后果的，应当依照刑法第二百八十六条之一的规定，以拒不履行信息网络安全管理义务罪定罪处罚"。

⑤注意对侵犯公民个人信息数额的认定。最高人民法院、最高人民检察院2017年6月1日起施行的《关于办理侵犯公民个人信息刑事案件适用法律若干问题的解释》第11条规定，"非法获取公民个人信息后又出售或者提供的，公民个人信息的条数不重复计算。向不同单位或者个人分别出售、提供同一公民个人信息的，公民个人信息的条数累计计算。对批量公民个人信息的条数，根据查获的数量直接认定，但是有证据证明信息不真实或者重复的除外"。

（十三）虐待罪

虐待罪是《刑法修正案（九）》第18条对刑法第260条补充的犯罪。1997年最高人民法院、最高人民检察院《关于执行〈中华人民共和国刑法〉确定罪名的规定》中规定为该罪名。

1. 刑法规定内容的修改

刑法条文中有关虐待罪的规定有：

（1）1979年刑法第182条规定："虐待家庭成员，情节恶劣的，处二年以下有期徒刑、拘役或者管制。

"犯前款罪，引起被害人重伤、死亡的，处二年以上七年以下有期徒刑。

"第一款罪，告诉的才处理。"

（2）1997年刑法第260条规定："虐待家庭成员，情节恶劣的，处二年以下有期徒刑、拘役或者管制。

"犯前款罪,致使被害人重伤、死亡的,处二年以上七年以下有期徒刑。

"第一款罪,告诉的才处理。"

(3) 2015年8月29日《刑法修正案(九)》第18条将刑法第260条第3款修改为:"第一款罪,告诉的才处理,但被害人没有能力告诉,或者因受到强制、威吓无法告诉的除外。"

上述《刑法修正案(九)》第18条对刑法第260条原规定的犯罪中增加"被害人没有能力告诉,或者因受到强制、威吓无法告诉的除外",使那些不能告诉的被害人的合法权利也能得到充分的保护。

2. 刑法规定修改的原因

尊老爱幼,扶助有困难者是中华民族的优良传统,维护和睦稳定的家庭关系是中华民族的习惯。我国的社会主义家庭成员之间是相互爱护、互相关心、尊老爱幼、民主和睦的新型家庭关系,法律规定父母对子女有抚养的义务,子女对父母有赡养的义务,夫妻之间相互扶持的义务,对没有生活能力,需要照顾的家庭成员应给予帮助。如果不尽法律规定的义务,虐待家庭成员,情节恶劣的是犯罪行为,最高可处7年有期徒刑。我国1979年和1997年刑法中都规定了虐待罪。但考虑该犯罪行为是发生在家庭成员之间,为使被虐待家庭成员以后不受虐待,只要虐待者停止虐待行为,取得被虐待家庭成员的谅解,被虐待者不告诉的,可以不追究虐待者的刑事责任。因此,刑法将虐待罪规定为是"告诉才处理"的犯罪。但现实中,也出现了虐待家庭成员的犯罪者为了逃避法律制裁,故意造成被害人没有能力告诉,或者强制、威吓被虐待家庭成员,使其无法告诉,致使被虐待的家庭成员的合法权利得不到保护。为了更有效地保护所有被虐待的家庭成员的合法权利,《刑法修正案(九)》第18条规定在刑法第260条第3款中增加规定了"被害人没有能力告诉,或者因受到强制、威吓无法告诉的除外",即在上述情况下,不再是告诉才处理的犯罪,其他人或者单位也可以告诉,司法机关也可以作为公诉案件,由公安机关侦查、检察机关起诉,人民法院应当进行审判,更有效、更充分地维护被虐待者的合法权利。

3. 虐待罪的适用

虐待罪是《刑法修正案(九)》第18条对刑法第260条规定的虐待罪补充修改的犯罪,要准确适用就必须弄清该罪的概念、特征、法定刑,以及适用时应注意的问题。

(1) 虐待罪的概念。虐待罪是指虐待家庭成员,情节恶劣的行为。

社会主义的家庭关系应当是相互爱护、互相关心、尊老爱幼、民主和睦的关系，这对人们过上幸福美满生活，稳定社会秩序是十分必要的。那些不讲社会道德，不尽家庭成员义务，肆意虐待家庭成员，破坏家庭关系的行为，既是对家庭成员人身权利的侵犯，也是对和睦家庭关系的破坏，是对社会有危害的行为。我国刑法第260条规定，虐待家庭成员，情节恶劣的构成虐待罪，最高处7年有期徒刑。

(2) 虐待罪的构成特征。根据刑法第260条规定，该罪的构成特征是：

①犯罪主体，是特殊主体，必须是达到法定年龄具有刑事责任能力实施了虐待家庭成员行为的家庭成员。家庭成员是在一个家庭中生活，且有互助义务的家庭成员，如丈夫虐待妻子，妻子虐待丈夫，父母虐待子女，儿女虐待老人等，一般是在体力上经济上的强者虐待弱者。犯罪主体在主观上是故意的。至于实施虐待家庭成员过程中致被虐待的家庭成员重伤、死亡结果的一般是过失的。但其实施虐待行为和造成虐待的结果是故意的，构成故意犯罪。

②犯罪行为，必须是实施了虐待家庭成员行为。具体表现是经常以打骂、体罚、禁闭、冻饿、限制人身自由，有病不给治疗，强迫从事超体力劳动等方法，在精神上和肉体上进行折磨、摧残、迫害家庭成员行为。

③犯罪结果，是结果犯，必须是经常实施虐待家庭成员，情节恶劣的结果。所谓情节恶劣，一般是指具有下列情节之一的：虐待行为致被虐待者伤残、死亡的结果；虐待手段非常残暴；对年老、年幼生活不能自理的人进行虐待；长期、一贯虐待，屡教不改等情形。

(3) 虐待罪的法定刑。根据刑法第260条规定，该罪的法定刑是：

①犯本罪的，处2年以下有期徒刑、拘役或者管制。

②犯前款罪，致使被害人重伤、死亡的，处2年以上7年以下有期徒刑。

(4) 认定虐待罪时，应注意的问题：

①区分罪与非罪的界限。

从犯罪的主体上区分。本罪是特殊主体，必须是家庭成员，非家庭成员不能构成本罪。本罪犯罪主体在主观上是故意的，主观上过失的人，不能构成本罪。

从犯罪行为上区分。本罪必须是实施了虐待家庭成员的行为。如果实施了故意杀害家庭成员的行为不能构成本罪。

从犯罪结果上区分。本罪是结果犯，必须是情节恶劣的结果才能构成犯罪。如果虐待家庭成员情节一般或者情节严重的结果，都不能构成本罪，如偶尔打骂家庭成员，或者由虐待家庭成员行为造成轻微伤害结果情形的，都不能构成本罪。如果实施虐待家庭成员行为引起被虐待者重伤、死亡的结果，由于行为人在主观上对重伤、死亡结果是过失的，所以是过失致人重伤、死亡的，其被故意犯虐待罪所吸收，仍应认定为虐待罪，但依法在加重法定刑中处 2 年以上 7 年以下有期徒刑。

②注意正确理解本罪是告诉才处理的犯罪。根据刑法第 260 条第 3 款规定，犯一般虐待罪的，告诉才处理，被虐待人不告诉的，司法机关不主动追究犯罪者的刑事责任。但是根据《刑法修正案（九）》规定"被害人没有能力告诉，或者因受到强制、威吓无法告诉的除外"，即具有上述情形的，其他个人或者单位也可以告诉，司法机关应当主动处理，以便更有效地维护被虐待者的合法权利。

根据刑法第 260 条第 2 款规定，犯虐待罪，致使被害人重伤、死亡结果的，不再是告诉才处理的犯罪，其他个人或者单位可以告诉，并经公安机关侦查，检察院起诉，人民法院审判，追究犯虐待罪者的刑事责任。

根据最高人民法院 2015 年 11 月 1 日起施行的《关于〈中华人民共和国刑法修正案（九）〉时间效力问题的解释》第 5 条规定，对于 2015 年 10 月 31 日以前实施的刑法第 260 条第 1 款规定的虐待行为，被害人没有能力告诉，或者因受到强制、威吓无法告诉的，适用修正后刑法第 260 条第 3 款的规定。

③注意划清本罪与虐待监护、看护人罪的界限。《刑法修正案（九）》第 19 条增加规定的刑法第 260 条之一中规定了虐待监护、看护人罪，是指对未成年人、老人、患病的人、残疾人进行虐待，情节恶劣的行为，与本罪有相似和相交叉的行为。两种犯罪行为在认定犯罪时容易混淆。二罪的主要区别是犯罪主体不同。本罪的主体是家庭成员，而虐待监护、看护人罪的犯罪主体是具有监护、看护职责的人或单位。由于犯罪主体不同将两罪区分开。如果家庭成员是负有监管、看护权的人实施虐待家庭成员的行为，应按处刑较重的虐待监护、看护人罪定罪定罚。

（十四）抢夺罪

抢夺罪是《刑法修正案（九）》第 20 条对刑法第 267 条补充的犯罪。1997 年最高人民法院、最高人民检察院《关于执行〈中华人民共和国刑法〉确定罪名的规定》中规定为该罪名。

1. 刑法规定内容的修改

刑法条文中有关抢夺罪的规定有：

（1）1979 年刑法第 151 条规定："盗窃、诈骗、抢夺公私财物数额较大的，处五年以下有期徒刑、拘役或者管制。"

1979 年刑法第 152 条规定："惯窃、惯骗或者盗窃、诈骗、抢夺公私财物数额巨大的，处五年以上十年以下有期徒刑；情节特严重的，处十年以上有期徒刑或者无期徒刑，可以并处没收财产。"

（2）1997年刑法第260条规定："抢夺公私财物，数额较大的，处三年以下有期徒刑、拘役或者管制，并处或者单处罚金；数额巨大或者有其他严重情节的，处三年以上十年以下有期徒刑，并处罚金；数额特别巨大或者有其他特别严重情节的，处十年以上有期徒刑或者无期徒刑，并处罚金或者没收财产。

"携带凶器抢夺的，依照本法第二百六十三条的规定定罪处罚。"

（3）2015年8月29日《刑法修正案（九）》第20条将刑法第267条第1款修改为："抢夺公私财物，数额较大的，或者多次抢夺的，处三年以下有期徒刑、拘役或者管制，并处或者单处罚金；数额巨大或者有其他严重情节的，处三年以上十年以下有期徒刑，并处罚金；数额特别巨大或者有其他特别严重情节的，处十年以上有期徒刑或者无期徒刑，并处罚金或者没收财产。"

上述《刑法修正案（九）》是根据我国社会上出现多次抢夺行人财物的行为，但数额未达到较大的结果，不能入罪给予刑事处罚，专门在刑法第267条中增加"多次抢夺的"行为，构成犯罪。

2. 刑法规定修改的原因

我国1979年刑法和1997年刑法中都规定有抢夺罪，1979年将抢夺罪与盗窃罪、诈骗罪在一起规定，最低处管制，最高处无期徒刑。1997年刑法将抢夺罪单独规定，最低处管制，并处或单处罚金；最高处无期徒刑，并处罚金或者没收财产。我国1997年刑法规定必须抢夺财物数额较大的才构成犯罪，而当前我国社会上出现了一些骑摩托车顺手抢夺行人背包、饰品的行为，抢夺财物数额不一定数额较大，但多次实施抢劫，在社会造成恐怖气氛，严重扰乱了社会秩序。同样的多次盗窃财物数额没有达到数额较大的结果，已补充规定为犯罪，为了惩罚这种多次抢夺财物的行为，《刑法修正案（九）》在刑法第267条中增加规定"多次抢夺"，不论数额是否达到数额较大的，都可以构成犯罪，扩大了惩治抢夺罪的范围，使多次抢夺财物的行为受到刑事处罚。

3. 抢夺罪的适用

抢夺罪是《刑法修改案（九）》和刑法第267条规定的犯罪，要准确适用就必须弄清楚该罪的概念、特征、法定刑以及适用时应注意的问题。

（1）抢夺罪的概念。抢夺罪是指以非法占有为目的，当着财物人的面，乘人不备公然夺取数额较大的公私财物，或者多次抢夺公私财物的行为。

抢夺公私财物是当着财物所有人或者财物管理人的面进行抢夺，直接扰乱社会秩序,往往一人被抢,四邻不安,给社会治安秩序造成极坏的影响,其社会危害性是相当严重的行为。我国刑法将抢夺公私财物数额较大,或者多次抢夺公私财物的行为规定为犯罪,最高处无期徒刑,并处罚金或者没收财产。

(2)抢夺罪的构成特征。根据刑法第267条第1款的规定,该罪的构成特征有:

①犯罪主体,是一般主体,达到法定年龄,具有刑事责任能力,实施了抢夺公私财物行为的自然人。本罪的刑事责任年龄是16周岁以上的人,犯罪主体主观上是故意的,并且具有非法占有他人财物的目的。

②犯罪行为,必须具有故意抢夺他人财物的行为。夺取他人财物的具体表现是:

第一,乘人不备夺取他人财物的行为,即是在财物所有人或者财物保管人没有防备的情况下,将财物夺去。

第二,当着财物所有人或者保管人的面,当场夺取其财物的行为,财物被夺走,财物所有人或保管人立即发觉财物被犯罪人夺去了。

第三,抢夺财物时,是对财物使用力量,但对财物所有人或者保管人没有使用暴力。

只有同时具备上述三个特征的行为,才能构成抢夺犯罪行为。

③犯罪结果,是结果犯,抢夺财物行为必须是达到数额较大,或者多次抢夺财物的结果。

根据2013年11月18日最高人民法院、最高人民检察院《关于审理抢夺刑事案件适用法律若干问题的解释》第1条规定,抢夺财物价值1000元至3000元以上、3万元至8万元以上、20万元至40万元以上的,应当分别认定为为刑法第267条规定的"数额较大"、"数额巨大"、"数额特别巨大"。各省、自治区、直辖市高级人民法院、人民检察院可以根据本地区经济发展状况,并考虑社会治安状况,在前款规定的数额幅度内,确定本地区执行的具体数额标准,报最高人民法院、最高人民检察院批准。

上述司法解释第2条规定,"抢夺公私财物,具有下列情形之一的,'数额较大'的标准按照前款规定标准的百分之五十确定:(一)曾因抢劫、抢夺或者聚众哄抢受过刑事处罚的;(二)一年以内曾因抢夺或者哄抢受过行政处罚的;(三)一年以内抢夺三次以上的;(四)驾驶机动车、非机动车抢夺的;(五)组织、控制未成年人抢夺的;(六)抢夺老年人、未成年人、孕妇、携带婴幼儿的人、残疾人、丧失劳动能力人的财物的;(七)在医院抢夺病人或者其亲友财物的;(八)抢夺救灾、抢险、防汛、优抚、扶贫、移民、救济等款物的;(九)自然灾害、事故灾害、社会安全事件等突发事件期间,在事件发生地抢夺的；（十）导致他人轻伤或者精神失常等严重后果的"。

（3）抢夺罪的法定刑。根据刑法第267条规定，犯本罪的法定刑是：

①数额较大或者多次抢夺，构成犯罪的，处3年以下有期徒刑、拘役或者管制，并处或者单处罚金。所谓多次抢夺是指一年以内抢夺3次以上的行为。

②数额巨大或者有其他严重情节的，处3年以上10年以下有期徒刑，并处罚金。所谓其他严重情节，根据2013年11月18日最高人民法院、最高人民检察院《关于审理抢夺刑事案件适用法律若干问题的解释》第3条规定，"抢夺公私财物，具有下列情形之一的，应当认定为刑法第二百六十七条规定的'其他严重情节'：（一）导致他人重伤的；（二）导致他人自杀的；（三）具有本解释第二条第三项至第十项规定的情形之一，数额达到本解释第一条规定'数额巨大'百分之五十的"。

③数额特别巨大或者有其他特别严重情节的，处十年以上有期徒刑或者无期徒刑，并处罚金或者没收财产。这里"特别严重情节"，根据2013年11月18日最高人民法院、最高人民检察院《关于审理抢夺刑事案件适用法律若干问题的解释》第4条规定，"抢夺公私财物，具有下列情形之一的，应当认定为刑法第二百六十七条规定的'其他特别严重情节'：（一）导致他人死亡的；（二）具有本解释第二条第三项至第十项规定的情形之一，数额达到本解释第一条规定'数额特别巨大'百分之五十的"。

（4）适用抢夺罪时，应注意以下问题：

①注意划清罪与非罪的界限。

从犯罪主体上区分。不满16周岁的人和单位不能构成本罪。本罪犯罪主体在主观上必须是故意的，过失取得他人财物的行为，不能构成本罪。本罪主体必须具有非法占有他人财物的目的，如果行为人不是非法占有他人财物的目的，不构成本罪，例如，抢夺枪支、弹药的、抢夺公文证件、抢夺在押罪犯的行为，都不能认定为本罪，而应认定与其行为相应的犯罪。至于抢夺的财物是归自己还是归他人所有不影响抢夺罪的成立。

从犯罪行为上区分。抢夺财物必须是数额较大，或者多次抢夺的行为。根据2013年11月18日最高人民法院、最高人民检察院《关于审理抢夺刑事案件适用法律若干问题的解释》第5条规定，"抢夺公私财物数额较大，但未造成他人轻伤以上伤害，行为人系初犯、认罪、悔罪、退赃、退赔，具有下列情形之一的，可以认定为犯罪情节较轻微，不起诉或者免予刑事处罚；必要时，由有关部门依法予以行政处罚：（一）具有法定从宽处罚情节的；（二）没有参与分赃或者获赃较少，且不是主犯的；（三）被害人谅解的；（四）其他情节轻微、危害不大的"。

从犯罪结果上区分。本罪是结果犯，抢夺数额累计达不到数额较大的或者多次抢夺，情节轻微的，不构成本罪。

②注意划清抢夺罪与抢劫罪的区别。抢夺罪与抢劫罪在犯罪客体、犯罪主观上都是相同的。二罪的主要区别有：一是犯罪主体不同。抢夺罪的主体是年满16周岁的自然人，而抢劫罪的主体是年满14周岁以上的自然人。犯罪行为不同。抢夺罪是乘人不备夺取公私财物的行为，没有对财物所有人或者保管人使用暴力、胁迫的方法；而抢劫罪则是对被抢劫人使用暴力、胁迫的方法劫取其财物的行为。刑法第267条第2款规定，"携带凶器抢夺的，依照本法第二百六十三条的规定定罪处罚"，即依照抢劫罪定罪处罚。根据2013年11月18日最高人民法院、最高人民检察院《关于审理抢夺刑事案件适用法律若干问题的解释》第6条规定，"驾驶机动车、非机动车夺取他人财物，具有下列情形之一的，应当以抢劫罪定罪处罚：（一）夺取他人财物时因被害人不放手而强行夺取的；（二）驾驶机动车逼挤、撞击或者强行逼倒他人夺取财物的；（三）明知会致人伤亡仍然强行夺取并放任造成财物持有人轻伤以上后果的"。

③注意划清抢夺罪与敲诈勒索罪的界限。抢夺罪是乘人不备公然夺取公私财物的行为，没有对财物所有人使用暴力威胁的行为，当场将财物夺走的行为。而敲诈勒索犯罪行为是使用威胁或者要挟的方法迫使财物所有人交出财物的行为，一般不是当场取走财物，而是在一定的期限内迫使财物所有人交出财物的行为。二罪的根本区别是取得财物的方式方法不同。前者是强行夺取财物的行为，而后者是敲诈勒索财物的行为。

（十五）妨害公务罪

妨害公务罪是《刑法修正案（九）》第21条对刑法第277条补充的犯罪。1997年最高人民法院、最高人民检察院《关于执行〈中华人民共和国刑法〉确定罪名的规定》中规定为该罪名。

1. 刑法规定内容的修改

刑法条文中有关妨害公务罪的规定有：

（1）1979年刑法第157条规定："以暴力、威胁方法阻碍国家工作人员依法执行职务的或者拒不执行人民法院已经发生法律效力的判决、裁定的，处三年以下有期徒刑、拘役、罚金或者剥夺政治权利。"

（2）1997年刑法第277条规定："以暴力、威胁方法阻碍国家机关工作人员依法执行职务的，处三年以下有期徒刑、拘役、管制或者罚金。

"以暴力、威胁方法阻碍全国人民代表大会和地方各级人民代表大会代表依法执行代表职务的，依照前款的规定处罚。

"在自然灾害和突发事件中,以暴力、威胁方法阻碍红十字会工作人员依法履行职责的,依照第一款的规定处罚。"

"故意阻碍国家安全机关、公安机关依法执行国家安全工作任务,未使用暴力、威胁方法,造成严重后果的,依照第一款的规定处罚。"

(3) 2015年8月29日《刑法修正案(九)》第21条规定在刑法第277条中增加一款作为第5款:"暴力袭击正在依法执行职务的人民警察的,依照第一款的规定从重处罚。"

上述《刑法修正案(九)》第21条对刑法第277条原规定的妨害公务罪中增加一款"暴力袭击正在依法执行职务的人民警察的,依照妨害公务罪从重处罚"。

2. 刑法规定修改的原因

我国1979年和1997年刑法中都规定了妨害公务罪。多年来,依照刑法第277条的规定,惩治了一批以暴力、威胁方法阻碍国家机关工作人员依法执行职务的行为,但是,近年来,以暴力、威胁方法阻碍人民警察依法执行职务,在社会上造成恶劣影响。特别是警察的职务是维护社会治安秩序,同违法犯罪作斗争。以暴力、威胁警察依法执行职务,必然助长违法犯罪行为,使社会治安秩序混乱,造成违法犯罪行为得逞,而公民的人身权利、民主权利遭受侵害。因此,对暴力袭警的违法犯罪行为应给予严厉刑事处罚。2015年《刑法修正案(九)》在刑法第277条规定的妨害公务罪中又增加了一款规定,对暴力妨害警察执行职务的犯罪行为予以从重处罚。

3. 妨害公务罪的适用

妨害公务罪是《刑法修正案(九)》对刑法第277条补充修改的犯罪,要准确适用就必须弄清该罪的概念、特征、法定刑,以及适用时应注意的问题。

(1) 妨害公务罪的概念。妨害公务罪是指以暴力、威胁方法阻碍国家机关工作人员依法执行职务的行为。

国家机关工作人员依法执行公务活动是代表国家对社会进行管理活动,只有全社会的人都服从这种管理活动,社会才能有条不紊的发展,人们的生产、经营和生活才能稳定,即使有此管理不当的行为也应当依照法律规定的程序提出纠正意见,以便妥善处理。如果私自以暴力、威胁的方法阻碍国家机关工作人员依法执行职务,既是对社会秩序的破坏,同时也是对国家工作人员人身权利的侵犯,是对社会有危害的行为。我国刑法第277条将以暴力、威胁的方法阻碍国家机关工作人员依法执行职务的行为规定为犯罪,最高处3年有期徒刑。

(2) 妨害公务罪的构成特征。根据刑法第277条规定,该罪的构成特征是：

①犯罪主体，是一般主体，达到法定年龄具有刑事责任能力的实施了妨害公务行为的自然人。本罪法定年龄是年满16周岁的人。犯罪主体在主观上是故意的，并且有阻碍国家工作人员依法执行公务的目的。

②犯罪行为，必须是实施了妨害公务的行为。具体表现是：

第一，以暴力、威胁方法阻碍国家机关工作人员依法执行职务的行为。暴力的方法，是指对国家机关工作人员的人身实施打击或者强制，如殴打、捆绑，有的还可能是造成人身伤害的行为，有的对国家机关工作人员的办公室、办公桌椅、办公设施实施暴力打击或者破坏，严重阻碍国家机关工作人员依法执行职务的行为。威胁的方法，是指以侵犯国家机关工作人员及其亲属的人身、财产、名誉等相威胁，使国家机关工作人员在精神上、心理上受到严重恐惧，从而严重阻碍其依法执行职务的行为。阻碍的对象必须是正在依法执行职务的国家机关工作人员，根据最高人民法院2000年4月24日解释："对于以暴力、威胁方法阻碍国有事业单位工作人员依照法律、行政法规的规定执行行政职务的，或者以暴力威胁方法阻碍国家机关中受委托从事行政执法活动的事业编制人员执行行政执法职务的，可以对侵害人以妨害公务罪追究刑事责任。"

第二，以暴力、威胁方法阻碍全国人民代表大会和地方各级人民代表大会代表依法执行代表职务的行为。各级人民代表，有些虽然不是国家机关工作人员，但其依法执行代表职责，有权调查了解有关社会问题，如果以暴力、威胁方法阻碍人民代表执行职责活动的行为与阻碍国家机关工作人员依法执行职务的行为相同。

第三，在自然灾害和突发事件中，以暴力、威胁方法阻碍红十字会工作人员依法履行职责的行为。"红十字会"是国际志愿救济团体，主要是救护战时伤、病人员，也救济其他灾害的受难者。在特定灾害中，红十字会的工作人员实行救死扶伤职责，同国家机关工作人员依法执行职务的行为相同。虽然其中有的人不是国家机关工作人员，但其履行职责时，应当服从，如果以暴力、威胁的方法阻碍其执行职责的行为，也应当视为妨害公务的行为。

第四，故意阻碍国家安全机关、公安机关依法执行国家安全工作任务，未使用暴力、威胁方法，造成严重后果的行为。根据我国国家安法规定，故意阻碍国家安全机关依法执行安全工作任务，未使用暴力、威胁方法，造成严重后果的，依照刑法的妨害公务罪定罪处罚。

第五，暴力袭击正在依法执行职务的人民警察的行为。人民警察的职责是维护社会治安秩序，暴力袭击正在执行职务的人民警察是严重妨害公务的行为。

③犯罪结果,是行为犯,只要实施了妨害公务行为的,就可以构成犯罪。

(3) 妨害公务罪的法定刑。根据刑法第277条规定,该罪的法定刑是:

①犯本罪的,处3年以下有期徒刑、拘役、管制或者罚金。

②犯本罪的,有袭击警察的行为的,从重处罚。

(4) 认定妨害公务罪时,应注意的问题:

①注意区分罪与非罪的界限。

从犯罪的主体上区分。本罪的主体是年满16周岁以上的自然人,不满16周岁的人和单位不能构成本罪。本罪是故意犯罪,主观上过失的人,不能构成本罪。

从犯罪行为上区分。本罪必须是实施暴力、威胁的方法妨害国家机关工作人员从事公务的行为。没有使用暴力、威胁的方法除对国家安全机关工作人员外,不能构成本罪。本罪必须阻碍国家机关工作人员依法执行职责的行为,阻碍非国家机关工作人员,除人大代表、红十字会工作人员外,不能构成本罪。本罪必须阻碍正在执行职务的行为,阻碍的不是正在执行的职务,不构成本罪。

从犯罪结果上区分。本罪是行为犯,原则上只要实施了妨害公务行为的,就可以构成本罪。但是情节显著轻微,危害不大的,依照刑法第13条犯罪定义的规定不认为是犯罪。

②注意划清妨害公务罪与抗税罪、聚众阻碍解救被收买的妇女、儿童罪等暴力妨害公务犯罪的界限。在我国刑法中,对有些使用暴力、威胁方法阻碍国家机关工作人员执行职务的犯罪行为,根据其侵犯的客体或者对象特征分别规定为其他罪名,例如,使用暴力、威胁方法抗税的行为规定为抗税罪。使用暴力聚众阻碍解救被拐卖的妇女、儿童的犯罪行为规定为聚众阻碍解救被收买的妇女、儿童罪。使用暴力越狱、劫狱的行为分别规定为暴力越狱罪、聚众持械劫狱罪等。这些都是法律特别规定,相对而言妨害公务罪是法律一般规定,按照特别规定优先于一般规定的定罪原则,对上述特别规定的行为应定为特别规定的罪名,不再定为妨害公务罪。

(十六) 伪造、变造、买卖国家机关公文、证件、印章罪

伪造、变造、买卖国家机关公文、证件、印章罪是《刑法修正案(九)》第22条对刑法第280条补充规定的犯罪。1997年最高人民法院、最高人民检察院《关于执行〈中华人民共和国刑法〉确定罪名的规定》中规定为该罪名。

1. 刑法规定内容的修改

刑法条文中有关伪造、变造、买卖国家机关公文、证件、印章罪的规定有：

（1）1979年刑法第167条规定："伪造、变造、或者盗窃、抢夺、毁灭国家机关、企业、事业单位、人民团体的公文、证件、印章的，处三年以下有期徒刑、拘役、管制或者剥夺政治权利；情节严重的，处三年以上十年以下有期徒刑。"

（2）1997年刑法第280条第1款规定，"伪造、变造、买卖或者盗窃、抢夺、毁灭国家机关的公文、证件、印章的，处三年以下有期徒刑、拘役、管制或者剥夺政治权利；情节严重的，处三年以上十年以下有期徒刑。"

（3）2015年8月29日《刑法修正案（九）》第22条将刑法第280条修改为："伪造、变造、买卖或者盗窃、抢夺、毁灭国家机关的公文、证件、印章的，处三年以下有期徒刑、拘役、管制或者剥夺政治权利，并处罚金；情节严重的，处三年以上十年以下有期徒刑，并处罚金。"

上述《刑法修正案（九）》第22条对刑法第280条原规定的伪造、变造、买卖国家机关公文、证件、印章罪的两个档次的法定刑中都增加了"并处罚金"。

2. 刑法规定修改的原因

我国1979年和1997年刑法中都规定了伪造、变造、买卖国家机关公文、证件、印章罪。但1997年刑法对1979年刑法作了些修改，将伪造、变造、买卖国家机关公文、证件、印章罪与盗窃、抢夺、毁灭国家机关公文、证件、印章罪、伪造公司、企业、事业单位印章罪分别规定，还增加了"买卖"国家机关公文、证件、印章的犯罪行为。多年来，司法机关依照刑法第280条规定，惩治了一批伪造、变造、买卖国家机关公文、证件、印章罪的犯罪分子，司法实践中发现，在商品经济时代，很多实施伪造、变造、买卖国家机关公文、证件、印章行为的目的都是谋取不正当的经济利益，有的甚至花高价让他人为其伪造、变造、买卖国家机关公文、证件、印章，也有的将伪造、变造、买卖国家机关公文、证件、印章行为作为谋取高额利益的手段，而刑法原第280条中规定的法定刑中，没有财产刑，不能从经济上惩罚这种犯罪行为。2015年《刑法修正案（九）》在刑法第280条规定的伪造、变造、买卖国家机关公文、证件、印章罪的两个档次的法定刑中都增加了"并处罚金"，以便从经济上惩罚犯罪分子的贪利意图，从财产上剥夺其再犯罪的经济基础。

3. 伪造、变造、买卖国家机关公文、证件、印章罪的适用

伪造、变造、买卖国家机关公文、证件、印章罪是《刑法修正案（九）》

对刑法第 280 条补充的犯罪，要准确适用就必须弄清该罪的概念、特征、法定刑，以及适用时应注意的问题。

（1）伪造、变造、买卖国家机关公文、证件、印章罪的概念。该罪是指伪造、变造、买卖国家机关公文、证件、印章的行为。

国家机关对社会进行管理活动，是通过各种形式的公文、证件、印章传递信息和权力行使。因此，公文、证件、印章必须准确无误。如果伪造、变造、买卖国家机关公文、证件、印章，必然使国家的管理活动受到损害，这是对社会有严重危害性的行为。我国刑法第 280 条将伪造、变造、买卖国家机关公文、证件、印章的行为规定为犯罪，最高处 10 年有期徒刑，并处罚金。

（2）伪造、变造、买卖国家机关公文、证件、印章罪的构成特征。根据刑法第 280 条规定，该罪的构成特征是：

①犯罪主体，是一般主体，达到法定年龄具有刑事责任能力的实施了伪造、变造、买卖国家机关公文、证件、印章行为的自然人。本罪法定年龄是年满 16 周岁的人。犯罪主体在主观上是故意的，并且有伪造、变造、买卖国家机关公文、证件、印章的目的。

②犯罪行为，必须是实施了伪造、变造、买卖国家机关公文、证件、印章的行为。具体表现是：

第一，伪造行为，是指无权制作的单位或者个人，冒用有权制作的机关制作假公文、证件、印章的行为。

第二，变造行为，是指在原国家机关公文、证件、印章的基础上用涂改、抹擦、拼接等方法将该公文、证件、印章进行加工改制，使其内容、作用发生改变的行为。

第三，买卖行为，是指将国家机关公文、证件、印章以商品进行买和卖，从中谋取利益的行为。

上述伪造、变造、买卖行为的对象必须是正在使用的有效的国家机关公文、证件、印章。其中公文，是指国家机关制作的，用以联系事务、指导工作、处理问题的书面文件，如决定、指示、命令、通知、介绍信等；证件，是国家机关制作、颁发的用以证明身份、职务、资历、权利和义务关系或其他有关事项的凭证，如工作证、结婚证、户口迁移证、营业执照等；印章，是指国家机关刻制的以文字、图记表明立体同一性的公章、专用章等。公文、证件、印章是国家机关行使职权的符号和标记。

③犯罪结果，是行为犯，只要实施了伪造、变造、买卖国家机关公文、证件、印章行为，就扰乱了对国家机关公文、证件、印章管理秩序的结果，就可以构成犯罪。2007 年 5 月 11 日最高人民法院、最高人民检察院《关于办理与

盗窃、抢劫、诈骗、抢夺机动车相关刑事案件具体应用法律若干问题的解释》第2条规定，伪造、变造、买卖机动车行驶证、登记证书，累计3本以上的，依照刑法第280条第1款的规定，以伪造、变造、买卖国家机关证件罪定罪，处3年以下有期徒刑、拘役、管制或者剥夺政治权利。伪造、变造、买卖机动车行驶证、登记证书，累计达到第一款规定数量标准五倍以上的，属于刑法第280条第一款规定中的"情节严重"，处3年以上10年以下有期徒刑。

（3）伪造、变造、买卖国家机关公文、证件、印章罪的法定刑。根据刑法第280条规定，该罪的法定刑是：

①犯本罪的，处3年以下有期徒刑、拘役、管制或者剥夺政治权利，并处罚金。

②犯本罪的，情节严重的，处3年以上10年以下有期徒刑，并处罚金。

4. 认定伪造、变造、买卖国家机关公文、证件、印章罪时，应注意的问题：

①注意区分罪与非罪的界限。

从犯罪主体上区分。本罪主体是年满16周岁以上的自然人，不满16周岁的人和单位不能构成本罪。本罪是故意犯罪，主观上过失的人，不能构成本罪。

从犯罪行为上区分。本罪必须是实施伪造、变造、买卖国家机关公文、证件、印章的，才构成本罪，如果伪造、变造不是现在的国家机关和正有效的公文、证件、印章的行为不能构成本罪。

从犯罪结果上区分。本罪是行为犯，原则上只要实施了妨害公务行为的，就可以构成本罪。如果行为人只是主观上想伪造、变造国家机关公文、证件、印章，但没有实施行为的，一般是情节显著轻微，危害不大的，依照刑法第13条犯罪定义的规定不认为是犯罪。

②注意划清本罪与招摇撞骗罪的界限。行为人进行招摇撞骗犯罪行为时，也可能实施了伪造、变造国家机关的公文、证件、印章的行为，并以此为据进行招摇撞骗犯罪活动。在这种情况下，二罪重合，是认定其中一种罪，还是认定两种罪呢？一般情况下，应根据犯罪人的主观目的定罪处罚。例如，行为人主观上是为进行招摇撞骗，而伪造、变造国家公文、证件、印章的，应只认定重罪招摇撞骗，伪造、变造国家机关公文、证件犯罪行为被吸收。如果伪造、变造、买卖国家机关公文、证件、印章行为给国家造成严重损失，而招摇撞骗没有实施或者实施没有得逞，危害不严重的，则应认定为伪造、变造、买卖国家机关公文、证件、印章罪。

③注意划清本罪与故意泄露国家秘密罪的界限。本罪犯罪行为中买卖国家

机关公文、证件、印章，其中有可能是国家秘密，对此种买卖国家秘密的公文、证件、印章犯罪行为是认定为本罪还是认定为泄露国家秘密罪？本罪与泄露国家秘密罪是两种犯罪，犯罪行为中没有牵连关系。如果买卖的国家机关的公文、证件、印章是国家秘密，造成国家秘密被泄露的行为，应认定为泄露国家秘密罪。

④注意划清本罪与伪造、变造、买卖武装部队公文、证件、印章罪和伪造公司、企业、事业单位、人民团体印章罪的界限。上述犯罪在犯罪主体、犯罪主观和犯罪行为都有相似之处，其主要区别是犯罪行为的对象及其性质不同。本罪的对象是伪造、变造、买卖国家机关公文、证件、印章，而伪造、变造、买卖武装部队公文、证件、印章罪的对象的性质是武装部队的公文、证件、印章；伪造公司、企业、事业单位、人民团体印章罪的对象只是伪造公司、企业、事业单位、人民团体的印章，不包括公司、企业、事业单位的公文、证件的对象，也不存在变造的行为。由于刑法规定的犯罪行为和犯罪行为对象性质上的不同，将上述犯罪区分开来。

（十七）盗窃、抢夺、毁灭国家机关公文、证件、印章罪

盗窃、抢夺、毁灭国家机关公文、证件、印章罪是《刑法修正案（九）》第22条对刑法第280条补充的犯罪。1997年最高人民法院、最高人民检察院《关于执行〈中华人民共和国刑法〉确定罪名的规定》中规定为该罪名。

1. 刑法规定内容的修改

刑法条文中有关盗窃、抢夺、毁灭国家机关公文、证件、印章罪的规定有：

（1）1979年刑法第167条规定："伪造、变造、或者盗窃、抢夺、毁灭国家机关、企业、事业单位、人民团体的公文、证件、印章的，处三年以下有期徒刑、拘役、管制或者剥夺政治权利；情节严重的，处三年以上十年以下有期徒刑。"

（2）1997年刑法第280条第1款规定，"伪造、变造、买卖或者盗窃、抢夺、毁灭国家机关的公文、证件、印章的，处三年以下有期徒刑、拘役、管制或者剥夺政治权利；情节严重的，处三年以上十年以下有期徒刑。"

（3）2015年8月29日《刑法修正案（九）》第22条将刑法第280条修改为："伪造、变造、买卖或者盗窃、抢夺、毁灭国家机关的公文、证件、印章的，处三年以下有期徒刑、拘役、管制或者剥夺政治权利，并处罚金；情节严重的，处三年以上十年以下有期徒刑，并处罚金。"

上述《刑法修正案（九）》第22条对刑法第280条第1款原规定的盗窃、

抢夺、毁灭国家机关公文、证件、印章罪的两个档次的法定刑中都增加了"并处罚金"。

2. 刑法规定修改的原因

我国1979年和1997年刑法中都规定了盗窃、抢夺、毁灭国家机关公文、证件、印章罪。但1997年刑法对1979年刑法作了些修改,将伪造、变造、买卖国家机关公文、证件、印章罪与盗窃、抢夺、毁灭国家机关公文、证件、印章罪、伪造公司、企业、事业单位印章罪分别规定,取消了伪造、变造、买卖公司、企业、事业单位人民团体公文、证件犯罪行为。多年来,司法机关依照刑法第280条规定,惩治了一批伪造、变造、买卖国家机关公文、证件、印章罪和盗窃、抢夺、毁灭国家机关公文、证件、印章罪的犯罪分子,司法实践中发现,在商品经济时代,很多实施伪造、变造、买卖或者盗窃、抢夺、毁灭国家机关公文、证件、印章犯罪行为的目的都是谋取不正当的经济利益,有的甚至花高价让他人为其伪造、变造、买卖或者盗窃、抢夺、毁灭国家机关公文、证件、印章,也有的将伪造、变造、买卖或者盗窃、抢夺、毁灭国家机关公文、证件、印章行为作为谋取高额利益的手段,而刑法原第280条中规定的法定刑中,没有财产刑,不能从经济上惩罚这种犯罪行为。2015年《刑法修正案(九)》在刑法第280条规定的盗窃、抢夺、毁灭国家机关公文、证件、印章罪的两个档次的法定刑中都增加了"并处罚金",以便从经济上惩罚犯罪分子的贪利意图,从财产上剥夺其再犯罪的经济基础。

3. 盗窃、抢夺、毁灭国家机关公文、证件、印章罪的适用

盗窃、抢夺、毁灭国家机关公文、证件、印章罪是《刑法修正案(九)》对刑法第280条补充的犯罪,要准确适用就必须弄清该罪的概念、特征、法定刑,以及适用时应注意的问题。

(1) 盗窃、抢夺、毁灭国家机关公文、证件、印章罪的概念。该罪是指盗窃、抢夺、毁灭国家机关公文、证件、印章的行为。

国家机关对社会进行管理活动,是通过各种形式的公文、证件、印章传递信息和权力行使,是国家机关权力的依据和凭证。因此,公文、证件、印章的权威性不可侵犯。如果盗窃、抢夺、毁灭国家机关公文、证件、印章,必然破坏国家机关对公文、证件、印章的管理秩序,有可能给社会造成严重危害。我国刑法第280条将盗窃、抢夺、毁灭国家机关公文、证件、印章的行为规定为犯罪,最高处10年有期徒刑,并处罚金。

(2) 盗窃、抢夺、毁灭国家机关公文、证件、印章罪的构成特征。根据刑法第280条规定,该罪的构成特征是:

①犯罪主体,是一般主体,达到法定年龄具有刑事责任能力的实施了盗

窃、抢夺、毁灭国家机关公文、证件、印章行为的自然人。本罪法定年龄是年满16周岁的人。犯罪主体在主观上是故意的，并且有盗窃、抢夺、毁灭国家机关公文、证件、印章的目的。

②犯罪行为，必须是实施了盗窃、抢夺、毁灭国家机关公文、证件、印章的行为。具体表现是：

第一，盗窃行为，是指秘密窃取国家机关公文、证件、印章的行为。

第二，抢夺行为，是指是乘人不备公然夺取国家机关公文、证件、印章的行为。

第三，毁灭行为，是指将国家机关公文、证件、印章撕毁、烧掉、砸烂，使国家机关公文、证件、印章灭失或者失去其价值的行为。

上述盗窃、抢夺、毁灭国家机关公文、证件、印章的行为对象必须是正在使用的有效的国家机关公文、证件、印章。其中的公文，是指国家机关制作的，用以联系事务、指导工作、处理问题的书面文件，如决定、指示、命令、通知、介绍信等；证件，是国家机关制作、颁发的用以证明身份、职务、资历、权利和义务关系或其他有关事项的凭证，如工作证、结婚证、户口迁移证、营业执照等；印章，是指国家机关刻制的以文字、图记表明立体同一性的公章、专用章等。公文、证件、印章是国家机关行使职权的符号和标记及凭证。

③犯罪结果，是行为犯，只要实施了盗窃、抢夺、毁灭国家机关公文、证件、印章行为，就扰乱了国家机关对公文、证件、印章管理秩序的结果，就可以构成犯罪。

（3）盗窃、抢夺、毁灭国家机关公文、证件、印章罪的法定刑。根据刑法第280条第1款规定，该罪的法定刑是：

①犯本罪的，处3年以下有期徒刑、拘役、管制或者剥夺政治权利，并处罚金。

②犯本罪的，情节严重的，处3年以上10年以下有期徒刑，并处罚金。

4. 适用盗窃、抢夺、毁灭国家机关公文、证件、印章罪时，应注意的问题：

①注意区分罪与非罪的界限。

从犯罪主体上区分。本罪主体是年满16周岁以上的自然人，不满16周岁的人和单位不能构成本罪。本罪是故意犯罪，主观上过失的人，不能构成本罪。

从犯罪行为上区分。本罪必须是实施了盗窃、抢夺、毁灭国家机关公文、证件、印章行为，才构成本罪，如果盗窃、抢夺、毁灭的国家机关公文、证件、印章不是现时存在有效的公文、证件、印章的行为不能构成本罪。

从犯罪结果上区分。本罪是行为犯，原则上只要实施了盗窃、抢夺、毁灭国家机关公文、证件、印章行为的，就可以构成本罪。如果行为人只是主观上想盗窃、抢夺、毁灭国家机关公文、证件、印章，但没有实施行为，但情节显著轻微，危害不大的，依照刑法第13条犯罪定义的规定不认为是犯罪。

②注意划清本罪与盗窃罪、抢夺罪、故意毁坏财物罪的界限。上述犯罪在犯罪手段上有相同和相似之处，但上述二罪的犯罪对象性质不同，盗窃罪、抢夺罪、故意毁坏财物的犯罪对象是财物，而本罪的犯罪对象是国家机关公文、证件、印章，虽然公文、证件、印章也是一种物质财物，但在本罪中其真正价值不是财物本身，而是其形状和其中的文字、图像所代表的内容。因此，盗窃、抢夺、毁灭的国家机关公文、证件、印章的行为不能认定为盗窃罪、抢夺罪、故意毁坏财物罪等财产犯罪。

③注意划清本罪与伪造、变造、买卖国家机关公文、证件、印章罪的界限。两罪的犯罪行为不同。本罪犯罪行为是实施了盗窃、抢夺、毁灭的行为，而伪造、变造、买卖国家机关公文、证件、印章罪的行为是伪造、变造、买卖的行为。由于实施行为方式不同，尽管犯罪对象相同，也要分别定为两种犯罪。

④注意划清本罪与为境外窃取、刺探、收买、非法提供国家秘密、情报罪的界限。本罪实施盗窃、抢夺、毁灭国家机关公文、证件、印章犯罪行为侵犯的是国家机关对公文、证件、印章的管理秩序。如果是为境外机构和个人窃取、刺探、收买、非法提供国家秘密、情报而实施盗窃、抢夺、毁灭国家机关公文、证件、印章犯罪行为的，则要按重罪为境外窃取、刺探、收买、非法提供国家秘密、情报罪定罪处罚，不再定为本罪。

（十八）伪造公司、企业、事业单位、人民团体印章罪

伪造公司、企业、事业单位、人民团体印章罪是《刑法修正案（九）》第22条对刑法第280条第2款补充的犯罪。1997年最高人民法院、最高人民检察院《关于执行〈中华人民共和国刑法〉确定罪名的规定》中规定为该罪名。

1. 刑法规定内容的修改

刑法条文中有关伪造公司、企业、事业单位、人民团体印章罪的规定有：

（1）1979年刑法第167条规定："伪造、变造、或者盗窃、抢夺、毁灭国家机关、企业、事业单位、人民团体的公文、证件、印章的，处三年以下有期徒刑、拘役、管制或者剥夺政治权利；情节严重的，处三年以上十年以下有期徒刑。"

（2）1997年刑法第280条第2款规定："伪造公司、企业、事业单位、人民团体的印章的，处三年以下有期徒刑、拘役、管制或者剥夺政治权利。"

（3）2015年8月29日《刑法修正案（九）》第22条将刑法第280条第2款修改为："伪造公司、企业、事业单位、人民团体的印章的，处三年以下有期徒刑、拘役、管制或者剥夺政治权利，并处罚金。"

上述《刑法修正案（九）》第22条对刑法第280条第2款原规定的伪造公司、企业、事业单位、人民团体印章罪的法定刑中增加了"并处罚金"。

2. 刑法规定修改的原因

我国1979年和1997年刑法中都规定了伪造公司、企业、事业单位、人民团体印章犯罪行为。但1997年刑法对1979年刑法作了重要修改，将伪造公司、企业、事业单位、人民团体印章行罪与伪造、变造和盗窃、抢夺、毁灭国家机关公文、证件、印章行为分别单独规定为独立犯罪，并取消了伪造、变造公司、企业、事业单位、人民团体公文、证件行为是犯罪行为，只保留了伪造公司、企业、事业单位、人民团体印章罪。多年来，司法机关依照刑法第280条第2款规定，惩治了一批伪造公司、企业、事业单位、人民团体印章犯罪行为，司法实践中发现，在商品经济时代，很多实施伪造公司、企业、事业单位、人民团体印章行为的目的都是谋取不正当的经济利益，有的甚至花高价让他人为其伪造公司、企业、事业单位、人民团体印章，也有的将伪造公司、企业、事业单位、人民团体印章作为谋取高额利益的手段，而刑法原第280条规定的法定刑中没有财产刑，不能从经济上惩罚这种犯罪行为。2015年《刑法修正案（九）》在刑法第280条规定的法定刑中都增加了"并处罚金"，以便从经济上惩罚犯罪分子的贪利意图，从财产上剥夺其再犯罪的经济基础。

3. 伪造公司、企业、事业单位、人民团体印章罪的适用

伪造公司、企业、事业单位、人民团体印章罪是《刑法修正案（九）》对刑法第280条补充的犯罪，要准确适用就必须弄清该罪的概念、特征、法定刑，以及适用时应注意的问题。

（1）伪造公司、企业、事业单位、人民团体印章罪的概念。该罪是指伪造公司、企业、事业单位、人民团体印章的行为。

公司、企业、事业单位、人民团体印章是其进行社会活动权利和义务的象征和凭证，因此公司、企业、事业单位、人民团体印章必须是真实的，才能起到其应有的作用。如果伪造公司、企业、事业单位、人民团体印章必然扰乱有关单位的正常活动，给有关单位造成经济、财产和名誉损失，这是对社会有严重危害性的行为。我国刑法第280条第2款将伪造公司、企业、事业单位、人民团体印章的行为规定为犯罪，最高处3年有期徒刑，并处罚金。

（2）伪造公司、企业、事业单位、人民团体印章罪的构成特征。根据刑法第 280 条第 2 款规定，该罪的构成特征是：

①犯罪主体，是一般主体，达到法定年龄、具有刑事责任能力、实施了伪造公司、企业、事业单位、人民团体印章行为的自然人。本罪法定年龄是年满 16 周岁以上的人。犯罪主体在主观上是故意的，并且有伪造公司、企业、事业单位、人民团体印章的目的。

②犯罪行为，必须是实施了伪造公司、企业、事业单位、人民团体印章的行为。伪造行为，是指无权制作的单位或者个人，冒用有权制作的机关制作假印章的行为。

上述伪造公司、企业、事业单位、人民团体印章的对象必须是伪造正在使用的有效的公司、企业、事业单位、人民团体印章，其形状及文字与真章相似，以假乱真，能蒙混一般人。

印章是指单位公章，包括业务、财物、行政专用章等。

③犯罪结果，是行为犯，只要实施了伪造公司、企业、事业单位、人民团体印章行为，就扰乱了国家对公司、企业、事业单位、人民团体印章管理秩序的结果，就可以构成犯罪。

（3）伪造公司、企业、事业单位、人民团体印章罪的法定刑。根据刑法第 280 条第 2 款规定，该罪的法定刑是：

犯本罪的，处 3 年以下有期徒刑、拘役、管制或者剥夺政治权利，并处罚金。

（4）认定伪造公司、企业、事业单位、人民团体印章罪时，应注意的问题：

①注意区分罪与非罪的界限。

从犯罪主体上区分。本罪主体是年满 16 周岁以上的自然人，不满 16 周岁的人和单位不能构成本罪。本罪是故意犯罪，主观上过失的人，不能构成本罪。

从犯罪行为上区分。本罪必须是实施伪造公司、企业、事业单位、人民团体印章的行为才构成本罪，如果伪造的不是现时有效的印章的行为不能构成本罪。变造公司、企业、事业单位、人民团体印章和伪造、变造、买卖、盗窃、抢夺、毁坏公司、企业、事业单位、人民团体公文、证件的行为，都不构成本罪。

从犯罪结果上区分。本罪是行为犯，原则上只要实施了伪造公司、企业、事业单位、人民团体印章行为的，就可以构成本罪。如果行为人只是主观上想伪造公司、企业、事业单位、人民团体印章，但没有实施行为或者没有伪造成功的，一般是属于情节显著轻微，危害不大的行为，依照刑法第13条犯罪定义的规定不认为是犯罪。

②注意划清本罪与伪造、变造国家机关的公文、证件、印章的界限。伪造、变造国家机关的公文、证件、印章罪中，伪造印章行为与本罪的伪造印章行为是相同的，但二罪伪造的印章内容不同。另外，本罪的法定刑轻，只有一个档次法定刑，即"处三年以下有期徒刑、拘役、管制或者剥夺政治权利，并处罚金"，没有规定"情节严重的，处三年以上十年以下有期徒刑，并处罚金"较重的法定刑。

③注意一罪与数罪的认定。犯本罪伪造公司、企业、事业单位、人民团体印章，并使用伪造的印章对外签订假合同进行诈骗等犯罪活动，如果行为人是为进行其他犯罪而伪造公司、企业、事业单位、人民团体印章的，一般是属于牵连犯，按重罪吸收轻罪原则，以重罪定罪从重处罚，不再定本罪进行数罪并罚。如果行为人只是伪造了公司、企业、事业单位、人民团体印章，没有再使用该伪造印章的行为，只认定为本罪。

（十九）伪造、变造、买卖居民身份证件罪

伪造、变造、买卖居民身份证件罪是《刑法修正案（九）》第22条对刑法第280条第3款补充的犯罪。1997年最高人民法院、最高人民检察院《关于执行〈中华人民共和国刑法〉确定罪名的规定》中规定为"伪造、变造居民身份证罪"的罪名，2015年10月30"两高"《关于执行〈中华人民共和国刑法〉确定罪名的补充规定（六）》中改为"伪造、变造、买卖居民身份证件罪"的罪名。

1. 刑法规定内容的修改

刑法条文中有关伪造、变造、买卖居民身份证件罪的规定有：

（1）1997年刑法第280条第3款规定："伪造、变造居民身份证的，处三年以下有期徒刑、拘役、管制或者剥夺政治权利；情节严重的，处三年以上七年以下有期徒刑。"

（2）2015年8月29日《刑法修正案（九）》第22条将刑法第280条第3款修改为："伪造、变造、买卖居民身份证、护照、社会保障卡、驾驶证等依法可以用于证明身份的证件的，处三年以下有期徒刑、拘役、管制或者剥夺政治权利，并处罚金；情节严重的，处三年以上七年以下有期徒刑，并处罚金。"

上述《刑法修正案（九）》第22条对刑法第280条第3款原规定的伪造、变造居民身份证犯罪行为，增加规定了"伪造、变造、买卖居民身份证、护

照、社会保障卡、驾驶证等依法可以用于证明身份的证件的"犯罪行为，并在两个档次的法定刑中都增加了"并处罚金"。

2. 刑法规定修改的原因

我国 1979 年刑法中没有规定伪造居民身份证件罪，因为在立法时还没有实行公民身份证制度。1997 年修订刑法时新增加了伪造、变造居民身份证的犯罪行为，并规定为独立的罪名。多年来，司法机关依照刑法第 280 条第 3 款规定，惩治了一批伪造居民身份证的罪犯，但司法实践中发现，我国现在社会上不只是伪造居民身份证行为，还有买卖居民身份证，伪造、变造护照、社会保障卡、驾驶证等依法可以用于证明身份的证件的行为，其社会危害性与伪造、变造身份证相同，但因为刑法没有规定，不能追究其刑事责任，例如，有的人伪造医疗保障卡骗取巨额医疗保障金。特别是一些人以伪造、变造、买卖居民身份证、护照、社会保障卡、驾驶证等依法可以用于证明身份的证件进行谋利犯罪活动，而刑法原第 280 条第 3 款规定的法定刑中没有财产刑，不能从经济上惩罚这种犯罪行为。2015 年《刑法修正案（九）》在刑法第 280 条第 3 款的罪状中增加规定了"伪造、变造、买卖居民身份证、护照、社会保障卡、驾驶证等依法可以用于证明身份的证件的"犯罪行为，在两个档次的法定刑中都增加了"并处罚金"，以便从经济上惩罚犯罪分子的贪利意图，从财产上剥夺其再犯罪的经济基础。

3. 伪造、变造、买卖居民身份证件罪的适用

伪造、变造、买卖居民身份证件罪是《刑法修正案（九）》对刑法第 280 条第 3 款补充的犯罪，要准确适用就必须弄清该罪的概念、特征、法定刑，以及适用时应注意的问题。

（1）伪造、变造、买卖居民身份证件罪的概念。该罪是指伪造、变造、买卖居民身份证件的行为。

居民身份证件是国家发给居民证明其身份的证件，作为公民在社会活动中明确其身份的凭证。居民身份证件主要有居民身份证、护照、社会保障卡、驾驶证等依法可以用于证明身份的证件。居民身份证件必须是真实的，才能发挥其证明身份作用，使居民享受公民的权利尽公民的义务。如果伪造居民身份证件，必然扰乱国家对居民身份证件的管理秩序，给国家和有关单位造成经济、财产和名誉损失，这是对社会有严重危害的行为。我国刑法第 280 条第 3 款将伪造、变造、买卖居民身份证件的行为规定为犯罪，最高处 7 年有期徒刑，并处罚金。

（2）伪造、变造、买卖居民身份证件罪的构成特征。根据刑法第 280 条第 3 款规定，该罪的构成特征是：

①犯罪主体，是一般主体，达到法定年龄具有刑事责任能力的实施了伪造、变造、买卖居民身份证件行为的自然人。本罪法定年龄是年满16周岁以上的人。犯罪主体在主观上是故意的，并且有伪造、变造、买卖居民身份证件的目的。

②犯罪行为，必须是实施了伪造、变造、买卖居民身份证件行为。具体行为表现是：

第一，伪造居民身份证、护照、社会保障卡、驾驶证等依法可以用于证明身份的证件的行为。伪造行为，是指无权制作的单位或者个人，冒用有权制作的机关制作假身份证件的行为。

第二，变造居民身份证、护照、社会保障卡、驾驶证等依法可以用于证明身份的证件的行为。变造行为，是指在原居民身份证、护照、社会保障卡、驾驶证等依法可以用于证明身份的证件的基础上用涂改、抹擦、拼接等方法将该证件进行加工改制，使其内容、作用发生改变的行为。

第三，买卖居民身份证、护照、社会保障卡、驾驶证等依法可以用于证明身份的证件的行为。买卖行为，是指将居民身份证件作为商品进行买和卖，从中谋取利益的行为。

上述伪造、变造、买卖行为的对象必须是正在使用的有效的居民身份证件。其中的身份证，是指根据我国《居民身份证条例》规定，由国家公安机关制作的发给居民作为居民进行社会交往活动的身份证明的凭证。护照，是指国家公安机关发给居民出入国境的证件凭证，公民持护照才可以出入国境。社会保障卡，是指国家发给居民享受社会保障待遇的金钱凭证，如医疗保障卡、老年人优待卡等。驾驶证，是国家公安机关制作、颁发的用以驾驶机动车辆的凭证。证明身份的证件，是指依法可以用于证明身份凭证，例如，居民户口簿、居住证、毕业证书、毕业文凭、残废军人证、烈士证等。

上述伪造、变造、买卖的居民身份证件，必须是伪造、变造、买卖正在使用的有效的居民身份证件，其形状及文字与真证件相似，能以假乱真，蒙混一般人。

③犯罪结果，是行为犯，只要实施了伪造、变造买卖居民身份证件行为，就扰乱了国家对居民身份证件管理秩序的结果，就可以构成犯罪。

（3）伪造、变造、买卖居民身份证件罪的法定刑。根据刑法第280条第3款规定，该罪的法定刑是：

①犯本罪的，处3年以下有期徒刑、拘役、管制或者剥夺政治权利，并处罚金。

②情节严重的，处3年以上7年以下有期徒刑，并处罚金。情节严重的，

一般是指多次为多人伪造、变造、买卖居民身份证件的，或者使用伪造、变造、买卖的居民身份证件进行违法犯罪活动，造成严重危害后果的，或者伪造、变造、买卖居民身份证件谋取了巨大利益的等。

(4) 认定伪造、变造、买卖居民身份证件罪时，应注意的问题：

①注意区分罪与非罪的界限。

从犯罪主体上区分。本罪主体是年满16周岁以上的自然人，不满16周岁的人和单位不能构成本罪。本罪是故意犯罪，主观上过失的人不能构成本罪。

从犯罪行为上区分。本罪必须是实施了伪造、变造、买卖居民身份证件的行为才构成本罪，如果伪造、变造不是现时有效的居民身份证件的行为不能构成本罪。盗窃、抢夺、毁坏居民身份证件的行为，也不构成本罪。

从犯罪结果上区分。本罪是行为犯，原则上只要实施了伪造、变造、买卖居民身份证件行为就可以构成本罪。如果行为人只是主观上想伪造、变造、买卖居民身份证件，但没有实施行为或者没有伪造成功的，一般是属于情节显著轻微危害不大的，依照刑法第13条犯罪定义的规定不认为是犯罪。

②注意划清本罪与伪造、变造国家机关的公文、证件、印章罪的界限。伪造、变造国家机关的公文、证件、印章罪与本罪在行为上相同，但犯罪行为对象不同。本罪的犯罪行为对象是居民身份证件，而伪造、变造国家机关的公文、证件、印章罪的对象是国家机关的公文、证件、印章。另外，本罪的法定刑较轻，法定最高处7年有期徒刑，并处罚金。而伪造、变造国家机关的公文、证件、印章罪法定刑较重，最高可处10年有期徒刑，并处罚金。

③注意一罪与数罪的认定。犯本罪伪造、变造、买卖居民身份证件，其目的往往是使用伪造的居民身份证件进行诈骗等犯罪行为，在这种情况下，一般是属于牵连犯，按重罪吸收轻罪原则，以重罪定罪从重处罚，不再定数罪进行并罚。如果行为人只是伪造、变造、买卖居民身份证件，没有再使用该伪造证件进行犯罪行为，只应认定为本罪。

(二十) 非法生产、销售间谍专用器材，窃听、窃照专用器材罪

非法生产、销售间谍专用器材，窃听、窃照专用器材罪是《刑法修正案（九）》第24条对刑法第283条修改补充的犯罪。1997年最高人民法院、最高人民检察院《关于执行〈中华人民共和国刑法〉确定罪名的规定》中规定为"非法生产、销售间谍专用器材罪"的罪名。2015年10月30日《关于执行〈中华人民共和国刑法〉确定罪名的补充规定（六）》中改为"非法生产、销售间谍专用器材，窃听、窃照专用器材罪"。

1. 刑法规定内容的修改

刑法条文中有关非法生产、销售间谍专用器材，窃听、窃照专用器材罪的规定有：

（1）1997年刑法第283条规定："非法生产、销售窃听、窃照等专用间谍器材的，处三年以下有期徒刑、拘役或者管制。"

（2）2015年8月29日《刑法修正案（九）》第24条将刑法第283条修改为："非法生产、销售专用间谍器材或者窃听、窃照专用器材的，处三年以下有期徒刑、拘役或者管制，并处或者单处罚金；情节严重的，处三年以上七年以下有期徒刑，并处罚金。

"单位犯前款罪的，对单位判处罚金，并对其直接负责的主管人员和其他直接责任人员，依照前款的规定处罚。"

上述《刑法修正案（九）》第24条对刑法第283条原规定的非法生产、销售间谍专用器材罪的犯罪行为进行了修改，增加规定了"情节严重的，处三年以上七年以下有期徒刑，并处罚金"的加重法定刑，并在原规定的较轻档次的法定刑中增加了"单处或者并处罚金"，同时，增加了单位可以构成本罪的规定。

2. 刑法规定修改的原因

我国1979年刑法中没有规定非法生产、销售间谍专用器材，窃听、窃照专用器材罪，1997年修订刑法时根据当时社会上一些人为了谋取非法利益或者进行其他违法犯罪，不经批准，非法生产、销售专用间谍器材的情况增加了非法生产、销售间谍专用器材的犯罪行为，并规定为独立的罪名。多年来，司法机关依照刑法第283条规定，惩治了一批非法生产、销售间谍专用器材或者窃听、窃照专用器材犯罪，但司法实践中发现，我国社会上不只是个人非法生产、销售间谍专用器材的行为，多数是为谋取非法利益的单位非法生产、销售间谍专用器材或者窃听、窃照专用器材的行为，其社会危害性相当严重，但因为刑法原规定的法定刑较轻，不能有效地惩治这种犯罪。例如，由于有的工厂非法生产、销售窃听、窃照专用器材，使犯罪分子非法进行窃听、窃照，不但严重侵犯公民的隐私权，同时给公安侦破案件制造了很多的困难。由于我国刑法原第283条规定的法定刑中没有财产刑，不能从经济上惩罚这种犯罪行为。2015年《刑法修正案（九）》将刑法第283条的罪状进行了修改，将"窃听、窃照专用器材"专门规定，不再包括间谍专用器材之中。同时增加了单位可以构成本罪，追究单位和单位的直接负责的主管人员和其他直接责任人的刑事责任，在两个档次的法定刑中都增加了"单处或者并处罚金"，以便从经济上惩罚犯罪分子的贪利意图，从财产上剥夺其再犯罪的经济基础。

3. 非法生产、销售间谍专用器材，窃听、窃照专用器材罪的适用

非法生产、销售间谍专用器材，窃听、窃照专用器材罪是《刑法修正案（九）》对刑法第283条修改补充的犯罪，要准确适用就必须弄清该罪的概念、特征、法定刑，以及适用时应注意的问题。

（1）非法生产、销售间谍专用器材，窃听、窃照专用器材罪的概念。该罪是指非法生产、销售间谍专用器材或者窃听、窃照专用器材的行为。

间谍专用器材或者窃听、窃照专用器材是从事间谍工作和刑事侦查工作的专用工具，其由国家安全部门指定专门单位按计划数量进行生产、供应，生产、销售必须经批准持证生产、销售，不允许无证生产、销售，防止在社会上扩散，非法侵犯公民隐私权利，防止乱用干扰司法侦查工作和间谍工作。我国刑法第283条将非法生产、销售间谍专用器材或者窃听、窃照专用器材行为规定为犯罪，最高处7年有期徒刑，并处罚金。

（2）非法生产、销售间谍专用器材，窃听、窃照专用器材罪的构成特征。根据刑法第283条规定，该罪的构成特征是：

①犯罪主体，是一般主体，达到法定年龄具有刑事责任能力的实施了非法生产、销售间谍专用器材，窃听、窃照专用器材行为的自然人和单位。本罪法定年龄是年满16周岁以上的人。犯罪主体在主观上是故意的，多数是以营利为目的，也有是为实施其他犯罪而生产间谍，窃听、窃照专用器材。

②犯罪行为，必须是实施了非法生产、销售间谍专用器材或者窃听、窃照专用器材行为。生产、销售的对象必须是间谍专用器材和窃听、窃照专用器材。根据《国家安全法实施细则》第20条规定，主要是指突发式收发报机、一次性密码本、密写工具、用于获取情报的电子监听、接收器等间谍专用器材和暗藏式窃听、窃照等专用器材。本罪犯罪行为必须是非法生产、销售上述间谍专用器材和窃听、窃照专用器材行为。所谓非法是指未经批准，在没有专门生产证、专营销售证而进行生产、销售的行为。

③犯罪结果，是行为犯，只要实施了非法生产、销售间谍专用器材或者窃听、窃照专用器材行为，就产生扰乱社会管理秩序的结果，就可以构成犯罪。

（3）非法生产、销售间谍专用器材，窃听、窃照专用器材罪的法定刑。根据刑法第283条规定，该罪的法定刑是：

①构成本罪的，处3年以下有期徒刑、拘役或者管制，并处或者单处罚金。

②情节严重的，处3年以上7年以下有期徒刑，并处罚金。情节严重的，一般是指生产、销售的品种多，数量大，其产品在社会上产生恶劣影响，或者非法获利巨大等情形的。

③单位犯本罪的，对单位判处罚金，并对其直接负责的主管人员和其他直接责任人员，依照自然人犯本罪的规定处罚。

（4）认定非法生产、销售间谍专用器材，窃听、窃照专用器材罪时，应注意的问题：

①注意区分罪与非罪的界限。

从犯罪主体上区分。本罪主体是年满16周岁以上的自然人和单位，不满16周岁的人不能构成本罪。本罪是故意犯罪，主观上过失的人不能构成本罪，例如，确实不知道是窃听专用器材，而销售的行为，由于主观上是过失，不构成本罪。

从犯罪行为上区分。本罪必须是实施了非法生产、销售间谍专用器材或者窃听、窃照专用器材行为的才构成本罪；如果生产、销售的不是间谍专用器材或者窃听、窃照专用器材的行为也不构成本罪。

从犯罪结果上区分。本罪是行为犯，原则上只要实施了非法生产、销售间谍专用器材或者窃听、窃照专用器材行为就可以构成本罪。如果行为人只是主观上意图非法生产、销售间谍专用器材或者窃听、窃照专用器材，但没有实施行为或者没有生产、销售成功的，一般是属于情节显著轻微危害不大的，依照刑法第13条犯罪定义的规定不认为是犯罪。

②注意划清本罪与间谍罪的界限。犯本罪非法生产、销售间谍专用器材或者窃听、窃照专用器材行为的目的多数是以营利为目的或者其他非从事间谍活动的目的。如果是为敌特间谍组织或者从事敌特间谍活动而非法生产、销售间谍器材或者窃听、窃照专用器材行为的。应认定为间谍罪，不定为本罪。

（二十一）非法侵入计算机信息系统罪

非法侵入计算机信息系统罪是《刑法修正案（九）》第26条对刑法第285条修改补充的犯罪。1997年最高人民法院、最高人民检察院《关于执行〈中华人民共和国刑法〉确定罪名的规定》中规定为该罪名。

1. 刑法规定内容的修改

刑法条文中有关非法侵入计算机信息系统罪的规定有：

（1）1997年刑法第285条规定，"违反国家规定，侵入国家事务、国防建设、尖端科学技术领域的计算机信息系统的，处三年以下有期徒刑或者拘役"。

（2）2015年8月29日《刑法修正案（九）》第26条规定在刑法第285条中增加一款作为第4款："单位犯前三款罪的，对单位判处罚金，并对其直接负责的主管人员和其他直接责任人员，依照各该款的规定处罚。"

上述《刑法修正案（九）》第26条对刑法第285条第1款原规定的非法侵入计算机信息系统罪的犯罪中，增加规定了"单位犯本罪依照第一款的规定处罚"。

2. 刑法规定修改的原因

我国1979年刑法中没有规定非法侵入计算机信息系统罪，因为在立法时，这种行为的社会危害性还不严重。1997年修订刑法时根据当时社会上一些计算机"黑客"侵犯计算机系统，给国家事务、国防建设、尖端科学技术造成严重损失的情况，在刑法中增加了非法侵入计算机信息系统罪的犯罪行为，并规定为独立的罪名。多年来，司法机关依照刑法第285条规定，惩治了一批非法侵入计算机信息系统犯罪，但司法实践中发现，社会上不只是有个人非法侵入计算机信息系统犯罪行为，而多数犯罪行为是单位非法侵入计算机信息系统的行为，其社会危害性相当严重，但因为刑法原没有规定单位可以构成这种犯罪，不能依法有效的惩治该犯罪行为。2015年《刑法修正案（九）》在刑法第285条中增设了第4款，专门规定单位可以构成本罪，以追究单位和单位的直接负责的主管人员和其他直接责任人的刑事责任。

3. 非法侵入计算机信息系统罪的适用

非法侵入计算机信息系统罪是《刑法修正案（九）》对刑法第285条补充的犯罪，要准确适用就必须弄清该罪的概念、特征、法定刑，以及适用时应注意的问题。

（1）非法侵入计算机信息系统罪的概念。该罪是指违反国家规定，侵入国家事务、国防建设、尖端科学技术领域的计算机信息系统的行为。

计算机是现代化的高科技计算工具，现已普及生产、销售、生活各个领域，成为人们生活中不可缺少的工具。随着计算机系统化、网络化，其在人们的社会活动中起的作用越来越大，而有些人故意制造"病毒"，破坏计算机的功能，有的人故意侵入计算机系统获取信息，获取高额利益，这些行为不但是对计算机系统管理秩序的破坏，也是对国家和社会有危害的行为。为了确保国家事务、国防建设、尖端科学技术领域的计算机系统安全运行，我国1997年刑法第285条将违反国家规定，侵入国家事务、国防建设、尖端科学技术领域的计算机信息系统的行为规定为犯罪，最高处3年有期徒刑。

（2）非法侵入计算机信息系统罪的构成特征。根据刑法第285条规定，该罪的构成特征是：

①犯罪主体，是一般主体，达到法定年龄具有刑事责任能力的实施了非法侵入计算机信息系统行为的自然人和单位。本罪法定年龄是年满16周岁以上的人。犯罪主体在主观上是故意的，多数是以营利为目的，也有是为实施其他

犯罪而非法侵入计算机信息系。一般是掌握计算机功能、懂得计算机信息系统知识的人。

②犯罪行为，必须是违反国家规定，故意侵入国家事务、国防建设、尖端科学技术领域的计算机信息系统的行为。违反法律规定，是指违反1994年2月18日颁布的《计算机信息系统安全保护条例》第4条规定，"计算机信息系统的安全保护工作，重点保护国家事务、经济建设、国防建设、尖端科学技术等重要领域的计算机系统的安全"。计算机信息系统，是指由计算机及其相关和配套的设备、设施（含网络）构成的，按照一定的应用目标和规则对信息进行采集、加工、存储、传输、检索等处理的系统。侵入行为，是指未经允许擅自以非法解密等手段进入有关重要的计算机信息系统。根据2000年12月28日全国人大常委会《关于维护互联网安全的决定》中规定，"为了保障互联网的运行安全，对有下列行为之一，构成犯罪的，依照刑法有关规定追究刑事责任：（一）侵入国家事务、国防建设、尖端科学技术领域的计算机系统；（二）故意制作、传播计算机病毒等破坏性程序，攻击计算机系统及通信网络，致使计算机系统及通信网络受损害；（三）违反国家规定，擅自中断计算机网络或者通信服务，造成计算机网络或者通信系统不能正常运行"。

③犯罪结果，是行为犯，只要实施了非法侵入计算机信息系统的行为，就产生扰乱国家对计算机系统管理秩序的结果，就可以构成犯罪。本罪非法侵入的对象是国家事务、国防建设、尖端科学技术领域的计算机信息系统的结果。

（3）非法侵入计算机信息系统罪的法定刑。根据刑法第285条规定，该罪的法定刑是：

①犯本罪的，处3年以下有期徒刑或者拘役。

②单位犯本罪的，对单位判处罚金，并对其直接负责的主管人员和其他直接责任人员，依照自然人犯本罪的规定处罚。

（4）认定非法侵入计算机信息系统罪时，应注意的问题：

①注意区分罪与非罪的界限。

从犯罪主体上区分。本罪主体是年满16周岁以上的自然人和单位，不满16周岁的人不能构成本罪。本罪是故意犯罪，主观上过失的人不能构成本罪，例如，在使用计算机网络时，由于操作失误，进入国家事务计算机系统，造成该系统信息破坏的行为，由于主观上是过失，因此不构成本罪。

从犯罪行为上区分。本罪必须是实施了非法侵入国家事务、国防建设、尖端科学技术领域的计算机系统行为的才构成本罪；如果侵入不是上述领域的计算机系统的行为也不构成本罪。

从犯罪结果上区分。本罪是行为犯，原则上只要实施了非法侵入计算机信息系统行为就可以构成本罪。如果行为人只是主观上意图非法侵入计算机信息系统，但没有实施行为，一般是属于情节显著轻微危害不大的行为，依照刑法第 13 条犯罪定义的规定不认为是犯罪。

②注意本罪与其他相关罪的认定。非法侵入计算机信息系统的动机和目的是多种多样的，有的是为了窃取信息、秘密，有的是出于好奇，有的是为了谋取某种非法利益，也有的是为了掌握一些知识。动机不同，一般不影响犯罪的成立。但犯罪目不同，应依法认定为相应的犯罪。如果是为境外机构和个人窃取国家秘密的目的，而非法侵入计算机信息系统的行为，应按处理牵连犯的原则，认定为重罪，即为境外窃取、刺探、收买、非法提供国家秘密、情报罪。如果是为了非法获取军事秘密而侵入国防领域计算机系统的行为，应认定为非法获取军事秘密罪。

（二十二）非法获取计算机信息系统数据、非法控制计算机信息系统罪

非法获取计算机信息系统数据、非法控制计算机信息系统罪是《刑法修正案（七）》第 9 条在刑法第 285 条第 2 款中增加规定的犯罪，"两高" 2009 年 10 月 16 日《关于执行〈中华人民共和国刑法〉确定罪名的补充规定（四）》中将这种犯罪确定为本罪名。2015 年 8 月 29 日《刑法修正案（九）》在刑法 285 条中增加第 4 款规定 "单位犯前三款罪的，对单位判除罚金，并对其直接负责的主管人员和其他直接责任人员，依照各该款的规定处罚。"

1. 刑法规定内容的修改

刑法条文中有关非法获取计算机信息系统数据、非法控制计算机信息系统罪的规定有：

（1）1997 年刑法第 285 条规定："违反国家规定，侵入国家事务、国防建设、尖端科学技术领域的计算机信息系统的，处三年以下有期徒刑或者拘役。"

1997 年刑法第 286 条规定："违反国家规定，对计算机信息系统功能进行删除、修改、增加、干扰，造成计算机信息系统不能正常运行，后果严重的，处五年以下有期徒刑或者拘役；后果特别严重的，处五年以上有期徒刑。

"违反国家规定，对计算机信息系统中存储、处理或者传输的数据和应用程序进行删除、修改、增加的操作，后果严重的，依照前款的规定处罚。

"故意制作、传播计算机病毒等破坏性程序，影响计算机系统正常运行，后果严重的，依照第一款的规定处罚。"

（2）2009 年 2 月 28 日全国人大常委会《中华人民共和国刑法修正案

（七）》第 9 条第 1 款规定，在刑法第 285 条中增加第 2 款："违反国家规定，侵入前款规定以外的计算机信息系统或者采用其他技术手段，获取该计算机信息系统中存储、处理或者传输的数据，或者对该计算机信息系统实施非法控制，情节严重的，处三年以下有期徒刑或者拘役，并处或者单处罚金；情节特别严重的，处三年以上七年以下有期徒刑，并处罚金。"

上述《刑法修正案（七）》的规定是根据我国当时有关计算机犯罪的新情况，增加规定非法获取计算机信息系统数据、非法控制计算机信息系统的新犯罪。

（3）2015 年 8 月 29 日《刑法修正案（九）》第 26 条规定，在刑法第 285 条中增加一款作为第 4 款："单位犯前三款罪的，对单位判处罚金，并对其直接负责的主管人员和其他直接责任人员，依照各该款的规定处罚。"

上述《刑法修正案（九）》在刑法 285 条中增加规定"单位可以构成前款罪和应处的刑罚"。

2. 刑法规定修改的原因

我国 1979 年刑法没有规定有关计算机信息系统方面的犯罪。1997 年刑法第 285 条中规定了违反国家规定，侵入国家事务、国防建设、尖端科学技术领域的计算机信息的非法侵入计算机信息系统犯罪行为，只要实施了侵入行为就构成犯罪。第 286 条规定，违反国家规定，对计算机信息系统功能进行删除、修改、增加、干扰的破坏计算机信息系统犯罪行为。第 287 条规定，利用计算机实施金融诈骗、盗窃、贪污、挪用公款、窃取国家秘密或者其他犯罪的，依照有关规定定罪处罚。但上述条款中没有规定非法获取计算机信息数据和非法控制计算机信息系统的犯罪行为。随着计算机的深入普及发展，计算机在生产、经营、工作、生活中广泛应用，有关计算机系统方面的犯罪行为又出现了一些新的情形。公安部门提出，当前一些不法分子利用技术手段非法侵入刑法第 285 条第 1 款规定以外的计算机信息系统，窃取他人账号、密码等信息，或者对大范围的他人计算机实施非法控制，严重危及计算机网络安全。对这类严重违法行为应当追究刑事责任。法律委员会经同有关部门研究，建议在刑法中增加规定，对实施这类行为以及为他人实施这类行为提供程序、工具，情节严重的，追究刑事责任。全国人大常委会根据司法实践中打击非法获取计算机信息系统数据、非法控制计算机信息系统犯罪行为的需要，采纳了公安部门的意见，于 2009 年 2 月 28 日在《刑法修正案（七）》第 9 条第 1 款中补充规定了非法获取计算机信息系统数据、非法控制计算机信息系统的犯罪。近年来，司法机关依照刑法第 285 条第 1 款、第 2 款、第 3 款规定惩治了一批上述犯罪分子，同时发现上述犯罪多数是以单位的名义实施的，而刑法第 285 条中又没有规定单位可以构成犯罪,不能有效地惩罚这种犯罪。因此,全国人大常委会于2015年在《刑法修正案(九)》第26条中规定,在刑法第285条中增加规定了"单位可以构成犯罪和应处的刑罚"。

3. 非法获取计算机信息系统数据、非法控制计算机信息系统罪的适用

非法获取计算机信息系统数据、非法控制计算机信息系统罪是《刑法修正案(七)》第9条第1款和刑法第285条第2款规定的一种新的犯罪,要准确适用就必须弄清楚该罪的概念、特征、法定刑以及适用时应注意的问题。

(1)非法获取计算机信息系统数据、非法控制计算机信息系统罪的概念。该罪是指违反国家规定,侵入计算机信息系统或者采用其他技术手段,获取该计算机信息系统中存储、处理或者传输的数据,或者对该计算机信息系统实施非法控制,情节严重的行为。

非法获取计算机信息系统数据、非法控制计算机信息系统行为是严重危害社会政治、经济、文化、社会治安秩序和人民群众生活秩序的犯罪行为。计算机信息系统已深入政治、经济、文化和人民群众生活的方方面面,非法获取或者非法控制计算机信息系统,必然造成社会秩序的混乱,为不法犯罪分子实施犯罪行为提供了方便,这是严重危害社会的行为。《刑法修正案(七)》第9条第1款将这种行为规定为犯罪,最高处7年有期徒刑,并处罚金。

根据最高人民法院、最高人民检察院2011年9月1日《关于办理危害计算机信息系统安全刑事案件应用法律若干问题的解释》第11条规定,本解释所称"计算机信息系统"和"计算机系统",是指具备自动处理数据功能的系统,包括计算机、网络设备、通信设备、自动化控制设备等。本解释所称"身份认证信息",是指用于确认用户在计算机信息系统上操作权限的数据,包括账号、口令、密码、数字证书等。本解释所称"经济损失",包括危害计算机信息系统犯罪行为给用户直接造成的经济损失,以及用户为恢复数据、功能而支出的必要费用。

(2)非法获取计算机信息系统数据、非法控制计算机信息系统罪的构成特征。根据刑法第285条第2款的规定,该罪的构成特征有:

①犯罪主体,是一般主体。凡是年满16周岁以上的具有刑事责任能力的自然人和单位都可以构成本罪的主体。犯罪主体在主观上是故意的,并具有非法获取计算机信息系统数据、非法控制计算机信息系统的目的。

②犯罪行为,必须具有违反国家规定,采用侵入计算机信息系统或者采用其他技术手段,获取该计算机信息系统数据,或者对该计算机信息系统实施非法控制的行为。具体表现为:

第一,必须是违反国家规定的行为。国家规定是指国务院和全国人大常委

会的规定。例如,1994 年 2 月 18 日国务院颁布的《计算机信息安全保护条例》,全国人大常委会 2000 年 12 月 28 日《关于维护互联网安全的决定》等法律、法规。违反地方法规或者单位的规定,不能构成本罪。

第二,采用的手段是采用侵入计算机系统或者采用其他技术手段而非法获取计算信息系统数据的行为。计算机信息系统,是指由计算机及其相关和配套的设备、设施(含网络)构成的,按照一定的应用目标和规则对信息进行采集、加工、存储、传输、检索等处理的系统。

第三,获取该计算机信息系统中存储、处理或者传输的数据的行为。

第四,对计算机信息系统实施非法控制的行为。使计算机信息系统听从其操作、使用。

凡是实施了上述行为,情节严重的行为都可以构成本罪的犯罪行为。

③犯罪结果,是结果犯。只有实施了非法获取计算机信息系统数据、非法控制计算机信息系统行为,情节严重的结果才可以构成本罪。

(3)非法获取计算机信息系统数据、非法控制计算机信息系统罪的法定刑。根据刑法第 285 条第 2 款规定,该罪的法定刑为:

①情节严重,构成犯罪的,处 3 年以下有期徒刑或拘役,并处罚金。这里"情节严重的",根据最高人民法院、最高人民检察院 2011 年 9 月 1 日《关于办理危害计算机信息系统安全刑事案件应用法律若干问题的解释》第 1 条第 1 款规定,"非法获取计算机信息系统数据或者非法控制计算机信息系统,具有下列情形之一的,应当认定为刑法第二百八十五条第二款规定的'情节严重':(一)获取支付结算、证券交易、期货交易等网络金融服务的身份认证信息十组以上的;(二)获取第(一)项以外的身份认证信息五百组以上的;(三)非法控制计算机信息系统二十台以上的;(四)违法所得五千元以上或者造成经济损失一万元以上的;(五)其他情节严重的情形"。

②构成犯罪,情节特别严重的,处 3 年以上 7 年以下有期徒刑,并处罚金。这里"情节严特严重的",根据最高人民法院、最高人民检察院 2011 年 9 月 1 日《关于办理危害计算机信息系统安全刑事案件应用法律若干问题的解释》第 1 条规定,"非法获取计算机信息系统数据或者非法控制计算机信息系统,具有下列情形之一的,应当认定为刑法第二百八十五条第二款规定的'情节特别严重':(一)数量或者数额达到前款第(一)项至(四)项规定标准五倍以上的;(二)其他情节特别严重的情形"。

明知是他人非法控制的计算机信息系统,而对该计算机信息系统的控制权加以利用的,依照前两款的规定定罪处罚。

③单位犯本罪的,对单位判处罚金,并对其直接负责的主管人员和其他直

接责任人员，依照自然人犯本罪的规定处罚。

（4）适用非法获取计算机信息系统数据、非法控制计算机信息系统罪时应注意以下问题：

①注意划清罪与非罪的界限。

从犯罪主体上区分。本罪是一般主体，不满16周岁的人不能构成本罪。本罪是故意犯罪，过失行为也不能构成本罪。

从犯罪行为上区分。本罪的犯罪行为是非法获取计算机信息系统数据、非法控制计算机信息系统的犯罪行为，如果只是侵入非国家事务、国防建设、尖端科学技术领域的计算机信息系统行为，没有非法获取计算机信息系统数据、非法控制计算机信息系统的，不能构成本罪。

从犯罪结果上区分。本罪是结果犯，必须是实施了非法获取计算机信息系统数据、非法控制计算机信息系统行为情节严重的结果才可以构成本罪。如果只是非法获取一些无关紧要的计算机信息数据，情节较轻、情节一般的，不构成犯罪。

②注意划清本罪与非法侵入计算机信息系统罪的界限。本罪非法获取计算机信息系统数据、非法控制计算机信息系统的行为，为了达到上述犯罪目的，采取的手段有的可能是先侵入计算机信息系统，在这种情况下其行为与刑法第285条第1款规定的侵入计算机信息系统罪的行为相似。两种犯罪的区别是犯罪目的不同。本罪是为获取计算机信息系统数据和控制计算机信息系统的目的而侵入计算机系统；而后一种犯罪的目的是侵入国家事务、国防建设、尖端科学技术领域的计算机信息系统，只要实施了侵入行为就构成非法侵入计算机系统罪。如果侵入国家事务、国防建设、尖端科学技术领域的计算机信息系统的目的是获取计算机信息系统数据或者是为控制计算机信息系统，则应按重罪吸收轻罪的原则，定为本罪。

③注意划清本罪与破坏计算机信息系统罪的界限。本罪是非法获取计算机信息系统数据和非法控制计算机信息系统的行为。而刑法第286条规定破坏计算机信息系统罪的行为是对计算机信息系统功能进行删除、修改、增加、干扰等对计算机信息系统进行破坏行为或者制作、传播计算机病毒的破坏性程序的行为，使计算机改变或者失去功能。由于两种犯罪行为表现形式不同，将上述两种犯罪区分开来。

④注意划清本罪与掩饰、隐瞒犯罪所得罪的界限。根据根据最高人民法院、最高人民检察院2011年9月1日《关于办理危害计算机信息系统安全刑事案件应用法律若干问题的解释》第7条规定，明知是非法获取计算机信息系统数据犯罪所获取的数据、非法控制计算机信息系统犯罪所获取的计算机信

息系统控制权，而予以转移、收购、代为销售或者以其他方法掩饰、隐瞒，违法所得5000元以上的，应当依照刑法第312条第1款的规定，以掩饰、隐瞒犯罪所得罪定罪处罚。

实施前款规定行为，违法所得5万元以上的，应当认定为刑法第312条第1款规定的"情节严重"。

单位实施第1款规定行为的，定罪量刑标准依照第1款、第2款的规定执行。

⑤注意破坏计算机信息安全犯罪共犯的认定。根据最高人民法院、最高人民检察院2011年9月1日《关于办理危害计算机信息系统安全刑事案件应用法律若干问题的解释》第9条规定，明知他人实施刑法第285条、第286条规定的行为，具有下列情形之一的，应当认定为共同犯罪，依照刑法第285条、第286条的规定处罚：（1）为其提供用于破坏计算机信息系统功能、数据或者应用程序的程序、工具，违法所得5000元以上或者提供10人次以上的；（2）为其提供互联网接入、服务器托管、网络存储空间、通讯传输通道、费用结算、交易服务、广告服务、技术培训、技术支持等帮助，违法所得5000元以上的；（3）通过委托推广软件、投放广告等方式向其提供资金5000元以上的。

实施前款规定行为，数量或者数额达到前款规定标准五倍以上的，应当认定为刑法第285条、第286条规定的"情节特别严重"或者"后果特别严重"。

（二十三）提供侵入、非法控制计算机信息系统程序、工具罪

提供侵入、非法控制计算机信息系统程序、工具罪是《刑法修正案（七）》第9条在刑法第285条第3款中增加规定的犯罪，"两高"2009年10月16日《关于执行〈中华人民共和国刑法〉确定罪名的补充规定（四）》中将这种犯罪确定为该罪名。2015年8月29日《刑法修正案（九）》在刑法285条中增加第四款规定"单位犯前三款罪的，对单位判处罚金，并对其直接负责的主管人员和其他直接责任人员，依照各该款的规定处罚"。

1. 刑法规定内容的修改

刑法条文中有关提供侵入、非法控制计算机信息系统程序、工具罪的规定有：

（1）1997年刑法第285条规定："违反国家规定，侵入国家事务、国防建设、尖端科学技术领域的计算机信息系统的，处三年以下有期徒刑或者拘役。"

1997年刑法第286条规定:"违反国家规定,对计算机信息系统功能进行删除、修改、增加、干扰,造成计算机信息系统不能正常运行,后果严重的,处五年以下有期徒刑或者拘役;后果特别严重的,处五年以上有期徒刑。

"违反国家规定,对计算机信息系统中存储、处理或者传输的数据和应用程序进行删除、修改、增加的操作,后果严重的,依照前款的规定处罚。

"故意制作、传播计算机病毒等破坏性程序,影响计算机系统正常运行,后果严重的,依照第一款的规定处罚。"

(2) 2009年2月28日全国人大常委会《中华人民共和国刑法修正案(七)》第9条第2款规定,在刑法第285条中增加第3款:"提供专门用于侵入、非法控制计算机信息系统的程序、工具,或者明知他人实施侵入、非法控制计算机信息系统的违法犯罪行为而为其提供程序、工具,情节严重的,依照前款的规定处罚。"

上述《刑法修正案(七)》的规定是根据我国当时有关计算机犯罪的新情况,增加规定了提供侵入、非法控制计算机信息系统程序、工具罪的新罪。

(3) 2015年8月29日《刑法修正案(九)》第26条在刑法第285条中增加一款作为第4款:"单位犯前三款罪的,对单位判处罚金,并对其直接负责的主管人员和其他直接责任人员,依照各该款的规定处罚。"

上述《刑法修正案(九)》在刑法285条中增加规定"单位可以构成前款罪和应处的刑罚"。

2. 刑法规定修改的原因

我国1979年刑法没有规定有关计算机信息系统方面的犯罪。1997年刑法第285条中规定了违反国家规定,侵入国家事务、国防建设、尖端科学技术领域的计算机信息的非法侵入计算机信息系统犯罪行为,只要实施了侵入行为就构成犯罪。第286条规定,违反国家规定,对计算机信息系统功能进行删除、修改、增加、干扰的破坏计算机信息系统犯罪行为。第287条规定,利用计算机实施金融诈骗、盗窃、贪污、挪用公款、窃取国家秘密或者其他犯罪的,依照有关规定定罪处罚。随着计算机的深入普及发展,计算机在生产、经营、工作、生活中广泛应用,有关计算机系统方面的犯罪行为又出现了一些新的情形。公安部门提出,当前一些不法分子利用技术手段非法侵入刑法第285条第一款规定以外的计算机信息系统,窃取他人账号、密码等信息,或者对大范围的他人计算机实施非法控制和提供专门用于侵入、非法控制计算机信息系统的程序、工具,或者明知他人实施侵入、非法控制计算机信息系统的违法犯罪行为而为其提供程序、工具,情节严重的,严重危及计算机网络安全。对这类严重违法行为应当追究刑事责任。法律委员会经同有关部门研究,建议在刑法中增加规定，对实施这类行为以及为他人实施这类行为提供程序、工具，情节严重的，追究刑事责任。全国人大常委会根据司法实践中打击非法获取计算机信息系统数据、非法控制计算机信息系统犯罪行为的需要，采纳了公安部门的意见，于2009年2月28日在《刑法修正案（七）》第9条第1款中补充规定了非法获取计算机信息系统数据、非法控制计算机信息系统的犯罪，在第2款中补充规定提供侵入、非法控制计算机信息系统程序、工具犯罪行为。近年来，司法机关依照刑法第285条第1款、第2款、第3款的规定惩治了一批上述犯罪分子，同时也发现上述犯罪多数是以单位的名义实施的，而刑法第285条中又没有规定单位可以构成犯罪，不能有效地惩罚这种犯罪。因此，全国人大常委会于2015年在《刑法修正案（九）》第26条中规定，在刑法第285条中增加规定了单位可以构成犯罪和应处的刑罚。

3. 提供侵入、非法控制计算机信息系统程序、工具罪的适用

提供侵入、非法控制计算机信息系统程序、工具罪是《刑法修正案（七）》、《刑法修正案（九）》对刑法第285条补充规定的犯罪，要准确适用就必须弄清楚该罪的概念、特征、法定刑以及适用时应注意的问题。

（1）提供侵入、非法控制计算机信息系统程序、工具罪的概念。该罪是指提供专门用于侵入、非法控制计算机信息系统的程序、工具，或者明知他人实施侵入、非法控制计算机信息系统的违法犯罪行为而为其提供程序、工具，情节严重的行为。

提供侵入、非法控制计算机信息系统程序、工具的行为是严重危害社会政治、经济、文化、社会治安秩序和人民群众生活秩序的犯罪行为。计算机信息系统已深入政治、经济、文化和人民群众生活的方方面面，非法获取或者非法控制计算机信息系统，必然造成社会秩序的混乱，为不法犯罪分子实施犯罪行为提供侵入、非法控制计算机信息系统程序、工具的行为是帮助犯罪的行为，也是严重危害社会的行为。《刑法修正案（七）》将这种行为规定为犯罪，最高处7年有期徒刑，并处罚金，《刑法修正案（九）》专门补充规定单位可以构成犯罪及应处刑罚。根据最高人民法院、最高人民检察院2011年9月1日《关于办理危害计算机信息系统安全刑事案件应用法律若干问题的解释》第11条规定，本解释所称"计算机信息系统"和"计算机系统"，是指具备自动处理数据功能的系统，包括计算机、网络设备、通信设备、自动化控制设备等。本解释所称"身份认证信息"，是指用于确认用户在计算机信息系统上操作权限的数据，包括账号、口令、密码、数字证书等。本解释所称"经济损失"，包括危害计算机信息系统犯罪行为给用户直接造成的经济损失，以及用户为恢复数据、功能而支出的必要费用。

(2) 提供侵入、非法控制计算机信息系统程序、工具罪的构成特征。根据刑法第 285 条第 3 款的规定，该罪的构成特征有：

①犯罪主体，是一般主体。凡是年满 16 周岁以上的具有刑事责任能力的自然人和单位都可以构成本罪的主体。犯罪的主体在主观上是故意的，并且是明知他人实施侵入、非法控制计算机信息系统的违法犯罪行为而为其提供程序、工具。

②犯罪行为，必须是提供侵入、非法控制计算机信息系统程序、工具的犯罪行为。具体为表现：

第一，向他人提供专门用于侵入、非法控制计算机信息系统的程序、工具的行为。

第二，明知他人实施侵入、非法控制计算机信息系统的违法犯罪行为而为其提供程序、工具的行为。

凡是实施了上述行为之一的都可以构成本罪的犯罪行为。

根据最高人民法院、最高人民检察院 2011 年 9 月 1 日《关于办理危害计算机信息系统安全刑事案件应用法律若干问题的解释》第 2 条规定，具有下列情形之一的程序、工具，应当认定为刑法第 285 条第 3 款规定的"专门用于侵入、非法控制计算机信息系统的程序、工具"：(1) 具有避开或者突破计算机信息系统安全保护措施，未经授权或者超越授权获取计算机信息系统数据的功能的；(2) 具有避开或者突破计算机信息系统安全保护措施，未经授权或者超越授权对计算机信息系统实施控制的功能的；(3) 其他专门设计用于侵入、非法控制计算机信息系统、非法获取计算机信息系统数据的程序、工具。

③犯罪结果，是结果犯。只有提供了侵入、非法控制计算机信息系统程序、工具的犯罪行为，情节严重的结果，才可以构成本罪。

(3) 提供侵入、非法控制计算机信息系统程序、工具罪的法定刑。根据刑法第 285 条第 3 款的规定，该罪的法定刑是：

①情节严重，构成犯罪的，处 3 年以下有期徒刑或拘役，并处罚金。这里"情节严重的"，根据最高人民法院、最高人民检察院 2011 年 9 月 1 日《关于办理危害计算机信息系统安全刑事案件应用法律若干问题的解释》第 3 条规定，"提供侵入、非法控制计算机信息系统的程序、工具，具有下列情形之一的，应当认定为刑法第二百八十五条第三款规定的'情节严重'：(一) 提供能够用于非法获取支付结算、证券交易、期货交易等网络金融服务身份认证信息的专门性程序、工具五人次以上的；(二) 提供第(一)项以外的专门用于侵入、非法控制计算机信息系统的程序、工具二十人次以上的；(三) 明知他人实施非法获取支付结算、证券交易、期货交易等网络金融服务身份认证信息

的违法犯罪行为而为其提供程序、工具五人次以上的；（四）明知他人实施第（三）项以外的侵入、非法控制计算机信息系统的违法犯罪行为而为其提供程序、工具二十人次以上的；（五）违法所得五千元以上或者造成经济损失一万元以上的；（六）其他情节严重的情形"。

②构成犯罪，情节特别严重的，处 3 年以上 7 年以下有期徒刑，并处罚金。这里"情节严特严重的"，根据最高人民法院、最高人民检察院 2011 年 9 月 1 日《关于办理危害计算机信息系统安全刑事案件应用法律若干问题的解释》第 3 条规定，"实施前款规定行为，具有下列情形之一的，应当认定为提供侵入、非法控制计算机信息系统的程序、工具'情节特别严重'：（一）数量或者数额达到前款第（一）项至第（五）项规定标准五倍以上的；（二）其他情节特别严重的情形"。

（4）适用提供侵入、非法控制计算机信息系统程序、工具罪时应注意以下问题：

①注意划清罪与非罪的界限。

从犯罪主体上区分。本罪是一般主体，不满 16 周岁的人不能构成本罪。本罪是故意犯罪，过失行为也不能构成本罪。

从犯罪行为上区分。本罪的犯罪行为是提供侵入、非法控制计算机信息系统程序、工具的犯罪行为，如果只是提供了侵入、非法控制计算机信息系统程序、工具的行为，而接受者并没有使用的，不能构成本罪。

从犯罪结果上区分。本罪是结果犯，必须是提供给他人侵入、非法控制计算机信息系统程序、工具行为，情节严重的结果才可以构成本罪。如果只是提供侵入、非法控制计算机信息系统程序、工具的行为，但情节较轻、情节一般的都不能构成本罪。

②注意划清本罪与非法侵入计算机信息系统罪的界限。本罪是提供、非法控制计算机信息系统程序、工具的行为，其行为还没有实施侵入计算机信息系统和非法控制计算机信息系统的行为。而后一种犯罪的行为是侵入国家事务、国防建设、尖端科学技术领域的计算机信息系统。如果提供侵入、非法控制国家事务、国防建设、尖端科学技术领域的计算机信息系统程序、工具，接受者已实行侵入行为的，则应按重罪吸收轻罪的原则，定为本罪。

③注意划清本罪与破坏计算机信息系统罪的界限。本罪是提供侵入、非法控制计算机信息系统程序、工具的行为，还没有破坏计算机信息系统。而刑法第 286 条规定破坏计算机信息系统罪的行为是对计算机信息系统功能进行删除、修改、增加、干扰等对计算机信息系统进行破坏行为或者制作、传播计算机病毒的破坏性程序的行为。由于两种犯罪行为表现形式不同，将上述两种犯

罪区分开来。

④注意破坏计算机信息安全犯罪共犯的认定。根据最高人民法院、最高人民检察院 2011 年 9 月 1 日《关于办理危害计算机信息系统安全刑事案件应用法律若干问题的解释》第 9 条规定，"明知他人实施刑法第二百八十五条、第二百八十六条规定的行为，具有下列情形之一的，应当认定为共同犯罪，依照刑法第二百八十五条、第二百八十六条的规定处罚：（一）为其提供用于破坏计算机信息系统功能、数据或者应用程序的程序、工具，违法所得五千元以上或者提供十人次以上的；（二）为其提供互联网接入、服务器托管、网络存储空间、通讯传输通道、费用结算、交易服务、广告服务、技术培训、技术支持等帮助，违法所得五千元以上的；（三）通过委托推广软件、投放广告等方式向其提供资金五千元以上的。实施前款规定行为，数量或者数额达到前款规定标准五倍以上的，应当认定为刑法第二百八十五条、第二百八十六条规定的'情节特别严重'或者'后果特别严重'"。

（二十四）破坏计算机信息系统罪

破坏计算机信息系统罪是《刑法修正案（九）》第 27 条对刑法第 286 条补充的犯罪。1997 年最高人民法院、最高人民检察院《关于执行〈中华人民共和国刑法〉确定罪名的规定》中规定为该罪名。

1. 刑法规定内容的修改

刑法条文中有关破坏计算机信息系统罪的规定有：

（1）1997 年刑法第 286 条规定，"违反国家规定，对计算机信息系统功能进行删除、修改、增加、干扰，造成计算机信息系统不能正常运行，后果严重的，处五年以下有期徒刑或者拘役；后果特别严重的，处五年以上有期徒刑。

"违反国家规定，对计算机信息系统中存储、处理或者传输的数据和应用程序进行删除、修改、增加的操作，后果严重的，依照前款的规定处罚。

"故意制作、传播计算机病毒等破坏性程序，影响计算机系统正常运行，后果严重的，依照第一款的规定处罚。"

（2）2015 年 8 月 29 日《刑法修正案（九）》第 27 条在刑法第 286 条中增加一款作为第 4 款："单位犯前三款罪的，对单位判处罚金，并对其直接负责的主管人员和其他直接责任人员，依照各该款的规定处罚。"

上述《刑法修正案（九）》第 27 条对刑法第 286 条原规定的破坏计算机信息系统罪中增加规定了"单位犯本罪依照第一款的规定处罚"。

2. 刑法规定修改的原因

我国 1979 年刑法中没有规定破坏计算机信息系统罪，因为在立法时，这种行为的社会危害性还不严重。1997年修订刑法时根据当时社会上一些计算机"黑客"侵犯计算机系统，给国家事务、国防建设、尖端科学技术造成严重损失的情况，在刑法中增加了破坏计算机信息系统犯罪行为，并规定为独立的罪名。多年来，司法机关依照刑法第286条规定，惩治了一批破坏计算机信息系统罪，但司法实践中发现社会上不只是有个人实施破坏计算机信息系统犯罪行为，而多数犯罪行为是单位破坏计算机信息系统的行为，其社会危害性相当严重，但因为刑法原没有规定单位可以构成这种犯罪，不能依法有效的惩治该犯罪行为。2015年《刑法修正案（九）》在刑法第286条中增设了第4款，专门规定单位可以构成本罪，以追究单位和单位的直接责任人和其他直接责任人的刑事责任。

3. 破坏计算机信息系统罪的适用

破坏计算机信息系统罪是《刑法修正案（九）》对刑法第286条补充的犯罪，要准确适用就必须弄清该罪的概念、特征、法定刑，以及适用时应注意的问题。

（1）破坏计算机信息系统罪的概念。该罪是指违反国家规定，对计算机信息系统功能进行删除、修改、增加、干扰，造成计算机信息系统不能正常运行或者对计算机信息系统中存储、处理或者传输的数据和应用程序进行删除、修改、增加的操作，以及故意制作、传播计算机病毒等破坏性程序，影响计算机系统正常运行，后果严重的行为。根据最高人民法院、最高人民检察院2011年9月1日《关于办理危害计算机信息系统安全刑事案件应用法律若干问题的解释》第11条规定，本解释所称"计算机信息系统"和"计算机系统"，是指具备自动处理数据功能的系统，包括计算机、网络设备、通信设备、自动化控制设备等。本解释所称"身份认证信息"，是指用于确认用户在计算机信息系统上操作权限的数据，包括账号、口令、密码、数字证书等。本解释所称"经济损失"，包括危害计算机信息系统犯罪行为给用户直接造成的经济损失，以及用户为恢复数据、功能而支出的必要费用。

计算机是现代化的高科技计算工具，现已普及到生产、销售、生活各个领域，成为人们生活中不可缺少的工具。随着计算机系统化、网络化，其在人们的社会活动中起的作用越来越大，而有些人故意违反国家规定，对计算机信息系统功进行破坏，使其失去功能或者改变功能，给用户、单位和国家造成严重损失，这是对社会有严重危害性的行为。我国1997年刑法第286条将破坏计算机信息系统的行为规定为犯罪，最高处15年有期徒刑。

（2）破坏计算机信息系统罪的构成特征。根据刑法第286条规定，该罪的构成特征是：

①犯罪主体，是一般主体，达到法定年龄，具有刑事责任能力的实施了破坏计算机信息系统行为的自然人和单位。本罪法定年龄是年满16周岁以上的人。犯罪主体在主观上是故意的，多数是以营利为目的，也有是为实施其他犯罪或者其他目的而破坏计算机信息系统。一般是掌握计算机功能、懂得计算机知识的人。

②犯罪行为，必须是破坏计算机信息系统的行为。违反法律规定，是指违反1994年2月18日颁布的《计算机信息系统安全保护条例》等法律法规规定的行为。计算机信息系统，是指由计算机及其相关和配套的设备、设施（含网络）构成的，按照一定的应用目标和规则对信息进行采集、加工、存储、传输、检索等处理的系统。根据2000年12月28日全国人大常委会《关于维护互联网安全的决定》中规定，"为了保障互联网的安全运行，有下列行为之一，构成犯罪的，依照刑法有关规定追究刑事责任：（一）侵入国家事务、国防建设、尖端科学技术领域的计算机系统；（二）故意制作、传播计算机病毒等破坏性程序，攻击计算机系统及通信网络，致使计算机系统及通信网络受损害；（三）违反国家规定，擅自中断计算机网络或者通信服务，造成计算机网络或者通信系统不能正常运行"。具体破坏计算机行为表现是：

第一，违反国家规定，对计算机信息系统功能进行删除、修改、增加、干扰，造成计算机信息系统不能正常运行，后果严重的行为。

第二，违反国家规定，对计算机信息系统中存储、处理或者传输的数据和应用程序进行删除、修改、增加的操作，后果严重的行为。

第三，故意制作、传播计算机病毒等破坏性程序，影响计算机系统正常运行，后果严重的行为。故意实施上述破坏计算机信息系统的行为之一的，就可以构成本罪的犯罪行为。

根据最高人民法院、最高人民检察院2011年9月1日《关于办理危害计算机信息系统安全刑事案件应用法律若干问题的解释》第5条规定，"具有下列情形之一的程序，应当认定为刑法第二百八十六条第三款规定的'计算机病毒等破坏性程序'：（一）能够通过网络、存储介质、文件等媒介，将自身的部分、全部或者变种进行复制、传播，并破坏计算机系统功能、数据或者应用程序的；（二）能够在预先设定条件下自动触发，并破坏计算机系统功能、数据或者应用程序的；（三）其他专门设计用于破坏计算机系统功能、数据或者应用程序的程序"。

③犯罪结果，是结果犯，必须是实施了破坏计算机信息系统，后果严重的结果才能构成犯罪。情节严重，是指使计算机功能改变或者失去功能，不好使用或者不能使用。

(3) 破坏计算机信息系统罪的法定刑。根据刑法第 286 条规定,该罪的法定刑是:

①后果严重,构成本罪的,处 5 年以下有期徒刑或者拘役。

根据最高人民法院、最高人民检察院 2011 年 9 月 1 日《关于办理危害计算机信息系统安全刑事案件应用法律若干问题的解释》第 4 条第 1 款规定,"破坏计算机信息系统功能、数据或者应用程序,具有下列情形之一的,应当认定为刑法第二百八十六条第一款和第二款规定的'后果严重':(一)造成十台以上计算机信息系统的主要软件或者硬件不能正常运行的;(二)对二十台以上计算机信息系统中存储、处理或者传输的数据进行删除、修改、增加操作的;(三)违法所得五千元以上或者造成经济损失一万元以上的;(四)造成为一百台以上计算机信息系统提供域名解析、身份认证、计费等基础服务或者为一万以上用户提供服务的计算机信息系统不能正常运行累计一小时以上的;(五)造成其他严重后果的"。

上述司法解释第 6 条第 1 款规定,"故意制作、传播计算机病毒等破坏性程序,影响计算机系统正常运行,具有下列情形之一的,应当认定为刑法第二百八十六条第三款规定的"后果严重":(一)制作、提供、传输第五条第(一)项规定的程序,导致该程序通过网络、存储介质、文件等媒介传播的;(二)造成二十台以上计算机系统被植入第五条第(二)、(三)项规定的程序的;(三)提供计算机病毒等破坏性程序十人次以上的;(四)违法所得五千元以上或者造成经济损失一万元以上的;(五)造成其他严重后果的"。

②犯本罪,后果特别严重的,处 5 年以上有期徒刑。

根据最高人民法院、最高人民检察院 2011 年 9 月 1 日《关于办理危害计算机信息系统安全刑事案件应用法律若干问题的解释》第 4 条第 2 款规定,"实施前款规定行为,具有下列情形之一的,应当认定为破坏计算机信息系统'后果特别严重':(一)数量或者数额达到前款第(一)项至第(三)项规定标准五倍以上的;(二)造成为五百台以上计算机信息系统提供域名解析、身份认证、计费等基础服务或者为五万以上用户提供服务的计算机信息系统不能正常运行累计一小时以上的;(三)破坏国家机关或者金融、电信、交通、教育、医疗、能源等领域提供公共服务的计算机信息系统的功能、数据或者应用程序,致使生产、生活受到严重影响或者造成恶劣社会影响的;(四)造成其他特别严重后果的"。

上述司法解释第 6 条第 2 款规定,"实施前款规定行为,具有下列情形之一的,应当认定为破坏计算机信息系统'后果特别严重':(一)制作、提供、传输第五条第(一)项规定的程序,导致该程序通过网络、存储介质、文件等媒介传播，致使生产、生活受到严重影响或者造成恶劣社会影响的；
（二）数量或者数额达到前款第（二）项至第（四）项规定标准五倍以上的；
（三）造成其他特别严重后果的"。

③单位犯本罪的，对单位判处罚金，并对其直接负责的主管人员和其他直接责任人员，依照自然人犯本罪的规定处罚。

（4）认定破坏计算机信息系统罪时，应注意的问题：

①注意区分罪与非罪的界限。

从犯罪主体上区分。本罪主体是年满16周岁以上的自然人和单位，不满16周岁的人不能构成本罪。本罪是故意犯罪，主观上过失的人不能构成本罪，例如，在使用计算机信息网络时，由于操作失误，造成该系统信息破坏的行为，由于主观上是过失，因而不构成本罪。

从犯罪行为上区分。本罪必须是实施了破坏计算机信息系统行为的才构成本罪；如果没有违反国家规定，正常使用计算机信息系统，而造成了破坏结果的行为不能构成本罪。

从犯罪结果上区分。本罪是结果犯，必须是实施破坏计算机信息系统行为达到情节严重的结果的才能构成本罪。如果行为人实施了破坏计算机信息系统行为，但没有造成破坏计算机信息系统结果的，一般是属于情节显著轻微危害不大的行为，依照刑法第13条犯罪定义的规定不认为是犯罪。

②注意本罪与其他相关罪的认定。破坏计算机信息系统的动机和目的是多种多样的，有的是为了窃取信息、秘密，有的是出于好奇，有的是为了谋取某种非法利益，也有的是为了掌握一些知识。动机不同，一般不影响犯罪的成立。但犯罪目的不同，应依法认定为相应的犯罪。例如，如果是为境外机构和个人窃取国家秘密的目的，而破坏计算机信息系统的行为，应按处理牵连犯的原则，认定为重罪为境外窃取、刺探、收买、非法提供国家秘密、情报罪。如果是为了非法获取军事秘密而破坏计算机信息系统的行为，应认定为非法获取军事秘密罪。如果是为窃取他人财物，破坏计算机信息系统的行为，应认定为盗窃罪。

③注意破坏计算机信息安全犯罪共犯的认定。根据最高人民法院、最高人民检察院2011年9月1日《关于办理危害计算机信息系统安全刑事案件应用法律若干问题的解释》第9条规定，"明知他人实施刑法第二百八十五条、第二百八十六条规定的行为，具有下列情形之一的，应当认定为共同犯罪，依照刑法第二百八十五条、第二百八十六条的规定处罚：（一）为其提供用于破坏计算机信息系统功能、数据或者应用程序的程序、工具，违法所得五千元以上或者提供十人次以上的；（二）为其提供互联网接入、服务器托管、网络存储

空间、通讯传输通道、费用结算、交易服务、广告服务、技术培训、技术支持等帮助，违法所得五千元以上的；（三）通过委托推广软件、投放广告等方式向其提供资金五千元以上的。实施前款规定行为，数量或者数额达到前款规定标准五倍以上的，应当认定为刑法第二百八十五条、第二百八十六条规定的'情节特别严重'或者'后果特别严重'"。

（二十五）扰乱无线电通讯管理秩序罪

扰乱无线电通讯管理秩序罪是《刑法修正案（九）》第30条在刑法第288条中补充的犯罪。1997年最高人民法院、最高人民检察院《关于执行〈中华人民共和国刑法〉确定罪名的规定》中规定为该罪名。

1. 刑法规定内容的修改

刑法条文中有关扰乱无线电通讯管理秩序罪的规定有：

（1）1997年刑法第288条规定，"违反国家规定，擅自设置、使用无线电台（站），或者擅自占用频率，经责令停止使用后拒不停止使用，干扰无线电通讯正常进行，造成严重后果的，处三年以下有期徒刑、拘役或者管制，并处或者单处罚金。

"单位犯前款罪的，对单位判处罚金，并对其直接负责的主管人员和其他直接责任人员，依照前款的规定处罚。"

（2）2015年8月29日《刑法修正案（九）》第30条规定，将刑法第288条第1款修改为："违反国家规定，擅自设置、使用无线电台（站），或者擅自使用无线电频率，干扰无线电通讯秩序，情节严重的，处三年以下有期徒刑、拘役或者管制，并处或者单处罚金；情节特别严重的，处三年以上七年以下有期徒刑，并处罚金。"

上述《刑法修正案（九）》第30条在刑法第288条原规定的扰乱无线电通讯管理秩序罪的犯罪行为中删除"经责令停止使用后拒不停止使用"的限制条件，将犯罪结果由"造成严重后果的"改为"情节严重的"、"情节特别严重的"，并增加规定了一个更高档次的法定刑"处三年以上七年以下有期徒刑，并处罚金"。

2. 刑法规定修改的原因

我国1979年刑法中没有规定扰乱无线电通讯管理秩序罪，因为在立法时，这种行为的社会危害性还不严重。1997年修订刑法时根据当时社会上一些个人或者单位违反国家规定，擅自设置、使用无线电台（站），或者擅自占用频率，经责令停止使用后拒不停止使用，干扰无线电通讯正常进行，严重干扰无线电通讯秩序正常进行的情况。在刑法中增加规定了扰乱无线电通讯管理秩序犯罪行为，并规定为独立的罪名。多年来，司法机关依照刑法第288条规定，惩治了一批扰乱无线电通讯管理秩序罪，但司法实践中发现，刑法中规定的定罪的限制条件"经责令停止使用后拒不停止使用"，在无线电管理法律规定已实施多年的情况下，再用该限制定罪条件，已不利于维持无线电通讯秩序。而且刑法规定法定刑较轻，不能有效惩治那些情节特别严重的犯罪。2015年《刑法修正案（九）》在刑法第288条的罪状中删去了"经责令停止使用后拒不停止使用"的限制条件，将犯罪结果由"造成严重后果的"改为"情节严重的"、"情节特别严重的"，并增加规定了一个更高档次的法定刑，即"处三年以上七年以下有期徒刑，并处罚金"。

3. 扰乱无线电通讯管理秩序罪的适用

扰乱无线电通讯管理秩序罪是《刑法修正案（九）》对刑法第288条补充的犯罪，要准确适用就必须弄清该罪的概念、特征、法定刑，以及适用时应注意的问题。

（1）扰乱无线电通讯管理秩序罪的概念。该罪是指违反国家规定，擅自设置、使用无线电台（站），或者擅自使用无线电频率，干扰无线电通讯秩序，情节严重的行为。

无线电通讯是现代化的通讯工具，其简便易行，而且信息交流的范围广泛，现已普及到生产、销售、生活各个领域，成为人们生活中不可缺少的信息通讯工具，因此，无线电通讯必须有秩序地进行，才能充分发挥其作用。但近来违反国家规定，擅自设置、使用无线电台（站），或者擅自使用无线电频率，干扰无线电通讯秩序行为相当猖獗，有些人设立"伪基站"公开大量发布电讯诈骗电话，严重扰乱无线电通讯秩序，引起极大的民愤。虽然我国1997年刑法第288条将扰乱无线电通讯管理秩序的行为规定为犯罪，但最高处3年有期徒刑，处刑较轻。为了更有效地惩治扰乱无线电通讯管理秩序罪。《刑法修正案（九）》将刑法第288条规定的法定刑提高一个档次，最高可处7年有期徒刑。

（2）扰乱无线电通讯管理秩序罪的构成特征。根据刑法第288条规定，该罪的构成特征是：

①犯罪主体，是一般主体，达到法定年龄具有刑事责任能力的扰乱无线电通讯管理秩序罪行为的自然人和单位。本罪法定年龄是年满16周岁以上的人。犯罪主体在主观上是故意的，多数是以使用无线电频率为目的，也有是为实施其他犯罪或者其他目的而扰乱无线电通讯管理秩序。

②犯罪行为，必须是违反法律规定，实施了扰乱无线电通讯管理秩序的行为。违反法律规定，是指违反1993年9月颁布的《无线电管理条例》。该

《条例》对无线电设置、使用无线电台（站）和使用频率都作了规定。对于违反条例规定，擅自设置无线电台（站）或者擅自占用行为是违法行为。扰乱无线电通讯管理秩序犯罪行为，具体表现是：

第一，违反法律规定，擅自设置、使用无线电台（站）的行为。我国《无线电管理条例》规定，设置无线电台（站）必须依法获准，办理设台（站）审批手续，领取电台执照。未批准擅自设台（台）的行为是违法的行为。"无线电台"是指用发射机及其附属设备将电磁波向空间辐射传播的场所，其中装有无线电波发射机及其附属设备和天线等。

第二，使用无线电台（站）的行为。使用擅自设置的无线电台（站）进行无线电通讯活动，或者非法使用国家设置的无线电台（站）进行无线电通讯活动的行为。

第三，擅自使用无线电频率的行为。频率，是指无线电管理机构核准给某电台在规定的条件下使用的无线电频段或频道。

故意实施上述扰乱无线电通讯管理秩序行为之一，情节严重的，就可以构成本罪的犯罪行为。

③犯罪结果，是结果犯，必须是实施了扰乱无线电通讯管理秩序，情节严重的结果才能构成犯罪。情节严重，是指扰乱无线电通讯，使其失去功能，或者不能正常使用。

（3）扰乱无线电通讯管理秩序罪的法定刑。根据刑法第288条规定，该罪的法定刑是：

①情节严重，构成本罪的，处3年以下有期徒刑、拘役或者管制，并处或者单处罚金。

②犯本罪，情节特别严重的，处3年以上7年以下有期徒刑，并处罚金。

③单位犯本罪的，对单位判处罚金，并对其直接负责的主管人员和其他直接责任人员，依照自然人犯本罪的规定处罚。

（4）认定扰乱无线电通讯管理秩序罪时，应注意的问题：

①注意区分罪与非罪的界限。

从犯罪主体上区分。本罪主体是年满16周岁以上的自然人和单位，不满16周岁的人不能构成本罪。本罪是故意犯罪，主观上过失的人不能构成本罪，例如，在使用无线电台（站）设备时，由于操作不当，发射出扰乱无线广播的行为，由于主观上是过失，因而不构成本罪。

从犯罪行为上区分。本罪必须是实施了扰乱无线电通讯管理秩序行为的才构成本罪；如果没有违反国家规定，正常使用无线通讯设备，而实际上造成扰乱无线电通讯管理秩序结果的行为不能构成本罪。

从犯罪结果上区分。本罪是结果犯，必须是扰乱无线电通讯管理秩序达到情节严重结果的才能构成本罪。情节较轻或者情节一般的都不构成本罪。例如，行为人实施了扰乱无线电通讯管理秩序行为，但没有造成扰乱无线电通讯管理秩序的结果的，属于情节显著轻微危害不大的行为，应依照刑法第13条犯罪定义的规定不认为是犯罪。

②注意本罪与其他相关罪的认定。扰乱无线电通讯管理秩序的动机和目的是多种多样的，有的是为了窃取信息、秘密，有的是出于好奇，有的是为了谋取某种非法利益，也有的是为了掌握一些知识。动机不同，一般不影响犯罪的成立。但犯罪目的不同，应依法认定为相应的犯罪。例如，行为人故意非法使用军事通讯频率，造成军事通讯中断或者严重障碍的，要认定为破坏军事通信罪；行为人接受敌人间谍组织的任务，非法设台扰乱无线电通讯的行为，构成间谍罪；行为人为实施电讯诈骗，私设"伪基站"发射电话信号，严重扰乱无线电通讯的行为，构成诈骗罪等，但都不再定为本罪。

（二十六）聚众扰乱社会秩序罪

聚众扰乱社会秩序罪是《刑法修正案（九）》第31条对刑法第290条补充的犯罪。1997年最高人民法院、最高人民检察院《关于执行〈中华人民共和国刑法〉确定罪名的规定》中规定为"聚众扰乱社会秩序罪"的罪名。

1. 刑法规定内容的修改

刑法条文中有关聚众扰乱社会秩序罪的规定有：

（1）1979年刑法第158条规定，"禁止任何人，利用任何手段扰乱社会秩序。扰乱社会秩序情节严重，致使工作、生产、营业和教学、科研无法进行，国家和社会遭受严重损失的，对首要分子处五年以下有期徒刑、拘役、管制或者剥夺政治权利"。

（2）1997年刑法第290条第1款规定，"聚众扰乱社会秩序，情节严重，致使工作、生产、营业和教学、科研无法进行，造成严重损失的，对首要分子，处三年以上七年以下有期徒刑；对其他积极参加的，处三年以下有期徒刑、拘役、管制或者剥夺政治权利"。

（3）2015年8月29日《刑法修正案（九）》第31条将刑法第290条第1款修改为："聚众扰乱社会秩序，情节严重，致使工作、生产、营业和教学、科研、医疗无法进行，造成严重损失的，首要分子，处三年以上七年以下有期徒刑；对其他积极参加的，处三年以下有期徒刑、拘役、对管制或者剥夺政治权利。"

增加二款作为第3款、第4款："多次扰乱国家机关工作秩序，经行政处罚后仍不改正，造成严重后果的，处三年以下有期徒刑、拘役或者管制。"

"多次组织、资助他人非法聚集，扰乱社会秩序，情节严重的，依照前款的规定处罚。"

上述《刑法修正案（九）》第31条对刑法第290条原规定的聚众扰乱社会秩序罪的犯罪行为中增加聚众扰乱"医疗"工作无法进行，造成严重损失的行为；增加了"多次扰乱国家机关工作秩序，经行政处罚后仍不改正，造成严重后果的，处三年以下有期徒刑、拘役或者管制"和"多次组织、资助他人非法聚集，扰乱社会秩序，情节严重的，依照前款的规定处罚"，扩大了聚众扰乱社会秩序罪的惩治范围。

2. 刑法规定修改的原因

我国1979年和1997年刑法中都规定了聚众扰乱社会秩序罪，1997年刑法对1979年刑法规定的法定刑作了重要修改，将只对"首要分子处五年以下有期徒刑、拘役、管制或者剥夺政治权利"，改为"对首要分子，处三年以上七年以下有期徒刑，对其他积极参加的，处三年以下有期徒刑、拘役、管制或者剥夺政治权利"，加重了对聚众扰乱社会秩序罪的处罚力度。多年来，司法机关依照刑法第290条规定，惩治了一批聚众扰乱社会秩序罪。

近年来，在医院中"医闹"事件频繁发生，有的患者及家属往往聚众围攻、殴打医生，破坏医疗设施，严重扰乱了医院的医疗工作秩序。2015年《刑法修正案（九）》在刑法第290条第1款规定的罪状中增加"聚众扰乱医疗工作无法进行，造成严重损失"的行为；增加规定"多次扰乱国家机关工作秩序，经行政处罚后仍不改正，造成严重后果的，处三年以下有期徒刑、拘役或者管制"和"多次组织、资助他人非法聚集，扰乱社会秩序，情节严重的，依照前款的规定处罚"，扩大了聚众扰乱社会秩序罪的惩治范围。

3. 聚众扰乱社会秩序罪的适用

聚众扰乱社会秩序罪是《刑法修正案（九）》对刑法第290条补充的犯罪，要准确适用就必须弄清该罪的概念、特征、法定刑，以及适用时应注意的问题。

（1）聚众扰乱社会秩序罪的概念。该罪是指聚众扰乱社会秩序，情节严重，致使工作、生产、营业和教学、科研、医疗无法进行，造成严重损失的行为。

社会秩序是人们共同生活、工作、生产、营业和教学、科研、医疗的秩序。良好的社会秩序是人们有条不紊地进行工作、生产、营业和教学、科研、医疗和生活的先决条件。如果聚众扰乱社会秩序，情节严重，致使工作、生产、营业和教学、科研、医疗无法进行，必然给国家和社会及公民造成严重损失的，这是对社会有严重危害的行为。我国刑法第290条将聚众扰乱社会秩序，情节严重的行为规定为犯罪，最高可处7年有期徒刑。

（2）聚众扰乱社会秩序罪的构成特征。根据刑法第290条规定，该罪的构成特征是：

①犯罪主体，是一般主体，达到法定年龄具有刑事责任能力的实施了聚众扰乱社会秩序行为的自然人。本罪法定年龄是年满16周岁以上的人，是在聚众扰乱社会秩序中年满16周岁以上的首要分子和其他积极参加的人。犯罪主体在主观上是故意的，是通过聚众扰乱社会秩序达到某种个人或者某些人的要求。

②犯罪行为，必须是聚众扰乱社会秩序的行为。具体表现：多数是因为某要求得不到满足，在首要分子的组织、指挥下聚集多人在有关机关、单位无理取闹、纠缠，妨碍机关单位正常活动。聚众是指在首要分子组织、指挥至少三人以上众多人进行封堵机关、单位，拦截车辆等行为，使机关、单位及其工作人员无法进行正常活动。

③犯罪结果，是结果犯，必须是实施了聚众扰乱社会秩序，情节严重，造成严重损失结果的才能构成犯罪。既要聚众扰乱行为情节严重，又要致使工作、生产、营业和教学、科研、医疗无法进行，造成严重损失的。情节严重，是指聚集众多人，不听劝阻，呼喊口号，提出明显不合理要求，造成很坏影响等情节。造成严重损失，是指由于聚众扰乱秩序使有关单位活动或者重要工作人员无法正常进行工作，而造成重大经济损失，甚至造成人员伤亡的结果。

（3）聚众扰乱社会秩序罪的法定刑。根据刑法第290条规定，该罪的法定刑是：

①情节严重、造成严重损失，首要分子处3年以上7年以下有期徒刑。

②构成本罪，积极参加的，处3年以下有期徒刑、拘役、管制或者剥夺政治权利。

（4）认定聚众扰乱社会秩序罪时，应注意的问题：

①注意区分罪与非罪的界限。

从犯罪主体上区分。本罪主体是年满16周岁以上的自然人，不满16周岁的人和单位不能构成本罪。只有首要分子和其他积极参加的人才能构成本罪，首要分子，根据刑法第97条规定必须是在聚众犯罪中起组织、策划、指挥作用的犯罪分子，其他积极参加的，是指除首要分子以外的在聚众犯罪中起主要作用的犯罪分子。首要分子和其他积极参加的人也必须是年满16周岁的自然人，其他一般参加者或者被裹胁群众不构成本罪。

从犯罪行为上区分。本罪必须是实施了聚众扰乱社会秩序行为的才构成本罪；如果没有违反国家规定，聚集多人集体上访的行为不能构成本罪。如果纠集的人数不多，只有两三个人，虽然进行了一些扰乱的行为，也不能构成本罪。

从犯罪结果上区分。本罪是结果犯，必须是实施了聚众扰乱社会秩序情节严重，致使工作无法进行，造成严重损失的结果才能构成犯罪。既要情节严重结果，又要造成严重损失的结果，没有达到情节严重的，经劝阻和教育立即停止的行为或者虽然有推拉工作人员的行为，但没有妨害工作，或者虽然妨碍了一些工作，但没有造成严重损失结果的不构成本罪。

②注意划清本罪与聚众冲击国家机关罪的界限。聚众扰乱社会秩序的行为中有可能是聚众扰乱国家机关的工作秩序，与聚众冲击国家机关罪的犯罪行为容易混淆。二罪的根本区别是犯罪行为不同，本罪只是聚众扰乱国家机关的工作秩序，还没有达到冲击国家机关的程度。如果开始是聚众扰乱国家机关的工作秩序，继而发展到聚众冲击国家机关的行为，应认定为聚众冲击国家机关罪，不再定为本罪。

③注意划清本罪与妨害公务罪的界限。本罪聚众扰乱社会秩序的行为中，有的有可能使用暴力、威胁的方法阻碍国家工作人员依法执行公务的行为，又构成妨害公务罪。但二罪的根本区别是犯罪对象和犯罪行为不同。本罪的对象是有关单位，包括机关、团体、企业、事业单位的正常活动；而妨害公务罪的对象是依法执行职务的国家机关工作人员。本罪的犯罪行为是聚众扰乱社会秩序，一般不使用暴力、威胁方法，即是有些暴力、威胁也是比较轻的；而妨害公务的行为必须是使用暴力、威胁的方法阻碍国家机关工作人员依法执行公务的行为。由于二罪的犯罪对象和犯罪行为不同，将二罪区分开来。如果在聚众扰乱社会秩序过程中，有人以暴力、威胁的方法阻碍国家机关工作依法执行职务的，应按重罪定罪从重处罚。

（二十七）组织、利用会道门、邪教组织、利用迷信破坏法律实施罪

组织、利用会道门、邪教组织、利用迷信破坏法律实施罪，是《刑法修正案（九）》第33条对刑法第300条第1款规定修改的犯罪，1997年最高人民法院、最高人民检察院在《关于执行〈中华人民共和国刑法〉确定罪名的规定》中规定为该罪名。

我国1979刑法没有单独规定这种犯罪，而是将这种犯罪行为作为组织、利用封建迷信、会道门进行反革命活动罪定罪处罚。1997年修订刑法取消了反革命罪的类罪名，将组织、利用会道门、邪教组织和利用迷信破坏法律实施

的行为规定为独立的罪名,并规定在妨害社会管理秩序罪之中。1999年全国人大常委会《关于取缔邪教组织、防范和惩治邪教活动的决定》第1条规定,对组织和利用邪教组织破坏国家法律、行政法规实施,聚众闹事,扰乱社会秩序等犯罪活动,依法予以严惩,即依照该罪规定严厉惩处。最高人民法院、最高人民检察院对其具体适用刑法第300条作了司法解释。2015年8月29日《刑法修正案(九)》第33条对刑法第300条第1款规定的法定刑作了修改,提高了法定刑最高刑,即"处无期徒刑,并处罚金或者没收财产";增加了"情节较轻的,处三年以下有期徒刑、拘役、管制或者剥夺政治权利,并处或者单处罚金"的规定。

1. 刑法规定内容的修改

刑法条文中有关组织、利用会道门、邪教组织、利用迷信破坏法律实施犯罪的规定有:

(1) 1979年刑法第99条规定:"组织、利用封建迷信、会道门进行反革命活动的,处五年以上有期徒刑;情节较轻的,处五年以下有期徒刑、拘役、管制或者剥夺政治权利。"

1979年刑法第165条规定:"神汉、巫婆借迷信进行造谣、诈骗财物活动的,处二年以下有期徒刑、拘役或者管制;情节严重的,处二年以上七年以下有期徒刑。"

(2) 1983年全国人大常委会《关于严惩严重危害社会治安的犯罪分子的决定》第1条规定:"对下列严重危害社会治安的犯罪分子,可以在刑法规定的最高刑以上处刑,直至判处死刑……(五)组织反动会道门,利用封建迷信,进行反革命活动,严重危害社会治安秩序的。"

(3) 1997年刑法第300条规定:"组织和利用会道门、邪教组织或者利用迷信破坏国家法律、行政法规实施的,处三年以上七年以下有期徒刑;情节特别严重的,处七年以上有期徒刑。组织和利用会道门、邪教组织或者利用迷信蒙骗他人,致人死亡的,依照前款的规定处罚。

"组织和利用会道门、邪教组织或者利用迷信奸淫妇女、诈骗财物的,分别依照本法第二百三十六条、第二百六十六条的规定定罪处罚。"

(4) 1999年全国人大常委会《关于取缔邪教组织、防范和惩治邪教活动的决定》第1条规定,"坚决依法取缔邪教组织,严厉惩治邪教组织的各种犯罪活动。邪教组织冒用宗教、气功或者其他名义,采用各种手段扰乱社会秩序,危害人民群众生命财产安全和经济发展,必须依法取缔,坚决惩治。人民法院、人民检察院和公安、国家安全、司法行政机关要各司其职,共同做好这项工作。对组织和利用邪教组织破坏国家法律、行政法规实施,聚众闹事,扰乱社会秩序,以迷信邪说蒙骗他人,致人死亡,或者奸淫妇女、诈骗财物等犯罪活动,依法予以严惩"。

上述1997年刑法及其补充规定对有关织织、利用邪教组织、封建迷信犯罪规定的修改过程可见,对刑法规定作了如下修改和补充:

(1) 将邪教组织犯罪由反革命犯罪改为妨害社会管理秩序犯罪。我国1979年刑法和《关于严惩严重危害社会治安的犯罪分子的决定》都将有关邪教组织和利用迷信进行犯罪行为规定为犯罪,特别是其利用邪教组织和迷信破坏国家法律、政策实施的犯罪行为,都定为反革命罪中的具体犯罪,处以严厉的刑罚。1997年修订刑法取消了反革命罪的类罪名,改为危害国家安全罪的类罪名,取消了神汉、巫婆借迷信造谣、诈骗财物罪,将有关利用邪教组织和利用迷信进行的犯罪活动归纳在一个条文中,即规定在1997年刑法第300条中,作为妨害社会管理秩序罪中具体犯罪,不再单独规定为危害国家安全罪中的具体犯罪。如果组织和利用邪教组织,组织、策划、实施、煽动分裂国家、破坏国家统一或者颠覆国家政权、推翻社会主义制度的,分别依照1997年刑法第103条、第105条、第113条的规定定罪处罚。

(2) 扩大了惩治范围,增加了新罪名。1997年刑法第300条中规定邪教组织犯罪行为触犯了刑法规定的10种具体犯罪。1997年最高人民法院、最高人民检察院司法解释规定为2种独立的罪名和8种具体的犯罪行为,即组织、利用会道门、邪教组织、利用迷信破坏法律实施罪和组织、利用会道门、邪教组织、利用迷信致人死亡罪;8种具体犯罪行为,即组织和利用邪教组织制造、散布迷信邪说,指使、胁迫其成员或者其他人实施自杀、自伤行为的,分别依照1997年刑法第232条、第234条的规定,以故意杀人罪或者故意伤害罪定罪处罚;组织和利用邪教组织,以迷信邪说引诱、胁迫、欺骗或者其他手段,奸淫妇女、幼女的,依照刑法第236条的规定,以强奸罪定罪处罚;组织和利用邪教组织以各种欺骗手段,收取他人财物的,依照刑法第266条的规定,以诈骗罪定罪处罚;组织和利用邪教组织,组织、策划、实施、煽动分裂国家、破坏国家统一或者颠覆国家政权、推翻社会主义制度的,分别依照刑法第103条、第105条、第113条的规定,以分裂国家罪、煽动分裂国家罪、颠覆国家政权罪、煽动颠覆国家政权罪等定罪处罚。

(3) 全国人大常委会的决定没有补充新罪名和法定刑。1999年全国人大常委会《关于取缔邪教组织、防范和惩治邪教活动的决定》中,只规定坚决依法取缔邪教组织,严厉惩治邪教组织的各种犯罪活动,没有对刑法第300条的规定进行修改和补充。最高人民法院、最高人民检察院1999年10月30日《关于办理组织和利用邪教组织犯罪案件具体应用法律若干问题的解释》中对具体定罪处罚作了详细规定。

2015年8月29日《刑法修正案（九）》第33条将刑法第300条修改为："组织、利用会道门、邪教组织或者利用迷信破坏国家法律、行政法规实施的，处三年以上七年以下有期徒刑，并处罚金；情节特别严重的，处七年以上有期徒刑或者无期徒刑，并处罚金或者没收财产；情节较轻的，处三年以下有期徒刑、拘役、管制或者剥夺政治权利，并处或者单处罚金。

"犯第一款罪又有奸淫妇女、诈骗财物等犯罪行为的，依照数罪并罚的规定处罚。"

上述《刑法修正案（九）》在刑法第300条第1款中将原规定的法定刑最高刑由"情节特别严重的，处七年以上有期徒刑"，提高为"情节特别严重的，处七年以上有期徒刑或者无期徒刑，并处罚金或者没收财产"，并增加了一个最低档次法定刑"情节较轻的，处三年以下有期徒刑、拘役、管制或者剥夺政治权利，并处或者单处罚金"，以便能更准确地对犯组织、利用会道门、邪教组织、利用迷信破坏法律实施罪适用恰当的刑罚处罚。

2. 刑法规定修改的原因

1997年刑法对惩治组织、利用会道门、邪教组织、利用迷信破坏法律实施罪的修改和全国人大常委会《关于取缔邪教组织、防范和惩治邪教活动的决定》坚决取缔邪教组织，惩治其犯罪的主要原因有以下几个方面：

①贯彻依法治国方针的需要。我国实行依法治国的方针，社会主义法律体系已基本形成，各行各业都要依法办事。各种会道门、邪教组织企图以其歪理邪说、各种封建迷信控制人们的思想，规范人们的行为，进行各种反科学的犯罪活动，破坏国家法律、行政法规的实施。不取缔各种会道门、邪教组织，科学就不能发展，法制就不能实施，依法治国的国策就不实现。因此，在1997年修订刑法时，将组织和利用会道门、邪教组织或者利用迷信破坏国家法律行政法规实施的行为规定为犯罪，给予刑罚处罚。

②惩治"法轮功"等邪教组织的需要。近几年来，"法轮功"等邪教组织犯罪猖獗，残害人民群众，冲击国家机关，扰乱社会秩序，具有严重社会危害性，必须坚决取缔，严厉惩治。从1999年下半年以来，在党中央统一领导下，在全国开展了同"法轮功"邪教组织的斗争，取得了决定性的胜利。多年来斗争的事实证明，防范和惩治各种邪教活动是一项长期的、复杂的重要任务。邪教组织严重破坏社会秩序和社会稳定，危害人民群众生命财产安全和经济发展。为了维护社会稳定，保护广大人民群众的根本利益，保障改革开放和社会主义现代化建设，全面建设小康社会，全国人大常委会就需要制定一个关于取缔邪教组织、防范和惩治邪教犯罪活动的决定，统一全国各行各业和司法机关

继续同"法轮功"等邪教组织进行斗争。

③明确惩治邪教组织犯罪活动刑事政策的需要。多年来,"法轮功"等邪教组织冒用宗教、气功等其他名义欺骗了很多群众,在处理时,必须明确国家的各项政策,包括刑事政策。因此,全国人大常委会在《关于取缔邪教组织、防范和惩治邪教活动的决定》中明确规定,坚持教育与惩罚相结合,团结、教育绝大多数被蒙骗的群众,也依法严厉惩治极少数犯罪分子。在依法处理邪教组织的工作中,要把不明真相参与邪教活动的人同组织和利用邪教组织进行非法活动、蓄意破坏社会稳定的犯罪分子区别开来。对受蒙骗的群众不予追究。对构成犯罪的组织者、策划者、指挥者和骨干分子,坚决依法追究刑事责任;对于自首或者有立功表现的,可以依法从轻、减轻或者免除处罚。全国人大常委会的《关于取缔邪教组织、防范和惩治邪教活动的决定》为司法机关处理邪教组织犯罪案件提供政策界限。

多年来,我国司法机关依照刑法和有关规定及司法解释办理了一批组织、利用邪教组织、会道门、封建迷信破坏国家法律实施犯罪案件,有利地打击了形形色色的邪教组织和封建迷信活动,使社会秩序有了明显的好转。但有些顽固分子还在活动,需要严厉惩罚,而刑法原规定最高处15年有期徒刑,不能有效地惩治这些顽固分子,需要加大惩治力度。另外,新出现的一些被蒙骗参加邪教组织的,对犯罪情节较轻的,应依宽严相济的刑事政策,处以较轻的刑事处罚。特别是当前有关邪教、会道门、迷信犯罪都有一定的经济支持,应对其处以财产刑,以便从经济上剥夺其再犯罪的经济基础。所以,《刑法修正案(九)》根据司法经验和当前的实际情况,从严格贯彻宽严相济的刑事政策要求,加重了对那些犯罪情节特别严重的法定刑,减轻了对情节较轻犯罪的法定刑,同时还增加规定不论犯罪情节轻重,都可处以财产刑。

3. 组织、利用会道门、邪教组织、利用迷信破坏法律实施罪的适用

组织、利用会道门、邪教组织、利用迷信破坏法律实施罪,是《刑法修正案(九)》修改补充的犯罪,要准确适用就必须弄清该罪的概念、特征,以及适用时应注意的问题。

(1)组织、利用会道门、邪教组织、利用迷信破坏法律实施罪的概念。该罪是指组织、利用会道门、邪教组织、利用迷信破坏法律实施的行为。

所谓会道门,是封建迷信组织的总称,其名称很多,如大刀会、一贯道、九宫道、先天道、圣贤会、哥老会、青帮、红帮等。会道门是被政府取缔的反动组织。组织会道门或者利用会道门破坏国家法律实施的行为都是违法犯罪行为。

所谓邪教组织,根据最高人民法院、最高人民检察院2017年2月1日起

施行的《关于办理组织、利用邪教组织破坏法律实施等刑事案件适用法律若干问题的解释》第 1 条规定,"冒用宗教、气功或者以其他名义建立,神化、鼓吹首要分子,利用制造、散布迷信邪说等手段蛊惑、蒙骗他人,发展、控制成员,危害社会的非法组织,应当认定为刑法第三百条规定的'邪教组织'"。组织、利用邪教组织破坏国家法律的实施,蒙骗他人致人死亡、伤害、奸淫妇女、诈骗财物的行为都是犯罪行为,应当追究其刑事责任。

所谓迷信,是在生产力低下,科学技术和文化思想落后的情况下,人们缺乏对自然现象本质的认识,对某些现象的崇拜和相信。在其信仰、崇拜和活动形式上受封建思想的影响带有浓厚的封建色彩,所以,人们称为封建迷信。作为科学的对立物而存在的迷信都是信奉鬼神的宿命论。进行个人崇拜、神化首要分子也是一种迷信。利用迷信破坏国家法律的实施和利用迷信蒙骗他人,致人死亡、伤害、诈骗财物的行为都是犯罪行为,应依法追究其刑事责任。

(2) 组织、利用会道门、邪教组织、利用迷信破坏法律实施罪的构成特征。根据刑法第 300 条和"两高"司法解释的规定,该罪的构成特征有:

①犯罪主体。该罪的犯罪主体是一般主体,凡是年满 16 周岁以上的具有刑事责任能力实施了该犯罪行为的自然人都可以构成。一般是反动会道门、邪教组织的组织者、领导者和积极参加的骨干分子。犯罪主体在主观上都是故意的,并且有破坏国家法律、法规实施的目的。

②犯罪行为。必须是故意实施了组织、利用会道门、邪教组织、利用迷信破坏国家法律、法规实施的行为。根据最高人民法院、最高人民检察院的司法解释,该罪的犯罪行为具体有:

第一,建立邪教组织,或者邪教组织被取缔后又恢复、另行建立邪教组织的行为。

第二,聚众围攻、冲击国家机关、企业、事业单位,扰乱国家机关、企业、事业单位的工作、生产、经营、教学和科研秩序的行为。

第三,非法举行集会、游行、示威,煽动、欺骗、组织其成员或者其他人聚众围攻、冲击、强占、哄闹公共场所及宗教活动场所,扰乱社会秩序的行为。

第四,煽动、欺骗、组织其成员或者其他人不履行法定义务,情节严重的行为。

第五,出版、印刷、复制、发行宣扬邪教内容出版物,以及印制邪教组织标识的行为。

第六,其他破坏国家法律、行政法规实施行为的行为。

只要实施上述所列行为之一的都可以构成本罪的犯罪行为。

③犯罪结果。本罪是行为犯,只要实施了上述所列行为之一的行为,就破坏了国家法律、法规的实施,就具有了本罪的犯罪结果,可以构成犯罪。

根据最高人民法院、最高人民检察院2017年2月1日起施行的《关于办理组织、利用邪教组织破坏法律实施等刑事案件适用法律若干问题的解释》第2条规定,"组织、利用邪教组织,破坏国家法律、行政法规实施,具有下列情形之一的,应当依照刑法第三百条第一款的规定,处三年以上七年以下有期徒刑,并处罚金:(一)建立邪教组织,或者邪教组织被取缔后又恢复、另行建立邪教组织的;(二)聚众包围、冲击、强占、哄闹国家机关、企业事业单位或者公共场所、宗教活动场所,扰乱社会秩序的;(三)非法举行集会、游行、示威,扰乱社会秩序的;(四)使用暴力、胁迫或者以其他方法强迫他人加入或者阻止他人退出邪教组织的;(五)组织、煽动、蒙骗成员或者他人不履行法定义务的;(六)使用'伪基站'、'黑广播'等无线电台(站)或者无线电频率宣扬邪教的;(七)曾因从事邪教活动被追究刑事责任或者二年内受过行政处罚,又从事邪教活动的;(八)发展邪教组织成员五十人以上的;(九)敛取钱财或者造成经济损失一百万元以上的;(十)以货币为载体宣扬邪教,数量在五百张(枚)以上的;(十一)制作、传播邪教宣传品,达到下列数量标准之一的:1.传单、喷图、图片标语、报纸一千份(张)以上的;2.书籍、刊物二百五十册以上的;3.录音带、录像带等音像制品二百五十盒(张)以上的;4.标识、标志物二百五十件以上的;5.光盘、U盘、储存卡、移动硬盘等移动存储介质一百个以上的;6.横幅、条幅五十条(个)以上的。(十二)利用通讯信息网络宣扬邪教,具有下列情形之一的:1.制作、传播宣扬邪教的电子图片、文章二百张(篇)以上,电子书籍、刊物、音视频五十册(个)以上,或者电子文档五百万字符以上、电子音视频二百五十分钟以上的;2.编发信息、拨打电话一千条(次)以上的;3.利用在线人数累计达到一千以上的聊天室,或者利用群组成员、关注人员等账号数累计一千以上的通讯群组、微信、微博等社交网络宣扬邪教的;4.邪教信息实际被点击、浏览数达到五千次以上的。(十三)其他情节严重的情形"。

(3)组织、利用会道门、邪教组织、利用迷信破坏法律实施罪的法定刑。

①构成犯罪的,处3年以上7年以下有期徒刑,并处罚金。

②构成犯罪,情节特别严重的,处7年以上有期徒刑或者无期徒刑,并处罚金或者没收财产。根据最高人民法院、最高人民检察院2017年2月1日起施行的《关于办理组织、利用邪教组织破坏法律实施等刑事案件适用法律若干问题的解释》第3条规定,"组织、利用邪教组织,破坏国家法律、行政法规实施,具有下列情形之一的,应当认定为刑法第三百条第一款规定的'情

节特别严重'处七年以上有期徒刑或者无期徒刑,并处罚金或者没收财产:(一)实施本解释第二条第一项至第七项规定的行为,社会危害特别严重的;(二)实施本解释第二条第八项至第十二项规定的行为,数量或者数额达到第二条规定相应标准五倍以上的;(三)其他情节特别严重的情形"。

③构成犯罪,情节较轻的,处3年以下有期徒刑、拘役、管制或者剥夺政治权利,并处或者单处罚金。根据最高人民法院、最高人民检察院2017年2月1日起施行的《关于办理组织、利用邪教组织破坏法律实施等刑事案件适用法律若干问题的解释》第4条规定,"组织、利用邪教组织,破坏国家法律、行政法规实施,具有下列情形之一的,应当认定为刑法第三百条第一款规定的'情节较轻',处三年以下有期徒刑、拘役、管制或者剥夺政治权利,并处或者单处罚金:(一)实施本解释第二条第一项至第七项规定的行为,社会危害较轻的;(二)实施本解释第二条第八项至第十二项规定的行为,数量或者数额达到相应标准五分之一以上的;(三)其他情节较轻的情形"。

上述司法解释第8条规定,"实施本解释第二条至第五条规定的行为,具有下列情形之一的,从重处罚:(一)与境外机构、组织、人员勾结,从事邪教活动的;(二)跨省、自治区、直辖市建立邪教组织机构、发展成员或者组织邪教活动的;(三)在重要公共场所、监管场所或者国家重大节日、重大活动期间聚集滋事,公开进行邪教活动的;(四)邪教组织被取缔后,或者被认定为邪教组织后,仍然聚集滋事,公开进行邪教活动的;(五)国家工作人员从事邪教活动的;(六)向未成年人宣扬邪教的;(七)在学校或者其他教育培训机构宣扬邪教的"。

(4)认定组织、利用会道门、邪教组织、利用迷信破坏法律实施罪时,应注意以下问题:

①注意划清本罪与其他罪的界限。本罪的犯罪目的是破坏国家法律、行政法规的实施。如果组织、利用会道门、邪教组织、利用迷信进行其他犯罪活动的,应分别认定为其他犯罪,与本罪数罪并罚,如组织、利用会道门、邪教组织、利用迷信进行杀人、伤害、诈骗财物犯罪活动的,应以杀人罪、伤害罪、诈骗罪定罪处罚;组织和利用邪教组织,组织、策划、实施、煽动分裂国家、破坏国家统一或者颠覆国家政权、推翻社会主义制度的,分别依照刑法第103条、第105条、第113条的规定以分裂国家罪、煽动分裂国家罪、颠覆国家政权罪、煽动颠覆国家政权罪定罪处罚等。2015年《刑法修正案(九)》第33条将刑法第300条第3款规定修改为,"犯第一款罪又有奸淫妇女、诈骗财物等犯罪行为的,依照数罪并罚的规定处罚"。

最高人民法院、最高人民检察院2017年2月1日起施行的《关于办理组织、利用邪教组织破坏法律实施等刑事案件适用法律若干问题的解释》第10条规定,"组织、利用邪教组织破坏国家法律、行政法规实施过程中,又有煽动分裂国家、煽动颠覆国家政权或者侮辱、诽谤他人等犯罪行为的,依照数罪并罚的规定定罪处罚"。

②最高人民法院、最高人民检察院的司法解释,对于邪教组织和组织、利用邪教组织破坏法律实施的犯罪分子,以各种手段非法聚敛的财物,用于犯罪的工具、宣传品等,应当依法追缴、没收等刑事措施和判处罚金或者没收财产刑罚处罚,上缴国库,使犯罪分子失去继续犯罪的物质基础。

最高人民法院、最高人民检察院2017年2月1日起施行的《关于办理组织、利用邪教组织破坏法律实施等刑事案件适用法律若干问题的解释》第5条规定,"为了传播而持有、携带,或者传播过程中被当场查获,邪教宣传品数量达到本解释第二条至第四条规定的有关标准的,按照下列情形分别处理:(一)邪教宣传品是行为人制作的,以犯罪既遂处理;(二)邪教宣传品不是行为人制作,尚未传播的,以犯罪预备处理;(三)邪教宣传品不是行为人制作,传播过程中被查获的,以犯罪未遂处理;(四)邪教宣传品不是行为人制作,部分已经传播出去的,以犯罪既遂处理,对于没有传播的部分,可以在量刑时酌情考虑"。

上述解释第6条规定,"多次制作、传播邪教宣传品或者利用通讯信息网络宣扬邪教,未经处理的,数量或者数额累计计算。制作、传播邪教宣传品,或者利用通讯信息网络宣扬邪教,涉及不同种类或者形式的,可以根据本解释规定的不同数量标准的相应比例折算后累计计算"。第15条规定"对涉案物品是否属于邪教宣传品难以确定的,可以委托地市级以上公安机关出具认定意见"。

③注意严格依法惩治犯罪分子。组织、利用反动会道门、邪教组织进行犯罪,特别是在惩处"法轮功"邪教组织犯罪时,由于其对社会造成严重危害,民愤极大,要求严厉打击。但在严厉惩治时,还应严格依照刑法规定定罪处罚。最高人民法院、最高人民检察院相关司法解释规定,对组织和利用邪教组织进行犯罪活动的组织、策划、指挥者和屡教不改的积极参加者,依照刑法和本解释的规定追究刑事责任;对有自首、立功表现的,可以依法从轻、减轻或者免除处罚。

④注意区分罪与非罪的界限。全国人大常委会在《关于取缔邪教组织、防范和惩治邪教活动的决定》中明确指出,坚持教育与惩罚相结合,团结、教育绝大多数被蒙骗的群众,依法严厉惩治极少数犯罪分子。在依法处理邪教组织的工作中,要把不明真相参与邪教活动的人同组织和利用邪教组织进行非

法活动、蓄意破坏社会稳定的犯罪分子区别开来。对受蒙骗的群众不予追究。对构成犯罪的组织者、策划者、指挥者和骨干分子，坚决依法追究刑事责任；对于自首或者有立功表现的，可以依法从轻、减轻或者免除处罚。最高人民法院、最高人民检察院相关司法解释也规定，对于受蒙蔽、胁迫参加邪教组织并已退出和不再参加邪教组织活动的人员，不作为犯罪处理。

最高人民法院、最高人民检察院2017年2月1日起施行的《关于办理组织、利用邪教组织破坏法律实施等刑事案件适用法律若干问题的解释》第9条规定，"组织、利用邪教组织破坏国家法律、行政法规实施，符合本解释第四条规定情形，但行为人能够真诚悔罪，明确表示退出邪教组织、不再从事邪教活动的，可以不起诉或者免予刑事处罚。其中，行为人系受蒙蔽、胁迫参加邪教组织的，可以不作为犯罪处理。组织、利用邪教组织破坏国家法律、行政法规实施，行为人在一审判决前能够真诚悔罪，明确表示退出邪教组织、不再从事邪教活动的，分别依照下列规定处理：（一）符合本解释第二条规定情形的，可以认定为刑法第三百条第一款规定的'情节较轻'；（二）符合本解释第三条规定情形的，可以不认定为刑法第三百条第一款规定的'情节特别严重'，处三年以上七年以下有期徒刑，并处罚金"。

（5）注意本罪共犯的认定。最高人民法院、最高人民检察院2017年2月1日起施行的《关于办理组织、利用邪教组织破坏法律实施等刑事案件适用法律若干问题的解释》第13条规定，"组织、利用邪教组织破坏国明知他人组织、利用邪教组织实施犯罪，而为其提供经费、场地、技术、工具、食宿、接送等便利条件或者帮助的，以共同犯罪论处"。

（6）注意在办案过程中，利用案例进行预防犯罪的宣传和教育。全国人大常委会的《关于取缔邪教组织、防范和惩治邪教活动的决定》指出，邪教组织冒用宗教、气功或者其他名义，采用各种手段扰乱社会秩序，危害人民群众生命财产安全和经济发展，必须依法取缔，坚决惩治。人民法院、人民检察院和公安机关、国家安全、司法行政机关要各司其职，共同做好这项工作。对组织和利用邪教组织破坏国家法律、法规实施，聚众闹事，扰乱社会秩序，以迷信邪说蒙骗他人，致人死亡，或者奸淫妇女、诈骗财物等犯罪活动，依法予以严惩，并在全体公民中深入持久地开展宪法和法律的宣传教育，普及科学文化知识。依法取缔邪教组织，惩治邪教活动，有利于保护正常的宗教活动和公民的宗教信仰自由。要使广大人民群众充分认识邪教组织严重危害人类、危害社会的实质，自觉反对和抵制邪教组织的影响，进一步增强法制观念，遵守国家法律。

（二十八）组织、利用会道门、邪教组织、利用迷信致人重伤、死亡罪

组织、利用会道门、邪教组织、利用迷信致人重伤、死亡罪是 1997 年刑法规定的犯罪，1997 年最高人民法院、最高人民检察院《关于执行〈中华人民共和国刑法〉确定罪名的规定》中规定为"组织、利用会道门、邪教组织、利用迷信致人死亡罪"。2015 年《刑法修正案（九）》第 33 条对刑法第 300 条作了修改，增加了"致人重伤"的罪状。2015 年 10 月 30 日最高人民法院、最高人民检察院在《关于执行〈中华人民共和国刑法〉确定罪名的补充规定（六）》中将罪名改为"组织、利用会道门、邪教组织、利用迷信致人重伤、死亡罪"。1999 年全国人大常委会《关于取缔邪教组织、防范和惩治邪教活动的决定》第 1 条对适用本罪作了原则规定。最高人民法院、最高人民检察院对其具体应用作了司法解释。2015 年 8 月 29 日《刑法修正案（九）》第 33 条对刑法第 300 条第 2 款作了修改，增加了"致人重伤"犯罪结果，提高了法定刑最高刑，即"处无期徒刑，并处罚金或者没收财产"；增加了处罚较轻的法定刑，即"情节较轻的，处三年以下有期徒刑、拘役、管制或者剥夺政治权利，并处或者单处罚金"，体现了宽严相济的刑事政策。

1. 刑法规定内容的修改

刑法条文中有关组织、利用会道门、邪教组织、利用迷信致人重伤、死亡罪的规定有：

（1）1979 年刑法第 99 条规定："组织、利用封建迷信、会道门进行反革命活动的，处五年以上有期徒刑；情节较轻的，处五年以下有期徒刑、拘役、管制或者剥夺政治权利。"

1979 年刑法第 165 条规定："神汉、巫婆借迷信进行造谣、诈骗财物活动的，处二年以下有期徒刑、拘役或者管制；情节严重的，处二年以上七年以下有期徒刑。"

（2）1983 年全国人大常委会《关于惩治严重危害社会治安的犯罪分子的决定》第 1 条规定："对下列严重危害社会治安的犯罪分子，可以在刑法规定的最高刑以上处刑，直至判处死刑……（五）组织反动会道门，利用封建迷信，进行反革命活动，严重危害社会治安秩序的。"

（3）1997 年刑法第 300 条规定："组织和利用会道门、邪教组织或者利用迷信破坏国家法律、行政法规实施的，处三年以上七年以下有期徒刑；情节特别严重的，处七年以上有期徒刑。

"组织和利用会道门、邪教组织或者利用迷信蒙骗他人，致人死亡的，依

照前款的规定处罚。

"组织和利用会道门、邪教组织或者利用迷信奸淫妇女、诈骗财物的,分别依照本法第二百三十六条、第二百六十六条的规定定罪处罚。"

(4) 1999年全国人大常委会《关于取缔邪教组织、防范和惩治邪教活动的决定》第1条规定,"坚决依法取缔邪教组织,严厉惩治邪教组织的各种犯罪活动。邪教组织冒用宗教、气功或者其他名义,采用各种手段扰乱社会秩序,危害人民群众生命财产安全和经济发展,必须依法取缔,坚决惩治。人民法院、人民检察院和公安、国家安全、司法行政机关要各司其职,共同做好这项工作。对组织和利用邪教组织破坏国家法律、行政法规实施,聚众闹事,扰乱社会秩序,以迷信邪说蒙骗他人,致人死亡,或者奸淫妇女、诈骗财物等犯罪活动,依法予以严惩"。

上述1997年刑法及其补充规定对组织、利用会道门、邪教组织、利用迷信致人重伤、死亡罪作了如下修改和补充:

①将组织、利用邪教组织、利用迷信犯罪由反革命犯罪改为妨害社会管理秩序的犯罪。我国1979年刑法和《关于严惩严重危害社会治安的犯罪分子的决定》都将有关邪教组织和利用迷信进行犯罪行为,特别是其利用邪教组织和迷信致人死亡的犯罪行为,一般以反革命中的具体犯罪或者杀人罪,处以严厉的刑罚。1997年修订刑法取消了反革命罪的类罪名,也取消了神汉、巫婆借迷信造谣、诈骗财物罪,将有关利用邪教组织和利用迷信进行的犯罪活动归纳在一个条文中,即刑法第300条中作为妨害社会管理秩序罪中具体犯罪。

②将组织、利用会道门、邪教组织或者利用迷信蒙骗他人,致人死亡的犯罪单独补充规定为一款。1997年最高人民法院、最高人民检察院《关于执行〈中华人民共和国刑法〉确定罪名的规定》确定为独立的罪名,即组织、利用会道门、邪教组织、利用迷信致人死亡罪的罪名,其处罚则是援引刑法第300条第1款规定的组织、利用会道门、邪教组织、利用迷信破坏国家法律、行政法规实施罪的法定刑处罚。

③将组织、利用会道门、邪教组织或者利用迷信奸淫妇女、诈骗财物的行为特别规定依照强奸罪、诈骗罪定罪处罚。

④根据1999年全国人大常委会《关于取缔邪教组织、防范和惩治邪教活动的决定》第1条的规定,对组织和利用邪教组织破坏国家法律、行政法规实施,聚众闹事,扰乱社会秩序,以迷信邪说蒙骗他人,致人死亡,或者奸淫妇女、诈骗财物等犯罪活动,依法予以严惩。

(5) 2015年《刑法修正案(九)》第33条将刑法第300条修改为:"组织、利用会道门、邪教组织或者利用迷信破坏国家法律、行政法规实施的,处三年以上七年以下有期徒刑,并处罚金;情节特别严重的,处七年以上有期徒刑或者无期徒刑,并处罚金或者没收财产;情节较轻的,处三年以下有期徒刑、拘役、管制或者剥夺政治权利,并处或者单处罚金。

"组织、利用会道门、邪教组织或者利用迷信蒙骗他人,致人重伤、死亡的,依照前款的规定处罚。"

"犯第一款罪又有奸淫妇女、诈骗财物等犯罪行为的,依照数罪并罚的规定处罚。"

上述 2015 年《刑法修正案(九)》对刑法第 300 条第 2 款规定的组织、利用会道门、邪教组织、利用迷信致人重伤、死亡罪作了两项重要补充:

(1) 犯罪罪状中增加了致人"重伤"的犯罪行为。

(2) 法定刑进行了补充,主要是提高了法定刑最高刑,"将情节特别严重的,处七年以上有期徒刑"改为"处七年以上有期徒刑或者无期徒刑,并处罚金或者没收财产";增加了"情节较轻的,处三年以下有期徒刑、拘役、管制或者剥夺政治权利,并处或者单处罚金"。

2. 刑法规定修改的原因

1997 年刑法对惩治组织、利用会道门、邪教组织和利用迷信进行犯罪活动的修改和全国人大常委会《关于取缔邪教组织、防范和惩治邪教活动的决定》坚决取缔邪教组织,惩治其犯罪的主要原因有以下几个方面:

(1) 1979 年刑法中没有组织、利用会道门、邪教组织,利用迷信致人死亡的规定。1979 年刑法和 1983 年全国人大常委会《关于严惩严重危害社会治安的犯罪分子的决定》中都没有明确规定组织、利用会道门、邪教组织、利用迷信致人死亡罪,司法实践中,对这种犯罪行为一般以组织、利用会道门、邪教组织或者利用迷信进行反革命活动罪或者故意杀人罪定罪处罚。修订刑法取消了反革命罪的罪名,因此,在刑法第 300 条第 2 款中专门作了组织、利用会道门、邪教组织或者利用迷信致人死亡犯罪的规定,使其与反革命罪和组织、利用会道门、邪教组织破坏法律实施罪区别开来;同时,也是对 1979 年刑法规定的神汉、巫婆借迷信进行造谣、诈骗财物罪作了修改和补充,扩宽了犯罪主体和犯罪对象的范围。犯罪主体由神汉、巫婆特殊主体扩宽为一般主体;犯罪对象除诈骗财物外,又扩宽到致人死亡、奸淫妇女等人身安全。

(2) "法轮功"邪教组织致人死亡数量多,后果严重。一个时期以来,"法轮功"等邪教组织以制造、散布迷信邪说,蒙骗其成员,以"上层次"、"圆满"、"寻主"、"升天"为由,在全国范围内致死一大批人,有的法轮功练习者自尽、自残,有的杀害家庭成员,更有甚者到北京天安门广场集体自焚,严重危害人民群众的生命、财产安全。为了保护人民群众的生命、人身、财产安全,对法轮功等邪教组织必须坚决依法立即取缔,对其犯罪活动必须坚决严厉惩处。

(3)"法轮功"等邪教组织,在一个时期内非法大量出版、发行宣扬邪教内容的出版物和邪教组织的标识,毒化人们的思想,骗取人们的钱财,如果不立即严厉惩治,其后患无穷。

鉴于上述原因,修订刑法和有关补充规定对原刑法和修订刑法的内容作了必要的修改,以适应当前和今后一个时期内惩治有关犯罪,维护社会秩序,保护人民的利益,保障改革开放和全面建设小康社会顺利进行。多年来,我国司法机关依照刑法和有关规定及司法释惩治了一批组织、利用会道门、邪教组织、利用迷信致人死亡犯罪案件,有利地打击了形形色色的邪教组织和封建迷信活动,使社会秩序有了明显的好转。但有些顽固分子还在活动,需要严厉惩罚,而刑法原规定最高处15年有期徒刑,不能有效地惩治这些顽固分子,需要加大惩治力度。除致人死亡外,而大多数是致人重伤的结果,所以《刑法修正案(九)》专门在刑法第300条第2款中增加了致人重伤的结果也须按本罪规定处罚。另外,新出现的一些被蒙骗参加邪教组织的,对犯罪情节较轻的,应依宽严相济的刑事政策,应处以较轻的刑事处罚。特别是当前有关邪教、会道门、迷信犯罪都有一定的经济支持,应对其处以财产刑,以便从经济上剥夺其再犯罪的经济基础。所以《刑法修正案(九)》根据司法经验和当前的实际情况,严格贯彻宽严相济的刑事政策要求,加重了对那些犯罪情节特别严重的法定刑,减轻了对情节较轻犯罪的法定刑,同时还增加规定不论犯罪情节轻重,都可处以财产刑。

3. 组织、利用会道门、邪教组织、利用迷信致人重伤、死亡罪的适用

组织、利用会道门、邪教组织、利用迷信致人重伤、死亡罪,是《刑法修正案(九)》对刑法第300条第2款新修改的犯罪,要准确适用就必须弄清其概念、特征,以及适用时应注意的问题。

(1)组织、利用会道门、邪教组织、利用迷信致人重伤、死亡罪的概念。该罪是指组织、利用会道门、邪教组织制造、散布迷信邪说,蒙骗其成员或者其他人实施绝食、自残、自虐等行为,或者阻止病人进行正常治疗,致人重伤、死亡的行为。

所谓会道门,是封建迷信组织的总称,其名称很多,如大刀会、一贯道、九宫道、先天道、圣贤会、哥老会、青帮、红帮等。会道门是被政府取缔的一些反动组织。组织会道门或者利用会道门制造、散布迷信邪说,蒙骗其成员或者其他人实施绝食、自残、自虐等行为,或者阻止病人进行正常治疗,致人重伤、死亡的行为都是违法犯罪行为,必须依法严厉惩治,追究其刑事责任。

所谓邪教组织,根据最高人民法院、最高人民检察院2017年2月1日起施行的《关于办理组织、利用邪教组织破坏法律实施等刑事案件适用法律若干问题的解释》第1条规定,"冒用宗教、气功或者以其他名义建立,神化、鼓吹首要分子,利用制造、散布迷信邪说等手段蛊惑、蒙骗他人,发展、控制成员,危害社会的非法组织,应当认定为刑法第三百条规定的'邪教组织'"。组织、利用邪教组织破坏国家法律的实施,蒙骗他人致人死亡、伤害、奸淫妇女、诈骗财物的行为都是犯罪行为,应当追究其刑事责任。

所谓迷信,是在生产力低下,科学技术和文化思想落后的情况下,人们缺乏对自然现象本质的认识,对某些现象的崇拜和相信。在其信仰、崇拜和活动形式上受封建思想的影响带有浓厚的封建色彩,所以,人们称为封建迷信。作为科学的对立物而存在的迷信都是信奉鬼神的宿命论,进行个人崇拜、神化首要分子。利用迷信蒙骗他人致人重伤、死亡、奸淫妇女、诈骗财物的行为都是犯罪行为,应依法追究其刑事责任,并且应严惩。

(2)组织、利用会道门、邪教组织、利用迷信致人重伤、死亡罪的构成特征。根据刑法第300条第2款和最高人民法院、最高人民检察院相关司法解释的规定,该罪的构成特征有:

①犯罪主体。该罪的犯罪主体是一般主体,凡是年满16周岁以上的具有刑事责任能力,实施了本罪犯罪行为的自然人都可以构成。一般是会道门、邪教组织的组织、领导者和积极参加的骨干分子。犯罪主体在主观上都是故意的,并且有致人重伤、死亡的目的。

②犯罪行为。必须是故意实施了组织、利用会道门、邪教组织、利用迷信致人重伤、死亡的行为。根据最高人民法院、最高人民检察院的司法解释,该罪的犯罪行为是组织、利用会道门、邪教组织制造、散布迷信邪说,蒙骗其成员或者其他人实施绝食、自残、自虐等行为,或者阻止病人进行正常治疗,致人重伤、死亡的行为。只要实施上述行为的都可以构成犯罪。

③犯罪结果。本罪是结果犯,蒙骗其成员或者其他人实施绝食、自残、自虐等致人重伤、死亡的结果,或者阻止病人进行正常治疗致人重伤、死亡的结果。只有造成致人重伤、死亡的结果,才能构成犯罪既遂。如果实施上述行为没有造成致人重伤、死亡结果,可以构成犯罪未遂。

最高人民法院、最高人民检察院2017年2月1日起施行的《关于办理组织、利用邪教组织破坏法律实施等刑事案件适用法律若干问题的解释》第7条规定,"组织、利用邪教组织,制造、散布迷信邪说,蒙骗成员或者他人绝食、自虐等,或者蒙骗病人不接受正常治疗,致人重伤、死亡的,应当认定为刑法第三百条第二款规定的组织、利用邪教组织'蒙骗他人,致人重伤、死亡'。组织、利用邪教组织蒙骗他人，致一人以上死亡或者三人以上重伤的，处三年以上七年以下有期徒刑，并处罚金。组织、利用邪教组织蒙骗他人，具有下列情形之一的，处七年以上有期徒刑或者无期徒刑，并处罚金或者没收财产：（一）造成三人以上死亡的；（二）造成九人以上重伤的；（三）其他情节特别严重的情形。组织、利用邪教组织蒙骗他人，致人重伤的，处三年以下有期徒刑、拘役、管制或者剥夺政治权利，并处或者单处罚金"。

最高人民法院、最高人民检察院2017年2月1日起施行的《关于办理组织、利用邪教组织破坏法律实施等刑事案件适用法律若干问题的解释》第14条规定，"对于犯组织、利用邪教组织破坏法律实施罪、组织、利用邪教组织致人重伤、死亡罪，严重破坏社会秩序的犯罪分子，根据刑法第五十六条的规定，可以附加剥夺政治权利"。

（3）适用组织、利用会道门、邪教组织、利用迷信致人重伤、死亡罪时应注意以下问题：

①注意划清本罪与故意杀人罪、伤害罪的界限。本罪是组织、利用会道门、邪教组织制造、散布迷信邪说，蒙骗其成员或者其他人实施绝食、自残、自虐等行为，或者阻止病人进行正常治疗，致人重伤、死亡的行为。如果行为人组织、利用会道门、邪教组织制造、散布迷信邪说，指使、胁迫其他成员或者其他人实行自杀、自伤行为的，应以故意杀人罪或者故意伤害罪追究刑事责任。

最高人民法院、最高人民检察院2017年2月1日起施行的《关于办理组织、利用邪教组织破坏法律实施等刑事案件适用法律若干问题的解释》第11条规定，"组织、利用邪教组织，制造、散布迷信邪说，组织、策划、煽动、胁迫、教唆、帮助其成员或者他人实施自杀、自伤的，依照刑法第二百三十二条、第二百三十四条的规定，以故意杀人罪或者故意伤害罪定罪处罚"。

②注意划清本罪与强奸罪的界限。犯罪者以会道门、邪教组织和迷信邪说引诱、胁迫、欺骗等手段奸淫妇女，实质上违背妇女的真实意志的情况实施奸淫行为，符合强奸罪的构成特征。奸淫明知是不满14周岁幼女的行为，不管幼女是否同意，都构成强奸罪，如果利用会道门、邪教组织、迷信邪说等欺骗手段奸淫幼女的，应当酌情从重处罚。最高人民法院、最高人民检察院2002年3月26日《关于〈中华人民共和国刑法〉确定罪名的补充规定》，取消了奸淫幼女罪的罪名，奸淫幼女的犯罪行为也定为强奸罪，并且依强奸罪从重处罚。根据《刑法修正案（九）》第33条对刑法第300条第3款修改为："犯第一款罪又有奸淫妇女、诈骗财物等犯罪行为的，依照数罪并罚的规定处罚。"

③注意划清本罪与诈骗罪的界限。组织和利用邪教组织以各种欺骗手段，

收取他人财物的，依照刑法第 266 条的规定，以诈骗罪定罪处罚。这种诈骗包括直接向受害者骗钱物，也包括以欺骗的手段，诱使受害者购买非法出版物、邪教组织标识物等，诈骗巨额财物的行为。根据《刑法修正案（九）》第 33 条对刑法第 300 条第 3 款修改为："犯第一款罪又有奸淫妇女、诈骗财物等犯罪行为的，依照数罪并罚的规定处罚。"

④注意划清本罪与危害公共安全罪的界限。根据最高人民法院、最高人民检察院 2017 年 2 月 1 日起施行的《关于办理组织、利用邪教组织破坏法律实施等刑事案件适用法律若干问题的解释》第 12 条规定，"邪教组织人员以自焚、自爆或者其他危险方法危害公共安全的，依照刑法第一百一十四条、第一百一十五条的规定，以放火罪、爆炸罪、以危险方法危害公共安全罪等定罪处罚"。

（二十九）盗窃、侮辱、故意毁坏尸体、尸骨、骨灰罪

盗窃、侮辱、故意毁坏尸体、尸骨、骨灰罪是《刑法修正案（九）》第 34 条对刑法第 302 条补充的犯罪。1997 年最高人民法院、最高人民检察院《关于执行〈中华人民共和国刑法〉确定罪名的规定》中规定为"盗窃、侮辱、毁坏尸体罪"。2015 年 10 月 30 日，"两高"《关于执行〈中华人民共和国刑法〉确定罪名的补充规定（六）》中确定为"盗窃、侮辱、故意毁坏尸体、尸骨、骨灰罪"的罪名。

1. 刑法规定内容的修改

刑法条文中有关盗窃、侮辱、故意毁坏尸体、尸骨、骨灰罪的规定有：

（1）1997 年刑法第 302 条规定，"盗窃、侮辱尸体的，处三年以下有期徒刑、拘役或者管制"。

（2）2015 年 8 月 29 日《刑法修正案（九）》第 34 条将刑法第 302 条修改为："盗窃、侮辱、故意毁坏尸体、尸骨、骨灰的，处三年以下有期徒刑、拘役或者管制。"

上述《刑法修正案（九）》在刑法第 302 条中增加规定"故意毁坏尸体、尸骨、骨灰的"犯罪行为，扩大了惩治范围。

2. 刑法规定修改的原因

盗窃、侮辱、故意毁坏尸体、尸骨、骨灰罪是一种非常古老的犯罪行为，中国历代法律中对挖掘他人祖坟的犯罪行为都给予严厉的刑事处罚。我国 1979 年刑法中没有规定盗窃、侮辱、毁坏尸体罪，主要是因为在立法时，这种行为的社会危害性还不很严重。1997 年修订刑法时根据当时社会上一些出于谋利或者报复的动机盗窃、侮辱、他人尸体行为，严重扰乱社会秩序的情况，在刑法第 302 条中规定了盗窃、侮辱、尸体罪，以惩罚该种犯罪分子。近

些年来，社会上出现多起盗窃他人尸体、尸骨、骨灰等，严重扰乱社会秩序，造成极坏的社会影响。因此，《刑法修正案（九）》对刑法第 302 条中规定的盗窃、侮辱、尸体罪的犯罪行为作了补充，将"故意毁坏尸体、尸骨、骨灰"的行为规定为犯罪，处 3 年以下有期徒刑、拘役或者管制。

3. 盗窃、侮辱、故意毁坏尸体、尸骨、骨灰罪的适用

盗窃、侮辱、故意毁坏尸体、尸骨、骨灰罪是《刑法修正案（九）》对刑法第 302 条补充的犯罪，要准确适用就必须弄清该罪的概念、特征、法定刑，以及适用时应注意的问题。

（1）盗窃、侮辱、故意毁坏尸体、尸骨、骨灰罪的概念。该罪是指盗窃、侮辱、故意毁坏尸体、尸骨、骨灰的行为。

尸体、尸骨、骨灰是人死后的遗物，属于人格、名誉的载体，盗窃、侮辱、毁坏尸体、尸骨、骨灰按照我国传统习俗是侵犯他人人格名誉的行为，特别是对相关亲友的名誉是很大的侵害。中国自古以来，将盗掘他人祖坟的行为视为严重危害社会的行为。我国 1997 年刑法第 302 条将盗窃、侮辱、尸体的行为规定为犯罪。《刑法修正案（九）》在刑法第 302 条规定的罪状中增加了"故意毁坏尸体、尸骨、骨灰"的犯罪行为，扩大了惩治范围。

（2）盗窃、侮辱、故意毁坏尸体、尸骨、骨灰罪的构成特征。根据刑法第 302 条规定，该罪的构成特征是：

①犯罪主体，是一般主体，达到法定年龄具有刑事责任能力的实施了盗窃、侮辱或者毁坏尸体、尸骨、骨灰犯罪行为的自然人。本罪法定年龄是年满 16 周岁以上的人。犯罪主体在主观上是故意的，多数是以营利为目的，也有的是为进行报复，侮辱他人人格名誉的目的。

②犯罪行为，必须是盗窃、侮辱、故意毁坏尸体、尸骨、骨灰的行为。具体表现有：

一是盗窃他人尸体的行为。将他人控制的尸体秘密窃为自己控制，使原尸体控制人不知道尸体在什么地方。例如，盗窃尸体器官，盗窃尸体结阴亲等行为。

二是侮辱他人尸体的行为。将他人尸体吊在树上殴打，从坟墓中将他人尸体拖出，扔在公共场所进行丑化，对尸体猥亵、奸淫的行为。

三是毁坏他人尸体、尸骨、骨灰的行为。对他人尸体刀砍、枪击、乱箭穿心，将尸体千刀万剐，将骨灰扔入粪坑中等行为。

故意实施上述盗窃、侮辱、故意毁坏尸体、尸骨、骨灰行为之一，就可以构成本罪的犯罪行为

③犯罪结果，是行为犯，只要实施了盗窃、侮辱、故意毁坏尸体、尸骨、

骨灰的行为就可以构成犯罪。

（3）盗窃、侮辱、故意毁坏尸体、尸骨、骨灰罪的法定刑。根据《刑法》第302条规定，该罪的法定刑是：

构成本罪的，处3年以下有期徒刑、拘役或者管制。

（4）认定盗窃、侮辱、故意毁坏尸体、尸骨、骨灰罪时，应注意的问题：

①注意区分罪与非罪的界限。

从犯罪主体上区分。本罪主体是年满16周岁以上的自然人，不满16周岁的人不能构成本罪。本罪是故意犯罪，过失行为不构成本罪。犯罪动机和目的不同不影响本罪的构成。

从犯罪行为上区分。只要实施了盗窃、侮辱、故意毁坏尸体、尸骨、骨灰行为就可以构成本罪，但情节显著轻微危害不大的盗窃、侮辱、毁坏尸体的行为，依照刑法第13条犯罪定义的规定，不认为是犯罪。例如，某医院医生，在某患病者生前只是口头表示捐献其眼角膜给他人，但在没有与其家属签订合同的情况下，在该患者去世后，立即将眼角膜移植予他人，死者家属得知后要求追究该医生的刑事责任。该医生虽然有盗窃他人尸体角膜的行为之嫌疑，但情节显著轻微，对社会有利大于有危害，依法可以不认为是犯罪，但要给予行政处分，给死者家属一定经济补偿和陪礼道歉。

②注意本罪与其他相关罪的认定。本罪是盗窃、侮辱、毁坏的对象是他人尸体、尸骨、骨灰，与一般财物和有生命的人有所不同，因此，盗窃、侮辱、毁坏尸体的行为刑法第302条作了专门犯罪的规定，不能再认定为盗窃罪、侮辱罪、故意毁坏财物罪。但是，如果行为人是以盗窃尸体附载的财物或者坟墓中的财物为目的，盗窃尸体附载的财物数额较大的，应按处理牵连犯的原则，重罪吸收轻罪，定为盗窃罪。如果非法盗掘古墓葬的，应按重罪吸收轻罪，定为盗掘古文化遗址、古墓葬罪。

（三十）扰乱法庭秩序罪

扰乱法庭秩序罪是《刑法修正案（九）》第37条对刑法第309条补充的犯罪。1997年最高人民法院、最高人民检察院《关于执行〈中华人民共和国刑法〉确定罪名的规定》中规定为该罪名。

1. 刑法规定内容的修改

刑法条文中有关扰乱法庭秩序罪的规定有：

（1）1997年刑法第309条规定，"聚众哄闹、冲击法庭，或者殴打司法工作人员，严重扰乱法庭秩序的，处三年以下有期徒刑、拘役、管制或者罚金"。

（2）2015年8月29日《刑法修正案（九）》第37条将刑法第309条修改为："有下列扰乱法庭秩序情形之一的，处三年以下有期徒刑、拘役、管制或者罚金：

"（一）聚众哄闹、冲击法庭的；

"（二）殴打司法工作人员或者诉讼参与人的；

"（三）侮辱、诽谤、威胁司法工作人员或者诉讼参与人，不听法庭制止，严重扰乱法庭秩序的；

"（四）有毁坏法庭设施，抢夺、损毁诉讼文书、证据等扰乱法庭秩序行为，情节严重的。"

上述《刑法修正案（九）》在刑法第309条中增加规定了两方面的犯罪行为：一是侮辱、诽谤、威胁司法工作人员或者诉讼参与人，不听法庭制止，严重扰乱法庭秩序的行为；二是毁坏法庭设施，抢夺、损毁诉讼文书、证据等扰乱法庭秩序行为，情节严重的行为。

2. 刑法规定修改的原因

我国1979年刑法中没有规定扰乱法庭秩序罪，个别扰乱法庭秩序情节严重的，一般以妨害公务罪追究刑事责任。1997年修订刑法时，根据当时社会上出现了一些出一些聚众哄闹、冲击法庭，或者殴打司法工作人员，严重扰乱法庭秩序的情况，在刑法第309条中规定了扰乱法庭秩序罪。司法机关依照该规定惩治了一批扰乱法庭秩序的犯罪。但近几年来，随着法制建设的不断发展，人们对法院审判更重视，处于对法院的审判不满，而采取侮辱、诽谤、威胁司法工作人员或者诉讼参与人，不听法庭制止，甚至毁坏法庭设施，抢夺、损毁诉讼文书、证据等激烈的方法扰乱法庭秩序，以给法院的审判施加压力。因此，《刑法修正案（九）》对刑法第309条中规定的扰乱法庭秩序罪的犯罪行为中，增加了侮辱、诽谤、威胁司法工作人员或者诉讼参与人和毁坏法庭设施，抢夺、损毁诉讼文书、证据等罪行为，扩大了扰乱法庭秩序罪的惩治范围。

3. 扰乱法庭秩序罪的适用

扰乱法庭秩序罪是《刑法修正案（九）》对刑法第309条补充的犯罪，要准确适用就必须弄清该罪的概念、特征、法定刑，以及适用时应注意的问题。

（1）扰乱法庭秩序罪的概念。该罪是指故意扰乱法庭秩序的行为。

法庭是国家审判权力的象征，法庭和法定的组成人员是代表国家行使审判权力，法庭负责对刑事、民事、行政诉讼案件进行依法审理。法庭开庭审理案件时，必须严格依法，严肃庄重，维持良好的庭审秩序，才能查明事实，严格依法判决，确保公平正义。如果扰乱或者破坏法庭序，侮辱、诽谤、威胁、殴打司法工作人员和诉讼参与人、毁坏法庭设施、抢夺、损毁诉讼文书和证据,严重扰乱了法庭秩序,必然影响法庭查明事实和依法公平公正审判。这是对社会有危害的行为。我国刑法第309条将扰乱法庭秩序的行为规定为犯罪,最高处3年有期徒刑。

(2)扰乱法庭秩序罪的构成特征。根据刑法第307条规定,该罪的构成特征是:

①犯罪主体,是一般主体,达到法定年龄具有刑事责任能力的实施了扰乱法庭秩序犯罪行为的自然人。本罪法定年龄是年满16周岁以上的人,多数是诉讼当事人及其亲友、辩护人、诉讼代理人或者其他与案件有利害关系的人。犯罪主体在主观上是故意的,多数是为发泄对审判人员或者对方当事人的不满。

②犯罪行为,必须是实施了扰乱法庭秩序的行为。具体有四类行为表现:

一是聚众哄闹、冲击法庭的行为。例如,在法庭外聚众、示威、喊口号、静坐、绝食,冲入法庭,在法庭审理时起哄、喧哗、吵闹、播放噪声、进行骚乱等行为。

二是殴打司法工作人员或者诉讼参与人的行为。推搡、殴打审判人员、公诉人、书记员、法警、当事人、律师、诉讼代理人等行为。

三是侮辱、诽谤、威胁司法工作人员或者诉讼参与人,不听法庭制止,严重扰乱法庭秩序的行为。谩骂、侮辱、宣扬侮辱的言语、向司法人员和诉讼参与人身上泼洒脏水、赃物、抛石块、土块等,严重影响法庭秩序的行为。

四是有毁坏法庭设施,抢夺、损毁诉讼文书、证据等扰乱法庭秩序,情节严重的行为。砸坏法庭的桌椅、审判台、录音录像机、门窗、安检装备、警车、国徽等设备、设施,在法庭上抢夺卷宗材料,毁坏证据和诉讼文书等行为。

③犯罪结果,有的是行为犯,聚众哄闹、冲击法庭和殴打司法工作人员或者诉讼参与人的行为,只要实施了上述行为的,就可以构成犯罪。有的是结果犯,只有毁坏法庭设施,抢夺、损毁诉讼文书、证据等扰乱法庭秩的行为,必须是情节严重的结果才能构成犯罪。还有的行为必须具备一定的条件才能构成犯罪,侮辱、诽谤、威胁司法工作人员或者诉讼参与人的行为,必须是不听法庭制止的条件,达到严重扰乱法庭秩序结果的,才能构成犯罪

(3)扰乱法庭秩序罪的法定刑。根据刑法第309条规定,该罪的法定刑是:构成本罪的,处3年以下有期徒刑、拘役、管制或者罚金。

(4)认定扰乱法庭秩序罪时,应注意的问题:

①注意区分罪与非罪的界限。

从犯罪主体上区分。本罪主体是年满16周岁以上的自然人,不满16周岁

的人和单位不能构成本罪。本罪是故意犯罪，过失行为不构成本罪。犯罪动机和目的不同不影响本罪的构成。有的人对司法人员审案不公，态度不好，而有过激言词，并不是故意扰乱法庭秩序，经劝阻，立即停止的行为，不能以犯罪论处。

从犯罪行为上区分。只要实施了聚众哄闹、冲击法庭和殴打司法工作人员或者诉讼参与人的行为，就可以构成本罪，但情节显著轻微危害不大的行为，依照刑法第13条犯罪定义的规定，不认为是犯罪，例如，对聚众哄闹法庭中，一些不明真相的受蒙骗的群众，一般不构成犯罪。

从犯罪结果上区分。有毁坏法庭设施，抢夺、损毁诉讼文书、证据等扰乱法庭秩序的行为，必须是达到情节严重的结果才能构成犯罪，没有达到情节严重结果的，不能构成犯罪。

②注意本罪与拒不执行判决、裁定罪的界限。当事人对法院判决不服，拒不执行，甚至将法院判决当着送达人的面撕毁，辱骂法官，这种行为与本罪侮辱司法工作人员、毁坏司法文书行为相似，但不能认定为扰乱法庭秩序罪，而应认定为拒不执行判决、裁定罪。因为二罪的犯罪客体不同。本罪侵犯的是法庭秩序，而拒不执行判决、裁定罪的犯罪客体是法院判决裁定的有效性和权威性。由于二罪侵犯的对象和客体不同，将二罪区分开来。

（三十一）拒绝提供间谍犯罪、恐怖主义犯罪、极端主义犯罪证据罪

拒绝提供间谍犯罪、恐怖主义犯罪、极端主义犯罪证据罪是《刑法修正案（九）》第38条对刑法第311条补充的犯罪。1997年最高人民法院、最高人民检察院《关于执行〈中华人民共和国刑法〉确定罪名的规定》中规定为"拒绝提供间谍犯罪证据罪"的罪名，2015年10月30日最高人民法院、最高人民检察院《关于执行〈中华人民共和国刑法〉确定罪名的补充规定（六）》修改为"拒绝提供间谍犯罪、恐怖主义犯罪、极端主义犯罪证据罪"的罪名。

1. 刑法规定内容的修改

刑法条文中有关拒绝提供间谍犯罪、恐怖主义犯罪、极端主义犯罪证据罪的规定有：

（1）1997年刑法第311条规定，"明知他人有间谍犯罪行为，在国家安全机关向其调查有关情况、收集有关证据时，拒绝提供，情节严重的，处三年以下有期徒刑、拘役或者管制"。

（2）2015年8月29日《刑法修正案（九）》第38条将刑法第311条修改为："明知他人有间谍犯罪或者恐怖主义、极端主义犯罪行为，在司法机关向

其调查有关情况、收集有关证据时，拒绝提供，情节严重的，处三年以下有期徒刑、拘役或者管制。"

上述《刑法修正案（九）》在刑法第311条中增加规定了两方面的犯罪行为：一是将拒绝提供"间谍犯罪"证据扩大到"恐怖主义、极端主义犯罪"。二是将取证机关由"国家安全机关"扩大到"司法机关"。扩大了惩治犯罪的范围和取证机关的范围。

2. 刑法规定修改的原因

我国1979年刑法中没有规定拒绝提供间谍犯罪、恐怖主义犯罪、极端主义犯罪证据罪，个别拒绝提供间谍犯罪证据情节严重的行为，一般以包庇罪、伪证罪追究刑事责任。1993年我国《国家安全法》第26条规定，"明知他人有间谍犯罪行为，在国家安全机关向其调查有关情况、收集有关证据时，拒绝提供的，由其所在单位或者上级主管部门予以行政处分，或者由国家安全机关处15日以下拘役；情节严重的，比照刑法第162条（窝藏、包庇罪）的规定处罚"。1997年修订刑法时将上述规定纳入刑法第311条中作为独立犯罪加以规定。近几年来，在国际恐怖主义犯罪和极端主义犯罪的影响下，在我国恐怖主义、极端主义犯罪行为猖狂起来，司法机关在调查取证时，也遭到拒绝，给侦破案件增加了很多困难。为了更及时、准确惩治恐怖主义、极端主义犯罪行为，2015年8月29日《刑法修正案（九）》在刑法第311条中将拒绝提供"间谍犯罪"证据扩大到拒绝提供"恐怖主义、极端主义犯罪证据"；将取证机关由"国家安全机关"扩大到"司法机关"。扩大惩治这类犯罪的范围和取证机关的范围。

3. 拒绝提供间谍犯罪、恐怖主义犯罪、极端主义犯罪证据罪的适用

拒绝提供间谍犯罪、恐怖主义犯罪、极端主义犯罪证据罪是《刑法修正案（九）》对刑法第311条补充的犯罪，要准确适用就必须弄清该罪的概念、特征、法定刑，以及适用时应注意的问题。

（1）拒绝提供间谍犯罪、恐怖主义犯罪、极端主义犯罪证据罪的概念。该罪是指明知他人有间谍犯罪或者恐怖主义、极端主义犯罪行为，在司法机关向其调查有关情况、收集有关证据时，拒绝提供，情节严重的行为。

间谍犯罪是危害国家安全的犯罪，其社会危害性严重。恐怖主义、极端主义犯罪是危害公共安全的犯罪，对不特定的多数人和重大财产安全具有极大的危害性，每个有爱国爱民之心的中国公民对于这类犯罪都有义务同其斗争，保护国家安全和公民的生命财产安全。因此，凡是知道间谍犯罪、恐怖主义、极端主义犯罪的，都应当积极主动地向有关司法机关举报，特别是在有关司法机关向其调查时，应当如实提供，这是公民应尽的义务。如果在司

法机关向其调查间谍犯罪、恐怖主义、极端主义犯罪情况，收集证据时，拒绝提供，情节严重，是对社会有危害的行为。我国刑法第311条将拒绝提供间谍犯罪、恐怖主义犯罪、极端主义犯罪证据的行为规定为犯罪，最高处3年有期徒刑。

（2）拒绝提供间谍犯罪、恐怖主义犯罪、极端主义犯罪证据罪的构成特征。根据刑法第311条规定，该罪的构成特征是：

①犯罪主体，是一般主体，达到法定年龄具有刑事责任能力的实施了拒绝提供间谍、恐怖主义、极端主义犯罪证据犯罪行为的自然人。本罪法定年龄是年满16周岁以上的人。犯罪主体在主观上是故意的，明知他人有间谍犯罪行为或者恐怖主义、极端主义犯罪行为，而故意拒绝提供情况和证据的人。

②犯罪行为，必须是实施了拒绝提供间谍犯罪、恐怖主义犯罪、极端主义犯罪证据的行为。具体有三类行为表现：

一是拒绝向国家安全机关提供间谍犯罪行为的情况和证据的行为。

二是拒绝向司法机关提供恐怖主义犯罪的情况和证据的行为。

三是拒绝向司法机关提供极端主义犯罪的情况和证据的行为。

上述行为都是在明知有犯罪行为，在司法机关对其调查时，拒绝提供情况和证据，假说不知道或者提供不真实的情况和证据的行为。

③犯罪结果，是结果犯，必须是拒绝提供间谍犯罪、恐怖主义犯罪、极端主义犯罪证据，情节严重的，才构成犯罪。情节严重，一般是指因拒绝提供情况或者证据而延误重大案件的侦破；导致犯罪分子逃逸；致使犯罪得逞，使国家和人民的利益遭受重大损失；提供假情况或不真实证据等情节。

（3）拒绝提供间谍犯罪、恐怖主义犯罪、极端主义犯罪证据罪的法定刑。根据刑法第311条规定，该罪的法定刑是：

构成本罪的，处3年以下有期徒刑、拘役、管制。

（4）认定拒绝提供间谍犯罪、恐怖主义犯罪、极端主义犯罪证据罪时，应注意的问题有：

①注意区分罪与非罪的界限。

从犯罪主体上区分。本罪主体是年满16周岁以上的自然人，不满16周岁的人和单位不能构成本罪。本罪是故意犯罪，即明知他人有间谍、恐怖主义、极端主义犯罪行为而故意拒绝提供情况和证据的，才能构成本罪；不明知或者明知的不是间谍、恐怖主义、极端主义犯罪，而不提供情况和证据的不构成本罪。由于过失行为提供了不符合事实情况和证据的，不能构成本罪。

从犯罪行为上区分。本罪必须是在司法机关向其调查有关情况、收集有关证据时，拒绝提供，情节严重的行为才构成犯罪。如果司法机关没有向其调查,其没有主动举报的行为,不构成本罪。

从犯罪结果上区分。本罪必须是达到情节严重的结果才能构成犯罪,如果拒绝提供犯罪情况和证据没有影响案件的查处,没有达到情节严重的程度的,不能构成犯罪。

②注意划清本罪与窝藏、包庇罪的界限。本罪拒绝提供间谍、恐怖主义、极端主义犯罪证据的行为与窝藏、包庇罪在不提供真实情况的窝藏、包庇犯罪行为上有相同或者相似之处。二罪的根本区别是犯罪对象不同,如果为窝藏间谍、恐怖主义、极端主义犯罪人,而拒绝提供情况和证据的应定为本罪。如果为窝藏、包庇其他犯罪人而拒绝提供情况和证据的,应认定为窝藏、包庇罪,不能定为本罪。

③注意划清本罪与伪证罪的界限。本罪拒绝提供间谍、恐怖主义、极端主义犯罪证据的行为与伪证罪在犯罪行为上有相同或者相似之处。二罪的根本区别是犯罪主体和犯罪行为不同,本罪是一般主体,犯罪行为是拒绝提供证据的行为;而伪证罪的主体是特殊主体,是指在刑事诉讼中的证人、鉴定人、记录人、翻译人,其犯罪行为是对与案件有重要关系的情节故意作虚假证明、鉴定、记录、翻译的行为。如果证人、监定人、记录人、翻译人拒绝提供间谍、恐怖主义、极端主义犯罪情况和证据的行为,应定为本罪。

(三十二) 拒不执行判决、裁定罪

拒不执行判决、裁定罪是《刑法修正案(九)》第39条对刑法第313条补充的犯罪。1997年最高人民法院、最高人民检察院《关于执行〈中华人民共和国刑法〉确定罪名的规定》中规定为该罪名。

1. 刑法规定内容的修改

刑法条文中有关拒不执行判决、裁定罪的规定有:

(1) 1979年刑法第157条规定,"以暴力、威胁方法阻碍国家工作人员依法执行公务的,或者拒不执行人民法院已发生法律效力的判决、裁定的,处三年以下有期徒刑、拘役、罚金或者剥夺政治权利"。

(2) 1997年刑法第313条规定,"对人民法院的判决、裁定有能力执行而拒不执行,情节严重的,处三年以下有期徒刑、拘役或者罚金"。

(3) 2015年8月29日《刑法修正案(九)》第39条将刑法第313条修改为:"对人民法院的判决、裁定有能力执行而拒不执行,情节严重的,处三年以下有期徒刑、拘役或者罚金;情节特别严重的,处三年以上七年以下有期徒刑,并处罚金。

"单位犯前款罪的,对单位判处罚金,并对其直接负责的主管人员和其他

直接责任人员,依照前款的规定处罚。"

上述《刑法修正案(九)》在刑法第313条中增加了两方面的处罚规定:一是补充增加了一个更高档次的法定刑,即"情节特别严重的,处三年以上七年以下有期徒刑,并处罚金";二是补充增加了单位犯罪及处罚,即"单位犯前款罪的,对单位判处罚金,并对其直接负责的主管人员和其他直接责任人员,依照前款的规定处罚"。扩大了惩治本罪的范围,加强了对本罪的处罚力度。

2. 刑法规定修改的原因

我国1979年刑法中没有设专条单独规定拒不执行判决、裁定罪,而是将本罪与妨害公务罪规定在刑法第157条中。1997年修订刑法时设专条将拒不执行判决、裁定犯罪行为规定在刑法第313条中作为独立犯罪加以规定。近几年来,在市场经济的影响下,拒不执行人民法院判决、裁定的行为增多,特别是一些经济、民事案件往往涉及单位的经济利益,单位不执行人民法院判决、裁定的行为显著增多,为确保人民法院的判决、裁定得以执行,维护法院判决、裁定的权威性和有效性,2015年8月29日《刑法修正案(九)》在刑法第313条中增加一个更高档次的法定刑和单位可以构成犯罪,扩大了惩治本罪的范围,加大了对本罪的处罚力度。

3. 拒不执行判决、裁定罪的适用

拒不执行判决、裁定罪是《刑法修正案(九)》对刑法第313条补充的犯罪,要准确适用就必须弄清该罪的概念、特征、法定刑,以及适用时应注意的问题。

(1) 拒不执行判决、裁定罪的概念。该罪是指对人民法院的判决、裁定有能力执行而拒不执行,情节严重的行为。

人民法院是我国的审判机关,其代表国家对刑事、民事、行政诉讼案件进行审判,其所作的生效判决、裁定具有法律效力,有关当事人必须执行,即使所作的判决、裁定有错误也必须执行,在执行中通过审判监督程序予以纠正。任何单位和个人对人民法院已生效的判决、裁定拒不执行都是损害国家审判机关的威信和国家法律的权威,使国家法律不能贯彻执行,这是对社会有危害的行为。我国刑法将拒不执行人民法院判决、裁定,情节严重的行为规定为犯罪,最高处7年有期徒刑。

(2) 拒不执行判决、裁定罪的构成特征。根据刑法第313条规定,该罪的构成特征是:

①犯罪主体,是一般主体,达到法定年龄具有刑事责任能力的实施了拒不执行判决、裁定犯罪行为的自然人和单位。本罪的法定年龄是年满16周岁以

上的人。犯罪主体在主观上是故意的，即明知是已经生效的判决、裁定，有能力执行而故意拒不执行。

根据最高人民法院 2015 年 7 月 6 日《关于审理拒不执行判决、裁定刑事案件适用法律若干问题的解释》第 1 条规定，被执行人、协助执行义务人、担保人等负有执行义务的人对人民法院的判决、裁定有能力执行而拒不执行，情节严重的，应当依照刑法第 313 条的规定，以拒不执行判决、裁定罪处罚。

②犯罪行为，必须是实施了拒不执行判决、裁定的行为。根据全国人大常委会 2002 年 8 月 29 日《关于〈中华人民共和国刑法〉第一百一十三条的解释》规定，人民法院的判决、裁定，是指人民法院依法作出的具有执行内容并已发生法律效力的判决、裁定。人民法院依法执行支付令、生效的调解书、仲裁裁决、公证债权文书等所作的裁定属于该条规定的裁定。

③犯罪结果，是结果犯，必须是拒不执行判决、裁定，情节严重的，才构成犯罪。"情节严重"，根据最高人民法院 2015 年 7 月 6 日《关于审理拒不执行判决、裁定刑事案件适用法律若干问题的解释》第 2 条规定，"负有执行义务的人有能力执行而实施下列行为之一的，应当认定为全国人民代表大会常务委员会关于刑法第三百一十三条的解释中规定的'其他有能力执行而拒不执行，情节严重的情形'：（一）具有拒绝报告或者虚假报告财产况、违反人民法院限制高消费及有关消费令等拒不执行行为，经采取罚款或者拘留等强制措施后仍拒不执行的；（二）伪造、毁灭有关被执行人履行能力的重要证据，以暴力、威胁、贿买方法阻止他人作证或者指使、贿买、胁迫他人作伪证，妨碍人民法院查明被执行人财产情况，致使判决、裁定无法执行的；（三）拒不交付法律文书指定交付的财物、票证或者拒不迁出房屋、退出土地，致使判决、裁定无法执行的；（四）与他人串通，通过虚假诉讼、虚假仲裁、虚假和解等方式妨害执行，致使判决、裁定无法执行的；（五）以暴力、威胁方法阻碍执行人员进入执行现场或者聚众哄闹、冲击执行现场，致使执行工作无法进行的；（六）对执行人员进行侮辱、围攻、扣押、殴打，致使执行工作无法进行的；（七）毁损、抢夺执行案件材料、执行公务车辆和其他执行器械、执行人员服装以及执行公务证件，致使执行工作无法进行的；（八）拒不执行法院判决、裁定，致使债权人遭受重大损失的"。

(3) 拒不执行判决、裁定罪的法定刑。根据刑法第 313 条规定，该罪的法定：

①情节严重，构成本罪的，处 3 年以下有期徒刑、拘役或者罚金。

②情节特别严重的，处 3 年以上 7 年以下有期徒刑，并处罚金。

③单位犯前款罪的，对单位判处罚金，并对其直接负责的主管人员和其他

直接责任人员，依照自然人犯本罪的规定处罚。

根据最高人民法院2015年7月6日《关于审理拒不执行判决、裁定刑事案件适用法律若干问题的解释》第6条规定，拒不执行判决、裁定的被告人在一审宣告判决前，履行全部或部分执行义务的，可以酌情从宽处罚。第7条规定，拒不执行支付赡养费、扶养费、抚育费、抚恤金、医疗费用、劳动报酬等判决、裁定的，可以酌情从重处罚。

(4) 认定拒不执行判决、裁定罪时，应注意的问题有：

①注意划清罪与非罪的界限。

从犯罪主体上区分。本罪主体是年满16周岁以上的自然人和单位，不满16周岁的人，不能构成本罪。本罪是故意犯罪，过失行为的，不能构成本罪。例如，某人长期出国在外，虽然法院多次发出执行通知，但都没有接到，其也忘记了在国内还有没有执行的法院生效付款裁定，回国后，经法院再次发出执行裁定通知后，才执行了裁定付款，由于行为人主观上是过失，因而不构成犯罪。

从犯罪行为上区分。本罪必须是对法院的生效判决、裁定有能力执行而拒不执行的行为才能构成犯罪。如果确实无能力执行，而没有执行的行为，不能构成本罪。

从犯罪结果上区分。本罪必须是达到情节严重的结果，才能构成犯罪，如果不执行法院判决、裁定没有达到情节严重的程度的，不能构成犯罪。例如，由于法院判决确有不当之处，或者执行人员的执行手续不全，或者执行人员工作方法不当，导致当事人产生抵触情绪，进行抵制执行判决、裁定的行为，经说服教育最终执行了，就不能认定为拒不执行判决、裁定罪。

②在认定本罪时，要注意处理好牵连犯罪。在以暴力抗拒执行人民法院判决、裁定时，如果有杀死、重伤害执行人员的行为，应按重罪吸收轻罪的原则，定为故意杀人罪、故意伤害罪从重处罚。如果只是对执行人员进行殴打，甚至致人轻伤的，使执行工作无法进行的，应认定为本罪，酌情从重处罚。如果国家工作人员与当事人通谋，利用职务之便妨害判决、裁定执行的，致使判决、裁定无法执行的，以本罪共犯处理；如果国家工作人员受贿或者滥用职权妨害法院判决、裁定执行的，同时又构成受贿罪、滥用职权罪的，依法应依照处罚较重的规定定罪处罚。

③注意划清本罪与妨害公务的界限。本罪在实施拒不执行判决、裁定犯罪行为时，也可能使用暴力、胁迫的方法阻碍国家机关工作人员依法执行职务，与刑法规定的妨害公务罪的重合，是法规竞合，应按特殊规定优先一般规定的原则，定为特别规定的本罪，不再定为一般规定的妨害公务罪。

④注意本罪的自诉立案规定。根据最高人民法院2015年7月6日《关于审理拒不执行判决、裁定刑事案件适用法律若干问题的解释》第3条规定，"申请执行人有证据证明同时具有下列情形，人民法院认为符合刑事诉讼法第二百零四条第三项规定的，以自诉案件立案审理：（一）负有执行义务的人拒不执行判决、裁定，侵犯了申请执行人的人身、财产权利，应当依法追究刑事责任的；（二）申请执行人曾经提出控告，而公安机关或者人民检察院对负有执行义务的人不予追究刑事责任"。

上述司法解释第4条规定，本解释第3条规定的自诉案件，依照刑事诉讼法第206条的规定，自诉人在宣告判决前，可以同被告人自行和解或者撤回自诉。第5条规定，拒不执行判决、裁定刑事案件，一般由执行法院所在地人民法院管辖。

（三十三）偷越国（边）境罪

偷越国（边）境罪是《刑法修正案（九）》第40条对刑法第322条补充的犯罪。1997年最高人民法院、最高人民检察院《关于执行〈中华人民共和国刑法〉确定罪名的规定》中规定为该罪名。

1. 刑法规定内容的修改

刑法条文中有关偷越国（边）境罪的规定有：

（1）1979年刑法第167条规定，"违反出入国境管理法规，偷越国（边）境，情节严重的，处一年以下有期徒刑、拘役或者管制"。

（2）1997年刑法第322条规定，"违反国（边）境管理法规，偷越国（边）境，情节严重的，处一年以下有期徒刑、拘役或者管制，并处罚金"。

（3）2015年8月29日《刑法修正案（九）》第40条将刑法第322条修改为："违反国（边）境管理法规，偷越国（边）境，情节严重的，处一年以下有期徒刑、拘役或者管制，并处罚金；为参加恐怖活动组织、接受恐怖活动培训或者实施恐怖活动，偷越国（边）境的，处一年以上三年以下有期徒刑，并处罚金。"

上述《刑法修正案（九）》在刑法第322条中增加规定"为参加恐怖活动组织、接受恐怖活动培训或者实施恐怖活动，偷越国（边）境的，处一年以上三年以下有期徒刑，并处罚金"，加强了对本罪的处罚力度。

2. 刑法规定修改的原因

我国1979年刑法第167条中规定有偷越国（边）境犯罪行为。1997年修订刑法第322条中又规定了这种犯罪行为，只是在法定刑中增加了"并处罚金"的处罚规定。近几年来，在国际上恐怖犯罪严重的情况下，国内外一些为进行恐怖犯罪者为参加恐怖组织、恐怖培训、恐怖活动而偷越国（边）境，其社会危害性严重。2015年8月29日《刑法修正案（九）》在刑法第322条中专门增加规定"为参加恐怖活动组织、接受恐怖活动培训或者实施恐怖活动，偷越国（边）境的，处一年以上三年以下有期徒刑，并处罚金"，加强了对本罪的处罚力度。

3. 偷越国（边）境罪的适用

偷越国（边）境罪是《刑法修正案（九）》对刑法第322条补充的犯罪，要准确适用就必须弄清该罪的概念、特征、法定刑，以及适用时应注意的问题。

（1）偷越国（边）境罪的概念。该罪是指违反国（边）境管理法规，偷越国（边）境，情节严重的行为。

为维护国家安全和政治、经济、军事、文化利益，确保公民的生活秩序，我国国家对出入国（边）境实行管制。根据我国国（边）境管理法规规定，出入国（边）境的必须经有关部门批准，持护照或者出入国边境证才能出入国（边）境，否则就是对国（边）境管理秩序的破坏，情节严重的是偷越国（边）境的犯罪行为，最高处3年有期徒刑。

（2）偷越国（边）境罪的构成特征。根据刑法第322条规定，该罪的构成特征是：

①犯罪主体，是一般主体，达到法定年龄具有刑事责任能力的实施了偷越国（边）境犯罪行为的自然人。本罪法定年龄是年满16周岁以上的人。犯罪主体在主观上是故意的。行为人都有违反法规规定出入国（边）的目的。

②犯罪行为，必须是实施了偷越国（边）境的行为。国境是我国与邻国的国界线，边境是我国大陆与香港、澳门、台湾等地区的分界线和我国与邻国尚未划定而双方实际控制的边界线。违反出入境管理法规，主要是指违反《中华人民共和国公民出境入境管理办法》、《外国人入境出境管理法》、《中华人民共和国公民往来台湾地区管理办法》等。

偷越国（边）境的行为表现，根据最高人民法院、最高人民检察院2012年12月20日《关于办理妨害国（边）境管理刑事案件应用法律若干问题的解释》第6条规定，具有下列情形之一的，应当认定为刑法第六章第三节规定的"偷越国（边）境"行为：

一是没有出入境证件出入国（边）境或者逃避接受边防检查的；

二是使用伪造、变造、无效的出入境证件出入国（边）境的；

三是使用他人出入境证件出入国（边）境的；

四是使用以虚假的出入境事由、隐瞒真实身份、冒用他人身份证件方式骗取的出入证件出入国（边）境的；

五是采用其他方式非法出入国（边）境的。

③犯罪结果，有的是结果犯，一般人偷越国（边）境，必须是情节严重的结果才能构成犯罪。为参加恐怖活动组织、接受恐怖活动培训或者实施恐怖活动，偷越国（边）境的是行为犯，只要是为参加恐怖活动组织、接受恐怖活动培训或者实施恐怖活动，实施了偷越国（边）境的行为的就可以构成犯罪。

本罪情节严重的结果，根据最高人民法院、最高人民检察院2012年12月20日《关于办理妨害国（边）境管理刑事案件应用法律若干问题的解释》第6条规定，偷越国（边），具有下列情形之一的，应当认定为刑法第322条规定的"情节严重"：

一是在境外实施损害国家利益的行为的。

二是偷越国（边）境3次以上或者3人以上结伙偷越国（边）境的。

三是拉拢、引诱他人一起偷越国（边）境的。

四是勾结境外组织、人员偷越国（边）境的。

五是因偷越国（边）境，被行政处罚后1年内又偷越国（边）境的。

六是其他严重情节的。

（3）偷越国（边）境罪的法定刑。根据刑法第322条规定，该罪的法定刑是：

①情节严重，构成本罪的，处1年以下有期徒刑、拘役或者罚金，并处罚金。

②为参加恐怖活动组织、接受恐怖活动培训或者实施恐怖活动，偷越国（边）境的，处1年以上3年以下有期徒刑，并处罚金。

4. 认定偷越国（边）境罪时，应注意的问题：

①注是划清罪与非罪的界限。

从犯罪主体上区分。本罪主体是年满16周岁以上的自然人，不满16周岁的人，不能构成本罪。本罪是故意犯罪，过失行为的，不能构成本罪。

从犯罪行为上区分。本罪必须是违反国（边）境管理法规，偷越国（边）境的行为才能构成犯罪，如果没有违反国（边）管理法规，而由于走错了路、乘错了船而出入国（边）的行为，不构成本罪。

从犯罪结果上区分。本罪一般人偷越国（边）境，必须是达到情节严重的结果才能构成犯罪，如果在出入国（边）时，使用过期的证件，被海关查出，没有达到情节严重的程度的，不能构成犯罪。再如，边民出境赶集、串亲戚，当日去当日回，虽然没有办理出入境证件，但没有产生严重后果，不属于情节严重,一般不构成犯罪。

②在认定本罪时,要注意认定一罪和数罪的界限。行为人因犯罪,为逃避法律追究而偷越国(边)的行为,除认定犯偷越国(边)境罪外,对其原犯罪应另定其他罪,再与本罪实行数罪并罚。如果行为人为进行走私、贩毒、实施危害国家安全的具体犯罪而偷越国(边)的,一般按处理牵连犯的原则,从一重罪处罚。

③注意认定本罪与认定恐怖主义犯罪的界限。为参恐怖活动组织、接受恐怖活动培训或者实施恐怖活动,偷越国(边)境的,按刑法第322条规定认定为本罪,对其为参加恐怖活动组织、接受恐怖活动培训或者实施恐怖活动的行为,构成犯罪的,应另定为有关恐怖犯罪,与本罪数罪并罚,以严厉惩治恐怖犯罪行为。

(三十四)非法生产、买卖、运输制毒物品、走私制毒物品罪

非法生产、买卖、运输制毒物品、走私制毒物品罪是《刑法修正案(九)》第41条对刑法第350条补充的犯罪。1997年最高人民法院、最高人民检察院《关于执行〈中华人民共和国刑法〉确定罪名的规定》中规定为"非法买卖制毒物品罪"和"走私制毒物品罪"的两个罪名。2015年10月30日最高人民法院、最高人民检察院《关于执行〈中华人民共和国刑法〉确定罪名的补充规定(六)》中改为"非法生产、买卖、运输制毒物品、走私制毒物品罪"的罪名,取消了"非法买卖制毒物品罪"和"走私制毒物品罪"两个罪名。

1. 刑法规定内容的修改

刑法条文中有关非法生产、买卖、运输制毒物品、走私制毒物品罪的规定有:

(1)1979年刑法第116条规定,"违反海关法规,进行走私,情节严重的,除按照海关法规没收走私物品并且可以罚款外,处三年以下有期徒刑或者拘役,可以并处没收财产"。

第118条规定,"以走私、投机倒把为常业的,走私、投机倒把数额巨大的或者走私、投机倒把集团的首要分子,处三年以上十年以下有期徒刑,可以并处没收财产"。

(2)1997年刑法第350条规定:"违反国家规定,非法运输、携带醋酸酐、乙醚、三氯甲烷或者其他用于制造毒品的原料或者配剂进出境的,或者违反国家规定,在境内非法买卖上述物品的,处三年以下有期徒刑、拘役或者管制,并处罚金;数量大的,处三年以上十年以下有期徒刑,并处罚金。

"明知他人制造毒品而为其提供前款规定的物品的,以制造毒品罪的共犯论处。

"单位犯前两款罪的,对单位判处罚金,并对其直接负责的主管人员和其他直接责任人员,依照前两款的规定处罚。"

(3) 2015年8月29日《刑法修正案(九)》第41条将刑法第350条第1款、第2款修改为:"违反国家规定,非法生产、买卖、运输醋酸酐、乙醚、三氯甲烷或者其他用于制造毒品的原料、配剂,或者携带上述物品进出境,情节较重的,处三年以下有期徒刑、拘役或者管制,并处罚金;情节严重的,处三年以上七年以下有期徒刑,并处罚金;情节特别严重的,处七年以上有期徒刑,并处罚金或者没收财产。

"明知他人制造毒品而为其生产、买卖、运输前款规定的物品的,以制造毒品罪的共犯论处。"

上述《刑法修正案(九)》在刑法第350条中增加规定"非法生产用于制造毒品的原料、配剂的犯罪行为"和将"数量大的,处三年以上十年以下有期徒刑,并处罚金"改为"情节严重的,处三年以上七年以下有期徒刑,并处罚金;情节特别严重的,处七年以上有期徒刑,并处罚金或者没收财产",加重了对该犯罪的处罚力度。

2. 刑法规定修改的原因

我国1979年刑法第116条、第118条中只规定有走私毒品犯罪行为,没有规定走私制毒物品犯罪和非法生产、买卖、运输制毒物品罪。1997年修订刑法在第350条中规定了非法买卖制毒物品和走私制毒物品犯罪。多年来,司法机关依照刑法第350条规定惩治了一批走私制毒物品的犯罪行为,但因为刑法中没有规定非法生产制毒物品的犯行为,并且刑法规定的法定刑较低,不能有效惩罚和预防走私制毒物品的犯罪行为。2015年8月29日,《刑法修正案(九)》在刑法第350条中专门增加规定了"非法生产制毒物品的犯罪行为"和"情节严重的,处三年以上七年以下有期徒刑,并处罚金;情节特别严重的,处七年以上有期徒刑,并处罚金或者没收财产",加重了对该犯罪处罚力度。

3. 非法生产、买卖、运输制毒物品、走私制毒物品罪的适用

非法生产、买卖、运输制毒物品、走私制毒物品罪是《刑法修正案(九)》对刑法第350条补充的犯罪,要准确适用就必须弄清该罪的概念、特征、法定刑,以及适用时应注意的问题。

(1) 非法生产、买卖、运输制毒物品、走私制毒物品罪的概念。该罪是指单位或者个人违反国家规定,非法生产、买卖、运输醋酸酐、乙醚、三氯甲

烷或者其他用于制造毒品的原料、配剂,或者携带上述物品进出境,情节较重的行为。

制毒物品是制造毒品的原材料,其本身不是毒品,醋酸酐、乙醚、三氯甲烷、盐酸羟亚胺等是制造精神毒品和麻醉物品的主要原材料。为了严格控制非法制造毒品犯罪行为,就必须严格从源头上控制制毒物品的生产、运输、买卖或者携带上述物品进出境的行为。1988年我国卫生部、对外经济贸易部、公安部、海关总署发布《关于对三种特殊化学品实行准许证管理的通知》中规定,国家对醋酸酐、乙醚、三氯甲烷的生产、买卖、运输、进出境实行严格控制。违反规定,没有许可证非法生产、买卖运输、携带上述三种特殊化学品进出境的行为是严重危害社会的行为。我国刑法将生产、买卖、运输、走私制毒物品的行为规定为犯罪,最高处15年有期徒刑。

(2) 非法生产、买卖、运输制毒物品、走私制毒物品罪的构成特征。根据刑法第350条规定,该罪的构成特征是:

①犯罪主体,是一般主体,达到法定年龄,具有刑事责任能力的实施了非法生产、买卖、运输、走私制毒物品犯罪行为的自然人和单位。本罪法定年龄是年满16周岁以上的人。犯罪主体在主观上是故意的,并且有谋利的目的。

②犯罪行为,必须是实施了违反国家规定,非法生产、买卖、运输制毒物品、走私制毒物品行为。根据最高人民法院、最高人民检察院、公安部2009年6月23日《关于办理制毒物品犯罪案件适用法律若干问题的意见》中规定,制毒物品,是指违反刑法第350条规定的醋酸酐、乙醚、三氯甲烷或者其他用于制造毒品的原材料或者配剂,具体品种范围按照国务院关于易制毒化学品管理的规定确定。

具体非法生产、买卖、运输制毒物品的行为有:

一是未经许可或者备案擅自生产、购买、运输、销售易制毒化学品的行为。

二是超出许可证明或者备案证明品种、数量范围生产、购买、销售易制毒化学品的行为。

三是使用他人的或者伪造、变造、失效的许可证明或者备案证明生产、购买、销售易制毒化学品的行为。

四是生产、经营、销售单位违反规定,向无有购买许可证明、备案证明的单位、个人销售易制毒化学品的行为,或者明知购买者使用他人的或者伪造、变造、失效的购买许可证明、备案证明,向其销售易制毒化学品的行为。

五是以其他方式非法生产、买卖、运输、走私易制毒化学品的行为。

具体走私易制毒化学品的行为有:

第一，国家确定的专营公司超越经营范围、出口额度，违反出口许可制度，进出口用于制作麻醉药品或精神药物的行为。

第二，非国家专营公司或者其他单位，未经批准，而擅自经营用于制造麻醉毒品和精神药物的物品进出入国（边）境的行为。

第三，单位或者个人逃避海关监管，非法携带、运输上述用于制造精神药品和精神药物的物品进出入国（边）境的行为。

③犯罪结果，是结果犯，必须是非法生产、买卖、运输制毒物品、走私制毒物品"情节较重的"才构成犯罪。"情节严重的"、"情节特别严重的"是加重处罚情节，适用各自加重的法定刑。

根据最高人民法院2016年4月11日起实行的《关于审理毒品犯罪案件适用法律若干问题的解释》第7条规定："违反国家规定，非法生产、买卖、运输制毒物品、走私制毒物品，达到下列数量标准的，应当认定为刑法第三百五十条第一款规定的'情节较重'：（一）麻黄碱（麻黄素）、伪麻黄碱（伪麻黄素）、消旋麻黄碱（消旋麻黄素）一千克以上不满五千克；（二）1－苯基－2－丙酮、1－苯基－2－溴－1－丙酮、3,4－亚甲基二氧苯基－2－丙酮、羟亚胺二千克以上不满十千克；（三）3－氧－2－苯基丁腈、邻氯苯基环戊酮、去甲麻黄碱（去甲麻黄素）、甲基麻黄碱（甲基麻黄素）四千克以上不满二十千克；（四）醋酸酐十千克以上不满五十千克；（五）麻黄浸膏、麻黄浸膏粉、胡椒醛、黄樟素、黄樟油、异黄樟素、麦角酸、麦角胺、麦角新碱、苯乙酸二十千克以上不满一百千克；（六）N－乙酰邻氨基苯酸、邻氨基苯甲酸、三氯甲烷、乙醚、哌啶五十千克以上不满二百五十千克；（七）甲苯、丙酮、甲基乙基酮、高锰酸钾、硫酸、盐酸一百千克以上不满五百千克；（八）其他制毒物品数量相当的。

"违反国家规定，非法生产、买卖、运输制毒物品、走私制毒物品，达到前款规定的数量标准最低值的百分之五十，且具有下列情形之一的，应当认定为刑法第三百五十条第一款规定的'情节较重'：（一）曾因非法生产、买卖、运输制毒物品、走私制毒物品受过刑事处罚的；（二）二年内曾因非法生产、买卖、运输制毒物品、走私制毒物品受过行政处罚的；（三）一次组织五人以上或者多次非法生产、买卖、运输制毒物品、走私制毒物品，或者在多个地点非法生产制毒物品的；（四）利用、教唆未成年人非法生产、买卖、运输制毒物品、走私制毒物品的；（五）国家工作人员非法生产、买卖、运输制毒物品、走私制毒物品的；（六）严重影响群众正常生产、生活秩序的；（七）其他情节较重的情形。

"易制毒化学品生产、经营、购买、运输单位或者个人未办理许可证明或者备案证明,生产、销售、购买、运输易制毒化学品,确实用于合法生产、生活需要的,不以制毒物品犯罪论处。"

第8条规定:"违反国家规定,非法生产、买卖、运输制毒物品、走私制毒物品,具有下列情形之一的,应当认定为刑法第三百五十条第一款规定的'情节严重':(一)制毒物品数量在本解释第七条第一款规定的最高数量标准以上,不满最高数量标准五倍的;(二)达到本解释第七条第一款规定的数量标准,且具有本解释第七条第二款第三项至第六项规定的情形之一的;(三)其他情节严重的情形。

"违反国家规定,非法生产、买卖、运输制毒物品、走私制毒物品,具有下列情形之一的,应当认定为刑法第三百五十条第一款规定的'情节特别严重':(一)制毒物品数量在本解释第七条第一款规定的最高数量标准五倍以上的;(二)达到前款第一项规定的数量标准,且具有本解释第七条第二款第三项至第六项规定的情形之一的;(三)其他情节特别严重的情形。"

(3)非法生产、买卖、运输制毒物品、走私制毒物品罪的法定刑。根据刑法第350条规定,该罪的法定刑是:

①情节较重的,构成本罪的,处3年以下有期徒刑、拘役或者管制,并处罚金。

②情节严重的,处3年以上7年以下有期徒刑,并处罚金。

③情节特别严重的,处7年以上有期徒刑,并处罚金或者没收财产。

④单位犯前款罪的,对单位判处罚金,并对其直接负责的主管人员和其他直接责任人员,依照自然人犯本罪的规定处罚。

(4)认定非法生产、买卖、运输制毒物品、走私制毒物品罪时,应注意的问题:

①注意划清罪与非罪的界限。

从犯罪主体上区分。本罪主体是年满16周岁以上的自然人和单位,不满16周岁的人,不能构成本罪。本罪是故意犯罪,过失行为的,不能构成本罪。根据最高人民法院2016年4月11日起施行的《关于审理毒品犯罪案件适用法律若干问题的解释》第7条第3款规定:"易制毒化学品生产、经营、购买、运输单位或者个人未办理许可证明或者备案证明,生产、销售、购买、运输易制毒化学品,确实用于合法生产、生活需要的,不以制毒物品犯罪论处。"

从犯罪行为上区分。本罪必须是非法生产、买卖、运输制毒物品、走私制毒物品的行为才能构成犯罪,如果确实不知道是制毒物品而非法生产、买卖、运输、走私的行为,不构成本罪。

从犯罪结果上区分。本罪必须是非法生产、买卖、运输制毒物品、走私制毒物品情节较重的结果才能构成犯罪，情节较轻、情节轻微的都不构成犯罪，例如，根据司法解释，走私盐酸不满100千克的，由于没有达到情节较重数量标准的行为，不构成犯罪。

②在认定本罪时，要注意对一罪和数罪的认定。行为人为进行毒品犯罪而生产、加工、提炼、走私等方法制造易制毒化学品的，根据刑法第22条规定按照其制造易制毒化学品的不同目的，分别以制造毒品、走私制毒物品、非法买卖制毒物品的预备行为论处。如果行为人走私制毒物品自用，后明知他人制造毒品又将走私的制毒物品卖给他人，则构成走私制毒物品罪和制造毒品罪，数罪并罚。即使行为人为制造毒品，从境外走私制毒物品，应分别定为走私罪制毒物品罪和制造毒品罪，数罪并罚。因为刑法第350条第2款明确规定"明知他人制造毒品而为其生产、买卖、运输前款规定的物品的，以制造毒品罪的共犯论处"，而并没有规定为制造毒品而走私制毒物品以制造毒品共犯论处。

③注意本罪与有关毒品犯罪的具体区分根据最高人民法院2016年4月11日起施行的《关于审理毒品犯罪案件适用法律若干问题的解释》第1条规定："走私、贩卖、运输、制造、非法持有下列毒品，应当认定为刑法第三百四十七条第二款第一项、第三百四十八条规定的'其他毒品数量大'：（一）可卡因五十克以上；（二）3,4-亚甲二氧基甲基苯丙胺（MDMA）等苯丙胺类毒品（甲基苯丙胺除外）、吗啡一百克以上；（三）芬太尼一百二十五克以上；（四）甲卡西酮二百克以上；（五）二氢埃托啡十毫克以上；（六）哌替啶（度冷丁）二百五十克以上；（七）氯胺酮五百克以上；（八）美沙酮一千克以上；（九）曲马多、γ-羟丁酸二千克以上；（十）大麻油五千克、大麻脂十千克、大麻叶及大麻烟一百五十千克以上；（十一）可待因、丁丙诺啡五千克以上；（十二）三唑仑、安眠酮五十千克以上；（十三）阿普唑仑、恰特草一百千克以上；（十四）咖啡因、罂粟壳二百千克以上；（十五）巴比妥、苯巴比妥、安钠咖、尼美西泮二百五十千克以上；（十六）氯氮䓬、艾司唑仑、地西泮、溴西泮五百千克以上；（十七）上述毒品以外的其他毒品数量大的。

"国家定点生产企业按照标准规格生产的麻醉药品或者精神药品被用于毒品犯罪的，根据药品中毒品成分的含量认定涉案毒品数量。"

第2条规定："走私、贩卖、运输、制造、非法持有下列毒品，应当认定为刑法第三百四十七条第三款、第三百四十八条规定的'其他毒品数量较大'：（一）可卡因十克以上不满五十克；（二）3,4-亚甲二氧基甲基苯丙胺（MDMA）等苯丙胺类毒品（甲基苯丙胺除外）、吗啡二十克以上不满一百克；（三）芬太尼二十五克以上不满一百二十五克；（四）甲卡西酮四十克以上不满二百克；（五）二氢埃托啡二毫克以上不满十毫克；（六）哌替啶（度冷丁）五十克以上不满二百五十克；（七）氯胺酮一百克以上不满五百克；（八）美沙酮二百克以上不满一千克；（九）曲马多、γ-羟丁酸四百克以上不满二千克；（十）大麻油一千克以上不满五千克、大麻脂二千克以上不满十千克、大麻叶及大麻烟三十千克以上不满一百五十千克；（十一）可待因、丁丙诺啡一千克以上不满五千克；（十二）三唑仑、安眠酮十千克以上不满五十千克；（十三）阿普唑仑、恰特草二十千克以上不满一百千克；（十四）咖啡因、罂粟壳四十千克以上不满二百千克；（十五）巴比妥、苯巴比妥、安钠咖、尼美西泮五十千克以上不满二百五十千克；（十六）氯氮卓、艾司唑仑、地西泮、溴西泮一百千克以上不满五百千克；（十七）上述毒品以外的其他毒品数量较大的。"

第3条规定："在实施走私、贩卖、运输、制造毒品犯罪的过程中，携带枪支、弹药或者爆炸物用于掩护的，应当认定为刑法第三百四十七条第二款第三项规定的'武装掩护走私、贩卖、运输、制造毒品'。枪支、弹药、爆炸物种类的认定，依照相关司法解释的规定执行。

"在实施走私、贩卖、运输、制造毒品犯罪的过程中，以暴力抗拒检查、拘留、逮捕，造成执法人员死亡、重伤、多人轻伤或者具有其他严重情节的，应当认定为刑法第三百四十七条第二款第四项规定的'以暴力抗拒检查、拘留、逮捕，情节严重'。"

第4条规定："走私、贩卖、运输、制造毒品，具有下列情形之一的，应当认定为刑法第三百四十七条第四款规定的'情节严重'：（一）向多人贩卖毒品或者多次走私、贩卖、运输、制造毒品的；（二）在戒毒场所、监管场所贩卖毒品的；（三）向在校学生贩卖毒品的；（四）组织、利用残疾人、严重疾病患者、怀孕或者正在哺乳自己婴儿的妇女走私、贩卖、运输、制造毒品的；（五）国家工作人员走私、贩卖、运输、制造毒品的；（六）其他情节严重的情形。"

第5条规定："非法持有毒品达到刑法第三百四十八条或者本解释第二条规定的'数量较大'标准，且具有下列情形之一的，应当认定为刑法第三百四十八条规定的'情节严重'：（一）在戒毒场所、监管场所非法持有毒品的；（二）利用、教唆未成年人非法持有毒品的；（三）国家工作人员非法持有毒品的；（四）其他情节严重的情形。"

第6条规定："包庇走私、贩卖、运输、制造毒品的犯罪分子，具有下列情形之一的，应当认定为刑法第三百四十九条第一款规定的'情节严重'：（一）被包庇的犯罪分子依法应当判处十五年有期徒刑以上刑罚的；（二）包庇多名或者多次包庇走私、贩卖、运输、制造毒品的犯罪分子的；（三）严重妨害司法机关对被包庇的犯罪分子实施的毒品犯罪进行追究的；（四）其他情节严重的情形。

"为走私、贩卖、运输、制造毒品的犯罪分子窝藏、转移、隐瞒毒品或者毒品犯罪所得的财物，具有下列情形之一的，应当认定为刑法第三百四十九条第一款规定的'情节严重'：（一）为犯罪分子窝藏、转移、隐瞒毒品达到刑法第三百四十七条第二款第一项或者本解释第一条第一款规定的'数量大'标准的；（二）为犯罪分子窝藏、转移、隐瞒毒品犯罪所得的财物价值达到五万元以上的；（三）为多人或者多次为他人窝藏、转移、隐瞒毒品或者毒品犯罪所得的财物的；（四）严重妨害司法机关对该犯罪分子实施的毒品犯罪进行追究的；（五）其他情节严重的情形。

"包庇走私、贩卖、运输、制造毒品的近亲属，或者为其窝藏、转移、隐瞒毒品或者毒品犯罪所得的财物，不具有本条前两款规定的'情节严重'情形，归案后认罪、悔罪、积极退赃，且系初犯、偶犯，犯罪情节轻微不需要判处刑罚的，可以免予刑事处罚。"

④注意将本罪与非法种植毒品原植物罪和非法买卖、运输、携带、持有毒品原植物、种子、幼苗罪的区别。根据最高人民法院2016年4月11日起实行的《关于审理毒品犯罪案件适用法律若干问题的解释》第9条规定："非法种植毒品原植物，具有下列情形之一的，应当认定为刑法第三百五十一条第一款第一项规定的'数量较大'：（一）非法种植大麻五千株以上不满三万株的；（二）非法种植罂粟二百平方米以上不满一千二百平方米、大麻二千平方米以上不满一万二千平方米，尚未出苗的；（三）非法种植其他毒品原植物数量较大的。

"非法种植毒品原植物，达到前款规定的最高数量标准的，应当认定为刑法第三百五十一条第二款规定的'数量大'。"

第10条规定："非法买卖、运输、携带、持有未经灭活的毒品原植物种子或者幼苗，具有下列情形之一的，应当认定为刑法第三百五十二条规定的'数量较大'：（一）罂粟种子五十克以上、罂粟幼苗五千株以上的；（二）大麻种子五十千克以上、大麻幼苗五万株以上的；（三）其他毒品原植物种子或者幼苗数量较大的。"

⑤注意划清本罪与引诱、教唆、欺骗他人吸罪，强迫他人吸毒罪的区别。根据最高人民法院2016年4月11日起实行的《关于审理毒品犯罪案件适用法律若干问题的解释》第11条规定："引诱、教唆、欺骗他人吸食、注射毒品，具有下列情形之一的，应当认定为刑法第三百五十三条第一款规定的'情节严重'：（一）引诱、教唆、欺骗多人或者多次引诱、教唆、欺骗他人吸食、

注射毒品的；（二）对他人身体健康造成严重危害的；（三）导致他人实施故意杀人、故意伤害、交通肇事等犯罪行为的；（四）国家工作人员引诱、教唆、欺骗他人吸食、注射毒品的；（五）其他情节严重的情形。"

第12条规定："容留他人吸食、注射毒品，具有下列情形之一的，应当依照刑法第三百五十四条的规定，以容留他人吸毒罪定罪处罚：（一）一次容留多人吸食、注射毒品的；（二）二年内多次容留他人吸食、注射毒品的；（三）二年内曾因容留他人吸食、注射毒品受过行政处罚的；（四）容留未成年人吸食、注射毒品的；（五）以牟利为目的容留他人吸食、注射毒品的；（六）容留他人吸食、注射毒品造成严重后果的；（七）其他应当追究刑事责任的情形。

"向他人贩卖毒品后又容留其吸食、注射毒品，或者容留他人吸食、注射毒品并向其贩卖毒品，符合前款规定的容留他人吸毒罪的定罪条件的，以贩卖毒品罪和容留他人吸毒罪数罪并罚。

"容留近亲属吸食、注射毒品，情节显著轻微危害不大的，不作为犯罪处理；需要追究刑事责任的，可以酌情从宽处罚。"

⑥注意划清本罪与非法提供麻醉药品、精神药品罪的区别。根据最高人民法院2016年4月11日起实行的《关于审理毒品犯罪案件适用法律若干问题的解释》第13条规定："依法从事生产、运输、管理、使用国家管制的麻醉药品、精神药品的人员，违反国家规定，向吸食、注射毒品的人提供国家规定管制的能够使人形成瘾癖的麻醉药品、精神药品，具有下列情形之一的，应当依照刑法第三百五十五条第一款的规定，以非法提供麻醉药品、精神药品罪定罪处罚：（一）非法提供麻醉药品、精神药品达到刑法第三百四十七条第三款或者本解释第二条规定的'数量较大'标准最低值的百分之五十，不满'数量较大'标准的；（二）二年内曾因非法提供麻醉药品、精神药品受过行政处罚的；（三）向多人或者多次非法提供麻醉药品、精神药品的；（四）向吸食、注射毒品的未成年人非法提供麻醉药品、精神药品的；（五）非法提供麻醉药品、精神药品造成严重后果的；（六）其他应当追究刑事责任的情形。

"具有下列情形之一的，应当认定为刑法第三百五十五条第一款规定的'情节严重'：（一）非法提供麻醉药品、精神药品达到刑法第三百四十七条第三款或者本解释第二条规定的'数量较大'标准的；（二）非法提供麻醉药品、精神药品达到前款第一项规定的数量标准，且具有前款第三项至第五项规定的情形之一的；（三）其他情节严重的情形。"

（三十五）组织卖淫罪

组织卖淫罪是《刑法修正案（九）》第 42 条对刑法第 358 条补充的犯罪。1997 年最高人民法院、最高人民检察院《关于执行〈中华人民共和国刑法〉确定罪名的规定》中规定为本罪名。

1. 刑法规定内容的修改

刑法条文中有关组织卖淫罪的规定有：

（1）1991 年 9 月 4 日全国人大常委会《关于严禁卖淫嫖娼的决定》第 1 条规定，"组织他人卖淫的，处 10 年以上有期徒刑或者无期徒刑，并处 1 万元以下罚金或者没收财产；情节特别严重的，处死刑，并处没收财产"。

（2）1997 年刑法第 358 条规定："组织他人卖淫或者强迫他人卖淫的，处五年以上十年以下有期徒刑，并处罚金；有下列情形之一的，处十年以上有期徒刑或者无期徒刑，并处罚金或者没收财产：（一）组织他人卖淫，情节严重的；（二）强迫不满十四周岁的幼女卖淫的；（三）强迫多人卖淫或者多次强迫他人卖淫的；（四）强奸后迫使卖淫的；（五）造成被强迫卖淫的人重伤、死亡或者其他严重后果的。

"有前款所列情形之一，情节特别严重的，处无期徒刑或者死刑，并处没收财产。

"为组织卖淫的人招募、运送人员或者有其他协助组织他人卖淫行为的，处五年以下有期徒刑，并处罚金；情节严重的，处五年以上十年以下有期徒刑，并处罚金。"

（3）2015 年 8 月 29 日《刑法修正案（九）》第 42 条将刑法第 385 条修改为："组织、强迫他人卖淫的，处五年以上十年以下有期徒刑，并处罚金；情节严重的，处十年以上有期徒刑或者无期徒刑，并处罚金或者没收财产。

"组织、强迫未成年人卖淫的，依照前款的规定从重处罚。

"犯前两款罪，并有杀害、伤害、强奸、绑架等犯罪行为的，依照数罪并罚的规定处罚。

"为组织卖淫的人招募、运送人员或者有其他协助组织他人卖淫行为的，处五年以下有期徒刑，并处罚金；情节严重的，处五年以上十年以下有期徒刑，并处罚金。"

上述 1997 年刑法对全国人大常委会的《关于严禁卖淫嫖娼的决定》第 1 条作了两点修改：一是将组织卖淫罪与强迫卖淫罪规定在一个条文中，法定刑相同；二是删去了罚金具体数额规定，改为原则规定"处罚金或者没收财产"。修订刑法没有《关于严禁卖淫嫖娼的决定》规定的具体、明确。

2011年2月25日《刑法修正案（八）》第48条在刑法第385条中增加第3款规定，"协助组织他人卖淫的，处五年以下有期徒刑，并处罚金；情节严重的，处五年以上十年以下有期徒刑，并处罚金"。

上述《刑法修正案（九）》在刑法第358条中，将"造成被强迫卖淫的人重伤、死亡或者其他严重后果的"作为加重法定刑情节，改为"犯前款罪，并有杀害、伤害、强奸、绑架等犯罪行为，依照数罪并罚的规定处罚"；将"情节特别严重的，处无期徒刑或者死刑"改为"处十年以上有期徒刑或者无期徒刑，并处没收财产"，取消了对本罪处死刑的规定。

2. 刑法规定修改的原因

我国1979年刑法没有组织卖淫罪的规定，因为当时这种行为不多。改革开放以来，组织卖淫行为开始猖獗，1991年全国人大常委会在《关于严禁卖淫嫖娼的决定》中增加了这种犯罪并规定了处严重的刑罚，最高可处死刑。1997年修订刑法对该决定进行了修改，将"造成被强迫卖淫的人重伤、死亡或者其他严重后果的"改为加重法定刑情节，最高可处死刑。该定罪不准确，且处刑较重，不能准确惩罚组织卖淫犯罪。2015年8月29日，《刑法修正案（九）》在刑法第358条中改为"犯前款罪，并有杀害、伤害、强奸、绑架等犯罪行为，依照数罪并罚的规定处罚"；取消了对本罪处死刑的规定，使对本罪的处罚更准确。

3. 组织卖淫罪的适用

组织卖淫罪是《刑法修正案（九）》对刑法第358条补充的犯罪，要准确适用就必须弄清该罪的概念、特征、法定刑，以及适用时应注意的问题。

（1）组织卖淫罪的概念。该罪是指以招募、雇佣、引诱、容留等手段，组织他人卖淫的行为。

卖淫和嫖娼是一种有伤风化、严重败坏社会道德风尚，妨害婚姻家庭和社会治安秩序的行为，我国依法取缔了卖淫嫖娼行为。以招募、雇佣、引诱、容留等手段组织他人进行买淫嫖娼活动，其社会危害性更严重。近些年来，组织卖淫活动更为突出，有些人组成团伙，带有黑会性质。有的以开设旅馆、饭店、咖啡厅、歌舞厅、卡拉OK厅作掩护进行卖淫嫖娼话动，甚至将上述场所办成专门从事卖淫嫖娼活动的"妓女院"、"淫窝"，给社会治安秩序造成恶劣影响，这是一种严重危害社会的行为。我国刑法将组织他人卖淫的行为规定为犯罪，最高处无期徒刑，并处罚金或者没收财产。

（2）组织卖淫罪的构成特征。根据刑法第358条规定，该罪的构成特征是：

①犯罪主体，是一般主体，达到法定年龄具有刑事责任能力的实施了组织他人卖淫犯罪行为的自然人。本罪法定年龄是年满 16 周岁以上的人。犯罪主体在主观上是故意的，一般都有谋利的目的。

②犯罪行为，必须是实施了组织他人卖淫犯罪行为。根据 2008 年 6 月 25 日最高人民检察院、公安机关《关于公安机关管辖的刑事案件立案追诉标准的规定（一）》第 75 条规定，以招募、雇佣、强迫、引诱、容留等手段，组织他人卖淫的，应予立案追诉。

③犯罪结果，是行为犯，只要实施了组织他人卖淫行为就可以构成犯罪。

（3）组织卖淫罪的法定刑。根据刑法第 358 条规定，该罪的法定刑是：

①构成本罪的，处 5 年以上 10 年以下有期徒刑，并处罚金。

②情节严重的，处 10 年以上有期徒刑或者无期徒刑，并处罚金或者没收财产。

组织、强迫未成年人卖淫的，依照前款的规定从重处罚。

（4）认定组织卖淫罪时，应注意的问题：

①注意划清罪与非罪的界限。

从犯罪主体上区分。本罪主体是年满 16 周岁以上的自然人，不满 16 周岁的人，不能构成本罪。本罪是故意犯罪，过失行为人不能构成本罪。例如，某酒店店主疏于管理，有些住宿旅客之间进行卖淫嫖娼，店主确实不明知，该店主不构成本罪。

从犯罪行为上区分。本罪必须是组织他人卖淫行为才能构成犯罪，如果行为人自己卖淫，并且与多人实行过卖淫行为的，不构成本罪。

从犯罪结果上区分。本罪是行为犯，原则上只要实施了组织卖他人淫行为的就可以构成犯罪，但情节显著轻微，危害不大的，依照刑法第 13 条犯罪定义的规定，不认为是犯罪。

②在认定本罪时，要注意对一罪和数罪的认定。行为人为在实施组织他人卖淫犯罪行为时并有杀害、伤害、强奸、绑架等犯罪行为的，要分别定为相应的犯罪，与本罪依照数罪并罚的规定处罚。

③注意认定本罪与强迫卖淫罪、协助组织卖淫罪的界限。上述三种犯罪规定在一个条文中，但犯罪行为不同。本罪是组织他人卖淫的行为；强迫卖淫罪是以暴力、胁迫等手段强迫他人卖淫的行为；协助组织卖淫罪的行为是，以招募、运送人员或者有其他协助组织他人卖淫行为。由于犯罪行为不同，将三罪区别开来，分别认定为三种不同犯罪。如果行为人既组织他人卖淫，又强迫他人卖淫，同时还招募、运送他人卖淫的，只认定为组织卖淫罪。

(三十六)强迫卖淫罪

强迫卖淫罪是《刑法修正案(九)》第42条对刑法第358条补充的犯罪。1997年最高人民法院、最高人民检察院《关于执行〈中华人民共和国刑法〉确定罪名的规定》中规定为本罪名。

1. 刑法规定内容的修改

刑法条文中有关强迫卖淫罪的规定有:

(1) 1979年刑法第140条规定,"强迫妇女卖淫的,处三年以上十年以下有期徒刑"。

(2) 1997年刑法第358条规定:"组织他人卖淫或者强迫他人卖淫的,处五年以上十年以下有期徒刑,并处罚金;有下列情形之一的,处十年以上有期徒刑或者无期徒刑,并处罚金或者没收财产:(一)组织他人卖淫,情节严重的;(二)强迫不满十四周岁的幼女卖淫的;(三)强迫多人卖淫或者多次强迫他人卖淫的;(四)强奸后迫使卖淫的;(五)造成被强迫卖淫的人重伤、死亡或者其他严重后果的。

"有前款所列情形之一,情节特别严重的,处无期徒刑或者死刑,并处没收财产。

"为组织卖淫的人招募、运送人员或者有其他协助组织他人卖淫行为的,处五年以下有期徒刑,并处罚金;情节严重的,处五年以上十年以下有期徒刑,并处罚金。

(3) 2015年8月29日《刑法修正案(九)》第42条将刑法第358条修改为:"组织、强迫他人卖淫的,处五年以上十年以下有期徒刑,并处罚金;情节严重的,处十年以上有期徒刑或者无期徒刑,并处罚金或者没收财产。

"组织、强迫未成年人卖淫的,依照前款的规定从重处罚。

"犯前两款罪,并有杀害、伤害、强奸、绑架等犯罪行为的,依照数罪并罚的规定处罚。"

上述1997年刑法对全国人大常委会的《关于严禁卖淫嫖娼的决定》规定的卖淫嫖娼罪的罪状和法定刑作了修改:一是将组织卖淫罪与强迫卖淫罪合并规定在一个条文中适用同一的法定刑;二是删去了罚金具体数额规定,改为原则规定"处罚金或者没收财产"。

上述《刑法修正案(九)》在刑法第358条中,将"造成被强迫卖淫的人重伤、死亡或者其他严重后果的"作为加重法定刑情节,改为"犯前款罪,并有杀害、伤害、强奸、绑架等犯罪行为的,依照数罪并罚的规定处罚";将"情节特别严重的,处无期徒刑或者死刑"改为"处十年以上有期徒刑或者无期徒刑，并处没收财产"，取消了对本罪处死刑的规定。

2. 刑法规定修改的原因

我国1979年刑法第140条中规定有强迫妇女卖淫罪的行为，但在当时这种犯罪行为不多。改革开放以来，强迫他人卖淫行为开始猖獗，特别是一些私人企业，为获取非法利益，强迫其属下女职工卖淫与对方经理发生性关系。1991年全国人大常委会在《关于严禁卖淫嫖娼的决定》中增加了这种犯罪并规定了处严厉的刑罚，最高可处死刑。1997年修订刑法对该决定进行了修改，将"造成被强迫卖淫的人重伤、死亡或者其他严重后果的"作为处重法定刑情节，最高可处死刑，其定罪不准确，并处刑较重，不能准确惩罚强迫卖淫犯罪。2015年8月29日《刑法修正案（九）》在刑法第358条中改为"犯前款罪，并有杀害、伤害、强奸、绑架等犯罪行为，依照数所罪并罚的规定处罚"；取消了对本罪处死刑的规定，使对本罪的处罚更准确。

3. 强迫卖淫罪的适用

强迫卖淫罪是《刑法修正案（九）》对刑法第358条补充的犯罪，要准确适用就必须弄清该罪的概念、特征、法定刑，以及适用时应注意的问题。

（1）强迫卖淫罪的概念。该罪是指以暴力、胁迫、虐待或者其他手段迫使他人卖淫的行为。

强迫他人卖淫是一种有伤风化、严重败坏社会道德风尚，妨害婚姻家庭和社会治安秩序和严重侵犯人身权利的行为，我国早就依法取缔了卖淫嫖娼行为，不允许强迫他人卖淫，以招募、雇佣、引诱、容留、强迫等手段组织、强迫他人进行卖淫嫖娼活动的社会危害性更严重。近些年来，组织、强迫他人卖淫活动更为突出，他们有些人组成团伙，带有黑会性质。有的以开设旅馆、饭店、咖啡厅、歌舞厅、卡拉OK厅作掩护，进行大量的卖淫嫖娼活动，甚至强迫他人进行卖淫嫖娼活动，严重侵犯妇女的人身权利，破坏了和睦家庭关系，给社会治安秩序造成恶劣影响，这是一种严重危害社会的行为。我国刑法将强迫他人卖淫的行为规定为犯罪，最高处无期徒刑，并处罚金或者没收财产。

（2）强迫卖淫罪的构成特征。根据刑法第358条规定，该罪的构成特征是：

①犯罪主体，是一般主体，达到法定年龄具有刑事责任能力的实施了强迫他人卖淫犯罪行为的自然人。本罪法定年龄是年满16周岁以上的人，一般是指与卖淫者有一定关系的人，如有隶属关系、亲属关系、欠债关系等。丈夫强迫妻子、父母强迫儿女、领导强迫属下、债权人强迫债务人等。犯罪主体在主观上是故意的。一般都有谋取财物的目的，不是谋利的目的，也可以构成

本罪。

②犯罪行为,必须是实施了强迫他人卖淫犯罪行为。以暴力、胁迫、虐待或者其他手段迫使他人卖淫的行为,即在违背卖淫者意愿的情况下,进行卖淫的行为,无论行为人采取何种强制手段,也无论是处于何种目的,也无论卖淫人是否有卖淫恶习,只要是违背卖淫者的意愿,实施了强迫他人卖淫的行为就构成本罪犯罪行为。如果行为人实施了暴力、胁迫等方法强迫他人卖淫,但他人没有实施卖淫行为,对强迫者也构成犯罪,可按犯罪未遂处罚。根据2001年1月28日公安部《关于同性之间以钱财为媒介的性行为定性处理的问题的批复》规定,不特定的异性之间或者同性之间以金钱、财物为媒介发生不正当性关系的行为,包括口淫、手淫、鸡奸等行为,都属于卖淫嫖娼行为,对行为人应当依法处理。

③犯罪结果,是行为犯,只要实施了强迫他人卖淫行为就可以构成犯罪,无论他人是否实施了卖淫行为。

(3) 强迫卖淫罪的法定刑。根据刑法第358条规定,该罪的法定刑是:

①构成本罪的,处5年以上10年以下有期徒刑,并处罚金。

②情节严重的,处10年以上有期徒刑或者无期徒刑,并处罚金或者没收财产。

强迫未成年人卖淫的,依照前款的规定从重处罚。

(4) 认定强迫卖淫罪时,应注意的问题:

①注意划清罪与非罪的界限。

从犯罪主体上区分。本罪主体是年满16周岁以上的自然人,不满16周岁的人,不能构成本罪。本罪是故意犯罪,过失行为人不能构成本罪。

从犯罪行为上区分。本罪必须是实施了强迫他人卖淫行为才能构成犯罪,如果卖淫者出于自愿卖淫,行为人只是实施了介绍、劝说的行为,而没有实施暴力、胁迫的强迫行为,不能构成本罪。

从犯罪结果上区分。本罪是行为犯,原则上只要施了强迫卖淫行为就可以构成犯罪,但情节显著轻微,危害不大的,依照刑法第13条犯罪定义的规定,不认为是犯罪。

②在认定本罪时,要注意对一罪和数罪的认定。行为人在实施强迫他人卖淫犯罪行为时并有杀害、伤害、强奸、绑架等犯罪行为的,要分别定为相应的犯罪,与本罪依照数罪并罚的规定处罚。

③注意认定本罪与强奸罪、协助组织卖淫罪的界限。上述三种犯罪在犯罪行为上有些相似之处,但犯罪行为和犯罪对象都不同。本罪是强迫他人卖淫的行为,而犯罪者本人没有施行强奸行为。如果行为人实施了强奸行为后,又实

施了强迫该妇女进行卖淫的，应分别认定为强奸罪和强迫卖淫罪数罪并罚。如果行为人是以强迫他人卖淫的方法协助组织卖淫的，则构成本罪。应按特别规定优先定罪处罚的原则，优先定为本罪，因为刑法对强迫卖淫行为作了专门规定，不能再认定为协助组织卖淫罪。

（三十七）贪污罪

贪污罪是《刑法修正案（九）》第44条对刑法第383条补充规定的犯罪。1997年最高人民法院、最高人民检察院《关于执行〈中华人民共和国刑法〉确定罪名的规定》中规定为本罪名。

1. 刑法规定内容的修改

刑法条文中有关贪污罪的规定有：

（1）1979年刑法第155条规定："国家工作人员利用职务上的便利，贪污公共财物的，处五年以下有期徒刑或者拘役；数额巨大，情节严重的，处五年以上有期徒刑；情节特别严重的，处无期徒刑或者死刑。

"犯前款罪的，并处没收财产，或者责令退赔。

"受国家机关、企业、事业单位、人民团体委托从事公务的人员犯第一款罪的，依照前两款的规定处罚。"

（2）1997年刑法第382条规定："国家工作人员利用职务上的便利，侵吞、窃取、骗取或者以其他手段非法占有公共财物的，是贪污罪。

"受国家机关、国有公司、企业、事业单位、人民团体委托管理、经营国有财产的人员，利用职务上的便利，侵吞、窃取、骗取或者以其他手段非法占有国有财物的，以贪污论。

"与前两款所列人员勾结，伙同贪污的，以共犯论处。"

1997年刑法第383条规定，"对犯贪污罪的，根据情节轻重，分别依照下列规定处罚：（一）个人贪污数额在十万元以上的，处十年以上有期徒刑或者无期徒刑，可以并处没收财产；情节特别严重的，处死刑，并处没收财产。（二）个人贪污数额在五万元以上不满十万元的，处五年以上有期徒刑，可以并处没收财产；情节特别严重的，处无期徒刑，并处没收财产。（三）个人贪污数额在五千元以上不满五万元的，处一年以上七年以下有期徒刑；情节严重的，处七年以上十年以下有期徒刑。个人贪污数额在五千元以上不满一万元，犯罪后有悔改表现、积极退赃的，可以减轻处罚或者免予刑事处罚，由其所在单位或者上级主管机关给予行政处分。（四）个人贪污数额不满五千元，情节较重的，处二年以下有期徒刑或者拘役；情节较轻的，由其所在单位或者上级主管机关酌情给予行政处分。""对多次贪污未经处理的，按照累计贪污数额处罚"。

(3) 2015年8月29日《刑法修正案（九）》第44条将刑法第383条修改为："对犯贪污罪的，根据情节轻重，分别依照下列规定处罚：（一）贪污数额较大或者有其他较重情节的，处三年以下有期徒刑或者拘役，并处罚金。（二）贪污数额巨大或者有其他严重情节的，处三年以上十年以下有期徒刑，并处罚金或者没收财产。（三）贪污数额特别巨大或者有其他特别严重情节的，处十年以上有期徒刑或者无期徒刑，并处罚金或者没收财产；数额特别巨大，并使国家和人民利益遭受特别重大损失的，处无期徒刑或者死刑，并处没收财产。

"对多次贪污未经处理的，按照累计贪污数额处罚。

"犯第一款罪，在提起公诉前如实供述自己罪行、真诚悔罪、积极退赃，避免、减少损害结果的发生，有第一项规定情形的，可以从轻、减轻或者免除处罚；有第二项、第三项规定情形的，可以从轻处罚。

"犯第一款罪，有第三项规定情形被判处死刑缓期执行的，人民法院根据犯罪情节等情况可以同时决定在其死刑缓期执行二年期满依法减为无期徒刑后，终身监禁，不得减刑、假释。"

上述1997年刑法对1979年刑法规定的贪污罪作了重大修改，不但增加规定了详细的贪污罪的概念，还将"受国家机关、国有公司、企业、事业单位、人民团体委托管理、经营国有财产的人员，利用职务上的便利，侵吞、窃取、骗取或者以其他手段非法占有国有财物的，以贪污论"和"与前两款所列人员勾结，伙同贪污的，以共犯论处"，同时单设刑法第383条规定贪污罪的法定刑，明确了贪污罪处刑轻重是以贪污财物数额多少和情节严重程度两个标准，最低处刑标准是"个人贪污数额不满五千元，情节较重的，处二年以下有期徒刑或者拘役"；最高处刑标准是"个人贪污数额在十万元以上的，处十年以上有期徒刑或者无期徒刑，可以并处没收财产；情节特别严重的，处死刑，并处没收财产。"

上述《刑法修正案（九）》将刑法第383条规定的贪污罪的法定刑又修改为"（一）贪污数额较大或者有其他较重情节的，处三年以下有期徒刑或者拘役，并处罚金。（二）贪污数额巨大或者有其他严重情节的，处三年以上十年以下有期徒刑，并处罚金或者没收财产。（三）贪污数额特别巨大或者有其他特别严重情节的，处十年以上有期徒刑或者无期徒刑，并处罚金或者没收财产；数额特别巨大，并使国家和人民利益遭受特别重大损失的，处无期徒刑或者死刑，并处没收财产"。《刑法修正案（九）》将贪污罪处刑的具体数额标准都改为抽象的"数额较大"、"数额巨大"、"数额特别巨大"，将贪污罪处刑情节修改为"情节较重"、"情节严重"、"情节特别严重"、"特别重大损失",法定刑中全都增加了罚金、没收财产等财产刑。这些都有待最高人民检察院、最高人民法院司法解释,才能适用。同时还特别增加规定,"犯第一款罪,有第三项规定情形被判处死刑缓期执行的,人民法院根据犯罪情节等情况可以同时决定在其死刑缓期执行二年期满依法减为无期徒刑后,终身监禁,不得减刑、假释",在死刑缓期执行中,增加终身监禁的执行方法。

2. 刑法规定修改的原因

贪污罪是非常古老的犯罪,古今中外刑法中都规定有贪污犯罪行为,但罪名不同,我国《唐律》中规定为"监守自盗罪",有些国家法律中称为"侵占罪"或者"贿赂罪"等。我国1952年4月28日颁布的《惩治贪污条例》中规定为贪污罪,该条例第2条规定,"一切国家机关、企业、学校及其附属机构的工作人员,凡侵吞、盗窃、骗取、套取国家财物,强夺他人财物、收受贿赂以及其他假公济私违法取利之行为,均为贪污罪"。第3条规定,"犯贪污罪者,依其情节轻重,按下列规定,分别惩治:(1)个人贪污的数额,在人民币1亿元以上者,判处10年以上有期徒刑或者无期徒刑;其情节特别严重者,判处死刑。(2)个人贪污的数额,在人民币5000万元以上不满1亿元者,判处5年以上10年以下徒刑。(3)个人贪污数额,在人民币1000万元以上不满5000万元者,判处1年以上5年以下徒刑,或1年至4年的劳役,或1年至2年的管制。(4)个人贪污数额,不满人民币1000万元者,判处1年以下的徒刑、劳役或管制;或免刑予以开除、撤职、降职、降级、记过或警告的行政处分"。集体贪污,按各人所得数额及情节,分别惩治。贪污所得的财物,应予返缴;其罪行特别严重者,并应没收其财产之一部分或全部。其第4条中规定了11项从重或加重处罚的情形。其第5条中规定了4项得以从轻或者减轻处刑,或缓刑,或免刑予以行政处分的情形。该条例对以后刑法对贪污罪的规定奠定了基础。我国1979年刑法将贪污罪规定在侵犯财产罪中,该刑法第155中规定,贪污罪是指国家工作人员利用职务上的便利,贪污公共财物的行为,其法定刑是处5年以下有期徒刑或者拘役;数额巨大,情节严重的,处五年以上有期徒刑;情节特别严重的,处无期徒刑或者死刑。该规定中没有单独规定贪污具体量刑数额标准。在司法实践中,由于刑法中对贪污罪的量刑数额和情节标准规定得笼统,出现定罪量刑不均衡现象。1988年1月21日全国人大常委会颁布了《关于惩治贪污罪贿赂罪的补充规定》,对贪污罪的概念、法定刑、定罪处罚的数额标准、情节情形都作了具体规定。该补充规定第1条规定,国家工作人员、集体经济组织工作人员或者其他经手、管理公共财物的人员,利用职务上的便利,侵吞、盗窃、骗取或者以其他手段非法占有公共财物的,是贪污罪。与国家工作人员、集体经济组织工作人员或者其他经手、管理公共财物的人员勾结,伙同贪污的,以共犯论处。第2条规定,对犯贪污罪的,根据情节轻重,分别依照下列规定处罚:(1)个人贪污数额5万元以上的,处10年以上有期徒刑或者无期徒刑,可以并处没收财产;情节特别严重的,处死刑,并处没收财产。(2)个人贪污数额在1万元以上不满5万元的,处5年以上有徒刑,可以并处没收财产;情节特别严重的,处无期徒刑,并处没收财产。(3)个人贪污数额在2000元以上不满1万元的,处1年以上7年以下有期徒刑;情节特别严重的,处7年以上10年以下有期徒刑。个人贪污数额在2000元以下不满5000元,犯罪后自首、立功或者有悔改表现、积极退赃的,可以减轻处罚,或者免予刑事处罚,由其所在单位或者上级主管机关给予行政处分。(4)个人贪污数额不满2000元,情节较重,处2年以下有期徒刑或者拘役;情节较轻的,由其所在单位或者上级主管机关给予行政处分。二人以上共同贪污的,按照个人所得数额及其在犯罪中的作用,分别处罚。对贪污集团的首要分子,按照集团贪污的总数额处罚;对其他共用同贪污犯罪中的主犯、情节严重的,按照共同贪污总数额处罚。对多次贪污未经处理的,按照累计贪污数额处罚。1997年修订刑法对补充规定又作了两点重要修改:(1)将贪污罪的主体适当缩小,删去了集体经济组织工作人员。将经手、管理公共财物的人员主体改为"受委托管理、经营国有财物的人员"。国家工作人员的范围也缩小,即非国有公司、企业、事业单位、社会团体中从事公务的人员,不再构成贪污罪的主体。(2)对贪污罪处罚的数额标准适当提高,即将最低处刑数额标准由2000元提高到5000元;将最高处刑数额标准由5万元提高到10万元。由于上述规定的贪污罪量刑数额标准已过时,不能与当前物价水平相适应,使判处死刑的数额标准过低,出现了量刑不均衡,惩罚不合理的情况。很多司法机关和社会人士提出要修改贪污罪量刑的数额标准和对犯贪污罪给予财产刑处罚,以惩罚犯贪污罪的人的贪利思想。2015年《刑法修正案(九)》又将刑法第283条规定的贪污犯罪处刑具体数额标准全部改为抽象的"数额较大"、"数额巨大"、"数额特别巨大"和将贪污情节修改为"情节较重"、"情节严重"、"情节特别严重"、"特别重大损失"的标准,在法定刑中全都增加了罚金或者没收财产的规定。上述规定将由最高人民法院、最高人民检察院根据社会经济发展情况和物价水平,作出司法解释,依照司法解释定罪处罚,以便更公平合理和适时惩罚贪污罪。

3. 贪污罪的适用

贪污罪是《刑法修正案(九)》对刑法第383条规定的贪污罪法定刑修改补充的犯罪,要准确适用就必须弄清该罪的概念、特征、法定刑,以及适用时应注意的问题。

(1) 贪污罪的概念。该罪是指国家工作人员利用职务上的便利，侵吞、窃取、骗取或者以其他手段非法占有公共财物的行为。

根据刑法第 382 条第 2 款规定，受国家机关、国有公司、企业、事业单位、人民团体委托管理、经营国有财产的人员，利用职务上的便利，侵吞、窃取、骗取或者以其他手段非法占有国有财物的，以贪污论。第 3 款规定，与前两款所列人员勾结，伙同贪污的，以共犯论处。

根据刑法第 183 条第 2 款规定，国有保险公司工作人员和国有保险公司委派到非国有保险公司从事公务的人员利用职务上的便利，故意编造未曾发生的保险事故进行虚假理赔，骗取保险金归自己所有的，以贪污罪追究刑事责任。

根据刑法第 271 条第 2 款规定，国有公司、企业或者其他国有单位中从事公务的人员和国有公司、企业或者其他国有单位委派到非国有公司、企业以及其他单位从事公务的人员将本单位财物非法占为己有，数额较大的，以贪污罪追究刑事责任。

根据刑法第 394 条规定，国家工作人员在国内公务活动或者对外交往中接受礼物，依照国家规定应当交公而不交公，数额较大的，以贪污罪追究刑事责任。

贪污罪是一种社会危害性很大的犯罪，党和国家十分重视同贪污犯罪行为作斗争。新中国成立初期，就在全国范围内开展了反贪污、反浪费、反官僚主义的斗争。1952 年《惩治贪污条例》中规定贪污罪最高处死刑，没收其财产一部分或全部。1979 年刑法中规定，犯贪污罪，情节特别严重的处无期徒刑或者死刑，并处没收财产。1988 年全国人大常委会《关于惩治贪污罪贿赂罪的补充规定》对贪污罪的定义、法定刑、量刑数额、情节标准作了具体规定，1997 年刑法在补充规定的基础之上又作了修改和补充。规定犯贪污罪的，最高处死刑，并处没收财产。2015 年《刑法修正案（九）》又对贪污罪的法定刑及量刑数额、情节标准作了修改。在法定刑中全都增加了罚金或者没收财产的刑罚，将量刑的具体数额、情节标准改为抽象的"数额较大"、"数额巨大"、"数额特别巨大"、"情节较重"、"情节严重"、"情节特别严重"、"特别重大损失"，取消了具体数额的规定，由司法解释根据不同时期作出具体规定。我国司法机关依据上述刑法规定，惩治了一大批贪污犯罪者，确保了国家工作人员的职责廉洁性和国家政治、经济顺利发展。

(2) 贪污罪的构成特征。根据刑法第 382 条、第 383 条规定，该罪的构成特征是：

①犯罪主体，是特殊主体，即必须是国家工作人员。根据刑法第 93 条规

定，本法所称国家工作人员，是指国家机关中从事公务的人员。国有公司、企业、事业单位、人民团体中从事公务的人员和国家机关、国有公司、企业、事业单位委派到非国有公司、企业、事业单位、社会团体从事公务的人员，以及其他依照法律从事公务的人员，以国家工作人员论。另外，受国家机关、国有公司、企业、事业单位、人民团体委托管理、经营国有财产的人员，即因承包、租赁、聘用等而管理、经营国有财产的人员也可以构成贪污罪的主体。犯罪主体在主观上是故意的。有非法占有公共财物的目的，不具有国家工作人员身份的人与国家工作人员相勾结，伙同贪污的，可以构成贪污罪的共犯。

②犯罪行为，必须是实施了利用职务上的便利，侵吞、窃取、骗取或者以其他手段非法占有公共财物的行为。利用职务之便是指利用职务主管、管理、经手公共财物的权利及方便条件进行侵吞、窃取、骗取公共财物等行为，才构成贪污犯罪行为。贪污犯罪行为的对象是公共财物，包括：国有财产、劳动群众集体所有的财产，用于扶贫和其他公益事业的社会捐助或者专项基金的财产，在国家机关、国有公司、企业、集体企业和人民团体管理、使用或者运输中的私人财产，以公共财产论。根据刑法特别规定，国有公司、企业或者其他国有单位委派到非国有公司、企业以及其他单位从事公务的人员侵占本单位财物，包括私人财物的，也可以构成贪污行为的对象。

③犯罪结果，是结果犯，包括贪污数额结果和情节结果，只有实施了贪污行为达到数额较大或者有其他较重情节结果的，才可以构成犯罪。

（3）贪污罪的法定刑。根据刑法第383条规定，对犯贪污罪的，根据情节轻重，分别依照下列规定处罚：

①贪污数额较大或者有其他较重情节的，处3年以下有期徒刑或者拘役，并处罚金。

根据2016年4月18日起施行的最高人民法院、最高人民检察院《关于办理贪污贿赂刑事案件适用法律若干问题的解释》第1条规定："贪污或者受贿数额在三万元以上不满二十万元的，应当认定为刑法第三百八十三条第一款规定的'数额较大'，依法判处三年以下有期徒刑或者拘役，并处罚金。

"贪污数额在一万元以上不满三万元，具有下列情形之一的，应当认定为刑法第三百八十三条第一款规定的'其他较重情节'，依法判处三年以下有期徒刑或者拘役，并处罚金：（一）贪污救灾、抢险、防汛、优抚、扶贫、移民、救济、防疫、社会捐助等特定款物的；（二）曾因贪污、受贿、挪用公款受过党纪、行政处分的；（三）曾因故意犯罪受过刑事追究的；（四）赃款赃物用于非法活动的；（五）拒不交待赃款赃物去向或者拒不配合追缴工作，致使无法追缴的；（六）造成恶劣影响或者其他严重后果的。"

②贪污数额巨大或者有其他严重情节的,处 3 年以上 10 年以下有期徒刑,并处罚金或者没收财产。

根据 2016 年 4 月 18 日起施行的最高人民法院、最高人民检察院《关于办理贪污贿赂刑事案件适用法律若干问题的解释》第 2 条规定:"贪污或者受贿数额在二十万元以上不满三百万元的,应当认定为刑法第三百八十三条第一款规定的'数额巨大',依法判处三年以上十年以下有期徒刑,并处罚金或者没收财产。

"贪污数额在十万元以上不满二十万元,具有本解释第一条第二款规定的情形之一的,应当认定为刑法第三百八十三条第一款规定的'其他严重情节',依法判处三年以上十年以下有期徒刑,并处罚金或者没收财产。"

③贪污数额特别巨大或者有其他特别严重情节的,处十年以上有期徒刑或者无期徒刑,并处罚金或者没收财产;数额特别巨大,并使国家和人民利益遭受特别重大损失的,处无期徒刑或者死刑,并处没收财产。

根据 2016 年 4 月 18 日起施行的最高人民法院、最高人民检察院《关于办理贪污贿赂刑事案件适用法律若干问题的解释》第 3 条规定:"贪污或者受贿数额在三百万元以上的,应当认定为刑法第三百八十三条第一款规定的'数额特别巨大',依法判处十年以上有期徒刑、无期徒刑或者死刑,并处罚金或者没收财产。

"贪污数额在一百五十万元以上不满三百万元,具有本解释第一条第二款规定的情形之一的,应当认定为刑法第三百八十三条第一款规定的'其他特别严重情节',依法判处十年以上有期徒刑、无期徒刑或者死刑,并处罚金或者没收财产。"

上述司法解释第 4 条规定:"贪污、受贿数额特别巨大,犯罪情节特别严重、社会影响特别恶劣、给国家和人民利益造成特别重大损失的,可以判处死刑。

"符合前款规定的情形,但具有自首,立功,如实供述自己罪行、真诚悔罪、积极退赃,或者避免、减少损害结果的发生等情节,不是必须立即执行的,可以判处死刑缓期二年执行。

"符合第一款规定情形的,根据犯罪情节等情况可以判处死刑缓期二年执行,同时裁判决定在其死刑缓期执行二年期满依法减为无期徒刑后,终身监禁,不得减刑、假释。"

上述司法解释第 18 条规定,"贪污贿赂犯罪分子违法所得的一切财物,应当依照刑法第六十四条的规定予以追缴或者责令退赔,对被害人的合法财产应当及时返还。对尚未追缴到案或者尚未足额退赔的违法所得,应当继续追缴或者责令退赔"。

上述司法释第19条规定,"对贪污罪、受贿罪判处三年以下有期徒刑或者拘役的,应当并处十万元以上五十万元以下的罚金;判处三年以上十年以下有期徒刑的,应当并处二十万元以上犯罪数额二倍以下的罚金或者没收财产;判处十年以上有期徒刑或者无期徒刑的,应当并处五十万元以上犯罪数额二倍以下的罚金或者没收财产。对刑法规定并处罚金的其他贪污贿赂犯罪,应当在十万元以上犯罪数额二倍以下判处罚金"。

上述司法解释第16条规定,"国家工作人员出于贪污、受贿的故意,非法占有公共财物、收受他人财物之后,将赃款赃物用于单位公务支出或者社会捐赠的,不影响贪污罪、受贿罪的认定,但量刑时可以酌情考虑"。

刑法第383条第2款规定,"对多次贪污未经处理的,按照累计贪污数额处罚"。第3款规定,"犯第一款罪,在提起公诉前如实供述自己罪行、真诚悔罪、积极退赃,避免、减少损害结果的发生,有第一项规定情形的,可以从轻、减轻或者免除处罚;有第二项、第三项规定情形的,可以从轻处罚"。第4款规定,"犯第一款罪,有第三项规定情形被判处死刑缓期执行的,人民法院根据犯罪情节等情况可以同时决定在其死刑缓期执行二年期满依法减为无期徒刑后,终身监禁,不得减刑、假释"。

根据最高人民法院2015年11月1日起施行的《关于〈中华人民共和国刑法修正案(九)〉时间效力问题的解释》第8条规定,对于2015年10月31日以前实施贪污、受贿行为,罪行极其严重,根据修正前刑法判处死刑缓期执行不能体现罪刑相适应原则,而根据修正后刑法判处死刑缓期执行同时决定在其死刑缓期执行二年期满依法减为无期徒刑后,终身监禁,不得减刑、假释可以罚当其罪的,适用修正后刑法第383条第4款的规定。根据修正前刑法判处死刑缓期执行足以罚当其罪的,不适用刑法第383条第4款的规定。

(4) 认定贪污罪时,应注意的问题:

①注意划清罪与非罪的界限。

从犯罪主体上区分。本罪主体是特殊主体,必须是国家工作人员才能构成本罪,非国家工作人员不能构成本罪。非国家工作人员,受国家机关委托,代表国家机关行使职权时有贪污行为时,可以构成贪污罪,例如,农村生产队的人员代表国家发放国家征地补偿款时,贪污该款的行为,依法构成贪污罪。如果生产队的干部贪污生产队的集体款就不构成本罪。本罪是故意犯罪,过失行为人不能构成本罪,国家机关的会计作错账、错款,使国家财产受到损失的行为,由于主观上是过失的,不能构成本罪。

从犯罪行为上区分。本罪必须是实施了利用职务上的便利,侵吞、窃取、骗取或者以其他手段非法占有公共财物的贪污行为,如果行为人接受一般礼物的行为,不构成犯罪。接受一般礼物是人情往来的行为不是贪污行为。根据我国《关于对党和国家机关工作人员在国内交往中收受的礼物实行登记制度的规定》和《关于在对外公务活动中的赠送和接受礼品的规定的通知》要求,国家机关工作人员在对内外交往活动中接受礼物价值200元以下的,归接受礼物者个人使用,接受礼物200元以上的应当自接受之日起一个月以内交公。一般接受礼物价值5000元以上应交公不交公的,可以构成贪污罪,而接受礼物在200元以上不满5000元不交公的,则属于一般接受礼物不交公的行为,不构成犯罪,可以给予行政、纪律处罚。

从犯罪结果上区分。本罪是结果犯,必须是贪污数额较大或者有其他较重情节的才构成犯罪,如果贪污数额没有达到数额较大,也没有其他情节较重的情形的,是一般贪污行为,一般贪污行为不构成犯罪,由其所在单位或者上级主管机关酌情给予行政、纪律处分。

②注意划清贪污罪与盗窃罪、诈骗罪、侵占罪的界限。上述犯罪都有侵占财物的目的,其犯罪行为也相似,只是犯罪手段不同。贪污罪的犯罪手段是利用职务之便侵吞、窃取、骗取公共财物的行为。如果行为人有职务而没有利用职之便,而是用其他手段进行盗窃、骗取、侵占公私财产行为,只能认定为盗窃罪、诈骗罪、侵占罪等,其区别的关键是是否利用职务之便进行上述犯罪行为。

③注意划清贪污罪与职务侵占罪的界限。贪污罪与职务侵占罪都是利用职务之便侵吞公共财物的行为,在认定二罪时容易混淆,例如,国家机关中的汽车司机在外出修汽车时,故意多报销汽车修理费占为己有的行为是认定为贪污罪还是侵占罪有不同意见。二罪的根本区别是犯罪主体不同,贪污罪的主体是国家工作人员,职务侵占罪的主体是公司、企业或者其他单位的工作人员。上述国家机关中的汽车司机如果具有国家工作人员身份的,其多报销汽车修理费,则是贪污犯罪;如果该司机不具有国家机关工作人员身份的,只能认定为职务侵占罪。

④注意划清贪污罪与私分国有资产罪、私分罚没财物罪的界限。上述三罪在犯罪主体、犯罪主观罪过和犯罪对象都相同,其犯罪的主要区分点是犯罪行为方式不同。贪污罪是实施了利用职务上的便利,侵吞、窃取、骗取或者以其他手段非法占有公共财物的行为,而私分国有资产罪、私分罚财物罪是违反国家规定,以单位的名义将国有资产、罚没财物集体私分给个人的行为。由于犯罪行为不同将贪污罪与私分国有资产罪、私分罚没财物罪区分开来。

(三十八) 受贿罪

受贿罪是《刑法修正案(九)》第 44 条对刑法第 383 条补充的犯罪。1997 年最高人民法院、最高人民检察院《关于执行〈中华人民共和国刑法〉确定罪名的规定》中规定为本罪名。

1. 刑法规定内容的修改

刑法条文中有关受贿罪的规定有:

(1) 1979 年刑法第 185 条规定:"国家工作人员利用职务上的便利,收受贿赂的,处五年以下有期徒刑或者拘役。赃款、赃物没收,公款、公物追还。

"犯前款罪的,致使国家或者公民利益遭受严重损失的,处五年以上有期徒刑。

"向国家工作人员行贿或者介绍贿赂的,处三年以下有期徒刑或者拘役。"

(2) 1997 年刑法第 385 条规定:"国家工作人员利用职务上的便利,索取他人财物的,或者非法收受他人财物,为他人谋取利益的,是受贿罪。

"国家工作人员在经济往来中,违反国家规定,收受各种名义的回扣、手续费,归个人所有的,以受贿论处。"

1997 年刑法第 386 条规定:"对犯受贿罪的,根据受贿所得数额及情节,依照本法第三百八十三条的规定处罚。索贿的从重处罚。"

1997 年刑法第 383 条规定:"对犯贪污罪的,根据情节轻重,分别依照下列规定处罚:(一)个人贪污数额在十万元以上的,处十年以上有期徒刑或者无期徒刑,可以并处没收财产;情节特别严重的,处死刑,并处没收财产。(二)个人贪污数额在五万元以上不满十万元的,处五年以上有期徒刑,可以并处没收财产;情节特别严重的,处无期徒刑,并处没收财产。(三)个人贪污数额在五千元以上不满五万元的,处一年以上七年以下有期徒刑;情节严重的,处七年以上十年以下有期徒刑。个人贪污数额在五千元以上不满一万元,犯罪后有悔改表现、积极退赃的,可以减轻处罚或者免予刑事处罚,由其所在单位或者上级主管机关给予行政处分。(四)个人贪污数额不满五千元,情节较重的,处二年以下有期徒刑或者拘役;情节较轻的,由其所在单位或者上级主管机关酌情给予行政处分。

"对多次贪污未经处理的,按照累计贪污数额处罚。"

(3) 2015 年 8 月 29 日《刑法修正案(九)》第 44 条将刑法第 383 条修改为:"对犯贪污罪的,根据情节轻重,分别依照下列规定处罚:(一)贪污数额较大或者有其他较重情节的,处三年以下有期徒刑或者拘役,并处罚金。(二)贪污数额巨大或者有其他严重情节的,处三年以上十年以下有期徒刑,并处罚金或者没收财产。(三)贪污数额特别巨大或者有其他特别严重情节的,处十年以上有期徒刑或者无期徒刑,并处罚金或者没收财产;数额特别巨大,并使国家和人民利益遭受特别重大损失的,处无期徒刑或者死刑,并处没收财产。

"对多次贪污未经处理的,按照累计贪污数额处罚。

"犯第一款罪,在提起公诉前如实供述自己罪行、真诚悔罪、积极退赃,避免、减少损害结果的发生,有第一项规定情形的,可以从轻、减轻或者免除处罚;有第二项、第三项规定情形的,可以从轻处罚。

"犯第一款罪,有第三项规定情形被判处死刑缓期执行的,人民法院根据犯罪情节等情况可以同时决定在其死刑缓期执行二年期满依法减为无期徒刑后,终身监禁,不得减刑、假释。"

上述1997年刑法对1979年刑法规定的受贿罪作了重大修改,不但增加规定了详细的受贿罪的概念,还将"国家工作人员在经济往来中,违反国家规定,收受各种名义的回扣、手续费,归个人所有的,以受贿论处",同时单设刑法第386条规定,"对犯受贿罪的,根据受贿所得数额及情节,依照本法第三百八十三条规定的贪污罪的法定刑处罚"。明确了受贿罪处刑轻重是以受贿财物数额和情节程度两个标准,最低处刑标准是"个人受贿数额不满五千元,情节较重的,处二年以下有期徒刑或者拘役";最高处刑标准是"个人受贿数额在十万元以上的,处十年以上有期徒刑或者无期徒刑,可以并处没收财产;情节特别严重的,处死刑,并处没收财产"。

上述《刑法修正案(九)》将刑法第383条规定的受贿罪的法定又修改为"(一)受贿数额较大或者有其他较重情节的,处三年以下有期徒刑或者拘役,并处罚金。(二)受贿数额巨大或者有其他严重情节的,处三年以上十年以下有期徒刑,并处罚金或者没收财产。(三)受贿数额特别巨大或者有其他特别严重情节的,处十年以上有期徒刑或者无期徒刑,并处罚金或者没收财产;数额特别巨大,并使国家和人民利益遭受特别重大损失的,处无期徒刑或者死刑,并处没收财产"。《刑法修正案(九)》将受贿罪处刑的具体数额标准都改为抽象的"数额较大"、"数额巨大"、"数额特别巨大",将受贿罪处刑情节修改为"情节较重"、"情节严重"、"情节特别严重"、"特别重大损失"的情形,法定刑中全都增加了罚金、没收财产等财产刑。这些都有待最高人民检察院、最高人民法院司法解释,才能适用。同时还特别增加规定,"犯第一款罪,有第三项规定情形被判处死刑缓期执行的,人民法院根据犯罪情节等情形可以同时决定在其死刑缓期执行二年期满依法减为无期徒刑后,终身监禁,不得减刑、假释",在死刑缓期执行中,增加终身监禁的执行方法。

2. 刑法规定修改的原因

受贿罪是非常古老的犯罪,古今中外刑法中都规定有受贿犯罪行为,但罪名不同,我国《唐律》中规定为"受人财为请求罪"、"受赃罪"、"坐赃罪"等,有些国家法律中称为"收贿罪"或者"贿赂罪"等。我国1952年4月28日颁布的《中华人民共和国惩治贪污条例》中将受贿犯罪行为规定为贪污罪,该条例第2条规定,"一切国家机关、企业、学校及其附属机构的工作人员,凡侵吞、盗窃、骗取、套取国家财物,强夺他人财物、收受贿赂以及其他假公济私违法取利之行为,均为贪污罪"。第3条规定,"犯贪污罪者,依其情节轻重,按下列规定,分别惩治:(1)个人贪污的数额,在人民币1亿元以上者,判处10年以上有期徒刑或者无期徒刑;其情节特别严重者,判处死刑。(2)个人贪污的数额,在人民币5000万元以上不满1亿元者,判处5年以上10年以下徒刑。(3)个人贪污数额,在人民币1000万元以上不满5000万元者,判处1年以上5年以下徒刑,或1年至4年的劳役,或1年至2年的管制。(4)个人贪污数额,不满人民币1000万元者,判处1年以下的徒刑、劳役或管制;或免刑予以开除、撤职、降职、降级、记过或警告的行政处分"。集体贪污,按各人所得数额及情节,分别惩治。贪污所得的财物,应予追缴;其罪行特别严重者,并得没收其财产之一部或全部。其第4条中规定了11项从重或加重处罚的情形。其第5条中规定了4项得以从轻或者减轻处刑,或缓刑,或免刑予以行政处分的情形。该条例对以后刑法对贪污罪、受贿罪的规定奠定了基础。我国1979年刑法将受贿罪规定在渎职罪中,该刑法第185中规定,受贿罪是指国家工作人员利用职务上的便利,收受贿赂的行为,其法定刑是处5年以下有期徒刑或者拘役;犯前款罪的,致使国家或者公民利益遭受严重损失的,处5年以上有期徒刑。经过一个时期的司法实践,普遍认为对受贿犯罪规定的法定刑较轻,不足以制止受贿犯罪行为。1982年3月8日全国人大常委会《关于严惩经济的犯罪的决定》第1条第(二)项对原刑法第185条规定的受贿罪修改为:"国家工作人员索取、收受贿赂的,比照刑法第155条贪污罪处罚;情节特别严重的,处无期徒刑或者死刑",将受贿罪的法定刑提高到与贪污罪的法定刑相同。1988年1月21日全国人大常委会颁布了《关于惩治贪污罪贿赂罪的补充规定》,对受贿罪的概念、法定刑、定罪处罚的数额标准、情节情形都作了具体规定。该补充规定第4条规定,国家工作人员、集体经济组织工作人员或者其他从事公务的人员,利用职务上的便利,索取他人财物的,或者非法接受他人财物为他人谋取利益的,是受贿罪。与国家工作人员、集体经济组织工作人员或者其他从事公务的人员勾结,伙同受贿的,以共犯论处。国家工作人员、集体经济组织工作人员或者其他从事公务的人员,在经济往来中，违反国家规定，收受各种名义的回扣、手续费，归个人所有的，以受贿论处。该补充规定第 5 条规定，对犯受贿罪的，根据受贿所得数额及情节，分别依照贪污罪的法定刑的规定处罚，即依照下列规定处罚：（1）个人受贿数额 5 万元以上的，处 10 年以上有期徒刑或者无期徒刑，可以并处没收财产；情节特别严重的，处死刑，并处没收财产。（2）个人受贿数额在 1 万元以上不满 5 万元的，处 5 年以上有徒刑，可以并处没收财产；情节特别严重的，处无期徒刑，并处没收财产。（3）个人受贿数额在 2000 元以上不满 1 万元的，处 1 年以上 7 年以下有期徒刑；情节特别严重的，处 7 年以上 10 年以下有期徒刑。个人受贿数额在 2000 元以下不满 5000 元，犯罪后自首、立功或者有悔改表现、积极退赃的，可以减轻处罚，或者免予刑事处罚，由其所在单位或者上级主管机关给予行政处分。（4）个人受贿数额不满 2000 元，情节较重，处 2 年以下有期徒刑或者拘役；情节较轻的，由其所在单位或者上级主管机关给予行政处分。二人以上共同受贿的，按照个人所得数额及其在犯罪中的作用，分别处罚。对受贿集团的首要分子，按照集团受贿的总数额处罚；对其他共用同受贿犯罪中的主犯、情节严重的，按照共同受贿总数额处罚。对多次受贿未经处理的，按照累计受贿数额处罚。受贿数额不满 1 万元，使国家利益或者集体利益遭受重大损失的，处 10 年以上有期徒刑；受贿数额在 1 万元以上，使国家利益或者集体利益遭受重大损失的，处无期徒刑或者死刑，并处没收财产。索贿的从重处罚。因受贿而进行违法活动构成其他犯罪的，依照数罪并罚规定处罚。补充规定对受贿罪的处罚规定重于贪污罪。1995 年全国人大常委会在《关于惩治违反公司法犯罪的决定》中又补充规定了公司、企业职工受贿罪。该决定第 9 条规定，公司董事、监事或者职工利用职务上的便利，索取或者收受贿赂数额较大的处 5 年以下有期徒刑或者拘役；数额巨大的，处 5 年以上有期徒刑，可以并处没收财产。1997 年修订刑法对补充规定又作了三点重要修改：（1）将受贿罪的主体适当缩小，删去了集体经济组织工作人员和非国家工作人员事公务活动人员。将公司、企业人员受贿犯罪行为，单独规定为独立犯罪，不再构成受贿罪的主体。（2）改变了共同受贿行为以国家工作人员为主的定罪规定，即新规定，国家工作人员与公司企业工作人员共同受贿，可以分别定为受贿罪和公司企业人员受贿罪。（3）对受贿罪处罚的数额标准适当提高，即将最低处刑数额标准由 2000 元提高到 5000 元；将最高处刑数额标准由 5 万元提高到 10 万元。另外，取消了补充规定的"受贿数额不满 1 万元，使国家利益或者集体利益遭受重大损失的，处 10 年以上有期徒刑；受贿数额在 1 万元以上，使国家利益或者集体利益遭受重大损失的，处无期徒刑或者死刑，并处没收财产"的规定，使受贿罪与贪污罪的法定刑基本相同。经过十几年的司法实践，现在由于上述规定的受贿罪量刑数额标准已过时，不能与当前物价水平相适应，使判处死刑的数额标准过低，出现了量刑不均衡，惩罚不合理的情况。很多司法机关和社会人士提出要修改受贿罪量刑的数额标准和对犯受贿罪给予财产刑处罚，以惩罚犯受贿罪的人的贪利思想。2015年《刑法修正案（九）》又将刑法第283条规定的受贿犯罪处刑具体数额标准全部改为抽象的"数额较大"、"数额巨大"、"数额特别巨大"和将受贿罪定罪量刑情节修改为"情节较重"、"情节严重"、"情节特别严重"、"特别重大损失"的标准，在法定刑中全都增加了罚金或者没收财产的规定。上述规定将由最高人民法院、最高人民检察院根据社会经济发展情况和物价水平，作出司法解释，依照司法解释定罪处罚，以便更公平合理和适时惩罚受贿罪。

3. 受贿罪的适用

受贿罪是《刑法修正案（九）》对刑法第383条规定的受贿罪法定刑修改补充的犯罪，要准确适用就必须弄清该罪的概念、特征、法定刑，以及适用时应注意的问题。

（1）受贿罪的概念。该罪是指国家工作人员利用职务上的便利，索取他人财物的，或者非法收受他人财物，为他人谋取利益的行为。

根据刑法第385条第2款规定，"国家工作人员在经济往来中，违反国家规定，收受各种名义的回扣、手续费，归个人所有的，以受贿论处"。

根据刑法第163条第3款规定，"国有公司、企业或者其他国有单位中从事公务的人员和国有公司、企业或者其他国有单位委派到非国有公司、企业以及其他单位从事公务的人员有前两款行为的，依照本法第三百八十五条、第三百八十六条的规定定罪处罚"。

根据刑法第184条第2款规定，"国有金融机构工作人员和国有金融机构委派到非国有金融机构从事公务的人员在金融业务活动中索取他人财物或者非法收受他人财物，为他人谋取利益的，或者违反国家规定，收受各种名义的回扣、手续费，归个人所有的，依照本法第三百八十五条、第三百八十六条的规定定罪处罚"。

根据刑法第388条第1款规定，"国家工作人员利用本人职权或者地位形成的便利条件，通过其他国家工作人员职务上的行为，为请托人谋取不正当利益，索取请托人财物或者收受请托人财物的，以受贿论处"。

受贿罪是国家工作人员为以职权谋取财物，进行权钱交易的犯罪。国家为充分发挥其管理社会职能，分别授予各机关及其工作人员一定的职务和职权，每个国家工作人员都应当认履行自己的职务职责，依法行使职权，全心全意为人民服务，使国家机关的职能有效地发挥出来，如果国家工作人员利用职权谋取私利，实行权钱交易，这不仅是对国家工作人员职责廉洁性的损害，同时使国家机关的职能不能充分发挥作用，这是一种社会危害性很大的犯罪，党和国家十分重视同受贿犯罪行为作斗争。新中国成立初期，在全国范围内开展的反贪污、反浪费、反官僚主义"三反"、"五反"斗争中就包括反行贿受贿。1952年《惩治贪污条例》中规定贪污、受贿犯罪最高处死刑，没收其财产一部分或全部。1979年刑法中规定，犯受贿罪，使国家和人民的利益遭受重大损失的处15年有期徒刑。1988年全国人大常委会《关于惩治贪污罪贿赂罪的补充规定》对受贿罪的定义、法定刑、量刑数额、情节标准作了具体规定，1997年刑法在补充规定的基础之上又作了修改和补充。规定犯受贿罪与犯贪污罪法定刑相同，最高处死刑，并处没收财产。2015年《刑法修正案（九）》又对受贿罪的法定刑及量刑数额、情节标准作了修改。在法定刑中全都增加了罚金或者没收财产的刑罚，将量刑的具体数额、情节标准改为抽象的"数额较大"、"数额巨大"、"数额特别巨大"、"情节较重"、"情节严重"、"情节特别严重"、"特别重大损失"，取消了具体数额的规定，由司法解释根据不同时期作出具体规定。我国司法机关依据上述刑法规定，惩治了一大批受贿犯罪者，确保了国家工作人员的职责廉洁性和国家政治、经济顺利发展。

（2）受贿罪的构成特征。根据刑法第385条规定，该罪的构成特征是：

①犯罪主体，是特殊主体，即必须是国家工作人员。根据刑法第93条规定，本法所称国家工作人员，是指国家机关中从事公务的人员。国有公司、企业、事业单位、人民团体中从事公务的人员和国家机关、国有公司、企业、事业单位委派到非国有公司、企业、事业单位、社会团体从事公务的人员，以及其他依照法律从事公务的人员，以国家工作人员论。犯罪主体在主观上是故意的，有索取或者收受他人财物的目的。已离退休的国家工作人员，不再是国家工作人员，一般没有职务了，不能再利用职务之便为他人谋利益和利用职务索取他人财物，不能再构成受贿罪主体。如果离休人员在离退休前利用职务之便为他人谋利益，在离退休后索取或者收受他人财物的行为，应当构成受贿罪的主体。如果离退休的国家工作人员在任职时收受他人财物，离退休后，又通过在职的国家工作人员的职务行为，为请托人谋取利益，可以构成斡旋受贿罪的主体，即构成受贿罪的主体。国家工作人员的近亲属或者其他与该国家工作人员关系密切的人，通过国家工作人员职务上的便利，为他人谋取利益的行为，如果上述国家工作人员的亲属及关系密切的人是国家工作人员可以构成共同受贿罪，如果他们不是国家工作人员，不构成受贿罪主体，但可以构成利用影响力受贿罪的主体。如果离退休的国家工作人员利用其原职权或者地位形成的便

利实施索贿、受贿行为可以构成利用影响力受贿罪的主体，但不构成受贿罪的主体。

②犯罪行为，必须是实施了利用职务之便，索取他人财务或者收受他人财物，为他人谋取利益的行为。具体表现是：

第一，受贿的手段必须是利用职务的之便。所谓利用职务之便，是指利用本人职务范围内的权力，即自己职务上主管、负责或者承办某项公共事务的职权及其所形成的便利条件。例如，利用主管人事、财务、物资权力等，还包括利用职务地位和职责权力所形成的便利条件。受贿罪利用职务便利有两种情况：一是受贿枉法行为，即利用职务的便利，违反法律、法规、政策和职责规定，为行贿人谋取不正当利益；二是受贿不枉法的行为，即利用职务之便，索取或者收受他人财物，但为行贿人谋利是按照国家法律、法规、政策规定办理的。无论枉法受贿还是不枉法受贿，也无论为行人谋取的利益是正当的利益还是不正当的利益，刑法规定都可以构成受贿犯罪行为。

第二，索取他人财物的行为。索取他人财物的行为是主动向他人索要财物的行为。索取贿赂行为有口头的、书面的形式或者通过第三者转告，有的是明要强索，利用自己手中的权力，乘对方有求于自己之机主动的向对方提出贿赂要求，甚至有的利用威吓对方法，也有的是以暗示的方法进行索要，如"办事要花钱"、"要打点有关人员"等暗示的方式进行索贿。无论行为人使用哪种方式进行索贿，也无论是否为他人谋取还是未谋取利益，均可以构成受贿犯罪行为。强行索取财物的行为，不以对方承诺为必要构成条件，即使对方表示拒绝行贿，也可以构成受贿罪。这是因为索贿行为人主观恶性深，法律规定严，只要实施了强行索贿行为就可以构成犯罪，无论是否索取到财物，也无论是否为行贿人谋取到还是没有谋取到利益都构成犯罪，并要从重处罚。

第三，非法收受他人财物，为他人谋利益的行为。非法收受他人财物是被动接受他人给予财物的行为。收受他人财物可以是在利用职务为他人谋取利之前，也可以是在为他人谋取利益之后，可以是在任职之时，也可以是在任职以前或者离职之后，只要是利用职务之便进行权钱交易都可以构成受贿行为。受贿的形式是多种多样的，有的是直接收现金，有的是接受财物，有的是接收股票、汇票、存款单、银行卡，有的是收受各种名义的奖金、回扣、手续费、活动费、酬谢费、交通费等，有的是"以礼代贿"，有的是"形礼实贿"，如借婚、丧、嫁、娶、有困难资助等收受贿赂的行为。利用职务为他人谋利益，包括物质利益和非物质利益、合法利益和非法利益、正当利益和不正当利益、谋取到的利益和未理取到的利益。被动收受他人财物必须具备为他人谋取利益作为受贿的必要条件，包括主观上意图利用职务之便为他人谋取利益，如果主观上根本没有为他人谋取利益的意图而非法收受他人财物的，不能构成受贿犯罪行为，而应构成诈骗犯罪行为。

第四，在经济往来中，违反规定收受各种名义的回扣、手续费，归个人所有的行为。这是刑法规定的一种特殊受贿行为，不需要利用职务之便为他人谋取利益，也不需要利用职务之便收受他人财物的条件，只要在经济往来中，违反规定接受各种名义的回扣、手续费归个人所有的，就可以构成受贿行为。回扣，是商品经济的一种报酬形式，是国际商品交往的一种惯例，一般是指商品或者劳务买卖中，由卖方从所成交的价款中，提出一定的现金或者额外的以定额酬金支付给对方单位或者个人的金钱或有价证券，以刺激买方购买其商品的一种活动。手续费是在经济活动中，除回扣之外的支付给有关人员的报酬。在我国法律中规定，在经济往来中收受回扣、手续费都应当归单位所有，不允许归个人所有。国家工作人员在经济往来中，违反规定收受各种名义的回扣、手续费，归个人所有的行为，以受贿论。

第五，利用职权或地位形成的便利条件，通过其他国家工作人员职务上的行为为请托人谋取不正当利益，而索取或者收受请托人财物的行为。这是一种斡旋受贿行为或者称为间接受贿行为。受贿人虽然没有直接利用职务之便为请托人谋取不正利益，而是间接利用自己的职权或者地位形成的便利条件为他人谋取不正当利益，而自己从中索贿、收受贿赂的行为。间接受贿必须为请托人谋取不正当利益，才能构成犯罪，为请托人谋取正当利益的，不构成受贿犯罪行为。所谓不正当利益，是指谋取的利益本身是违反法律、法规、国家政策和国务院各部门的规章规定的利益，以及谋取违反法律、法规、国家政策和国务院各部门规定的帮助或者方便条件的，即谋取的利益本身不符合法律、法规、政策规定和谋取利益的程序、方法不符合法律、法规、政策的规定。

根据2016年4月18日起施行的最高人民法院、最高人民检察院《关于办理贪污贿赂刑事案件适用法律若干问题的解释》第12条规定，贿赂犯罪中的"财物"，包括货币、物品和财产性利益。财产性利益包括可以折算为货币的物质利益如房屋装修、债务免除等，以及需要支付货币的其他利益如会员服务、旅游等。后者的犯罪数额，以实际支付或者应当支付的数额计算。

上述司法解释第13条规定："具有下列情形之一的，应当认定为'为他人谋取利益'，构成犯罪的，应当依照刑法关于受贿犯罪的规定定罪处罚：（一）实际或者承诺为他人谋取利益的；（二）明知他人有具体请托事项的；（三）履职时未被请托，但事后基于该履职事由收受他人财物的。

"国家工作人员索取、收受具有上下级关系的下属或者具有行政管理关系的被管理人员的财物价值三万元以上，可能影响职权行使的，视为承诺为他人谋取利益。"

③犯罪结果，是结果犯，包括贪污数额结果和情节结果，只要实施了受贿行为达到数额较大或者有其他较重情节结果的，才可以构成犯罪。

（3）受贿罪的法定刑。根据刑法第383条规定，对犯受贿罪的，根据情节轻重，分别依照下列规定处罚：

①受贿数额较大或者有其他较重情节的，处3年以下有期徒刑或者拘役，并处罚金。

根据2016年4月18日起施行的最高人民法院、最高人民检察院《关于办理贪污贿赂刑事案件适用法律若干问题的解释》第1条规定："贪污或者受贿数额在三万元以上不满二十万元的，应当认定为刑法第三百八十三条第一款规定的'数额较大'，依法判处三年以下有期徒刑或者拘役，并处罚金。

"受贿数额在一万元以上不满三万元，具有前款第二项至第六项规定的情形之一，或者具有下列情形之一的，应当认定为刑法第三百八十三条第一款规定的'其他较重情节'，依法判处三年以下有期徒刑或者拘役，并处罚金：（一）多次索贿的；（二）为他人谋取不正当利益，致使公共财产、国家和人民利益遭受损失的；（三）为他人谋取职务提拔、调整的。"

②受贿数额巨大或者有其他严重情节的，处3年以上10年以下有期徒刑，并处罚金或者没收财产。

根据2016年4月18日起施行的最高人民法院、最高人民检察院《关于办理贪污贿赂刑事案件适用法律若干问题的解释》第2条规定："贪污或者受贿数额在二十万元以上不满三百万元的，应当认定为刑法第三百八十三条第一款规定的'数额巨大'，依法判处三年以上十年以下有期徒刑，并处罚金或者没收财产。

"受贿数额在十万元以上不满二十万元，具有本解释第一条第三款规定的情形之一的，应当认定为刑法第三百八十三条第一款规定的'其他严重情节'，依法判处三年以上十年以下有期徒刑，并处罚金或者没收财产。"

③受贿数额特别巨大或者有其他特别严重情节的，处10年以上有期徒刑或者无期徒刑，并处罚金或者没收财产；数额特别巨大，并使国家和人民利益遭受特别重大损失的，处无期徒刑或者死刑，并处没收财产。

根据2016年4月18日起施行的最高人民法院、最高人民检察院《关于办理贪污贿赂刑事案件适用法律若干问题的解释》第3条规定："贪污或者受贿数额在三百万元以上的，应当认定为刑法第三百八十三条第一款规定的'数额特别巨大'，依法判处十年以上有期徒刑、无期徒刑或者死刑，并处罚金或者没收财产。

"受贿数额在一百五十万元以上不满三百万元,具有本解释第一条第三款规定的情形之一的,应当认定为刑法第三百八十三条第一款规定的'其他特别严重情节',依法判处十年以上有期徒刑、无期徒刑或者死刑,并处罚金或者没收财产。"

上述解释第4条规定:"贪污、受贿数额特别巨大,犯罪情节特别严重、社会影响特别恶劣、给国家和人民利益造成特别重大损失的,可以判处死刑。

"符合前款规定的情形,但具有自首,立功,如实供述自己罪行、真诚悔罪、积极退赃,或者避免、减少损害结果的发生等情节,不是必须立即执行的,可以判处死刑缓期二年执行。

"符合第一款规定情形的,根据犯罪情节等情况可以判处死刑缓期二年执行,同时裁判决定在其死刑缓期执行二年期满依法减为无期徒刑后,终身监禁,不得减刑、假释。"

根据刑法第383条第2款规定,"对多次受贿未经处理的,按照累计受贿数额处罚"。第3款规定,"犯第一款罪,在提起公诉前如实供述自己罪行、真诚悔罪、积极退赃,避免、减少损害结果的发生,有第一项规定情形的,可以从轻、减轻或者免除处罚;有第二项、第三项规定情形的,可以从轻处罚"。第4款规定,"犯第一款罪,有第三项规定情形被判处死刑缓期执行的,人民法院根据犯罪情节等情况可以同时决定在其死刑缓期执行二年期满依法减为无期徒刑后,终身监禁,不得减刑、假释"。

根据2016年4月18日起施行的最高人民法院、最高人民检察院《关于办理贪污贿赂刑事案件适用法律若干问题的解释》第15条规定,"对多次受贿未经处理的,累计计算受贿数额。国家工作人员利用职务上的便利为请托人谋取利益前后多次收受请托人财物,受请托之前收受的财物数额在一万元以上的,应当一并计入受贿数额"。

上述司法解释第16条规定,"国家工作人员出于贪污、受贿的故意,非法占有公共财物、收受他人财物之后,将赃款赃物用于单位公务支出或者社会捐赠的,不影响贪污罪、受贿罪的认定,但量刑时可以酌情考虑。特定关系人索取、收受他人财物,国家工作人员知道后未退还或者上交的,应当认定国家工作人员具有受贿故意"。

上述司法解释第18条规定,"贪污贿赂犯罪分子违法所得的一切财物,应当依照刑法第六十四条的规定予以追缴或者责令退赔,对被害人的合法财产应当及时返还。对尚未追缴到案或者尚未足额退赔的违法所得,应当继续追缴或者责令退赔"。

上述司法解释第19条规定,"对贪污罪、受贿罪判处三年以下有期徒刑或者拘役的，应当并处十万元以上五十万元以下的罚金；判处三年以上十年以下有期徒刑的，应当并处二十万元以上犯罪数额二倍以下的罚金或者没收财产；判处十年以上有期徒刑或者无期徒刑的，应当并处五十万元以上犯罪数额二倍以下的罚金或者没收财产。对刑法规定并处罚金的其他贪污贿赂犯罪，应当在十万元以上犯罪数额二倍以下判处罚金"。

根据最高人民法院 2015 年 11 月 1 日起施行的《关于〈中华人民共和国刑法修正案（九）〉时间效力问题的解释》第 8 条规定，对于 2015 年 10 月 31 日以前实施贪污、受贿行为，罪行极其严重，根据修正前刑法判处死刑缓期执行不能体现罪刑相适应原则，而根据修正后刑法判处死刑缓期执行同时决定在其死刑缓期执行二年期满依法减为无期徒刑后，终身监禁，不得减刑、假释可以罚当其罪的，适用修正后刑法第 383 条第 4 款的规定。根据修正前刑法判处死刑缓期执行足以罚当其罪的，不适用刑法第 383 条第 4 款的规定。

（4）认定受贿罪时，应注意的问题：

①注意划清罪与非罪的界限。

从犯罪主体上区分。本罪主体是特殊主体，必须是国家工作人员才能构成本罪，非国家工作人员不能构成本罪。非国家工作人员，受国家机关委托，代表国家机关行使职权时有受行为时，可以构成受贿罪，例如，农村生产队的人员代表国家发放国家征地补偿款时，索贿或者收受贿赂行为，依法构成受贿罪。受贿人在主观上是故意的，并且具有索取、收受他人财物的目的。朋友之间、亲属之间互相馈赠、收受礼物是亲情友谊的表现，不存在以权谋取私利的目的，是对社会稳定有益无害的行为，不能构成受贿罪。但是以馈赠、收受礼物之名，行贿赂之实，则是受贿行为。二者的区别主要有：

一是动机、目的不同。亲友之间请客送礼，完全是出于相互之间的友情，互相关心、互相帮助、互相体贴而自愿地尽社会成员的义务，没有非法谋取利益的目的；而受贿、行贿犯罪行为则是出于非法谋取利益的目的的"权钱交易"，双方都有不正当谋取利益的目的。

二是交接财物的方式不同。亲友之间送礼、馈赠物品都是采取公开的方式，而多数是单方面无条件的赠予；而行贿受贿多采用秘密、隐蔽的方式，行贿与受贿双方都是有条件有目的的。

三是接受财物的数额多少有区别。除有灾难时，在通常的情况下，亲友之间的馈赠、送礼财物数额较少或者因某种特定需要特定的数目，如住院治病费用等；而行贿、受贿的数额一般都很大，且往往是特定的整数。

总之，一般按上述三个标准就可以将受贿与馈赠、送礼区别开来。

从犯罪行为上区分。本罪必须是实施了利用职务上的便利，索取他人财物或者收受他人财物为他人谋取利益的行为,如果没有利用职务之便,接受他人礼物的行为,不构成犯罪。接受一般礼物是人情往来的行为,不是受贿行为。根据我国《关于对党和国家机关工作人员在国内交往中收受的礼物实行登记制度的规定》和《关于在对外公务活动中赠送和接受礼品的规定的通知》要求,国家机关工作人员在对内外交往活动中接受礼物价值200元以下的,归接受礼物者个人使用,接受礼物200元以上的应当自接受之日起一个月以内交公。一般接受礼物价值5000元以上应交公不交公的,是单方受贿行为,因没有权钱交易行为,不构成受贿罪,因其不交公,可以构成贪污罪,而接受礼物在200元以上不满5000元不交公的,则属于一般接受礼物不交公的行为,既不构成受贿罪也不构成贪污罪,可以给予行政、纪律处罚。

从犯罪结果上区分。本罪是结果犯,必须是受贿数额较大或者有其他较重情节的才构成犯罪,如果受贿数额没有达到数额较大,也没有其他情节较重的情形,是一般受贿行为,不构成犯罪,由其所在单位或者上级主管机关酌情给予行政、纪律处分。另外,受贿罪是索取或者收受财物的才构成犯罪。财物包括财产、财物、金钱等物质利益,也包括可用金钱计算的财产性利益,例如,收受可以计价的劳务的行为。收受非财产利益的行为,如接受性贿赂、名誉、职务的行为,不能构成受贿犯罪。

另外,要将受贿与不正之风之间的区别,有的国家工作人员在履行职务时,接受请托人的赠送烟酒糖茶、吃喝玩乐、游山玩水、旅游等行为,一般数额较小,是不正之风,不构成受贿犯罪行为。如果收受、享受数额巨大的,也可以构成受贿罪。

②注意划清受贿罪与非国家工作人员受贿罪的界限。根据刑法第164条规定,公司、企业或者其他单位的工作人员利用职务上的便利,索取他人财物或者非法收受他人财物,为他人谋取利益,数额较大的行为是非国家工作人员受贿罪,其于受贿行为与受贿罪的行为相同,容易混淆。二罪的主要区别有:

其一,犯罪主体不同。受贿罪的主体是国家工作人员;而非国家工作人员受贿罪的主体是公司、企业或者其他单位的工作人员,这是二罪的根本区别。公司、企业或者其他单位中具有国家工作人员身份并且是从事公务的人员,犯索取或者收受贿赂犯罪行为的,按受贿罪定罪处罚。

其二,犯罪行为要求不同。受贿罪中索取他人财物的,不需要为他人谋取利益的条件也可以构成受贿犯罪并且明确规定,索贿的从重处罚;而非国家工作人员利用职务索取他人财物的,也必须有为他人谋取利益的行为,才可以构成犯罪,刑法并没有特别规定非国家工作人员索贿的从重处罚。

其三,犯罪结果要求不同。受贿罪的结果必须是受贿数额较大或者情节较重的结果，才构成犯罪；而非国家工作人员受罪只规定受贿数额较大的结果就可以构成犯罪，而没有规定构成非国家工作人员受贿罪的情节结果构成要件。

其四，法定刑不同。受贿罪法定刑规定，最低处拘役，并处罚金；最高处无期徒刑或者死刑，并处没收财产、剥夺政治权利终身。而非国家工作人员受罪的法定刑规定最低处拘役，最高处15年有期徒刑，可以并处没收财产，没有处死刑和剥夺政治权利的规定。很明显国家工作人员犯受贿罪的处罚比非国家工作人员受贿罪处刑重得多。

③注意划清受贿罪与贪污罪的界限。贪污罪与受贿罪都是国家工作人员利用职务上的便利谋取财物的犯罪，在犯罪主体、犯罪结果方面都相同，在认定时容易混淆，特别是当前有些犯罪分子采取各种迂回、隐蔽的方式获取财物，是受贿罪还是贪污罪难分清楚。二罪的根本区别是犯罪行为不同。受贿罪是利用职务之便索取他人财物，或者收受他人财物为他人谋取利益的行为，是一种权钱交易行为；而贪污罪是利用职务之便，非法侵吞、窃取、骗取、公共财物的行为，是一种利用职务之便，非法占有公共财物的行为。由于上述犯罪行为不同，将二罪区分开来。

④注意划清受贿罪与敲诈勒索罪的界限。敲诈勒索罪与受贿罪都是侵犯他人财物的犯罪。敲诈勒索罪是指以非法占有为目的，采取暴力威胁、要挟等手段，强制索取公私财物的行为。其强制索取他人财物的行为与受贿罪中索取他人财物的行为很相似，在认定犯罪时容易混淆。二罪的根本区别是犯罪手段不同。受贿罪中索取他人财物的手段是利用职务之便条件，索取他人财物；而敲诈勒索罪中强制索取他人财物的手段是以暴力威胁、要挟等手段取得他人财物的行为。如果国家工作人员没有利用职务之便，而是使用暴力威胁、要挟手段索取他人财物的行为，应认定为敲诈勒索罪。

⑤注意划清受贿罪与诈骗罪的界限。诈骗罪与受贿罪都是谋取财物的犯罪。诈骗罪是以非法占有他人财物为目的，用虚构的事实和隐瞒事实真相的方法骗取他人财物数额较大的行为。现实生活中，有些国家工作人员利用职务上的便利，非法收受他人财物，而以虚假的承诺为他人谋取利益，而主观上和事实上根本不想为他人谋取利益。在这种情况下，不能认定为受贿罪，因为其不符合受贿犯罪行为利用职务为他人谋取利益的构成要件，但可以考虑认定为诈骗罪。如果国家工作人员利用职务之便收受了他人财物，主观上有为他人谋取利益的意图，只是由于客观上的原因没有为他人谋取利益，或者没有谋到利益，不影响受贿罪的构成。

⑥注意对受贿罪的数罪并罚。根据2016年4月18日起施行的最高人民法院、最高人民检察院《关于办理贪污贿赂刑事案件适用法律若干问题的解释》

第 17 条规定，国家工作人员利用职务上的便利，收受他人财物，为他人谋取利益，同时构成受贿罪和刑法分则第三章第三节、第九章规定的渎职犯罪的，除刑法另有规定外，以受贿罪和渎职犯罪数罪并罚。

（三十九）行贿罪

行贿罪是《刑法修正案（九）》第 45 条对刑法第 390 条规定的行贿罪的法定刑补充修改的犯罪。1997 年最高人民法院、最高人民检察院《关于执行〈中华人民共和国刑法〉确定罪名的规定》中规定为本罪名。

1. 刑法规定内容的修改

刑法条文中有关行贿罪的规定有：

（1）1979 年刑法第 185 条第 3 款规定："向国家工作人员行贿或者介绍贿赂的，处三年以下有期徒刑或者拘役。"

（2）1997 年刑法第 389 条规定："为谋取不正当利益，给予国家工作人员以财物的，是行贿罪。

"在经济往来中，违反国家规定，给予国家工作人员以财物，数额较大的，或者违反国家规定，给予国家工作人员以各种名义的回扣、手续费的，以行贿论处。

"因被勒索给予国家工作人员以财物，没有获得不正当利益的，不是行贿。"

1997 年刑法第 390 条规定："对犯行贿罪的，处五年以下有期徒刑或者拘役；因行贿谋取不正当利益，情节严重的，或者使国家利益遭受重大损失的，处五年以上十年以下有期徒刑；情节特别严重的，处十年以上有期徒刑或者无期徒刑，可以并处没收财产。"

"行贿人在被追诉前主动交待行贿行为的，可以减轻处罚或者免除处罚。"

（3）2015 年 8 月 29 日《刑法修正案（九）》第 45 条将刑法第 390 条修改为："对犯行贿罪的，处五年以下有期徒刑或者拘役，并处罚金；因行贿谋取不正当利益，情节严重的，或者使国家利益遭受重大损失的，处五年以上十年以下有期徒刑，并处罚金；情节特别严重的，或者使国家利益遭受特别重大损失的，处十年以上有期徒刑或者无期徒刑，并处罚金或者没收财产。

"行贿人在被追诉前主动交待行贿行为的，可以从轻或者减轻处罚。其中，犯罪较轻的，对侦破重大案件起关键作用的，或者有重大立功表现的，可以减轻或者免除处罚。"

上述 1997 年刑法对 1979 年刑法规定的受贿罪作了重大修改，不但增设专条规定了行贿罪的概念、特征还设专条规定行贿罪的法定刑及处罚原则，还将

"在经济往来中,违反国家规定,给予国家工作人员以财物,数额较大的,或者违反国家规定,给予国家工作人员以各种名义的回扣、手续费的,以行贿论处"和"因被勒索给予国家工作人员以财物,没有获得不正当利益的,不是行贿"作了规定。对行贿罪的最高法定刑由原规定"处三年以下有期徒刑或者拘役",提高为"处十年以上有期徒刑或者无期徒刑,可以并处没收财产",加大了对行贿罪的惩处力度。

上述《刑法修正案(九)》将刑法第390条规定的行贿罪的三个法定刑中都增加了"并处罚金",同时增加规定,因行贿犯罪"使国家利益遭受特别重大损失的,处十年以上有期徒刑或者无期徒刑,并处罚金或者没收财产"的量刑情节。

2. 刑法规定修改的原因

行贿罪是受贿罪的对应犯罪,一般情况下有受贿罪时就有行贿罪,古今中外刑法中都规定有行贿、受贿犯罪行为,但罪名不同,我国《唐律》中规定为"有事以财行求罪"、"坐赃罪"等,有些国家法律中称为"行贿罪"或者"斡旋行贿罪"等。我国1952年4月28日颁布的《惩治贪污条例》中将行贿犯罪行为规定按贪污罪处罚。我国1979年刑法将行贿罪规定在渎职罪中,该刑法第185在规定受贿罪后又规定"向国家工作人员行贿或者介绍贿赂的,处3年以下有期徒刑或者拘役"。1979年刑法实施以后,司法实践中认为对行贿犯罪处刑太轻。1988年全国人大常委会《关于惩治贪污罪贿赂罪的补充规定》第7条规定,"为谋取不正当利益,给予国家工作人员、集体经济组织工作人员或者其他从事公务的人员以财物的,是行贿罪。在经济往来中,违反国家规定,给予国家工作人员、集体经济组织工作人员或者其他从事公务的人员以财物,数额较大的,或者违反国家规定,给予国家工作人员、集体经济组织工作人员或者其他从事公务的人员以各种名义的回扣、手续费的,以行贿论处。因被勒索给予国家工作人员、集体经济组织工作人员或者其他从事公务的人员以财物,没有获得不正当利益的,不是行贿"。第8条规定,"对犯行贿罪的,处五年以下有期徒刑或者拘役;因行贿谋取不正当利益,情节严重的,或者使国家利益、集体利益遭受重大损失的,处五年以上十年以下有期徒刑;情节特别严重的,处十年以上有期徒刑或者无期徒刑,并处没收财产。行贿人在被追诉前主动交待行贿行为的,可以减轻处罚或者免除处罚。因为行贿进行违法活动,构成其他犯罪,依照数数并罚处罚"。该补充规定对行贿罪的规定比1979年刑法规定更详细、具体,并提高了行贿罪的法定刑。

1997年修订刑法对补充规定又作了三点重要修改:(1)将行贿罪的主体只限定为自然人,不包括单位,对单位行贿的行为单独规定为单位行贿罪。

（2）行贿罪的对象作了限制性规定，只是对国家工作人员行贿，不再包括"集体经济组织工作人员或者其他从事公务的人员"。（3）增加了一个更高档次的法定刑，即"情节特别严重的，处十年以上有期徒刑或者无期徒刑，可以并处没收财产"。同时删去了"因为行贿进行违法活动，构成其他犯罪，依照数数并罚处罚"的规定，使惩治行贿罪的法律规定更加完善。

3. 行贿罪的适用

行贿罪是《刑法修正案（九）》对刑法第390条规定的行贿罪法定刑修改补充的犯罪，要准确适用就必须弄清该罪的概念、特征、法定刑，以及适用时应注意的问题。

（1）行贿罪的概念。该罪是指为谋取不正当利益，给予国家工作人员以财物的行为，是行贿罪。在经济往来中，违反国家规定，给予国家工作人员以财物，数额较大的，或者违反国家规定，给予国家工作人员以各种名义的回扣、手续费的，以行贿论处。

行贿罪不是职务犯罪，其是受贿罪的对应犯罪，行贿人为谋取不正当利益，主动向国家工作人员行贿，以期望国家工作人员利用职务之便为其谋取不正当利益，是贿赂犯罪意图的发起者，是以给予财物的方法腐蚀对国家工作人员的思想，让国家工作人员违反国法律规定，为其谋取不正当的利益，其主观恶性深，社会危害性严重，我国刑法将行贿行为规定为犯罪，最高处无期徒刑，并处罚金或者没收财产。严厉惩处行贿罪对从源头上遏制贿赂犯罪有重要意义。

（2）行贿罪的构成特征。根据刑法第389条规定，该罪的构成特征是：

①犯罪主体，是一般主体，达到法定年龄具有刑事责任能力实施了行贿犯罪行为的自然人。本罪法定年龄是年满16周岁以上的自然人。中国公民、外国人、无国籍人、国家工作人员都可以构成本罪的主体。单位行贿不构成本罪，但根据行贿对象分别可以构成独立的犯罪。

②犯罪行为，必须是实施了行贿行为。具体表现有：

第一，为谋取不正当利益，给予国家工作人员以财物的行为。行贿的对象必须是国家工作人员。给予国家工作人员的财物，包括钱、物等物质利益和财产性的利益，不包括非物质利益。给予国家工作人员财物的目的是为了谋取不正当利益。所谓不正当利益，是指谋取违反法律、法规、国家政策和国务院各部门规章规定的利益，以及谋取违反法律、法规、国家政策和国务院各部门规章规定的帮助或方便条件。如果被勒索而行贿，获得了不正当利益，构成行贿罪；被勒索而行贿，没有获得不正当利益的行为，不构成行贿犯罪行为。

第二，在经济往来中，违反国家规定，给予国家工作人员以财物，数额较大的行为。这种行为不需要为他人谋取不正当利益为条件。即使是为谋取正当利益而给予国家工作人员以财物数额较大的，也可以构成行贿罪的犯罪行为。

第三，在经济往来中，违反国家规定，给予国家工作人员以各种名义的回扣、手续费的行为。在经济往来中，如果按照国家规定给予购货单位回扣、手续费的行为是合法行为，如果违反规定，给予国家工作人员个人回扣、手续费，归个人所有，数额较大的，则是行贿行为。

③犯罪结果，在一般情况下，给予国家工作人员以财物的行贿罪是行为犯，只要实施了行贿行为就可以构成犯罪，而在经济往来中，给予国家工作人员以财物的行贿罪是结果犯，只有行贿数额较大的才构成犯罪。

根据2016年4月18日起施行的最高人民法院、最高人民检察院《关于办理贪污贿赂刑事案件适用法律若干问题的解释》第7条规定："为谋取不正当利益，向国家工作人员行贿，数额在三万元以上的，应当依照刑法第三百九十条的规定以行贿罪追究刑事责任。

"行贿数额在一万元以上不满三万元，具有下列情形之一的，应当依照刑法第三百九十条的规定以行贿罪追究刑事责任：（一）向三人以上行贿的；（二）将违法所得用于行贿的；（三）通过行贿谋取职务提拔、调整的；（四）向负有食品、药品、安全生产、环境保护等监督管理职责的国家工作人员行贿，实施非法活动的；（五）向司法工作人员行贿，影响司法公正的；（六）造成经济损失数额在五十万元以上不满一百万元的。"

上述司法解释第8条规定："犯行贿罪，具有下列情形之一的，应当认定为刑法第三百九十条第一款规定的'情节严重'：（一）行贿数额在一百万元以上不满五百万元的；（二）行贿数额在五十万元以上不满一百万元，并具有本解释第七条第二款第一项至第五项规定的情形之一的；（三）其他严重的情节。

"为谋取不正当利益，向国家工作人员行贿，造成经济损失数额在一百万元以上不满五百万元的，应当认定为刑法第三百九十条第一款规定的'使国家利益遭受重大损失'。"

上述司法解释第9条规定："犯行贿罪，具有下列情形之一的，应当认定为刑法第三百九十条第一款规定的'情节特别严重'：（一）行贿数额在五百万元以上的；（二）行贿数额在二百五十万元以上不满五百万元，并具有本解释第七条第二款第一项至第五项规定的情形之一的；（三）其他特别严重的情节。

"为谋取不正当利益，向国家工作人员行贿，造成经济损失数额在五百万元以上的，应当认定为刑法第三百九十条第一款规定的'使国家利益遭受特别重大损失'。"

（3）行贿罪的法定刑。根据刑法第390条规定，行贿罪的法定刑是：

①对犯行贿罪的，处5年以下有期徒刑或者拘役。

②犯行贿罪，因行贿谋取不正当利益，情节严重的，或者使国家利益遭受重大损失的，处5年以上10年以下有期徒刑。

③犯行贿罪，情节特别严重的，处10年以上有期徒刑或者无期徒刑，可以并处没收财产。

行贿人在被追诉前主动交待行贿行为的，可以从轻或者减轻处罚。其中，犯罪较轻的，对侦破重大案件起关键作用的，或者有重大立功表现的，可以减轻或者免除处罚。

根据2016年4月18日起施行的最高人民法院、最高人民检察院《关于办理贪污贿赂刑事案件适用法律若干问题的解释》第14条规定："根据行贿犯罪的事实、情节，可能被判处三年有期徒刑以下刑罚的，可以认定为刑法第三百九十条第二款规定的'犯罪较轻'。

"根据犯罪的事实、情节，已经或者可能被判处十年有期徒刑以上刑罚的，或者案件在本省、自治区、直辖市或者全国范围内有较大影响的，可以认定为刑法第三百九十条第二款规定的'重大案件'。

"具有下列情形之一的，可以认定为刑法第三百九十条第二款规定的'对侦破重大案件起关键作用'：（一）主动交待办案机关未掌握的重大案件线索的；（二）主动交待的犯罪线索不属于重大案件的线索，但该线索对于重大案件侦破有重要作用的；（三）主动交待行贿事实，对于重大案件的证据收集有重要作用的；（四）主动交待行贿事实，对于重大案件的追逃、追赃有重要作用的。"

（4）认定行贿罪时，应注意的问题：

①注意划清罪与非罪的界限。

从犯罪主体上区分。本罪主体是一般体，单位不能构成本罪。本罪主体在主观上是故意的，且必须是为谋取不正当的利益，如果是为取得正当或者合法利益，而给予国家工作人员以财物的行为，不构成犯罪。

从犯罪行为上区分。本罪必须是实施了向国家工作人员行贿的行为，向非国家工作人员和单位行贿的行为不构成本罪。本罪必须是给予国家工作人员以财物的行为，给予非财物利益的行为不构成犯罪。

从犯罪结果上区分。本罪在非经济往来活动中，向国家工作人员行贿是行为犯，只要实施了行为，即使是没有谋取到非法利益也构成犯罪。但是情节轻微危害不大的，不认为是犯罪。但在经济往来中，给予国家工作人员个人以财物和回扣、手续费的行贿行为，则必须是数额较大的行贿行为，是结果犯，达不到数额较大的，不能构成犯罪。

②注意行贿罪与受贿的不同认定条件。行贿罪是受贿罪的对应犯罪。但认定时应分别认定，不是所有的受贿罪都有行贿罪，有些受贿罪没有对应的行贿罪。例如，为取得正当利益向国家工作人员行贿，行贿人不构成犯罪，而受贿人则构成受贿罪。再如，被勒索而行贿，没有获得不正当利益，行贿人不构成犯罪，而索贿人则构成受贿罪。行贿罪定量刑的数额标准与受贿罪定罪量刑的数额标准不是同一标准。例如，行贿罪的"数额较大"与贪污罪的"数额较大"的具体数额是不同的数额。

③注意对行贿罪从宽处罚的适用。司法实践中，为了侦破受贿罪而对行贿犯罪人往往采取网开一面，只要行贿人在起诉前交待了行贿行为，一般从宽处理，或者不认定为犯罪或者免除刑罚。为保证司法统一和准确惩治行贿犯罪，《刑法修正案（九）》第45条第2款作了专门规定，"行贿人在被追诉前主动交待行贿行为的，可以从轻或者减轻处罚。其中，犯罪较轻的，对侦破重大案件起关键作用的，或者有重大立功表现的，可以减轻或者免除处罚"。司法机关应严格执行对行贿罪的从宽处罚条件的规定，不能无条件的从宽。

④注意划清行贿罪与对单位行贿罪、单位行贿罪、对非国家工作人员行贿罪、对外国公职人员、国际公共组织官员行贿罪的界限。上述犯罪都是行贿方面的犯罪，认定时容易混淆。上述行贿犯罪的根本区别是行贿主体和行贿对象不同。除单位行贿罪的主体是单位外，而其他行贿罪、对单位行贿罪、对非国家工作人员行贿罪、对外国公职人员、国际公共组织官员行贿罪的主体都是一般主体。上述犯罪的对象分别是：行贿罪的对象是国家工作人员，对单位行贿罪的对象是国有单位，即国家机关、国有公司、企业、事业单位、人民团体。单位行贿罪的对象是国家工作人员。对非国家工作人员行贿罪的对象是非国有单位的工作人员，即公司、企业或者其他单位的工作人员。对外国公职人员、国际公共组织官员行贿罪的对象是外国公职人员、国际公共组织官员。由于行贿的主体和对象不同，因此将上述行贿方面的5个具体犯罪区别开来。

（四十）对单位行贿罪

对单位行贿罪是《刑法修正案（九）》第47条对刑法第391条规定的对单位行贿罪的法定刑补充修改的犯罪。1997年最高人民法院、最高人民检察院《关于执行〈中华人民共和国刑法〉确定罪名的规定》中规定为本罪名。

1. 刑法规定内容的修改

刑法条文中有关对单位行贿罪的规定有：

（1）1997年刑法第391条规定："为谋取不正当利益，给予国家机关、国有公司、企业、事业单位、人民团体以财物的,或者在经济往来中,违反国家规定,给予各种名义的回扣、手续费的,处三年以下有期徒刑或者拘役。

"单位犯前款罪的,对单位判处罚金,并对其直接负责的主管人员和其他直接责任人员,依照前款的规定处罚。"

(2) 2015年8月29日《刑法修正案(九)》第47条将刑法第391条第1款修改为:"为谋取不正当利益,给予国家机关、国有公司、企业、事业单位、人民团体以财物的,或者在经济往来中,违反国家规定,给予各种名义的回扣、手续费的,处三年以下有期徒刑或者拘役,并处罚金。"

上述《刑法修正案(九)》将对刑法第391条规定的对单位行贿罪的法定刑中增加了"并处罚金"的规定。

2. 刑法规定修改的原因

对单位行贿罪是1997年刑法新增加的犯罪,我国1979年刑法和1988年全国人大常委会《关于惩治贪污罪贿赂罪的补充规定》中都没有这种犯罪的规定。1997年修订刑法时根据我国当时公有制与私有制经济并存,私有单位或者个人为了谋取不正当利益而对国有单位行贿严重的情况下,刑法设专条将其规定为独立的罪名,适用独立的法定刑。但该法规定,对单位行贿罪"处三年以下有期徒刑或者拘役",其中没有规定财产刑,不能有效地惩治对单位行贿的犯罪个人或者单位。2015年《刑法修正案(九)》在对单位行贿罪的法定刑中,增加"并处罚金",从经济上给予惩罚,挽回由于其对单位行贿给国家造成的财产损失。

3. 对单位行贿罪的适用

对单位行贿罪是《刑法修正案(九)》对刑法第391条规定的对单位行贿罪法定刑修改补充的犯罪,要准确适用就必须弄清该罪的概念、特征、法定刑,以及适用时应注意的问题。

(1) 对单位行贿罪的概念。该罪是指为谋取不正当利益,给予国家机关、国有公司、企业、事业单位、人民团体以财物的,或者在经济往来中,违反国家规定,给予各种名义的回扣、手续费的行为。

在市场经济条件下,有些单位和个人在市场竞争中采取行贿的手段谋取非法利益。由于国家法律对国家工作人员受贿罪规定了严厉的刑罚处罚,很多国家工作人员拒绝受贿,而有些单位或者个人转向对单位行贿,使受贿单位以单位的名义为行贿人谋取不正当利益,其社会危害性比对个人行贿更严重。为了准确惩治对单位行贿犯罪行为,我国刑法设专条规定了对单位行贿罪,最高处3年有期徒刑,并处罚金。

(2) 对单位行贿罪的构成特征。根据刑法第391条规定,该罪的构成特征是：

①犯罪主体，是一般主体，达到法定年龄具有刑事责任能力实施了对单位行贿犯罪行为的自然人和单位。本罪法定年龄是年满16周岁以上的自然人。单位犯本罪的主体除单位本身外，还有单位的直接负责的主管人员和其他直接责任人员。犯罪主体在主观上是故意的，并且有谋取不正当利益的目的。

②犯罪行为，必须是实施了对单位行贿行为。具体行为表现有：

第一，为谋取不正当利益，给予国家机关、国有公司、企业、事业单位、人民团体以财物的行为。行贿的对象必须是国有单位。给予国有单位的财物，包括钱、物等物质利益和财产性的利益，不包括非物质利益。给予国有单位财物的目的是谋取不正当利益。所谓不正当利益，是指谋取违反法律、法规、国家政策和国务院各部门规章规定的利益，以及谋取违反法律、法规、国家政策和国务院各部门规章规定的帮助或方便条件。

第二，在经济往来中，违反国家规定，给予国家机关、国有公司、企业、事业单位、人民团体各种名义的回扣、手续费的行为，这种行为不需要为他人谋取利益为条件。

③犯罪结果，是行为犯，只要实施了对单位行贿的行为就可以构成犯罪。根据2000年12月1日最高人民检察院《关于行贿罪立案标准》规定，涉嫌下列情形之一的，应予立案：

一是个人行贿数额在10万元以上、单位行贿数额在20万元以上的；

二是个人行贿数额不满10万元、单位行贿数额在10万元以上不满20万元，但具有下列情形的之一：(1) 为谋取非法利益而行贿的……(4) 致使国家或者社会利益遭受重大损失的。

(3) 对单位行贿罪的法定刑。根据刑法第391条规定，行贿罪的法定刑是：

①犯对单位行贿罪的，处3年以下有期徒刑或者拘役，并处罚金。

②单位犯本罪的，对单位判处罚金，并对其直接负责的主管人员和其他直接责任人员，依照前款的规定处罚。

(4) 认定对单位行贿罪时，应注意的问题：

①划清罪与非罪的界限。

从犯罪主体上区分。本罪主体是自然人和单位。不满16周岁以上的人不能构成本罪主体，不具有单位资格的组织对单位行贿的，追究其负责的自然人的刑事责任。本罪主体在主观上是故意的，且必须是为谋取不正当的利益，如果是为取得正当或者合法利益，而给予国有单位以财物的行为，不构成犯罪。过失行为不能构成本罪。

从犯罪行为上区分。本罪必须是实施了对国有单位行贿的行为，向非国有单位行贿的行为不构成犯罪，例如向非国有公司、企业、事业单位行贿的行为不构成犯罪。

从犯罪结果上区分。本罪是行为犯，对单位行贿情节显著轻微危害不大的，依照刑法第13条犯罪定义的规定，不认为是犯罪。本罪是给予国有单位财物的才构成犯罪，给予国有单位非财物的行为不构成本罪。

②注意划清对单位行贿罪与行贿的界限。对单位行贿罪和行贿罪都是行贿方面的犯罪，二罪的犯罪主体和犯罪行为相似。二罪的根区别是行贿对象不同，对单位行贿罪的行贿对象是国有单位；而行贿罪的行贿对象是国家工作人员。另外，对二罪的处罚轻重不同，对单位行贿罪，最高处3年有期徒刑，并处罚金；而行贿罪最高处无期徒刑，并罚金或者处没收财产。

③注意划清对单位行贿罪与单位行贿罪的界限。对单位行贿罪是对国有单位行贿，而单位行贿罪是单位向国家工作人员行贿。二罪的根本区别是行贿的主体和行贿的对象不同。对单位行贿罪的主体是一般主体，包括单位和自然人；而单位行贿罪的主体只能是单位，不包括自然人。对单位行贿罪行贿的对象是国有单位，不包括自然人和非国有单位；而单位行贿罪行贿的对象是国家工作人员，不包括非国家工作人员和单位。由于二罪的主体和对象不同将二罪区分开来。非国有单位对国有单位行贿，构成对单位行贿罪。非国有单位对国家工作人员行贿的，构成单位行贿罪。单位或者个人对非国有单位行贿的行为不构成犯罪。

④划清对单位行贿罪与对非国家工作人员行贿罪的区别。对单位行贿罪是单位或者个人对国有单位行贿，即向国家机关、国有公司、企业、事业单位、人民团体行贿；而对非国家工作人员行贿是单位或者个人对公司、企业或者其他单位的工作人员行为。二罪的根本区别是接受贿赂的人不同，前者接受贿赂的是国有单位，后者接受贿赂的是非国家工作人员，即公司、企业或者其他单位的工作人员。

（四十一）介绍贿赂罪

介绍贿赂罪是《刑法修正案（九）》第48条对刑法第392条规定的介绍贿赂罪法定刑补充的犯罪。1997年最高人民法院、最高人民检察院《关于执行〈中华人民共和国刑法〉确定罪名的规定》中规定为本罪名。

1. 刑法规定内容的修改

刑法条文中有关介绍贿赂罪的规定有：

（1）1979年刑法第185条第3款规定，"向国家工作人员行贿或者介绍贿赂的,处三年以下有期徒刑或者拘役"。

(2) 1997年刑法第392条规定:"向国家工作人员介绍贿赂,情节严重的,处三年以下有期徒刑或者拘役。

"介绍贿赂人在被追诉前主动交待介绍贿赂行为的,可以减轻处罚或者免除处罚。"

(3) 2015年8月29日《刑法修正案(九)》第48条将刑法第392条第1款修改为:"向国家工作人员介绍贿赂,情节严重的,处三年以下有期徒刑或者拘役,并处罚金。"

上述《刑法修正案(九)》将刑法第392条规定的介绍贿赂罪的法定刑中增加了"并处罚金"。

2. 刑法规定修改的原因

介绍贿赂罪是受贿罪、行贿罪的中间犯罪,共同构成贿赂罪。中国古代、近代法律中都没有介绍贿赂罪的规定。我国1952年4月28日颁布的《惩治贪污条例》第6条中规定,"一切向国家工作人员行使贿赂、介绍贿赂者,应按其情节轻重参酌本条例第3条的规定处刑;其情节特别严重者,并得没收其财产之一部或全部;其彻底坦白并对受贿人实行检举者,得判处罚金,免予其刑事处分"。该条例规定了介绍贿赂犯罪行为,但没有规定为独立的犯罪,而是作为贪污罪的一种犯罪行为。我国1979年刑法将介绍贿赂行为规定为独立的罪名,并将其与受贿罪、行贿罪规定在一个条文中。该刑法第185条第3款中规定"向国家工作人员介绍贿赂的,处3年以下有期徒刑或者拘役"。1979年刑法对介绍贿赂罪作了从轻修改,并设专条规定为独立的犯罪,在对介绍贿赂罪的构成条件中,增加了"情节严重的"才构成犯罪。同时还专门规定"介绍贿赂人在被追诉前主动交待介绍贿赂行为的,可以减轻处罚或者免除处罚"的法定量刑情节。但其对介绍贿赂罪法定刑中没有规定财产刑,不能有效地惩治介绍贿赂的犯罪。2015年《刑法修正案(九)》在介绍贿赂罪的法定刑中增加了"并处罚金",以便对介绍贿赂者从经济上给予惩罚,挽回由于其犯罪给国家造成的财产损失。

3. 介绍贿赂罪的适用

介绍贿赂罪是《刑法修正案(九)》对刑法第392条规定的介绍贿赂罪法定刑补充的犯罪,要准确适用就必须弄清该罪的概念、特征、法定刑,以及适用时应注意的问题。

(1) 介绍贿赂罪的概念。该罪是指向国家工作人员介绍贿赂,情节严重的行为。

介绍贿赂犯罪行为是在行贿人与受贿人之间起沟通、撮合使贿赂行为得以实现的中介作用。很多情况下，没有介绍贿赂行为，就不存在贿赂犯罪行为发生。介绍贿赂人知明贿赂行为是违反法律规定的犯罪行为，还积极地实施介绍贿赂行为，有的是为从中获利益。介绍贿赂行为与受贿、行贿行为结合在一起侵犯国家工作人员的职责廉洁性，危害国家机关对社会的管理活动，因而介绍贿赂行为是对社会有危害的行为。我国刑法将介绍贿赂，情节严重的行为规定为犯罪，最高处3年期徒刑或者拘役，并处罚金。严厉惩处介绍贿赂罪对从源头上遏制贿赂犯罪有重要意义。

（2）介绍贿赂罪的构成特征。根据刑法第392条规定，该罪的构成特征是：

①犯罪主体，是一般主体，达到法定年龄具有刑事责任能力实施了介绍贿赂犯罪行为的自然人。本罪法定年龄是年满16周岁以上的自然人。犯罪体在主观上是故意的，目的是促成权钱交易的贿赂实现，有的具有谋利的目的，有的没有谋利的目的。

②犯罪行为，必须是实施了介绍贿赂的行为。其具体表现是：在行贿人与受贿人之间牵线、搭桥、撮合、沟通、引荐、促使行贿与受贿得以实现的行为。介绍贿赂是在行贿人与受贿人之间起到媒介作用，其既不是行贿一方的共犯也不是受贿一方的帮助犯，更不是行贿人和受贿人任何一方的教唆犯，而是独立于行贿人与受贿人之间进行介绍贿赂的独立犯罪行为。

③犯罪结果，是结果犯，必须是向国家工作人员介绍贿赂，情节严重的结果才能构成犯罪。根据最高人民检察院1999年9月16日《人民检察院直接受理侦查案件立案标准的规定（试行）》第7条规定，涉嫌下列情形一的，应予立案：

第一，介绍个人向国家工作人员行贿，数额在2万元以上的；[①] 介绍单位向国家工作人员行贿，数额在20万元以上的；

第二，介绍贿赂额不满上述述标准，但符合下列情形之一的：一是为谋取非法利益而行贿的；二是向三人以上行贿的，可以构成介绍贿赂罪；三是向党政领导、司法工作人员、行政执法人员行贿的；四是致使国家或者社会利益遭受重大损失的。

（3）介绍贿赂罪的法定刑。根据刑法第392条规定，介绍贿赂罪的法定刑是：构成介绍贿赂罪的，处3年以下有期徒刑或者拘役，并处罚金。

介绍贿赂人在被追诉前主动交待介绍贿赂行为的，可以减轻处罚或者免除

---

① 笔者认为，根据2016年4月18日起施行的"两高"司法解释一般情况下受贿3万元构成犯罪，这里应改为"3万元"。

处罚。

（4）认定介绍贿赂罪时，应注意的问题：

①注意划清罪与非罪的界限。

从犯罪主体上区分。本罪主体是一般主体，单位不能构成本罪。本罪主体在主观上是故意的，其目的是促成权钱交易，促成贿赂实现。过失行为不构成犯罪。如果行为人给予国家工作人员介绍业务关系、介绍用户联系，没有介绍金钱交易的贿赂内容的，不构成介绍贿赂罪。如果在介绍业务后，发生了一方给予国家工作人员以财物的行贿行为，但介绍业务者由于没有介绍贿赂的内容，对介绍业务者不能构成介绍贿赂罪。

从犯罪行为上区分。本罪必须实施了在行贿人与受贿人之间进行介绍贿赂行为的才能构成犯罪，如果只是在行贿一方或者受贿一方出谋划策、提供对方的信息行为，不是介绍贿赂犯罪行为。本罪是介绍向国家工作人员行贿的行为才构成犯罪。如果介绍给予单位或者给予非国家工作人员贿赂的行为，不构成介绍贿赂犯罪。

从犯罪结果上区分。本罪是结果犯，必须是介绍贿赂，达到情节严重的结果才能构成犯罪，如果介绍贿赂达不到司法解释规定的情节严重的标准的，不构成本罪。

②注意划清介绍贿赂罪与经济活动中居间谋利的界限。在商品经济活动中，居间谋利是经纪人居间提供信息、咨询服务，使供需双方业务成交，从中获取报酬。这是一种独立的经济活动，一般不构成犯罪。而介绍贿赂罪介绍人也可能从行贿或者受贿方获取介绍费，但这不是经纪人的收入，而是介绍贿赂的非法所得，应作为介绍贿赂罪从重处罚的情节考虑。

③注意划清介绍贿赂罪与斡旋受贿罪的界限。斡旋受贿是国家工作人员利用职权或者地位形成的便利条件，通过其他国家工作人员职职务上的行为，为请托人谋取不正当利益，索取或者收受请托人财物的行为。从表面上看，斡旋受贿行为也是处于一种"中介人"地位，与介绍贿赂很相似，容易混淆。二罪区分的关键是行为的性质不同。介绍贿赂行为的性质是出于中间介绍的行为，而斡受贿罪则是索贿、受贿行为，其与普通受贿行为的区别是利用其他国家工作人员职务行为他人谋利益，而不是利用自己的职务为他人谋取不正当利益的行为，其索取、收受他人财物的行为与受贿行为是相同的，因此，斡旋受贿是受贿罪的一种形式。

④注意划清介绍贿赂罪与诈骗罪的界限。介绍贿赂罪与诈骗罪在犯罪构成上完全不同，在一般情况下是能够划分清楚的，但是，如果介绍贿赂人使用欺骗的手段，将贿赂财物骗为己有或者将部分贿赂财物骗为己有的，是认定为诈

骗罪还是介绍贿赂罪，容易混淆。二罪的根本区别是行为人主观上的目的不同，如果行为人是以介绍贿赂为名，实质上是以欺骗的手段骗取财物为己有为目的，至于贿赂行为是否实施与他无关，则应定为诈骗罪。如果行为人主观上虽有获取财的动机，而是以介绍贿赂为目的，积极促使行贿与受贿的权钱交易得以实现，则应认定为介绍贿赂罪。

⑤注意划清介绍贿赂罪与教唆贿赂的界限。教唆贿赂是教唆行贿者或者受贿者一方进行贿赂行为，是行贿罪或者受贿罪的共犯，只是在行贿或者受贿一方起教唆犯的作用。而介绍贿赂罪的犯罪人是在行贿人与受贿人之间进行牵线、搭桥、撮合、引荐，其与行贿人、受贿人双方都有联系，不是任何一方的共犯，只是"中介人"的地位，不单独代表任何一方利益。如果行贿、受贿双方都没有进行贿赂的意图，而是由于行为人在双方之间进行教唆而引起贿赂犯罪的，不再认定为介绍贿赂罪，而应认定为行贿罪或者受贿罪的教唆犯。

（四十二）单位行贿罪

单位行贿罪是《刑法修正案（九）》第49条对刑法第393条规定的单位行贿罪的法定刑补充修改的犯罪。1997年最高人民法院、最高人民检察院《关于执行〈中华人民共和国刑法〉确定罪名的规定》中规定为本罪名。

1. 刑法规定内容的修改

刑法条文中有关单位行贿罪的规定有：

（1）1997年刑法第393条规定，"单位为谋取不正当利益而行贿，或者违反国家规定，给予国家工作人员以回扣、手续费，情节严重的，对单位判处罚金，并对其直接负责的主管人员和其他直接责任人员，处五年以下有期徒刑或者拘役。因行贿取得的违法所得归个人所有的，依照本法第三百八十九条、第三百九十条的规定定罪处罚"。

（2）2015年8月29日《刑法修正案（九）》第49条将刑法第393条修改为："单位为谋取不正当利益而行贿，或者违反国家规定，给予国家工作人员以回扣、手续费，情节严重的，对单位判处罚金，并对其直接负责的主管人员和其他直接责任人员，处五年以下有期徒刑或者拘役，并处罚金。因行贿取得的违法所得归个人所有的，依照本法第三百八十九条、第三百九十条的规定定罪处罚。"

上述《刑法修正案（九）》对刑法第393条规定的单位行贿罪的法定刑中补充增加了"并处罚金"的规定。

2. 刑法规定修改的原因

单位行贿罪是 1997 年刑法新增加的犯罪，我国 1979 年刑法没有这种犯罪的规定。1988 年全国人大常委会《关于惩治贪污罪贿赂罪的补充规定》中增加规定了"企业事业单位、机关、团体为谋取不正当利益而行贿或者违反国家规定，给予国家工作人员、集体经济组织工作人员或者其他从事公务的人员以回扣、手续费，情节严重的，判处罚金，并对直接负责的主管人员和其他直接责任人员，处 5 年以下有期徒刑或者拘役。因行贿取得的违法所得归私人所有的，依照本规定第 8 条（行贿罪）的处罚规定处罚"。1997 年修订刑法时根据我国当时公有制与私有制经济并存，私有单位或者个人为了谋取不正当利益而对国家工作人员行贿情节严重的情况下，对"补充规定"规定的单位行贿罪作了重要修改：一是对单位行贿罪的主体扩大，将特定的单位，即"企业事业单位、机关、团体"，改为一般"单位"，即所有的单位都可以构成单位犯罪的主体；二是缩小了行贿的对象，将"给予国家工作人员、集体经济组织工作人员或者其他从事公务的人员以回扣、手续费的"改为"给予国家工作人员以回扣、手续费的"，使行贿的对象缩小到只有国家工作人员，这样改的目的是更准确地惩治单位行贿罪。但刑法规定，单位的直接负责的主管人员和其他直接责任人员构成"单位行贿罪的，处五年以下有期徒刑或者拘役"中没有规定财产刑，不能有效地惩治有关犯罪人员。2015 年《刑法修正案（九）》在单位行贿罪的法定刑中，增加"并处罚金"，以便从经济上给予惩罚，挽回由于其行贿给国家造成的财产损失。

3. 单位行贿罪的适用

单位行贿罪是《刑法修正案（九）》对刑法第 393 条规定的单位行贿罪法定刑补充修改的犯罪，要准确适用就必须弄清该罪的概念、特征、法定刑，以及适用时应注意的问题。

（1）单位行贿罪的概念。该罪是指单位为谋取不正当利益而行贿，或者违反国家规定，给予国家工作人员以回扣、手续费，情节严重的行为。

在市场经济条件下，单位，即公司、企业、事业单位、机关、团体都有一定的经济独立权，单位在经济或者其他活动中为了谋取不正当利益，往往以单位的名义向国家工作人员行贿，其行贿的数额大、隐蔽性强，给国家和人民造成重大损失，其社会危害性是很严重的。我国刑法设专条规定了单位行贿罪，对单位判处罚金，对单位的直接负责的主管人员和其他直接责任人员，处 5 年有期徒刑或者拘役，并处罚金。

（2）单位行贿罪的构成特征。根据刑法第 393 条规定，该罪的构成特征是：

①犯罪主体，是单位，单位是指刑法第 30 条规定的公司、企业、事业单位、机关、团体，即是依法成立的能以单位的名义行使权利和履行义务的组织。本罪的主体除单位本身外，还有单位的直接负责的主管人员和其他直接责任人员。犯罪主体在主观上是故意的，并且有谋取不正当利益的目的。

②犯罪行为，必须是单位实施了单位行贿行为。具体行为表现有：

第一，为谋取不正当利益，给予国家工作人员以财物的行为。单位行贿的对象必须是国家工作人员。给予国家工作人员的财物，包括钱、物等物质利益和财产性的利益，不包括非物质利益。给予国家工作人员财物的目的是谋取不正当利益。所谓不正当利益，是指谋取违反法律、法规、国家政策和国务院各部门规章规定的利益，以及谋取违反法律、法规、国家政策和国务院各部门规章规定的帮助或方便条件。

第二，违反国家规定，给予国家工作人员回扣、手续费，情节严重的行为，这种行为不需要为他人谋取利益为条件。

③犯罪结果，给予国家工作人员以财物的行为是行为犯，只要实施了单位行贿行为就可以构成犯罪。给予国家工作人员回扣、手续费必须是情节严重的结果，才能构成犯罪。根据 2000 年 12 月 1 日最高人民检察院《关于行贿罪立案标准》规定，涉嫌下列情形之一的，应予立案：

一是单位行贿数额在 20 万元以上的；

二是单位为谋取不正当利益而行贿，数额在 10 万元以上不满 20 万元，但具有下列情形的之一的：为谋取非法利益而行贿的；向三人以上行贿的；向党政领导、司法工作人员、行政执法人员行贿的；致使国家或者社会利益遭受重大损失的。

（3）单位行贿罪的法定刑。根据刑法第 393 条规定，单位行贿罪的法定刑是：

①构成单位行贿罪的，对单位判处罚金。

②构成单位行贿罪的，对单位直接负责的主管人员和其他直接责任人员，处 5 年以下有期徒刑或者拘役，并处罚金。

因单位行贿取得的违法所得归个人所有的，依照刑法第 389 条、第 390 条的规定的行贿罪定罪处罚。

（4）认定单位行贿罪时，应注意的问题：

①注意划清罪与非罪的界限。

从犯罪主体上区分。本罪主体是单位。自然人不能构成本罪主体，不具有单位资格的组织也不能构成本罪。本罪主体在主观上是故意的，且必须是为谋取不正当的利益的目的，如果是为取得正当或者合法利益，而给予国家工作人员财物的行为，不构成犯罪。例如，以单位的名义给国家工作人员送礼物的行为，是单方赠予行为，不存在权钱交易的内容，不存在谋取不正当利益的目的，因而不构成犯罪行为。当然，以单位送礼为名，实际上是为谋取不正当利益而进行行贿行为的，则应当认定为单位行贿罪。过失行为不能构成本罪。

从犯罪行为上区分。本罪必须是单位对国家工作人员实施行贿行为，如果是单位对非国家工作人员行贿不构成本罪，但可以构成对非国家工作人员行贿罪。单位对非国有单位行贿的行为不构成犯罪。如果是国家工作人员向某单位提供了技术服务、经济项目服务、法律咨询服务等劳动，单位根据政策和国家法律规定，给予国家工作人员一定的劳动报酬或者奖励的行为是合法行为，不能构成单位行贿罪。

从犯罪结果上区分。单位给予国家工作人员回扣、手续费必须是情节严重的才构成犯罪，如果达不到情节严重的结果不能构成犯罪。单位给予国家工作人员以财物的行贿罪是行为犯，如果情节显著轻微危害不大的，依照刑法第13条犯罪定义的规定，不认为是犯罪。本罪单位给予国家工作人员的财物，包括金钱财物利益及财产性的利益，如果给予国家工作人员的是非财物利益的，也不构成犯罪。

②注意划清单位行贿罪与行贿的界限。单位行贿罪是从行贿罪中分离出来的犯罪，其具有行贿方面犯罪的本质特征。二罪的根本区别是犯罪主体不同。单位行贿罪的主体是单位及其直接负责的主管人员和其他直接责任人员；而行贿罪的主体是自然人，不包括单位。如果以单位的名义向国家工作人员行贿，而为个人谋取不正当利益，则应定为行贿罪，而不再定为单位行贿罪。

③注意划清单位行贿罪与对单位行贿罪的界限。单位行贿罪和对单位行贿罪都是从行贿方面犯罪分离出来的犯罪，都有行贿罪的本质特征。二罪的根本区别是行贿的主体和行贿对象不同。对单位行贿罪的主体是一般主体，包括单位和自然人，其行贿的对象是国有单位；而单位行贿罪的主体只能是单位，不包括自然人，其行贿的对象是国家工作人员。由于二罪的主体和对象不同将二罪区分开来。非国有单位对国有单位行贿，构成对单位行贿罪。非国有单位对国家工作人员行贿的，构成单位行贿罪。

④注意划清单位行贿罪与对非国家工作人员行贿罪的区别。单位行贿罪是单位对国家工作人员行贿；而对非国家工作人员行贿是单位或者个人对公司、企业或者其他单位的工作人员行贿。二罪的根本区别是接受贿赂的人不同，前者接受贿赂的是国家工作人员，后者接受贿赂的是非国家工作人员，即公司、企业或者其他单位的工作人员。单位向非国家工作人员行贿的，不构成单位行

贿罪，而构成对非国家工作人员行贿罪。

（四十三）阻碍执行军事职务罪

阻碍执行军事职务罪是《刑法修正案（九）》第50条对刑法第426条规定的阻碍执行军事职务罪法定刑补充修改的犯罪。1997年最高人民法院、最高人民检察院《关于执行〈中华人民共和国刑法〉确定罪名的规定》中规定为本罪名。

1. 刑法规定内容的修改

刑法条文中有关阻碍执行军事职务罪的规定有：

（1）1997年刑法第426条规定，"以暴力、威胁方法，阻碍指挥人员或者值班、值勤人员执行职务的，处五年以下有期徒刑或者拘役；情节严重的，处五年以上有期徒刑；致人重伤、死亡的，或者有其他特别严重情节的，处无期徒刑或者死刑。战时从重处罚"。

（2）2015年8月29日《刑法修正案（九）》第50条将刑法第426条修改为："以暴力、威胁方法，阻碍指挥人员或者值班、值勤人员执行职务的，处五年以下有期徒刑或者拘役；情节严重的，处五年以上十年以下有期徒刑；情节特别严重的，处十年以上有期徒刑或者无期徒刑。战时从重处罚。"

上述《刑法修正案（九）》将对刑法第426条规定的阻碍执行军事职务罪的法定刑中原规定的"情节严重的，处五年以上有期徒刑；致人重伤、死亡的，或者有其他特别严重情节的，处无期徒刑或者死刑"改为"情节严重的，处五年以上十年以下有期徒刑；情节特别严重的，处十年以上有期徒刑或者无期徒刑"，调整了构成犯罪，但有"情节严重"的法定刑，并且取消了犯本罪处死刑的规定。

2. 刑法规定修改的原因

阻碍执行军事职务罪是1997年刑法根据我国《惩治军人违反职责罪暂行条例》中规定的阻碍军事职务罪修改而得名。该条例第10条规定，"以暴力、威胁办法，阻碍指挥人员或者值班、值勤人员执行职务的，处5年以下有期徒刑；情节特别严重的或者致人重伤、死亡的，处无期徒刑或者死刑。战时从重处罚"。1979年刑法将罪名修改为"阻碍执行军事职务罪"，将"情节特别严重或者致人重伤、死亡的"改为"致人重伤、死亡的，或者有其他特别严重情节的"。使文字表述更规范。2015年8月29日《刑法修正案（九）》根据我国当前的实际情况，依照宽严相济的刑事政策和严格限制死刑的原则又对该罪的法定刑进行了调整，减轻了"情节严重"犯罪的法定刑，同时取消了犯本罪处死刑的规定，减轻了对本罪的处罚力度。

3. 阻碍执行军事职务罪的适用

阻碍执行军事职务罪是《刑法修正案（九）》对刑法第426条规定的阻碍执行军事职务罪法定刑补充修改的犯罪，要准确适用就必须弄清该罪的概念、特征、法定刑，以及适用时应注意的问题。

（1）阻碍执行军事职务罪的概念。该罪是指以暴力、威胁方法，阻碍指挥人员或者值班、值勤人员执行职务的行为。

军人执行职务是保证部队战斗力和完成各项任务的前提条件，所有的军人应当协助和支持其认真执行职务行为，如果军人以暴力、威胁方法阻碍指挥人员或者值班、值勤人员依法执行职务必然给部队的正常工作造成危害。我国刑法将以暴力、威胁方法阻碍军人执行职务的行为规定为犯罪，最高处无期刑徒刑。

（2）阻碍执行军事职务罪的构成特征。根据刑法第426条规定，该罪的构成特征是：

①犯罪主体，是军人，无论战时还是平时军人都可以构成本罪的主体。军人是指现役军人和军内在编职工，即刑法第450条规定的中国人民解放军现役军官、文职干部、士兵及具有军籍的学员和中国人民武装警察部队的现役警官、文职干部、士兵及具有军籍的学员以及执行军事任务的预备役人员和其他人员。犯罪主体在主观上是故意的，并且有阻碍执行军事职务的目的。

②犯罪行为，必须是实施了以暴力、威胁方法阻碍执行军事职务的行为。所谓暴力，是指以暴力袭击的方法，如捆绑、殴打、伤害等方法危害人身安全和人身自由，使军人不能依法执行职务的行为。所谓威胁方法，是指以暴力相胁迫，如以打击报复、揭发隐私或者以暴力伤害相要挟，使军人不敢执行军事职务的行为。

③犯罪结果，是行为犯，只要以暴力、威胁方法阻碍指挥人员或者值班、值勤人依法执行职务行为就可以构成犯罪。

（3）阻碍执行军事职务罪的法定刑。根据刑法第426条规定，本罪的法定刑是：

①构成本罪，处5年以下有期徒刑或者拘役。

②构成本罪，情节严重的，处5年以上10年以下有期徒刑。

③构成本罪，情节特别严重的，处10年以上有期徒刑或者无期徒刑。

战时从重处罚。

（4）认定阻碍执行军事职务罪时，应注意的问题：

①注意划清罪与非罪的界限。

从犯罪主体上区分。本罪主体是必须是军人，非军人不能构成本罪主体，本罪主体在主观上是故意的，即故意阻碍执行军事职务的目的，不具有阻碍执行军事职务的目的，如开汽车不小心撞翻军队值勤岗楼，使值勤军人不能执行军事职务的行为不构成本罪。

从犯罪行为上区分。本罪必须是以暴力、威胁的方法阻碍执行军事职务的行为，如果没有使暴力、威胁的方法，而是使用语言吵闹的方法，使军人不能执行军事职务的行为，不能构成犯罪。军人以暴力、威胁方法阻碍非军人执行职务的行为也不构成本罪。

从犯罪结果上区分。本罪是行为犯，只要实施了以暴力、威胁的方法阻碍执行军事职务行为就可以构成犯罪，但情节显著轻微危害不大的行为，依据刑法第13条犯罪定义的规定不认为是犯罪。例如，虽然使用了轻微的暴力，但经劝阻立即停止，并没有实际阻碍执行军事职务的行为，不认为是犯罪。

②注意划清阻碍执行军事职务罪与阻碍军人执行职务罪的界限。本罪与刑法第386条规定阻碍军人执行职务罪相似，二罪都是阻碍军人执行职务的行为，容易混淆。二罪的区别是：一是犯罪主体不同，本罪的主体是军人；而阻碍军人执行职务罪的主体是一般主体。二是阻碍的对象不同，本罪阻碍的对象是军事指挥人员或者值班、值勤人员；而阻碍军人执行职务罪阻碍的对象是所有执行职务的军人。由于上述二点不同将二罪区分开来。

③注意划清阻碍执行军事职务罪与妨害公务罪的界限。本罪与我国刑法第277条规定的妨害公务罪相似，都是妨害国家机关工作人员执行公务的行为，容易混淆。二罪的根本区别是阻碍的对象不同。本罪阻碍的是军事指挥人员或者值班、值勤人员执行公务的行为；而妨害公务罪阻碍的对象是执行公务的国家机关工作人员。另外，二罪的主体也不相同，本罪的主体是军人；而妨害公务罪的主体是一般主体。如果军人阻碍国家机关工作人员依法执行公务的行为，要认定为妨害公务罪。如果非军人阻碍军事指挥人员或者值班、值勤人员执行军事职务的行为，要认定为阻碍军人执行职务罪。

（四十四）战时造谣惑众罪

战时造谣惑众罪是《刑法修正案（九）》第51条对刑法第433条规定的战时造谣惑众罪法定刑补充修改的犯罪。1997年最高人民法院、最高人民检察院《关于执行〈中华人民共和国刑法〉确定罪名的规定》中规定为本罪名。

1. 刑法规定内容的修改

刑法条文中有关战时造谣惑众罪的规定有：

（1）1997年刑法第433条规定："战时造谣惑众，动摇军心的，处三年以下有期徒刑；情节严重的，处三年以上十年以下有期徒刑。

"勾结敌人造谣惑众，动摇军心的，处十年以上有期徒刑或者无期徒刑；情节特别严重的，可以判处死刑。"

（2）2015年8月29日《刑法修正案（九）》第50条将刑法第433条修改为："战时造谣惑众，动摇军心的，处三年以下有期徒刑；情节严重的，处三年以上十年以下有期徒刑；情节特别严重的，处十年以上有期徒刑或者无期徒刑。"

上述《刑法修正案（九）》将刑法第433条规定的战时造谣惑众罪的法定刑中原规定的"勾结敌人造谣惑众，动摇军心的，处十年以上有期徒刑或者无期徒刑；情节特别严重的，可以判处死刑"全部删去，即取消了对本罪处死刑的规定。同时增加了"情节特别严重的，处十年以上有期徒刑或者无期徒刑"的加重法定刑。

2. 刑法规定修改的原因

战时造谣惑众罪是1997年刑法根据我国1981年6月全国人大常委会颁布的《惩治军人违反职责罪暂行条例》中规定的战时造谣惑众罪修改而得名。该条例第14条规定，"战时造谣惑众，动摇军心的，处3年以下有期徒刑；情节严重的，处3年以上10年以下有期徒刑。勾结敌人造谣惑众，动摇军心的，处10年以上有期徒刑或者无期徒刑；情节特别严重的，可以判处死刑"。1979年刑法的规定与上述规定完全相同。2015年8月29日《刑法修正案（九）》根据我国当前的实际情况，依照宽严相济的刑事政策和严格限制死刑的原则又对该罪的法定刑进行了调整，删除"勾结敌人造谣惑众，动摇军心"的罪状，取消了犯本罪处死刑的规定，并同时增加了"情节特别严重的，处十年以上有期徒刑或者无期徒刑"的加重法定刑。

3. 战时造谣惑众罪的适用

战时造谣惑众罪是《刑法修正案（九）》对刑法第433条规定的战时造谣惑众罪的罪状和法定刑补充修改的犯罪，要准确适用就必须弄清该罪的概念、特征、法定刑，以及适用时应注意的问题。

（1）战时造谣惑众罪的概念。该罪是指战时造谣惑众，动摇军心的行为。

战时军队军人的士气很重要，通过宣传鼓动，提高军人的士气是保证军事胜利的重要因素，如果在战时造谣惑众，动摇军心，使军人失去斗志，实际上帮助敌人削弱自己的行为，是危害部队战斗力，是对社会有危害的行为。我国刑法将战时造谣惑众、动摇军心的行为规定为犯罪，最高处无期刑徒刑。

（2）战时造谣惑众罪的构成特征。根据刑法第433条规定，该罪的构成特征是：

①犯罪主体，是军人，军人在战时才能构成本罪的主体。军人是指现役军人和军内在编职工，即刑法第450条规定的中国人民解放军现役军官、文职干部、士兵及具有军籍的学员和中国人民武装警察部队的现役警官、文职干部、士兵及具有军籍的学员以及执行军事任务的预备役人员和其他人员。犯罪主体在主观上是故意的，并且有造谣惑众、动摇军心的目的。

②犯罪行为，必须是在战时实施了造谣惑众，动摇军心的行为。所谓造谣惑众、动摇军心，是指编造不存在的虚假的不利于稳定军心的虚假信息，在部队中散布，煽动怯战、厌战或者恐怖情绪蛊惑官兵的行为。造谣惑众、动摇军心的行为方式可以是公开的散布，也可以是私下传播；可以是口头的，也可以是文字、图像的；可以通过互联网、手机等其他途径散布，只要是让他人知道的谣言，都是散布谣言的行为。

③犯罪结果，是行为犯，只要以战时实施了造谣惑众行为就可以构成犯罪，无论是否达到动摇军心的目的都可以构成犯罪。

（3）战时造谣惑众罪的法定刑。根据刑法第426条规定，本罪的法定刑是：

①构成本罪，处3年以下有期徒刑。

②构成本罪，情节严重的，处3年以上10年以下有期徒刑。

③构成本罪，情节特别严重的，处10年以上有期徒刑或者无期徒刑。

（4）认定战时造谣惑众罪时，应注意的问题：

①注意划清罪与非罪的界限。

从犯罪主体上区分。本罪主体必须是军人，非军人不能构成本罪主体，本罪主体在主观上是故意的，且有造谣惑众、动摇军心的目的，不具有这种的目的，如过失误传了小道消息的行为不构成本罪。

从犯罪行为上区分。本罪必须是在战时故意进行造谣惑众的行为，平时有造谣惑众行为的不能构成犯罪。如果传播是真的事实，虽然影响了官兵的情绪，由于不是造谣行为，也不构成犯罪。

从犯罪结果上区分。本罪是行为犯，只要在战时实施了造谣惑众行为就可以构成犯罪，但情节显著轻微危害不大的行为，依据刑法第13条犯罪定义的规定不认为是犯罪。例如，虽然造谣，只有一两个人听到就被制止了，没有在官兵中广泛散布的行为，不认为是犯罪。

②注意划清战时造谣惑众罪与煽动颠覆国家政权罪的界限。我国刑法第105条第2款规定的煽动颠覆国家政权罪与本罪在犯罪行为上相似，容易混淆。二罪的主要区别是：一是犯罪主体不同，本罪的主体是军人；而煽动颠覆

国家政权罪的主体是一般主体，也包括军人。二是犯罪目的不同，本罪的目的是战时造谣惑众的目的；而煽动颠覆国家政权罪的目的是颠覆国家政权。由于上述不同将二罪区分开来。

③注意划清战时造谣惑众罪与战时造谣扰乱军心罪的界限。本罪与刑法第378条规定的战时造谣扰乱军心罪与本罪在犯行为、犯罪结果相似，容易混淆。二罪的根本区别是犯罪主体不同。本罪的主体是军人；而战时造谣扰乱军心罪的主体是一般主体，军人在战时造谣扰乱军心的行为只能认定为战时造谣惑众罪。

中篇 刑法补充规定

刑法补充规定，是刑法颁布实施以后，立法机关对刑法规定内容所作的新的规定。刑法的补充规定从颁布之日起开始生效，其与刑法具有同等效力。刑法补充规定的内容应遵循刑法总则的一般原则规定，其内容应与刑法总则规定相一致，如果相矛盾则刑法补充规定无法律效力；刑法补充规定内容与刑法分则规定法律条文竞合时，应遵照特别法规定优先于一般法规定的原则优先适用刑法补充规定。根据我国宪法规定，我国刑法由全国人民代表大会制定和修改。在全国人民代表大会闭会期间，全国人民代表大会常务委员会有权对刑法进行部分补充和修改，但是对刑法的补充和修改不得同刑法规定的基本原则相抵触。我国1979年刑法颁布实施后，全国人民代表大会根据社会治安形势发展的需要和刑事政策要求，先后对刑法制定颁布了23个补充规定，对当时在社会上多发的社会危害严重又急需惩处的犯罪行为作了补充规定，它们对维护社会治安秩序，保障社会主义市场经济秩序起了重要作用。1997年修订刑法时，对有关的补充规定经过修改和补充纳入刑法中，成为刑法中的重要内容。1997年10月1日，修订刑法颁布实施以后，全国人大常委会根据我国政治、经济和社会治安形势发展的需要，对刑法又作了《关于惩治骗购外汇、逃汇和非法买卖外汇犯罪的决定》、《关于取缔邪教组织、防范和惩治邪教活动的决定》和《关于维护互联网安全的决定》、《关于修改部分法律的决定》。上述四个刑法的补充规定对防止亚洲金融危机对我国经济的破坏、打击"法轮功"邪教组织对国家政权的侵犯、维护互联网安全和统一法律用语及引用法律名称等问题起到了极大的作用。从1995年12月25日起，我国全国人大常委会开始用《刑法修正案》的形式对刑法进行修改和补充，不再用刑法补充规定的形式，应当说这是立法技术的进步，对保障刑法的整体性、连贯性和适用性具有十分重要的作用，到目前为止，全国人大常委会已颁布了九个《刑法修正案》，对刑法有关条文作了大量修改和补充。当然，也不排除今后在必要的时候，全国人大常委会还会继续使用刑法补充规定的形式对刑法进行修改补充。

第十章　关于惩治骗购外汇、逃汇和非法买卖外汇犯罪的决定

全国人大常委会《关于惩治骗购外汇、逃汇和非法买卖外汇犯罪的决定》于1998年12月29日第九届全国人大常委会第六次会议通过。1997年以来，亚洲金融危机迅速发展，危害我国香港、澳门、台湾地区，我国境内一些不法分子也蠢蠢欲动。为了谋取巨额利润，他们千方百计地骗购外汇，非法截留、转移和买卖外汇，在一些地区发案数量急增，涉案金额巨大，活动十分猖獗。在这种状况下，如果不及时制止，将严重损害我国金融秩序的稳定和经济建设的安全。为了有力地打击骗汇、逃汇、非法买卖外汇的违法犯罪行为，保持人民币汇率的稳定，有效防范金融风险，1998年10月27日，在第九届全国人大常委会第五次会议上国务院提请全国人大常委会《关于惩治骗购外汇、逃汇和非法买卖外汇犯罪的决定（草案）》，要求对刑法予以补充并作出立法解释性的规定。会后，全国人民代表大会法律委员会和法制工作委员会将国务院提请的草案印发各省、自治区、直辖市和中央有关部门征求意见，法律委员会、财经委员会和法制工作委员会还联合邀请中央有关部门和法律专家进行座谈，听取意见。于12月4日、18日法律委员会根据常委委员和地方、部门的意见，对草案进行了审议。法律委员会认为，为了严厉打击骗购外汇、逃汇和非法买卖外汇的犯罪活动，有必要对刑法进行修改。并对草案提出了修改意见，报请第六次全国人大常委会审议通过。具体如何适用全国人大常委会上述补充规定依照最高人民法院、最高人民检察院司法解释执行。

一、骗购外汇罪

骗购外汇罪是刑法补充规定新增加的罪名，1979年刑法没有规定这种犯罪为独立的罪名，司法实践中将骗购外汇犯罪行为包含在投机倒把犯罪行为之中。1981年全国人大常委会颁布的《关于严惩严重破坏经济的罪犯的决定》中规定有套取国家外汇的犯罪行为，其与骗购外汇行为相似。在修订刑法时，取消了套汇犯罪行为。1998年8月28日，根据当时骗购外汇行为严重破坏我

国金融秩序的紧急情况，最高人民法院将骗购外汇行为解释为：构成走私罪、洗钱罪、逃汇罪、伪造变造国家公文证件印章罪、非法经营罪等犯罪行为。1998年12月29日，《关于惩治骗购外汇、逃汇和非法买卖犯罪的决定》将骗购外汇犯罪行为规定为独立的罪名，并以此罪名代替了套汇罪的罪名。

（一）刑法规定内容的修改

刑法条文中规定惩治骗购外汇犯罪行为，经过了以下修改和补充：

1. 1979年《刑法》第117条规定："违反金融、外汇、金银、工商管理法规，投机倒把，情节严重的，处三年以下有期徒刑或者拘役，可以并处、单处罚金或者没收财产。"

2. 1982年全国人大常委会《关于严惩严重破坏经济的罪犯的决定》第1条第（一）项规定："对刑法第一百一十八条规定走私、套汇、投机倒把牟取暴利罪……情节特别严重的，处十年以上有期徒刑、无期徒刑或者死刑，可以并处没收财产。"

3. 1998年全国人大常委会《关于惩治走私罪的补充规定》第9条规定："全民所有制、集体所有制企业事业单位、机关、团体违反外汇管理法规……或者把国家拨给的外汇非法出售牟利的，由外汇管理机关依照外汇管理法规强制收兑外汇、没收违法所得，可以并处罚款，并对其直接负责的主管人员和其他直接责任人员，由其所在单位或者上级主管机关酌情给予行政处分；情节严重的，除依照外汇管理法规强制收兑外汇、没收违法所得外，判处罚金，并对其直接负责的主管人员和其他直接责任人员，处五年以下有期徒刑或者拘役。企业事业单位、机关、团体或者个人非法倒买倒卖外汇牟利，情节严重的，按照投机倒把罪处罚。"

4. 1998年全国人大常委会《关于惩治骗购外汇、逃汇和非法买卖外汇犯罪的决定》第1条规定："有下列情形之一，骗购外汇，数额较大的，处五年以下有期徒刑或者拘役，并处骗购外汇数额百分之五以上百分之三十以下罚金；数额巨大或者有其他严重情节的，处五年以上十年以下有期徒刑，并处骗购外汇数额百分之五以上百分之三十以下罚金；数额特别巨大或者有其他特别严重情节的，处十年以上有期徒刑或者无期徒刑，并处骗购外汇数额百分之五以上百分之三十以下罚金或者没收财产：（一）使用伪造、变造的海关签发的报关单、进口证明、外汇管理部门核准件等凭证和单据的；（二）重复使用海关签发的报关单、进口证明、外汇管理部门核准件等凭证和单据的；（三）以其他方式骗购外汇的。

"伪造、变造海关签发的报关单、进口证明、外汇管理部门核准件等凭证和单据,并用于骗购外汇的,依照前款的规定从重处罚。

"明知用于骗购外汇而提供人民币资金的,以共犯论处。

"单位犯前三款罪的,对单位依照第一款的规定判处罚金,并对其直接负责的主管人员和其他直接责任人员,处五年以下有期徒刑或者拘役;数额巨大或者有其他严重情节的,处五年以上十年以下有期徒刑;数额特别巨大或者有其他特别严重情节的,处十年以上有期徒刑或者无期徒刑。"

从上述刑法及其补充规定对骗购外汇犯罪行为规定的发展过程可见,现行刑法补充规定对刑法规定作了如下新的补充规定:

1. 明确增加规定了骗购外汇罪的新罪名。1979年刑法没有明确规定骗购外汇的犯罪行为,只笼统地将违反外汇管理法规的行为规定为投机倒把罪犯罪行为。司法实践中,将骗购外汇行为作为违反外汇管理法规行为之一,情节严重的,依照投机倒把罪定罪处罚。全国人大常委会《关于严惩严重破坏经济的罪犯的决定》和《关于惩治走私罪的补充规定》中进一步缩小范围,作为套汇行为的一种,情节严重的,依照套汇罪定罪处罚。全国人大常委会《关于惩治骗购外汇、逃汇和非法买卖外汇犯罪的决定》中明文规定了骗购外汇罪,将骗购外汇行为从投机倒把罪、套汇罪中分离出来,作为一个独立的罪名。

2. 明确规定了骗购外汇犯罪行为的方式方法。具体有三种表现:一是使用伪造、变造的凭证和单据骗购外汇的行为;二是重复使用有关凭证和单据骗购外汇的行为;三是以其他方式、方法骗购外汇的行为。

3. 明确规定了骗购外汇罪的法定刑,犯骗购外汇罪的,最低处5年以下有期徒刑或者拘役,并处骗购外汇数额5%以上30%以下罚金;最高处10年以上有期徒刑或者无期徒刑,并处骗购外汇数额5%以上30%以下罚金或者没收财产。

4. 明确规定了骗购外汇罪的共犯和从重处罚的法定情节。明知用于骗购外汇而提供人民币资金的,以共犯论处。海关、外汇管理部门以及金融机构、从事对外贸易经营活动的公司、企业或者其他单位的工作人员与骗购外汇的行为人通谋,为其提供购买外汇的有关凭证或者其他便利的,或者明知是伪造、变造的凭证和单据而售汇、付汇的,以共犯论,从重处罚。伪造、变造海关签发的报关单等凭证和证据用于骗购外汇的,从重处罚。

5. 明确规定了单位犯骗购外汇罪的,对单位判处罚金,并对单位直接负责的主管人员和其他直接责任人员最低处5年以下有期徒刑或者拘役,最高处10年以上有期徒刑或者无期徒刑。

（二）刑法规定修改的原因

全国人大常委会于1998年补充规定骗购外汇罪的原因，主要有以下几个方面：

1. 我国刑法中原没有明确规定骗购外汇犯罪行为。虽然在修订刑法以前，刑法将骗购外汇情节严重的行为，可以按照投机倒把罪、套汇罪定罪处罚，但在修订刑法时，考虑到我国实行改革开放以来，有关单位或者个人外汇需求量不断增加，购买外汇的数量急增，特别是在国际上炒买炒卖外汇活动已进入金融市场。因此，在1997年修订刑法中只规定逃汇罪，没有规定套汇罪；我国现行刑法中既没有规定套汇罪，也没有规定骗购外汇罪，在刑法已明确规定实行罪刑法定原则的情况下，刑法中对骗购外汇的行为没有作明确规定，就不能再类推定罪处刑。

2. 骗购外汇行为严重危害我国金融管理秩序。1997年以来，在西方金融资本家的操纵下，亚洲出现了严重的金融风暴，疯狂地买卖外汇，对亚洲各国金融秩序造成严重破坏。我国的香港特别行政区、澳门特别行政区、台湾地区已受到金融风暴的严重危害，一些不法分子趁修订刑法中取消套汇罪之机，千方百计地骗购国家外汇，犯罪活动十分猖獗。当时在广州、浙江、江西等地区骗购国家外汇几百万美元、几千万美元的案件开始出现，并且发案数量急剧增多，严重影响我国的外汇管理秩序，开始出现了金融危机的苗头。为了有效防范金融风险，确保人民币汇率的稳定和在国际市场的威信，就必须严厉惩治骗取外汇的犯罪行为，以制止猖獗的骗购外汇的犯罪活动。

3. 国家行政处罚不足以制止骗购外汇活动。在我国，对外汇实行集中管理和统一经营。外币在大陆不得流通和自由倒卖，公司、企业的外汇收入，除按规定可以留作一部分自用外，其他的均须按规定的汇率售给中国银行。当单位和个人需要外汇时，须经主管部门批准，到中国银行购买。违反外汇管理法规规定套取外汇的行为是对我国外汇管理秩序有危害的行为。当亚洲金融风暴即将席卷我国大陆时，一些不法分子疯狂地骗购外汇，我国外汇管理机关开展了全国外汇大检查，对那些违反国家外汇管理规定，以伪造、变造或者虚假的凭证和单据向银行骗购外汇等违法行为，依法进行了严厉处罚，但是这种行政处罚力度很不够，不足以制止猖獗的骗购外汇行为。

4. 最高人民法院司法解释缺乏法律依据。为加大力度严厉惩治骗购外汇的犯罪行为，最高人民法院于1998年8月28日制定了《关于审理骗购外汇、非法买卖外汇刑事案件具体应用法律若干问题的解释》，其中第1条对骗购外汇解释为："以进行走私、逃汇、洗钱、骗税等犯罪活动为目的，使用虚假、无效的凭证、商业单据或者采取其他手段向外汇指定银行骗购外汇的,应当分别按照刑法分则第三章第二节、第一百九十条、第一百九十一条和第二百零四条等规定定罪处罚。非国有公司、企业或者其他单位,与国有公司、企业或者其他国有单位勾结逃汇的,以逃汇罪的共犯处罚",即以走私罪、逃汇罪、洗钱罪、骗取出口退税罪定罪处罚。这种司法解释是把骗取外汇行为作为走私罪、逃汇罪、洗钱罪、骗取出口退税罪的犯罪方法、手段,没有作为独立的犯罪进行惩罚。而且这种解释是越权解释,其解释没有法律根据。另外,该解释还将一些骗购外汇犯罪行为按伪造国家公文证件印章罪、非法经营罪处罚,难以对使用假单据骗购外汇行为者给予应得的刑罚处罚,特别是这种解释与刑法规定的罪刑法定原则相悖,从理论上讲应属无效的解释。

鉴于上述原因,必须由立法机关进行立法,将骗购外汇行为通过立法程序规定为独立的骗购外汇罪,以便准确惩罚这种犯罪,防范金融风险。当务之急,最好的方法是由全国人大常委会作刑法补充规定加以解决。

(三) 骗购外汇罪的适用

骗购外汇罪是一种新罪名,其犯罪的概念、构成特征和适用中应注意的问题都需要进行研究和界定。

1. 骗购外汇罪的概念。骗购外汇罪,是指单位或者个人违反国家外汇管理法规,使用伪造、变造的凭证和单据等欺骗的方法骗购外汇,数额较大的行为。

根据我国外汇管理法规定,国家对外汇实行集中管制和统一经营,不允许自由买卖和在国内市场上进行流通。公司、企业的外汇收入应按国家规定的汇率售给中国人民银行,当需要外汇时,按国家规定的汇率经主管部门批准到中国银行购买。如果以欺骗的手段购买外汇,是对国家外汇管理秩序的破坏,是对社会有危害的行为,骗购外汇数额较大的行为构成犯罪,应追究刑事责任。

这里讲的外汇,根据我国1997年修改的《中华人民共和国外汇管理条例》第3条的规定,是指下列以外币表示的可以用作国际清偿的支付手段和资产:(1)外国货币,包括纸币、铸币;(2)外币支付凭证,包括票据、银行存款凭证、邮政储蓄凭证等;(3)外币有价证券,包括政府债券、公司债券、股票等;(4)特别提款权、欧洲货币单位;(5)其他外汇资产。

2. 骗购外汇罪的构成特征。根据全国人大常委会《关于惩治骗购外汇、逃汇和非法买卖外汇犯罪的决定》对骗购外汇罪的规定,骗购外汇罪的构成特征,主要有:

（1）犯罪主体，是一般主体，单位和年满 16 周岁以上的具有刑事责任能力的自然人都可以构成。犯罪主体在主观上都有犯罪的故意，一般都是出于谋取暴利的目的。过失行为不能构成本罪。例如，由于马虎，错用已使用过的购买外汇核准件，又购买外汇的行为，不能构成骗购外汇罪。

（2）犯罪行为，必须是故意骗购外汇的行为，即违反国家规定，以虚构的事实和隐瞒事实真相的欺骗方法购买外汇的行为。违反国家规定，是指违反 1997 年 1 月 14 日《中华人民共和国外汇管理条例》等国务院颁布的外汇管理规定和政策。具体行为表现有：①使用伪造、变造的海关签发的报关单、进口证明、外汇管理部门核准件等凭证和单据的；②重复使用海关签发的报关单、进口证明、外汇管理部门核准件等凭证和单据的；③以其他方式骗购外汇的等，如以人民币为他人支付在境内的费用，由对方付给外汇的行为；未经外汇管理机关批准，境外投资者以人民币或者境内所购物质在境内进行投资的行为。

（3）犯罪结果，骗购外汇数额较大的结果。根据 2001 年 4 月 18 日最高人民检察院、公安部《关于经济犯罪案件追诉标准的规定》，骗购外汇，数额在 50 万美元以上的，应予追诉，即骗购外汇 50 万美元的构成犯罪，属于骗购外汇数额较大的最低起点。另外，还可以参照 1998 年 8 月 28 日最高人民法院《关于审理骗购外汇、非法买卖外汇刑事案件具体应用法律若干问题的解释》第 4 条规定，公司、企业或者其他单位，违反有关外贸代理业务的规定，采用非法手段，或者明知是伪造、变造的凭证、商业单据，为他人向外汇指定银行骗购外汇，数额在 500 万美元以上或者违法所得 50 万元人民币以上的，按照刑法第 225 条第（三）项的规定定罪处罚。居间介绍骗购外汇 100 万美元以上或者违法所得 10 万元人民币以上的，按照刑法第 225 条第（三）项的规定定罪处罚，确定为骗购外汇数额较大的结果。这是因为最高人民法院的司法解释属于全国人大常委会补充规定以前的解释，不是对骗购外汇数额较大的解释，只能作为适用刑法补充规定的骗购外汇数额较大的一种参考。

3. 适应时应注意的问题：

（1）骗购外汇罪的时效问题。虽然 1979 年刑法和有关的补充规定中都没有明确规定骗购外汇行为构成犯罪，但根据当时法律规定允许类推定罪处刑，司法实践中，可以将情节严重的骗购外汇行为按投机倒把罪、套汇罪追究刑事责任。但是，在 1997 年修订刑法没有规定骗购外汇罪，依照修订刑法规定的罪刑法定原则，在全国人大常委会《关于惩治骗购外汇、逃汇和非法买卖外汇犯罪的决定》颁布实施以前，即 1998 年 12 月 29 日以前实施的骗购外汇数额较大的行为不构成犯罪，但因其是违反国家外汇管理法的违法行为，可以依照该法规定给予行政处罚。实践中,有些发生在1997年10月1日至1999年12月29日期间的骗购外汇行为,依照最高人民法院《关于审理骗购外汇、非法买卖外汇刑事案件具体应用法律若干问题的解释》以非法经营罪追究了刑事责任,严格地讲,这不符合罪刑法定原则要求,是错误刑事追究,应予纠正。但是人民法院依照1979年刑法和补充规定将骗购外汇行为定为投机倒把罪、套汇罪的,是合法的判决,应当有效。

(2)骗购外汇罪定罪处罚的数额问题。骗购外汇数额较大,才可以构成犯罪;骗购数额较大、巨大、特别巨大分别适用不同的法定刑。最高人民检察院、最高人民法院司法解释都以"美元"为单位计算数额。其实,外汇的种类很多,骗购其他外汇,如日元、加元、欧元、英镑等都需要折算为美元,这种计算数额单位既不方便,也不易统一衡量骗购外汇数额的社会危害性的大小。笔者认为,应以"人民币"为计算数额单位,以骗购外汇所需人民币的数额计算,既能反映出其社会危害性的大小,更便于适用。对骗购外汇数额较大、数额巨大、数额特别巨大,补充规定没有具体规定,目前也没有明确的司法解释。根据最高人民法院、最高人民检察院、公安部有关司法解释,笔者认为,骗购外汇折算人民500万元以上不满5000万元的,为数额较大;5000万元以上不满1亿元的,为数额巨大;1亿元以上的,为数额特别巨大。在计算骗购外汇数额时,不宜用违法所得数额计算,因为违法所得数额的多少不能反映出骗购外汇行为对金融秩序破坏程度的大小。

在讨论骗购外汇数额时,有一种意见认为,"数额较大"、"数额巨大"、"数额特别巨大"、"情节严重"、"情节特别严重"等过于笼统,应当作具体规定。但立法机关认为,"鉴于目前对这些犯罪行为的具体数额和情节尚难在本决定中作规定,在实施中,可以由最高人民法院、最高人民检察院根据本决定作司法解释,这样做比较灵活,能够适时准确打击犯罪的需要"。①

(3)骗购外汇情节严重的问题。骗购外汇"情节严重的"、"情节特别严重的"是适用加重法定刑的情节依据,何为"其他严重情节"、"其他特别严重情节",刑法补充规定没有作具体规定。这里的"其他情节",是指骗购外汇数额以外的情节,司法实践中一般指以下情节:①伪造、变造海关签发的报关单、进口证明、外汇管理部门核准件等凭证和单据的;②海关、外汇管理部门以及金融机构、从事对外贸易经营活动的公司、企业或者其他单位的工作人员与骗购外汇的行为人通谋,为其提供购买外汇的有关凭证或者其他便利的,

---

① 全国人大法律委员会《关于惩治骗购外汇、逃汇和非法买卖外汇犯罪的决定(草案)审议结果的报告》,载《全国人民代表大会常务委员会公报》1998年第6期。

或者明知是伪造、变造的凭证和单据而售汇、付汇的;③多次骗购外汇,或者因为骗购外汇受过二次以上行政处罚的;④由于骗购外汇使国家外汇管理秩序严重混乱,对国民经济造成重大损害的;⑤国内外犯罪分子相互勾结,以危害我国国民经济秩序为目的进行骗购外汇的行为。具备上述情节之一的,应作为"其他情节严重的"行为。同时具有上述几种情节或其中某一项情节特别严重的,应作为骗购外汇"其他情节特别严重的",适用最重的法定刑。

(4) 犯骗购外汇罪罚金数额的问题。《关于惩治骗购外汇、逃汇和非法买卖外汇犯罪的决定》第1条规定,自然人犯骗购外汇罪的,除应判处自由刑罚以外,还应判处附加罚金或者没收财产;单位犯骗购外汇罪的,对单位只能判处罚金,对单位的直接负责的主管人员和其他直接责任人员只能判处自由刑罚。罚金的数额是按骗购外汇数额按比例确定,最低处骗购外汇数额的5%,最高处骗购外汇数额的30%,在此幅度之间,根据案件的不同情况和犯罪人的实际执行能力,分别按不同比例判处不同的罚金数额。

在讨论《关于惩治骗购外汇、逃汇和非法买卖外汇犯罪的决定》时,有一种意见认为,对犯骗购外汇罪的,应规定处定额罚金,如"处2万元以上20万元以下罚金"或者"5万元以上50万元以下的罚金";也有一种意见认为,只规定"并处罚金",不规定具体数额,由最高人民法院、最高人民检察院通过司法解释规定罚金数额。① 立法机关采纳了按骗购外汇数额比例处罚金数额,将罚金数额与骗购外汇数额结合起来,这种立法比较科学。

(5) 海关、外汇管理部门的工作人员严重不负责任,造成大量外汇被骗购,致使国家利益遭受重大损失的,依照刑法第397条的规定以玩忽职守罪定罪处罚。如果与骗购外汇犯罪分子通谋,应以骗购外汇罪共犯从重处罚。

(6) 金融机构、从事对外贸易经营活动的公司、企业的工作人员严重不负责任,造成大量外汇被骗购,致使国家利益遭受重大损失的,依照刑法第167条的规定以签订、履行合同失职被骗罪定罪处罚。这里必须是国有金融机构和从事对外贸易经营活动的国有公司、企业的工作人员。非国有金融机构、从事对外贸易经营活动的非国有公司、企业的工作人员依照国家法律规定、法规从事外汇行政管理职权或者受国家机关委托代表国家机关从事外汇管理职权,严重不负责任,造成大量外汇被骗购的,根据全国人大常委会关于渎职罪主体适用问题的解释,也可以按照国有公司、企业人员签订、履行合同失职被骗罪定罪处罚。当前,根据刑法修正案的规定,国有公司、企业、事业单位人

---

① 参见全国人大常委会《关于惩治骗购外汇、逃汇和非法买卖外汇犯罪的决定(草案)审议结果的报告》,载《全国人民代表大会常务委员会公报》1998年第6期。

员有上述行为,根据全国人大常委会《刑法修正案》第 2 条规定可以国有公司、企业、事业单位人员失职罪追究刑事责任。

二、逃 汇 罪

逃汇罪是 1982 年全国人大常委会《关于严惩严重破坏经济的罪犯的决定》中补充增加的罪名。1979 年刑法没有单独规定这种犯罪行为,司法实践中将逃、套外汇犯罪行为包含在投机倒把犯罪之中。1982 年全国人大常委会颁布的《关于严惩严重破坏经济的罪犯的决定》中规定了逃、套外汇的犯罪行为,当时的套汇犯罪行为包括逃汇行为和套汇两种犯罪行为,司法实践中,仍然按投机倒把罪定罪处刑。1988 年全国人大常委会《关于惩治走私罪的补充规定》第 9 条又规定了单位逃、套外汇犯罪行为,司法实践中定为套汇罪。在修订刑法时,取消了套汇犯罪行为,在刑法第 190 条规定了逃汇犯罪行为,1997 年最高人民法院、最高人民检察院《关于执行〈中华人民共和国刑法〉确定罪名的规定》中将该种犯罪行为规定为"逃汇罪"的罪名。1998 年 12 月 29 日,全国人大常委会《关于惩治骗购外汇、逃汇和非法买卖外汇犯罪的决定》中对逃汇罪作了补充规定。

(一) 刑法规定内容的修改

刑法条文中规定惩治逃汇犯罪行为,经历了以下修改和补充的过程:

1. 1979 年刑法第 117 条规定:"违反金融、外汇、金银、工商管理法规,投机倒把,情节严重的,处三年以下有期徒刑或者拘役,可以并处、单处罚金或者没收财产。"

2. 1982 年全国人大常委会《关于严惩严重破坏经济的罪犯的决定》第 1 条第(一)项规定:"对刑法第一百一十八条规定走私、套汇、投机倒把牟取暴利罪……情节特别严重的,处十年以上有期徒刑、无期徒刑或者死刑,可以并处没收财产。"

3. 1998 年全国人大常委会《关于惩治走私罪的补充规定》第 9 条规定:"全民所有制、集体所有制企业事业单位、机关、团体违反外汇管理法规,在境外取得的外汇,应该调回境内而不调回,或者不存入国家指定的银行,或者把境内的外汇非法转移到境外,或者把国家拨给的外汇非法出售牟利的,由外汇管理机关依照外汇管理法规强制收兑外汇、没收违法所得,可以并处罚款,并对其直接负责的主管人员和其他直接责任人员,由其所在单位或者上级主管机关酌情给予行政处分;情节严重的,除依照外汇管理法规强制收兑外汇、没收违法所得外，判处罚金，并对其直接负责的主管人员和其他直接责任人员，处五年以下有期徒刑或者拘役。企业事业单位、机关、团体或者个人非法倒买倒卖外汇牟利，情节严重的，按照投机倒把罪处罚。"

4. 1997年刑法第190条原规定："国有公司、企业或者其他国有单位，违反国家规定，擅自将外汇存放境外，或者将境内的外汇非法转移到境外，情节严重的，对单位判处罚金，并对其直接负责的主管人员和其他直接责任人员，处五年以下有期徒刑或者拘役。"

5. 1998年全国人大常委会《关于惩治骗购外汇、逃汇和非法买卖外汇犯罪的决定》第3条将刑法第190条修改为："公司、企业或者其他单位，违反国家规定，擅自将外汇存放境外，或者将境内的外汇非法转移到境外，数额较大的，对单位判处逃汇数额百分之五以上百分之三十以下罚金，并对其直接负责的主管人员和其他直接责任人员处五年以下有期徒刑或者拘役；数额巨大或者有其他严重情节的，对单位判处逃汇数额百分之五以上百分之三十以下罚金，并对其直接负责的主管人员和其他直接责任人员处五年以上有期徒刑。"

从上述刑法及其补充规定对逃汇犯罪行为规定的修改过程可见，现行刑法补充规定对刑法规定作了如下修改和补充规定：

1. 明确增加规定了逃汇罪的新罪名。我国1979年刑法没有明确规定逃汇的犯罪行为，只笼统地将违反外汇管理法规的行为规定为投机倒把罪犯罪行为，司法实践中，将逃汇行为作为违反外汇管理法规行为之一，情节严重的，依照投机倒把罪定罪处罚。全国人大常委会《关于严惩严重破坏经济的罪犯的决定》和《关于惩治走私罪的补充规定》中进一步缩小范围，将逃汇行为作为套汇行为，情节严重的，依照套汇罪定罪处罚。刑法第190条只规定了逃汇罪，没有规定套汇罪。全国人大常委会《关于惩治骗购外汇、逃汇和非法买卖外汇犯罪决定》中，将逃汇罪的罪状和法定刑进行了修改，将套汇行为作为骗购外汇行为一种，成为独立的骗购外汇罪的罪名。

2. 将逃汇罪的主体只能由国有单位构成修改为所有单位都可以构成。刑法第190条原规定，"国有公司、企业或者其他国有单位，违反国家规定，擅自将外汇存放境外，或者将境内的外汇非法转移到境外，情节严重的"行为构成犯罪。其犯罪主体只限定为"国有公司、企业或者其他国有单位"，而补充规定修改为"公司、企业或者其他单位"，使逃汇罪的犯罪主体扩大到所有单位。

3. 修改了逃汇罪的法定刑，由单一的法定刑修改为两个档次的法定刑，即犯逃汇罪的，数额较大的，对单位判处逃汇数额5%以上30%以下罚金，并对其直接负责的主管人员和其他直接责任人员，处5年以下有期徒刑或者拘役；数额巨大或者有其他严重情节，对单位判处逃汇数额5%以上30%以下罚金，并对其直接负责的主管人员和其他直接责任人员，处5年以上有期徒刑。

4. 明确规定海关、外汇管理部门以及金融机构、从事对外贸易经营活动的公司、企业或者其他单位的工作人员与逃汇的行为人通谋，以共犯论，从重处罚。

5. 明确规定海关、外汇管理部门的工作人员严重不负责任，造成大量外汇外逃，致使国家利益遭受重大损失的，依照刑法第397条规定的玩忽职守罪定罪处罚；金融机构、从事对外贸易经营活动的公司、企业的工作人员严重不负责任，造成大量外汇外逃，致使国家利益遭受重大损失的，依照刑法第168条规定的国有公司、企业、事业单位人员失职罪定罪处罚。

（二）刑法规定修改的原因

全国人大常委会在1998年《关于惩治骗购外汇、逃汇和非法买卖外汇犯罪的决定》对刑法第190条规定的逃汇罪修改的主要原因有：

1. 刑法原对逃汇罪的规定不能适应形势发展的需要。逃汇是严重危害我国金融管理秩序的行为，我国刑法原规定，国有单位逃汇情节严重的行为才构成犯罪，对单位判处罚金，并对其直接负责的主管人员和其他直接责任人员，处5年以下有期徒刑或者拘役。但是，从1997年以来，在资本主义金融资本家的操纵下，亚洲出现了严重的金融风暴，疯狂地买卖外汇，对亚洲各国金融秩序造成严重破坏。我国的香港特别行政区、澳门特别行政区、台湾地区已受到金融风暴的严重危害，国内外的犯罪分子千方百计地逃汇，犯罪活动十分猖獗，并且发案数量急剧增多，严重影响我国的外汇管理秩序。为了有效防范金融风险，确保人民币汇率的稳定和人民币在国际市场上的威信，就必须严厉惩治逃汇的犯罪行为，确保我国外汇不流失。但是，刑法原规定的逃汇罪惩治的范围过窄，法定刑较轻，不足以防治严重的逃汇犯罪行为。

2. 刑法原规定的逃汇罪的犯罪主体范围太窄。我国刑法第190条规定，逃汇罪的主体是国有单位，非国有单位不能构成逃汇罪。随着改革开放形势不断向纵深发展，很多非国有公司、企业、事业单位在国内外也具有大量的外汇，也可以进行逃汇行为，如果不予以惩处，必将严重扰乱我国的金融管理秩序。因此，补充规定将逃汇罪的主体由国有单位修改为所有的单位都可以构成，扩大了逃汇罪的惩治范围。

3. 刑法原规定的逃汇罪的构成要件必须是"情节严重的"才构成犯罪，该规定太笼统，不便司法操作，在修订刑法时，有些常委员提出"应当作出具体规定"①。全国人大常委会接受了委员们的意见,将逃汇罪的构成要件"情节严重的"修改为"逃汇数额较大的"。并且将逃汇"其他情节严重的"作为适用加重法定刑的条件。

4. 刑法原规定的逃汇罪的法定刑较轻。刑法原规定,逃汇"情节严重的,对单位判处罚金,并对其直接负责的主管人员和其他直接责任人员,处5年以下有期徒刑或者拘役"。该法定刑处刑较轻,不足以惩治当前猖狂的逃汇犯罪行为的需要。全国人大常委会《关于惩治骗购外汇、逃汇和非法买卖外汇犯罪的决定》中将逃汇罪的法定刑分为两个档次,并根据逃汇数额按比例判处罚金。即逃汇"数额较大的,对单位判处逃汇数额5%以上30%以下罚金,并对其直接负责的主管人员和其他直接责任人员处5年以下有期徒刑或者拘役;数额巨大或者有其他严重情节的,对单位判处逃汇数额5%以上30%以下罚金,并对其直接负责的主管人员和其他直接责任人员,处5年以上有期徒刑",增加了一个档次的法定刑,加重了对逃汇罪处罚的力度。

(三) 逃汇罪的适用

逃汇罪是一种新修改的犯罪,其犯罪的概念、构成特征和适用中应注意的问题都需要进行重新研究和界定。

1. 逃汇罪的概念。逃汇罪,是指公司、企业或者其他单位,违反国家外汇管理法规,擅自将外汇存放境外,或者将境内的外汇非法转移到境外,数额较大的行为。

根据我国外汇管理法规定,国家对外汇实行集中管制和统一经营,不允许自由买卖和在国内市场上进行流通。公司、企业的外汇收入应按国家规定的汇率售给中国银行,当需要外汇时,按国家规定的汇率经主管部门批准到中国银行购买,不允许任何单位擅自将外汇存放境外,也不允许将境内的外汇非法转移到境外。如果擅自将外汇存放境外或者将境内外汇转移到境外的,是破坏国家外汇管理秩序的逃汇行为。逃汇数额较大的,构成犯罪,应追究刑事责任。

2. 逃汇罪的构成特征。根据刑法第190条和全国人大常委会《关于惩治骗购外汇、逃汇和非法买卖外汇犯罪的决定》对逃汇罪的规定和修改,逃汇罪的构成特征,主要有:

(1) 犯罪主体,是单位犯罪。公司、企业和其他单位都可以构成。单位犯罪主体除由单位本身构成以外,单位直接负责的主管人员和其他直接责任人

---

① 参见《全国人民代表大会常务委员会公报》1998年第6期。

员也可以构成单位犯罪主体。犯罪主体在主观上是故意的，一般都是出于谋取暴利为目的。过失行为不能构成本罪。

（2）犯罪行为，必须是逃汇的行为。逃汇行为的具体表现有：①违反国家规定，擅自将外汇存放境外的行为；②不按照国家规定将外汇卖给外汇指定银行的行为；③违反国家规定，将境内的外汇非法转移到境外或者携带出境的行为；④未经外汇管理机关批准，擅自将外币存款凭证、外币有价证券携带或者邮寄出境的行为；⑤其他逃汇行为。上述国家规定，是指违反国家外汇管理法规和国务院有关外汇管理法规，具体有：《外汇管理条例》、《结汇、售汇及付汇管理规定》、《中国人民银行关于对外商投资企业实行银行结售汇的公告》、《外商投资企业境内外账户管理暂行办法》等。

上述外汇是指：①外国现行流通货币，含纸币、铸币；②外币支付凭证，含票据、银行存款凭证、邮政储蓄凭证等；③外币有价证券，包含政府债券、公司债券、股票等；④特别提款权、欧洲货币单位；⑤其他外汇资产等。

（3）犯罪结果，逃汇数额较大的结果。根据2001年4月18日最高人民检察院、公安部《关于经济犯罪案件追诉标准的规定》，公司、企业或者其他单位，违反国家规定，擅自将外汇存放境外，或者将境内的外汇非法转移到境外，单笔或者累计数额在500万美元以上的，应予以追诉，即逃汇500万美元的，构成犯罪。逃汇500万美元应属于逃汇数额较大的最低起点。如果逃汇数额不满500万美元的，依照外汇管理法规给予行政处罚。

3. 适用时应注意的问题：

（1）逃汇罪的时效问题。虽然1997年刑法和有关的补充规定中都明确规定了逃汇罪，但刑法原规定只有国有单位可以构成，没有规定非国有单位可以构成逃汇罪。在1998年12月28日以前非国有单位逃汇数额较大的行为，依照刑法第12条有关刑法溯及力规定的从旧兼从轻原则，行为时法律规定非国有单位不构成犯罪的，不能构成犯罪，不应追究刑事责任。

（2）刑法第190条规定，逃汇数额巨大的，适用加重法定刑，对直接责任人员最高处15年有期徒刑。何为数额巨大，刑法条文没有作具体规定，目前也没有司法解释。笔者认为，参照《关于经济犯罪案件追诉标准的规定》，逃汇数额500万美元的为数额较大的起点；逃汇数额1000万美元以上的，应为数额巨大为宜。

（3）刑法第190条规定，逃汇其他严重情节的，适用加重法定刑，对直接责任人员最高处15年有期徒刑。何为"其他严重情节"，刑法没有具体规定，目前也没有司法解释。笔者认为，其他严重情节，一般应指逃汇数额以外的情节，如：①多次逃汇，经教育不悔改；②给国家外汇管理秩序造成严重混乱；③给国家外汇造成特别巨大数额损失的等情节。

三、非法经营罪

非法经营罪是我国 1997 年在取消原投机倒把罪后在刑法第 225 条中规定的一种新罪名，我国外汇管理条例规定，金融机构经营外汇业务必须经外汇管理机关批准，领取经营外汇业务许可证。未经外汇管理机关批准，任何单位和个人不得经营外汇业务。经批准经营外汇业务的金融机构，经营外汇业务不得超出批准的范围。单位或者个人买卖外汇必须到外汇指定银行和中国外汇交易中心及其分中心买卖。如果私自买卖外汇、变相买卖外汇或者倒买倒卖外汇的，由外汇管理机关给予警告、强制收兑、没收违法所得，并处违法买卖外汇金额 30% 以上 3 倍以下的罚款；构成犯罪的，依法追究刑事责任。1998 年 12 月 28 日全国人大常委会《关于惩治骗购外汇、逃汇和非法买卖外汇犯罪的决定》中规定，在国家规定的交易场所以外非法买卖外汇，扰乱市场秩序，情节严重的，依照非法经营罪定罪处罚。2009 年 2 月 28 日全国人大常委会在《刑法修正案（七）》第 5 条中进一步规定，将刑法第 225 条第（三）项修改为"未经国家有关主管部门批准非法经营证券、期货、保险业务的，或者非法从事资金支付结算业务的"行为构成非法经营罪，使非法经营罪的惩治范围又扩大到一切非法进行资金支付结算业务活动的行为。

（一）刑法规定内容的修改

刑法条文中有关非法买卖外汇犯罪行为的规定，经过了以下修改完善的过程：

1.1979 年刑法第 117 条规定："违反金融、外汇、金银、工商管理法规，投机倒把，情节严重的，处三年以下有期徒刑或者拘役，可以并处、单处罚金或者没收财产。"

2.1982 年全国人大常委会《关于严惩严重破坏经济的罪犯的决定》第 1 条第（一）项规定："对刑法第一百一十八条规定走私、套汇、投机倒把牟取暴利罪……其处刑分别补充或者修改为：情节特别严重的，处十年以上有期徒刑、无期徒刑或者死刑，可以并处没收财产。"

3.1988 年全国人大常委会《关于惩治走私罪的补充规定》第 9 条规定："全民所有制、集体所有制企业事业单位、机关、团体违反外汇管理法规，在境外取得的外汇，应该调回境内而不调回，或者不存入国家指定的银行，或者把境内的外汇非法转移到境外，或者把国家拨给的外汇非法出售牟利的，由外汇管理机关依照外汇管理法规强制收兑外汇、没收违法所得，可以并处罚款，并对其直接负责的主管人员和其他直接责任人员，由其所在单位或者上级主管机关酌情给予行政处分；情节严重的，除依照外汇管理法规强制收兑外汇、没收违法所得外，判处罚金，并对其直接负责的主管人员和其他直接责任人员，处五年以下有期徒刑或者拘役。企业事业单位、机关、团体或者个人非法倒买倒卖外汇牟利，情节严重的，按照投机倒把罪处罚。"

4. 1997年修订刑法第225条规定："违反国家规定，有下列非法经营行为之一，扰乱市场秩序，情节严重的，处五年以下有期徒刑或者拘役，并处或者单处违法所得一倍以上五倍以下罚金；情节特别严重的，处五年以上有期徒刑，并处违法所得一倍以上五倍以下罚金或者没收财产：（一）未经许可经营法律、行政法规规定的专营、专卖物品或者其他限制买卖的物品的；（二）买卖进出口许可证、进出口原产地证明以及其他法律、行政法规规定的经营许可证或者批准文件的；（三）未经国家有关主管部门批准，非法经营证券、期货或者保险业务的；（四）其他严重扰乱市场秩序的非法经营行为。"

1997年修订刑法第231条规定："单位犯本节第二百二十一条至第二百三十条规定之罪的，对单位判处罚金，并对其直接负责的主管人员和其他直接责任人员，依照本节各该条的规定处罚。"

5. 1998年全国人大常委会《关于惩治骗购外汇、逃汇和非法买卖外汇犯罪的决定》第4条规定："在国家规定的交易场所以外非法买卖外汇，扰乱市场秩序，情节严重的，依照刑法第二百二十五条的规定定罪处罚。

"单位犯前款罪的，依照刑法第二百三十一条的规定处罚。"

6. 1999年12月25日全国人大常委会《刑法修正案》第8条规定："第二百二十五条增加一项，作为第三项：'未经国家有关主管部门批准，非法经营证券、期货或者保险业务的。'"

将"原第三项改为第四项"。

7. 2009年2月28日全国人大常委会《刑法修正案（七）》第5条规定将刑法第225条第（三）项修改为："未经国家有关主管部门批准非法经营证券、期货、保险业务的，或者非法从事资金支付结算业务的。"

从上述刑法及其补充规定对非法经营犯罪行为规定的修改过程可见，刑法补充规定对刑法规定作了如下修改和补充：

1. 明确规定了非法买卖外汇的行为构成非法经营罪。我国1979年刑法没有明确规定非法买卖外汇的犯罪行为，只笼统地将违反外汇管理法规的行为规定为投机倒把罪犯罪行为，司法实践中，将非法买卖外汇和倒买倒卖外汇的行为作为违反外汇管理法规行为之一，情节严重的，依照投机倒把罪定罪处罚。

全国人大常委会《关于严惩严重破坏经济的罪犯的决定》将非法买卖外汇和倒买倒卖外汇的行为作为套汇行为之一,按照套汇罪或者投机倒把罪定罪处罚。《关于惩治走私罪的补充规定》中将非法出售外汇行为作为套汇行为之一,情节严重的,依照套汇罪或者投机倒把罪定罪处罚,并且特别规定"企业事业单位、机关、团体或者个人非法倒买倒卖外汇牟利,情节严重的,按照投机倒把罪处罚"。修订刑法第190条只规定了逃汇犯罪行为,没有将非法买卖外汇行为规定为犯罪行为。全国人大常委会《关于惩治骗购外汇、逃汇和非法买卖外汇犯罪的决定》中明确规定非法买卖外汇,情节严重的构成非法经营犯罪行为。

2. 将非法买卖外汇的犯罪行为定为非法经营罪,按非法经营罪定罪处罚。1979年刑法和《关于惩治走私罪的补充规定》中将非法出售外汇行为作为投机倒把罪、套汇罪定罪处罚和企业事业单位、机关、团体或者个人非法倒买倒卖外汇牟利,情节严重的行为,按照投机倒把罪处罚。修订刑法取消了套汇罪和投机倒把罪的罪名,将违反国家工商管理法规,进行非法经营牟利活动,情节严重的行为,规定为非法经营罪。因此,补充规定将非法买卖外汇或者倒买倒卖外汇,情节严重的行为,规定以非法经营罪定罪处罚。

3. 明确规定单位非法买卖外汇的犯罪行为可以构成单位犯罪,按单位犯非法经营罪定罪处罚。

4. 全国人大常委会在《刑法修正案》、《刑法修正案(七)》中又明确规定,非法经营证券、期货、保险业务的,或者非法从事资金支付结算业务的行为,以非法经营罪定罪处罚。

(二) 刑法规定修改的原因

全国人大常委会在1998年《关于惩治骗购外汇、逃汇和非法买卖外汇犯罪的决定》重新规定惩治非法买卖外汇行为的主要原因有:

1. 非法买卖外汇行为严重危害我国的金融管理秩序。尽管在修订刑法以前我国刑事法律已规定惩治非法买卖外汇犯罪行为,但依照投机倒把罪或者套汇罪定罪处罚。修订刑法取消了惩治非法买卖、倒买倒卖外汇为犯罪行为,即在当时,非法买卖外汇的行为不构成犯罪。从1997年以来,在资本主义金融资本家的操纵下,亚洲出现了严重的金融风暴,疯狂地非法买卖外汇和骗购外汇,对亚洲各国金融秩序造成严重破坏。我国的香港特别行政区、澳门特别行政区、台湾地区已受到金融风暴的严重危害,一些不法分子开始千方百计地非法买卖、倒买倒卖外汇,犯罪活动十分猖獗,并且发案数量急剧增多,严重影响我国的外汇管理秩序。为了有效防范金融风险,确保人民币汇率的稳定和人民币在国际市场上的威信,就必须严厉惩治非法买卖外汇的犯罪行为,确保国家外汇不流失,国家金融秩序有条不紊地健康发展。

2. 修订刑法对非法买卖外汇没有规定为犯罪。我国修订刑法第190条只规定有逃汇犯罪行为,没有规定套汇和非法买卖外汇为犯罪行为。根据罪刑法定原则,刑法中没有规定为犯罪的行为,不得定罪处刑的要求,修订刑法实施以后非法买卖外汇的行为,不构成犯罪。为了维护我国金融秩序,防范金融危机对我国金融秩序的破坏,只有通过补充立法的方法,规定惩治非法买卖外汇的犯罪行为。

3. 为准确惩治非法买卖外汇的犯罪行为。修订刑法以前的刑事法律中,虽然包含惩治非法买卖、倒买倒卖外汇的犯罪行为,但都没有规定为独立的罪名,有的按投机倒把罪定罪处罚,有的按照套汇罪定罪处罚。为保证司法机关准确惩罚非法买卖外汇的犯罪行为,必须通过立法的方法,明确规定非法买卖外汇犯罪行为如何定罪处罚,包括明确规定单位非法买卖外汇的,单位构成犯罪,以及单位和单位直接负责的主管人员和其他直接责任人员应承担的刑事责任。

4. 随着市场经济的深入发展,我国金融领域中又开展了证券、期货交易和保险等资金支付业务。有些单位或者个人未经国家有关主管部门批准非法经营上述证券、期货、保险业务,或者私开钱庄等资金支付结算业务,谋取非法利益,严重扰乱金融市场秩序,应当通过立法将上述行为规定为犯罪,给予刑事惩治。

鉴于上述原因,全国人大常委会通过立法的方法,补充规定了非法买卖外汇,非法经营证券、期货、保险、资金支付结算业务的犯罪行为,以非法经营罪定罪处罚。

(三) 非法经营罪的适用

非法经营买卖外汇、证券、期货、保险和其他资金支付结算业务的犯罪行为按照非法经营罪定罪处罚,就必须弄清非法经营罪的概念、特征,以及适用时应注意的问题。

1. 非法经营罪的概念。该罪是指违反国家规定,从事非法经营活动,扰乱市场秩序,情节严重的行为。

经营,包括生产、销售、服务活动等。合法经营和依法经营受国家法律保护。非法经营是对社会生产经营秩序的扰乱和破坏,是对社会有危害的行为,情节严重的构成犯罪,应负刑事责任。

2. 非法经营罪的构成特征：

（1）犯罪主体。非法经营罪的主体是一般主体，单位和个人都可以构成。犯罪主体在主观上是故意的，并且以营利为目的。犯罪主体非法买卖、倒买倒卖外汇、非法经营证券、期货、保险和其他资金支付结算业务，在主观上是故意的并且以营利为目的。如果确实不知道买卖外汇必须依法到外汇指定的银行和外汇交易中心及其分支机构进行买卖，而在非外汇交易场所非法买卖了少量外汇的，不构成犯罪。

（2）犯罪行为。必须是违反国家规定，从事非法经营活动的行为。违反国家规定，根据刑法第96条的规定，是指"违反全国人民代表大会及其常务委员会制定的法律和决定，国务院制定的行政法规、规定的行政措施、发布的决定和命令"。如果不是违反国家规定的行为，不能构成犯罪。违反国家规定，一般是指违反国家工商管理法规和有关国家法律规定的行为。例如，非法买卖外汇的犯罪行为就是违反国家工商管理法规和外汇管理法规的行为，依照刑法补充规定的规定，可以构成非法经营罪。具体非法经营的犯罪行为，应包括以下行为：

①未经许可经营法律、行政法规规定的专营、专卖物品或者其他限制买卖的物品的。首先是没有工商营业执照，其次是没有专营、专卖经营许可证件而进行的经营活动。在我国专营、专卖物品主要有烟草、食盐、金银以及其他贵重金属、枪支、弹药、医药等。

②买卖进出口许可证、进出口原产地证明以及其他法律、行政法规规定的经营许可证或者批准文件的。主要是指国家限制进口或者出口物品的进出口许可证或者批准文件，如粮食等农牧产品进出口许可证件、先进技术进出口许可证件等。

③未经国家有关主管部门批准，非法经营证券、期货或者保险业务的，或者非法从事资金支付结算业务。根据最高人民检察院、公安部《关于经济犯罪案件追诉标准的规定》中规定："未经国家有关主管部门批准，非法经营证券、期货或者保险业务，非法经营数额在30万元以上，或者违法所得数额在5万元以上的，应予追诉。"

④其他严重扰乱市场秩序的非法经营行为。主要是指上述三项以外的非法经营行为，这是一种兜底条款，防止出现其他严重扰乱市场秩序的非法经营行为由于没有法律规定而放纵犯罪。但是在适用该条款时，必须严格依照法律规定，必须是严重扰乱市场秩序的非法经营行为，才能构成犯罪。在一般情况下，应根据全国人大常委会的立法解释和最高人民法院、最高人民检察院司法解释规定适用本款项定罪处罚的非法经营行为，才可以适用本款项定罪处罚。

例如，全国人大常委会的补充规定中明确规定，"非法买卖外汇，情节严重的，以非法经营罪定罪处刑"。

（3）犯罪结果。必须是非法经营情节严重的结果。包括非法经营数额巨大的情节结果和非法经营受过二次以上行政处罚的情节结果，以及非法买卖外汇社会影响很坏、社会危害严重等情节结果。

根据最高人民法院、最高人民检察院 2013 年 9 月 10 日起施行的《关于审理利用网络实施诽谤等刑事案件适用法律若干问题的解释》第 7 条规定，"违反国家规定，以营利为目的，通过信息网络有偿提供发布信息等服务，扰乱市场秩序，具有下列情形之一的，属于非法经营行为'情节严重'，依照刑法第 225 条第（四）项规定，以非法经营罪定罪处罚：（一）个人非法经营数额在 5 万元以上或者违法所得数额在 2 万元以上的；（二）单位非法所得数额在 15 万元以上，或者违法所得数额在 5 万元以上的。实施前款规定行为，数额达到前款规定的数额 5 倍以上的，应认定为刑法第 225 条规定的'情节特别严重'"。

3. 非法经营罪的法定刑。根据刑法第 225 条规定，非法经营罪的法定刑是：

（1）非法经营情节严重的，构成犯罪的，处 5 年以下有期徒刑或者拘役，并处或者单处违法所得 1 倍以上 5 倍以下罚金罚金。

（2）构成犯罪，情节特别严重的，处 5 年以上有期徒刑，并处违法所得 1 倍以上 5 倍以下罚金或者没收财产。

（3）根据刑法第 231 条规定，单位犯本罪的，对单位判处罚金，并对单的直接负责的主管人员和其他直接责任人员，依照自然人犯本罪的法定刑处罚。

4. 适用时应注意的问题：

（1）注意区分罪与非罪的界限。违反国家规定，非法经营，情节严重的，才构成犯罪；情节不严重的，是一般违法行为，不构成犯罪。情节严重作为定罪的条件，法律没有作具体规定，司法机关应根据当时当地的实际情况具体适用。必要时，应由最高司法机关作司法解释，以便在全国统一实施。当然，在修订刑法时，也可以采用规定生产、销售伪劣产品罪的立法模式，规定非法经营罪的最低数额标准，作为构成犯罪的必要要件，以便于司法适用，防止全国适用法律不统一现象的发生。

（2）注意区分本罪与生产、销售伪劣产品罪的界限。生产、销售伪劣产品的犯罪行为，也是非法经营的行为，它们都是从投机倒把罪中分离出来的新罪名。但法律已将这种犯罪行为单独规定为独立的犯罪，因此，生产、销售伪劣产品的犯罪行为不能再认定为非法经营罪。生产、销售伪劣产品罪与非法经营罪的相同点是：都是妨害生产、经营管理秩序的犯罪行为；行为人在主观上都有营利的目的；在客观上都是情节严重的犯罪行为，必须非法生产、经营数额在5万元以上的行为才构成犯罪。二罪的不同点是：犯罪行为侵犯的具体客体不同，前者违反的是产品质量法的规定，侵犯国家对产品质量管理秩序；后者违反的是工商管理法，侵犯的是商业管理秩序。前者一般是有营业执照的经营，只是没有严格按照产品质量法规定进行生产、销售；后者是没有营业执照的非法经营或者没有特别经营许可证件的非法经营，其经营的产品一般都是合格的产品；如果经营的是伪劣产品，则应以生产、销售伪劣产品罪定罪处罚。

（3）注意适用刑法第225条第（四）项必须是"其他严重扰乱市场秩序的非法经营行为"。这一款项是一种不确定的概括规定，适用时应特别注意必须是前三项行为以外的"严重扰乱市场秩序的非法经营行为"，才能构成犯罪。不是"严重的扰乱市场秩序的非法经营行为"不能构成犯罪。在适用时，一般都应当有立法解释或者司法解释专门规定某种非法经营行为适用该款项的规定，才能适用该项规定定罪处罚。修订刑法实施以来，最高司法机关已作了以下适用本款项规定的行为，以非法经营罪定罪处罚的司法解释，主要有：

①非法买卖外汇数额在20万美元以上的，以非法经营罪定罪处刑。最高人民检察院、公安部《关于经济犯罪案件追诉标准的规定》中规定，在外汇指定银行和中国外汇交易中心及其分中心进行买卖，个人非法买卖外汇数额在20万美元以上的，或者违法所得数额在5万元人民币以上的；公司、企业骗购外汇500万美元以上或者违法所得数额在50万元人民币以上的；居间介绍骗购外汇，数额在100万美元以上或者违法所得数额在10万元人民币以上的行为，应予追诉，以非法经营罪定罪处罚。

②非法出版、印刷、复制、发行淫秽刊物以外的其他非法出版物，情节严重的，以非法经营罪定罪处罚。最高人民法院《关于审理非法出版物刑事案件具体应用法律若干问题的解释》中规定，违反国家规定，出版、印刷、复制、发行淫秽刊物以外的其他非法出版物，情节严重的，以非法经营罪定罪处罚：个人经营数额在5万元至10万元以上、违法所得数额在2万元至3万元、经营报纸1.5万份或者期刊1.5万本或者图书2000册或者音像制品、电子出版物500张（盒）以上的，属于非法经营行为"情节严重"；经营数额在15万元至30万元以上的、违法所得数额在5万元至10万元以上的、经营报纸1.5万份或者期刊1.5万本或者图书5000册或者音像制品、电子出版物1500张（盒）以上的，属于非法经营行为"情节特别严重"；单位经营数额在15

万元至 30 万元以上的、违法所得数额在 5 万元至 10 万元以上的、经营报纸 1.5 万份或者期刊 1.5 万本或者图书 5000 册或者音像制品、电子出版物 1500 张（盒）以上的，属于非法经营行为"情节严重"；单位经营数额在 50 万元至 100 万元以上的、违法所得数额在 15 万元至 30 万元以上的、经营报纸 5 万份或者期刊 5 万本或者图书 1.5 万册或者音像制品、电子出版物 500 张（盒）以上的，属于非法经营行为"情节特别严重"。经营数额、违法所得数额或者经营数量接近非法经营行为"情节严重"、"情节特别严重"的数额、数量起点标准，并具有下列情形之一的，可以认定为非法经营行为"情节严重"、"情节特别严重"：两年内因出版、印刷、复制、发行非法出版物受过行政处罚两次以上的；因出版、印刷、复制、发行非法出版物造成恶劣社会影响或者其他严重后果的。非法从事出版物的出版、印刷、复制、发行业务，严重扰乱市场秩序，情节特别严重，构成犯罪的，可以非法经营罪定罪处罚。出版单位与他人事前通谋，向其出售、出租或者以其他形式转让该出版单位的名称、书号、刊号、版号，他人实施本解释第 2 条、第 4 条、第 8 条、第 9 条、第 10 条、第 11 条规定的行为，构成犯罪的，对该出版单位应当以共犯论处。最高人民检察院、公安部《关于经济犯罪案件追诉标准的规定》第 70 条规定，违法经营非法印刷、复制、发行非法出版物，个人非法经营数额在 5 万元以上的、单位非法经营数额在 15 万元以上的、个人违法所得 2 万元以上的，单位违法所得 5 万元以上的、个人非法经营报纸 5000 份或者期刊 5000 本或者图书 2000 册或者音像制品、违法出版物 500 张（盒）以上的，单位非法经营报纸 1.5 万份或者期刊 1.5 万本或者图书 5000 册或者音像制品、电子出版物 1500 张（盒）以上的，应予追诉。

③擅自经营国际电信业务或者涉港澳台电信业务进行营利活动，情节严重的，以非法经营罪定罪处罚。最高人民法院 2000 年 5 月 24 日《关于审理扰乱电信市场管理秩序案件具体应用法律若干问题的解释》第 1 条规定，违反国家规定，采取租用国际专线、私设转接设备或者其他方法，擅自经营国际电信业务或者涉港澳台电信业务进行营利活动，扰乱电信市场管理秩序，情节严重的，以非法经营罪定罪处罚。具有下列情形之一的，属于非法经营行为"情节严重"：经营去话业务数额在 100 万元以上的、经营来话业务造成电信资费损失数额在 100 万元以上的；具有下列情形之一的，属于非法经营行为"情节特别严重"：经营去话业务数额在 500 万元以上的、经营来话业务造成电信资费损失数额在 500 万元以上的。经营数额或者造成电信资费损失数额接近非法经营行为"情节严重"、"情节特别严重"的数额起点标准，并具有下列情形之一的，可以分别认定为非法经营行为"情节严重"、"情节特别严重"：两

年内因非法经营国际电信业务或者涉港澳台电信业务行为受过行政处罚两次以上的；因非法经营国际电信业务或者涉港澳台电信业务行为造成其他严重后果的。单位构成犯罪的，对单位判处罚金，并对其直接负责的主管人员和其他直接责任人员，依照本解释的规定处罚。违反国家规定，擅自设置、使用无线电台（站），或者擅自占用频率，非法经营国际电信业务或者涉港澳台电信业务进行营利活动，同时构成非法经营罪和刑法第288条规定的扰乱无线电通讯管理秩序罪的，依照处罚较重的规定定罪处罚。非法经营来话业务造成电信资费损失数额在100万元以上的，受过行政处罚2次以上，又进行非法经营国际电信业务活动行为。最高人民检察院、公安部2001年4月18日《关于经济犯罪案件追诉标准的规定》第70条规定，违反国家规定，采取租用国际专线、私设转接设备或者其他方法，擅自经营国际电信业务或者涉港澳台电信业务进行营利活动，涉嫌下列情形之一的，应予追诉：经营去话业务数额在100万元以上的；经营来话业务造成电信资费损失数额在100万元以上的；虽未达到上述数额标准，但因非法经营国际电信业务或者涉港澳台电信业务，受过行政处罚2次以上，又进行非法经营活动的。

④非法经营证券、期货、保险业务，以非法经营罪定罪处罚。根据最高人民检察院、公安部《关于经济犯罪案件追诉标准的规定》第70条规定，未经国家有关主管部门批准，非法经营证券、期货或者保险业务，非法经营数额在30万元以上，或者违法所得数额在5万元以上的，应予追诉。

⑤非法生产、销售瘦肉精等药品，情节严重的以非法经营罪追究刑事责任。最高人民法院、最高人民检察院2002年8月23日《关于办理非法生产、销售、使用禁止在饲料和动物饮用水中使用的药品等刑事案件具体应用法律若干问题的解释》第1条规定，未取得药品生产、经营许可证件和批准文号，非法生产、销售盐酸克仑特罗等禁止在饲料和动物饮用水中使用的药品，扰乱药品市场秩序，情节严重的，以非法经营罪追究刑事责任；在生产、销售的饲料中添加盐酸克仑特罗等禁止在饲料和动物饮用水中使用的药品，或者销售明知是添加有该类药品的饲料，情节严重的，以非法经营罪追究刑事责任。

⑥非法经营食盐20吨以上或者非法经营10吨以上并受过2次以上行政处罚，以非法经营罪定罪处罚。最高人民检察院2002年7月8日《关于办理非法经营食盐刑事案件具体应用法律若干问题的解释》第1条规定，违反国家有关盐业管理规定，非法生产、储运、销售食盐，扰乱市场秩序，情节严重的，应当以非法经营罪追究刑事责任。第2条规定，非法经营食盐，具有下列情形之一的，应当依法追究刑事责任：非法经营食盐数量在20吨以上的；曾因非法经营食盐行为受过二次以上行政处罚又非法经营食盐，数量在10吨以

上的。第 3 条规定，非法经营食盐行为未经处理的，其非法经营的数量累计计算；行为人非法经营行为是否盈利，不影响犯罪的构成。第 4 条规定，以非碘盐充当碘盐或者以工业用盐等非食盐充当食盐进行非法经营，同时构成非法经营罪和生产、销售伪劣产品罪，生产、销售不符合卫生标准的食品罪、生产、销售有毒、有害食品罪等其他犯罪的，依照处罚较重的规定追究刑事责任。第 5 条规定，以暴力、威胁方法阻碍行政执法人员依法行使盐业管理职务的，依照刑法第 277 条的规定，以妨害公务罪追究刑事责任；其非法经营行为已构成犯罪的，依照数罪并罚的规定追究刑事责任。

⑦在预防、控制突发传染病疫情等灾害时期哄抬物价、牟取暴利，情节严重的，以非法经营罪定罪处罚。最高人民法院、最高人民检察院 2003 年 5 月 13 日《关于办理妨害预防、控制突发传染病疫情等灾害的刑事案件具体应用法律若干问题的解释》第 6 条规定，违反国家在预防、控制突发传染病疫情等灾害期间有关市场经营、价格管理等规定，哄抬物价、牟取暴利，严重扰乱市场秩序，违法所得数额较大或者有其他严重情节的，以非法经营罪定罪，依法从重处罚。

⑧从事其他非法经营活动，个人非法经营数额在 5 万元以上或者违法所得数额在 1 万元以上的以非法经营罪定罪处罚。根据最高人民检察院、公安部规定的立案标准，个人非法经营数额在 5 万元以上或者违法所得数额在 1 万元以上的，单位非法经营数额在 50 万元以上，或者违法所得数额在 10 万元以上的，应予追究。

从上述司法解释规定可见，"其他严重扰乱市场秩序"款项的规定，实际上已成为新的"口袋罪"，很可能被滥用，应引起立法机关和司法机关的重视，严格控制，防止滥用。

⑨注意非法经营罪共犯的认定。根据根据最高人民法院、最高人民检察院 2013 年 9 月 10 日起施行的《关于审理利用网络实施诽谤等刑事案件适用法律若干问题的解释》第 8 条规定，"明知他人利用信息网络实施诽谤、寻衅滋事、敲诈勒索、非法经营等犯罪，为其提供资金、场所、技术支持等帮助，以共同犯罪论处"。

上述司法解释第 9 条规定，利用信息网络诽谤、寻衅滋事、敲诈勒索、非法经营犯罪，同时又构成刑法第 221 条规定的损害商业信誉、商品声誉罪，第 278 条规定的煽动暴力抗拒法律实施罪，第 291 条之一规定的编造、故意传播虚假恐怖信息罪等犯罪的，依照处罚较重的规定处罚。

第十一章 关于取缔邪教组织、防范和惩治邪教活动的决定

全国人大常委会《关于取缔邪教组织、防范和惩治邪教活动的决定》于1999年10月30日第九届全国人大常委第十二次会议通过。近年来，邪教组织在我国一些地方滋生蔓延，造成了十分严重的后果，特别是"法轮功"邪教组织涉及范围之广，参加人员之多，印刷违禁品数量之大，对社会危害之烈，是新中国成立以来所没有的。这些邪教组织，冒用宗教、气功或者其他的名义，歪曲宗教经典，制造、散布迷信邪说，混淆是非，蛊惑、蒙骗他人，发展成员，采取各种手段进行控制，从事违法犯罪活动。他们动辄聚众围攻、冲击国家机关、企业事业单位，扰乱正常的工作、生产、经营、教学和科学研究秩序；非法举行集会、游行、示威，或者强占公园、运动场等公共场所，破坏社会公共秩序；聚众围攻、冲击、强占宗教活动场所，或者以其他方式妨碍正常的宗教活动；煽动、欺骗、组织其成员或者其他人破坏国家法律、行政法规的实施；非法出版、发行宣扬邪教内容的出版物和邪教组织的标识，毒化人们的思想；煽动、蒙骗其成员或者群众"寻主"、"升天"，自尽、自残，致人重伤或者死亡；以迷信邪说引诱、胁迫、欺骗等手段，奸淫妇女、诈骗财物等。因此，对邪教组织必须坚决依法取缔，对其犯罪活动必须坚决依法严厉打击。1999年10月25日，全国人大内务司法委员会在第九届全国人大常委会第十二次会议上作了《关于防范和打击邪教组织的决定（草案）》说明，要求全国人大常委会作《关于防范和打击邪教组织的决定》。10月26日下午，第九届全国人大常委会第十二次会议对《决定（草案）》进行了分组审议。委员们认为，制定《关于防范和打击邪教组织的决定》是十分必要的，同时也提出了一些修改意见。10月28日，全国人大法律委员会召开会议进行了审议。法律委员会建议，将决定的名称修改为《关于取缔邪教组织、防范和惩治邪教活动的决定》，同时对有关内容作了一些修改。① 为了严厉打击邪教组织的犯罪活动，最高人民法院、最高人民检察院于1999年10月30日发布了《关于办

---

① 参见《全国人民代表大会常务委员会公报》1999年第5期，第567页。

理组织和利用邪教组织犯罪案件具体应用法律若干问题的解释》，对什么是邪教组织和对邪教组织犯罪的定罪处罚进行了解释。全国人大常委会的决定和"两高"的司法解释为司法机关办理邪教组织犯罪案件提供了法律依据。

一、组织、利用会道门、邪教组织、利用迷信破坏法律实施罪

组织、利用会道门、邪教组织和利用迷信破坏法律实施罪，是修订刑法第300条第1款规定的犯罪，1997年最高人民法院、最高人民检察院分别在《关于执行〈中华人民共和国刑法〉确定罪名的规定》中规定为该罪名。我国1979年刑法没有单独规定这种犯罪，而是将这种犯罪行为作为组织、利用封建迷信、会道门进行反革命活动罪定罪处罚。1997年修订刑法取消了反革命罪的类罪名，将组织、利用会道门、邪教组织和利用迷信破坏法律实施的行为规定为独立的罪名，并规定在妨害社会管理秩序罪之中。1999年全国人大常委会《关于取缔邪教组织、防范和惩治邪教活动罪的决定》第1条规定，对组织和利用邪教组织破坏国家法律、行政法规实施，聚众闹事，扰乱社会秩序等犯罪活动，依法予以严惩，即依照该罪规定严厉惩处。2015年8月29日《刑法修正案（九）》第33条对刑法第300条第1款规定的法定刑作了修改，提高了法定刑最高刑，即"处无期徒刑，并处罚金或者没收财产"；增加了"情节较轻的，处三年以下有期徒刑、拘役、管制或者剥夺政治权利，并处或者单处罚金"的规定。

二、组织、利用会道门、邪教组织、利用迷信致人死亡罪

组织、利用会道门、邪教组织、利用迷信致人重伤、死亡罪是1997年刑法规定的犯罪，1997年最高人民法院、最高人民检察院分别在《关于执行〈中华人民共和国刑法〉确定罪名的规定》中规定为"组织、利用会道门、邪教组织、利用迷信致人死亡罪"罪名。2015年《刑法修正案（九）》对刑法第300条作了修改，增加了"致人重伤"的罪状。2015年10月30日最高人民法院、最高人民检察院在《关于执行〈中华人民共和国刑法〉确定罪名的补充规定（六）》中将罪名改为"组织、利用会道门、邪教组织、利用迷信致人重伤、死亡罪"。

1999年全国人大常委会《关于取缔邪教组织、防范和惩治邪教活动罪的

决定》第1条对适用本罪作了原则规定。最高人民法院、最高人民检察院对其具体应用作了司法解释。2015年8月29日《刑法修正案（九）》第33条对刑法第300条第2款作了修改，增加了"致人重伤"犯罪结果，提高了法定刑最高刑，即"处无期徒刑，并处罚金或者没收财产"；增加了处罚较轻的法定刑，即"情节较轻的，处三年以下有期徒刑、拘役、管制或者剥夺政治权利，并处或者单处罚金"，体现了宽严相济的刑事政策。

第十二章 关于维护互联网安全的决定

全国人大常委会《关于维护互联网安全的决定》（以下简称《决定》）于2000年12月28日第九届全国人大常委会第十九次会议通过。近几年来，我国的互联网系统包括计算机信息系统，在国家大力倡导和积极推动下，在经济建设和各项事业中得到日益广泛的应用，使人们的生产、工作、学习和生活方式已经开始并将继续发生深刻的变化，对于加快我国国民经济、科学技术的发展和社会服务信息化进程具有重要作用。同时，也出现了严重危害互联网安全的犯罪行为，如制造、传播计算机病毒的犯罪行为，给国家和人民造成了巨大损失。如何保障互联网的运行安全和信息安全问题已经引起全社会的普遍关注。为了兴利除害，促进我国互联网的健康发展，维护国家安全和社会公共利益，保护个人、法人和其他组织的合法权益，有关部门起草了《关于维护互联网安全的决定（草案）》于2000年12月22日提交全国人大常委会第二次分组审议。草案的主要内容是：（1）有关危害互联网运行安全犯罪；（2）有关利用互联网危害国家安全和危害社会安全犯罪；（3）有关利用互联网破坏经济秩序和破坏社会秩序犯罪；（4）有关利用互联网侵犯人身权利和侵犯财产权利犯罪；（5）有关利用互联网进行其他犯罪。在审议中，有的委员提出，对《决定》规定的一些行为，应当划清罪与非罪的具体界限，对定罪量刑作出具体规定；还有的提出了一些文字修改意见。法律委员会研究了上述意见，考虑到刑法对什么行为在什么情况下才构成犯罪，如何定罪量刑都有了明确具体规定，本《决定》只规定构成犯罪的依照刑法追究刑事责任是将《决定》的规定与刑法规定相衔接，便于司法适用。在执行本《决定》时，应当严格依照《决定》和刑法的规定定罪处罚，本《决定》可不再重复刑法的规定。关于侵犯互联网安全的一些新的行为是否规定为犯罪，涉及对犯罪的界定和刑法修改的问题，还需要在今后的司法实践中进一步研究和论证。因此，在本《决定》中，只规定构成犯罪依照刑法有关规定追究刑事责任。法律委员会又于2000年12月25日逐条研究了委员们提出的意见，作了进一步的修改，并建议提交第十九次全国人大常委会审议通过。2000年12月28日，第九届全国人大常委第十九次会议通过，并于当日颁布施行。

全国人大常委会在《决定》中要求有关主管部门要加强对互联网的运行安全和信息安全的宣传教育，依法实施有效的监督管理，防范和制止利用互联网进行的各种违法活动，为互联网的健康发展创造良好的社会环境。从事互联网业务的单位要依法开展活动，发现互联网上出现违法犯罪行为和有害信息时，要采取措施，停止传输有害信息，并及时向有关机关报告。任何单位和个人在利用互联网时，都要遵纪守法，抵制各种违法犯罪行为和有害信息。人民法院、人民检察院、公安机关、国家安全机关要各司其职，密切配合，依法严厉打击利用互联网实施的各种犯罪活动。要动员全社会的力量，依靠全社会的共同努力，保障互联网的运行安全与信息安全，促进社会主义精神文明和物质文明建设。

一、危害互联网运行安全的犯罪

全国人大常委会《关于维护互联网安全的决定》第 1 条对危害互联网运行安全的犯罪作了具体规定。

（一）《决定》规定的内容

全国人大常委会《关于维护互联网安全的决定》第 1 条规定："为了保障互联网的运行安全，对有下列行为之一，构成犯罪的，依照刑法有关规定追究刑事责任：（一）侵入国家事务、国防建设、尖端科学技术领域的计算机信息系统；（二）故意制作、传播计算机病毒等破坏性程序，攻击计算机系统及通信网络，致使计算机系统及通信网络遭受损害；（三）违反国家规定，擅自中断计算机网络或者通信服务，造成计算机网络或者通信系统不能正常运行。"

上述《决定》对危害互联网运行安全的三种犯罪行为依照刑法规定的非法侵入计算机信息系统罪、破坏计算机信息系统罪、破坏广播电视、公用电信设备罪追究刑事责任作了具体规定。

（二）刑法对危害互联网运行安全犯罪的规定

修订刑法对惩治危害互联网运行安全的犯罪行为作了如下规定：

1. 1997 年刑法第 285 条第 1 款规定："违反国家规定，侵入国家事务、国防建设、尖端科学技术领域的计算机信息系统的，处三年以下有期徒刑或者拘役。"

2. 1997 年刑法第 286 条规定："违反国家规定，对计算机信息系统功能进行删除、修改、增加、干扰，造成计算机信息系统不能正常运行，后果严重的,处五年以下有期徒刑或者拘役;后果特别严重的,处五年以上有期徒刑。

"违反国家规定,对计算机信息系统中存储、处理或者传输的数据和应用程序进行删除、修改、增加的操作,后果严重的,依照前款的规定处罚。

"故意制作、传播计算机病毒等破坏性程序,影响计算机系统正常运行,后果严重的,依照第一款的规定处罚。"

3.1997年刑法第124条规定:"破坏广播电视设施、公用电信设施,危害公共安全的,处三年以上七年以下有期徒刑;造成严重后果的,处七年以上有期徒刑。

"过失犯前款罪的,处三年以上七年以下有期徒刑;情节较轻的,处三年以下有期徒刑或者拘役。"

上述刑法规定,涉及非法侵入计算机信息系统罪、破坏计算机信息系统罪、破坏广播电视、公用电信设备罪和过失破坏广播电视、公用电信设备罪。

(三) 危害互联网运行安全犯罪的适用

依据《决定》和刑法的规定,对危害互联网安全犯罪的具体适用时,应明确以下问题:

1. 非法侵入计算机信息系统罪。《决定》第1条第(一)项规定的"侵入国家事务、国防建设、尖端科学技术领域的计算机信息系统"的行为,构成犯罪的,依照刑法第285条规定的非法侵入计算机信息系统罪追究刑事责任。①

2. 破坏计算机信息系统罪。《决定》第1条第(二)项规定的"故意制作、传播计算机病毒等破坏性程序,攻击计算机系统及通信网络,致使计算机系统及通信网络遭受损害",构成犯罪的,应依照刑法第286条规定的破坏计算机信息系统罪追究刑事责任。②

3. 破坏广播电视、公用电信设备罪。《决定》第1条第(三)项规定的"违反国家规定,擅自中断计算机网络或者通信服务,造成计算机网络或者通信系统不能正常运行"的行为,构成犯罪的,依照刑法第124条规定的破坏广播电视、公用电信设备罪追究刑事责任。

根据刑法第124条的规定,破坏广播电视、公用电信设备罪,是指故意破坏广播电视、公用电信设施,危害公共安全的行为。

---

① 参见《刑法修正案(九)》对刑法分则规定犯罪的修改。
② 参见《刑法修正案(九)》对刑法分则规定犯罪的修改。

该罪的犯罪主体是年满16周岁以上的具有刑事责任能力的自然人，不满16周岁的人和单位不能构成本罪的犯罪主体。

该罪的犯罪行为必须是故意实施了破坏广播电视、公用电信设施的行为，如偷割电信光缆线、公用电话、互联网线设备等危害公共安全的行为。

该罪的犯罪结果必须是危害公共安全的结果，包括足以危害安全的结果和已经危害了公共安全的结果。

刑法根据犯罪的不同结果，规定了两个档次的法定刑：（1）构成本罪的，处3年以上7年以下有期徒刑；（2）犯本罪，后果严重的，处7年以上有期徒刑。

全国人大常委会《决定》第1条第（三）项中规定的"违反国家规定，擅自中断计算机网络或者通信服务，造成计算机网络或者通信系统不能正常运行"的行为，是当前有关危害互联网运行安全的犯罪行为，是新的犯罪行为，从原则上讲可以归类于破坏公用电信设备行为之中，破坏计算机网络和通信系统也是危害公共安全的行为，可以认定为破坏公用电信设备犯罪，但这种破坏电信设备的犯罪与侵犯互联网系统运行安全的犯罪还是有一定区别。如果在刑法中专门规定侵犯计算机网络传输安全罪，更能准确惩罚这种犯罪行为。在刑法没有作出新的规定以前，对侵犯互联网传输安全的犯罪行为，定为破坏广播电视、公用电信设备罪是比较适合的。

二、利用互联网危害国家安全和危害社会安全犯罪

全国人大常委会《关于维护互联网安全的决定》第2条对利用互联网危害国家安全和危害社会安全犯罪作了具体规定。

（一）《决定》规定的内容

全国人大常委会《关于维护互联网安全的决定》第2条规定："为了维护国家安全和社会稳定，对有下列行为之一，构成犯罪的，依照刑法有关规定追究刑事责任：（一）利用互联网造谣、诽谤或者发表传播其他有害信息，煽动颠覆国家政权、推翻社会主义制度，或者煽动分裂国家、破坏国家统一；（二）通过互联网窃取、泄露国家秘密、情报或者军事秘密；（三）利用互联网煽动民族仇恨、民族歧视，破坏民族团结；（四）利用互联网组织邪教组织、联络邪教组织成员，破坏国家法律、行政法规实施。"

上述《决定》对利用互联网危害国家安全和危害社会安全的四类犯罪行为依照刑法规定的危害国家安全和危害社会安全的具体犯罪追究刑事责任作了

具体规定。

(二) 刑法对利用互联网危害国家安全和危害社会安全犯罪的规定

修订刑法对惩治利用互联网危害国家安全和危害社会安全的犯罪行为有如下规定：

1. 1997年刑法第103条第2款规定："煽动分裂国家、破坏国家统一的，处五年以下有期徒刑、拘役、管制或者剥夺政治权利；首要分子或者罪行重大的，处五年以上有期徒刑。"

2. 1997年刑法第105条第2款规定："以造谣、诽谤或者其他方式煽动颠覆国家政权、推翻社会主义制度的，处五年以下有期徒刑、拘役、管制或者剥夺政治权利；首要分子或者罪行重大的，处五年以上有期徒刑。"

3. 1997年刑法第111条规定："为境外的机构、组织、人员窃取、刺探、收买、非法提供国家秘密或者情报的，处五年以上十年以下有期徒刑；情节特别严重的，处十年以上有期徒刑或者无期徒刑；情节较轻的，处五年以下有期徒刑、拘役、管制或者剥夺政治权利。"

4. 1997年刑法第398条规定："国家机关工作人员违反保守国家秘密法的规定，故意或者过失泄露国家秘密，情节严重的，处三年以下有期徒刑或者拘役；情节特别严重的，处三年以上七年以下有期徒刑。

"非国家机关工作人员犯前款罪的，依照前款的规定酌情处罚。"

5. 1997年刑法第431条规定："以窃取、刺探、收买方法，非法获取军事秘密的，处五年以下有期徒刑；情节严重的，处五年以上十年以下有期徒刑；情节特别严重的，处十年以上有期徒刑。

"为境外的机构、组织、人员窃取、刺探、收买、非法提供军事秘密的，处十年以上有期徒刑、无期徒刑或者死刑。"

6. 1997年刑法第432条规定："违反保守国家秘密法规，故意或者过失泄露军事秘密，情节严重的，处五年以下有期徒刑或者拘役；情节特别严重的，处五年以上十年以下有期徒刑。

"战时犯前款罪的，处五年以上十年以下有期徒刑；情节特别严重的，处十年以上有期徒刑或者无期徒刑。"

7. 1997年刑法第249条规定："煽动民族仇恨、民族歧视，情节严重的，处三年以下有期徒刑、拘役、管制或者剥夺政治权利；情节特别严重的，处三年以上十年以下有期徒刑。"

8. 1997年刑法第250条规定："在出版物中刊载歧视、侮辱少数民族的内容，情节恶劣，造成严重后果的，对直接责任人员，处三年以下有期徒刑、拘役或者管制。"

9. 1997年刑法第300条规定："组织、利用会道门、邪教组织或者利用迷信破坏国家法律、行政法规实施的，处三年以上七年以下有期徒刑，并处罚金；情节特别严重的，处七年以上有期徒刑或者无期徒刑，并处罚金或者没收财产；情节较轻的，处三年以下有期徒刑、拘役、管制或者剥夺政治权利，并处或者单处罚金。

"组织、利用会道门、邪教组织或者利用迷信蒙骗他人，致人重伤、死亡的，依照前款的规定处罚。

"犯第一款罪又有奸淫妇女、诈骗财物等犯罪行为的，依照数罪并罚的规定处罚。"

上述刑法规定，涉及煽动分裂国家罪，煽动颠覆国家政权罪，为境外窃取、刺探、收买、非法提供国家秘密、情报罪，泄露国家秘密罪，非法获取军事秘密罪，为境外窃取、刺探、收买、非法提供军事秘密罪，故意泄露军事秘密罪，过失泄露军事秘密罪，煽动民族仇恨、民族歧视罪，出版歧视、侮辱少数民族作品罪，组织、利用会道门、邪教组织、利用迷信破坏国家法律、行政法规实施罪，故意伤害罪，过失伤害罪，强奸罪，故杀人罪，过失致人死亡罪，诈骗罪等十几种犯罪。

（三）利用互联网危害国家安全和危害社会安全犯罪的适用

依据《决定》和刑法的规定，利用互联网危害国家安全和危害社会安全的犯罪涉及的具体犯罪有十几种，归纳起来有四类：煽动危害国家安全的犯罪；泄露国家秘密的犯罪；煽动民族仇恨、歧视的犯罪；组织、利用邪教组织的犯罪，按《决定》认定这些犯罪时，应明确以下问题：

1. 煽动危害国家安全的犯罪。《决定》第2条第（一）项规定的"利用互联网造谣、诽谤或者发表、传播其他有害信息，煽动颠覆国家政权、推翻社会主义制度，或者煽动分裂国家、破坏国家统一"的行为，构成犯罪的，依照刑法第103条第2款和第105条第2款规定的煽动分裂国家罪，煽动颠覆国家政权罪追究刑事责任。

根据刑法第103条第2款的规定，煽动分裂国家罪，是指煽动分裂国家，破坏国家统一的行为。根据刑法第105条的规定，煽动颠覆国家政权罪，是指以造谣、诽谤或者其他方法煽动颠覆国家政权、社会主义制度安全的行为。煽动分裂国家罪、煽动颠覆国家政权罪都是宣传煽动性的犯罪。

该两种犯罪的犯罪主体是年满16周岁以上的具有刑事责任能力的自然人，不满16周岁的人和单位不能构成本罪的犯罪主体。

该两罪的犯罪行为必须是故意进行煽动分裂国家、煽动颠覆国政权的行为。该两种罪的犯罪结果危害国家的统一和危害国家政权的安全。

该两罪是行为犯，只要实施了煽动分列国家、煽动颠覆国家政权行为就可以构成犯罪。

我国刑法根据这两种犯罪分子在犯罪中所处的地位和起的作用分别规定了两个档次的法定刑：（1）构成本罪的，处5年以下有期徒刑、拘役、管制或者剥夺政治权利；（2）犯本罪，首要分子或者罪行重大的，处5年以上有期徒刑，附加剥夺政治权利，可以并处没收财产。

2. 泄露国家秘密的犯罪。《决定》第2条第（二）项规定的"通过互联网窃取、泄露国家秘密、情报或者军事秘密"的行为，构成犯罪的，分别依照刑法第111条、第398条、第431条、第432条规定的为境外窃取、刺探、收买、非法提供国家秘密、情报罪，泄露国家秘密罪，非法获取军事秘密罪，为境外窃取、刺探、收买、非法提供军事秘密罪，故意泄露军事秘密罪追究刑事责任。

上述犯罪都是涉及国家秘密的犯罪。这些犯罪主观上都是故意的，分别故意实施了窃取、刺探、收买、获取、泄露、非法提供国家秘密的行为。犯罪客体是根据国家秘密的危害程度，有的危害国家安全，有的危害社会安全和国家军事利益的安全。犯罪对象是国家秘密和军事秘密。所谓国家秘密，根据我国1988年9月5日颁布的《中华人民共和国保密法》的规定，国家秘密是指关系到国家安全和利益，依照法定程序确定，在一定时间内只限一定范围的人知悉的事项。

下列内容之一的是国家秘密的范围：（1）国家事务的重大决策中的秘密事项；（2）国防建设和武装力量活动中的秘密事项；（3）外交和外事活动中的秘密事项以及对外承担保密义务的事项；（4）国民经济和社会发展中的秘密事项；（5）科学技术中的秘密事项；（6）维护国家安全活动和追查刑事犯罪中的秘密事项；（7）其他国家保密工作部门确定应当保守的国家保密事项。另外，政党的秘密事项符合国家秘密性质的，也属于国家秘密。国家秘密分为三级，即绝密、机密、秘密。军事秘密，是指在一定的时间内只限一定范围的人知悉，不能对外公开，并直接关系到国防和军队安全与利益的事项。主要包括：与国防、军事行动有关的战略方针、部署、军队建设规划及组织编制、番号、作战计划、方案、部队的调动、实力、装备、后勤保障能力等军事情况。

凡是有全国人大常委会《决定》规定的利用互联网侵犯国家秘密危害国家安全和危害社会安全的犯罪行为，分别依照刑法的上述有关规定定罪处罚。

3. 煽动民族仇恨、歧视的犯罪。《决定》第2条第（三）项规定的"利用互联网煽动民族仇恨、民族歧视，破坏民族团结"的行为，构成犯罪的，分别依照刑法第249条、第250条规定的煽动民族仇恨、民族歧视罪，出版歧视、侮辱少数民族作品罪追究刑事责任。

根据刑法第249条的规定，煽动民族仇恨、民族歧视罪，是指故意煽动民族仇恨、民族歧视，情节严重的行为。

该罪的犯罪主体是一般主体，凡是年满16周岁以上的具有刑事责任能力的自然人都可以构成，不满16周岁的人和单位不能构成本罪的犯罪主体。

该罪的犯罪行为必须是故意进行煽动民族仇恨、民族歧视，过失行为不构成本罪。所谓煽动，就是用语言、文字或其他方式进行宣传煽动，使阅者产生民族仇恨、民族歧视心理。所谓民族仇恨，是指因民族之间的风俗、心理、习惯和民族信仰上的差别而形成的一些矛盾，而互不相融的心理状态。所谓民族歧视，是一些民族的公民对另一些民族的公民的风俗、习惯进行嘲笑、侮辱、看不起等。只要具有上述煽动行为之一，情节严重的，就可以构成本罪。

该罪的犯罪结果是煽动民族仇恨、民族歧视，情节严重的结果。所谓情节严重，一般是指由于行为人的宣传煽动引起民族纠纷，严重损害民族感情和民族尊严，引发民族仇恨、民族歧视，甚至产生民族之间的暴力行动等情况。

我国刑法根据犯罪行为情节分别规定了两个档次的法定刑：（1）构成本罪的，处3年以下有期徒刑、拘役、管制或者剥夺政治权利；（2）犯本罪，情节特别严重的，处3年以上10年以下有期徒刑。

根据刑法第250条规定，出版歧视、侮辱少数民族作品罪，是指故意在出版物中刊载歧视、侮辱少数民族的内容，情节恶劣，造成严重后果的行为。

该罪的犯罪主体是一般主体，即载有歧视、侮辱少数民族内容出版物的作者或出版单位的直接责任人员。

该罪的犯罪行为必须是故意在出版物中刊载歧视、侮辱少数民族内容的行为。所谓出版物，是指供人阅读、视听、观看、欣赏的作品，如书、报刊、录像带、录音带、图片、画册、挂历等。所谓歧视、侮辱少数民族的内容，是指损害民族名誉，丑化民族风俗习惯、宣扬民族压迫等使少数民族受耻辱的内容。凡是有故意创作或者出版歧视、侮辱少数民族作品两种行为之一，情节恶劣的、后果严重的，就可以构成本罪。该罪的犯罪结果，必须"情节恶劣"、"造成严重后果"的结果。所谓情节恶劣，一般是指不止一次地刊载歧视、侮辱少数民族的内容；或者虽然只有一次故意刊载歧视、侮辱少数民族内容，其内容十分露骨，不甚容忍。所谓"造成严重后果"，是指由于在作品中刊载歧视、侮辱少数民族内容，引起民族矛盾，影响民族团结，引起民族仇恨，民族之间的械斗，严重影响当地的生产和生活秩序。

我国刑法第250条规定，构成本罪的，处3年以下有期徒刑、拘役、管制。

4. 组织、利用邪教组织的犯罪。《决定》第2条第（四）项规定的"利用互联网组织邪教组织、联络邪教组织成员、破坏国家法律、行政法规实施"的行为，构成犯罪的，分别依照刑法第300条规定的组织、利用邪教组织、利用迷信破坏法律实施罪追究刑事责任。

根据刑法第300条第1款规定，组织、利用会道门、邪教组织、利用迷信破坏法律实施罪，是指组织、利用会道门、邪教组织、利用迷信破坏法律、行政法规实施的行为。

该罪的犯罪主体是一般主体，凡是年满16周岁以上的具有刑事责任能力的自然人都可以构成，不满16周岁的人和单位不能构成本罪的犯罪主体。本罪在主观上是故意的，主观上过失的，不能构成本罪。

该罪的犯罪行为，具体有：（1）组织和利用会道门、邪教组织破坏国家法律、行政法规实施的行为。包括组织会道门、邪教组织破坏国家法律、行政法规实施行为和利用公道门、邪教组织破坏国家法律、行政法规实施的行为。（2）利用迷信破坏国家法律、行政法规实施的行为。

该罪的犯罪结果，必须是破坏国家法律、行政法规实施，情节较轻的结果，情节一般和情节特别严重的是适用加重法定刑处罚的情节。

我国刑法根据犯罪行为情节不同，分别规定了三个档次的法定刑：（1）情节一般的，构成本罪的，处3年以上7年以下有期徒刑，并处罚金；（2）犯本罪，情节特别严重的，处7年以上有期徒刑或者无期徒刑，并处罚金或者没收财产；（3）情节较轻的，处3年以下有期徒刑、拘役、管制或者剥夺政治权利，并处或者单处罚金。

三、利用互联网破坏经济秩序和破坏社会秩序犯罪

全国人大常委会《关于维护互联网安全的决定》第3条对利用互联网破坏社会主义市场经济秩序和破坏社会管理秩序的犯罪，依照刑法有关规定追究刑事责任作了具体规定。

（一）《决定》规定的内容

全国人大常委会《关于维护互联网安全的决定》第3条规定："为了维护社会主义市场经济秩序和社会管理秩序，对有下列行为之一，构成犯罪的，依照刑法有关规定追究刑事责任：（一）利用互联网销售伪劣产品或者对商品、

服务作虚假宣传；（二）利用互联网损坏他人商业信誉和商品声誉；（三）利用互联网侵犯他人知识产权；（四）利用互联网编造并传播影响证券、期货交易或者其他扰乱金融秩序的虚假信息；（五）在互联网上建立淫秽网站、网页，提供淫秽站点链接服务，或者传播淫秽书刊、影片、音像、图片。"

上述《决定》对利用互联网破坏社会主义市场经济秩序和破坏社会管理秩序的五类犯罪行为依照刑法规定的具体犯罪追究刑事责任作了具体规定。

（二）刑法对利用互联网破坏经济秩序和破坏社会秩序犯罪的规定

修订刑法对惩治破坏社会主义市场经济秩序和破坏社会管理秩序的犯罪行为，有如下规定：

1. 刑法第140条规定："生产者、销售者在产品中掺杂、掺假，以假充真，以次充好或者以不合格产品冒充合格产品，销售金额五万元以上不满二十万元的，处二年以下有期徒刑或者拘役，并处或者单处销售金额百分之五十以上二倍以下罚金；销售金额二十万元以上不满五十万元的，处二年以上七年以下有期徒刑，并处销售金额百分之五十以上二倍以下罚金；销售金额五十万元以上不满二百万元的，处七年以上有期徒刑，并处销售金额百分之五十以上二倍以下罚金；销售金额二百万元以上的，处十五年有期徒刑或者无期徒刑，并处销售金额百分之五十以上二倍以下罚金或者没收财产。"

2. 刑法第219条规定："有下列侵犯商业秘密行为之一，给商业秘密的权利人造成重大损失的，处三年以下有期徒刑或者拘役，并处或者单处罚金；造成特别严重后果的，处三年以上七年以下有期徒刑，并处罚金：（一）以盗窃、利诱、胁迫或者其他不正当手段获取权利人的商业秘密的；（二）披露、使用或者允许他人使用以前项手段获取的权利人的商业秘密的；（三）违反约定或者违反权利人有关保守商业秘密的要求，披露、使用或者允许他人使用其所掌握的商业秘密的。

"明知或者应知前款所列行为，获取、使用或者披露他人的商业秘密的，以侵犯商业秘密论。

"本条所称商业秘密，是指不为公众所知悉，能为权利人带来经济利益，具有实用性并经权利人采取保密措施的技术信息和经营信息。

"本条所称权利人，是指商业秘密的所有人和经商业秘密所有人许可的商业秘密使用人。"

3. 刑法第213条规定："未经注册商标所有人许可，在同一种商品上使用与其注册商标相同的商标，情节严重的，处三年以下有期徒刑或者拘役，并处或者单处罚金；情节特别严重的，处三年以上七年以下有期徒刑，并处罚金。"

4. 刑法第214条规定："销售明知是假冒注册商标的商品，销售金额数额较大的，处三年以下有期徒刑或者拘役，并处或者单处罚金；销售金额数额巨大的，处三年以上七年以下有期徒刑，并处罚金。"

5. 刑法第215条规定："伪造、擅自制造他人注册商标标识或者销售伪造、擅自制造的注册商标标识，情节严重的，处三年以下有期徒刑、拘役或者管制，并处或者单处罚金；情节特别严重的，处三年以上七年以下有期徒刑，并处罚金。"

6. 刑法第216条规定："假冒他人专利，情节严重的，处三年以下有期徒刑或者拘役，并处或者单处罚金。"

7. 刑法第217条规定："以营利为目的，有下列侵犯著作权情形之一，违法所得数额较大或者有其他严重情节的，处三年以下有期徒刑或者拘役，并处或者单处罚金；违法所得数额巨大或者有其他特别严重情节的，处三年以上七年以下有期徒刑，并处罚金：（一）未经著作权人许可，复制发行其文字作品、音乐、电影、电视、录像作品、计算机软件及其他作品的；（二）出版他人享有专有出版权的图书的；（三）未经录音录像制作者许可，复制发行其制作的录音录像的；（四）制作、出售假冒他人署名的美术作品的。"

8. 刑法第218条规定："以营利为目的，销售明知是本法第二百一十七条规定的侵权复制品，违法所得数额巨大的，处三年以下有期徒刑或者拘役，并处或者单处罚金。"

9. 刑法第181条规定："编造并且传播影响证券、期货交易的虚假信息，扰乱证券、期货交易市场，造成严重后果的，处五年以下有期徒刑或者拘役，并处或者单处一万元以上十万元以下罚金。

"证券、期货交易所、证券、期货公司的经纪公司的人员，证券业协会、期货协会或者证券监督管理部门的工作人员，故意提供虚假信息或者伪造、变造、销毁交易记录，诱骗投资者买卖证券、期货合约，造成严重后果的，处五年以下有期徒刑或者拘役，并处或者单处一万元以上十万元以下罚金；情节特别恶劣的，处五年以上十年以下有期徒刑，并处二万元以上二十万元以下罚金。

"单位犯前两款罪的，对单位判处罚金，并对其直接负责的主管人员和其他直接责任人员，处五年以下有期徒刑或者拘役。"

10. 刑法第364条规定："传播淫秽的书刊、影片、音像、图片或者其他淫秽物品，情节严重的，处二年以下有期徒刑、拘役或者管制。

"组织播放淫秽的电影、录像等音像制品的，处三年以下有期徒刑、拘役或者管制，并处罚金；情节严重的，处三年以上十年以下有期徒刑，并处罚金。

"制作、复制淫秽的电影、录像等音像制品组织播放的,依照第二款的规定从重处罚。向不满十八周岁的未成年人传播淫秽物品的,从重处罚。"

上述刑法规定涉及生产、销售伪劣商品罪,侵犯商业秘密罪,侵犯商标罪、侵犯专利罪、侵犯著作权罪,编造并传播证券、期货交易虚假信息罪,传播淫秽物品罪,组织播放淫秽音像制品罪等十几种犯罪。

(三) 利用互联网破坏经济秩序和破坏社会秩序犯罪的适用

依据《决定》规定的惩治利用互联网破坏经济秩序和破坏社会秩序的犯罪涉及刑法的具体犯罪有十几种,归纳起来有五类:生产、销售伪劣产品犯罪;侵犯商业秘密犯罪;侵犯知识产权犯罪;编造并传播证券、期货交易虚假信息罪;传播淫秽物品罪。按《决定》认定这些犯罪时,应明确以下问题:

1. 生产、销售伪劣产品犯罪。《决定》第3条第(一)项规定的"利用互联网销售伪劣产品或者对商品、服务作虚假宣传"的行为,构成犯罪的,依照刑法第140条规定的生产、销售伪劣商品罪追究刑事责任。

根据刑法第140条的规定,生产、销售伪劣商品罪,是指违反国家产品质量法规定,生产、销售伪劣产品,严重扰乱市场经济秩序的行为。

该罪是一种概括性的犯罪,凡是刑法分则第三章第一节没有专门规定的生产、销售伪劣产品的犯罪行为都认定为本罪,如果本节已有专门规定的,如生产、销售假药的行为,按刑法第141条的规定认定为生产、销售假药罪,不再认定为生产、销售伪劣产品罪。

该罪的主体是年满16周岁以上的具有刑事责任能力的故意生产、销售伪劣商品犯罪行为的自然人和单位,不满16周岁的人,不能构成本罪的犯罪主体。

该罪的犯罪行为必须是故意生产、销售伪劣商品的行为。生产、销售伪劣商品行为表现是在产品中掺杂、掺假,以假充真,以次充好或者以不合格的产品冒充合格的产品的行为。所谓合格产品,是指符合国家产品质量法规定的产品质量标准的合格产品。不符合国家产品质量法规定的标准的产品是不合格产品,不合格产品就是伪劣产品。

根据国家《产品质量法》第14条的规定,产品质量应当符合下列要求:(1)不存在危及人身、财产安全的不合理危险,有保障人体健康、人身、财产安全的国家标准、行业标准的,应当符合该标准;(2)具有产品应当具备的使用性能,但是,对产品存在使用性能的瑕疵作出说明的除外;(3)符合在产品或者其包装上注明采用的产品标准,符合产品说明、实物样品等方式表明的质量状况。生产、销售不符合上述标准的产品的行为就是生产、销售伪劣商品。

该罪的结果必须是故意生产、销售伪劣产品,销售金额在5万以上的结果,才构成犯罪,达不到5万元的,不构成犯罪,按有关的经济法规给予经济处罚。

我国刑法根据犯罪结果程度分别规定了四个档次的法定刑:(1)构成本罪的,销售金额在5万元以上不满20万元的,处2年以下有期徒刑、拘役,并处或者单处销售金额50%以上2倍以下罚金;(2)构成本罪,销售金额在20万元以上不满50万元的,处2年以上7年下有期徒刑,并处或者单处销售金额50%以上2倍以下罚金;(3)构成本罪,销售金额在50万元以上不满200万元的,处7年以下有期徒刑,并处或者单处销售金额50%以上2倍以下罚金;(4)构成本罪,销售金额在200万元以上的,处15年有期徒刑或者无期徒刑,并处或者单处销售金额50%以上2倍以下罚金或者没收财产。

2. 侵犯商业秘密犯罪。《决定》第3条第(二)项规定的"利用互联网损坏他人商业信誉和商品声誉"的行为,构成犯罪的,分别依照刑法第219条规定的侵犯商业秘密罪追究刑事责任。

根据刑法第219条的规定,侵犯商业秘密罪,是指单位或者个人以营利为目的侵犯商业秘密,给商业秘密权利人造成重大损失的行为。

该罪的主体是年满16周岁以上的具有刑事责任能力的故意实施了侵犯他人商业秘密行为的自然人和单位。不满16周岁的人不构成本罪的犯罪主体。犯罪人在主观上有营利的目的。

该罪的犯罪行为必须是故意实施了侵犯商业秘密的行为,具体表现有:(1)以窃取、利诱、胁迫或者其他不正当手段获取权利的商业秘密的行为;(2)披露、使用或者允许他人使用以前项手段获取的权利人的商业秘密的行为;(3)违反规定或者违反权利人有关保守商业秘密的要求。披露、使用或者允许他人使用其所掌握的商业秘密的行为。具备了上述故意行为之一的,就可以构成本罪。明知或者应当知道上述所列行为,获取、使用或者披露他人的商业秘密的行为,以侵犯商业秘密罪论处。

该罪的犯罪结果必须是给商业秘密权利人造成重大损失的结果,否则不构成犯罪。

我国刑法根据犯罪结果大小分别规定了两个档次的法定刑:(1)构成本罪的,处3年以下有期徒刑、拘役,并处或者单处罚金;(2)构成本罪,造成特别严重损失的,处3年以上7年下有期徒刑,并处罚金。

《决定》第3条第(二)项规定的"利用互联网损坏他人商业信誉和商品

声誉"的行为，多数可以构成侵犯商业秘密罪依照侵犯商业秘密罪定罪处罚，有的行为也可能构成其他罪的，应依照《决定》的规定按照刑法规定的有关犯罪定罪处罚。

3. 侵犯知识产权犯罪。《决定》第3条第（三）项规定的"利用互联网侵犯他人知识产权"的行为，构成犯罪的，分别依照刑法分则第三章第七节规定的侵犯知识产权犯罪的具体犯罪追究刑事责任。

根据刑法分则第三章第七节的规定，侵犯知识产权犯罪，是一类犯罪，是指违反知识产权法规定，未经知识产权人许可，非法使用他人知识产品谋取利益，数额较大或者其他情节严重的行为。

该类犯罪的同类客体是侵犯他人的知识产权。知识产权，包括商标权、专利权、著作权、商业秘密权等。知识产权是依法取得的，又同时受法律保护的权利。知识产权人使用知识产品能够获得物质利益或者精神收获。他人使用知识产品必须经过知识产权人许可，未经知识产权人许可，非法使用他人知识产品，谋取利益是侵犯他人知识产权的行为，数额较大、情节严重的，构成犯罪，应负刑事责任。

该类犯罪的客观方面必须是违反知识产权法规定，未经知识产权人许可非法使用他人知识产品的行为。具体行为表现是：（1）非法使用他人注册商标的行为；（2）非法使用他人专利的行为；（3）非法使用他人作品的行为；（4）非法使用他人商业秘密的行为。上述违反知识产权法规定，未经知识产权人同意而使用他人知识产权的行为，违法所得数额较大或者有其他严重情节的结果，才构成犯罪。

该类犯罪的主体是一般主体，单位或者个人都可以构成。该类犯罪的主观方面是故意的，过失不构成犯罪。无论单位还个人犯侵犯知识产权罪的目的一般都是为谋取非法利益。当然也有个别犯罪是故意毁坏他人名誉，使他人受损失，例如，有的人假冒他人注册商标，是为了毁坏他人商品的名誉。

《决定》第3条第（三）项规定的"利用互联网侵犯他人知识产权"行为，可构成侵犯知识产权犯罪中的有关具体犯罪的规定，具体构成何罪应根据侵犯知识产权的不同行为，分别依照刑法的具体规定定为具体罪名，按具体条文规定的法定刑处罚。

4. 编造并传播证券、期货交易虚假信息罪。《决定》第3条第（四）项规定的"利用互联网编造并传播影响证券、期货交易或者其他扰乱金融秩序的虚假信息"的行为，构成犯罪的，分别依照刑法分则第181条规定的编造并传播证券、期货交易虚假信息罪追究刑事责任。

根据刑法第181条的规定，编造并传播证券、期货交易虚假信息罪，是指单位或者个人故意编造并且传播影响证券、期货交易的虚假信息，扰乱证券、期货市场秩序，造成严重后果的行为。

该罪的主体是年满16周岁以上的具有刑事责任能力的故意实施了编造并且传播影响证券、期货交易的虚假信息行为的自然人和单位，不满16周岁的人不构成本罪的犯罪主体。

该罪的犯罪行为必须是故意实施了编造并且传播影响证券、期货交易的虚假信息的行为。所谓编造影响证券、期货交易的虚假信息，就是无中生有，全凭主观想象而故意编造出来的假信息。所谓传播，就是向外扩散，让公众知道。宣传、扩散的方式，有的可能是口头散布，有的是通过文字、传单、报刊等进行传播，让众多人都知道虚假证券、期货交易信息。本罪的行为是编造并且传播影响证券、期货交易的虚假信息行为，只是编造了虚假交易信息，没有传播出去，或者听到消息不知真假而以转传的行为，不构成犯罪。

该罪的犯罪结果必须是扰乱了证券、期货交易市场秩序，造成严重后果的才构成犯罪。

我国刑法规定，构成本罪的，处5年以下有期徒刑、拘役，并处或者单处1万元以上10万元以下罚金。

《决定》第3条第（四）项规定的"利用互联网编造并传播影响证券、期货交易或者其他扰乱金融秩序的虚假信息"的犯罪行为，主要可构成编造并且传播影响证券、期货交易的虚假信息罪，有些行为也可能构成其他罪，应依照有关犯罪定罪处罚。

5. 传播淫秽物品罪。《决定》第3条第（五）项规定的"在互联网上建立淫秽网站、网页，提供淫秽站点链接服务，或者传播淫秽书刊、影片、音像、图片"的行为，构成犯罪的，依照刑法第364条规定的传播淫秽物品罪追究刑事责任。

根据刑法第364条第1款的规定，传播淫秽物品罪，是指单位或者个人故意传播淫秽的书刊、影片、音像、图片、或者其他淫秽物品，情节严重的行为。

该罪的主体是年满16周岁以上的具有刑事责任能力的故意实施了传播淫秽物品行为的自然人和单位。不满16周岁的人不构成本罪的犯罪主体。

该罪的犯罪行为必须是故意传播淫秽物品的行为。所谓传播，就是向外扩散，让公众知道。宣传、扩散的方式，有的可能是口头散布，有的是通过文字、传单、报刊等进行传播，让众多人都知道淫秽物品。如果只是在个别亲友中私下借阅、传看淫秽物品的行为，没有在公众中传播，一般不以犯罪论处。

该罪的犯罪结果必须是情节严重结果，才构成犯罪。一般是指经常传播淫秽物品，传播范围广泛、受害人多，屡教不改，向未成年人传播，造成严重后果或者造成恶劣影响。如果传播淫秽物品，情节不严重，没有造成严重后果的，不构成犯罪。

我国刑法规定，构成本罪的，处2年以下有期徒刑、拘役或者管制。

《决定》第3条第（五）项规定的"在互联网上建立淫秽网站、网页，提供淫秽站点链接服务，或者传播淫秽书刊、影片、音像、图片"的行为，主要可构成传播淫秽物品罪，有些行为也可能构成其他罪，应依照刑法有关犯罪的规定定罪处罚。

四、利用互联网侵犯人身权利和财产权利犯罪

全国人大常委会《关于维护互联网安全的决定》第4条对利用互联网侵犯人身权利和财产权利的犯罪，依照刑法有关规定追究刑事责任作了具体规定。

（一）《决定》规定的内容

全国人大常委会《关于维护互联网安全的决定》第4条规定："为了保护个人、法人和其他组织的人身、财产等合法权利，对有下列行为之一，构成犯罪的，依照刑法有关规定追究刑事责任：（一）利用互联网侮辱他人或者捏造事实诽谤他人；（二）非法截获、篡改、删除他人电子邮件或者其他数据资料，侵犯公民通信自由和通信秘密；（三）利用互联网进行盗窃、诈骗、敲诈勒索。"

上述《决定》对利用互联网侵犯人身权利和财产权利的犯罪行为依照刑法规定的具体犯罪追究刑事责任作了具体规定。

（二）刑法对利用互联网侵犯人身权利和财产权利犯罪的规定

修订刑法对惩治侵犯人身权利和财产权利的犯罪行为有如下规定：

1. 刑法第246条规定："以暴力或者其他方法公然侮辱他人或者捏造事实诽谤他人，情节严重的，处三年以下有期徒刑、拘役、管制或者剥夺政治权利。

"前款罪，告诉的才处理，但是严重危害社会秩序和国家利益的除外。

"通过信息网络实施第一款规定的行为，被害人向人民法院告诉，但提供证据有困难的，人民法院可以要求公安机关提供协助。"

2. 刑法第252条规定："隐匿、毁弃或非法开拆他人信件，侵犯公民通

信自由权利,情节严重的,处一年以下有期徒刑或者拘役。"

3. 刑法第264条规定:"盗窃公私财物,数额较大或者多次盗窃、入户盗窃、携带凶器盗窃、扒窃的,处三年以下有期徒刑、拘役或者管制,并处或者单处罚金;数额巨大或者有其他严重情节的,处三年以上十年以下有期徒刑,并处罚金;数额特别巨大或者有其他特别严重情节的,处十年以上有期徒刑或者无期徒刑,并处罚金或者没收财产。"

4. 刑法第266条规定:"诈骗公私财物,数额较大的,处三年以下有期徒刑、拘役或者管制,并处或者单处罚金;数额巨大或者有其他严重情节的,处三年以上十年以下有期徒刑,并处罚金;数额特别巨大或者有其他特别严重情节的,处十年以上有期徒刑或者无期徒刑,并处罚金或者没收财产。本法另有规定的,依照规定。"

5. 刑法第274条规定:"敲诈勒索公私财物,数额较大或者多次敲诈勒索的,处三年以下有期徒刑、拘役或者管制,并处或者单处罚金;数额巨大或者有其他严重情节的,处三年以上十年以下有期徒刑,并处罚金;数额特别巨大或者有其他特别严重情节的,处十年以上有期徒刑,并处罚金。"

上述刑法规定,涉及侮辱罪、诽谤罪、侵犯公民通信自由罪、盗窃罪、诈骗罪、敲诈勒索罪六种具体犯罪。

(三) 利用互联网侵犯人身权利和财产权利犯罪的适用

依据《决定》规定的利用互联网侵犯人身权利和财产权利的犯罪行为涉及刑法的具体犯罪有六种,归纳起来有三类:侮辱、诽谤罪;侵犯通信自由罪;盗窃、诈骗、敲诈勒索罪。在按《决定》认定这些犯罪时,应明以下问题:

1. 侮辱罪、诽谤犯罪。《决定》第4条第(一)项规定的"利用互联网侮辱他人或者捏造事实诽谤他人"的行为,构成犯罪的,依照刑法第246条规定的侮辱罪、诽谤罪追究刑事责任。

根据刑法第246条的规定,侮辱罪,是指以暴力或者其他方法公然侮辱他人,情节严重的行为。诽谤罪,是指捏造事实诽谤他人,情节严重的行为。

该两罪的犯罪主体是年满16周岁以上的具有刑事责任能力的故意实施了侮辱、诽谤他人行为的自然人,本罪主体在主观上有侮辱、诽谤他人人格、名誉的故意,过失行为不构成本罪。

该两种罪的犯罪行为表现不同。侮辱行为有两种表现:一是使用暴力侮辱他人;二是使用其他方法侮辱他人的行为。侮辱他人的行为都是公开进行,不论被侮辱对象是否在场,只要公开实施了侮辱他人的行为,情节严重的,都可以构成犯罪。被侮辱的对象可以是一切自然人，包括妇女和儿童。一般来说，侮辱的对象是特定的人。诽谤他人的行为也有两种表现：一是捏造事实的行为；二是诽谤的行为，即散布捏造的足以损害他人人格、名誉的事实。散布的方法有的是口头散布，也有的是用文字、图画、电视电讯、信息网络等形式散布。上述两种表现是紧密相连的，同时具备才可以构成诽谤他人的犯罪行为。

该两罪的结果必须是故意侮辱、诽谤他人，情节严重的结果。所谓情节严重，是指侮辱、诽谤手段恶劣，引起被害人精神失常、自杀和造成极坏的社会影响。

我国刑法规定，构成该两种罪的，处3年以下有期徒刑、拘役、管制或者剥夺政治权利。

2. 侵犯通信自由罪。《决定》第4条第（二）项规定的"非法截获、篡改、删除他人电子邮件或者其他数据资料，侵犯通信自由和通信秘密"的行为，构成犯罪的，依照刑法第252条规定的侵犯通信自由罪追究刑事责任。

根据刑法第252条的规定，侵犯通信自由罪，是指故意隐匿、毁坏或者非法开拆他人信件，侵犯公民通信自由权利，情节严重的行为。

该罪的主体是年满16周岁以上的具有刑事责任能力的故意实施了侵犯公民通信自由行为的自然人。不满16周岁的人和单位不构成本罪的犯罪主体。犯罪人在主观上是故意的心理状态。

该罪的犯罪行为必须是故意实施了侵犯公民通信自由的行为，具体表现有：（1）隐匿他人邮件的行为，如将他人的邮件、信件扣留私藏，不交给收件人的行为。（2）毁弃邮件的行为，如将他人的信件撕毁、丢弃、焚烧等进行毁损的行为。（3）非法开拆他人邮件的行为，即未经收信人许可，又无法律依据，擅自将他人的信件打开阅读等行为。具备了上述故意行为之一的，就可以构成本罪。

该罪的犯罪结果必须是侵犯他人通信自由，情节严重的结果。所谓情节严重，一般是指：（1）既隐匿又毁弃、开拆他人信件的行为；（2）多次或者一次大量隐匿、毁弃、开拆他人信件的行为；（3）因隐匿、毁弃、开拆他人信件而贻误他人重要事项的；（4）因非法开拆他人信件，导致他人之间产生矛盾、精神失常、自杀等严重后果的。具备上述情况之一的，可以视为侵犯公民通信自由行为，情节严重的结果，可以构成犯罪。

我国刑法规定，构成本罪的，处1年以下有期徒刑或者拘役。

3. 盗窃罪、诈骗罪、敲诈勒索罪。《决定》第4条第（三）项规定的"利用互联网进行盗窃、诈骗、敲诈勒索"的行为，构成犯罪的，依照刑法第264条、第266条、第274条规定的盗窃罪、诈骗罪、敲诈勒索罪追究刑事责任。

根据刑法第264条的规定,盗窃罪,是指以非法占有为目的,秘密窃取公私财物,数额较大的,或者多次盗窃、入户盗窃、携带凶器盗窃、扒窃行为。根据刑法第266条的规定,诈骗罪是指以非法占有为目的,用虚构的事实或者隐瞒事实真相的方法,骗取公私财物,数额较大的行为。根据刑法第274条的规定,敲诈勒索罪,是指以非法占有为目的,以暴力威胁或者要挟的方法索取公私财物,数额较大或者多次敲诈勒索的行为。

上述三种罪的犯罪主体是年满16周岁以上的具有刑事责任能力的故意分别实施了盗窃、诈骗、敲诈勒索行为的自然人,本罪主体在主观上都是故意的,并有非法占有公私财物的目的。

三种犯罪行为具体表现不同:盗窃行为,是秘密窃取公私财物的行为。秘密窃取行为是指行为人认为是在他人不知道的情况下,将他人的财物窃为己有的行为,至于他人是否知道并不影响盗窃犯罪的成立。盗窃数额较大,根据司法解释是指以500元至2000元为起点。由于各地情况不同,规定盗窃数额较大的数额不同,有的以500元为起点,有的以2000元为起点,还有的以1000元为起点。诈骗行为,是以虚构的事实和隐瞒事实真相的方法骗取公私财物的行为。诈骗财物数额较大的,根据司法解释是以3000元为起点。敲诈勒索行为的具体表现有:(1) 使用暴力威胁方法敲诈勒索他人财物,以对被害人及亲属进行殴打、伤害、杀害、剥夺人身自由相威胁,迫使被害人交出财物的行为;以损坏、破坏、剥夺财产相威胁,迫使被害人交出财物的行为。(2) 使用揭发、公布、公开被害人及其亲属的隐私的方法进行要挟,迫使被害人交出财物的行为。(3) 以是否损害被害人及其亲属违法犯罪行为为条件,对被害人进行精神强制,使被害人产生恐惧心理,迫使被害人交出财物的行为。上述敲诈勒索行为都是故意行为,过失行为不构成犯罪。敲诈勒索数额较大是以100元至3000元为起点。

根据我国刑法的规定,犯盗窃罪最低处管制,并处或者单处罚金,盗窃一般财物最高处无期徒刑,并罚金或者没收财产。犯诈骗罪最低处管制,并处或者单处罚金,最高处无期徒刑,并处罚金或者没收财产。犯敲诈勒索罪,最低处管制,最高处10年以上有期徒刑。

另外,全国人大常委会《决定》中还规定利用互联网实施本《决定》第1条、第2条、第3条、第4条所列行为以外的其他行为,构成犯罪的,依照刑法有关规定追究刑事责任。全国人大常委会的《决定》为惩治危害互联网安全和利用互联网犯罪提供了法律依据,司法实践中应依法适用,以准确惩罚有关涉互联网的各种犯罪。

第十三章　关于修改部分法律的决定

2009年8月27日全国人大常委会第十一届全国人民代表大会常委会第十次会议通过《关于修改部分法律的决定》（以下简称《决定》），并于当日公布施行。我国已初步建成社会主义法律体系，由于立法的时间和社会情况不同，使用了不同的法律词语和法律名称，使有关法律中出现了一些不完全相统一的问题。为形成统一的完整的法律体系，便于严格执法，全国人大常委会专门作了修改决定，对部分法律中的用词和法律名称作了统一规定。

一、《决定》规定的内容

《决定》共有5条，涉及95部法律、法律解释、补充规定中有关内容的修改，具体是：

1. 对《中华人民共和国民法通则》第7条等第1~5部法律中明显不适应社会主义市场经济和社会发展要求的规定作出修改。

2. 对《中华人民共和国森林法》第18条等第6~21部法律和法律解释中关于"征用"的规定作出修改。

3. 对《中华人民共和国计量法》第29条等第22~58部法律中关于刑事责任的规定作出修改。

4. 对《中华人民共和国兵役法》第64条等第59~91部法律和有关法律问题决定中关于"治安管理处罚"的规定作出修改。

5. 对《中华人民共和国兵役法》第27条等第92~95部法律和引用其他法律名称或者条文不对应的规定作出修改。

二、《决定》对刑法、刑法补充规定、
##　　刑法解释中内容的修改与适用

《决定》中涉及对刑事法律的修改主要是第2条关于"征用"的修改和第4条关于"治安处罚"的修改。

（一）《决定》第 2 条对刑法、刑法解释内容的修改

1. 《决定》将刑法第 381 条的"征用"改为"征收、征用"。扩大了战时拒绝军事征用的犯罪行为范围。征收和征用是两种不同的行为。征收是改变所有权性质，可以是有偿征收，也可以是无偿征收。征收者取得征收物的所有权，被征收者失去征收物的所有权。而征用是取得征用物的使用权，征用物的所有权没有改变。2015 年 10 月 30 日最高人民法院、最高人民检察院《关于执行〈中华人民共和国刑法〉确定罪名的补充规定（六）》将"战时拒绝军事征用罪"的罪名改为"战时拒绝军事征收、征用罪"。

2. 《决定》将刑法第 410 条中的"征用"改为"征收、征用"。扩大了国家工作人员滥用职权，非法批准征收、征用、占用土地的犯罪行为范围。2015 年 10 月 30 日最高人民法院、最高人民检察院《关于执行〈中华人民共和国刑法〉确定罪名的补充规定（六）》将"非法批准征用、占用土地罪"的罪名改为"非法批准征收、征用、占用土地罪"。

3. 《决定》将全国人民代表大会《关于〈中华人民共和国刑法〉第九十三条第二款的解释》中的"征用"改为"征收、征用"。扩大了农村基层组织人员协助政府发放征收、征用土地补偿款等时有贪污、受贿行为的可以构成贪污罪、受贿罪。

4. 《决定》将全国人民代表大会《关于〈中华人民共和国刑法〉第二百二十八条、第三百四十二条、第四百一十条的解释》中的"征用"改为"征收、征用"。扩大了国家工作人员滥用职权，非法批准征收、征用、占用土地的犯罪行为范围，使刑法解释规定的征收、征用与刑法规定的征收、征用相统一。

（二）《决定》第 4 条对刑法、刑法补充规定内容的修改

1. 《决定》将全国人民代表大会《关于惩治走私、制作、贩卖、传播淫秽物品的犯罪分子的决定》第 2 条、第 3 条中引用的"治安管理处罚条例"修改为"治安管理处罚法"。因为"治安管理处罚条例"已经全国人大常委会改为"治安管理处罚法"。

2. 《决定》将全国人民代表大会《关于严惩拐卖、绑架妇女、儿童的犯罪分子的决定》第 4 条中引用的"治安管理处罚条例"修改为"治安管理处罚法"，因为"治安管理处罚条例"已经全国人大常委会改为"治安管理处罚法"。

3. 《决定》将全国人民代表大会《关于维护互联网安全的决定》第 6 条

中引用的"治安管理处罚条例"修改为"治安管理处罚法"。因为"治安管理处罚条例"已经全国人大常委会改为"治安管理处罚法"。

4.《决定》将全国人民代表大会《关于严禁卖淫嫖娼的决定》第3条、第4条中的"依照治安管理处罚条例第三十条的规定处罚"修改为"依照《中华人民共和国治安管理处罚法》的规定处罚"。一是因为"治安管理处罚条例"已经全国人大常委会改为《中华人民共和国治安管理处罚法》；二是将原规定适用具体法律条款，改为适用概括的全部法律规定，扩大了适用法律的条款的范围。

刑法立法解释

下篇

刑法立法解释，是刑法典颁布实施以后，全国人大常委会对刑法的条文规定需要进一步明确具体含义或者刑法制定后出现新的情况，需要明确适用法律依据所作的解释。刑法立法解释应从刑法颁布之日起开始生效，其与刑法具有同等同时的效力，其效力高于司法解释和执法解释。根据我国宪法第67条的规定，我国刑法由全国人民代表大会制定和修改。在全国人民代表大会闭会期间，全国人民代表大会常务委员会有权对刑法进行部分内容进行补充和修改，但是其对刑法的补充和修改不得同刑法规定的基本原则相抵触。2000年3月15日《中华人民共和国立法法》第42条规定："法律解释权属于全国人民代表大会常务委员会。法律有以下情况之一的，由全国人民代表大会常务委员会解释：（一）法律的规定需要进一步明确具体含义的；（二）法律制定后出现的情况，需要明确适用法律依据的。"第47条规定："全国人民代表大会常务委员的法律解释同法律具有同等效力。"1981年6月1日，全国人大常委会在《关于加强法律解释工作的决议》（以下简称《决议》）中第1条规定："凡关于法律、法令条文本身需要进一步明确界限或作补充规定的，由全国人民代表大会常务委员会进行解释或者用法令加以规定。"第2条规定："凡属于法院审判工作中具体应用法律、法令的问题，由最高人民法院进行解释。凡属于检察院检察工作中具体应用法律、法令的问题，由最高人民检察院进行解释。最高人民法院和最高人民检察院的解释如果有原则性的分歧，报请全国人民代表大会常务委员会解释或者决定。"第3条规定："不属于审判和检察工作中的其他法律、法令如何具体应用的问题，由国务院及主管部门进行解释。"上述全国人大常委会的《决议》说明，在我国，刑法解释权属于全国人民代表大会常务委员会的职权。《决议》第1条规定由全国人大常委会对刑法所作的解释称为立法解释，即立法机关对刑法作的解释。《决议》第2条是全国人大常委会授权最高司法机关有关刑法具体应用问题所作的解释为司法解释。第3条是全国人大常委会授权国家最高行政机关及主管部门作的执法解释。全国人大常委会通过《决议》授权最高人民法院、最高人民检察院、国务院及主管部门对刑法具体应用有司法解释权和执法解释权，但没有立法解释权。如果司法解释和执法解释与立法解释相冲突时，应服从立法解释。1997年10月1日我国刑法颁布实施以后，全国人大常委会根据我国政治、经济和社会治安形势发展的需要，从2000年4月29日第一次作了《关于〈中华人民共和国刑法〉第九十三条第二款的解释》的立法解释后，先后共作了九个立法解释。这些立法解释对刑法有关条文规定的具体含义进一步明确，统一了刑事司法和刑事法律研究的分歧意见，促进刑法科学的发展。

第十四章 关于《中华人民共和国刑法》第九十三条第二款的解释

全国人大常委会《关于〈中华人民共和国刑法〉第九十三条第二款的解释》于2000年4月29日第九届全国人大常委第十五次会议通过,并于当日公告。我国1997年修订刑法第93条将国家工作人员规定为:"是指国家机关中从事公务的人员。国有公司、企业、事业单位、人民团体中从事公务的人员和国家机关、国有公司、企业、事业单位委派到非国有公司、企业、事业单位、社会团体从事公务的人员,以及其他依照法律从事公务的人员,以国家工作人员论。"在修订刑法实施近两年多的司法实践中,对农村基层组织人员管理村公共事务和协助政府管理公共事务工作是否属于"其他依照法律从事公务的人员",司法机关、法学教学研究部门都有不同认识,严重影响了对此类案件的正确处理,最高人民法院、最高人民检察院建议全国人大常委会对此作出解释。1999年12月17日在第九届全国人大常委会第十三次会议上全国人大常委会法制工作委员会受委员长会议的委托作了《关于全国人民代表大会常务委员会关于〈中华人民共和国刑法〉第九十三条第二款的解释(草案)》(以下简称《解释(草案)》)的说明报告,建议全国人大常委会对刑法第93条第2款作出法律解释。全国人大法律委员会分别于2000年4月25日、4月27日两次向全国人大常委会作了《解释(草案)》审议结果的报告,并认为:"有的常委委员提出,将村民委员会等农村基层组织人员以国家工作人员论与其现有的身份、享受的待遇和权利不符。需要说明的是,根据刑法的规定,《解释(草案)》并不是将村委会等农村基层组织人员作为国家工作人员,而是当其协助政府从事行政管理工作时,利用职务非法占有公共财物、挪用公款、索取他人财物或者非法收受他人财物构成犯罪的,在对其处理时以国家工作人员论,适用刑法关于国家工作人员犯罪的处罚规定";"在审议中,有的委员对将村民委员会等村基层组织人员协助政府从事行政管理工作,以国家工作人员论,仍有不同意见。这个问题已在这次常委会上所作的审议结果报告中作了说明。法律委员会再次进行了研究,认为本《解释(草案)》符合刑法第93条第2款的立法本意,作出这一解释后,有利于司法机关正确适用法律,依法惩治村委会等村基层组织人员从事公务时利用职务便利非法占有公共财物、挪用公款、索取他人财物或者非法收受他人财物的犯罪"。① 2000年4月29日，全国人民代表大会常委会讨论了村民委员会等村基层组织人员在从事哪些工作时，属于刑法第93条第2款规定的"其他依照法律从事公务的人员"，并解释如下：村民委员会等村基层组织人员协助人民政府从事下列行政管理工作，属于刑法第93条第2款规定的"其他依照法律从事公务的人员"。

一、刑法规定及其立法解释的内容

刑法条文中有关国家工作人员范围的规定有：

1. 1979年刑法第83条规定："本法所说的国家工作人员是指一切国家机关、企业、事业单位和其他依照法律从事公务的人员。"

2. 1982年3月8日，全国人大常委会《关于严惩严重破坏经济的罪犯的决定》第1条第（一）项规定："……本决定所称国家工作人员，包括在国家各级权力机关、各级行政机关、各级司法机关、军队、国营企业、国家事业机构中工作的人员，以及其他各种依照法律从事公务的人员。"

3. 1997年修订刑法第93条规定："本法所称国家工作人员，是指国家机关中从事公务的人员。国有公司、企业、事业单位、人民团体中从事公务的人员和国家机关、国有公司、企业、事业单位委派到非国有公司、企业、事业单位、社会团体从事公务的人员，以及其他依照法律从事公务的人员（有立法解释），以国家工作人员论。"

4. 2000年4月29日，全国人大常委会《关于〈中华人民共和国刑法〉第九十三条第二款的解释》规定："村民委员会等村基层组织人员协助人民政府从事下列行政管理工作，属于刑法第九十三条第二款规定的'其他依照法律从事公务的人员'：（一）救灾、抢险、防汛、优抚、扶贫、移民、救济款物的管理；（二）社会捐助公益事业款物的管理；（三）国有土地的经营和管理；（四）土地征收、征用补偿费用的管理；（五）代征、代缴税款；（六）有关计划生育、户籍、征兵工作；（七）协助人民政府从事的其他行政管理工作。

"村民委员会等村基层组织人员从事前款规定的公务，利用职务上的便利，非法占有公共财物、挪用公款、索取他人财物或者非法收受他人财物，构成犯罪的，适用刑法第三百八十二条和第三百八十三条贪污罪、第三百八十四条挪用公款罪、第三百八十五条和第三百八十六条受贿罪的规定。"

---

① 参见《全国人民代表大会常务委员会公报》2000年第3期，第222页、第226页。

上述刑法规定及法律解释对刑法规定作了如下解释：

1. 村民委员会等村基层组织人员协助人民政府从事行政管理工作时，以国家工作人员论。我国1979年制定刑法时将农村生产队作为集体经济组织，在集体经济组织中从事集体公务时，也是依法从事公务的人员，以国家工作人员论。修订刑法第93条规定的国家工作人员不包括单纯在集体单位从事集体公务的人员。这样一来，农村村民委员会等基层组织人员在农村集体经济组织中从事公务的人员就不能直接成为国家工作人员，但是他们协助政府从事一些行政管理工作时，可否认定为是刑法第93条第2款规定的"其他依照法律从事公务的人员"，人们在认识上有分歧意见。2000年4月29日，全国人大常委会在《关于〈中华人民共和国刑法〉第九十三条第二款的解释》中明确解释为：村民委员会等村基层组织人员协助人民政府从事下列行政管理工作，属于刑法第93条第2款规定的"其他依照法律从事公务的人员"；村民委员会等村基层组织人员从事前款规定的公务，利用职务上的便利，非法占有公共财物、挪用公款、索取他人财物或者非法收受他人财物，构成犯罪的，适用刑法第382条和第383条贪污罪、第384条挪用公款罪、第385条和第386条受贿罪的规定。

2. 村民委员会等村基层组织人员协助人民政府从事下列具体行政管理工作，以国家工作人员论：（1）救灾、抢险、防汛、优抚、扶贫、移民、救济款物的管理；（2）社会捐助公益事业款物的管理；（3）国有土地的经营和管理；（4）土地征收、征用补偿费用的管理；（5）代征、代缴税款；（6）有关计划生育、户籍、征兵工作；（7）协助人民政府从事的其他行政管理工作。前几项是列举式协助政府从事行政管理工作，最后一项是兜底式条款规定，即除前几项行政管理工作以外，村民委员会等村基层组织人协助政府从事其他行政管理工作的，都以国家工作人员论。

二、对刑法规定解释的原因

全国人大常委会颁布《关于〈中华人民共和国刑法〉第九十三条第二款的解释》的主要原因有：

1. 修订刑法第93条对国家工作人员范围作了新规定。我国1979年刑法第83条规定的国家工作人员的范围将在农村集体经济组织中从事公务的人员包括在其中，多年来，对农村集体经济组织中从事公务的人员以国家工作人员论，可以构成贪污罪、挪用公款罪、受贿罪。1997年修订刑法第93条修改了国家工作人员范围规定，将集体经济组织中从事公务的人员排除国家工作人员范围之外，不能直接构成贪污罪、挪用公款罪、受贿罪等，而现实中，广大农村基层组织人员又担负着协助国家政府从事许多行政管理工作，如协助税务机关收税，协助土地管理部门对土地征用补偿费的管理工作等，在协助政府从事这些行政管理工作时，也可以利用行政管工作的职务之便贪污、挪用国有财产、索贿受赂，其行为和性质与国家工作人员贪污、挪用公款、受贿犯罪行为完全相同，应当依照国家工作人员犯贪污罪、挪用公款罪、受贿罪的法律规定惩处。而司法实践中，司法机关对村基层组织人员可否适用刑法第93条第2款规定的"其他依照法律从事公务的人员"有不同认识，因而，使有关案件得不到及时准确的处理。根据1981年全国人民代表大会常务委员会《关于加强法律解释工作的决议》的规定："凡关于法律、法令条文本身需要进一步明确界限或作补充规定的，由全国人民代表大会常务委员会进行解释或者用法令加以规定。"因此，应当由全国人大常委会对村民委员会等农村基层组织人员是否适用刑法第93条第2款规定作出解释，予以明确。

2. 最高人民法院、最高人民检察院请求全国人大常委会作立法解释。1997年修订刑法实施后的两年多时间中，司法实践中发生许多农村基层组人员经济犯罪案件，基层司法机关纷纷要求最高人民法院、最高人民检察院作司法解释，但由于理论界、司法机关对该问题有不同认识，无法作出统一认识的司法解释。1981年全国人民代表大会常务委员会《关于加强法律解释工作的决议》规定："凡属于法院审判工作中具体应用法律、法令的问题，由最高人民法院进行解释。凡属于检察院检察工作中具体应用法律、法令的问题，由最高人民检察院进行解释。最高人民法院和最高人民检察院的解释如果有原则性的分歧，报请全国人民代表大会常务委员会解释或者决定。"根据上述规定，最高人民法院、最高人民检察院分别书面报告，请求全国人大常委会作法律解释。

3. 全国人大法制工作委员会提请全国人大常委会修改刑法规定。1999年12月17日，在第九届全国人大常委会第十三次会议上，全国人大常委会法制工作委员向全国人大常委会作了《关于〈中华人民共和国刑法〉第九十三条第二款的解释（草案）》的报告，建议全国人常务会在刑法第93条第2款作出解释："农村村民委员会等基层组织依法或受政府委托从事村公共事务的管理工作属于依法从事公务，应以国家工作人员论。如果在从事公务时利用职务之便，非法占有公共财物，挪用公款或者收受贿赂，应当依照刑法关于国家工作人员贪污罪、挪用公款罪、受贿罪追究刑事责任，而不应适用刑法关于侵占罪、挪用资金罪和业务受贿罪的规定。"①

全国人大法律委员会分别于2000年4月25日、4月27日两次向全国人大常委会作了《关于〈中华人民共和国刑法〉第九十三条第二款的解释（草案）》审议结果的报告。法律委员会认为《解释（草案）》对于解决农村基层组织人员职务犯罪的法律适用问题，具有重要意义，基本可行。同时，提出以下修改意见：（1）有的部门指出，国务院正在进行农村税费改革的试点工作，乡统筹的收费将以税收的形式代替，草案的提法应与农村税费改革相适应。因此，法律委员会建议将《解释（草案）》第1条第（五）项"代征、代缴税收、收缴乡统筹"修改为"代征、代缴税款"。（2）《解释（草案）》第1条第（八）项规定："其他受乡、民族乡、镇的人民政府委托，协助其从事的行政管理工作和村公共事务管理的工作。"有些部门和地方提出，村委会等农村基层组织人员协助人民政府从事的行政管理工作具有政府行政管理性质，属于依法从事公务的范围，而村委会等村基层组织自行管理村公共事务的工作是村民自治范围的事，不宜纳入依法从事公务的范围。因此，法律委员会建议删去该项中"村公共事务管理的工作"的内容。（3）有的常委委员提出，刑法第93条第2款规定的"其他依照法律从事公务的人员"的主体不仅有村民委员会等村基层组织人员，还有其他人员也应作出解释。需要说明的是，目前司法机关反映比较突出亟须解决的是村委会等农村基层组织人员在协助人民政府从事哪些工作时属于"依照法律从事公务的人员"的问题，因此，本解释只对此作出规定，并不是对"依照法律从事公务的人员"的全部范围作规定。对于其他主体的范围，有的法律已有明确规定，有的在实践中没有问题，有的在今后还需进一步研究。②（4）《解释（草案）》第1条第（三）项规定："土地的经营、管理和宅基地的管理。"有的委员提出，根据中华人民共和国土地管理法的规定，农民集体所有的土地包括宅基地依法属于村农民集体所有的，由村集体经济组织或者村民委员会经营、管理。这种经营、管理活动属于村民自治范围的事，不宜纳入依法从事公务的范围。只有当村民委员会协助政府对国有土地进行经营和管理时，才是依法从事公务。因此，法律委员会建议将该项修改为"国有土地的经营和管理"。

鉴于上述原因，全国人大常委会在《关于〈中华人民共和国刑法〉第九十三条第二款的解释》中对村民委员会等村基层组织人员协助人民政府从事行政管理工作，属于刑法第93条第2款规定的"其他依照法律从事公务的人员"。

---

① 参见《全国人民代表大会常务委员会公报》2000年第3期，第224页。
② 参见《全国人民代表大会常务委员会公报》2000年第3期，第225~226页。

三、关于《中华人民共和国刑法》
第九十三条第二款的解释的适用

全国人大常委会在《关于〈中华人民共和国刑法〉第九十三条第二款的解释》中对村民委员会等村基层组织人员协助人民政府从事行政管理工作，属于"其他依照法律从事公务的人员"在适用时应注意的问题：

1. 注意准确理解"从事公务"。刑法第93条规定的国家工作人员都是从事公务的人员。如何准确理解从事公务的人员，法学界有不同认识。笔者认为，公务就是公共事务的监督、管理职务活动。公务可分为集体公务、国家公务、社会公务。国家工作人员从事的公务是国家公务，是对国家事务的监督、管理活动，正如《全国法院审理经济犯罪案件工作座谈会纪要》中认为："从事公务，是指代表国家机关、国有公司、企业、事业单位、人民团体等履行组织、领导、监督、管理等职责。公务主要表现为与职权相联系的公共事务以及监督、管理国有财产的职务活动。如国家机关工作人员依法履行职责，国有公司的董事、经理、监事、会计、出纳人员等管理、监督国有财产等活动，属于从事公务。那些不具备职权内容的劳务活动、技术服务工作，如售货员、售票员等所从事的工作，一般不认为是公务。"①

2. 注意准确理解其他依照法律从事公务的人员的理解。刑法第93条第2款规定的"其他依照法律从事公务的人员"，应当具备以下三个条件：（1）必须不是刑法第93条第1款规定的"国家机关中从事公务的人员"和第2款前半部分规定的"国有公司、企业、事业单位、人民团体中从事公务的人员和国家机关、国有公司、企业、事业单位委派到非国有公司、企业、事业单位、社会团体从事公务的人员"以外从事公务，即是在特定的情况下从事国家公务；（2）必须依照法律规定从事公务，即其从事公务活动具有法律依据，例如，侦查机关聘请有专门知识的人作司法鉴定，就是依照刑事诉讼法律规定"其他从事公务的人员"；（3）必须是从事国家公务，以国家工作人员论的人员从事公务必须是从事国家公务，不是从事国家公务的不能以国家工作人员论。《全国法院审理经济犯罪案件工作座谈会纪要》中认为"其他依照法律从事公务的人员"，具体应包括：（1）依法履行职责的各级人民代表大会的代表；（2）依法履行审判职责的人民陪审员；（3）协助乡镇人民政府、街道办事处从事行政管理工作的村民委员会、居民委员会等农村和城市基层组织人

---

① 参见《中华人民共和国最高人民法院公报》2003年第6期，第3~4页。

员；(4) 其他由法律授权从事公务的人员。①

3. 注意准确理解以国家工作人员论的人员。刑法第 93 条第 2 款规定的"以国家工作人员论"是准国家工作人员，除包括其他依照法律从事公务的人员以外，还有两种人员：(1) 国有公司、企业、事业单位、人民团体中从事公务的人员；(2) 国家机关、国有公司、企业、事业单位委派到非国有公司、企业、事业单位、社会团体从事公务的人员。所谓委派，即委任、派遣，一般委派者与被委派者都有一定的隶属关系才有权委派，没有隶属关系就没有权利委派；即使委派了，被委派者也不一定接受其委派。但无论被委派者先前的身份如何，只要是接受委派就有隶属关系。正如《全国法院审理经济犯罪案件工作座谈会纪要》中认为，无论被委派的人身份如何，只要是接受国家机关、国有公司、企业、事业单位委派，代表国家机关、国有公司、企业、事业单位在非国有公司、企业、事业单位、社会团体中从事组织、领导、监督、管理等工作，都可以认定为是国家机关、国有公司、企业、事业单位委派到非国有公司、企业、事业单位、社会团体从事公务的人员，如国家机关、国有公司、企业、事业单位委派在国有控股或者参股的股份有限公司从事组织、领导、监督、管理等工作的人员，应当以国家工作人员论。国有公司、企业改制为股份有限公司，原国有公司、企业的工作人员和股份有限公司新任命的人员中，除有代表国有投资主体行使监管、管理职权的人外，不以国家工作人员论。②

4. 注意准确理解"国家机关工作人员"的范围。刑法第 93 条第 1 款规定，"国家机关中从事公务的人员"是国家工作人员。哪些机关是国家机关，刑法没有具体规定，目前也没有司法解释。法学界有共识的是，国家机关包括各级国家权力机关、行政机关、司法机关和军事机关，在上述机关中从事国家公务活动的人员是国家工作人员。《全国法院审理经济犯罪案件工作座谈会纪要》认为，根据有关立法解释的规定，在依照法律、法规规定行使国家行政管理职权的组织中从事公务的人员，或者在受国家机关委托代表国家行使职权的组织中从事公务的人员，或者虽未列入国家机关人员编制但在国家机关中从事公务的人员，被视为国家机关工作人员。在乡（镇）以上中国共产党机关、人民政协机关中从事公务的人员，司法实践中也应当视为国家机关工作人员。③

---

① 参见《中华人民共和国最高人民法院公报》2003 年第 6 期，第 3~4 页。
② 参见《中华人民共和国最高人民法院公报》2003 年第 6 期，第 3~4 页。
③ 参见《中华人民共和国最高人民法院公报》2003 年第 6 期，第 3~4 页。

第十五章 关于《中华人民共和国刑法》第二百二十八条、第三百四十二条、第四百一十条的解释

全国人大常委会《关于〈中华人民共和国刑法〉第二百二十八条、第三百四十二条、第四百一十条的解释》于2001年8月31日第九届全国人大常委第二十三次会议通过，并于当日公告。我国1997年修订刑法第128条规定了"非法转让、倒卖土地使用权罪"，第342条规定了"非法占用耕地罪"，第410条规定了"非法批准征收、征用、占用土地罪、非法低价出让国有土地使用权罪"。上述刑法这些规定对惩治破坏森林、土地资源的犯罪行为，保护森林、土地资源发挥了重要的作用。但随着形势的发展，工矿用地急剧增加，又出现了一些地方、单位或者个人以各种名义毁林开垦、非法占用林地并改作他用，对森林资源和土地资源造成了极大的破坏，而修改刑法中没有规定相应犯罪惩罚这种毁林开垦和非法占用林地改作他用的违法犯罪行为，又不允许类推比照其他相类似犯罪追究这种行为的刑事责任。为了有效地制止毁林开垦和乱占滥用林地的违法行为，切实保护森林、土地资源，1998年8月5日国务院发出《关于保护森林资源，制止毁林开垦的紧急通知》，其中提出："对毁林开垦数量巨大、情节严重，构犯罪的，要依法追究有关人员的刑事责任。"由于修订刑法没有明确这种犯罪的规定，国务院的上述通知规定也不能落实。另外，毁林开垦和非法占用林地改作他用的行为，多是经一些部门或者地方领导非法审核批准的，这种行为与刑法第410条规定的非法批准征收、征用、占用土地的行为基本上是相同的。为了惩治毁林开垦和乱占滥用林地的犯罪，切实保护森林资源，国务院法制办公室代表国务院于2001年6月26日在第九届全国人大常委会第二十三次会议上作了《关于〈中华人民共和国刑法〉第二百二十八条、第三百四十二条、第四百一十条修正案（草案）》的说明报告，建议全国人大常委会对刑法第342条、第410条作修改。全国人大法律委员会分别于2001年8月27日、29日两次向全国人大常委会作了《关于〈中华人民共和国刑法〉第二百二十八条、第三百四十二条、第四百一十条修正案（草案）》审议结果的报告，并认为为了惩治破坏森林资源的犯罪，保护生态环

境,对刑法有关条文作相应修改和明确法律的含义是必要的。同时,对草案提出以下修改意见,主要有:(1)对刑法第 342 条规定的内容补充增加"林地等农用地";(2)对刑法第 228 条、第 342 条、第 410 条规定的含义作出立法解释。① 2001 年 8 月 31 日,全国人民代表大会常务委员会讨论了《中华人民共和国刑法修正案(二)(草案)》和"关于刑法第二百二十八条、第三百四十二条、第四百一十条规定的'违反土地管理法规'和第四百一十条规定的'非法批准征收、征用、占用土地'的含义问题",并通过了《刑法修正案(二)》,将刑法第 342 条修改为"违反土地管理法规,非法占用耕地、林地等农用地,改变被占用土地用途,数量较大,造成耕地、林地等农用地大量毁坏的,处五年以下有期徒刑或者拘役,并处或者单处罚金",并于当日公布施行;同时,作出了《关于〈中华人民共和国刑法〉第二百二十八条、第三百四十二条、第四百一十条的解释》,并于当日公布。

一、刑法规定及其法律解释的内容

刑法条文中有关破坏土地资源犯罪的规定有:

1. 1997 年修订刑法第 228 条规定:"以牟利为目的,违反土地管理法规,非法转让、倒卖土地使用权,情节严重的,处三年以下有期徒刑或者拘役,并处或者单处非法转让、倒卖土地使用权价额百分之五以上百分之二十以下罚金;情节特别严重的,处三年以上七年以下有期徒刑,并处非法转让、倒卖土地使用权价额百分之五以上百分之二十以下罚金。"

2. 1997 年修订刑法第 342 条规定,违反土地管理法规,非法占用耕地、林地等农用地(增加林地等农用地)改变占用土地用途(增加改变占用土地用途,取消改作他用)数量较大,造成耕地、林地等农用地(增加林地等农用地)大量毁坏的,处五年以下有期徒刑或者拘役,并处或者单处罚金。

3. 1997 年修订刑法第 410 条规定:"国家机关工作人员徇私舞弊,违反土地管理法规,滥用职权,非法批准征收、征用、占用土地,或者非法低价出让国有土地使用权,情节严重的,处三年以下有期徒刑或者拘役;致使国家或者集体利益遭受特别重大损失的,处三年以上七年以下有期徒刑。"

4. 2001 年 8 月 31 日,全国人大常委会《关于〈中华人民共和国刑法〉第二百二十八条、第三百四十二条、第四百一十条的解释》规定:"刑法第二百二十八条、第三百四十二条、第四百一十条规定的'违反土地管理法规',是

---

① 参见《全国人民代表大会常务委员会公报》2001 年第 6 期,第 469 页。

指违反土地管理法、森林法、草原法等法律以及有关行政法规中关于土地管理的规定。

"刑法第四百一十条规定的'非法批准征收、征用、占用土地',是指非法批准征用、占用耕地、林地等农用地以及其他土地。"

上述刑法规定及法律解释对刑法规定作了如下解释：

1. 对刑法第342条规定的"耕地"扩大解释为"林地等农用地"。我国1979年制定刑法时，土地属于国家和集体所有，不允许买卖、转让和非法占有。司法实践中几乎没有发生这类违法犯罪行为。因此，刑法没有规定破坏土地资源方面的犯罪行为。1997年刑法第228条、第342条、第410条分别对有关土地的非法转让、倒卖，非法占用耕地改作他用，非法批准征用占用土地及非法低价出让国有土地使用权等犯罪行为作了规定。现又出现非法占用林地等农用地，严重破坏森林资源和土地资源的行为。2001年8月31日，全国人大常委会在《刑法修正案（二）》中明确规定将刑法第342条规定的"耕地"扩大为"耕地、林地等农用地"，包括耕地、林地、草地、养殖水面等农用地，使刑法保护的对象有所扩大。

2. 对刑法第228条、第342条、第410条规定的"土地"扩大到"农用地以及其他土地"。1997年刑法第228条规定，违反土地管理法规，非法转让、倒卖土地使用权，情节严重的行为；第342条规定，违反土地管理法规，非法占用耕地改作他用，数量较大，造成耕地大量毁坏的行为；第410条规定，违反土地管理法规，滥用职权，非法批准征收、征用、占用土地，或者非法低价出让国有土地使用权，情节严重的行为，都是犯罪行为，这里的"违反土地管理法"是否包森林法、草原法，虽然在我国土地法中已作了明确规定，但司法实践中仍然有争论。2001年8月31日，全国人民代表大会常务委员会在《关于〈中华人民共和国刑法〉第二百二十八条、第三百四十二条、第四百一十条的解释》中明确规定，"违反土地管理法规"，是指违反土地管理法、森林法、草原法等法律以及有关行政法规中关于土地管理的规定。"非法批准征收、征用、占用土地"，是指非法批准征收、征用、占用耕地、林地等农用地以及其他土地。这样就进一步统一了认识，使土地管理法规统管有关土地资源方面的犯罪行为，特别将"有关行政法规中关于土地管理的规定"也作为违反土地管理法规定的内容，比土地管理法的内容的范围更广泛。

二、对刑法规定解释的原因

全国人大常委会《关于〈中华人民共和国刑法〉第二百二十八条、第三百四十二条、第四百一十条的解释》的主要原因有：

1. 非法占用林地等农用地改作他用的行为对森林资源造成了极大的破坏。我国1979年制定刑法时，司法实践中几乎没有发生过违法占用林地等农用改作他用的犯罪行为。因此，刑法也没有规定破坏土地资源方面的犯罪行为。我国1997年修订刑法第342条规定了非法占用耕地的犯罪行为，但没有规定非法占用林地等农用地的犯罪行为。国务院的建议中，要求在刑法第342条后增加一款作为第2款，规定："违反森林管理法规，开垦林地，非法占用林地并改作他用，数量较大，造成森林或者其他林木严重毁坏的，处5年以下有期徒刑或者拘役，并处或者单处罚金。"全国人民代表大会法律委员会在审议时，一些委员和最高人民法院等部门提出，草案规定的造成森林或者其他林木严重毁坏的行为，根据刑法第344条、第345条和有关司法解释的规定，是可以追究刑事责任的。国务院法制办、国家林业局提出，修改第342条是为了保护林地，包括宜林地。为了保护森林资源，对于非法占用林地，造成林地大量毁坏的行为，应当规定为犯罪。此外，还有一些委员提出，非法占用草地改作他用，造成草地大量毁坏的行为，危害也很严重，这次修改应一并考虑解决。因此，法律委员会建议将《刑法修正案（二）（草案）》第1条修改为："违反土地管理法规，非法占用耕、林地等农用地改变占用土地用途，数量较大，造成耕地、林地等农用地大量毁坏的，处5年以下有期徒刑或者拘役，并处或者单处罚金。"根据土地管理法的规定，农用地包括耕地、林地、草地、养殖水面等，这样修改，既可以对大量毁坏林地的行为追究刑事责任，而且对实践中出现的非法占用并大量毁坏草地、养殖水面等其他农用地严重破坏生态环境构成犯罪的行为，也能予以追究。至于非法占用林地，造成林木严重毁坏的，应当适用刑法第344条非法采伐、毁坏珍贵树木罪和第345条盗伐林木罪、滥伐林木罪的规定追究刑事责任，可不再另行规定。①

2. 刑法第228条、第342条、第410条规定的"违反土地管理法规"的含义应进一步明确。国务院提出的《刑法修正案（二）（草案）》第2条，要求在刑法第410条中增加违反"森林管理法规"和"非法审核批准开垦林地、占用林地并改作他用"的规定。全国人民代表大会法律委员会一些委员和部

---

① 参见《全国人民代表大会常务委员会公报》2001年第6期，第470页。

门提出，根据土地管理法的规定，刑法第410条规定的土地已经包括林地、草地等土地在内，可以不作修改。国务院法制办、国家林业局提出，由于对刑法第410条规定的"土地管理法规"和"非法批准征收、征用、占用土地"的含义理解不一致，实践中对一些非法批准征收、征用、占用林地构成犯罪的行为没有适用刑法第410条追究刑事责任。为了解决实践中存在的问题，建议全国人大常委会通过法律解释，对刑法第410条中的相关规定进一步明确含义。根据以上意见，法律委员会认为，刑法第410条的规定已包括了非法批准征收、征用、占用林地的情况，可以根据立法法的有关规定，采用法律解释的方式对该条的含义进一步予以明确，以利于对这类犯罪的打击。同时，考虑到除刑法第410条外，刑法第228条、第342条也规定了"违反土地管理法规"，其含义与刑法第410条是相同的，也应一并明确。因此，法律委员会建议对刑法的上述规定作如下解释：刑法第228条、第342条、第410条规定的"违反土地管理法规"，是指违反土地管理法、森林法、草原法等法律以及有关行政法规中关于土地管理的规定。刑法第410条规定的"非法批准征收、征用、占用土地"，是指非法批准征收、征用、占用耕地、林地等农用地以及其他土地。

3. 国务院提请全国人大常委会修改刑法规定。2001年8月31日，在第九届全国人大常委会第二十三次会议上，国务院法制办公室代表国务院向全国人大常委会作了《关于〈中华人民共和国刑法〉第二百二十八条、第三百四十二条、第四百一十条修正案（草案）》的报告，建议全国人常务会在刑法第342条、第410条作出解释。[①]

全国人大法律委员会分别于2001年8月27日、8月29日两次向全国人大常委会作了《关于〈中华人民共和国刑法〉第二百二十八条、第三百四十二条、第四百一十条的解释（草案）》审议结果的报告，并认为"为了惩治破坏森林资源的犯罪，保护生态环境，对刑法有关条文作相应修改和明确法律的含义是必要的"。有的常委委员和地方建议加重对破坏森林资源犯罪的处罚，提高刑法对有关犯罪的刑期，法律委员会考虑到这一问题涉及与刑事法规定的其他犯罪在处刑上的平衡，需要通盘研究。因此，法律委员会建议这次不作修改。还有的委员建议将草案中"数量较大"和"造成耕地、林地大量毁坏的"规定具体量化，以利于执法。法律委员会认为，草案关于数量的规定涉及罪与非罪的界限，能够具体规定的应当尽量作出具体规定。鉴于这类案件情况比较复杂，破坏耕地、林地等农用地的情况不同，各地的情况也不同，而且情况还

---

① 参见《全国人民代表大会常务委员会公报》2000年第3期，第224页。

会不断变化之中，由最高人民法院根据司法实践作出司法解释，更能够适应打击犯罪的需要。法律委员会提出《刑法修正案（二）（草案）》和全国人民代表大会常务委员会《关于〈中华人民共和国刑法〉第二百二十八条、第三百四十二条、第四百一十条的解释（草案）》，建议全国人大常委会审议通过。

鉴于上述原因，全国人大常委会在《关于〈中华人民共和国刑法〉第二百二十八条、第三百四十二条、第四百一十条的解释》中对"违反土地管理法"和"非法批准征收、征用、占用土地"的含义作了进一步明确的解释。

三、关于《中华人民共和国刑法》第二百二十八条、第三百四十二条、第四百一十条的解释的适用

全国人大常委会在《关于〈中华人民共和国刑法〉第二百二十八条、第三百四十二条、第四百一十条的解释》在适用时应注意的问题：

1. 注意区分一罪与数罪的界限。根据全国人大常委会《刑法修正案（二）》对刑法第342条的修改补充和《关于〈中华人民共和国刑法〉第二百二十八条、第三百四十二条、第四百一十条的解释》，非法占用林地，又造成林木严重毁坏的行为是定一罪还是数罪应进行研究。一般来说，在法律没有特别规定的情况下，行为人为非法占用林地并改作他用，就必然毁坏林地上的林木，应按处理牵连犯的原则从一重处罚，定为重罪并从重处罚。而对于非法占用林地，又毁坏林地上林木的行为，立法机关在《刑法修正案（二）》审议结果报告中明确说明："至于非法占用林地，造成林木严重毁坏的，应当适用刑法第344条非法采伐、毁坏珍贵树木或者国家重点保护植物犯罪和第345条盗伐林木、滥伐林木犯罪的规定追究刑事责任。"① 这说明对非法占用林地改作他用，又造成林木严重毁坏的，应认定为数罪并罚。如果行为人毁坏的是一般林木的，则应分别定为非法占用农用地罪和盗伐林木罪或者滥伐林木罪，数罪并罚；如果毁坏的是珍贵林木或者国家重点保护其他植物的，应分别定为非法占用农用地罪和非法采伐、毁坏国家重点保护植物罪数罪并罚。

2. 注意准确认定非法转让、倒卖土地使用权，情节严重、情节特别严重的行为。全国人大常委会《关于〈中华人民共和国刑法〉第二百二十八条、第三百四十二条、第四百一十条的解释》对刑法第228条中规定的"违反土地管理法规"解释为："是指违反土地管理法、森林法、草原法等法律以及有关行政法规中关于土地管理的规定。"这种规定，只要违反土地管理法和有关

---

① 参见《全国人民代表大会常务委员会公报》2001年第6期，第470页。

行政法规中土地管理规定，以牟利为目的，非法转让、倒卖土地使用权，情节严重的行为，可以构成犯罪。这里的土地使用权，包括转让、倒卖耕地、林地等农用地和其他土地使用权等一切土地使用权。这里的"情节严重"是区分罪与非罪的界限。根据最高人民检察院、公安部2010年5月7日《关于公安机关管辖的刑事案件立案追诉标准的规定（二）》第80条的规定，以牟利为目的的，违反土地管理法规，非法转让、倒卖土地使用权，涉嫌下列情形之一的，属于情节严重，应予追诉：（1）非法转让、倒卖基本农田5亩以上的；（2）非法转让、倒卖基本农田以外的耕地10亩以上的；（3）非法转让、倒卖其他土地20亩以上的；（4）违法所得数额在50万元以上的；（5）虽未达到上述数额标准，但因非法转让、倒卖土地使用权受过行政处罚，又非法转让、倒卖土地的；（6）其他情节严重的情形。具有上述情节之一的，构成犯罪，应当追究刑事责任。根据2000年6月19日最高人民法院《关于审理破坏土地资源刑事案件具体应用法律若干问题的解释》第1条的规定，具有下列情形之一的，属于非法转让、倒卖土地使用权"情节严重"：（1）非法转让、倒卖基本农田5亩以上的；（2）非法转让、倒卖基本农田以外的耕地10亩以上的；（3）非法转让、倒卖其他土地20亩以上的；（4）非法获利50万元以上的；（5）非法转让、倒卖土地接近上述数量标准并具有其他恶劣情节的，如曾因非法转让、倒卖土地使用权受过行政处罚或者造成严重后果等。具备上述情形之一的，应属于情节严重，再具备以牟利为目的条件，就可以构成犯罪，最低处拘役，最高处3年有期徒刑。这里的"情节特别严重"，根据2000年6月19日最高人民法院《关于审理破坏土地资源刑事案件具体应用法律若干问题的解释》第2条的规定，实施第1条规定的行为，具有下列情形之一的，属于非法转让、倒卖土地使用权"情节特别严重"：（1）非法转让、倒卖基本农田10亩以上的；（2）非法转让、倒卖基本农田以外的耕地20亩以上的；（3）非法转让、倒卖其他土地40亩以上的；（4）非法获利100万元以上的；（5）非法转让、倒卖土地接近上述数量标准并具有其他恶劣情节，如造成严重后果等。上述司法解释是在全国人大常委会对刑法第342条修正和解释前所作的，该司法解释的"耕地数量"也应适用"农用地数量"；造成耕地大量毁坏，也适用于"造成农用地大量毁坏"，具备上述情节之一的，构成犯罪的，适用加重法定刑，最低处3年有期徒刑，最高处7年有期徒刑。

3. 注意准确认定非法占用农地数额较大，造成农用地大量毁坏的行为。刑法第342条规定，非法占用农用地"数量较大"，造成农用地"大量毁坏"的行为，才构成犯罪。何为"数额较大"、"大量毁坏"，刑法没有具体规定，根据2000年6月19日最高人民法院《关于审理破坏土地资源刑事案件具体应用法律若干问题的解释》第 3 条的规定,违反土地管理法规,非法占用耕地改作他用,数量较大,造成耕地大量毁坏的,依照刑法第342条的规定,以非法占用耕地罪定罪处罚:(1)非法占用耕地"数量较大",是指非法占用基本农田 5 亩以上或者非法占用基本农田以外的耕地 10 亩以上。(2)非法占用耕地"造成耕地大量毁坏",是指行为人非法占用耕地建窑、建坟、建房、挖沙、采石、采矿、取土、堆放固体废弃物或者进行其他非农业建设,造成基本农田 5 亩以上或者基本农田以外的耕地 10 亩以上种植条件严重毁坏或者严重污染。上述司法解释是在全国人大常委会对刑法第342条修正和解释公布前所作的,该司法解释中"耕地数量"也应适用"农用地数量";造成耕地大量毁坏,也适用于"造成农用地大量毁坏。"

4. 注意准确认定国家机关工作人员非法批准征收、征用、占用土地"情节严重"和"特别重大损失"的行为。刑法第 410 条规定,国家工作人员非法批准征收、征用、占用土地,情节严重的才构成犯罪,使国家或者集体的利益遭受特别重大损失的,适用加重法定刑。何为"情节严重",根据 2000 年 6 月 19 日最高人民法院《关于审理破坏土地资源刑事案件具体应用法律若干问题的解释》第 4 条的规定,具有下列情形之一的,属于非法批准征用、占用土地"情节严重":(1)非法批准征用、占用基本农田 10 亩以上的;(2)非法批准征收、征用、占用基本农田以外的耕地 30 亩以上的;(3)非法批准征收、征用、占用其他土地 50 亩以上的;(4)虽未达到上述数量标准,但非法批准征收、征用、占用土地造成直接经济损失 30 万元以上;造成耕地大量毁坏等恶劣情节的。具备上述情形之一的,属于情节严重的,可以构成犯罪,最低处拘役,最高处 3 年有期徒刑。何为"特别重大损失",根据 2000 年 6 月 19 日最高人民法院《关于审理破坏土地资源刑事案件具体应用法律若干问题的解释》第 5 条的规定,具有下列情形之一的,属于非法批准征收、征用、占用土地致使国家或者集体利益遭受特别重大损失:(1)非法批准征收、征用、占用基本农田 20 亩以上的;(2)非法批准征收、征用、占用基本农田以外的耕地 60 亩以上的;(3)非法批准征收、征用、占用其他土地 100 亩以上的;(4)非法批准征收、征用、占用土地,造成基本农田 5 亩以上,其他耕地 10 亩以上严重毁坏的;(5)非法批准征收、征用、占用土地造成直接经济损失 50 万元以上等恶劣情节的。具有上述情节之一的,属于情节特别严重,适用加重法定刑,最低处 3 年有期徒刑,最高处 7 年有期徒刑。

5. 注意准确认定国家机关工作人员非法低价出让国有土地使用权"情节严重"和"特别重大损失"的行为。刑法第 410 条规定,国家工作人员非法低价出让国有土地使用权,情节严重的行为,才构成犯罪;致使国家或者集体的利益遭受特别重大损失的，适用加重法定刑。何为"情节严重"，根据 2000 年 6 月 19 日最高人民法院《关于审理破坏土地资源刑事案件具体应用法律若干问题的解释》第 6 条的规定，具有下列情形之一的，属于"情节严重"，依照刑法第 410 条的规定，以非法低价出让国有土地使用权罪定罪处罚：(1) 出让国有土地使用权面积在 30 亩以上，并且出让价额低于国家规定的最低价额标准的 60% 的；(2) 造成国有土地资产流失价额在 30 万元以上的。具有上述情形之一的，属于情节严重的，最低处拘役，最高处 3 年有期徒刑。何为"特别重大损失"，根据 2000 年 6 月 19 日最高人民法院《关于审理破坏土地资源刑事案件具体应用法律若干问题的解释》第 7 条的规定，具有下列情形之一的，属于非法低价出让国有土地使用权，"致使国家和集体利益遭受特别重大损失"：(1) 非法低价出让国有土地使用权面积在 60 亩以上，并且出让价额低于国家规定的最低价额标准的 40% 的；(2) 造成国有土地资产流失价额在 50 万元以上的。具有上述情节之一的，属于情节特别严重，适用加重法定刑，最低处 3 年有期徒刑，最高处 7 年有期徒刑。

6. 注意准确认定单位犯罪和多次犯破坏土地资源罪的数量、数额问题。根据 2000 年 6 月 19 日最高人民法院《关于审理破坏土地资源刑事案件具体应用法律若干问题的解释》第 8 条的规定，单位犯非法转让、倒卖土地使用权罪，非法占用农用地罪的定罪量刑数额、数量标准，依照本解释第 1 条、第 2 条、第 3 条的规定执行。根据 2000 年 6 月 19 日最高人民法院《关于审理破坏土地资源刑事案件具体应用法律若干问题的解释》第 9 条的规定，多次实施本解释规定的行为依法应当追诉的，或者一年内多次实施本解释规定的行为未经处理的，按照累计的数量、数额处罚。

第十六章 关于《中华人民共和国刑法》第二百九十四条第一款的解释

全国人大常委会《关于〈中华人民共和国刑法〉第二百九十四条第一款的解释》于 2002 年 4 月 28 日第九届全国人大常委第二十七次会议通过，并于当日公告。我国 1997 年修订刑法第 294 条第 1 款规定了"组织、领导、参加黑社会性质组织罪"，是根据当时我国社会上产生一些类似黑社会性质的组织，他们有组织、有领导地进行暴力违法犯罪活动，称霸一方，为非作恶，欺压、残害群众，严重破坏社会秩序和经济秩序实际情况规定的犯罪。修订刑法实施以后，司法实践中遇到如何准确认定"黑社会性质组织"问题。最高人民法院根据司法实践中的需要，于 2000 年 12 月 4 日在《关于审理黑社会性质组织犯罪案件具体应用法律若干问题的解释》第 1 条中，对黑社会性质组织解释为有以下四个特征：（1）组织结构比较紧密，人数较多，有比较明确的组织者、领导者，骨干成员基本固定，有较为严格的组织纪律；（2）通过违法犯罪活动或者其他手段获取经济利益，具有一定的经济实力；（3）通过贿赂、威胁等手段，引诱、逼迫国家工作人员参加黑社会性质组织活动，或者为其提供非法保护；（4）在一定区域或者行业范围内，以暴力、威胁、滋扰等手段，大肆进行敲诈勒索、欺行霸市、聚众斗殴、寻衅滋事、故意伤害等违法犯罪活动，严重破坏经济、社会生活秩序。司法实践中，对黑社会性质组织的第三个特征，即有国家工作人员参加，或者为犯罪活动提供非法保护有不同认识。最高人民检察院于 2001 年 11 月向全国人大常委会提出对刑法第 294 条第 1 款规定的"黑社会性质的组织"的含义作法律解释的要求。2002 年 4 月 24 日，全国人大常委会法制工作委员会向第九届全国人民代表大会常务委员会第二十七次会议上向全国人民代表大会常务委员会作了《关于〈中华人民共和国刑法〉第二百九十四条第一款的解释（草案）》的说明报告。2002 年 4 月 28 日全国人大常委会讨论了"黑社会性质的组织"的含义问题，作了对刑法第 294 条第 1 款规定的"黑社会性质组织"含义的立法解释，并于当日公布。2011 年 2 月 25 日第十一届全国人大常委会第十九次会议通过的，2011 年 5 月 1 日实施的《中华人民共和国刑法修正案（八）》第 43 条将该法律解释的

"黑社会性质组织的特征"纳入刑法第294条中,上升为法律。

一、刑法规定及法律解释的内容

刑法条文中有关黑社会性质犯罪的规定有:

1. 1997年修订刑法第294条规定:"组织、领导和积极参加以暴力、威胁或者其他手段,有组织地进行违法犯罪活动,称霸一方,为非作恶,欺压、残害群众,严重破坏经济、社会生活秩序的黑社会性质的组织的,处三年以上十年以下有期徒刑;其他参加的,处三年以下有期徒刑、拘役、管制或者剥夺政治权利。

"境外的黑社会组织的人员到中华人民共和国境内发展组织成员的,处三年以上十年以下有期徒刑。

"犯前两款罪,又有其他犯罪行为的,依照数罪并罚的规定处罚。

"国家机关工作人员包庇黑社会性质的组织,或者纵容黑社会性质的组织进行违法犯罪活动的,处三年以下有期徒刑、拘役或者剥夺政治权利;情节严重的,处三年以上十年以下有期徒刑。"

2. 2002年4月28日,全国人大常委会《关于〈中华人民共和国刑法〉第二百九十四条第一款的解释》规定如下:"刑法第二百九十四条第一款规定的'黑社会性质的组织'应当同时具备以下特征:(一)形成较稳定的犯罪组织,人数较多,有明确的组织者、领导者,骨干成员基本固定;(二)有组织地通过违法犯罪活动或者其他手段获取经济利益,具有一定的经济实力,以支持该组织的活动;(三)以暴力、威胁或者其他手段,有组织地多次进行违法犯罪活动,为非作恶,欺压、残害群众;(四)通过实施违法犯罪活动,或者利用国家工作人员的包庇或者纵容,称霸一方,在一定区域或者行业内,形成非法控制或者重大影响,严重破坏经济、社会生活秩序。"

上述刑法规定及其法律解释对刑法作了如下解释:

1. 刑法第294条第1款增加规定了组织、领导、参加黑社会性质组织罪。我国1979年制定刑法时,在我国领域内没有出现黑社会性质的犯罪行为。因此,刑法没有规定黑社会性质方面的犯罪,但有犯罪集团犯罪的规定,如反革命集团、流氓集团等方面的犯罪或者一些特务、间谍组织等有组织的犯罪。修订刑法时,开始出现一些黑社会性组织犯罪行为,但还没有达到像有些国家出现黑社会组织,因此,在1997年刑法第294条中规定了"组织、领导、参加黑社会性质组织的犯罪"。1997年最高人民法院、最高人民检察院《关于执行〈中华人民共和国刑法〉确定罪名的规定》确定为"组织、领导、参加黑社会性质组织罪"的罪名。

2. 对刑法第 294 条第 1 款规定的"黑社会性质组织"的含义作了解释。1997 年刑法第 294 条规定的"黑社会性质的组织"含义没有明确规定,司法实践中有不同认识,虽然最高人民法院已作了司法解释,但司法机关仍然有不同的认识。全国人大常委会在《关于〈中华人民共和国刑法〉第二百九十四条第一款的解释》中明确规定:"黑社会性质的组织"应当同时具备以下四个特征:(1)形成较稳定的犯罪组织,人数较多,有明确的组织者、领导者,骨干成员基本固定;(2)有组织地通过违法犯罪活动或者其他手段获取经济利益,具有一定的经济实力,以支持该组织的活动;(3)以暴力、威胁或者其他手段,有组织地多次进行违法犯罪活动,为非作恶,欺压、残害群众;(4)通过实施违法犯罪活动,或者利用国家工作人员的包庇或者纵容,称霸一方,在一定区域或者行业内,形成非法控制或者重大影响,严重破坏经济、社会生活秩序。特别是强调黑社会性组织不一定都有国家工作人员的参与保护,没有国家工作人员包庇或纵容,通过实施违法犯罪活动,也可以出现独霸一方的组织,在具备其他条件的情况下,也可以认定为是黑社会性质的组织,构成有关黑社会性质组织方面的犯罪。

二、对刑法规定解释的原因

全国人大常委会作出《关于〈中华人民共和国刑法〉第二百九十四条第一款的解释》的主要原因有以下几个方面:

1. 刑法第 294 条第 1 款规定的"黑社会性质组织"的含义需要进行解释。我国 1979 年制定刑法时,司法实践中没有发生黑社会性质组织方面的犯罪行为。因此,刑法也没有规定黑社会性质方面的犯罪。我国 1997 年刑法第 294 条规定了黑社会性质方面的犯罪。第 1 款规定了组织、领导、参加黑社会性质组织的犯罪行为,即"组织、领导和积极参加以暴力、威胁或者其他手段,有组织地进行违法犯罪活动,称霸一方,为非作恶,欺压、残害群众,严重破坏经济、社会生活秩序的黑社会性质的组织的"行为。1997 年最高人民法院、最高人民检察院《关于执行〈中华人民共和国刑法〉确定罪名的规定》中确定为"组织、领导、参加黑社会性质组织罪"的罪名。黑社会性质组织是一个比较新的犯罪种类,黑社会性质组织犯罪活动的特征尽管在刑法第 294 条中作了较详细的规定,但在司法实践中认定时仍然有不明确之处,基层司法机关纷纷要求最高司法机关作司法解释。2000 年 12 月 4 日,最高人民法院在《关于审理黑社会性质组织犯罪的案件具体应用法律若干问题的解释》第 1 条中对刑法第 294 条规定的"黑社会性质的组织"解释为：一般应具备以下特征：（1）组织结构比较紧密，人数较多，有比较明确的组织者、领导者，骨干成员基本固定，有较为严格的组织纪律；（2）通过违法犯罪活动或者其他手段获取经济利益，具有一定的经济实力；（3）通过贿赂、威胁等手段，引诱、逼迫国家工作人员参加黑社会性质组织活动，或者为其提供非法保护；（4）在一定区域或者行业范围内，以暴力、威胁、滋扰等手段，大肆进行敲诈勒索、欺行霸市、聚众斗殴、寻衅滋事、故意伤害等违法犯罪活动，严重破坏经济、社会生活秩序。司法实践中，对上述第三个特征，即有国家工作人员参加黑社会性质组织活动，或者为其提供非法保护，有不同认识。因此，最高人民检察院根据《中华人民共和国立法法》第 43 条的规定，于 2001 年 11 月向全国人大常委会提出对刑法第 294 条第 1 款中"黑社会性质组织"的含义作法律解释的要求。

2. 对刑法第 294 条规定的"黑社会性质组织"含义的解释是适应"打黑"专项斗争的需要。从 2000 年下半年开始，在全国范围内开展了"关于严厉打击黑恶势力和整顿规范市场经济秩序"的专项斗争，根据"打黑除恶"专项斗争中，必须划清黑社会性质组织与犯罪集团的界限，划清罪与非罪的界限。为了适应"打黑"斗争的需要，全国人大常委会法制工作委员会对刑法第 294 条规定的"黑社会性质罪"含义问题听取了最高人民检察院的意见，又与中央政法委员会、最高人民检察院、最高人民法院、公安部及法律专家多次进行研究。一致认为，为了正确适用法律，应当清楚界定黑社会性质的组织与一般犯罪集团的区别。犯罪集团一般具有人数较多，有明显的首要分子，重要成员固定或者基本固定，经常纠集在一起进行一种或数种严重刑事犯罪活动等特征。黑社会性质组织不仅具备以上特征，通常还具有一定的经济实力，并在一定的区域范围内或者行业内形成控制和影响，称霸一方，严重破坏经济、社会秩序等特征。另外，有的部门和法律专家认为，应将国家工作人员参与犯罪活动或者提供非法保护作为黑社会性质的组织的特征。从"打黑除恶"专项斗争的实践情况看，这个特征是划分黑社会性质的组织和流氓恶势力犯罪团伙的主要界限。如果没有这一界限，可能会造成认定黑社会性质的组织很多的情况，使定案不准，扩大打击面。还可能会造成"打黑"斗争中出现这样的组织，只满足于打击浮在面上的犯罪分子，不再深挖幕后的国家工作人员，不利于铲除支持黑社会性质的组织基础和"官匪勾结"的腐败现象。全国人大法律委员会认为，通过解释划清黑社会性质组织与犯罪集团的界限，不影响"打黑"斗争的力度，依照刑法规定，对于不属于黑社会性组织的其他犯罪集团，只要他们实施了犯罪行为，都可以依照刑法的规定予以严厉打击，判处重刑，甚至死刑。有的部门则认为，依照最高人民法院对刑法的规定扩大解释办案，必将影响"打黑"斗争的力度，在查办黑社会性质的组织犯罪案件时，确实有些已查明有国家工作人员参加或者提供非法保护，但也确有没有这种情况的，建议法律解释必须适应"打黑除恶"斗争的需要。①

3. 全国人大常委会法制工作委员会提请全国人大常委会对刑法第 294 条规定的"黑社会性质组织"进行解释。2002 年 4 月 24 日，在第九届全国人大常委会第二十七次会议上，全国人大常委会法制工作委员会受委员长会议的委托向全国人大常委会作了《关于〈中华人民共和国刑法〉第二百九十四条第一款的解释（草案）》的说明报告，经研究认为，在一般情况下，犯罪分子要在一定区域或者行业内，形成非法控制或者重大影响，如果没有国家机关工作人员的包庇或者纵容是难以实现的，但也不能排除尚未取得国家机关工作人员的包庇或者纵容的情况下，通过有组织地实施多次犯罪活动形成黑社会性质组织的情形。为有利于司法机关正确适用法律，打击黑社会性质组织的犯罪活动，建议全国人常务会对刑法第 294 条第 1 款规定"黑社会性质组织"的含义作出如下解释，刑法第 294 条第 1 款规定的"黑社会性质的组织"应当同时具备以下特征：（1）形成较稳定的犯罪组织，有明确的组织者、领导者，骨干成员基本固定，人数较多；（2）有组织地通过违法犯罪活动或者其他手段获取经济利益，具有一定的经济实力，以支持该组织的活动；（3）以暴力、威胁或者其他手段，有组织地多次进行违法犯罪活动，为非作恶，欺压、残害群众；（4）通过实施违法犯罪活动，或者利用国家工作人员的包庇或者纵容，称霸一方，在一定区域或者行业内，形成非法控制或者重大影响，严重破坏经济、社会生活秩序。② 对不具备黑社会性质组织特征的犯罪集团和犯罪团伙的犯罪，仍然应当依照刑法规定予以严厉打击，对主犯应当按其所参与的或者组织、指挥的全部犯罪处罚；对首要分子，按照集团所犯的全部罪行处罚。

全国人大法律委员会于 2002 年 4 月 28 日向全国人大常委会作了《关于〈中华人民共和国刑法〉第二百九十四条第一款的解释（草案）》审议结果的报告认为，为了正确执行刑法关于组织、领导、参加黑社会性质组织的犯罪，有必要对刑法第 294 条第 1 款的规定进行法律解释。《解释（草案）》基本是可行的，同时提出以下修改意见：将草案第（一）项中的"人数较多"移至该项规定的"形成较稳定的犯罪组织"之后，较为适合。因此，法律委员会建议，将该项修改为"形成较稳定的犯罪组织，人数较多，有明确的组织者、

---

① 参见《全国人民代表大会常务委员会公报》2002 年第 3 期，第 196 页。
② 参见《全国人民代表大会常务委员会公报》2000 年第 3 期，第 224 页。

领导者，骨干成员基本固定"。

鉴于上述原因，全国人大常委会在《关于〈中华人民共和国刑法〉第二百九十四条第一款的解释》中对"黑社会性质组织"的含义问题作了进一步明确的解释。

三、关于《中华人民共和国刑法》第二百九十四条第一款的解释的适用

全国人大常委会《关于〈中华人民共和国刑法〉第二百九十四条第一款的解释》在适用时应注意的问题：

1. 应注意对黑社会性质组织的准确认定。根据全国人大常委会《关于〈中华人民共和国刑法〉第二百九十四条第一款的解释》，黑社会性质组织，应同时具备以下四个特征：组织性；经济性；违法犯罪性；区域性四个特征，具备上述四个基本特征的行为就可以构黑社会性质组织，就可以构成黑社会性质的组织方面的犯罪，但能不能构成犯罪还必须具备犯罪构成的其他条件。实践中，最容易混淆的是构成黑社会组织是否必须有国家工作人员参与或者支持，提供庇护。一般来说，没有国家工作人员的包庇纵容，黑社会组织很难形成，即使暂时形成也很难存在下去。但也不能排斥在特定情况下，通过有组织地多次实施犯罪活动，暂时形成黑社会性质组织的情形。因此，全国人大常委会的法律解释没有将有国家工作人员参与或者纵容、包庇作为黑社会组织的必要构成条件，有没有这一条件都可以构成黑社会性质组织。但在办案过中，应特别注意深查在背后支持、纵容黑社会性质组织的国家工作人员，追查"黑恶势力"的"保护伞"，在一般情况下，黑社会性质组织长期在一定区域内独霸一方、欺压群众、为非作恶是不可能存在下去的。这是因为，人民政府各级基层组织和司法机关会对其依法惩治他们的违法犯罪活动。

2. 注意准确认定黑社会性质组织与普通犯罪集团。全国人大常委会《关于〈中华人民共和国刑法〉第二百九十四条第一款的解释》只是对黑社会性质组织的特征作了明确规定。在认定时，应弄清黑社会性质组织与犯罪集团、恐怖组织、邪教组织、间谍组织的区别。一般来说，有组织犯罪是一种比较广泛的概念，只要是3人以上为了犯罪组成"组织"，在该犯罪组织的领导、指挥下进行犯罪活动的，就是有组织的犯罪。有组织犯罪是犯罪集团中的一部分，有组织的犯罪的特征：一是有组织，即3人以上、有组织名称、领导与被领导关系；二是为犯罪组织起来的组织，有的组织、领导、参加犯罪组织就是犯罪，有的必须在犯罪组织领导、策划、指指下进行违法犯罪活动的才构成犯

罪。有组织犯罪与一般共同犯罪区别是犯罪主体是3人以上,且是有组织地进行犯罪。有组织的犯罪与聚众犯罪、结伙犯罪、一般共同犯罪的区别是有无组织。在犯罪组织的策划、指挥实施的犯罪是有组织的犯罪;如果没有组成犯罪组织而聚众、结伙犯罪都不是有组织的犯罪。黑社会性质组织的犯罪、恐怖组织的犯罪、邪教组织的犯罪、间谍组织的犯罪等都是有组织的犯罪,他们的共同特点是在犯罪组织的策划、领导、指挥下实施的有组织的共同犯罪。黑社会性质组织、恐怖组织、邪教组织、间谍组织都是犯罪集团中的一部分,犯罪集团中有些不是有组织的犯罪,称为普通犯罪集团。以特别犯罪为目的而组织起来的犯罪集团是有组织犯罪。组织、领导、参加普通犯罪集团的,不能单独构成犯罪,只是对那些在犯罪集团组织、策划、实施的犯罪行为定罪处罚。从上述黑社会性质组织犯罪与其他犯罪的关系可见,黑社会性质组织犯罪是社会危害性比较严重的一类犯罪。

黑社会性质组织犯罪与其他犯罪的关系可以用下图表示:

3. 注意划清黑社会性质组织与恐怖组织、邪教组织的界限。我国刑法第120条规定的恐怖组织和刑法第300条规定的邪教组织与黑社会性质组织,在组织、犯罪行为、对社会的危害性等方面都有相同或者似之处,司法实践中容易混淆,并且可能出现法规竞合关系。二者的根本区别是组织犯罪组织的目的不同。组织黑社会性质组织的目的是独霸一方,获取政治、经济利益;而邪教组织是通过邪教组织破坏国家法律、行政法规的实施,蒙骗他人,骗财骗奸等目的;恐怖组织的目的是进行恐怖犯罪活动,危害公共安全的目的。由于上述组织犯罪组织的目的不同，其犯罪组织的性质不同，不同性质的犯罪组织将上述组织区分开来。如果上述行为发生法规竞合时，应按重罪定罪处罚。例如，犯罪人组织、领导、参加的组织既是恐怖组织，又是黑社会组织，应定为恐怖组织犯罪。

第十七章　关于《中华人民共和国刑法》第三百八十四条第一款的解释

全国人大常委会《关于〈中华人民共和国刑法〉第三百八十四条第一款的解释》是 2002 年 4 月 28 日，第九届全国人大常委会第二十七次会议通过，并于当日公告。我国 1997 年刑法第 384 条第 1 款规定了"国家工作人员利用职务上的便利，挪用公款归个人使用，进行非法活动的，或者挪用公款数额较大、进行营利活动的，或者挪用公款数额较大、超过 3 个月未还的，是挪用公款罪"。其中挪用公款"归个人使用"，是构成挪用公款罪的构成要件之一。但其在司法实践中很容易与单位之间拆借公款相混淆，特别在国有单位、集体单位和个体单位并存情况下，将公款借给私人单位使用，是否属于挪用公款归个人使用，人们有不同意见。2001 年 9 月 18 日，最高人民法院《关于如何认定挪用公款归个人使用有关问题的解释》中规定："国家工作人员利用职务上的便利，以个人名义将公款借给其他自然人或者不具有法人资格的私营独资企业、私营合伙企业等使用，或者为谋取个人利益，以个人名义将公款借给其他单位使用的，属于挪用公款归个人使用。"上述解释公布以后，在法学界引起强烈反响，很多学者认为，最高人民法院的上述解释是超越法律规定的扩大解释，是与刑法规定相悖的。我国刑法第 30 条将私人公司、私人企业规定为单位，而在最高人民法院的上述司法解释中，又将"私营独资企业、私营合伙企业视为个人"，显然不符合刑法第 30 条关于单位的规定。司法机关依最高人民法院司法解释办案将扩大了打击范围。另外，司法实践中对国家工作人员将公款借给其他单位使用，是否要以个人名义或者自己从中牟利作为犯罪界限，认识不一致。2001 年 11 月，最高人民检察院向全国人大常委会提出对刑法第 384 条第 1 款规定的"挪用公款归个人使用"的含义作法律解释的要求。2002 年 4 月 24 日，全国人大常委会法制工作委员会在第九届全国人民代表大会常务委员会第二十七次会议上向全国人民代表大会常务委员会作了《关于〈中华人民共和国刑法〉第三百八十四条第一款的解释（草案）》的说明报告。2002 年 4 月 28 日，全国人大常委会讨论了刑法第 384 条第 1 款规定的国家工作人员利用职务上的便利，挪用公款"归个人使用"的含义问题，作了立法解释，并予当日公布。

一、刑法规定及其法律解释的内容

刑法中有关挪用公款罪的规定有：

1. 1979年刑法第155条规定："国家工作人员利用职务上的便利，贪污公共财物的，处五年以下有期徒刑或者拘役；数额巨大、情节严重的，处五年以上有期徒刑；情节特别严重的，处无期徒刑或者死刑。

"犯前款罪的，并处没收财产，或者判令退赔。

"受国家机关、企业、事业单位、人民团体委托从事公务的人员犯第一款罪的，依照前两款的规定处罚。"

2. 1988年1月21日全国人大常委会《关于惩治贪污罪贿赂罪的补充规定》第3条规定："国家工作人员、集体经济组织工作人员或者其他经手、管理公共财物的人员，利用职务上的便利，挪用公款归个人使用，进行非法活动的，或者挪用公款数额较大、进行营利活动的，或者挪用公款数额较大、超过三个月未还的，是挪用公款罪，处五年以下有期徒刑或者拘役；情节严重的，处五年以上有期徒刑。挪用公款数额巨大不退还的，以贪污论处。

"挪用用于救灾、抢险、防汛、优抚、救济款物归个人使用的，从重处罚。

"挪用公款进行非法活动构成其他罪的，依照数罪并罚的规定处罚。"

3. 1995年2月28日全国人大常委会《关于惩治违反公司法的犯罪的决定》第11条规定："公司董事、监事或者职工利用职务上的便利，挪用本单位资金归个人使用或者借贷给他人，数额较大、超过三个月未还的，或者虽未超过三个月，但数额较大、进行营利活动的，或者进行非法活动的，处三年以下有期徒刑或者拘役。挪用本单位资金数额巨大不退还的，依照本决定第十条规定的侵占罪论处。"

1995年2月28日全国人大常委会《关于惩治违反公司法的犯罪的决定》第12条规定："国家工作人员犯本决定第九条、第十条、第十一条规定之罪的，依照《关于惩治贪污罪贿赂罪的补充规定》的规定处罚。"

1995年2月28日全国人大常委会《关于惩治违反公司法的犯罪的决定》第14条规定："有限责任公司、股份有限公司以外的企业职工有本决定第九条、第十条、第十一条规定的犯罪行为，适用本决定。"

4. 1997年刑法第384条规定："国家工作人员利用职务上的便利，挪用公款归个人使用，进行非法活动的，或者挪用公款数额较大、进行营利活动的，或者挪用公款数额较大、超过三个月未还的，是挪用公款罪，处五年以下有期徒刑或者拘役；情节严重的，处五年以上有期徒刑。挪用公款数额巨大不退还的，处十年以上有期徒刑或者无期徒刑。

"挪用用于救灾、抢险、防汛、优抚、扶贫、移民、救济款物归个人使用的，从重处罚。"

5. 1997年刑法第272条规定："公司、企业或者其他单位的工作人员，利用职务上的便利，挪用本单位资金归个人使用或者借贷给他人，数额较大、超过三个月未还的，或者虽未超过三个月，但数额较大、进行营利活动的，或者进行非法活动的，处三年以下有期徒刑或者拘役；挪用本单位资金数额巨大的，或者数额较大不退还的，处三年以上十年以下有期徒刑。

"国有公司、企业或者其他国有单位中从事公务的人员和国有公司、企业或者其他国有单位委派到非国有公司、企业以及其他单位从事公务的人员有前款行为的，依照本法第三百八十四条的规定定罪处罚。"

1997年刑法第273条规定："挪用用于救灾、抢险、防汛、优抚、扶贫、移民、救济款物，情节严重，致使国家和人民群众利益遭受重大损害的，对直接责任人员，处三年以下有期徒刑或者拘役；情节特别严重的，处三年以上七年以下有期徒刑。"

6. 2002年4月28日，全国人大常委会《关于〈中华人民共和国刑法〉第三百八十四条第一款的解释》规定如下："全国人民代表大会常务委员会讨论了刑法第三百八十四条第一款规定的国家工作人员利用职务上的便利，挪用公款'归个人使用'的含义问题，解释如下：有下列情形之一的，属于挪用公款'归个人使用'：（一）将公款供本人、亲友或者其他自然人使用的；（二）以个人名义将公款供其他单位使用的；（三）个人决定以单位名义将公款供其他单位使用，谋取个人利益的。"

上述刑法规定及其法律解释对刑法作了如下解释：

1. 刑法第384条第1款规定的"挪用公款归个人使用"是新的规定。其规定，国家工作人员利用职务上的便利，挪用公款归个人使用，进行非法活动的，或者挪用公款数额较大、进行营利活动的，或者挪用公款数额较大、超过3个月未还的，是挪用公款罪。这里的"挪用公款归个人使用"是法律的新规定，是构成挪用公款罪的必要要件，即挪用公款归个人使用的构成挪用公款犯罪，挪用公款归单位使用的不能构成挪用公款罪。这里"归个人使用"与"归单位使用"是两个相对应的概念。在市场经济条件下，有国有单位、集体单位、个体单位，还有没有性质的单位，如股份有限责任公司、有限责任公司、联营公司等，这些单位的共同特点是经国家主管部门批准或者登记成立的公司、企业、事业单位、机关、团体。挪用公款归私人单位使用，按法律规定的本意不应构成挪用公款罪。但根据司法实践中，有的部门认为，一些私营单位，与个人没有什么区别，将公款供私营单位使用与挪用公款归个人使用很相似。因此，有的司法机关就认为挪用公款给私营单位使用认定为挪用公款归个人使用，可以构成挪用公款罪。最高人民法院的司法解释也解释为，"挪用公款归私营独资企业、私营合伙企业等使用，或者为谋取个人利益，以个人名义将公款借给其他单位使用的，属于挪用公款归个人使用"。而刑法学界普遍认为，最高人民法院的上述司法解释与刑法规定相悖，从严格执法的要求，应根据刑法规定挪用公款归单位使用的，不应构成挪用公款罪。另外，司法实践中，司法机关对国家工作人员将公款借给其他单位使用，是否要以个人名义或者自己从中牟利作为犯罪界限，认识不一致。所以，最高人民检察院向全国人大常委会提出对"挪用公款归个人使用"含义的解释要求。

2. 对刑法第384条第1款规定的"挪用公款归个人使用"的含义作了解释。1997年刑法第384条规定的"挪用公款归个人使用"的含义司法实践中有不同认识，虽然最高人民法院已作了司法解释，但司法机关仍然有不同的认识。全国人大常委会在《关于〈中华人民共和国刑法〉第三百八十四条第一款的解释》中明确规定："有下列情形之一的，属于挪用公款归个人使用：（一）将公款供本人、亲友或者其他自然人使用的；（二）以个人名义将公款供其他单位使用的；（三）个人决定以单位名义将公款供其他单位使用，谋取个人利益的。"特别是强调以个人的名义将公款供其他单位使用的和个人决定以单位名义将公款供其他单位使用，谋取个人利益的，属于挪用公款归个人使用。如果集体研究以单位名义将公款供其他单位使用，尽管个人谋取利益的，也不属于挪用公款归个人使用。

二、对刑法规定解释的原因

全国人大常委会作出《关于〈中华人民共和国刑法〉第三百八十四条第一款的解释》的主要原因有以下几个方面：

1. 刑法第384条第1款规定的"挪用公款归个人使用"的含义需要进行解释。我国1979年制定刑法时，没有规定挪用公款归个人使用的犯罪行为，司法实践中将挪用公款归个人使用不归还的行为依照刑法第155条规定的贪污罪定罪处罚，称为"挪用型贪污罪"。1988年全国人大常委会《关于惩治贪污罪贿赂罪的补充规定》（以下简称《补充规定》）中增加规定了挪用公款罪。该《补充规定》第3条规定，国家工作人员、集体经济组织工作人员或者其他经手、管理公共财物的人员,利用职务上的便利,挪用公款归个人使用,进行非法活动的,或者挪用公款数额较大、进行营利活动的,或者挪用公款数额较大、超过3个月未还的,是挪用公款罪。使挪用款归个人使用的犯罪行为成为独立的罪名,但还保留了"挪用公款数额巨大不退还的,以贪污论处"的规定。1995年2月28日全国人大常委会《关于惩治违反公司法的犯罪的决定》(以下简称《决定》)中又补充规定了公司、企业职工挪用本单位资金罪,该《决定》第11条规定,"公司董事、监事或者职工利用职务上的便利,挪用本单位资金归个人使用或者借贷给他人,数额较大、超过三个月未还的,或者虽未超过三个月,但数额较大、进行营利活动的,或者进行非法活动的",是挪用本单位资金罪。但还保留"挪用本单位资金数额巨大不退还的,依照本决定第10条规定的侵占罪论处"。1997年修订刑法时,将上述《补充规定》、《决定》中挪用公款犯罪进行修改和补充,并纳入刑法,分别在三个条文中加以规定。刑法第384条规定了"国家工作人员利用职务上的便利,挪用公款归个人使用"的犯罪行为;刑法第272条规定了"公司、企业或者其他单位的工作人员,利用职务上的便利,挪用本单位资金归个人使用或者借贷给他人"的犯罪行为;刑法第273条规定了"挪用用于救灾、抢险、防汛、优抚、扶贫、移民、救济款物,情节严重,致使国家和人民群众利益遭受重大损害的"的犯罪行为。1997年最高人民法院、最高人民检察院《关于执行〈中华人民共和国刑法〉确定罪名的规定》分别确定为"挪用公款罪"、"挪用资金罪"、"挪用特定款物罪"三个不同的罪名。上述挪用型犯罪,除挪用特定款物罪是挪用特定款物归单位使用外,其余的挪用公款罪和挪用资金罪两种犯罪都是挪用资金归个人使用。实践中对"归个人使用"有不同认识。例如,挪用公款给私营单位或者非法人单位使用是否是"归个人使用";以个人的名义将公款借给单位使用是否是"归个人使用";以个人名义挪用公款归单位使用,个人从中牟利益的,是否是"归个人使用"等认识存在意见分歧,影响准确追究行为人的刑事责任。1998年5月9日最高人民法院《关于审理挪用公款案件具体应用法律若干问题的解释》第1条规定:"刑法第三百八十四条规定的'挪用公款归个人使用',包括挪用者本人使用或者给他人使用。挪用公款给私人公司、私人企业使用的,属于挪用公款归个人使用。"2001年9月18日,最高人民法院《关于如何认定挪用公款归个人使用有关问题的解释》规定:"国家工作人员利用职务上的便利,以个人名义将公款借给其他自然人或者不具有法人资格的私营独资企业、私营合伙企业等使用,或者为谋取个人利益,以个人名义将公款借给其他单位使用的,属于挪用公款归个人使用。"2000年7月27日最高人民法院《关于如何理解刑法第二百七十二条规定的"挪用本单位资金归个人使用或者借贷给他人"问题的批复》解释为:"公司、企业或者其他单位的非国家工作人员,利用职务上的便利,挪用本单位资金归本人或者其他自然人使用,或者挪用人以个人名义将所挪用的资金借给其他自然人和单位,构成犯罪的,应当依照刑法第二百七十二条第一款的规定定罪处罚。"2000年3月14日最高人民检察院《关于挪用公款给私有公司、私有企业使用行为的法律适用问题的批复》中解释:"挪用公款给私有公司、私有企业使用的行为,无论发生在刑法修订前后,均可构成挪用公款罪。至于具体行为的法律适用问题,应根据行为发生的时间,依照刑法及1989年11月6日最高人民法院、最高人民检察院《关于执行〈关于惩治贪污罪贿赂罪的补充规定〉若干问题的解答》和1998年5月9日最高人民法院《关于审理挪用公款案件具体应用法律若干问题的解释》的有关规定办理。"上述司法解释公布以后,在法学界引起强烈反响,很多学者认为,最高人民法院的上述解释是超越法律规定的扩大解释,是与刑法规定相悖的。我国刑法第30条将私人公司、私人企业规定为单位,而在最高人民法院的上述司法解释中,又将"私营独资企业、私营合伙企业视为个人",显然不符合刑法规定。司法机关依照最高人民法院解释办案,扩大了打击范围。另外,司法实践中对国家工作人员将公款借给其他单位使用,是否要以个人名义或者自己从中牟利作为犯罪界限,认识不一致。根据《立法法》第43条的规定,最高人民检察院于2001年11月向全国人大常委会提出对刑法第384条第1款规定中"挪用公款归个人使用"的含义作法律解释的要求。

2. 全国人大常委会法制工作委员会提请全国人大常委会对刑法第384条规定的挪用公款"归个人使用"进行解释。2002年4月24日,在第九届全国人大常委会第二十七次会议上,全国人大常委会法制工作委员会受委员长会议的委托向全国人大常委会作了《关于〈中华人民共和国刑法〉第三百八十四条第一款的解释(草案)》的说明报告,经研究认为,刑法规定的国家工作人员利用职务上的便利,挪用公款归个人使用,实质上是将公款非法置于个人的支配之下公款私用,将公款供本人、亲友或者其他自然人使用,或者以个人名义将公款供其他单位使用。对于以单位名义将公款借给其他单位使用的,应当区别情况处理。属于单位之间的拆借行为,一般不应按照挪用公款犯罪处理。但是,由个人决定以单位名义将公款借给其他单位使用,自己谋取利益的,实际上也是挪用公款归私人使用的一种表现形式,应当属于刑法规定的挪用公款"归个人使用"。应进一步明确刑法第384条有关规定的含义,有力打击挪用公款的犯罪活动,建议全国人常务会对刑法第384条第1款规定"归个使用"的含义作出如下解释:"有下列情形之一的,属于挪用'公款归个人使用':

（一）将公款供本人、亲友或者其他自然人使用的；（二）以个人名义将公款供其他单位使用的；（三）个人决定以单位名义将公款供其他单位使用，谋取个人利益的。"①

全国人大法律委员会于2002年4月28日，向全国人大常委会作了《关于〈中华人民共和国刑法〉第三百八十四条第一款的解释（草案）》审议结果的报告，认为为了正确执行刑法关于挪用公款的犯罪，有必要对刑法第384条第1款的规定进行法律解释。《解释（草案）》基本是可行的，同时提出以下修改意见：有的委员提出，对于单位集体决定将公款供其他单位使用，个人从中谋取利益的，也应当规定为挪用公款"归个人使用"。法律委员会研究认为，单位集体研究决定将公款供其他单位使用，国家工作人员利用职务的便利，从中谋利的，是一种受贿行为，应当依照刑法关于受贿罪的规定追究刑事责任。因此，法律委员会建议，对草案第三项的规定不作修改。②

鉴于上述原因，全国人大常委会在《关于〈中华人民共和国刑法〉第三百八十四条第一款的解释》中对挪用公款"归个人使用"的含义问题作了进一步明确的解释。

三、关于《中华人民共和国刑法》第三百八十四条第一款的解释的适用

全国人大常委会《关于〈中华人民共和国刑法〉第三百八十四条第一款的解释》在适用时应注意的问题：

1. 注意区分挪用公款归个人使用与挪用公款归单位使用的界限。根据刑法第384条和全国人大常委会《关于〈中华人民共和国刑法〉第三百八十四条第一款的解释》，挪用公款归个人使用的，可以构成挪用公款罪。挪用公款公款归单位使用，在一般情况下不能构成挪用公款罪。只有在以下两种情况下，才可以构成挪用公款罪：（1）以个人的名义将公款供其他单位使用的，可以构成挪用公款罪。这是因为，以个人名义而不是以单位的名义供其他单位使用，实质上是挪用公款归挪用者本人使用，符合刑法第384条第1款规定的"挪用公款归个人使用"的特征。因此，可以构成挪用公款罪。（2）个人决定以单位的名义将公款供其他单位使用，谋取个人利益的，可以构成挪用公款罪。这是因为，个人决定以单位的名义将公款供其他单位使用，个人从中谋利

---

① 参见《全国人民代表大会常务委员会公报》2002年第3期，第199页。
② 参见《全国人民代表大会常务委员会公报》2002年第3期，第200页。

益,实质上是挪用公款为个人使用,符合刑法第384条第1款规定"挪用公款归个人使用"的特征。如果是单位集体研究,将单位的公款供其他单位使用,既不符合挪用公款罪"擅自挪用"的特征,也不符合"归个人使用"的特征,不能构成挪用公款罪。这里的"个人"与"单位"是相对应的概念。个人,是指自然人,一个自然人或者几个自然人。单位,是依法成立的组织,根据我国刑法第30条的规定,单位是指公司、企业、事业单位、机关、团体。只要是单位,无论其有性质还是没有性质,也不论其性质是国有、集体还是个体都是挪用公款归单位使用,一般不构成挪用公款罪,只有挪用公款以个人名义归单位使用或者个人决定以单位的名义挪用公款归单位使用,谋取个人利益两种情况下,才可以构成挪用公款罪。

2. 注意区分挪用公款归个人使用与借用公款归他人使用的界限。刑法第384条第1款和全国人大常委会《关于〈中华人民共和国刑法〉第三百八十四条第一款的解释》规定"挪用公款归个人使用"可以构成挪用公款罪。"借用公款归个人使用"不能构成挪用公款罪。挪用公款行为,是擅自利用职务之便利将公款供个人使用的行为,是违法犯罪行为。借用公款,是依借款规定或者经单位集体研究决定将公款借给个人使用的行为,是合法行为。二者有原则区别,不能一见"公款归个人使用",不分是挪用还是借用,一律认定为是"挪用公款归个人使用的行为"。

3. 注意准确认定挪用公款供其他单位使用。根据全国人大常委会《关于〈中华人民共和国刑法〉第三百八十四条第一款的解释》的规定,"以个人名义将公款供其他单位使用的"、"个人决定以单位名义将公款供其他单位使用,谋取个人利益的",属于挪用公款"归个人使用"。最高人民法院《全国法院审理经济犯罪案件工作座谈会纪要》中指出,认定是否属"以个人名义"不能只看形式,要从实质上把握。对于行为人逃避财务监管,或者与使用人约定以个人名义进行,或者借款、还款都以个人名义进行,将公款给其他单位使用的,应认定为"以个人名义"。"个人决定",既包括行为人在职权范围内决定,也包括超越职权范围决定。"谋取个人利益",既包括行为人与使用人事先约定谋取个人利益实际尚未获取的情况,也包括虽未事先约定但实际已获取了个人利益的情况。其中的"个人利益",既包括不正当利益,也包括正当利益;既包括财产性利益,也包括非财产性利益,但这种非财产性利益应当是具体的实际利益,如升学、就业等。①

4. 注意弄清《关于〈中华人民共和国刑法〉第三百八十四条第一款的解

---

① 参见《中华人民共和国最高人民法院公报》2003年第6期,第5页。

释》对刑法第272条规定的适用。刑法第272条规定的是"公司、企业或者其他单位的工作人员,利用职务上的便利,挪用本单位资金归个人使用或者借贷给他人"的行为,其中也有挪用本单位资金"归个人使用"。全国人大常委会《关于〈中华人民共和国刑法〉第三百八十四条第一款的解释》不是对刑法第272条规定的"归个人使用"的解释,不能直接引用该解释办案。但其帮助人们和司法机关准确理解刑法第272条规定的挪用本单位资金"归个人使用"真实含义与刑法第384条第1款规定的"归个人使用"含义应该是一致的,也应参照上述解释理解挪用本单位资金"归个人使用"的含义,以便准确办理挪用本单位资金案件。

5. 注意准确理解《关于〈中华人民共和国刑法〉第三百八十四条第一款的解释》的效力问题。刑法立法解释的效力应当与刑法规定的效力相同,并且同时有效力。我国1997年刑法第452条规定:"本法自1997年10月1日起施行",即从即日起刑法规定生效,具有法律效力。虽然《关于〈中华人民共和国刑法〉第三百八十四条第一款的解释》是2002年4月28日公布,但其效力可以溯及1997年10月1日。从1997年10月1日以后发生的挪用公款"归个人使用"的行为,凡是没有处理过的,都应当依照该解释办理。对于已经处理过的这类案件,凡符合上述立法解释规定的,应当维持。但是,由于处理时,有些对刑法第384条第1款规定的挪用公款"归个人使用"的司法解释与现行立法解释相冲突,司法机关按当时司法解释处理的案件,不符现行立法解释的要求,如果按原司法解释处理对犯罪嫌疑人、被告人有利的,也应维持原处理意见。如果依照原司法解释处理的案件,按现行立法解释规定对被告人不利的,例如,在2002年4月28日以前,某国家工作人员挪用公款以单位的名义供给某私营公司使用,司法机关依当时司法解释予以刑事追究,按理应由司法机关依现行立法解释予以纠正,因为立法解释的效力大于司法解释。但司法实践中,司法机关一般参照2001年12月17日最高人民法院、最高人民检察院《关于适用刑事司法解释时间效力问题的规定》进行处理。该司法解释规定:(1)司法解释是最高人民法院对审判工作中具体应用法律问题和最高人民检察院对检察工作中具体应用法律问题所作的具有法律效力的解释,自发布或者规定之日起施行,效力适用于法律的施行期间。(2)对于司法解释实施前发生的行为,行为时没有相关司法解释,司法解释施行后尚未处理或者正在处理的案件,依照司法解释的规定办理。(3)对于新的司法解释实施前发生的行为,行为时已有相关司法解释,依照行为时的司法解释办理,但适用新的司法解释对犯罪嫌疑人、被告人有利的,适用新的司法解释。(4)对于在司法解释施行前已办结的案件,按照当时的法律和司法解释,认定事实和适用法律没有错误的,不再变动。上述解释只就司法解释效力问题的规定,是否适用于立法解释以及立法解释与司解释之间的效力问题,有待立法机关作出解释规定。

6. 注意准确认定单位决定将公款给个人使用行为的认定。以个人的名义,将公款供个人使用的,是挪用公款罪。根据最高人民法院《全国法院审理经济犯罪案件工作座谈会纪要》中指出:"经单位领导集体研究决定将公款给个人使用,或者单位负责人为了单位的利益,决定将公款给个人使用的,不以挪用公款罪定罪处罚。上述行为致使单位遭受重大损失,构成其他犯罪的,依照刑法的有关规定对责任人员定罪处罚。"①

---

① 参见《中华人民共和国最高人民法院公报》2003年第6期,第4页。

第十八章　关于《中华人民共和国刑法》第三百一十三条的解释

全国人大常委会《关于〈中华人民共和国刑法〉第三百一十三条的解释》于2002年8月29日第九届全国人大会常委会第二十九次会议通过，并于当日公告。我国1997年刑法第313条规定了"对人民法院的判决、裁定有能力执行而拒不执行，情节严重的"犯罪行为。1997年最高人民法院、最高人民检察院《关于执行〈中华人民共和国刑法〉确定罪名的规定》确定为"拒不执行判决、裁定罪"的罪名。刑法第313条规定的"人民法院的判决、裁定"，一般是指人民法院依法作出的已生效的判决、裁定。但在市场经济条件下，欠债不还的现象尤为突出，有些债务人有能力还债而赖账不还，甚至经人民法院判决、裁定，仍采取转移财产等方式拒不履行人民法院判决、裁定所确定的义务，严重妨害了司法秩序，损害了债权人的合法权益，扰乱社会主义市场经济秩序的健康发展。司法实践中，一些单位和部门对刑法第313条规定的人民法院的"裁定"是否包括人民法院依法执行的支付令、生效的调解书、仲裁决定、公证债权文书等所作的"裁定"，有不同认识，影响对拒不执行人民法院这些裁定的行为，追究其刑事责任。2002年8月23日，全国人大常委会法制工作委员会在第九届全国人民代表大会常务委员会第二十九次会议上向全国人民代表大会常务委员会作了《关于〈中华人民共和国刑法〉第三百一十三条的解释（草案）》的说明报告。2002年8月29日，全国人大常委会讨论了刑法第313条规定的"对人民法院判决、裁定有能力执行而拒不执行，情节严重"的含义问题，作了立法解释，并于当日公布。

一、刑法规定及其法律解释的内容

刑法条文中有关拒不执行人民法院判决、裁定罪的规定有：

1. 1979年刑法第157条规定："以暴力、威胁等方法阻碍国家工作人员执行职务的，或者拒不执行人民法院已经发生法律效力的判决、裁定的，处三年以下有期徒刑、拘役、罚金或者剥夺政治权利。"

2. 1997年刑法第313条规定:"对人民法院的判决、裁定有能力执行而拒不执行,情节严重的,处三年以下有期徒刑、拘役或者罚金。"

3. 2002年8月29日,全国人大常委会《关于〈中华人民共和国刑法〉第三百一十三条的解释》规定如下:"刑法第三百一十三条规定的'人民法院的判决、裁定',是指人民法院依法作出的具有执行内容并已发生法律效力的判决、裁定。人民法院为依法执行支付令、生效的调解书、仲裁裁决、公证债权文书等所作的裁定属于该条规定的裁定。

"下列情形属于刑法第三百一十三条规定的'有能力执行而拒不执行,情节严重'的情形:(一)被执行人隐藏、转移、故意毁损财产或者无偿转让财产,以明显不合理的低价转让财产,致使判决、裁定无法执行的;(二)担保人或者被执行人隐藏、转移、故意毁损或者转让已向人民法院提供担保的财产,致使判决、裁定无法执行的;(三)协助执行义务人接到人民法院协助执行通知书后,拒不协助执行,致使判决、裁定无法执行的;(四)被执行人、担保人、协助执行义务人与国家机关工作人员通谋,利用国家机关工作人员的职权妨害执行,致使判决、裁定无法执行的;(五)其他有能力执行而拒不执行,情节严重的情形。

"国家机关工作人员有上述第四项行为的,以拒不执行判决、裁定罪的共犯追究刑事责任。国家机关工作人员收受贿赂或者滥用职权,有上述第四项行为的,同时又构成刑法第三百八十五条、第三百九十七条规定之罪的,依照处罚较重的规定定罪处罚。"

上述刑法规定及其法律解释对刑法作了如下解释:

1. 对刑法第313条规定的"裁定"的含义作了解释。刑法第313条规定:"对人民法院的判决、裁定有能力执行而拒不执行,情节严重的"构成犯罪。该条规定人民法院的"裁定"包括人民法院在刑事、民事、行政审判过程中直接作出的"裁定"没有疑义,而是否包括人民法院依法执行支付令、生效的调解书、仲裁裁决、公证债权文书等所作的"裁定",司法实践中有不同意见,影响法院依法追究拒不执行上述"裁定"人的刑事责任。2002年8月29日,全国人大常委会《关于〈中华人民共和国刑法〉第三百一十三条的解释》中明确规定,刑法第313条规定的"人民法院的判决、裁定",是指人民法院依法作出的具有执行内容并已发生法律效力的判决、裁定。人民法院为依法执行支付令、生效的调解书、仲裁裁决、公证债权文书等所作的裁定属于该条规定的裁定。这种明确规定,消除了疑义,便于司法机关准确执行该刑法条文规定。

2. 对刑法第313条规定的"有能力执行而拒不执行,情节严重"的含义作了解释。1997年刑法第313条规定的"有能力执行而拒不执行,情节严重"

是一种笼统的规定，司法机关在适用时，有很大的裁量余地，但不便于准确适用刑法规定。特别是什么情况属于"有能力执行而不执行"，什么情况是"情节严重"等含义有不同认识。2002年8月29日，全国人大常委会《关于〈中华人民共和国刑法〉第三百一十三条的解释》中明确规定，下列情形，属于刑法第313条规定的"有能力执行而拒不执行，情节严重"的情形：（1）被执行人隐藏、转移、故意毁损财产或者无偿转让财产、以明显不合理的低价转让财产，致使判决、裁定无法执行的；（2）担保人或者被执行人隐藏、转移、故意毁损或者转让已向人民法院提供担保的财产，致使判决、裁定无法执行的；（3）协助执行义务人接到人民法院协助执行通知书后，拒不协助执行，致使判决、裁定无法执行的；（4）被执行人、担保人、协助执行义务人与国家机关工作人员通谋，利用国家机关工作人员的职权妨害执行，致使判决、裁定无法执行的；（5）其他有能力执行而拒不执行，情节严重的情形。这样，通过列举式解释，明确规定了有能力执行而拒不执行，情节严重，致使判决、裁定无法执行的情形，更便于司法机关依法追究拒不执行人民法院判决、裁定的犯罪行为。

二、对刑法规定解释的原因

全国人大常委会作出《关于〈中华人民共和国刑法〉第三百一十三条的解释》的主要原因有：

1. 刑法第313条规定的"裁定"的含义在新的形势下需要进行解释。我国1979年制定刑法时，就有拒不执行人民法院已生效的民事、刑事判决、裁定的行为，1979年刑法在第157条规定了"拒不执行人民法院判决、裁定罪"。1997年修订刑法时，根据多年司法实践经验和不执行人民法院判决、裁定的情况很复杂，将拒不执行人民法院判决、裁定罪的构成条件在刑法规定上加以严格控制，将"有能力执行而拒不执行，情节严重的"行为作为犯罪构成的必要要件，被追究为拒不执行人民法院判决、裁定犯罪的人少了。这样一来，在我国经济生活中就出现了欠债不还和人民法院判决、裁定执行难的问题。特别是在市场经济条件下，人民法院为依法执行支付令、生效的调解书、仲裁裁决、公证债权文书等执行工作越来越多，其所作的执行"裁定"是否属于刑法第313条规定的"裁定"需要法律加以明确规定。同时，有些国家机关工作人员搞部门和地方保护主义，利用职权严重干扰人民法院的执行工作，致使人民法院的判决、裁定不能执行的行为，也应当明确法律责任。全国人大常委会法制工作委员会根据《立法法》第44条的规定，邀请最高人民法院、最高人民检察院、公安部等有关部门和专家学者对刑法第313条规定的含义进行了研究，提出对刑法第313条规定"裁定"和"有能力执行而拒不执行，情节严重"的内涵作法律解释。

2. 全国人大常委会法制工作委员会提请全国人大常委会对刑法第313条规定的含义进行解释。2002年8月23日，在第九届全国人大常委会第二十七次会议上，全国人大常委会法制工作委员会受委员长会议的委托向全国人大常委会作了《关于〈中华人民共和国刑法〉第三百一十三条的解释（草案）》的说明报告。报告认为，刑法第313条规定的"人民法院的判决、裁定"，是指人民法院依法作出的具有执行内容并已发生法律效力的判决、裁定。人民法院为依法执行支付令、生效的调解书、仲裁裁决、公证债权文书等所作的裁定属于该条规定的裁定。下列情形属于刑法第313条规定的"有能力执行而拒不执行，情节严重"的情形：（1）被执行人隐藏、转移、故意毁损财产或者无偿转让财产、以明显不合理的低价转让财产，致使判决、裁定无法执行的；（2）担保人或者被执行人隐藏、转移、故意毁损或者转让已向人民法院提供担保的财产，致使判决、裁定无法执行的；（3）协助执行义务人接到人民法院协助执行通知书后，拒不协助执行，致使判决、裁定无法执行的；（4）被执行人、担保人、协助执行义务人与国家机关工作人员通谋，利用国家机关工作人员的职权妨害执行，致使判决、裁定无法执行的；（5）其他有能力执行而拒不执行，情节严重的情形。国家机关工作人员有上述第（4）项行为的，以拒不执行判决、裁定罪的共犯追究刑事责任。国家机关工作人员收受贿赂或者滥用职权，有上述第（4）项行为的，同时又构成刑法第385条、第397条规定之罪的，依照处罚较重的规定定罪处罚。[①]

全国人大法律委员会于2002年8月29日，向全国人大常委会作了《关于〈中华人民共和国刑法〉第三百一十三条的解释（草案）》审议结果的报告，认为为了正确执行刑法第313条关于拒不执行人民法院判决、裁定罪的规定，对该条含义作出解释是必要的。《解释（草案）》基本是可行的，同时提出以下修改意见：（1）有的部门提出，《解释（草案）》第（四）项规定为"被执行人与国家机关工作人员通谋，利用国家机关工作人员的职权妨害执行，致使判决、裁定无法执行"的情形中，还应包括担保人和协助执行义务人实施上述行为的情形。因此，法律委员会建议将该项修改为："被执行人、担保人、协助执行义务人与国家机关工作人员通谋，利用国家机关工作人员的职权妨害执行，致使判决、裁定无法执行的。"（2）有的委员和部门提出，国家机关工

---

① 参见《全国人民代表大会常务委员会公报》2002年第5期，第399页。

作人员滥用职权有第（四）项行为，同时构成刑法规定的滥用职权罪的，也应当依照处罚较重的规定追究刑事责任。因此，法律委员会建议将该款修改为：国家机关工作人员有上述第（四）项行为的，以拒不执行判决、裁定罪的共犯追究刑事责任。国家机关工作人员收受贿赂或者滥用职权，有上述第（四）项行为的，同时又构成刑法第 385 条、第 397 条规定之罪的，依照处罚较重的规定定罪处罚。（3）有的委员提出，目前执行难的问题情况比较复杂，有的是法院判决不公正，有的是法院本身搞地方保护，有的是法院工作人员在执行中拖延执行、徇私枉法，建议对此作出相应规定。法律委员会认为，对于法院工作人员在审判活动中枉法裁判的，可依照刑法第 399 条规定的徇私枉法罪定罪处罚。同时《解释（草案）》对国家机关工作人员与被执行人通谋，利用职权妨害执行工作的行为作了规定，如果法院工作人员有上述行为，应当适用该规定予以追究。对于法院工作人员在执行工作中故意拖延执行或者枉法执行的刑事责任问题，目前法制工作委员会正在和有关部门进行研究，准备对刑法第 399 条第 2 款作出相应的修改补充。也有的委员提出，《解释（草案）》的第（五）项规定"其他有能力执行而拒不执行，情节严重的情形"，规定得不清楚，建议删去。如果以后出现其他具体情形，可由常委会再作解释。法律委员会研究认为，《解释（草案）》规定的前四项情形主要是为解决欠债不还，针对财产方面拒不执行人民法院判决、裁定的情形作出的解释。拒不执行人民法院判决、裁定的情形除涉及财产外，还包括拒不执行人民法院判决、裁定中应当履行的其他一些行为，如果删去第（五）项解释，对这些行为就难以追究法律责任。因此，建议保留该项规定。还有的委员提出，有些金融机构工作人员帮助被执行人转移、隐匿财产，拒不执行法院判决、裁定，应将这种行为增加规定为犯罪。法律委员会认为，《解释（草案）》第（三）项规定的"协助执行义务人接到人民法院协助执行通知书后，拒不协助执行，致使判决、裁定无法执行"的规定，已经包括了金融机构工作人员的上述行为。因此，不需要再增加规定[①]

　　鉴于上述原因，全国人大常委会在《关于〈中华人民共和国刑法〉第三百一十三条的解释》中对人民法院的"裁定"和"有能力执行而拒不执行，情节严重"的含义作了明确的解释。

---

① 参见《全国人民代表大会常务委员会公报》2002 年第 5 期，第 400～401 页。

三、关于《中华人民共和国刑法》第三百一十三条的解释的适用

全国人大常委会《关于〈中华人民共和国刑法〉第三百一十三条的解释》在适用时应注意的问题：

1. 注意区分罪与非罪的界限。根据刑法第313条和全国人大常委会《关于〈中华人民共和国刑法〉第三百一十三条的解释》，拒不执行人民法院判决、裁定罪必须是"有能力执行而拒不执行，情节严重"的情形。有下列情形之一的，不构成犯罪：(1) 行为人确实暂时没有能力执行人民法院的生效判决、裁定的，应当为被执行人创造条件执行，但不构成犯罪。(2) 行为人拒不执行人民法院判决、裁定必须是致使判决、裁定无法执行的才构成犯罪，如果被执行人隐藏、转移、故意毁损被执行标目财产，还有其他财产可执行，或者行为人又主动地执行了人民法院的判决、裁定的，也不构成犯罪。(3) 除财产判决以外的其他有能力执行而拒不执行，也必须是情节严重的情形，致使判决、裁定无法执行的才构成犯罪，例如，与国家机关工作人员通谋，利用国家机关工作人员的职权妨害执行，致使判决、裁定无法执行的，才构成犯罪。判决、裁定执行了，一般不构成犯罪。(4) 有充分证据证明法院判决、裁定无法执行的，被执行人确实无办法执行的，也不构成犯罪。对于被执行人认为法院判决、裁定有错的，应当通过审判监督程序解决，被执行人有能力执行而拒不执行，情节严重，致使判决、裁定不能执行的，应依法追究其刑事责任。

2. 注意区分一罪与数罪的界限。刑法第313条和全国人大常委会《关于〈中华人民共和国刑法〉第三百一十三条的解释》规定，国家机关工作人员与被执行人、担保人、协助执行义务人通谋，利用国家机关工作人员职权妨害执行，致使判决、裁定无法执行的，以拒不执行判决、裁定罪的共犯追究刑事责任。如果国家机关工作人员收受贿赂或者滥用职权，又构成刑法第385条规定的受贿罪或者刑法第397条规定的滥用职权罪，按数罪构成理论，可以定为数罪，按数罪并罚处罚。但全国人大常委会《关于〈中华人民共和国刑法〉第三百一十三条的解释》规定"依照处罚较重的规定定罪处罚"，这是数罪按一重罪处罚的法律特别规定，在司法适用时应按立法解释的规定执行。

3. 注意划清拒不执行人民法院判决、裁定罪与执行判决、裁定失职罪和执行判决、裁定滥用职权罪的界限。《关于〈中华人民共和国刑法〉第三百一十三条的解释》中规定"国家机关工作人员与被执行人、担保人、协助执行义务人员通谋，以拒不执行判决、裁定罪共犯追究刑事责任"，这里的国家机

关工作人员,不再包括判决、裁定执行人员。判决、裁定执行人员有上述行为的,应根据《刑法修正案(四)》第8条第3款"在执行判决、裁定活动中,严重不负责任或者滥用职权,不依法采取诉讼保全措施、不履行法定执行职责,或者违法采取诉讼保全措施、强制执行措施,致使当事人或者其他人的利益遭受重大损失的"的规定,构成"执行判决、裁定失职罪"或者"执行判决、裁定滥用职权罪",处5年以下有期徒刑或者拘役;致使当事人或者其他人的利益遭受特别重大损失的,处5年以上10年以下有期徒刑。司法工作人员收受贿赂,有前三款行为的,同时又构成本法第385条规定之罪的,依照处罚较重的规定定罪处罚,不能以拒不执行判决、裁定罪的共犯追究刑事责任,也不能定为滥用职权罪。因为刑法第399条第3款是《刑法修正案(四)》的特别规定。按特别规定优先适用原则或者重法优先适用原则,都应当以执行判决、裁定滥用职权罪或者执行判决、裁定失职罪定罪处罚。

第十九章　关于《中华人民共和国刑法》第九章渎职罪主体适用问题的解释

全国人大常委会《关于〈中华人民共和国刑法〉第九章渎职罪主体适用问题的解释》，于 2002 年 12 月 28 日第九届全国人大常委会第三十一次会议通过，并于当日公告。我国 1997 年修订刑法分则第九章渎职罪的主体由国家工作人员修改为国家机关工作人员。当时主要考虑国家机关工作人员行使着国家公共权力，这些人员如果玩忽职守、滥用职权或者徇私舞弊，社会影响坏，社会危害大，为了使国家机关工作人员正确行使权力，有必要对国家机关工作人员的渎职犯罪行为单独作规定，处以较重的刑罚。对于国有公司、企业、事业单位、人民团体等国家工作人员的渎职犯罪分别规定在其他有关章节中，处以较轻的刑罚。根据我国刑法规定，国家机关工作人员是指在国家机构中从事公务的人员。刑法颁布以后，我国国家机关进行了机构改革，哪些机构是国家机关，特别是一些原是国家机关而调整为企业、事业单位，但仍然行使某些国家行政管理职能的单位还是不是国家机关，在其中从事公务的人员还是否是国家机关工作人员等问题需要界定清楚，否则，将严重影响司法机关依法追究有关人员的刑事责任。因此，最高人民法院、最高人民检察院建议全国人大常委会对刑法第九章渎职罪主体适用问题作出明确解释。

2002 年 12 月 23 日，全国人大常委会法制工作委员会在第九届全国人民代表大会常务委员会第三十一次会议上向全国人民代表大会常务委员会作了《关于〈中华人民共和国刑法〉第九章渎职罪主体适用问题的解释（草案）》的说明报告。2002 年 12 月 28 日，全国人大常委会讨论了刑法第九章渎职罪主体的适用问题，并作了立法解释，于当日公布。

一、刑法规定及其法律解释的内容

刑法中有关渎职罪的规定有：

1. 1979 年刑法分则第八章渎职罪中首个条文，即第 185 条规定："国家工作人员利用职务上的便利，收受贿赂的，处五年以下有期徒刑或者拘役。赃款、赃物没收，公款、公物追还。"

1979年刑法分则第八章渎职罪中最后一个条文，即第192条规定："国家工作人员犯本章之罪，情节轻微的，可以由主管部门酌情予以行政处分。"

2. 1997年刑法分则第九章渎职罪中首个条文，即第397条规定："国家机关工作人员滥用职权或者玩忽职守，致使公共财产、国家和人民利益遭受重大损失的，处三年以下有期徒刑或者拘役；情节特别严重的，处三年以上七年以下有期徒刑。本法另有规定的，依照规定。"

"国家机关工作人员徇私舞弊，犯前款罪的，处五年以下有期徒刑或者拘役；情节特别严重的，处五年以上十年以下有期徒刑。本法另有规定的，依照规定。"

1997年刑法分则第九章渎职罪中最后一个条文，即第419条规定："国家机关工作人员严重不负责任，造成珍贵文物损毁或者流失，后果严重的，处三年以下有期徒刑或者拘役。"

3. 2002年12月28日，全国人大常委会《关于〈中华人民共和国刑法〉第九章渎职罪主体适用问题的解释》规定："刑法第九章渎职罪主体的适用问题，解释如下：在依照法律、法规规定行使国家行政管理职权的组织中从事公务的人员，或者在受国家机关委托代表国家机关行使职权的组织中从事公务的人员，或者虽未列入国家机关人员编制但在国家机关中从事公务的人员，在代表国家机关行使职权时，有渎职行为，构成犯罪的，依照刑法关于渎职罪的规定追究刑事责任。"

上述刑法规定及其法律解释对刑法作了如下解释：

1. 将渎职罪的主体由"国家工作人员"改为"国家机关工作人员"。我国1979年刑法分则第八章规定的渎职罪是类罪名，其犯罪主体是国家工作人员，根据该法第83条的规定，国家工作人员是指一切国家机关、企业、事业单位和其他依照法律从事公务的人员。按1979年刑法规定的国家工作人员的范围比较广泛，只要是从事公务的人员都是国家工作人员，因此，渎职罪主体的范围也是比较广泛的。1997年刑法分则第九章渎职罪的主体改为国家机关工作人员，即只是国家机关中从事公务的人员才构成渎职罪的主体，而国有公司、企业、事业单位、人民团体中从事公务的人员不再是国家机关工作人员，不能构成渎职罪的主体。这样1997年刑法分则第九章规定的渎职罪主体范围较小，有些国家工作人员的渎职犯罪行为不能以渎职罪追究刑事责任。

2. 补充规定了"在依照法律、法规规定行使国家行政管理职权的组织中从事公务的人员"可以构成渎职罪的主体。有些组织虽然不是国家机关，但依照法律规定行使国家行政管理职权，例如，根据证券法的规定，国务院证监会对全国证券市场实行集中统一监督管理；根据保险法规定，国务院保监会负责对全国保险业实施监督管理，而上述国务院两个监督管理机构都不是国家机关，但其所行使的是国家行政管理职权。对在上述依照法律、法规行使国家行政管理职权的组织中从事公务的人员，当其代表国家行使职权时，有渎职行为，按照2002年12月28日全国人大常委会《关于〈中华人民共和国刑法〉第九章渎职罪主体适用问题的解释》的规定，"依照刑法关于渎职罪的规定追究刑事责任"。即视为国家机关工作人员，构成渎职罪的主体。

3. 补充规定了"在受国家机关委托代表国家机关行使职权的组织中从事从事公务的人员"可以构成渎职罪的主体。有些国家机关根据工作需要，将自己行使的职权依法委托给其他组织行使，例如，国家文物保护单位，受国家委托行使保护管理国家重点保护的文物，虽然这些组织不是国家机关，但其代表国家机关行使国家职权的人员，有渎职行为的，按照2002年12月28日全国人大常委会《关于〈中华人民共和国刑法〉第九章渎职罪主体适用问题的解释》的规定，"在受国家机关委托代表国家机关行使职权的组织中从事公务的人员，在代表国家机关行使职权从事公务时，有渎职行为，构成犯罪的，依照刑法关于渎职罪的规定追究刑事责任"。即这些代表国家从事公务的人员，视为国家机关工作人员，构成渎职罪的主体。

4. 补充规定了"虽未列入国家机关人员编制，但在国家机关中从事公务的人员"可以构成渎职罪的主体。有些国家机关根据工作需要，聘用了一部分国家机关以外的人员代表国家机关行职权，例如，国家劳动改造机关聘用不在编的负责监管罪犯改造的人员，按照2002年12月28日全国人大常委会《关于〈中华人民共和国刑法〉第九章渎职罪主体适用问题的解释》的规定，"虽未列入国家机关人员编制，但在国家机关中从事公务的人员，在代表国家机关行使职权时，有渎职行为，构成犯罪的，依照刑法关于渎职罪的规定追究刑事责任"。即未列入国家编制的人员代表国家机关行使职权时，视为国家机关工作人员，可以构成渎职罪的主体。

二、对刑法规定解释的原因

全国人大常委会作出《关于〈中华人民共和国刑法〉第九章渎职罪主体适用问题的解释》的主要原因有以下几个方面：

1. 刑法分则第九章渎职罪主体的含义在新的形势下需要进行补充解释。我国1979年刑法分则第八章渎职罪的主体是国家工作人员，主体范围较宽泛，即凡是依法从事公务的人员都可以构成渎职罪的主体。1997年修订刑法时，为了严厉惩治国家机关工作人员渎职犯罪行为将刑法分则第九章渎职罪的主体规定为"国家机关工作人员",即在国家机关中从事公务的人员才能构成渎职罪的主体。将在国有公司、企业事业单位、人民团体中从事公务人员的渎职犯罪分别规定在其他类犯罪中,处以相对较轻的刑罚。根据宪法规定,国家机关包括国家权力机关、行政机关、审判机关、检察机关、军事机关。只有在上述机关中从事公务的人员才是国家机关工作人员。如果严格按上述国家机关工作人员范围认定渎职罪,刑法分则第九章规定的一些具体犯罪很少有犯罪者,例如,刑法第409条规定传染病防治失职罪,失职造成传染病传播的多数不是国家机关工作人员,而是传染病防疫机构和医疗部门;再如刑法第419条规定的失职造成珍贵文物毁损、流失罪,失职造成珍贵文物毁损、流失的多数不是国家机关工作人员,而是文物保护单位和文物保管单位的工作人员。这样大量失职造成传染病传播和珍贵文物毁损、流失的渎职人员,不能按渎职罪追究刑事责任。特别是近几年来,司法实践中遇到一些新情况:一是法律授权规定某些非国家机关的组织,在某些领域行使国家行政管理职权。例如,根据证券法的规定,国务院证券管理机构依法对全国证券市场实行集中统一监督管理。根据保险法规定,国务院保险监督管理机构负责对保险业实施监督管理,而这些行政管理权力过去法律规由国家机关中国人民银行行使,现由事业单位行使。二是在国家机构改革中,有的地方将原来的一些国家机关调整为企业、事业单位,但仍然保留其行使某些国家行政管理的职能,例如,原纺织工业部改为纺织工业集团公司,但仍行使原纺织工业部的行政管理职权。三是有些国家机关将自己行使的职权依法委托给一些组织行使,例如,国家将卫生防疫的行政管理工作,委托给各级卫生防疫机构和进出口动植物检疫机构人员行使。四是实践中有的国家机关根据工作需要聘用了一部分国家机关以外的人员从事公务。上述这些人员虽然在形式上未列入国家机关编制,但实际上是在国家机关中工作或者行使国家机关工作人员的权力。例如,人民法院依法聘任的人民陪审员,虽然不是国家编制内国家机关工作人员,但行使国家审判人员的职权。对于上述新出现的情况,有些部门认为,这些人员在行使国家权力时,玩忽职守、滥用职权、徇私舞弊构成犯罪的,也应按照国家机关工作人员渎职罪的规定处罚。最高人民法院、最高人民检察院建议全国人大常委会对此作出明确解释。全国人大常委会法制工作委员会根据《立法法》第44条的规定,邀请最高人民法院、最高人民检察院、公安部、国务院法制办等有关部门和专家学者对刑法分则第九章规定的渎职罪主体的适用问题进行了研究,提出了法律解释的建议。

2. 全国人大常委会法制工作委员会提请全国人大常委会对刑法第九章渎职罪主体适用问题进行解释。2002年12月23日,在第九届全国人大常委会第三十一次会议上全国人大常委会法制工作委员会向全国人民代表大会常委会作了《关于〈中华人民共和国刑法〉第九章渎职罪主体适用问题的解释（草案）》的说明报告。报告建议，对刑法分则第九章渎职罪主体适用的问题作如下解释："在依照法律、法规规定行使国家行政管理职权的组织中从事公务的人员，或者在受国家机关委托代表国家机关行使职权的组织中从事公务的人员，或者虽未列入国家机关人员编制，但在国家机关中从事公务的人员，在代表国家机关行使职权时，有渎职行为，构成犯罪的，依照刑法关于渎职罪的规定追究刑事责任。"[1]

全国人大法律委员会于2002年8月26日，向全国人大常委会作了《关于〈中华人民共和国刑法〉第九章渎职罪主体适用问题的解释（草案）》审议结果的书面报告。法律委员会认为，这个《解释（草案）》是可行的。法律委员会建议全国人大常委会审议通过。[2]

鉴于上述原因，全国人大常委会在《关于〈中华人民共和国刑法〉第九章渎职罪主体适用问题的解释》中对刑法分则第九章渎职罪主体适用问题作了明确的解释。

三、关于《中华人民共和国刑法》第九章渎职罪主体适用问题的解释的适用

全国人大常委会《关于〈中华人民共和国刑法〉第九章渎职罪主体适用问题的解释》在适用时应注意的问题：

1. 应注意准确认定国家机关工作人员的范围。根据刑法分则第九章和全国人大常委会《关于〈中华人民共和国刑法〉第九章渎职罪主体适用问题的解释》，国家机关工作人员，一般是指在国家机关中从事国家公务的工作人员。根据最高人民法院《全国法院审理经济犯罪案件工作座谈会纪要》中指出，刑法所称的国家机关工作人员，是指在国家机关中从事公务的人员，包括在各级国家权力机关、行政机关、司法机关和军事机关中从事公务的人员。根据全国人大常委会的立法解释的规定，在依照法律、法规规定行使国家行政管理职权的组织中从事公务的人员，或者在受国家机关委托代表国家机关行使职权的组织中从事公务的人员，或者虽未列入国家机关人员编制，但在国家机关中从事公务的人员，视为国家机关工作人员。在乡（镇）以上中国共产党机

---

[1] 参见《全国人民代表大会常务委员会公报》2003年第1期，第68~69页。
[2] 参见《全国人民代表大会常务委员会公报》2003年第1期，第69页。

关、人民政协机关中从事公务的人员，司法实践中也应当视为国家机关工作人员。①

2. 注意准确认定依法律、法规规定行使国家行政管理职权的组织中从事公务的人员。上述组织的特点是：（1）必须是依法成立的组织，有人员编制、组织机构、单位地点和名称，有上下级的隶属关等。（2）必须有明确的法律、法规规定由该组织行使国家行政管理职权。仅凭某单位决定或者某领导指示成立的组织，不是上述组织。（3）必须是行使国家行政管理职权的组织。如果行使的不是国家行政管理职权，而是其他职权，如党群职权、军事职权、某项研究职权等组织都不是上述组织。根据法律规定，下列组织应属于行使国家行政管理职权组织：国家证监会、保监会、国家专利局、保安公司、国家商检机构、动植物检疫机构、卫生防疫机构、国家博物馆、文物保护单位等。在上述组织中从事公务的人员，应当视为国家机关工作人员。

3. 注意认清国家机关工作人员与国家工作人员的关系。按照我国刑法第93条的规定，"本法所称国家工作人员，是指国家机关中从事公务的人员"，即凡在国家机关中从事公务的人员都是国家工作人员。按照全国人大常委会在《关于〈中华人民共和国刑法〉第九章渎职罪主体适用问题的解释》，"在依照法律、法规规定行使国家行政管理职权的组织中从事公务的人员，或者在受国家机关委托代表国家机关行使职权的组织中从事公务的人员，或者虽未列入国家机关人员编制，但在国家机关中从事公务的人员，在代表国家机关行使职权时，有渎职行为，构成犯罪的，依照刑法关于渎职罪的规定追究刑事责任"。都可以认定为构成渎职罪主体的国家机关工作人员，也可以构成国家工作人员，可以构成刑法分则第八章贪污贿赂罪的主体，可以构成贪污贿赂罪具体犯罪主体；也可以构成其他必须由国家机关工作人员为主体的犯罪，例如，刑法第109条规定的叛逃罪、第251条规定的非法剥夺宗教信仰自由罪和侵犯少数民族风俗习惯罪、第254条规定的报复陷害罪等具体犯罪主体。

---

① 参见《中华人民共和国最高人民法院公报》2003年第6期，第3页。

第二十章　关于《中华人民共和国刑法》有关信用卡规定的解释

全国人大常委会《关于〈中华人民共和国刑法〉有关信用卡规定的解释》，于2004年12月29日第十届全国人大常委会第十三次会议通过，并于当日公告。我国1997年刑法分则第三章破坏社会主义市场经济秩序罪中第177条规定了伪造信用卡的行为构成伪造、变造金融票证罪，第196条规定了信用卡诈骗罪。在司法实践中，由于对信用卡的内容有不同认识，给司法机关认定上述两种犯罪带来困难，需要立法机关作出解释，以便统一认识，准确适用刑法，公正地惩罚信用卡方面的犯罪。因此，最高人民法院、最高人民检察院建议全国人大常委会对刑法规定的信用卡的内容作出明确解释。2004年12月25日，全国人大常委会法制工作委员会在第十届全国人民代表大会常务委员会第十三次会议上向全国人民代表大会常务委员会作了《关于〈中华人民共和国刑法〉有关信用卡规定的解释（草案）》的说明。2002年12月29日，全国人大常委会讨论了刑法有关信用卡内容规定，并作了立法解释，予当日公布。2009年12月16日，最高人民法院、最高人民检察院作了《关于办理妨害信用卡管理刑事案件具体应用法律若干问题的解释》，对信用卡的有关问题作了司法解释。

一、刑法规定及其法律解释的内容

刑法中有关信用卡犯罪的规定有：

1. 1979年刑法第177条第1款规定："有下列情形之一，伪造、变造金融票证的，处五年以下有期徒刑或者拘役，并处或者单处二万元以上二十万元以下罚金；情节严重的，处五年以上十年以下有期徒刑，并处五万元以上五十万元以下罚金；情节特别严重的，处十年以上有期徒刑或者无期徒刑，并处五万元以上五十万元以下罚金或者没收财产：（一）伪造、变造汇票、本票、支票的；（二）伪造、变造委托收款凭证、汇款凭证、银行存单等其他银行结算凭证的；（三）伪造、变造信用证或者附随的单据、文件的；（四）伪造信用卡的。"

2. 1997年刑法第196条规定:"有下列情形之一,进行信用卡诈骗活动,数额较大的,处五年以下有期徒刑或者拘役,并处二万元以上二十万元以下罚金;数额巨大或者有其他严重情节的,处五年以上十年以下有期徒刑,并处五万元以上五十万元以下罚金;数额特别巨大或者有其他特别严重情节的,处十年以上有期徒刑或者无期徒刑,并处五万元以上五十万元以下罚金或者没收财产:(一)使用伪造的信用卡的;(二)使用作废的信用卡的;(三)冒用他人信用卡的;(四)恶意透支的。

"前款所称恶意透支,是指持卡人以非法占有为目的,超过规定限额或者规定期限透支,并且经发卡银行催收后仍不归还的行为。

"盗窃信用卡并使用的,依照本法第二百六十四条的规定定罪处罚。"

3. 2005年2月28日全国人大常委会《刑法修正案(五)》第1条规定在刑法第177条后增加一条,作为第177条之一:"有下列情形之一,妨害信用卡管理,处三年以下有期徒刑或者拘役,并处或者单处一万元以上十万元以下罚金;数量巨大或者有其他严重情节的,处三年以上十年以下有期徒刑,并处二万元以上二十万元以下罚金:(一)明知是伪造的信用卡而持有、运输的,或者明知是伪造的空白信用卡而持有、运输,数量较大的;(二)非法持有他人信用卡,数量较大的;(三)使用虚假的身份证明骗领信用卡的;(四)出售、购买、为他人提供伪造的信用卡或者以虚假的身份证明骗领的信用卡的。窃取、收买或者非法提供他人信用卡信息资料的,依照前款规定处罚。

"银行或者其他金融机构的工作人员利用职务上的便利,犯第二款罪的,从重处罚。"

4. 2005年2月28日全国人大常委会《刑法修正案(五)》第2条规定将刑法第196条修改为:"有下列情形之一,进行信用卡诈骗活动,数额较大的,处五年以下有期徒刑或者拘役,并处二万元以上二十万元以下罚金;数额巨大或者有其他严重情节的,处五年以上十年以下有期徒刑,并处五万元以上五十万元以下罚金;数额特别巨大或者有其他特别严重情节的,处十年以上有期徒刑或者无期徒刑,并处五万元以上五十万元以下罚金或者没收财产:(一)使用伪造的信用卡,或者使用以虚假的身份证明骗领的信用卡的;(二)使用作废的信用卡的;(三)冒用他人信用卡的;(四)恶意透支的。

"前款所称恶意透支,是指持卡人以非法占有为目的,超过规定限额或者规定期限透支,并且经发卡银行催收后仍不归还的行为。

"盗窃信用卡并使用的,依照本法第二百六十四条的规定定罪处罚。"

5. 2004年12月29日全国人民代表大会常务委员会《关于〈中华人民共

和国刑法〉有关信用卡规定的解释》中规定,全国人民代表大会常务委员会根据司法实践中遇到的情况,讨论了刑法规定的"信用卡"的含义问题,解释如下:"刑法规定的'信用卡',是指由商业银行或者其他金融机构发行的具有消费支付、信用贷款、转账结算、存取现金等全部功能或者部分功能的电子支付卡。"

我国刑法第177条规定的伪造、变造金融票证罪,第169条规定的信用卡诈骗罪,以及《刑法修正案(五)》规定的妨害信用卡管理罪中都涉及信用卡,但对什么是信用卡,其内容都包括哪些,刑法没有作明确规定。全国人大常委会根据司法机关的要求,于2004年12月29日作出《关于〈中华人民共和国刑法〉有关信用卡规定的解释》,明确了刑法规定的"信用卡"是指由商业银行或者其他金融机构发行的具有消费支付、信用贷款、转账结算、存取现金等全部功能或者部分功能的电子支付卡。这样就统一了信用卡的含义,为统一司法提供了法律依据。

二、对刑法规定解释的原因

全国人大常委会作出《关于〈中华人民共和国刑法〉有关信用卡规定的解释》的主要原因有以下几个方面:

1. 刑法没有明确规定关信用卡的含义。我国刑法第177条规定的伪造、变造金融票证罪,第169条规定的信用卡诈骗罪,以及《刑法修正案(五)》规定的妨害信用卡管理罪中都涉及信用卡,但对什么是信用卡,其内容都包括哪些,刑法没有作明确规定,司法实践中对信用卡的含义的理解有分歧意见。

2. 《银行卡业务管理办法》规定信用卡的范围太窄。对银行卡等电子支付卡的分类,一般是根据中国人民银行1999年1月27日颁布的《银行卡业务管理办法》规定确定银行卡的性质。该办法规定,银行卡分为信用卡和借记卡两大类。一类是信用卡,是指具备透支功能的银行卡。银行将信用卡按是否向发卡银行交存备用金又分为货记卡和准货记卡。货记卡,发卡银行给予持卡人一定的信用额度,持卡人可在信用额度内先消费,后还款的信用卡;准贷记卡是持卡人须先按发卡银行要求交存一定金额的备用金,当备用金账户余额不足支付时,可在发卡银行规定的信用额度内透支的信用卡。另一类是借记卡,是指不具备透支功能的银行卡。银行将借记卡按功能不同又分为转账卡(含储蓄卡)、专用卡、储值卡。转账卡(含储蓄卡),是实时扣账的借记卡,具有转账结算、存取现金和消费功能;专用卡,是具有专门用途、在特定区域使用的借记卡,具有转账结算、存取现金功能,专门用途是指在百货、餐饮、饭店、娱乐行业以外的用途;储值卡,是发卡银行根据持卡人要求将其资金转至卡内储存,交易时直接从卡内扣款的预付钱包式的借记卡。根据《银行卡业务管理办法》的规定,借记卡不是信用卡,不能依照刑法规定惩治有关的信用卡方面的犯罪行为。

3. 司法机关处理有关信用卡犯罪有分歧意见。在司法实践中,有的严格依照《银行卡业务管理办法》规定的信用卡的范围,适用于刑法第177条、第196条规定有关信用卡的犯罪行为,对于不能透支的借记卡方面的犯罪不适用刑法规,不构成犯罪;有的将借记卡方面的犯罪也作为信用卡方面的犯罪,追究刑事责任;也有的将利用借记卡诈骗的行为,认定为一般诈骗罪。由于司法实践中出现了严重的认识分歧,不能统一司法。因此,司法机关要求立法机关对信用卡的含义作出刑事立法解释。

鉴于上述原因,全国人大法律委员会于2004年12月25日向全国人大常委会作了《关于〈中华人民共和国刑法〉有关信用卡规定的解释(草案)》的说明,2004年12月29日第十届全国人大常委会第十三次会议通过了《关于〈中华人民共和国刑法〉有关信用卡规定的解释》。该解释规定:"刑法规定的'信用卡',是指由商业银行或者其他金融机构发行的具有消费支付、信用贷款、转账结算、存取现金等全部功能或者部分功能的电子支付卡。"即银行等金融机构所发的电子支付卡,都属于刑法中规定的信用卡的范围之内。

三、关于《中华人民共和国刑法》有关信用卡规定的解释的适用

全国人大常委会《关于〈中华人民共和国刑法〉有关信用卡规定的解释》在适用时应注意的问题:

1. 注意准确认定信用卡的范围。根据全国人大常委会《关于〈中华人民共和国刑法〉有关信用卡规定的解释》规定,只要是金融机构发行的具备消费支付、信用贷款、转账结算、存取现金等全部或者部分功能的银行卡都是信用卡。信用卡有以下特征:(1)发卡主体必须是金融机构。金融机构是指商业银行或者其他金融机构,既包括在国内的金融机构,也包括在国外的我国金融机构。非金融机构发行的电子支付卡。例如,商场、医院、学校、机关、企业、事业单位内部发行的电子支付卡,不是刑法规定的信用卡。(2)具有电子支付功能。刑法规定的信用卡是具有消费支付、信用贷款、转账结算、存取现金等全部功能或者部分功能的电子支付卡。所谓全部功能,是指具有消费支付、信用贷款、转账结算、存取现金等全部电子支付功能的信用卡;所谓部分

功能，是指具有消费支付、信用贷款、转账结算、存取现金等功能的一项或者几项的电子支付功能的信用卡。只要具备了上述两个特征的电子支付卡就是刑法规定的信用卡。

2. 注意划清信用卡犯罪与非信用卡犯罪的认定。全国人大常委会《关于〈中华人民共和国刑法〉有关信用卡规定的解释》中已明确了信用卡的范围，即金融机构发行的有透支功能的信用卡和无透支功能的借记卡都是信用卡，涉及上述信用卡的犯罪都适用刑法规定；不具有信用卡特征的电子支付卡，涉嫌犯罪的，不能适用刑法有关信用卡犯罪的规定，而要按照有关规定处理，例如，利用伪造的学校食堂发行的用于就餐电子支付卡进行诈骗活动，构成犯罪的，不能认定为信用卡诈骗罪，而要认定为诈骗罪。

3. 注意刑法有关信用卡规定的适用时效问题。我国修订刑法是1997年10月1日生效实施的，其中规定的有关的信用卡犯罪即生效。《刑法修正案（五）》是2005年12月28日颁布实施的，其中规定的妨害信用卡管理罪，窃取、收买、非法提供他人信用卡资料罪是从该修正案颁布之日生效，而全国人大常委会《关于〈中华人民共和国刑法〉有关信用卡规定的解释》是2004年12月29日颁布实施的，而该解释从1997年10月1日就具有法律效力。在1997年10月1日至2004年12月29日之间，司法机关处理的有关信用卡的犯罪，如果不符合该解释规定的，原则上应依照该解释的规定予以纠正。2005年12月28日《刑法修正案（五）》规定的妨害信用卡管理罪，窃取、收买、非法提供他人信用卡罪，只能从其生效之日，即2005年12月28日以后的行为追究。对其生效以前的行为应按刑法第12条规定的溯及力的规定处理。

4. 刑法第177条规定的伪造信用卡以伪造金融票证罪定罪处罚。根据两高2009年12月3日《关于办理妨害信用卡管理刑事案件具体应用法律若干问题的解释》的规定，所谓伪造信用卡，是指复制他人信用卡、将他人信用卡信息资料写入磁条介质、芯片或者以其他方法伪造信用卡的行为。伪造信用卡1张以上的或者伪造空白信用卡10以上，应当认定为刑法第177条第1款第（四）项规定的"伪造信用卡"，以伪造金融票证罪定罪处罚。伪造信用卡情节严重的，是指有下列情形之一的：（1）伪造信用卡5张以上不满25张的；（2）伪造的信用卡内存款余额、透支额度单独或者合计数额在20万元以上不满100万元的；（3）伪造空白信用卡50张以上不满250张的；（4）其他情节严重的情形。伪造信用卡情节特别严重的，是指有下列情形之一的：（1）伪造信用卡25张以上的；（2）伪造的信用卡内存款余额、透支额度单独或者合计数额在100万元以上的；（3）伪造空白信用卡250张以上的；（4）其他情节特别严重的情形。这里的"信用卡内存款余额、透支额度"，以信用卡被伪造后发卡银行记录的最高存款余额、可透支额度计算。

5. 刑法第 177 条之一规定的非法持有、运输伪造的信用卡的定罪处罚。根据两高 2009 年 12 月 3 日司法解释规定,具有下列情形之一的,是非法持有、运输伪造的信用卡数量较大的:(1)明知是伪造的空白信用卡而持有、运输 10 张以上不满 100 张的,应当认定为刑法第 177 条之一第 1 款第(一)项规定的"数量较大";(2)非法持有他人信用卡 5 张以上不满 50 的,应当认定为刑法第 177 条之一第 1 款第(二)项规定的"数量较大"。有下列情形之一的,应当定为刑法第 177 条之一第 1 款规定的"数量巨大":(1)明知是伪造的信用卡而持有、运输 10 张以上的;(2)明知是伪造的空白信用卡而持有、运输 100 张以上的;(3)非法持有他人信用卡 50 张以上的;(4)使用虚假的身份证明骗领信用卡 10 张以上的;(5)出售、购买、为他人提供伪造的信用卡或者以虚假的身份证明骗领的信用卡 10 张以上的。

违背他人意愿,使用其居民身份证、军官证、港澳居民往来内地通行证、台湾居民来往大陆通行证、护照等身份证明申领信用卡的,或者使用伪造、变造的身份证明申领信用卡的,应当认定为刑法第 177 条之一第 1 款第(三)项规定的"使用虚假的身份证明骗领信用卡"。

窃取、收买、非法提供他人信用卡信息资料,足以伪造可进行交易的信用卡,或者足以使他人以信用卡持卡人名义进行交易,涉及信用卡 1 张以上不满 5 张的,依照刑法第 177 条之一第 2 款的规定,以窃取、收买、非法提供信用卡信息罪定罪处罚;涉及信用卡 5 张以上的,应当认定为刑法第 177 条之一第 1 款规定的"数量巨大"。

6. 刑法第 196 条规定的信用卡诈骗罪的定罪处罚。根据"两高"2009 年 12 月 3 日司法解释规定,使用伪造的信用卡、以虚假的身份证明骗领的信用卡、作废的信用卡或者冒用他人信用卡,进行信用卡诈骗活动,数额在 5000 元以上不满 5 万元的,应当认定为刑法第 196 条规定的"数额较大";数额在 5 万元以上不满 50 万元的,应当认定为刑法第 196 条规定的"数额巨大";数额在 50 万元以上的,应当认定为刑法第 196 条规定的"数额特别巨大"。上述刑法第 196 条第 1 款第(三)项所称"冒用他人信用卡"包括以下情形:(1)拾得他人信用卡并使用的;(2)骗取他人信用卡并使用的;(3)窃取、收买、骗取或者以其他非法方获取他人信用卡信息资料,并通过互联网、通讯终端等使用的;(4)其他冒用他人信用卡的情形。

持卡人以非法占有为目的,使用销售终端机(POS 机)等方法,以虚构交易、虚开价格、现金退货等方式恶意透支,应当依照刑法第 196 条规定追究刑事责任的,以信用卡诈骗罪定罪处罚。

刑法第 196 条规定的"恶意透支",是指持卡人以非法占有为目的,超过规定限额或者规定期限透支,并且经发卡银行两次催收后超过 3 个月仍不归还的,应当认定为刑法第 196 条规定的恶意透支。有下列情形之一的,应当认定是"以非法占有为目的":(1)明知没有还款能力而大量透支,无法归还的;(2)肆意挥霍透支的资金,无法归还的;(3)透支后逃匿,改变联系方法,逃避银行催收的;(4)抽逃、转移资金,隐匿财产,逃避还款的;(5)使用透支的资金进行违法犯罪活动的;(6)其他非法占有资金,拒不归还的行为。

恶意透支,数额在 1 万元以上不满 10 万元的,应当认定为刑法第 196 条规定的"数额较大";数额在 10 万元以上不满 100 万元的,应当以定为刑法第 196 条规定的"数额巨大";数额在 100 万元以上的,应当认定为刑法第 196 条规定的"数额特别巨大"。这里恶意透支的数额,是指在第 1 款规定的条件下,持卡人拒不归还的数额或者尚未归还的数额。不包括复利、滞纳金、手续费等发卡银行收取的费用。

恶意透支应当追究刑事责任,但在公安机关立案后人民法院判决宣告前已偿还全部透支款息的,可以从轻处罚,情节轻微的,可以免除处罚。恶意透支数额较大,在公安机关立案前已偿还全部透支款息,情节显著轻微的,可以依法不追究刑事责任。

7. 利用信用卡实施刑法第 225 条规定的非法经营罪的定罪处罚。根据"两高"2009 年 12 月 3 日司法解释规定,违反国家规定,使用销售点终端机(POS 机)等方法,以虚构交易、虚开价格、现金退货等方式向信用卡持卡人直接支付现金,情节严重的,应当依据刑法第 225 条规定追究刑事责任,以非浩经营罪定罪处罚。

实施前款行为,数额在 100 万元以上的,或者造成金融机构资金 20 万元以上逾期未还的,或者造成金融机构经济损失 10 万元以上的,应当认定为刑法第 225 条规定的"情节严重";数额在 500 万元以上的,或者造成金融机构资金 100 万元以上逾期未还的,或者造成金融机构经济损失 50 万元以上的,应当认定为刑法第 225 条规定的"情节特别严重"。

第二十一章 关于《中华人民共和国刑法》有关文物的规定适用于具有科学价值的古脊椎动物化石、古人类化石的解释

全国人民代表大会常务委员会《关于〈中华人民共和国刑法〉有关文物的规定适用于具有科学价值的古脊椎动物化石、古人类化石的解释》于2005年12月29日第十届全国人民代表大会常务委员会第十九次会议通过,并于当日公告。我国《文物保护法》第2条第3款规定:"具有科学价值的古脊椎动物化石、古人类化石同文物一样受国家保护";我国加入的有关国际公约对文物的定义,也包括化石在内。我国1979年刑法分则第六章第173条规定了盗运珍贵文物出口罪,第174条规定了故意破坏国家保护的珍贵文物罪、故意破坏国家保护的名胜古迹罪,我国1997年刑法分则第六章第四节规定了妨害文物管理罪,其中第328条第2款规定了盗掘古人类化石、古脊椎动物化石罪。近年来,我国一些地方出现了走私、盗窃、损毁、倒卖、非法转让具有科学价值的古脊椎动物化石、古人类化石的严重违法行为。针对这种现象,全国人大常委会于2005年12月29日作出法律解释规定,对走私、盗窃、损毁、倒卖、非法转让具有科学价值的古脊椎动物化石、古人类化石的行为适用刑法有关规定,刑法有关文物的规定,适用于具有科学价值的古脊椎动物化石、古人类化石,依照刑法惩治有关古脊椎动物化石、古人类化石的违法犯罪行为。

一、刑法规定及其法律解释的内容

刑法中有关具有科学价值的古脊椎动物化石、古人类化石犯罪的规定有:

1. 1979年刑法第173条规定:"违反保护文物法规,盗运珍贵文物出口的,处三年以上十年以下有期徒刑,可以并处罚金;情节严重的,处十年以上有期徒刑或者无期徒刑,可以并处没收财产。"

1979年刑法第174条规定:"故意破坏国家保护的珍贵文物、名胜古迹

的，处七年以下有期徒刑或者拘役。"

2.1997年刑法第151条规定："走私武器、弹药、核材料或者伪造的货币的，处七年以上有期徒刑，并处罚金或者没收财产；情节较轻的，处三年以上七年以下有期徒刑，并处罚金。

"走私国家禁止出口的文物、黄金、白银和其他贵重金属或者国家禁止进出口的珍贵动物及其制品的，处五年以上有期徒刑，并处罚金；情节较轻的，处五年以下有期徒刑，并处罚金。

"走私国家禁止进出口的珍稀植物及其制品的，处五年以下有期徒刑，并处或者单处罚金；情节严重的，处五年以上有期徒刑，并处罚金。

"犯第一款、第二款罪，情节特别严重的，处无期徒刑或者死刑，并处没收财产。

"单位犯本条规定之罪的，对单位判处罚金，并对其直接负责的主管人员和其他直接责任人员，依照本条各款的规定处罚。"

1997年刑法第264条规定："盗窃公私财物，数额较大或者多次盗窃的，处三年以下有期徒刑、拘役或者管制，并处或者单处罚金；数额巨大或者有其他严重情节的，处三年以上十年以下有期徒刑，并处罚金；数额特别巨大或者有其他特别严重情节的，处十年以上有期徒刑或者无期徒刑，并处罚金或者没收财产；有下列情形之一的，处无期徒刑或者死刑，并处没收财产：（一）盗窃金融机构，数额特别巨大的；（二）盗窃珍贵文物，情节严重的。"

1997年刑法第324条规定："故意损毁国家保护的珍贵文物或者被确定为全国重点文物保护单位、省级文物保护单位的文物的，处三年以下有期徒刑或者拘役，并处或者单处罚金；情节严重的，处三年以上十年以下有期徒刑，并处罚金。

"故意损毁国家保护的名胜古迹，情节严重的，处五年以下有期徒刑或者拘役，并处或者单处罚金。

"过失损毁国家保护的珍贵文物或者被确定为全国重点文物保护单位、省级文物保护单位的文物，造成严重后果的，处三年以下有期徒刑或者拘役。"

1997年刑法第325条规定："违反文物保护法规，将收藏的国家禁止出口的珍贵文物私自出售或者私自赠送给外国人的，处五年以下有期徒刑或者拘役，可以并处罚金。

"单位犯前款罪的，对单位判处罚金，并对其直接负责的主管人员和其他直接责任人员，依照前款的规定处罚。"

1997年刑法第326条规定："以牟利为目的，倒卖国家禁止经营的文物，情节严重的，处五年以下有期徒刑或者拘役，并处罚金；情节特别严重的，处五年以上十年以下有期徒刑，并处罚金。

"单位犯前款罪的，对单位判处罚金，并对其直接负责的主管人员和其他直接责任人员，依照前款的规定处罚。"

1997年刑法第327条规定："违反文物保护法规，国有博物馆、图书馆等单位将国家保护的文物藏品出售或者私自送给非国有单位或者个人的，对单位判处罚金，并对其直接负责的主管人员和其他直接责任人员，处三年以下有期徒刑或者拘役。"

1997年刑法第328条规定："盗掘具有历史、艺术、科学价值的古文化遗址、古墓葬的，处三年以上十年以下有期徒刑，并处罚金；情节较轻的，处三年以下有期徒刑、拘役或者管制，并处罚金；有下列情形之一的，处十年以上有期徒刑、无期徒刑，并处罚金或者没收财产（2011年《刑法修正案（八）》取消了死刑）：（一）盗掘确定为全国重点文物保护单位和省级文物保护单位的古文化遗址、古墓葬的；（二）盗掘古文化遗址、古墓葬集团的首要分子；（三）多次盗掘古文化遗址、古墓葬的；（四）盗掘古文化遗址、古墓葬，并盗窃珍贵文物或者造成珍贵文物严重破坏的。

"盗掘国家保护的具有科学价值的古人类化石和古脊椎动物化石的，依照前款的规定处罚。"

3. 2005年2月28日全国人大常委会《关于〈中华人民共和国刑法〉有关文物的规定适用于具有科学价值的古脊椎动物化石、古人类化石的解释》规定："刑法有关文物的规定，适用于具有科学价值的古脊椎动物化石、古人类化石。"

上述刑法规定及其法律解释对刑法作了如下解释：

1. 走私、盗窃、损毁、倒卖或者非法转让具有科学价值的古脊椎动物化石、古人类化石的行为适用刑法有关文物犯罪规定，依照刑法有关规定定罪处罚。

2. 刑法有关文物的规定，适用于具有科学价值的古脊椎动物化石、古人类化石，即有关文物的犯罪中包括具有科学价值的古脊椎动物化石、古人类化石的犯罪。

二、对刑法规定解释的原因

全国人大常委会作出《关于〈中华人民共和国刑法〉有关文物的规定适用于具有科学价值的古脊椎动物化石、古人类化石的解释》的主要原因有：

1. 刑法没有明确规定文物包括具有科学价值的古脊椎动物化石、古人类化石。我国刑法第328条只规定"盗掘国家保护的具有科学价值的古人类化石和古脊椎动物化石"的行为构成犯罪,没有规定具有科学价值的古人类化石和古脊椎动物化石就是文物,按有关文物犯罪定罪处罚。

2. 有关法律和专家也没有将具有科学价值的古脊椎动物化石、古人类化石认为是文物。从科学的归类上看,化石确实不是文物。文物是与人类活动或文明的相关的物,而化石是古生物的遗体遗迹所形成物,具有生物进化研究的科学价值。在行政管理上,文物与古生物化石也分属于不同的主管部门管理,文物由国家文物局主管,古生物化石主要由国土资源部主管。2003年6月,国家文物局、国土资源部曾联合发文,就古生物化石保护工作明确了各自的职责和分工:古猿、古人类化石及其与人类活动有关的第四纪古脊椎动物化石的保护,由国家文物局负责;其他古生物化石的保护、管理由国土资源部负责。在法律规定上,化石亦未被明确归为文物。如现行文物保护法在列举了受国家保护的5类文物后,另起一款规定"具有科学价值的古脊椎动物化石和古人类化石同文物一样受国家保护"。该条款明确了化石和文物是不同的,特别是文物保护法实施细则在附则中明确规定"古脊椎动物化石的保护办法另行制定",这就完全排除了该细则对化石保护的适用。国土资源部制定的《古生物化石管理办法》其主要内容更注重规范化石的挖掘开采,而对倒卖、走私化石等情形都未在法律责任中作出规定。该办法对化石的出境只有一条正面的规定:"因科学研究、教学、科普展览等,需将古生物化石运送出境的,由国土资源部发放出境证明,但没有规定未取得许可证明走私化石的法律责任。"因此,对走私、盗窃、损毁、倒卖或者非法转让具有科学价值的古脊椎动物化石、古人类化石的行为,是否构成犯罪,法律没有明确规定。

3. 走私、盗窃、损毁、倒卖或者非法转让具有科学价值的古脊椎动物化石、古人类化石的情况严重,具有很严重的社会危害性。中科院南京地质古生物所专家刘陆军介绍,近几年来,我国许多海关相继查获古生物化石走私案件,有些涉案化石数量惊人。仅2002年至2004年3年间,海关查获走私古生物化石2000件以上的案件就达3起之多。近年来,我国发现了多个具有重要科学价值的古生物化石群,如辽宁的热河生物群、贵州的关岭生物群等。然而,一些不法分子将大量珍贵古生物化石走私出境,使大量原产于中国的珍贵古生物化石流失海外。

4. 司法机关在处理走私、盗窃、损毁、倒卖或者非法转让具有科学价值的古脊椎动物化石、古人类化石的行为犯罪有分歧意见。近年来,我国一些地方出现了走私、盗窃、损毁、倒卖、非法转让具有科学价值的古脊椎动物化石、古人类化石的严重违法行为。但在司法实践中,司法机关对这些行为是否应当适用刑法有关文物犯罪的规定存在不同认识。全国人大常委会法工委会同有关方面认真研究了这一问题后认为，文物保护法明确规定"具有科学价值的古脊椎动物化石、古人类化石同文物一样受国家保护"；我国加入的有关国际公约对文物的定义，也包括化石在内。鉴于此，全国人大常委会根据立法法的规定，对走私、盗窃、损毁、倒卖、非法转让具有科学价值的古脊椎动物化石、古人类化石的行为适用刑法有关规定，拟作出如下解释："刑法有关文物的规定，适用于具有科学价值的古脊椎动物化石、古人类化石。"

鉴于上述原因，全国人大法律委员会于2004年12月24日，向全国人大常委会作了《关于〈中华人民共和国刑法〉有关文物的规定适用于具有科学价值的古脊椎动物化石、古人类化石的解释（草案）》的说明，2004年12月29日第十届全国人大常委会第十三次会议通过了《关于〈中华人民共和国刑法〉有关文物的规定适用于具有科学价值的古脊椎动物化石、古人类化石的解释》。

三、关于《中华人民共和国刑法》有关文物的规定适用于具有科学价值的古脊椎动物化石、古人类化石的解释的适用

全国人大常委会《关于〈中华人民共和国刑法〉有关文物的规定适用于具有科学价值的古脊椎动物化石、古人类化石解释》在适用时应注意的问题：

1. 走私具有科学价值的古脊椎动物化石、古人类化石的适用。根据全国人大常委会的解释和刑法第151条第2款的规定，走私国家禁止出口的具有科学价值的古脊椎动物化石、古人类化石的，定为走私文物罪，处5年以上10年有期徒刑，并处罚金；情节特别严重的，处10年以上有期徒刑或者无期徒刑，并处没收财产；情节较轻的，处5年以下有期徒刑，并处罚金；单位犯本罪的，对单位判处罚金，并对其直接负责的主管人员和其他直接责任人员，依照本条各款的规定处罚。

根据2016年1月1日起施行的最高人民法院、最高人民检察院《关于办理妨害文物管理等刑事案件适用法律若干问题的解释》第1条第2款、第3款规定，"走私国家禁止出口的二级文物的，应当依照刑法第一百五十一条第二款的规定，以走私文物罪处五年以上十年以下有期徒刑，并处罚金；走私国家禁止出口的一级文物的，应当认定为刑法第一百五十一条第二款规定的'情节特别严重'；走私国家禁止出口的三级文物的，应当认定为刑法第一百五十一条第二款规定的'情节较轻'。走私国家禁止出口的文物，无法确定文物等

级,或者按照文物等级定罪量刑明显过轻或者过重的,可以按照走私的文物价值定罪量刑。走私的文物价值在二十万元以上不满一百万元的,应当依照刑法第一百五十一条第二款的规定,以走私文物罪处五年以上十年以下有期徒刑,并处罚金;文物价值在一百万元以上的,应当认定为刑法第一百五十一条第二款规定的'情节特别严重';文物价值在五万元以上不满二十万元的,应当认定为刑法第一百五十一条第二款规定的'情节较轻'。"

2. 盗窃具有科学价值的古脊椎动物化石、古人类化石的适用。根据全国人大常委会的解释和刑法第264条的规定,盗窃具有科学价值的古脊椎动物化石、古人类化石的,数额较大或者多次盗窃、入户盗窃、携带凶器盗窃、扒窃的,定为盗窃罪,处3年以下有期徒刑、拘役或者管制,并处或者单处罚金;数额巨大或者有其他严重情节的,处3年以上10年以下有期徒刑,并处罚金;数额特别巨大或者有其他特别严重情节的,处10年以上有期徒刑或者无期徒刑,并处罚金或者没收财产。

根据2016年1月1日起施行的最高人民法院、最高人民检察院《关于办理妨害文物管理等刑事案件适用法律若干问题的解释》第2条规定,盗窃一般文物、三级文物、二级以上文物的,应当分别认定为刑法第264条规定的"数额较大"、"数额巨大"、"数额特别巨大"。盗窃文物,无法确定文物等级,或者按照文物等级定罪量刑明显过轻或者过重的,按照盗窃的文物价值定罪量刑。

3. 损毁具有科学价值的古脊椎动物化石、古人类化石的适用。根据全国人大常委会的解释和刑法第324条的规定,故意损毁国家保护的具有科学价值的古脊椎动物化石、古人类化石的,构成故意损毁文物罪,处3年以下有期徒刑或者拘役,并处或者单处罚金;情节严重的,处3年以上10年以下有期徒刑,并处罚金。过失损毁具有科学价值的古脊椎动物化石、古人类化石,造成严重后果的,定为过失损毁文物罪,处3年以下有期徒刑或者拘役。

根据2016年1月1日起施行的最高人民法院、最高人民检察院《关于办理妨害文物管理等刑事案件适用法律若干问题的解释》第8条规定,"刑法第三百二十八条第一款规定的'古文化遗址、古墓葬'包括水下古文化遗址、古墓葬。'古文化遗址、古墓葬'不以公布为不可移动文物的古文化遗址、古墓葬为限。实施盗掘行为,已损害古文化遗址、古墓葬的历史、艺术、科学价值的,应当认定为盗掘古文化遗址、古墓葬罪既遂。采用破坏性手段盗窃古文化遗址、古墓葬以外的古建筑、石窟寺、石刻、壁画、近代现代重要史迹和代表性建筑等其他不可移动文物的,依照刑法第二百六十四条的规定,以盗窃罪究刑事责任"。第9条规定,"明知是盗窃文物、盗掘古文化遗址、古墓葬等犯罪所获取的三级以上文物，而予以窝藏、转移、收购、加工、代为销售或者以其他方法掩饰、隐瞒的，依照刑法第三百一十二条的规定，以掩饰、隐瞒犯罪所得罪追究刑事责任。实施前款规定的行为，事先通谋的，以共同犯罪论处"。第10条规定，"国家机关工作人员严重不负责任，造成珍贵文物损毁或者流失，具有下列情形之一的，应当认定为刑法第四百一十九条规定的'后果严重'：（一）导致二级以上文物或者五件以上三级文物损毁或者流失的；（二）导致全国重点文物保护单位、省级文物保护单位的本体严重损毁或者灭失的；（三）其他后果严重的情形"。

4. 倒卖具有科学价值的古脊椎动物化石、古人类化石的适用。根据全国人大常委会的解释和刑法第326条的规定，以牟利为目的，倒卖具有科学价值的古脊椎动物化石、古人类化石，情节严重的，定为倒卖文物罪，处5年以下有期徒刑或者拘役，并处罚金；情节特别严重的，处5年以上10年以下有期徒刑，并处罚金。单位犯前款罪的，对单位判处罚金，并对其直接负责的主管人员和其他直接责任人员，依照前款的规定处罚。

根据2016年1月1日起施行的最高人民法院、最高人民检察院《关于办理妨害文物管理等刑事案件适用法律若干问题的解释》第6条规定，"出售或者为出售而收购、运输、储存《中华人民共和国文物保护法》规定的'国家禁止买卖的文物'的，应当认定为刑法第三百二十六条规定的'倒卖国家禁止经营的文物'。倒卖国家禁止经营的文物，具有下列情形之一的，应当认定为刑法第三百二十六条规定的'情节严重'：（一）倒卖三级文物的；（二）交易数额在五万元以上的；（三）其他情节严重的情形。实施前款规定的行为，具有下列情形之一的，应当认定为刑法第三百二十六条规定的'情节特别严重'：（一）倒卖二级以上文物的；（二）倒卖三级文物五件以上的；（三）交易数额在二十五万元以上的；（四）其他情节特别严重的情形"。

5. 非法转让具有科学价值的古脊椎动物化石、古人类化石的适用。根据全国人大的解释和刑法第325条的规定，违反文物保护法规，将具有科学价值的古脊椎动物化石、古人类化石私自出售或者私自赠送给外国人的，定为非法向外国人出售、赠送珍贵文物罪，处5年以下有期徒刑或者拘役，可以并处罚金。单位犯前款罪的，对单位判处罚金，并对其直接负责的主管人员和其他直接责任人员，依照前款的规定处罚。

根据2016年1月1日起施行的最高人民法院、最高人民检察院《关于办理妨害文物管理等刑事案件适用法律若干问题的解释》第7条规定，"国有博物馆、图书馆以及其他国有单位，违反文物保护法规，将收藏或者管理的国家保护的文物藏品出售或者私自送给非国有单位或者个人的，依照刑法第三百二十七条的规定,以非法出售、私赠文物藏品罪追究刑事责任"。

6. 非法出售或者私自赠与具有科学价值的古脊椎动物化石、古人类化石的法律适用。根据全国人大常委会的解释和刑法第 327 条规定,违反文物保护法规,国有博物馆、图书馆等单位将国家保护的具有科学价值的古脊椎动物化石、古人类化石出售或者私自送给非国有单位或者个人的,定为非法出售、私赠文物藏品罪,对单位判处罚金,并对其直接负责的主管人员和其他直接责任人员,处 3 年以下有期徒刑或者拘役。

7. 注意划清本罪与故意损毁文物罪的界限。根据 2016 年 1 月 1 日起施行的最高人民法院、最高人民检察院《关于办理妨害文物管理等刑事案件适用法律若干问题的解释》第 3 条规定,"全国重点文物保护单位、省级文物保护单位的本体,应当认定为刑法第三百二十四条第一款规定的'被确定为全国重点文物保护单位、省级文物保护单位的文物'。故意损毁国家保护的珍贵文物或者被确定为全国重点文物保护单位、省级文物保护单位的文物,具有下列情形之一的,应当认定为刑法第三百二十四条第一款规定的'情节严重':(一)造成五件以上三级文物损毁的;(二)造成二级以上文物损毁的;(三)致使全国重点文物保护单位、省级文物保护单位的本体严重损毁或者灭失的;(四)多次损毁或者损毁多处全国重点文物保护单位、省级文物保护单位的本体的;(五)其他情节严重的情形。实施前款规定的行为,拒不执行国家行政主管部门作出的停止侵害文物的行政决定或者命令的,酌情从重处罚"。

8. 注意划清本罪与故意损毁名胜古迹罪的界限。根据 2016 年 1 月 1 日起施行的最高人民法院、最高人民检察院《关于办理妨害文物管理等刑事案件适用法律若干问题的解释》第 4 条规定,"风景名胜区的核心景区以及未被确定为全国重点文物保护单位、省级文物保护单位的古文化遗址、古墓葬、古建筑、石窟寺、石刻、壁画、近代现代重要史迹和代表性建筑等不可移动文物的本体,应当认定为刑法第三百二十四条第二款规定的'国家保护的名胜古迹'。故意损毁国家保护的名胜古迹,具有下列情形之一的,应当认定为刑法第三百二十四条第二款规定的'情节严重':(一)致使名胜古迹严重损毁或者灭失的;(二)多次损毁或者损毁多处名胜古迹的;(三)其他情节严重的情形。实施前款规定的行为,拒不执行国家行政主管部门作出的停止侵害文物的行政决定或者命令的,酌情从重处罚。故意损毁风景名胜区内被确定为全国重点文物保护单位、省级文物保护单位的文物的,依照刑法第三百二十四条第一款和本解释第三条的规定定罪量刑"。

9. 注意划清本罪与过失损毁名胜古迹罪的界限。根据 2016 年 1 月 1 日起施行的最高人民法院、最高人民检察院《关于办理妨害文物管理等刑事案件适用法律若干问题的解释》第 5 条规定，"过失损毁国家保护的珍贵文物或者被确定为全国重点文物保护单位、省级文物保护单位的文物，具有本解释第三条第二款第一项至第三项规定情形之一的，应当认定为刑法第三百二十四条第三款规定的'造成严重后果'"。

10. 注意划清本罪倒卖国家禁止经营的文物罪的界限。根据 2016 年 1 月 1 日起施行的最高人民法院、最高人民检察院《关于办理妨害文物管理等刑事案件适用法律若干问题的解释》第 6 条规定，"出售或者为出售而收购、运输、储存《中华人民共和国文物保护法》规定的'国家禁止买卖的文物'的，应当认定为刑法第三百二十六条规定的'倒卖国家禁止经营的文物'。倒卖国家禁止经营的文物，具有下列情形之一的，应当认定为刑法第三百二十六条规定的'情节严重'：（一）倒卖三级文物的；（二）交易数额在五万元以上的；（三）其他情节严重的情形。实施前款规定的行为，具有下列情形之一的，应当认定为刑法第三百二十六条规定的'情节特别严重'：（一）倒卖二级以上文物的；（二）倒卖三级文物五件以上的；（三）交易数额在二十五万元以上的；（四）其他情节特别严重的情形"。

11. 注意划清本罪与掩饰、隐瞒犯罪所得罪的界限。根据 2016 年 1 月 1 日起施行的最高人民法院、最高人民检察院《关于办理妨害文物管理等刑事案件适用法律若干问题的解释》第 9 条规定，"明知是盗窃文物、盗掘古文化遗址、古墓葬等犯罪所获取的三级以上文物，而予以窝藏、转移、收购、加工、代为销售或者以其他方法掩饰、隐瞒的，依照刑法第三百一十二条的规定，以掩饰、隐瞒犯罪所得罪追究刑事责任。实施前款规定的行为，事先通谋的，以共同犯罪论处"。

12. 注意国家工作人员犯罪和单位犯有关妨害文物管理犯罪的认定。根据 2016 年 1 月 1 日起施行的最高人民法院、最高人民检察院《关于办理妨害文物管理等刑事案件适用法律若干问题的解释》第 10 条规定，"国家机关工作人员严重不负责任，造成珍贵文物损毁或者流失，具有下列情形之一的，应当认定为刑法第四百一十九条规定的'后果严重'：（一）导致二级以上文物或者五件以上三级文物损毁或者流失的；（二）导致全国重点文物保护单位、省级文物保护单位的本体严重损毁或者灭失的；（三）其他后果严重的情形"。

第 11 条规定，"单位实施走私文物、倒卖文物等行为，构成犯罪的，依照本解释规定的相应自然人犯罪的定罪量刑标准，对直接负责的主管人员和其他直接责任人员定罪处罚，并对单位判处罚金。公司、企业、事业单位、机关、团体等单位实施盗窃文物，故意损毁文物、名胜古迹，过失损毁文物，盗掘古文化遗址、古墓葬等行为的，依照本解释规定的相应定罪量刑标准，追究组织者、策划者、实施者的刑事责任"。

第二十二章 关于《中华人民共和国刑法》有关出口退税、抵扣税款的其他发票规定的解释

全国人民代表大会常务委员会《关于〈中华人民共和国刑法〉有关出口退税、抵扣税款的其他发票规定的解释》于2005年12月29日第十届全国人民代表大会常务委员会第十九次会议通过,并于当日公告实施。

为了加快社会主义市场经济的发展,加大外贸出口,换取外汇,我国实行国际惯的出口退税制度,对已出口的商品,出口单位持出口证明文件可以退回生产经营者已交的产品税和消费税。但有些单位和个人与税务人员相互勾结,弄虚作假,以虚假的增值税发票或者其他出口退税、抵扣税款的发票,骗取国家已收税款。我国刑法分则第三章第六节危害税收征管罪中将利用增值税发票和其他用于出口退税、抵扣税款发票骗取国家税款的行为规定为犯罪,同时对虚开增值税专用发票、用于出口退税、抵扣税款发票和非法制造、出售非法制造的用于骗取出口退、抵扣税款发票的行为也都单独规定为犯罪。司法实践中,对于增值税发票的含义是明确的,但对于刑法规定的用于出口退税、抵扣税款的其他发票含义则有不同的理解,一般认为,用于出口退税、抵扣税款的其他发票,是指除增值税发票外,还有废旧物品收购发票、运输发票、农业发票等少数几种普通发票,对于其他用于出口退税、抵扣税款的支付凭证是否属于"其他用于出口退税、抵扣税款的发票",则有相反的意见。例如,在国家实现对增值税专用发票的全面监控以后,犯罪分子把犯罪目标转向利用海关代征进口增值税专用缴款书骗取出口退税或者抵扣税款。在司法处理时,对"增值税专用缴款书"是否适用于其他用于出口退税、抵扣税款发票,则有不同意见。自2000年以来,全国各地利用海关代征增值税专用缴款书骗取出口退税、抵扣税款案件急增,骗取税款数额巨大,危害十分严重,办案部门对于利用增值税专用发票这类完税凭证进行骗取税款的犯罪行为应当依法追究刑事责任的意见是一致的,但对于利用海关代征增值税专用缴款书骗取税款的行为是否属于刑法所规定的利用出口退税、抵扣税款的其他发票骗税犯罪行为出现了不同认识。一种意见认为,发票是指在购销商品、提供或者接受服务以及从

事其他经营活动中，开具、收取的收付款凭证，但法律已明确规定必须是"发票"，而"增值税缴款书"不是发票，不能类推以其作为用于出口退税、抵扣税款的其他发票进行定罪处罚。另一种意见认为，进口货物的增值税由海关代为征收，其所开具的海关代征增值税专用缴款书虽然不属于发票的范畴，但由于其实质上具有同增值税专用发票一样的出口退税、抵扣税款发票的功能，应视为是用于出口退税、抵扣税款的其他发票的范围。对利用海关代征增值税专用缴款书骗取出口退税、抵扣税款的行为，应当按照刑法的规定罪处罚。有鉴于此，最高人民法院和有关部门建议全国人大常委会对此作出解释，予以明确含义。

2005年12月29日第十届全国人大常委会第十九次会议通过了《关于〈中华人民共和国刑法〉有关出口退税、抵扣税款的其他发票规定的解释》，其具体解释为，刑法规定的"出口退税、抵扣税款的其他发票"，是指除增值税专用发票以外的，具有出口退税、抵扣税款功能的收付款凭证或者完税凭证。全国人大常委会的解释统一了认识，扩大了出口退税、抵扣税款的其他发票的范围，将凡是"具有出口退税、抵扣税款功能的收付款凭证和完税凭证"都是"出口退税、抵扣税款其他发票"的范围内。这样的扩大解释，有利于司法机关依法惩治利用增值税发票，出口退税、抵扣税款其他发票骗取国家税款的犯罪行为。

一、刑法规定及其法律解释的内容

刑法中有关出口退税、抵扣税款的其他发票犯罪的规定有：

1. 1995年全国人大常委会《关于惩治虚开、伪造和非法出售增值税专用发票犯罪的决定》第5条规定："虚开用于骗取出口退税、抵扣税款的其他发票的，依照本决定第一条的规定处罚。虚开用于骗取出口退税、抵扣税款的其他发票，是指有为他人虚开、为自己虚开、让他人为自己虚开、介绍他人虚开用于骗取出口退税、抵扣税款的其他发票行为之一的。"

第6条第1款规定："伪造、擅自制造或者出售伪造、擅自制造的可以用于骗取出口退税、抵扣税款的其他发票的，处三年以下有期徒刑或者拘役，并处二万元以上二十万元以下罚金；数量巨大的，处三年以上七年以下有期徒刑，并处五万元以上五十万元以下罚金；数量特别巨大的，处七年以上有期徒刑，并处没收财产。"第2款规定："非法出售可以用于骗取出口退税、抵扣税款的其他发票的，依照第一款的规定处罚。"

2. 1997年刑法第205条规定："虚开增值税专用发票或者虚开用于骗取出

口退税、抵扣税款的其他发票的，处三年以下有期徒刑或者拘役，并处二万元以上二十万元以下罚金；虚开的税款数额较大或者有其他严重情节的，处三年以上十年以下有期徒刑，并处五万元以上五十万元以下罚金；虚开的税款数额巨大或者有其他特别严重情节的，处十年以上有期徒刑或者无期徒刑，并处五万元以上五十万元以下罚金或者没收财产。

"有前款行为骗取国家税款，数额特别巨大，情节特别严重，给国家利益造成特别重大损失的，处无期徒刑或者死刑，并处没收财产。

"单位犯本条规定之罪的，对单位判处罚金，并对其直接负责的主管人员和其他直接责任人员，处三年以下有期徒刑或者拘役；虚开的税款数额较大或者有其他严重情节的，处三年以上十年以下有期徒刑；虚开的税款数额巨大或者有其他特别严重情节的，处十年以上有期徒刑或者无期徒刑。

"虚开增值税专用发票或者虚开用于骗取出口退税、抵扣税款的其他发票，是指有为他人虚开、为自己虚开、让他人为自己虚开、介绍他人虚开行为之一的。"

1997年刑法第209条规定："伪造、擅自制造或者出售伪造、擅自制造的可以用于骗取出口退税、抵扣税款的其他发票的，处三年以下有期徒刑、拘役或者管制，并处二万元以上二十万元以下罚金；数量巨大的，处三年以上七年以下有期徒刑，并处五万元以上五十万元以下罚金；数量特别巨大的，处七年以上有期徒刑，并处5万元以上五十万元以下罚金或者没收财产。

"非法出售可以用于骗取出口退税、抵扣税款的其他发票的，依照第一款的规定处罚。"

1997年刑法第210条规定："盗窃增值税专用发票或者可以用于骗取出口退税、抵扣税款的其他发票的，依照本法第二百六十四条的规定定罪处罚。

"使用欺骗手段骗取增值税专用发票或者可以用于骗取出口退税、抵扣税款的其他发票的，依照本法第二百六十六条的规定定罪处罚。"

1997年刑法第211条规定："单位犯本节第209条规定之罪的，对单位判处罚金，并对其直接负责的主管人员和其他直接责任人员，依照该条的规定处罚。"

3.2005年12月29日全国人大常委会《关于〈中华人民共和国刑法〉有关出口退税、抵扣税款的其他发票规定的解释》规定："刑法规定的'出口退税、抵扣税款的其他发票'，是指除增值税专用发票以外的，具有出口退税、抵扣税款功能的收付款凭证或者完税凭证。"

上述刑法规定及其法律解释对刑法规定的用于出口退税、抵扣税款的其他发票作了如下扩大解释，即出口退税、抵扣税款的其他发票，是指除用于增值税发票等发票外，还包括具有出口退税、抵扣税款功能的收付款凭证或者完凭证等。

二、对刑法规定解释的原因

全国人大常委会作出《关于〈中华人民共和国刑法〉有关出口退税、抵扣税款的其他发票规定的解释》的主要原因有：

1. 刑法对用于出口退税、抵扣税款的其他发票规定得太笼统。我国刑法分则第三章第六节中，对虚开、伪造、盗窃、骗取增值税专用发票或者可用于骗取出口退税、抵扣税款的其他发票的犯罪作了规定，但其中笼统规定了"用于出口退税、抵扣税款的其他发票"。有关税务机关将收购废旧物品发票、运输发票和农业发票作为可以用于出口退税、抵扣税款的其他发票，是否还包括其他发票就没有法律、法规规定为依据。

2. 司法实践中出现了适用法律的意见分歧。近年来，一些地方出现了利用伪造的海关代征增值税专用缴款书骗取出口退税、抵扣税款的案件，司法机关和有关部门对于海关代征增值税专用缴款书这类完税凭证，是否属于刑法所规定的出口退税、抵扣税款的其他发票，出现了不同认识，司法机关审理案件时需要对刑法规定的出口退税、抵扣税款的其他发票的含义作明确解释，以便统一认识，正确适用刑法的规定。

3. 司法机关建议全国人大常委会作解释，明确刑法对出口退税、抵扣税款的其他发票规定的含义。司法机关向全国人大常委会提出对出口退税、抵扣税款的其他发票作法律规定或者立法解释。全国人大常委会法制工作委员会会同有关方面，经对刑法有关规定的含义进行认真研究，认为刑法所规定的"出口退税、抵扣税款的其他发票"，是指除增值税专用发票以外的其他具有出口退税、抵扣税款功能的收付款凭证或者完税凭证，包括作为完税凭证的海关代征增值税专用缴款书等凭证。据此，建议全国人大常委会对刑法有关"出口退税、抵扣税款的其他发票"的规定作出解释。

鉴于上述原因，2005年12月24日全国人大常委会法制工作委员会在第十届全国人民代表大会常务委员会第十九次会议上提出了《关于〈中华人民共和国刑法〉有关出口退税、抵扣税款的其他发票规定的解释（草案）》和有关说明，经第十届全国人民代表大会常务委员会审议于2005年12月29日通过并公布施行。

三、关于《中华人民共和国刑法》有关出口退税、抵扣税款的其他发票规定的解释的适用

全国人大常委会《关于〈中华人民共和国刑法〉有关出口退税、抵扣税款的其他发票规定的解释》在适用时应注意以下问题：

1. 全国人大常委会的解释只适用出口退税、抵扣税款的其他发票的范围。根据全国人大常委会的解释，只是对"用于出口退税、抵扣税款的其他发票"的范围扩大解释为"具有出口退税、抵扣税款功能的收付款凭证或者完税凭证"，而不是说所有的具有收付款功能的凭证都属于其他发票。虽然发票也是一种收付款凭证，但发票和收付款凭证是两种不同的概念，不能混淆，不能将所有的具有收付款功能的凭证都扩大解释为是其他发票。因此，全国人大常委会关于出口退、抵扣税款的其他发票的解释，只适用我国刑法分则第三章第六节中视定的用于出口退税、抵扣税款的其他发票的范围内。

2. 全国人大常委会的解释适用的犯罪。全国人大常委会关于出口退税、抵扣税款的其他发票的解释，具体适用于我国刑法分则第三章第六节第205条规定的虚开用于骗取出口退税、抵扣税款发票罪；第209条规定的非法制造、出售非法制造的用于骗取出口退税、抵扣税款发票罪，非法出售用于骗取出口退税、抵扣税款发票罪；第210条规定盗窃、骗取可以用于骗取出口退税、抵扣税款的其他发票的盗窃罪、诈骗罪。上述五种犯罪中有关出口退税、抵扣税款其他发票适用上述全国人大的解释。根据刑法第205条、第211条规定，单位虚开、非法制造、出售非法制造的或者非法出售以及盗窃、诈骗用于出口退税、抵扣税款功能的收付款凭证或者完税凭证等，也可以构成上述犯罪。

3. 全国人大常委会的解释适用于虚开用于骗取出口退税、抵扣税款发票罪。我国刑法第205条规定的虚开用于骗取出口退税、抵扣税款发票罪中，其中的发票就包括具有出口退税、抵扣税款功能的收付款凭证或者完税凭证等。凡是虚开了用于骗取出口退税、抵扣税款功能的收付凭证或者完税凭证的行为，可以构成本罪。

4. 全国人大常委会的解释适用非法制造、出售非法制造的用于骗取出口退税、抵扣税款发票罪。我国刑法第209条规定的非法制造、出售非法制造的用于骗取出口退税、抵扣税款发票罪中，其中的发票就包括具有出口退税、抵扣税款功能的收付款凭证或者完税凭证等，非法制造或者出售了非法制造的用于出口退税、抵扣税款功能的收付款凭证或者完税凭证的行为，可以构成本罪。

5. 全国人大常委会的解释适用非法出售用于骗取出口退税、抵扣税款发票罪。我国刑法第 209 条规定的非法出售用于骗取出口退税、抵扣税款发票罪中的发票就包括具有出口退税、抵扣税款功能的收付款凭证或者完税凭证等。凡是非法出售了用于出口退税、抵扣税款功能的收付款凭证或者完税凭证的行为，也可以构成本罪。

6. 全国人大常委会的解释适用于利用盗窃、诈骗用于骗取出口退税、抵扣税款发票而构成的盗窃罪、诈骗罪。我国刑法第 210 条规定盗窃、骗取可以用于骗取出口退税、抵扣税款的其他发票的依据刑法规定的盗窃罪、诈骗罪定罪处罚。根据最高人民法院、最高人民检察院 2013 年 4 月 4 日起施行的《关于审理盗窃刑事案件适用法律若干问题的解释》第 5 条规定，盗窃有价支付凭证、有价证券、有价票证，按照下列方法认定盗窃数额：（1）盗窃不记名、不挂失的有价支付凭证、有价证券、有价票证的，应当按票面数额和盗窃时应得的孳息、奖金或者奖品等可得收益一并计算盗窃数额；（2）盗窃记名的有价支付凭证有价证券、有价票证，已经兑现的，按照兑现部分的财物价值计算盗窃数额；没有兑现的，但失主无法通过挂失补领、补办手续等方式避免损失的，按照失主造成的实际损失计算盗窃数额。